Verhandlungen

des

Achtundzwanzigsten

Deutschen Juristentages.

(Kiel 1906.)

Herausgegeben

von

dem Schriftführer-Amt der ständigen Deputation.

Dritter Band.

(Stenographische Berichte.)

Berlin 1907.

Kommissions-Verlag von J. Guttentag, Verlagsbuchhandlung,
G. m. b. H.

Statut
des
deutschen Juristentages.

---

§ 1.

Der Zweck des deutschen Juristentages ist: eine Vereinigung für den lebendigen Meinungsaustausch und den persönlichen Verkehr unter den deutschen Juristen zu bilden; auf den Gebieten des gesamten bürgerlichen Rechts, des Prozesses, des Strafrechts und des inneren Verwaltungsrechts den Forderungen nach einheitlicher Entwickelung immer größere Anerkennung zu verschaffen, die Hindernisse, welche dieser Entwickelung entgegenstehen, zu bezeichnen und sich über Vorschläge zu verständigen, welche geeignet sind, die Rechtseinheit zu fördern.

§ 2.

Der deutsche Juristentag tritt in der Regel alljährlich zusammen, doch ist die ständige Deputation ermächtigt, aus Gründen der Zweckmäßigkeit ausnahmsweise die Wiedereinberufung des Juristentages erst in dem auf dessen letzten Zusammentritt folgenden zweiten Kalenderjahre vorzunehmen.

§ 3.

Zur Mitgliedschaft berechtigt sind die deutschen Richter, Staatsanwälte, Advokaten und Notare, die Aspiranten des Richteramts, der Anwaltschaft und des Notariats, sowie jeder, der nach seinen Landesgesetzen zum Richteramte, zur Anwaltschaft oder zur Ausübung des Notariats für befähigt erkannt ist, ferner die Lehrer an den deutschen Hochschulen, die Mitglieder der gelehrten Akademien, die Doktoren der Rechte und die rechtsgelehrten Mitglieder der Verwaltungsbehörden.

§ 4.

Die Mitgliedschaft beginnt mit dem Empfange der Mitgliedskarte. Sie berechtigt zur Teilnahme an den Verhandlungen und an der Abstimmung.

§ 5.

Der Beitrag der Gesellschaftsmitglieder beträgt sechs Mark jährlich und ist innerhalb vier Wochen nach Beginn des neuen Jahres zu entrichten, widrigenfalls derselbe durch Postvorschuß eingezogen wird. Nimmt ein Mitglied den mit Postvorschuß beschwerten Brief nicht an, so wird dies einer ausdrücklichen Austrittserklärung gleich erachtet. — Für die am Orte des Juristentages selbst zu lösende Anmeldungskarte sind drei Mark zu entrichten.

§ 6.

Den Plenarverhandlungen des deutschen Juristentages gehen der Regel nach Abteilungsberatungen voraus. Zu diesem Zwecke werden nach Bedürfnis vier Abteilungen gebildet, nämlich:

1) Abteilung für bürgerliches Recht, juristisches Studium und praktische Ausbildung.
2) Abteilung für Handels-, Wechsel-, See-, und internationales Recht.
3) Abteilung für Strafrecht, Strafprozeß und Gefängniswesen.
4) Abteilung für Gerichtsverfassung und Zivilprozeß.

Liegen Beratungsgegenstände aus dem Gebiete des Verwaltungsrechtes vor, so werden sie in der Regel einer dieser Abteilungen zugewiesen.

Die Abteilungen wählen ihre Vorsitzenden, Schriftführer, Berichterstatter und benachrichtigen den Vorsitzenden der Plenarversammlung (§ 7), sobald ihre Beratungen über einzelne Gegenstände geschlossen sind; ihre Anträge sind schriftlich zu fassen.

Sämtliche Beschlüsse der Abteilungen werden in der Plenarversammlung mitgeteilt. Es findet jedoch eine Erörterung und Entscheidung im Plenum nur dann statt, wenn dieselbe von der betreffenden Abteilung vorgeschlagen, oder wenn sie von mindestens zehn Mitgliedern beantragt und von der Plenarversammlung vorgeschlagen wird. Über die Vorfrage, ob dem von mindestens zehn Mitgliedern gestellten Antrage auf Plenarentscheidung stattzugeben, wird nur einem der Antragsteller und dem Berichterstatter das Wort erteilt.

§ 7.

Die Verhandlungen der Plenarversammlung leitet ein Vorsitzender, welcher für die Dauer eines jeden Juristentages in der ersten Plenarversammlung durch Stimmzettel oder Akklamation gewählt wird. Derselbe benennt zwei bis vier Stellvertreter und vier Schriftführer. Er bestimmt die Tagesordnung und kann einzelne Gegenstände, ohne Vorberatung in den Abteilungen (§ 6), unmittelbar zur Plenarberatung stellen. Auch ist er befugt, Nichtmitglieder als Zuhörer zuzulassen.

§ 8.

Bei allen Beschlüssen der Plenarversammlung und der Abteilungen entscheidet einfache Majorität der anwesenden Mitglieder, bei allen Wahlen relative Majorität und im Falle der Stimmengleichheit das Los.

§ 9.

Wird Schluß der Debatte beantragt, so wird über diesen Antrag sofort abgestimmt. In der Plenarversammlung sind alle Anträge mit Ausnahme des Antrages auf Schluß der Debatte schriftlich zu stellen.

§ 10.

Vor dem Schlusse eines jeden Juristentages wird von der Plenarversammlung durch Akklamation oder in einem einzigen Skrutinium durch Stimmzettel eine aus neunzehn Mitgliedern und dem Präsidenten des letzten Juristentages als Ehrenpräsidenten bestehende ständige Deputation gewählt. Die Liste der zur Akklamation vorzuschlagenden Personen wird durch den Präsidenten der Plenarversammlung, seine Stellvertreter und je zehn von jeder Abteilung gewählte Vertrauensmänner gemeinschaftlich festgestellt.

Die ständige Deputation hat folgende Befugnisse und Obliegenheiten:

1) sie sorgt für die Ausführung der von dem Juristentage gefaßten Beschlüsse, veranlaßt nach eigenem Ermessen den Druck der Protokolle und Vorlagen, bewirkt die Verteilung der Drucksachen an die Mitglieder und verwahrt alle Akten und Schriftstücke des Juristentages;
2) sie bestimmt Zeit und Ort des nächsten Juristentages, trifft die für denselben nötigen Vorbereitungen, erläßt die Einladungen, stellt die vorläufige Tagesordnung auf, wobei sie in der Regel nur die bis zum 31. Mai des laufenden Jahres eingegangenen Vorlagen zu berücksichtigen hat, und bereitet Abänderungsvorschläge in Betreff der Geschäftsordnung für die Plenarversammlung vor;
3) sie nimmt die Beitrittserklärungen neuer Mitglieder entgegen, fertigt die Mitgliedskarten aus, empfängt die Beiträge, bestreitet die Ausgaben und legt der folgenden Deputation Rechnung;

4) sie ergänzt sich selbst, falls eins oder mehrere Mitglieder während des Geschäftsjahres ausscheiden.

Die Deputation wählt aus ihrer Mitte einen Vorsitzenden, einen Schriftführer, welcher ein von der Deputation festzusetzendes Pauschquantum für bare Auslagen erhält, und einen Kassierer. Der letztere ist verpflichtet, der ständigen Deputation bei ihrem jedesmaligen Zusammentritt einen Kassenabschluß vorzulegen. Die Deputation läßt durch eines oder mehrere ihrer Mitglieder die Rechnung prüfen und die Kasse revidieren.

Die Deputation bestimmt Ort und Zeit ihrer Zusammenkunft. Zur Gültigkeit ihrer Beschlüsse ist die Einladung sämtlicher Mitglieder, sowie die Mitwirkung von wenigstens fünf Mitgliedern erforderlich.

§ 11.

Abänderungen dieses Statuts können zwar von der Plenarversammlung durch einfache Stimmenmehrheit, jedoch nur auf schriftlichen Antrag, der vier Wochen vor dem Zusammentritt des Juristentages der ständigen Deputation (§ 10) überreicht worden, beschlossen werden.

Kassenabschluß

des Deutschen Juristentages am 12. September 1906.

A. Wertpapiere (im Depot der Deutschen Bank):

1.	3 1/2 %	landsch. Central-Pfandbriefe . .	Mk.	3000,00
2.	3 1/2 %	Pommersche Pfandbriefe	„	3000,00
3.	3 %	do. do.	„	3000,00
4.	3 1/2 %	neue Berliner do.	„	1000,00
5.	3 %	Sachsen Rente	„	4000,00
6.	3 %	Deutsche Reichsanleihe	„	5000,00

B. Kassenbestand:

Guthaben auf Depositen-Konto bei der Deutschen Bank	Mk.	945,82
in Summa	Mk.	19945,82

Berlin, den 12. September 1906.

Der Schatzmeister:
gez. **Dr. Neumann.**

Verzeichnis der Mitglieder

der

ständigen Deputation

nach der Wahl des 28. Juristentages 1906.

Ober-Reichsanwalt Dr. Olshausen, Leipzig, Ehrenpräsident.
Geheimer Justizrat Prof. Dr. Heinrich Brunner, Berlin.
Oberlandesgerichtspräsident Exzellenz Dr. Freiherr von Call, Innsbruck.
Geheimer Justizrat Prof. Dr. Enneccerus, Marburg.
Geheimer Justizrat Prof. Dr. Otto Gierke, Berlin.
Oberlandesgerichtspräsident a. D. Exzellenz Dr. Hamm, Köln.
Prof. Dr. Gustav Hanausek, Graz.
Geheimer Justizrat Prof. DDr. Kahl, Berlin.
Justizminister Exzellenz Dr. Klein, Wien.
Rechtsanwalt am Kammergericht Dr. Hugo Neumann, Berlin.
Prof. Dr. Pappenheim, Kiel.
Direktor der Bayrischen Handelsbank Dr. Freiherr von Plechmann, München.
Geheimer Justizrat Prof. Dr. Riesser, Berlin.
Oberlandesgerichtspräsident Staatsrat Exzellenz von Schmidlin, Stuttgart.
Präsident Dr. von Stößer, Karlsruhe.
Geheimer Hofrat Prof. Dr. Strohal, Leipzig.
Direktor der Preußischen Hypotheken-Aktienbank Kammergerichtsrat a. D. Thinius, Berlin.
Oberlandesgerichtspräsident Wirkl. Geheimer Oberjustizrat Dr. Vierhaus, Breslau.
Rechtsanwalt am Reichsgericht Justizrat Dr. Wildhagen, Leipzig.
Prof. Dr. Alfred Ritter von Wretschko, Innsbruck.
Geheimer Justizrat Dr. Richard Wilke, Potsdam, Ehrenmitglied.

Alphabetisches Verzeichnis

derjenigen

Mitglieder des deutschen Juristentages

welche

dem Verein im Jahre 1906 angehören.

Abel, Leopold, Geheimer Justizrat, Hannover, gr. Packhofstr. 26.
Abel, Max, Rechtsanwalt, Essen a. d. Ruhr, Vereinstr. 26.
Dr. Abraham, Hugo, Rechtsanwalt, Bremen, Langenstr. 128/30.
Dr. Abraham, B., Rechtsanwalt beim Oberlandesgericht Kiel.
Abraham, J., Rechtsanwalt, Notar, Justizrat, Rixdorf, Bergstr. 125.
Abrahamsohn I, Th., Rechtsanwalt, Berlin W., Voßstr. 34.
Dr. Abrahamson, Willy, Rechtsanwalt, Berlin W., Wilhelmstr. 94/96.
Dr. Abs, Joseph, Rechtsanwalt, Bonn a. Rh.
Abt, F., Justizrat, Rechtsanwalt, Colmar (Elsaß), Judengasse.
Adams, Hubert, Notar, Justizrat, Aachen, Wilhelmstr. 9.
Dr. Ahlmann, Ludwig, Kiel, Holstenstr. 34.
Dr. van Aken, Rechtsanwalt, Karlsruhe (Baden).
Alberts, A., Landrichter, Hamburg, Fährstr. 40.
Alberts, Notar, Gemünd a. d. Eifel.
Dr. Albrecht, Carl, Rechtsanwalt, Hamburg, Gr. Bäckerstr. 15.
Albrecht, Carl, Geh. Ober-Regierungsrat und vortragender Rat an der Oberrechnungskammer, Potsdam, Eisenhartstr. 19.
Dr. Alexander I, Alphons, Rechtsanwalt, Berlin W., Bülowstr. 20.
Dr. Alexander-Katz, Hugo, Justizrat, Berlin W., Mohrenstr. 7.
Dr. Alexander-Katz, Paul, Rechtsanwalt, Justizrat, Berlin W., Leipzigerstr. 39.
Dr. Alexander-Katz, Rich., Rechtsanwalt, Berlin W., Leipzigerstr. 19.
Alexandersen, Rechtsanwalt, Notar, Sonderburg.
Dr. Allfeld, Philipp, kgl. Univ.-Professor, Erlangen, Bismarckstr. 14.
Allonas, Notar, Straßburg i. E., Johannisstaden.
Dr. Alscher, Rechtsanwalt, Justizrat, Königsberg i. Ostpr., Bergplatz 6.
Alsberg, Assessor, Bonn a. Rh.
Altona, Amtsgerichtsrat, Kiel, Adolphsplatz 10.
Dr. Ampach, Georg, Amtsgerichtsrat, Berlin W., Herkules Ufer 15.
Dr. Andrae, Landgerichtspräsident, Kiel, Forstweg 12.
Dr. Anschütz, Reinh., Rechtsanwalt, Leipzig.
Antonetty, R., Rechtsanwalt, Cöln a. Rhein, Mohrenstr. 32.

Anz, Rechtsanwalt, Justizrat, Essen a. d. Ruhr, Lindenallee 65.
Dr. Apel, Erich, Admiralitätsrat Friedenau bei Berlin, Riedstr. 39.
Dr. Apelt, Geh. Regierungsrat, Ministerialdirektor, Dresden, Wintergartenstr. 23.
Dr. Apt, Max, Professor, Berlin W., Magdeburgerstr. 33.
Dr. Arndt, A., Geh. Rat, Professor, Königsberg i. Pr.
Arndt, Ludwig, Rechtsanwalt, Justizrat, Berlin N., Oranienburgerstr. 60/63.
Arndts, Franz, Justizrat, Berlin W., Charlottenstr. 59.
Dr. Arndts, Geh. Justizrat, Leipzig, Stephanstr. 10.
Arnhold, Gerichtsassessor, Halle a. d. Saale, Alte Promenade 3.
Arnholz, Rechtsanwalt und Notar, Cüstrin.
Aron, Erich, Landgerichtsrat, Straßburg i. E., Rupprechtsauer Allee 32.
Aronius, Arthur, Rechtsanwalt, Justizrat, Berlin W., Schellingstr. 6, II.
Aronsohn, Rechtsanwalt, Bromberg, Theaterplatz.
Aronsohn, Ad., Justizrat, Berlin W., Leipzigerstr. 35.
Dr. Asch, Justizrat, Posen.
Dr. Aschenheim, Willy, Rechtsanwalt, Erfurt.
Ascher, Präsident der Generalkommission für Westfalen, Münster i. W.
Dr. Aschrott, Paul Felix, Landgerichtsdirektor a. D., Berlin W., Hildebrandtstr. 8.
Dr. Aßmann, Rechtsanwalt, Berlin W., Mauerstr. 2.
v. Auer, Justizrat, München, Herrenstr. 13.
Auerbach, M., Amtsgerichtsrat, Danzig-Langfuhr.
Dr. Auerbach, E., Rechtsanwalt, Frankfurt a. M., Schillerstr. 22.
Averdunk, Rechtsanwalt, Justizrat, Potsdam, Hoditzstr. 3.
Axhausen, Paul, Rechtsanwalt, Leipzig, Weststr. 19b.
Axster, A., Rechtsanwalt, Notar, Berlin W., Wilhelmstr. 57.
Axt, Rechtsanwalt, Notar, Wandsbek.
Dr. Baasch, Ernst, Bibliothekar der Kommerz.-Bibliothek, Hamburg, Börsen-Arkaden.
Dr. Bacher, Rechtsanwalt, Stuttgart, Paulinenstr. 32.
Dr. jur. Badstübner, Otto, Landrichter, Stettin, Kaiser Wilhelmstr. 76.
Dr. Ball, Ernst, Rechtsanwalt, Berlin C., Königstr. 34/36.
Dr. Ballhorn, Friedrich, Rechtsanwalt, Berlin N., Chausseestr. 122.
Dr. Bamberg, Hugo, Rechtsanwalt, Berlin N.W. 64.
Dr. Bandel, Rechtsanwalt, Strelno.
Dr. v. Bar, L., Geh. Justizrat, Prof., Göttingen.
Baehr, Rechtsanwalt, Reinbeck i. H.
Dr. Baer, M. H., Justizrat, Frankfurt a. Main, Börsenstr. 15.
Dr. Baer, M., Rechtsanwalt, Coburg, Spitalgasse 4.
Dr. Barandon, Referendar, Coblenz, Hohenstaufenstr 1.
Barchewitz, Landgerichtsdirektor, Potsdam, Augustastr. 37.
Barlach, Rechtsanwalt, Neumünster.
Bartels, Staatsanwalt, Kiel.
Bärwinkel, Emil, Ober-Justizrat, Leipzig.
Dr. de Bary, Justizrat. Frankfurt a. Main.
Baschmann, Referendar, Bielefeld.
Bassermann, Ernst, Rechtsanwalt, Mannheim.
Bauer, Siegfried, Oberamtsrichter, Pforzheim, Erbprinzenstr. 24.
Bauer, Jakob, Rechtsanwalt, Berlin N., Oranienburgerstr. 48/49.
Dr. Baumert, Rechtsanwalt, Notar, Justizrat, Spandau, Potsdamerstr.

E. Baur, Rechtsanwalt. Karlsruhe i. B., Akademiestr. 3.
Becher, Rechtsanwalt, Berlin W., Leipzigerstr. 119/20.
Becher, Fr, Rechtsanwalt, München, Neuhauserstr. 7.
Dr. Becherer, W., Rechtsanwalt, Berlin W, Mohrenstr. 13/14.
Bechtel, Jakob, Landgerichtsrat a. D., Frankfurt a. M.
Beck, Hugo, Rechtsanwalt, Leipzig, Plauenschestr. 2.
Dr. Becker, Robert. Rechtsanwalt, Justizrat, Düsseldorf.
Becker, Georg, Rechtsanwalt, Berlin O., Große Frankfurterstr. 102.
Beckh, Herm., Justizrat, Nürnberg.
Dr. jur. Beckmann, Wilhelm, Landrichter, Dortmund, Arndtstr. 68.
Dr. Beer, E., Rechtsanwalt, Berlin W., Behrenstr. 24.
Dr. Beer, Max, Rechtsanwalt, Notar, Berlin-Steglitz, Albrechtstr. 12.
Behrend, Felix, Rechtsanwalt, Berlin N.W., Alt-Moabit 10b.
Dr. Behrend, Richard, Regierungsrat, Berlin W., Genthinerstr. 33.
Behrendt, Severin, Rechtsanwalt, Berlin W., Potsdamerstr. 19, I.
Beier, Landgerichtsdirektor, Breslau, Goethestr. 16.
Dr. Beneke, Max, Amtsrichter, Bochum.
Dr. Berbig, M., Rechtsanwalt, Berlin W., Friedrichstr. 78.
Berendes, Reichsgerichtsrat, Leipzig, Kaiser Wilhelmstr. 59.
Berger, Julius, Justizrat, Leipzig.
Dr. Béringuier, Richard, Amtsgerichtsrat, Berlin W., Nettelbeckstr. 21.
Berlin, Max, Oberlandesgerichtsrat, Nürnberg, Frauentorplatz 37.
Dr. Berndt, Rechtsanwalt, Stettin, Breitestr. 6I.
Dr. Bernhardt, Ludwig, Prof. der Staatswissenschaften, Berlin W., Fasanenstr. 35..
Bernstein, H., Justizrat, Berlin C., Hackescher Markt 1.
Dr. Bernstein, Wilh., Justizrat, Berlin N., Dorotheenstr. 65/66.
Dr. Beschütz, Hamburg, Hallerstr. 66.
Dr. Beseler, Justizminister, Berlin, Wilhelmstr. 65.
D. Dr. Bierling, Geh. Justizrat, Professor, Greifswald.
Dr. Biermann, Professor, Gießen.
Dr. Binder, J., Professor, Erlangen.
Dr. Binding, Karl, Geheimrat, Professor, Leipzig, Bismarckstr. 6.
Bing, Max, Rechtsanwalt, München, Thal 67, II.
Dr. Binswanger, Rechtsanwalt, Augsburg, Volkhartstr. 6.
Birkenbihl, Oberlandesgerichtsrat, Frankfurt a. M., Böhmerstr. 23.
Dr. Birkmeyer, Geh. Hofrat, Professor, München, Osterwaldstr. 95.
Bitter, R. A., Justizrat, Generaldirektor, Neudeck in Oberschlesien.
Dr. Bitter, Rechtsanwalt, Notar, Kiel.
Blanckmeister, Landgerichtsdirektor, Graudenz.
Blaschkauer, R., Rechtsanwalt, Berlin S,W., Kommandantenstr. 7/9.
Dr. Blaettner, H., Rechtsanwalt, Justizrat, München, Löwengrube 6/2.
Dr. Bloch I, Rechtsanwalt, München, Briennerstr. 4.
Blume, Reichsgerichtsrat, Leipzig, Jakobstr. 5.
von Blume, Universitätsprofessor, Halle a. S.
Dr. Blumenfeld, Rechtsanwalt, Hamburg, Stadthausbrücke 43.
Bobrecker, Rechtsanwalt, Berlin C., Gondardstr. 4.
Bock, Rechtsanwalt, Kiel.
Dr. Boeckel, Fritz, Rechtsanwalt, Jena.

Bockelmann, Justizrat, Kiel, Holstenstr. 9.
Boecking, Landgerichtspräsident, Straßburg i. E.
Dr. Boden, F., Amtsrichter, Hamburg, Steindamm 83.
Dr. Bodenstein, Regierungsassessor, Essen-Ruhr, Verein für bergbauliche Interessen.
Bohm, Amtsgerichtsrat, Hannover, Yorkstr. 5.
Boehm, Rechtsanwalt, Berlin W., Köthenerstr. 45.
Boehmert, Paul, Rechtsanwalt, Dresden-A.
Bojunga, Justizrat, Hannover.
Dr. Bondi, Felix, Rechtsanwalt, Notar, Justizrat, Dresden, Johann Georgen Allee 9.
Dr. Boner, Franz A., Dispacheur, Bremen.
Bong-Schmidt, Rechtsanwalt, Notar, Justizrat, Flensburg.
Dr. von Boenninghausen, Rechtsanwalt, Hamburg.
Bonzel, Rechtsanwalt, Notar, Dortmund, Osterhellweg 61.
Borchers, Ad., Geheimer Justizrat, Rechtsanwalt, Celle.
Dr. Borinski, Rechtsanwalt, Berlin W., Mohrenstr. 16.
Dr. Bornhak, Conrad, Professor, Berlin S.W., Blücherplatz 2.
Bornstein, W., Rechtsanwalt, Berlin C., Kaiser Wilhelmstr. 31.
Boschan, Kammergerichtsrat, Groß-Lichterfelde West, Karlstr. 10.
Boese, Referendar, Hamm i. W., Ostenwall 35a.
Boettcher, Landgerichtsrat, Elbing, Sonnenstr. 9.
Dr. Boethke, Landgerichtsrat, Berlin W., An der Apostelkirche 1.
Boetzow, Staatsanwalt, Magdeburg.
Dr. Bovensiezen, Amtsrichter, Loebau i. W.-Pr.
Boyens, Justizrat, Leipzig.
Dr. Brackenhoeft, Ed., Rechtsanwalt, Hamburg, Gr. Bleichen 5.
Dr. Brackenhoeft, Octavio, Rechtsanwalt, Hamburg, Gr. Bleichen 5.
Brandau, Referendar, Kiel.
Brandes, Bürgermeister, Glückstadt.
Dr. Brandt, Oberlandesgerichtsrat, Kiel.
Brandt, Rechtsanwalt, Notar, Justizrat, Kiel, Holstenstr. 43, I.
Brauer, Rechtsanwalt, Notar, Justizrat, Cosel i. Ob.-Schl.
Dr. Braun, Geheimer Justizrat, Bankdirektor, Berlin W., Behrenstr. 3.
Brennecke, Carl, Senatspräsident, Berlin N.W., Calvinstr. 8, III.
Breslauer, Bernhard, Justizrat, Berlin C., Kaiser Wilhelmstr. 3.
Breslauer, Rechtsanwalt, Notar, Justizrat, Rawitsch.
Dr. Brink, L., Notar, Mayen i. Rhld.
Dr. Brock, Rechtsanwalt, Berlin N., Chausseestr. 116.
Dr. Brodnitz, Georg, Privatdozent, Halle a. S., Reichardstr. 17.
Dr. Brodnitz, Rechtsanwalt, Berlin S.W., Zimmerstr. 21.
Brown, Albert, Landgerichtsrat a. D., Berlin W., Gleditschstr. 40.
Bruck, Georg, Rechtsanwalt, Berlin W., Friedrichstr. 192/93.
Dr. Brückmann, W., Rechtsanwalt, Berlin S.W., Blücherstr. 8.
Dr. Brückmann, Arthur, Berlin N., Friedrichstr. 129, II.
Brühl, Justizrat, Berlin C., Burgstr. 29.
Dr. Brunhuber, Redakteur, Cöln a. Rh., Lochnerstr. 1.
Dr. Brunner, Geh. Justizrat, Professor, Berlin W., Lutherstr. 36.
Brunswig, H., Rechtsanwalt, Notar, Neustrelitz.

Dr. **Brunswig**, Peter, Assessor, Mitarbeiter im Sekretariat der Deutschen Bank, Friedenau, Wielandstr. 5.
Dr. **Brütt**, Assessor, Altona, Palmaille 45.
Brzezinski, Rechtsanwalt, Justizrat, Königsberg i. Pr., Junkerstr. 13/14.
Buchner, Ernst, Regierungsaccessist, Regensburg, von der Tannstr. 1½c.
Bülau, Ernst, Rechtsanwalt, Justizrat, Zwickau i. S.
Dr. **Büldt**, Gerichtsassessor, Grevenkop b. Krempe i. H.
Dr. **Burchard**, Joh., Professor, Posen, Neue Gartenstr. 51.
Burdach, Oberlandesgerichtsrat, Königsberg i. Pr., Paradeplatz 7.
Burghardt, Geh. Justizrat, vortragender Rat im Justizministerium, Charlottenburg.
Burgheim, Paul, Rechtsanwalt, Notar, Justizrat, Minden (Westfalen).
Dr. **Busch**, Eduard, Justizrat, M.-Gladbach.
Busch, Louis, Reichsgerichtsrat, Leipzig, Beethovenstr. 17.
Dr. jur. utr. **Busch**, Heinrich, Rechtsanwalt, Notar, Rheinberg a. Rh.
Dr. **Büttner**, Regierungsrat, Potsdam, Neue Königstr. 17a.
Bytinski, Felix, Rechtsanwalt, Karlsruhe, Kaiserstr. 183.
Caesar, R., Justizrat, Homburg v. d. Höhe.
Cahen II, Albert, Rechtsanwalt, Cöln, Kattenbug 19.
Cahen, Ludwig, Rechtsanwalt, Cöln a. Rh., Elisenstr. 18.
Dr. **Cahn**, Geh. Legationsrat, Berlin W., Maienstr. 5.
Dr. **van Calker**, Professor, Straßburg i. E.
Dr. **Callmann**, Max, Rechtsanwalt, Justizrat, Cöln a. Rh, Gereonshof 35.
Callomon, Hugo, Rechtsanwalt und Notar, Justizrat, Breslau, Junkernstr. 34.
Dr. **Cannedt**, Carl, Rechtsanwalt, Notar, Berlin S.W. 11.
Dr. **Carls**, Referendar, Kiel, Feldstr. 14.
Caro, Ernst, Rechtsanwalt, Berlin W., Wilhelmstr. 94/96.
Caro, Hugo, Rechtsanwalt, Berlin W., Friedrichstr. 198/99.
Caro, Richard, Rechtsanwalt, Berlin C., Königstr. 25.
Carstens, Rechtsanwalt, Notar, Kottbus, Bahnhofstr. 19.
Dr. **Caspari**, F., Justizrat, Frankfurt a. M., Schillerstr. 2.
Chodziesner, L., Rechtsanwalt, Berlin C., Kaiser Wilhelmstr. 49.
Chodziesner, Max, Rechtsanwalt, Berlin W., Unter den Linden 42.
Dr. **Chormann**, Reinhard, Rechtsanwalt, Justizrat, Mülhausen i. E., Hoffnungstr. 9.
Dr. **Cillis**, Rechtsanwalt, Justizrat, Bonn, Wilhelmstraße.
Citron, Landgerichtsrat, Berlin W., Uhlandstr. 183.
Claasen, Geh. Regierungsrat und vortragender Rat in der Oberrechnungskammer Potsdam, Jäger-Allee 16.
Dr. **Claasen**, Rechtsanwalt, Justizrat, Cöln, Apernstr. 19.
Clausen, Gerichtsassessor, Kiel, Ringstr. 20.
Dr. **Clausen**, Amtsrichter, Neumünster.
Dr. **Cohen**, Otto, Oberlandesgerichtsrat, Hamburg, Leinpfad 66.
Dr. **Cohen**, Max, Rechtsanwalt, Hamburg, Stadthausbrücke 48.
von **Cöllen**, Theodor, Rechtsanwalt, Justizrat, Cöln a. Rhein.
Dr. **Cohn**, Martin, Rechtsanwalt, Berlin W., Corneliusstr. 5.
Cohn I, Justizrat, Berlin W., Jägerstr. 20.
Dr. **Cohn**, Ludwig, Geheimer Justizrat, Breslau, Agnesstr. 1, II.
Cohn, Ferdinand, Rechtsanwalt, Notar, Justizrat, Glogau, Wilhelmsplatz 8.
Cohn, Amtsgerichtsrat, Breslau, Goethestr. 16, II.

Dr. Cohn, Amtsgerichtsrat, Cöln a. Rh., Lochnerstr. 12/14.
Dr. Cohn, Georg, Professor, Zürich V, Conradischestr. 2v.
Dr. Cohn, Ignatz, Rechtsanwalt, Berlin C., Alte Schönhauserstr. 5.
Cohn, Louis, Rechtsanwalt, Notar, Justizrat, Berlin N., Brunnenstr. 25.
Dr. Cohn, Oskar, Rechtsanwalt, Berlin C., Kaiser Wilhelmstr. 46.
Dr. Cohn, L., Rechtsanwalt, Bremen, Markt 15.
Dr. Cohn, Rechtsanwalt, Dessau, Zerbsterstr. 56.
Cohn, Georg, Rechtsanwalt, Notar, Justizrat, Tilsit.
Cohn, Eugen, Rechtsanwalt, Charlottenburg, Kantstr. 123.
Dr. Cohn, Alfred, Syndikus, Hamburg, Dorotheenstr. 4/24.
Dr. Colm, E., Landgerichtsrat, Flensburg.
Dr. Cosack, Konrad, Geh. Justizrat, Professor, Bonn.
Cremer, Otto, Amtsrichter, Duisburg, Friedrich Wilhelmstr. 23.
Crome, Paul, Rechtsanwalt, Justizrat, Berlin S.W., Belle-Alliancestr. 91.
Dr. Crome, Carl, Professor, Bonn, Kaiserstr. 57.
Dr. Crone, Amtsrichter, Bromberg, Posenerstr. 24.
Dr. Crusen, Kaiserl. Oberrichter, Tsingtau (Kiautschau).
Daltrop, Rechtsanwalt, Kiel, Karlstal 28.
Daehnhardt, Chr. W., Rechtsanwalt, Notar, Hadersleben (Schleswig).
Danielcik, Kammergerichtsrat, Berlin W., Victoria Louisenplatz 1, I.
Daniels, Notar, Justizrat, Düren.
Danziger, Max, Rechtsanwalt, Berlin C, Alexanderstr. 71.
Dr. Danziger I, N., Rechtsanwalt, Berlin C., Molkenmarkt 12/13.
Danziger, Rechtsanwalt, Notar, Brieg (Bez. Breslau).
Daus, J., Justizrat, Altona (Elbe).
David, Cornelius, Justizrat, Frankenthal (Pfalz).
David, Hugo, Rechtsanwalt, Frankenthal (Pfalz).
Dr. Davidsohn, Leo, Rechtsanwalt, Berlin N., Chausseestr. 2c.
Davidsohn, Willy, Rechtsanwalt, Hildesheim.
von der Decken, Senatspräsident, Hamm i. W.
Debolph, Justizrat, Rechtsanwalt, Notar, Cottbus.
Deegen, Max, Landgerichtsrat, Berlin W., Matthäikirchstr. 16.
Dr. Degenkolb, Geh. Hofrat, Professor, Leipzig, Bismarckstr. 16.
Dr. Deiß, Justizrat, Leipzig, Bismarckstr. 2.
Dr. Delaquis, E., Berlin-Wilmersdorf, Kaiser Allee 19.
Delbrück, Felix, Landgerichtsdirektor, Kiel, Lornsenstr. 34.
Delbrück, Geh. Ober-Regierungsrat, Gr.-Lichterfelde, Sternstr. 15.
Dr. Delius, Kammergerichtsrat, Berlin, Schaperstr. 32.
Dr. Demler, Kgl. Notar, Lauf a. d. Pegnitz.
Dr. Deneke, Rechtsanwalt, Götttingen.
Dr. Dernburg, Geh. Justizrat, Professor, Westend, Kirschenallee.
Dr. Detmold, Professor, Göttingen.
Dettmar, Landgerichtsdirektor, Essen, Lortzingstr. 6.
Dr. Dickel, Karl, Amtsgerichtsrat, Professor, Berlin W., Kleiststr. 22.
Dr. Dickel, Kammerrat, Wernigerode.
Diefenbach, Friedrich, Landgerichtsrat, Colmar i. E.
Diegner, F., Rechtsanwalt, Notar, Elbing.
Dinkgraeve, Rechtsanwalt, Justizrat, Aurich i. Ostfriesland.

Diesfeld, A., Landrichter, Berlin N.W., Essenerstr. 14.
Dietrich, Rechtsanwalt, Justizrat, Prenzlau.
Dr. Dobring, Referendar, Altona a. E.
Donath, Paul, Rechtsanwalt, Notar, Schweidnitz.
Dr. Dormann, Referendar, Hamburg, Paulstr. 25.
Dr. Dormitzer, Rechtsanwalt, Nürnberg.
Dr. Dorner, E., Landgerichtspräsident, Karlsruhe i. B., Stefanienstr. 71.
Doerschlag, Oberlandesgerichtsrat, Kiel.
Dorst, Franz, Justizrat, Notar, Köln a. Rhein, Norbertstr. 26.
Dove, Heinrich, Landgerichtsrat a. D., Berlin W., Friedrich Wilhelmstr. 10.
Dr. Drabert, Oberlandesgerichtsrat, Posen W., Hohenzollernstr. 24.
von Drathen, Referendar, Kiel, Weißenburgstr. 13.
Drews, G., Handelsrichter, Kiel.
Dronke, Ernst, Landgerichtsdirektor, Cöln, Neue Mastrichterstr. 10.
Drove, Referendar, Kiel.
Dr. Drucker, Rechtsanwalt, Leipzig, Ritterstr. 1, II.
Dumreicher, Reichsgerichtsrat, Leipzig.
Dünkelsbühler, Alexander, Rechtsanwalt, München.
Dr. Düringer, A., Reichsgerichtsrat, Leipzig, Kaiser Wilhelmstr. 51.
Dyhrenfurth, Richard, Handelsrichter, Bankier, Berlin W., Französischestr. 29.
Echte, Amtsgerichtsrat, Ploen.
Dr. Echte, Referendar, Kiel, Kirchhofsallee 85.
v. Eck, Rechtsanwalt, Notar, Justizrat, Wiesbaden, Adelheidstr. 6, I.
Eckert, Landgerichtsrat, Oppeln, Rosenbergerstr. 15.
Dr. Eddelbüttel, F., Rechtsanwalt, Hamburg, Heuberg 11.
Edzard, C., Rechtsanwalt, Notar, Bremen, Steinbrücke 1.
Dr. Eger, Rechtsanwalt, Berlin W. 8.
Eggebrecht, Amtsgerichtsrat, Kiel, Feldstr. 141.
Dr. Ehlers, Rechtsanwalt, Kiel, Holtenauerstraße 6.
Dr. Ehrenberg, Universitätsprofessor, Göttingen.
Ehrlich, Max, Justizrat, Berlin W., Taubenstr. 16/18.
Ehrlich I., Oskar, Rechtsanwalt, Notar, Justizrat, Berlin S.W., Königgrätzerstr. 40.
Dr. Ehrlich, Rechtsanwalt, Tilsit.
Eichelbaum, Julius, Kammergerichtsrat, Leipzig.
Dr. Eickhoff, Justizrat, Rechtsanwalt bei dem Reichsgericht, Leipzig, Marienstr. 11.
Dr. Eifert, Rechtsanwalt, Berlin W., Friedrichstr. 57.
Eisele, A., Rechtsanwalt, Ellwangen.
Eisenmann, Justizrat, Berlin N., Chausseestr. 2.
Eisenstädt, Rechtsanwalt, Berlin S.W., Wilhelmstr. 20.
Dr. Eisenstädt, Alfred, Rechtsanwalt, Berlin S.W., Zimmerstr. 16/17.
Dr. Eisermann, Paul, Rechtsanwalt, Berlin S.W., Zossenerstr. 32.
Eller, Rechtsanwalt, Deggendorf.
Dr. Ellstätter, Carl, Justitiar, Berlin W., Meineckestr. 9.
Dr. Elsässer, Senatspräsident, Stuttgart, Olgastr. 6.
Elsbach, Rechtsanwalt, Berlin W., Mohrenstr. 6.
Elsperger, W., Landgerichtspräsident a. D., Hof in Bayern.
Dr. Eltzbacher, Paul, Professor Charlottenburg, Dernburgplatz 1.
Eltzbacher, Carl, Rechtsanwalt, Justizrat, Cöln a. Rh., Unter-Sachsenhausen 11/15.

Elze, Curt, Justizrat, Halle a. d. Saale.
Enderlein, E., Justizrat, Kgl. Advokat, Rechtsanwalt, Ansbach.
Engel, J., Oberlandesgerichtsrat und Landgerichtspräsident, Hamburg-Hohenfelde, Eilenau 34.
Dr. Engelmann, Staatsanwalt, München, Louisenstr. 3, III.
Dr. Enneccerus, Geh. Justizrat, Professor, Marburg i. H.
Dr. Enneccerus, Geh. Justizrat, Professor, Marburg i. H.
Dr. Enzmann, Otto, Ober-Justizrat, Chemnitz i. S., Roßmarkt 4, I.
Dr. Ephraim, Martin, Rechtsanwalt, Frankfurt a. Main.
Dr. Epstein, Emil, Rechtsanwalt, Augsburg.
Dr. Epstein, Gotthardt, Justizrat, Breslau, Neue Schweidnitzerstr. 1.
Erichsen, Sophus, Rechtsanwalt, Notar, Hadersleben i. Schleswig.
Dr. Erlanger, Michael, Rechtsanwalt, Nürnberg, Karolinenstr. 22, I.
Dr. Erlanger, Rechtsanwalt, Stuttgart, Tübingerstr. 14 A 1.
Ermel, Amtsrichter, Niebüll.
Erythropel, Geheimer Justizrat, Leipzig.
Dr. Esche, Arthur, a. o. Professor für Staats- und Rechtskunde an der technischen Hochschule, Dresden, Kommeniusstr. 22.
Eschenbach, August, Rechtsanwalt, Berlin S.W., Besselstr. 19.
Dr. Escales, Richard, München, Nußbaumstr. 10.
Esser, Robert, Geheimer Justizrat, Cöln a. Rh., am Hof 20.
Dr. Eulitz, Max, Rechtsanwalt, Dresden, Ringstr. 25.
Dr. Evert, Referendar, Kiel, Gutenbergstr. 10.
Dr. Ewold, Amtsrichter, Sonderburg.
Fahle, Justizrat, Posen.
Falk, Rechtsanwalt, Cöln a. Rhein.
Falkenbach, Justizrat, Merzig.
Dr. Fastenrath, Hofrat, Cöln a. Rh., Christophstr. 12.
Fehrs, Referendar, Kiel, Niemannsweg 94a.
Feig, Otto, Rechtsanwalt, Berlin S.W., Leipzigerstr. 78.
Feilchenfeld, Daniel, Rechtsanwalt, Berlin W., Markgrafenstr. 62.
Dr. Antoine-Feill, H. R., Rechtsanwalt, Hamburg, Adophsbrücke 4, Börsenhaus.
Feist, Richard, Amtsrichter a. D., Freiburg i. Br., Schöneckstr. 4.
Dr. Felisch, Geh. Admiralitätsrat, Berlin N.W., Stromstr. 36.
Feltz, Xaver, Referendar, Mülhausen i. E.
Fendel, Amtsgerichtsrat a. D., Lorch a. Rh., Weingutsbesitzer.
Dr. Fester, Adolf, Justizrat, Frankfurt a. M., Hochstr. 29.
Dr. Fester, Hans, Rechtsanwalt, Frankfurt a. M., gr. Sandgasse 6 I.
Fickler, H., Amtsrichter, Quedlinburg.
Fiebler, C., Rechtsanwalt, Notar, Lehe, Hafenstr. 114.
Dr. Finger, August, Universitäts-Professor, Halle a. S., Magdeburgerstr. 26.
Dr. Finzenhagen, Amtsrichter, Kiel, Moltkestr. 11.
Dr. Fischer, Otto, Geheimer Justizrat, Oberlandesgerichtsrat, Professor, Breslau, Monhauptstr. 3.
Fischer, Kammergerichtsrat, Wilmersdorf b. Berlin, Pfalzburgerstr. 29.
Fischer I, G., Rechtsanwalt beim Land- und Amtsgericht, Cöln a. Rh., Burgmauer 18.
Dr. Fischer, Robert, Rechtsanwalt, Augsburg, Fuggerstr. 2.

Dr. Fitting, Assessor, Kiel.
Dr. Fitzler, Kammergerichtsrat, Charlottenburg, Schlüterstr. 31.
Dr. Flad, Friedrich, Landgerichtsrat, Karlsruhe i. B., Ettlingerstr. 27.
Dr. Flatau, Ludwig, Rechtsanwalt, Berlin N.W., Dorotheenstr. 22.
Fleck, Hugo, Amtsgerichtsrat, Cöln a. Rh., Käsenstr. 14.
Dr. Fleck, Otto, Amtsgerichtsrat, Düsseldorf, Goethestr. 12.
Fleischer, Rechtsanwalt, Berlin C., Alexanderstr. 71.
Dr. Fleischer, Arthur, Rechtsanwalt, Wiesbaden. Oranienstr. 1.
Dr. Fleischmann, Max, Privatdozent, Amtsrichter, Halle a. Saale, Wilhelmstr. 18.
Fließ, Rechtsanwalt, Notar, Fraustadt.
Fließ, Rechtsanwalt, Notar, Stettin, Schützenstr. 33/34.
Dr. Fontheim, Georg, Referendar, Berlin, Rankestr. 4.
Förtsch, Senatspräsident am Reichsgericht, Leipzig, Albertstr. 32.
Dr. Fösser, R., Justizrat, Frankfurt a. M., Katharinenpforte 6.
Dr. Frank, Reinh., Professor, Tübingen,
Francke, W. Chr., Oberlandesgerichtsrat a. D., Hannover, Böbeckerstr. 10.
Fraenkel, Amtsrichter a. D., Berlin W., Kurfürstenstr. 52.
Dr. Fraenkel, Herbert, Rechtsanwalt, Berlin C., Dirksenstr. 4.
Dr. Fraenkel, Walter, Rechtsanwalt, Berlin C., Breitestr. 1—2.
Dr. Fraenkel, Ludwig, Rechtsanwalt, Hamburg, Neuer Wall 32, I.
Frankenburger I. L., Rechtsanwalt, Nürnberg, Carolinenstr. 1.
Dr. jur. Frantz, Professor, Kiel.
Franzen, E., Justizrat, Kiel, Lange Reihe 11.
Dr. Freese, 1. Staatsanwalt, Nordhausen.
Frege, Geh. Justizrat, Klitschdorf.
Frenkel, Paul, Justizrat, Leipzig, Katharinenstr. 29.
Dr. Freund, Geh. Justizrat, Breslau I, Altbüßerstr. 2.
Freytag, Otto Emil, Rechtsanwalt, Leipzig, Nicolaistr. 17.
Friedberg, Geh. Rat, Professor, Leipzig, Karl Tauchnitzstr. 43.
Friedberg, Landgerichtspräsident, Hannover.
Dr. Friede, Hugo, Rechtsanwalt, Hamburg, Gr. Theaterstr. 12.
Dr. Friedeberg, Edmund, Amtsrichter, Weißensee, Albertinenstr. 19.
Dr. Friedemann, Edmund, Justizrat, Berlin W., Potsdamerstr. 1a.
Friedemann, Referendar, Berlin.
Friedenthal, Ernst, Justizrat, Breslau V, Museumstr. 11.
Dr. Friedenthal, Felix, Rechtsanwalt, Berlin W., Lützowstr. 48.
Friedlaender, Max, Amtsgerichtsrat, Berlin-Wilmersdorf, Holsteinischestr. 31a.
Dr. Friedlaender, Georg, Bankdirektor, Justizrat, Berlin W., Wilhelmstr. 71.
Friedlaender, Siegmund, Rechtsanwalt, Notar, Justizrat, Berlin O., Holzmarktstr. 68.
Dr. Friedlaender, Rechtsanwalt, Notar, Justizrat, Potsdam.
Dr. Friedlaender, Carl Erich, Rechtsanwalt, Berlin W., Jägerstr. 10.
Friedlaender, Fr., Justizrat, Berlin W., Lützowstr. 46.
Friedlaender, Leo, Rechtsanwalt, Berlin W., Mohrenstr. 21.
Dr. Friedlaender, Rechtsanwalt, Notar, Lublinitz, Ob.-Schl.
Dr. Friedleben, Fritz, Justizrat, Frankfurt a. M.
Dr. Friedmann, Th., Justizrat, Berlin N.W., Alt-Moabit 119.
Dr. Friedmann, Rechtsanwalt, Karlsruhe i. B., Kaiserstr. 141.

Dr. jur. Friedmann, Alfred, Berlin W., Tiergartenstr. 8.
Friedmann, Leonhard, Rechtsanwalt, Berlin W., Kronenstr. 64.
Dr. jur. Friedrichs, Carl, Rechtsanwalt, Düsseldorf, Bismarckstr. 94.
Dr. Frisch, Hans, Ritter von, Professor, Basel i. Schw., Utengasse 5.
Fritze, Geh. Ober-Justizrat, Berlin W., Wormserstr. 11.
Froehlich, Stephan, Justizrat, Notar, Köln a. Rh., Richmodstr. 4.
Fromm, Bruno, Kammergerichtsrat, Berlin W., Maaßenstr. 14.
Dr. Frommhold, Georg, Professor, Greifswald.
Frormann, Amtsrichter, Nortorf i. H.
Frowein, Oberverwaltungsgerichtsrat, Berlin W., Kurfürstendamm 20.
Frühauf, Rechtsanwalt, Karlsruhe.
Dr. Fuchs, Eugen, Justizrat, Berlin W., Keithstr. 10.
Fuchs, E., Rechtsanwalt, Berlin W., Französische Str. 13.
Fuchs I, Max, Justizrat, Berlin W., Friedrichstr. 71.
Fuchs, Ernst S., Rechtsanwalt, Karlsruhe i. B., Moltkestr. 17.
Dr. Fuhrmann, Landrichter, Greifswald, Steinleckerstr. 40.
Dr. Fuld, L., Rechtsanwalt, Justizrat, Mainz Bahnhofstr. 6.
Fülscher, Amtsrichter, Itzehoe.
Dr. Fürst, Rud., Rechtsanwalt, Fiskalanwalt, Heidelberg, Theaterstr. 11.
Dr. Fürst, Friedrich, Rechtsanwalt, Karlsruhe i. B.
Gaebel, E., Rechtsanwalt, Notar, Schneidemühl.
Gadebusch, Amtsrichter, Berlin N.W., Lessingstr. 32.
Dr. Gaitzsch, Rechtsanwalt, Notar, Chemnitz (Sachsen).
Dr. Gallinger, Rechtsanwalt, Nürnberg.
Gaenßler, Albert, Justizrat, München, Brimmerstr. 9/10.
Dr. Ganz, S., Rechtsanwalt, Frankfurt a. M., Neue Mainzerstr. 68.
Gaettens, R., Amtsgerichtsrat, Rostock i. M.
Dr. Gebhardt, Geheimrat, Professor, Heidelberg, Berzoldstr. 27.
Gebhardt, Rechtsanwalt, Notar, Justizrat, Frankfurt a. O.
Gehestiftung, Dresden, Kleine Brüdergasse 21.
Dr. Gehrke, Max, Rechtsanwalt, Frankfurt a. M.
Dr. Geiger, Alfred, Rechtsanwalt, Frankfurt a. M., Schillerstr 22.
Dr. Geiger, B., Justizrat, Frankfurt a. M., Schillerstr. 22.
Geißler, Justizrat, Freiberg i. S.
Dr. Gelpke, Max, Rechtsanwalt, Notar, Justizrat, Berlin W., Mohrenstr. 66.
Gerhardt, Stephan, Justizrat, Berlin W., Wilhelmstr. 90.
Dr. Gerland, Professor, Jena.
Geselbracht, Rechtsanwalt, Notar, Justizrat, Dortmund.
Dr. Gerson, Rechtsanwalt, Justizrat, Berlin W., Friedrichstr 76.
Dr. Gierke, Otto, Geh. Justizrat, Professor, Charlottenburg, Carmerstr. 12.
Dr. Gierke, Julius, o. Professor, Königsberg-Mittelhufen, Louisenallee 16.
Giesecke, Justizrat, Magdeburg, Breiteweg 230.
Gilow, M., Kammergerichtsreferendar, Berlin W. 15, Fasanenstr. 69.
Glaser, Justizrat, Breslau.
Glasmacher, H., Notar, Rombach i. Lothringen.
Dr. Glaß, Rechtsanwalt, Notar, Justizrat, Schneidemühl.
Gliemann, Erster Staatsanwalt, Elbing, Friedrich Wilhelmplatz 16.
Glogauer, Hermann, Amtsgerichtsrat, Tarnowitz (O.-Schl.).

Glogowski, Rechtsanwalt, Justizrat, Rawitsch.
Dr. Glücksmann, Alf., Stadtrat, Rixdorf, Jonasstr. 66.
Dr. Goldenring, Geh. Justizrat, Straßburg (Elsaß), Goethestr. 11.
Dr. Goldfeld, Jul., Rechtsanwalt, Hamburg, ABC-Straße 6.
Goldmann, Ed., Justizrat, Berlin W., Potsdamerstr. 22a.
Dr. Goldschmidt, Privatdozent, Berlin W., Landgrafenstr. 9.
Gonschorowski, Rechtsanwalt, Stallupönen.
Dr. Goepel, Amtsgerichtsrat, Altenburg S./A.
Dr. von Gordon, Justizrat, Berlin W. 8.
Dr. Gorius, Geh. Justizrat, Rechtsanwalt, Cöln a. Rhein.
Goerres, H., Rechtsanwalt, Berlin S.W., Zimmerstr. 84.
Goertz, Rechtskandidat, Kiel, Karlstr. 15.
Goßmann, Georg, Rechtsanwalt, Notar, Justizrat, Berlin W., Mauerstr. 66/67.
Gotthelf, Justizrat, München, Heßstr. 14.
Dr. Gotthelf, Willy, Rechtsanwalt, Berlin W., Französischestr. 43.
Dr. Gottschalk, Amtsgerichtsrat, Solingen.
Gottschalk, Leopold, Rechtsanwalt, Berlin, Französische Straße 8.
Dr. Gottschalk, H., Rechtsanwalt, Leipzig, Thomasring 8.
Dr. Gottschalk, Alfred, Rechtsanwalt, Berlin W., Geisbergstr. 24.
v. Graba, Landeshauptmann, Kiel.
Dr. Gradenwitz, Professor, Königsberg (Preußen), Schönstr. 8.
Dr. von Grafen, Rechtsanwalt, Justizrat, Cöln a. Rh.
Dr. Graßhoff, Rechtsanwalt, Berlin W., Bülowstr. 21.
Grau, Justizrat, Berlin N.W., Flensburgerstr. 3.
Graul, M., Landgerichtsrat, Dormund, Kronprinzenstr. 32.
Gravenhorst, Amtsrichter, Braunstedt.
Greiff, Geh. Ober-Justizrat, Berlin W., Nettelbeckstr. 10.
Dr. Grelling, Ernst, Rechtsanwalt, Berlin C., Spandauerstr. 48.
Dr. Greve, Albert, Amtsrichter, Hamburg, Bundesstr. 8.
Griese, E., Amtsrichter, Königswusterhausen.
Grieser, Justizrat, Colberg.
Grobe, H., Rechtsanwalt, Notar, Justizrat, Calbe a. Saale.
Groke, Referendar, Flensburg, Nordergraben 33.
Gronen, Amtsanwalt, Oberlieutenant a. D., Kiel.
Groß, Friedrich, Rechtsanwalt, Mergentheim.
Grosse, Referendar, Halberstadt, Roonstr. 73.
Groth, Landgerichtsrat, Landsberg a. Warthe, Zechowerstr. 30h.
Groth, Landgerichtspräsident, Glatz.
Dr. Grote, H., Richter, Bremen, Mathildenstr. 27.
Dr. Grueber, Erw., Professor, München, Giselastr. 5.
Grünbaum, Rechtsanwalt, Berlin C., Spandauerbrücke 9.
Dr. Gründler, Rechtsanwalt, Justizrat, Berlin W., Friedrichstr. 59/60.
Grünebaum, Landgerichtsrat, Essen a. d. Ruhr, Gottfriedstr. 10.
Grünne, Justizrat, München.
Grünschild, Rechtsanwalt, Berlin W., Leipzigerstr. 98.
Grützmacher, Rechtsanwalt, Kiel.
Dr. Gryczewski, Oberlandesgerichtspräsident, Posen.
Dr. Guggenheim, Rechtsanwalt, Offenbach a. M.

Dr. Guhrauer, Rechtsanwalt, Justizrat, Berlin S.W., Kommandantenstr. 68/69.
Gunck, Franz, Notar, Justizrat, Sinzig.
Dr. Guradze, Landrichter, Cleve.
Dr. Güterbock, Geh. Justizrat, Professor, Königsberg i. Pr., Königstr. 63.
Dr. Gutfeld, Wilhelm, Rechtsanwalt, Berlin, Krausenstr. 76.
Gutfeld, Rechtsanwalt, Berlin S., Oranienstr. 59.
Dr. Gutfleisch, Rechtsanwalt, Justizrat, Gießen.
Guth, Justizrat, Heide.
Gutsche, Rechtsanwalt, Magdeburg, Breiteweg 198, I.
Guttfeld, Caspar, Rechtsanwalt, Berlin C., Oranienstr. 59.
Guttmann, Julius, Rechtsanwalt, Justizrat, Berlin C., Klosterstr. 83.
Guttmann, Eduard, Rechtsanwalt, Magdeburg, Breiteweg 146.
Guttmann, Rechtsanwalt, Notar, Justizrat, Wiesbaden, Moritzstr. 4.
Gyßling, Robert, Rechtsanwalt, Justizrat, Königsberg i. Pr., Theaterstr. 1.
Haack, Rechtsanwalt, Notar, Justizrat, Kiel, Kehdenstr. 30.
Haack, Oskar, Senatspräsident, Berlin W., Lützow Ufer 21.
Dr. Haas, Heinrich, Rechtsanwalt, Karlsruhe, Kaiserstr. 191.
Haber, Rechtsanwalt, Justizrat, Leipzig, Schwägrichenstr. 13.
Dr. Häberlin, E. J., Rechtsanwalt, Justizrat, Frankfurt a. M.
Haberstroh, August, Landgerichtsrat, Berlin N.W., Bachstr. 4.
Dr. Hachenburg, Max, Rechtsanwalt, Mannheim C. 2 N. 23.
Häckermann, Rechtsanwalt, Justizrat, Greifswald.
Hadra, Arthur, Rechtsanwalt, Berlin W. 8.
Dr. Hafter, E., Professor, Kirchberg b. Zürich.
Hagemann, Landgerichtsrat, Mitglied des Reichstags, Erfurt.
Hagemann, Rechtsanwalt, Notar, Tönning.
Hagen, Otto, Landgerichtsrat, Berlin W., Luitpoldstr. 11.
Hahn, Julius, Amtsgerichtsrat, Berlin N.W., Paulstr. 11.
Dr. Hahn, Amtsrichter, Sonderburg.
Hahn, Franz, Rechtsanwalt, Berlin C., Klosterstr. 29.
Hahn, Max, Rechtsanwalt, Berlin W., Potsdamerstr. 138.
Hahn, Rudolf, Rechtsanwalt, Justizrat, Berlin C., Brüderstr. 39.
Dr. Hahn, Rechtsanwalt, Cassel.
Haid, Oberpostassistent, München.
Dr. Haillant, Napoleon, Rechtsanwalt, Bromberg.
Dr. Halle, Rechtsanwalt, Notar, Justizrat, Berlin W., Kronenstr. 56.
Hallensleben, Rechtsanwalt, Berlin C., Alexanderstr. 41.
Dr. Halpert, Rechtsanwalt, Berlin C., Neue Friedrichstr. 76.
Hamburger, Carl, Rechtsanwalt, Berlin W., Potsdamerstr. 118c.
Dr. Hamburger, Carl, Geheimer Justizrat, Advokat, Notar, Frankfurt a. M.
Dr. Hamm, Wirkl. Geh. Ober-Justizrat, Excellenz, Ober-Landesgerichtspräsident, Bonn, Quantiusstr. 8.
Hammer, Justizrat, Chemnitz (Sachsen).
Hammerschmidt, Rechtsanwalt, Cottbus.
Handt, Senatspräsident, Celle.
Hannemann, Kammergerichtsrat, Berlin W., Motzstr. 53.
Hannemann, Erster Staatsanwalt, Görlitz.
Hänschke, Carl, Rechtsanwalt, Berlin C., Brüderstr. 4.

Dr. Hansen, Landrichter, Flensburg.
Hansen, A., Rechtsanwalt, Kiel.
Hansen, J., Handelsrichter, Kiel.
Hänsel, Richard, Justizrat, Bergen a. Rügen.
Dr. Harburger, Heinrich, Oberlandesgerichtsrat, Professor, München, Karlstr. 21.
v. Harder, Alexander, Rechtsanwalt, Mannheim N. 2. 1.
Dr. Harmening, Ernst, Rechtsanwalt, Jena.
Dr. Harnier, Aug. Geh. Ober-Justizrat, Berlin W., Passauerstr. 4.
Dr. Harnier, Ed., Justizrat, Rechtsanwalt, Cassel.
Harries, Rechtsanwalt, Kiel, Klinke 26.
Hartert, Gerichtsassessor, Altona, Allee 185.
Dr. Hartmann, Adolf, Amtsgerichtsrat, Berlin W. 62, Courbièrestr. 6.
Dr. Hartmann, Landgerichtspräsident, Flensburg.
Dr. jur. Hartzau, J., Lübeck, Fleischhauerstr. 27, II.
Hartmann, Rechtsanwalt, Charlottenburg, Schloßstr. 8.
Hartwich, Rechtsanwalt, Justizrat, Berlin S.W., Belle-Allianceplatz 9.
Hase, Rudolf, Rechtsanwalt, Notar, Altenburg S./A.
Dr. Hasse, Rechtsanwalt, Kiel.
Hauchecorne, Kammergerichtsrat, Charlottenburg, Leibnitzstr. 10.
Hauptmann, Rechtsanwalt, Notar, Frankfurt a. O., Junkerstr. 20.
Dr. Haymann, Franz, Assessor, Frankfurt a. M., Schleidenstr. 12.
Dr. Hayum, Rechtsanwalt, Tübingen.
Dr. Hecht, L., Rechtsanwalt, Notar, Justizrat, Frankfurt a. M., Seilerstr. 19a.
Dr. Hecht, Felix, Geh. Hofrat, Mannheim.
Dr. Heck, Professor, Tübingen.
Dr. Heckscher, Cäsar, Rechtsanwalt, Hamburg, Kaiser Wilhelmstr. 34.
Hebbe, Rechtsanwalt, Notar, Justizrat, Marne i. Holstein.
Dr. Heidemann, Rechtsanwalt, Köslin.
Heidensleben, Amtsgerichtsrat, Rostock i. M.
von Heidsieck, Referendar, Nortorf.
Heilberg, Rechtsanwalt, Justizrat, Breslau, Nicolai-Stadtgraben 26.
Dr. Heilborn, Professor, Breslau, Salvatorplatz 8.
Heilbrun, Amtsgerichtsrat, Kiel, Wilhelminenstr. 45.
Heilfron, Professor, Berlin W., Schöneberger Ufer 43.
Heiliger, Geheimrat, Cöln a. Rh., Hansaring 61.
Heilpern, S., Rechtsanwalt, Leipzig, Katharinenstr. 6.
Heim, Michael, Rechtsanwalt, Justizrat, Würzburg, Paradeplatz.
Heimann, Rud., Gerichtsassessor, Hannover, Königswortherstr. 45.
Dr. Heimann, Jacob, Rechtsanwalt, Hamburg, Kaiser Wilhelmstr. 3.
Dr. Heinemann, Rechtsanwalt, Berlin, Kronenstr. 8/9.
Heinitz, E., Justizrat, Berlin W.: Mohrenstr. 56.
Heinitz, Franz, Rechtsanwalt, Berlin W., Viktoriastr. 5.
Dr. Heink, Paul Friedrich, Advokat, Zürich, Sonnenquai 1.
Dr. Heinrici, Amtsrichter, Oranienburg.
Dr. Heins, Amtsgerichtsrat, Kiel, Loonsenstr. 44, II.
Heinsheimer, Otto, Rechtsanwalt, Karlsruhe, Kaiserstr. 161.
Heiser, Fritz, Referendar, Frankfurt a. M., Feldstr. 20.
Dr. Helfritz, Syndikus, Greifswald, Bonikstr. 7.

Heller, Ritter v., Staatsrat, Präsident des obersten Landesgerichts, München, Müllerstr. 45a.
Hellmann, Geh. Justizrat, Landgerichtsrat a. D, Burtscheid-Aachen.
Dr. Hellmann, Friedr., Professor, München, Gabelsbergerstr. 1a.
Dr. Hellwig, Professor, Geh. Justizrat, Berlin W. 15.
Henckel, Franz, Rechtsanwalt, Notar, Nienburg a. d. Weser.
Henke, Referendar, Berlin, Kurfürstenstr. 28.
Hennig, G., Amtsgerichtsrat, Magdeburg.
Dr. Henning, L., Rechtsanwalt, Greiz.
Dr. Hennings, Rechtsanwalt, Kiel, Sophienblatt 28a.
Henrich, Justizrat, Rechtsanwalt, Notar, Völklingen a. d. Saar.
Henschel, M., Rechtsanwalt, Justizrat, Berlin C., Roßstr. 3.
Henschel, Rechtsanwalt, Justizrat, Breslau V, Schweidnitzer Stadtgraben 10.
Henzler, P., Amtsrichter, Bergheim a. Erft.
Hercher, Wolfgang, Rechtsanwalt, Berlin S.W., Charlottenstr. 76.
Herhaus, Notar, Hillesheim a. d. Eifel.
Hermann, J., Rechtsanwalt, Würzburg, Kettengasse 12, II.
Herold, Arthur, Landgerichtsrat a. D., Heroldshof b. Ranis, Kr. Ziegenrück.
Herr, Justizrat, Rechtsanwalt beim Reichsgericht, Leipzig, Weststr. 19b.
Dr. Herr, Rechtsanwalt, Hamm i. W.
Herrendoerfer, Justizrat, Swinemünde.
Dr. Herrmann, Gustav, Rechtsanwalt, Justizrat, Berlin W., Mauerstr. 81.
Hertwig, A., Landgerichtsdirektor, Meiningen, Berlinerstraße.
Dr. Hertz, Rechtsanwalt, Frankfurt a. M., Schillerstr. 14e.
Dr. Hertz, G., Senator, Hamburg, Magdalenenstr. 3.
Dr. Hesdörffer, M. H., Rechtsanwalt, Frankfurt a. M., Kaiserstr. 23.
Dr. Hesekiel, Landgerichtsrat, Berlin, Hallesche Straße 6.
Dr. Heß, Ludwig, Rechtsanwalt, Stuttgart, Kirchstr. 16.
Heß, Oberlandesgerichtsrat Celle, Lüneburgerstr. 10.
Heucke, Rechtsanwalt, Notar, Wanzleben, Bez. Magdeburg.
Heußner, Amtsrichter, Niederaula, Bez. Cassel.
van der Heyde, Fr., Rechtsanwalt, Notar, Justizrat, Rüdesheim a. Rh.
Heyer, A., Notar, Berlin C., Alexanderstr. 38a.
Dr. Heyl, Syndikus, Hamburg, Agnesstr. 41.
Heymann, Justizrat, Altona a. E.
Dr. jur. Heymann, E., Professor der Rechte, Marburg a. d. L.
Heymann, Adolf, Rechtsanwalt, Berlin, Blumenstr. 39.
Dr. Heymann, Eduard, Rechtsanwalt, Danzig, Hundegasse 36.
Dr. Heymann, S., Rechtsanwalt, Hamburg, Kaiser Wilhelmstr. 23.
Dr. Heymann, Hans, Schriftsteller, Berlin N.W., In den Zelten 8.
Heyn, Julius, Rechtsanwalt, Berlin W., Behrenstr. 17.
Dr. Hick, Oberlandesgerichtsrat, Karlsruhe (Baden).
Dr. Hiedemann, Rechtsanwalt, Cöln a. Rh., Elisenstr. 11.
Hildebrand, H. C. F., Senator, Bremen.
Hilf, H., Justizrat, Rechtsanwalt, Notar, Limburg a. d. Lahn.
Hillebrandt, H., Referendar, Berlin W., Winterfeldstr. 3, III.
Dr. Hilpert, Justizrat, kgl. Advokat, Nürnberg, Hauptmarkt 11.
Dr. Hilse, Benno, Kreisgerichtsrat a. D., Syndikus, Berlin S.W., Königgrätzerstr. 61.

Dr. Hilse, Carl, Syndikus, Professor, Berlin S.W, Königgrätzerstr. 61.
Dr. Hink, Otto, Oberlandesgerichtsrat, Karlsruhe, Westendstr. 22.
Hinrichsen, Amtsgerichtsrat, Kiel, Kirchhofsallee 25.
Dr. jur. Hinrichsen, Robert, Rechtsanwalt, Notar, Güstrow i. M.
Dr. Hinsberg, A., Rechtsanwalt, Barmen, Berlinerstr. 31.
Dr. Hipp, Ernst, Landrichter, Hamburg.
Dr. Hippe, Johannes, Rechtsanwalt, Dresden-Blasewitz, Tolkewitzerstr. 42.
Dr. v. Hippel, R., Professor, Göttingen, Hoher Weg 2.
Dr. Hirsch, Karl, Gerichtsassessor, Frankfurt a. M.., Westendstr. 52.
Dr. Hirsch, Kammergerichtsrat, Berlin W., Rankestr. 6.
Hirsch, Leonhard, Rechtsanwalt, Berlin W., Lützowstr. 66.
Hirsch, Rechtsanwalt, Notar, Schwetz a. d. Weichsel.
Hirschfeld, Ernst, Amtsgerichtsrat, Charlottenburg, Wilmersdorferstr. 80.
Hirschfeldt, Rechtsanwalt, Berlin C., Kaiser Wilhelmstr. 18.
Hirschhorn, R., Geheimer Justizrat, Gießen.
Hirsekorn, Felix, Rechtsanwalt, Berlin W. 8.
Dr. Hoefer, Arno, Rechtsanwalt, Altenburg, S.-A.
Hoek, Friedrich, Referendar, Kiel, Lorentzendamm 18.
Dr. Hoffmann, E., Wirklicher Geh. Ober-Regierungsrat, Direktor im Reichsjustizamt, Berlin W, Courbièrestr. 10.
Hoffmann, Rechtsanwalt, Heydekrug.
Dr. Hoffmann, Hans, Justizrat, Berlin N.W., Dorotheenstr. 80.
Dr. Hoffmann, Max, Rechtsanwalt, Justizrat, Notar, Berlin W,. Unter den Linden 48/49.
Hoffmann, Ernst, Rechtsanwalt, Notar, Justizrat, Pankow b. Berlin, Breitestr. 30.
Hoffstaedt, W., Rechtsanwalt, Berlin S.W., Zimmerstr. 19.
Hofmackel, Friedrich, Landgerichtspräsident, Traunstein.
Hoeftman, Landgerichtsrat, Elbing, Friedrich Wilhelmplatz 5, II.
Dr. Hölder, Geh. Hofrat, Professor, Leipzig, Schwägrichenstr. 26.
Holland, W., Oberlandesgerichtsrat, Braunschweig, Kaiser Wilhelmstr. 86.
Dr. Hollaender, Carl, Rechtsanwalt, Berlin C., Alexanderstr. 63.
Dr. Hollaender, Albert, Rechtsanwalt, Hamburg, Colonnaden 41.
Dr. Holtz, Leo, Geh. Regierungsrat, vortragender Rat im Ministerium für Landwirtschaft, Domänen und Forsten, Charlottenburg, Berlinerstr. 58, III.
Holz, Rechtsanwalt, Justizrat, Berlin W., Mauerstr. 68.
Honig, Rechtsanwalt und Notar, Gnesen.
Dr. Honig, L., Rechtsanwalt, Nürnberg.
Dr. Hoepfner, Professor, Göttingen, Wilhelm Weberstr. 34.
Dr. Horn, Rechtsanwalt, Berlin W., Körnerstr. 4.
Dr. Horn, Rechtsanwalt, Kiel, Falckstr. 9.
Dr. Horwitz, Maximilian, Rechtsanwalt, Justizrat, Berlin S.W., Lindenstr. 11.
Dr. Horwitz, O., Rechtsanwalt, Hamburg, Gröningerstr. 10.
Horwitz, Referendar, Rathenow.
Huber, R., Landrichter, Wilmersdorf, Kaiser Allee 173.
Dr. Hübler, Geh. Ober-Regierungsrat, Professor, Berlin W., Landgrafenstr. 3.
Dr. Huch, Rechtsanwalt und Notar, Braunschweig.
Dr. Humser, Geh. Justizrat, Rechtsanwalt und Notar, Frankfurt a. M.
Hundt, Carl, Geheimer Justizrat, Notar, Krefeld.

Hündorf, Rechtsanwalt, Justizrat, Halle a. S.
Dr. Hüneberg, Rechtsanwalt, Hamm i. W.
Hüser, Referendar, Kiel.
Jacob, Emil, Geh. Kommerzienrat, Berlin, Holzmarktstr. 65.
Dr. Jacobi, Professor, Münster i. W.
Dr. Jacobi, Herbert, Rechtsanwalt, München, Färbergraben 7.
Jacobi, Rechtsanwalt, Frankfurt a. O.
Jacobsohn, Max, Justizrat, Berlin W., Linkstr. 1.
Dr. Jacobsohn, Julian, Rechtsanwalt, Berlin C., Burgstr. 29/30.
Jacobsohn, Rechtsanwalt, Bromberg.
Dr. Jacobsohn, H., Rechtsanwalt, Leipzig, Brühl 2.
Jacobsohn, Rechtsanwalt, Justizrat, Posen.
Jacobsohn, Rechtsanwalt, Notar, Rixdorf-Berlin.
Jacoby, Ernst, Referendar, Berlin W., Bayreuterstr. 41.
Jacusiel, Kurt, Rechtsanwalt, Berlin C., Kaiser Wilhelmstr. 17.
Dr. Jaffa, Sally, Rechtsanwalt, Berlin C., Stralauerstr. 56.
Dr. Jaffé, Paul, Gerichtsassessor, Arnsberg.
Dr. Jaeger, Otto, Notar, Hochfelden.
Dr. Jaeger, Ernst, Professor, Leipzig, Plagwitz, Forststr. 2.
Dr. Jahn, Rechtsanwalt, Prenzlau.
Janke, Landrichter, Kiel, Feldstr. 140.
Jaredi, Rechtsanwalt, Posen, Neue Straße 1.
Jaspersen, Handelsrichter, Kiel, Bismarckallee 30.
Jastrow, Amtsgerichtsrat, Berlin N.W. 5, Birkenstr. 44a, I.
Jemüller, k. Oberpostassessor, München, Amalienstr. 84.
Jentzsch, C., Landgerichtsdirektor, Hannover, Böderstr. 21.
Jeß, Landgerichtspräsident, Lüneburg.
Jessen, Paul, Referendar, Kiel, Geibelallee 15.
Illch, Rechtsanwalt, Berlin S.W., Leipzigerstr. 57.
Imberg I, Franz, Rechtsanwalt, Berlin W., Potsdamerstr. 136.
Dr. Immerwahr, W., Bankdirektor, Berlin W., Meineckestr. 25.
von Ingersleben, Landgerichtsdirektor, Konitz (W.-Pr.), Schützenstraße.
Joachim, Rechtsanwalt, Justizrat, Berlin S.O., Skalitzerstraße.
Jockisch, Wilhelm, Amtsgerichtsrat, Posen, Hohenzollernstr. 7, I.
Johannsen, Rechtsanwalt, Notar, Kiel.
Jonas, Landgerichtsrat, Kiel.
Dr. Jonas, Rechtsanwalt, Altona.
Jonas, Paul, Rechtsanwalt, Justizrat, Berlin W., Taubenstr. 16/18.
Joseph, Rechtsanwalt, Berlin S.W., Lindenstr. 43.
Dr. Josephson, C. M., Rechtsanwalt, Hamburg, Kaiser Wilhelmstr. 76.
Josephsohn, J., Rechtsanwalt, Potsdam, Am Kanal 45.
Josephsohn, R., Rechtsanwalt, Potsdam, Am Kanal 45.
Dr. Jouvenal, Rechtsanwalt, Notar, Justizrat, Kassel.
Irmler, Rechtsanwalt, Berlin W., Friedrichstr. 79a.
Dr. Isaac, Martin, Rechtsanwalt, Berlin, Jägerstr. 63.
Isaacsohn, Rechtsanwalt, Berlin C., Kaiser Wilhelmstr. 13.
Dr. Isay, Rechtsanwalt, Berlin W., Behrenstr. 24.
Isenbart, Gerichtsassessor, Mölln i. Lbg.

Dr. Isenbiel, Hugo, Geh. Ober-Justizrat, Oberstaatsanwalt, Berlin, Augsburgerstr. 37.
Dr. Israel, Alfr., Rechtsanwalt, Hamburg, Hohe Bleichen 23.
Jübell, Otto, Justizrat, Rechtsanwalt, Notar, Hannover.
Juliusberg, Landgerichtsdirektor, Berlin W., Pragerstr. 29, III.
Dr. Jung, Erich, Professor, Greifswald, Am Graben 3.
Dr. jur. Junker, Rechtsanwalt, Notar, Olpe i. W.
Jüßen, Peter, Justizrat, Rechtsanwalt, Cöln a. Rh., Gereonshof 31.
Kaftan, M., Magistratsassessor, Kiel.
DDr. Kahl, Geh. Justizrat, Professor, Wilmersdorf, Kaiser-Allee 23.
Dr. Kaehne, Rechtsanwalt, Notar, Justizrat, Halle a. S., Große Steinstr. 14.
Dr. Kaiser, Rechtsanwalt, Cöln a. Rh., Mastrichterstr. 29.
Dr. Kaiser, Rechtsanwalt, Leipzig, Gotischedstr. 17.
Kalischer, Landgerichtsrat, Charlottenburg, Mommsenstr. 88.
Kaliski, Rechtsanwalt, Breslau.
Dr. Kantorowitz, Herm. U., Westend, Kastanien Allee 6.
Kapferer, Rechtsanwalt, Cöln a. Rh.
Karras, Referendar, Kiel, Waitzstr. 41a.
Dr. Karsten, Landgerichtsdirektor, Berlin W., Motzstr. 62.
Kassel, Eduard, Justizrat, Rechtsanwalt und Notar, Berlin W., Französischestr. 17.
Dr. Katz, Edwin, Rechtsanwalt, Justizrat, Berlin W., Behrenstr. 17.
Katz, S., Rechtsanwalt, Berlin C., Königstr. 45.
Kaufmann, Felix, Justizrat, Notar, Berlin W., Behrenstr. 22.
Kaufmann, Amtsgerichtsrat, Schney.
Dr. Kaufmann, Hugo, Rechtsanwalt, Krefeld, Nordwall 75.
Kaufmann, Emil, Rechtsanwalt, Magdeburg, Humboldstr. 2.
Kaulla, Max, Rechtsanwalt, Stuttgart, Moserstr. 20.
Kayser, Ludwig, Rechtsanwalt, Notar, Weißensee b. Berlin. Königschaussee 52.
Kayser, Notar, Zabern (Elsaß).
Keck, H., Rechtsanwalt, Notar, Segeberg.
Keller, Oberlandesgerichtsrat, Hamm.
Dr. Keller, Privatdozent, Bonn a. Rh., Kaiserstr. 95.
Dr. Keller, A., Justizrat, Notar, Straßburg, Pioniergasse 7.
Kempf, Rechtsanwalt, Justizrat, Berlin W., Unter den Linden 30.
Kempner, Max, Rechtsanwalt, Geheimer Justizrat, Berlin W., Behrenstr. 58.
Kempner, Amtsgerichtsrat, Brandenburg a. H.
Kennes, Rechtsanwalt, Potsdam, Am Kanal 57.
Kersting, Landgerichtsdirektor, Kiel, Bartelsallee 9.
Dr. Kessel, Rechtsanwalt, Justizrat, Luckau i. L.
Dr. Keyßner, Amtsrichter, Pankow b. Berlin.
Dr. Kiefe Wilhelm, Rechtsanwalt, Stuttgart, Weraſtr. 3.
Kiehl, Johannes, Reichsgerichtsrat, Leipzig.
Dr. Kilzer, W., Justizrat, Frankfurt a. M., Goethestr. 17.
Kindel, Wilh., Senatspräsident, Geh. Ober-Justizrat, Berlin W., Bayreutherstr. 35.
Dr. Kipp, Professor, Berlin W., Meineckestr. 20.
Dr. v. Kirchenheim, Professor, Heidelberg.
Kirschner, Oberbürgermeister, Berlin N.W., Alt-Moabit 90.
Kirschner, Fritz, Rechtsanwalt, Notar, Justizrat, Brandenburg.
Dr. Kisch, Universitäts-Professor, Straßburg i. E., Schwarzwaldstr. 6.

Kitz, Landgerichtspräsident, Krefeld.
Klaholt, Rechtsanwalt, Notar, Gelsenkirchen.
Dr. Klee, Staatsanwalt, Berlin W., Eisenacherstr. 104.
Kleefeld, Eduard, Justizrat, Rechtsanwalt, Notar, Sorau, N.-L.
Klein, Landgerichtspräsident, Geh. Ober-Justizrat, Bonn a. Rh.
Dr. Kleinfeller, Professor, Kiel, Niemannsweg 101.
Dr. jur. Klemperer, Victor, Berlin W., Matthäikirchstr. 10.
Dr. Klenter, Rechtsanwalt, Cöln a. Rh.
Dr. jur. et phil. Kloeppel, E., Elberfeld, Bismarckstr. 17.
Dr. Kloß, Landrichter, Dresden-A.
Klüpfel, L., Finanzrat, Fabrikdirektor, Essen a. d. Ruhr, Hohenzollernstr. 23.
Knebel, Paul, Rechtsanwalt und Notar, Zehlendorf, Hauptstr. 1.
Knein, H., Landgerichtsdirektor, Aachen.
Dr. Kniep, Geh. Justizrat, Professor, Jena.
Kniep, Staatsanwaltschaftsrat, Kiel.
Dr. Knopf, Albert, Rechtsanwalt, Berlin S.W., Leipzigerstr. 59.
Knöpfler, Geh. Justizrat, Marienwerder i. Westpr.
Koch, Conrad, Amtsrichter, Woldenberg.
Koch, Landgerichtsrat, Berlin W., Bülowstr. 11.
Koch, Max, Rechtsanwalt, Berlin W., Friedrichstr. 71.
Koch, Adolf, Rechtsanwalt, Bant.
Kochmann, Georg, Rechtsanwalt, Gleiwitz, Nikolaistr. 13.
Dr. Kockerols, Notar, Justizrat, Koblenz, Schloßstr. 6.
Koffka, Justizrat, Berlin W., Potsdamerstr. 141.
Dr. Koffka, P., Kammergerichts-Senatspräsident, Berlin NW. 23, Siegmundshof 16.
Köhler, Amtsrichter, Flatow i. Westpr.
Dr. Köhler, August, a. o. Universitäts-Professor, München, Theresienstr. 2.
Dr. Kohlrausch, E., a. o. Professor, Königsberg i. Pr., Luisen-Allee 36.
Kohn, F., Rechtsanwalt, Dortmund.
Dr. jur. et phil. Köhne, Carl, Privatdoz. a. d. techn. Hochschule, Berlin W., Keithstr. 12.
Dr. Köhne, Paul, Amtsgerichtsrat, Berlin W., Joachimsthalerstr. 12.
Dr. Kohrs, Referendar, Kiel.
Koelle, Amtsgerichtsrat, Clausthal.
Koenig, Landgerichtsdirektor, Koblenz.
Dr. Koppel, Friedrich, Rechtsanwalt, Berlin W., Potsdamerstr. 66.
Köppel, Rechtsanwalt, Justizrat, Belgard (Pommern).
Dr. Koppenhagen, Rechtsanwalt, Gleiwitz, Ring 2.
Koerbitz, Gerichtsassessor, Berlin W., Joachimsthalerstr. 25, I.
Kortum, Karl, Geh. Justizrat, Naumburg a. d. Saale.
Köster, Landgerichtsdirektor, Berlin W., Bayreutherstr. 10.
Dr. Koettgen, Arnold, Landrichter, Cöln.
Kraft, Rechtsanwalt, Berlin W., Potsdamerstr. 122c.
Krah, Landrichter, Kiel, Dammstr. 21.
Krah, H., Referendar, Kiel, Holtenauerstr. 98.
Krah, Oberlandesgerichtspräsident a. D., Wirklicher Geheimer Ober-Justizrat, Kiel.
Dr. Kraemer, Wilhelm, Rechtsanwalt, Berlin W., Potsdamerstr. 55.
Krapp, Lorenz, kgl. Oberlandesgerichtsrat, Augsburg, Stettenstr. 28.
Krätzer, A., Referendar, Halensee, Katharinenstr. 3.

Kraus, Oberlandesgerichtsrat, Kiel.
Krause, Landrichter, Kiel, Feldstr. 52.
Dr. Krause, Justizrat, Berlin W., Behrenstr. 24.
Dr. Krause, Referendar, Kiel.
Dr. Kräußlich, Amtsrichter, Tönning.
Dr. von Kraewel, Landrichter, Duisburg.
Dr. Frhr. von Kreß, Georg, Justizrat, Rechtsanwalt, Nürnberg, Füll 12.
Dr. Kriegsmann, N. Herm., Privatdozent, Wandsbek, Goethestr. 32, I.
Dr. Krohne, Berlin W., Nürnbergerstr. 25/26.
Kröner, Notar, Tettnang i. W.
Dr. Kronecker, Ernst, Kammergerichtsrat, Berlin, Charlottenburg, Schlüterstr. 34.
Dr. Kroner, Heinrich, Rechtsanwalt, Berlin W., Wilhelmstr. 55.
Dr. Kronfeld, Rechtsanwalt, Justizrat, Berlin W., Leipzigerstr. 100.
Dr. Krückmann, Paul, Professor, Münster i. W., Hoyastr. 22.
Krüger, E., Justizrat, Halberstadt.
Dr. Krüger, Landgerichtsrat, Saargemünd.
Krüll, Georg, Rechtsanwalt, Elberfeld.
Krumbiegel. Notar, Elberfeld.
Kübler, Geh. Ober-Justizrat und vortragender Rat im Justizministerium, Berlin W., Kurfürstenstr. 56.
Dr. Kübler, B., Professor, Gr. Lichterfelde-Ost, Auguststr. 14.
Küchenbahl, Geh. Justizrat, Stettin.
Kukuk, Rechtsanwalt, Blankenese.
Kühn, Ernst, Rechtsanwalt, Notar, Meerane i. S.
Kuhne, Justizrat, Kottbus.
Kulemann, W., Landgerichtsrat, Bremen, Kaiser Friedrichstr. 15.
Dr. Kulenkampff, Jul., Rechtsanwalt, Bremen, Domsheide 3.
Kulenkampff, Herm., Rechtsanwalt, Bremen, Domsheide 3.
Dr. Kullmann, Rechtsanwalt, Karlsruhe i. B., Herrenstr. 19.
Kummerfeld, Amtsrichter, Hannover.
Kunau, Rechtsanwalt, Notar, Justizrat, Öbisfelde.
Kunckel, Max, Rechtsanwalt, Notar, Justizrat, Landsberg a. d. Warthe.
Kuntze, Amtsrichter, Kiel, Beseler Allee 32.
Küntzel, Landgerichtsrat, Kassel, Emilienstr. 20.
Dr. Küntzel, Wirklicher Geheimer Rat, Unterstaatssekretär im Justizministerium, Exzellenz, Berlin W., Genthinerstr. 39.
Kurnick, Rechtsanwalt und Notar, Justizrat, Landeshut i. Schl.
Kusel, A., Rechtsanwalt, Karlsruhe i. B., Friedrichsplatz 10.
Küster, Referendar, Kiel.
Kyritz, Paul, Rechtsanwalt und Notar, Küstrin.
Ladewig, Fritz, Rechtsanwalt, Berlin N., Müllerstr. 175.
Lagro, Rechtsanwalt, Berlin, W., Mauerstr. 80.
Lahn, Rechtsanwalt, Berlin N.W., Dorotheenstr. 22.
Lähr, Amtsgerichtsrat, Belgard (Pommern).
Lamp, Theodor, Rechtsanwalt, Notar, Elmshorn i. Holstein.
Lampe, Konsistorial-Rat, Kiel.
Dr. Lamprecht, Landrichter, Hamburg, Sophienterrasse 3.
Landau, Adolf, Rechtsanwalt, Berlin C., Kurstr. 20/21.

Dr. **Landau**, Felix, Rechtsanwalt, Justizrat, Berlin W., Jägerstr. 58.
Landé, Amtsrichter, Berlin W. 15.
Dr. **Landsberg**, Amtsrichter, Neumünster.
Landsberg, Rechtsanwalt, Justizrat, Posen, Friedrichstr. 5.
Landsberger, Felix, Rechtsanwalt, Oels (Schlesien).
Lange, Rechtsanwalt, Justizrat, Straßburg (Elsaß), Am Rosenec 1.
Dr. **Langen**, Professor Münster i. W.
Lasker, Justizrat, Landsberg a. W.
Lassen, Justizrat, Altona.
Lassen, Referendar, Kiel.
Lau, Referendar, Kiel, Hafenstr. 16a.
Laubhardt, E., Amtsgerichtsrat, Bunzlau, Moltkestr. 12.
Laué, Walter, Rechtsanwalt, Notar, Justizrat, Berlin S.W., Kochstr. 9.
Dr. **Lax**, Assessor, Minden i. W.
Lazarus, M., Rechtsanwalt, Justizrat, Berlin S.W., Königgrätzerstr. 73.
Dr. **Leander**, Rechtsanwalt, Berlin S.W., Potsdamerstr. 10/11.
Dr. **Lebin**, Geheimer Justizrat, Berlin S.W., Friedrichstr. 44.
Dr. **Lebin**, Ernst, Rechtsanwalt, Berlin S.W., Friedrichstr. 44.
Leers, Rechtsanwalt, Berlin S.W. 68, Lindenstr. 7.
Dr. **Lehfeld**, Robert, Rechtsanwalt, Justizrat, Berlin W., Potsdamerstr. 134b.
Dr. **Lehmann**, Assessor, Berlin W., Kurfürstendamm 26.
Dr. **Lehmann**, Richard, Kaiserlicher Regierungsrat, ständiges Mitglied des Reichsversicherungsamts, Grunewald, Knausstr. 10.
Dr. **Lehmann**, Karl, Professor, Rostock i. M., Paulstr. 52.
Dr. **Lehmann**, Siegfried, Rechtsanwalt, Hamburg, Rathausmarkt 2.
Dr. **Lehmann**, Rud., Rechtsanwalt, Leipzig-Schleußig.
Dr. **Lehmann**, Rechtsanwalt, Potsdam, Brandenburgerstr. 25.
Dr. **Lehmann**, Rechtsanwalt, Stettin, Rosengarten 1.
Lehment, Referendar, Kiel, Düsternbrook 66.
Lehnebach, R. A., Rechtsanwalt, Straßburg i. E, Münstergasse 22.
Dr. **Lehnsen**, Johannes, jurist. theol. Publizist, Heidelberg, Anlage 31.
Dr. **Leidig**, Regierungsrat, Professor, Berlin W., Pfalzburgerstr. 72a.
Dr. **Leipziger I**, Georg, Rechtsanwalt, Breslau, Neue Graupenstr. 10.
Dr. **Lemberg**, Arthur, Rechtsanwalt, Breslau, Schweidnitzer Stadtgraben 10.
Lembke, Landgerichtsdirektor, Altona.
Dr. **Lenel**, Otto, Professor, Straßburg i. Elsaß, Goethestr. 9.
Dr. **Lennig**, Rechtsanwalt, Straßburg i. Elsaß, Broglieplatz 20.
Dr. **Leonhard**, Franz, Universitäts-Professor, Marburg.
Leonhard, Rechtsanwalt und Notar, Swinemünde, Kl. Markt 6.
Dr. **Leonhard**, Rudolf, Geh. Justizrat, Professor, Breslau, Kleinburg, Lindenallee 6.
Dr. **Leppel**, Senatspräsident, Posen.
Lesser, Referendar, Berlin.
Leuchert, Landgerichtsrat, Straßburg i. E., Twingerstr. 3.
Levi, Rechtsanwalt, Justizrat, Bonn.
Levi, N., Rechtsanwalt, Stuttgart.
Dr. **Levi**, Sigmund, Rechtsanwalt, Mainz, Flachsmarkt 3.
Dr. **Levin**, Robert, Rechtsanwalt, Berlin N.W., Roonstr. 10.
Dr. **Levis**, Otto, Oberamtsricher, Pforzheim, Lindenstr. 17.

Levot, M., Rechtsanwalt, Justizrat, Cöln a. Rh., Elisenstr. 23.
Levy, Leopold, Amtsrichter, Senftenberg.
Dr. J. Levy, Redakteur der Vossischen Zeitung, Berlin C., Breitestr. 8.
Levy, H., Rechtsanwalt, Berlin C., Seidelstr. 3.
Levy, Julius, Rechtsanwalt, Berlin C., Stralauerstr. 13/14.
Lewald, E., Justizrat, Leipzig, Simsonstr. 2.
Lewek, Rechtsanwalt, Notar, Justizrat, Kalkberge-Rüdersdorf, Dampferstr. 11.
Lewin, Amtsgerichtrat, Magdeburg, Oranienstr. 11.
Lewin, Landgerichtsdirektor, Altona.
Lewin II, Ludwig, Rechtsanwalt, Berlin W., Potsdamerstr. 23.
Dr. Lewin, Max, Rechtsanwalt, Justizrat, Berlin SW., Prinz Albrechtstr. 3.
Dr. Lewin, Rechtsanwalt, Stettin, Breitestr. 33.
Dr. Lewinski, Rechtsanwalt und Notar, Justizrat, Charlottenburg, Fasanenstr. 83.
Lewinski, Rechtsanwalt, Berlin N., Friedrichstr. 112.
Lewinsky, Adolf, Rechtsanwalt, Berlin S.O., Dresdenerstr. 135.
Lewinsky, Rechtsanwalt und Notar, Danzig-Langfuhr.
Dr. Lewinsohn, Rechtsanwalt, Berlin W., Jägerstr. 20.
Lewy, Alfred, Rechtsanwalt, Berlin S., Potsdamerstr. 107.
Dr. Lewy, Rechtsanwalt, Hamburg.
Dr. Leyser, Rechtsanwalt, Charlottenburg, Berlinerstr. 139, I.
Dr. Leyser, Rechtsanwalt, Leipzig, Petersstr. 12.
Licht, Ernst, Rechtsanwalt, Justizrat, Cöln a. Rh., Gladbacherstr. 17.
Liebenthal, Justizrat, Berlin W., Magdeburgerstr. 8.
Dr. Liebknecht, Karl, Rechtsanwalt, Berlin C., Kaiser Wilhelmstr. 46.
Liebster, Arno, Ober-Justizrat, Leipzig, Burgstr. 35, II.
Dr. Liebke, Rechtsanwalt, Notar, Flensburg.
Liebtke, Rechtsanwalt, Berlin W., Lutherstr. 48/49.
Dr. Liefmann, Robert, Professor, Freiburg i. B., Goethestr. 33.
Liepmann, Professor, Kiel, Moltkestr. 42.
Dr. v. Lilienthal, Karl, Geheimer Hofrat, Professor, Heidelberg, Ziegelhäuser Landstr. 30.
Lilienthal, Rechtsanwalt, Justizrat, Berlin W., Geisbergstr. 15.
Dr. Linckelmann, Rechtsanwalt und Notar, Justizrat, Hannover.
Lindenberg, Landgerichtspräsident, Berlin, Ansbacherstr. 15.
Dr. Lippmann, Jul., Rechtsanwalt, Hamburg, Neust. Fuhlentwiete 31.
Lisco, Justizrat, Berlin W., Mohrenstr. 13/14.
Dr. Lisco, Wirklicher Geheimer Ober-Justizrat, Ministerialdirektor, Berlin W., Landgrafenstr. 3.
Dr. Lissauer, Rechtsanwald, Fürstenwalde.
Lißner, J., Rechtsanwalt, Berlin C., Alexanderstr. 28a.
Dr. v. Liszt, Franz, Geh. Justizrat, Professor, Charlottenburg, Hardenbergstr. 19.
Dr. jur. Litten, a. o. Professor a. d. Univ., Halle a. S., Burgstr. 43.
Dr. Lobe, Oberlandesgerichtsrat, Dresden, Reissigerstr. 9, II.
Loeber, Gerichtsassessor, Kiel.
Dr. Löhmann, W., Justizrat, Flensburg.
Löhmann, Landrichter, Kiel, Hohenbergstr. 9.
Löhmann, R., Oberlandesgerichtspräsident, Hamburg, Uhlenhorstweg 11.
Dr. Loehr, Joseph, Direktor der Bayer. Handelsbank, München, Akademiestr. 11.

Loehr, L., Gerichtsassessor, Hamburg.
Dr. Lohse, G., Geh. Hofrat, Justizrat, Rechtsanwalt, Notar, Leipzig, Katharinenstr. 20.
Dr. Loock, Amtsrichter, Pasewalk.
Lorenz, Landrichter, Berlin, Thomasiusstr. 20.
Löser, Ottomar, Rechtsanwalt, Frankfurt a. d. Oder.
Dr. Lossen, Oberlandesgerichtsrat, Colmar i. E.
Dr. Loevinsohn, Martin, Rechtsanwalt, Justizrat, Berlin W., Magdeburgerstr. 22.
Löwe, Landgerichtsrat, Berlin W., Uhlandstr. 30.
Loewe, Präsident, Kiel.
Loewe, F., Rechtsanwalt, Berlin N.W., Friedrichstr. 154.
Loewe II, Alphons, Rechtsanwalt, Spandau, Potsdamerstr. 40.
Loewe, Referendar, Kiel, Bartelsallee 7.
Loewenberg, Rechtsanwalt, Berlin, Kronenstr. 7.
Dr. Loewenfeld, Rechtsanwalt, Justizrat, Berlin N.W., Rathenowerstr. 78.
Dr. Loewenfeld, Th., Rechtsanwalt und Universitätsprofessor, München, Pfandhausstr. 3, I.
Loewenstein, Rechtsanwalt, Paderborn i. W.
von Loewenstein, Freiherr, Referendar, Kiel, Dammstr. 27.
Löwenthal, Otto, Rechtsanwalt und Notar, Altona, Klopstockstr. 25.
Löwenthal, F., Rechtsanwalt, Notar, Schwerin (Mecklenburg).
Loewenthal, Max, Rechtsanwalt, Berlin W., Französischestr. 10.
Dr. Loewy, Landgerichtsrat, Berlin N.W., Lessingstr. 5.
Dr. Loewy, Emil, Rechtsanwalt, Justizrat, Berlin W., Leipzigerstr. 19, II.
Dr. Lubszinski, Rechtsanwalt, Berlin W., Potsdamerstr. 23a.
Dr. Lucas, Ministerialdirektor, Wirkl. Geheimer Ober-Justizrat, Berlin W., Achenbachstr. 6.
Lüders, Landgerichtsrat, Altona-Othmarschen, Ernst Auguststr. 1.
Ludwig, Prinz von Bayern, Kgl. Hoheit, München.
Lunglmayr, Oberlandesgerichtsrat, Zweybrücken, Maxstr. 19/2.
Lustig, Rechtsanwalt, Justizrat, Gleiwitz.
Lütgens, Refendar, Hamburg, Eppendorferbaum 8.
Luther, Oberstaatsanwalt, Kiel.
Lütkemann, W., Rechtsanwalt, Notar, Hannover, Ständehausstr. 4.
Lütkens, N., Justizrat, Altona a. E., Eppendorferbaum 8.
Lützeler, Aug., Kaiserl. Notar, Saaralben i. Lothrg.
Dr. Maas, Georg, Bibliothekar am Reichsmilitärgericht, Zehlendorf, Berlinerstr. 8.
Magnus, Julius, Rechtsanwalt, Berlin N.W., Dorotheenstr. 49.
Mahla, Friedrich, Notar, Justizrat, Dürkheim.
Mahla, Friedrich, Rechtsanwalt, Landau (Pfalz).
Maier, Rudolf, Kgl. Amtsrichter, Wegscheid.
Mainhard, Landgerichtsrat, Karlsruhe i. Baden.
Dr. Mallmann, Oberlandesgerichtsrat, Cöln, Hohenstaufenring 43.
Manasse I, Rechtsanwalt, Berlin S.W., Kommandantenstr. 84.
Dr. phil. et jur. Manes, Professor und Generalsekretär des deutschen Vereins für Versicherungs-Wissenschaft, Berlin W., Pragerstr. 26.
Mankiewitz, Gorg, Rechtsanwalt, Justizrat, Berlin W., Behrenstr. 22.
Dr. Mann, Richard, Rechtsanwalt, Frankenthal.
Dr. Mann, R., Rechtsanwalt, Justizrat, Stettin.

Mansen, Justizrat, Dortmund, Ludwigstr. 10.
Dr. Mansfeld, Oberlandesgerichtsrat, Braunschweig, Bertramstr. 58.
Marcus, J., Amtsgerichtsrat, Tilsit.
Marcus, Gustav, Justizrat, Guben.
Marcus, Rechtsanwalt, Berlin W., Charlottenstr. 48.
Marcuse, Th., Rechtsanwalt, Berlin S.W., Friedrichstr. 226/27.
Marggraff, Herrmann, Rechtsanwalt, Berlin W., Potsdamerstr. 61.
Margoninski, Rechtsanwalt, Berlin W., Kronenstr. 24.
Markwald, Alexander, Rechtsanwalt, Justizrat, Berlin W., Mohrenstr. 10.
Martens, Rechtsanwalt, Kiel.
Dr. Martin, R., Senatspräsident, Hamburg, Werderstr. 42.
Martin, Eugen, Justizrat, Rechtsanwalt, Nürnberg.
Dr. v. Martitz, Oberverwaltungsgerichtsrat, Professor, Berlin W. 15, Fasanenstr. 93.
Dr. Marwitz, Oberlandesgerichtsrat, Kiel.
Marxen, Gottfried, Referendar, Kiel, Waitzstr. 24, III.
Marxheimer, Rechtsanwalt, Wiesbaden, Adelheidstr. 46.
Maschke, Rechtsanwalt, Notar, Konitz i. Westpr., Denkmalsplatz 7.
Matthaei, F., Amtsgerichtsrat, Hannover, Sophienstr. 6.
Dr. Mattes, Rechtsanwalt, Gemeinderat, Stuttgart, Rathaus.
Dr. Matthias, Professor, Rostock i. M., Stefanstr. 13a.
Matthießen, Rechtsanwalt, Notar, Eckernförde.
Dr. Matthießen, Landrichter, Kiel, Feldstraße.
Matthießen, Geh. Justizrat, Altona, Lessers Passage 10.
Maubach, Justizrat, Notar, Koblenz.
Maurer, Carl, Landgerichtsrat a. D., Baden-Baden, Holzhofstr. 1.
Dr. Maut, Amtsrichter, Schleswig, Moltkestr. 5.
Dr. Mayer, Carl, Rechtsanwalt, Justizrat, Cöln a. Rh., Georgstr. 5a.
Dr. Mayer, Moritz, Rechtsanwalt, Frankenthal (Pfalz).
Dr. Mayer, F. Carl, Ober-Justizrat, Schwäb. Gmünd.
Dr. phil. et jur. Mayer, Max Ernst, Professor der Rechte, Straßburg i. E., Universitätsstr. 38.
Dr. Mayer, F. P., Rechtsanwalt, Justizrat, Mainz.
Dr. Mayer, Otto, Professor, Leipzig, Kronprinzstr. 15.
Mecke, W., Amtsrichter, Düsseldorf.
Mehnert, Rechtsanwalt, Altenburg S.-A.
Meibauer, Rechtsanwalt und Notar, Flatow i. Westpr.
Meier, H., Geh. Justizrat, Kiel.
Meinhardt, Rechtsanwalt, Berlin W., Leipzigerstr. 98.
Meisner, Christian, Rechtsanwalt, Würzburg.
Meister, Rechtsanwalt, Justizrat, Stettin, Bismarckstr. 6.
Dr. Mencke, Oberverwaltungsgerichtsrat, Berlin W., Passauerstr. 5.
Dr. Mendel, Rechtsanwalt, Dresden, Marschallstr. 27, I.
Menschell, Amtsgerichtsrat, Berlin N.W., Alt-Moabit 135, III.
Menzen, Rechtsanwalt, Bonn.
Dr. Menzen, Gerichtsrat, Eschersheim, Lindenstraße.
Merfeld, W., Landgerichtsrat, Berlin W., Regensburgerstr. 34.
Merckle, Rechtsanwalt, Frankenthal (Pfalz).
Dr. Merkel, R., Professor, Freiburg, Baden, Basiusstr. 49.

Merschberger, Staatsanwaltschaftsrat, Berlin-Wilmersdorf.
Dr. Meschelsohn, Justizrat, Berlin W., Hohenzollernstr. 24.
Messow, Alfred, Rechtsanwalt, Justizrat, Berlin C.. Burgstr. 29.
Metz, August, Rechtsanwalt, Gießen.
Metzel, Rechtskandidat, Stettin.
v. Metzsch, Hugo, Rechtsanwalt, Leipzig.
Dr. Meurer, Professor, Würzburg.
Meuser, Paul, Rechtsanwalt, Justizrat, Cöln a. Rh., Spichernstr. 28.
Dr. med. et jur. Meyer, Th., Kiel, Moltkestr. 31.
Meyer, Amtsgerichtsrat, Charlottenburg, Bleibtreustr. 44.
Dr. Meyer, Fritz, Justizrat, Frankfurt a. M., Neue Zeil 63.
Meyer, Otto, Landrichter, Celle, Hannoverschestr. 3, I.
Meyer, Arnold, Landrichter, Posen, Prinzenstr. 29.
Dr. Meyer, Oskar, Rechtsanwalt, Berlin S.W., Belle-Alliancestr. 10.
Meyer, Paul, Rechtsanwalt, Justizrat, Berlin S.W., Friedrichstr. 239.
Meyer, Hermann W., Rechtsanwalt, Berlin W., Potsdamerstr. 1a.
Dr. Meyer, Friedrich Arthur, Rechtsanwalt, Berlin S.W., Zimmerstr. 86.
Meyer, Bernhard, Rechtsanwalt, Notar, Brandenburg a. H.
Dr. Meyer, Max, Rechtsanwalt, Frankfurt a. M., Stiftstr. 22.
Dr. Meyer III, Ludwig, Rechtsanwalt, Hannover, Schillerstr. 32.
Meyer, A. R. G., Rechtsanwalt, Notar, Geh Justizrat, Ostrowo.
Meyer, Edwin, Rechtsanwalt, Notar, Justizrat, Tilsit, Kasernenstr. 24.
Meyer-Traumann, Rechtsanwalt, Mannheim.
Meyerhoff, Georg, Rechtsanwalt, Nicolassee, Libellenstraße.
Meyersohn, Rechtsanwalt, Justizrat, Berlin O., Alexanderstr. 22.
Dr. Meyßner, Erich, Justizrat, Berlin W., Kronenstr. 73/74.
Dr. Michaelis, Max, Rechtsanwalt, Berlin W., Behrenstr. 3.
Dr. Michaelis, Walter, Referendar, Hamburg, Badestr. 11.
Michal, Julius, Regierungsrat, Direktor des Zellengefängnisses, Nürnberg, Furtherstraße 114.
Dr. Michel, J., Notar, Oberbronn i. E.
Middeldorf, Amtsrichter, Vlotho.
Mierzejewski, Rechtsanwalt, Notar, Myslowitz, O.-Schl.
Dr. Milch, Rechtsanwalt, Breslau I, Altbüßerstr. 2.
Dr. Minden, Georg, Direktor des Pfandbriefamtes, Berlin W., Kleiststr. 1.
Miquel, Amtsgerichtsrat, Stolzenau.
Dr. Mirus, Hofrat, Rechtsanwalt, Leisnig i. Sachsen.
Dr. Misch, Emil, Rechtsanwalt, Justizrat, Berlin C., Neue Friedrichstr. 71.
Missong, Referendar, Kiel.
Dr. Mitteis, L., Professor, Leipzig, Hillerstr. 9.
Dr. Mittelstaedt. Rechtsanwalt, Leipzig, Markgrafenstr. 4.
Dr. Mittelstein, Max, Oberlandesgerichtsrat, Hamburg, Schlüterstr. 12.
Dr. Mittelstraß, A., Rechtsanwalt, Hamburg, Gr. Bleichen 42.
Dr. Mittermaier, W., Professor, Gießen, Liebigstr. 36.
Mohr, O., Rechtsanwalt, Rudolstadt i. Th.
Mohrmann, Justizrat, Verden i. Hannover.
Dr. Moll, H., Justizrat, Berlin W., Karlsbad 26.
Moll, Landgerichtsrat, Berlin, Kurfürstenstr. 98.

Möllenhoff, Oberverwaltungsgerichtsrat, Berlin-Grunewald.
Möller I, C., Rechtsanwalt, Kiel, Holstenstr. 73, I.
Montigny, F., Oberlandesgerichtsrat, Cöln a. Rh., Hermann Beckerstr. 7.
Dr. Moral, Gerichtsassessor, Oldesloe.
Moerder, Kriegsgerichtsrat, Kiel.
Morris, Georg, Rechtsanwalt, Berlin S.W. 48.
Morsbach, Rechtsanwalt, Justizrat, Bonn.
Dr. Mothes, Rudolf, Rechsanwalt, Leipzig, Lindenstr. 1, I.
Motty, Rechtsanwalt, Justizrat, Grätz (Posen).
Mügel, Geh. Ober-Justizrat, Berlin W., Kurfürstendamm 32.
Dr. Mühsam, Benno, Rechtsanwalt, Berln W., Genthinerstr. 5.
Mülhens, Referendar, Kiel.
Mulertt, Oberlandesgerichtsrat, Geh. Justizrat, Naumburg a. d. S.
Müllenhof, Referendar, Kiel.
Müller, Justizrat, Cöln.
Müller, Konsul-Präsident, Kiel.
Müller, Referendar, Kiel.
Müller, Rechtsanwalt, Notar, Justizrat, Demmin.
Müller, L., Rechtsanwalt, Notar, Glogau, Poststr. 1.
Dr. Müller, Ernst, Rechtsanwalt, Justizrat, Metz, Esplanaden 4.
Müller III, Julius, Rechtsanwalt, Hannover, Karmarschstr. 3.
Müller, Ed., Reichsgerichtsrat, Leipzig, Elsterstr. 49.
Mumm, Th., Handelsrichter, Kiel.
v. Münchow, Rechtskandidat, Kiel.
Munk, Landgerichtsdirektor, Berlin W., Burggrafenstr. 18.
Dr. Munk, Referendar, Berlin W., Joachimsthalerstr. 35.
Mundt, Justizrat, Rechtsanwalt, Notar, Kiel, Falkstr. 17.
Dr. Muskat, Eugen, Amtsgerichtsrat, Waldenburg i. Schl.
Mylord, Rechtsanwalt, Neumünster (Bez. Kiel).
Nathan, Rechtsanwalt, Breslau, Schweidnitzerstr. 37.
Naumann, C., Rechtsanwalt, Notar, Lüchow (Prov. Hannover).
Naufester, Landgerichtsrat, Berlin W., Marburgerstr. 16.
Neils, Staatsanwalt, Kiel.
Neitzel, H., Rechtsanwalt, Zabern i. E.
Nelken, Handelsrichter, Berlin W., Bellevuestr. 18.
Nemnich, Landgerichtsrat, Cöln a. Rh., Richard Wagnerstr. 10.
Nentwig, Geh. Ober-Justizrat, Landgerichtspräsident, Gleiwitz.
Neubauer, Senatspräsident, Geh. Ober-Justizrat, Berlin W., Würzburgerstr. 3.
Dr. Neubecker, Privatdozent a. d. Universität, Berlin-Charlottenburg.
Neuer, Wilhelm, Rechtsanwalt, Justizrat, Cöln a. Rh.
Neufeld, Rechtsanwalt, Berlin W., Potsdamerstr. 29.
Neuhaus, Max, Rechtsanwalt, Frankfurt a. M., Kleiner Hirschgraben 4.
Dr. Neukamp, Oberlandesgerichtsrat, Cöln a. Rh., Hansaring 57.
Dr. Neumann, Amts-Gerichtsrat, Breslau, Goethestr. 19, I.
Neumann, Fritz, Justizrat, Berlin W., Linkstr. 12.
Neumann I, S., Rechtsanwalt, Notar, Justizrat, Berlin S., Oranienstr. 142.
Neumann, Ad., Justizrat, Sorau (Niederlausitz).

Dr. **Neumann**, Hugo, Justizrat, Rechtsanwalt b. Kammergericht, Berlin W., Potsdamerstr. 118.
Dr. **Neumann**, Ernst, Referendar, Berlin W., Dörnbergstr. 6.
Neusch, Rechtsanwalt, Gleiwitz.
Niebner, Alexander, Landrichter, Kiel.
Dr. **Niebner**, Oberlandesgerichtsrat, Professor, Jena.
Dr. **Niemeyer**, Professor, Kiel.
Dr. **Nienholdt**, Rechtsanwalt, Leipzig, Petersstr. 27, II.
Dr. **Niese**, Assessor, Schöneberg, Bahnstr. 23.
Niese, Justizrat, Kiel.
Noelting, Staatsanwaltschaftsrat, Berlin W., Luitpoldstr. 9.
Dr. **Nord**, Walter, Heinrich, Hamburg, Barthstr. 16.
Nowoczyn, Justizrat, Neustadt i. Westpr.
Dr. **Nußbaum**, Julius, Rechtsanwalt, Berlin S., Blücherstr. 54.
Dr. **Oberneck**, Rechtsanwalt, Notar, Justizrat, Berlin W., von der Heydtstr. 8.
von **Oberniedermayr**, Anton, Oberlandesgerichtspräsident, Exzellenz, München, Thierschplatz 4.
Oehlert, K., Oberlandesgerichtsrat, Zweibrücken.
Dr. **Oehme**, O. F., Geheimer-Justizrat, Leipzig.
Ohrt, Friedrich, Rechtsanwalt bei dem Kgl. Oberlandesgericht Kiel.
Dr. **Oelsner**, Justizrat, Rechtsanwalt, Notar, Frankfurt a. M., Neue Mainzerstr. 68.
Olbricht, Erster Staatsanwalt, Lüneburg.
Dr. **Ollendorff**, Ober-Landesgerichtsrat, Stettin, Augustastr. 57.
Ollendorff, Rechtsanwalt, Breslau, Zwingerplatz 2.
Ollmann, P., Rechtsanwalt, Justizrat, Greifswald.
Dr. **Olshausen**, Ober-Reichsanwalt, Leipzig, Bosestr. 7.
Dr. **Olshausen**, Gerichtsassessor, Hülfsarbeiter im Reichsjustizamt, Berlin, Bernburgerstr. 31, II.
Olshausen, Justus, Amtsrichter, Siegen.
Dr. **Opet**, Otto, Amtsrichter, Privatdozent a. d. Universität Kiel, Holtenauerstr. 85.
Dr. **Oppenheim**, L., Rechtsanwalt, Justizrat, Mainz, Kaiserstr. 18.
Dr. **Oppenheimer**, Paul, Amtsrichter, Altona.
Oppenheimer II, Rechtsanwalt, Berlin C., Kurstr. 41/42.
Dr. **Oppenheimer**, E., Rechtsanwalt, Berlin W., Mauerstr. 34.
Dr. **Oppenheimer**, J., Rechtsanwalt, Frankfurt a. M.
Dr. **Oppenheimer**, R. L., Rechtsanwalt, Altona-Ottensen.
Dr. **Oppermann**, Landgerichtsdirektor, Berlin W., Kurfürstenstr. 99a.
Oppler, Leo, Landgerichtsrat, Straßburg i. E., Rupprechtsauer Allee 5.
Orgler, Kurt, Rechtsanwalt, Barmen.
Dr. **Orgler**, Rechtsanwalt, Posen.
Dr. **Oertmann**, Paul, Professor, Erlangen.
Dr. jur. **Osterrieth**, Professor, Schriftsteller, Berlin W., Wilhelmstr. 57/58.
Dr. **Oswalt**, Henry, Justizrat, Frankfurt a. M., Neue Mainzerstr. 68.
Oettiger, Rechtsanwalt, Nürnberg.
Dr. **Oettinger**, Referendar, Kiel.
Dr. **Otto**, Viktor, Justizminister, Dresden, Zinzendorfstr. 2a.
Packscher, Rechtsanwalt, Berlin W., Kurfürstendamm 29.
Pallaske, Rechtsanwalt, Notar, Justizrat, Liegnitz, Goldbergerstr. 17.

Dr. Pappenheim, Max, Professor, Kiel, Moltkestr. 57.
Dr. phil. et jur. Passow, Rich., Privatdozent, Frankfurt a. M., Klemensstr. 4.
Pauli, Emil, Landgerichtsrat, Privatdozent, Berlin N.W., Alt Moabit 73.
Pausch, Josef, Justizrat, Rechtsanwalt, Kronach.
Freiherr von Pechmann, W., Direktor der Bayerischen Handelsbank, München, Maffristr. 5, II.
Dr. Peine, Landrichter, Hamburg, Oberstr. 125.
Peiser, Heinrich, Landgerichtsrat, Danzig.
Dr. Perels, Leopold, Privatdozent und Gerichts-Assessor, Heidelberg.
Dr. jur. Perels, Curt, Privatdozent an der Universität Kiel, Holtenauerstr. 139.
Pergament, Michael, Professor, St. Petersburg, Wassili Ostrow-Linie 10, Haus 41.
Dr. Perl, Rechtsanwalt, Justizrat, Berlin W., Kurfürstenstr. 89.
Dr von Pestalozza, Anton Graf, München, Trogerstr. 36.
Peters, Oberverwaltungsgerichtspräsident, Berlin W., Kurfürstendamm 212.
Peters, Rechtsanwalt, Kiel, Holtenauerstr. 138.
Peters, Norbert, Rechtsanwalt, Coblenz, Löhrstr. 31.
Petersen, Amtsgerichtsrat, Neumünster.
Dr. Petersen, Chr., Rechtsanwalt, Notar, Flensburg.
Petrich, Rechtsanwalt, Samter.
Petzall, Berthold, Rechtsanwalt, Berlin C., Neue Friedrichstr. 41/42.
Pfeiffer, Oberlandesgerichtsrat, Stettin, Karkutschestr. 2, I.
Pfitzner, Georg, Landgerichtsrat, Frankfurt a. M., Ober-Atzemer 4.
Dr. Pflüger, Professor, Bonn, Kaiser Friedrichstr. 7.
Dr. Philippsborn, Referendar, Berlin W. 15., Fasanenstr. 22.
Pick, Amtsrichter, Berlin O. 112.
Dr. Pilling, Carl, Justizrat, Dresden, Räcknitzstr. 10, I.
Pincus I, Rechtsanwalt, Justizrat, Berlin C., Neue Promenade 3.
Pincus II, Georg, Rechtsanwalt, Berlin N., Friedrichstr. 135.
Pinner, Albert, Rechtsanwalt, Justizrat, Berlin W., Behrenstr. 53.
Dr. Piper, Landgerichtspräsident, Neustrelitz, Seestr. 32.
Dr. Planck, Wirklicher Geheimer Rat, Professor, Exzellenz, Göttingen.
Plaschke, Geh. Ober-Justizrat, vortragender Rat im Justizministerium, Wilmersdorf.
Pleuß, Landrichter, Lüneburg, Am Werder 17.
Plonsker, Rechtsanwalt, Notar, Berlin N., Badstr. 54.
Pohlmann, Landrichter, Berlin, Landgericht I.
Poelmann, Rechtsanwalt, Münster.
Dr. Polzin, Referendar, Hameln, Amtsgericht.
Dr. Pomme, Schriftsteller, Karlshorst b. Berlin, Prinz Joachimstr. 6.
Pomorski, Rechtsanwalt, Justizrat, Ostrowo.
Dr. Pöppel, Rechtsanwalt, Justizrat, Bromberg.
Posner, Herrmann, Rechtsanwalt, Berlin W., Wilhelmstr 48.
Potocky-Nelken, Moritz, Berlin C., Kaiser Wilhelmstr. 49.
Prahl, Erster Staatsanwalt, Kiel.
Preibisch, Rechtsanwalt, Berlin S.O., Köpenickerstr. 116.
Preiß, Rechtsanwalt, Tarnowitz.
Prerauer, Rechtsanwalt, Notar, Justizrat, Berlin W., Charlottenstr. 34.
Dr. Preuß, H., Privatdozent, Berlin W., Matthäikirchstr. 29.

Preuß, Rechtsanwalt, Köpenick.
Priber, Rechtsanwalt, Notar, Justizrat, Frankenberg (Sachsen).
Priester, Harry, Rechtsanwalt, Berlin S.W., Zimmerstr. 21.
von Prittwitz und Gaffron, Oberstaatsanwalt, Naumburg a. d. S.
Protzen, Amtsgerichtsrat, Natibor.
Dr. Prym, Referendar, Kiel.
Prym, Emil, Rechtsanwalt, Düren.
Pünjer, Referendar, Kiel, Fährstr. 42.
Rabe, Ober-Staatsanwalt, Cöln a. Rh., Richard Wagnerstr. 39.
Dr. Rabel, Ernst, Univ.-Professor, Basel, Grellingerstr. 84.
Rabenhofer, Josef, Ober-Landesgerichtsrat, München, Sonnenstr. 3.
Dr. jur. Radbruch, Gustav, Privatdozent der Rechte, Heidelberg, Valerieweg 2.
Radbatz, Ober-Landesgerichtsrat, Posen, Friedenstr. 5.
Radlauer, Amtsgerichtsrat, Halle a. d. S., Martinsberg.
Dr. jur. Raschke, Marie, Berlin S.W., Königgrätzerstr. 88.
Dr. Rathenau, Fritz, Amtsrichter, Berlin W., Meineckestr. 7.
Rathje, Hermann, Rechtsanwalt, Kiel.
Rau, Meinhold, Rechtsanwalt, München, Landwehrstr. 4.
Dr. Rauch, Carl, Breslau X.
Dr. jur. Rauert, Kiel, Feldstr. 81, I.
Raumann, Oskar, Rechtsanwalt, Notar, Berlin N., Chausseestr. 123.
Rauscher, Geh. Justizrat, Landgerichtsdirektor, Elbing.
Dr. Reatz, Geh. Justizrat, Gießen.
Reck, Kammergerichtsrat, Steglitz.
Dr. Regelsberger, Geheimrat, Professor, Göttingen.
Dr. Rehm, H., Professor, Straßburg i. E., Hohenlohestr. 22.
Dr. Rehme, Paul, Professor, Halle a. d. S.
Dr. Reiche, Martin, Rechtsanwalt, Berlin S.W., Krausenstr. 42/43.
Reichenbach, Rechtsanwalt, Justizrat, Berlin N., Schönhauser Allee 50.
Reichensperger, Landgerichtspräsident, Coblenz.
Dr. Reinach, Justizrat, Mühlhausen i. Elsaß, Sinnestr. 16.
Reinberger, Rechtsanwalt, Justizrat, Berlin, Breitestr. 11.
Reis, H., Staatsanwaltschaftsrat a. D., Danzig, Hundegasse 93.
Reisner, Rechtsanwalt, Breslau, Schloßstr. 5.
Dr. Reiß, Gerichtsassessor, Kiel.
Reiß, Paul, Justizrat, Frankfurt a. M., Weserstr. 51.
Reitinger, Th., Vorstand des Grundbuchamts, Rechtsrat, Mannheim, Mannheimerstr. 51.
Dr. Rendtorff, Justizrat, Kiel, Holstenstr. 39.
Reuscher, Rechtsanwalt, Notar, Justizrat, Kottbus.
Reuter, Amtsrichter, Völklingen.
Rheinwald, Oberlandesgerichtsrat a. D., Stuttgart, Neckarstr. 48b.
Richter, Landrichter, Kiel, Düppelstraße 18.
Richter, Carl Albrecht, Referendar, Leipzig-Connewitz, Südstr. 108.
Rieck, Landgerichtspräsident, Geh. Ober-Justizrat, Bromberg.
Riedel, Sigmund, k. Amtsrichter, Forchheim i. B.
Dr. Riedel, Oberlandesgerichtsrat, Naumburg a. d. S.
Dr. Riemenschneider, Rechtsanwalt und Notar, Bremerhaven.

Dr. Riesenfeld, Conrad Ernst, Syndikus der Handelskammer, Gerichtsassessor a. D., Universitätslektor, Breslau, Neue Börse.
Dr. Rießer, J., Geh. Justizrat, ord. Honorar-Professor, Berlin W., Lichtenstein Allee 4.
Dr. Rietschel, Siegfried, Univ.-Professor, Tübingen, Neckarhalde 55.
Dr. Riezler, E., Professor, Freiburg i. B., Goethestr. 15.
Riff, Rechtsanwalt, Straßburg i. Elsaß, Gr. Steinstr. 30.
Riffart, Jos., Justizrat, Rechtsanwalt, Cöln a. Rh, Berlich 25.
Ring, Kammergerichtsrat, Berlin W., Schöneberger Ufer 26.
Rippner, M., Rechtsanwalt, Justizrat, Berlin S.W., Friedrichstr. 235.
Dr. Ritthausen, Rechtsanwalt, Berlin N.W., Louisenstr. 39.
Dr. Robert, Referendar, Kiel.
Rocholl, Landgerichtsrat, Lüneburg, Schießgrabenstr. 7.
Dr. Rodewald, C., Rechtsanwalt und Notar, Celle.
Roeder, Justizrat, Halberstadt.
Dr. Roedler, Geh. Justizrat, Landgerichtsdirektor, Metz.
Dr. v. Rohland, W., Professor, Freiburg i. Baden, Goethestr. 28.
Rohwer, Rechtsanwalt, Neumünster.
Roll, Rechtsanwalt und Notar, Lissa i. P.
Rohr, Rechtsanwalt, Lyck.
Röhrig, Rechtsanwalt, Berlin W., Charlottenstr. 62.
Dr. Romberg, Geh. Justizrat, Rechtsanwalt beim Reichsgericht, Leipzig, Sternwartenstr. 79.
Dr. Roemer, Rechtsanwalt und Notar, Justizrat, Bochum i. W.
Ronniger, P., Rechtsanwalt, Leipzig, Petersstr. 27.
Dr. Roscher, Th., Rechtsanwalt und Notar, Justizrat, Hannover.
Rose, E., Rechtsanwalt, Notar, Harburg a. E.
Rosenbaum, Justizrat, Berlin W., Taubenstr. 4.
Dr. Rosenberg, Landgerichtsrat, Charlottenburg, Leibnizstr. 96.
Dr. Rosenberg, Georg, Rechtsanwalt, Berlin W., Eichhornstr. 5.
Dr. Rosenberg, Rechtsanwalt, Gießen.
Rosenberg, Julius, Rechtsanwalt, Göttingen.
Dr. Rosenberg, Leo, Gerichts-Assessor, Privatdozent a. d. Universität, Göttingen.
Rosenberg, Landgerichtsrat, Straßburg i. Els.
Dr. Rosendorff, Rich., Gerichtsassessor, Berlin W., Friedrich Wilhelmstr. 22.
Dr. jur. et phil. Rosenfeld, Ernst, Assessor, Berlin W., Voßstr. 13.
Dr. Rosenfeld, E. H., Professor, Münster i. W., Kleimannstr. 3.
Dr. Rosenfeld, J., Rechtsanwalt, Mannheim.
Dr. Rosenthal, Amtsgerichtsrat, Berlin N.W. 23.
Rosenthal, S., Amtsrichter, Gleiwitz.
Dr. Rosenthal, Paul, Landgerichtsrat, Berlin, Rankestr. 13.
Rosenthal, Walter, Rechtsanwalt, Berlin S.W., Königgrätzerstr. 73.
Dr. Rosenthal, Referendar, Hamburg, Kaiser Wilhelmstr. 22
Dr. Rosenthal, Wilhelm, Rechtsanwalt, München, Fürstenfelderstr. 10.
Roeser, Kammergerichtsrat, Berlin S.W., Großbeerenstr. 69, I.
Dr. Rosin, Geh. Hofrat, Professor, Freiburg i. Baden, Güntherstal 64.
Dr. Roth, Kriegsgerichtsrat, Dresden A, Elisenstr. 11.
Dr. Rothe, Justizrat, Berlin S.W., Potsdamerstr. 134a.
Dr. Rothschild, Paul, Ober-Landgerichtsrat, Cöln a. Rh., Göbenstr. 1.

Rothschild, Amtsgerichtsrat, Berncastel.
Ruben, Ernst, Kgl. preuß. Gerichtsreferendar, Berlin N.W., Flensburgerstr. 17.
Dr. Rubensohn, Rechtsanwalt und Notar, Rybnik i. O.-Schl.
Dr. Rudolph, Justizrat, Hannover, Am Schiffgraben 61.
Ruge, Albert, Regierungsrat, Danzig-Langfuhr, Baumbachallee 11.
Dr. Rubaum, Oberverwaltungsgerichtsat, Berlin W., Augsburgerstr. 30/31.
Dr. Rümker, Charles, Amtsrichter, Hamburg.
Dr. Rumpf, Hermann, Rechtsanwalt, Frankfurt a. M., Bockenheimer Landstr. 2.
Runge, Ewald, Rechtsanwalt, Berlin W., Wilhelmstr. 49.
Dr. Saalfeld, Alfred, Rechtsanwalt, Berlin Birkenstr. 75.
Saassen, J. H., Notar, Bonn, Kaiserplatz 5.
Sachs, Emil, Geh. Justizrat, Leipzig.
Dr. Sachsenhaus, Rechtsanwalt, Danzig.
Dr. jur. Sack, Th., Schriftsteller, München, Conradstr. 9.
Salinger, Max, Justizrat, Rechtsanwalt, Notar, Berlin W., Schellingstr. 16.
Dr. Salinger, George, Rechtsanwalt, Berlin, Fasanenstr. 67.
Salinger, Rechtsanwalt, Notar, Wollstein.
Dr. v. Salis, Professor, Bern (Schweiz), Gerechtigkeitsgasse 31.
Salomon, Landgerichtsrat, Charlottenburg, Giesebrechtstraße 10.
Salomon, Alfred, Landgerichtsrat, Cöln a. Rh.
Dr. Salomon, J. Ph., Rechtsanwalt, Berlin, Eichhornstr. 6.
Dr. Salomonsohn, Arthur, Geschäftsinhaber der Diskonto-Gesellschaft, Berlin W., Unter den Linden 35.
Salz, Rechtsanwalt, Justizrat, Posen.
Dr. Samson, H., Rechtsanwalt, Hamburg.
Dr. Samter, Herrmann, Justizrat, Berlin W., Mohrenstr. 65.
Dr. Sammer, K., Geh. Regierungsrat, Bankdirektor, Gotha, Ohrdruferstr. 4.
Sandberg, Gustav, Rechtsanwalt, Justizrat, Berlin S., Oranienstr. 45.
Dr. Sander, E., Rechtsanwalt, Berlin W., Lutherstr. 13.
Sänger, A., Rechtsanwalt, Stuttgart.
Dr. Sartorius, Professor, Greifswald.
Saul, Imanuel, Rechtsanwalt, Duisburg, Königstr. 38.
Schachian, Rechtsanwalt, Justizrat, Berlin W., Hinter der katholischen Kirche 1.
Dr. Schachtel, Leo, Rechtsanwalt, Berlin SW., Wilhelmstr. 100.
Schachtel II, Rechtsanwalt, Notar, Lichtenberg, Frankfurter Allee 191.
Schaefer, Gustav, kgl. Amtsrichter, Nürnberg, Hochstr. 10.
Schaffeld, Reichsgerichtsrat, Leipzig, Ferdinand Rhodestr. 19, I.
Schaeffer, Amtsgerichtsrat, Kiel.
Schaeffer, Assessor, Kassel.
Dr. Schall, R., Rechtsanwalt beim Reichsgericht, Leipzig, Kaiser Wilhelmstr. 12b.
Dr. Schanze, Professor, Dresden-A., Jakobistr. 5.
Dr. Scharlach, Julius, Rechtsanwalt, Hamburg, Nobelshof.
Scharmer, Landgerichtsrat, Kiel. Moltkestr. 48.
Schaumann, Amtsgerichtsrat. Kiel.
Scheff, Rechtsanwalt, Berlin W., Potsdamerstr. 141.
Schellong, F., Oberverwaltungsgerichtsrat, Wirkl. Geheimer Ober-Regierungsrat, Charlottenburg, Carmerstr. 10.
Schenck, Rechtsanwalt, Hagen i. W., Bergstr. 78.

Schenke, Friedr., Amtsgerichtsrat, Ziegenrück.
Schepers, Senatspräsident, Berlin W., Neue Ansbacherstr. 13.
Scherer, Justizrat, kgl. Advokat und Rechtsanwalt, Aschaffenburg.
Dr. Scherer, M., Rechtsanwalt, Leipzig, Harkortstr. 8.
Dr. Scherer, Rechtsanwalt, Mainz, Kaiserstr. 46.
Schieck, Walter, Assessor im Kgl. Finanzministerium, Dresden, Hähnelstr. 8.
Schippang, Erich, Landrichter, Kiel, Baseler Allee 32, I.
Schirren, Rechtsanwalt, Notar, Kiel, Klinke 26.
Dr. Schlauch, Walter, Syndikus der Diskonto-Gesellschaft, Berlin W. 15, Meineckestraße 2.
Dr. jur. Schlegelberger, Landrichter, Lyck.
Dr. Schleicher, Referendar, Düren.
Schlesier, Landgerichtsrat, Berlin W., Hafenplatz 8.
Dr. Schlesinger, Erich, Referendar, Güstrow i. M., Grabenstr. 3.
Schlesinger, Georg, Rechtsanwalt, Leipzig, Neumarkt 1.
Schlicht, Rechtsanwalt, Notar, Soegel (Prov. Hannover).
Schlichting, Referendar, Kiel, Hospitalstr. 27.
Schlockermann, Kammergerichtsrat, Berlin W., Nachodstr. 18.
Schloe, Rechtsanwalt, Notar, Kiel, Klinke 8, I.
Schloß, Rechtsanwalt, Heilbronn.
Dr. Schloßmann, Professor, Kiel.
Schloßmann, Referendar, Koblenz, Bahnhofstr. 3.
Dr. Schlotter, Landgerichtsrat, Magdeburg.
Dr. Schlotter, A., Justizrat, Rechtsanwalt, Notar, Gera (Reuß).
Schlüter, Kgl. Bergwerksdirektor, Justitiar der kgl. Bergwerksdirektion Recklinghausen, Reitzensteinstr. 24.
Schmid, Paul, Rechtsanwalt, Notar, Berlin S.W., Friedrichstr. 248.
Schmid, Senatspräsident, Kiel, Feldstr. 140, I.
von Schmidlin, Staatsminister der Justiz, Stuttgart.
Dr. Schmidt, Arthur, Geh. Justizrat, Professor der Rechte, Gießen, Lonystr. 18.
v. Schmidt, Christian, Ober-Landesgerichtspräsident, Bamberg.
Schmidt-Bardeleben, Kammergerichtsrat, Berlin S.W., Kleinbeerenstr. 27, III.
Dr. Schmidt, Richard, Geh. Hofrat, Professor, Freiburg i. B.
Dr. Schmidt-Polex, C., Justizrat, Rechtsanwalt, Frankfurt a. M.
Dr. Schmidt, Carl, Justizrat, Rechtsanwalt, Fürth (Bayern).
Schmidt, A., Rechtsanwalt, Notar, Alt-Landsberg, Berliner Allee 13.
Schmidt, Referendar, Kiel, Bartelsallee 14.
Dr. Schmidt, Reichsgerichtsrat, Leipzig, Hardenbergstr. 22.
Schmidt, H., Zweiter Staatsanwalt, Bamberg.
Dr. Schmidt-Scharff, Wolfgang, Rechtsanwalt, Frankfurt a. M., Hochstr. 10.
Dr. v. Schmitt, Geh. Hofrat, Justizrat, Bamberg.
Schmitz, Amtsrichter, St. Franz.
Dr. Schmitz, Gerhard, Justizrat, kgl. Notar, Düsseldorf, Steinstr. 28.
Schmitz, Emil, Rechtsanwalt, Justizrat, Cöln a. Rh., Gereonsdriesch 15.
Dr. Schneider, Otto, Landgerichtsrat, Direktor der Rheinischen Hypothekenbank Mannheim.
Schneider, Amtsgerichtsrat, Posen, Königsplatz 5.
Schneider, Gerichtsassessor, Kiel.

Dr. **Schneider**, Viktor, Justizrat, Rechtsanwalt, Berlin W., Leipzigerstr. 101/102.
Schneider, K., Oberlandesgerichtsrat, Stettin, Arndtstr. 35.
Schneider, Arnold, Rechtsanwalt, Notar, Berlin S.W., Friedrichstr. 83.
Schneider, Johannes, Rechtsanwalt, Meerane i. S.
Schnitger, J., Justizrat, Detmold.
Dr. **Schnitzler**, Rechtsanwalt, Krefeld, Ostwall 149.
Dr. **Scholz**, Oberverwaltungsgerichtsrat, Berlin W., Rankestr. 13.
Schoenfeld, Rechtsanwalt, Berlin C., Königstr. 52.
Schoenlank, Hugo, Rechtsanwalt, Tegel.
Dr. **Schoeps**, Gustav, Rechtsanwalt, Berlin C., Alexanderstr. 53.
Schorcht, Justizrat, Hameln a. d. Weser.
Dr. **Schott**, Professor, Breslau XVI.
Schöttländer, Rechtsanwalt, Posen.
Schow, Carl, Rechtsanwalt, Notar, Preetz i. H.
Schrader, K., Eisenbahndirektor a. D., Mitglied des Reichstags, Berlin, Steglitzerstraße 68.
Schreier, Oskar, Rechtsanwalt, Berlin C.
Dr. **Schreiner**, M., Justizrat, Rechtsanwalt, Cöln a. Rh.
Dr. **Schrock**, E, Rechtsanwalt, Justizrat, Marienwerder i. Westpreußen.
Schröder, Geheimer Justizrat, Eisleben.
Dr. **Schröder**, R., Geheimrat, Professor, Heidelberg, Ziegelhäuser Landstr. 19.
Schubert, H., Landgerichtsdirektor, Königsberg i. Pr., Schönstr. 18a.
Schüler, Gustav, Rechtsanwalt, Stolp i. P.
Schultz, Ernst, Rechtsanwalt, kgl. Notar, Filehne (Posen).
Schultze, Kammergerichtsrat, Geh. Justizrat, Berlin N.W., Calvinstr. 13a.
Dr. **Schultze**, Alfred, Professor, Freiburg i. B., Schwimmbadstr. 30.
Dr. **Schultzenstein**, Senatspräsident des Oberverwaltungsgerichts, Berlin W., Motzstr. 86.
Dr. **Schulz**, Professor, Oberbibliothekar, Leipzig, Floßplatz 33.
Dr. **Schulz**, Carl, Rechtsanwalt, Frankenthal i. d. Pfalz, Bahnhofstr. 31.
Schulz, Rechtsanwalt, Justizrat, Kottbus.
Schulze, Oskar, Rechtsanwalt, Cöln a. Rh., Mittelstr.
Schumacher, R., Rechtsanwalt, Berlin W., Linkstr. 12.
Schumacher, Rechtsanwalt, Justizrat, Cöln a. Rh., Langgasse 31.
Schumann, Heinr., Rechtsanwalt, Mosbach i. Baden.
Schumann, Staatsanwalt, Bartenstein.
Schütt, Rechtsanwalt, Neumünster.
Schütte, Landrichter, Cöslin.
Schwabach, Geh. Regierungsrat, Berlin W., Hohenzollernstr. 8.
Schwartau, Amtsgerichtsrat, Heiligenhafen i. H.
Schwartz, Martin, Assessor, Steglitz, Schloßstr. 39.
Dr. **Schwartz**, Johann, Christoph, o. Professor der Rechte an der Universität vorm. Ratsherr zu Riga, Halle a. S., Am Kirchtor 17.
Dr. jur. **Schwartzkopff**, J., Major a. D., Amtsrichter, Westend, Eichenallee 33.
Schwarz, Oberlandesgerichtsrat, Cöln a. Rh., Handelstr. 19.
Dr. v. **Schwarze**, Joh., Reichsgerichtsrat, Leipzig, Beethovenstr. 23.
Schweickert, Carl, Rechtsanwalt, Frankenthal i. d. Pfalz.
Dr. **Schwering**, J., Rechtsanwalt, Hamm.

Dr. Schwickerath, Staatsanwalt, Berlin W. 30.
Scriba, H., Syndikus der Landw.-Kammern für die Prov. Sachsen, Halle a. d. S., Blumenthalstr. 9.
Dr. Seckel, E., Professor, Berlin W. 62, Kurfürstenstr. 76/77.
Seeler, H., Rechtsanwalt, Notar, Justizrat, Berlin W., Kurfürstenstr. 87.
Dr. v. Seeler, Wilh., Professor, Berlin W., Achenbachstr. 2.
Dr. Seelig, Geh. Justizrat, Leipzig, Schreberstr. 13.
Dr. Seelig, Rechtsanwalt, Berlin W., Potsdamerstr. 9.
Dr. Segalla, Rechtsanwalt, Hamburg.
Seibert, Richter, Bremen, Verdenstr. 4.
Dr. Seitz, Carl Josef, Landgerichtsrat a. D., München, Bruderstr. 1, I.
Dr. Selbiger, Rechtsanwalt, Berlin W., Motzstr. 68.
Selck, Erwin, Gerichtsreferendar, Frankfurt a. M.-Sachsenhausen, Darmstädterlandstr. 92.
Selig, Geh. Justizrat, Wandsbeck.
Seligmann, Moritz, Handelsrichter, Cöln a. Rh., Kasinostr. 12.
Dr. Seligsohn I, Arnold, Justizrat, Rechtsanwalt, Berlin N.W., Neustädtische Kirchstr. 11.
Semler, Amtsgerichtsrat, Berlin S.W., Plan Ufer 15.
Senff, Rechtsanwalt, Justizrat, Berlin W., Taubenstr. 44/45.
Senger, Max, Rechtsanwalt, Berlin C. 25.
Senninger, Josef, Rechtsanwalt, Passau, Ludwigstr. 285.
Seyfert, E. H., Senatspräsident; Dresden, Stephanienstr. 30.
Seyffarth, Regierungsassessor, Altona, Lessers Passage 10.
Siebert, Fritz, Rechtsanwalt, Justizrat, Wiesbaden, Adolfsallee 5.
Sieg, Referendar, Kiel, Fährstr. 42.
Siegel I, Leopold, Rechtsanwalt, Justizrat, München, Dienerstr. 20.
Dr. Sieger, F., Rechtsanwalt, Notar, Frankfurt a. M.
Dr. Siegmann, Georg, Rechtsanwalt, Berlin S.W., Jerusalemerstr. 52.
Sieveking, C., Geh. Justizrat, Rechtsanwalt, Notar, Altona a. d. Elbe, Bahnhofstr. 20.
Dr. Sievert, Rechtsanwalt, Bredstedt.
Dr. Silberstein, Max, Rechtsanwalt, Justizrat, Berlin, Margarethenstr. 7.
Dr. Silberstein, Albert, Rechtsanwalt, Charlottenburg, Lietzenburgerstr. 5.
Dr. Siméon, P., Landrichter, Wilmersdorf, Eisenzahnstr. 44.
Dr. Simon, Oberlandesgerichtsrat, Geh. Justizrat, Frankfurt a. M., Kettenhofweg 102.
Dr. Simon, H. V., Justizrat, Rechtsanwalt, Berlin W., Viktoriastr. 5.
Dr. Simon, Hans, Rechtsanwalt, Berlin S.W., Zimmerstr. 95/96.
Dr. Simonis, Adolf, Bürgermeister, Rostock i. Mecklenburg.
Simonis, Gerichtsassessor, Kiel.
Simons, Heinrich, Rechtsanwalt, Altena i. W., Gerichtsstr. 2.
Simons, W., Landrichter, Gr. Lichterfelde, Steglitzerstr. 39.
Simonson, Oberlandesgerichtsrat, Breslau, Lindenallee 6.
von Simson, Geh. Justizrat, Berlin W., Jägerstr. 52.
Sinn, P., Rechtsanwalt und Notar, Rendsburg.
Dr. Sinzheimer, Hugo, Rechtsanwalt, Frankfurt a. M., Goethestr. 26, I.

Dr. jur. Slozewski, Emil, Syndikus der Allgemeinen Elektrizitätsgesellschaft, Charlottenburg, Leibnitzstr. 61.
Sluzewski, Rechtsanwalt, Berlin S.W. 19.
Smolla, Rechtsanwalt, Notar, Wilster i. H.
Dr. Sokolowski, Professor, Berlin W., Kleiststr. 28.
Söldner, Wilhelm, Erster Bürgermeister, Kgl. Hofrat, Schweinfurt.
Dr. Solmssen, Georg, Gerichtsassessor, Direktor d. Diskontogesellschaft, Berlin W., Unter den Linden 35.
Soltau, Referendar, Kiel.
Dr. Solten, Hamburg.
Dr. Sommer, Landrichter, Kiel, Klaus Groth Platz 2.
Sonnenfeld, H., Rechtsanwalt, Berlin, Leipzigerstr. 108.
Dr. Sontag, Amtsrichter, Kattowitz, Lessingstr. 9.
Dr. Soetbeer, Generalsekretär des deutschen Handelstages, Schlachtensee, Krottnaurerstr. 12.
Dr. Spahn, Oberlandesgerichtspräsident, Kiel.
Spangenberg, Oberverwaltungsgerichtsrat, Berlin, Rankestr. 4.
Spangenberg, Justizrat, Rechtsanwalt, Notar, Hannover, Georgstr. 13.
Specht, Felix, Reichsgerichtsrat, Leipzig, Kaiser Wilhelmstr. 26c.
Dr. jur. Sperling, Heinrich, Landgerichtspräsident, Lyck Ost-Pr.
Dr. Frhr. v. Spiegel v. u. z. Pechelsheim, Geh. Justizrat, Landgerichtsdirektor, Cassel.
Spiegel, Wilhelm, Rechtsanwalt, Kiel, Fleethörn 1/3.
Springe, Werner, Rechtsanwalt, Neumünster i. H.
Springer, Fritz, stud. jur., Charlottenburg, Hardenbergstraße.
Staedel, E., Rechtsanwalt, Offenbach a. M.
Dr. Stadthagen, Jul., Justizrat, Notar, Berlin S.W., Zimmerstr. 16/17.
Stahn, Eugen, Amtsgerichtsrat, Breslau, Brandenburgstr. 52.
Stammer, Rechtsanwalt, Notar, Justizrat, Altona a. E., Bahnhofstr. 46.
Stapff, A., Rechtsanwalt, Justizrat, Weimar.
Starke, G., Justizrat, Weida b. Gera.
Dr. Stauder I, Karl, Rechtsanwalt, Nürnberg, Obstgasse 2.
Steffan, Landgerichtsrat, Straßburg i. Els., Apfelstr. 4.
Steiner, Ludwig, Rechtsanwalt, Berlin C., Königstr. 46.
Dr. Steinitz, Rechtsanwalt, Berlin S.W., Kommandantenstr. 19.
Dr. Steinitz, Max, Rechtsanwalt, Breslau I, Ring 4.
Stelling, Amtsgerichtsrat, Rotenburg i. Hannover.
Stelzer, Rechtsanwalt, Notar, Deutsch-Krone.
Dr. Stern, Jacques, Gerichtsassessor, Berlin C., Alexanderstr. 63.
Stern, Max, Landgerichtsrat, Düsseldorf, Feldstr. 12.
Dr. Stern, Otto, Landrichter, Beuthen.
Dr. Stern, Fedor, Justizrat, Berlin W., Behrenstr. 23.
Dr. Stern, S., Rechtsanwalt, Mannheim.
Sternberg, Landgerichtsrat, Berlin, Landgericht II.
Dr. Sternberg, Rechtsanwalt, Notar, Justizrat, Berlin N.W., Dorotheenstr. 88.
Stettiner, Otto, Rechtsanwalt, Justizrat, Notar, Berlin W., Taubenstr. 53.
Steyrer, Fritz, Direktor der Bayer. Handelsbank, München, Maria Theresiastr. 13.

Stichling, Oberlandesgerichtsrat a. D., Direktor der Gothaer Lebensversicherungsbank, Gotha, Ohrdruferstr. 12.
Dr. Stier-Somlo, Univ.-Professor, Bonn, Kronprinzenstr. 3.
Stillschweig, Rechtsanwalt, Berlin W., Potsdamerstr. 141.
Dr. Stintzing, W., Professor, Leipzig, Sidonienstr. 67.
Stobbe, Rechtsanwalt, Kiel, Sophienblatt 28a.
Dr. Stoeckel, Reichsgerichtsrat, Leipzig, Sedanstr. 1.
Dr. Stolze, Magistrats-Assessor, Berlin W., Wichmannstr. 8a.
Story, Alfred, Rechtsanwalt, Berlin S., Oranienstr. 145/6.
Dr. v. Stoesser, K., Geheimer Rat, Senatspräsident a. D., Karlsruhe i. Baden, Jahnstr. 6.
Straehler, Kammergerichtsrat, Berlin W., Hohenstaufenstr. 42.
Dr. Stranz, J., Justizrat, Berlin W., Leipzigerstr. 34.
Dr. Stranz, M., Rechtsanwalt, Berlin W., Lutherstr. 16.
Straube, Landgerichtsrat, Halberstadt, Spiegelstraße.
Dr. Straus, Moritz, Rechtsanwalt, Karlsruhe i. B., Kaiserstr. 712.
Dr. von Strauß und Torney, Senatspräsident, Berlin W., Bayreutherstr. 40.
Strelitz, Rechtsanwalt, Stettin, Reifschlägerstr. 4.
Stroh, Justizrat, Rechtsanwalt und Notar, Elbing, Friedrich Wilhelmplatz 16.
Dr. Strohal Emil, Geh. Hofrat, Professor, Leipzig, Salomonstr. 1.
Dr. Struckmann, Gustav, Geheimer Regierungsrat im Reichsjustizamt, Berlin W., Motzstr. 31.
Dr. Struckmann, Wirklicher Geh. Ober-Regierungsrat, Berlin W., Landgrafenstraße 15.
Stubenrauch, Paul, Kammergerichtsrat, Berlin W., Kalckreuthstr. 18.
Dr. Stumpf, Regierungsassessor, Kiel.
Suchsland, Adolf, Landgerichtsdirektor, Torgau.
Dr. Suling, W., Rechtsanwalt, Bremen.
Suntheim, Rechtsanwalt, Hersfeld a. Fulda.
Dr. Süpfle, Robert, Rechtsanwalt, Karlsruhe i. Baden, Kaiserstr. 109.
Supper, Wirklicher Geh. Ober-Justizrat, Berlin W., Nürnbergerstr. 28.
Susemihl, Rechtsanwalt, Notar, Kiel, Flämischestr. 7.
Süßbach, Landrichter, Oppeln.
Sußmann, Rechtsanwalt, Halberstadt.
Syring, Rechtsanwalt, Justizrat, Leipzig, Elsterstr. 8.
Tachau, B., Rechtsanwalt, Hamburg.
Tannen, Rechtsanwalt und Notar, Justizrat, Wittmund, i. Ostfriesland.
Tannenwald, Referendar, Altona a. E., Allee 180.
Tappermann, Amtsrichter, Rombach b. Metz.
Techow, Magistratsrat, Berlin W., Von der Heydtstr. 7.
Techoch, Oberverwaltungsgerichtsrat, Berlin W., Martin Lutherstr. 86.
Dr. Tentler, Hamburg, Stadthausbrücke.
Teschendorf, Landgerichtsrat, Berlin W., 49.
Teuberger, Rechtsanwalt, Ruhrort.
Teuscher, Justizrat, Sommerfeld, Bez. Frankfurt a. d. Oder.
Thal, Louis, Privatdozent, St. Petersburg, Spaßkaja 16.
Theophile, W., Rechtsanwalt, Kiel, Holstenstr. 46.
Theremin, Landgerichtsrat a. D., Schweidnitz.

Thiel, W., Rechtsanwalt, Bromberg, Wollmarkt 7.
Thiel, Justizrat, Wreschen.
Thiel, Erwin, Rechtsanwalt, Berlin W., Lützowstr. 45, I.
Thiele, M., Oberlandesgerichtsrat, Königsberg i. Pr., Steindamm 56/57.
Thiemann, Max, Rechtsanwalt, Braunschweig.
Thinius, Kammergerichtsrat a. D., Bankdirektor, Berlin NW., Calvinstr. 14.
Dr. jur. Thiesing, Amtsrichter, Burgdorf b. Hannover.
Thode, J., Referendar, Kiel.
Dr. Thoma, Privatdozent, Freiburg i. B., Ludwigstr. 36, II.
Thomsen, Amtsgerichtsrat, Emden.
Dr. Thomsen, Oberlandesgerichtsrat, Hamburg, Hochkamp b. Blankenese.
Dr. Thomsen, Justizrat, Kiel, Holstenbrücke 9.
Dr. Thomsen, a. o. Professor, Münster i. W., Georgskommende 1.
Thurn, E., Geh. Justizrat u. Notar, Köln a. Rh., Margarethenkloster.
Tichauer, Justizrat, Berlin SW., Zimmerstr. 61.
Tiemann, Oberlandesgerichtsrat, Kiel.
Timendorfer, Rechtsanwalt, Justizrat, Berlin S., Oranienstr. 145/146.
Tirpitz, Oberlandesgerichtsrat, Kiel, Niemannsweg 38.
Dr. Titze, Professor, Göttingen, Obere Karspule 35.
Tollkiemit, Rechtsanwalt, Justizrat, Naumburg a. Saale.
Toennies, Rechtsanwalt, Notar, Husum.
Dr. Toeplitz, Leon, Justizrat, Dresden, Marschallstr. 1, I.
Traeger, Albert, Justizrat, Berlin W., Behrenstr. 54.
Dr. Traeger, L., Professor, Marburg a. Lahn.
Traumann, Landgerichtsrat, Berlin W., Lietzenburgerstr. 3.
Dr. Trautmann, Referendar, Kiel.
Trautner, H., Rechtsanwalt, Bamberg.
Treitel, Oberlandesgerichtsrat, Königsberg i. Pr., Tragheimer Pulverstr. 8.
Treumann, Rechtsanwalt, Justizrat, Hann., Münden.
Trimborn, Balduin, Justizrat, Rechtsanwalt, Köln a. Rh., Limburgerstr. 9.
Dr. Trinks, Landgerichtspräsident, Geh. Ober-Justizrat, Rudolstadt.
Dr. Troendlin, Ober-Bürgermeister, Leipzig.
Dr. Trumpler, Syndikus der Handelskammer, Frankfurt a. M.
von Tur, Dr. A., Professor, Straßburg i. E., Rupprechtsallee 64.
Dr. Türcke, Robert, Landrichter, Dortmund, Bismarckstr. 14.
Türk, Rechtsanwalt, Justizrat, Berlin SW., Zimmerstr. 87.
Uhles, Emil, Geh. Justizrat, Kammergerichtsrat, Berlin W., Tiergartenstr. 3a.
Ullmann, Rechtsanwalt, Justizrat, Notar, Posen.
Unger, J., Rechtsanwalt, Berlin C., Königstr. 20/21.
Unger, Rechtsanwalt, Prenzlau.
Varenkamp, Karl, Rechtsanwalt, Justizrat, Düsseldorf, Blumenstr. 9.
Veltmann, Landrichter, Kiel.
Viebig, C., Justizrat, Berlin, Bülowstr. 24.
Dr. Vierhaus, Felix, Wirklicher Geh. Ober-Justizrat, Professor, Oberlandesgerichtspräsident, Breslau II, Tauentzienstr. 40.
Vleugels, Justizrat, Notar, Köln, St. Apernstr. 17.
Vogelsang, Referendar, Hamburg, Bundesstr. 9.
Dr. Vogelstein, Theodor, Stettin, Arndtstr. 37b.

Dr. **Voelker**, Direktor des Stahlwerkverbandes, Schlachtensee, Rohlandstr. 4.
Dr. **Vormbaum**, Amtsrichter, Berlin W., Passauerstr. 38.
Voß, Justizrat, Birnbaum.
Dr. **Vossen**, Leo, Rechtsanwalt, Düsseldorf.
Dr. **Wach**, Geheimrat, Professor, Leipzig, Goethestr. 9.
Dr. **Wachtel**, Rechtsanwalt, Leipzig.
Wächter, Amtsgerichtsrat a. D., Hameln a. d. Weser.
Wagner, Wilhelm, Postinspektor, Charlottenburg, Knesebeckstr. 5a.
Wagner, Erster Staatsanwalt, Berlin W., Königin Augustastr. 43.
Dr. **Waldow**, Rechtsanwalt, Stettin, Reifschlägerstr. 22.
Dr. **Waldstein**, Rechtsanwalt, Notar, Altona, Königstr. 145.
Dr. **Waentig**, H., Professor, Halle a. S., Bernburgerstr. 31.
Dr. **Warburg**, Siegfried, Rechtsanwalt, Justizrat, Altona a. d. Elbe, Palmallee 31.
Dr. **Warburg**, F. M., Referendar, Hamburg, Ferdinandstr. 75.
Dr. **Warnatsch**, Landgerichtsdirektor, Wilmersdorf, Uhlandstr. 114.
Dr. **Warneyer**, Otto, Amtsrichter, Leipzig-Leutzsch, Schmiedstr. 1.
Warschauer, Rechtsanwalt, Notar, Tremessen.
Dr. **Wassermann**, Albert, Rechtsanwalt, Bamberg i. B.
Dr. **Wassermann**, M., Rechtsanwalt, Hamburg, Neuer Wall 34.
Wassermeyer, Justizrat, Bonn.
Wedekind, Landgerichtsrat, Danzig, Kohlengasse 5.
Dr. **Wedemeyer**, Werner, Gerichtsassessor, Privatdozent, Marburg a. L., Biegenstraße 26.
Wedow, Geh. Ober-Justizrat, Berlin W., Uhlandstr. 44.
Wegemann, Notar, Besigheim i. W.
Wehlan, Rechtsanwalt, Notar, Berlin W., Tiergartenstr. 10.
Weidner, H., Landgerichtsrat, Kempten i. B.
Dr. **Weigert**, Erich, Rechtsanwalt, Berlin W., Bayreutherstr. 38.
Dr. **Weil**, Julius, Landgerichtsrat, Breslau XVIII.
Weinberg, Rechtsanwalt, Berlin C., Königstr. 37.
Weingarten, Rechtsanwalt u. Notar, Pößneck i. Th.
Dr. **Weiß**, Wilhelm, Rechtsanwalt, Breslau I, Zwingerplatz 8.
Weißler, Adolf, Rechtsanwalt, Justizrat, Halle a. S., Gr. Steinstraße.
Weizsaecker, Hugo, Kammergerichtsrat, Berlin W. 35.
de **Weldige**, Urban, Rechtsanwalt, Paderborn i. W.
Wenneker, Landesrat, Kiel.
Dr. **Werner**, Joseph, Rechtsanwalt, Justizrat, Bamberg, Hainstr. 6.
Werner, Emil, Rechtsanwalt, Magdeburg, Kaiserstr. 13.
Werner, Geheimer Justizrat, Naumburg a. d. Saale.
Werner, Hellmut, Referendar, Kiel, Hardenbergstr. 30, I.
Werren, Friedrich, Rechtsanwalt, Notar, Justizrat, Aschersleben.
Werry v. Limont, Emil, Amtsgerichtsrat, Trier, Eberhardstr. 6.
Dr. **Werthauer**, Rechtsanwalt, Berlin.
Dr. **Werthauer**, Paul, Rechtsanwalt a. D, Herausgeber des Grundstücksarchivs, Berlin W., Kurfürstendamm 198.
Dr. **Wertheimer**, Ludwig, Rechtsanwalt, Frankfurt a. M., Steinweg 6.
Dr. **Wertheimer**, Rechtsanwalt, Baden-Baden.
Werther, Franz, Landgerichtsrat, Frankfurt a. M., Feldstr. 10.

Dr. Westerkamp, Geh. Justizrat, Professor, Marburg i. Hessen.
Westphal, Oberlandesgerichtsrat, Hamburg, Hochallee 6.
Dr. Weyl, R., Professor, Kiel, Adolfplatz 4.
Dr. Weyrather, Oberlandesgerichtsrat, Kiel.
Wichmann, Referendar, Kiel, Moltkestr. 41.
Wiebe, Reichsgerichtsrat, Leipzig, Schenkendorfstr. 14.
Dr. Wiegand, Lloyddirektor, Bremen.
Wienskowski, Kammergerichtsrat, Berlin W., Traunsteinerstr. 7.
Dr. Wildhagen, Rechtsanwalt, Justizrat, Leipzig, Ferdinand Rhodestr. 34.
Dr. Wilke, Richard, Geh. Justizrat, Potsdam, Leipzigerstr. 21.
Wilke, Karl, Rechtsanwalt am Kammergericht, Notar, Berlin SW., Wilhelmstr. 118.
Windthorst, Rechtsanwalt, Hamm.
von Winckler, Oberlandesgerichtsrat, Kiel, Dusternbrook 33.
Winkelmann, Friedr., Rechtsanwalt, Dortmund.
Winkler, Landgerichtsdirektor, Erfurt, Herderstr. 31 I.
Winterfeld, Heinrich, Rechtsanwalt, Notar, Justizrat, Berlin S., Oranienstr. 67.
Witte, Landgerichtspräsident, Geheimer Ober-Justizrat, Düsseldorf.
Wittelshöfer, Ernst, Rechtsanwalt, Justizrat, Berlin SW., Yorkstr. 73.
Dr. Wittelshöfer, Rechtsanwalt, Justizrat, Fürth i. Bayern.
Dr. Wittern, Rechtsanwalt, Kiel.
Dr. Wittkowsky, Rechtsanwalt, Berlin W., von der Heydtstr. 7.
Wittmaack, Karl, Rechtsanwalt, Notar, Neumünster i. H.
Wize, Rechtsanwalt, Lissa.
Wodtcke, Justizrat, Havelberg.
Wohlgemuth, Großherzogl. Amtsrichter, Karlsruhe.
Wölbling, P., Magistratsrat, Vorsitzender des Gewerbegerichts, Berlin SO. Köpenickerstr. 184.
Dr. Wolf, Eduard, Justizrat, Rechtsanwalt u. Notar, Dresden, Johann Georgen-Allee 5, II.
Wolfen, Justizrat, Rechtsanwalt und Notar, Bromberg, Wilhelmstr. 13.
Wolff, Ernst, Gerichtsassessor, Berlin W., Korneliusstr. 7.
Dr. Wolff, Martin, Professor, Berlin W., Lützowstr. 66.
Wolff, Justizrat, Rechtsanwalt Notar, Lissa i. P.
Dr. Wolff, Richard, Rechtsanwalt, Justizrat, Berlin NW., Friedrichstr. 138.
Dr. Wolff, Max, Rechtsanwalt, Lissa i. P.
Dr. Wolff, Rechtsanwalt, Berlin NW., Unter den Linden 60.
Wolff, Eugen, Rechtsanwalt, Justizrat, Berlin W., Potsdamerstr. 26b.
Wolff, Curt, Rechtsanwalt, Berlin SW., Friedrichstr. 243.
Wolfram, Emil, Geh. Regierungsrat, vortragender Rat in der Oberrechnungskammer Potsdam, Weinmeisterstr. 64.
Wolfsthal, Max, Landgerichtsrat, Regensburg, L. 63.
Wollenburg, Referendar, Charlottenburg, Kantstr. 148.
Dr. Wrede, Fritz, Amtsrichter, Düsseldorf, Rosenstr. 48.
Wreschner, Semi, Rechtsanwalt, Berlin N., Oranienburgerstr. 33.
Wreschner, Ludw., Justizrat, Berlin S, Kommandantenstr. 56.
Wronker, Rechtsanwalt, Justizrat, Berlin C., Kaiser Wilhelmstr. 49.
Wulff, Paul, Rechtsanwalt, Berlin S., Prinzenstr. 39.
Dr. v. Wulffert, Anton, Staatsrat, Professor, St. Petersburg, Fuhrstadtstr. 49.

Wunder, August, Notar, Justizrat, Bischheim a. d. S. bei Straßburg i. Els.
Wundermacher, Th., Gerichtsassessor, Remscheid.
Wunsch, Rechtsanwalt, Charlottenburg W., Tauenzienstr. 13.
Dr. Wüstendörfer, Gerichtsassessor, Privatdozent an der Handelshochschule Cöln.
Wüstenfeld, E., Reichsgerichtsrat a. D., Heidelberg, Bismarckstr. 19.
Zachariae, Otto, Senatspräsident, Berlin W., Passauerstr. 11a.
Zborowski, Amtsgerichtsrat, Hohensalza.
Dr. Zehme, Felix, Rechtsanwalt, Leipzig, Paterstr. 41.
Dr. am Zehnhoff, Rechtsanwalt, Geh. Justizrat, Düsseldorf, Stephanienstr. 27.
Dr. Zeiß, H., Justizrat, Jena.
Dr. Zeller, Heinrich, Darmstadt, Hochstr. 66, II.
Zelter, Rechtsanwalt, Justizrat, Stettin, Augustaplatz 1.
Dr. Ziegler, A. Gottfr., Rentier, Würzburg, Sonde Ring 20.
Ziemssen, Kammergerichtsrat, Berlin NW., Klopstockstr. 14.
Dr. Ziemssen, F., Rechtsanwalt, Berlin NW., Louisenstr. 31a.
Dr. Ziese, Rechtsanwalt, Justizrat, Rendsburg.
Dr. Zirndorfer, P., Rechtsanwalt, Justizrat, Frankfurt a. M., Kaiserstr. 18.
Dr. Zitelmann, Geh. Justizrat, Professor, Bonn, Coblenzerstr. 83.
Dr. Zober, John, Rechtsanwalt, Notar, Bergedorf bei Hamburg, Holstenstr. 4.
Zoeller, Julius, Oberstaatsanwalt, München, Prinz Ludwigstr. 16, II.
Dr. Zorn, Geh. Justizrat, Professor, Bonn.
Zündorf, Friedr., Rechtsanwalt, Justizrat, Cöln a. Rh., Elisenstr. 13.
Zweig, W., Amtsgerichtsrat, Berlin NW., Rathenowerstr. 31.

Niederländischer Juristenverein, z. H. des Herrn Prof. Dr. G. A. van Hamel, Amsterdam, 48 Nicolas Witsenkade.

Schweizer Juristenverein, z. H. des Hrn. Dr. G. Duttweiler, Bundesgerichtskanzlei. Lausanne.

Lese- und Redehalle der deutschen Studenten (Bücherei-Verwaltung) Prag.

Internationaler Anwalt-Verband, Wien I, Gonzagagasse 16.

Königl. Sächs. stenographisches Institut Dresden.

Verzeichnis
der
österreichisch-ungarischen Mitglieder des Deutschen Juristentages
im Jahre 1906.

Dr. **Adler**, Em., Privatdozent, Wien VII, Kandlgasse 36.
Dr. **Adler**, Karl, Universitätsprofessor, Czernowitz.
Dr. **Adler**, Wenzel, Advokat, Hall, Tirol.
Dr. **Adler**, Adolf, Hof- und Gerichtsadvokat, Wien I, Singerstr. 14.
Dr. **Adler**, Siegmund, Universitätsprofessor, Wien VIII, Feldgasse 10.
Dr. von **Babitsch**, Jacob, Ritter, Kreisgerichtsvizepräsident, St. Pölten N. Oe.
Dr. **Bachrach**, Adolf, Regierungsrat, Hof- und Gerichtsadvokat, Wien I, Rosenbursenstr. 8.
Dr. **Bachrach**, Daniel, Hof- und Gerichtsadvokat, Wien I, Rosenbursenstr. 8.
Baltinester, Johannes, k. k. Notar, Wien XVI, Hakringerstr. 89.
Dr. **Baernreither**, Josef, Minister a. D., Wien, Landgerichtsstr. 11.
Dr. **Bartsch**, Robert. Privatdozent, Wien I, Schillerplatz 4.
Baum, M., Redakteur, Wien I, Wipplingerstr. 5.
Dr. **Beck**, Berthold, Hof- und Gerichtsadvokat, Meran, Tirol.
Dr. **Benda**, Eduard, Advokat, Teplitz.
Dr. **Benedict**, Edmund, Hof- und Gerichtsadvokat, Wien I, Schottenring 19.
Dr. **Beran**, Wladimir, Oberlandesgerichtsrat, Graz, Humboldstr. 27.
Berthold, Carl, schles. Landessekretär, Vorstand des landesstatistischen Amts, Troppau.
Dr. **Beurle**, Carl, Advokat, Linz, Landstr. 9.
Dr. **Biach**, Wolf, resignirter Advokat, Wien VIII, Laudongasse 6.
Dr. **Blaas**, Hermann, k. k. Auskultant, Gurk i. Kaernthen.
Dr. von **Boschan**, Eugen Ritter, Hof- u. Gerichtsadvokat, Wien I, Teinfaltstr. 7.
Dr. **Boscovitz**, Alfred, Hof- und Gerichtsadvokat, österreich. Generalrepräsentant der Star Life Assurance Society London, Wien I, Volksgartenstr. 1.
Dr. von **Bozoki**, Aloys, Kgl. Rat, Direktor der Kgl. Rechtsakademie, Nagy Varad.
Dr. **Brecher**, Bernhard, Hof- und Gerichtsadvokat, Wien I, Hohenstaufengasse 2.
Brielmayer, Alfred, k. k. Landesgerichtsrat, Moedling, Viechtlgasse 4.
Dr. **Brunner**, August, k. k. Oberlandesgerichtsrat, Salzburg, Nauthorstr. 11.
Dr. **Brunstein**, Jos. L., Hof- und Gerichtsadvokat, Wien I, Krugerstr. 13.
Dr. **Bundsmann**, Anton, Statthalterei-Konzipist, Innsbruck, Museum-str. 16 III.
Dr. **Byloff**, Fritz, Privatdozent, Graz, Richard Wagnergasse 8.
Dr. van **Call**, Friedrich, Freiherr, k. k. Oberlandesgerichtspräsident, Innsbruck Anichstr. 42.
Dr. **Choloney**, Josef, k. k. Gerichtsadjunkt, Waskontz, Bukowina.
Dr. **Coumont**, Eduard, Hof- und Gerichtsadvokat, Wien I, Wallfischgasse 4.
J. U. Dr. **Czibulka**, Oskar, k. k. Notar, Sterzing, Tirol.

Dr. Dalnoky, Bela, Rechtsanwalt, Rechtskonsulent des Handels-Gremiums, Budapest V, Leopoldring 8.
Dr. Daum, Josef, Hofrat, Senatspräsident, Innsbruck, Gerichtsgebäude.
Dr. Demattio, Anton, k. k. Finanzprokuratursekretär, Innsbruck, Anichstr. 6.
Dr. Dworschak, Hans, Rechtsanwalt, Leibnitz a. d. Südbahn, Steiermark.
Dr. Ehrenzweig, Armin, Professor der Rechte, Wien VIII, Laudongasse 37.
Dr. Eisenberger, Wilhelm, Advokat, Karlsbad.
Dr. Elsner, Leo, k. k. Hofrat des obersten Gerichts- u. Kassationshofes, Wien IX 4, Währinger Gürtel 118.
Dr. Erler, Eduard, Advokat, Reichsratsabgeordneter, Vizebürgermeister, Innsbruck.
Dr. Farnik, Ignaz, Advokat, Schwaz, Tirol.
Dr. Feigl, Oskar, Hof- und Gerichtsadvokat, Wien I, Salvatorgasse 6.
Dr. von Feistmantel, Carl, Ritter, Hof- und Gerichtsadvokat, Wien, Habsburgergasse 5.
Fellner von Feldegg, Peter, Freiherr, k. k. Landgerichtspräsident, Wien, Landesgericht.
Dr. Fischer-Colbrie, Eduard, Privatdozent a. d. Universität, k. k. Gerichtssekretär. Wien I, Kohlmarkt 11.
Dr. Fleischmann, Carl, Advokat, Karlsbad.
Dr. Fluß, Jacob, k. k. Landesgerichtsrat, Wien IX, Alserbachstr. 31.
Dr. Frankl, Otto, Universitätsprofessor, Prag-Smichso, Ferdinandskai 16.
Dr. Freund, Arthur, Landes-Advokat, Prag, Heinrichsgasse 16.
Dr. Frey, Friedrich, Hof- und Gerichtsadvokat, Wien I, Helferstorferstr. 3.
Dr. Fried, Alfred, Advokaturskandidat, Wien VII, Gumzenstr. 10.
Dr. Frisch, Ludwig, k. k. Hofrat d. Verw.-Ger.-Hofes, Wien XIII, Tirolergasse 4.
Dr. Fritz, Ernst, k. k. Bahnkommissar, Innsbruck, Adolf Pichlerstr. 3.
Dr. Frühwald, Josef, Hof- und Gerichtsadvokat, Wien I, Wipplingerstr. 3.
Dr. Fuchs, Carl, Advokat, Prag, Hawlicekplatz.
Dr. Gabl, Hans, Advokat, Landeck, Tirol,
Dr. Gallia, Adolf, Hof- und Gerichtsadvokat, Wien I, Biberstr. 2.
Dr. Gallia, Ludwig, Advokat, Wien I, Biberstr. 2.
Dr. Ganahl,. Arnold, k. k. Landesgerichtsrat, Feldkirch.
Dr. Geller, Leo, Hof- und Gerichtsadvokat, Wien I, Franz Josef-Quai 25.
Gerichtszeitung, allgem. österreichische, zu Händen Dr. Karl Schreiber, k. k. Sektionsrat im Eisenbahnministerium, Wien.
Dr. Geringer, Victor, k. k. Finanzrat, Graz, Lessingstr. 8.
Dr. Gertscher, Adalbert, Oberlandesgerichtspräsident, Triest.
Giegl, Julius, Oberlandesgerichtsrat, Wien XVIII 1, Hans Sachsgasse 3.
Dr. Glaser, Heinrich, Hof- und Gerichtsadvokat, Wien VII, Burggasse 17.
Dr. Gleispach, Wenzel, Graf, Universitätsprofessor, Prag.
Dr. Goldschmidt, Alfred, Advokat, Prag, Mariengasse 17.
Dr. Graf, Heinrich, Hof- und Gerichtsadvokat, Wien I, Werderthorgasse 4.
Dr. jur. Graetz, Victor, Wien I, Hansenstr. 6.
Dr. Greistorfer, Carl, Advokat, Graz.
Dr. Groß, Siegfried, Hof- und Gerichtsadvokat, Wien I, Schultergasse 5.
Dr. Grünberg, Universitätsprofessor, Wien XVIII, Gentzgasse 38.
Dr. Gschmeidler, Arthur Edler von, Hof- und Gerichtsadvokat, Wien I, Habsbnrgerst. 5.

von Esten, Josef, k. k. Hofrat, Innsbruck, Museumstr. 2.
J. U. Dr. Hahn, Carl, Advokat, Karlsbad.
Dr. Hamm, Carl, k. k. Gerichtsadjunkt, Linz a. d. Donau.
Dr. Haemmerle, Otto, Advokat, Kufstein, Tirol.
Dr. Haerdtl, Heinrich, Freiherr, Wien I, Stallburggasse 4.
Dr. Hanausek, Gustav, o. ö. Universitätsprofessor, Graz, Elisabethstr. 20.
Handels- und Gewerbekammer Eger.
Dr. von Hattingberg, Josef, Ritter, k. k. Regierungsrat, Salzburg, Karolinenplatz 3.
Dr. Heinrich, Thomas, k. k. Hofrat beim obersten Gerichtshof, Wien VII, Lerchenfelderstr. 55.
Dr. von Hernritt, Professor, Wien.
Dr. Herzfeld, Rudolf, Hof- und Gerichtsadvokat, Wien I, Singerstr. 14.
Dr. Hibler, Hieronymus, Advokat, Bruneck, Tirol.
Dr. Hlaváč, Adolf von, k. k. Finanzprokuratursekretär, Wien VIII, Lammgasse 1.
Dr. Höfler, Rudolf, Gerichtsadjunkt, Irdning, Kaernthen.
Dr. Hoffmann, Herm., Hof- und Gerichtsadvokat, Salzburg, Getreidegasse 2.
Dr. Hoegel, Hugo, k. k. Oberstaatsanwalt, Professor an der Konsularakademie, Wien VII, Neustiftgasse 17.
Dr. Hohenburger, Victor R. v., Advokat, Graz, Fischmarkt 12.
Dr. Hollitscher, Marcus, Hof- und Gerichtsadvokat, Wien II, Praterstr. 8.
Dr. Hoenig, Friedrich, Generalsekretär d. Beamtenvereines, Wien I, Wipplingerstraße 25.
Dr. von Hoermann, W., Professor und Rektor der Universität Czernowitz.
Dr. Hruza, Ernst, k. k. Universitätsprofessor, Innsbruck, Gänsbacherstr. 11.
Dr. Hugelmann, Carl, k. k. Hofrat, Wien XIX, Chimanistr. 19.
Dr. Hupka, Josef, Professor, Wien VIII, Edelhofgasse 36.
Dr. Hye-Glunek, Frz. Baron v., Wien I, Seilerstätte 7.
Huyn, Graf Rudolf, k. k. Hofrat, Bozen.
Dr. Jaeger, Anton, Advokat, Salzburg.
Dr. Juch, Otto, Finanzprokuraturkonzipist, Innsbruck, Glasmalereistr. 6.
Dr. Jung, Richard, k. k. Staatsanwalt, Feldkirch, Vorarlberg.
Dr. Junkar, Emil, k. k. österr.-ungar. Vizekonsul, Wien I, Ballhausplatz 2.
Juristische Gesellschaft, zu Händen ihres Obmanns Herrn Dr. Willibald Müller, Troppau.
Dr. Kaiserfeld, Wilh. Edler von, Kanzleidirektor der steiermärkischen Sparkasse, Graz, Schmiedgasse 2.
Dr. Kaiserfeld, Max Ritter v., Advokat, Graz, Sporgasse 32.
Dr. Kallberg, Advokat, Wien.
Dr. von Kaltenbrunner, Georg, k. k. Finanzprokuraturkonzipist, Innsbruck, Museumstr. 5,
Kammerlander, Anton, Bezirksrichter, Steinach, Tirol.
Dr. Kammerlander, Ludwig, Hof- und Gerichtsadvokat, Graz, Glacis 27.
Dr. Karlik, Karl, Landesrat, Wien V, Matzleinsdorferstr. 42.
Karmin, Ingenieur, Wien.
J. U. Dr. Kaufmann, Friedrich, Advokat, Prag, Graben 17.
Dr. Kecht, Arthur, Advokaturskandidat, Kitzbühel, Tirol.
Dr. Klang, Heinrich, k. k. Gerichtsadjunkt, Schwechat N.-Oe., Bezirksgericht,

Dr. **Klang**, James, Verwaltungsrat des österreich. Phönix, Wien I, Riemergasse 2.
Dr. **Kleibl**, Eugen, k. k. Gerichtssekretär, Wien IV, Favoritenstr. 17.
Dr. **Klein**, Franz, Exzell., k. k. Geh. Rat, Sektionschef u. Universitäts-Professor, Wien VI, Gumpendorferstr. 5.
Kleß, Anton, k. k. Hofrat, Kreisgerichtspräsident, Leoben.
Dr. **Klima**, Anton, Advokat, Graz, Kaiserfeldgasse 1.
Dr. **Kolbe**, Dominik, Hof- und Gerichtsadvokat, Wien IV, Alleegasse 28.
Dr. jur. **von Komorzynski**, Otto, Ministerialkonzipist im k. k. Handelsministerium, Dozent an der Handelsakademie, Wien VIII, Lammgasse 3.
Dr. **Konirsch**, Alfred, Hof- und Gerichtsadvokat, Wien I, Teinfaltstr. 9.
Dr. **Környei**, Eduard, Advokat, königl. Rat, Budapest IV, Deák-ntza 5.
Dr. **Koschacker**, Paul, Privatdozent, Graz, Alleegasse 4.
Dr. **Kowarz**, Wilhelm, k. k. Bahnkommissär, Linz, Landstr. 15a.
Krapf, Carl, k. k. Landesgerichtsrat, Graz, Humboldtstr. 21.
Dr. **Krasa**, Berthold, Hof- und Gerichtsadvokat, Wien I, Helferstorferstr. 13.
Dr. **Krasnopolski**, Horaz, Hofrat, Professor, Prag, Florenzgasse 15.
Dr. **Krasny**, Arnold, k. k. Sektionsrat, Professor a. d. Konsularakademie, Wien I, Elisabethstr. 9.
Dr. **Kraus**, Carl, Rechtsanwalt, Teplitz i. Böhmen.
Dr. **Kretz**, Ernst, k. k. Gerichtssekretär, Wien IV., Theresianumgasse 8.
Dr. **Kronvogel**, Josef, Landesgerichtsrat, St. Leonhard b. Marburg i. Steiermark.
Dr. **Kulisch**, Max, Univ.-Professor, Innsbruck, Colingasse 7.
Dr. **Kunwald**, Ludw., Hof- und Gerichtsadvokat, Wien I, Schulerstr. 1.
Kurzel, Julius, Hofrat und Kreisgerichtspräsident, Trient.
Dr. **Lammasch**, Heinr. k. k. Univ.-Professor, Wien IX, Frankgasse 2.
Dr. **Lamp**, Carl, Privatdozent, Graz, Körblergasse 110.
Dr. **Landauer**, Walther, Direktionssekretär der Witkowitzer Bergbau- und Eisenhütten-Gesellschaft. Witkowitz in Mähren, Eisenwerk.
Dr. **Landesberger**, Julius, Univ.-Professor, Hof- und Gerichtsadvokat, Wien I, Schottenring 17.
Dr. **Langer**, Josef, Hof- und Gerichtsadvokat, Wien I, Bäckerstr. 9.
Dr. **Larcher**, Anton, Gerichtsadjunkt, Innsbruck, Oberlandesgericht.
Dr. **Lauterstein**, Rudolf, Hof- und Gerichtsadvokat, Wien I, Stubenbastei 10.
Dr. **Leiter**, Hans, Advokat, Bruneck, Tirol.
J. U. Dr. **Lenk**, Viktor, k. k. Notar, Friedland i. Böhmen.
Dr. **Lenz**, A., Universitäts-Professor, Czernowitz.
Dr. **von Leon**, Wilhelm Ritter, k. k. Oberlandesgerichtsrat, Innsbruck.
Dr. **Licht**, Stefan, Reichsratsabgeordneter, Wien.
Dr. **Lichtblau**, L., Gerichtsadjunkt, Zistersdorf, N.-Oe.
Dr. **Links**, Emil, Hof- und Gerichtsadvokat, Wien I, Hohenstaufengasse 2.
Dr. **Löffler**, Alexander, Universitätsprofessor, Wien XVIII, Gentzgasse 38.
Dr. **Lohsing**, Ernst, Advokaturskonzipient, Wien IX 3, Schwarzspanierstr. 12.
J. U. Dr. **Löw**, Gustav, Advokat, Mähr. Schönberg.
Dr. **Loewenthal**, Fabrikant, Iglau.
Dr. **Lucas**, Josef, a. o. Universitätsprofessor, Czernowitz, Residenzgasse 1a.
Dr. **Luggin**, Josef, Hof- und Gerichtsadvokat, Klagenfurt.
Dr. **Luschin von Ebengreuth**, Arnold, Hofrat, Universitätsprofessor, Graz. Merangasse 15.

Dr. von Mages, Heinrich, Freiherr, k. k. Landesgerichtsrat, Meran.
Dr. Maier, Hugo, Hof- und Gerichtsadvokat, Wien I, Krugerstr. 13.
Dr. von Makowitz, Eduard, Gerichtssekretär, Innsbruck, Oberlandesgericht.
Dr. Mandel, Paul, Reichstagsabgeordneter und Advokat, Budapest V, Nador Utza 14 S. C.
Marchesani, Anton, k. k. Landesgerichtsrat, Schruns, Vorarlberg.
Dr. Marchesani, Gottfried, Advokat, Schwaz, Tirol.
Dr. Margulies, Emil, Advokaturskonzipient, Teplitz-Schoenau i. Böhmen.
Dr. Mathias, Adolf, Hof- und Gerichtsadvokat, Wien I, Wipplingerstr. 23.
Dr. Mayer, Bruno, Hof- und Gerichtsadvokat, Wien I, Stadiongasse 4.
Dr. von Mayr, Max, Freiherr, Hof- und Gerichtsadvokat, Wien I, Hoher Markt 8.
Dr. Mayrhofer, Franz, k. k. Notar, Wien I, Petersplatz 7.
Dr. Menger, Max, Hof- und Gerichtsadvokat, Wien VIII, Auerspergstr. 19.
Dr. Menzel, Adolf, Univ.-Professor der Rechte, Wien IX, Schwarzspanierstr. 20.
v. Miklosisch, Moritz, Ritter, k. k. Landesgerichtsrat, Wien VIII, Josefstädterstr. 11.
Dr. Morgenstern, Hugo, Hof- und Gerichtsadvokat, Wien VI, Mariahilferstr. 127.
Dr. Moritz, Franz, Advokat, Innsbruck, Museumstr. 14.
Dr. Moser, Theodor, k. k. Bahnkonzipist, Innsbruck, Claudiastr. 2.
Dr. Motloch, Theodor, Oberlandesgerichtsrat, Wien XVIII 1, Canongasse 15.
Dr. Müller, Wilhelm, Landesrat, Klagenfurt i. Kaernthen, Landhaus.
Mussak, Josef, Bezirksrichter, Telfs. Tirol.
Dr. Nechansky, August, Hof- und Gerichtsadvokat, Wien I, Stoß im Himmel 3.
Dr. R. von Neumann-Ettenreich, Robert, k. k. Oberlandesgerichtsrat Wien III, Ungargasse 16.
Dr. Neuner, Josef. k. k. Landesgerichtsrat, Feldkirch, Vorarlberg.
Dr. Neußer, Hugo, Rechtsanwalt, Troppau.
Niederösterreichische Advokatenkammer, Bibliothek der, Wien I, Rotenturmstraße 15.
Nizalowski, Franz, k. k. Oberstl. Auditor, Innsbruck, Korpskommando.
Dr. Obersohn, Friedrich, Hof- und Gerichtsadvokat, Wien I, Fleischmarkt 18.
Dr. Ofner, Julius, Hof- und Gerichtsadvokat, Wien, Wollzeile 12.
Onestinghel, Cäsar, k. k. Bezirksrichter, Sillian, Tirol.
Patryn, Ludwig, Landesregierungsrat, Troppau.
Dr. Peer, Josef, Advokat, Feldkirch, Vorarlberg.
Dr. Perlmann, Walter, Advokat, Prag, Graben 10.
Dr. Pfaff, Ivo, k. k. Universitätsprofessor, Prag, Smichow-Ferdinandsquai.
Dr. Pfaff, Leopold, k. k. Universitätsprofessor, Wien I, Am Hof 7.
Dr. Pisco, Oskar, k. k. Gerichtsadjunkt, Bezirksgericht, Wien IX 2.
Dr. von Pitreich, August R., Oberlandesgerichtspräsident, Graz.
Dr. Pohl, Richard, k. k. Bahnsekretär, Innsbruck, Claudiastr. 2.
Dr. Pollack, Richard, Advokat, Wien IV, Hauptstr. 28.
Dr. Pölt, Gustav, k. k. Oberfinanzrat, Innsbruck, Karlstr. 14.
Posch, Hermann, Landesgerichtsrat. Ried, Tirol.
Posselt-Csorisch, Anton k. k. Statthaltereirat, Innsbruck, Meinhardstr. 5.
Dr. Praxmarer, Josef, Advokat, Kufstein, Tirol.
Dr. Preminger, U., k. k. Gerichtsadjunkt, St. Putilla i. Bukowina.
Dr. Pribram, Karl, Advokaturskandidat, Prag, Graben 10.
Probinger, Gustav, k. k. Gerichtsadjunkt, Bezau, Vorarlberg.

Dr. Puntschart, Paul, ord. Prof. der Rechte a. d. Universität, Graz, Schubertstraße 19 II.
Dr. Putzker, Emil, Advokat, Brünn.
Dr. Pusch, Karl, Advokat, Landesausschußbeisitzer, Innsbruck.
Dr. Rappaport, Achill, k. k. Gerichtssekretär, Privatdozent an der Universität, Czernowitz i. Bukowina, Franzensgasse 39.
Dr. Rebensaft, Adolf, Hof- und Gerichtsadvokat, Wien I, Wollzeile 18.
Dr. Reblich, Josef, Professor, Wien IX, Arnebrurlergasse 4.
Dr. Reich, Max, k. k. Notar, Leoben i. Steiermark.
Dr. Reisch, Theodor, Hof- und Gerichtsadvokat, Wien XIX, Gatterburggasse 19.
Dr. Reiter, Ferdinand, k. k. Gerichtsadjunkt, Innsbruck, Bürgerstr. 8.
Dr. Reitmayer, Alfred, Gerichts-Auskultant, Kufstein.
Dr. Reitmayr, Vincenz, k. k. Notar, Zell a. Z., Tirol.
Dr. Reyer, Emil, em. Advokat, Triest, via Vienna 1.
Dr. Riehl, Anton, Advokat, W. Neustadt i. N.-Oesterreich.
Dr. Rietsch, Karl, k. k. Notar, Neuern i. Böhmen.
Dr. Rigler, Alex, k. k. Oberstaatsanwalt, Graz, Justizpalast.
Dr. Rintelen, Max, Graz, Heinrichstr. 27.
Dr. Roller, Julius, k. k. Bezirksrichter, Hohenelbe i. Böhmen.
von Roemer, Georg Edler, Landesgerichtsrat, Feldkirch i. Vorarlberg.
Dr. Rosenbacher, Arnhold, Advokat, Prag, Zeltnergasse 2.
Dr. Rosenberg, Wilhelm, Hof- und Gerichtsadvokat, Wien I, Am Hof 11.
Dr. Scharff, Joh. M., k. k. Ministerialrat, Wien I, Schillerplatz 4.
Dr. Schauer, Hugo, k. k. Ministerialrat, Wien V, Wiedner Hauptstr. 87.
Dr. Schellander, Franz, Advokat, Triest, Korso 35.
Dr. von Schenk, Josef, Freiherr, k. k. Hofrat des Verwaltungsgerichtshofes, Wien III, Hauptstr. 75.
Dr. von Schey, Josef, Baron, Professor, Wien IV, Theresianumgasse 2a.
Dr. Schiffner, Professor, Hofrat, Innsbruck.
Dr. Schloffer, Alois, Präsident der Advokatenkammer, Graz
Dr. Schmid, Ferdinand, k. k. Universitätsprofessor, Innsbruck, Meinhardstr. 14.
Dr. Schnabl, Josef, Hof- und Gerichtsadvokat, Wien I, Rotenturmstr. 13.
Dr. Schneeberger, Wilhelm, Hof- und Gerichtsadvokat, Wien I, Maria Theresienstraße 10.
Dr. Schostal, Felix, Hof- und Gerichtsadvokat, Wien I, Tegetthoffstr. 9.
Dr. Schrutka, Emil Edler von Rechtenstamm, k. k. Univ.-Prof., Wien, Währing-Cottagegasse 53.
Schuler, Ferdinand, Bezirksrichter, Nanders. Tirol.
Dr. Schuloff, Theodor, Hof- und Gerichtsadvokat, Wien I, Schellinggasse 6.
Dr. Schulz, Paul, k. k. Ministerialrat, 1. Vizepräsident des Patentamts, Wien 5, Babenbergerstr. 1.
Dr. Schuster, Heinrich, k. k. Univ.-Professor, Prag, Weinberge, Skretastr. 9.
von Schwarzenau, Erwin, Freiherr, k. k. Statthalter, Exzellenz, Wien.
Dr. von Schwarz, Georg Edler von, Prag II, Fügnerplatz 5.
Dr. von Schwind, Ernst Freiherr, Universitätsprofessor, Wien XIII, Penzingerstraße 66.
Dr. Seidl, Aloys, Professor an der landwirtschaftlichen Akademie Tetschen a. E., Liebwerd.

Dr. Seidler, Gustav, k. k. Univ.-Professor, Wien IX, Hasenauerstr. 53.
Dr. Singer, Heinrich, o. Professor des Kirchenrechts, Prag, Kleinseite 602.
Dr. Skrein, Alfred, Hof- und Gerichtsadvokat, Wien I, Zelinkagasse 12.
Dr. Speckbacher, Gerbert, Advokat, Meran, Tirol.
Dr. Spiegel, Ludwig, Univ.-Professor, Prag II, Tyrsgasse 7.
Dr. von Sprung, Franz, Hof- und Gerichtsadvokat, Wien I, Tegetthoffstr. 4.
Dr. Stahl, Philipp, Ritter v., k. k. Sektionsrat, Wien IV, Karlsgasse 13.
Stainer, L., Notar-Kandidat, Kitzbühel, Tirol.
Dr. Stein, Adolf, Hof- und Gerichtsadvokat, Wien I, Johannesgasse 14.
Dr. Stein, Richard, Hofbuchhändler, Wien I, Kohlmarkt 20.
Dr. Steinbach, Emil, 1. Präsident des k. k. obersten Gerichtshofes, Wien I, Hohenstaufengasse 12.
Dr. Steinbach, Gustav, Redakteur der Neuen freien Presse, Wien I, Fichtegasse 11.
Dr. Steinlechner, Paul, k. k. Hofrat, o. ö. Universitätsprofessor, Graz, Glacisstraße 57.
Dr. Sternberg, Moritz, Verteidiger in Strafsachen, Wien I, Schottenring 19.
Dr. von Stourzh, Alois Edler, Vizepräsident des k. k. Kreisgerichts, Kornenburg bei Wien, Schaumanngasse 12.
Dr. Stransky, Heinrich, Hof- und Gerichtsadvokat, Wien I, Gonzagagasse 12.
Dr. Strauß, Arthur, Wien I, Helferstorferstr. 13.
Dr. Strauß, Max, Hof- und Gerichtsadvokat, Wien I, Schottenring 14.
Dr. Strele, Rudolf, Advokat, Kufstein, Tirol.
Dr. Stroß, Emanuel, Hof- und Gerichtsadvokat, Wien I, Lugeck 3.
Dr. von Tárnoczy Sprinzenberg, Christian, Ritter, k. k. Auskultant, Graz, Burggasse 11.
Tausch, Josef, k. k. Notar, Bruneck, Tirol.
Dr. Tessadri, Pius, Gerichtsadjunkt, Innsbruck, Landesgericht.
Dr. Thanner, Friedrich, Universitätsprofessor, Graz, Paalsstr. 9.
Dr. von Thayenthal, Max, Sekretärstellvertreter der Wiener Handels- und Gewerbekammer, Wien I, Wipplingerstr. 34.
Theumer, Leo, k. k. emer. Notar, Elbogen.
Dr. Thumim, Nathaniel, Hof- und Gerichtsadvokat, Wien I, Judenplatz 8.
Thurner, Alois, Sekretär und Direktorstellvertreter der tirolischen Landeshypothekenanstalt, Innsbruck, Burgerstr. 19/11.
Dr. Toggler, Hans, k. k. Finanzrat, Innsbruck.
Dr. Traunsteiner, Johann, Advokat, Kitzbühel, Tirol.
Dr. Ulbrich, Josef, k. k. Hofrat, Professor des öffentl. Rechts, Prag I, Jungmannstraße 14.
Dr. Ullmann, Julius, Hof- und Gerichtsadvokat, Wien I, Friedrichstr. 4.
Dr. Unger, Josef, Exzellenz, Minister a. D, Geh. Rat und Präsident des Reichsgerichts. Wien I, Kantgasse 3.
Dr. Uranitsch, Emil, Advokat, Graz, Kaiserfeldgasse 21.
Dr. Vibitz, Richard, k. k. Gerichtssekretär, Wien III, Matthäusgasse 8.
Dr. von Vilas, Robert, Advokat, Imst.
J. U. Dr. Vock, Franz, k. k. Notar, Laibach i. Krain.
Dr. von Voltelini, Hans, o. ö. Universitätsprofessor, Innsbruck, Anichstr. 18.
Dr. von Wackernell, Josef, Advokat, Innsbruck.
Dr. Wagner, Karl, k. k. Notar, Wien I, Tiefer Graben 11.

Dr. Waldner, Viktor, k. k. Universitätsprofessor, Innsbruck, Welsergasse 4.
Dr. Walker, Gustav, k. k. Gerichtssekretär und Privatdozent an der Universität Wien VI, Amerlingstr. 7.
Dr. Weil, Friedrich, Hof- und Gerichtsadvokat, Wien I, Fleischmarkt 14.
Dr. Weis-Ostborn, Friedrich, Ritter v., Hof- und Gerichtsadvokat, Graz, Kaiserfeldgasse 22.
Dr. Weiß, Adolph Ritter von Teßbach, Großgrundbesitzer, Wien I, Nibelungengasse 1.
Dr. Weiß, Gustav Ritter v. Wellenstein, Kaiserl. Rat, Wien IV 1, Tilgnerstr. 3.
Dr. Weishut, Albert, Hof- und Gerichtsadvokat, Wien, Helferstorferstr. 1.
Dr. Weiß, Moritz Ludwig, Hof- und Gerichtsadvokat, Wien I, Rudolfsplatz 13a.
Dr. Weißel, Edmund, Hof- und Gerichtsadvokat, Wien I, Strauchgasse 1.
Dr. Wellspacher, Moritz, Universitätsprofessor, Innsbruck, Falkestr. 9.
Dr. Wenger, Leopold, Univ.-Professor, Graz, Richard Wagnergasse 27.
Dr. Wenin, Hans, Advokat, Vizebürgermeister, Innsbruck.
von Widmann, Alphons Freiherr, 1. Präsident des Landeskulturrates, Mitglied des Herrenhauses des österr. Reichsrates, Bozen.
Dr. Wien, Franz, Advokat, Prag, Wenzelsplatz 7.
Dr. Wimbersky, Hubert, landschaftl. Konzipist, Graz, Brandhofgasse 7.
Dr. von Winiwarter, Franz Ritter, Hof- und Gerichtsadvokat, Wien I, Domgasse 2.
Dr. von Winterhalder, Rudolf Ritter, k. k. Notar, Wien I, Bellariastr. 4.
Dr. von Wretschko, A. Ritter, o. ö. Universitätsprofessor, Innsbruck, Schillerstraße 6, III.
Dr. Wurmser, Anton v., k. k. Landesgerichtsrat, Cilli.
Zentralbibliothek, z. H. des Herrn Bibliothekar Gerichtssekretär Dr. Eduard Fischer-Colbrie, Wien, Justizpalast.
Dr. Zobkow, Michael, Privatdozent und Gerichtssekretär, Obergericht Sarajewo.
Dr. Zweybrück, Moritz, Hof und Gerichtsadvokat, Wien I, Salzthorgasse 5.

Stenographische Berichte.

(Dritter Band.)

Erste Plenarsitzung

des

Achtundzwanzigsten Deutschen Juristentages

zu Kiel, Montag, den 10. September 1906, vorm. 9 Uhr.

Geh. Justizrat Prof. Dr. **Enneccerus**-Marburg: Meine hochgeehrten Herren! Da zu unserem Leidwesen der Präsident des vorigen Juristentages, Herr Geh. Rat Brunner, verhindert ist, an dem heutigen Juristentage teilzunehmen, da ebenso unser allverehrter Alterspräsident, Herr Präsident Dr. von Stößer, an der Teilnahme verhindert ist, so liegt es mir als dem zwar nicht an Jahren, aber doch an Mitgliedschaft in der ständigen Deputation ältesten Mitgliede ob, die Versammlung des heutigen Juristentages zu eröffnen.

Meine Aufgabe besteht indes lediglich darin, die Wahl des Präsidenten des Juristentages zu leiten. Die Verhandlungen der Plenarversammlung leitet nach § 7 unserer Statuten ein Vorsitzender, welcher für die Dauer eines jeden Juristentages in der ersten Plenarversammlung durch Stimmzettel oder Akklamation gewählt wird. Ich habe die Ehre, meine Herren, Ihnen auf einstimmigen Beschluß der ständigen Deputation des Juristentages, Herrn Oberreichsanwalt Dr. Olshausen zum Vorsitzenden des Juristentages vorzuschlagen. (Lebhafter Beifall.) Da Akklamation zulässig ist, so nehme ich, wenn kein Widerspruch erfolgt, an, daß die Versammlung die Wahl genehmigt. (Bravo!) Es erfolgt kein Widerspruch. Ich stelle das fest und bitte Herrn Oberreichsanwalt Dr. Olshausen, den Vorsitz übernehmen zu wollen.

Der Präsident Oberreichsanwalt Dr. **Olshausen**-Leipzig (mit lebhaftem Beifall empfangen): Meine Herren Mitglieder des 28. Deutschen Juristentages! Für die große Ehre, die Sie mir eben dadurch erwiesen haben, daß Sie mich zum Vorsitzenden der diesjährigen Tagung gewählt haben, spreche ich meinen aufrichtigsten und wärmsten Dank aus. Ich hätte allerdings gerne an dieser Stelle einen Würdigeren gesehen und denke dabei namentlich an den Herrn, dessen eben bereits Erwähnung geschah, dessen meisterhafte Leistung der beiden letzten Juristentage in Berlin und Innsbruck wir bewundert haben. Zu seinem eigenen lebhaften Bedauern ist aber Herr Geh. Rat Brunner durch seinen Gesundheitszustand verhindert, an unseren Beratungen und Verhandlungen teilzunehmen. Ich wünsche — und ich spreche da gewiß in Ihrer aller Namen —, daß es ihm in Zukunft noch recht oft vergönnt sein möge, auf dem Juristentage tätig zu sein, als eine seiner ersten und schönsten Zierden. Daß wir auch die Abwesenheit von anderen Deputationsmitgliedern schmerzlich empfinden, will ich erwähnen, wie namentlich des Seniors des Juristentages, des hochverehrten jugendlich-greisen Präsidenten Dr. von Stößer, der bisher sämtliche Juristentage mitgemacht hat und noch an der Pfingst-Konferenz im 84. Lebensjahre in bewundernswerter Frische teilgenommen hat. Wir wollen hoffen, daß auch er noch häufig wieder in unserer Mitte erscheine. Die Deputation des Juristentages glaubte sich der Zustimmung des Juristentages versichert zu halten, wenn sie vorschlägt, daß diesen beiden genannten Herren das Bedauern über ihr Fernbleiben durch ein Telegramm zum Ausdruck gebracht wird. (Bravo!)

Wenn ich heute durch die obwaltenden Verhältnisse an diese Stelle berufen bin, so ist das für mich eine große Ehre, wie ich schon gesagt habe, aber andererseits bereitet es mir auch eine große Freude, gerade hier in meiner Vaterstadt zur Leitung dieser Versammlung erwählt worden zu sein.

M. H.! Es liegen uns bedeutende Aufgaben vor, zahlreich und wichtig dem Inhalt nach. Alle Aufgaben aber, die wir zu erledigen haben, beziehen sich auf Fragen der Gesetzgebung; es ist nicht etwa, wie es bei den letzten Juristentagen hier und da vorgekommen ist, auch eine Frage bezüglich der Auslegung des Gesetzes auf die Tagesordnung gesetzt. Haben wir uns sonach lediglich mit Fragen der Gesetzgebung zu befassen, so bewegen wir uns damit auf dem Gebiet, das m. E. recht eigentlich die Aufgabe für die Verhandlungen des Juristentages zu bilden hat. Gewiß wird mancher an dem Programm etwas auszusetzen zu haben; es wird insbesondere wohl hier und da einiges vermißt werden; ich gestehe, daß ich selbst ungern auf der Tagesordnung jede Frage auf dem Gebiete der beiden Prozesse entbehre; andererseits möchte ich aber sagen, daß der eine der Vorwürfe, der in dieser Beziehung erhoben ist, m. E. nicht zutrifft, der Vorwurf nämlich, daß der diesjährige Juristentag an der Frage der internationalen Schiedsgerichte nicht habe vorübergehen dürfen. Wenn die ständige Deputation das Programm für den Juristentag aufstellt, so ist sie dabei an das Statut des Juristentages gebunden. Nach den §§ 1 und 6 des Statuts sind aber die Gegenstände, die zur Verhandlung kommen dürfen, genau bezeichnet, und unter diesen Gegenständen befindet sich das Völkerrecht nicht. Nun kann es aber wohl keinem Zweifel unterliegen, daß die Frage der internationalen Schiedsgerichte eine Frage des Völkerrechts ist; ich glaube daher, es würde die Deputation, wenn sie diese Frage auf die Tagesordnung gesetzt hätte, sich damit nicht in Übereinstimmung mit dem Statut befunden haben. Ich weise hier zugleich darauf hin, daß noch in der diesjährigen Tagung, und zwar in der zweiten Plenarversammlung, ein Antrag der Deputation auf Abänderung der Statuten, gerade hinsichtlich der eben erwähnten §§ 1 und 6, zur Verhandlung kommen wird. Der Antrag, den die Deputation stellt, betrifft in nebensächlicher Beziehung auch Fragen der Redaktion, aber das Wesentliche ist eine Erweiterung der Zuständigkeit des Juristentages; und wir hoffen, daß die Versammlung diesem Antrage demnächst ihre Zustimmung nicht versagen wird.

M. H.! Neben dem Programm, welches unsere wissenschaftlichen Aufgaben bezeichnet, ist seitens des Ortsausschusses ein reichhaltiges Vergnügungsprogramm aufgestellt. Es ist schon gestern Abend von den beiden Herren, welche das Wort ergriffen haben, die Bedeutung des Juristentages auch in dieser Beziehung klargelegt worden; und ich bin gewiß der letzte, der die Vergnügungen des Juristentages mit seinen Damen entbehren möchte. Aber an dieser Stelle, glaube ich, liegt es mir doch ob, zu betonen, daß unsere Hauptaufgabe immer bleiben muß, die Behandlung der juristischen Fragen, die für würdig und bedeutend genug erachtet worden sind, um dem Juristentage vorgelegt zu werden; ich meine, wir müssen diesem Zweck vor allem uns widmen und dürfen uns nicht verleiten lassen, so lockend es auch sein mag, unsere Arbeiten hintanzusetzen. Ich fordere deshalb auf, nach Schluß der Plenarversammlung alsbald an die gestellten Aufgaben heranzutreten, und spreche dabei die Hoffnung aus, es möge unseren Verhandlungen der Erfolg beschieden sein, daß das, was hier zum Beschluß gelangt, auch an den maßgebenden Stellen, bei den Justizverwaltungen also, und den parlamentarischen Körperschaften, Beifall finde, daß also die Beschlüsse des Juristentages demnächst auch in praktisch geltendes Recht umgesetzt werden mögen. Sollte dieser Erfolg hier und da — was wohl möglich — versagt bleiben, so müssen wir uns mit dem Gedanken trösten, daß immerhin unsere Verhandlungen dazu beitragen werden, um die zur Diskussion kommenden Fragen zu klären und ein Samenkorn zu legen, welches vielleicht in späteren Zeiten noch aufgeht. Ich glaube, mit dieser Hoffnung müssen wir uns in solchem Falle bescheiden.

Zunächst liegt mir nunmehr die Bildung des Bureaus ob. Gemäß dem Statut sind 2 bis 4 Herren zu stellvertretenden Vorsitzenden zu ernennen, und ich erlaube mir, darum zu bitten, daß neben mir Platz nehmen Herr Professor Dr. Gierke, Seine Exzellenz Herr Dr. Hamm, Herr Oberlandesgerichtspräsident Dr. Spahn und Herr Professor Dr. Pappenheim (Bravo!). Alsdann sind die Schriftführer zu ernennen; nach der bereits gehabten Rücksprache wird Herr Rechtsanwalt Wilke aus Berlin die Freundlichkeit haben, als erster Schriftführer zu fungieren, weiterhin aber die Herren Professor Dr. Liepmann, Landrichter Schippang und Rechtsanwalt Dr. Marcus.

Ich bitte den Herrn, der die Rednerliste führt, Herrn Professor Dr. Liepmann, hier links, Herrn Landrichter Schippang aber, der das Protokoll führen wird, rechts Platz zu nehmen.

Nach erfolgter Bildung des Bureaus liegt mir vor allem ob, namens der Deputation den Vorschlag zu unterbreiten, in althergebrachter Weise Telegramme an Seine Majestät den deutschen Kaiser und König, sowie an Seine Kaiserliche und Königliche Apostolische Majestät den Kaiser von Österreich abzulassen. Es wird vorgeschlagen, das Telegramm an den deutschen Kaiser in folgender Weise zu fassen:

> „Der zu Kiel in der Aula der Universität versammelte, von zahlreichen Juristen des deutschen Reiches und Österreichs aus Nord und Süd besuchte XXVIII. Deutsche Juristentag bittet Eure Majestät, den erhabenen und weisen Wahrer und Hort des Rechts seine erfurchtsvollste Huldigung allergnädigst entgegennehmen zu wollen."

sowie das Telegramm an Seine Majestät, den Kaiser von Österreich:

> „Der zu Kiel versammelte XXVIII. Deutsche Juristentag bittet dankbar eingedenk des herrlichen Verlaufes des letzten Juristentages in Eurer Majestät Landen zu Innsbruck

Euere Kaiserliche und Königliche Apostolische Majestät als den mächtigen und weisen Herrscher und Schirmherrn des Rechts, dieses Mal aus dem Norden Deutschlands seine ehrfurchtsvollste Huldigung entgegennehmen zu wollen."

(Bravo!)

Gegen den Gebrauch erlaubt sich die Deputation aber heute noch ein drittes Telegramm vorzuschlagen. Gestern hat einer der verehrtesten deutschen Bundesfürsten seinen 80. Geburtstag gefeiert (Bravo!); in wenigen Tagen wird Seine Kgl. Hoheit der Großherzog von Baden und Seine Erlauchte Gemahlin, die Tochter Kaiser Wilhelms, das Fest der goldenen Hochzeit begehen. Dem Deutschen Juristentag erlauben wir uns deshalb folgendes Telegramm an Se. Kgl. Hoheit den Großherzog von Baden, vorzuschlagen:

„Der heute zusammengetretene XXVIII. Deutsche Juristentag kann es sich nicht versagen, in aufrichtiger und dankbarer Teilnahme des 80. Geburtstages Eurer Königl. Hoheit zu gedenken und zu diesem für ganz Deutschland festlichen Tage, sowie zur bevorstehenden Feier der Goldenen Hochzeit Eurer Königlichen Hoheit die wärmsten und ehrerbietigsten Glückwünsche auszusprechen."

(Bravo!)

Die Telegramme werden von meiner Wenigkeit und Se. Exz. von Call unterzeichnet werden.

Ich schließe daran die Mitteilung, daß die Deputation des Deutschen Juristentages durch Anfrage beim Hofmarschallamte Seiner Kgl. Hoheit des Prinzen Heinrich gebeten hat, sie davon in Kenntnis zu setzen, ob Seiner Kgl. Hoheit eine Einladung zum Juristentage zugehen dürfe. Es ist dies seitens des Hofmarschallamtes dahin beantwortet, daß Seine Kgl. Hoheit, der Prinz Heinrich, lebhaft bedauere, eine Einladung nicht annehmen zu können, weil er durch die Flottenmanöver verhindert sei, zu dieser Zeit in Kiel anwesend zu sein.

Dagegen war eine Einladung ergangen an den Herrn Oberpräsidenten der Provinz Schleswig-Holstein, Exzellenz von Dewitz; er hatte zunächst seine Teilnahme zugesagt, aber neuerdings erklären müssen, daß er infolge von Umständen, welche von seinem Willen unabhängig seien, genötigt wäre, von der Provinz in der Zeit vom 8. September ab abwesend zu sein. Er spricht sein Bedauern darüber aus und begleitet die Verhandlungen des Juristentages mit seinen besten Wünschen für einen gedeihlichen Verlauf und einen ersprießlichen Erfolg der Tagung.

Weiteren Einladungen sind dagegen erfreulicherweise gefolgt der Herr Oberbürgermeister der Stadt und Se. Magnifizenz der Herr Rektor der Universität. Seitens des Herrn Staatssekretärs des Reichsmarineamtes ist Herr Admiralitätsrat Dr. Apel als Vertreter entsandt, um an den Verhandlungen des Juristentages teilzunehmen.

Nunmehr ersuche ich zunächst diesen Herrn das Wort zu ergreifen.

Admiralitätsrat Dr. **Apel:** Meine hochverehrten Damen und Herren! Im Auftrage Seiner Exzellenz des Herrn Staatssekretärs Admiral von Tirpitz heiße ich den Deutschen Juristentag in unserer Kriegshafenstadt Kiel willkommen. Ich wünsche Ihren juristischen Arbeiten einen guten Verlauf. Sie werden aber neben der Lösung Ihrer Hauptaufgaben sich wohl auch der Einrichtung der Kaiserlichen Marine widmen. Mögen die Eindrücke, die Sie dabei gewinnen, Sie recht befriedigen. Mögen Sie dieselben insbesondere nachhaltig in der Überzeugung festhalten, daß die Kaiserliche Marine, die deutsche Kriegsflotte nicht nur ein kostbares, sondern ein köstliches Kleinod des deutschen Volkes ist. (Bravo!)

Präsident: Ich spreche dem Herrn Admiralitätsrat den Dank des Deutschen Juristentages für die eben vernommenen Wünsche aus, insbesondere aber namentlich dem Herrn Staatssekretär des Reichsmarineamtes, der uns einen Vertreter hierher entsandt hat. Es beweist dies, das Interesse, welches von ihm an diesen Verhandlungen genommen wird. Es ist leicht erklärlich, daß das Interesse durch die Wahl des Ortes, an dem unsere diesjährige Tagung stattfindet, besonders lebhaft erregt wird. Ich bitte Sie, Herr Admiralitätsrat, im Namen des Juristentages, Se. Exz. dem Herrn Staatssekretär unseren verbindlichsten Dank aussprechen zu wollen.

Ich ersuche nunmehr den Herrn Oberbürgermeister, das Wort zu ergreifen.

Oberbürgermeister **Fuß**-Kiel: Herr Präsident! Hochansehnliche Versammlung! Den XXVIII. Juristentag hier namens der Stadt Kiel und der städtischen Kollegien begrüßen zu dürfen, ist für mich nicht nur eine ehrenvolle, sondern eine außerordentlich liebe Herzensaufgabe. Sie sind es, meine Herren, wohl gewöhnt, an den verschiedenen Orten Ihrer Tagung recht freundlich willkommen geheißen zu werden, und Sie haben Willkommensgrüße von größeren, reicheren und besser entwickelten Städten entgegengenommen. Wir hoffen, mit unseren bescheidenen Mitteln nicht zu weit zurückzubleiben, in der Annahme, daß Sie den guten Willen noch höher schätzen werden wie die Macht; und vielleicht ist es Ihnen doch erfreulich, auch einmal Ihre Tagung in den Ländern Schleswig-Holstein abhalten zu dürfen, die ja der deutschen Juristenwelt so manche wackere Kraft ersten Ranges gestellt haben, und es ist ein besonders erfreulicher Zufall, daß der hochverehrte Mann, den Sie zur Leitung Ihrer Verhandlungen berufen haben, und der eine Zierde des deutschen Juristenstandes ist, hier in Kiel seine Wiege gehabt hat. (Bravo!) Noch mehr: Unsere Stadt Kiel ist dadurch, daß sie Sitz des Oberlandesgerichts, Sitz der Universität ist, ganz besonders berufen, Schleswig-Holstein den deutschen Juristen gegenüber zu vertreten, und selbst die bescheidene Behörde, als deren Oberhaupt ich vor Ihnen zu stehen die Ehre habe, der Magistrat der Stadt Kiel, ist noch bis zum Jahre 1867 nicht bloß Verwaltungs-, sondern auch Rechtsprechungsbehörde gewesen, und erst vor 2 Jahren verstarb der letzte Bürgermeister, der in diesen beiden Eigenschaften den Magistrat zu leiten hatte, der sehr verdiente Geh. Justizrat Thomsen in dem hohen Alter von 91 Lebensjahren. Das war mein Amtsvorgänger, der meinen unmittelbaren Vorgänger um nicht weniger als 16 Jahre überlebt hat.

Wenn ich weise wäre, so schlösse ich vielleicht hiernach meine Ansprache. Denn was ich Ihnen bis jetzt vortragen dürfte, das war der Ausdruck unanfechtbarer Empfindungen, und was an Tatsachen mitgeteilt worden ist, konnte auch nicht füglich einem Widerspruche begegnen. Wenn ich dennoch mir die Freiheit nehme, Ihre Aufmerksamkeit noch etwas länger zu erbitten, so geschieht es deshalb, weil ich der Versuchung dazu nicht widerstehen kann, insofern, als ich, wenn auch seit 30 Jahren der Verwaltung angehörig, mich doch im innersten Herzen noch als einen der Ihrigen fühle (Bravo!) und die schweren Kämpfe, die jetzt das deutsche Juristentum umtoben, nicht als gleichgültiger Zuschauer anzusehen vermag, sondern zu ihnen Stellung nehmen muß und auch in diesem Augenblick Stellung zu nehmen mir gestatten möchte.

Es ist lange her, m. H., seit ich meine juristischen Kinderschuhe zu vertreten hatte. Damals war das Ansehen des deutschen Juristen — oder gestatten Sie mir speziell als Preuße von meinen preußischen Erfahrungen zu sprechen — des preußischen Juristen, insbesondere des preußischen Richters, ich will nicht sagen innerlich höher, aber nach außen zweifellos unbestrittener. Nicht etwa, m. H., als ob damals der preußische Richter eine Stellung eingenommen hätte, die ihm außerordentliche Vorzüge in der äußeren Stellung gewährt hätte! Wenn ich Sie daran erinnere, daß meine erste etatsmäßige Berufung mir das verblüffende Gehalt von 1800 Mk. jährlich ohne Wohnungsgeldzuschuß zusicherte, so wird Ihnen damit gleichzeitig die Erinnerung kommen, wie das starke, vielleicht gelegentlich zu starke Bewußtsein des eigenen Wertes im preußischen Richterstande ganz sicherlich nicht hervorgerufen wurde durch eine Überlegenheit in der pekuniären Stellung (Heiterkeit). Mag nach der Richtung manches auch heute noch nicht alle Wünsche befriedigen, besser ist es doch geworden. Dagegen bitte ich Sie, nun auch die innere Stellung damals des deutschen Juristen, insbesondere des preußischen Juristen, sich zurückzurufen. Zwar war die Gesetzgebung bereits eine parlamentarische, aber der Kreisrichter war doch eigentlich ein so ausschlaggebender Faktor in unseren gesetzgeberischen Verhandlungen, und — man mag über seine politische Tätigkeit denken, wie man will — daß dadurch für die Redaktion der Gesetze ein größerer Vorteil erwuchs, möchte ich mit Bestimmtheit behaupten. In der gelehrten Rechtswelt lag ganz unzweifelhaft damals der Schwerpunkt noch in dem Privatrecht, insbesondere der Pandektist hatte die führende Rolle. Die jungen Richter waren vorgebildet in einer Anschauung, für die ein interessanter Ausdruck war ein von dem Geheimen Justizrat Schering verfaßtes Buch: „Anleitung zur Anfertigung von Referaten, wissenschaftlichen Arbeiten und dgl.“, ein Buch, historisch recht interessant nicht so sehr wegen der wertvollen praktischen Winke, die für junge Juristen darin enthalten waren, aber weil darin, nach meiner jetzigen Überzeugung unzweifelhaft übertrieben, die Bedeutung der richterlichen Aktenwelt in den Vordergrund gestellt wurde, den jungen Juristen eingeschärft wurde, ja nicht ihre Blicke schweifen zu lassen bis auf das Wohl und Wehe der Parteien, sondern lediglich unparteiisch an ihre eigene Größe glaubend so zu entscheiden, als ob es außer den Akten keine Welt gäbe und die Welt nur in den Akten läge. Das hat seine Schwächen und trug vielleicht dazu bei, daß in dem preußischen Richterstand gelegentlich eine gewisse Selbstüberschätzung sich geltend machte dem meines Erachtens so überaus wichtigen Anwaltstande gegenüber. Ich bin oft Zeuge gewesen, daß die Behandlung der Anwälte seitens der Vorsitzenden der Gerichtshöfe nicht ganz den Formen einer großen Verbindlichkeit entsprach (Sehr richtig! und Heiterkeit) — die Herren Kollegen aus Süddeutschland würden vielleicht ein kürzeres und noch treffenderes Wort dafür gefunden haben (Heiterkeit). Wie stand es dann weiter um die der

Justiz nahestehende Verwaltung, wie mit der Heranziehung von Laien? Diese gab es so gut wie gar nicht. Man kann doch kaum die Geschworenengerichte als ein Organ der Laienrechtsprechung bezeichnen und selbst bei den handelsgerichtlichen Instanzen lag sie noch gleichsam in den Windeln. Für die Verwaltung war es ganz sicher, daß alle guten und tüchtigen Stellen vorbehalten waren einer Auswahl, die die zuständigen Verwaltungsminister unter den Mitgliedern des richterlichen und allenfalls noch des Anwaltsstandes trafen.

Ja, m. H., trifft dieses Bild auch heute noch zu? Nach vielen Richtungen ganz gewiß nicht! Da fange ich wieder mit der Gesetzgebung an. Sie werden, wenn Sie die Listen unserer Parlamentsmitglieder durchgehen, keineswegs mehr die gleiche Anzahl von juristisch vorgebildeten Männern wie damals finden. Ich möchte glauben, daß die Folgen auch in der Fassung unserer Gesetze wohl zu bemerken sind. Dazu kommt freilich, daß, unsere ganze parlamentarische Arbeit mehr als früher darauf hinausläuft, gelegentlichen Zwecken, parteipolitischen Anschauungen dienstbar zu werden, was naturgemäß auf die Form der Gesetzgebung zurückwirkt. Es ist kaum noch möglich, m. H., ein in den letzten Jahrzehnten zustande gekommenes Gesetz nur auszulegen aus seinem Wortlaut heraus. Man muß den Grund seiner Entstehung, die Absicht oder die sich durchkreuzenden Absichten bei seiner Entstehung im Kampf und Ausgleich oft heterogener Parteien ins Auge fassen, um wirklich zu begreifen, was der Gesetzgeber gewollt hat. Damit hängt es naturgemäß zusammen, daß auch bei der Anwendung der Gesetze jetzt das Laienelement eine ungleich größere Rolle spielt. Ich erinnere an die Handelsgerichte, die jetzt eine viel bedeutendere Stellung einnehmen als früher, an die Gewerbegerichte, die neuen Kaufmannsgerichte, an die Laiengerichte in der sozialpolitischen Versicherungsgesetzgebung und an das hochbedeutsame Gebäude unserer Verwaltungsgerichte. In der Vorbildung der jungen Juristen spielt jetzt nicht mehr der Pandektist unbestritten die erste Rolle. Ich sehe ab von den Veränderungen, die das Bürgerliche Gesetzbuch für das akademische Rechtsstudium mit sich gebracht hat. Das ist schließlich ein nah verwandtes Gebiet. Aber die staatswissenschaftlichen, die staatswirtschaftlichen Lehrer vor allen Dingen treten stärker hervor und verlangen ungestüm einen wesentlicheren Anteil an den Prüfungen, auch der sich dem Richterstande widmenden jungen Leute. Und in der Verwaltung kann man fast davon sprechen, daß sich ein Mißtrauen gegen die juristische Vorbildung Bahn bricht. Zunächst für die kommunalen Stellungen ist vor nicht langer Zeit in beredter Weise ausgesprochen worden: Sind denn nicht die Techniker, die das Beste und Großartigste für die Stadtverwaltung schaffen, mehr berufen als die Juristen, auch an leitender Stelle diese Verwaltung zu beherrschen. Und über die Schulter des Technikers hinweg greift jetzt schon der hochgebildete, weitschauende Kaufmann nach dem Szepter. Es soll mich nicht wundern, wenn auch diesem Berufszweig ein noch bedeutenderer Anteil von der Verwaltung zufallen wird, als er ihn schon jetzt bekommen hat.

M. H.! Das sind alles Einzelheiten. Aber daneben — das verhehlt sich doch wohl keiner von uns — ist eine gewisse Mißstimmung und Unruhe im Publikum, ob denn der Jurist die Macht, die er Jahrhunderte lang geübt hat, mit Recht noch für sich in Anspruch nimmt. Das sind Zweifel, die gelegentlich kindisch erscheinen und die man leicht abtun kann, wenn sie nur von solchen Organen der Presse ausgehen, die Freude daran haben, Schäden aufzudecken, die sich nicht scheuen, geradezu den Wunsch zu verraten, es möge vieles in unserem Staatsleben schadhaft sein, damit nur ja die Unzufriedenheit in weiten Kreisen nicht ausstirbt. Nun, m. H., mit diesen Gegnern wollen wir schon fertig werden. Ich fürchte auch nicht so sehr den Eindruck übertriebener Angriffe, die von sonst hoch zu achtenden Stellen ausgegangen sind. Die bekannte Herrenhausrede des Professors an der Technischen Hochschule von Charlottenburg Dr. Riedler über die Minderwertigkeit der juristischen Ausbildung hat, wie ich Sie versichern kann, in den Kreisen seiner eigenen Fachgenossen Mißbilligung erfahren. Weniger leicht noch, m. H., möchte ich bitten, die Kritik zu nehmen, die vor nicht langer Zeit von meinem hochbedeutenden Kollegen Dr. Adickes in Frankfurt a. M. ergangen ist. M. H.! Über die Äußerungen eines solchen Mannes kann man nicht einfach durch kühle Abwehr zur Tagesordnung übergehen und ich werde dazu umso weniger raten, weil ich Sie versichern kann, auf Grund intimer Gespräche mit meinem Kollegen, daß er nicht daran denkt, die englischen Institutionen der Gerichtsverfassung zur unbedingten Nachahmung für uns zu empfehlen, daß er aus ihnen aber die Anregung gewonnen hat, auf ernstliche Prüfung zu bringen, ob bei uns nicht eine übermäßige Zersplitterung der richterlichen Organe vorliegt, ob nicht eine wesentliche Vereinfachung in der Judikatur möglich ist, ob nicht durch Konzentration der Zuständigkeit auf wenige, mit hohen Gehaltsbezügen auszustattende Elemente des deutschen Juristenstandes der Staat sich in die Lage versetzen würde, ohne übermäßige Anspannung seiner finanziellen Mittel doch die besten Köpfe in den Dienst der Rechtsprechung zu stellen.

Man kann anderer Meinung sein als Adickes. Niemand wird aber seinen Angriffen auf die Mängel unserer heutigen richterlichen Tätigkeit gegenüber wesentlich veränderten Lebensverhältnissen, insbesondere dem vielseitig wiederholten unserer Richter, nicht jede Berechtigung absprechen dürfen. Fragen wir uns lieber, wieviel Richtiges daran ist und was uns der Tadel auch eines Gegners lehren kann.

M. H.! Sie werden besser als ich erkennen, wo die Mittel liegen, mit denen die deutschen Juristen der Gegenwart berechtigten Tadel und unberechtigtem Mißtrauen solchen Angriffen fruchtbar entgegenarbeiten können. Ich erinnere mich aus meinen rechtsgeschichtlichen Studien, daß es um die Wende des 18. und 19. Jahrhunderts bis beinahe um die Hälfte des vorigen Jahrhunderts hin einen Kampf gegeben hat zwischen der historischen und der philosophischen Rechtsanschauung, daß aber die scheinbar hart in Fehde liegenden Anschauungen dann sich vereinigt haben und daß aus dieser Vereinigung die schönsten Erfolge für die Blüte der deutschen Rechtswissenschaft hervorgegangen sind. Wäre es nun nicht möglich, daß wir uns nun noch eine dritte Anschauung angliederten? Der weitgehende Kampf gegen den Humanismus wird mich ja niemals irre machen, daß eine gute humanistische Bildung — und auf ihr beruht ja der Kern der juristischen Bildung — immer ihren Wert behalten wird. Die Ebbe, die jetzt eingetreten ist, wird nach meiner zuversichtlichen Überzeugung demnächst wieder einer besseren und schönen Flut Platz machen. Aber die Flut wird etwas Neues mitbringen. Der Humanismus kann nicht mehr ausschließend sein gegen die realen Wissenschaften, vor allen Dingen nicht mehr gegen die Forschungsmethode der Naturwissenschaften. Wäre es nun nicht möglich, — die fähigen Köpfe, die wir unter uns in reicher Zahl haben, werden das besser darzulegen und durchzudenken wissen, — wäre es nun nicht möglich, daß wir auch für unsere Rechtswissenschaft alle die Methoden, die auf der exakten Beobachtung vielleicht weniger der Natur als des menschlichen Lebens und der sozialen Entwicklung fußen, mit hineinnehmen und verknüpfen mit der historischen und mit der philosophischen Anschauung? Das wäre eins.

Dann, m. H., würde ich mir denken, daß wir vielleicht immer noch mehr als es bisher geschehen ist, auf ein strenges Zusammenarbeiten von Wissenschaft und Praxis bringen. Ich gehöre nicht zu denen, die da glauben, daß der junge preußische Jurist, sobald er die Universität verlassen hat, nichts besseres zu tun hat, als alles zu vergessen, was er aus den Hörsälen, wenn er sie besucht haben sollte, mitgenommen hat. Ich habe tatsächlich die Erfahrung gemacht, daß unsere jungen Juristen besser sind als ihr Ruf und daß bei ihnen das Schwänzen der Kollegien doch nicht durchgängig zum guten Ton gehört, daß viele unter ihnen mit Erfolg auch nachher das in der Theorie Gewonnene in der Praxis fruchtbar zu machen wissen. Und, m. H., für durchaus nötig halte ich eine Wechselwirkung zwischen juristischer Theorie und Praxis. Mit Vorliebe wiederhole ich die treffende Äußerung des unvergeßlichen Professors Heydemann in Berlin, der über die Würdigung von Theorie und Praxis einmal sagte: „Denken Sie nicht klein von der Theorie, wenn Sie Ihnen hier und da einmal etwas Unpraktisches zutage fördert, was der Praxis nicht in den Kram paßt. Die Theorie ist der Wetzstein und die Praxis das Messer. Aber was wird aus dem Messer, wenn ihm der Wetzstein fehlt?"

Ein weiteres: helfen Sie, m. H., die richterliche Tätigkeit des Juristen mit der Praxis des Anwaltstandes recht nahe zusammenzubringen. Ich weiß sehr wohl, daß nicht jeder tüchtige Anwalt zum Richter und nicht jeder tüchtige Richter zum Anwalt taugt. Aber man darf eine derartige strenge Scheidung nicht zur herrschenden Regel machen, und ich glaube, es kann nur zum Segen der Sache sein, wenn ein gelegentliches Ineinanderfließen dieser beiden Tätigkeiten sich auch in der Praxis der reiferen Jahre fortsetzt.

Endlich, m. H. — und damit komme ich zum Schluß und zu dem, was mir am nächsten liegt —: wie ist es in der Verwaltung? Leider haben die neuesten gesetzgeberischen Arbeiten für Preußen ein Resultat gezeitigt, das die Bahn weiter verfolgt, die schon früher eingeschlagen wurde, daß nämlich für den späteren Juristen im eigentlichen Sinne des Wortes und für den späteren Verwaltungsbeamten so früh wie irgend möglich verschiedene Wege eingeschlagen werden müßten. Das mag scheinbar äußerliche Vorzüge bieten für den Anfang der Arbeit; aber es schädigt nach meiner vollen Überzeugung die reife Frucht der Tätigkeit, und zwar auf beiden Seiten. (Zustimmung.) Ich habe den lebhaften Wunsch, daß unsere Gesetzgebung umkehren möge und die Grundlagen der Ausbildung für den Juristen und für den Verwaltungsbeamten, solange als es verständigerweise möglich ist, wieder gemeinschaftlich mache. (Bravo!) Ich wünsche nicht, daß der Verwaltungsbeamte ein Mann sei, der nur die praktischen Erfolge im Sinne hat, ich wünsche nicht, daß ihm das schön geschliffene Schwert der juristischen Logik, der juristischen Unparteilichkeit, des Vermögens, das Wesentliche vom Unwesentlichen zu unterscheiden, zu früh stumpf werde oder vielleicht gar nicht zur Verfügung stehe; ich wünsche aber auch, daß der Jurist nicht mehr, wie es einst gelehrt wurde, den Grundsatz habe: „quod non est in actis, non est in mundo", oder gar: „fiat justitia, pereat mundus", sondern daß ihm neben dem Willen, das Gesetz unparteiisch anzuwenden, doch auch innewohne ein klares Bewußtsein der Folgen seiner richterlichen Tätigkeit für das Wohl des ganzen Staatslebens und für das Wohl der Schichten des Staates, ja, der einzelnen Personen. Ich sehe darin nicht eine Herabwürdigung des richterlichen Amtes, wenn dem Richter klar ist, welches die Folgen seiner richterlichen Tätigkeit sind.

Ich danke Ihnen, meine hochverehrten Herren, daß Sie mir gestattet haben, mich auf einem Gebiet, auf dem ich nicht der Berufene bin, so ausführlich vor Ihnen auszusprechen; ich habe mich aber für verpflichtet gehalten, das, was ein langes Leben und Nachdenken mir an Empfindungen in die Seele gelegt hat, vor Ihnen kurz anzudeuten. Und eine Hoffnung darf ich daran knüpfen, das ist die, daß der Deutsche Juristentag, besser, als ich es anzudeuten vermochte, die Mittel finden wird, die zur Hochhaltung der Rechtswissenschaft, der Rechtstätigkeit die geeigneten sind. Und dafür birgt die Zusammensetzung dieser Tagung, in der sich Wissenschaft und Praxis freundschaftlich die Hand reichen, dieser Tagung, zu der auch den Verwaltungsbeamten juristischer Herkunft die Mitwirkung nicht versagt ist, dieser Tagung, an der nicht bloß die Juristen eines Einzelstaates, ja, nicht einmal bloß die Juristen aus dem Deutschen Reich teilnehmen, sondern auch unsere hochverehrten Kollegen aus den österreichischen Landen, die schon dafür sorgen werden, daß wir nicht gar zu einseitig in den Anschauungen unserer Grenzpfähle bleiben. (Bravo!)

So wünsche ich denn, m. H., daß der Deutsche Juristentag immerdar blühen möge und trotz mancher Anfeindung, ja vielleicht auch trotz gelegentlicher Mißgriffe, die jeder menschlichen Institution anhaften, seine großen Ziele festhalten und fördern möge, und daß auch dieser Juristentag, unter seiner ausgezeichneten Leitung, mit seiner so reiflich überlegten Tagesordnung, Fruchtbringendes schaffen möge, ein klein wenig vielleicht unterstützt und angeregt durch das, was die Stadt Kiel als städtisches Gemeinwesen und als Stadt in einer von der Natur so begünstigten, herrlichen Lage Ihnen zu bieten vermag. Was die Stadt Ihnen bietet, ist leider, wenn auch gut gemeint, so wenig, daß die Befürchtung unseres Herrn Präsidenten, Sie möchten dadurch von der ernsten Arbeit zu sehr abgelenkt werden, wohl nicht in Erfüllung gehen wird. (Heiterkeit.)

Ich schließe, indem ich Gottes Segen für den XXVIII. Deutschen Juristentag auf Sie herabflehe. (Lebhafter, anhaltender Beifall.)

Präsident: M. H.! Ihr reicher Beifall zeigt, daß ich das Recht habe, dem Herrn Oberbürgermeister in einem Punkte von vornherein zu widersprechen: nicht er hatte uns zu danken dafür, daß wir ihn angehört haben, sondern Sie Herr Oberbürgermeister, haben unseren allerherzlichsten Dank entgegenzunehmen für die Begrüßungsworte, die wir, aus Ihrem warmen Herzen kommend, soeben vernommen haben. Wir sind der Stadt Kiel zu großem Dank verpflichtet; hätte nicht von vornherein der Gedanke, den diesjährigen Juristentag hier stattfinden zu lassen, bei den berufenen Vertretern der Stadt Kiel ein so bereitwilliges Entgegenkommen gefunden, dann wären wir nicht hier. Nun aber ermöglichte die Einladung, die seitens der Stadt Kiel erging, einen Wunsch zu erfüllen, der nicht nur im Schoße der ständigen Deputation seit längerem gehegt wurde, sondern in weiten Kreisen des Juristenstandes. Der zahlreiche Besuch, den der diesjährige Juristentag aufweist, zeigt, wie freudig man dem Rufe nach Kiel gefolgt ist. Ihnen also, Herr Oberbürgermeister und den städtischen Behörden, unseren wärmsten Dank dafür!

Sie haben aber soeben auch gesprochen als ein der Verwaltung angehöriger Jurist. Obschon der Juristentag begreiflicherweise weit überwiegend von Juristen im engeren Sinne besucht wird, so ist es doch von jeher für den Juristentag besonders erfreulich gewesen, wenn auch die Mitwirkung von Verwaltungsjuristen stattfand. Wir hoffen in der ständigen Deputation, daß gerade auch durch die vorgeschlagene Erweiterung der Zuständigkeit des Juristentages — in dem sich nämlich diese in Zukunft auch erstrecken soll auf das sogenannte innere Verwaltungsrecht — eine neue Brücke geschlagen wird zwischen den Juristen im engeren Sinne und den Verwaltungsjuristen, und es wird ein großer Vorteil für unsere Verhandlungen sein, wenn in der Tat in Zukunft die Herren Juristen aus der Verwaltung sich in reicherem Maße als bisher beteiligen möchten. Diesen Wunsch will ich aussprechen, und ich glaube, daß es auch wohl dem Sinne des Herrn Oberbürgermeisters entspricht, wenn ich sage: möge die neue Brücke weitere Beziehungen zwischen den beiden Kategorien der Juristen eröffnen!

Ich bitte nunmehr, Seine Magnifizenz, den Herrn Rektor der Universität, das Wort zu nehmen.

Se. Magnifizenz, Rektor der Universität Kiel, Professor Dr. **Oldenberg:** Herr Präsident! Meine hochverehrten Herren! Es gereicht mir zur besonderen Ehre und Freude, den Juristentag im Namen der Universität Kiel hier willkommen zu heißen. Die Universität, die das heranwachsende Geschlecht der Juristen in die Tiefen des Verständnisses und die Kunst der Handhabung der lex lata einzuführen hat, empfindet auf das Tiefste den Zusammenhang mit den Arbeiten, die Sie verfolgen, mit den Problemen der lex ferenda, mit diesen Arbeiten, denen es die deutsche Rechtspflege verdankt, daß so manche lex ferenda sich in eine lex lata verwandelt hat. So fühle ich mich auch dessen gewiß, daß der Juristentag, der allzeit das Ideal deutscher Rechtseinheit auf sein Panier geschrieben hat, in den Räumen der Universität Kiel nicht das Gefühl haben wird, eine seinem Wesen fremde Luft zu atmen; denn an den Kämpfen des meerumschlungenen Landes um seine Zugehörigkeit zum deutschen Vaterlande und Rechtsgebiet hat ja diese Universität allezeit mitkämpfend, mitleidend, mitsiegend ehrenvollen Anteil genommen. Und so darf ich denn, meine Herren, im Namen der Christian-Albrechts-Universität Ihnen zuzurufen: Sie sind hier zu Hause! (Lebhaftes Bravo!)

Präsident: Seiner Magnifizenz dem Herrn Rektor der Universität danke ich namens des deutschen Juristentages für die eben gehörten Begrüßungsworte herzlich. Der Juristentag hat vollste Ursache, der Universität ganz besonders zu danken; denn selbst bei dem bereitwilligsten Entgegenkommen der städtischen Behörden wäre es angesichts der obwaltenden Lokalverhältnisse doch wohl nicht möglich gewesen, den Juristentag hier abzuhalten, wenn uns nicht eben seitens der Universität dieses Gebäude hier zur Verfügung gestellt worden wäre. Man kann nicht sagen, daß der deutsche Juristentag sich vorwiegend Universitätsstädte zu seiner Tagung ausgesucht hätte. Aber immerhin ist es doch recht häufig geschehen; so ist in diesem Jahre das elfte Mal, daß der Juristentag in einer Universitätsstadt tagt. Das glaube ich aber, ohne Widerspruch zu finden, aussprechen zu können, daß wir jedes Mal besonders freudig in eine Universitätsstadt gegangen sind. Hat es doch dazu geführt, daß wir mit den Herren Dozenten der juristischen Fakultäten, denen wir vorzugsweise die wissenschaftliche Klarlegung und auch Weiterbildung des Rechtes verdanken, in eine persönliche Verbindung treten konnten, die für die Zwecke des Juristentags besonders förderlich war. Das wird auch, dessen bin ich sicher, hier bei der Kieler Universität der Fall sein, an der so viele hervorragende Juristen gewirkt haben. Ich möchte nur nennen aus dem Anfang des vorigen Jahrhunderts Lehrer wie Thibaut, Feuerbach und Schweppe, weiterhin Falck, Cramer und Kierulff, dann später Herrmann, Madai und Stein; auch Ihering hat seine juristische Tätigkeit auf dem Katheder hier an dieser Universität begonnen. Ich schweige von den gegenwärtigen Mitgliedern, aber das wissen wir alle, daß die Fakultät immer in bestem Ansehen, und ein Doktor der Kieler Juristenfakultät stets in hohem Respekt gestanden hat. Und so wünschen wir der Universität und insbesondere auch der juristischen Fakultät weiter ein glückliches Blühen und Gedeihen. (Lebhafter Beifall.)

M. H., es liegen hier einige Schriften vor. Insbesondere hat der Ortsausschuß den 28. Deutschen Juristentag mit einer Festgabe erfreut. Es ist ja leider die Zeit von gestern Abend bis heute Morgen etwas kurz bemessen, so daß von dem Inhalte der Schrift wohl die wenigsten haben Kenntnis nehmen können; aber schon die Inhaltsübersicht zeigt, daß diese Festschrift mancherlei zweifellos hochinteressante Abhandlungen enthält. Der Deutsche Juristentag ist deshalb dem Ortsausschuß und den Herren, die ihre Mitwirkung bei Abfassung dieser Festschrift betätigt haben, ganz besonders dankbar für Überreichung dieser Gabe.

Ich kann auch nicht unerwähnt lassen, die Festgabe, die seitens der „Deutschen Juristenzeitung" dargeboten ist. Ein Artikel aus berufener Feder ist speziell den Aufgaben des Juristentages gewidmet, und die einzelnen Themata sind in der gewohnten Weise von sachverständiger Seite behandelt worden.

Auf Grund des Schlußsatzes des § 7 des Statuts erteile ich auf sein Nachsuchen dem Herrn Dr. juris Kijimoto aus Kioto in Japan die Erlaubnis zur Teilnahme an der Verhandlung, ebenso dem Herrn Dr. Pori aus Japan. (Beifall.)

Zugleich möchte ich auch den anwesenden Referendaren Kiels die Erlaubnis erteilen, an den Verhandlungen teilzunehmen, insofern sie eine Anmeldungskarte gemäß § 5 des Statuts gelöst haben.

Ich gehe nunmehr zur Tagesordnung über. Der erste Punkt betrifft das Thema 6:

„Wieweit ist bei Versicherungsverträgen die Vertragsfreiheit hinsichtlich der Verwirkungsklausel durch zwingende Rechtssätze zugunsten des Versicherten einzuschränken?"

Über diese Frage hat bereits auf dem letzten Juristentage in Innsbruck eine Verhandlung stattgefunden, die damit endete, daß die Abteilung, der dieses Thema zugewiesen war, den von ihr gefaßten Beschluß der Plenarversammlung zur Erörterung und Beschlußfassung überwies. In der Plenarversammlung selbst ist man aber sachlich hierauf nicht eingegangen, es wurde eine andere Aufgabe für wichtiger gehalten, während es sich bei jener Überweisung wesentlich nur um die Ermächtigung einer erneuten, in redaktioneller Beziehung wünschenswerten Beschlußfassung handelte. Das heutige Plenum ist nun souverän und kann hierüber beschließen, wie es mag. Es dürfte zweckmäßig sein, diese Sache nochmals in die Abteilung zu verweisen, und dahin geht auch der Vorschlag der Deputation. (Zustimmung.) Wenn dagegen kein Widerspruch erhoben wird, so nehme ich an, daß die Versammlung damit einverstanden ist.

Es handelt sich nun um die Verteilung der Beratungsgegenstände an die einzelnen Abteilungen. Es sind statutenmäßig in der Regel 4 Abteilungen zu bilden, und die ständige Deputation macht auch einen dementsprechenden Vorschlag. Hervorzuheben ist, daß Themata aus dem Gebiete der 4. Abteilung, das sich nach der jetzigen Fassung der Statuten auf die Gerichtsverfassung und den Zivilprozeß erstreckt, nicht vorliegen; aus der 1. Abteilung fehlen Themata über juristisches Studium praktische Ausbildung, aus der 2. Abteilung solche über Wechsel- und internationales Recht, und aus der 3. Abteilung solche über Strafprozeß und Gefängniswesen. Im übrigen haben wir aber ein recht reichhaltiges Programm. Der Vorschlag der Deputation geht dahin, daß der 1. Abteilung überwiesen werden die Themata 1, 2, 3, der 2. Abteilung die Themata 4, 5, 6, 7, der 3. Abteilung die Themata 8, 9, 10, und der 4. Abteilung die Themata 11, 12, 13. (Zustimmung.) Da kein Widerspruch erfolgt, so darf ich annehmen, daß die Versammlung hiermit einverstanden ist.

Ich bemerke, daß über das Thema 3 der Notariatstag gestern hier verhandelt hat, und daß mir ein Schreiben des Vorsitzenden des Notariatstags zugegangen ist, welches mitteilt, daß der Notariatstag einstimmig folgenden Beschluß gefaßt hat: der § 313 des Bürgerlichen Gesetzbuchs — betreffend die gerichtliche oder notarielle Form der Grundstücksübertragung — ist aufrecht zu erhalten.

Der **Präsident** macht sodann Mitteilungen über die den 4 Abteilungen zugewiesenen Verhandlungsräume. Er verweist weiter, zur Ausführung des § 9 des Statuts, auf den dem vorigen Juristentag von der ständigen Deputation empfohlenen und zur allseitigen Zufriedenheit beobachteten Vorschlag betreff des Verfahrens bei einem Antrag auf Schluß der Debatte, dahin gehend:

> „Nach Stellung eines Antrags auf Schluß der Debatte wird zunächst die Liste der vorgemerkten Redner verlesen. Darauf erfolgt die Abstimmung über den Antrag und nach dessen Annahme weitere Abstimmung darüber, ob die vorgemerkten Redner unter Begrenzung der Redezeit auf 5—10 Minuten noch gehört werden sollen."

Endlich macht der Präsident darauf aufmerksam, daß nach § 10 Abs. 1 des Statuts in jeder Abteilung die Wahl von 10 Vertrauensmännern zu erfolgen hat, zwecks Vornahme der Wahl der ständigen Deputation; er ladet zugleich diese Vertrauensmänner zu einer Besprechung auf Mittwoch früh 8 1/2 Uhr ein. Er bittet, ihm die Namen dieser Vertrauensmänner mitzuteilen, ebenso die in den Abteilungen gefaßten Beschlüsse und die Namen der für das Plenum bestimmten Berichterstatter; auch wünscht er Mitteilung darüber, welche Beschlüsse nur zu Kenntnisnahme und welche zur Beratung und Beschlußfassung dem Plenum überwiesen werden.

Auf die Tagesordnung der zweiten Plenarversammlung setzt er den Antrag der ständigen Deputation auf Änderung der §§ 1 und 6 des Statuts.

(Schluß 10 1/2 Uhr.)

Erste Sitzung der ersten Abteilung.

Montag, den 10. September 1906, vormittags 11 Uhr.

Geheimer Justizrat Professor Dr. **Gierke**-Berlin eröffnet die Versammlung mit folgenden Worten:

Meine Herren, wir haben zunächst einen Vorsitzenden zu wählen, und ich möchte Ihnen als solchen Herrn Geheimrat Enneccerus aus Marburg vorschlagen. (Beifall und Zustimmung.)

Die Wahl ist durch Akklamation erfolgt.

Geheimer Justizrat Professor Dr. **Enneccerus**-Marburg (übernimmt den Vorsitz): Ich danke Ihnen für das mir geschenkte Vertrauen und bitte, mich in der Führung des Vorsitzes, soweit erforderlich, unterstützen zu wollen.

Ich möchte Ihnen zunächst vorschlagen, da doch ein Verhinderungsfall eintreten könnte und namentlich ich auch genötigt sein werde bei einem der Verhandlungsgegenstände selbst das Wort zu ergreifen, einen Vizevorsitzenden zu wählen, und schlage Ihnen als solchen Herrn Senatspräsidenten von der Decken (Kiel) vor. (Beifall und Zustimmung.)

Ein Widerspruch erfolgt nicht. Herr von der Decken ist zum stellvertretenden Vorsitzenden gewählt.

(Als Schriftführer werden bestimmt Amtsrichter Dr. Heinrici aus Oranienburg und Amtsrichter und Privatdozent Dr. Fleischmann aus Halle a. S.)

Ich wende mich nun der Verhandlung selber zu. Durch Beschluß des Juristentages sind uns drei Themata überwiesen worden, nämlich die Themata 1, 2 und 3 der allgemeinen Tagesordnung. Herr Oberlandesgerichtspräsident Hamm, der Referent über das Thema 3 ist, hat auch ein Referat in der dritten Abteilung übernommen. Infolgedessen schlage ich im Einverständnis mit der Deputation Ihnen vor, heute zunächst die unter Nr. 3 genannte Frage zu behandeln:

> Empfiehlt sich eine Änderung der Vorschrift des § 313 des Bürgerlichen Gesetzbuchs?

Ich darf wohl annehmen, daß diese durch die Notwendigkeit gebotene Ordnung keinen Widerspruch findet.

Das Thema des § 313 ist von verhältnismäßig nicht unbedeutendem Umfang, und wir werden heute wohl nur dieses eine Thema behandeln können. Es würden dann morgen in erster Linie die Frage der Tierhaftung und in zweiter Linie die Haftung des Staates und anderer Personen des öffentlichen Rechtes zur Verhandlung kommen.

(Es wird mit großer Majorität so beschlossen.)

Wir wenden uns also zum § 313 des Bürgerlichen Gesetzbuchs. Die Anträge der beiden Herren Berichterstatter sind zwar zum Druck gegeben, liegen aber noch nicht im Druck vor, sodaß ich die beiden Herren Referenten wohl bitten darf, gleich zu Anfang ihres Referates ihre Anträge mündlich mitteilen zu wollen.

Berichterstatter Oberlandesgerichtspräsident a. D. Wirklicher Geheimer Rat Dr. **Hamm**-Bonn: Dem Wunsche des Herrn Vorsitzenden entsprechend will ich zunächst meine Leitsätze verlesen. Der erste lautet:

> „Im § 313 Satz 1 BGB. ist statt gerichtlicher oder notarieller Beurkundung schriftliche Form einzusetzen."

Sodann schlage ich in meinem zweiten Leitsatze vor, den § 313 Satz 2 des Bürgerlichen Gesetzbuchs und den § 98 der Grundbuchordnung zu streichen. Der zweite Satz des § 313 handelt bekanntlich von der Heilung des Mangels der Form durch die Auflassung, und der § 98 der Grundbuchordnung ermächtigt die Landesgesetze nun wieder, dem Grundbuchrichter die Auflassung ohne formgemäßen Vertrag und damit diese Heilung zu verbieten.

Meine beiden weiteren Leitsätze richten sich gegen die Rechtsprechung, wie sie sich inzwischen bezüglich des § 313 entwickelt hat. Unter Nr. 3 schlage ich vor:

> In § 313 Satz 1 werden hinter „zu übertragen" die Worte „oder zu erwerben" eingeschoben.

In meinem vierten Leitsatze wünsche ich dem § 313 folgenden Zusatz zu geben:

> „Formlose Nebenabreden oder Änderungen des Vertrages gelten als nicht vereinbart."

Ich möchte jetzt schon bemerken, daß nach meiner Auffassung die Leitsätze 3 und 4 eine selbständige Bedeutung haben, auch für den Fall, daß Sie die Anträge 1 und 2 ablehnen und dem Antrage des Herrn Korreferenten entsprechend beschließen, daß der § 313 in seiner bisherigen Form bestehen bleiben soll.

Sie wissen, daß unsere Frage schon zweimal auf der Tagesordnung des Juristentages gestanden hat. Es waren zwei Bestimmungen, die schon gleich nach dem in Geltung Treten des Bürgerlichen Gesetzbuchs weitere, auch nichtjuristische Kreise bewegt haben, die sofort vielfach angefochten worden sind, der § 313 und § 833; letzterer wird den Juristentag morgen früh beschäftigen. Gegenüber den Bestrebungen auf Abänderung dieser Paragraphen wurde früher eingewendet, daß es dazu noch viel zu früh sei, daß diese Bestimmungen für viele Teile Deutschlands neu seien und man erst die weitere Entwicklung abwarten müsse. Teils aus diesen, teils aus anderen Gründen ist vorliegendes Thema zweimal abgesetzt worden; es kommt heute wieder. Jetzt ist der Einwand, daß es zu früh sei, nicht mehr in dem Maße wie damals berechtigt; die Sachlage hat sich geklärt, es sind einzelne Mängel dieser Bestimmungen des Bürgerlichen Gesetzbuchs immer mehr hervorgetreten, andere mehr zurückgetreten, und es ist ja auch schon eine Abänderung des anderen Paragraphen in vollem Gange. Es haben sich bezüglich des § 313 die Anschauungen in dem Sinne geklärt, daß *ein* Antrag, soviel ich sehen kann, heute nicht vorliegt, und, wie es scheint, auch von keiner Seite eingebracht werden wird: das Verlangen nach vollständiger *Formfreiheit*, nach Gültigkeit des *mündlichen* Abschlusses. Andererseits haben sich die Schäden der gerichtlichen oder notariellen Form in sehr großem Umfang gezeigt, und endlich hat die Rechtsprechung in einzelnen Fragen einen ganz eigentümlichen, praktisch sehr bedenklichen Weg eingeschlagen. Demgemäß empfiehlt es sich, wenn einmal an dem § 313 geändert wird, ihn auch in diesen Punkten klarzustellen beziehungsweise zu ändern.

Die Bewegung gegen den § 313 ging zunächst von den öffentlich angestellten Auktionatoren aus, die insofern in einer eigentümlichen Lage waren, als man sie — namentlich in den altländischen Teilen Preußens — gerade zur Abhaltung öffentlicher Versteigerungen, auch von Grundstücken, angestellt hatte und sie nun tatsächlich eine Versteigerung von Grundstücken nicht mehr vornehmen können, weil die von ihnen abgehaltenen Versteigerungen infolge des § 313 keine bindende Kraft mehr haben. Die preußischen Auktionatoren können sich zudem auf eine Spezialbestimmung für Ostfriesland, Harlingerland und den Regierungsbezirk Osnabrück berufen, wodurch da den Auktionatoren das Recht zu gültigen öffentlichen Immobiliar-Versteigerungen auch unter dem BGB. belassen worden ist. Aber auch weit über diese Kreise hinaus ist eine Mißstimmung in sehr vielen Teilen Deutschlands darüber vorhanden, daß man einen bindenden Kaufvertrag über Grundstücke nur mehr gerichtlich oder notariell abschließen kann. Es sind auch mehrfach Anträge auf Aufhebung dieser Formvorschrift an den Preußischen Landtag gerichtet worden, unter anderem einer von dem Landwirtschaftlichen Verein für Rheinpreußen und einer vom Hauptverbande der Haus- und Grundbesitzervereine. Eine Bittschrift der Auktionatoren Arnsbergs in gleichem Sinne wurde im Jahre 1904 von dem Abgeordnetenhaus der Regierung zur Berücksichtigung überwiesen.

Es ist also nicht zu leugnen, daß in weiten Kreisen eine Bewegung auf Abänderung des § 313 besteht. Die Bestimmung dieses Paragraphen, daß ein Vertrag, durch den sich einer verpflichtet, das Eigentum an einem Grundstück zu übertragen, der gerichtlichen oder notariellen Beurkundung bedarf, läuft neben derjenigen des § 873, wonach der dingliche Vertrag durch Auflassung und Eintragung im Grundbuch abgeschlossen werden muß. Die Parteien müssen also erst, um sich zu binden, einen obligatorischen Vertrag gerichtlich oder notariell schließen, dann aber zum zweiten auch noch, um die dingliche Wirkung zu erzielen, auflassen und eintragen lassen. Die beiden Bestimmungen sind nicht ganz gleichmäßig; beim obligatorischen Vertrag ist die gerichtliche oder natarielle Form nur vorgeschrieben, wenn das Eigentum den Gegenstand des Vertrages bildet, während der dingliche Vertrag, auch wenn er sich auf andere dingliche Rechte bezieht, der Form der Auflassung und Eintragung bedarf. Andererseits ist aber der § 313 keineswegs auf Kauf und Tausch beschränkt, sondern gilt für alle Fälle, in denen sich jemand zur Übertragung des Eigentums an einem Grundstück verpflichtet.

Das Bürgerliche Gesetzbuch geht bei dieser Bestimmung sowohl nach den Motiven wie nach der ersten Fassung davon aus, daß der leitende Grundsatz die Formfreiheit sei. Im ersten Entwurf lautete der 1. Satz des bezüglichen Paragraphen: „Für ein Rechtsgeschäft ist eine besondere Form nur dann erforderlich, wenn eine solche durch Gesetz oder Rechtsgeschäft bestimmt ist.“ Dieser Satz ist lediglich deshalb nicht in das geltende Gesetz übernommen worden, weil man keine allgemeinen Lehrsätze in das Gesetzbuch aufnehmen wollte. Soviel ist jedenfalls nach den Motiven klar, daß man gegenüber den bestehenden verschiedenartigen Bestimmungen der Landesgesetze prinzipiell an der Formfreiheit festhalten wollte. Für folgende Verträge hat das Bürgerliche Gesetzbuch die Schriftlichkeit oder die strengere Form der gerichtlichen bezw. notariellen Beurkundung als Ausnahme vom Prinzip der Formfreiheit vorgeschrieben:

§ 761 — für das Versprechen einer Leibrente —, 766 — Bürgschaft —, 780 und 781 — abstraktes Schuldversprechen —, 518 — Schenkungsversprechen —, dann in unserem § 313 und im Zusammenhang damit in §§ 311 und 312 für Verträge, durch den sich der eine Teil verpflichtet, sein gegenwärtiges Vermögen zu übertragen, und für Verträge zwischen künftigen Erben über Erbteile. In den letzterwähnten Fällen ist, wie im § 313 und beim Schenkungsversprechen notarielle oder gerichtliche Beurkundung verlangt. Ferner kommen in Betracht § 2276 Erbvertrag, § 1434 Ehevertrag, und § 1750: Annnahme an Kindesstatt.

Wenn wir nun auf den § 313 zurückkommen, so wiederhole ich, daß die Motive des Gesetzes sich vollständig klar darüber waren, daß grundsätzlich Formfreiheit zu wahren sei. Die Motive berufen sich darauf, daß schon in der Zivilprozeßordnung die absolute Zulässigkeit des Zeugenbeweises ausgesprochen sei. Bekanntlich existierte namentlich im Gebiete des französischen Rechts gewissermaßen als Surrogat einer Formvorschrift die Unzulässigkeit des Zeugenbeweises. Das ist ausdrücklich verworfen und gesagt worden: wir wollen Formfreiheit und unbeschränkte Zulassung des Zeugenbeweises. Man hat dabei in Rücksicht gezogen die großen Hindernisse, die derartige Formvorschriften für den Verkehr mit sich brächten; man hat erwogen, daß der Verkehr immer mächtiger würde und daß er, je mächtiger er sei, destomehr freie Bewegung haben müsse, daß endlich auch die allgemeine Bildung zugenommen habe und man daher nunmehr den Mut haben könne, Formfreiheit zu gewähren. Allerdings fügen die Motive dann gleich hinzu, daß für einzelne Fälle Ausnahmen von diesem Prinzip erforderlich seien. Von diesen Ausnahmen ist die einzige, die den alltäglichen Verkehr trifft — alle anderen betreffen Fälle, die selten vorkommen — unser § 313. Er bildet die größte und drückendste Ausnahme von der Formfreiheit, die im Bürgerlichen Gesetzbuch enthalten ist.

Dies zur allgemeinen Orientierung! Ich darf wohl dann gleich zum Leitsatz 1 übergehen. Er stellt uns vor die Frage: Sollen wir für den obligatorischen Vertrag der Grundstücksveräußerung, für die Verpflichtung zur Übertragung von Grundeigentum die im § 313 Satz 1 vorgeschriebene gerichtliche oder notarielle Beurkundung beibehalten oder statt dessen nur Schriftlichkeit verlangen? Natürlich muß, wenn wir den schriftlichen Abschluß genügen lassen, nachher, damit das Eigentum übertragen wird, die Form der Auflassung und der Eintragung in das Grundbuch beobachtet werden; aber für die Zwischenzeit würden dann die Vertragschließenden unter sich dadurch gebunden, daß sie ihren Vertrag schriftlich abfassen.

Daß eine Form vorhanden sein muß, nicht nur für die Übertragung des Grundeigentums, sondern auch für den Vertrag, durch den sich jemand zur Übertragung von Grundeigentum verpflichtet, gebe ich durchaus zu. Herr Justizrat Stranz hat früher schon betont, und die Motive haben es betont, daß der Grundstücksverkehr eine weit größere Sicherheit verlangt, als der Verkehr mit Wertpapieren und sonstigen Mobilien. Darüber kann kein Zweifel sein, daß die Erhaltung des Grundbesitzes, die Seßhaftigkeit des Bauern und Gutsbesitzers von wichtiger politischer Bedeutung ist und daß hohe allgemeine Interessen dafür sprechen, den Grundbesitz nicht zu leichtfertig in andere Hände gehen zu lassen. Es kommen dabei auch die mit dem Grundbesitz vorhandenen politischen Rechte in Betracht. Und es muß als Ziel einer gesunden und agrarischen Entwickelung im Auge behalten werden: die Erhaltung eines die wirtschaftliche Existenz verbürgenden Grundbesitzes und die Verhinderung einer darüber hinausgehenden Parzellierung. Alles das führt dazu, die vertragliche Verpflichtung zur Veräußerung von Grundstücken mit besonderen Formen zu belegen. Mit Recht verlangt man hierfür eine Form, welche den Ernst der Vertragschließenden weckt in Bezug auf das, was sie tun; der kleine Bauer soll merken: das ist jetzt nicht, als wenn du eine Kuh oder ein überflüssiges Mobilarstück verkaufst, es handelt sich hier um die Veräußerung deines Grundbesitzes oder eines Teils desselben, der die Grundlage deiner wirtschaftlichen Existenz bildet.

Das zweite, was auch zugegeben ist, ist das: die Form muß in den Verhandlungen, die hin und her gehen mit Forderung und Angebot, den Moment festlegen, wo der Kontrakt perfekt wird. Das hat sich schon beim Viehhandel ausgebildet in der Form des Gottestalers, des Handschlags u. dergl. Es ist eine äußere Form notwendig, damit beide Vertragschließende wissen: jetzt ist der Vertrag abgeschlossen.

Die Form ist weiter deshalb erforderlich, um den Vertragschließenden, namentlich dem kleinen Manne, eine Überlegungsfrist zu geben. Es besteht die Gefahr, daß der kleine Mann in den mündlichen Verhandlungen, zumal einem gewandten Makler gegenüber, überrumpelt, dazu gebracht werde, unüberlegt zuzuschlagen.

Ein anderer wichtiger Grund für die Form — und zwar meines Erachtens der bestimmende — ist endlich der: man will den Beweis sichern, man will die unseligen Prozesse verhindern über mündliche Verabredungen, die der eine Teil überhört oder nicht richtig verstanden hat.

Gegenüber diesen Vorteilen einer Formvorschrift besteht ein großer Nachteil darin, daß sie den frivolen Wortbruch ermöglicht. Dazu ist die

Bestimmung nicht gegeben, daß der eine den anderen täuscht oder daß er nachher zurücktritt, weil er glaubt, mehr bekommen zu können, trotzdem er vorher auf das Bestimmteste versichert hat, er werde mit zum Notar gehen. Das Schlimmste aber ist endlich die mit der Form verbundene Erschwerung des Verkehrs. In allen diesen Punkten ist nach meiner Meinung die bloße Schriftlichkeit der gerichtlichen oder notariellen Beurkundung vorzuziehen. Sie hat dieselben guten Wirkungen, die man sich von der gerichtlichen oder notariellen Form verspricht, und sie hat dabei nicht deren Nachteile. Freilich ist die Überlegungsfrist bei der Schriftlichkeit viel kürzer; aber es ist doch immerhin auch durch sie eine solche gewonnen. Wenn der Bauer den Vertrag unterschreiben muß, ist ihm Zeit und Anlaß zur Überlegung gegeben. Gewiß, die Überlegungsfrist ist eine viel längere, wenn er zum Notar oder Gericht gehen muß, die er in kleineren Orten meist nicht zur Stelle hat. Aber auf der anderen Seite ist dann auch die Gefahr viel größer, daß er in den Wochen, die darüber hingehen, wortbrüchig wird und sich überlegt: ich kann ein besseres Geschäft machen, ich trete zurück.

Weiterhin wird die gegenwärtige Formvorschrift auch noch damit begründet, daß der Richter oder der Notar Einfluß auf die Gestaltung der Verträge habe, daß er die Vertragschließenden auf die Bedeutung der einzelnen Vertragsklauseln aufmerksam mache usw. Aber allzuviel darf man sich davon nicht versprechen, weder vom Einfluß des Grundbuchrichters noch von dem des Notars; sie stehen den ganzen Verhältnissen zu fern, und außerdem kann der Notar sehr häufig Vertreter der einen Partei sein, und er wird dann natürlich das Interesse haben, den Vertrag so zu gestalten, wie es für diese Partei wünschenswert ist. In Wirklichkeit ist der Einfluß des Richters oder des Notars auf die Fassung der Verträge nicht hoch anzuschlagen, obgleich man an sich zugeben muß, daß dieser Einfluß immerhin ein Vorzug des Beurkundungszwangs ist.

Nun aber kommen die schon angedeuteten Bedenken in Bezug auf den Wortbruch, ferner in Bezug auf die Kosten und vor allem in Bezug auf die Verkehrserschwernis. Es wird der Wortbruch, je aufgeklärter die Bauern werden und je besser sie die Bestimmungen kennen lernen, desto häufiger werden. Bei steigender Tendenz wird der Verkäufer leicht geneigt sein, sein Wort zu brechen, bei fallender der Käufer, und daß es nicht zur moralischen Erziehung des Volkes beiträgt, wenn man durch diese Formvorschrift die Vertragschließenden dazu bringt, ihr Wort zu brechen, läßt sich nicht verkennen.

Was die Kosten betrifft, so wird gesagt, das mache keinen großen Unterschied. Das ist doch wohl irrig. Der schriftliche Abschluß des

Vertrages kostet nichts. Die Kosten der notariellen und gerichtlichen Beurkundung sind noch etwas höher als die Kosten der Auflassung und Eintragung. So kostet z. B., wenn für die Eintragung 18 Mark zu zahlen sind, die notarielle oder gerichtliche Beurkundung 28 Mark; Eintragungskosten von 42 Mark stehen 48 Mark Beurkundungskosten gegenüber. Die Progression der Gebühren für die Notare und Gerichte ist eben viel unregelmäßiger und ungünstiger als die der Eintragungsgebühren. Die Veräußerung von Grundeigentum kostet sonach bei der jetzigen Formvorschrift mehr als das Doppelte dessen, das sie bei Annahme meines Vorschlags kosten würde.

Zu alledem kommt nun aber die Verkehrserschwernis. Diese ist vor allem im städtischen Grundstücksverkehr von außerordentlicher Bedeutung. — Die Frage wäre ja sehr leicht gelöst, wenn man sagen könnte: für die Bauern, für die ländlichen Grundstücke halten wir an der notariellen bezw. gerichtlichen Form fest, für die städtischen Grundstücke genügt die Schriftlichkeit. Einen solchen Antrag kann ich aber nicht stellen, weil ich zugeben muß, daß eine Unterscheidung zwischen städtischem und ländlichem Grundstücksverkehr heutzutage nicht mehr möglich ist, am allerwenigsten in der Nähe der Großstädte. Ich wüßte nicht, wo man da die Grenze für die Unterscheidung finden sollte. — Hier handelt es sich also um die Frage: kann ich den großen Verkehr so belasten und ihm eine so schwere Fessel auflegen, um dem kleinen zu helfen? Diese Verkehrserschwernis ist namentlich deshalb so groß, weil Grundstücksverkäufe in Städten meist gar nicht anders möglich sind, als daß die eine oder die andere Seite das Grundstück oder das Preisgebot an die Hand gibt. Das an die Hand geben verpflichtet gegenwärtig nur, wenn es notariell oder gerichtlich beurkundet wird. Das macht nicht nur Kosten, sondern erschwert auch das meist erforderliche Geheimhalten. Kommt der Verkauf nicht zustande, so sind die Kosten weggeworfen.

Große Schwierigkeit entsteht aus der gegenwärtigen Formvorschrift auch für Erbteilungen, wenn die Erben verstreut, vielleicht sogar einige im Auslande wohnen und nun mit jedem einzelnen ein notarieller Akt aufgenommen werden muß. Sagt einer „Nein", sind die ganzen Kosten vergeblich. Ähnlich ist es beim Zusammenkaufen von einzelnen Grundstücken zu großen Komplexen. Wenn ich einen großen Komplex für die Errichtung einer Fabrik kaufen will, dann muß ich das im Stillen tun; denn wenn ich von dem Grundbesitzer A. eine Parzelle für so und soviel gekauft habe, und der Grundbesitzer B., von dem ich auch kaufen muß, erfährt das, dann nutzt er die Situation aus und verlangt für sein Grundstück einen ganz übertriebenen Preis. Eine gerichtliche oder notarielle Beurkundung läßt sich aber nicht geheim halten; sobald die Leute vor Gericht oder beim Notar erscheinen, wird es bekannt. Das läßt sich nur privatim machen.

Wie schlimm die Belästigung durch die notarielle Form ist, das zeigt sich daran, daß sich in Preußen die öffentlichen Behörden dieser Fessel entzogen haben. Der Art. 142 des Einführungsgesetzes, der den einzelnen Landesgesetzen gestattet, für die Beurkundung des im § 313 bezeichneten Vertrages außer den Gerichten und Notaren auch andere Behörden und Beamte zuständig zu machen, ist von Preußen benutzt worden, um im Art. 12 § 2 des Preuß. Ausführungsgesetzes zu bestimmen, daß öffentliche Behörden durch einen ihrer Beamten die Verträge beurkunden lassen können. Im Bericht der Abgeordnetenhauskommission heißt es, eine Reihe von Städten habe erklärt, sie hätten häufig solche Verträge zu machen für Kleinbahnen, Kanalisationen usw.; bei allen diesen Verträgen bedürften sie der ministeriellen Genehmigung; andererseits sei die Beurkundung notwendig, um die Beteiligten zu binden; dadurch werde die Verwaltnng ohne zureichenden Grund außerordentlich erschwert und belästigt. Mit Rücksicht hierauf hat man den Städten und öffentlichen Behörden gestattet, die Beurkundung dieser Verträge einem ihrer Beamten zu übertragen. Diese Einrichtung hat große Bedenken. Der Beamte bietet durchaus nicht die Garantie, wie ein Notar oder Richter; er hat nicht selten ein finanzielles Interesse an dem Geschäft, indem er eine Provision bekommt; jedenfalls ist er Angestellter der einen Partei. Der Beamte, der für eine Stadt Grundstücke kauft und beurkundet, wird jedenfalls den Kaufvertrag so abfassen, daß er Nägel mit Köpfen für die Stadt hat. Dabei ist es mir zweifelhaft, ob das Verfahren, wonach die Behörden zur Beurkundung solcher Verträge verschiedene Beamte je im einzelnen Fall bestimmen, zulässig ist, ob sie nicht vielmehr ein für alle Mal einen bestimmten Beamten dazu bestimmen müssen. Auf jeden Fall zeigt diese Einrichtung, wie schwer die Fessel des § 313 für den Grundstücksverkehr ist.

Wenn ich mit wenigen Worten auf die Rechtsprechung zum Satz 1 des § 313 eingehe, so ist diese, abgesehen von der Frage, auf die sich mein Leitsatz 3 bezieht, im allgemeinen konsequent. Sie hat die Vorverträge für ungültig erklärt, die formlosen Nebenverträge und die für den Bruch formloser Verträge ausbedungenen Konventionalstrafen desgleichen, und die Vollmachten für widerruflich. Das alles scheint mir durchaus richtig und sachgemäß. Vielleicht ist die Konsequenz der Rechtsprechung in einigen anderen Punkten zu weit gegangen. Dagegen hat sie andererseits wohl mit Unrecht für die Abtretung des Anspruchs auf

Auflassung den Formzwang fallen gelassen — eine gefährliche Inkonsequenz, die zu Umgehungen der Formvorschrift die Tür öffnet.

Ich komme jetzt zum Satz 2 des § 313, bitte hierbei aber auf meine Bekämpfung des Satz 1 zurückkommen zu dürfen, indem die meines Erachtens vorliegende Unmöglichkeit, den Satz 2 zu halten, mein wichtigstes Argument dafür ist, daß wir auch Satz 1 nicht halten können. In Satz 2 wird gesagt:

> Ein ohne Beobachtung dieser Form geschlossener Vertrag wird seinem ganzen Inhalte nach gültig, wenn die Auflassung und die Eintragung in das Grundbuch erfolgen.

Nachdem man in der Beratung erst so dringend die notarielle oder gerichtliche Beurkundung für erforderlich erklärt hat, wird hier eine Ausnahme von diesem Formzwang aufgestellt, welche mir ebenso widerspruchsvoll wie gefährlich zu sein scheint. Der Kommissionsbericht des Reichstags sagt folgendes:

> „In zweiter Lesung wurde im Anschluß an die Petition des deutschen Notariatsvereins beantragt, den zweiten Absatz des § 307 (jetzigen § 313) zu streichen. Es sei eine künstliche, durch nichts gerechtfertigte Bestimmung, wenn der rein formale Auflassungsvertrag rückwärts dem obligatorischen Privatvertrag nachträglich die Klagbarkeit verleihe."

Demgegenüber wurde für den Satz zunächst geltend gemacht, daß ohne diesen bei formlosem Vertrage den Parteien gegeneinander trotz der Auflassung während der ganzen Verjährungsfrist der Kondiktionsanspruch zustehe.

Der entscheidende Grund für die Beibehaltung des zweiten Absatzes war aber dann der, daß man sich sagte, es sei nicht angängig, zu verlangen, daß die Parteien bei einem Verkauf doppelte Formen beobachteten, zuerst gerichtliche oder notarielle Beurkundung, um sich zu binden, und dann nach 14 Tagen oder 4 Wochen Auflassung und Eintragung bei Gericht, um das Eigentum zu übertragen. Diesen Zwang, hintereinander zweimal Formen zu beobachten, hielt man für unerträglich. Es heißt im Kommissionsbericht:

> „Von den Regierungsvertretern und von mehreren Kommissionsmitgliedern wurde der zweite Absatz für dringend notwendig erklärt. Wolle man das Publikum zwingen, auch beim unbedeutendsten Geschäft über ein Grundstück erst das obligatorische Geschäft vor einem Notar abzuschließen und alsdann die gerichtliche Auflassung folgen zu lassen, so müßte der hier-

durch erforderliche doppelte Aufwand von Zeit, Mühe und Kosten in dem bei weitem größten Teile von Deutschland als ein schwerer Übelstand empfunden werden."

Der Antrag auf Streichung der Sätze wurde hierauf mit großer Majorität abgelehnt und der Satz unverändert angenommen.

Hierbei übersah man, daß von vornherein als einer der Hauptzwecke der Formvorschrift in Satz 1 der bezeichnet worden war, die Vertragsbedingungen festzulegen, — was bei der Auflassung und Eintragung nicht geschieht.

Die Kosten, die durch die notarielle oder gerichtliche Beurkundung entstehen, führen nun immer wieder dazu, daß man die notarielle Form umgeht, indem jeder sich auf den anderen verläßt und sich sagt: wir gehen nachher an das Gericht, und lassen auf, da können wir die Kosten des notariellen Vertrages sparen.

Diese Unterlassung der Form hat zwei schlimme Folgen. Der redliche Mann hält sein Wort, der unredliche sagt aber oft nachher „ich kann mehr bekommen; ich habe es zwar versprochen, ich halte aber mein Versprechen nicht, weil das Gesetz mir das gestattet." Tritt ein solcher Wortbruch nicht ein, kommt es zur Auflassung, so fehlt die Festlegung der Vertragsbedingungen und ist damit Streitigkeiten über diese beiden Parteien der Weg offen gehalten. Viel schlimmer aber ist noch, daß, selbst wenn die Parteien den obligatorischen Vertrag in der vorgeschriebenen Form abschließen, mit der Auflassung in Folge davon, daß durch diese gemäß Satz 2 unseres Paragraphen die Formmängel geheilt werden, auch die formlosen Nebenabreden gültig werden, und das gibt dann die unglücklichen Prozesse, die wir jetzt alle Tage erleben. Man hat gesagt, die Formvorschrift des § 313 Satz 1 habe den großen Wert, daß sie die Nebenabreden totmache. Aber wenn jetzt die Auflassung eintritt, dann wird — und das ist feststehende Rechtsprechung des Reichsgerichts —, damit auch die formlose Nebenabrede eines formell gültigen Vertrages geheilt. Durch die Formvorschrift des § 313 Satz 1 sollten die Prozesse vermieden werden, in welchen eine Partei mit Zeugen oder ihrem Eide kommt und sagt: „ich habe zwar notariell das und das vereinbart, aber nachher haben wir uns auf andere Weise geeinigt." Infolge des Satz 2 ist das alles illusorisch. Mit der Auflassung wird die nachträgliche formlose Änderung des notariell oder gerichtlich Verbrieften gültig. Solche Urteile sind massenhaft vorgekommen und haben eine große Unsicherheit im Verkehr hervorgerufen.

In vielen Landesteilen ist das sehr unangenehm empfunden worden. Der Vertreter von Baden hat schon in der Beratung die Streichung des

Satz 2 beantragt, weil hierdurch die Formvorschrift des ersten Satzes wirkungslos gemacht werde. Auch andere Vertreter haben sich in diesem Sinne ausgesprochen; sie sind aber überstimmt worden. Bayern kannte die Bestimmung des Satz 2 gleichfalls nicht. In Preußen existierte für das Gebiet des Allgem. Landrechts etwas ähnliches; dabei darf man aber nicht übersehen, daß da die schriftliche Form galt. Die schriftliche Form birgt nicht diese Gefahr in sich. Der schriftliche Vertrag kostet nichts; man braucht nicht zu einem Notar oder zum Gericht zu gehen, man hat bloß Tinte und Papier nötig. Deswegen ist bei der schriftlichen Form keine Heilung nötig, und deswegen kommt es auch bei ihr nicht vor, daß die Parteien Bedenken tragen, die Form anzuwenden, und lieber riskieren, daß die andere Partei das Wort bricht.

Der § 98 der Grundbuchordnung lautet:

> „Durch Landesgesetz kann bestimmt werden, daß das Grundbuchamt die Erklärung der Auflassung nur entgegennehmen soll, wenn die nach § 313 des Bürgerlichen Gesetzbuchs erforderliche Urkunde vorgelegt wird."

Von dieser Befugnis haben Bayern, Baden und Württemberg Gebrauch gemacht, also vor allem diejenigen Staaten, welche sich gegen den Satz 2 des § 313 ausgesprochen hatten.

Das ist keineswegs, wie einige meinen, so verstanden, daß bloß dann, wenn eine solche Urkunde gemacht worden ist, diese vorgelegt zu werden braucht; nein, dem Grundbuchrichter ist verboten, ohne Vertrag aufzulassen; das ist Befehl seines Landesgesetzes, er darf ohne Vertrag die Auflassung nicht annehmen.

Nun möchte ich an diesem Punkte einen Augenblick Halt machen und Sie auf diese sonderbare Art von Gesetzgebung aufmerksam machen. Sie verdient wirklich, in ein Museum juristischer Kuriositäten gesetzt zu werden! (Heiterkeit.) Um den kleinen Bauern zu schützen, verlangt man für Immobiliar-Kaufverträge gerichtliche oder notarielle Form; weil diese Form aber zu lästig und zu kostspielig ist, gibt man die Möglichkeit der Heilung, wenn die Parteien demnächst vor den Auflassungsrichter gehen, und nun kommt das Landesgesetz und sagt: nein, ich verbiete in diesen Fällen die Auflassung und damit die Heilung. Erst vernichtet der zweite Satz des § 313 BGB. eine der Hauptwirkungen des ersten Satzes und dann macht der § 98 der Grundbuchordnung in den Ländern, wo er durchgeführt ist, den zweiten Satz wieder tot. Das ist wirklich eine komische Art, Gesetze zu machen. Erst Butter aufs Brot, dann wieder vom Brot und zuletzt landesgesetzlich wieder aufs Brot! (Heiterkeit.) So sollte man doch keine Gesetze machen! Es ist wirklich eine pfuscherhafte Gesetzmacherei, daß bezüglich der praktisch so wichtigen Formvorschriften für Immobilar-Kaufverträge in Deutschland ein solches Hinundher, ein Geben und Wiedernehmen gilt und dann noch eine völlige Verschiedenheit zwischen den einzelnen Sondergebieten. Das zeigt aber die Schwierigkeiten, die in der Sache liegen. Man hat eben die notarielle oder gerichtliche Form als zu schwer empfunden und sie deshalb wieder heilen wollen, und das hat man dann wieder landesgesetzlich aufgehoben. Die ganze Schwierigkeit liegt darin, daß man eine zu schwere Form angenommen hat. Da wäre es meiner Meinung nach doch weit besser, daß man statt dieser schweren Form lieber eine leichtere Form vorschriebe; die muß dann aber unbedingt gelten, und es darf keine Heilung von ihr möglich sein. Und dahin geht mein Antrag. Ich beantrage also, in § 313 Satz 1 Schriftlichkeit einzuführen und den Satz 2 zu streichen, und wenn der gestrichen ist, ist der § 98 der Grundbuchordnung nicht mehr nötig.

Ich möchte dann noch auf die Formvorschriften für Immobilarkaufverträge zurückkommen, welche in den einzelnen Teilen von Deutschland bestanden, als das Bürgerliche Gesetzbuch geschaffen wurde. Die Gebiete, wo das französische Zivilrecht galt, hatten die Unzulässigkeit des Zeugenbeweises, ein System, das meines Erachtens das schlechteste von allen ist; es führt zur Häufung von Prozessen und in diesen zur beständigen Zuschiebung von Eiden. Im gemeinen Recht galt Formfreiheit. In Altpreußen hatte man meines Erachtens das Beste: die Schriftlichkeit. Dabei hätte man es belassen sollen. Die französisch-rechtliche Ausschließung des Zeugenbeweises war schon durch die DZPO. abgeschafft und für das gemeine Recht der Formfreiheit war es noch zu früh, dafür sind viele Teile Deutschlands, namentlich im Süden, noch nicht reif und dafür ist auch der Beweis durch Zeugen zu unverlässig. Aber an die Schriftlichkeit war man im Allgemeinen Landrecht gewöhnt, die hätte man beibehalten sollen, dann hätten wir alle die Mißstände, die unsere jetzigen Bestimmungen mit sich gebracht haben, nicht erlebt, und insbesondere der Vertrauensbruch hätte keine so erschreckende Ausdehnung angenommen. In Bayern und Hessen galt allerdings notarielle oder gerichtliche Form. Dabei dürfen wir aber nicht übersehen, daß damals in Bayern und Hessen noch kein Grundbuch bestand. Gerade die doppelte Form, authentische Beurkundung und gerichtliche Auflassuug, macht die Schwierigkeiten. Altpreußen, wo das Grundbuch bestand, hatte eben neben demselben nur schriftliche Form. Zudem war aber auch in Bayern die gerichtliche oder notarielle Beurkundung keineswegs in der Ausdehnung vorgeschrieben, wie jetzt im BGB.; sie galt insbesondere nicht für Gesellschaftsverträge behufs Erwerbs eines Grundstücks und, was von großer Bedeutung ist, nicht für Verträge, wodurch der Kauf eines Grundstücks vermittelt wird.

Ich muß also dabei bleiben, daß nur mein Antrag es ermöglicht, aus den jetzigen schweren Mißständen wieder herauszukommen, aus den frivolen Wortbrüchen, aus den vielen Prozessen über angebliche formlose Nebenabreden und der daraus folgenden Rechtsunsicherheit und endlich aus der großen Erschwerung des Grundstücksverkehrs in den Städten. In den Kauf zu nehmen wäre — das ist allerdings ein Nachteil —, daß die Überlegungsfrist für den kleinen Bauer nicht so lang ist; dafür ist aber auch die Möglichkeit, den anderen zu hintergehen, nicht so groß, ja kaum vorhanden.

Was meine beiden anderen Anträge betrifft, so sind sie sehr kurz abgemacht. Die Fragen sind Ihnen allen bekannt. Ich beantrage:

„In § 313 Satz 1 werden hinter „zu übertragen" die Worte „oder zu erwerben" eingeschoben."

Ich erinnere hier an die Entscheidung des 7. Zivilsenats des Reichsgerichts, welche in der Juristischen Wochenschrift 1905 S. 126 mitgeteilt ist. Ein Tischlermeister hatte sich privatschriftlich verpflichtet, von einem Manne, dem er Tischlerarbeiten geliefert hatte, für einen Teil seiner Rechnung Grundstücke zu einem bestimmten Preise zu kaufen. Das Reichsgericht erklärt die Verpflichtung für bindend, der § 313 treffe hier nicht zu, denn es handle sich um eine Kaufverpflichtung, nicht um eine Verkaufverpflichtung. Es ist ja zugegeben, daß im § 313 nur von der Verpflichtung, das Eigentum an einem Grundstück zu übertragen, die Rede ist. Allein Motive und Diskussion lassen keinen Zweifel, daß man ebensowohl wie den Verkäufer auch den Käufer schützen wollte, es sich sonach nur um eine verunglückte Fassung handelt. In einem anderen Urteil vom 22. Mai 1906 hat sich denn auch der 5. Zivilsenat des Reichsgerichts auf den entgegengesetzten Standpunkt gestellt. Es ist nötig, daß hier Klarheit geschaffen wird. Wenn ich eine Formvorschrift geben will, so muß sie für beide Teile gelten, für Käufer, wie Verkäufer. Es ist ebenso wichtig und vielleicht noch wichtiger, dafür zu sorgen, daß der Bauer in Übereilung nicht zu teuer und unter zu ungünstigen Bedingungen kauft, als daß er nicht zu billig oder zu ungünstig verkauft. Ich glaube, daß sich auf diesen Antrag 3 wohl alle vereinigen werden.

Als letzten Leitsatz habe ich vorgeschlagen:

Der § 313 erhält folgenden Zusatz:

„Formlose Nebenabreden oder Änderungen des Vertrages gelten als nicht vereinbart."

Wir haben es hier mit einer ganz eigentümlichen Rechtsprechung zu tun, die die Materie verwirrt und den Verkehr unsicher macht. Man hatte es bei Beratung des § 313 Satz 1 für einen Segen der vorgeschriebenen gerichtlichen oder notariellen Form erklärt, daß damit die formlosen Nebenabreden ein für alle Mal tot gemacht seien. Dann hat aber der Gesetzgeber den zweiten Satz eingefügt und damit die formlosen Nebenabreden, sobald aufgelassen wird, wieder für gültig erklärt. Deß nicht genug — hat das Reichsgericht in einem Urteil vom 8. Januar 1906, das in der Jur. Wochenschrift S. 108 mitgeteilt ist, der formlosen, mangels Auflassung nichtigen Nebenabrede die Wirkung gegeben: den in vorgeschriebener Form abgeschlossenen gültigen Vertrag auf Grund des § 139 BGB. in seinem ganzen Umfang für ungültig zu machen, sofern nicht anzunehmen ist, daß er auch ohne die Nebenabrede abgeschlossen sein würde, und demgemäß aus dem Vertrage die Klage auf Auflassung versagt.

Meiner Ansicht nach ist das eine zu formalistische Anwendung des aus dem sächsischen Bürgerlichen Gesetzbuch stammenden § 139. Gedacht ist in dem § 139 ohne Zweifel nur an den Fall, daß die Nebenabrede wegen Betrug, Nötigung oder aus sonstigen materiellen Gründen nichtig und andererseits so wichtig ist, daß ohne sie der Vertrag nicht abgeschlossen worden wäre; dann ist der ganze Vertrag nichtig. Dagegen dürfte der § 139 nicht an den Fall denken, daß die Nebenabrede wegen Nichtbeobachtung der vorgeschriebenen Form nichtig ist. Auf jeden Fall muß, wenn vom Gesetz für einen Vertrag eine bestimmte Form vorgeschrieben ist, der in dieser Form abgeschlossene Vertrag gültig sein und darf nicht dadurch, daß eine formlose und deshalb ungültige Nebenabrede durch Zeugen bewiesen wird, ungültig werden. Sonst hat die Form überhaupt keinen Wert mehr; sie soll ja gegen die Nebenabreden schützen, eine Gewähr dagegen bieten, daß hinterher einer der Vertragschließenden behauptet und durch Zeugen nachweisen will, es sei hinterher mündlich etwas anderes oder Zusätzliches vereinbart, als der in vorgeschriebener Form abgeschlossene Vertrag enthalte.

Dieser Antrag unter Nr. 4 hat, wie der unter Nr. 3, eine selbständige Bedeutung, auch wenn Sie die beiden ersten Anträge nicht annehmen sollten, und ich hoffe, daß die Majorität sich auch für diesen auf jeden Fall entscheiden wird. (Lebhafter anhaltender Beifall.)

Mitberichterstatter Justizrat Dr. **Stranz**-Berlin: M. H.! Bevor ich zur Sache komme, möchte ich eine Bemerkung pro domo machen. Auch ich gehöre zu den Notaren. Als vorhin der Antrag, den der Notartag gestern angenommen hat, überreicht und mitgeteilt wurde, daß der Antrag einstimmig angenommen worden war, ging nicht nur ein allgemeines Schütteln des Kopfes durch die Versammlung, sondern auch ein sehr vernehmliches Lächeln wurde gehört. Das sollte heißen: die Notare haben aus ihrem Geldbeutel heraus Stellung genommen. Gewiß ist dieses Bedenken ein gerechtfertigtes. Und die Notare werden die letzten sein, die sagen, daß sie nicht auch für ihre Standesinteressen, die ja zum Teil mit den Geldinteressen zusammenfallen, eintreten. Aber was die Notare ablehnen müssen, ist die Verdächtigung, solche Erwägungen könnten für ihr Votum irgendwie ausschlaggebend gewesen sein. Dafür kann ich mich auch darauf berufen, daß ein Notar, der Kollege Dorst, ein Gutachten abgegeben hat, das gerade für die Beseitigung der Form bei der Grundstücksveräußerung eintrat. Er ist unterlegen. Wer aber dieses Gutachten angesehen hat, wird davon überzeugt sein, daß dabei nicht die Interessen des einzelnen Standes die Feder geführt haben, sondern daß sachliche Motive geltend gemacht sind.

Ich selbst bin nun freilich heute in meiner Eigenschaft als Notar in der wenig angenehmen Lage, für die Aufrechterhaltung des § 313 eintreten zu müssen. Aber Sie können mir glauben, daß es wirklich nicht die Rücksicht auf die Gebühren ist, die irgendwie meine Ausführungen leitet. Ich könnte ja auch zu meiner Rechtfertigung darauf hinweisen, daß ich für die Abschaffung des Notariatsprotestes eingetreten bin. Sie werden doch den Notaren jedenfalls zugeben müssen, daß sie sehr sachverständig in dieser Frage sind. Und wenn ein so sachverständiges Gremium wie der Notartag sein Votum in dieser Weise abgegeben hat, so wird das sicherlich nicht ohne Einfluß auf die Entscheidung dieser Versammlung sein. Selbstverständlich verlangen die Notare nicht, daß nur Sachverständige gehört werden. Wir haben vorhin den Vortrag des Referenten gehört, eines Herrn, dessen Domäne bekanntlich gerade auf strafrechtlichem Gebiet liegt. Sie haben gesehen, mit welch eindringender Schärfe und Kenntnis aller zivilrechtlichen Bestimmungen dieses Referat erstattet worden ist. Es würde mich freuen, wenn ich nur einen Teil von der Wirkung erzielte, die dieser Bericht erzielt hat.

Nun zur Sache selbst. M. H., wäre die Frage, ob sich die Änderung des § 313 empfiehlt, nicht vor etwa vier Jahren, namentlich von rheinischer Seite — ich glaube, gerade seitens des Herrn Oberlandesgerichtspräsidenten Hamm — angeregt worden, ich glaube kaum, daß sich der diesmalige Juristentag damit zu beschäftigen gehabt hätte. Denn über allen Wipfeln ist Ruh; irgend eine erhebliche Unzufriedenheit und Agitation aus den Verkehrskreisen ist nicht mehr im Fluß. Und quieta non movere! Die zweimal vertagte Frage wird hoffentlich heute zu einer endgültigen Lösung geführt werdeu. Die Gutachten in dieser Frage sind zu entgegengesetzten Ergebnissen gelangt. Dorst ist für die Beseitigung, während ich die Beibehaltung empfehle. Die Berichterstatter waren das erste Mal Exzellenz Hamm und Freiherr von Pechmann. Es kam aber vor vier Jahren in Berlin nicht zu einer Verhandlung, und Pechmann hat seinen umfangreichen Bericht schriftlich niedergelegt in den Verhandlungen des Juristentages. Er kommt zu dem gleichen Ergebnis wie ich: den § 313 beizubehalten. Exzellenz Hamm ist heute für die Beseitigung eingetreten, und es ergibt sich somit, landschaftlich und geographisch ausgedrückt, das Schauspiel, daß die Rheinprovinz für die Beseitigung, der Süden (Bayern) und der Osten für die Aufrechterhaltung des § 313 eintreten.

M. H., ich will auf den früheren Rechtszustand nicht eingehen, obwohl dieser wertvolle Momente für die Aufrechterhaltung des § 313 liefert, sondern will einfach, wie der Herr Referent, die gesetzgeberischen Zwecke und die praktischen Erfahrungen sprechen lassen. Diese beideu Momente sprechen nun dafür, daß diese Vorschrift, um mit Stammler zu reden, „richtiges Recht" ist, d. h. daß sie den Bedürfnissen der Bevölkerung entspricht. Ich selbst habe mich namentlich aus wirtschaftspolitischen und sozialen Erwägungen für die Beibehaltung entschieden. Der § 313 zielt gegen die Mobilisierung des Grundbesitzes. Der Verkehr in Grundstücken ist nicht nur als privates, die Interessen der Einzelnen angehendes, sondern nicht minder als öffentliches Geschäft zu betrachten. Grund und Boden sind ein Werkzeug, dessen sich die Nation zu ihrer Wohlfahrt bedient, aber nicht eine Ware, die man beliebig verschachern soll. Die Seßhaftigkeit der Bevölkerung, der Schutz vor Übereilung und Leichtsinn, wie vor Ausbeutung und Spekulationswut, die Erschwerung einer Zersplitterung des bäuerlichen Grundbesitzes, das sind im allgemeinen Interesse wurzelnde Zwecke, zu deren Verwirklichung die Form der öffentlichen Beurkundung mitwirken soll. Daß eine einfache juristische Form das nicht allein erreichen kann, ist außer Zweifel; es kommt nur auf die Tendenz an, und ob sie zu billigen ist oder nicht. Der § 313 ist selbstverständlich ein in seiner Wirksamkeit begrenztes Mittel, aber seine Tendenz ist eine durchaus richtige, und es ist ihm nach meinen Erfahrungen auch eine gewisse Beeinflussung des wirtschaftlichen Lebens nicht abzusprechen. Immerhin ist der § 313, abgesehen von dem Nutzen, den er schon jetzt stiftet, ein Wegweiser für eine zukünftige gesunde Bodenpolitik; denn die Bodenpolitik, welche den städtischen Grundbesitz an die private Spekulation ausliefert, hat die schärfsten Übelstände gezeitigt. In dieser Hinsicht nehme ich Bezug auf die vorbildliche Arbeit „Grundrente und Wohnungsfrage für Berlin und seine Vororte" des verstorbenen Voigt. Vom Mittelalter bis zum Ausgang des 18. Jahrhunderts hat überall in Deutschland die Anlage und Erweiterung einer Stadt als eine im eminentesten Sinne öffentliche Angelegenheit und daher als Aufgabe der städtischen oder staatlichen Gewalt gegolten. Erst dem 19. Jahrhundert blieb es vorbehalten, die Schaffung der Existenzgrundlage der ganzen Bevölkerung — also des Baulandes, des Baukapitals, der Bauunternehmungen — der privaten Spekulation zu überlassen. Vom Regierungsantritt des Großen Kurfürsten bis zum Tode Friedrichs des Großen entwickelte sich Berlin aus einer kümmerlichen Landstadt von 9000 bis 10 000 Einwohnern zu einer glänzenden Residenz von etwa 150000 Einwohnern — übrigens eine Vermehrung der Bevölkerungszahl, wie sie prozentual nicht einmal zu Ende des vorigen und zu Anfang dieses Jahrhunderts erreicht worden ist. Und doch bestand niemals Wohnungsnot oder ungesunde Steigerung der Mieten oder Grundstückspreise! Die Boden- und Wohnungspolitik wurde eben von dem Ideal der salus publica getragen. Für billiges Bauland wurde erforderlichenfalls durch Enteignung des Grundbesitzes zu angemessenen Werten gesorgt. Nun aber ist im 19. Jahrhundert statt Licht und Luft, statt des Besitzes einer eigenen Scholle oder wenigstens preiswerter gesunder Mietswohnungen das Massenmietshaus getreten. Namentlich sind noch durch unglückliche Bauordnungen, welche die nötige rechtliche Basis für die Operationen des Spekulantentums gaben, die Mietskasernen auch in den Vororten Berlins und anderer Städte für zulässig erklärt worden.

Und was die ländlichen Grundstücke betrifft, so muß meines Erachtens als Ziel einer gesunden Agrarpolitik betrachtet werden, den mittleren Grundbesitz zu stärken. Die größten Gefahren drohen dem kraftvollen bäuerlichen Besitz durch das Güterschlachten und Parzellieren. Man soll daher im Interesse der Seßhaftigkeit der Bevölkerung den Formzwang beibehalten; er ist nicht nur ein Sinnbild für die prinzipielle Auffassung, sondern er wird auch einen, wenngleich begrenzten Einfluß auf den Grundstückshandel, den Bodenpreis und den Bodenbesitz ausüben und der Bevölkerung vor allem die Rechtsberatung bei einem Geschäfte sichern, das wirtschaftlich und sozial zu den wichtigsten gehört.

Das waren die Gründe, die mich veranlaßt haben, nach vielem, vielem Schwanken mich auf die Seite derjenigen zu stellen, die in dem Grundstücksgeschäft ein öffentliches und nicht ein privates Geschäft sehen, die also nicht der Formfreiheit Tür und Tor öffnen wollen, sondern den Anschluß wahren wollen an das altgermanische Recht, das auch dieses Geschäft unter gewisse heilige Sinnbilder stellte. Deswegen ist für diejenigen, die diese Gesichtspunkte in Betracht ziehen, meines Erachtens die Entscheidung nicht schwer.

Nun lassen Sie mich zu einer kritischen Würdigung der Gegengründe übergehen. Es wurde vorhin gesagt, die Formfreiheit würde heute nicht beantragt; man könnte also darüber hinweggehen. Das ist aber nicht richtig; sie ist zwar nicht beantragt worden, aber das Gutachten des Herrn Kollegen Dorst gipfelte gerade darin, die Formfreiheit zu empfehlen. Ich brauche nur auf dasjenige hinzuweisen, was Exzellenz Hamm in vortrefflicher Weise gegen die Formfreiheit gesagt hat. Dorst meint, die Erfüllung der Form mache ein vorheriges Überlegen nicht nötig. Das stimmt aber nicht. Schon die längere Zeit, die der notarielle oder gerichtliche Abschluß verlangt, gibt ein spatium deliberandi. Dazu kommt die Einwirkung der Amtsperson, endlich die größere Scheu, welche die arglistige Partei vor dem Lichte der Öffentlichkeit hat.

Der Vorwurf, der § 313 sei eine Inkonsequenz,. da das Bürgerliche Gesetzbuch und unsere ganze neuere Gesetzgebung ja auf dem Standpunkt der Formfreiheit stände, ist unbegründet. Ich kann auf dieses Schlagwort auch nur mit einem anderen Schlagwort erwidern: man soll ungleiche Dinge nicht gleichmäßig behandeln, Gleichmacherei soll man nirgends treiben. Grundstücksveräußerungen sind eben von anderen Erwerbsgeschäften wesentlich verschieden. Exzellenz Hamm hat uns schon gesagt, ein Grundstücksgeschäft sei kein Kuhhandel. Kollege Weißler hat in einer Zuschrift an mich gesagt, ein Grundstücksgeschäft sei kein Schweinekauf. Vergegenwärtigt man sich die Wichtigkeit des Grunderwerbs, dann darf man nicht die Vorschrift des § 313 dem Popanz dürrer Konsequenz opfern.

Es ist ferner unrichtig, daß der § 313 Treu und Glauben untergrabe. Der Grundsatz „Ein Mann, ein Wort", so deutsch er klingt, ist für das Rechtsleben des alten Germanentums nicht nachzuweisen. Es ist auch ganz falsch, zu sagen, daß Treu und Glauben verletzt werden, wenn man sich auf die Form beruft in den Fällen, wo der Gesetzgeber eine Form verlangt. Ein Schlagwort ist es, die Lumpenhaftigkeit desjenigen zu behaupten, der sich auf eine Schutzform beruft. Wer ist denn eigentlich unanständig, der Bauer, dem vom Güterschlächter sein Grundstück abgelockt worden ist und der sich auf die Ungültigkeit dieser Abmachung beruft, oder der Wucherer, der sich auf das dem Bauern abgelockte Wort beruft? Der Inhalt des Einzelfalls ist meines Erachtens zu prüfen, und vom Standpunkte der Moral kann man nur bei Prüfung des Einzelfalls zu einer Entscheidung darüber kommen, wer anständig oder unanständig handelt. Übrigens hat die Beobachtung einer öffentlichen Form für Grundstücksveräußerungen seit Jahrhunderten geherrscht und hat im deutschen Volksbewußtsein lebendige Wurzeln geschlagen.

Gegen die Formfreiheit spricht auch die Tatsache, häufiger Streitigkeiten darüber, ob überhaupt die mündlichen Abreden zum endgültigen Abschluß gediehen sind.

Aber, m. H., auch vor der heute vom Berichterstatter empfohlenen schriftlichen Form kann ich nur dringend warnen. Sie ist gegenüber der öffentlichen Beurkundung mit schweren Nachteilen verknüpft. Erstens sind hier Unvollständigkeiten sehr häufig. Die Mängel werden durch Zuziehung von Rechtskonsulenten nicht vermieden, sondern gesteigert. Die Wirtshausgeschäfte und ihre Gefahren — der spiritus loci, der feuchtfröhliche Geist des Ortes — werden von den Gegnern nicht hoch genug angeschlagen. Solche Geschäfte sind nicht bloß Phantasien; ich erinnere an die lebhaften Klagen über derartige Geschäfte aus Schlesien, Pommern usw. Bei einer von mir privatim angestellten Umfrage erklärten z. B. Kollegen aus dem Osten, diese Vorschrift sei die beste des ganzen Gesetzes; es sei ein wahrer Segen, daß es gegen früher anders geworden sei, daß man aus den Unterhaltungen im Wirtshaus, am Biertisch keinen Kaufvertrag mehr konstruieren könne. Aus Pommern wurde mir berichtet, die Vorschrift sei eine Wohltat und habe sich gerade bei der ländlichen Bevölkerung der östlichen Provinzen, die sich bekanntlich nicht durch übermäßige Intelligenz auszeichnet, bewährt. Gewerbsmäßige Parzellanten und solche Leute seien die einzigen, die eine Änderung wünschten. Ein anderer schreibt, für die ländliche Bevölkerung Schlesiens sei der Formzwang ein wahrer Segen; er könne nach jahrzehntelanger Praxis bestätigen, daß in der ländlichen Bevölkerung niemand imstande sei, einen Kaufvertrag zu konstruieren. Die Gefahr ist auch weniger die sinnlose Trunkenheit, die ja das Geschäft so wie so ungültig macht, als vielmehr die gehobene, animierte, durch Alkohol gereizte Stimmung.

Der weitere Grund für die Schriftform, die öffentliche Beurkundung lege dem Verkehr schwere Fesseln auf, hat sich durch die Erfahrung nicht bestätigt. Wenn der Güterwucher auf dem Lande und der unsolide Handel in der Stadt infolge der notariellen Form erschwert worden ist, so ist das nur ein Vorteil. Die Kosten — ich komme darauf zurück — sind unbedeutend. Und vor allen Dingen gibt der Satz 2 des § 313, der vom Berichterstatter nicht genügend gewürdigt worden ist, ein Mittel zur Kostenersparnis. Meine Enquete erstreckte sich auch auf die Frage, wie es denn in den Landesteilen sei, die früher die Schriftform hatten, und da wurde von überall mitgeteilt, die Schriftform bröckle ab, sie sei etwas, was dem Publikum nicht liege; wer überhaupt eine Sache ernst nehme, greife nicht zur Feder, sondern gehe zum Notar; wer aber doch glaube, ohne die notarielle Beurkundung auskommen zu können, bleibe beim einfachen mündlichen Wort. Auf die Schriftform zurückzukommen, wäre mithin meines Erachtens etwas, was den Erfahrungen des Lebens widerspricht. Sie ist gar nicht beliebt, man müßte sie dem Verkehr oktroyieren, und man würde all das Unheil wieder herauf beschwören, was sie früher in Preußen mit sich gebracht hat.

Endlich sprechen die Volksauffassung, die überwiegende Meinung der Juristen und die praktischen Erfahrungen für die Beibehaltung des § 313. Die Volksauffassung ist in Deutschland seit langen Zeiten einer feierlichen öffentlichen Form für Grundstücksveräußerungen durchaus zugetan. Übrigens hat schon vor 1900 die Bevölkerung, besonders die Landbevölkerung, fast regelmäßig den Notar angegangen, in der Überzeugung, daß bei Grundstücksveräußerungen eine Rechtsberatung durchaus nötig sei. Selbst Kollege Dorst gibt zu, daß im linksrheinischen Rechtsgebiet auch schon vor 1900 mit verschwindenden Ausnahmen diese Verträge notariell abgefaßt wurden. Gerade in Rheinpreußen, gerade dort, wo Formfreiheit herrschte, sind die Notare am meisten angegangen worden, Verträge über Grundstücksveräußerungen zu konzipieren. Ich bestreite auch, daß der solide Verkehr die Form als Fessel empfindet. Es gibt drei Interessengruppen beim Grundstücksverkehr: die Verkäufer, die Käufer und die Makler. Der Verkäufer trägt nach den meisten Ortsgebräuchen die Kosten überhaupt nicht. Warum soll er also die notarielle Beurkundung scheuen? Der Käufer aber schätzt die sichere Gewähr richtiger Abfassung des Vertrages höher als die geringe Kostenlast, die auch gegenüber den Stempeln und Umsatzsteuern gar nicht ins Gewicht fällt. Nach dieser Richtung hin hat der Herr Berichterstatter hervorgehoben, daß die Kosten für ein Wertobjekt von 10000 Mk. 18 Mk. betragen. Demgegenüber sind 100 Mk. für Stempel an den Staat zu zahlen und außerdem eine Umsatzsteuer von 1 oder 2 pCt. Ich meine, wer 200 Mk. an Steuern opfert, der kann auch noch die 18 Mk. dazu legen, und tut es gern, um sicher zu sein. Es kann also nur in Frage kommen, daß die Grundstücksmakler — was ich gar nicht bestreiten will — den Formzwang als Fessel empfinden. Aber meines Erachtens sind ihre Interessen doch nicht entscheidend, sondern die Interessen der Bodenbesitzer und der Bodenerwerber. Diese könnten auch dadurch geschädigt werden, daß der Makler eine längere Bindung verlangt. Es ist richtig, was der Herr Berichterstatter hervorgehoben hat, daß die Makler, namentlich in den großen Städten, sagen: ich kann mich für euch nicht bemühen, wenn ihr mir nicht das Grundstück an die Hand gebt. Das war früher durch einfache Schlußscheine möglich; jetzt muß die öffentliche Form gewählt werden. Es würde sich vielleicht empfehlen, im Interesse der Erleichterung des Verkehrs die Gebühren für die notarielle oder gerichtliche Form von 15 Zehntel auf 10 Zehntel herabzusetzen. Dadurch würde wohl auch das Maklertum befriedigt sein. Aber wir Notare in den größeren Städten, namentlich in Berlin, können nach sechsjähriger Erfahrung konstatieren, daß sich auch die Grundstücksmakler durchaus daran gewöhnt haben, diese höheren Kosten zu tragen. Auch wenn einmal aus einem Geschäft nichts wird, so ist es doch von Wichtigkeit, wenn sie genau wissen, worum es sich handelt. Wenn sie also dafür eine minimale Gebühr zahlen, so wird man nicht davon sprechen können, daß dem Verkehr Fesseln angelegt seien.

Endlich übersehe man nicht, daß der Gesetzgeber keinen starren Formalismus und keine öde Prinzipienreiterei getrieben hat. Exzellenz Hamm fragte, warum denn Ausnahmen geschaffen worden seien für die Kommunen, warum denn nicht auch für andere. Meines Erachtens hat der Gesetzgeber mit Recht Veranlassung genommen, in diesem Falle eine Ausnahme zu machen. Der wesentliche Grund für die Einführung dieses Formzwangs war, daß man die minder gewandte Bevölkerung schützen wollte und eine größere Gewähr für sachgemäße Beurkundung geben wollte. Dieser Grund trifft aber für den Verkehr der Kommunen nicht zu, d. h. für die Vorschrift, die vorhin so heftig angegriffen wurde, und für den Gebrauch, den die Landesgesetze von dieser Befugnis gemacht haben. Preußen hat davon Gebrauch gemacht, insoweit einer der Vertragschließenden durch eine öffentliche Behörde vertreten ist; da soll der Beamte zuständig sein, welcher von der Behörde bestimmt ist. Ich will gern zugeben, daß es richtiger wäre, wenn man immer einen und denselben Beamten bestellte. Aber die Gefahren, gegen die der § 313 schützen sollte, treffen bei den Verträgen nicht zu, welche Staat, Kommunen und überhaupt öffentliche Körperschaften abschließen.

Die anderen Fälle hat der Herr Berichterstatter selbst hervorgehoben Freileich hat er sie meines Erachtens nicht unter dem Gesichtspunkt gewürdigt, unter dem sie zu würdigen sind, daß es sich nämlich in manchen Fällen — deshalb ist die Vorschrift des Satzes 2 zu empfehlen — erweist, die sofortige Inanspruchnahme eines Notars oder des Gerichts würde zu schwierig oder zu kostspielig sein. Solche Fälle treten z. B. ein bei Parzellierung ländlicher Grundstücke, oder wenn mehrere Erben an einem Veräußerungsvertrage beteiligt sind, wo früher der schriftliche Vertrag zirkulierte, oder wenn eine Reihe neben einander liegender Grundstücke für eine einheitliche Unternehmung erworben werden soll.

Im letzteren Falle erfolgen, sobald die Nachbarn Wind davon erhalten, unsinnige Preissteigerungen. Bei sehr kleinen Objekten ist vielleicht auch die Form der Beurkundung allzu kostspielig. Für solche und ähnliche Fälle ist die Bestimmung des Satzes 2 meines Erachtens wie geschaffen. Man darf hier nicht sagen: der Gesetzgeber verlangt in Satz 1 die Formvorschrift; wie kann er in Satz 2 die Heilung der Formlosigkeit zulassen? Woraus bestehen denn überhaupt unsere Gesetze? Sie bestehen doch aus Regeln und Ausnahmen, die nach dem berühmten Wort immer die Regel bestätigen. Geht denn das Leben schnurgerade? Der Gesetzgeber würde nicht weise handeln, der die erwähnten Fälle einfach nicht beachtete und sagte: weil ich in § 313 Abs. 1 die Regel aufgestellt habe, mache ich unter keinen Umständen eine Ausnahme. Im Gegenteil, die Ausnahmevorschrift des Abs. 2 hat sich bewährt, wenn sie auch nicht konsequent ist. Jedenfalls ist sie unentbehrlich, auch im Interesse der Rechtssicherheit. Der Käufer hätte sonst während der ganzen Verjährungszeit von 30 Jahren trotz der Auflassung den Kondiktionsanspruch auf Rückgabe wegen der Ungültigkeit des obligatorischen Vertrags. Deshalb ist dieser Satz unbedingt aufrecht zu erhalten, und es wäre gefährlich, wenn der Antrag 2, in so blendendem Lichte ihn auch rheinische Beredsamkeit erscheinen ließ, angenommen würde. Rütteln Sie nicht an dem Satze, m. H.! Die Befürchtung einer Außerkurssetzung des Satzes 1 durch Satz 2 wird durch die Erfahrung widerlegt. Das Anwendungsgebiet des Satzes 2 hat sich auf die Fälle beschränkt, für welche die Ausnahme gegeben ist. Deshalb bitte ich Sie, den Satz 2, über den auch seitens der Richter und der Notare, an die ich mich damals gewandt habe, nicht geklagt worden ist, aufrecht zu erhalten.

Einverstanden bin ich mit dem Herrn Berichterstatter bezüglich der seinen Anträgen unter 3 und 4 zugrunde liegenden Gedanken. Ich gebe ohne weiteres zu, daß sein Antrag 4, wonach § 313 den Zusatz erhalten soll

„Formlose Nebenabreden oder Änderungen des Vertrages gelten als nicht vereinbart“

recht viel für sich hat. Nur darin kann ich nicht mit dem Antragsteller übereinstimmen, daß etwa die Judikatur des Reichsgerichts eine Notwendigkeit für die Abhülfe ergeben hätte. Es war eine ungemein schwierige Aufgabe, vor die das Reichsgericht gestellt wurde; sie wurde erleichtert durch das Vorbild, das schon in Preußen der § 10 gegeben hatte. Nach meinem Empfinden sind im großen und ganzen die Entscheidungen des Reichsgerichts getragen einerseits von voller Würdigung des Inhalts der Paragraphen und andererseits von voller Würdigung dafür, daß der Paragraph nicht einfach umgangen werden soll, daß er eine sozial wichtige Vorschrift ist.

Wenn ich Sie nun trotzdem bitte, sowohl den Antrag unter 3 als auch den unter 4 abzulehnen, so geschieht das deshalb, weil ich sage: es ist für diese beiden Bestimmungen nicht so viel Bedürfnis vorhanden, daß man deswegen die Klinke der Gesetzgebung in die Hand nehmen sollte. Wichtig ist es, Stellung dazu zu nehmen, ob die Form der öffentlichen Beurkundung bestehen bleiben soll oder nicht; da muß endlich der Juristentag sein Wort in die Wagschale werfen. Aber die Fragen, die in den Anträgen unter 3 und 4 angeregt sind, haben nicht solche Tragweite. Meines Erachtens wäre es nur irreführend, wenn der Juristentag diese oder ähnliche Vorschläge dem Gesetzgeber unterbreiten wollte. Sie sind nicht so wichtig, daß man sie alleinstehend und selbständig zum Gegenstand der Abstimmung machen sollte. Ich möchte darauf hinweisen, daß das in gewissem Sinne auch unsere Zuständigkeit überschreitet, weil diese Frage uns gar nicht vom ständigen Ausschuß vorgelegt ist. Die Frage, die vorgelegt worden ist, heißt:

> Empfiehlt sich eine Änderung des § 313 BGB., wonach ein Vertrag, durch den sich der eine Teil verpflichtet, das Eigentum an einem Grundstück zu übertragen, der gerichtlichen oder notariellen Beurkundung bedarf?

Hic Rhodus, hic salta! Deshalb bitte ich Sie, Nummer 3 und 4 gleichfalls abzulehnen und meinem Antrage zuzustimmen, der sich jedenfalls durch Kürze auszeichnet:

> Änderungen der Vorschriften des § 313 BGB. empfehlen sich nicht.

Alles in allem: Ein Anlaß zur Änderung des § 313 ist nicht gegeben, weder in Bezug auf die Formfrage, noch in Bezug auf die Heilungsfrage. Einen Unterschied zwischen städtischen und ländlichen Grundstücken zu machen, empfiehlt sich auch nicht, weil die Grenze zu ziehen ungemein schwierig ist, und weil es auch nicht angebracht ist, den städtischen Grundbesitz den Interessen privater Spekulation auszuliefern. Die Notare können Sie als Zeugen dafür gelten lassen — und das ergibt sich auch aus dem Verlaufe der Bewegung —, daß sich in den wenigen Jahren diese Form bei uns bewährt hat. Von der Schriftlichkeit sind die Leute fast überall abgekommen. Man ist zufrieden mit der jetzigen Bestimmung, der Verkehr empfindet sie in keiner Weise als lästige, widerwärtige Schutzform. Nach meiner festen Überzeugung stehen dem § 313 so überwiegende und segensvolle Vorteile zur Seite, daß ich schließe mit der Aufforderung: sit ut est! (Lebhafter anhaltender Beifall.)

Vorsitzender: Bevor ich das Wort weiter erteile, muß ich mitteilen, daß ein Antrag von Herrn Justizrat Dr. Neumann eingegangen ist:

Dem § 313 BGB. ist folgender Zusatz zu geben:

„Die Berücksichtigung des Formmangels bei obligatorischen Grundstücksgeschäften setzt einredeweises Geltendmachen des Formmangels voraus."

Justizrat und Notar **Weißler**-Halle a. S.: Den einen Punkt, wegen dessen ich mich vor allem zum Worte gemeldet habe, hat mir der Herr Berichterstatter bereits vorweggenommen; das ist nämlich die Verwahrung der Notare gegen die Insinuation, die in dem Gelächter enthalten war, mit dem die Mitteilung ihres Beschlusses begleitet wurde. Die Notare haben eine solche Insinuation nicht verdient, zunächst deshalb nicht, weil ein Stand wie das Notariat überhaupt für sich beanspruchen darf, daß er sich nur von Rücksichten auf das Gemeinwohl leiten läßt, vor allem aber auch deshalb nicht, weil das Notariat längst bewiesen hat, daß es in diesem Punkte nicht von persönlichen Interessen ausgeht. Das Notariat hat auf Entstehung des § 313 gar nicht eingewirkt; wir haben nicht einen Finger gerührt, um den § 313 herbeizuführen. Er ist eingeführt worden im Einverständnis sämtlicher Bundesregierungen mit Ausnahme Mecklenburgs, wo Formfreiheit gegolten hat; er ist eingeführt worden auf Antrag bedeutender Fachvertretungen. Das preußische Landesökonomiekollegium hatte sich gegen seinen Gutachter mit überwiegender Mehrheit dafür ausgesprochen, während die Notare nicht einmal gehört worden sind. Aber jetzt rühren sie sich zur Verteidigung der Vorschrift, nachdem sie ihre praktischen Konsequenzen kennen gelernt haben. Was mich selbst betrifft, so weiß der, der meine persönlichen Verhältnisse kennt, ganz genau, daß ich nicht das geringste persönliche Interesse an der notariellen Form habe. (Unruhe).

Vorsitzender (unterbrechend): Ich habe anfangs den Herrn Redner nicht unterbrechen wollen, möchte aber jetzt doch nicht bloß ihm, sondern allen anderen Herren gegenüber die Bitte aussprechen, diese Frage, die wirklich nicht der Rede wert ist, nicht weiter zu erörtern. (Lebhafte Zustimmung). Es wird niemand in der Versammlung sein, der sachlich gefaßte Beschlüsse eines Tages der Notare als pro domo gefaßt ansähe. (Sehr richtig!)

Justizrat **Weißler** (fortfahrend): Wenn ich das als die Meinung der Versammlung ansehen darf, kann ich diesen Punkt verlassen, wollte aber noch bemerken, daß uns diese Behandlung unserer Mitteilung auf das tiefste verletzt hat.

Zur Sache selbst übergehend, so hat die Erörterung zum Teil einen Weg eingeschlagen, auf dem ich ihr nicht folgen kann, und zwar in bezug auf die Behandlung der mündlichen Nebenabreden. Es ist schon gesagt worden, daß diese Frage nicht ganz übereinstimmt mit dem Wortlaut der Frage, die dem Juristentage vorgelegt worden ist. Darauf würde ich weniger Wert legen als darauf, daß sie nicht mit dem Geiste übereinstimmt, in dem die Frage vor den Juristentag gebracht worden ist. Wir sind gefragt worden, ob sich die Aufrechterhaltung der gerichtlichen oder notariellen Form empfehle, und die Gutachten haben sich sämtlich bloß mit dieser Frage beschäftigt; auf die mündlichen Nebenabreden sind sie nicht eingegangen, und ich muß mich außer stande erklären, diese äußerst schwierige Frage heute zu beantworten, und möchte auch die Versammlung bitten, die Beantwortung dieser Frage für heute vollkommen abzulehnen. Im preußischen Recht sollte die formlose Nebenabrede ungültig sein. Es ist aber sehr die Frage, wie die gesetzgeberische Formulierung dieses Gedankens zu bewirken ist, und ob der Gesetzgeber überhaupt die Macht hat, eine solche Bestimmung formelles Recht werden zu lassen. Die mündlichen Nebenabreden sollen ungültig sein. Wie ist es denn aber mit den formlosen Hauptabreden? Wenn z. B. der Kaufpreis anders niedergeschrieben wurde, als er vereinbart war, wenn eine wesentliche Bedingung des Vertrages anders vereinbart war, als sie schriftlich abgefaßt wurde, soll da der Einwand des Scheins, des Irrtums, des Betruges gar nicht mehr gelten? Auf diesem Wege kann ich dem Herrn Berichterstatter nicht folgen, und ich muß bitten, von dieser Frage ganz abzusehen. Die Hauptfrage ist, ob die gerichtliche oder notarielle Beurkundung aufrechtzuerhalten oder abzuschaffen ist.

Unter den Gründen des Herrn Berichterstatters hat nun eine Hauptrolle gespielt die Inkonsequenz, an der der § 313 leiden soll. Die Frage, ob und inwieweit eine Inkonsequenz vorliegt, kann dahingestellt bleiben; denn es handelt sich ja auch nicht um die Beseitigung der Inkonsequenzen — auch darüber sind wir nicht genügend vorbereitet —, sondern wir müssen bei der Hauptfrage bleiben. Wenn die gerichtliche oder notarielle Form abgeschafft würde, so bleibt eine ungeheure Inkonsequenz erst recht bestehen, die Inkonsequenz, welche darin besteht, daß für die Auflassung, das ist die formelle, formularmäßige Erklärung, die in der Tat einer so strengen Form nicht bedürfte, die allerschwerste Form bestehen bleibt, während für den obligatorischen Vertrag eine viel einfachere Form zugelassen ist. Daß der Gesetzgeber selbst eine einfachere Vertrags-Form schon jetzt zugelassen hat und sogar mündliche Abreden gültig werden läßt durch die Auflassung, das hängt damit zusammen, daß für die

Grundstücksveräußerung unter allen Umständen von jeher und immerdar eine schwere Form gewählt werden muß, die Sie auch heute nicht abschaffen wollen, nämlich die Auflassung. Die Auflassung soll ja bleiben, und die erfordert ein Gehen vor Gericht. Nun fragt es sich: wenn man einmal vor Gericht gehen muß, soll man da vor Gericht oder zum Notar gehen der formularmäßigen Erklärung wegen, die man ebenso gut schriftlich überreichen könnte, oder soll man das nicht vielmehr des obligatorischen Vertrages wegen tun, welcher wirklich Rechtsbelehrung und Sachkenntnis verlangt?

Ein zweiter Fehler, den man immer begeht, ist der, daß man der schriftlichen Form einen der öffentlichen gleichen oder annähernd gleichen Wert zuteil werden läßt. Die praktische Erfahrung zeigt etwas anderes. Ich behaupte, es gibt nichts gefährlicheres für den Unkundigen als die Privaturkunde. Mir wäre die Gültigkeit des mündlichen Vertrags immer noch lieber als die Forderung der Schriftlichkeit. Es wird dabei übersehen, daß der schriftliche Vertrag fast niemals von den Parteien selbst aufgesetzt wird; es ist immer ein Agent, ein Winkelkonsulent oder dergl. dazwischen. Dieser Mittelsmann ist aber gewöhnlich für eine der beiden Parteien interessiert und ist gewöhnlich auch keineswegs so kundig, wie er es sein müßte. Erinnern Sie sich doch an die Zeit vor 1900, was für Wische Ihnen damals vorgelegt worden sind als Grundstücksveräußerungsverträge — die Grundakten sind ja heute noch damit angefüllt —, die schon in ihrer äußeren Erscheinung die Liederlichkeit verrieten, mit der sie abgefaßt waren. Soll das wirklich wieder eingeführt werden? Bei verständigen Leuten versteht es sich meiner Meinung nach ganz von selbst, daß sie zum Notar gehen, und denen will das Gesetz entgegenkommen. Die Privaturkunde ist das allergefährlichste, was es gibt; sie birgt nicht nur die Gefahr in sich, daß sie von unkundigen Leuten entworfen wird, sondern auch die andere, daß sie, auch wenn sie von ehrlichen Leuten entworfen wird, formularmäßig abgefaßt wird. Ich will an einen Fall aus jüngster Zeit erinnern. Ein Gericht hat einen Vertrag, in welchem die Gewährleistung ausgeschlossen war, völlig gegen den Wortlaut dahin ausgelegt: damit ist nicht die Gewährleistung vollständig ausgeschlossen, das kann ich nicht glauben, das wäre eine zu weitgehende Bestimmung, sondern es ist bloß ausgeschlossen ein Hinausgehen über die gesetzliche Gewährleistungspflicht. Somit wäre also eigentlich nichts damit gesagt. Diese Entscheidung ist gewiß recht anfechtbar, aber sie zeigt, was durch die Privaturkunde alles gesündigt wird. Gerade diese Klausel von der Ausschließung der Gewährleistung kommt in Privaturkunden ganz regelmäßig vor, und ich habe erlebt, daß mir dreimal hintereinander Privatverträge vorgelegt wurden, in die diese Klausel aufgenommen war. Ich habe alle drei Male die Parteien gefragt, ob es wirklich ihr Wille sei, daß jede Gewährleistung ausgeschlossen sein solle, ich habe sie beraten, und da stellte sich alle drei Mal heraus, daß weder der Verkäufer noch der Käufer jemals die Absicht gehabt hatten, eine solche Klausel zu vereinbaren; aber unterschrieben hatten sie sie. Der Privatvertrag ist deshalb viel gefährlicher als die mündliche Abrede, weil bei der letzteren die Partei nur an das gebunden ist, was sie nachweisbar gesagt hat, während in der schriftlichen Abrede massenhaft Klauseln enthalten sind, über deren Tragweite die Vertragschließenden selber im unklaren gewesen sind.

Das wichtigste ist aber, daß die Formvorschrift einer weitverbreiteten, geschichtlich im Volke wurzelnden Sitte entgegenkommt. Die Notare sind auch in der Zeit, als der Privatvertrag genügte — das hat Ihnen die Statistik des Herrn Kollegen Stranz gezeigt — in sehr bedeutendem Umfange, wohl in der Mehrzahl der Fälle zur Vertragschließung angegangen worden, und die Bevölkerung hat sich heute noch viel mehr daran gewöhnt. Diese Form ist populär — nicht populär im gewöhnlichen Sinne, das wird eine Einrichtung nie sein, die Kosten und Umstände macht, — aber in dem Sinne, daß ihre Notwendigkeit anerkannt ist. Es hätte sonst auch nie geschehen können, daß sämtliche Regierungen, die Bauernvereine und das preußische Landes-Ökonomiekollegium sich dafür aussprachen. Auch daß die ursprünglich ziemlich lebhafte Bewegung gegen den § 313 fast im Sande verlaufen ist, beweist, daß die Formvorschrift einer weitverbreiteten, volkstümlichen, von jedem Verständigen auch ohne Zwang geübten Sitte entgegengekommen ist.

Es wird ein Antrag angenommen, die Redezeit auf fünf Minuten zu beschränken.

Rechtsanwalt Dr. **Hachenburg**-Mannheim: M. H., ich stimme mit den Ausführungen des Herrn Referenten Exzellenz Hamm vollständig überein; aber ich werde doch gegen seine Anträge stimmen müssen, dies aus einem Grunde, der bis jetzt noch nicht angeführt worden ist. Ich bin der Meinung, man sollte heute überhaupt noch nicht an eine Änderung einzelner Bestimmungen des Bürgerlichen Gesetzbuchs denken. Das Bürgerliche Gesetzbuch, auf das wir stolz sein dürfen, ist bestimmt, Jahrhunderte zu dauern. Der code civil der Franzosen, der dem Berichterstatter wohl so bekannt ist, wie keinem anderen Manne hier im Saale, hat sein hundertjähriges Jubiläum gefeiert, und wie lange hat es gedauert, bis man an irgend einem Punkte mit einer Änderung eingesetzt hat! Derartige Gesetze sollen erst dann geändert werden, wenn die Zeit über sie hinausgegangen ist. Es ist nicht schwer, in einem solchen Gesetzbuch auf Schritt und Tritt Bestimmungen herauszufinden, die dem einen oder anderen Kreise der Bewohner nicht passen. Es ist eben ein neues Gesetzbuch. Das hat überall Ecken. Wer sich an einer solchen Ecke stößt, der schreit unwillkürlich. Aber der Schmerz verliert sich bald. Der Betreffende wird vorsichtiger. Meiner Ansicht nach ist der Juristentag berufen, wie ein rocher de bronze sich den Bestrebungen auf Änderung einzelner Bestimmungen entgegenzustellen. Er ist der ruhende Pol in der Erscheinungen Flucht, weil er objektiv sein kann. Er darf den Anstürmenden zurufen: „wartet doch ruhig ab! nach sechsjähriger Gültigkeitsdauer können wir nicht schon wieder ändern." Wenn wir das nicht tun, dann wird einer fortwährenden Flickarbeit am Gesetz Tür und Tor geöffnet. Sachlich unterschreibe ich das, was Exzellenz Hamm ausgeführt hat. Auch ich habe seinerzeit gegen den § 313 gekämpft. Aber ich füge mich heute, nachdem er Gesetz so geworden ist. Ich möchte den Juristentag bitten, auch in künftigen Beratungen diesen Standpunkt festzuhalten. Das Gesetzbuch ist einmal als Ganzes da, und wir können und wollen daran nicht ständig wieder ändern. Würde der Juristentag diesen Standpunkt nicht einnehmen und den Änderungsvorschlägen Folge leisten, dann haben wir zu gewärtigen, daß jedes Jahr, jeden Monat solche Bestrebungen kommen Es ist für jeden von uns möglich, aus eigener Praxis Fälle anzuführen, wo das Gesetz nicht das gehalten hat, was von ihm erwartet wurde, und wo man unangenehme Erfahrungen mit dem Gesetz gemacht hat. Ich erinnere da an das eheliche Güterrecht oder an die Ehescheidung. Wie viele vermissen in dem Gesetz die freiwillige Ehescheidung! Wie sieht es mit der Haftung des Erben für die Schulden des Erblassers aus? Meist hören wir dieselben Argumente, die vor 1900 schon geltend gemacht wurden. Es ist — der Herr Referent wird mir das nicht verübeln — auch in der vorliegenden Frage kaum etwas neues gesagt worden, kaum etwas, was nicht vor Inkrafttreten des Gesetzes auch schon vorgebracht war.

Aus diesem prinzipiellen Grunde habe ich gebeten, mir das Wort zu diesem Punkte zu erteilen. Ich möchte Sie bitten, die Frage, ob wir an dem Gesetz schon heute wieder ändern sollen, nachdem es erst sechs Jahre in Geltung ist, zu verneinen. (Bravo!)

Rechtsanwalt Dr. **Böckel**-Jena: M. H., auch ich meine, daß man im Prinzip sehr vorsichtig sein soll mit Änderungen des Bürgerlichen Gesetzbuchs; allein gegenüber der grundsätzlichen Haltung des Herrn Dr. Hachenburg möchte ich doch darauf hinweisen, daß der Juristentag von jeher eine bewegende Kraft der Fortentwicklung dargestellt hat. Er hat unendlich oft den Anstoß gegeben, und er darf es auch hier tun.

Ich persönlich trete ganz und gar Exzellenz Hamm bei. Ich will mich hier aber auf wenige Bemerkungen von unseren Thüringer Verhältnissen aus beschränken.

Zuvor eine allgemeine Betrachtung! Die Gegner sagen, der Zweck des § 313 sei der Schutz des Publikums. Besehen wir uns den doch einmal ganz nüchtern! Der Notar, zu dem die Parteien kommen, um den Vertrag zu schließen, wird — das ist vorhin schon angedeutet worden — sehr häufig, ja wohl regelmäßig der Anwalt der einen Partei sein. (Teilweiser Widerspruch.) Das liegt in der Natur der Verhältnisse, und es steht mir fern, den Notaren damit irgendwie zu nahe treten zu wollen.

Aber auch der Abschluß vor Gericht wird niemals den Schutz des Publikums so, wie wir ihn im Interesse der Allgemeinheit wie des Einzelnen wünschen, mit sich führen. Wie geht es zu? Es wird nicht der Richter sich die Parteien vornehmen und mit ihnen die Sache durchsprechen, sondern zunächst wird der Vertrag vor dem Gerichtschreiber festgelegt (Widerspruch), dann werden die Parteien vom Gerichtschreiber zum Richter geführt und da wird vorgelesen und gefragt werden: Ist das so? Das ist im allgemeinen wohl gerichtliche Beurkundung in der Praxis! (Lebhafter Widerspruch eines Teiles der Versammlung. Lachende Zustimmung eines anderen Teiles.)

Weiter ist heute gesagt worden, die schriftliche Abschließung der Verträge werde das Formularmäßige nach sich ziehen. Ich bin Skeptiker und sage: es wird wohl auch beim Abschluß der Vertäge vor dem Notar im großen und ganzen formularmäßig verfahren werden. Der Notar ist ja beim besten Willen unendlich häufig garnicht in der Lage, sich ganz in den Einzelfall, in die Verhältnisse der da vor ihm erscheinenden, ihm bisher fremden kleinen Leute hineinzuversetzen. Da kann es unter Umständen sogar besser sein, wenn irgend ein Winkeladvokat vom Lande den Vertrag macht. (Lebhafter Widerspruch.) Ich bitte, mich nicht mißzuverstehen, meine Herren. Es liegt mir natürlich völlig fern, etwa den Winkeladvokaten das Wort reden zu wollen; aber eine wirkliche Sicherung, den Schutz, der uns allen als Ideal vorschwebt, werden wir praktisch nie erreichen können.

Nun möchte ich von unseren Thüringer Verhältnissen aus dafür eintreten, daß man sich mit der Schriftform begnüge. Herr Justizrat Stranz hat gesagt: über allen Wipfeln ist Ruh! Herr Justizrat Weißler hat gesagt: die Formvorschrift sei jetzt populär. Bei uns ist sie nicht populär. Woran das liegt, das läßt sich wohl schwer feststellen.

(Zuruf: Bei Ihnen gibt es keine Notare!) — Darauf komme ich noch. — Vielleicht liegt es mit daran, daß wir im Gebiete des gemeinen Rechts sind. Auf jeden Fall haben sich die Leute noch nicht daran gewöhnt, daß sie zum Gericht oder zum Notar gehen müssen, und wir erleben immer wieder Zerwürfnisse, immer wieder das frivole Schauspiel, daß die eine oder andere Partei zurücktritt. Ich habe erst in den letzten Wochen in Jena den Fall erlebt, daß ein Bauunternehmer, der doch wahrhaftig diese Bestimmungen kennen müßte, hereingefallen ist. Er hatte einen schriftlichen Kaufvertrag — sehr eingehend nach Formularentwurf — vom Gegner unterschrieben in den Händen; der Gegner hatte bereits eine Anzahlung von mehreren tausend Mark geleistet; als nun aber mein Mandant den anderen auffordert, mit ihm zur Übereignung aufs Gericht zu gehen, da kommt der andere plötzlich mit der Antwort: Ach was, das fällt mir garnicht ein; binnen drei Tagen verlange ich meine Anzahlung zurück, andernfalls ich Klage erheben werde!

Ich komme nun auf den Zuruf, der mir vorhin gemacht wurde. Wir haben allerdings in mehreren thüringischen Staaten, in Weimar und in Schwarzburg-Rudolstadt, keine Notare. Die Parteien sind deshalb genötigt, die gerichtliche Beurkundung in Anspruch zu nehmen. Um so mehr ist bei uns die Änderung der Formvorschrift des § 313 BGB. ein dringendes Bedürfnis. Man muß sich auch hier wieder ganz nüchtern vergegenwärtigen, wie es vor Gericht so zugeht. Die Parteien können und wollen einen Kaufvertrag anbringen; aber da heißt es: Heute geht das nicht, heute sind Termine angesetzt; kommen Sie Mittwoch oder Sonnabend wieder, das sind Anbringetage! Da nutzen auch alle Dienstvorschriften nichts, daß eilige Sachen auch an Terminstagen erledigt werden müssen. Nun haben wir ja speziell im Großherzogtum Sachsen-Weimar eine kleine Erleichterung, indem dort das Ausführungsgesetz von der reichsgesetzlichen Ermächtigung des Artikels 142 Gebrauch gemacht und auch die Gemeindevorstände für zuständig zur Beurkundung erklärt hat. Aber auch diese Bestimmung nützt uns wenig. Bei uns in Thüringen besitzt in vielen Fällen ein Bauer in mehreren Gemeinden Grundbesitz. Jetzt schließt er mit einem Käufer einen Vertrag ab, wonach er die Grundstücke, die genau aufgezählt werden, veräußern will. Der Vertrag wird vor dem Gemeindevorstand seines Wohnsitzes abgeschlossen, hinterdrein aber kommt der Krach; da heißt es: Ja, soweit die Grundstücke in diesem Gemeindebezirk liegen, ist der Vertrag bindend, im Übrigen nicht.

So ist es für uns in Thüringen nicht bloß ein Wunsch, sondern ein Bedürfnis, daß eine Formerleichterung eintreten möge.

Justizrat **Elze**-Halle a. S.: Meine hochverehrten Herren! Eigentlich wollte ich auf das Wort verzichten. Nachdem aber ein so junger Kollege von seiner außerordentlichen praktischen Erfahrung gesprochen hat, meine ich, können Sie auch einmal von einem alten Notar mit weißem Kopfe hören, was er für praktische Erfahrungen gemacht hat. Die Thüringer Verhältnisse könnten doch höchstens dazu führen, daß man sagt: schafft Notare dort!

Die Frage, die Exzellenz Hamm angeschnitten hat, gipfelte darin, daß der Verkehr die Vereinfachung der Form erfordere. Nun, m. H., ich wohne auch in einer ziemlich verkehrsreichen Gegend des deutschen Vaterlandes; aber ich muß sagen, daß der Verkehr dort es nicht erfordert, daß an dem bewährten Grundsatz des § 313 jetzt gerüttelt wird. Die Verkehrssitte ist jetzt in Stadt und Land dahin gekommen, bei Grundstücksveräußerung und Grundstückserwerb die notarielle oder gerichtliche Form als das einzig Richtige anzusehen.

Weiter möchte ich als alter Notar doch hervorheben, daß in unserem deutschen Vaterlande der Notar glücklicherweise als unparteiischer Mann dasteht, der nicht einer Partei dient, sondern allen beiden, und der das Beste für beide sucht.

Es ist gesagt worden, der Notar habe gar keinen so großen Einfluß auf die Abfassung des ganzen Vertragsgeschäftes. Ich meine, der Notar, der seine Pflicht und Schuldigkeit tut, wird gewiß in vielen Fällen den größten Einfluß auf die Abfassung haben, und die Notare, die länger Notare sind, werden es gewiß als einen der schönsten Vorzüge ihres Standes erfahren haben, daß sie die Männer sind, die auf das Denken, Tun und Handeln der nicht geschäftsgewandten Leute Einfluß haben und sie auf den richtigen Weg bringen. (Sehr richtig!) Die Kosten spielen hierbei gar keine Rolle. Die Kosten werden erst erheblich, wenn es zum Streit, zum Prozeß kommt. Da komme ich auf den wunden Punkt. Ich glaube nicht, daß das Gesetz, die gesetzliche Bestimmung, die wir haben, das böse Blut und die große Aufregung im deutschen Volke verursacht hat, sondern vielmehr die Handhabung dieser gesetzlichen Bestimmung, die allzu feine und theoretische Rechtsprechung. Wenn die obersten Gerichtshöfe nicht allzu viel tüfteln, sondern die Gesetzesparagraphen mehr analog anwenden und den praktischen Verhältnissen mehr anpassen wollten, dann würde es viel besser stehen.

M. H., jedenfalls liegt die Sache so, daß weder der Verkehr noch der Kostenpunkt noch Treu und Glauben eine Änderung des Grundsatzes, der im Bürgerlichen Gesetzbuch ausgesprochen worden ist, erfordern. Wenn das aber so ist, dann brauchen wir uns auch hier nicht für eine

Änderung auszusprechen, und ich bitte deshalb, daß Sie den § 313 aufrechterhalten.

Nun gebe ich zu, daß die anderen Vorschläge, die Exzellenz Hamm gemacht hat, sehr beherzigenswert und meiner Zustimmung sicher sind; aber ich meine, wegen dieser immerhin nebensächlichen Dinge können wir nicht die Klinke der Gesetzgebung in Bewegung setzen. Darum warten wir noch ab und behalten wir das, was wir haben; denn wenn die Klinke der Gesetzgebung in Wirksamkeit tritt, können wir nie wissen, ob wir etwas besseres bekommen. (Bravo!)

Justizrat **Wunder**-Bischheim: Gestatten Sie mir, der ich aus Elsaß-Lothringen komme, wo das Notariat schon über hundert Jahre besteht, ganz kurz meine Erfahrungen darzulegen. Sie gehen dahin, daß in diesem Lande niemand ist, der den früheren Zustand zurücksehnt, wonach eine vollständige Formfreiheit für die Abfassung von Verträgen bestand, auch wenn sie die Übertragung von Liegenschaften betrafen. Bevor wir die jetzige Bestimmung des § 313 BGB. bekamen, hatten sich die Verhältnisse so entwickelt, daß sich gewerbsmäßige Unterhändler in die Berufstätigkeit der Notare durch Aufnahme der sogenannten actes sous signature privée eingedrängt hatten. Dieser Zustand wurde selbst dem breiten Publikum unerträglich. Warum? Weil die schriftlichen Verträge, welche zum Vorschein kamen, fast immer eine Quelle von Streitigkeiten zwischen den Parteien wurden. Das Publikum hat sich daher schnell und leicht an den Zwang der öffentlichen Beurkundung gewöhnt, und in Elsaß-Lothringen lehnt sich niemand mehr gegen den jetzigen Zustand auf. Wenn Sie die Tagespresse und die Fachzeitungen unseres Landes verfolgt haben, werden Sie die Richtigkeit dieser Aufstellung zugeben. Durch die neue Gesetzgebung ist ein anständiger Verkehr hinsichtlich der Beurkundung von Liegenschaften herbeigeführt worden. Der Notar hat jetzt nicht mehr die Konkurrenz derjenigen Personen zu befürchten, welche sich früher neben ihm mit solcher Beurkundung befaßt haben; sie sind seine Hilfsarbeiter geworden; sie bringen die Geschäfte tatsächlich zustande, wogegen nichts einzuwenden ist, und kommen dann mit den Parteien zu uns. Man hat sich daher jetzt ganz allgemein an die Formvorschrift des § 313 BGB. gewöhnt, und eine Belästigung des Verkehrs durch dieselbe wird nirgends mehr empfunden.

Es hat mich schmerzlich berührt, hören zu müssen, daß die Notare gewissermaßen als Beamte hingestellt werden, welche leicht geneigt seien, sich einseitig der Interessen von Parteien anzunehmen, welche ihnen bekannt oder Geschäftsfreunde von ihnen sind. Dies darf niemand, insbesondere in den Bezirken, wo das Notariat nicht mit der Rechtsanwaltschaft verbunden ist, behaupten. Ich lege großes Gewicht darauf, daß der Notar nicht als einer Partei dienstbar betrachtet wird. Die Pflicht der Unparteilichkeit des Notars ist unumstößlich. Ein Notar, der dagegen verstoßen würde, würde sich in kürzester Zeit bei seinen Kollegen unmöglich machen und vom Publikum gemieden werden. Für den Notar gilt dasselbe nobile officium, das jedem deutschen Beamten im allgemeinen innewohnt und anerzogen ist. Den Vorwurf, daß der Notar die Beteiligten nicht immer und nicht ohne Unterschied auf die Gefahren bei Abfassung eines Vertrages aufmerksam mache, der Zweck des § 313 BGB. also seinerseits nicht erreicht werde, möchte ich daher mit aller Entschiedenheit zurückweisen.

Die schriftliche, nicht notarielle oder gerichtliche Abfassung von Liegenschaftsverträgen, die hier beantragt worden ist, wird wegen der mangelnden Fähigkeit der Leute, von denen sie gewöhnlich ausgeht, keine Gewähr für richtiges und rechtswirksames Zustandekommen solcher Verträge bieten. Die nur schriftliche Abfassung würde wieder diejenigen Übelstände herbeiführen, die jetzt überwunden sind: wir würden von neuem die Mitwirkung der Unterhändlerschaft bei Aufnahme von Liegenschaftsverträgen und wieder einen weniger anständigen Verkehr bei Beurkundung von solchen Verträgen haben. Wenn Sie glauben, daß das Notariat notwendig ist und daß es, seinen haupsächlichsten Verpflichtungen nachkommend, dem Schutz des Publikums dient, dann weisen Sie die schriftliche Form ohne öffentliche Beurkundung zurück und befürworten Sie die Aufrechterhaltung der wohltätigen Bestimmung des § 313 BGB. in ihrem vollen Umfang.

Justizrat **Meyer**-Tilsit: Ich bin wohl einer der am weitesten nach Osten wohnenden Notare. Ich stelle mich vollständig auf den Stand punkt des Herrn Kollegen Stranz-Berlin. Was die Ausführungen des Herrn Kollegen aus Jena betrifft, so ist es richtig, daß es nicht nur bei den Gerichten, sondern auch bei den Notaren vielfach vorkommt, daß Bureauvorsteher Entwürfe für Grundstückskaufverträge fertigen. Das können wir aber nicht ändern, solange in den alten preußischen Provinzen die Rechtsanwaltschaft mit dem Notariat verbunden ist. Die Notare sind während des ganzen Vormittags in den größeren Städten auf den Gerichten, und das Publikum will nicht bis 2 oder 3 Uhr warten. Also muß der Bureauvorsteher das vorbereiten, und die Garantie liegt beim Notariat darin, daß der Vorsteher ein von dem Notar erzogener Mann ist, für dessen Handeln er in jeder Beziehung die Verantwortung trägt, und daß der Notar später noch von neuem verhandelt und die endgültige Verantwortung übernimmt. Solange man die Rechtsanwaltschaft nicht vom Notariat trennt, wie im Rheinischen — ich bin überzeugt, es kommt auch bei uns in Altpreußen einmal dazu —, solange muß es so bleiben.

Was ferner die Kosten anlangt, so sind die wirklich eine Kleinigkeit. Es ist mir in meiner Rechtsanwaltschaft sehr oft vorgekommen, daß Leute mich um Ermäßigung der Gebühren gebeten haben, aber niemals ist mir das bei Grundstücksverträgen passiert. Die Leute wundern sich vielmehr, daß zu den hohen übrigen Gebühren so niedrige Notargebühren kommen.

Meine Herren, höher als der Grundsatz der Verkehrsfreiheit steht mir bei Grundstücksverkäufen der Grundsatz der Verkehrssicherheit und der der sozialen Fürsorge für den schwächeren Teil. Ich bin in Tilsit jetzt nahezu 20 Jahre Rechtsanwalt und 18 Jahre Notar. Zum Landgerichtsbezirk Tilsit gehören die Kreise Tilsit, Niederung und Ragnit, zu dem benachbarten Landgerichtsbezirk Memel die Kreise Memel und Heydekrug. In diesen Kreisen, wo Deutsche und Littauer gemischt wohnen, da war bis zum 1. Januar 1900 der Einwand an der Tagesordnung entweder: ich kann nicht schreiben, oder: ich verstehe nicht deutsch, oder: es ist anders verabredet worden, als es niedergeschrieben worden ist. Das kam bei schriftlichen Verträgen alle Tage vor, und solche Prozesse waren häufig. Ich kann bezeugen, daß diese Prozesse verschwunden sind, jedenfalls sehr abgenommen haben. Wenn man nicht nur meine Berufsgenossen, sondern auch die Richter in Ostpreußen fragen wollte, dann würden sie einstimmig oder mit übergroßer Mehrheit sagen: wenn wir jetzt zur schriftlichen Form der Grundstücksverträge zurückkehrten, so wäre das ein ungeheurer Rückschritt.

Endlich, meine Herren, der Gesichtspunkt der sozialen Fürsorge für den schwächeren Teil! Ja, meint man denn, daß bei der Schriftlichkeit das Übergewicht des einen Teils über den anderen nicht auch vorhanden wäre? Gerade der schwächere Teil wird am liebsten zum Notar kommen; denn er fühlt sich dann nicht so gebunden dem anderen Teile übergeben, und er hat Vertrauen zum Notar. Ein deutscher Notar, der seine Berufstätigkeit in den Dienst des mächtigeren Teiles stellt, kommt Gott sei Dank wohl nicht vor; auch wenn er dem einen Teile befreundet ist, so wird er doch nicht zu dessen Gunsten handeln, vielmehr sogar jeden Schein vermeiden, als ob er die Partei des befreundeten Teiles nimmt.

Ein Antrag auf Schluß der Debatte wird mit großer Mehrheit angenommen; die noch zum Wort gemeldeten Redner sollen noch gehört werden.

Rechtsanwalt am Kammergericht Dr. **Hugo Neumann**-Berlin: M. H., zunächst eine Bemerkung gegenüber dem von mir hochverehrten Herrn Dr. Hachenburg aus Mannheim. Er hat zur Begründung seines

Standpunkts angeführt, er sei prinzipiell einstweilen gegen jede Abänderung des Bürgerlichen Gesetzbuchs. Die Frage ist aber nicht so zu stellen, ob wir hier eine Abänderung des Bürgerlichen Gesetzbuchs haben wollen, sondern wir verhandeln darüber, ob wir als Vertreter des deutschen Juristenstandes der Meinung sind, daß ein gesetzgeberischer Gedanke verwirklicht werden soll. Nur in diesem Sinne bitte ich meinen Antrag zu verstehen. Auch ich stehe nicht auf dem Standpunkte, daß wegen dieses Punktes oder überhaupt jetzt eine Änderung des Bürgerlichen Gesetzbuchs herbeigeführt werden solle. Das enthebt uns aber nicht der Pflicht, darüber zu beraten, wie die deutsche Rechtsordnung am besten zu gestalten sei. Wenn es nach Dr. Hachenburg ginge, dürften wir 40 oder 50 Jahre lang, wie er nun die Schonzeit des Bürgerlichen Gesetzbuchs bemißt, über Fragen des Bürgerlichen Gesetzbuchs überhaupt nicht diskutieren. Ich lehne also diesen grundsätzlichen Standpunkt ab.

Zur Sache! Ein Grundsatz beherrscht unser bürgerliches Recht: ein Mann, ein Wort! Es gibt gewisse Ausnahmen, und es muß für jede Ausnahme eine sie rechtfertigende Voraussetzung vorliegen. Bei Beratung des Gesetzbuchs mußte das Vorliegen solcher Voraussetzungen von denen bewiesen werden, die die Ausnahme erstrebten. Weil das Bürgerliche Gesetzbuch nunmehr vorhanden und in Kraft ist, hat man die Beweislast umgedreht. Man fragt: sind Gründe vorhanden für die Abänderung des Bürgerlichen Gesetzbuchs? Die Frage müßte aber so gestellt werden: würde es gesetzgeberisch richtig sein — ohne Rücksicht auf die Existenz des Bürgerlichen Gesetzbuchs — von der in § 313 enthaltenen Vorschrift abzusehen? Ich halte die Gründe, die zur Verteidigung der Formvorschrift angeführt worden sind — Bewahrung vor Übereilung und gewisse soziale Rücksichten — für verfehlt. Die von Herrn Stranz angeführten öffentlich-rechtlichen Gesichtspunkte sind abwegig: Berlin mit seinen Vororten ist entstanden unter der Herrschaft des preußischen Landrechts und nicht des geltenden Rechts. Die Frage ist: fahren die Parteien besser, wenn der Vertrag formlos ist, oder wenn er in schriftlicher Form oder gerichtlich oder notariell geschlossen wird? Ich glaube, die Frage läßt sich nicht so kurzer Hand beantworten. Uns fehlt für die Beantwortung dieser Frage, die unter allgemeinen Gesichtspunkten beurteilt werden muß, das tatsächliche Material. Wenn wir auch alle einen gewissen Eindruck von den Dingen haben, so fehlt uns doch eine Statistik. Ich würde der Regierung anheimgeben, wenn sie die Einwirkung der Gesetzesvorschrift auf das Leben prüfen will, eine Statistik etwa folgenden Inhalts in Szene zu setzen: Es wird durch Vermittlung der Grundbuchämter festgestellt, wieviel Verträge über Grundstücke innerhalb einer bestimmten Zeit abgeschlossen worden sind, wieviele davon mit notarieller Mitwirkung, wieviele als schriftliche Privatverträge und wieviele in mündlicher Form? Weiter müßte durch die Prozeßgerichte die Zahl der Streitigkeiten und Prozesse festgestellt werden, die aus solchen Verträgen entstanden sind. Dann werden wir hören, in welchem Verhältnis die verschiedenen Gruppen von Verträgen zu den entstandenen Streitigkeiten beitragen. Ich glaube, wir würden ein überraschendes Resultat haben, nämlich, daß die besten Verträge die mündlich geschlossenen und die privatschriftlichen Verträge sind, und daß die Formvorschrift im wesentlichen nicht von solchen Leuten vorgeschützt wird, die übereilt gehandelt oder in der Kneipe unter Einwirkung des Alkohols Verträge gemacht haben, sondern von denen, die deshalb nicht mehr gebunden sein wollen, weil sie nicht zu ihrem Worte stehen wollen. Sehen Sie sich doch die Fälle an, die in der Judikatur bekannt geworden sind! Man ist immer überrascht, daß ein solcher Fall von dem höchsten Gericht in dieser Weise unter Anwendung des Gesetzes beurteilt werden mußte. Man hat immer das Gefühl: diesen Verkäufer wollte doch das Gesetz offenbar nicht schützen! Auch Aktiengesellschaften, die durch vollkommen geschäftswandte Personen vertreten waren, berufen sich auf diese Vorschrift. Ja, es geht noch weiter — und damit komme ich zu dem Antrage, den ich gestellt habe —: selbst wenn beide Parteien darin einig sind, daß sie den Vertrag wollen, wenn sie sich also nicht als übereilt Handelnde fühlen, sagt das Gericht, das Gesetz verlangt, daß dieser Vertrag nichtig ist. Wir haben Fälle gehabt, wo sich die Parteien gar nicht darüber stritten, ob aufgelassen werden sollte, sondern nur darüber, wie der als gültig vorausgesetzte Vertrag auszulegen sei. Da hat das Reichsgericht die Klage abweisen und sagen müssen: der Vertrag ist nichtig. Das ist ein Ergebnis, welches mit dem gesunden Menschenverstand und den Anforderungen des Verkehrs nicht übereinstimmt. Wenn die Parteien selbst vor Gericht erklären, wir wollen durch den Vertrag gebunden sein, so heißt es dennoch, das Gesetz bestimmt die Nichtigkeit, und deswegen wird die Klage abgewiesen. Ich habe deshalb den Antrag gestellt, daß die Berücksichtigung des Formmangels im Prozeß seine einwandsweise Geltendmachung voraussetzt. Bei einer solchen Vorschrift würde mancher, der nur böswillig ist, sich von der Erhebung dieser Einwendung abhalten lassen. Das bedeutet allerdings wiederum eine Ausnahme von dem Grundsatz, daß die Nichtberücksichtigung der Formvorvorschrift Nichtigkeit bewirkt. Aber wir sind ja an Ausnahmen gewöhnt und können es den Systematikern überlassen, zu überlegen, wie sie das nun in ihre Rubriken einordnen. (Heiterkeit!)

Ich würde mit dem Antrag 1 einverstanden sein. Hingegen würde ich bitten, unter allen Umständen die Anträge abzulehnen, die die Vorschriften über die nachträgliche Heilung beseitigen wollen und die die formlosen Nebenabreden betreffen. Wir müssen doch dahin kommen, daß wir dasjenige, was wirklich gewollt ist, gelten lassen. Wenn Streitigkeiten entstehen, so mögen die Gerichte schlechten Zeugen gegenüber bei der Beweiswürdigung vorsichtiger und strenger sein. Wenn einmal ein Vertrag schriftlich oder notariell vorhanden ist und daneben etwas als mündliche Nebenabrede behauptet wird, so muß ein stringenter Beweis gefordert werden; es ist Sache desjenigen, der Rechte aus solchen mündlichen Nebenabreden herleitet, diesen Beweis zu erbringen. —

Also bei einer „dereinstigen" Veränderung des Bürgerlichen Gesetzbuchs — das ist der Sinn meines Antrags — möge das, was ich wünsche, berücksichtigt werden. In diesem Sinne bitte ich Sie, meinem Antrage stattzugeben und ebenfalls der Nummer 1 des Hammschen Antrages beizutreten, dagegen die Nummer 2 und 4 des Hammschen Antrages abzulehnen.

Die Nummer 3 betrifft eigentlich nur die Auslegungsfrage. Ich halte die Formulierung durch die Auslegung, die der Paragraph durch das Reichsgericht gefunden hat, für erledigt. Ich bitte deswegen Exzellenz Hamm, die Nummer 3 fallen zu lassen.

Geheimer Justizrat Professor Dr. Gierke-Berlin: M. H., ich stehe grundsätzlich auf dem Standpunkt des Herrn Korreferenten und namentlich auch des Herrn Dr. Hachenburg in bezug auf die Frage, in wieweit wir zu Änderungen des Bürgerlichen Gesetzbuchs Anregungen geben sollen. Ich wünsche dem Bürgerlichen Gesetzbuch eine recht beträchtliche Schonzeit und ich meine, wir sollten eine Änderung nur vorschlagen, wenn ein ganz dringendes Bedürfnis es fordert, wenn sich ein auf keine andere Weise zu heilender Mißstand herausgestellt hat. Nun ist meines Erachtens in keiner Weise erwiesen worden, daß ein solches dringendes Bedürfnis vorhanden wäre, den § 313 zu ändern; im Gegenteil, wir haben überwiegend vernommen, daß er sich bewährt und eingelebt hat. Was gegen ihn angeführt worden ist, kann mir auch keinen entgegengesetzten Eindruck machen. Die Beweglichkeit des Verkehrs mit Grundstücken scheint mir in Deutschland genügend entwickelt und kein Bedürfnis zu sein, sie zu steigern. Was das Argument „Ein Mann, ein Wort" anlangt, so richtet sich das gegen jeden Formzwang. Bekanntlich wird dieses Argument in allen Fällen geltend gemacht, in denen das Gesetz die Klage auf Erfüllung eines Versprechens versagt. So namentlich auch bei Spielschulden. Gewiß wird jeder von uns seine Spielschulden bezahlen, und mir ist ein

Spieler, der sie bezahlt, lieber als ein anderer, der den Spieleinwand erhebt; aber dennoch können wir die Bestimmung, nach der Spielschulden bloße Ehrenschulden sind, nicht entbehren.

Also ich hoffe, daß die Versammlung an der gerichtlichen oder notariellen Form festhält.

Wenn Sie sich aber dafür entscheiden, möchte ich auf das allerdringendste davon abraten, die anderen gestellten Anträge in nähere Erwägung — deren sie immer noch bedürfen würden — zu ziehen. Sie sind als selbständige Anträge gestellt, sowohl die von Exzellenz Hamm wie auch der Antrag des Herrn Justizrat Neumann, und sie vertragen sich ja auch ebenso mit der Beibehaltung der öffentlichen Form wie mit ihrer Ermäßigung. Hier scheint es sich aber in der Tat nur um verhältnismäßig geringfügige Punkte zu handeln, zum Teil sogar um bloße Interpretationsfragen, und da scheint es mir nicht Sache des Juristentages zu sein, eine Änderung der Gesetzgebung in solchen Einzelfragen zu verlangen, bloß damit die Praxis in eine andere Bahn einlenke oder damit diese oder jene Unebenheit beseitigt werde. Begeben wir uns auf diese Bahn, nun, dann will ich gleich 100, 200 Anträge bringen, wo ich das Bürgerliche Gesetzbuch anders wünschte. (Heiterkeit.) Aber ich glaube, das ist nicht unsere Aufgabe.

Nun hat ja Herr Justizrat Neumann gesagt, es handele sich nicht um eine augenblickliche Änderung des Bürgerlichen Gesetzbuchs, sondern es solle nur eine Direktive für die künftige Gesetzgebung gegeben werden. Wenn das aber erst in einem halben Jahrhundert verwirklicht werden soll, dann ist es doch nicht zweckmäßig, heute schon dafür Direktiven zu geben. (Sehr richtig!) Ich bitte Sie also, den Antrag des Herrn Korreferenten anzunehmen und, wenn er angenommen wird, die anderen Anträge sämtlich abzulehnen, namentlich auch die selbständig gestellten Anträge. (Lebhafter Beifall.)

Vorsitzender Geheimer Justizrat Professor Dr. **Enneccerus**-Marburg: M. H., ich hatte mich an dieser Stelle selbst zum Worte gemeldet, kann aber in Rücksicht auf das von Herrn Geheimrat Gierke Entwickelte auf das Wort verzichten, mit Ausnahme zweier kurzen Bemerkungen. Die Anträge des Herrn Referenten unter Nummer 2, 3 und 4, welche, wie ich hoffe, abgelehnt werden, sind nicht bloß aus dem Grunde, weil das Bürgerliche Gesetzbuch einer Schonzeit bedarf, sondern auch wegen ihres Inhalts zu bekämpfen. Ich bin in Bezug auf alle drei Anträge höchst bedenklich und glaube, daß sie Mißstände herbeiführen würden, welche viel größer sind, als diejenigen Mißstände, die sie aufzuheben bestimmt sind. Ich verzichte im Interesse der Kürze auf eine nähere Ausführung.

In Bezug auf den Antrag des Herrn Kollegen Neumann muß ich sagen, daß er zu sehr großen Schwierigkeiten führen würde. Eine Einrede ist die Berufung auf Nichtigkeit nicht; eine Anfechtung im Sinne des Bürgerlichen Gesetzbuchs ist sie auch nicht. Es würde vielmehr, wenn sein Antrag zum Gesetz würde, eine ganz eigentümlich schwebende, von der Berufung auf die Nichtigkeit abhängige Nichtigkeit statuiert. Ich muß gestehen, daß ich nicht weiß, wie das juristisch zu konstruieren ist und der Antrag in der Praxis laufen würde, wenn er Gesetz würde.

Mit diesem kurzen Widerspruch glaube ich mich begnügen zu dürfen, in der Hoffnung, daß Sie die 4 gestellten Anträge ablehnen werden. (Bravo!)

Rechtsanwalt Dr. **Holdfeld**-Hamburg: M. H., ich bitte Sie, den ersten Antrag des Herrn Referenten anzunehmen und alle übrigen Anträge abzulehnen. Es ist für die Formvorschrift des § 313, insbesondere von dem zweiten Herrn Referenten, operiert worden mit großen sozialpolitischen und wirtschaftlichen Gesichtspunkten. Bei der Kürze der Redezeit kann ich darauf im einzelnen nicht eingehen; aber ich glaube, der Herr Justizrat Dr. Stranz beweist uns zu viel. Wenn es richtig ist, was er sagt, daß es dringend notwendig sei, die Mobilisierung des Grundbesitzes zu hindern und den Landbesitz zu schützen usw., ja dann mache man ganze Arbeit, dann mache man eine gesetzliche Bestimmung, daß die ländliche Bevölkerung den Grundbesitz ohne obrigkeitliche Genehmigung nicht verkaufen darf, und mache nicht derartige Formvorschriften, die im wesentlichen ganz andere Leute treffen als die, für die sie gemünzt sind, und die andererseits den Leuten, die sie schützen sollen, doch sehr wenig helfen. Denn nach der Vorschrift des Bürgerlichen Gesetzbuchs bedarf eine Vollmacht zum Abschluß eines Rechtsgeschäfts nicht der Form, die für das Rechtsgeschäft selbst vorgeschrieben ist, und gerade der gewissenlose Güterschlächter kann sich sehr wohl eine formlose schriftliche Vollmacht ausstellen lassen, womit er seinerseits den Vertrag vor dem Notar verlautbart; damit ist der sozialpolitische Zweck dieser Formvorschrift förmlich in die Luft gesprengt. Andererseits aber führt diese Formvorschrift dazu, daß die große Mehrzahl der Immobiliarverträge in Deutschland mit einer sehr schwer wirkenden Fessel belastet wird. Es ist in der Diskussion nicht genügend berücksichtigt worden, daß die Gesamtheit der Hausbesitzervereine fast aller deutschen Städte — über 200 an Zahl — korporativ eingetreten ist für die Beseitigung des § 313. Diese Leute sind doch gerade die städtischen Interessenten, und diese empfinden es als eine schwere Fessel für den städtischen Immobiliarverkehr. Wenn eine Statistik aufgemacht würde, dann würden Sie finden, daß die städtischen Immobiliarverträge sehr viel häufiger sind als die anderen. Diese Fessel führt nun dahin, daß sich der eine dem anderen gegenüber verläßt auf sein ehrliches Gesicht, auf sein Wort, das er gegeben hat. Durch diese gesetzliche Bestimmung wird in der Tat die Unehrlichkeit großgezogen und die Moral untergraben; deswegen kann man sie nicht billigen.

Ich will noch darauf hinweisen, daß man sich auch durch sonstige obligatorische Verträge ruinieren kann, und daß das Bürgerliche Gesetzbuch bei dem gefährlichsten obligatorischen Vertrag, bei der Bürgschaft, doch die schriftliche Urkunde für genügend erachtet hat. Wenn man glaubt, daß die notarielle Form die Panacee für unvorsichtige Leute ist, dann müßte man mindestens für den Bürgschaftsvertrag das Gleiche vorschreiben.

Ich bitte Sie auch meinerseits, die anderen Anträge von Exzellenz Hamm abzulehnen. Wenn der bisherige Rechtszustand bleibt, dann würde er noch unerträglich verschärft werden, dann würde es ganz unerträglich werden, wenn dann noch diese Bestimmungen hinzukämen; und fällt er weg, so sind diese Bestimmungen auch dann, bei der schriftlichen Form, nicht zu empfehlen. Es würde zu weit führen, auf alles das einzugehen. Daß, wie hier von autoritativer Seite geäußert worden ist, dem Bürgerlichen Gesetzbuch eine lange Schonzeit zu gewähren ist, kann uns unmöglich hindern, hier diese Frage des Zivilrechts zu erörtern, und noch weniger hindern, die Frage einer Abänderung der Gesetzgebung zu behandeln. Wo so mannigfache Publikationen zu dieser Frage vorliegen, wo ein dringendes praktisches Bedürfnis vorhanden ist, soll sie gleichwohl tabu sein? Es lassen sich der schnellen Gesetzgebung unserer Zeit keine Fesseln anlegen; man hat bereits am Bürgerlichen Gesetzbuch geändert und wird weiter daran ändern, und das ist auch durchaus kein Unglück.

Rechtsanwalt am Reichsgericht Dr. Scherer-Leipzig: M. H., ich will nicht verkennen, daß der § 313 Schattenseiten hat. Diese machen sich zunächst dort recht fühlbar, wo der Abschluß des betreffenden Vertrages nur bei Gericht zulässig ist. Zur Zeit der Einführung des französischen Notariats wurde gefragt, warum man das Notariat einführe. Als Grund wurde angegeben: das Gericht hat seine Bureaustunden, um 12 Uhr Mittags ist Bureauschluß. Den daraus entstehenden Mißständen kann die Landesgesetzgebung vorbeugen, indem sie Notare und andere Behörden mit der Abfassung der Verträge betraut. Allein jedes Gesetz hat seine Mißstände, und an sich kann man mit dem § 313 auskommen. Das hat Bayern gezeigt, woselbst eine viel schärfere Gesetzgebung — im rechtsrheinischen Bayern — seit 1861, in Bezug auf alle Verträge, die Immobilien betrafen, bestanden hat. Dieselbe Gesetzgebung wurde am 1. Oktober 1879 in Rheinbayern eingeführt. Selbst die Hypothekensachen mußten notariell beurkundet werden (vgl. Scherer, Das 6. Jahr des BGB. Nr. 211 b Seite 45). Trotzdem hat man sich damit befreundet. Der Zustand ist erträglich, und da er erträglich ist, so stelle ich mich auf den Standpunkt, der heute vertreten ist, und den Ihering vertreten hat, und den auch die französische Gesetzgebung innehielt, daß Gesetze, wenn sie einmal erlassen sind, möglichst lange, jahrhundertelang unverändert bestehen bleiben sollen. Also ich meine, wir richten uns nach berühmten Vorbildern und ändern unsere Gesetzgebung möglichst lange nicht.

Man verweist vielfach auf das System des französischen Rechts. Der code Napoléon ist das Recht eines Eroberers, das außerdem den Zweck hatte, den Einfluß der alteingesessenen Familien zu brechen, indem man sie möglichst um ihren Grundbesitz bringen wollte; deshalb hat man den formfreien Verkauf ermöglicht. Wir in Deutschland wünschen die Befestigung des Grundbesitzes. Das zeigt sich namentlich auch bei unseren Familienfideikommissen.

Dann ist noch ein Mißstand erwähnt worden, der nicht zu bestreiten ist, daß nämlich nicht alle notariellen Verkäufe, als ideal bezeichnet werden können. Leider hat das Reichsgericht in einem württembergischen Falle dieses nicht ideale Verfahren für gültig erklärt. Solche kleine Schattenseiten finden sich überall, und vielleicht ändert sich auch noch die Rechtsprechung in dem einen oder anderen Falle. Ich meine deshalb, vorläufig sollte man eine Änderung ablehnen.

Professor Dr. **R. Merkel**-Freiburg i. B.: Gestatten die Herren noch ein Wort einem Vertreter des französischen Rechts, das hier deshalb besonders beachtlich ist, weil es uns in deutschen Landen die angeblichen Vorzüge der völligen Formfreiheit zu genießen Gelegenheit gegeben hat. Und zumal gerade aus einem Teile dieses französischen Rechtsgebietes, der Rheinprovinz, Klagen laut geworden sind — wiederholt in dem Gutachten von Dorst — so ist es doch nicht überflüssig zu betonen, daß diese Auffassung durchaus nicht allgemein in diesem Rechtsgebiet ist. Im Gegenteil! In Baden hatten wir auch die volle Formfreiheit (die Angabe im Gutachten von Stranz ist nicht richtig) und mit dem allzu reichlichen Gebrauch dieser Freiheit hat man entschieden üble Erfahrungen gemacht. Es wurden recht oft leichthin mündliche Verträge geschlossen, besonders häufig waren die Wirtshauskäufe. Ob diese Erscheinung im Zusammenhang steht mit der bekannten Güte unserer badischen Weine, bleibe dahingestellt. Tatsache ist, daß sich viele unglückliche Prozesse an solche Geschäfte anschlossen, weil die Erfüllung nachträglich verweigert wurde, bald das Zustandekommen einer Einigung, die Ernstlichkeit der Erklärungen bestritten, oder der Einwand der Trunkenheit erhoben wurde, bald über Einzelpunkte Streit entstand, da solche Verträge natürlich nicht vollständig und klar zu sein pflegten.

Einen geradezu typischen Fall habe ich kurz vor Inkrafttreten des neuen Rechts erlebt, der mir für die Unzulänglichkeit auch der bloßen Schriftform so charakteristisch zu sein scheint, daß ich mir seine Mitteilung nicht versagen kann, wenn ich ihn auch nicht so drastisch wiedergeben kann, wie er mir erzählt wurde. Ein Wirt klagt in seiner Wirtschaft über deren schlechten Gang; ein Gast erklärt, er würde sie bald in die Höhe bringen, ein Wort gibt das andere, und das Gespräch endigt mit dem Schluß, daß der Gast die Wirtschaft kauft. Eine Nichtigkeit ließ sich nachher nicht konstruieren, und so hatte er plötzlich eine Wirtschaft am Halse — oder vielmehr seine Frau, da er sie gar nicht führen konnte. Wenn man hier fragt: hätte er diesen sinnlosen Kauf in dieser Stimmung auch unterschrieben auf einem ihm hingeschobenen Stück Papier? Doch sicher — ja! Aber würde er zum Grundbuchamt gegangen sein am nächsten Tage oder zum Notar? doch sicherlich: nein!

Aus der Häufigkeit derartiger Vorkommnisse erklärt es sich denn auch, daß die badische Regierung mit Entschiedenheit für die strenge Form eingetreten ist; sie ging sogar soweit, daß sie die Möglichkeit der Heilung des nichtigen formlosen Vertrages ablehnte, weil sie eben infolge der üblen Erfahrungen die ganz strenge Form unter allen Umständen haben wollte. Von diesem Standpunkte aus ist es auch nur konsequent — was vorhin im Referate von Exzellenz Hamm kritisch erwähnt wurde — daß unser Landesrecht jetzt verlangt, daß bei der Auflassung der formgerecht beurkundete obligatorische Vertrag vorgelegt werden soll. Die Kommission von Praktikern, die zur Begutachtung des ersten Entwurfs in Baden eingesetzt war, hat die Formvorschrift des § 313 als eine „wohltätige" Neuerung besonders begrüßt, da sie den „traurigen" Folgen, die sich aus der bisherigen Formlosigkeit ergeben, ein Ende machen werde. Auch Württemberg war für die strenge Form, während es bisher die bloße Schriftform besaß, die sich also doch offenbar nicht als genügend bewährt hat. Irre ich nicht, so hat auch Sachsen dieselbe Stellung eingenommen.

Die Erwartungen, die man bei uns an die strenge Form geknüpft hat, haben sich m. W. auch erfüllt. Ich weiß wenigstens nichts von wesentlichen praktischen Mängeln und Mißständen. Daß freilich manche Hausbesitzer, Makler und besonders Bau- und Terrainspekulanten nicht zufrieden sind, ist ja begreiflich, aber doch nicht maßgebend. Was die wegen der Kosten und Unbequemlichkeiten erhobenen Bedenken betrifft, so kann diese die Landesgesetzgebung durch eine zweckmäßige Regelung der Zuständigkeit bedeutend abschwächen. Bei uns kann die Bevölkerung nicht nur zum Notar gehen, sondern auch zu jedem Grundbuchamt; das ist weder sehr unbequem noch sehr teuer.

Dem Haupteinwand aber, der auch von Exzellenz Hamm betont wurde, daß der Verkehr zu sehr erschwert werde, dem steht doch die gewichtige Tatsache entgegen, daß bei uns — vor allem in den Städten, aber doch auch auf dem Lande — der Grundstücksumsatz heute nur ein allzu großer ist! Die Hoffnung, daß die Formvorschrift den unsoliden Grundstücksverkehr einschränken werde, hat sich leider nur sehr wenig erfüllt. Aber vollends davon, daß dem redlichen legitimen Verkehr eine Fessel, ein „Hemmschuh" angelegt sei, kann nach meiner Kenntnis und Beobachtung der Dinge jedenfalls in meiner Heimat keine Rede sein.

So kann ich, der ich nicht Notar, sondern berufsmäßiger Theoretiker und also so neutral wie nur möglich bin, nur mit aller Entschiedenheit bitten, sich gegen jede Änderung des § 313 auszusprechen. (Lebhafter Beifall).

Notar Dr. **Dennler**-Lauf a. P.: Ich möchte ganz kurz als bayrischer Notar zu Ihnen sprechen. Wir in Bayern haben seit mehreren Jahrzehnten die strengste Formvorschrift gehabt, die für alle Grundstücksverträge gegolten hat. Wir sind gut dabei gefahren; der Zustand ist nicht nur erträglich, sondern für uns ein Segen und Heil gewesen. Deshalb sind wir Notare in Bayern, die wir doch einen gewissen Einblick in die Verhältnisse haben, der Anschauung, daß eine Aufhebung oder Abänderung des § 313 nicht notwendig ist und daß sie, wenn sie einträte, ein Übel wäre. Es ist nicht richtig, daß im Volke Entrüstung über diese Bestimmung herrschte. Wo ist das Volk? Es kämen doch höchstens die Auktionatoren und die Grund- und Hausbesitzervereine in Frage. Und diese Vereine werden, wie mir eben mitgeteilt worden ist, von den Grundstücksmaklern dirigiert. Also damit kann man nicht kommen. In Bayern wissen wir nichts von einer Empörung gegen den Paragraphen. Ebensowenig ist es richtig, daß der Grundstücksverkehr durch die Bestimmung erschwert würde. Bei uns in Bayern entwickelt sich dieser Verkehr gerade so gut wie anderswo. Das ist nachgewiesen worden durch die Enquete des Freiherrn von Pechmann, der doch als Direktor der bayerischen Handelsbank sicher ein Urteil darüber hat. Eine Abänderung wäre nicht nur nicht notwendig, sondern auch gefährlich, weil das Volk für die Schriftform nicht reif ist. Das Volk ist den Gefahren der Schriftform zu leicht zugänglich. Der Bauer gibt seine Unterschrift sehr leicht her, er unterschreibt alles, und wenn es sein eigenes Todesurteil wäre. (Heiterkeit.) Mit der Schriftform würden Sie das Volk den Winkelschreibern und Winkelkonsulenten ausliefern, die das Formular gleich in der Tasche haben. Dieses Großziehen der Winkelagenten würde unbedingt ein Unheil für unser Volk bedeuten; sie sind schon durch die Zulassung zum Prozeß zu weit gefördert worden. Wir wollen auch ferner an dem Grundsatz des § 313 festhalten, der den Schwachen einen Schutz vor Übereilung und Übervorteilung bieten soll. Die Aufhebung würde ein Unglück, ein Verbrechen an unserem Volke sein. (Beifall.)

Justizrat **Dorst**-Cöln: Als mir vor 4 Jahren der ehrenvolle Auftrag wurde, ein Gutachten darüber abzugeben, ob sich eine Änderung der Bestimmungen des § 313 empfehle, war ich mir der großen Schwierigkeiten dieser Frage wohl bewußt. Ich wußte, daß die Auffassungen in den einzelnen Rechtsgebieten Deutschlands ganz verschiedene sind. Das hat sich ja auch heute wieder gezeigt. Ich war mir auch bewußt, daß mein Gutachten scharf bekämpft würde. Wenn ich trotzdem bisher darauf nicht geantwortet habe, so geschah es deshalb, weil ich zunächst die Entwicklung der Dinge abwarten wollte, und dann auch, weil ich den Juristentag als den richtigen Ort für eine Antwort betrachtete. Leider ist mir die Zeit heute sehr beschränkt.

Ich habe gestern auf dem deutschen Notartage schon betont, daß die Frage auf des Messers Schneide steht und nicht so leicht zu entscheiden ist. Ich kann nicht umhin, festzustellen, daß die Frage eine große Erregung hervorgerufen hat. Das beweist mir aber gerade, daß sie von großer Bedeutung und der Prüfung des Juristentags wert ist. Mag nun die Entscheidung fallen, wie sie will; gewinnbringend wird es immer sein. Behalten die Gegner des § 313 recht, dann wird das Wort des Juristentages entscheidend in die Wagschale fallen bei einer Änderung des Gesetzes. Behalten aber die Anhänger des § 313 Recht, dann glaube ich, daß in recht kurzer Zeit die Klagen gegen das Gesetz, die von vielen Seiten erhoben werden, verstummen.

Mein Gutachten lautete damals dahin; daß zu einem Vertrage, durch den sich jemand zur Übertragung des Eigentums an einem Grundstück verpflichtet, die Mündlichkeit genügen müsse.

M. H., die Mündlichkeit habe ich fallen lassen; dies geschieht schon aus äußeren Gründen. Aber dafür, daß Schriftlichkeit genügen muß, bin ich heute noch, aus zwei Gründen. Ich empfehle eine Änderung des Paragraphen erstens aus dem Grunde, weil, wie Exzellenz Hamm überzeugend dargelegt hat, der § 313 seinen Zweck nicht erfüllt. Das Prinzip der Formvorschrift ist überall durchlöchert, es bleibt nach meiner Ansicht nicht mehr viel übrig. Sodann hat der Paragraph die große Gefahr, daß die Nebenabreden den ganzen Vertrag nichtig machen. Über diese Frage hat sich aus Anlaß des letzten Urteils des Reichsgerichtes vom 21. Februar 1906, das sehr drastisch ist, Neumann mit Recht in folgender Weise geäußert in der Juristischen Wochenschrift (1906 S. 194):

> „Wiederum eine Blüte der Anwendung des § 313 BGB. bringt diese Entscheidung. Die Vorschrift bezweckt den Schutz schutzbedürftiger Personen gegen Übereilung und die Verhütung von Prozessen. In der Praxis bildet sie sich aus als ein Schutz hinterhältiger und gerissener Geschäftsleute und als Quelle von Prozessen. Eine Statistik über die Zahl und Art der durch § 313 hervorgerufenen und der trotz dieser Vorschrift nicht vermiedenen Prozesse dürfte für den Gesetzgeber von hohem Interesse sein."

Besser kann man den Wert oder vielmehr Unwert des § 313 nicht zum Ausdruck bringen.

Ich kann bei der Redezeit von 5 Minuten nicht auf alle Einwendungen antworten; ich möchte aber, um meinen Standpunkt darzulegen, den Vorschlag vorlesen, den ich gestern auf dem Notartage gemacht habe — leider bin ich damit durchgefallen — und einiges zu dessen Begründung vorbringen. Mein Vorschlag lautete, den § 313 wie folgt zu fassen:

> „Ein Vertrag, durch den sich jemand verpflichtet, das Eigentum an einem Grundstück zu übertragen oder zu erwerben, bedarf der schriftlichen Form.
>
> Formlose Nebenabreden sind und bleiben ohne Wirksamkeit und üben keinen Einfluß auf die Gültigkeit des Vertrages aus."

Der § 98 der Grundbuchordnung ist durch folgende Bestimmung zu ersetzen:

> „Das Grundbuchamt soll die Erklärung der Auflassung nur entgegen nehmen, wenn eine gerichtliche oder notarielle Urkunde über den Verpflichtungsvertrag vorgelegt wird."

Die Vorzüge der gerichtlichen oder notariellen Beurkundung erkenne ich voll an. Ich richte mich nur dagegen, daß die Bindung zur Verpflichtung der gerichtlichen oder notariellen Beurkundung bedürfen soll. Für diese muß mindestens die Schriftlichkeit genügen. Die Formvorschrift muß auch für die Verpflichtung zum Erwerbe verlangt werden, da diese meiner Ansicht nach nicht weniger wichtig ist, als die zur Übertragung.

Formlose Nebenabreden müssen als nicht vorhanden betrachtet werden. Der Vertrag muß natürlich alle wesentlichen Punkte enthalten, die für einen Veräußerungsvertrag in Betracht kommen, um ihn als solchen zu kennzeichnen.

Die bloß dingliche Bindung des § 873 muß selbstverständlich dessen Vorschriften entsprechen. Hier handelt es sich nur um den obligatorischen Vertrag. Aus diesem muß zunächst hervorgehen, ob es sich um Kauf, Tausch oder einen sonstigen Vertrag handelt. Dann muß der Gegenwert bestimmt sein.

Würde in dem Vertrage wirklich nichts anderes bestimmt, so würde sich alles sonstige aus dem Gesetze ergeben. Der Vertrag würde also genügen. Es wird aber wohl kaum vorkommen, daß die Vertragschließenden sich auf einen solchen Vertrag beschränken. Tun sie es aber, so müssen sie die Folgen tragen.

Anderseits würden jedoch die Prozesse über den Inhalt des Vertrages aufhören oder doch wenigstens auf die seltenen Fälle beschränkt werden, daß ein Vertrag nicht die wesentlichen Punkte eines solchen enthält.

Wenn ich vorschlage, zum Bindungsvertrage die Schriftlichkeit genügen zu lassen, dagegen aber zu bestimmen, daß die Entgegennahme der Auflassungserklärung von der Vorlage eines gerichtlich oder notariell beurkundeten Vertrages abhängig zu machen ist, so geschieht dies aus folgenden Gründen.

Auch der schriftliche Vertrag bedingt Überlegung zu seinem Abschlusse. Die Abfassung selbst wird natürlich selten so gut erfolgen wie in dem Falle eines gerichtlichen oder notariellen Abschlusses. Doch wird dies nicht mehr so leicht zu Streitigkeiten führen, wenn alle Nebenabreden wirkungslos sind. Über solche aber werden die Vertragschließenden sich leichter einigen, da ja keiner mehr wegen irgend einer vergessenen Bestimmung den Einwand der Nichtigkeit machen kann. Vielleicht — und dies wird die Regel sein — hat jeder etwas übersehen. Die Parteien können darüber jetzt ruhig verhandeln. Müssen sie dann den Richter oder Notar in Anspruch nehmen, so wird dieser auf das noch etwa wichtige aufmerksam machen.

Bei diesen Verhandlungen ist nicht mehr die Eile und Hast zu befürchten, die sich jetzt häufig genug bemerkbar macht.

Nach Lage des heutigen Gesetzes möchten beide Teile gerne schleunigst eine Bindung haben. Ein Vertagen der Verhandlung ist ihnen bedenklich. Daher kommt es häufig vor, daß der Notar, wenn auch der Akt beiderseits bestellt und vorbereitet war, noch stundenlang mit den Parteien verhandeln muß, ohne daß trotzdem der Vertrag zustande kommt. Eine Kleinigkeit genügt, ihn zu vereiteln, da ja niemand gebunden ist.

Dies ist aber nicht mehr so leicht zu befürchten, wenn vorher schon eine Bindung erzielt war. Die Notare werden nicht mehr so große Sammlungen unvollzogener Akten haben.

Dem Vertrage wird auch die richtige Fassung gegeben werden. Die Urkundsperson wird aus dem schriftlichen Vertrage die Unklarheiten entfernen.

Der Vertrag muß dann natürlich als allein maßgebend gelten. Nebenabreden dürfen keine Gültigkeit und keinen Einfluß haben.

Werden meine Vorschläge angenommen, so bin ich der festen Überzeugung, daß der Zustand besser wird, und daß viele Prozesse vermieden werden. Bleiben noch Mißstände, so sind diese nicht so schlimm wie jetzt. Etwas ganz Vollkommenes kann kein Gesetz erzielen.

Vorsitzender: Damit ist der Schluß der Debatte herbeigeführt.

Das Wort hat Herr Rechtsanwalt Dr. Böckel aus Jena zur Berichtigung eines Punktes, in dem man ihn mißverstanden hat

Rechtsanwalt Dr. **Böckel**-Jena: M. H., ich habe aus den Reden mehrerer Herren den Eindruck gewonnen, daß man mich trotz meiner Verwahrung mißverstanden hat. Ich habe mit keinem Worte das deutsche Notariat einer bewußten Parteilichkeit bezichtigen wollen. Da denke ich doch wahrlich viel zu hoch von dem deutschen Notariat.

Weiter! Herr Justizrat Elze begann seine Rede mit den Worten: er hätte eigentlich auf das Wort verzichten wollen; nachdem aber ein so junger Kollege — (Zwischenruf: „War sehr unangebracht!") — damit meinte er mich — von seinen praktischen Erfahrungen gesprochen habe, müsse er doch als alter erfahrener Notar einiges sagen. M. H., ich habe lediglich das Wort ergriffen, weil ich meines Wissens der einzige Vertreter der Anwälte des Oberlandesgerichtsbezirks Jena hier bin. Da hielt ich mich für berechtigt und verpflichtet, von unseren Thüringer Verhältnissen, von unseren Wünschen und Bedürfnissen zu sprechen. Außerdem möchte ich aber noch das aussprechen: ich bin hierher gekommen in der Überzeugung, und ich hege sie noch, daß der deutsche Juristentag nicht die Jahre zählen werde, sondern den Gehalt der Worte! (Sehr richtig!)

Vorsitzender: Justizrat Dr. Stranz verzichtet auf das Schlußwort. Nunmehr erhält das Schlußwort:

Berichterstatter Oberlandesgerichtspräsident a. D. Wirklicher Geheimer Rat Dr. **Hamm**-Bonn: Ich möchte mit einigen Worten zunächst ein paar Irrtümer, die vorgekommen sind, richtig stellen.

Ein Herr hat, wenn ich ihn richtig verstanden habe, gemeint, man könnte sich mit einer Vollmacht helfen, um die öffentliche Beurkundung zu umgehen. Das ist anfangs versucht worden, aber dieser Weg ist vom Reichsgericht längst abgeschnitten, indem dieses mit Recht solche abstrakte Vollmachten für jeder Zeit widerruflich erklärt hat.

Wenn Herr Professor Merkel über die Zustände in Baden sprach, so dachte er dabei augenscheinlich an die Zeit seit 1879, nachdem die deutsche Zivilprozeßordnnng die französische Unzulässigkeit des Zeugenbeweises abgeschafft hatte. Bis dahin galt dort, wie in allen Gebieten des französischen Rechts, grundsätzlich Formfreiheit; diese war aber allerdings tatsächlich dadurch aufgehoben, daß über 150 Franken als Beweismittel nur Eideszuschiebung zulässig war, nicht der Zeugenbeweis.

Sodann ist von Herrn Geheimrat Gierke und auch von anderen Seiten ausgeführt worden, es sei viel zu früh, jetzt schon das Bürgerliche Gesetzbuch zu ändern, sofern nicht ganz dringliche Änderungen in Frage seien. Abgesehen, daß diese Ausführungen auch für den Gegenstand passen, der morgen zur Verhandlung kommt (Heiterkeit), bin ich der Meinung, daß hier ein solcher dringlicher Fall vorliegt wegen der großen Verkehrserschwerung, welche der jetzige Formzwang mit sich bringt. Dabei halte ich meinen Antrag unter Nummer 2 für ebenso wichtig wie den ersten Antrag; denn sonst bekommen wir immer wieder gültige mündliche Verträge infolge der Heilungsvorschrift. Wenn einer der Herren Notare meinte, der schriftliche Privatvertrag sei schlimmer als der mündliche, so übersieht er nur das Eine: daß der mündliche Vertrag durch Zeugen bewiesen werden kann, und daß, wo es sich um Feststellung derartiger mündlicher Vereinbarungen handelt, die Aussagen von Ohrenzeugen ganz besonders unzuverlässig sind. Ich bin der Überzeugung, daß es nicht zu früh ist, sondern daß es dringend geboten ist, die Verkehrsfessel des § 313 Satz 1 aufzuheben. Wenn Sie meinen Antrag 1 ablehnen und den Satz 1 des § 313 beibehalten wollen, möchte ich Sie bitten, die strengere Form dann auch ganz festzuhalten und meinem Antrage 2 gemäß die Heilung in Satz 2 des § 313 zu streichen.

Dagegen muß ich anerkennen, was Herr Dr. Hachenburg und Herr Geheimrat Gierke gesagt haben, daß man bei bloßen einstweiligen Unstimmigkeiten im Gesetzbuch und bei einer momentan abweichenden Rechtsprechung des Reichsgerichts, die abwegig sei, nicht gleich das

Gesetz ändern solle, und ich ziehe deswegen meinen dritten und vierten Antrag für den Fall zurück, daß Sie meine Anträge unter 1 und 2 ablehnen.

Vorsitzender: In der Abstimmung wird der Antrag Hamm:

1. Im § 313 Satz 1 BGB. ist statt gerichtliche oder notarielle Beurkundung schriftliche Form einzusetzen

mit großer Mehrheit abgelehnt, ebenso der Antrag Hamm:

2. Der § 313 Satz 2 BGB. und der § 98 GBO. sind zu streichen.

Die Anträge Hamm unter Nr. 3 und 4:

3. In § 313 Satz 1 werden hinter „zu übertragen" die Worte „oder zu erwerben" eingeschoben.
4. Der § 313 erhält folgenden Zusatz:

   „Formlose Nebenabreden oder Änderungen des Vertrages gelten als nicht vereinbart"

werden danach zurückgezogen.

Der Antrag Neumann wird zurückgezogen zugunsten des Antrags Hachenburg, welcher lautet:

Es empfiehlt sich nicht, schon jetzt Änderungen der Vorschrift des § 313 vorzunehmen

und als Amendement zu dem Antrage Stranz zur Abstimmung gebracht wird. Dieses Amendement Hachenburg wird mit entschiedener Majorität abgelehnt.

Der sonach unveränderte Antrag Stranz:

Änderung der Vorschrift des § 313 BGB. empfehlen sich nicht

wird mit sehr großer Majorität angenommen.

Es wird ohne Widerspruch beschlossen, über diesen Beratungsgegenstand dem Plenum lediglich Bericht zu erstatten. Zum Referenten wird Justizrat Dr. Stranz-Berlin bestimmt.

(Schluß der Sitzung 2$^{3}/_{4}$ Uhr Nachmittags.)

Zweite Sitzung der ersten Abteilung.

Dienstag, den 11. September, vormittags 9 Uhr.

Vorsitzender Geh. Justizrat Professor Dr. **Enneccerus** (Marburg):

Meine Herren, ich eröffne die Sitzung.

Die Frage, welche uns nach der in der ersten Sitzung festgestellten Tagesordnung zunächst zu beschäftigen hat, ist die Haftung des Tierhalters. Da ich in dieser Frage zum Referenten bestellt bin, so bitte ich den Herrn stellvertretenden Vorsitzenden, den Vorsitz zum mindesten während der Zeit, wo ich vortrage, zu übernehmen.

Die Anträge werden in Ihren Händen sein, wenigstens was meine Anträge betrifft. Der Antrag des Herrn Korreferenten ist zum Druck gegeben und wird hoffentlich bald erscheinen; indessen höre ich, daß auch der Herr Korreferent seinerseits bereits eine ziemlich große Anzahl von Exemplaren seiner Anträge in metallographierter Form verteilt hat.

Gleichwohl werde ich beide Anträge verlesen.

Mein Antrag lautet:

Der XXVIII. Deutsche Juristentag wolle beschließen:

1. Es empfiehlt sich die Vorschrift des § 833 als Regel beizubehalten.
2. Es empfiehlt sich die Haftung aus § 833 — unbeschadet der Haftung nach anderen gesetzlichen Vorschriften — auszuschließen, wenn der Geschädigte der Gefahr der eingetretenen Schädigung infolge einer in seinem Interesse stattfindenden Verwendung des Tieres ausgesetzt war.*)

---

*) Dem § 833 BGB. wären hiernach die Worte hinzuzusetzen:

„Diese Vorschrift findet keine Anwendung, wenn der Geschädigte der Gefahr der eingetretenen Schädigung infolge einer in seinem Interesse stattfindenden Verwendung des Tieres ausgesetzt war."

3. Es empfiehlt sich die Unfallversicherungsgesetzgebung auf das bisher nicht versicherungspflichtige Fahr- und Stallpersonal bei Pferde- und Viehhaltung auszudehnen.

Der Antrag des Herrn Korreferenten lautet:

Der XXVIII. Deutsche Juristentag wolle beschließen:

Es empfiehlt sich, dem § 833 BGB. folgenden zweiten Absatz hinzuzufügen:

„Entsteht der Schaden durch die Verwirklichung einer Gefahr, welcher der Getötete, Verletzte oder Geschädigte infolge einer Verwendung des Tieres in seinem Interesse oder beim Bestehen eines Rechtsverhältnisses zwischen ihm und dem Tierhalter, welches das Tier zum Gegenstand hat, infolge einer auf Grund dieses Rechtsverhältnisses vorzunehmenden Handlung ausgesetzt war, so tritt die Ersatzpflicht — vorbehaltlich der Ersatzpflicht des Tierhalters nach anderen gesetzlichen Vorschriften — nicht ein, vorausgesetzt, daß der Tierhalter die im Verkehr erforderliche Sorgfalt beobachtet hat oder daß der Schaden auch bei Anwendung dieser Sorgfalt entstanden ist."

(Senatspräsident **v. d. Decken** übernimmt den Vorsitz.)

Berichterstatter Geheimer Justizrat Professor Dr. **Enneccerus** (Marburg):

Meine hochgeehrten Herren! Die Frage, über die ich Ihnen zu referieren habe, hat seit längerer Zeit weite Kreise beschäftigt, und noch vor kurzer Zeit schien die überwiegende Meinung dahin zu gehen, eine durchgreifende, der Aufhebung nahezu gleichkommende Abänderung des § 833 sei notwendig. Ja, es schien fast, als ob die von der ständigen Deputation schon längere Zeit in Aussicht genommene Verhandlung dieser Frage im Juristentage zu spät kommen würde; denn, wie Ihnen allen bekannt ist, wurde im Laufe dieses Jahres dem Reichstage ein Gesetzentwurf vorgelegt und von diesem in zweiter Lesung — aber noch nicht in dritter Lesung — angenommen, nach welchem die Ersatzpflicht des Tierhalters, wenn dieser die Beobachtung der erforderlichen Sorgfalt beweisen kann (also Umkehrung der Beweislast) bei allen Haustieren ausgeschlossen sein soll, „welche dem Berufe, der Erwerbstätigkeit oder dem Unterhalte des Tierhalters zu dienen bestimmt sind". Daß eine solche Beschränkung einer Aufhebung praktisch außerordentlich nahekommt, bedarf wohl kaum des Beweises. Denn die Fälle, daß wilde Tiere, die von irgend jemand gehalten werden, Schaden anrichten, ohne Verschulden eines Menschen, sind außerordentlich selten, und von den Haustieren, insbesondere von den bei weitem in erster Linie in Betracht kommenden Pferden sind natürlich die ungeheure Mehrzahl dem Berufe, dem Erwerbe oder dem Unterhalt des Tierhalters dienstbar. Die Zahl der Luxuspferde ist ihnen gegenüber eine ganz verschwindende. Nur für den Schaden durch Hunde würde, wenn der Reichstagsbeschluß zur Wahrheit würde, die Tierhaftung noch eine gewisse Bedeutung behalten.

Auch die Umkehrung der Beweislast, die ja allerdings in dieser Vorlage enthalten ist, würde dem Geschädigten nur wenig nützen. In den ganz besonders zahlreichen Fällen, wo zur Zeit der Schadensverursachung das Tier der Leitung oder Aufsicht eines Bediensteten, z. B. eines Kutschers oder Knechts unterworfen war, wird es dem Tierhalter meist sehr leicht sein, zu beweisen, daß er bei der Auswahl dieser Personen die gehörige Sorgfalt verwandt habe. Auch in den Fällen, in denen ein Handeln des Tierhalters selber vorliegt, wird meist leicht zu beweisen sein, daß das Tier im allgemeinen harmlos sei, daß es nicht gefährlich sei, daß also eine besondere Sorgfalt nicht erforderlich sei und ein Verschulden nicht vorliege. Ferner aber wird durch die Vorlage und den Beschluß des Reichstages die Frage der Tierhaftung in allen Fällen so außerordentlich zweifelhaft, daß ein vorsichtiger Geschädigter es sich dreimal überlegen wird, ob er einen derartigen Prozeß überhaupt noch beginne.

Der dem Reichstag vorgelegte Gesetzentwurf bedeutet also — wenn ich es kurz zusammenfasse — die Aufhebung der Haftung für unverschuldeten Tierschaden, sofern der Schaden nicht etwa durch Luxustiere angerichtet ist. Ist nun diese Aufhebung gerechtfertigt? Meine Herren, die Mehrheit des Reichstags scheint es angenommen zu haben und wohl noch anzunehmen, wenn nicht etwa — was aber ganz ungewiß ist — aus der Vertagung der dritten Lesung, die ja sonst in wenigen Minuten hätte abgemacht werden können, zu entnehmen sein sollte, daß doch auch dort Bedenken entstanden sind. Auch aus der Theorie und Praxis haben sich einige Stimmen für den Gesetzentwurf — diese praktisch fast völlige Aufhebung der Tierhaftung — ausgesprochen.

Neuerdings aber mehren sich doch ganz entschieden die Stimmen, welche diese Abänderung dringend widerraten. Aus einer Reihe kleinerer Aufsätze hebe ich den von Lenel in der „Deutschen Juristenzeitung“ über die Gefahren der Gelegenheitsgesetzgebung hervor. Ganz besonders aber haben die beiden Herren Gutachter, Herr Oberlandesgerichtsrat Marwitz zu Kiel und Herr Professor Traeger in Marburg, in ihren sehr eingehenden und wirklich vortrefflichen, dem Juristentage erstatteten Gutachten sich grundsätzlich für die Aufrechterhaltung der Haftung des

Tierhalters erklärt. Meine eigene Ansicht stimmt in dieser Beziehung mit derjenigen der beiden Herren Gutachter durchaus überein. Auch die von ihnen gegebene Begründung ist so ausführlich, schlagend und vollständig, daß sie mir meine Aufgabe sehr erleichtert.

Nicht nur die beiden Herren Gutachter, sondern, soweit ich sehe, alle, die sich überhaupt darüber ausgesprochen haben, einschließlich des Reichsgerichts, sind darin einverstanden, daß der Grund der Haftung des Tierhalters für unverschuldeten Tierschaden in der Gefährdung liegt, die aus der Tierhaltung für die Allgemeinheit entsteht. Die Tierhaftung ist ein Fall der Gefährdungshaftung.

Man kann das Verhalten des Menschen, soweit es für Andere Gefahren mit sich bringt, in drei Klassen teilen. Manche Handlungen sind so gefährlich, daß sie dieserhalb ganz verboten sind; z. B. das Lagern von Explosivstoffen in der Nähe bewohnter Gebäude. Wenn man ein solches Verbot übertritt, so begeht man ein Delikt. Man übertritt ein Schutzgesetz und wird daher für entstehenden Schaden nach § 823 Abs. 2 haftbar. Diese Fälle sind hier nicht in Frage. Zahlreiche andere Handlungen sind umgekehrt, wenn auch eine schädigende Wirkung möglich bleibt, doch im allgemeinen so ungefährlich, daß es ganz unzulässig erscheint, von dem Fall der Verschuldung abgesehen, noch eine besondere Haftung an sie zu knüpfen. Dahin gehört der bei weitem größte Teil des menschlichen Verhaltens überhaupt. Zwischen beiden Extremen aber liegen zahlreiche Handlungen, die eine nicht unerhebliche Gefahr für andere, sagen wir kurz, für das Publikum, herbeiführen, und die doch wegen ihrer wirtschaftlichen Unentbehrlichkeit nicht verboten werden können. Hier fordert nicht bloß die Billigkeit, sondern die Gerechtigkeit, daß der Handelnde für die durch sein Verhalten verursachten Schäden einstehe. Er darf das gefährdende Unternehmen nicht auf fremdes Risiko betreiben, er muß die Gefahren und die Haftung für die Gefahren, die er durch sein Unternehmen hervorruft, selbst tragen, gleichsam als einen Teil seines eigenen Geschäftsaufwandes.

Dieser Gedanke liegt, wie allgemein anerkannt ist, den Vorschriften des Haftpflichtgesetzes zugrunde. Ebenso manchen weitergehenden landesgesetzlichen Vorschriften über die Haftung des Unternehmers einer Eisenbahn oder eines anderen mit gemeiner Gefahr verbundenen Betriebs.

Auf demselben Gedanken beruht aber auch der dem Reichstage am 1. März d. J. vorgelegte Automobilgesetzentwurf. In der Begründung dieses Entwurfs wird wörtlich gesagt:

„Es entspricht der Billigkeit, daß der Unternehmer eines mit gemeiner Gefahr verbundenen Betriebs für den aus dem Betriebe entstehenden Schaden ohne Rücksicht auf eigenes Verschulden verantwortlich gemacht wird."

Ich darf hinzufügen, daß es nicht nur eine Forderung der Billigkeit, sondern auch der Gerechtigkeit ist. Und in demselben Moment, wo der Gedanke der Gefährdungshaftung für die Automobile durchgeführt wird, soll nun der gleiche Gedanke, soweit die Haftung des Tierhalters in Betracht kommt, wieder beseitigt oder doch praktisch nahezu beseitigt werden?!

Es wird doch von niemand bestritten und kann auch gar nicht bestritten werden, daß die Tierhaltung sehr erhebliche Gefahren für andere mit sich bringt. Gerade weil es sich um lebende, auf die äußeren Reize selbständig reagierende Wesen handelt, gerade deshalb ruft das Tier ja Gefahren hervor, wie sie bei keinem Maschinenbetrieb, selbst nicht bei den so äußerst lästigen Automobilen eintreten.

Die Statistik beweist das. Im Jahre 1896 wurden, wie der Herr Gutachter Marwitz hervorhebt, im preußischen Staat getötet durch Überfahren mittels eines Fuhrwerks 1090 Personen, durch den Schlag eines Pferdes 195, durch den Stoß eines Rindes 69, durch Schlag, Stoß oder Biß anderer Tiere 157 Personen, von welchen letzteren Fällen allerdings eine Anzahl auf wilde Tiere, insbesondere Schlangen, zu rechnen sein dürfte. Die Zahl der nichttötlichen Verletzungen ist natürlich eine noch viel größere, was, wenn auch Zahlenangaben nicht vorliegen, doch von niemand bezweifelt wird.

Bei einer einzigen Versicherungsanstalt, dem Allgemeinen deutschen Versicherungsverein in Stuttgart, wurden, wie Herr Traeger durch ausführliche Tabellen nachweist, im Jahre 1904 bei einem Versicherungsbestande von 620 000 Pferden nicht weniger als 5588 von Pferden angerichtete Schadensfälle angemeldet und dafür eine Entschädigungssumme von über einer Million Mark gezahlt oder zurückgestellt. Die Gesamtzahl der bei diesem Verein angemeldeten Tierschäden, wobei neben den Pferden namentlich noch Rinder und Hunde in Betracht kommen, betrug 8644 und die dafür gezahlte oder zurückgestellte Entschädigung 1 293 032 Mark.

Auch sind die Tötungen und Körperverletzungen sowie die noch viel häufigeren Sachbeschädigungen durch Tiere in ihrer großen Mehrzahl keineswegs auf das Verschulden des Tierhalters zurückzuführen. Nach einer von dem Allgemeinen Versicherungsverein zu Stuttgart gemachten Zusammenstellung konnten z. B. von 1330 landwirtschaftlichen Tierschäden nur 22 auf Verschulden des Tierhalters zurückgeführt werden. Die sehr hohe Gefährlichkeit der Tierhaltung für andere ist also ganz unbestreitbar. Das Risiko dieser Gefahren aber muß derjenige tragen, der den Vorteil von der Tierhaltung hat, der Tierhalter, d. h. derjenige, der dem Tiere im eigenen Interesse die Existenzbedingungen gewährt.

Welches sind nun einer so klaren Sachlage gegenüber die Gründe, die gegen die Haftung des Tierhalters angeführt werden, namentlich auch in der Begründung jenes Gesetzentwurfes?

Zunächst beruft man sich auf die große Zahl und die Bedeutung der Tierschäden und die daraus folgende große Zahl der Prozesse. Allein daraus ergibt sich nur die Größe der Gefährdung, welche die Tierhaltung mit sich bringt. Diese Zahl der Prozesse, und insbesondere diese große Zahl der Schäden, ist der entscheidende Grund, nicht gegen, sondern für die Haftung des Tierhalters.

Sodann führt man die Härte ins Feld, welche die Haftung für den Tierschaden mit sich bringt. Durch einen einzigen Haftungsfall könne der Tierhalter unter Umständen geradezu ruiniert werden. Ja, m. H., die Tierschäden werden aber durch die Aufhebung der Haftung des § 833 keineswegs aus der Welt geschafft; der Schaden trifft nur einen anderen, nämlich den an der Tierhaltung gar nicht interessierten, von dem Tiere Verletzten, und die darin liegende Härte ist denn doch nicht kleiner, sondern, gerade umgekehrt, größer, als wenn derjenige den Schaden zu tragen hat, dem auch der Vorteil aus der Tierhaltung zuwächst. Wenn es für den Landwirt oder den Gewerbetreibenden eine Last ist, den von seinem durchgehenden Pferde zum Krüppel gemachten Arbeiter oder, wenn der Betreffende getötet ist, die des Ernährers beraubten Kinder entschädigen zu müssen, dann wäre doch noch ungleich größer die Härte, wenn der Verletzte oder seine Hinterbliebenen eben gar keinen Schadensersatz erhielten, sondern dem Elend oder der Armenpflege überlassen würden.

Dazu kommt noch — worauf Herr Traeger mit Recht aufmerksam macht —, daß die von Tierunfällen Betroffenen in der sehr großen Mehrzahl der ärmeren Bevölkerung angehören. Ganz natürlich: denn diese sind durch ihre Beschäftigung und namentlich dadurch, daß für ihre Kinder die Straße den Spielplatz bildet, der Beschädigung weit mehr ausgesetzt als die wohlhabenden Personen. Die Aufhebung des § 833 wirkt also geradezu antisozial; sie schädigt die im Durchschnitt ärmeren Verletzten zum Vorteil der im Durchschnitt doch wenigstens etwas wohlhabenderen Tierhalter. Einer von den wenigen Tropfen sozialen Öles, die in dem ersten Entwurf des Bürgerlichen Gesetzbuches so sehr — und mit Recht — vermißt wurden und die zum Teil durch die zweite Gesetzgebungskommission, zum Teil — und das trifft in diesem Falle zu — durch die Reichstagskommission in das Gesetz hineingebracht worden sind, soll nun also hier wieder beseitigt werden?!

Dazu kommt noch ein Punkt, der auch den letzten Zweifel, wenn ein solcher noch möglich wäre, entkräften müßte. Es ist gar nicht daran zu denken, daß sich jeder Mensch gegen Unfälle, die ihn treffen könnten, insbesondere gegen Tierunfälle, versicherte. Die große Masse der minder wohlhabenden Bevölkerung ist dazu einfach nicht imstande. Der Tierhalter aber kann sich gegen die Ersatzpflicht von Tierschaden sehr wohl versichern und diese Versicherung ist sogar, was die Haftung dem Publikum gegenüber betrifft — und nur von dieser spreche ich zunächst — keineswegs besonders kostspielig. Die Versicherungsprämie für ein Pferd beträgt bei vollem Schadensersatz für Körperverletzung und für Sachschaden für den Landwirt im Ganzen 4,46 Mk. — wobei nur eine Selbstbeteiligung des Versicherten von 20 Mk. für jeden Sachschaden übrig bleibt —, für ein Rind unter den gleichen Bedingungen 70 Pf. Von diesen Prämien gehen aber bei zehnjähriger Versicherungsdauer 10 pCt. ab und weitere 10 pCt., wenn die Gebühr für zehnjährige Versicherungsdauer 75 Mk., also jährlich 7,50 Mk. beträgt, so daß dann die Prämie nur 3,62 Mk. für ein Pferd und 57 Pf. für ein Rind beträgt. Das sind doch im Verhältnis zu den Kosten, welche die Haltung eines Pferdes oder Rindes verursacht, gewiß ganz kleine Beträge. Man kann also jedenfalls nicht mit Recht sagen, daß der Landwirtschaft dadurch eine unerschwingliche Last aufgebürdet werde.

Für Gewerbetreibende und andere Personen in den Städten stellt sich allerdings die Versicherungsgebühr etwas höher, nämlich auf 12 bis 13,40 Mk. für das einzelne Pferd, wobei Sachschäden nur bis 80 pCt. des Betrages und nicht über 10 000 Mk. ersetzt werden. Allein auch hier gehen unter den angeführten Bedingungen die zweimal 10 pCt. ab, so daß die Prämie nicht ganz 10 bis nahezu 11 Mk. beträgt. Auch diese Belastung ist denn doch, verglichen mit den Kosten der Pferdehaltung in den Städten, eine verhältnismäßig nicht sehr in Betracht kommende, und auch hier ist besonders zu beachten, das diese Versicherung auch den verschuldeten Schaden mit umfaßt, für den sich ein sorgfältiger Mann doch versichern würde, selbst wenn der dem Reichstage vorliegende Gesetzentwurf zur Wahrheit werden sollte.

Nun behauptet freilich die Begründung des Gesetzentwurfs, daß die kleineren Unternehmer von der Versicherung erfahrungsgemäß nur sehr wenig Gebrauch machten, und ein Schriftsteller, der sich zu der Frage geäußert hat, hat gemeint, die Hoffnung, daß sich die große Mehrzahl der Tierhalter gegen Tierschadenshaftung versichern werde, sei doch wohl graue Theorie. M. H., ich kann, und zwar in Übereinstimmung mit beiden Herren Gutachtern, dies keineswegs für graue Theorie halten. Allerdings dringen derartige wohltätige Einrichtungen bei der landwirtschaftlichen Bevölkerung nicht mit einem Schlage ein. Wenn aber der Entwurf selbst berichtet, daß in den meisten preußischen Provinzen die Großgrundbesitzer zu etwa 90 pCt., die kleineren zu 20 bis 50 pCt. versichert seien, so scheint mir das nicht wenig, sondern vielmehr in Anbetracht der Kürze der Zeit ein Fortschritt, der, wenn die gehörige Belehrung und Anregung hinzukommt, auf ein rasches Wachstum der Versicherung in dieser Branche schließen läßt.

In der Haftpflichtversicherungsanstalt des hannoverschen Provinzialverbandes waren Ende 1901 versichert 15 032 Betriebe, Ende 1904 aber bereits 29 116 Betriebe. Gewiß ein gewaltiger Fortschritt. Bei dem Versicherungsverein in Stuttgart waren 1904 versichert 569 000 Pferde, das ist der 7. Teil aller im Deutschen Reich existierenden Pferde. Von anderen Anstalten liegen mir allerdings Zahlen leider nicht vor; aber soviel ergibt sich gewiß aus dem Gesagten, daß bei gehöriger Belehrung mit der Zeit eine ebenso allgemeine Benutzung der Haftpflichtversicherung von Seiten der Tierhalter zu erwarten sein dürfte, wie heutzutage die Feuerversicherung allgemein oder doch fast allgemein benutzt zu werden pflegt. Denjenigen aber, welchen trotz aller Belehrung eben nicht zu raten ist, können wir auch nicht helfen. Der Wunsch, sie zu schützen, kann doch unmöglich dazu führen, einen durch die Gerechtigkeit geforderten Ersatzanspruch des Verletzten auszuschließen.

Nach alledem beantrage ich als Hauptsatz die These:

Es empfiehlt sich, die Vorschrift des § 833 als Regel aufrecht zu erhalten.

Das ist der Hauptinhalt meines Antrags, und diesem bitte ich vor allem zuzustimmen. Auch der Herr Korreferent ist, wenn er diesen Satz in seinem Antrag auch nicht ausdrücklich ausgesprochen hat, damit — dessen bin ich gewiß — einverstanden. Für diesen Antrag erhoffe ich eine möglichst große Majorität. Wie wir im übrigen entscheiden mögen: wenn wir hierin einig oder nahezu einig sind, so ist das von großer Bedeutung.

Aber, meine Herren, man muß diesen Satz auch besonders aussprechen; es genügt nicht, ihn bloß aus dem Nichtbeantragen einer weiteren Beschränkung schließen zu lassen. Vielleicht könnte man sogar noch hinzufügen: „insbesondere den dem Reichstage vorgelegten Gesetzentwurf in dieser Form abzulehnen.“ Aber ich halte das allerdings nicht für nötig;

jeder, der lesen will, kann aus einem Beschluß, wie ich ihn unter Nr. 1 vorgeschlagen habe, sehen, daß wir diesen Gesetzentwurf, der einer Aufhebung des § 833 nahe kommt, nicht billigen.

Ich bitte Sie nun, m. H., sich in der Würdigung der von mir hervorgehobenen und von den Herren Gutachtern ja noch viel ausführlicher entwickelten Gründe nicht etwa durch die Agitation für die Aufhebung des § 833 irre machen zu lassen. Eine solche Agitation ist ja ganz natürlich; die Tierhalter sind an der Aufhebung der Vorschrift viel mehr interessiert, als das sonstige Publikum an der Aufrechterhaltung. Denn natürlich rechnet nicht leicht jemand damit, daß gerade er von einem Tierschaden betroffen werden würde, und es ist eine bekannte, sich allgemein wiederholende Erscheinung, daß die speziell Interessierten ihre Stimme weit lauter erheben, als die nur ganz allgemein an einer Frage Interessierten. Zudem sind die Tierhalter meist in größeren Organisationen vereinigt, in Landwirtschaftskammern, Gewerbekammern, in Vereinen verschiedenster Art, durch die sie ihre Interessen zu vertreten imstande sind. Die den Tierunfällen am meisten ausgesetzten kleineren Leute aber befinden sich nicht in solchen Organisationen. In der Tat spielen denn auch bei der Begründung des Gesetzentwurfs die Beschlüsse der Landwirtschaftskammern eine ganz besonders große Rolle.

Daneben sind allerdings auch Beschlüsse von Gewerbekammern, die sich so ausgesprochen haben, angeführt. Aber, m. H., zur Ehre der Gewerbekammern sei es gesagt: nicht alle — vielleicht nicht einmal die Mehrheit der Gewerbekammern hat derartig votiert. Aufgabe des Juristentages aber ist es, frei von jeder Interessenvertretung dasjenige zu beschließen, was die Gerechtigkeit und die Billigkeit fordert. Und das, m. H., ist — ich hoffe darin auf ihre Zustimmung — die Aufrechterhaltung des § 833 im Prinzip.

Nach Erledigung der Hauptfrage wende ich mich nun den einzelnen Beschränkungen zu, welche ich Ihnen vorschlagen möchte oder welche von anderer Seite in Anregung gebracht sind. Zunächst möchte ich nun prüfen, welche Änderungen sich empfehlen, wenn man überhaupt zu einer Änderung des § 833 schreitet. Die Frage, ob denn überhaupt geändert werden solle, werde ich erst am Schlusse noch kurz zu berühren mir erlauben.

Zuerst möchte ich meine eigene These, den Antrag 2 besprechen. Als Grund der Haftung des Tierhalters haben wir erkannt die Gefährdung, welcher er in seinem Interesse durch die Tierhaltung das Publikum aussetzt. Wie nun aber, wenn ein anderer als der Tierhalter das Tier für seine eigenen Zwecke gebraucht oder wenn es vom Tierhalter für die Zwecke eines anderen verwandt wird? Kann auch der Reiter, der das Pferd geliehen oder gemietet, oder der Fahrgast, der die Droschke oder den Stellwagen, der Jäger, der den Hund seines Freundes benutzt, sich darauf berufen, daß der Halter dieser Tiere ihm durch die Tierhaltung eine besondere Gefahr gebracht habe, also für den eingetretenen Schaden haften müsse? Ich meine, das wäre gewiß nicht zu billigen. Hier erscheint nicht die Tierhaltung an sich, sondern die Verwendung des Tieres für den Beschädigten als der wahre Grund der Gefährdung. Wenn der Geschädigte in einem solchen Falle Ersatz fordern wollte, so könnte ihm der Tierhalter ganz mit Recht antworten: nicht ich habe dich beschädigt, sondern du selbst; hätte ich das Tier überhaupt nicht gehabt, dann hättest du ein anderes Tier benutzen müssen oder du hättest deine Zwecke nicht verfolgen können, du bist also selbst der Nähere zum Schaden.

In den meisten hierher gehörigen Fällen wird nun ein Vertrag zwischen dem Tierhalter und dem Geschädigten vorliegen. Notwendig ist aber ein solcher Vertrag nicht, um die Haftung auszuschließen. Auch wer einen Ohnmächtigen in seinen Wagen aufnimmt, darf, wenn der Aufgenommene ohne Verschulden des Tierhalters durch das Durchgehen der Pferde verletzt wird, nicht haften; denn auch hier liegt der Grund der Gefährdung nicht in der Tierhaltung, sondern darin, daß der Tierhalter den Ohnmächtigen in seinem Wagen aufgenommen hat. Darüber aber, ob ihn diese Handlung haftbar mache, können natürlich nicht die allgemeinen Vorschriften über die Folgen der Tierhaltung, sondern nur die speziellen Regeln über die Geschäftsführung ohne Auftrag entscheiden.

Vielleicht hätte die Rechtsprechung in freier Würdigung des Zweckes und Grundes der Vorschrift des § 833 durch beschränkende Auslegung zur Verneinung der Haftung in den besprochenen Fällen kommen können. Das ist aber, von Ausnahmen abgesehen, im allgemeinen nicht geschehen. Hat doch das Reichsgericht in dem vielbesprochenen bedauerlichen und gewiß nicht zu billigenden Urteil des 6. Zivilsenats vom 26. Februar 1903 die Haftung aus § 833 sogar in einem Falle angenommen, wo der Tierhalter den Geschädigten auf seine Bitte aus Gefälligkeit in den Wagen genommen hatte.

Deshalb schlage ich Ihnen vor, die Haftung aus § 833 auszuschließen, „wenn der Geschädigte der Gefahr der eingetretenen Schädigung infolge einer in seinem Interesse stattfindenden Verwendung des Tieres ausgesetzt war". Selbstverständlich wird nur die Haftung aus § 833 ausgeschlossen, nicht die Haftung auf Grund anderer Vorschriften, also namentlich aus § 823, wenn ein Verschulden des Tierhalters oder einer Person, für die er einzustehen hat, vorliegt.

Sie wollen in dieser Beziehung auch die Anmerkung zu meinem Antrage beachten; da heißt es nicht etwa: „Die Haftung ist ausgeschlossen usw.“, sondern nur: „Diese Vorschrift des § 833 findet keine Anwendung, wenn usw.“

Ich glaube annehmen zu dürfen, daß auch die beiden Herren Gutachter in den besprochenen Fällen die Haftung aus § 833 ausschließen wollen. Von Herrn Traeger ist das unzweifelhaft; denn sein Vorschlag unterscheidet sich in dieser Beziehung von dem meinigen nur durch die Formulierung. Aber auch Herr Marwitz will die Haftung ausschließen, wenn der Schaden bei Erfüllung eines Vertrags erfolgt, zu der das Tier benutzt werden mußte. Das deckt die große Mehrzahl der durch meine Fassung betroffenen Fälle. Aber auch die übrigbleibenden, insbesondere den Fall des besinnungslos aufgenommenen Wanderers oder den weiter erwähnten Fall der Verletzung durch den Hund des Tierhalters, der einen Ertrinkenden gerettet und ihm dabei die Kleider zerrissen hat, und ähnliche Fälle wünscht Herr Marwitz von der Haftung aus § 833 auszuschließen. Herr Marwitz schlägt deshalb als weiteren Zusatz die Worte vor:

> Diese Verpflichtung tritt ferner nicht ein, wenn die Geltendmachung des Rechtes gegen die guten Sitten verstößt.

Wie mir scheint, erreicht die von mir gewählte Formulierung den Zweck leichter und sicherer. Ich glaube auch nicht, daß man in allen hierhergehörigen Fällen mit Sicherheit von einem Verstoß gegen die guten Sitten wird sprechen können. Auch der Herr Korreferent ist in dieser Beziehung zu meiner Freude zum wesentlich gleichen Resultat gelangt.

Die Frage, ob nicht noch eine weitere Ausnahme zu machen sei, wird von den Herren Gutachtern verschieden beantwortet und erscheint in der Tat als die zweifelhafteste der ganzen Materie. M. H., hier wird es darauf ankommen, welche Stellung wir zu den großen sozialen Fragen überhaupt einnehmen; deshalb wird das Urteil in dieser Beziehung vielleicht nicht so einheitlich sein, wie ich es sonst erhoffe. Herr Marwitz will die Haftung auch dann ausschließen, wenn der Geschädigte sich durch Vertrag den von dem Tiere herrührenden Gefahren ausgesetzt hat; Herr Traeger läßt für diesen Fall keine besondere Ausnahme eintreten. Ich selbst habe, bevor ich die beiden Gutachten kannte, in dieser Beziehung auf dem Standpunkt des Herrn Marwitz gestanden und damals sogar eine Formulierung entworfen, welche den Fall, daß das Tier im

Interesse des Geschädigten verwandt wurde, und den Fall, daß der Geschädigte der Gefahr infolge eines Rechtsverhältnisses ausgesetzt war, kombinierte. Wenn Sie, m. H., den von mir vorgeschlagenen Antrag 2 einmal lesen, so brauchen Sie bloß die Worte: „auf Grund eines Rechtsverhältnisses oder" einzuschieben, um zu diesem Standpunkt zu gelangen, nämlich die Haftung auszuschließen, wenn der Geschädigte der Gefahr „auf Grund eines Rechtsverhältnisses oder infolge einer in seinem Interesse stattfindenden Verwendung des Tieres" ausgesetzt war.

Aber wenn ich auch anfangs auf diesem Standpunkte stand, so sind doch, je genauer ich mich mit der Frage beschäftigt habe, um so mehr Bedenken gegen diese zweite Ausnahme bei mir aufgetreten, besonders bestärkt durch die Ausführungen des Gutachtens des Herrn Kollegen Traeger.

Ich muß, um diese Bedenken darzulegen, auf die Fälle, in denen die Ausnahme Anwendung finden würde, eingehen. Wer einem abgestiegenen Reiter aus Gefälligkeit auf einige Minuten das Pferd hält, der hat sich durch Vertrag — es liegt ein Mandat, ein Auftrag vor — den von dem Pferde herrührenden Gefahren ausgesetzt. Gleichwohl widerstrebt es denn doch jedem Billigkeitsgefühl, ihm gegenüber die Haftung auszuschließen, während ein anderer müßig neben ihm Stehender, wenn er gleichfalls verletzt wird, den Ersatzanspruch haben würde. Aber auch wenn der Reiter für die Dienstleistung eine kleine Vergütung etwa einem Dienstmann versprochen hatte, werden wir die Ersatzpflicht des Tierhalters nicht ausschließen wollen; denn die 20 oder 50 Pfennig werden nicht für die Übernahme der Gefahr bezahlt, und der Dienstleistende wird sich in den meisten Fällen dieser Gefahr überhaupt nicht bewußt geworden sein. Man wird allgemein behaupten dürfen, daß bei entgeltlichen oder unentgeltlichen gelegentlichen Dienstleistungen, welche mit Tieren in Berührung bringen, die Haftung des Tierhalters nur dann ausgeschlossen werden darf, wenn eine vertragsmäßige Übernahme der Gefahr anzunehmen ist. Das muß aber die Rechtsprechung im einzelnen Falle entscheiden, und in dieser Beziehung hat die Rechtsprechung des Reichsgerichts, namentlich in neuerer Zeit, die Bahn denn doch wenigstens eröffnet. So hat das Reichsgericht angenommen, daß der Vertrag mit dem Trainer über Schulung des Pferdes oder mit dem Stallmeister über Zureiten des Pferdes eine stillschweigende Übernahme der Tiergefahr enthält. Ebenso ist der Vertrag mit dem Hufschmied mit hinreichender Deutlichkeit als einer dieser Ausnahmefälle bezeichnet worden in allerneuester Zeit — im 62. Bande findet sich die Entscheidung —, während früher das Reichsgericht hier die Haftung angenommen hatte. Wir dürfen also wohl vertrauen, daß die freiere, dem vermutlichen Willen der Partei mehr gerecht werdende Auslegung der Verträge in Zukunft noch in zahlreichen anderen Fällen zu derartigen befreienden Entscheidungen führen werde.

Weit schwieriger ist nun allerdings die Frage der Haftung gegenüber den zur Leitung oder Pflege der Tiere angestellten Personen, insbesondere gegenüber den Kutschern, Viehknechten, Viehmägden usw. Diese Frage ist besonders wichtig, weil diese Personen bei der früher erwähnten Versicherung gegen Haftung für Tierschäden ausgenommen sind, also eine besondere Versicherung erforderlich ist, für die bei Pferde- oder Viehhaltung für jeden derartigen Angestellten eine Prämie von 36 bis 45 Mk., bei Hundehaltung und Hundezüchtung 11,25 bis 15 Mk. beträgt — nicht etwa für jedes Tier, sondern für jeden Angestellten. Vertragsmäßiger Ausschluß der Haftung ist hier schwerlich anzunehmen, ist auch vom Reichsgericht verneint worden. Gleichwohl will Herr Marwitz in teilweiser Übereinstimmung mit einem Aufsatz des Herrn Professors von Blume im „Recht", und ferner noch etwas weitergehend auch der Herr Korreferent die Haftung in diesen Fällen ausschließen, weil hier den Nutzen von der Tierhaltung nicht der Tierhalter allein hat, sondern auch die genannten Dienstverpflichteten, da sie ja um ihrer selbst willen den Dienstvertrag abgeschlossen haben.

M. H.! Handelte es sich nur um eine Frage der juristischen Logik, so wäre vielleicht Herrn Marwitz zuzustimmen. Aber hier kommen, wie ich schon andeutete, sozialpolitische Fragen zur Sprache. Denn es handelt sich um wirtschaftlich Schwache, die nach den Grundsätzen der sozialpolitischen Gesetzgebung gegen die Folgen unverschuldeter, ja selbst verschuldeter Erwerbsunfähigkeit tunlichst zu schützen sind.

Dem bei weitem größten Teil des Fahr- und Stallpersonals ist nun ein solcher Schutz bereits durch die Unfallversicherungsgesetze zuteil geworden; denn die meisten dieser Personen sind in der Landwirtschaft oder in unfallversicherungspflichtigen Gewerben beschäftigt. Für diese Personen, sofern sie berufsgenossenschaftlich versicherte Arbeiter oder Betriebsbeamte des Tierhalters sind, ist — was sehr bekannt, aber bei den Erörterungen doch häufig übersehen worden ist — die Haftung schon jetzt ausgeschlossen, und zwar nicht nur bei unverschuldetem, sondern auch bei dem von dem Herrn verschuldetem Tierschaden mit alleiniger Ausnahme des vorsätzlich verursachten. Die Rechte aus der Unfallversicherung treten eben an die Stelle der Entschädigungspflicht. Das nicht berufsgenossenschaftlich versicherte Fahr- und Stallpersonal, also namentlich die Kutscher und Stallknechte derjenigen, die kein oder doch kein versicherungspflichtiges

Gewerbe betreiben, wird jetzt durch den § 833 gegen Tierschäden geschützt, und, m. H., ich kann die ersatzlose Aufhebung dieses Schutzes nicht befürworten. Freilich geht dieser Schutz einerseits weiter als der durch die Unfallversicherung gewährte, anderseits bleibt er gegen sie zurück. Weiter geht er, denn er gewährt vollen Schadenersatz, während die Unfallrente bekanntlich nur zwei Drittel des Jahresverdienstes gewährt, wobei zudem der die Summe von 1500 Mk. überschreitende Betrag nur zu einem Drittel zur Berechnung kommt; geringwertiger aber ist der Anspruch gegen den Tierhalter in drei Beziehungen: er kann vertragsmäßig ausgeschlossen werden, was bei dem Anspruch aus der Unfallversicherung nicht zutrifft; er fällt ferner weg bei eigenem Verschulden des Arbeiters, während bei der Unfallversicherung ein Versagen nur stattfindet, wenn der Arbeiter den Unfall vorsätzlich herbeigeführt hat; und er ist endlich wertlos, wenn der Tierhalter unvermögend ist.

Deshalb scheint mir der von Herrn Traeger gemachte Vorschlag das Richtige zu treffen, die Unfallversicherung auf das bisher noch nicht versicherungspflichtige Fahr- und Stallpersonal auszudehnen, und ich habe mir diesen Vorschlag unverändert angeeignet. Er bildet die Nummer 3 meiner Anträge.

Wird dieser Gedanke zur Wahrheit, so wird zugleich eine bedauerliche Ungleichheit aus der Welt geschafft; es ist denn doch unleidlich, den Kutscher oder Stallknecht des Bankiers oder Arztes oder Rentiers anders zu behandeln als den im Gewerbe oder in der Landwirtschaft beschäftigten Fahr- oder Stallknecht. Die aus der Tierhaltung entspringenden Gefahren sind doch in beiden Fällen unzweifelhaft gleiche. Die Aufhebung der Tierhaftung aus § 833 gegenüber dem Fahr- und Stallpersonal würde geradezu als eine Privilegierung derjenigen erscheinen, welche Fuhrwerke halten, ohne dessen für einen versicherungspflichtigen Gewerbebetrieb zu bedürfen.

Nun könnte man aber einwenden, die Haftung für das Fahr- und Stallpersonal müßte zunächst aufgehoben werden; erst dann könne man die Frage erörtern, ob die Unfallversicherung auf diese Personen auszudehnen sei. Allein, m. H., dem möchte ich entschieden widersprechen. Wer ein Ziel erreichen will, der muß auch den Weg gehen, der am sichersten zum Ziele führt. Wenn wir erst die Tierhalter von der Haftpflicht befreien, so schaffen wir jener Ausdehnung der Unfallversicherung neue, vielleicht ganz unüberwindliche Hindernisse und neue Gegner. Deshalb ist es der einzig praktische Weg, die Haftung dem Fahr- und Stallpersonal gegenüber erst durch die Einführung der Unfallversicherung zu beseitigen, wo sie ja dann gesetzmäßig von selbst eintritt. Dies ist der Hauptunterschied meines Antrags von demjenigen des Herrn Korreferenten. Der Herr Korreferent empfiehlt eine Vorschrift, welche das Stall- und Fahrpersonal sofort des Schadensersatzanspruchs berauben würde, obgleich es unsicher ist, ob die Unfallversicherung, eingeführt werden wird. Der Einführung der Unfallversicherung, hoffe ich, wird er ebenfalls aus Prinzip zustimmen — was er mir bestätigt. Ich dagegen sage: den einmal vorhandenen Schutz des § 833 können wir nicht schlechthin beseitigen, sondern wir können ihn nur ersetzen. Wir dürfen kein Mittel vorschlagen, das zu einer Beseitigung führt, ohne des Ersatzes sicher zu sein.

Ein zweiter Unterschied zwischen dem Antrage des Herrn Korreferenten und dem meinigen liegt in folgendem. Wer nur gelegentlich auf Grund eines Rechtsverhältnisses der Tiergefahr sich aussetzt, der wird von dem Korreferenten ebenfalls des Anspruchs entkleidet. Der abgestiegene Reiter soll nach dem Antrage des Korreferenten also zwar demjenigen gegenüber haften, der müßig neben ihm steht und sich mit ihm unterhält, aber nicht demjenigen gegenüber, der das auch tat und dem er dann gesagt hat: bitte, halten Sie mir auf einige Augenblicke das Pferd, und auch nicht demjenigen gegenüber, der es übernommen hat, gegen 50 Pf. das Pferd einige Zeit zu halten.

Endlich unterscheidet sich der Antrag des Herrn Korreferenten von dem meinigen dadurch, daß er in den Fällen, in denen die Haftung auszuschließen ist, eine Umkehrung der Beweislast vorschlägt. Auch dem kann ich, m. H., zum mindesten für die Fälle, in denen ich die Haftung ausschließen will, nicht zustimmen. Wenn ich meinem Freunde mein Pferd leihe und er dadurch zu Schaden kommt, so kann man mir meines Erachtens den Beweis nicht aufbürden, daß er durch dieses Tier ohne mein Verschulden verletzt sei. Für den Kreis von Fällen, in denen ich die Haftung ausschließen will, ist die Umkehrung der Beweislast nicht am Platze.

Ich muß mich nun zu einem Punkte wenden, der durch das Gutachten des Herrn Professors Traeger angeregt worden ist. Herr Traeger schlägt vor, den Inhalt des Ersatzanspruchs einer gewissen Beschränkung zu unterwerfen. Er schlägt vor, ihn im Falle der Körperverletzung oder Gesundheitsbeschädigung in ähnlicher Weise zu beschränken, wie das im Haftpflichtgesetz geschieht. M. H., ich kann einem solchen Gedanken im Prinzip nur zustimmen. Insbesondere würde ich es nicht für richtig halten, auf die Fälle der Tierhaftung ohne Verschulden den § 847 über die Haftung für nicht vermögensrechtlichen Schaden auszudehnen.

Auch der andere Vorschlag des Herrn Gutachters Traeger scheint sachlich durchaus berechtigt. Er schlägt vor, bei Sachschäden die Haftpflicht auf einen Höchstbetrag, auf etwa 1000, 2000, 3000 Mk. zu beschränken. Es ist gewiß richtig, daß derjenige, der sehr wertvolle Objekte der Tiergefahr aussetzt, z. B. ein Automobil oder ein wertvolles Rennpferd oder eine ganz besonders kostbare Auslage in einem Schaufenster, es sich in gewissem Maße selbst mit zuzuschreiben hat, wenn ihn ein sehr hoher Schaden trifft, und daß man sagen kann: er ist auch in der Lage, sich gegen solche besonderen Gefahren zu versichern.

Deshalb habe ich gegen diese Vorschläge des Herrn Gutachters Traeger prinzipiell nichts einzuwenden. Ich glaube aber, daß wir, wenn wir diese Einzelfragen in unsere Anträge mit hineinziehen und dadurch die ganze Diskussion auf sie mitlenken, doch die Grenzen überschreiten, welche dem Juristentag bei seinen Verhandlungen naturgemäß gesetzt sind und uns eine Beschränkung auf die Hauptsache gebieten. Ich werde indes meinerseits, wenn Anträge nach dieser Richtung etwa gestellt werden, sie nicht bekämpfen; nur möchte ich selbst sie nicht stellen.

Zum Schluß, m. H., wende ich mich zu der Frage, ob es denn überhaupt notwendig ist, Abänderungen zu beantragen. Man kann den Zweifel aufwerfen, ob nicht die Rechtsprechung sich selbst helfen werde. Die Rechtsprechung hat ja inbezug auf den Trainer, den Bereiter, den Hufschmied schon Ausnahmen statuiert. Neuerdings hat auch — freilich mit einer Begründung, die ich nicht für zutreffend halten kann — das Reichsgericht die Haftung auch abgelehnt für ein unentgeltlich verliehenes Pferd. Nach unserem Antrag würde die Haftung dann zweifellos ausgeschlossen sein, wenn der Schaden eingetreten ist für den Entleiher des Pferdes selbst. Es ist allerdings gewiß möglich, wenn auch keineswegs sicher, daß die Haftung von der Rechtsprechung noch in einer Reihe von anderen Fällen ausgeschlossen werden wird und daß die Rechtsprechung sich allmählich zu einer dem Haftungsgrunde entsprechenden, freien Auslegung entwickelt. Aber diese Entwicklung ist nicht sicher und würde längere Zeit erfordern. Außerdem aber ist eine bloße Ablehnung jeder Veränderung des § 833 auch in der Sachlage, in der wir uns gegenwärtig befinden, nicht ohne Bedenken. Eine einfache Ablehnung jeder Veränderung könnte den Gesetzentwurf, den wir, wie ich glaube, in der großen Mehrheit alle nicht wollen, vielleicht eher stärken als schwächen. Es sind eben sehr viele Stimmen für eine Veränderung eingetreten; „es rast der See und will sein Opfer haben!" (Heiterkeit).

Ich kann mich also doch nicht dazu entschließen, für die bloße Ablehnung des Gesetzentwurfes zu plädieren. Gleichwohl bin ich, wenn dadurch etwa eine Einigung zu erzielen wäre, durchaus geneigt, auch auf diesen Boden zu treten. Ich habe sogar einen Antrag entworfen, der dazu dienen könnte, den ich aber, vorläufig wenigstens, nicht stelle; er lautet:

> Es empfiehlt sich, die Vorschrift des § 833 als Regel aufrecht zu erhalten, auch von einzelnen Änderungen abzusehen, in der Erwartung, daß die Rechtsprechung zu einer freieren Auslegung der Vorschrift gelangen wird, welche den Haftungsgrund und die daraus sich ergebenden Beschränkungen der Anwendbarkeit berücksichtigt.

Ich glaube, mir damit, m. H., jede mir mögliche Beschränkung auferlegt zu haben, im Interesse eines möglichst einheitlichen Beschlusses, und ich bitte auch die anderen Herren, die an der Diskussion teilnehmen, dieser Beschränkung möglichst nachzueifern. Wir müssen Wert legen auf tunlichste Übereinstimmung. Es ist das ja der einzige Riegel, den wir der geplanten Verschlechterung unseres Gesetzes vorschieben können. Ob dieser Riegel halten wird, ob nicht gleichwohl auch über Beschlüsse, die von einer großen Mehrheit getragen werden, hinweggegangen wird, das vorauszusehen sind wir nicht imstande. Wir müssen uns damit begnügen, unsere Schuldigkeit getan zu haben.

(Lebhafter anhaltender Beifall.)

Mitberichterstatter, Rechtsanwalt am Oberlandesgericht Dr. **Sitter**-Kiel: Meine sehr geehrten Herren! Ehe ich auf die Sache selbst eingehe, muß ich zunächst einen bei der gestrigen Verhandlung erhobenen allgemeinen Einwand beseitigen. Es wurde gestern von mehreren Rednern bei der Beratung über die Frage, ob sich eine Abänderung des § 313 des Bürgerlichen Gesetzbuchs empfehle, betont, daß Abänderungen des Bürgerlichen Gesetzbuchs überhaupt jetzt noch nicht anzustreben seien, eine Ausführung, die mit Recht beifällig aufgenommen wurde. Es wird vielleicht auch heute wieder dieser Einwand geltend gemacht werden gegenüber der zur Erörterung gestellten Frage, ob sich eine Änderung der Vorschrift des § 833 empfiehlt. Aber hier ist der Einwand nicht stichhaltig, weil, wie im allgemeinen schon der Herr Referent mitgeteilt hat, die Sachlage hier eine ganz besondere ist. Bereits am 4. März 1905 ist im Reichstage einer Kommission von 14 Mitgliedern ein Antrag von Treuenfels überwiesen worden, der dahin ging, die Ersatzpflicht des Tierhalters solle nicht eintreten, wenn der Schaden durch ein Haustier verursacht wird und derjenige, welcher das Tier hält, bei dessen Beaufsichtigung die im Verkehr erforderliche Sorgfalt beobachtet, oder wenn der Schaden auch bei Anwendung dieser Sorgfalt entstanden sein würde.

Diese Kommission, welche ihre Arbeiten am 9. März 1905 begann, schlug dem Reichstag die Annahme einer Resolution vor, dahingehend, die verbündeten Regierungen zu ersuchen, baldmöglichst einen Gesetzentwurf vorzulegen, durch welchen dem § 833 BGB. ein zweiter Satz, entsprechend dem Antrage v. Treuenfels, hinzugefügt werden sollte. Darauf hat dann am 24. Februar 1906 der Reichskanzler mit folgendem Handschreiben einen Gesetzentwurf an den Reichstag gelangen lassen:

> „Im Namen Seiner Majestät des Kaisers beehrt sich der Unterzeichnete, den beiliegenden Entwurf eines Gesetzes, betreffend Änderung des § 833 des Bürgerlichen Gesetzbuches, wie solcher vom Bundesrat beschlossen worden ist, nebst Begründung dem Reichstage zur verfassungsmäßigen Beschlußfassung vorzulegen."

Dieser Gesetzentwurf enthält eine Abänderung des § 833 im Sinne des Antrags v. Treuenfels. Er ist in zwei Lesungen angenommen; die dritte Lesung steht noch aus. Es ist also hier die Frage akut, ob und in welcher Weise eventuell eine Änderung des § 833 erfolgen soll. Der generelle Einwand, daß man an den Bestimmungen des Bürgerlichen Gesetzbuches, jetzt überhaupt noch nicht rütteln dürfe, wenngleich eine Änderung sonst an sich wünschenswert erscheine, trifft bei der bestehenden Sachlage in dieser Allgemeinheit hier nicht zu.

Was die Sache selbst betrifft, so hat der Herr Referent drei Thesen aufgestellt, nach deren erster die Vorschrift des § 833 als Regel beibehalten werden soll. Gewiß liegt auch meinem Antrag der Gedanke zugrunde, daß die Vorschrift des § 833 als Regel beizubehalten ist; aber mein Antrag schwächt die Regel doch so ab, daß ich es für untunlich halten würde, wenn mein Antrag angenommen würde, daneben noch besonders auszusprechen: „Es empfiehlt sich, die Vorschrift des § 833 als Regel beizubehalten."

Gegenüber dem zweiten Antrage des Herrn Referenten ist mein Antrag umfassender, er umfaßt — vor allem — auch die Angestellten des Tierhalters mit.

Der dritte Antrag ist, soweit der materielle Inhalt in Frage kommt, mir durchaus sympathisch, ich werde im Laufe meiner Erörterungen dies noch hervorheben; aber da es sich lediglich um die Frage der Abänderung des § 833 handelt, ist meines Erachtens für diesen Antrag hier kein Raum, die Anträge können hier nur auf eine Abänderung des Paragraphen selbst gerichtet sein.

Die Beantwortung der Hauptfrage, ob eine gänzliche oder teilweise Beseitigung der absoluten Haftung des Tierhalters, wie sie in § 833 statuiert ist, zu empfehlen ist, erheischt ein Zurückgehen auf den Grund der Haftung, und zwar auch in historischer Beziehung. Es wird immer betont, die Haftpflicht entspreche der Gerechtigkeit. Weshalb die Haftpflicht der Gerechtigkeit entsprechen soll, ist nicht gesagt worden. Es fragt sich, ob das Interesse des Verletzten und das Interesse des Tierhalters genügend gegeneinander abgewogen, ob nicht einseitig das Interesse des Verletzten zu stark berücksichtigt worden ist.

Und weiter ist scharf zu unterscheiden: Läßt sich eine zivilistische Haftung begründen oder ist eine öffentlichrechtliche Fürsorge am Platze? Das sind ganz wesentliche Gesichtspunkte, die nicht unbeachtet zu lassen sind. Ein kurzer historischer Rückblick auf die Haftung des Tierhalters im römischen wie im deutschen Recht ist umsomehr erforderlich, als namentlich von dem Gutachter Traeger der Vorwurf erhoben worden ist, wenn man die absolute Haftung nach § 833 allzusehr einschränke, so bedeute das einen Rückschritt gegenüber dem früheren Rechtszustande. Diesen Vorwurf halte ich für durchaus ungerechtfertigt.

Der Kindheitszeit der Völker entspricht eine Kindheitsperiode des Rechts. Im Rechte als der Form des sozialen Lebens, als der Ordnung menschlicher Verkehrsverhältnisse, spiegeln sich die Grundzüge des Wesens und der Anschauungen der Völker wieder. Das nicht geläuterte Rechtsgefühl des Naturmenschen beurteilt das Unrecht einseitig vom Standpunkte des Verletzten aus, auch vom Unschuldigen erheischt es Sühne. Die Verantwortlichkeit des Eigentümers für einen durch sein Tier angerichteten Schaden ist sowohl im römischen wie im germanischen Recht auf dem Boden des Strafrechts zur Entstehung gelangt. Das von dem Gedanken der Rache beherrschte Naturvolk erachtete die Verletzung durch ein Tier als das Unrecht eines ihm feindlich gesinnten Wesens. Das Unrecht verlangte Sühne; das Tier mußte mit dem Tode büßen. Das bloße Verletzen als solches wurde als ein Unrecht empfunden, und die Auffassung, daß auch das Tier eines Unrechts fähig sei, war der alten Rechtsanschauung durchaus geläufig. Die weitere Entwickelung im deutschen Recht führte zur Haftung des Eigentümers für das Unrecht welches sein Tier begangen hat. Dabei wird an einem Verschulden des Tieres festgehalten. Der Eigentümer haftet als gesetzlicher Vertreter für das Delikt des Tieres; er kann sich durch Preisgabe des Tieres von seiner Haftung befreien. Über diese Entwickelung ist das deutsche Recht nicht hinausgekommen.

Es setzte dann die Rezeption des römischen Rechts ein. Die actio de pauperie des römischen Rechts war eine Noxalklage, gerichtet gegen den Eigentümer des Tieres, welcher entweder Schadensersatz zu leisten oder das Tier zur noxa zu geben hatte. Dem Geschädigten steht diese Klage zu: „quotiens (quadrupes) contra naturam fera mota pauperiem dedit.“ oder wie es nach der Glosse heißt: „contra naturam sui generis.“ Es muß also „eine besondere Bosheit oder eine ungewöhnliche Erregung des Tieres obgewaltet haben, und der Schaden auch nicht einem Menschen zur Last fallen.“

Die gemeinrechtliche Jurisprudenz hat über den Grund der Haftung verschiedene Auffassungen vertreten. Eine ziemlich verbreitete Ansicht war, daß die römischen Juristen die Haftung auf eine präsumierte culpa des Eigentümers zurückgeführt hätten. Das römische Schadensersatzrecht war auf dem Gedanken, daß nur ein schuldhaft angerichteter Schaden ersatzpflichtig mache, aufgebaut. Die konsequente Durchführung dieses Gedankens im System des römischen Rechts bedeutet die Lösung eines ethischen Problems. Die aus einer älteren Epoche übernommene Haftung für Tierschäden wurde diesem Gedanken mehr oder weniger unbewußt untergeordnet; sie beruhte in der älteren Epoche im wesentlichen auf den Auffassungen des deutschen Rechtes. Ihering hebt in seinem „Schuldmoment“ mit Recht hervor, daß die Lehre des römischen Rechtes über die Schadenersatzverbindlichkeit des Eigentümers bei Tierschäden mit der Idee der Schuld — möge man sie nun in das Tier oder in den Herrn verlegen — in einem gewissen Zusammenhang stehe.

Die Ansicht der gemeinrechtlichen Jurisprudenz, welche die Haftung des Eigentümers für den durch sein Tier angerichteten Schaden auf eine präsumptive culpa des Eigentümers zurückführte, — ob mit Recht oder Unrecht, kann dahingestellt bleiben — wurde, weil sie eben die Lösung eines ethischen Problems bedeutete, für die Entwicklung der neueren Gesetzgebung und Jurisprudenz von maßgebender Bedeutung. So finden wir denn, daß die neuere Gesetzgebung und Jurisprudenz — abgesehen freilich von dem französischen Recht — an dem Verschuldungsprinzip festhält.

Man hat deshalb den Vorwurf erhoben, daß die Schadensersatzpflicht für Tierschäden nicht im Sinne des deutschen Rechtes weiter ausgebaut sei. Dieses Prinzip ist ungerechtfertigt. Eignete sich denn der Gedanke einer Verschuldung des Tieres für den verfeinerten Rechtssinn zur weiteren Durchführung? Der im Volksbewußtsein wurzelnde Satz: „Kein Übel ohne Schuld“ — ein Satz, den Ihering in seinem „Schuldmoment“ einen „ewig wahren“ Satz nennt — mußte die Entwicklung der Schadensersatzpflicht im Sinne des römischen Rechts fördern. Das Rechtsbewußtsein des kulturell fortgeschrittenen Volkes war von dem der Moral angehörigen Verschuldungsprinzip so innig durchdrungen, daß eine Abweichung von diesem Prinzip im Rechtsleben nicht angängig erschien. Moral und Rechtsordnung wollten in diesem wichtigen Prinzip nicht auseinandergehen. Was das Volk nicht im Gewissen verpflichtete, sollte auch die Rechtsordnung nicht erzwingen können. Das war die Anschauung, welche der Beibehaltung des Verschuldungsprinzips im System des Schadensersatzrechts zugrunde lag, — eine Anschauung wesentlich ethischer Natur.

Die Ansicht Isays (Jahrbücher für Dogmatik, 39, 285 ff.), daß die Haftung des Eigentümers für den durch sein Tier angerichteten Schaden historisch als ein Element des Eigentums aufzufassen sei und daß infolge der streng individualistischen Entwicklung des Privateigentums im römischen Recht für eine Entwicklung der Verantwortlichkeit des Eigentümers für den durch sein Tier angerichteten Schaden kein Raum geblieben sei, ist meines Erachtens nicht richtig. Der Nachweis, daß die deutsche Rechtsentwicklung dahin gegangen ist, die Haftung des Tierhalters lediglich auf die sachrechtliche Herrschaft desselben zu stellen, ist nicht gelungen. Er sagt in seiner Abhandlung selbst, daß das germanische wie das römische Recht von einem Verschulden des Tieres ausgegangen sei und daß bis zuletzt an diesem Prinzip festgehalten worden sei. Die Schuld des Tiers — und die Anschauung, daß Tierestat Herrentat sei, ist nach Anschauung des deutschen Rechts das Moment, welches haftbar macht. Die Verantwortlichkeit ist kein Element des Eigentums — dergestalt, daß das Eigentum nicht nur die absolute Herrschaft über eine Sache bedeutet, sondern zugleich einen Komplex von Pflichten in sich birgt —, sondern sie ist, wie auch das Reichsgericht für das französische Recht beiläufig ausgesprochen hat (RG. 14, 317) weiter nichts, als eine an das Eigentum geknüpfte Folge; eine gesetzliche Folge, aber kein Element des Eigentums. Das Bürgerliche Gesetzbuch steht in betreff des Eigentumsbegriffs im wesentlichen auf keinem anderen Boden, wie das gemeine Recht. Man hat gesagt, das Bürgerliche Gesetzbuch habe durch Anerkennung des Gefährdungsprinzips den Boden des gemeinen Rechts verlassen. Das ist durchaus nicht richtig. Ich will zum Beweise nur zwei Paragraphen des Bürgerlichen Gesetzbuchs herausgreifen, den § 903, der ja fast eine Definition des Eigentumsbegriffs gibt,

> „Der Eigentümer einer Sache kann, soweit nicht das Gesetz oder Rechte Dritter entgegenstehen, mit der Sache nach Belieben verfahren und andere von jeder Einwirkung ausschließen."

und den Artikel 111 des Einführungsgesetzes, worin gesagt wird, daß unberührt bleiben die landesgesetzlichen Vorschriften, welche im öffentlichen

Interesse das Eigentum in Ansehung tatsächlicher Verfügung beschränken. Das Bürgerliche Gesetzbuch kennt also im wesentlichen nur einen Eigentumsbegriff, wie er dem gemeinen Recht zugrunde liegt.

Der Herr Referent beruft sich für die Haftpflicht des Tierhalters auf das Gefährdungsprinzip. Das Gefährdungsprinzip ist dahin aufzufassen, daß man sagt: wenn du ein Tier hältst, eine Sache, wodurch du die Mitmenschen in Gefahr bringst, so mußt du die Garantie dafür übernehmen, daß das Tier nicht schädigt; tritt der Fall ein, so ist eine Folge deines Eigentums, daß du ersatzpflichtig gemacht wirst.

Ist die Statuierung der absoluten Haftung, wie sie in § 833 erfolgt ist, bei Berücksichtigung dieses Prinzips gerechtfertigt? Das ist die Frage, auf welche es wesentlich ankommt. Das Schadensersatzrecht des Bürgerlichen Gesetzbuchs ist aufgebaut auf dem Verschuldungsprinzip. Nur in vereinzelten Fällen ist dieses Prinzip verlassen. Ich erinnere an § 231, § 829, § 835 usw. des Bürgerlichen Gesetzbuchs. Für die unbedingte Haftung kommt wesentlich nur das Reichshaftpflichtgesetz in Betracht. Aber auch hier erscheint, wie Oertmann in der Deutschen Juristenzeitung (1904, 141) mit Recht hervorhebt, die Haftung abgeschwächt, verglichen mit der Haftung des Tierhalters. Der Betriebsunternehmer einer Eisenbahn haftet schuldlos für die Beschädigung von Personen, wenn der Schaden beim Eisenbahnbetrieb zugefügt wurde. Der Nachweis der höheren Gewalt und des eigenen Verschuldens des Beschädigten befreit ihn. Der Umfang der Haftung ist nicht in dem Maße vorhanden, wie er nach dem Bürgerlichen Gesetzbuch für den Tierhalter besteht. Abgesehen von diesen Einschränkungen kommt die Verschiedenheit der beteiligten Subjekte wesentlich in Betracht. Der wohl ausnahmslos kapitalkräftige Unternehmer eines Eisenbahnbetriebs vermag die ihm aufgebürdete Haftpflicht in der Regel leichter zu tragen als der Tierhalter. Denn es ist unrichtig, was immer vorausgesetzt wird, daß der Tierhalter durchweg in den kapitalkräftigen Kreisen zu suchen sei; vielfach ist er sogar in den ärmeren Klassen zu finden. Der Tierhalter ist gegenüber dem Betriebsunternehmer einer Eisenbahn vom Gesetzgeber mit ungleichem Maße gemessen.

Das Gefährdungsprinzip eignet sich nicht zur so unbedingten Durchführung, wie das auf dem festen Boden der Moral beruhende Verschuldungsprinzip. Das ist der Grund, weshalb dort, wo man versucht hat, das Gefährdungsprinzip schlechthin durchzuführen, überall Flickwerk erforderlich erscheint. Ich weise nur auf das hin, was der Herr Referent schon hervorgehoben hat: es finden auf die Haftung des Tierhalters auch die §§ 842, 845 und 847 Anwendung. Wenn die Biene des A. den

B. sticht, so kann letzterer Schmerzensgeld verlangen. Das entspricht der konsequenten Durchführung des Gefährdungsprinzips und der Unterordnung des § 833 unter den Titel über unerlaubte Handlungen. Die Durchführung des Gefährdungsprinzips ist schlechthin ganz sicher nicht möglich. Die Anwendung dieses Prinzips ist meines Erachtens rechtspolitisch höchstens dann zu rechtfertigen, wenn es sich um eine außergewöhnliche Gefährdung handelt, und wenn zweitens die von der Haftung betroffenen Kreise wirtschaftlich auch in der Lage sind, die ihnen aufgebürdete Haftpflicht zu tragen. Das trifft meines Erachtens in bezug auf den Tierhalter nicht durchweg zu. Der Umstand, daß das Halten von Haustieren, wie in der Kommission für die Gesetzesvorlage betont wurde, durch die moderne Kulturentwicklung gegeben ist, daß es der Allgemeinheit zum Nutzen gereicht und daß der Verkehr sich auf das Halten von Haustieren eingerichtet hat, fällt gegen die Anwendung des Gefährdungsprinzips allerdings wesentlich ins Gewicht.

Man operiert hier, wo es sich um zivilistische Haftung handelt, viel mit sozialpolitischen Gedanken. Ich habe schon vorher gesagt: man muß die Frage, ob zivilistische Haftung und die Frage, ob öffentlich-rechtliche Fürsorge einzutreten hat, scharf unterscheiden. Nun, jedenfalls auch sozialpolitisch kann es niemals richtig erscheinen, wenn man gewisse Berufsklassen, die Tiere halten, durch die Aufbürdung der Tierhaftung wirtschaftlich überlastet! Heute kann der Fall eintreten, daß, infolge eines Tierschadens anstatt wie bisher nur eine jetzt zwei Existenzen wirtschaftlich ruiniert werden. Man muß die Sache von beiden Seiten betrachten. Überrennt das Pferd eines kleinen Mannes jemanden und macht ihn zum Krüppel, und hat deshalb der Eigentümer, der nicht versichert ist, dem Verletzten lebenslänglich eine Rente zu zahlen, dann sind zwei Existenzen ruiniert. Die dem Tierhalter offenstehende Möglichkeit, durch Versicherung das Risiko der Haftpflicht decken zu können, ist in rechtspolitischer Hinsicht kein Grund für die Anwendbarkeit des Gefährdungsprinzips, sonst könnte man auch sagen, die ganze Schadensersatzpflicht des Bürgerlichen Gesetzbuchs bauen wir auf auf dem Gefährdungsprinzip, anstatt auf dem Verschuldungsprinzip, weil es möglich ist, das Risiko der Haftpflicht durch Versicherung zu decken. Die Möglichkeit der Versicherung ist höchstens ein Moment gegen die Auffassung, daß allzu große Härten mit dem Gesetz verbunden seien; in rechtspolitischer Hinsicht ist es aber keineswegs ein Moment für die Rechtfertigung dieses Gesetzes. Die gegenteilige Annahme ist völlig verfehlt, die Versicherungsmöglichkeit hat bei der Rechtfertigung des § 833 ganz auszuscheiden. Wenn man sie aber doch verwerten will — und der Herr Referent hat das in ausgiebiger Weise getan —, so möchte ich noch darauf hinweisen, daß namentlich bei der kleineren ländlichen Bevölkerung noch eine ziemlich große Unkenntnis über die Möglichkeit der Versicherung herrscht.

Die von der absoluten Haftung erwartete vorbeugende Wirkung, die erhoffte größere Aufmerksamkeit und Sorgfalt des Tierhalters bilden meines Erachtens auch keineswegs ein durchschlagendes Moment. Nach dem Gesagten dürfte in rechtspolitischer Hinsicht die Begründung der Haftung des Tierhalters auf der Basis des Schuldprinzips bei Umkehrung der Beweislast wohl das Richtige sein. Jedenfalls ist, da die Haftpflicht des Tierhalters nach § 833 zu Härten geführt hat, eine Änderung des Paragraphen erforderlich. Die absolute Haftung ist höchstens gerechtfertigt, wenn es sich um das unbeteiligte Publikum handelt; nur diesem gegenüber würde ich die absolute Haftung allenfalls für richtig halten. Wenn aber der Verletzte nicht mehr unbeteiligt ist, wenn er in gewissen Beziehungen zu dem Tiere steht, dann ist die Haftung allemal grundsätzlich abzulehnen.

Die Gründe sind meines Erachtens sehr einfach. Das Halten von Haustieren gereicht der Allgemeinheit zum Nutzen. Wer diesen Nutzen für sich sucht und sich infolgedessen der Tiergefahr aussetzt, tut dies auf eigenes Risiko; der Umstand, daß der Tierhalter das Tier hält, bringt ihn nicht sowohl in Gefahr, als vielmehr die Tatsache, daß er das Tier seinen Zwecken dienstbar zu machen strebt, daß er unmittelbar oder mittelbar aus dem Tier Vorteil zu ziehen sucht und sich dadurch der Tiergefahr aussetzt. Man denke den Fall, daß ein Viehhändler einen gekauften Ochsen abnehmen will. Er begibt sich in den Stall, der Verkäufer geht mit ihm, bindet den Ochsen los und will ihn übergeben; ehe noch die Übergabe erfolgt ist, verletzt der Ochse den Käufer. Hier soll der Verkäufer haften, lediglich weil die Übergabe noch nicht erfolgt ist! Eine Minute später wäre die Übergabe erfolgt, und dann wäre die Haftung eine umgekehrte gewesen. Das entspricht nicht dem Rechtsgefühl des Volkes.

Um festzustellen, wer als unbeteiligtes Publikum anzusehen ist, verfährt man zweckmäßig in regulärer Weise dergestalt, daß man festlegt, wem gegenüber als einen nicht Unbeteiligten die absolute Haftung ausgeschlossen sein soll.

I. Nach dem ersten Teile meines Antrages soll die absolute Haftung dann ausgeschlossen sein, wenn der Schaden durch die Verwirklichung einer Gefahr entsteht, welcher der Getötete, Verletzte oder Geschädigte infolge einer Verwendung des Tieres in seinem Interesse ausgesetzt war. Dabei braucht ein Rechtsverhältnis zwischen dem Tierhalter und dem Verletzten nicht zu bestehen.

Ich habe zunächst nur die Fälle im Auge, wo ein Rechtsverhältnis nicht vorhanden ist. Die Gruppe dieser Fälle zerfällt in zwei Abteilungen: a) der Verletzte hat sich selbst der Gefahr infolge der Verwendung des Tieres in seinem Interesse ausgesetzt, b) der Verletzte war ohne seinen Willen der Gefahr ausgesetzt infolge der Verwendung des Tieres in seinem Interesse. Als Beispiel zu a mag die lediglich auf Gefälligkeit beruhende Mitnahme eines Reisenden seitens des Tierhalters auf seinem Wagen dienen. Als Beispiel zu b kommt der Fall in Betracht, daß ein Hund auf Anregung seines Herrn ein Kind vom Tode des Ertrinkens rettet und es bei dieser Gelegenheit verletzt. In diesem Falle widerstreitet die Annahme einer Haftpflicht des Tierhalters dem Rechtsgefühl ganz entschieden. Das Beispiel zeigt besonders deutlich, wie unmöglich es ist, das Gefährdungsprinzip so unbedingt durchzuführen, wie dies beim Verschuldungsprinzip möglich ist. Mit Rücksicht auf den Fall b finden Sie in meinem Antrage anstatt der Worte „sich ausgesetzt hatte“ die Worte „ausgesetzt war“ angewendet.

II. Die absolute Haftung des Tierhalters ist ferner auszuschließen, wenn der Schaden durch die Verwirklichung einer Gefahr entsteht, welcher der Verletzte beim Bestehen eines Rechtsverhältnisses zwischen ihm und dem Tierhalter, welches das Tier zum Gegenstande hat, infolge einer auf Grund dieses Rechtsverhältnisses vorzunehmenden Handlung ausgesetzt war. Es ist also dreierlei erforderlich: erstens ein Rechtsverhältnis zwischen dem Verletzten und dem Tierhalter, zweitens eine Handlung, welche auf Grund dieses Rechtsverhältnisses vorzunehmen ist, drittens ein Rechtsverhältnis, welches das Tier zum Gegenstande hat. Das Rechtsverhältnis braucht nicht gerade die Folge eines Vertrags zu sein; es genügt auch eine andere juristische Tatsache, welche ein Rechtsverhältnis zu erzeugen geeignet ist. Ich verweise namentlich auf die Geschäftsführung ohne Auftrag. Man setze den Fall: ein Gutsbesitzer A. hat eine Seereise unternommen und kommt nicht rechtzeitig zurück; sein Gutsnachbar B. übernimmt infolgedessen die Besorgung der auf das Gut bezüglichen Geschäfte; eines Tages nimmt er aus dem Stall des verreisten A. ein Pferd, um es zu landwirtschaftlichen Zwecken zu benutzen, und erleidet dabei infolge Scheuens des Pferdes einen Unfall. In diesem Falle hat B. sich ohne Zweifel freiwillig der Tiergefahr ausgesetzt. Eine Haftung des A. ist nicht begründet. Man kann hier nicht mit dem Herrn Referenten sagen, daß eine Verwendung des Pferdes im Interesse des B.

vorliege, gleichwohl will, wie ich annehmen möchte, auch der Herr Referent in diesem Falle die Haftung ausschließen.

Ist das Rechtsverhältnis die Folge eines vorausgegangenen Vertrags, so ist zu unterscheiden, ob es sich um ein Rechtsverhältnis zwischen dem Tierhalter und einem Angestellten, der mit der Wartung und Leitung des Tieres betraut ist, handelt oder um ein Rechtsverhältnis mit einer dritten Person. Im ersten Fall ist das Prinzip der Gefährdungshaftung nicht nur ungerechtfertigt, sondern es erscheint unzulänglich, wie Professor Traeger in seinem Gutachten richtig hervorgehoben hat. Hier ist nicht zivilistische Haftung, sondern öffentlich-rechtliche Fürsorge am Platze. Namentlich muß der Angestellte auch bei fahrlässig verschuldetem Unfall gegen die Folgen des Unfalls sichergestellt werden. Nach den jetzigen Bestimmungen der Unfallversicherungsgesetze ist diese Sicherstellung in den meisten Fällen bereits geschehen und damit die zivilistische Haftung nach § 833 ausgeschlossen. Aber es fragt sich, ob bis dahin, daß die auch von mir gewünschte Ausdehnung der Unfallversicherung, beispielsweise auf den Kutscher des Arztes, auf den Reitknecht des Privatmannes, erfolgt ist, die Haftungspflicht des Tierhalters bestehen bleiben soll. Nach dem Gesagten ist sie ungerechtfertigt. Es widerstreitet der Gerechtigkeit, die hier so viel betont worden ist, wenn ich dem Besitzer eines Pferdes die Haftpflicht dafür aufbürden will, daß sein Knecht, der mittelbar Nutzen von dem Pferde hat, sich freiwillig in die Tiergefahr begibt. Gewiß, eine öffentlich-rechtliche Fürsorge ist hier mit allen Mitteln anzustreben; aber bis sie voll erfolgt ist, kann ich nicht jemanden, von einem einseitigen Standpunkt Gerechtigkeit heischend, die Haftpflicht aufbürden. Man erwägt hier nicht genügend, daß sowohl aus der Person des Verletzten wie auch aus der Person des Tierhalters der Begriff der Gerechtigkeit gefunden werden muß.

Will man hier wieder mit dem Moment der Versicherung operieren, so ist auch auf die Höhe der Versicherungsprämie hinzuweisen. Der Herr Referent hat gesagt: 36 bis 48 Mk. für den einzelnen Angestellten. Das ist keine kleine Summe, namentlich wenn es sich um einen größeren Betrieb handelt. Ich bin nach alledem der Meinung, daß auch gegenüber den Angestellten die Haftpflicht zu beseitigen, dafür allerdings mit allen Kräften die Ausdehnung der Unfallversicherung anzustreben ist. Die Aufstellung eines besonderen Leitsatzes in dieser Beziehung ist meines Erachtens nicht angebracht, wie ich schon hervorgehoben habe.

Handelt es sich um einen Vertrag zwischen dem Tierhalter und einer nicht mit der Wartung oder Leitung der Tiere betrauten Person, so ist die Haftpflicht auszuschließen, sowohl wenn der Tierhalter eine

Erfüllungshandlung vornimmt, bei welcher der Vertragsgegner mitzuwirken hat, wie die Übergabe eines verkauften Pferdes, die Leistung einer Fahrt, als auch wenn der Mitkontrahent eine Erfüllungshandlung vornimmt; ich erinnere an den Hufschmied, den Trainer usw. Auch der von dem Gutachter Traeger angeführte Fall, wo ein Dienstmann gegen Entgelt ein Pferd hält, kann einer anderen Beurteilung nicht unterliegen. Ich vermag auch in dem Ausschluß der Haftung des Tierhalters in diesem Falle eine Härte nicht zu erblicken. Liegt wirklich ein Vertrag vor, so setzt sich der Betreffende der Gefahr auf Grund des Vertrages freiwillig aus. Anders liegen die Fälle, in welchen ein Vertrag nicht beabsichtigt oder nicht zustande gekommen ist, so wenn jemand aus Gefälligkeit beim Ausspannen eines Pferdes hilft oder wenn ein sechsjähriger Knabe, wenn auch gegen Entgelt, ein Pferd hält und dabei zu Schaden kommt. Der Herr Referent hat meines Erachtens nicht scharf genug unterschieden zwischen den Fällen, wo ein Vertrag wirklich vorliegt, und denjenigen, wo ein Vertrag nicht voliegt oder nicht zustande gekommen ist.

Die Handlung, infolge deren der Verletzte auf Grund des Rechtsverhältnisses zwischen ihm und dem Tierhalter der Tiergefahr ausgesetzt war, mußte auf Grund des Rechtsverhältnisses vorzunehmen sein, und zwar so, wie sie vorgenommen ist. Hat der Tierhalter vertragsmäßig eine Fahrt mit einem bestimmten Pferde zu leisten, verwendet er aber ein anderes Pferd zur Fahrt, ohne daß der Vertragsgegner dieses ausdrücklich oder stillschweigend genehmigt, so kann von einem Ausschluß der Haftung nicht die Rede sein.

Es ist weiter erforderlich, daß das Rechtsverhältnis, auf Grund dessen die Handlung vorzunehmen ist, infolge deren der Verletzte der Tiergefahr ausgesetzt wird, das Tier zum Gegenstande hat. Nimmt ein Handwerker im Pferdestall oder Kuhstall des Tierhalters eine Reparatur vor und erleidet dabei einen Tierschaden, so ist der Tierhalter haftpflichtig; denn hier war der Geschädigte nicht dadurch der Tiergefahr ausgesetzt, weil er von dem Tier Nutzen gesucht hat; der Vertrag ist hier inhaltlich ein ganz anderer.

Nach dem Gesagten komme ich zu dem Antrage, der Ihnen vorliegt:

Es empfiehlt sich dem § 833 BGB. folgenden zweiten Absatz hinzuzufügen:

> „Entsteht der Schaden durch die Verwirklichung einer Gefahr, welcher der Getötete, Verletzte oder Geschädigte infolge einer Verwendung des Tieres in seinem Interesse oder beim Bestehen eines Rechtsverhältnisses zwischen ihm und dem Tier-

halter, welches das Tier zum Gegenstande hat, infolge einer auf Grund dieses Rechtsverhältnisses vorzunehmenden Handlung ausgesetzt war, so tritt die Ersatzpflicht vorbehaltlich der Ersatzpflicht des Tierhalters nach anderen gesetzlichen Vorschriften — nicht ein, vorausgesetzt, daß der Tierhalter die im Verkehr erforderliche Sorgfalt beobachtet hat, oder daß der Schaden auch bei Anwendung dieser Sorgfalt entstanden sein würde."

Der gemachte Vorbehalt ist, wie schon Professor Traeger in seinem Gutachten hervorhebt, beispielsweise wichtig für den Fahrgast einer Pferdebahn, welche für Tötung oder Verletzung des Fahrgastes nach Maßgabe des Reichshaftpflichtgesetzes haftet.

Eine weitere Abänderung des § 833 als die vorgeschlagene, welche lediglich auf eine wesentliche Beschränkung der absoluten Haftung hinzielt, halte ich nicht für erforderlich. Damit komme ich im wesentlichen zu demselben Resultat wie der Gutachter Herr Oberlandesgerichtsrat Marwitz; ich weiche von ihm zunächst insofern ab, als ich nicht nur den Vertrag, sondern weitergehend das Rechtsverhältnis zugrunde lege. In den Fällen, welche unter den Gesichtspunkt der Verwendung im Interesse fallen, ohne daß ein Vertrag vorliegt, will Herr Marwitz im wesentlichen die Haftung dadurch ausschließen, daß er die Geltendmachung des Anspruches als gegen die guten Sitten verstoßend erachtet. Im praktischen Resultat ist eine erhebliche Abweichung nicht vorhanden.

Der Begriff des Tierhalters muß durch die Rechtsprechung festgelegt werden. Es ist zu wünschen, daß das Reichsgericht bei der im 52. Bande der Entscheidungen wiedergegebenen Formulierung bleiben wird, daß „Tierhalter" derjenige ist, welcher durch Gewährung von Obdach und Unterhalt die Sorge für das Tier übernommen hat, und zwar nicht nur zu einem vorübergehenden Zweck, sondern für einen Zeitraum von gewisser Dauer. Wenn das Reichsgericht später davon abgewichen ist, so ist die Abweichung nur erfolgt, weil in dem damals zur Entscheidung stehenden Fall die Haftpflicht zu hart erschien. Es handelte sich um den Fall, welchen der Herr Referent schon gestreift hat: B. verpflichtet sich, den A. zu fahren; B., der den Wagen selbst lenkt, leiht sich ein Pferd von C.; A. kommt zu Schaden, und klagt gegen den C. als den Tierhalter. Hier macht das Reichsgericht in sehr gewundener und nicht überzeugender Weise den Versuch, den C. als Tierhalter auszuschalten. Das würde nicht erforderlich gewesen sein, wenn die Haftung nach § 833 bereits, wie beantragt, beschränkt gewesen wäre.

Nun noch ein Wort in anderer Richtung! Man ist darüber einverstanden, daß der Schaden durch das Tier entstanden sein muß. Die

Mitwirkung des Tieres muß conditio sine qua non der Beschädigung sein. Es muß weiter vorliegen „adäquate Verursachung“ — ein nicht ganz genauer Begriff —; indessen sind Praxis und Theorie im allgemeinen darin einig, was man darunter zu verstehen hat. Ein Beispiel: ein Pferd geht auf der Landstraße durch und kommt in dem Augenblick ins Dorf, als ein Ziegel vom Hause fällt und einen Insassen des Gefährts beschädigt. Hier ist nicht das Pferd die adäquate Verursachung der Beschädigung, sondern das Fallen des Ziegels vom Hause. Noch ein weiteres Moment wird in Theorie und Praxis für die Haftpflicht gefordert. Da begegnen wir zunächst der Ansicht, es müsse ein Verschulden des Tieres vorhanden sein; die Praxis ferner steht fast durchweg auf dem Standpunkt, das Tier müsse proprio motu gehandelt haben, und eine dritte Ansicht verlangt, es müsse sich die spezifische Tiergefahr verwirklicht haben. Die Ansicht, daß ein Verschulden des Tieres vorliegen müsse, ist meiner Ansicht nach nicht haltbar, das Reichsgericht hat sie auch zurückgewiesen; sie würde dahin führen, daß man dem Verletzten den Beweis der culpa aufbürden müßte. Man würde damit auf die Anschauung des deutschen Rechts zurückgehen. Die beiden anderen Ansichten berühren sich und fließen zum Teil ineinander über. Das Richtige ist meines Erachtens folgendes. Die spezifische Tiergefahr besteht in der Auslösung willkürlicher oder reflektorischer Bewegungen, die auch bei größter Vorsicht und Aufmerksamkeit nicht vorauszusehen und zu verhindern sind. Gegen diese spezifische Tiergefahr will der § 833 Schutz gewähren. Werden nun die Bewegungen des Tieres losgelöst durch gleichzeitige oder früherliegende Ereignisse oder Handlungen, so kommen dieselben solange rechtlich nicht in Betracht, als sie lediglich als einfache Ursachen der Bewegungen anzusehen sind. Wenn ein Pferd infolge eines Blitzes, eines Geräusches, des Pfiffs einer Lokomotive, des Flatterns von Wäsche usw. durchgeht, so ist allerdings dieses Ereignis die Ursache der Bewegung des Tieres, aber man sagt nicht, daß das Tier nicht mehr proprio motu gehandelt hat. Erscheinen aber die genannten Ereignisse und Handlungen nicht einfach als Ursachen der Bewegung, sondern als Ursachen in der Qualifikation, daß sie generell geeignet sind, die Loslösung willkürlicher oder reflektorischer Bewegungen des Tieres der im einzelnen Fall in Rede stehenden Art in nicht unerheblicher Weise zu begünstigen, so wird durch sie eine spezielle Tiergefahr gesetzt. Die Sache liegt dann so: weil sich nicht die allgemeine Tiergefahr verwirklicht hat, gegen welche der Gesetzgeber durch § 833 Schutz gewähren wollte, sondern eine spezielle, besonders gesetzte Tiergefahr, so ist zurückzugehen auf die Ereignisse oder Handlungen, welche diese Tiergefahr gesetzt haben.

Bei der Frage, ob ein Schadensersatzanspruch erwachsen ist, sind hier nur die Ereignisse und Handlungen, infolge deren die Tiergefahr sich verwirklicht hat, in Betracht zu ziehen. Die spezielle Tiergefahr kann nun durch die Handlung eines Menschen oder auch durch ein Verhalten eines anderen Tieres oder endlich durch ein Ereignis gesetzt werden. Wird ein in der Leitung des Kutschers befindliches Tier angetrieben, vorwärts zu gehen, und wird lediglich infolge unrichtiger Lenkung ein Mensch überfahren, so ist eine spezielle Tiergefahr durch den Kutscher gesetzt und infolge der falschen Lenkung verwirklicht; es kann hier von einer Haftung nach § 833 nicht die Rede sein. Das trifft auch dann zu, wenn ein anderes Tier eine derartige Gefahr setzt. Ein Beispiel finden wir in einer Reichsgerichtsentscheidung. Das Tier des A. hat das Tier des B. getreten, infolgedessen werden bei letzterem Bewegungen losgelöst, und durch einen Tritt wird der Knecht des B. verletzt. Dafür wurde mit Recht A. haftbar erklärt.

Von dem angegebenen Gesichtspunkte aus, wird man auch das bekannte Schulbeispiel unschwer entscheiden können. Der Hund des A. jagt die Katze des B. in den Kuhstall des C., die Katze springt auf die Kuh des C., die Kuh schlägt infolgedessen aus und trifft die beim Melken beschäftigte Magd und verletzt sie. Der Hund hat zuerst eine spezielle Tiergefahr gesetzt, die Katze eine weitere und diese hat zur Verletzung der Magd geführt. Der Besitzer des Hundes ist haftpflichtig.

Es kann schließlich eine spezielle Tiergefahr gesetzt sein auch durch ein Ereignis. Hier spielt der Begriff der höheren Gewalt mit hinein. Ich meine, wenn man den genannten Gesichtspunkt richtig anwendet, muß die Haftung auch dann ausgeschlossen sein, wenn z. B. infolge eines Erdbebens die Wände des Stalls niederfallen und das Pferd infolgedessen ins Freie gelangt und Schaden anrichtet. Hier verwirklicht sich nicht die allgemeine Tiergefahr, sondern eine spezielle, durch ein nicht generell voraussehbares Ereignis gesetzte Tiergefahr. Professor Traeger führt in seinem Gutachten zwei Fälle an. Ein noch nicht siebenjähriger vermögender Junge steckt einem Pferde eine Rakete unter den Schwanz, das Pferd geht durch, und es tritt infolgedessen Verletzung ein, erstens eines Dritten und zweitens des Jungen selbst. Wird der Junge verletzt, so sagt man: § 254 kann nicht zur Anwendung gelangen, und deshalb muß Haftung des Tierhalters eintreten; wird dagegen der Dritte verletzt, so hat der verletzte Dritte bezw. der dem Dritten haftende Tierhalter einen Anspruch gegen den unzurechnungsfähigen Täter. Beurteilt man den Fall in der Weise, daß man sagt, es handelt sich um die Verwirklichung einer speziellen besonders gesetzten Tiergefahr, so kommt man über dieses merkwürdige Resultat einfach hinweg; eine Haftung des Tierhalters ist in beiden Fällen ausgeschlossen!

Nun noch eine Bemerkung zur Umkehrung der Beweislast! Der Herr Referent hat gemeint, für dieselbe sei kein Raum mehr. Das ist richtig. Wenn ich mein Tier im Interesse eines anderen verwende, so ist damit meine Haftpflicht noch nicht abgetan; ich kann ein störrisches, ein wildes Pferd verwendet, ich kann ein schlecht angeschirrtes Tier benutzt haben. In dieser Hinsicht muß ich mich exkulpieren, um die Haftpflicht zu beseitigen.

Was schließlich die vom Herrn Referenten erörterte Frage der Einschränkung des Schadensersatzes dem Umfange nach betrifft, so erscheint prinzipiell eine Beschränkung der Haftung nach Analogie des Haftpflichtgesetzes nicht unangebracht; ich habe aber Bedenken formeller Natur. Die Erörterung der Frage zeigt übrigens, daß der § 833 unter den Titel über unerlaubte Handlungen, unter den 25. Titel des Bürgerlichen Gesetzbuchs überhaupt nicht hinpaßt, daß er dem System des Bürgerlichen Gesetzbuchs nicht entspricht. Wenn man jetzt in betreff des § 833 eine Abänderung des Umfangs der Haftung fordert, weshalb soll man sie dann nicht auch für den § 831 erheischen, in dem die Haftung häufig doch nur um deswillen eintritt, weil der Nachweis der Schuldlosigkeit nicht geführt werden kann? Wenn man in betreff des § 833 die gewünschte Abänderung des Gesetzes vornähme, so würde damit der ganze Aufbau des 25. Titels erschüttert werden. Es kommt aber für mich ferner wesentlich in Betracht, daß, wenn die von mir vorgeschlagene Abänderung des § 833 angenommen wird, die von dem Paragraph betroffenen Fälle nicht so erheblich sein werden, daß eine Änderung des Gesetzes erforderlich erscheint. Damit bin ich am Schluß.

Ich bitte meinen Antrag, der auf eine wesentliche Abänderung des § 833 gerichtet ist, anzunehmen.

(Lebhafter Beifall.)

Vorsitzender: Ein Antrag, die Redezeit von vornherein auf 10 Minuten zu beschränken, ist gestellt. Wenn niemand widerspricht, betrachte ich den Antrag als angenommen. Er ist angenommen.

Privatdozent und Gerichtsassessor Dr. F. Litten-Halle a. S.:

Hochverehrte Herren! Dem Gedanken, den der Berichterstatter, Herr Geheimrat Enneccerus, zwar nicht in Form eines Antrages, aber gewissermaßen als Grundgedanken zum Schlusse seiner Ausführungen vorbrachte, stehe ich außerordentlich sympathisch gegenüber. Auch ich sähe es am liebsten, wenn heute beschlossen würde, den § 833 so zu lassen, wie er ist, und wenn nur der Hoffnung Ausdruck gegeben würde, daß eine einschränkende Auslegung die Härten beseitigen möge.

Für einen solchen Antrag würde, wenn mich nicht alles täuscht, auch am ehesten eine starke Majorität in dieser Versammlung zu finden sein. Und wir müssen m. E. entscheidenden Wert darauf legen, daß unsere heutigen Beschlüsse mit großer Stimmenmehrheit oder gar mit Einstimmigkeit zustande kommen. Denn nur solche Beschlüsse des Deutschen Juristentages dürfen hoffen, bei der derzeitigen parlamentarischen Situation noch wirksam ins Gewicht zu fallen. Ich habe die Verhandlungen im Parlamente und seinen Kommissionen mit Sorgfalt verfolgt, und ich habe den Eindruck, daß eine sehr erhebliche Zahl von Abgeordneten für jenen alten Antrag „v. Treuenfels und Genossen", sei es in der einen oder in der anderen Formulierung, zu stimmen bereit ist. — Die Berücksichtigung „politischer" Momente erscheint danach wohl gerechtfertigt.

Ferner hat mir gerade das Korreferat von neuem gezeigt, daß wir in der dogmatischen Auslegung der lex lata noch so sehr auseinander sind, daß wir den Paragraphen jetzt nicht ändern sollten. Die Frage ist, meiner Überzeugung nach, eben heute wissenschaftlich noch nicht spruchreif.

Nun hat aber der Herr Berichterstatter eine Reihe interessanter Abänderungsvorschläge gemacht, die ich zwar von meinem eben dargelegten Standpunkte aus nur in eventum angenommen sehen möchte, die mir aber an sich im großen und ganzen durchaus empfehlenswert erscheinen. Ich setze mich mit alledem in Widerspruch zu meinen früheren gelegentlichen Äußerungen in der Deutschen Juristenzeitung, auf die die Herren Gutachter ja eingegangen sind, und ich möchte deshalb meine Meinungsänderung kurz begründen: Daß an sich der Tierhalter gegenüber dem Verletzten der „Nähere zum Schaden" ist, und daß es daher wünschenswert erscheint, auf ihn den Schaden abzuwälzen, ist wohl außer Zweifel. Die Bedenken setzen erst ein bei der Frage, ob der Tierhalter im allgemeinen diese Belastung zu tragen fähig ist. Nun herrscht gewiß auch darüber im wesentlichen Übereinstimmung, daß diese Frage nur dann bejaht werden kann, wenn man dem Tierhalter zumuten darf, daß er Versicherung nehme. Damit aber stellt sich als die letztlich entscheidende Erwägung diese ein, ob der Tierhalter die Versicherungsprämien ohne unbillige Belastung zu zahlen vermag. Dies habe ich in jenem Aufsatze der Deutschen Juristenzeitung vom April 1905 verneint auf Grund der damals bekannten spärlichen und sehr bedenklich lautenden Notizen über die Versicherungsbelastung — und ich habe mich daher damals grundsätzlich für den Antrag „v. Treuenfels" bezw. „Dietrich" ausgesprochen. Der bekannte Aufsatz des Herrn Professor Traeger im

„Recht" vom März 1906, welcher uns zum ersten Male brauchbare statistische Unterlagen brachte (in seinem „Gutachten" werden sie jetzt noch eingehender dargelegt) hat mich von der relativen Geringfügigkeit der Versicherungsbelastung überzeugt und daher zu einer Änderung meines Standpunktes genötigt.

Ich halte also jetzt dafür, daß dem Tierhalter billigerweise für die Regel zugemutet werden darf, Versicherung zu nehmen und alsdann auch für die Taten seiner Tiere aufzukommen. Und es ist für mich von sekundärer Bedeutung, ob die Ausnahmefälle, in denen man ihm dies nachlassen darf, gerade so zu akzeptieren sind, wie sie der Herr Berichterstatter vorgeschlagen hat, oder ob im einzelnen eine Änderung beliebt wird. Mir erscheinen seine Thesen im allgemeinen recht zweckmäßig; auf Bedenken im einzelnen will ich jetzt nicht eingehen.

Dagegen glaube ich doch — immer natürlich für den Eventualfall einer Änderung des § 833 — noch auf folgendes aufmerksam machen zu müssen, was merkwürdigerweise die Herren Berichterstatter gar nicht, die Herren Gutachter höchstens andeutungsweise berührt haben; ich meine die Bestimmung der Person des Tierhalters.

M. H.! Wenn wir uns darüber klar sind, daß der Tierhalter sich versichern soll und muß, um dem Geschädigten genügend kapitalkräftig gegenüberzustehen, dann geht es nicht an, daß wir uns um die Frage herumdrücken: wer ist es, der sich versichern soll? Und das ist auch der Punkt, in dem ich gegen das vortreffliche Gutachten des Herrn Professor Traeger ein grundsätzliches Bedenken habe. Es geht nicht an, zu sagen, Wissenschaft und Praxis sollten sich bemühen, den Begriff hier noch etwas schärfer herauszuarbeiten. — Die Wissenschaft zeigt uns ein wahres Mosaik der Meinungen: Eigentümer, Eigenbesitzer und alle denkbaren Schattierungen des Fremdbesitzes finden sich vertreten. Und die Praxis? Nun unsere oberstrichterliche und oberrichterliche Judikatur nimmt bekanntlich, im großen und ganzen konstant, als Tierhalter denjenigen an, „der im eigenen Interesse durch Gewährung von Obdach und Unterhalt die Sorge für das Tier übernommen hat und zwar nicht nur zu einem vorübergehenden Zwecke, sondern auf einen Zeitraum von gewisser Dauer." Daß dabei schon der Begriff einer „gewissen" Dauer in seiner Abgrenzung zu ganz unsicheren Ergebnissen führen muß, liegt auf der Hand. Man muß selbst als Richter derartige Fälle entschieden haben, um die ganze Schwierigkeit dieser Situation zu empfinden und zu sehen, wie sich häufig erst im Prozesse selbst herausstellt, wer eigentlich der rechte Beklagte ist! Das ist ja auch bei solchen Definitionen unvermeidlich.

Diese Unsicherheit wird aber natürlich noch um vieles empfindlicher, sobald man nunmehr von jedem Tierhalter verlangt, daß er sich versichere. Da müssen wir doch wirklich klar darüber sein, wer dies denn tun solle. Und daß hier die Begriffsbestimmung, mit der die Praxis bislang arbeitet, ganz und gar versagt, liegt auf der Hand: Soll etwa der Mieter eines Pferdes, um Versicherung zu nehmen, den Moment abpassen, in welchem die „gewisse Dauer" beginnt?! Und soll der Vermieter alsdann für diese Zeit aus der Versicherung austreten? — Das ist ja nicht ernsthaft diskutabel.

Es entsteht also die Frage: können wir hier eine kurze, präzise und bessere Definition an Stelle der unzureichenden setzen? Und da scheinen mir, sobald wir uns einmal auf den Versicherungsgedanken festgelegt haben, nur noch zwei Begriffe für die Definition in Betracht zu kommen, nämlich entweder der des Eigentümers oder der des Eigenbesitzers.

Der Eigentümer wird natürlich in den weitaus meisten Fällen wissen, daß er der Eigentümer ist, und damit wäre eine ohne weiteres festzustellende Person vorhanden, die sich versichern muß. Freilich liegt der Einwand nahe, ob denn auch der Eigentümer, der z. B. sein Tier verpachtet und damit den ganzen wirtschaftlichen Nutzen des Tieres aus der Hand gibt, trotzdem derjenige sein solle, der mit der Versicherung belastet wird? Ich halte dies Bedenken nicht für entscheidend; denn der Eigentümer kann ja diese Versicherungsbelastung auf den Pachtzins aufschlagen und sie dadurch von sich abwälzen. Ich persönlich würde daher durchaus damit einverstanden sein, daß der Eigentümer als Tierhalter genommen wird.

Wenn ich Ihnen gleichwohl vorschlagen will, nicht den „Eigentümer" sondern den „Eigenbesitzer" als Tierhalter anzunehmen, so führen mich dazu drei Gründe.

Einmal: fallen in den meisten Fällen bekanntlich beide Begriffe praktisch zusammen; d. h. Eigentümer und Eigenbesitzer sind eine und dieselbe Person.

Zweitens aber finden wir da, wo dies ausnahmsweise nicht zutrifft, vornehmlich eine Gruppe, bei welcher sich das Rechtsgefühl durchaus sträubt, den Eigentümer als Tierhalter gelten zu lassen; ich meine die Fälle des Diebstahls. Denn hier würden wir dazu kommen müssen. den Bestohlenen als Tierhalter haften und den Dieb als „Eigenbesitzer" frei ausgehen zu lassen.

Der dritte, mir wichtigste, Grund ist der, daß sich das Bürgerliche Gesetzbuch in seinem § 836 — also in einem ganz ähnlichen Falle — bereits zu gunsten des Eigenbesitzers festgelegt hat.

Danach würde mir scheinen, daß ein Antrag, der den Begriff des Eigenbesitzers aufnimmt, namentlich auch um des zuletzt hervorgehobenen Gesichtspunktes willen, eher Aussicht auf parlamentarische Verwirklichung hätte. Ich erlaube mir deshalb — indem ich nochmals betone, daß ich vollständig einverstanden bin mit dem Grundgedanken der Schlußausführungen des Herrn Berichterstatters jeden Abänderungsantrag abzulehnen — in eventum vorzuschlagen:

> die Worte im § 833 BGB.: „derjenige, welcher das Tier hält", sind durch die Worte zu ersetzen: „der Eigenbesitzer des Tieres".

(Lebhafter Beifall.)

Professor Dr. **R. Merkel**-Freiburg i. B.: Es ist von meinem Standpunkte aus sehr erfreulich, daß in den Gutachten, Referaten und in der bisherigen Diskussion ein ganz anderer Wind gegenüber dem § 833 weht als in einem großen Teil der Literatur und besonders im Reichstag. Denn alle sind einig in dem Grundgedanken der strengen Haftung des Tierhalters und machen lediglich Vorschläge für deren gesetzliche Milderung in einzelnen Richtungen. Auch ich bin entschieden für ein Festhalten dieses Grundgedankens; ich gehe aber noch weiter und bekenne mich zu dem radikalkonservativen Standpunkt, daß ich am liebsten am Gesetz selbst gar nichts geändert haben will. Ich kann diesen freilich in zehn Minuten nicht genügend begründen.

Der Reichstag hat sich — ich kann den Eindruck nicht verschweigen — die Sache eigentlich etwas leicht gemacht. Die Argumente, die von den Vertretern der grundsätzlichen Änderung vorgeführt wurden, sind teilweise sehr wenig stichhaltig. „Die große Zahl der Prozesse" beweist doch gar nichts für die Art der gesetzlichen Regelung! Ein anderes Schlagwort ist die „Ausnahmebestimmung", als wenn damit allein die Bestimmung als eine verdammenswürdige bewiesen würde, und die „Härte", als wenn es nicht immer hart wäre, wenn ein Unschuldiger einen Schaden erleidet. Es wurde spöttisch geredet von dem „schönen Wort Gefährdungshaftung", und doch mußte derselbe Redner nachher diesen selben Gedanken, richtig verstanden, als richtig zugeben; denn er sagte nachher, daß nicht jede Gefährdung, wohl aber eine besondere Gefährdung eine Haftung rechtfertige. Daß aber bei der Tierhaltung eine solche besondere Gefährlichkeit vorliegt, beweist doch gerade die große Zahl der Prozesse, ebenso wie die dankenswerte Statistik der Unfallversicherung in den beiden Gutachten in reichem Maße. Es ist für mich kein Zweifel, daß der Tierhalter, der zu seinem Vorteil und in seinem

Interesse das Tier hält, der auf das Tier einwirken kann, der sich versichern kann, grundsätzlich es sein muß, der den Schaden tragen soll.

Gestatten Sie mir als einem der wenigen anwesenden Vertreter des französischen Rechts einige Worte hierüber.

Ich erinnere an die gewichtige Tatsache, daß dort seit 100 Jahren eine strenge Haftung ohne erhebliche Klagen besteht. Nun hat man dieses Argument abzuschwächen versucht durch die Behauptung einer großen Verschiedenheit beider Rechte infolge Zulassung des Einwands von force majeure. Aber damit wird es sehr streng genommen. Man kann sagen, so oft dieser Einwand auch erhoben wird, fast ebenso oft wird er abgewiesen! Im Grunde werden nur solche Schäden ausgenommen von der Haftung, wo nur ein ganz singulärer Zusammenhang vorliegt, der Zusammenhang mit einem Betrieb oder Unternehmen und dessen Gefahren nur ganz entfernt und anormal ist. Wird aber in diesem strengen Sinne die „höhere Gewalt“ aufgefaßt, so ergibt sich die gleiche Schranke auch für unser Recht aus der ratio legis; will doch auch § 833 nur verantwortlich machen für die mit dem Halten und Verwenden von Tieren nach der menschlichen Erfahrung verbundenen spezifischen Gefahren, die „Betriebsgefahr“ in diesem Sinne.

In einem anderen Punkte besteht freilich eine glücklichere Fassung des französischen Gesetzes, insofern die Haftung des Eigentümers ausgeschlossen wird durch die Haftung desjenigen, der sich des Tiers bedient, „qui s'en sert“; und letzterer Begriff wird sehr weit genommen. Aber daß hieraus ein so großer praktischer Unterschied sich ergeben muß, kann ich auch hier jedenfalls nicht in ganzem Umfange zugeben. Die neuere deutsche Rechtsprechung ist in manchen entsprechenden Fällen auf dem Weg der Auslegung des Vertragsinhalts bereits auch zum Ausschluß der Haftung des Tierhalters gelangt. Zum Beispiel die Entscheidung des Reichsgerichts hinsichtlich des Hufschmieds entspricht einer Entscheidung des Kassationshofes. In anderen hierher gehörigen Fällen könnte durch eine weitere Auslegung des unsicheren Begriffs des „Tierhalters“ geholfen werden. Und in dieser Richtung bewegt sich bereits die (von Träger mitgeteilte) Reichsgerichtsentscheidung, welche auch denjenigen als „Tierhalter“ ansieht, dem ein Pferd zur kurzen unentgeltlichen Benutzung überlassen war. Geht die Praxis auf diesem Wege weiter, so würden dieselben Fälle von der Haftung ausgeschieden wie im französischen Recht. Damit würde sich im wesentlichen die Ziffer 2 des Antrags Enneccerus erübrigen.

Was Ziffer 3 angeht, so unterliegt die große Mehrzahl dieser Angestellten schon jetzt der Unfallversicherung; die übrigbleibenden Fälle —

etwa der Kutscher des reichen Rentiers oder des vielbeschäftigten Arztes — scheinen mir weder so häufig noch so drückend, sodaß ich nicht weiß, ob sie allein schon eine Änderung des bürgerlichen Rechts rechtfertigen; die Unfallversicherungsgesetzgebung mag sich ja in dieser Richtung weiterentwickeln. —

Also, m. H., ich glaube, wir dürfen und wir sollen der Praxis Zeit lassen, zu einer konstanten und befriedigenden Rechtsprechung zu gelangen, und wir sollen auch der Bevölkerung Zeit lassen, sich dem Gesetz durch eine ausgedehntere Versicherung anzupassen. Dagegen kann mir nicht einleuchten die Erwägung, die der Herr Referent zuletzt anschlug, daß man gegenüber „dem rasenden See, der seine Opfer haben wolle", doch wohl einige Konzessionen machen und ein paar Änderungen beschließen solle, damit der See beruhigt werde. Das würde hinauslaufen auf das oft angewandte, aber nicht sehr schöne Handeln nach dem Wort: ut aliquid fieri videatur, und das stände dem Juristentage nicht gut an. Er sollte sich hier vielmehr als ein konservatives Organ bewähren und diese raschen Gesetzesänderungen ablehnen, Änderungen, die überdies zu so unbilligen und willkürlichen Ergebnissen führen, wie dies in dem Aufsatze von Lenel überzeugend ausgeführt ist. Die grundsätzliche Bedeutung dieser Änderungen aber wäre ein Rückfall in das überlebte Verschuldungsprinzip, und damit ein Hemmnis für eine sachgemäße Weiterentwicklung unseres Schadensersatzrechtes auch auf anderen Gebieten. Es würde damit nicht bloß ein „Steinchen", sondern ein gewichtiger Stein herausgebrochen aus dem neuen Bau unseres bürgerlichen Rechts, denn gerade in dieser Bestimmung des § 833 besonders ist eine fortschreitende Rechtsentwicklung zum Ausdruck gekommen, der Gedanke der „Gefährdungshaftung" oder (wie ich ihn früher umfassender bezeichnete) des „aktiven Interesses", dem doch wohl die Zukunft gehört, wie er ja jetzt wieder in dem Entwurf des Automobilgesetzes sich siegreich Anerkennung errungen hat. —

Ich bin also auf das allerentschiedenste gegen eine grundsätzliche Änderung; glaube aber aus den hier mehr nur angedeuteten Gründen auch, daß Einzeländerungen nicht jetzt schon nötig sind. —

Ich darf noch erinnern an die Verhandlnngen über § 313. Da war anfangs auch die Klage, und doch haben wir gestern, nachdem einige Jahre verstrichen sind, mit überwältigender Majorität jede Änderung abgelehnt. Falls also Herr Geheimrat Enneccerus den Eventualantrag, den er verlesen hat, nicht selbst stellt, so stelle ich ihn in der Form, daß es sich empfehle, zur Zeit von jeder Änderung des § 833 abzusehen und zunächst die Entwicklung der Rechtsprechung und das Einleben der Bestimmung in der Bevölkerung abzuwarten. Wenn dieser Antrag abgelehnt werden sollte, würde ich für die gedruckt vorliegenden Anträge Enneccerus stimmen, während der Antrag des Herrn Korreferenten mir in der Beschränkung der Haftung zu weit geht und außerdem nicht durchsichtig genug erscheint.

(Beifall.)

Rechtsanwalt am Reichsgericht Dr. **Scherer**-Leipzig: M. H.! Die Tatsache steht fest, daß dem Reichstage ein Entwurf des Bundesrats vorliegt und daß er diesen Entwurf in zwei Lesungen mit großer Majorität angenommen hat. Nun hat einer der Herren Redner sich mit den Motiven des Reichstags beschäftigt und gesagt, es seien im allgemeinen nur Redensarten. Das ist nicht richtig. Die betreffenden Motive des Reichstags stehen in den Reichstagsverhandlungen dieses Jahres Seite 2686 bis 2700. Einer der Redner, der Abgeordnete Burlage — Oberlandesgerichtsrat in Oldenburg — gibt, indem er dem Entwurfe beitritt, Gründe für seine Stellungsnahme an. Wenn wir überhaupt heute etwas erreichen wollen, so müssen wir diese Motive zu Fall bringen; sonst macht es auf den Reichstag keinen Eindruck. Ich will nicht gerade sagen, daß das Recht es mit der stärksten Partei im Reichstage hält; aber zweifellos haben doch die großen Parteien und die Majorität des Reichstages einen ausschlaggebenden Einfluß.

Der Herr Oberlandesgerichtsrat Burlage führte folgendes an:

Es werden in der Begründung des Gesetzentwurfs auf Seite 4 mehrere Zahlen geboten, die ich nicht alle anführen will, aus denen ich aber einige hervorheben möchte. Es wird hier bemerkt, daß nach dem Bericht der Landwirtschaftskammer in Münster von den etwa 52 000 landwirtschaftlichen Betrieben der Provinz Westfalen nur etwa 11 000 versichert sind. Sie können sich darauf verlassen, daß gerade die Nichtversicherten nicht die Großgrundbesitzer sein werden. Aus anderen Provinzen wird ähnlich berichtet. Dann geht die Begründung über zu den Lohnfuhrunternehmern und stellt fest, daß nach einer Mitteilung der Handelskammer zu Bochum nur etwa 30 pCt. der in diesem Kammerbezirk ansässigen Lohnfuhrwerkunternehmer versichert sind. Es folgen noch weitere ähnliche Angaben. Es ergibt sich daraus, daß im großen Maße gerade Kleinunternehmer beteiligt sind.

Nun sagt man, die kleinen Unternehmer sollen sich versichern. Es ist hierauf von verschiedenen Rednern hingewiesen worden. Ich bin überzeugt, daß ebenso wie bisher der allergrößte Teil der Kleinunternehmer sich nicht versichert hat, dies auch in Zukunft, auch wenn das Gesetz bestehen bliebe, nicht der Fall sein wird. Sie können diesen kleinen Leuten so viel Belehrung zukommen lassen, wie Sie wollen, und soviel Reden halten, wie Sie wollen, sie werden doch meistens durch den einfachen Gedankengang geleitet werden: meinem Vater ist es mit seinen Haustieren immer gut gegangen, mir ist es immer gut gegangen, es wird wohl auch in Zukunft noch gut gehen. Ein Schaden, der vielleicht einmal alle 50 Jahre oder in noch größeren Zwischenräumen eintritt, von dem man auch nicht weiß, ob er dann sehr groß sein wird, wird den kleinen Besitzer nicht veranlassen, zur Versicherung zu greifen; jedenfalls wird eine große Zahl dieser kleinen Leute unversichert bleiben.

Diese Ausführungen unterschreibe ich: die kleinen Leute werden vielfach unversichert bleiben, denn im rheinischen Rechtsgebiet war fast ein Jahrhundert lang der dem § 833 BGB. entsprechende Art. 1385 C. c. in Kraft, trotzdem versicherten sich die kleinen Besitzer nicht. Allein es fragt sich, ob es hiergegen kein Mittel gibt. Die Ausführungen des Herrn Oberlandesgerichtsrats Burlage haben eine Lücke, die ausgefüllt werden muß. Wenn sie sich nicht versichern, so müssen sie zur Versicherung gezwungen werden, es muß die Zwangsversicherung eingeführt werden, dann sind alle Härten beseitigt. Wir können die Zwangsversicherung aber nur dann einführen, wenn sie die kleinen Leute nicht zu sehr belastet. Ich habe in einem Aufsatze in den „Annalen des Deutschen Reiches" 1906, 473 angeführt, wie hoch die Prämie ist. Ich muß das hervorheben, weil meine Angaben von denen des Herrn Geheimrats Enneccerus erheblich abweichen. Die Versicherung eines Reitpferdes in Leipzig beträgt bei der Stettiner Versicherungsgesellschaft pro Jahr 4 Mk., und Reitpferde sind doch gefährlicher als Droschkenpferde. Ich habe bei der Gesellschaft angefragt, ob sie damit auskomme, und man hat mir erklärt, sie komme damit aus. Wenn wir nun die Versicherung auf alle Pferde ausdehnen, auf die Besitzer, Droschken, Fuhrwerke, gewöhnliche Landfuhrwirke usw., so wird die Prämie ganz erheblich geringer — denn hierbei passieren nur sehr wenig Unglücksfälle — man wird mit ein bis zwei Mark pro Pferd und Jahr auskommen.

Es gibt nun zwei Wege für die Zwangsversicherung. Einmal das französische System. Danach muß sich jeder bei den Gesellschaften versichern, und es werden nur solide Gesellschaften zugelassen. Das andere System ist das der Staatsversicherung, wie wir sie in Bayern und Hessen für Immobiliarbrandschäden haben; die Versicherungsbeiträge werden wie Steuern erhoben, in Hessen stets im folgenden Jahr. Ich bin der Meinung, ebenso wie man die Unfallversicherung bei den Arbeitern durchführen konnte, kann man auch die Zwangsversicherung für die Viehhaltung einführen, und damit ist die ganze Frage erledigt.

Nun gibt allerdings Herr Oberlandesgerichtsrat Burlage weiter Gründe, die ich nicht unterschreiben kann. Er sagt nämlich:

Im übrigen glaube man doch nicht, daß durch die Versicherungen etwa ein idealer Zustand hervorgerufen würde. Es kommt zunächst in Betracht, daß in der Regel ein Teil des Risikos den Versicherungsnehmern verbleibt; es sind je nach dem Gegenstande der Versicherung 20 oder 10 pCt. Diese Selbstversicherung kann schon große Härten mit sich bringen. Aber, m. H., das ganze Versicherungswesen auf diesem Gebiete hat überhaupt keine besonders günstigen Erscheinungen gezeitigt. Im Prozesse ist die Sachlage nicht selten die, daß auf der einen Seite der Geschädigte steht — dem das Armenrecht bewilligt wurde — und auf der anderen Seite die Versicherungsgesellschaft. Es wird prozessiert zunächst über den Grund des Anspruchs; der Prozeß wird selbstverständlich durch alle Instanzen getrieben; der im Armenrecht prozessierende Mann versucht sein Glück, und die Versicherungsgesellschaft kann sich die Kosten leisten. Dann wird eventuell in gleicher Weise prozessiert über den Umfang des Schadens. Die Prozesse sind unerfreulich und sehr zahlreich. M. H.! Eine gesetzliche Bestimmung, die eine derartig große Zahl von Prozessen hervorbringt, trägt meines Erachtens das Zeichen der mangelnden Gesundheit an sich.

Ja, m. H., wenn Sie alle solche Prozesse streichen wollen, dann müssen Sie das ganze Versicherungswesen uud die Unfallversicherung selbst streichen. Alle Prozesse müßten versagt werden und keine werden mehr zugelassen, dann hätten wir den „idealen Zustand". (Heiterkeit!)

Der Reichstagsabgeordnete Burlage führte noch folgendes aus:

Ich mache nur noch darauf aufmerksam, was der Herr Staatssekretär des Reichsjustizamts schon mit Recht betonte, daß nicht bloß die preußischen Landwirtschaftskammern sämtlich, sondern auch die Mehrzahl der preußischen Handelskammern für eine Änderung des Bürgerlichen Gesetzbuchs, wie die Vorlage sie anstrebt, eintreten. Was der Herr Abgeordnete Stolle an diesem Punkte nicht erklärt hat, das ist bereits nachgeholt worden. Wo sowohl die Landwirtschaftskammern als die Handelskammern, also Interessenvertretungen, die von verschiedenen Interessenstandpunkten ausgehen, für das Gesetz eintreten, kann man unbedenklich folgen.

M. H.! Man hätte doch einmal die Arbeiterkammern oder die Vertreter der arbeitenden Kreise nach ihrer Ansicht fragen sollen. Die ganze sozialdemokratische Partei hat durch ihre Redner jede Änderung abgelehnt, während alle anderen dafür sind. Ich nehme es den Leuten, die Pferde halten, ja gar nicht übel, daß sie für die Abänderung stimmen wollen, soweit sie im Reichstage sitzen. Die Pferdebesitzer — die equestres — hatten schon in der griechischen und auch in der römischen Gesetzgebung einen großen Einfluß. (Heiterkeit!) Aber unsere equestres könnten sich mit der Sache doch auch zufrieden geben, wenn Zwangsversicherung eintritt; dann sind die Schäden nicht so groß.

Es ist auch gesagt worden, das römische Recht sei das ethische, das deutsche das unethische. Wie es sich mit der römischen Ethik in Wirklichkeit verhält, geht daraus hervor, daß der berühmte Cato, der uns in der Schule immer als Muster hingestellt wurde, seine Sklaven, wenn sie alt waren, einfach verhungern ließ! Das ist die Ethik vom römischen Recht! Das römische Recht steht auf der heidnischen Grundanschauung: Jeder ist sich selbst der Nächste; das deutsche Recht sucht auch dem Mitmenschen zu Hilfe zu kommen und sorgt auch für den Nächsten. Ich halte das deutsche Recht für praktischer. — Wem verdanken wir es, daß wir heute immerhin erträgliche politische Zustände haben? Der Zwangsversicherung der Arbeiter, die Fürst Bismarck durchgeführt hat. Heute verfügt die Arbeiterpartei über Millionen Vermögen, die unter dem Titel Reserve für Unfallversicherung, Invalidenversicherung usw. angelegt sind; die Arbeiter sind heute selbst am Staate beteiligt. Ein Glied in dieser Kette bildet der § 833, der auch dem Verletzten zu Hilfe kommen will. Daß die Franzosen nicht eine sozialdemokratische Partei in dem Sinne wie wir haben, hat seine einfache Erklärung darin, daß der code civil für die Verletzten eine weittragende Fürsorge geschaffen hatte. Man kann nicht alle Verletzten nach dem Prinzip des Abgeordneten Burlage mundtot machen, sodaß sie vor Gericht nicht aussagen können. Es hat die höchsten Bedenken, wenn wir zulassen, daß die Oppositionspartei par excellence auf ihr Schild schreiben kann: wir waren für den kleinen Mann, wir waren gegen die Erhöhung der Revisionssumme, wir allein waren für die Beibehaltung des § 833. Es liegt im Interesse der staatserhaltenden Parteien, sich das Recht, für die Verletzten zu sorgen, nicht aus der Hand nehmen zu lassen und es nicht an die Oppositionspartei par excellence auszuliefern. (Bravo!)

Ich muß noch meinen Antrag verlesen: Er lautet:

Der § 833 bleibt bestehen und erhält folgenden Zusatz:

1. Der Tierhalter ist versicherungspflichtig.
2. Der § 833 steht zur Seite auch:
   a) Denjenigen, welche unentgeltlich mitfahren, reiten, und ähnlichen Personen,
   b) den Trainern und ähnlichen Personen.

Wenn nämlich die Zwangsversicherung durchgeführt wird, dann kann die Wohltat der Versicherung auch diesen Personen ohne erhebliche Mehrbelastung zugewendet werden. (Heiterkeit!)

Professor Dr. **Traeger**-Marburg: Hochgeehrte Herren! Ich kann mich kurz fassen, da ich schon in meinem Gutachten meine Meinung über Abänderungsvorschläge und Abänderungsbedürftigkeit dargelegt habe, die ja auch von dem Herrn Referenten im wesentlichen geteilt wird. Ich brauche auch trotz der Ausführungen des Herrn Korreferenten nicht mehr über die Berechtigung des Gefährdungsprinzips zu sprechen. Ich glaube, man kann den Satz nicht widerlegen, daß es nur gerecht ist, daß der Tierhalter die Gefahr trägt. Das Argument des Herrn Korreferenten, daß durch die jetzige gesetzliche Bestimmung sogar zwei Existenzen ruiniert werden könnten, habe ich nicht verstehen können. (Heiterkeit). Wie soll bei der Schadensabwälzung auf den Tierhalter das Resultat herauskommen, daß durch sie zwei Existenzen vernichtet werden, während durch den Unfall selbst höchstens eine Existenz, die des Verletzten, vernichtet wird? Aber ich will nicht weiter darauf eingehen; ich glaube, aus den früheren Beifallsäußerungen entnehmen zu dürfen, daß die überwiegende Mehrheit der anwesenden Herren für die Gefährdungshaftung ist.

Dieses Prinzip erscheint um so gerechtfertigter als die Möglichkeit der Versicherung besteht. Gerade weil die Versicherung möglich ist, muß auch derjenige, der mehr auf der Seite des Tierhalters steht, sich von der Annehmbarkeit der Vorschläge überzeugen.

Über die Frage, **wer** versicherungspflichtig sein soll, möchte ich mich nicht äußern. Ich halte es nicht für unbedenklich, derartige etwas abseits liegende Fragen hier hereinzuziehen, so beachtlich auch die Ausführungen des Herrn Kollegen **Litten** an sich sind. Jedenfalls halte ich die Frage für zu schwierig und zu wenig vorbereitet, als daß die Versammlung sofort zu ihr Stellung nehmen könnte.

Grundsätzlich bin ich mit dem Vorschlage einverstanden, daß man die Haftung, wie sie jetzt besteht, beibehält, — allerdings mit einer Ausnahme. — Aber ich glaube, es ist nicht politisch gedacht, wenn wir so verfahren. Der Ansturm gegen den Paragraphen ist so allgemein, daß es angezeigt erscheint, Milderungen eintreten zu lassen, die gerechtfertigt werden können.

Nun ist eine von mir angeführte Milderung, die der Herr Referent leider nicht akzeptiert hat, meines Erachtens unbedingt nötig, mag man sich für den Paragraphen, wie er jetzt gefaßt ist, entscheiden oder für die Abänderung, die vorgeschlagen ist, das ist nämlich die, den **Umfang** des Schadensersatzes zu ermäßigen. Und zwar ist er erstens zu ermäßigen nach den Vorschriften der §§ 3 und 3a des Reichshaftpflichtgesetzes bei Tötung und Verletzung von Personen. Das rechtfertigt sich aus der einfachen Erwägung, daß, wenn das kapitalkräftige Eisenbahnunternehmen einen Schadensersatzanspruch nur in diesem geminderten Maße zu ersetzen hat, dieses umsomehr für den Tierhalter gelten muß.

Aber auch der Sachschaden muß gemindert werden; er muß auf ein Höchstmaß von etwa 1000 bis 3000 Mk. begrenzt werden. Man könnte allerdings zunächst sagen, die Versicherungsgebühr sei doch geringfügig, und da sei es gleichgültig, ob 20 oder 50 Pf. mehr oder weniger an Versicherungsgebühr gezahlt werden müßten, aber die Sache ist nicht so einfach und unbedenklich. Die Haftpflichtversicherungsanstalten, unter die die meisten Landwirte fallen, vergüten den Sachschaden nur zu 80 pCt., offenbar davon ausgehend, daß auf diese Weise die Vorsicht der Tierhalter gesteigert werde. Der Landwirt trägt also trotz der Versicherung noch 20 pCt. des entstandenen Schadens. Die großen Unfallversicherungsgesellschaften, wie z. B. der Allgemeine deutsche Versicherungsverein in Stuttgart, lassen allerdings auch die volle Versicherung zu, aber dann erhöht sich die Prämie ganz bedeutend. Die Haftpflichtversicherungsgesellschaften, die Genossenschaften lehnen aber eine volle Ersatzpflicht überhaupt ab. Deshalb ist der von mir gestellte Antrag von Bedeutung. Es könnte sonst der betreffende Tierhalter trotz der Versicherung tatsächlich ruiniert werden. Es wird allerdings selten sein, daß ein Sachschaden von 10 000, 20 000 oder 30 000 Mk. entsteht; aber wenn in einem solchen, doch immerhin möglichen Falle der kleine Landwirt 20 pCt. des Schadens zahlen soll, so wird das für ihn verhängnisvoll werden. Deshalb möchte ich den Schadensersatzanspruch im Falle der Zerstörung von Sachen beschränkt wissen. Wir haben eine analoge Bestimmung schon im Gastwirtsvertrag.

Ich möchte also in erster Linie bitten, die Thesen 1 bis 3 des Herrn Referenten anzunehmen, und weiterhin ihnen folgenden Zusatz zu geben:

Es empfiehlt sich:

den Schadensersatzanspruch bei Tötung und Verletzung einer Person nach dem Vorbilde der §§ 3 und 3a des Reichshaftpflichtgesetzes zu regeln;

den Schadensersatzanspruch für den dem einzelnen Ersatzberechtigten bei einem Tierunfall zugefügten Sachschaden auf den Höchstbetrag von etwa tausend Mark zu begrenzen.

Falls die Anträge des Herrn Referenten nicht angenommen werden sollten, vielmehr jede Änderung des § 833 hinsichtlich der Begrenzung des Personenkreises abgelehnt werden sollte, so würde ich auch für diesen Fall den Antrag stellen, den Umfang des Ersatzanspruchs in der angegebenen Weise zu beschränken.

Geheimer Justizrat Professor Dr. Gierke-Berlin: M. H., ich bleibe bei dem, was ich gestern in Bezug auf die Abänderung des Bürgerlichen Gesetzbuchs gesagt habe, auch heute stehen. Ich bin prinzipiell gegen eine Änderung des § 833 und stimme daher in erster Linie dem Antrage Merkel zu. Allein ich verkenne nicht, daß die Sachlage dadurch, daß bereits ein Abänderungsantrag im Reichstage zweimal angenommen worden ist, einigermaßen verschoben ist und daß hierdurch auch für uns andere Verhältnisse geschaffen sind. Ich würde daher am liebsten vorschlagen, beide Anträge zu kombinieren, zu sagen: wir sind grundsätzlich gegen jede Änderung; sollte aber eine Änderung beliebt werden, so würde nur eine solche, wie sie in dem Antrage des Herrn Referenten enthalten ist, angezeigt sein. Aber ich will die Sache nicht komplizieren und bei den vielen Anträgen nicht noch einen Sonderantrag in dieser Richtung stellen. Unter allen Umständen jedoch wünsche ich dringend, daß der erste Teil des Antrags Enneccerus angenommen wird, wonach wir uns grundsätzlich für die Beibehaltung des im § 833 ausgesprochenen Prinzips erklären. (Bravo!)

Ich muß mich gegen die Ausführungen des Herrn Korreferenten wenden. Selbst wenn der praktische Unterschied zwischen ihm und dem Herrn Referenten nicht so besonders groß ist, so war doch in der ganzen Färbung seiner Begründung ein recht weitgehender Unterschied zu spüren.

In meiner Stellung als Germanist und Rechtshistoriker bin ich zuzunächst genötigt, so wenig vielleicht dazu hier der Ort ist, doch mit einigen Worten seinen historischen Ausführungen entgegenzutreten. Seine historischen Ausführungen waren ganz vortrefflich. Sie litten nur an dem einen Fehler, daß seine Rechtsgeschichte zu früh abgebrochen hat. Er hat vergessen, auf die neueste Entwicklung, die Entwicklung des modernen Rechtsgedankens zu kommen. (Beifall.)

M. H., er sagte, es handle sich in § 833 um die Wiederaufnahme eines Gedankens aus der Jugendzeit der Völker. In gewissem Sinne: ja. Aber in wie vielen Beziehungen sind denn nicht alte deutsche Rechtsgedanken, nur in verjüngter Gestalt, wieder erstanden! Darf man in allen solchen Fällen von der Rückkehr zu einer überwundenen Kulturstufe, von dem Rückfalle in grobsinnliche Anschauungen reden? Mit den Argumenten des Herrn Korreferenten hätte man auch die Wiederbelebung der Öffentlichkeit und Mündlichkeit im gerichtlichen Verfahren abwehren, die Wiedereinführung der Laienrechtsprechung zurückweisen können. Denken Sie ferner an die Geschichte der Auflassung, sowie überhaupt an die verschiedene Behandlung beweglicher und unbeweglicher Sachen im neuen wie im alten deutschen Recht! Gewiß war es doch ein geistigeres und abstrakteres Prinzip, das mit dem römischen Recht bei uns eindrang und lange als Ausdruck einer höheren Entwickelungsstufe verfochten wurde, bewegliche und unbewegliche Sachen völlig gleich zu behandeln. Warum soll denn die sinnliche Beschaffenheit des Objektes einen rechtlichen Unterschied begründen? Oder denken Sie an die Wiederbelebung des Satzes „Hand wahre Hand". Schien nicht inzwischen der zur Herrschaft gelangte römische Gedanke, daß das Eigentum von den Schicksalen des Besitzes unabhängig und unzerbrechlich sei, einer geistigeren und ethisch höheren Auffassung zu entsprechen? Oder denken Sie an die Wiederabschaffung der Mobiliarhypothek und die Neubelebung des Satzes, daß an beweglichen Sachen nur ein Faustpfand möglich ist. Ließe sich nicht auch hiergegen sagen: das ist eine grobsinnliche Anschauung aus der Jugendzeit der Völker, die wir wieder hervorgeholt haben?

Diese Summe von Beispielen ließe sich unendlich vervielfältigen. Wir ersehen daraus, daß eben die Rechtsgeschichte wie die ganze Weltgeschichte nicht einfach in der geraden Linie verläuft, sondern, wie Ranke einmal gesagt hat, sich in einer Spirallinie bewegt. Alte Gedanken kommen in neuer jugendlicher Gestalt wieder auf.

Geradeso liegt es hier bei dem Verschuldungsprinzip. Das reine Verschuldungsprinzip ist in einer großen Reihe von Beziehungen überwunden und gehört der Vergangenheit an. Es ist ein ethisches Prinzip. Aber ein ethisches Prinzip ist auch das Prinzip, das sich mehr und mehr an dessen Stelle setzt: das Prinzip der ausgleichenden Gerechtigkeit, der Schadensverteilung auf Grundlage der Verursachung in solchen Fällen, in denen eine besondere Gefahr für andere durch etwas, was jemanden einen besonderen Vorteil bringt, hervorgerufen wird. Hier soll, wer den Vorteil hat, auch den Schaden tragen. Ich muß gestehen, daß es mir schmerzlich sein würde, wenn der § 833, der allerdings das größte vorhandene Loch in das Verschuldungsprinzip gerissen hat, fallen oder doch wesentlich verstümmelt werden sollte, um dieses Loch wieder zu verstopfen. Ich bedauere nur, daß der § 833 so vereinzelt dasteht, daß es so wenige Paragraphen sind, in denen der gleiche Gedanke zum Durchbruch kommt. Allerdings steckt ja auch in der unbedingten Haftung für

Tierschäden eine Anknüpfung an das alte und sogar das älteste Recht. Denn das Verschuldungsprinzip ist es doch, das auch der ursprünglichen Vorstellung einer Verschuldung des Tieres selbst zugrunde liegt. Ganz können wir übrigens selbst heute nicht den Gedanken einer Schuld des Tieres, für die gehaftet wird, bannen. Wie mühsam muß das Reichsgericht zur Vermeidung des verpönten Ausdrucks seine Worte wählen, indem es von Bewegungen, die durch die Tierseele hervorgerufen worden seien, usw. spricht! An dem Prinzip also, das wir in § 833 haben, wollen wir festhalten, wenn auch natürlich bei der Abwägung der Interessen im einzelnen große Schwierigkeiten erwachsen.

Auf diese Einzelheiten will ich nicht weiter eingehen. Ich betone nur, daß in dem einen Punkt, in dem der Herr Referent eine Abänderung des § 833 konzedieren will, sein Vorschlag durchaus Zustimmung verdient, — wenn ich auch glaube, daß die Rechtsprechung hier genau so gut helfen könnte wie die Gesetzgebung, was meinem Ideal viel mehr entsprechen würde.

Dagegen möchte ich gleich den Herrn Dr. Scherer auf das allerdringendste davor warnen, einen Beschluß anzunehmen, der die nicht versicherten Angestellten ihres gegenwärtigen Schutzes entkleiden würde. Denn hier liegt doch die Sache in der Tat völlig anders wie bei dem Bereiter, der eine besondere Gefahr übernommen hat; das tun doch der Pferdeknecht, die Viehmagd nicht, und dafür haben sie auch kein Entgelt in ihrem Lohne, danach wird doch der Lohn wahrhaftig nicht abgemessen.

Ich kann auch nicht ganz zustimmen, wenn der Herr Korreferent sagte, hier handele es sich um eine Fürsorge, und die sei Sache des öffentlichen Rechts. Die Fürsorge ist nicht bloß Sache des öffentlichen Rechts, sondern unser modernes Privatrecht hält es in vielen Fällen für angezeigt, auch in die Vertragspflicht eine Fürsorgepflicht aufzunehmen und durch zwingenden Rechtssatz festzulegen. (Bravo!) Das tut doch auch unser Bürgerliches Gesetzbuch bei der Regelung des Dienstvertrages. Dieses Argument scheint mir also nicht schlüssig, und ich glaube, daß wir durchaus jede Abänderung des § 833 ablehnen müssen, die die Angestellten ihrer Ersatzansprüche berauben würde. (Lebhafter Beifall.)

Geheimer Justizrat Professor Dr. **Leonhard**-Breslau: M. H., alles, was ich auf dem Herzen habe, kann ich in zehn Minuten nicht vortragen; ich muß mich auf die Hauptsache beschränken. Ihering pflegte zu sagen: jeder Mensch muß wissen, was er will und was er kann. Das gilt auch vom Juristentage. Was wollen wir und was können wir in dieser kurzen Zeit hier herstellen? Wir wollen einem zuweitgehenden Reichstagsbeschluß entgegentreten. Das können wir mit Erfolg aber nur, wenn wir selbst maßvoll sind und nicht in das Gegenteil umschlagen und uns nicht dem Vorwurf aussetzen, daß wir hier ebenso einseitige Interessenpolitik treiben wie unsere Gegner.

Deshalb bitte ich Sie, in erster Linie den Eventualantrag Enneccerus anzunehmen, den er leider noch nicht gestellt hat; er hat den besten Wein bis zuletzt behalten. (Heiterkeit). Dieser Eventualantrag Enneccerus geht in der Linie, die uns durch die Verhältnisse vorgezeichnet ist. Da könnten wir beinahe zu einem einstimmigen Beschluß kommen. Er ist kurz formuliert und nicht in dem sogenannten Juristendeutsch. (Heiterkeit). Ein Juristentagsbeschluß muß klingen wie ein Kommandowort und nicht wie ein Bandwurmsatz. (Heiterkeit). Wenn zwei Juristen sich gegenseitig Schriftsätze zuschicken, dann mögen sie meinetwegen solche Bandwurmsätze gebrauchen; wir aber sollen populär reden, wie dem Deutschen der Schnabel gewachsen ist, denn wir reden hier zum deutschen Volke und deshalb müssen wir in der Sprache des deutschen Volkes reden. (Beifall).

Der Eventualantrag lautet:

> Es empfiehlt sich, die Vorschrift des § 833 als Regel aufrechtzuerhalten, auch von Einzeländerungen abzusehen, in der Erwartung, daß die Rechtsprechung zu einer freieren Auslegung der Vorschrift gelangen werde, welche den Haftungsgrund und die daraus sich ergebenden Beschränkungen der Anwendbarkeit berücksichtigt.

Ganz beim Alten darf es nicht bleiben, nicht bloß weil der Reichstag dagegen ist, sondern weil man aus sachlichen Gründen dagegen sein muß, den Tierhalter so zu belasten, wie es das französische Recht tut. Man wird uns freilich später vorwerfen, daß auch wir in seiner Belastung noch zu weit gehen und sagen, daß die Herren in Kiel in ihrem eigenen Interesse gesprochen haben; denn wir sind keine Tierhalter, auch ich bin es nicht, wenn ich von einem Papagei und einem Singvogel absehe. (Heiterkeit). Ich bitte Sie daher dringend: machen Sie die Rechnung nicht ohne den Landwirt und decken Sie den Brunnen nicht erst zu, wenn das Lieblingskind der gegenwärtigen Politik, die Landwirtschaft, hineingefallen ist!

Es sind hier viele Worte gefallen, die mir nicht zusagen. Die geistvollen Scherze des Rechtsanwalts Scherer halte ich nicht für ungefährlich, weil sie einflußreiche Gesellschaftsklassen berühren; sie können der guten Sache nicht förderlich sein, wie die Machtverhältnisse bei uns nun einmal liegen.

Ebenso bedauere ich sehr, was über die Ethik der Römer gesagt wurde. Sie glauben nicht, was Sie der Jurisprudenz der ganzen Welt durch solche Reden für Schaden zufügen. Man sollte sich hüten, die großartige Rechtsschöpfung eines weltbeherrschenden römischen Volks, auf der allein der internationale rechtswissenschaftliche Zusammenhang der zivilisierten Völker beruht, mit Steinen zu bewerfen. Das ruiniert uns unsere Jugend und die Zukunft unserer Wissenschaft.

Man sagt, die Aufhebung des § 833 sei reaktionär. Ja, das kommt auf den Standpunkt an. Für uns im preußischen Landrecht war das französische Recht reaktionär, und jetzt erscheint uns der Reichstagsbeschluß nach der anderen Seite als reaktionär. Wenn ich auch nicht mit Ihering sage: „Keine Haftung ohne Schuld“, so sage ich doch: „Keine Haftung ohne vernünftigen Grund!“ Wenn man einen Menschen haftbar macht, bloß weil der andere Geld braucht, so ist das für mich unvernünftig.

Vom französischen Recht gilt übrigens: „Si duo faciunt idem, non est idem.“ Die Franzosen haben eine andere Praxis als wir: sie sind viel laxer, viel freier. Der deutsche Richter wendet den Paragraphen, der ihm gegeben ist, mit unbarmherziger Penibilität an; der französische Richter findet immer einen Ausweg. Wir wollen, daß auch unsere Richter etwas freier, daß sie mehr nach Billigkeit verfahren. Dieser § 833 aber zwingt sie zu unvernünftigen Entscheidungen, und das Reichsgericht ist gewissenhaft verfahren, indem es diese unvernünftigen Bestimmungen genau nach dem Wortlaut auslegte. (Widerspruch). Ich will damit die Herren, die auf dem Grunde des französischen Rechts stehen, nicht tadeln; es sind ausgezeichnete Juristen, aber der preußische Richterstand ist nun einmal anders erzogen. Ich hätte gar nichts dagegen, wenn auch wir das französische System anwendeten; wir haben es aber noch nicht, wir müssen rechnen mit dem deutschen Richter, wie er ist. Er ist ein gewissenhafter, ehrenhafter Mann, der seinen Richtereid heilig hält und darum vielleicht nicht immmer frei genug verfährt. Geben wir ihm aber freiere Hand, so wird er auch freier verfahren.

Der Kollege Traeger hat große Verdienste um unsere Sache. Ihering würde vielleicht sagen, er habe „einen historischen Durchbruchspunkt“ geschaffen. Er hat den Versicherungsgedanken das Recht der Zukunft genannt. Ich glaube, in späterer Zeit wird der Staat nicht die Tierhalter versichern, sondern die Gefährdeten, und zwar in der Weise, daß er einfach den Schaden zahlt und von dem Schuldigen die Summe beitreibt und etwa zur Ergänzung eine Tiersteuer erhebt. Eine solche Idee ist aber noch nicht zur Abstimmung reif. Ich bin aber überzeugt, daß diese Durchführung des vom Kollegen Traeger Angeregten den richtigen Mittelweg zwischen dem preußischen Landrecht und dem Bürgerlichen Gesetzbuch gehen würde. Zurzeit halte ich nur den Eventualantrag Enneccerus für erreichbar.

Berichterstatter Geheimer Justizrat Professor Dr. **Enneccerus-Marburg**: Da auf den von mir angedeuteten Eventualantrag soviel Bezug genommen wird und ein Antrag von dem Kollegen Merkel vorliegt, der scheinbar dasselbe will, sich aber doch wesentlich von meinem unterscheidet, so glaube ich, daß Sie mir gestatten werden, nun den Antrag, den ich vorhin als für mich akzeptabel erklärt habe, auch wirklich zu stellen. (Bravo!) Ich kann ihn aber nur stellen als Eventualantrag in dem Sinne, daß zwar jedenfalls über ihn abgestimmt werden soll, aber erst nachdem wir eine etwas bestimmtere Stellung — für den Fall, daß eine Änderung überhaupt beschlossen werden sollte — genommen haben. Ich würde zu diesem Zwecke den Gedanken des Geheimrats Gierke akzeptieren und meinen Antrag so formulieren: I. Für den Fall, daß eine Änderung überhaupt beliebt werden sollte, empfiehlt sich Nummer 1, 2 und 3, und dann würde als II. folgen: „Jedoch glaubt der Juristentag, die Vorschrift usw." Auf diese Weise würde es jedem möglich sein, vollkommen klare Stellung zu nehmen nach allen Richtungen.

Da ich gerade das Wort habe, darf ich vielleicht noch ein paar Worte hinzufügen, um meine Stellung zu den Anträgen des Herrn Korreferenten genauer zu kennzeichnen. Er führt die Schuldhaftung auf die Ethik zurück. Durchaus richtig. Niemand bezweifelt das, und niemand will das Prinzip der Schuldhaftung aufgeben oder generell durch ein anderes ersetzen. Auch die Worte des Herrn Geheimrats Gierke besagten das in keiner Weise. Aber nicht auf der Ethik beruht — und darin liegt die Verwechselung — daß man nur für Schuld haften dürfe, daß es neben der Schuldhaftung keine andere Haftung geben könne. Nein, m. H., neben die Schuldhaftung tritt ein zweites Prinzip, die Gefährdungshaftung für solche Handlungen, die das Publikum in Gefahr bringen. Der Herr Korreferent hätte von seinem Standpunkt aus jede Gefährdungshaftung ablehnen müssen. Das hat er nun nicht getan. Aber er hat gesagt: ich will die Gefährdungshaftung beschränken auf Fälle ganz außergewöhnlicher Ereignisse und Gefahren. M. H., ich sage, gerade das Umgekehrte ist richtig, nämlich nicht die außergewöhnlich einmal oder selten vorkommenden, sondern die ständigen Gefährdungen sind das größere Übel, und hier handelt es sich um ständige Gefährdungen für das Publikum, die als Teil des Geschäftsaufwandes des Tierhalters diesem zur Last fallen müssen.

M. H., Sie werden sich ja entscheiden müssen zwischen den Ansichten des Herrn Korreferenten und den meinigen. Sie werden sich fragen müssen, ob Sie die Knechte usw. sofort schutzlos machen wollen, obwohl es ganz ungewiß ist, ob die Unfallversicherung eingeführt werden wird, oder ob Sie, wie mein Antrag will, erst durch die Einführung der Unfallversicherung die Befreiung des Tierhalters diesen Personen gegenüber bewirken wollen. Und Sie werden sich weiter fragen müssen, ob einer, der nur gelegentlich ohne jedes eigene Interesse oder doch vorwiegend im Interesse des Tierhalters auf Grund eines Rechtsverhältnisses sich dem Tierschaden aussetzt, keinen Ersatzanspruch haben soll.

Der Herr Korreferent hat geglaubt, mich durch zwei Beispiele sicher schlagen zu können. Diese Beispiele beweisen mit viel größerer Sicherheit gegen ihn. Zunächst führt er einen Käufer an, der den gekauften Ochsen abholt und vor der Eigentumsübergabe von dem Ochsen gestoßen und verletzt wird. Ja, m. H., wenn der Tierhalter den Käufer zu dem Ochsen führt, weil der Käufer den Ochsen abholen will, so heißt das: hier stelle ich dir den Ochsen zum Wegnehmen zur Verfügung; und wenn das auch keine der gewöhnlichsten Verwendungen ist, so wird doch eine korrekte, nicht Wortinterpretation sondern Sinnesinterpretation unzweifelhaft sagen, daß hier der Käufer den Ochsen bereits in seinem Interesse, weil er ihn abholen will, gebraucht, und daß also meine Ausnahme Anwendung findet. Aber meine Ausnahme findet sogar Anwendung, wo die des Herrn Korreferenten nicht zutrifft. Denn wie ist es, wenn der Ochse noch gar nicht verkauft ist, sondern bloß besichtigt wird, wenn ich also dem Manne, der mir vielleicht einen Ochsen abkaufen will, sage: „gehen Sie in den Kuhstall und besehen Sie den Ochsen?“ Der Mann geht in den Kuhstall, setzt sich der Gefahr aus — und zwar nicht auf Grund eines Rechtsverhältnisses, denn es ist ja noch ganz ungewiß, ob der Kauf zustande kommt — und wird getötet oder verletzt. Dann liegt ebenfalls — im Sinne einer freieren Interpretation — eine Verwendung in seinem eigenen Interesse vor — es war ihm der Ochse zur Besichtigung zur Verfügung gestellt —, und auch hier findet mein Satz Anwendung.

Nun aber zu dem zweiten Beispiel! In dem Falle, wo jemand aus Gefälligkeit, weil ein Freund verreist ist, sich als negotiorum gestor um des Freundes Wirtschaft bekümmert, auch in den Stall kommt und infolgedessen getötet oder verletzt wird, meinte der Herr Berichterstatter, würde ich doch wohl auch zustimmen, daß der Schadensersatzanspruch ausgeschlossen werden müsse. Keineswegs! Hier würde ich vielmehr den Ausschluß des Schadensersatzanspruchs für ungerechtfertigt und unbillig halten. Soll denn zu der Übernahme der mannigfachen Lasten, die im

Interesse des Freundes übernommen werden, auch noch die Tiergefahr ohne Schadensersatz hinzukommen, obgleich derjenige, der sich um die Interessen des Tierhalters gar nicht gekümmert hat und zufällig in den Stall kommt, einen Ersatzanspruch haben würde? Hier zeigt sich gerade die durchgreifende Verschiedenheit des Standpunktes des Herrn Korreferenten und des meinigen: die Haftung für die Tiergefahr muß ausgeschlossen werden bei der Verwendung im Interesse des Betreffenden, der geschädigt wird, aber nicht wenn er in irgend ein loses Rechtsverhältnis eintritt, das ihn mit den Tieren in irgend welche Berührung bringt.

Indem ich also meinen erwähnten Antrag als Eventualantrag stelle, muß ich noch darauf aufmerksam machen, daß ich in einem entscheidenden Punkte gerade von dem Antrage Merkel abweiche. Der Antrag Merkel will die weitere Entwickelung der Rechtsprechung sowie das Einleben der Bestimmung in die Bevölkerung abwarten. Für mich aber ist das wesentlichste, die Hoffnung auszusprechen, daß wir im Laufe der Zeit zu einer freieren Auslegung der Bestimmungen seitens der Rechtsprechung gelangen, welche den Haftungsgrund nnd die daraus sich ergebenden Beschränkungen der Anwendbarkeit berücksichtigt.

Professor Dr. Leonhard-Marburg: Ich möchte zunächst befürworten, daß der Juristentag in dieser Frage nur seine prinzipielle Überzeugung ausspricht und nicht in die Details eintritt. Falls aber doch darauf eingegangen wird, möchte ich glauben, daß es gerecht wäre, die Ausnahme 2 des Herrn Referenten im wesentlichen zu beseitigen, wenigstens sofern es sich um entgeltliche Überlassung von Tieren handelt. Wer unentgeltlich dem Anderen ein Tier überläßt, der wird freilich von der Haftung frei bleiben müssen, und ich stimme hier durchaus dem Widerspruch zu, der gegen das bekannte Reichsgerichtsurteil laut geworden ist. Aber zwischen unentgeltlicher und entgeltlicher Überlassung besteht ein großer Unterschied, den unser Recht seit jeher wohl beachtet hat. Daß der Fahrgast einer Droschke keinen Schadensersatzanspruch haben soll, das kann ich nicht billigen. Er muß dasselbe Recht haben wie die Passanten der Straße. Daß er die Gefahr freiwillig übernommen habe, dem kann ich nicht zustimmen. Wer ein Reitpferd besteigt, von dem kann man allerdings sagen, daß er sich selbst in die besondere Gefahr begeben habe. Aber der harmlose Bürger, der in eine Droschke einsteigt, ist kein Wagehals; er muß dasselbe Recht haben wie der zufällig Vorübergehende. Auf diesen Standpunkt hat sich die Gesetzgebung auch bei der Haftung der Eisenbahnen und jetzt wieder im neuen Recht der Automobile gestellt. Der Schaden würde auch nicht die Landwirte treffen, die nur selten Tiere vermieten, sondern in erster Linie die Droschkenbesitzer, die ich nicht wie ein Vorredner zu den armen Bevölkerungsklassen rechnen kann. Es wäre danach gerechtfertigt, die zweite Ausnahme, die der Antrag will, auf unentgeltliche Überlassungen zu beschränken oder aber ganz zu streichen. Einen Antrag möchte ich aber vorerst nicht stellen, um die Verhandlungen nicht zu verwirren.

Rechtsanwalt am Reichsgericht Justizrat Dr. **Wildhagen**-Leipzig: M. H., ich kann mich lediglich für den sogenannten Eventualantrag Enneccerus aussprechen. Wenn ich den Wortlaut richtig erfaßt habe, dann würde es sich vielleicht empfehlen, statt der Worte „auch von Einzeländerungen abzusehen" zu sagen: „und von Einzeländerungen nur abzusehen in der Erwartung usw." Das ist etwas schärfer gegenüber dem Standpunkt, den der Reichstag eingenommen hat.

Ich möchte zu den Erwägungen, die bereits angeführt worden sind, nur noch auf einige wenige Gesichtspunkte aufmerksam machen. Ich verliere kein Wort darüber, daß wir nach Lage der Dinge und nach unserer besten Überzeugung den Ausspruch für notwendig erachten: „Es empfiehlt sich, die Vorschrift des § 833 als Regel beizubehalten". Ich habe nur Bedenken gegen die Annahme des Satzes 2, wie er in dem ersten Antrage Enneccerus vorgeschlagen worden ist, weil die Vorschläge, die bisher gemacht worden sind — einmal Einschränkung für den Fall, wo ein Vertragsverhältnis besteht, und dann für den Fall, daß eine Verwendung im Interesse des Geschädigten erfolgt — meiner Überzeugung nach noch nicht erschöpfend sind. Ich will absehen von einer näheren Auseinandersetzung mit dem Herrn Vorredner Leonhard, aus dessen Ausführungen sich ergab, daß er sogar dem Fahrgast in der Droschke einen Anspruch gegen den Droschkenbesitzer geben will, woran nach meiner Meinung nicht zu denken ist. Wie ist es nun aber, wenn ich als Fahrgast in der Droschke sitze und ich sehe einen Bekannten, lade ihn ein, er fährt mit, der Gaul geht durch und es entsteht meinem Gaste ein Schaden? Soll er dann keinen Anspruch an den Droschkenbesitzer haben, obwohl ich keinen habe? — Auch die „Verwendung im Interesse des Geschädigten" ist nicht völlig ausreichend. Nehmen wir an, ein Mitglied des Juristentages wird hier in Kiel abends zu ausgelassen und deshalb verhaftet. (Heiterkeit). Ein Schutzmann bringt ihn in eine Droschke hinein, um ihn nach dem Wachlokal zu schaffen. Wie ist es denn mit der Verwendung in seinem Interesse? Soll der Droschkenbesitzer haften, wenn ein Unfall passiert? Der Fall ist mir außerordentlich zweifelhaft. Mit dem „vermutlichen Willen der Partei" sollte man uns nicht kommen. M. H., „der vermutliche Wille der Partei" sollte überhaupt aus dem juristischen Handwerkszeug verschwinden. Er ist nichts als eine leere Redensart, mit der jeder begründen kann, was ihm richtig erscheint.

Nun kommen aber noch Fälle vor, bei denen man möglicherweise auf einen ganz anderen Gesichtspunkt geführt wird. Ich denke an den vom Reichsgericht entschiedenen Fall einer Verletzung bei dem Ankörungsgeschäft. Der Pferdehalter muß nach gesetzlicher Vorschrift zu einem bestimmten Tage und an einem bestimmten Ort mit seinem Gaul sein. Nun kam der Kommissar und wollte den Gaul untersuchen, das muß sich der Besitzer gefallen lassen. Der Kommissar zog, während er auf den Gaul losging, ein Stockmaß heraus, mit dem er ihn messen wollte. Der Hengst glaubte, es wäre eine Peitsche, stieg infolgedessen hoch und schlug dem Kommissar ein Auge aus. Soll der Besitzer bezahlen? Das Reichsgericht hat die Frage bejaht. Es kommt aber doch wohl nicht bloß darauf an, daß jemand ein Tier „hält", sondern auch wie weit er in der Lage ist, das Tier gegen die Möglichkeit, Schaden anzurichten, zu sichern und den Geschädigten aus dem Gefahrbereich fernzuhalten. Es scheint mir gegen das Gerechtigkeits- und Billigkeitsgefühl zu gehen, daß man in einem Falle, wie dem eben erwähnten, den Tierhalter haftbar macht.

Wieder zu ganz anderen Gesichtspunkten muß man in bezug auf die Frage der Angestellten kommen. Diese Frage läßt sich mit den bisher erörterten Gesichtspunkten noch nicht entscheiden. Jedenfalls ist sie sehr vorsichtig zu behandeln, damit nicht ein Prinzip aufgestellt wird bei dem die Angestellten ungerechtfertigterweise zu kurz kommen.

In diesen heiklen Fragen hat die Rechtsprechung noch sehr viele Aufgaben zu lösen. Das Reichsgericht war nicht immer auf dem richtigen Wege; das beweist schon die Tatsache, daß es so erhebliche Schwenkungen vorgenommen hat. Aber wir dürfen zu der Rechtsprechung das Vertrauen hegen, daß sie unterstützt durch die eifrige wissenschaftliche Tätigkeit — und hoffentlich auch etwas gefördert durch die Arbeit des Juristentages — der Erwartung gerecht werden wird, welche der von mir empfohlene Eventualantrag E n n e c c e r u s auf sie setzt. (Bravo!)

Ein Antrag auf Schluß der Debatte wird angenommen. Die bereits angemeldeten Redner sollen noch gehört werden.

Berichterstatter Geheimer Justizrat Professor Dr. **Enneccerus**-Marburg: Der Antrag würde salva redactione nun etwa folgendermaßen lauten:

I. Falls gegenwärtig überhaupt eine Änderung des § 833 eintreten soll, empfiehlt es sich:
   1. die Vorschrift des § 833 als Regel beizubehalten;
   2. die Haftung aus § 833 — unbeschadet der Haftung nach anderen gesetzlichen Vorschriften — auszuschließen, wenn der

Geschädigte der Gefahr der eingetretenen Schädigung infolge einer in seinem Interesse stattfindenden Verwendung des Tieres ausgesetzt war;

3. die Unfallversicherungsgesetzgebung auf das bisher nicht versicherungspflichtige Fahr- und Stallpersonal bei Pferde- und Viehhaltung auszudehnen.

II. Jedoch ist der Juristentag der Ansicht, daß die Vorschrift des § 833 aufrecht zu erhalten ist und von Einzeländerungen abzusehen ist in der Erwartung, daß die Rechtsprechung zu einer freieren Auslegung der Vorschrift gelangen werde, welche den Haftungsgrund und die daraus sich ergebenden Beschränkungen der Anwendbarkeit berücksichtigt.

Rechtsanwalt am Reichsgericht Justizrat **Boyens**-Leipzig: Ich glaube, mich dahin aussprechen zu müssen, daß ich nur für den ersten Teil des Antrags des Herrn Referenten stimmen kann, nicht für den zweiten Teil. Ich bin der Meinung, daß dieses „Jedoch usw." wegzulassen ist und zwar deshalb, weil ich der Ansicht bin, daß die Hoffnungen, die man darauf setzt, daß die Rechtsprechung im Sinne des Antrags eine Milderung des § 833 bringen kann, eitel sind. Ich glaube nicht, daß das Votum des Juristentages auf die Gerichte einen solchen Einfluß üben wird und kann, daß Sie ohne eine Änderung der Gesetzgebung das erreichen, was Sie erreichen wollen. Der Herr Kollege Wildhagen sprach von der „unglücklichen Präsumption des Willens". Ja, wie soll denn das Reichsgericht ohne eine solche Präsumption des Willens dahin kommen, den § 833 in gewissen Fällen zu mildern? Das Reichsgericht hat vor kurzem ein Urteil bestätigt, wo in der unteren Instanz gegenüber jemandem, der unentgeltlich mitgefahren war, ein stillschweigender Vertrag angenommen war dahingehend: die Haftung ist ausgeschlossen. Vielleicht wird das Reichsgericht auch in der Lage sein, selbsttätig in ähnlichen Fällen einen solchen stillschweigenden Vertrag anzunehmen, so wie dies im Falle des Trainers geschehen ist. Aber in anderen Vertragsfällen halte ich es für unmöglich, die gesetzlich bestehende Haftung im Wege der Rechtsprechung zu beseitigen.

Dagegen kann man es der Rechtsprechung wohl überlassen, den Begriff des Tierhalters näher zu begrenzen, die Beweislast und die Kausalität dem Bedürfnis entsprechend zu regeln.

Es ist viel von der Versicherung gesprochen worden. Man kann aber mit dem Hinweis, die Leute könnten sich versichern, nicht alles abmachen. Erstens ist schon hervorgehoben, daß die meisten Versicherungsgesellschaften eine Quote für den betreffenden Versicherten übrig lassen. Ferner können die Prämien, die jetzt niedrig sind, jeden Augenblick steigen. Es ist sogar sehr wahrscheinlich, daß eine solche Steigerung eintritt. Gerade die Versicherungsgesellschaften beschweren sich über die Härte des Gesetzes.

Schließlich möchte ich mich noch gegen den Antrag des Herrn Professors Traeger über den Umfang der Schadensersatzpflicht wenden. Ich halte es für unmöglich, diesen Umfang zahlenmäßig zu begrenzen. Es ist schon insofern eine Unklarheit in seinen Ausführungen vorhanden, als er meint, daß die tausend Mark — oder was er sonst nehmen will — nur berechnet werden sollten von dem, was schließlich der Tierhalter bei einer Versicherung selber zu bezahlen hat. Das kann doch nicht in das Gesetz kommen. Übrigens ist eine solche Begrenzung auch willkürlich, da sie die großen und die kleinen Betriebe ganz verschieden treffen würde.

Gerichtsassessor und Privatdozent Dr. F. **Litten**-Halle a. S.: M. H.! Gestatten Sie noch eine kurze Bemerkung: Es ist gesagt worden, die Begriffsbestimmung der Person des Tierhalters sei eine abliegende Frage. Das muß ich bestreiten. Die — auch den Herren Gutachtern — zur Erörterung gestellte Frage lautet:

Empfiehlt sich eine Änderung der Vorschrift des § 833 BGB. über die Haftung des Tierhalters?

In die Beantwortung dieser Frage gehört die Definition der Person des Tierhalters zweifellos mit hinein. Ja, wenn wir davon absehen, so lösen wir das Problem nicht, sondern verschieben einfach seine Lösung. Und wir empfehlen damit eine Blankettvorschrift, deren Ausfüllung Wissenschaft und Praxis nach wie vor, die größten Schwierigkeiten bereiten wird.

Prof. Dr. **R. Merkel**-Freiburg i. B.: Gegenüber dem Vorwurf Geheimrat Leonhards, daß ich den deutschen Gerichten zu sehr eine Annäherung an die französische Rechtsprechung zumute, nur die Konstatierung, daß die deutsche Praxis in den französischen Rechtsgebieten wesentlich denselben strengen Standpunkt einnahm wie die französische.

Nie freilich würde wohl ein französischer Gerichtshof schon die Erscheinung einer Radlerin mit flatterndem Gewande als ein die Haftung beseitigendes Ereignis „höherer Gewalt" aufgefaßt haben; aber dasselbe Reichsgericht hat dann doch z. B. bei plötzlichen epileptischen Anfällen eines Pferdes keine Befreiung gelten lassen — ganz im Einklang mit französischer Rechtsanschauung. Was aber die heutige deutsche Rechtsprechung zu § 833 betrifft, so ist ja selbverständlich, daß sie mit der äußersten, peinlichsten Gewissenhaftigkeit gewaltet hat; aber ich kann nicht anerkennen, daß manche Entscheidungen nicht doch anders hätten ausfallen können bei genauerer Prüfung und größerer Berücksichtigung des zwischen Tierhalter und Geschädigtem bestehenden Vertrages — sei es aus dem Gesichtspunkt eines stillschweigenden Ausschlusses der Haftung für unverschuldeten Schaden, sei es durch Anwendung der Regeln der Vertragshaftung, aus Mandat, Dienstvertrag usw. Und gerade gewisse als unbefriedigend empfundene Entscheidungen tragen die Hauptschuld an der vorhandenen Mißstimmung gegen das Gesetz. Ich erinnere an die viel erörterte, auch von Laien immer wieder angeführte Entscheidung des Reichsgerichts, welche den hilfsbereiten Fuhrmann so schwer belastete. Es wäre anderen, besseren Entscheidungen des Reichsgerichts zu wünschen, daß sie eine solche Verbreitung fänden.

Wir dürfen also doch wohl auf eine befriedigendere Entwickelung der Praxis hoffen; oder vielmehr: sie ist ja in neuerer Zeit schon zu einem Umschwung gelangt!

Was meinen Antrag betrifft, so würde sich wahrscheinlich eine große Majorität herstellen lassen, wenn er sich mit dem Eventualantrage Enneccerus verschmelzen ließe. Ich bin sehr gern bereit, meinen Antrag im Interesse des Zustandekommens eines möglichst einmütigen Beschlusses zurückzuziehen, unter der Bedingung, daß nur deutlich zum Ausdruck gebracht wird, daß der Juristentag eine gesetzliche Änderung des § 833 zurzeit überhaupt nicht für notwendig hält, sondern von der Entwickelung der Rechtsprechung eine Beseitigung der Härten erwartet. Und dann käme der Satz: Aber für den Fall, daß eine solche Änderung dennoch erfolgen sollte, empfiehlt es sich usw., wie es in den Anträgen von Enneccerus formuliert ist. Wir müssen aber klipp und klar an der Spitze unsere eigene Meinung sagen: der Juristentag erachtet eine gesetzliche Änderung des Paragraphen zurzeit nicht für nötig. Wenn diese grundsätzlich ablehnende Stimmung Ausdruck findet, dann ziehe ich meinen Antrag zurück, und wir hätten dann nur einen Antrag, der, wie ich glaube, mit großer Majorität angenommen werden würde.

(Beifall.)

Geheimer Justizrat Professor Dr. **Leonhard**-Breslau:

Zur Geschäftsordnung!

Ich protestiere gegen diese Änderung, weil ich dann gegen den Antrag stimmen würde.

Berichterstatter Geheimer Justizrat Professor Dr. **Enneccerus**-Marburg: Über die Frage der Reihenfolge müssen wir nachher gesondert abstimmen; denn es muß vermieden werden, daß man gegen den ganzen Antrag stimmt, weil man die Nummer I als Nummer II haben möchte oder umgekehrt. Ich würde also abstimmen lassen über die einzelnen Punkte salva positione, und dann würde ich gesondert fragen: soll dieser oder jener voranstehen? Dann vermeiden wir, daß falsche Majoritäten herauskommen.

Professor Dr. **Merkel**-Freiburg i. B.:

Zur Geschäftsordnung!

Ich ziehe meinen Antrag zurück.

Oberlandesgerichtspräsident Wirklicher Geheimer Oberjustizrat Dr. **Vierhaus**-Breslau:

Zur Geschäftsordnung!

Die Sache wird nicht so einfach gehen wie der Herr Referent annahm. Über die Frage der Reihenfolge kann ja nachher abgestimmt werden, aber die Logik erfordert, daß die weitergehende Bestimmung, daß der Juristentag eine Änderung nicht für notwendig erachtet, vorangestellt wird. Es muß also unter allen Umständen zuerst über die prinzipale Frage abgestimmt werden.

Das Schlußwort erhält Mitberichterstatter Rechtsanwalt am Oberlandesgericht Dr. **Mitter**-Kiel: Der Prinzipalantrag des Herrn Referenten ist damit begründet, daß Hülfe von der Rechtsprechung zu erwarten sei. Auf diesem Standpunkte stehe ich nicht, ich bin deshalb ein Gegner des Prinzipalantrags und wünsche allerdings eine Abänderung in der von mir vorgeschlagenen Form. An sich umfaßt auch die von mir angestrebte Abänderung alle die Fälle, in welchen die Anwendung des § 833 als hart erscheint.

Wenn Herr Geheimrat Gierke mir gewissermaßen zum Vorwurf gemacht hat, daß ich bei meiner historischen Übersicht die Fortentwickelung des deutschen Rechts nicht beachtet hätte, so trifft das nicht zu; er ist meinen Erwägungen wohl nicht ganz gefolgt. Ich ging davon aus, daß, wenn man die absolute Haftung des Tierhalters rechtfertigen wolle, man sowohl auf die Person des Verletzten wie auf die des Schädigers sehen, daß man alle Momente gegen einander abwägen müsse. Das habe das deutsche Recht nicht getan, und wenn die neueren Gesetzgebungen, das preußische Landrecht usw., später das Verschuldungsprinzip zugrunde gelegt hätten, dann hätten sie das getan unter dem Einfluß des römischen Rechts. Der Einfluß desselben sei ein bedeutender gewesen, weil der dem Schadensersatzrecht zugrunde liegende Gedanke Allgemeingut geworden sei und weil man deshalb eine Abweichung von dem Verschuldungsprinzip damals überhaupt für unzuträglich erachtet hätte. Dann allerdings sei später die weitere Entwickelung gekommen, der dem neueren Schadensersatzrecht zugrunde liegende Gedanke sei der Gedanke der Gefährdung; auch nach dem System des Bürgerlichen Gesetzbuchs könne im vorliegenden Falle lediglich das Gefährdungsprinzip in Frage kommen. Weiter sagte ich — und das war mein Leitsatz —: das Gefährdungsprinzip ist aber nicht so zur unbedingten Durchführung geeignet wie das Verschuldungsprinzip, weil es mit tausend Hindernissen und Schranken rechnen muß. Darauf begründete ich meinen Antrag.

Ich wiederhole: eine Hilfe von der Rechtsprechung ist nicht zu erwarten, wir müssen vielmehr einen festen Boden schaffen, auf dem sich die Rechtsprechung bewegen kann. Dazu genügt aber nicht, daß nur im Falle der Verwendung des Tieres im Interesse des Verletzten, die Haftpflicht ausgeschlossen sein soll, wie der Herr Referent will; es muß noch mehr hinzukommen: die Haftpflicht muß auch dann ausgeschlossen sein, wenn der Schaden durch die Verwirklichung einer Gefahr entsteht, welcher der Verletzte ausgesetzt war infolge einer Handlung auf Grund eines Rechtsverhältnisses, welches das Tier zum Gegenstande hat. Es genügt nicht: auf Grund eines Vertrages, sondern es muß heißen auf Grund eines Rechtsverhältnisses. Den Fall mit dem Ochsen hatte ich hauptsächlich deswegen angeführt, um zu zeigen, daß nicht nur Erfüllungshandlungen des Verkäufers, sondern auch Vertragshandlungen des Käufers zu berücksichtigen seien. Daß der Fall mit dem Ochsen möglicherweise auch unter den Gesichtspunkt der Verwendung im Interesse des Käufers fallen kann, ist hier belanglos.

In dem von Herrn Justizrat Wildhagen noch angeführten Fall, daß jemand in einer Droschke fährt und später einen anderen einladet, mitzufahren, würde nach meinem Antrage die Haftung ausgeschlossen sein; denn es begeben sich beide freiwillig in die Gefahr.

Wenn ich einen Betrunkenen in einen Wagen packe, so liegt eine Verwendung des Tieres in seinem Interesse vor. In meinem Antrage heißt es nicht: „sich ausgesetzt hatte“, sondern: „ausgesetzt war“.

Deshalb glaube ich, wenn man meine Formuliernng, deren Schwerfälligkeit ich nicht leugne — annimmt, so fallen alle Fälle, in denen man die Haftpflicht auszuschließen wünscht, darunter. Bekämpft wird vor allem, daß die Angestellten mit darunter fallen. Der Berichterstatter will das nicht. Aber ich halte es für richtig, weil vom rechtspolitischen Standpunkte aus keine Handhabe gegeben ist, um die öffentlich-rechtliche Fürsorge dem Privatmanne aufzubürden. Wir dürfen dem Verletzten nicht einfach Vorteile gewähren auf Kosten seines Nebenmenschen.

Auch das, was Herr Professor Traeger mir vorwirft, ist nicht begründet. Ich hatte ausgeführt, daß es sozialpolitisch nicht richtig sei, wenn durch die absolute Haftung nach § 833 zwei Existenzen vernichtet würden. Herr Professor Traeger meinte, er habe das nicht verstanden. Ich habe dabei folgenden Fall im Auge gehabt. Wenn jetzt ein armer Mann einen anderen unbemittelten Menschen zum Krüppel fährt, dann sind sie beide ruiniert. Dem einen wird vom Gerichtsvollzieher immer das weggenommen, was nur eben der Pfändung unterliegt und der andere kriegt doch nicht genügend, weil der erstere nicht soviel besitzt bezw. verdient.

Ich halte nach alledem meinen Antrag für richtiger als den Antrag des Herrn Berichterstatters, der die Haftpflicht nur bei Verwendung des Tieres im Interesse des Verletzten ausschließen will.

Berichterstatter Geheimer Justizrat Professor Dr. **Enneccerus**-Marburg. (Schlußwort). Ich glaube von genauerem Eingehen auf die letzten Ausführungen des Herrn Korreferenten absehen zu dürfen, da die Zeit sehr drängt und über diese Fragen sich doch jeder sein Urteil bereits gebildet haben wird. (Sehr richtig!) Ich möchte nur die gestellten Anträge kurz berühren.

Da der Antrag des Herrn Kollegen Merkel zurückgezogen ist, würde zunächst mein Antrag kommen:

> Es empfiehlt sich, die Vorschrift des § 833 aufrechtzuerhalten und von Einzeländerungen abzusehen in der Erwartung, daß die Rechtsprechung zu einer freieren Auslegung der Vorschrift gelangen werde, welche den Haftungsgrund und die daraus sich ergebenden Beschränkungen der Anwendbarkeit berücksichtigt.

Ich würde glauben, daß dieser Antrag zuerst zur Abstimmung kommen müßte, da er alles andere — wenigstens insofern, als der Juristentag Abänderungsvorschläge macht — entkräftet.

Wenn dieser Antrag angenommen wird, so würden meines Erachtens doch noch alle die übrigen Anträge zur Abstimmung kommen müssen, die eine Änderung wünschen. Nur würden diese Anträge so zu formulieren sein, daß vor jeden Antrag, wenn er angenommen wird, gesetzt werden müßte: „Sollte aber gleichwohl die Gesetzgebung zu einer Abänderung des § 833 schreiten, so empfiehlt sich nur das und das".

Ich komme nun zu den einzelnen Anträgen. Hier darf ich vorwegnehmen den Antrag Litten:

Die Worte im § 833 BGB.:

„derjenige, welcher ein Tier hält"

sind durch die Worte zu ersetzen:

„der Eigenbesitzer des Tieres".

Ich begreife ja, daß der Herr Kollege Litten diesen Antrag gestellt hat, da er diese Ansicht bereits literarisch vertreten hat. Ich will auch gar nicht darüber urteilen, ob sie richtig oder unrichtig ist; aber jedenfalls ist die Frage nach unserer Diskussion nicht ausgetragen. Ich möchte im Interesse des Herrn Kollegen Litten wünschen, daß die Frage auch heute nicht entschieden würde; denn der Antrag würde wahrscheinlich mit einer großen Majorität abgelehnt werden.

(Dr. Litten: Ich ziehe den Antrag zurück.)

Ich komme sodann zu dem Antrage des Herrn Korreferenten Dr. Bitter. Über diesen wird abzustimmen sein mit der Maßgabe der Veränderung im Eingang. Ebenso würde zu verfahren sein mit dem Antrage Dr. Scherer.

Sodann würde als der am wenigsten weitgehende von den Abänderungsvorschlägen mein Antrag zur Abstimmung kommen ad B (mit der entsprechenden Änderung) unter 1, 2, 3. Im Anschluß an diese Anträge wird dann als Nr. 4 über den Antrag des Kollegen Traeger abzustimmen sein. Ich meinesteils würde dafür stimmen. Wenn er nicht etwa zurückgezogen wird, möchte ich wünschen, daß er angenommen wird; denn es steckt ein guter Gedanke darin. Er ist vielleicht noch nicht nach allen Richtungen hin erwogen; aber ich meine, wir könnten uns wohl über das Prinzip entscheiden. Die Formulierung im einzelnen machen ja doch nicht wir, sondern der Gesetzgeber.

Wenn ich nun nach dieser Einleitung die Abstimmung vielleicht selbst leiten darf, so würde sich diese Abstimmung ganz so gestalten, wie ich das eben vorgeführt habe. Ich darf also wohl gleich die Frage aufwerfen, ob gegen die Reihenfolge ein Widerspruch erfolgt.

Justizrat **Heinitz**-Berlin: Ich würde bitten, wenn der jetzt als Prinzipalantrag gestellte Antrag angenommen wird und dann weiter über die eventuellen Änderungen des § 833 abgestimmt wird, zum Ausdruck zu bringen, daß wir, wenn zu einer Änderung der Gesetzgebung geschritten wird, doch die grundsätzliche Beibehaltung des § 833 als Regel vorschlagen und nur die betreffenden Änderungen wünschen. Ich lege auf das „nur“ Gewicht.

(Geheimrat Enneccerus übernimmt wieder den Vorsitz.)

Vorsitzender: Ganz einverstanden!

Die Abstimmung hat folgendes Ergebnis.

Der Antrag Enneccerus:

I. Es empfiehlt sich, die Vorschrift des § 833 aufrecht zu erhalten und von Einzeländerungen in der Erwartung abzusehen, daß die Rechtsprechung zu einer freieren Auslegung der Vorschrift gelangen werde, welche den Haftungsgrund und die daraus sich ergebenden Beschränkungen der Anwendbarkeit berücksichtigt.

wird von der sehr stark besuchten Abteilung mit allen gegen 8 Stimmen angenommen. (Beifall.)

Der Antrag Bitter:

Es empfiehlt sich, dem § 833 BGB. folgenden zweiten Absatz hinzuzufügen:

„Entsteht der Schaden durch die Verwirklichung einer Gefahr, welcher der Getötete, Verletzte oder Geschädigte infolge einer Verwendung des Tieres in seinem Interesse oder beim Bestehen eines Rechtsverhältnisses zwischen ihm und dem Tierhalter, welches das Tier zum Gegenstand hat, infolge einer auf Grund dieses Rechtsverhältnisses vorzunehmenden Handlung ausgesetzt war, so tritt die Ersatzpflicht — vorbehaltlich der Ersatzpflicht des Tierhalters nach anderen gesetzlichen Vorschriften — nicht ein, vorausgesetzt, daß der Tierhalter die im Verkehr erforderliche Sorgfalt beobachtet hat, oder daß der Schaden auch bei Anwendung dieser Sorgfalt entstanden sein würde."

wird mit allen gegen einige wenige Stimmen abgelehnt.

Der Antrag Scherer:

§ 833 bleibt bestehen und erhält folgenden Zusatz: „Der Tierhalter ist versicherungspflichtig."

wird mit allen gegen eine Stimme abgelehnt. (Heiterkeit.)

Der zweite Teil des Antrags Scherer, wonach der § 833 den weiteren Zusatz erhalten sollte:

Der § 833 steht zur Seite auch a) denjenigen, welche unentgeltlich mitfahren, reiten, und ähnlichen Personen, b) den Trainern und ähnlichen Personen.

wird vor der Abstimmung zurückgezogen.

Es wird weiter angenommen der zweite Teil des Antrags Enneccerus:

II. Sollte indeß von der Gesetzgebung eine alsbaldige gesetzliche Regelung der Frage für nötig gehalten werden, so empfiehlt der Juristentag:

1. die Vorschrift des § 833 als Regel beizubehalten,

mit allen gegen 5 Stimmen angenommen.

2. die Haftung aus § 833 — unbeschadet der Haftung nach anderen gesetzlichen Vorschriften — nur auszuschließen, wenn der Geschädigte der Gefahr der eingetretenen Schädigung in-

folge einer in seinem Interesse stattfindenden Verwendung des Tieres ausgesetzt war,

mit allen gegen 11 Stimmen angenommen.

3. die Unfallversicherung auf das bisher nicht versicherungspflichtige Fahr- und Stallpersonal bei Pferde- und Viehhaltung auszudehnen,

mit allen gegen 6 Stimmen angenommen.

Ferner beschließt die Versammlung mit 45 gegen 43 Stimmen, den ersten Teil des Antrags Traeger als vierten Absatz hinzuzufügen:

4. den Schadensersatzanspruch aus § 833 bei Tötung und Verletzung einer Person nach dem Vorbilde der §§ 3 und 3a des Reichshaftpflichtgesetzes zu beschränken.

Dagegen wird mit großer Mehrheit abgelehnt der zweite Teil des Antrags Traeger:

den Schadensersatzanspruch für den dem einzelnen Ersatzberechtigten bei einem Tierunfall zugefügten Sachschaden auf einen Höchstbetrag von etwa tausend Mark zu begrenzen.

Es entsteht eine kurze Geschäftsordnungsdebatte über die Frage, ob der Gegenstand dem Plenum nur zur Berichterstattung oder zur nochmaligen Beratung und Beschlußfassung überwiesen werden soll. Oberlandesgerichtspräsident Dr. Vierhaus-Breslau beantragt, die Frage dem Plenum zur Erörterung und Entscheidung zu überweisen; eine Beratung und Beschlußfassung dort würde dem Beschlusse einen erheblich größeren Nachdruck geben, wenn auch sachlich dort nichts neues vorgebracht werden sollte. Auf einen solchen Nachdruck komme es aber an, wenn der Juristentag auf die Beschlußfassung des Reichstags Einfluß gewinnen wolle.

In ähnlichem Sinne sprechen sich die Herren Geheimrat Gierke, Justizrat Wildhagen, Professor Merkel u. a. aus.

Es wird mit sehr großer Majorität beschlossen, den Gegenstand dem Plenum zur nochmaligen Beratung und Beschlußfassung zu überweisen. Zum Berichterstatter wird Geheimrat Professor Enneccerus bestimmt.

Nach einer Pause wurde sodann der Beschluß der Abteilung, dessen genauere Redaktion vorbehalten war, ohne jeden Widerspruch festgestellt. Die festgestellte Fassung ist in der folgenden Plenarsitzung vom 12. September bei Beginn der Verhandlung über die Frage der Tierhaftung von dem Präsidenten des Juristentages mitgeteilt.

Als Vertrauensmänner werden von der Abteilung gewählt die Herren:

Professor Dr. Gustav Hanausek-Graz.
Geheimer Justistrat Professor Dr. Kahl-Berlin.
Rechtsanwalt am Kammergericht Dr. Hugo Neumann-Berlin.
Oberreichsanwalt Dr. Olshausen-Leipzig.
Professor Dr. von Hernritt-Wien.
Professor Dr. Traeger-Marburg.
Senatspräsident von der Decken-Kiel.
Oberlandesgerichtsrat Marwitz-Kiel.
Amtsrichter und Privatdozent Dr. Fleischmann-Halle a. S.
Amtsrichter Heinrici-Oranienburg.

Hierauf tritt eine halbstündige Pause ein.

Nach Wiedereröffnung der Sitzung tritt die Abteilung in die Beratung des letzten ihr überwiesenen Gegenstandes ein:

> Empfiehlt sich eine einheitliche Regelung der Haftung des Staates und anderer Personen des öffentlichen Rechts für den von ihren Beamten bei Ausübung der diesen anvertrauten öffentlichen Gewalt zugefügten Schaden?

Vorsitzender: Berichterstatter zu diesem Punkte ist Herr Rechtsanwalt am Reichsgericht Dr. Wildhagen, Korreferent nach der Tagesordnung „ein zweiter noch zu bestimmender Herr“. Es ist aber noch nicht gelungen, einen solchen zu bekommen (Heiterkeit), es müßte denn sein, daß einer der Herren aus der Versammlung sich berufen fühlen sollte, als freiwilliger Korreferent aufzutreten. — Das scheint nicht der Fall zu sein.

Berichterstatter Rechtsanwalt am Reichsgericht Justizrat Dr. **Wildhagen**-Leipzig: Meine hochverehrten Herren! Es sind nahezu 40 Jahre verflossen, seitdem der deutsche Juristentag sich zum ersten Male mit der Frage der Haftung des Staates und der Gemeinden für die Schäden, welche die von ihnen angestellten Beamten durch Verletzung ihrer Dienstpflichten Dritten zufügen, beschäftigte. Die Anregung dazu ging von dem heutigen Senior des Juristentages, dem hochverdienten Mitgliede, Herrn Präsidenten von Stösser aus, den diesmal unter der Zahl der Anwesenden vermissen zu müssen alle, die ihn kennen, auf das schmerzlichste bedauern. Die Frage wurde auf dem Juristentage zu München 1867 unter dem Vorsitze Gneists und unter der Mitwirkung hervorragender

Männer der Wissenschaft und Praxis verhandelt, und es wurde der Antrag Gneists angenommen:

> daß der Staat bzw. die Gemeinden für Schäden und Nachteile haften, welche die von ihnen angestellten Beamten durch vorsätzliche oder kulpose Verletzung ihrer Dienstpflicht einem Dritten zufügen. Die Vorbedingungen dieser Haftung bedürfen jedoch einer nochmaligen Erörterung im Einzelnen, welche dem nächsten Juristentage vorbehalten wird.

Nachdem dann die beiden folgenden Juristentage die weitere Erörterung dieser vorbehaltenen Frage vertagt hatten, erging auf dem Juristentage in Stuttgart 1871 auf Antrag Zachariaes der Beschluß:

> daß der Staat bei seiner Gesetzgebung in Betreff der Schadenszufügung seiner Beamten das Prinzip der direkten Haftverbindlichkeit des Staates zur Grundlage zu nehmen habe,

wobei konstatiert wurde, daß das Gleiche für die Gemeinden gelten müsse.

Ob die Frage für das gesamte Deutschland einheitlich zu regeln sei, ist bei jenen Verhandlungen überhaupt nicht erörtert worden. Aber ich glaube, Zwecke und Ziele des deutschen Juristentages, der stets seine vornehmste Aufgabe darin erblickt hat, auf die Rechtseinheit Deutschlands hinzuarbeiten, bürgen dafür, daß damals nur an eine einheitliche Regelung gedacht worden ist.

Wie weit sind wir aber auch heute noch von der Erreichung dieses Zieles entfernt? Die Rechtslage, die durch die Kodifikation des bürgerlichen Rechts für Deutschland geschaffen ist, hat die Notwendigkeit ergeben, den Juristentag, wenn er seiner bewährten Tradition treu bleiben will, nunmehr vor die Frage zu stellen, ob die einheitliche Regelung der Haftung des Staates und der übrigen öffentlich-rechtlichen Korporationen sich empfiehlt?

Es liegen über diese Frage zwei Gutachten vor: die ausgezeichnete Arbeit des Herrn Geheimrats Gierke, der in erschöpfendster Weise und — ich darf hier wohl sagen — mit der Meisterschaft, die ihm nun einmal eigen ist, die ganze Materie erörtert hat; und die wertvolle Ergänzung, welche die Frage vom Standpunkte des österreichischen Rechts aus durch die Ausführungen des Herrn Professors von Hernritt erfahren hat. Die Kenntnis dieser Gutachten darf ich bei den anwesenden Herren im allgemeinen voraussetzen — oder doch wenigstens mit einer dem Juristen ja immer noch geläufigen Gedankenoperation „fingieren". (Heiterkeit.)

Für die Betrachtung des gegenwärtigen Rechtszustandes in Deutschland will ich von einem einfachen Rechtsfalle ausgehen, der das Reichsgericht vor einigen Jahren beschäftigt hat.

Ein Leutnant hatte im Auftrage des Vorsitzenden der Feldgerätverwaltungskommission mit Glühzündern aus dem Feldgerätbestande des Pionierbataillons eine Probe auf die Brauchbarkeit dieser Zünder vorgenommen. Dabei wurde eine Anzahl der Zünder im Hinterhofe der Kaserne zum Explodieren gebracht. Die verbrauchten Zünder wurden dann auf Befehl des Leutnauts über den Zaun in ein hinter dem Kasernenhofe belegenes Wäldchen geworfen. Nun stellte sich später heraus, daß unter diesen Zündern sich mehrere befanden, die tatsächlich nicht explodiert waren. Einige Wochen danach fanden Kinder in dem Wäldchen zwei von den Zündern, und als sie mit ihnen spielten, explodierte der eine der Zünder und zerschmetterte einem Knaben die Hand. Ein Verschulden des Leutnants ist damals als feststehend angenommen worden. Für die Frage, ob der Militärfiskus in diesem Falle für das Verschulden des Leutnants haftet, kommt es nach dem Rechte des Bürgerlichen Gesetzbuchs zunächst darauf an, ob es sich bei der Prüfung der Zünder durch den Leutnant um die Amtshandlung eines Beamten, also um die Ausübung der öffentlichen Gewalt, oder ob es sich um die Ausführung einer rein privatrechtlichen Verrichtung handelte. Diese Unterscheidung ist um des willen wichtig, weil sich nur im letzteren Falle die Haftung nach den Vorschriften des Bürgerlichen Gesetzbuchs regelt. Das hat das Bürgerliche Gesetzbuch bekanntlich nicht ausdrücklich ausgesprochen, aber es ergibt sich aus dem Zusammenhange seiner Bestimmungen; denn das Bürgerliche Gesetzbuch hat in den §§ 31 und 89 für den Fiskus und andere Korporationen des öffentlichen Rechts in Anlehnung an die Vorschriften für Vereine die Haftung geregelt, dann aber in Art. 77 des Einführungsgesetzes die Regelung der Haftung, sofern es sich um Ausübung der öffentlichen Gewalt handelt, der Landesgesetzgebung überlassen.

Steht nun fest, daß der Leutnant in Ausübung rein privatrechtlicher Verrichtung handelte, dann sind noch weitere Unterscheidungen zu machen. Das Bürgerliche Gesetzbuch hat die Regelung der Haftung in der Weise vorgenommen, daß es die juristischen Personen — und zwar auch die öffentlich-rechtlichen — zunächst genau so wie die Einzelpersonen für fremdes Verschulden haften läßt, — „genau so“ d. h. unter denselben Voraussetzungen und mit denselben Modifikationen. Es ist hier auf den § 831 des Bürgerlichen Gesetzbuchs mit der Möglichkeit des Exkulpationsbeweises und auf den § 278 zu verweisen, welche für die dort geregelten Fälle die Haftung der juristischen Personen für fremdes Verschulden in der gleichen Weise ergeben, wie es bei Einzelpersonen der Fall ist. Daneben haben die Vorschriften der §§ 31 und 89 des Bürgerlichen Gesetzbuchs für die juristischen Personen sowohl des privaten wie des öffentlichen Rechts den Grundsatz anerkannt, daß die juristischen Personen für den Schaden verantwortlich sind, den der Vorstand, ein Mitglied des Vorstandes oder ein anderer „verfassungsmäßig berufener Vertreter“ — dieser Ausdruck spielt eine große Rolle — durch eine in Ausübung der ihm zustehenden Verrichtungen begangene, zum Schadensersatz verpflichtende Handlung einem Dritten zufügt. Diese Haftung für verfassungsmäßig berufene Vertreter greift Platz sowohl bei unerlaubten Handlungen wie bei Handlungen, welche ausnahmsweise auch ohne culpa zum Schadensersatz verpflichten. Ferner tritt diese Haftung auch für Unterlassungen ein, und keineswegs bloß für Rechtshandlungen, sondern auch für rein tatsächliche Verrichtungen. Das Erfordernis ist nur, daß die Schadenszufügung in Ausübung privatrechtlicher Verrichtungen und nicht etwa bloß bei Gelegenheit ihrer Ausführung geschehen ist.

Zu bedauern ist, daß das Bürgerliche Gesetzbuch dieses Prinzip, das die juristischen Personen ohne Frage ungünstiger stellen kann als die Einzelpersonen, nicht mit aller erwünschten Klarheit ausgesprochen hat. Unsicher ist vor allem der Ausdruck „verfassungsmäßig berufener Vertreter“. War der Leutnant beim Probieren der Zünder ein verfassungsmäßig berufener Vertreter des Militärfiskus oder nur „zu einer Verrichtung bestellt“? Das ist eine außerordentlich schwierige Frage; die Abgrenzung der beiden Personenkreise ist höchst unsicher. Die Rechtsprechung tappt bei dieser Frage noch, wenn nicht im Dunkeln, so doch im Zwielicht. (Heiterkeit.) Die vorliegenden Versuche, ein sicheres Prinzip der Unterscheidung zu finden, eröffnen bis jetzt selbst für den größten Optimisten kaum die Aussicht auf eine befriedigende Lösung. Ich will Sie nur ganz kurz daran erinnern, wie man versucht hat, den Begriff des verfassungsmäßig berufenen Vertreters in der Weise zu begrenzen, daß man sagt: es sind nur die oberen, leitenden Beamten, oder: nur die, die unmittelbar auf Grund eines Gesetzes oder organisatorischer Verwaltungsvorschriften berufen sind; man hat auch gesagt: es müssen Vertreter im Willen sein, oder es müssen „wirkliche, unmittelbare, repräsentative“ Willensorgane sein. Diese Aufzählung genügt wohl, um Ihnen zu zeigen, daß es richtig ist, was ich über den Begriff des „verfassungsmäßig berufenen Vertreters“ gesagt habe.

Die praktische Bedeutung des Begriffes liegt auf der Hand. War der Leutnant nur ein zu der Verrichtung bestellter Angestellter, so kann der Fiskus den Entlastungsbeweis nach § 831 führen; war er dagegen ein „verfassungsmäßig berufener Vertreter", so haftet der Fiskus schlechthin für seine Fahrlässigkeit.

Nun will ich diese Fragen, die hier nur angedeutet werden können, verlassen. Denn sie betreffen alle einen Fall, der uns zur Zeit nicht interessiert; hier interessiert der Fall, daß der Leutnant in Ausübung der öffentlichen Gewalt handelte. Daß die Unterscheidung zwischen einer privatrechtlichen Verrichtung und der Ausübung der öffentlichen Gewalt wieder ganz außerordentlich schwierig ist und im Einzelfalle fast undurchführbar sein kann, liegt ebenfalls auf der Hand. Geschah das Abbrennen der Zünder etwa bei ihrer Abnahme zur Prüfung ihrer Güte und Brauchbarkeit, dann würde unbedenklich eine rein privatrechtliche Verrichtung vorliegen, die mit der Betätigung von Hoheitsrechten keinerlei Berührung hat. Vielfach fließen aber die Ausübung hoheitlicher Rechte und privatrechtlicher Verrichtungen in einander über, und es ist wichtig, daß die deutsche Rechtsprechung für diese Fälle schon früher anerkannt hat, woran auch unter der Herrschaft des B. G. B. festgehalten wird, daß auf sie die Grundsätze über die Haftung bei privatrechtlichen Verrichtungen Anwendung finden. Das ist natürlich überall da praktisch sehr bedeutsam, wo die Haftung des Staates für die Ausübung der öffentlichen Gewalt verneint wird. Hauptsächlich kommen die Fälle in Betracht, in denen es sich um die Verletzung der einem öffentlichen Verbande als Eigentümer, Bauherrn oder Unternehmer bezüglich einer dem gemeinen Gebrauche gewidmeten öffentlichen Sache, eines Dienstgebäudes, Bahnhofes oder von Straßen, Plätzen und dergl. obliegenden Pflichten handelt.

Erfolgte dagegen das Abfeuern der Zünder zum Zwecke einer Truppenübung, so handelte es sich unzweifelhaft um die Ausübung einer öffentlichen Gewalt. Das Reichsgericht hat gerade für diesen Fall ausgesprochen, daß alle Akte, die auf die militärische Ausbildung der Truppen abzielen, die die Fürsorge für die Kriegstüchtigkeit des Heeres betätigen, also auch Schießübungen, Übungen der Pioniere im Mineurdienst und dergl., in direkter Ausübung des Militärhoheitsrechts geschehen. Damit sind wir also zu dem Falle gelangt, der den Gegenstand unserer Erörterung bildet.

Was bestimmt für ihn das Recht des Deutschen Reiches über die Haftung? — Die Antwort ist kurz, aber wenig befriedigend; sie lautet: „Gar nichts".

Das Reichsrecht kennt nur in einem einzigen Falle die Haftung des Staates für Versehen seiner Beamten. § 12 der deutschen Grundbuchordnung lautet:

Verletzt ein Grundbuchbeamter vorsätzlich oder fahrlässig die ihm obliegende Amtspflicht, so trifft den Beteiligten gegenüber die im § 839 des Bürgerlichen Gesetzbuchs bestimmte Verantwortlichkeit an Stelle des Beamten den Staat oder die Körperschaft, in deren Dienste der Beamte steht. Das Recht des Staates oder der Körperschaft, von dem Beamten Ersatz zu verlangen, bleibt unberührt.

Es ist Ihnen bekannt, daß im § 839 des Bürgerlichen Gesetzbuchs im allgemeinen der Grundsatz ausgesprochen wird, daß der Beamte, der vorsätzlich oder fahrlässig die ihm einem Dritten gegenüber obliegende Amtspflicht verletzt, dem Dritten für den daraus erwachsenden Schaden verantwortlich ist. Es muß nach diesem Paragraphen: eine Amtspflicht dem Beschädigten gegenüber vorsätzlich oder fahrlässig verletzt sein; der Beschädigte darf nicht vorsätzlich oder fahrlässig unterlassen haben, den Schaden durch Rechtsmittel abzuwenden; im Falle bloßer Fahrlässigkeit des Beamten darf nicht auf andere Weise Ersatz zu erlangen sein; und erfolgt die Beschädigung durch ein Urteil, so muß die Pflichtverletzung mit öffentlicher Strafe bedroht sein. Diese sämtlichen Voraussetzungen positiven oder negativen Inhalts müssen vorliegen, damit der Anspruch auf Grund des § 12 der Grundbuchordnung gegeben ist.

Für alle übrigen Fälle ergibt das Reichsrecht nichts weiter, als daß durch Art. 77 des Einführungsgesetzes die Regelung der Haftung des Staats, der Gemeinden und anderer Kommunalverbände — Provinzial-, Kreis- und Amtsverbände — für den von ihren Beamten in Ausübung der diesen anvertrauten öffentlichen Gewalt zugefügten Schaden der Landesgesetzgebung überlassen ist. In der II. Kommission zur Vorbereitung des Bürgerlichen Gesetzbuchs war mit Nachdruck dafür eingetreten worden, daß die Haftpflicht des Staats reichsgesetzlich festgelegt werde. Von den Mitgliedern der Kommission waren 8 für den Antrag, 8 dagegen; der Vorsitzende gab den Stichentscheid, er sprach sich gegen den Antrag aus, der damit zu Falle kam. Habent sua fata et leges!

Es gelten also die Landesrechte, und zwar gelten sie in dieser Frage nicht bloß für die Einzelstaaten, sondern beim Mangel anderweiter Vorschriften auch für das Reich, sodaß also der Reichsfiskus in jedem Einzelfalle nach den Landesgesetzen behandelt werden muß, die im konkreten Falle zur Anwendung zu bringen sind.

Nun läßt sich den deutschen Bundesstaaten in ihrer Gesamtheit leider nicht das Zeugnis ausstellen, daß sie sich um die Erzielung eines einheitlichen Rechtszustandes sonderlich bemüht hätten. Zunächst haben drei Einzelstaaten — die beiden Mecklenburg und Anhalt — in ihren

Ausführungsbestimmungen die Haftung der öffentlichen Verbände für ihre Beamten grundsätzlich abgelehnt. In erfreulichem Gegensatz dazu haben sich 10 deutsche Staaten auf den Boden der Grundanschauung des Bürgerlichen Gesetzbuches über die Haftung der juristischen Personen im privatrechtlichen Verkehr gestellt und folgerichtig den öffentlichen Verbänden grundsätzlich die Haftung für ihre Beamten auferlegt; sie unterscheiden sich nur insofern, als die eine Hälfte den öffentlichen Verbänden an Stelle des Beamten haften läßt, wie nach § 12 der Grundbuchordnung, die andere Hälfte nur neben oder hinter dem Beamten nach Art eines Bürgen. Die erste Gruppe bilden die Königreiche Bayern und Württemberg, das Großherzogtum Baden sowie Sachsen-Koburg-Gotha und Reuß jüngere Linie; die zweite Grnppe wird gebildet von den Großherzogtümern Hessen und Sachsen-Weimar, sowie Schwarzburg-Sondershausen, Reuß ältere Linie und Elsaß-Lothringen.

Zu einer dritten Kategorie gehört Preußen. Das preußische Ausführungsgesetz (Art. 89, 2) läßt zunächst für das ehemalige Gebiet des rheinischen Rechts den Art. 1384 des code civil fortbestehen, insoweit er auf die Haftung des Staats, der Gemeinden und anderer Kommunalverbände für den von ihren Beamten in Ausübung der ihnen anvertrauten öffentlichen Gewalt zugefügten Schaden Anwendung findet. Die deutsche Praxis hat nämlich für das Gebiet des rheinischen Rechts nach Art. 1384 die Haftung des commettant für den préposé auf das hier interessierende Verhältnis zur Anwendung gebracht, obwohl man genau genommen, zugeben muß, daß diese Vorschrift darauf eigentlich gar nicht paßt.

Im übrigen schweigt das preußische Ausführungsgesetz, und mit ihm schweigen auch die Ausführungsgesetze der übrigen Staaten: Königreich Sachsen, Oldenburg, Braunschweig, Sachsen-Meiningen, Sachsen-Altenburg, Schwarzburg-Rudolstadt, Waldeck, beide Lippe, Lübeck, Bremen und Hamburg. Danach gilt also in diesen Gebiete das bisherige Landesrecht.

Das bedeutet für die gesamte preußische Monarchie mit Ausnahme des Rheinlandes die Ablehnung jeder Haftung auf Grund einer Allerhöchsten Kabinettsordre vom 4. Dezember 1831, die nach dem Jahre 1866 auch für die neu erworbenen Landesteile eingeführt worden ist. Nur aus der Hinterlegung bei einer öffentlichen Hinterlegungsstelle, auch wenn sie kraft staatlicher Zwangsgewalt veranlaßt ist, haftet der Staat auf Grund der Hinterlegungsordnung vom 14. März 1879.

Für die anderen Staaten, deren Ausführungsgesetze schweigen, ist die Haftung ebenfalls zu verneinen, soweit für sie das gemeine Recht in

Betracht kommt, und das ist bei allen mit Ausnahme des Königreichs Sachsen der Fall. Im Königreich Sachsen — und das ist der Schlußstein des Mosaiks, das ich Ihnen zu zeigen habe — hat sich ein Gewohnheitsrecht gebildet, kraft dessen der Staat und die Gemeinden anstelle ihrer Beamten haften.

Das Bild dieses Rechtszustandes läßt an Buntschedigkeit nichts, sonst aber, was Einheitlichkeit, Sicherheit und Klarheit des Rechts anlangt, alles zu wünschen übrig.

Fand die Übung mit den Glühzündern im Bereiche des bayerischen Kontingents statt, so haftet der bayerische Militärfiskus anstelle des Offiziers, der sich die Leichtfertigkeit zu Schulden kommen ließ. Die gleiche Haftung trifft den Militärfiskus, wenn die Übung im Bereiche des württembergischen Kontingents vorgenommen wurde. In beiden Fällen greift noch die Besonderheit Platz, daß die Haftung auch dann eintritt, wenn der die Übung leitende Offizier sinnlos betrunken oder verrückt war (Heiterkeit), da Bayern und Württemberg die Haftung des öffentlichen Verbandes auch auf den Fall ausgedehnt haben, daß der Beamte nur deshalb nicht verantwortlich ist, weil er im Zustande der Bewußtlosigkeit oder in einem die freie Willensbestimmung ausschließenden Zustande krankhafter Geistesstörung sich befand.

Ereignet sich der gleiche Fall anläßlich einer militärischen Übung im Großherzogtum Hessen oder Sachsen-Weimar, dann haftet der Militärfiskus subsidiär wie ein Bürge. In Oldenburg, Braunschweig, Hamburg und ganz Preußen mit Ausnahme des Rheinlandes haftet er gar nicht, während der Militärfiskus im Rheinlande und im Königreich Sachsen wieder unmittelbar haftet.

Dieser Verschiedenheit entspricht die Haftung der Einzelstaaten selbst und in ihnen der sonstigen öffentlichen Verbände. Höchst zweifelhaft ist es, wie über die Haftung zu entscheiden sein wird, wenn ein Einzelstaat bei dem Gericht eines anderen Staates belangt wird, dessen Rechtslage von der des belangten Staates abweicht. Kann der Einzelstaat bei einem auswärtigen Gericht einem anderen als seinem eigenen Rechte unterliegen?

Dieses Durcheinander des Rechtszustandes in einer Frage, die bei der Lebhaftigkeit und Leichtigkeit des modernen Verkehrs oft über die engen Grenzen des einzelnen Territoriums hinausgreift, muß als geradezu unerträglich bezeichnet werden. Das ist in dem Gutachten des Herrn Geheimrat Gierke so überzeugend dargelegt worden, daß es genügt, auf zwei Punkte hinzuweisen. Nicht nur der Reichsfiskus kann in die Lage kommen, daß er an dem einen Orte eine Haftung trägt, die ihm am anderen Orte nicht obliegt, sondern auch der Einzelstaat Preußen übernimmt im Rheinlande eine Haftung, die er in seinen übrigen Provinzen ablehnt. Und ferner: der Bayer klagt in Preußen gegen den preußischen Staat vergeblich; aber der bayerische Staat haftet dem Preußen, wenn dieser in Bayern gegen den bayerischen Fiskus klagt. Gegenüber Ausländern wahren die Einführungsgesetze der Einzelstaaten, welche die Haftung anerkennen, den Grundsatz der Gegenseitigkeit, aber gegenüber Angehörigen eines anderen deutschen Bundesstaates können sie es nach Art. 3 der Reichsverfassung nicht. Es ist trotzdem von Sachsen-Koburg-Gotha versucht worden, eine solche Vorschrift im Ausführungsgesetz zu geben; aber ich teile die Auffassung, daß das eine nichtige Bestimmung ist.

Vor allem aber, glaube ich, spricht gegen den geschilderten Rechtszustand, daß es den Anschauungen von Recht, von Billigkeit und Gerechtigkeit zuwiderläuft, wenn heute noch nicht überall in Deutschland der Grundsatz zur Geltung gebracht ist, daß der Staat allgemein für den Schaden aufzukommen hat, den seine Organe, durch die er die öffentliche Gewalt ausübt, bei der Handhabung derselben zufügen. Theoretische Erwägungen über die Frage der Deliktsfähigkeit der juristischen Personen müssen dabei in den Hintergrund treten. Wenn die Haftung eine Forderung der Gerechtigkeit ist und dem allgemeinen Rechtsgefühl entspricht, dann muß sie durchgeführt werden. Über die theoretische Konstruktion mag man sich hinterher streiten.

Die Haftung wird aber von dem allgemeinen Rechtsgefühl gefordert. Schon in den älteren landesgesetzlichen Vorschriften ist sie in einigen keimartigen Ansätzen zum Durchbruch gekommen. Ich habe dabei im Auge: einmal die Haftung des Staats im Depositalwesen, ferner die widerrechtliche Gefangenhaltung, weiter die interessante Bestimmung, die mehrfach vorkommt, über die Haftung der Gemeinden für den bei einem Aufruhr entstandenen Schaden.

Sodann verweise ich darauf, daß der deutsche Juristentag zweimal seine Rechtsüberzeugung dahin ausgesprochen hat, daß der Staat und die Gemeinden die Haftung zu übernehmen haben. Das Reichsgericht erkennt die Haftung wenigstens in dem einen Falle der Grundbuchbeamten an. Weiter kommt die wichtige Tatsache in Betracht, daß zehn deutsche Bundesstaaten, darunter Bayern und Württemberg, die Haftung in ihren Landesgesetzen übernommen haben. Ferner ist die Haftung für das ganze preußische Rheinland durch die Praxis geschaffen worden. Und in Sachsen war die Rechtsüberzeugung so stark, daß sie in einem Gewohnheitsrecht ihren lebendigen Ausdruck gefunden hat.

In der Gesetzgebung und Praxis Österreichs gewinnt nach dem interessanten Nachweise, den das Gutachten des Herrn Professors von Herrnritt liefert, ebenfalls die Überzeugung von der Notwendigkeit der Haftung des Staats und der öffentlichen Körperschaften aus den Handlungen ihrer Organe immer mehr und mehr an Boden. Ich möchte auch nicht unerwähnt lassen, daß der deutsche Handelstag im Jahre 1905 bei Gelegenheit der Erörterung der Frage einer Änderung der Zollgesetzgebung nach einem ausführlichen Referat sich dahin ausgesprochen hat, daß die Frage der Haftung des Staats für Schädigungen durch seine Beamten einheitlich zu regeln sei. Die Resolution, die dort gefaßt wurde, lautet wörtlich:

„Der Staat soll in allen Teilen des Deutschen Reiches für den durch die Zollbeamten zugefügten Schaden haften."

Das sind allesamt doch zahlreiche starke und überzeugende Zeugnisse von der in Deutschland und Österreich herrschenden Anschauung. Sie sind auch nicht etwa durch lokale Verhältnisse und Eigentümlichkeiten bedingt, sondern sie wurzeln in der allgemeinen modernen Auffassung von dem Verhältnisse des Staates und der Gemeinden zu ihren Angehörigen. Die Grundlage des Staates ist die Unterordnung des Einzelnen unter den allgemeinen Willen. Der allgemeine Wille kann nicht anders in die Erscheinung treten als durch die einzelnen Beamten, die Repräsentanten — oder, wie der glücklichere Ausdruck, der auch im Bürgerlichen Gesetzbuch wenigstens einmal vorkommt, lautet —: durch die Organe des Staats. Man kann den Staat nicht begrifflich von seinen Organen trennen oder gar einen Gegensatz zwischen beiden bilden. Wir müssen deshalb von dem Einzelnen verlangen, daß er sich dem Willen der Organe des Staates, weil dieser den Staatswillen darstellt, unterwirft. Nun sind aber diese Organe wiederum nur Menschen, und wenn auch, wie uns ein altes Sprichwort sagt, der liebe Gott demjenigen, dem er ein Amt gibt, auch zugleich den Verstand dazu geben soll (Heiterkeit), so begehen doch diese Menschen auch Fehler. Es wäre unbillig und inkonsequent, die Wirkungen der Handlungen seiner Organe für den Staat zwar dann eintreten zu lassen, wenn sie einwandfrei sind, diese aber dann abzulehnen, wenn sie fehlerhaft und dadurch für Dritte schadenbringend sind. Meistens werden, wenigstens bei positiven Handlungen, die Verhältnisse sogar so liegen, daß die Wirkungen der fehlerhaften Handlung für den Staat nicht überhaupt abgelehnt werden sollen, sondern ausschließlich die eine Wirkung, daß sie einem Dritten Schaden brachte.

Man wird deshalb für den Fall der Ausübung öffentlicher Gewalt zu dem gleichen Rechtsgrundsatz gelangen, wie er vom Bürgerlichen

Gesetzbuch der Regelung der Haftung bei privatrechtlichen Verrichtungen in § 31 und § 89 zwar im Allgemeinen zu Grunde gelegt, aber nicht voll und rückhaltlos zum Ausdruck gebracht ist, daß die juristischen Personen für den Schaden aufzukommen haben, der durch Handlungen ihrer Organe zugefügt worden ist. Streng genommen gehen diese letzteren Erwägungen bereits über den Rahmen der uns gestellten Frage hinaus; denn sie ergeben nicht bloß die Notwendigkeit der einheitlichen Regelung, die ja auch in der Weise erfolgen könnte, daß man für ganz Deutschland die Haftung des Staats ablehnte, sondern sie zeigen zugleich, wie die einheitliche Regelung geschehen soll.

Es fragt sich, welche Gründe gegen die einheitliche Regelung und gegen die ins Auge gefaßte Art ihrer Regelung vorgebracht sind.

Die Motive zum Einführungsgesetz gaben zwar den früher mehrfach — auch noch von den Motiven zum Bürgerlichen Gesetzbuch — vertretenen Standpunkt auf, daß die Normierung der staatlichen Haftung für Ausübung der öffentlichen Gewalt lediglich in das Staatsrecht gehöre, und erkannten an, daß auch die Verpflichtung zum Einstehen für den in Ausübung öffentlicher Machtbefugnisse widerrechtlich zugefügten Schaden als „privatrechtlich" betrachtet werden könne; aber sie machten geltend, daß die Materie jedenfalls in engem Zusammenhang mit dem öffentlichen Rechte der Einzelstaaten stehe und deshalb vom Reichsrecht unberührt gelassen werden müsse. So verlockend es sein mag, der Frage etwas näher nachzugehen, inwieweit hier privatrechtliche, inwieweit staatsrechtliche Erwägungen Platz greifen, so muß ich doch daran vorübergehen. Sie bietet ihre großen Schwierigkeiten. Ich persönlich stehe auf dem Standpunkt, daß in dem Augenblick, wo ein Schadensersatzanspruch gegeben ist, ein privatrechtliches Verhältnis vorhanden ist, soweit es sich um den Schadensersatzanspruch handelt, und glaube mich dafür auf den § 839 des Bürgerlichen Gesetzbuchs berufen zu können. Jedenfalls ist ein Zusammenhang der Frage mit dem öffentlichen Recht ganz gewiß nicht zu bestreiten; aber das ist ja keine Eigentümlichkeit und kann bei ihr so wenig wie sonst hindern, daß die privatrechtliche Seite des Verhältnisses vom allgemeinen bürgerlichen Rechte geregelt werde. Das ist ja auch bei der Haftung des Staats und der Gemeinden für die Versehen ihrer Beamten bei Ausführung privatrechtlicher Verrichtungen geschehen. Hier besteht zweifellos gleichfalls ein Zusammenhang mit dem öffentlichen Recht, soweit es sich nämlich um die rechtlichen Grundlagen und um die Auffassung des Beamtenverhältnisses handelt. Lediglich insoweit kommt auch bei der Haftung für Ausübung der öffentlichen Gewalt öffentliches Recht in Frage, also für das innere Verhältnis zwischen dem Staate und seinen Beamten. Danach mag die Haftung des Beamten dem Staate gegenüber nicht einheitlich zu regeln sein, sondern je nach den Verschiedenheiten der Beamtenverhältnisse; aber für das rein privatrechtliche Verhältnis zwischen den öffentlichen Verbänden als Trägern der Hoheitsrechte und den Einzelnen als Subjekten individueller Rechtssphären können diese Unterschiede keine Rolle spielen.

Sodann sind als Grund gegen die Regelung durch Bejahung der allgemeinen Haftung des Staats und der Gemeinden finanzielle Bedenken geltend gemacht worden. Daß die Erfüllung dieser Haftpflicht dem Staate Geld kosten wird, ist ja nicht zu bestreiten. Aber wenn ihre Erfüllung ein Gebot der Gerechtigkeit ist, so muß das Geld dafür aufgebracht werden, wie für die Erfüllung aller anderen Obliegenheiten, die der Staat aus Rechts- und Anstandspflicht nicht ablehnen kann. Übrigens sind die Fälle, in denen die bereits bestehende Haftpflicht geltend gemacht wird, gar nicht so zahlreich und bedeutend, daß sie der Regel nach für die Finanzen der deutschen Gemeinwesen irgendwie erheblich in Betracht kommen könnten. Der Schaden wird im Einzelfalle von der Gesamtheit leicht und kaum fühlbar getragen werden, während er für den zunächst betroffenen Einzelnen dessen Existenz in Frage stellen kann.

Die Mittel müssen natürlich von den Steuerzahlern aufgebracht werden. Sie werden vielleicht klagen: wir sind doch nicht Schuld daran, wenn die Beamten Fehler machen. Dann kann man ihnen aber zum Troste sagen, daß ihr geringer Beitrag ihnen wie eine Art Versicherungsprämie die Gewißheit gibt, daß, wenn sie einmal die Betroffenen sein sollten, auch ihnen der Schaden ersetzt werden wird. Jedenfalls ist der jetzige Zustand weit unbilliger. Die sämtlichen Steuerzahler Württembergs z. B. tragen dazu bei, wenn einem Mecklenburger vom württembergischen Staat Ersatz geleistet werden muß; wenn aber der Württemberger von einem mecklenburgischen Beamten geschädigt wird, dann haftet der mecklenburgische Staat ihm nicht. Die Steuerzahler aller Provinzen Preußens leisten Beitrag, wenn ein Rheinländer vom preußischen Staat entschädigt werden muß, obwohl alle außer den Rheinländern einen Anspruch gegen den Staat im gleichen Falle nicht haben. Alle Reichsangehörigen müssen dazu beisteuern, wenn der Reichsfiskus in einem Territorium, für das die Haftung gilt, zahlen muß, auch wenn sie selbst im gleichen Falle nach ihrem Landesrechte keinen Anspruch haben.

Nach alledem sind die gegen die vorgeschlagene einheitliche Regelung der Haftung geltend gemachten Gründe keineswegs so schwerwiegend, wie sie sein müßten, um den weit überwiegenden Gründen für eine einheitliche Regelung die Wage zu halten.

Die grundsätzliche Regelung kann nur im Wege der Reichsgesetzgebung erfolgen. Daß auf eine Einmütigkeit der Landesgesetzgebungen in dieser Frage nicht zu rechnen ist, hat die jüngste Erfahrung gelehrt. Es ist ganz besonders zu bedauern, daß Preußen nicht auch hier die Führung übernommen hat, sondern hinter Bayern, Württemberg und anderen Staaten zurückgeblieben ist. Die Rechtsprechung kann nicht helfen; sie ist teils durch ausdrückliche Gesetzesvorschriften gebunden, teils hat sie sich in langer Übung festgelegt.

Nun sind für die reichsgesetzliche Regelung zwei Wege vorgeschlagen. Herr Geheimrat Gierke hat in seinem Gutachten den Vorschlag gemacht:

> den § 89 Abs. 1 des Bürgerlichen Gesetzbuchs auf die Haftung des Staates, der Gemeinden usw. für den von ihren Beamten in Ausübung der öffentlichen Gewalt zugefügten Schaden auszudehnen,

während Professor Oertmann neuerdings in der „Deutschen Juristenzeitung" die Sache lieber so regeln will, wie es der § 12 der Grundbuchordnung tut, nämlich die im § 839 BGB. anerkannte Individualhaftung des Beamten auf den Staat übertragen. Dieser letztere Vorschlag findet übrigens seine Vorläufer nicht bloß im § 12 der Grundbuchordnung, sondern auch in einem Teile der Ausführungsgesetze derjenigen Staaten, die die Haftung anerkannt haben, hauptsächlich in dem bayerischen und in dem badischen Gesetz. Er hat das Bedenken gegen sich, daß der Unterschied zwischen privatrechtlichen Verrichtungen und Ausübung öffentlicher Gewalt rechtserheblich bleibt, weil für erstere Fälle nach §§ 89 und 31 BGB. der Begriff „verfassungsmäßig berufener Vertreter" entscheidend ist, der nach der herrschenden Auffassung keineswegs alle Beamten umfaßt. Es würde also die Folge entstehen, daß der Staat und die Gemeinden im Falle der Ausübung öffentlicher Gewalt für alle Beamten haften, dagegen bei privatrechtlichen Verrichtungen nur für diejenigen Beamten, welche als „verfassungsmäßig berufene Vertreter" angesehen werden. Wollte man aber etwa der Haftung der Beamten nach § 839 für beide Fälle auf den Staat übertragen, dann würde § 89 verschwinden und daraus ergäbe sich wieder die unannehmbare Folge, daß der Staat, die Gemeinden usw. nicht haften für Handlungen ihrer Beamten, die schuldlos und auch nicht widerrechtlich sind, aber wegen der bloßen Verursachung zum Schadensersatz verpflichten. Allein auch der Vorschlag des Geheimrat Gierke erscheint mir nicht einwandfrei, wenn der Auffassung Rechnung getragen wird, welche die §§ 89 und 31 BGB. in der Praxis tatsächlich gefunden haben. Keinesfalls hat die Praxis die allein folgerichtige und zweckmäßige Ansicht Gierke's angenommen, nach der **alle** Beamten darunter fallen. Die Folge des **Gierke**'schen Vorschlages würde also sein, daß auch im Falle der Ausübung der öffentlichen Gewalt der Staat und die Gemeinden nur für besonders qualifizierte Beamtenkategorien (obere leitende Beamte, wirkliche, unmittelbare, repräsentative Willensorgane), keineswegs aber für **alle** Beamte verantwortlich gemacht würde, was doch erreicht werden soll.

Mir würde es am empfehlenswertesten erscheinen, wenn man bei dieser Gelegenheit überhaupt am BGB. ändern will, eine bessere Fassung des § 89 anzustreben. Er ist ja eigentlich ein ganz unglückliches Gebilde in seiner Fassung:

> „Die Vorschrift des § 31 findet auf den Fiskus sowie auf die Körperschaften, Stiftungen und Anstalten des öffentlichen Rechtes entsprechende Anwendung."

Alle Schwierigkeiten würden behoben sein, wenn er lautete:

> „Der Staat sowie die Körperschaften, Stiftungen und Anstalten des öffentlichen Rechtes sind für den Schaden verantwortlich, den ihre Beamten durch eine in Ausführung der diesen zustehenden privatrechtlichen Verrichtungen oder in Ausübung der diesen anvertrauten öffentlichen Gewalt begangene, zum Schadensersatze verpflichtende Handlung einem Dritten zufügen."

Damit wäre ein klarer und gerechter Rechtszustand geschaffen, und es läge nahe, diesen Vorschlag zu machen. Wenn ich trotzdem davon Abstand nehme, Ihnen einen dementsprechenden Beschluß vorzuschlagen, so geschieht es aus den Gründen, die bei unseren bisherigen Beratungen gestern und heute bereits gegen eine Änderung einzelner Bestimmungen des BGB., als für fast nicht ratsam, vorgebracht sind. Deshalb werde ich einen so formulierten Antrag nicht stellen.

Daß nur eine primäre Haftung des Staates sich empfiehlt und die bloß sekundäre unzweckmäßig ist, dürfte wohl von keiner Seite bestritten werden. Die sekundäre Haftung bringt den Geschädigten in unsichere Rechtslage, nötigt ihn, den oft schwer zu ermittelnden Schuldigen zu suchen, selbst wenn ein Verschulden an irgend einer Stelle außer Frage ist, und vermehrt die Prozesse, während andererseits der Fiskus, wenn der Schuldige nichts hat, auch bei sekundärer Haftung den Schaden allein trägt, dagegen bei primärer Haftung in der Regel Ersatz bekommt, wenn der Schuldige zahlungsfähig ist.

Sobald von Reichswegen der Grundsatz der Haftung gesetzlich festgelegt ist, dann darf und muß zum Teil wohl der Landesgesetzgebung eine Reihe von Einzelfragen überlassen bleiben. Dahin gehören z. B.: 1. die Frage, ob der Staat neben oder an Stelle des Beamten haften soll;

2. die Regelung des Regresses gegen den Beamten — der einzelne Staat kann ja Beamtenkategorien haben, die er aus Zweckmäßigkeitsgründen ganz oder in gewissem Umfange mit dem Regreß verschonen will —; 3. die Umgrenzung des Kreises der Beamten und folgeweise die Frage der Haftung bei Beamten, die ausschließlich Gebühren beziehen — Gerichtsvollzieher, Notare —; 4. Ausdehnung der Haftung wie in Bayern und Württemberg auf Fälle, in denen der Beamte selbst wegen Unzurechnungsfähigkeit nicht verantwortlich ist; 5. die Frage verwaltungsgerichtlicher Vorentscheidung. Manche Gesetzgebungen regeln nämlich den Anspruch in der Weise, daß sie die Vorentscheidung einer unabhängigen Verwaltungsgerichtsbehörde verlangen.

Eingedenk der Aufgaben des Juristentages, der sich nicht Einzelberatungen unterziehen kann, wie sie vor die gesetzgebenden Körperschaften gehören, die aber unmöglich sind in einer großen, nur für wenige Tage zusammentretenden Versammlung, muß ich mich davon fernhalten, an dieser Stelle detaillierte Gesetzesvorschläge aufzustellen. Ich beschränke mich deshalb darauf, Ihnen den allgemeinen Grundsatz zur Annahme vorzuschlagen, dessen Richtigkeit und Notwendigkeit sich aus den beiden Gutachten und aus meinen Darlegungen zur vollen Überzeugung ergeben dürfte, und den ich — im Anschluß an die uns gestellte Frage — so fassen möchte:

Der Juristentag wolle beschließen:

> Es liegt ein dringendes Bedürfnis vor, die Haftung des Staates und anderer juristischer Personen des öffentlichen Rechts für den von ihren Beamten in Ausübung der diesen anvertrauten öffentlichen Gewalt zugefügten Schaden durch Reichsgesetz grundsätzlich auszusprechen.

(Lebhafter anhaltender Beifall.)

In der Diskussion erhält zunächst das Wort

Professor Dr. **von Herrnritt**-Wien: Meine hochverehrten Herren! Es wird mir nicht leicht, nach den wahrhaft glänzenden Ausführungen des Herrn Berichterstatters noch viel Neues zu unserer Frage zu bieten, um so weniger, als ich ja mit seinen Ausführungen bereits in meinem Gutachten im wesentlichen übereinstimmte. Auch mag es für einen Nichtangehörigen des Deutschen Reiches schwierig sein, über eine Frage zu sprechen, die scheinbar doch eine Detailfrage des deutschen bürgerlichen Rechtes ist. Allerdings nur scheinbar; denn die gleichen Übelstände, welche auf diesem Gebiete für das Deutsche Reich bestehen, bestehen wohl für alle Kulturstaaten, namentlich auch für Österreich. Auch wir Österreicher streben dahin, durch die Rechtsprechung und durch die Einzelgesetzgebung in besonders krassen, eklatanten Fällen dem großen Prinzipe zur Geltung zu verhelfen, daß für dasjenige, was der Einzelne als Organ einer Gemeinschaft veranlaßt oder verschuldet, die Gemeinschaft selbst haftet, ein Prinzip, welches namentlich im modernen Verkehr, der ja unter dem Zeichen des Assoziationswesens steht, zur Geltung kommen muß, daher ein eminent modernes ist und welches immer mehr durchdringen muß, wenn Sicherheit des Verkehrs auf allen Gebieten unseres Kulturlebens gewährleistet werden soll.

Es sind bekanntlich die meisten Kulturstaaten unserer Frage bereits insoweit näher getreten, als sie eine Haftung des Staates und der öffentlichen Verbände für Handlungen auf dem Gebiete der wirtschaftlichen Verwaltung anerkannt haben; dagegen haben sie dort, wo es sich — was ja das Charakteristikum des Staates und der öffentlichen Verbände ist — um Geltendmachung der Zwangsgewalt gehandelt hat, sich gewissermaßen schüchtern zurückgehalten und nicht gewagt, die gleichen Grundsätze auch auf das Gebiet, auf dem es sich um die Geltendmachung der Zwangsgewalt handelt, anzuwenden. Ich brauche die Herren wohl nicht an die interessanten Erörterungen zu erinnern, die der preußischen Kabinettsordre vom 4. Dezember 1831 vorangegangen sind, an den bekannten Bericht des Staatsministeriums, in welchem ein Unterschied gemacht wird zwischen denjenigen Handlungen der Staatsorgane, welche wirtschaftlicher Art sind und für die der Fiskus eintritt, und denjenigen „landeshoheitlichen" Handlungen, die sich aus der obrigkeitlichen Gewalt des Staates ergeben, die als souveräne Rechte des Monarchen angesehen werden und bei welchen man eine Verantwortlichkeit mit der Unabhängigkeit des Monarchen nicht für vereinbar hielt. Allerdings handelte es sich damals um Fälle, bei welchen wohl die Verwirklichung der Haftung des Staates auf einige Schwierigkeiten stoßen würde, nämlich um die Ersetzung von Kriegsschäden aus Handlungen des Befehlshabers der eigenen Kriegsmacht. Relativ frühzeitig hat dagegen der Staat seine Haftpflicht auf dem Gebiete der Rechtsprechung anerkannt, und es ist wiederum ein Ruhmesmittel des preußischen Staates, daß schon Friedrich II. im Jahre 1766 eine Verordnung erließ, nach welcher in dem Falle, daß eine eines Verbrechens verdächtige Person in Untersuchung geraten ist und eines Verbrechens nicht überwiesen werden konnte, wenn ihre völlige Unschuld dargetan war, zu entschädigen war und zwar aus der Sportelkasse jenes Kollegiums, wo die Untersuchung stattgefunden hatte. Auch bei uns in Österreich setzte die Anerkennung der Haftung des Staates bei der Rechtsprechung ein. Denn Aufgabe der Rechtsprechung ist es, das

Recht des einzelnen Staatsbürgers zu wahren, und so wurde es gerade hier besonders schwer empfunden, wenn durch eine unrichtige Rechtsprechung, durch Nachlässigkeit oder Verschulden der richterlichen Organe jemand zu Schaden kam. Doch wenn in einzelnen Gesetzen immer mehr der Gedanke der Haftung des Staates auch für obrigkeitliche Handlungen in den Vordergrund trat, so blieb es dennoch hier nur nur bei Einzelgesetzen. Die Statuierung der Haftung erschien gewissermaßen als eine Splendidität, als ein freiwilliger Akt der Gesetzgebung, und demgemäß wurde denn zumeist unter dem Drucke der öffentlichen Meinung nur für gewisse eklatante Fälle, wie namentlich bei unrechtmäßigen Verhaftungen, bei Schädigung durch die Rechtsprechung und bei Ausübung der richterlichen Gewalt, namentlich in Fällen der Verurteilung nachträglich freigesprochener Personen eine Haftung des Staates angebahnt, und neuestens steht in Österreich auch die Haftung für ungerechtfertigt verhängte Untersuchungshaft nach dem Beispiele Deutschlands in Verhandlung.

Erfolgreicher als die Gesetzgebung trachtete die Praxis danach, die Fesseln zu brechen, die ihr durch Einzelgesetze und durch die Doktrin, welche sich noch nicht zu der Erkenntnis emporringen konnte, daß der Staat und die als Organe desselben handelnden Personen *identisch* sind, auferlegt waren, und es gelang der Praxis nicht ohne Mühe, diese Fesseln allmählich zu lockern. Es gereicht der österreichischen Praxis zur Ehre, daß, wie auch der Herr Berichterstatter zu erwähnen die Güte hatte, trotzdem nur einzelne Gesetze für bestimmte Fälle die Haftung des Staates statuieren, der Oberste Gerichtshof in den letzten Jahren klipp und klar ausgesprochen hat, daß die Haftung des Staates nicht auf einer speziellen Gewährung der Gesetzgebung beruhe, sondern in dem *Wesen* der *Verbandsperson* selbst begründet sei. Wenn sich diese Praxis dauernd zur Geltung bringen könnte, dann würde es vielleicht in Österreich überhaupt keines Gesetzes bedürfen, welches eine derartige Haftung besonders vorsähe.

Es handelt sich nun für den Juristentag darum, angesichts einer für die Einzelstaaten des Deutschen Reiches verschiedenartigen, mannigfaltig gestalteten Gesetzgebung hinsichtlich der Frage der Haftung des Staates für obrigkeitliche Handlungen eine *einheitliche Regelung* zu treffen. Schon der Herr Berichterstatter hat in treffender Weise auf die Ungereimtheiten und Unbilligkeiten, die in dieser Mannigfaltigkeit der einzelstaatlichen Gesetzgebungen gelegen sind, hingewiesen und hat geradezu als ein Postulat der Logik und der Gerechtigkeit gefordert, daß hier anstelle der Mannigfaltigkeit die Einheitlichkeit trete. Ich möchte noch einmal auf das wertvolle Material hinweisen, welches das Gutachten des Herrn

Geheimrats Gierke und vor allem seine großen Werke: „die Genossenschaftstheorie“ und „das deutsche Privatrecht“ an das Licht gebracht haben. Es ist auf diesem Gebiete ein so unsicherer und unbilliger Zustand geschaffen worden, wie er ärger nicht gedacht werden kann.

Für die Frage, ob eine einheitliche Regelung unserer Materie für das Deutsche Reich geboten sei oder nicht, kommt es vor allem darauf an, festzustellen, ob die Haftung des Staates aus obrigkeitlichen Handlungen schon eine im Wesen des Staates und im Wesen der Organstellung begründete Einrichtung sei oder ob es sich hier um etwas handle, was der Staat ebensogut gewähren als versagen kann. Nun glaube ich, daß theoretische Gründe unbedingt dafür sprechen, eine einheitliche Regelung eintreten zu lassen, da es sich bei der Verbandshaftung tatsächlich um ein Postulat handelt, welches sich aus dem Wesen der juristischen Person, des Verbandes, in oberster Linie auch des Staates ergibt. Darüber wird wohl niemand im Zweifel sein, der sich mit der neueren Lehre über die juristischen Personen näher bekannt gemacht hat. Es festigt sich nämlich immer mehr die Überzeugung, daß der Personenbegriff ein einheitlicher ist, daß die Person im rechtlichen Sinne auf der Anerkennung eines Willensträgers durch die Rechtsordnung beruhe, und zwar ebenso die juristische wie die physische Person. Daraus aber ergibt sich, daß es zwischen dem Organ und der juristischen Person eine Zweiheit nicht gibt, daß die Handlung des Organs, da die juristische Person ja nur durch ihr Organ handeln kann, identisch ist mit der Handlung der juristischen Person selbst. Dies gilt vom Staate wie von einzelnen Verbänden. Es kommt bei letzteren noch hinzu, daß namentlich auf dem Gebiete des wirtschaftlichen Lebens mit seinem so mächtig aufsteigenden Assoziationswesen die Aufsicht des Staates sich immer mehr geltend macht, immer festere Formen annimmt, daß aber infolgedessen der Staat schon durch die Konzessionierung, die Beaufsichtigung usw. auch eine Art Garantie für die Tätigkeit dieser Assoziation übernehmen muß. Hier haben wir ein gar weites Gebiet, auf dem die Haftung des Staates eine immer größere Rolle spielen dürfte. Anläßlich eines Prozesses gegen die städtische elektrische Anstalt in Wien wegen Ersatzes von Schäden durch schwere Verletzung von Personen infolge einer Kollision von Starkstromleitung und Schwachstromleitung wurde die Frage gestreift, ob nicht auch der Staat als Aufsichtsorgan der Unternehmung mit haftbar gemacht werden müsse, weil möglicherweise in bezug auf die Beaufsichtigung ein Verschulden seinerseits vorliege.

Der Herr Referent hat schon bemerkt, daß die Haftung des Staates, wenn sie wirksam sein solle, eine unmittelbare sein müsse. Eine mittelbare Haftung ist nach meiner Meinung theoretisch nicht zu rechtfertigen. Denn entweder sieht man in der Handlung des Organs die Handlung der juristischen Person selbst, und dann muß man vornherein die juristische Person in erster Linie allein haftbar machen; oder man steht auf dem Standpunkt einer Trennung des handelnden Organes und der juristischen Person, dann ist überhaupt für unsere Frage keine bestimmte Lösung zu finden. Ich erlaube mir daher, darauf hinzuweisen, daß ich den Antrag des Herrn Referenten in diesem einen Punkte doch der Ergänzung für bedürftig erachte, und daß es mir wünschenswert erscheint, gleich hier die unmittelbare Haftung des Staates als ein dringendes Bedürfnis hinzustellen; und zwar auch mit Rücksicht darauf, daß dort, wo, wie in mehreren Staaten des Deutschen Reiches, die mittelbare Haftung besteht, diese den Staatsschatz nicht weniger belasten wird als die unmittelbare. Denn ist der schuldtragende Beamte solvent, dann wird der Staat an ihm seinen Regreß finden: ist er es aber nicht, dann wird ohnedies die Haftung den Staat unmittelbar treffen.

Was die Ausführungen des Herrn Berichterstatters bezüglich des privatrechtlichen Charakters der Haftung des Staates anbelangt, so kann ich denselben aus den Gründen, die er anführte, vollkommen beistimmen und möchte ich zur Stärkung dieser Gründe noch darauf hinweisen, daß auch das österreichische Reichsgericht als oberste Instanz bei Kompetenzkonflikten sich konsequent auf den Standpunkt gestellt hat, daß die Frage des Schadensersatzanspruchs an den Staat eine Frage des Privatrechts ist und wie jeder andere Schadensersatzanspruch vor die ordentlichen Gerichte gehöre.

Endlich glaube ich hervorheben zu sollen, daß mir die Haftung allerdings nur bei rechtswidrigen Schädigungen geboten zu sein scheint, nämlich dort, wo der staatliche Apparat nicht so gearbeitet hat, wie er hätte arbeiten sollen. Der Ersatz der Schädigungen durch rechtmäßige Handlungen des Staates geht über das Gebiet unserer Frage hinaus. Auch dürften gerade hier eventuell von seiten der Staaten Bedenken erhoben werden. Man denke beispielsweise an Schädigungen im Falle eines Krieges und ähnliche Fälle, wie sie zu der Kabinettsordre von 1831 geführt haben, namentlich an Schädigungen durch die Kommandanten der eigenen Truppen im Kriegsfalle. Diese Fragen betreffen ein spezielles Gebiet, welches ich mit dem Herrn Referenten der Einzelgesetzgebung überlassen möchte. Ich glaube überhaupt, daß es sich für den Juristentag empfehlen wird, den Rahmen so weit wie möglich zu machen, und daß, wenn nur das Prinzip anerkannt ist, daß der Staat zu haften habe, weil der Staat selbst durch seine Beamten handelt, auch wenn er obrigkeitlich auftritt, man füglich die Ausführung des Prinzips der Gesetzgebung der einzelnen Staaten überlassen kann.

Ich möchte daher nur eine kleine Modifikation des Referentenantrages vorschlagen, nämlich, daß die Haftung eine „unmittelbare“ sein solle. Ich glaube, daß der Juristentag, wenn er den Anschauungen, welche in den beiden Gutachten niedergelegt wurden und welche heute in glänzender Weise vom Herrn Referenten vertreten worden sind, zustimmt, und zwar in dem weiten Umfange, welchen Ihnen der Herr Berichterstatter gegeben hat, tatsächlich einen mächtigen und wohltätigen Schritt auf dem Wege zur Erhöhung der Rechtssicherheit des Einzelnen tun würde. Es ist ja mit den heutigen Verkehrsverhältnissen geradezu unvereinbar, daß das einzelne Organ getrennt werden soll vom Ganzen; die einzige Möglichkeit, einen gesunden Verkehr aufrechtzuerhalten bei den großen Aktionen, die durch unsere mächtigen öffentlichen Verbände ins Leben gerufen und geführt werden, besteht m. E. darin, daß immer das Ganze für den einzelnen handelnden haftbar gemacht wird. Heutzutage ist das Primäre die Unternehmung, der Verband, die juristische Person; der einzelne Handelnde verschwindet vollkommen; immer ist das ganze Unternehmen, der ganze Verband dasjenige, was dem Einzelnen entgegentritt. Dasselbe Prinzip muß sich auch bei der größten und mächtigsten Organisation, dem Staat, und bei den öffentlich-rechtlichen Verbänden geltend machen. Der Juristentag würde, glaube ich, durch Annahme des Antrages Wildhagen gewissermaßen die letzte Etappe auf dem Wege erreichen, dem die Gesetzgebung zustrebt und den die Praxis bereits beschritten hat.

Ich kann mich somit nur dem Antrage des Herrn Referenten Wildhagen anschließen; doch erlaube ich mir, den Vorschlag zu machen, vor das Wort „Haftung“ das Wort „unmittelbare“ einzuschieben, sodaß der Antrag lauten würde:

> „Es liegt ein dringendes Bedürfnis vor, die unmittelbare Haftung des Staates und anderer juristischer Personen des öffentlichen Rechts für den von ihren Beamten in Ausübung der diesen anvertrauten öffentlichen Gewalt zugefügten Schaden durch Reichsgesetz grundsätzlich auszusprechen.“

(Lebhafter Beifall).

Berichterstatter Rechtsanwalt am Reichsgericht Justizrat Dr. **Wildhagen**-Leipzig: Ich erkläre mich ausdrücklich mit dem Zusatz des Wortes „unmittelbare“ einverstanden; ich lege darauf selber Wert.

Geheimer Justizrat Professor Dr. **Gierke**-Berlin: M. H., ich kann mich sehr kurz fassen. Ich brauche auf die Sache kaum noch näher einzugehen bei der völligen Übereinstimmung, in der ich mich mit dem Herrn Referenten wie auch mit dem zweiten Herrn Gutachter befinde. Bei dieser vollen Übereinstimmung hoffe ich, daß Sie, m. H., bereits von zweierlei überzeugt sind. Einmal davon, daß eine reichsgesetzliche Regelung hier notwendig ist, da keine Aussicht besteht, daß — etwa wie bei dem Vorbehalt für die Enteignung — die einzelnen deutschen Staaten in einheitlichem Geiste vorgehen werden. Denn leider hat gerade der führende Staat in dieser Frage die Führung vergessen und wird sie schwerlich nachträglich übernehmen. Hier muß also das Reichsgesetz nachhelfen. Das Zweite, wovon Sie hoffentlich überzeugt sind, ist das, daß diese Regelung nur erfolgen kann in dem Sinne, daß die unmittelbare Haftung des Staates für den von den Beamten in Ausübung der öffentlichen Gewalt zugefügten Schaden ausgesprochen wird, daß wir mit anderen Worten dem zum Reichsrecht verhelfen, was zu ihrem Ruhme einige süddeutsche Staaten, Bayern, Württemberg, Baden — auch Sachsen-Koburg und eins der beiden Reuß hat an diesem Ruhme teil — bereits durchgeführt haben und was hier, soviel ich weiß, ohne Erschütterung der Staatsfinanzen und ohne Erschütterung des Respekts vor dem Staate — also ohne die vielfach befürchteten nachteiligen Folgen — durchgeführt werden konnte.

Ich möchte nur noch einige wenige Worte sagen zu der Form unserer Beschlußfassung. Ich spreche mich aus für den Antrag des Herrn Referenten mit dem jetzt eingefügten Zusatz. Ich habe ja am Schlusse meines Gutachtens umständlichere und eingehendere Anträge formuliert, aber nicht in der Absicht, daß sie gerade vom Juristentage zum Beschluß erhoben werden möchten, weil dazu doch eine eingehendere Diskussion nötig ist; ich wollte durch die Formulierung meiner Anträge nur zweierlei zeigen. Einmal: daß es möglich ist, hier einem dringenden Bedürfnis abzuhelfen, ohne das Bürgerliche Gesetzbuch selbst zu ändern. Denn hier muß ich nun zum dritten Male wiederholen, was ich in unserer Abteilung schon zweimal gesagt habe, nämlich daß ich nach wie vor, soweit es irgend möglich ist, dem Bürgerlichen Gesetzbuch eine Schonzeit wünsche. Aber, m. H., die Artikel des Einführungsgesetzes kann allerdings diese Schonzeit nicht schützen! Wir können, wenn z. B. eines Tages die Frage auftaucht, ob wir ein einheitliches Bergrecht schaffen sollen, unmöglich sagen: das geht nicht, denn das Einführungsgesetz behält das Bergrecht dem Landesrecht vor! Ebenso könnten wir unmöglich, weil das Einführungsgesetz zum Handelsgesetzbuch das Scheckrecht den Einzelgesetzgebungen vorbehält, dem Plane eines Reichsscheckgesetzes widersprechen, um nichts am bestehenden Recht zu ändern. Nur die Reichsgesetzbücher selbst wollen wir zunächst möglichst intakt lassen. Darum trete ich allerdings auch in dieser Frage dafür ein, daß wir das Bürgerliche Gesetzbuch nicht anrühren. Wollten wir an ihm ändern, so müßten wir nicht bloß den § 89, sondern auch den § 31 und noch manches andere zur Revision stellen. Der zweite Gesichtspunkt, unter dem ich meine Vorschläge zu beurteilen bitte, ist der: ich wollte durch die Fassung meiner Anträge es ausdrücklich vermeiden, daß wir hier Stellung zu nehmen haben zu der heute ja bei der Tierhaltung so ausführlich erörterten Frage, inwieweit bloße Verschuldungshaftung zu Grunde zu legen ist oder inwieweit auch hier die Kausalhaftung statuiert werden soll. Bei meinen Anträgen bleiben wir ebenso wie bei dem Antrage des Herrn Wildhagen vollständig in den Grenzen, die das Bürgerliche Gesetzbuch nun einmal auf dem Gebiete des Reichsrechts zieht: es tritt die Schadensersatzpflicht für den Staat genau in demselben Umfange wie für den Einzelnen in allen den Fällen ein, in denen er durch seine Beamten in Ausübung öffentlicher Gewalt dargestellt wird. Nur wo und nur insoweit bereits einige Einzelstaaten das Prinzip der Kausalhaftung weiter ausgebildet haben, da möchte ich allerdings nicht, daß dieses Loch, das in die Verschuldungshaftung gerissen ist, von Reichswegen wieder zugeschüttet werde. Deshalb habe ich in dieser Richtung einen Vorbehalt für die Landesgesetzgebung eingefügt. Der künftigen Entwicklung wollte ich damit nicht vorgreifen. Wird einmal die Frage aufgeworfen, ob es nicht allgemein einer Ausdehnung der Haftung des Staates auf Fälle bedürfe, in denen eine Schädigung durch den Staat ohne Verschulden des Beamten stattgefunden hat, so möchte ich allerdings für die Zukunft das Prognostikon stellen, daß auch hier die reine Verschuldungshaftung durch eine weitere Haftung ergänzt werden wird. Ich habe selbst in meinem Gutachten einen Fall aus dem Grundbuchrecht erwähnt, der diesen Gedanken nahe legt. Allein diese Fragen stehen hier nicht zur Erörterung. Ich wollte nur rechtfertigen, daß ich die Frage der Ausdehnung der Haftung des Staates über die Fälle des Verschuldens der Beamten hinaus nicht weiter berührt habe.

Ich hoffe, daß Sie den Antrag unseres Herrn Referenten möglichst einstimmig annehmen und dadurch beitragen zur gesunden Fortentwicklung unseres deutschen Rechts. (Lebhafter Beifall.)

Professor Dr. **Leonhard**-Marburg: Nach den sehr schönen Worten des Herrn Geheimrats Gierke und bei der sehr schönen Übereinstimmung, die die Herren in Schrift und Wort gezeigt haben, fällt es mir aufrichtig gesagt nicht leicht, ein Wort der Einschränkung hinzuzufügen. Aber meine Überzeugung zwingt mich dazu. Ich bin der Meinung, daß es Fälle gibt, wo der Staat für die Handlungen seiner Beamten nicht haften kann und wo die Herren auch jedenfalls diese Haftung nicht annehmen werden. Das zeigt sich am deutlichsten dann, wenn den Gesetzgeber selbst ein Verschulden trifft, wenn z. B. das Gesetz sich unvollständig oder unverständlich ausgedrückt hat. Dann ist eine Haftung des Staates ausgeschlossen. Dasselbe trifft aber auch zu, wenn durch rechtswidrige Kriegserklärung oder Kriegsführung ein Schaden zugefügt wird. Seit Hugo Grotius ist man darüber einig, daß für Kriegsschäden nicht gehaftet werde. Aber auch für die militärischen Maßnahmen im Falle einer Revolution muß meines Erachtens jeder Schadensersatz abgelehnt werden. Fälle solcher Art sind im 19. Jahrhundert in der Tat mehrfach zur Entscheidung gekommen, besonders nach den Revolutionen von 1830 und 1848. Daraus ist ja auch die mehrfach erwähnte Preußische Kabinetsorder von 1831 erwachsen. Auch als preußische Truppen in der Stadt Dresden Schaden angerichtet hatten, wies das oberste Gericht in Dresden die erhobenen Ansprüche mit Recht ab; aber seine Begründung, daß es sich um keine Revolution, sondern um einen Krieg gehandelt habe, scheint mir unhaltbar und überflüssig zu sein. Für sehr bedenklich halte ich dagegen einige ältere Entscheidungen des höchsten Gerichtshofs in Kassel, der die Maßnahmen der kurhessischen Regierung gegenüber der Revolution aus dem Gesichtspunkte geprüft hat, ob sie ausreichende Maßregeln gegenüber der Revolution getroffen und die Truppen richtig dirigiert hätte.

Ebenso dürfte die Haftung des Staates ausgeschlossen sein bei allen Urteilen der Gerichte. Hier ist eine Haftung bekanntlich nur sehr allmählich und nur innerhalb enger Grenzen anerkannt. Ich erinnere an die Entschädigung für unschuldig Verhaftete und Verurteilte. Darüber wird doch kein Zweifel bestehen, daß es sich hier nicht um Anwendung eines allgemeinen Rechtssatzes handelt, sondern um einzelne Vorschriften, die nur sehr allmählich und mit Einschränkungen zum Durchbruch gekommen sind, sodaß also unmöglich der Satz aufgestellt werden kann: für Fehlsprüche des Gerichts hafte der Staat im allgemeinen. Man hat dies aus der formalen Rechtskraft der Entscheidungen erklären wollen: aber sie beweist nichts — oder aus der Unverantwortlichkeit der Richter; aber sie gilt lediglich gegenüber dem Staat. Vielmehr ergibt sich unsere Entscheidung daraus, daß es sich hier um staatliche Hoheitsakte handelt, und daß bei diesen der Staat für Verschulden seiner Beamten nicht haftet, auch wenn die Handlungen rechtswidrig sind. Unter Hoheitsakten verstehe ich die Ausübung der eigentlichen Staatsgewalt: das heißt der Fähigkeit zu herrschen, die ausschließlich dem Staate zusteht, wenn auch ihre Ausübung teilweise auf Kommunalverbände übertragen ist; und das ist auch in den Staaten nicht anders, für die man im allgemeinen Haftung des Staats anzunehmen pflegt — wie schon das erwähnte sächsische Urteil beweist. Daß die Unterscheidung zwischen Hoheitshandlungen des Staats einerseits und sonstigen Handlungen andererseits wesentliche Schwierigkeiten machen könnte, glaube ich nicht: jedenfalls nicht größere als die scharfe Abgrenzung zwischen öffentlichen und privatrechtlichen Handlungen.

Ferner möchte ich der Meinung sein, daß die bisherige Praxis im wesentlichen diese Unterscheidung zwischen Hoheitsakten und anderen Handlungen schon macht. Zwar figuriert in der Theorie das Prinzip, daß zu unterscheiden sei zwischen öffentlich-rechtlichen Handlungen der Beamten einerseits und privatrechtlichen Verrichtungen andererseits; aber die Praxis zeigt ein ganz anderes Bild. Die Entscheidungen sind in dem Gutachten des Herrn Geheimrats Gierke außerordentlich vollständig zusammengestellt: ich darf sie wieder bei Ihnen als bekannt voraussetzen — oder fingieren. Daraus geht hervor, daß in einer ganz außerordentlich großen Anzahl von Fällen die Haftung bejaht worden ist, obwohl der Beamte öffentlich-rechtlich tätig gewesen ist. Ich will hier nur einige neuere Entscheidungen des Reichsgerichts herausgreifen. Sie betreffen den Straßenbau, die Instandhaltung von Straßen durch den Fiskus, den Kommunalverband oder die Stadt, die Aufsicht über Gerichtsgebäude und über Bahnhöfe, das schuldhafte Beschädigen durch einen Lotsendampfer; sie betreffen ferner einen preußischen Oberförster, einen Briefträger, der einen Brief unterschlagen hat, einen Gerichtsschreiber, der eine Urkunde verloren hat, einen Eisenbahnbeamten, der die Schranke nicht wieder geöffnet hatte, einen Offizier, der bei der Prüfung von Glühzündern unvorsichtig umging. In allen diesen Fällen hat es sich um Handlungen öffentlich-rechtlicher Art gehandelt: sie alle spielen in Preußen oder Staaten, wo in derselben Weise die Haftung des Staats eingeschränkt ist: und trotzdem ist die Haftung überall bejaht oder aber nur aus anderweiten Gründen abgelehnt worden. Freilich berufen sich die Gerichte mehrfach darauf, daß der Staat lediglich als Eigentümer der öffentlichen Straßen oder Wege hafte; aber es ist doch bekannt, daß seine Stellung als Eigentümer allein ihm eine derartige Verpflichtung keineswegs auferlegt, daß sich vielmehr nur aus einer öffentlich-rechtlichen Verpflichtung die Haftung ergeben kann, wie das Reichsgericht neuerdings mit Recht bemerkt. Man hat ferner den Satz aufgestellt, daß bei Handlungen, die auf dem Grenzgebiet liegen, der privatrechtliche Gesichtspunkt vorgehe. Aber dieser Satz ist doch schwerlich berechtigt: Er erklärt sich meines Erachtens nur aus der berechtigten Tendenz, die Haftung des Staates auch auf öffentliche Handlungen auszudehnen. Denn da, wo es, wie im sächsischen Recht, für den Verletzten vorteilhafter war, die Handlung als öffentlich-rechtliche zu behandeln, da hat man sie umgekehrt ganz als solche aufgefaßt, z. B. in einem Falle, wo eine sächsische Stadt wegen Verschuldens ihrer Gasanstaltsbeamten in Anspruch genommen wurde. Übrigens ist jener Satz auch vom Preußischen Obertribunal und vom Reichsgericht wiederholt verworfen worden.

Meines Erachtens folgt hieraus, daß die Rechtsprechung doch nicht ganz den Standpunkt vertritt, der in der Theorie herrscht und auch in mehreren Entscheidungen theoretisch ausgesprochen worden ist, nämlich scharf zu unterscheiden zwischen öffentlich-rechtlicher Tätigkeit und privatrechtlicher Verrichtung. Sondern ihr Standpunkt ist vielmehr der, daß sie unterscheidet zwischen staatlichen Hoheitsakten einerseits und sonstigen Handlungen der Beamten andererseits, sowohl öffentlich-rechtlicher wie privatrechtlicher Natur. Mir ist wohl bekannt, daß einige wenige Urteile anders entscheiden; aber die weitaus große Mehrzahl steht, soweit ich es beurteilen kann, auf diesem Standpunkt, und daher möchte ich auch glauben, daß der bisherige Rechtszustand doch kein ganz unbefriedigender gewesen ist.

Ich schließe mich den Herren durchaus dahin an, daß ich das, was sie fordern, für richtig halte. Ich möchte bloß die Einschränkung hinzufügen, daß für die Ausübung eigentlicher staatlicher Hoheitsakte — wobei ich denke an Gesetzgebung, Kriegserklärungen und dergl. — nicht gehaftet werden könne. Ich brauche keinen besonderen Antrag in dieser Richtung zu stellen, sondern kann mich dem Antrage des Herrn Referenten, der ja auf die Einzelheiten der Haftung nicht eingeht, mit dieser Auslegung anschließen. Ich wollte auf diese Einschränkung hinweisen hauptsächlich deshalb, weil ich glaube, daß der Widerstand, den bisher viele Bundesstaaten einer ähnlichen Regelung entgegengesetzt haben, wohl zum Teil darauf zurückzuführen ist, daß man eine Haftung für derartige staatliche Hoheitsakte ablehnen wollte. Insofern ist der Widerstand dieser Bundesstaaten doch wohl kein so ungerechtfertigter gewesen: man fürchtete eine übermäßige, eine schrankenlose Ausdehnung des Haftungsprinzips: man scheute davor zurück, wie Degenkolb einmal früher hier auf dem Juristentage sagte, leichtsinnig das ungeheure staatsrechtliche Prinzip hinzustellen, daß der Staat schlechthin für seine Beamten hafte. (Bravo!)

Ein Antrag, die Redezeit auf fünf Minuten zu beschränken, wird angenommen.

Privatdozent Amtsrichter Dr. **Fleischmann**-Halle a. S.: Ich glaube, der beste Beweis dafür, daß eine Einigkeit — wenigstens eine Einigkeit in allen wesentlichen Punkten — über die uns hier interessierende Frage herrscht, ist es, daß ein Korreferat gar nicht erforderlich erschien und daß trotzdem, soweit die Sache überhaupt zu klären ist, Klarheit vorhanden ist. Ich sagte: „soweit sie zu klären ist“; denn nach meiner Meinung ist in der Tat die große Schwierigkeit die, daß hier privatrechtliche und öffentlich-rechtliche Gesichtspunkte in einander übergreifen, und es wird nach dem Stande unserer gegenwärtigen Forschung kaum möglich sein, etwa auseinander zu halten die Materien, die hier privatrechtlichen, und die, die öffentlich-rechtlichen Ursprungs sind. Ich möchte daraus eine Folge entnehmen. Wenn man — sowohl in Theorie wie in Praxis — nicht recht weiß, wohin etwas gehört, dann ergibt sich daraus eben ein Schwanken in der Rechtsprechung, und dieses Schwanken ist es wohl auch, worauf dieser ganze Antrag zurückzuführen ist. Die Sache liegt also nicht so, daß man bei dem gegenwärtigen Stande auskommen könnte, daß man sich damit zufrieden geben könnte, das Richtige würde schon getroffen werden — so habe ich den Herrn Vorredner verstanden —. Die Rechtsprechung geht nicht nach einer bestimmten Richtung; ich habe den Eindruck, daß sie vielfach auseinandergeht, und in diesem Eindruck werde ich bestärkt durch das Gutachten des Herrrn Geheimrat Gierke und die dortigen Zitate, zu denen man noch dieses oder jenes in Kleinigkeiten hinzufügen könnte. Liegt aber der Fall so, dann ergibt sich schon daraus das **Bedürfnis** nach einer Änderung.

Dieses Bedürfnis nach einer Änderung ist uns ja hier durch den Herrn Berichterstatter geschichtlich entwickelt worden. Er ist sogar um 40 Jahre zurückgegangen in den Verhandlungen des Juristentages. Diese Verhandlungen sind aber bei aller Achtung vor den damaligen großen Männern, die sich daran beteiligt haben, nicht „tiefgehend“ gewesen. Das Wort stammt nicht von mir, sondern von einem Manne, der sich in diese Dinge mehr vertieft hat, als ich dazu in der Lage war. Heute, und vor allem durch die Gutachten, ist die Begründung erheblich vertieft worden; wird sind dadurch in dem Streben, die Frage zu lösen, erheblich weiter gekommen, so weit, daß wir jetzt auf dem Stande stehen: sie **kann** gelöst werden.

Ich gehe nicht darauf ein, ob man etwa den Staat aus **allgemeinen Gründen** für verpflichtet halten kann. Das ist immerhin noch eine zweifelhafte Frage. Für mich genügt es, daß eine derartige **Überzeugung** herrscht, es müsse hier die Regelung ungefähr so getroffen werden, wie sie beabsichtigt worden ist. Darin, in dieser opinio necessitatis, ist mindestens der Weg beschritten, der (auch außerhalb des Königreichs Sachsen) zu einem Gewohnheitsrechte führen muß und es uns erleichtert, uns für den Antrag auszusprechen.

Ich stütze mich bei dieser Feststellung im wesentlichen auf die jetzt in der Theorie herrschende Meinung, weiter aber auch auf die vox populi im weitesten Sinne, die darin zutage tritt: wie denkt denn das Volk darüber, wenn irgendwie von irgend einem Beamten ein Schaden angerichtet wird? Diese opinio populi kann man nicht bloß nuf der Straße vernehmen; sie dringt auch — wenn schon nur dürftig — in unsere Gerichtsräume ein. Ich erinnere an die Entscheidung des Reichsgerichts über Parteiurkunden, die bei Gericht niedergelegt worden sind, die aber doch nicht so recht den Charakter des Depositums im privatrechtlichen Sinne an sich tragen. Das Reichsgericht hat da in sehr gewundener Begründung eine Entscheidung getroffen, die darauf hinausgeht, die Rechte des Geschädigten gegen den Fiskus anzuerkennen.

Ein zweites Beispiel, meine Herren! Es ist zu bedenken: Unser Gesetzgeber steht ja keineswegs auf dem Standpunkt, daß er den Grundsatz der Entschädigungspflicht, da er eben nur in einzelnen Bestimmungen formuliert wird, schon allgemein anerkennt. Im Gegenteil, er hat niemals ohne großes Ringen den Entschädigungsanspruch anerkannt. Nun steht er aber auf dem Punkte, ihn aus freien Stücken in einem neuen Falle, der, soviel ich sehe, hier noch nicht berücksichtigt worden ist, einzuräumen, nämlich bei der Regelung des Wechselprotestes. Da soll ja der Wechselprotest vorgenommen werden durch den Postbeamten, und da wird in dem veröffentlichten Entwurf auch eine Haftung des Fiskus für die Schäden, die dabei entstehen können, anerkannt: allerdings nur in begrenzter Höhe. Das bedeutet immerhin einen gewichtigen Schritt vorwärts, der einen Schluß auf dem Weg zuläßt, den zu beschreiten der Gesetzgeber sich entschieden hat.

Ich fasse zusammen und sage: die allgemeine Überzeugung, die sich ausdrückt in der Theorie und in der vox populi, drängt dahin, diesen Grundsatz auch allgemein durch Gesetz anzuerkennen.

Nun würde ich dieses einen sonst nicht erwähnten Beispiels wegen Ihre Zeit nicht in Anspruch genommen haben; aber ein Letztes liegt mir noch am Herzen. Ich habe einen Antrag stellen wollen auf Einfügung des Wörtchens „widerrechtlich" zwischen die beiden Worte „Gewalt" und „zugefügten". Nachdem ich dem Herrn Vorsitzenden diese meine Absicht mitgeteilt hatte, hat auch der Herr Professor von Herrnritt das angeregt, und auch in den Ausführungen des Professors Leonhard glaube ich gefunden zu haben, daß er einer solchen Einfügung sympathisch gegenübersteht. Der Herr Vorsitzende hatte Bedenken geäußert, — doch es ist nicht meine Sache, diese Bedenken hier vorzutragen. Ich kann, nachdem ich mir die Sache nochmals überlegt habe, doch nicht davon abstehen, den Antrag formell zu stellen, daß zwischen die Worte „öffentlichen Gewalt“ und „zugefügten“ das Wort „widerrechtlich“ eingesetzt werde. Eine Haftung auch für rechtmäßige Schadenszufügung „aus Billigkeit“ ist ja dem geltenden Rechte nicht unbekannt. Sie bildet doch aber eine seltene Ausnahme, auf die Gutachter und Referent gar nicht erst eingegangen sind. Nun wollen wir doch hier der Reichsgesetzgebung Direktiven geben, und diese Direktive wollen wir mit allem Vorbedacht in der Art geben, daß uns nicht der Vorwurf gemacht werde, wir gingen übermäßig ins Zeug, wir seien unklar, wir hätten uns die Sache nicht in Voraussetzungen und Tragweite überlegt. Ich glaube, wir tun gut, uns hier gewisse Schranken aufzuerlegen und das, was ja hier auch schon zum Ausdrucke gelangt ist, auch mit deutlichen Worten auszusprechen: der Juristentag wäre damit einverstanden und glaubt, daß er damit schon viel erreicht hätte, wenn etwa seinem Antrage stattgegeben würde, der die Einschränkung auf widerrechtlich zugefügten Schaden in sich birgt.

Oberlandesgerichtspräsident Wirklicher Geheimer Ober-Justizrat Dr. **Vierhaus**-Breslau verzichtet wegen der vorgerückten Zeit auf das Wort.

Rechtsanwalt am Reichsgericht Dr **Scherer**-Leipzig: Was die Frage der Kriegsschäden anbetrifft, so ist die ja gewissermaßen international. 1866 und 1870/71 wurden die Entschädigung für die Kriegsschäden auf das ganze Land verteilt. Das entspricht dem Prinzip des preußischen Landrechts, Einl. § 75. — Ein General des Königs Karl Albert von Sardinien hat 1849, um den Rückzug der Armee zu maskieren, einige Dörfer in der Provinz Mailand niederbrennen müssen. Der betreffende italienische Kassationshof sprach aus, eine zivilrechtliche Entschädigungsklage existiere nicht. Der Prozeß wurde nach 1866 entschieden.

In bezug auf Schäden durch Revolutionen haben wir Spezialgesetze. Die sind auch in unserem Einführungsgesetz vorbehalten. Bei Tumulten usw. sind im rheinischen Rechtsgebiet uns die Gemeinden für schadensersatzpflichtig erklärt. Auch in Preußen besteht ein ähnliches Gesetz.

Die Frage ist: kann der Staat den Schaden tragen? und diese Frage wird man allgemein bejahen müssen.

Einmal — und zwar nur einmal innerhalb Deutschlands — hat die unbedingte Haftpflicht des Staates bestanden: im rheinischen Rechtsgebiet während der Zeit von 1879 bis 1900. Vgl. Scherer, Kommentar zum BGB. Buch I, Seite 85—101 zu § 89 BGB.

Die Entschädigungsfrage ist auch wichtig bei Militärmißhandlungen, die schon wiederholt die Gerichte beschäftigt haben. Wie ist es z. B. bei den Verhältnissen in Elsaß-Lothringen? Dort bestehen bekanntlich Truppen aus verschiedenen Kontingenten, Bayern, Sachsen usw. Wer ist da für den Schaden verantwortlich, der elsaß-lothringische Fiskus oder der Fiskus der anderen Staaten?

Ich stelle keinen Antrag, wollte aber diese neuen Punkte erwähnen, damit sie bei den gesetzgeberischen Arbeiten in sachgemäßer Weise berücksichtigt werden.

Damit schließt die Debatte. Das Schlußwort erhält:

Berichterstatter Rechtsanwalt am Reichsgericht Justizrat Dr. **Wildhagen**-Leipzig: Zu meiner Freude sind alle Redner mit meinen Ausführungen im wesentlichen einverstanden gewesen. Auch Herr Professor Leonhard hat aus seinen Erwägungen heraus keinen Anlaß genommen, meinen Antrag irgendwie einzuschränken, und ich glaube, daß dazu auch kein Anlaß gegeben sein dürfte.

(Professor Dr. **Leonhard**-Marburg: Allerdings gegen den Antrag hatte ich keine Bedenken.)

Ich möchte zu den Ausführungen Leonhards nur folgendes bemerken: Das Reichsgericht selbst hat in dem Falle der Gasanstalt nicht ausgesprochen, daß der dortige Beamte seine Polizeigewalt ausgeübt habe, sondern das war die Entscheidung des sächsischen Oberlandesgerichts, die für das Reichsgericht maßgebend war.

Herr Professor von Herrnritt und Herr Dr. Fleischmann haben angeregt, ob man nicht das Wort „widerrechtlich" einfügen solle. Ich habe meinen Antrag in dem Sinne gerechtfertigt, daß ich, wenn auch mit einem gewissen schmerzlichen Bedauern über die Einschränkungen, die ich mir auferlegen mußte, empfohlen habe, zur Zeit nur ganz allgemein das Prinzip zum Ausdruck zu bringen. Ich habe mich dabei, wie es auch Herr Geheimrat Gierke getan hat, eng an den Art. 77 des Einführungsgesetzes zum BGB. angelehnt. Dort steht das Wort „widerrechtlich" nicht. Wenn wir nämlich einen Übelstand darin erblicken, daß die Reichsgesetzgebung die im Art. 77 bezeichnete Frage der Landesgesetzgebung überläßt und statt dessen die reichsgesetzliche Regelung verlangen, so ist es richtiger, an dem Wortlaut nichts zu ändern. Wir würden dadurch schon zu einer Einzelfrage Stellung nehmen, während wir doch alle Detailfragen herauslassen wollen.

Ich bitte also, diesen Zusatz abzulehnen und meinen Antrag nur mit dem Zusatz „unmittelbare", sonst aber unverändert, anzunehmen. (Beifall).

Amtsrichter und Privatdozent Dr. **Fleischmann**-Halle a. S.: Zur Geschäftsordnung! Meine Herren, das „widerrechtlich" halte ich nach wie vor für begründet: denn es handelt sich hier nicht, wie gesagt ist, um eine Detailfrage, sondern um eine grundsätzliche und grundlegende Frage. Dieser meiner Ansicht möchte ich einen nicht mißzuverstehenden Ausdruck leihen. Aber ich verfolge hier ein praktisches Ziel, daß vor allem die Idee, wie sie in dem Antrage des Referenten steckt, anerkannt wird. Deshalb allein ziehe ich nach der Stimmung, die augenblicklich hier herrscht, meinen Antrag zurück. (Bravo!) Doch mit einer kleinen einschränkenden Bemerkung. Es ist das, was ich durch meinen Abänderungsantrag bewirken wollte, bereits in einer gewissen Ausgiebigkeit hier zur Sprache gekommen, und man kann daraus entnehmen, welcher Ansicht man auf dem Juristentag gewesen ist. Ich halte es für unzweckmäßig, wenn mein Antrag abgelehnt würde. Denn Außenstehende könnten daraus leicht einen unzutreffenden Schluß auf die hier herrschende Anschauung ziehen. Diese Erwägung der Zweckmäßigkeit allein bestimmt auch, den Antrag fallen zu lassen.

In der Abstimmung wird der Antrag Wildhagen mit dem Zusatz „unmittelbare", also in folgender Form:

> „Es liegt ein dringendes Bedürfnis vor, die unmittelbare Haftung des Staates und anderer juristischer Personen des öffentlichen Rechts für den von ihren Beamten in Ausübung der diesen anvertrauten öffentlichen Gewalt zugefügten Schaden durch Reichsgesetz grundsätzlich auszusprechen."

einstimmig angenommen.

Es wird weiter einstimmig beschlossen, den Gegenstand nur zur Berichterstattung dem Plenum zu überweisen. Zum Referenten wird Rechtsanwalt am Reichsgericht, Justizrat Dr. Wildhagen, bestimmt.

Der Vorsitzende spricht den Mitgliedern der Abteilung seinen Dank aus für den großen Eifer, mit dem sie sich ihren Aufgaben hingegeben haben. Nachdem sodann Geheimrat Professor Dr. Gierke dem Vorsitzenden unter dem Beifall der Versammlung für die ausgezeichnete Leitung der Geschäfte gedankt und der Vorsitzende erwidert hatte, eine volle Hälfte dieser Anerkennung gebühre seinem Herrn Stellvertreter im Vorsitz und den Herren Schriftführern, wird die Sitzung um $4^3/_4$ Uhr nachmittags geschlossen.

(Schluß der Sitzung $4^3/_4$ Uhr nachm.).

Erste Sitzung der zweiten Abteilung.

Montag, den 10. September 1906, vormittags 11 Uhr.

Geheimer Justizrat Professor Dr. **Riesser**-Berlin: M. H., ich erlaube mir, namens der ständigen Deputation Ihnen zum Vorsitzenden für die Abteilung Herrn Oberlandesgerichtspräsident Dr. Spahn-Kiel vorzuschlagen. (Bravo!) Die Wahl erfolgt durch Akklamation einstimmig.

Oberlandesgerichtspräsident Dr. **Spahn**: Ich danke Ihnen für die Wahl; ich sehe darin eine Anerkennung, die nicht mir gilt, sondern dem Juristenstand, den ich zu vertreten habe. Ich freue mich, daß Sie ihm in mir diese Anerkennung zuteil werden lassen.

Ich darf dann wohl Herrn Geheimrat Professor Riesser bitten, daß er sich als Stellvertreter bereit erklärt. (Bravo!)

Das Schriftführeramt übernehmen sodann auf Wunsch des Vorsitzenden die Herren Privatdozent Dr. Wüstendörfer und Landrichter Schippang.

Vorsitzender Dr. **Spahn**: M. H., die Frage ist mithin, in welcher Reihenfolge die einzelnen Gegenstände beraten werden sollen. Wir müssen Rücksicht nehmen auf die anderen Abteilungen. Es ist mir speziell der Wunsch ausgesprochen worden, daß der Gegenstand unter Nr. 6 („Wie weit ist bei Versicherungsverträgen die Vertragsfreiheit hinsichtlich der Verwirkungsklausel durch zwingende Rechtssätze zu Gunsten des Versicherten einzuschränken?) abgehandelt wird zu einer Zeit, bei der nicht in der ersten Abteilung die Frage unter Nr. 2 erledigt wird. Nach einer Mitteilung des Vorsitzenden der ersten Abteilung ist aber er durch Verabredung mit den Vorsitzenden der dritten Abteilung veranlaßt, diesen Gegenstand morgen auf die Tagesordnung zu setzen.

Ich denke, die Schwierigkeiten werden sich beseitigen lassen, und ich möchte vorschlagen, daß wir mit Nr. 4, der ersten der uns überwiesenen

Materie beginnen. Sie sind einverstanden, dann darf ich wohl den Herrn Berichterstatter, Professor Pappenheim, bitten, die Berichterstattung zu übernehmen. Ich erteile ihm das Wort.

Berichterstatter Professor Dr. **Pappenheim**-Kiel: M. H.! Die zur Behandlung stehende Frage lautet: Empfiehlt es sich, die Haftung des Rheders für seemännisches Verschulden der Schiffsbesatzung gesetzlich auszuschließen oder durch zwingende Rechtssätze festzusetzen?

Der Berichterstatter muß sich zuvörderst etwas näher mit der Bedeutung dieser Frage beschäftigen, weil sie keineswegs hinsichtlich ihres Inhalts alle Zweifel ausschließt. Äußerlich ist nur hervorzuheben, daß das Wort „seemännisch“ in „Haftung des Rheders für seemännisches Verschulden“ nicht das gewöhnliche ist, und daß in den Gutachten der Herren Justizrat Boyens und Oberlandesgerichtsrat Dr. Mittelstein diesem Worte „seemännisch“ das Wort „nautisch“ substituiert worden ist, bei Boyens sogar in der Überschrift, bei Mittelstein im weiteren Verlaufe der Erörterung. Wenn auch ich daher das Wort „nautisch“ im folgenden anwenden sollte, so bitte ich das nicht einer Vorliebe für Fremdwörter zuzuschreiben, sondern dem Umstande, daß das Wort „nautisch“ international gebräuchlich ist und damit dem Mißverständnisse vorgebeugt wird, als ob mit „seemännisch“ etwas anderes gesagt sein sollte.

Was aber den Inhalt der Frage anlangt, so sind in verschiedenen Hinsichten mehrere Auffassungen möglich. Zunächst schon in bezug auf die Bedeutung des Wortes „seemännisches Verschulden“. Was ist darunter zu verstehen? Das Wort „seemännisch“ oder „nautisch“ wird in der Verkehrssprache in doppeltem Gegensatze angewendet, einmal im Gegensatze zu dem Worte „administrativ“, wobei sich der Gegensatz deckt mit demjenigen von tatsächlichem und rechtlichem Handeln. Wenn der Schiffer Rechtsgeschäfte in Ausübung seiner gesetzlichen Vertretungsmacht abschließt, so liegt ein administratives Handeln vor, während, wenn er in tatsächlichen Funktionen, als nautischer Betriebsdirektor, handelt, er nautisch handelt. Es würde nach der einen der möglichen Auffassungen das seemännische Verschulden auf diesen letzteren Teil der Tätigkeit des Schiffers zu beziehen sein. Die andere Auffassung ist die, daß das Wort nautisch in Gegensatz gestellt wird zu dem, was man gewöhnlich mit kommerziell bezeichnet. Hier werden einander gegenübergestellt die Führung und Bedienung des Schiffes einerseits und andererseits die Fürsorge für seine Seetüchtigkeit, sowie die Fürsorge für die Ladung, wie sie sich bei deren Behandlung bei der Einladung, während des Transportes und bei der Ablieferung zeigt.

Diese beiden möglichen Unterscheidungen treten uns auch in den beiden Gutachten der Herren Boyens und Mittelstein entgegen. Das Gutachten des Herrn Boyens erklärt sich stillschweigend für die erstere Auslegung. Boyens versteht das Wort „seemännisch" oder „nautisch" als Gegensatz zu „administrativ", und er beschäftigt sich demgemäß auch mit dem kommerziellen Verschulden, z. B. mit dem Fall, daß durch sorglose Behandlung der Ladung bei der Verstauung etwa ein Schaden verschuldet worden ist. Dagegen steht das Gutachten des Herrn Oberlandesgerichtsrats Dr. Mittelstein auf einem anderen Standpunkte. Er versteht das Wort nautisch im Gegensatze zu kommerziell und beschäftigt sich deshalb nur mit dem nautisch-technischen Verschulden, läßt also die Fragen außer Betracht, bei welchen es sich um kommerzielle Funktionen der Beteiligten handeln würde. Für diesen letzteren Standpunkt wird von Herrn Dr. Mittelstein geltend gemacht, daß der erste Gegensatz zwischen „nautisch" und „administrativ" nicht wohl gemeint sein könne, weil hier von einem Verschulden der Schiffsbesatzung die Rede ist, und jener Gegensatz nur bei dem Schiffer eine Rolle spielt, der allein auch administrative Funktionen habe. Weiterhin beruft sich Mittelstein für seine Auslegung darauf, daß in den Frachtbedingungen und -klauseln die Scheidung sehr häufig in diesem Sinne gemacht wird, sodaß, wenn der Rheder sich von der Haftung für nautisches Verschulden freizeichnet, hierunter vielfach nur die Haftung für nautisch-technisches Verschulden verstanden wird.

Ich glaube, daß diese Gründe Mittelsteins nicht durchgreifen, man sich vielmehr auf den Standpunkt von Boyens stellen muß. Erstens ist es nicht ganz richtig, daß nur der Schiffer kommerzielle Funktionen habe; auch anderen Personen stehen sie gesetzlich zu, namentlich dem Steuermann. Darauf kommt es aber hier nicht an, sondern nur darauf, daß, wenn überhaupt eine Person, und zwar die wichtigste unter den Personen der Schiffsbesatzung, beide Funktionen hat, zwecks Ausschließung seiner administrativen Tätigkeit die Beschränkung auf das seemännische Verschulden gerechtfertigt erscheint. Ich glaube daher, daß Mittelsteins Schlußfolgerung nicht zwingend ist. Was aber sein anderes Argument anbetrifft, so handelt es sich hier bei unserer Frage nicht nur um Frachtverträge. Mittelstein selbst will diese sogar von der Erörterung ganz ausgeschlossen wissen. Dann dürfte er aber auch nicht der bei ihnen üblichen Terminologie eine maßgebende Bedeutung beimessen. Es wird von Mittelstein nicht in Abrede gestellt, daß das Wort „nautisch" auch im weiteren Sinne im Verkehr üblich ist, und ich glaube, wir müssen es im weiteren Sinne hier verstehen. Dafür spricht auch folgende Erwägung.

Die Scheidung zwischen kommerziellem und nautisch-technischem Verschulden ist für den ersten Augenblick sehr einleuchtend; wenn man ihr aber weiter nachgeht, findet man, daß sie nicht so reinlich ist, wie es zuerst den Anschein hat. Wir finden daher auch über diesen Punkt verschiedene Anschauungen in Literatur und Praxis vertreten. So bezeichnet Boyens die Mißachtung von Quarantänevorschriften und Blokade als kommerzielles Verschulden, während das hanseatische Oberlandesgericht die Verletzung ortspolizeilicher Vorschriften beim Passieren eines Kanals nicht als kommerzielles, sondern als nautisches Verschulden im weiteren Sinne betrachtet. Wenn wir uns also hier auf das nautische Verschulden im engeren Sinne beschränken wollten, ergäben sich doch von hier aus noch weitere Schwierigkeiten. Ich glaube daher, wie gesagt, daß man sich auf den Standpunkt von Boyens stellen und das Thema im weiteren Sinne verstehen muß.

Dagegen in einer anderen Beziehung, in welcher auch wieder die beiden Gutachten auseinandergehen, glaube ich mich Mittelstein anschließen zu müssen. Boyens teilt im Anfange seines Gutachtens mit, er fasse die Frage so auf, daß sie sich nur beziehe auf die Haftung des Rheders aus Verträgen; dies sei ihm auf Anfrage als zutreffend bestätigt worden. Von einer solchen Beschränkung ist jedoch in dem Thema nichts zu sehen. Es steht da: „Die Haftung des Rheders für nautisches Verschulden", und es ist nicht gesagt, daß das nautische Verschulden hier nur soweit in Betracht käme, als es sich um Vertragshaftung handelt. Ich glaube daher nicht, daß wir berechtigt sind, das Thema in diesem engeren Sinne zu verstehen. Die Fassung des Themas spricht um so weniger dafür, als dasselbe von der Haftung nicht des Verfrachters, sondern des Rheders spricht. Boyens geht aber noch weiter: Er beschäftigt sich nicht mit der Haftung des Rheders aus Verträgen überhaupt, sondern beschränkt sich auf die Haftung des Rheders aus Frachtverträgen. Allerdings ist ja nun der Frachtvertrag der wichtigste unter den vom Rheder geschlossenen Verträgen, aber neben ihm kommen doch auch andere, kommt vor allen Dingen noch der Reisevertrag in Betracht. Wenn z. B. durch Verschulden der Besatzung ein Reisender verletzt oder getötet wird oder sein Gepäck verloren geht oder beschädigt wird, so können natürlich hinsichtlich der Haftung des Rheders dieselben Fragen auftauchen wie beim Frachtvertrage. Für die Ausschließung auch dieser Fälle bietet die Fragestellung keinen Grund. Ich folge daher insoweit der Auslegung Mittelsteins und verstehe die zu beantwortenden Fragen von außerkontraktlicher und kontraktlicher Haftung.

Für die außerkontraktliche Haftung kommt in erster Linie der Fall der Kollision in Betracht. Durch Verschulden von Personen der Besatzung kollidiert das Schiff mit einem anderen, und es ist die Frage, wie die Haftung des Rheders behandelt werden soll. Neben diesem wichtigsten Falle stehen aber, wie Mittelstein hervorhebt, auch andere, z. B. derjenige der Beschädigung fester Gegenstände (Quais, Dalben und dergl.) durch das Schiff. Die Haftung des Rheders für Verschulden ist eine Schadenshaftung, nicht nur eine Haftung für Sachschäden. Es ist, wie bei Reiseverträgen ohne weiteres erhellt, auch an die Beschädigung von Personen zu denken, die z. B. bei einer Kollision getötet oder verletzt werden, und es kommen ferner z. B. Schäden des Vermögens durch Verzögerung der Reise in Betracht.

In der Alternative der Fragestellung tritt nun gerade auch die Scheidung von außerkontraktlichem und kontraktlichem Verschulden zu Tage. Der erste Teil der Frage: „Soll die Haftung des Rheders für nautisches Verschulden der Schiffsbesatzung gesetzlich ausgeschlossen werden?" ist vor allen Dingen für die außerkontraktliche Haftung von Bedeutung. Hinsichtlich des kontraktlichen Verschuldens hat diese Frage geringere Bedeutung, weil, wie wir noch sehen werden, und wie bekannt ist, innerhalb des Kontraktverhältnisses sich der Rheder ohnehin von dieser Haftung gewöhnlich freizeichnet. Es besteht daher für ihn kein Bedürfnis, die Haftung durch gesetzliche Vorschrift ausgeschlossen zu sehen, solange diese Haftung nicht zwingenden Rechtes ist. Der Wunsch nach ihrer gesetzlichen Aufhebung wird daher kaum dringend werden. Dagegen kann die außerkontraktliche Haftung in der Regel durch Vereinbarung nicht ausgeschlossen werden Für die außerkontraktliche Haftung ist daher die Frage der gesetzlichen Aufhebung von besonderer Wichtigkeit, während für die kontraktliche Haftung die Frage der Schaffung zwingenden Rechts zwecks Verhinderung zu weitgehender Freizeichnung praktisch wird.

Die bisher erwähnten, in unserem Thema liegenden Fragen sind keineswegs hier neu gestellt, erfreuen sich vielmehr seit längerer Zeit vielfältiger Erörterung. Die beiden uns vorliegenden Gutachten, welche den Stoff in der von ihnen gewählten Begrenzung in überaus sorgfältiger, die umfangreiche Praxis, Literatur und Gesetzgebung berücksichtigender Weise behandeln, geben insbesondere auch einen Überblick über die Geschichte der Behandlung dieser Fragen. Dabei finden naturgemäß in dem Boyensschen Gutachten vor allen Dingen die auf eine Änderung des Frachtrechtes gerichteten Bestrebungen ihre Berücksichtigung, während bei Mittelstein das nautische Verschulden in seinem Sinne, also mit Ausschluß des kommerziellen Verschuldens, im Mittelpunkte der Erörterung steht. Ich brauche hier nicht auf die Geschichte der Frage weiter einzugehen; die Gutachten befinden sich ja in den Händen der Herren. Auf einzelne Punkte werden wir bei Gelegenheit noch zurückzukommen haben.

Der zweite Teil unseres Themas, die Frage, ob die Haftung des Rheders durch zwingende Rechtssätze festgesetzt werden solle, hat schon einmal, allerdings in der Beschränkung auf den Frachtvertrag, den Gegenstand der Beratung eines deutschen Juristentages gebildet. Der XVII. deutsche Juristentag hat sich vor 22 Jahren, im Jahre 1884, mit der Frage beschäftigt, ob die Haftung des Verfrachters, also auch des Rheders, soweit er Verfrachter ist, für das Verschulden der Schiffsbesatzung durch zwingende Rechtssätze normiert werden soll. Es ist gleichwohl vollkommen Anlaß gegeben zu einer erneuten Stellungnahme, einmal durch die Veränderung, die die tatsächlichen Verhältnisse in der Zwischenzeit erfahren haben, sodann durch die inzwischen erfolgte Vertiefung der bezüglichen Untersuchungen, vor allen Dingen dadurch, daß Bestrebungen auf internationale Regelung eines Teils der hier einschlagenden Fragen in neuerer Zeit stärker hervorgetreten sind. Es erscheint deshalb als gerechtfertigt und erwünscht, daß auch der deutsche Juristentag diese praktisch überaus wichtige Frage einmal wieder einer Erörterung unterziehe, zumal diese zum Teil über die Grenzen der früheren Behandlung hinausgehen, zum Teil hinter ihr zurückbleiben muß. Der Juristentag von 1884 hat sich, wie bemerkt, nur mit der Haftung des Verfrachters befaßt, also nicht mit der Haftung des Rheders außerhalb des Frachtvertrages, die unter unser Thema fällt. Der Juristentag von 1884 hat sich andererseits mit der Haftung des Verfrachters für das Verschulden überhaupt beschäftigt, nicht bloß für das heute allein zur Diskussion gestellte nautische Verschulden der Schiffsbesatzung.

Was nun die Beantwortung der gestellten Fragen seitens der Gutachten anbetrifft, so gehen diese nicht soweit auseinander, als es auf den ersten Blick dem Leser scheinen könnte. Mittelstein faßt die Resultate seiner Erörterung am Schlusse kurz zusammen und beantwortet die beiden Fragen mit Nein. Aber wir müssen bedenken, daß er sich auf das nautisch-technische Verschulden beschränkt und von der Haftung für kommerzielles Verschulden nicht spricht. Boyens, der auf eine Zusammenfassung seiner Ergebnisse verzichtet, fordert für den allein von ihm besprochenenen Frachtvertrag zum Teil zwingendes Recht, namentlich mit Bezug auf die Haftung für Verschulden anläßlich der Vorbereitung der Reise und für kommerzielles Verschulden des Kapitäns während der Reise. Andererseits verlangt er die gesetzliche Ausschließung der Haftung kraft nachgiebigen Rechtes, soweit es sich um nautisches Verschulden während der Reise, außer in den Fällen der Kollision und der großen Haverei, handelt.

Wenn wir uns nunmehr der Betrachtung der gestellten Fragen selbst zuwenden, wird es notwendig sein, uns zuerst das Verhältnis der Rhederhaftung zu der allgemeinen Haftung ins Gedächtnis zurückzurufen Die Haftung des Rheders für das Verschulden der Schiffsbesatzung ist in §§ 485 ff. HGB. geregelt. Es handelt sich namentlich um § 485: „Der Rheder ist für den Schaden verantwortlich, den eine Person der Schiffsbesatzung einem Dritten durch ihr Verschulden in Ausführung ihrer Dienstverrichtungen zufügt." Diese Haftung des Rheders greift Platz sowohl, wenn der Dritte im Kontraktverhältnis zu dem Rheder steht, als auch, wenn dies nicht der Fall ist. Aber die Bedeutung der Haftung ist für beide Fälle nicht dieselbe, weil das bürgerliche Recht der Haftung des Geschäftsherrn für das Verschulden seiner Angestellten wesentlich verschieden ist, je nachdem es sich um kontraktliches oder außerkontraktliches Verschulden handelt.

Ich bleibe bei dem einfachen Beispiele: es kollidiert das Schiff mit einem andern durch Verschulden des Schiffers. Nach bürgerlichem Rechte (BGB. 831) würde der Rheder hier nur haften, wenn ihm selbst ein Verschulden bei dessen Auswahl, Instruierung usw. zur Last fiele. Hierüber geht das Seerecht weit hinaus, indem es den Rheder ohne Rücksicht auf eigenes Verschulden haften läßt. Dagegen innerhalb eines Vertragsverhältnisses — z. B. aus einem Frachtvertrage — bestünde auch schon nach bürgerlichem Rechte die weitgehende Haftung des Rheders für das Verschulden der Personen der Besatzung als seiner Erfüllungsgehilfen (BGB. 278), sodaß die Tragweite der besonderen seerechtlichen Vorschriften hier eine ganz andere ist.

Worauf beruht es nun, daß der Rheder für das Verschulden der Schiffsbesatzung in weiterem Umfange haftet, als ein anderer Geschäftsherr für das Verschulden seiner Angestellten? Die Stellungnahme zu dieser Frage ist präjudizierend für die spätere Beantwortung unserer Thesen. Wenn wir für den Rhedereibetrieb eine außerkontraktliche Haftung nur nach § 831 hätten, so würde das praktisch gleichbedeutend sein mit der Nichthaftung des Rheders für das Verschulden der Schiffsbesatzung. Eine culpa in eligendo oder custodiendo wäre dem Rheder nur in besonderen Fällen nachzuweisen, würde ihn aber auch sehr selten treffen, da er natürlich im eigenen Interesse die bestmöglichen Kräfte für sein Schiff auswählen wird. Die Beaufsichtigung der Schiffsbesatzung aber ist nach der Natur des Betriebes dem Rheder nicht möglich, während sich das Schiff auf der Reise befindet. Demnach würde § 831 versagen. Dies wäre aber unbillig und unzweckmäßig. Denn der Rheder zieht ja den ganzen Vorteil aus dem Unternehmen; er befände sich aber, wenn auch unter denselben Rechtssätzen stehend, in einer viel günstigeren Stellung, als jeder andere Geschäftsmann. Denn er kann und muß sich für seinen Betrieb der Hilfe anderer Personen bedienen, ohne für deren Verschulden unter normalen Verhältnissen je einzustehen. Er würde zwar den guten Tropfen genießen, nicht aber auch den bösen. Dem durch Verschulden einer Person der Besatzung geschädigten Dritten würde zwar der Schuldige unter allen Umständen einstehen, aber ohne daß nach der Natur der Sache mit dieser Haftung dem Geschädigten gedient wäre. Schon infolge von Beweisschwierigkeiten würde er überhaupt nur in ganz seltenen Fällen in der Lage sein, seinen Ersatzanspruch gegen eine bestimmte Person der Schiffsbesatzung durchzusetzen. Es kommt hinzu, daß eine ganz untergeordnete Person der Schiffsbesatzung den Schaden verursacht haben kann. Andererseits sind die Schäden, um die es sich hier handelt, vielfach sehr groß. Die Haftung des Schuldigen nach Maßgabe des bürgerlichen Rechtes würde daher dem Geschädigten wenig nützen. Sie wird auch gegenwärtig, wo sie natürlich neben der Rhederhaftung besteht, so gut wie gar nicht in Anspruch genommen, weil man sich natürlich an den zahlungsfähigeren und leichter zugänglichen Rheder lieber hält als an den eigentlich Schuldigen. Dies hat in der neuesten Geschichte unserer Frage die Folge gehabt, daß Schiffer und Schiffsoffiziere sich sehr bestimmt gegen die Versuche erklärt haben, die Rhederhaftung für nautisches Verschulden überhaupt zu beseitigen. Sie haben mit Recht gesagt: Jetzt geht man gegen uns nicht vor; wenn aber der Rheder nicht mehr haften wird, wird der Beschädigte sich an den einzigen halten, von dem er etwas bekommen kann, und das würde uns zu schwer treffen. Ich finde es sehr begreiflich, daß der eifrigste Vorkämpfer der Beseitigung der Haftung für nautisches Verschulden, Gütschow, mit der Beseitigung der Haftung des Rheders für nautisches Verschulden zugleich die Beseitigung der Haftung des Schuldigen selbst fordert. Es wäre sehr odiös, dem Rheder die Haftung abzunehmen und sie für den Schuldigen allein fortdauern zu lassen, dem gegenüber dann mit ihr Ernst gemacht werden würde. Aber schon diese Folge von Gütschows Vorschlag reicht aus, um sein Petitum zu beurteilen. Denn warum in unserem ganzen bürgerlichen Rechte allein eine Person der Schiffsbesatzung im Falle eines auch groben Verschuldens von der Verpflichtung zur Ersatzleistung befreit sein soll, läßt sich nicht erkennen. Was Gütschow hierfür anführt, ist nicht ernst zu nehmen.

Nun könnte man andererseits sagen, nach geltendem Recht sei der

Rheder ungünstiger gestellt wie alle übrigen Geschäftsherren, und hierfür sei ebenfalls kein Grund vorhanden. Freilich steht der Rheder ungünstiger da als andere; er haftet, wo andere Geschäftsherren nicht haften. Das Gesetz ist aber darauf bedacht gewesen, diese Beschwerung des Rheders mit einer über das allgemeine Recht hinausgehenden Haftung auszugleichen durch eine sehr bedeutsame Vergünstigung, die es ihm hat zu Teil werden lassen, nämlich die Beschränkung der Haftung des Rheders. Im allgemeinen steht, wer Schuldner ist, mit seinem ganzen Vermögen für die Erfüllung seiner Verpflichtung ein, er haftet persönlich, wie man zu sagen pflegt Für den Rheder gilt die umgekehrte Regel. Er haftet für seine Schulden meist, namentlich in den uns hier interessierenden Fällen, nicht persönlich, sondern nur mit dem sog. Schiffsvermögen. Er trägt also nur ein begrenztes Risiko, er kann durch die Schiffahrtsunternehmung nicht sein ganzes Vermögen einbüßen, sondern er weiß, wenn er das Schiff in die See schickt, genau, welche Haftung ihn höchstens treffen kann. Mit dem Verluste des Schiffes muß er ja auch abgesehen von dessen Verlust zu Gunsten von Gläubigern rechnen; es kann ihm auch durch Seeunfälle verloren gehen, und er wird sich auch gegen den hieraus entstehenden Schaden sichern müssen. Sein Risiko wird also durch die Haftung für das Verschulden der Schiffsbesatzung zwar den Voraussetzungen, aber nicht dem Umfange nach gesteigert; er kann auch trotz dieser Haftung jedenfalls niemals mehr einbüßen als das Schiffsvermögen, das er der See anvertraut hat. Natürlich kann er sich auch gegen den speziell aus der Haftung ihm drohenden Schaden durch eine Haftpflichtversicherung decken; auf die ihm dadurch erwachsende Belastung wird noch zurück zu kommen sein. Schon hier ist aber zu bemerken, daß bei Wegfall der Rhederhaftung die Sache nicht so einfach läge. Denn gleich der Haftung des Rheders ist auch seine Haftpflichtversicherung auf eine bestimmte Höchstsumme beschränkt; sie kann den Wert des Schiffsvermögens nicht übersteigen. Wenn dagegen die Rhederhaftung für Verschulden der Besatzung beseitigt wäre, und nun die anderen Interessenten auf die Versicherung verwiesen wären, so wäre das ihnen auferlegte und durch Versicherung abzuwälzende Risiko viel umfangreicher, weil ihre Interessen den Wert des Schiffsvermögens bei weitem übersteigen können. Es wäre aber auch für sie das Nehmen der Versicherung unsicherer, unbequemer und kostspieliger, da man gar nicht wissen kann, wie weit man mit der Versicherung gehen müßte. Wenn z. B. hier jemand am Handelshafen spazieren geht, und es wird ein Schiff festgemacht, so müßte der Spaziergänger gegen den Schaden versichert sein, der ihn dadurch treffen kann, daß eine Person der Schiffsbesatzung das Tau beim Auswerfen ungeschickt in verkehrter

Richtung schleudert und den Spaziergänger beschädigt. Wer kann aber für einen solchen Spaziergang vorher eine Versicherung gegen dergleichen ihm drohenden Schaden nehmen? Ich wähle absichtlich ein scharfes Beispiel; andere sind darnach einfach zu bilden.

Die Gründe für eine Beseitigung der Rhederhaftung in dem z. B. von Gütschow befürworteten Umfange dürften hiermit als unzutreffend erwiesen sein. Die dem Rheder in Gestalt jener Haftung auferlegte Belastung ist in Wahrheit nicht unmotiviert; er kann sie bei der gesetzlichen Einschränkung auf das Schiffsvermögen und bei der Möglichkeit der Versicherung sehr wohl tragen. Es haben deshalb die Interessenten der Beseitigung der Haftung in neuerer Zeit ihre Bestrebungen zum Teil eingestellt, zum Teil zurückgestellt. Nur noch ein von ihnen mehrfach verwertetes Argument soll deshalb Erwähnung finden. Man hat gesagt, es sei notorisch, daß innerhalb des Vertragsverhältnisses der Rheder sich in weitem Umfange von der Haftung für nautisches Verschulden freizeichne, es sei aber inkonsequent, daß der Rheder dritten nicht zu ihm in einem Vertragsverhältnis stehenden Personen in weiterem Umfange hafte, als tatsächlich seinen Gegenkontrahenten. Diese Schlußfolgerung ist nicht richtig. Sie beruht auf der Nichtberücksichtigung einer Erscheinung, der wir in unserem Rechtsleben auf Schritt und Tritt begegnen. Sie ist überall gegeben, wo jemand rechtsgeschäftlich auf eine Haftung verzichtet, die ihm gesetzlich zur Verfügung steht. So kann z. B. der Mieter auf die etwaigen Ersatzansprüche gegenüber dem Vermieter verzichten müssen, die einem dritten, der nicht Mieter ist, zur Verfügung stehen. Ja, es gibt sogar Fälle, in denen kraft Rechtssatzes, also ohne daß es einer Vereinbarung bedürfte, die Stellung einer Vertragspartei in dieser Art ungünstiger ist, als die eines am Vertrage nicht Beteiligten. Das Reichsoberhandelsgericht hat gelegentlich darauf hingewiesen, daß ein solches Verhältnis gesetzlich in bezug auf den Schaden durch Funkenflug der Eisenbahn vorliegt. Da ist es möglich, daß der Versender von Waren, die in offengebauten Wagen befördert werden und Feuer fangen, wegen des Schadens durch den Funkenflug. gesetzlich keinen Anspruch hat, während dem Eigentümer des benachbarten Waldes, der etwa Feuer fängt, ein solcher Anspruch zusteht.

Nach alledem ist kaum ein Zweifel darüber möglich, daß die erste unserer Fragen („Empfiehlt es sich, die Haftung des Rheders für seemännisches Verschulden der Schiffsbesatzung gesetzlich auszuschließen?") in dieser Allgemeinheit jedenfalls zu verneinen ist. — Dabei läßt es denn auch Mittelstein bewenden. Dagegen befürwortet Boyens die gesetzliche Ausschließung der Rhederhaftung für nautisch-technisches Verschulden innerhalb des Frachtvertrages, also zu Gunsten des Rhederverfrachters gegenüber dem Befrachter. Von anderer Seite ist sogar schon gefordert worden, diese Ausschließung kraft zwingenden Rechtes eintreten zu lassen. Sie werden vielleicht fragen, wozu es dessen bedürfe, da, wie vorher schon erwähnt worden ist, der Rheder sich ohnehin freizeichne. Dies trifft für die Dampfschiff- und Linienschiffrhederei tatsächlich zu, da hier die zur Ausschließung der Haftung dienende sogenannte Nachlässigkeitsklausel (negligence clause) durchweg in die Frachtbedingungen eingefügt wird. Es erfreuen sich aber die Rheder nicht durchweg einer so günstigen Lage, daß sie den Befrachtern die Bedingungen diktieren können. So günstig sind beispielsweise nicht immer gestellt von den Dampfern die sogenannten Trampdampfer, und dann namentlich die Segelschiffrheder, die in neuerer Zeit besonders mit der Ungunst der Verhältnisse kämpfen müssen. Hier taucht nun die interessante Erscheinung auf, daß die Rheder ihrerseits den Schutz der Gesetzgebung anrufen; in ihrem Namen ist die Ausschließung der Haftung für nautisches Verschulden kraft zwingenden Rechtes gefordert worden. Boyens will, wie gesagt, nicht soweit gehen, wohl aber durch dispositive Vorschrift die Haftung des Rheders ausschließen. Ich glaube nun, wenn man eine solche Bestimmung überhaupt trifft, sollte man sie zu zwingendem Rechte machen. Denn wenn die Segelschiffrheder wirklich so schwach sind, daß sie den Schutz des Gesetzes brauchen, um den Befrachtern gegenüber die Befreiung von der Haftung durchzusetzen, dann kann man den Rhedern nur nützen, wenn man ihnen einen gesetzlichen Schutz auch gegen die Wegbedingung der gesetzlichen Nichthaftung einräumt. Ich glaube aber, daß für beides zur Zeit kein Grund vorhanden ist. Es ist bisher, wie mir scheint, nicht nachgewiesen, daß die Segelschiffrheder diesen Schutz brauchen. Es mag dies der Zukunft vorbehalten bleiben; vorläufig reicht das tatsächliche Material dafür noch nicht aus. Übrigens ist zu bemerken, daß für die durch Personen der Schiffsbesatzung verschuldeten Kollisionen auch Boyens die Haftung des Rheders beibehalten will. Mit dieser Einschränkung würden wir zu einem komplizierten Rechte gelangen.

Der einzige Grund, der ernsthaft für die gesetzliche Ausschließung der Rhederhaftung innerhalb des Frachtvertrages zu sprechen scheint, ist der, daß hier die Liniendampfschiffrhederei überall die Beseitigung der Haftung im Wege der Parteienabrede tatsächlich durchgesetzt hat. Nun ist es gewiß unerfreulich, daß infolgedessen die gesetzliche Vorschrift nur auf dem Papiere steht. Es wird dadurch die Achtung vor dem Gesetz nicht gesteigert. Aber ist das ein Grund, der wirtschaftlichen Übermacht auch noch den Stempel des Gesetzes aufzuprägen — in Widerstreit mit einer weit verbreiteten und, wie Mittelstein richtig betont, besonders auch seitens der Befrachter geteilten Auffassung? Ist das ein Grund, auch für die Fälle die Haftung gesetzlich auszuschließen, in denen das wirtschaftliche Übergewicht nicht auf Seiten der Rheder ist? Man muß diese Fragen mit Nein beantworten. Es wäre sonderbar, wenn das Gesetz die Wegbedingung einer Vorschrift verbieten würde, die selber nur aus der durch wirtschaftliche Übermacht erzwungenen Wegbedingung ihres Gegenteiles hervorgegangen wäre. Unsere gesetzlichen Vorschriften erscheinen sachgemäß. Es ist nicht nachgewiesen worden, daß sie unangemessen wären. Wenn man ohne Rücksicht auf das wirtschaftliche Mißverhältnis der Beteiligten an die Regelung der Frage herantreten würde, so würde man gewiß den Rheder als Verfrachter für das Verschulden seiner Angestellten ebenso wie jeden anderen Schuldner haften lassen. Nach alledem gelange ich, ohne weitere Unterscheidungen zu machen, zu dem ersten Antrage, welchen ich den Herren zur Annahme empfehle: die Abteilung wolle beschließen:

> Es empfiehlt sich nicht, die Haftung des Rheders für seemännisches Verschulden der Schiffsbesatzung (seemännisch im Gegensatz zu administrativ verstanden) gesetzlich auszuschließen.

Die zweite Frage, die uns zu beschäftigen hat, lautet: „Empfiehlt es sich, die Haftung des Rheders für seemännisches Verschulden der Schiffsbesatzung durch zwingende Rechtssätze festzusetzen?" Diese Frage ist, wie schon bemerkt, hauptsächlich von Wichtigkeit für Vertragsverhältnisse und zwar aus Frachtverträgen, neben denen aber namentlich auch Reiseverträge zu berücksichtigen sind. Der vom Rheder zu vertretende Schaden ist, wie ebenfalls schon erwähnt wurde, vornehmlich solcher aus Beschädigung der Ladung, daneben aber auch z. B. Schaden aus Verzögerung der Reise, bei Reiseverträgen auch Schaden durch Tötung und Verletzung von Personen. Andererseits haben wir uns auch für den Fall des Frachtvertrages nur mit der Haftung des Rheders zu befassen. Die Haftung eines Verfrachters, der nicht Rheder ist, z. B. eines Unterverfrachters, ist durch die Fassung des Themas ausgeschlossen. Sodann haben wir uns nur mit der Haftung des Rheders für das Verschulden der Schiffsbesatzung zu beschäftigen; die Frage der Freizeichnung von der Haftung für andere Umstände, z. B. für eigenes Verschulden, kommt hier nicht in Betracht. Wir haben es daher hier nur mit einem wenn auch erheblichen Ausschnitt aus einer umfassenderen Materie zu tun, und wir werden daher mit Argumenten zu operieren haben, deren Bedeutung über das von uns zu beschreitende Gebiet hinausgeht.

Anläßlich seiner schon erwähnten, früheren Behandlung dieser Materie hat sich der deutsche Juristentag mit großer Mehrheit für die Regelung der Verfrachterhaftung durch zwingende Vorschriften ausgesprochen. Hierauf wird auch von den beiden Herren Gutachtern hingewiesen. Von den damals erhobenen Einwendungen hebt Herr Justizrat Boyens, der an jenen Verhandlungen teilgenommen hat, die folgenden hervor. Zunächst daß die Versicherer sich schon der Freizeichnung der Verfrachter von der Haftung akkommodiert hätten. Dabei handelt es sich um folgenden Punkt. Wenn der Befrachter sich damit einverstanden erklärt hat, daß der Verfrachter eine ihm gesetzlich obliegende Haftung nicht tragen soll, würde der Ladungsversicherer dem Befrachter den von ihm übernommenen Schaden an und für sich nicht zu ersetzen brauchen. Die Ladungsversicherer haben dies gleichwohl geraume Zeit hindurch getan. Das hat sich aber in neuerer Zeit etwas geändert, wie Sie, meine Herren, auch aus den Gutachten gesehen haben. Auf dem Pariser Kongreß von 1900 haben die Versicherer beschlossen, sich die Wegbedingung der Rhederhaftung über ein gewisses Maß hinaus nicht mehr gefallen zu lassen. Sie haben allerdings bisher nicht Ernst damit gemacht, und es ist abzuwarten, ob sie dies in Zukunft tun werden. Aber jedenfalls hat ihr Beschluß auf die unsichere Stellung der Befrachter ein helles Licht geworfen. Die Befrachter befinden sich in einer Zwickmühle. Den Rhedern sind sie genötigt, die Haftung zu erlassen; die Assekuradeure denken daran, ihnen für den hieraus erwachsenden Schaden nicht mehr einzustehen. Die Behauptung, der Befrachter könne den vermöge der Freizeichnung von ihm zu tragenden Schaden auf den Versicherer abwälzen, hat zwar noch immer ihre Bedeutung, ist aber nicht mehr so erheblich wie früher.

Gegen das Verbot der Freizeichnung ist ferner früher eingewendet worden, es sei nicht erwiesen, daß die Befrachter nicht durch Zusammenschluß den Rhedern gegenüber bessere Bedingungen durchsetzen könnten. Man wird gegenwärtig diese Behauptung nicht mehr aufstellen können. Die ganze Entwicklung der Verhältnisse hat natürlich dazu beigetragen, daß die wirtschaftliche Kraft zum mindesten der den Linienverkehr beherrschenden Dampfschiffrhedereien gegenüber derjenigen der Befrachter sich beständig gesteigert hat. Die Konzentration des Rhedereibetriebes trägt dazu bei, daß die Zahl der konkurrierenden Rheder immer geringer, die freie Konkurrenz also immer mehr ausgeschaltet wird, und wo sie noch besteht, wird sie ausgeschlossen durch Kartelle, Trusts, Pools, Concerns, und wie alle diese äußerst sinnreichen Erfindungen unserer Zeit heißen, sodaß der Rheder dessen sicher ist, daß selbst der große Befrachter nicht damit drohen kann, zu einem anderen Rheder zu gehen.

Endlich drittens ist bei der Verhandlung von 1884 gesagt worden, die Sache sei noch nicht spruchreif. Ich glaube, daß jedenfalls gegenwärtig dies nicht mehr zutrifft. Wir können nicht warten, bis über uns Juristen überhaupt zur Tagesordnung übergegangen wird. Wie es sich auch damals verhalten haben mag, nachdem jetzt über 20 Jahre verstrichen sind, haben wir Zeit genug gehabt, um unser Urteil bilden und zu der Frage Stellung nehmen zu können. Es hat auch die Zwischenzeit keine Überraschungen gebracht, vielmehr hat sich, den großen Gesetzen der wirtschaftlichen Entwickelung folgend, alles ganz in der Richtung fortbewegt, die damals schon eingeschlagen war. Die Klauseln sind immer weiter ausgedehnt worden, wie man bei einer Vergleichung damaliger und heutiger Beförderungsbedingungen auf Schritt und Tritt beobachten kann. In dem Boyensschen Gutachten ist insbesondere nachgewiesen, wie auch in bezug auf das nautisch-technische Verschulden neuerdings die Rheder zum Teil und mit Erfolg bestrebt sind, ihre Haftung auszuschließen.

Nun hat allerdings die Reichsregierung dem Beschlusse von 1884 keine Folge gegeben. Dies wird von Boyens so verstanden, daß den offenbar schwerwiegenden Bedenken gegen jenen Beschluß damit Rechnung getragen worden sei. Ich möchte mir in dieser Hinsicht nicht direkt ein Urteil erlauben, muß aber doch auf die Tatsache hinweisen, daß in den letzten Jahrzehnten das Privatrecht des Seehandels überhaupt nicht der Gegenstand weitgehender Berücksichtigung seitens unserer Gesetzgebung geworden, daß auch bei der Revision des Handelsgesetzbuches unser Seehandelsrecht so gut wie unverändert geblieben ist. Wir haben daher gegenwärtig ein Seehandelsgesetz, welches im wesentlichen nunmehr ein halbes Jahrhundert alt ist und dem Standpunkt entspricht, den Seehandel, Rhederei usw. um die Mitte des vorigen Jahrhunderts eingenommen haben. Gegenüber den seither vor sich gegangenen Veränderungen, wie der stetigen Zurückdrängung der Segelschiffahrt durch die Dampfschiffahrt, der Einführung der unterseeischen Kabel, dem Aufkommen neuer Betriebsformen usw. hat sich die Gesetzgebung bisher so gut wie gänzlich stillschweigend verhalten. Man wird daher auch daraus, daß sie dem in Rede stehenden Beschlusse des Juristentages keine Folge gegeben hat, nicht ohne weiteres folgern dürfen, daß sie ihn für bedenklich gehalten habe.

Es ist bereits erwähnt worden, daß der Rheder als Vertragsschuldner dem bürgerlichen Rechte gegenüber durch die Beschränkung der Haftung auf das Schiffsvermögen wesentlich begünstigt ist. Dem ist noch hinzuzufügen, daß für den Rheder als Verfrachter noch eine andere erhebliche Begünstigung Platz greift, nämlich soweit es sich um den wichtigen

Fall der Schädigung des Befrachters durch Verlust oder Beschädigung der Güter handelt. Für diese haftet der Rheder nicht bloß beschränkt mit seinem Schiffsvermögen, sondern es ist auch die Grenze, bis zu der er haftet, enger gezogen. Seine Haftung geht nicht über den Handelswert bezw. den gemeinen Wert der Güter hinaus. Während nach bürgerlichem Recht, wer überhaupt schadensersatzpflichtig ist, der Regel nach für das ganze Interesse einsteht, haftet der Rheder für den durch Verlust oder Beschädigung der Güter dem Befrachter erwachsenen Schaden höchstens auf den Wert der Güter. Diese Beschränkung der Rhederhaftung in unserem geltenden Recht ist vollkommen unmotiviert; ihre Beibehaltung beruht lediglich auf einem Versehen. Sie war in das frühere HGB. aufgenommen worden, weil nach ihm der Rheder ex recepto bis zur vis maior haftete. Dieser den Voraussetzungen nach über das allgemeine bürgerliche Recht hinausgehenden Haftung sollte eine dem Umfange nach hinter dem allgemeinen Rechte zurückbleibende Haftung das Gleichgewicht halten. Durch das geltende HGB. ist nun die Haftung bis zur vis maior beseitigt worden. Auch der Rheder haftet nur für Verschulden, sei es eigenes oder solches von Mitgliedern der Schiffsbesatzung. Aber die Begrenzung des von ihm zu leistenden Ersatzes auf den Wert der Güter ist bestehen geblieben, obwohl sie nunmehr des Grundes ermangelt.

Nun glaube ich, daß zu einer weiteren Milderung der Rhederhaftung an sich kein Grund vorliegt. Gleichwohl findet eine solche weitere Milderung im Wege der Vereinbarung in weitestem Umfange statt. Es geschieht dies formularmäßig, indem insbesondere auch die Haftung zuweilen für das gesamte Verschulden der Besatzung, vielfach wenigstens für ihr nautisch-technisches Verschulden ausgeschlossen wird.

Das Ergebnis ist für unsere Frage, daß für Frachtverträge und Reiseverträge das gesetzliche Recht im weitesten Umfang durch ein Vertragsrecht ersetzt, daß also auf die Befrachter und Reisenden ein Risiko abgewälzt wird, welches nach der Absicht des HGB. (§ 485), aber auch des BGB. (§ 278), der Rheder zu tragen hätte, weil er für das Verschulden seiner Erfüllungsgehülfen einsteht. Es ist ferner unzweifelhaft und wird auch nicht mehr bestritten, daß die Befrachter und Reisenden sich dies nicht freiwillig gefallen lassen, sondern daß sie sich in einer Notlage befinden. Noch im Jahre 1888 hat allerdings der übrigens hervorragende französische Jurist de Courcy den Befrachtern gutmütig den Rat erteilt, sie sollten auf die betreffenden Klauseln nicht eingehen, sie wären ja in der Mehrzahl, und ihrem Willen würden sich die Rheder fügen müssen. Ich muß sagen, ich verstehe diese Argumentation nicht. Gerade weil die Befrachter die größere Zahl ausmachen, sind sie der schwächere

Teil. Sie sind nicht nur die größere Zahl, sondern eine unbegrenzt große Zahl. Der Reisevertrag ist besonders geeignet, die Folgen hiervon erkennen zu lassen; wie sollen sich die Reisenden einigen? Ferner wird allerdings der den Reisevertrag Schließende auf die allgemeinen Bedingungen der Rhederei hingewiesen. Wieviele aber gibt es wohl, die diese allgemeinen Bedingungen auch nur ansehen? Aber ob es einen einzigen gibt, der, wenn er sie gesehen und unleidliche Bestimmungen darin gefunden hat, zur Rhederei ginge und die Vertragschließung von deren Änderung abhängig machte, das ist mir schon sehr zweifelhaft. Daß jedoch dieser einzelne, der mit solchem Verlangen käme, von der Rhederei nicht ernst genommen werden würde, das ist mir nicht mehr zweifelhaft. (Heiterkeit). Ich will, weil ich gerade beim Reisevertrag bin, den Herren einen Fall aus meiner Praxis mitteilen. Vor zwei Jahren erhielt ich einen Brief aus Hamburg von einem jüngeren Juristen, der als früherer Zuhörer um meinen Rat in folgender Sache bat. Er habe eine Vergnügungsreise nach Spanien unternommen, das Schiff sei unterwegs zu Grunde gegangen. Nach Ausweis des anliegenden Berichtes über die Seeamtsverhandlungen sei der Schiffer für schuldig erklärt und ihm das Patent aberkannt worden. Nun habe er selbst sich an die Rhederei gewendet, um Ersatz seines Schadens in Höhe von mehreren hundert Mark zu erlangen, der Rheder aber habe ihn an den Schiffer verwiesen. Ich mußte ihn darauf aufmerksam machen, daß die an sich nach Lage der Sache Platz greifende Haftung des Rheders aller Wahrscheinlichkeit nach durch die dem Vertrage zu Grunde gelegten Beförderungsbedingungen ausgeschlossen worden sei.

Befrachter und Reisende stehen stets vor der Frage, wenn sie mit den Bedingungen des Rheders nicht einverstanden sind, das ganze Unternehmen zu unterlassen. Da ist es natürlich, daß sie lieber die schwersten Bedingungen auf sich nehmen werden. Da begegnet uns denn aber ein Argument, das eine große Rolle spielt, der Befrachter oder Reisende könne sich ja versichern. Für einen Juristen ist diese Argumentation unzulässig. Wenn wir der Ansicht sind, daß der Rheder die Haftung tragen muß, dann dürfen wir nicht ihrer Abwälzung auf den Vertragsgegner im Hinblick auf die Möglichkeit der Versicherungsnahme gleichgültig zusehen. Der Versicherungsnehmer hat als solcher besondere Opfer zu bringen, Mühen und Kosten auf sich zu nehmen, die unter Umständen für den einzelnen im Verhältnis viel größer sein werden, als sie für den eine Haftpflichtversicherung nehmenden Rheder sein würden. Auch kann gegen die den Anforderungen der Gerechtigkeit entsprechende Regelung nicht geltend gemacht werden, daß schließlich auch ohne die Haftung des

Rheders die Befrachter, soweit sie Kaufleute sind, keinen Schaden erleiden. Darüber müssen wir uns freilich klar sein, daß in letzter Linie unter allen Umständen der Konsument die Kosten trägt. Ob der Befrachter dem haftenden Rheder, der eine Haftpflichtversicherung nimmt, mit Rücksicht hierauf eine höhere Fracht zu zahlen hat, oder ob der Befrachter infolge der Freizeichnung des Rheders Versicherung nehmen oder den Schaden tragen muß, ist insoweit gleichgültig. Der Befrachter wird selbstverständlich immer die gesamten Kosten auf die Ware schlagen, und er wäre ein schlechter Kaufmann, wenn er das nicht täte. Hier kann daher nur von Bedeutung sein, daß die Kosten in dem einen Falle größer sein werden als in dem anderen. Wichtiger aber ist, daß unser Recht doch nicht nur für die Großhändler geschrieben ist und geschrieben werden soll. Der Einzelversender und der Privatmann, der gelegentlich eine Seereise macht, sind nicht in der Lage, den ihnen aus der Freizeichnung erwachsenden Schaden auf andere abzuwälzen. Daraus, daß die großen Befrachter dies können, erklärt es sich wohl, daß sie verhältnismäßig wenig über die Freizeichnungen gescholten haben. Die, welche es nicht können, bleiben die Geschädigten; ihnen wird von dem geltenden Recht der Schutz vorenthalten, den sie haben müßten. Jeder unter Ihnen, meine Herren, der einmal eine Seereise gemacht hat, hat wohl tatsächlich immer das ganze, vom Gesetze dem Rheder auferlegte Risiko getragen, meist wohl, ohne es zu wissen, und wenn er es wußte, ohne es verhindern zu können. Und das, meine ich, ist eine offensichtliche Unbilligkeit.

Nun kann eingewendet werden: Was besagen solche Kleinigkeiten gegenüber den großen Objekten, mit denen sich der Welthandel beschäftigt? Wenn man nur auf die Ziffern sieht, ist dies möglicherweise richtig. Aber wir haben doch dafür zu sorgen, daß nicht nur eine so mechanische Beurteilung stattfindet, nach welcher etwa schließlich ein Milliardär der Zahl von Volksgenossen für gleichberechtigt zu gelten hätte, die zusammen ein dem seinigen entsprechendes Vermögen besäßen.

In der Praxis der Gerichte ist längst erkannt worden, daß die weitgehende Freizeichnung große Nachteile im Gefolge hat. Daher sind denn auch früher seitens der Gerichte Versuche gemacht worden, die Freizeichnung über gewisse Grenzen hinaus für ungültig zu erklären. Aber diese Versuche sind endgültig als mißlungen anzusehen. Mehr und mehr hat man eingelenkt, und die sog. Vertragsfreiheit ist zum Siege gelangt. Aber in Wahrheit liegt die Sache umgekehrt. Es besteht keine Vertragsfreiheit zwischen zwei Parteien, von denen die eine die Vertragsbedingungen zu diktieren in der Lage, die andere sie anzunehmen gezwungen ist. Bei der Einschränkung einer solchen „Vertragsfreiheit" handelt es sich in Wahrheit um die Beseitigung einer bestehenden Unfreiheit. Soweit hier zwingendes Recht gefordert wird, soll es nicht dazu dienen, die vorhandene Bewegungsfreiheit der Parteien zu beseitigen, sondern nur dazu, die eine Partei vor der Schädigung durch die nur für die andere Partei vorhandene Freiheit der Bewegung zu schützen. Ein solches Vorgehen der Gesetzgebung hat sich ja mit der Steigerung und Verschärfung der wirtschaftlichen Gegensätze bereits auf zahlreichen Gebieten des Privatrechts als notwendig herausgestellt. Ich will hier nur auf die Seemannsordnung hinweisen. Es ist Ihnen, meine Herren, bekannt, daß die Vorschriften der Seemannsordnung von 1902 der Abänderung durch Vertrag entzogen sind, soweit nicht eine anderweitige Vereinbarung ausdrücklich zugelassen ist. Zum Schutze der Schiffsleute ist also hier die zwingende Kraft des gesetzlichen Rechts sogar zur Regel gemacht worden. Die seemännische Bevölkerung hat diesen Erfolg zum guten Teil der Unterstützung der Sozialdemokratie zu verdanken. Die Befrachter und Reisenden haben auf diese Unterstützung nicht zu rechnen. Auch auf den großen Kongressen sind sie nicht vertreten; dort findet man von Interessenten nur die Rheder, die Großbefrachter und die Assekuradeure. Die Einzelversender und die Reisenden kommen nicht zum Worte; auch die Literatur beschäftigt sich mit ihnen so gut wie gar nicht. Für sie tritt niemand ein, wenn wir Juristen es nicht tun. Wir aber müssen aus den dargelegten Gründen auch hier die Schaffung zwingenden Rechtes verlangen. In diesem Sinne habe ich unter Nr. 2 meines gedruckt vorliegenden Antrages als ersten zu beschließenden Satz vorgeschlagen:

„Es empfiehlt sich, die unter Nr. 1 bezeichnete Haftung des Rheders insoweit durch zwingende Rechtssätze festzusetzen, als ihre Wegbedingung gegenüber nachgiebigen Rechtssätzen vermöge des wirtschaftlichen Übergewichts der Rheder von diesen einseitig ihren Gegenkontrahenten diktiert werden kann."

Natürlich soll aber die Schaffung zwingenden Rechtes nicht weiter gehen als notwendig, und deshalb wird man untersuchen müssen, in welchem Umfange dies der Fall ist. Ich glaube aber, daß diese Untersuchung von uns hier nicht erschöpfend angestellt werden kann und angestellt zu werden braucht. Ich begnüge mich vorläufig mit dem Satze, daß die Voraussetzung der wirtschaftlichen Übermacht der Rheder regelmäßig zutrifft für Fracht- und Reiseverträge der Liniendampfschiffsrhedereien. Ob und wie weit darüber hinauszugehen ist, wird weiterer Untersuchung bedürfen.

Mit den bisher vorgeschlagenen Bestimmungen allein würden wir jedoch nicht auskommen. Schon die Beschlußfassung vom Jahre 1884 hat mit der zwingenden Regelung der Haftung des Verfrachters zugleich ein Verbot dagegen gefordert, daß die ihm gesetzlich auferlegte Beweislast durch Vertrag geändert werde. Ohne ein solches Verbot wäre die Umgehung des Gesetzes sehr leicht. Wenn der Rheder zwar kraft zwingenden Rechtes für das Verschulden der Schiffsbesatzung haften würde, dem Geschädigten aber der Beweis der Schädigung durch das Verschulden etwa gar einer bestimmten Person der Besatzung aufgebürdet wäre, so wäre damit der Anspruch gegen den Rheder tatsächlich der Regel nach zu nichte gemacht. So weist denn auch Boyens in seinem Gutachten auf die Gefahren hin, die mit der Zulassung freier Regelung der Beweislast verbunden wären. Weiterhin könnte auch in der Weise eine bestehende Haftung praktisch ausgeschaltet werden, daß der Höchstsatz für sie eingeschränkt, also z. B. vereinbart würde, der Rheder solle für das Verschulden der Schiffsbesatzung zwar stets, aber nicht über einen gering bemessenen Betrag pro Kollo usw. hinaus haften. Unter Umständen wäre eine solche Begrenzung der Haftung praktisch mit ihrer Paralysierung gleichbedeutend. Dasselbe würde von Ausmachungen über Verkürzung der Verjährungsfrist und über kurze Befristung des Ersatzanspruches gelten. Hierdurch rechtfertigt sich der vorletzte Satz meines Antrags:

„Durch die gesetzliche Regelung wird nicht nur die Wegbedingung der Haftung selbst, sondern auch deren Entwertung durch Vereinbarungen über Änderung der Beweislast, Höchstsätze der Haftung, Abkürzung der Verjährungsfristen und dergl. mehr zu verhindern sein.“

Das ist technisch sehr leicht zu machen. Wir haben im Handelsgesetzbuch ein Vorbild dafür in der Bestimmung des § 471, nach welcher die dort genannten, gesetzlichen Verpflichtungen der Eisenbahnen durch Verträge nicht ausgeschlossen oder beschränkt werden können.

Ich komme nun zu der letzten Frage und will mich, nachdem ich die Geduld der Herren so lange in Anspruch genommen habe, so kurz wie möglich fassen. Es handelt sich um die durch die Fragestellung und die bisherige Beantwortung noch offen gelassene Frage, ob die gewünschte, gesetzliche Regelung auf Grund internationaler Vereinbarung anzustreben sei oder einseitig im Wege der nationalen Gesetzgebung zu erfolgen habe.

Diese Frage ist in dem Gutachten von Boyens für den Frachtvertrag sehr eingehend untersucht worden, seine Erörterungen aber haben natürlich über die Grenzen des Frachtvertrages hinaus Bedeutung. Ich freue mich, den Ausführungen des Herrn Gutachters in allem Wesentlichen beitreten zu können. Soweit ich mit ihm nicht einig bin, wird dies in der Fassung meines Antrages nicht zum Ausdruck zu kommen brauchen. Darüber herrscht Einverständnis, daß es am besten wäre, wenn die Regelung im Wege einer allgemeinen internationalen Vereinbarung unter den am Seehandel beteiligten Staaten stattfände. Aber man ist sich auch darüber einig, daß die Erreichung einer solchen Vereinbarung so gut wie ausgeschlossen ist. Die Aussichten dafür, daß England sich fügen würde, sind außerordentlich gering, einmal wegen der Gestaltung des englischen Rechtes, dann wegen der Macht der Rheder in England und endlich wegen des Konservatismus der Engländer. Sie sind fast immer davon überzeugt, daß ihr Recht nicht besserungsbedürftig sei, und sie sind mit der Uniformierung meist nur einverstanden, wenn diese darin besteht, daß die anderen das englische Recht annehmen. Darauf wollen wir uns naturgemäß nicht einlassen. Nun ist aber auch kein Grund für uns vorhanden, deshalb, weil die Mitwirkung von England unwahrscheinlich ist, die ganze Bestrebung fallen zu lassen. Es würde vielmehr jedenfalls unter den kontinentalen Staaten eine Verständigung anzustreben und wahrscheinlich auch zu erreichen sein. Die weitere Frage, ob Deutschland allein vorgehen soll, auch wenn die Verständigung mit den übrigen Staaten nicht unbedingt sicher ist, die, glaube ich, kann allerdings nicht ohne weiteres mit Nein beantwortet werden, und darin unterscheide ich mich von den Gutachtern, welche beide — anscheinend Mittelstein noch entschiedener als Boyens — den entgegengesetzten Standpunkt einzunehmen scheinen. Indessen glaube ich nicht, daß wir uns darüber nicht weiter auseinander zu setzen brauchen. Ich schlage meinen letzten Satz in folgender Fassung vor:

„Erwünscht ist, daß diese Regelung auf Grund internationaler Verständigung zum mindesten unter den kontinentalen Staaten erfolge."

Es ist erwünscht, aber nicht schlechthin Bedingung. So würde es uns offen bleiben, beim Nichtzustandekommen einer internationalen Verständigung auf eigene Hand vorzugehen.

Das wäre es, was ich Ihnen, meine Herren, vorzutragen hatte, und ich danke Ihnen für die Nachsicht und Geduld, mit der Sie mir gefolgt sind. (Lebhaftes Bravo! und Händeklatschen.)

Vorsitzender: M. H., Ihr Beifall beweist dem Herrn Redner, daß er nicht nötig hatte, um Nachsicht zu bitten, auch aus Ihrer Aufmerksamkeit war zu ersehen, welches Interesse Sie an seinen Ausführungen genommen haben.

Ich erteile nunmehr dem Herrn Mitberichterstatter das Wort.

Mitberichterstatter Landgerichtsrat Dr. **Colm**-Flensburg: M. H.! Ich werde nach den ausgezeichneten und eingehenden Darlegungen des Herrn Referenten Ihre Aufmerksamkeit nur ganz kurze Zeit in Anspruch zu nehmen haben, und es wird sich für mich zunächst um dieselbe Frage handeln, die bereits der Herr Referent zu Anfang seiner Ausführungen behandelt hat, nämlich darum, wie für die Beschlußfassung der Abteilung das Thema zu verstehen ist; ob im Sinne des Herrn Referenten dahin, daß es das sogenante kommerzielle Verschulden mit umfaßt, oder dahin, daß lediglich das nautisch-technische Verschulden hier behandelt werden soll. Ich habe für meine Person ebenso wie Herr Oberlandesgerichtsrat Dr. Mittelstein in seinem Gutachten keinen Augenblick gezweifelt, daß die Frage bezüglich des nautisch-technischen Verschuldens zu verstehen ist, und werde mich in meinen weiteren Ausführungen mit der Frage des kommerziellen Verschuldens infolgedessen nicht oder nur beiläufig zu beschäftigen haben. Für mich ist ausschlaggebend, daß es ein seemännisches Verschulden im weiteren nicht-technischen Sinne wie es der Herr Referent konstruiert, nicht geben kann. Seemännisches Verschulden ist ein Verschulden in Ausübung der Dienstverrichtung, die dem Seemann als solchem obliegt. Das kann nur die Bedienung und der Betrieb des Schiffes (navigation and management of the vessel) sein. Daß die Frage so auch von seiten der Fragesteller verstanden ist, geht daraus hervor, daß die erste Frage an die Spitze gestellt ist: „Empfiehlt es sich, die Haftung des Rheders für seemännisches Verschulden der Schiffsbesatzung gesetzlich auszuschließen?"

Den gesetzlichen Ausschluß der Haftung für das kommerzielle Verschulden hat nämlich noch nie ein Mensch verlangt, die hier in Frage kommenden Bestrebungen beziehen sich vielmehr lediglich auf das Verschulden im nautisch-technischen Sinne, sodaß wir die Frage, ob zwingendes Recht im Sinne des nordamerikanischen Rechtes zu schaffen ist, meines Erachtens hier nicht zu entscheiden haben. Die Beantwortung dieser Frage wird für die Beschlußfassung von größter Bedeutung sein, und ich würde anheim stellen, über diesen Punkt event. besonders Beschluß zu fassen.

Wenn ich dann auf die erste Frage, ob es sich empfiehlt, die Haftung des Rheders für seemännisches Verschulden der Schiffsbesatzung gesetzlich auszuschließen, ganz kurz eingehen darf, so bleibt für mich eigentlich nach den Ausführungen des Herrn Vorredners kaum etwas zu sagen übrig. Ich kann mich nur dem ersten Leitsatze: „Es empfiehlt sich nicht, die Haftung des Rheders für seemännisches Verschulden der Schiffsbesatzung (seemännisch im Gegensatz zu administrativ verstanden) gesetzlich auszuschließen, im vollen Maße anschließen. Ich möchte dazu nur noch bemerken, daß die Bestrebungen, gegen die sich dieser Leitsatz richtet, als seitens der beteiligten Kreise selbst aufgegeben bezeichnet werden können, denn von Dr. Gütschow, dem Verfechter dieser Bestrebungen für Deutschland ist in den letzten Jahren nichts mehr darüber verlautet, während die Hamburger Handelskammer in ihrem letzten Jahresberichte diesen Gedanken vollständig hat fallen lassen. In der Versammlung des comité maritime international im Jahre 1902 hat allerdings noch die Mehrheit der deutschen Mitglieder für diese Beseitigung der Rheder-haftung gestimmt; die Mehrheit der Versammlung aber hat den Antrag abgelehnt und das comité ist im weiteren Verfolge seiner Bestrebungen, ein einheitliches Recht über die Art und Weise der Beschränkung der Rhederhaftung zu schaffen, nicht mehr auf diesen Antrag zurückgekommen. In dem nautischen Vereine endlich, der sich 1904 mit der Frage beschäftigt hat, hat der damalige Antragsteller Rodenacker aus Danzig erklärt, daß ihm bezüglich dieses seines Antrages die erheblichsten Bedenken gekommen seien, und den Antrag zurückgezogen, und in den späteren Tagungen des nautischen Vereins ist nicht mehr die Rede davon gewesen, sodaß ich hier feststellen kann, daß die Bestrebungen, die Beseitigung der Rhederhaftung gesetzlich zu bestimmen, wohl als abgetan gelten dürfen und infolgedessen für den Juristentag kein Zweifel sein dürfte, daß die erste These des Herrn Referenten zu bejahen ist.

Bezüglich der Haftung aus dem Frachtvertrage liegt ja die Sache ein wenig anders, weil sich da Leistung und Gegenleistung gegenüberstehen und die Verminderung der Leistung des Rheders eine Verminderung der Frachtsätze zur Folge hat, sodaß sich ein Ausgleich ergibt. Andererseits aber ist im Gebiete des Frachtvertrages die Analogie mit dem bürgerlichen Rechte derart zwingend, daß es unmöglich sein würde, die nach bürgerlichem Recht allgemein bestehende Haftung des Schuldners für Verschulden seiner Angestellten für das Gebiet des Seefrachtvertrages allein auszuschließen.

Weniger übereinstimmen kann ich mit dem Herrn Berichterstatter bezüglich der weiteren Frage, ob es sich empfiehlt, in dieser Richtung ein zwingendes Recht zu schaffen. Die Gründe, die für Schaffung zwingenden Rechtes anzuführen sind, sind ja von dem Herrn Referenten eingehend dargelegt worden. Nach meiner Auffassung des Themas haben wir es hier nur mit der Frage zu tun: Empfiehlt es sich, die Haftung des Rheders für nautisch-technisches Verschulden durch zwingende Rechtssätze festzusetzen, während die Haftung für kommerzielles Verschulden hier nicht zu erörtern ist. Ich will aber, da über das Thema verschiedene Auffassungen möglich sind, erwähnen, daß nach meiner

Meinung sich bezüglich des sogenannten kommerziellen Verschuldens, also kurz gesagt, in den Grenzen des nordamerikanischen Gesetzes von 93, der sogenannten Harter Akt, die Schaffung zwingenden Rechtes unzweifelhaft empfiehlt; und eine Regelung in diesem Sinne, wenn der Juristentag darüber überhaupt Beschluß fassen sollte, kann ich umsomehr als dringend bezeichnen, weil ich die tatsächlichen Anführungen des Herrn Referenten in einem Punkte zu ergänzen in der Lage bin. Wie der Herr Referent bereits erwähnt hat, hat der internationale Kongreß der Seeversicherer im Herbste 1900 in Paris beschlossen, in die Polizen die Bestimmung aufzunehmen, daß Befreiungsklauseln in Frachtverträgen und Konossementen nur insoweit sie sich in den nach der Harter Akt zugelassenen Grenzen halten, von den Versicherern anerkannt werden sollen. Die Inkraftsetzung dieses Beschlusses ist allerdings mit Rücksicht auf die Bestrebungen auf Einschränkung der Freizeichnungen einstweilen vertagt worden, und der Herr Referent hat gemeint, daß die Versicherer mit ihrem Beschlusse nicht Ernst machen würden. Diese Annahme ist aber nicht zutreffend, denn, wie die Hamburger Handelskammer in ihrem letzten Jahresberichte mitteilt, haben die Versicherer im Herbste 1905 beschlossen, den Beschluß vom Herbst 1900 mit Beginn des Jahres 1907 in Kraft zu setzen. Es ist klar, in welche Zwangslage die Ladungsinteressenten durch die Ausführung dieses Beschlusses kommen werden, da sie Ersatz für Verlust oder Beschädigung der Ladung durch nicht nautisches Verschulden der Schiffsbesatzung in Zukunft weder von den Rhedern noch von den Versicherern erhalten werden. Ich wende mich nunmehr zu dem Puukte, der meines Erachtens hier allein zur Verhandlung steht, ob die Schaffung zwingenden Rechtes sich für das engere Gebiet des nautisch-technischen Verschuldens gleichfalls empfiehlt. Und da muß ich einerseits anerkennen, daß die Gründe des Herrn Vorredners für die Schaffung zwingenden Rechts für das nautisch-technische Verschulden im großen ganzen ebenso gut Geltung haben wie für das sogenannte kommerzielle Verschulden, nur daß — und das ist ein wichtiger Punkt, auf den hier hinzuweisen ist — bei der Sorge für die Ladung dem Rhederverfrachter eine gewisse Einflußnahme möglich ist, indem er durch besondere Inspektoren, die die Frachtdampfer begleiten, kontrollieren lassen kann, ob der Schiffer und die Mitglieder der Schiffsmannschaft ihre Obliegenheiten richtig erfüllen, während bezüglich der eigentlichen Navigierung und des Schiffsbetriebes eine derartige Kontrolle ja natürlich vollständig unmöglich ist, weil ein Kapitän sich nicht in seine nautischen Maßnahmen hineinreden lassen kann. Das wäre ein Grund, um zwischen kommerziellem und nautisch-technischem Verschulden zu unterscheiden. Ein weiterer Grund für mich, diese Unterscheidung zu machen, ist aber der, daß in den ganzen Bestrebungen, die zwingendes Recht verlangen — und ich meine im Gegensatz zum Herrn Referenten, daß die Herren Befrachter sich allerdings in dieser Beziehung sehr gerührt haben, da sowohl Handelskammern wie auch der Handelstag sich mit der Frage beschäftigt haben, immer nur für kommerzielles Verschulden zwingendes Recht verlangt ist, während es noch niemals jemandem von den beteiligten Handelskreisen eingefallen ist, bezüglich des nautisch-technischen Verschuldens auch zwingendes Recht zu fordern. Der Gesichtspunkt den der Herr Vorredner in dieser Beziehung hervorgehoben hat, daß das Publikum und die Reisenden, die ja doch auch zu berücksichtigen seien, in keiner Weise vertreten und nicht in der Lage seien, ihren Interessen nach außen genügend Geltung zu schaffen, muß ich allerdings in gewisser Weise als berechtigt anerkennen; aber ich glaube, daß diese Interessen nicht so schwerwiegend sind, um in Rücksicht auf sie die Schaffung zwingenden Rechtes begründen zu können. — Was mich aber besonders zu dieser Stellungnahme veranlaßt, ist die Rücksicht darauf, daß in der ganzen Welt, soweit in den letzten Jahrzehnten überhaupt die Schaffung zwingenden Rechtes für angezeigt gehalten ist, — nach dem Vorgange der nordamerikanischen Staaten sind verschiedene andere Gesetze, z. B. das australische Gesetz von 1904, geschaffen worden, — daß in allen diesen Gesetzen mit einer noch zu erwähnenden Ausnahme die Freizeichnung für nautisch-technisches Verschulden zugelassen ist. Es sind eigentlich zwei Ausnahmen, die eine betrifft Japan, wo in dem Handelsgesetzbuch von 1899 die Freizeichnung für grobes Verschulden der Schiffsmannschaft auch bezüglich des nautisch-technischen Gebietes ausgeschlossen ist, und dann ist noch zu erwähnen ein spanisches Gesetz vom Jahre 1905, welches, soweit ich orientiert bin, die Haftung für nautisch-technisches Verschulden in vollem Umfange zwingend gestaltet hat. Das wäre also das einzige Gesetz seefahrender Staaten, welches in dieser Frage als Recht gestaltet hat, was der Herr Referent verlangt. Alle übrigen seefahrenden Staaten sind darüber einverstanden, daß zu einer Beseitigung des Rechtes der Freizeichnung für nautisch-technisches Verschulden kein Anlaß vorliegt. Ich glaube daher, daß mit internationalen Vereinbarungen auch nur der kontinentalen Staaten im Sinne des Herrn Referenten keinerlei Aussicht besteht, und daß es auch nicht angebracht sein würde, wenn Deutschland in dieser Richtung allein vorgehen würde. Ich möchte also bezüglich der zweiten These des Vorredners, indem ich ihren Sinn auf das nautisch-technische Verschulden beschränke, der Abteilung die Verneinung der gestellten Frage empfehlen. (Lebhaftes Bravo!)

Der Vorsitzende: Ich darf nun bitten, daß die Herren, welche über die Frage debattieren wollen, sich zum Worte melden. Für die Debatte habe ich den Wunsch, daß wir uns vor Augen halten, daß die Ausführungen kurz, nervose und deutlich sein müssen, wenn wir durch Abstimmung zu einem Ergebnisse kommen wollen.

Das Wort hat Herr Oberlandesgerichtsrat Dr. Mittelstein.

Oberlandesgerichtsrat Dr. **Mittelstein**-Hamburg: Meine sehr geehrten Herren! Ich habe dem Anfang der Beratung nicht beigewohnt und habe deshalb nicht den völligen Überblick über die Ausführungen unseres geehrten Professor Pappenheim gehabt, ich glaube aber, imstande gewesen zu sein, ihm zu folgen.

Gestatten Sie zunächst eine Bemerkung gleichsam zur Geschäftsleitung. Es ist schon von dem letzten Redner darauf hingewiesen worden, daß das Thema verschieden aufgefaßt werden kann, eingeschränkter und weitgehender. Ich habe mein Gutachten eingeschränkter aufgefaßt; Herr Boyens hat das Thema weitergehend aufgefaßt und dementsprechend Fragen hineingezogen, die ich nicht berührt habe. Der Herr Vorredner hat darauf hingewiesen, daß man von vornherein Stellung nehmen müsse zu dieser Frage; der Verlauf der Debatte werde ganz verschieden sein, je nachdem wir uns auf diesen eingeschränkteren Standpunkt stellen oder weiter gehen. Ich verkenne nicht, daß diejenigen Fragen, die wir bei der weitergehenden Fassung der Aufgabe zu prüfen haben werden, ungemein schwierig sind. Ich glaube, es ist äußerst bedeutungsvoll und vielleicht entscheidend, daß wir zu dieser Vorfrage Stellung nehmen. Das würde in dem Fall, daß wir die beschränktere Auffassung wählen, die Beschlußfassung sehr vereinfachen und erleichtern. Ich möchte deshalb zunächst, wenn ein derartiger Antrag geschäftsordnungsmäßig zulässig ist, bitten, diese Vorfrage zu erledigen.

Der Vorsitzende: Ich glaube, wir müssen die Debatte noch etwas weitergehen lassen über diese Vorfrage. Wollen Sie dann zunächst fortfahren?

Dr. **Mittelstein** (fortfahrend): Ich möchte mir dann noch einige allgemeine Ausführungen erlauben. Wenn ich mich zunächst auf den Standpunkt stelle, daß es sich nur um die Betrachtung des nautischen Verschuldens handelt, den Standpunkt, den ich in meinem Gutachten eingenommen habe, dann bin ich in der angenehmen Lage, übereinstimmend mit beiden Herren Referenten die erste Frage mit „Nein" beantworten zu können. Die zweite Frage dagegen, wieder von diesem beschränkteren Standpunkte aus betrachtet, ist von Herrn Professor Pappenheim nicht mit einem Nein beantwortet, während der zweite Herr Berichterstatter sie mit einem Nein beantwortet hat, ebenso wie ich es getan habe. Ich möchte glauben, wenn wir uns beschränken auf das nautische Verschulden, daß wir dann auch die zweite Frage mit einem Nein beantworten sollten. Will man die Beschränkung nicht, dann muß man in viele Einzelheiten hineingreifen, dann kommt man fast dazu, wie Herr Boyens, daß man einen Fall so, den andern so wird behandeln wollen, und das, glaube ich, würde sehr wenig für eine gesetzgeberische Regelung ersprießlich sein. Der zweite Herr Berichterstatter hat hervorgehoben: Soviel in den beteiligten Kreisen debattiert worden ist über zwingende Grundsätze, soweit es sich um kommerzielles Verschulden handelt, so wenig ist debattiert worden über die Frage: Soll, soweit nautisches Verschulden in Frage steht, durch zwingende Rechtsnormen etwas festgesetzt werden. Ich meine, gerade diese Tatsachen sind zu beachten. Wir Juristen müssen uns ganz besonders hüten, auf einem derartig diffizilen Gebiet, wie es hier in Frage steht, mit Beschlüssen vorzugehen, die wesentlich von rein juristischen Anschauungen und Überzeugungen getragen sein würden. Wir müssen uns um deswillen hüten, weil unser Stand so wie so ein bischen in Mißkredit geraten ist. Noch vor kurzem las ich einen Artikel in einer großen Tageszeitung, wo ausgeführt ist, daß wir Juristen nicht so voreilig sein sollten, wir sollten warten, bis die Stände, die praktisch mit diesen Dingen zu tun hätten, das Material gesammelt, bis die sich zu der Überzeugung durchgerungen hätten, was ihnen not sei. Dann könnten wir Juristen versuchen, die geltend gemachten Interessen logisch auszugleichen, das Ganze zu formulieren; das sei unsere spezielle Aufgabe. — Diese Anschauungen werden wir nicht teilen, aber ihre Existenz ist doch sehr bedeutsam. Ich meine, gerade der Beschluß, der im Jahre 1884 vom Juristentage gefaßt ist, sollte uns etwas vorsichtig machen. Man darf wirklich sagen: Darüber ist man zur Tagesordnung übergegangen, es hat sich keiner darum gekümmert, der Beschluß mußte gleichsam wieder ausgegraben werden anläßlich unserer jetzigen Verhandlung. Es schien mir, als ob Herr Professor Pappenheim etwas anderer Auffassung war, indem er betonte, auch sonst sei das Seehandelsrecht etwas stiefmütterlich behandelt worden, namentlich anläßlich der Revision des Handelsgesetzbuchs, wo man nur einige Paragraphen zurechtgeschnitten hat. Das ist richtig und zu bedauern. Aber ich glaube, daß es nur bestätigt, daß der Beschluß des Juristentages irgendwelche Bedeutung nicht gewonnen hat. Ich befürchte daher, daß, wenn wir jetzt zu weitgehende, zu stark einschneidende Beschlüsse fassen, diese ihre Wirkung nicht erreichen werden. Man muß immer wieder betonen, daß wir uns auf einem Gebiete des Rechts befinden, welches nicht auf die nationalen Grenzen beschränkt ist, sondern vermöge seiner Eigenart die ganze Welt umspannt. Unsere deutschen Rechtssätze werden mit unserer Flotte von Handelsschiffen überall hinausgetragen, überall kommen sie mit anderen Rechtssetzen in Kollision. Deshalb ist, wenn auf irgend einem Gebiete, so hier erforderlich, soweit wie irgend möglich zu versuchen, ein gemeinsames Vorgehen der Nationen zu erreichen, und ich glaube, daß gerade in letzter Zeit diese Strömung etwas mehr Aussicht auf Erfolg verheißt. England hält sich nicht mehr ganz fern, sondern ist bereit, Stellung zu nehmen zu den Beschlüssen des Comité international. Ich meine also, wir sollten uns vorhalten, daß in erster Linie eine internationale Regelung unserer Fragen wünschenswert ist und man nicht sagen darf, sie sei aussichtslos, zumal weil England beiseite stehe. Dann muß man sich aber auf das notwendigste beschränken, wenn man etwas Positives erreichen will. Dann darf man aber nicht den Personenbeförderungsvertrag an die Spitze stellen, wie Herr Professor Pappenheim es getan hat. Das ist ein untergeordneter Punkt, bei dem die großen internationalen Interessen noch zur Zeit zurücktreten. Dergleichen sollte man nicht in den Vordergrund stellen, sondern erst später berücksichtigen. Wir müssen unser Interesse konzentrieren auf die Fragen des Frachtvertrags, der die größten Interessen in sich schließt. Deshalb würde mir die Formulierung, wie sie Herr Professor Pappenheim vorgeschlagen hat, eine viel zu spezialisierte sein. Ich würde mich auf den allgemeinen Ausspruch beschränken, in gewissen Grenzen für den Frachtvertrag zwingende Rechtssätze für wünschenswert zu erklären.

Ich will mich zunächst auf diese Ausführungen beschränken, zumal ich mich in meinem Gutachten prinzipiell nur mit dem nautischen Verschulden befaßt habe.

Vorsitzender: Darf ich eine Frage an den Herrn Vorredner richten? Ich verstehe ihn dahin, daß sein Wunsch gerichtet ist auf einen Beschluß, der nur die internationale Regelung wünscht und daß er diese Regelung getroffen zu sehen wünscht nur bezüglich der Frachtverträge. Dann würde an die Spitze gestellt und ausgesprochen werden der Wunsch auf Bestrebungen zur Herbeiführung der internationalen Regelung, nicht ausgesprochen der Wunsch, die Frage durch Gesetzgebung zu regeln.

Oberlandesgerichtsrat Dr. **Mittelstein-Hamburg:** Für den Fall, daß das kommerzielle Verschulden berücksichtigt werden sollte, ist es meine Auffassung.

Vorsitzender: Das Wort hat Herr Justizrat Boyens-Leipzig.

Justizrat **Boyens**-Leipzig: Meine Herren! Die Frage, die hier dem Juristentage vorgelegt ist, steht in sichtlicher Verbindung mit einer vieljährigen Bewegung, die sich in den Juristen- und Handelskreisen vollzogen hat und an der ich von Anfang an selbst teilgenommen habe. Es ist vorhin schon erwähnt worden, daß ich auch vor 22 Jahren an der Verhandlung teilnahm, die infolge jener Bewegung auf dem damaligen Juristentag stattfand. Nun habe ich die Frage, wie sie hier vorgelegt ist, im Zusammenhange mit ihrer ganzen Vorgeschichte verstanden. Ich habe dann auch die Bestätigung auf eine ausdrückliche Anfrage bei dem Herrn Schriftführer der Deputation erhalten, daß die Frage trotz ihrer etwas ungeschickten Fassung nur den Sinn hat, daß die Ständige Deputation von dem Juristentage eine Antwort darüber haben will, wie sich jetzt der Juristentag zu der Bewegung stellt, die vor Jahrzehnten eingeleitet ist, die in Amerika zu der Harter-Akte, auch in anderen Staaten zu gesetzgeberischen Resultaten geführt hat. Daher ist es meiner Meinung nach unnütze Zeitverschwendung, wenn man sich statt dessen mit einer so ephemeren Erscheinung beschäftigen will, wie die Bestrebung des Herrn Dr. Gütschow, die Haftung des Rheders außerkontraktlich zu beschränken, es ist. Diese Bestrebung ist abgetan, es ist nicht der Mühe wert, darüber weiter Worte zu verlieren. Es handelt sich lediglich um die ungemein wichtige, der gedachten vieljährigen Bewegung entsprungene Frage, ob auf dem Gebiete des Seefrachtvertrages zwingende Rechtssätze an Stelle des nachgiebigen Rechts gesetzt werden sollen. Das „Oder" in der Frage deutet übrigens darauf hin, daß es sich nur um eine einheitliche Frage handelt, und von zwingenden Rechtssätzen im Gegensatz zu nachgiebigen Rechtssätzen kann nur bei Verträgen die Rede sein, da die außerkontraktliche Haftung überhaupt nur zwingend geregelt werden kann.

Wie das Wort „seemännisch" zu verstehen ist, ergibt sich ebenfalls aus der Vorgeschichte der Frage. Geht man davon aus, daß die Ständige Deputation von dem Juristentage eine Antwort haben will darüber, wie er sich stellt zu der Gesetzgebung, die durch die Harter-Akte eingeleitet worden ist, so kann man unmöglich das Wort „seemännisch" pressen. Akzeptiert man den Kompromiß-Standpunkt, der in der Harter-Akte vorbildlich sich darstellt, so handelt es sich wesentlich um die Abgrenzung dessen, was man den Rhedern konzedieren kann und was nicht, und die Abgrenzung gewisser nautischer Fehler der Besatzung, für die man die Haftung des Rheders ausschließen kann, von gewissen anderen Fehlern derselben, in betreff deren die Rheder die Haftung behalten müssen, die man neuerdings namentlich in Frankreich, auch in den Verhandlungen der Versicherer, unter dem Namen des kommerziellen Verschuldens zusammengefaßt hat. Davon kann keine Rede sein, das letztere von der Erörterung ausschließen zu wollen, sonst würden wir nicht das beantworten, was wir eigentlich beantworten sollen. Nun bin ich ferner der Ansicht, daß das, was der verehrte Herr Vorredner, Oberlandesgerichtsrat Dr. Mittelstein, in betreff der ganzen Tragweite der Frage und inwieweit wir uns in Spezialitäten einzulassen haben, gesagt hat, richtig ist; es kann von dieser Versammlung, die zu meinem Bedauern von den Großstädten aus nur wenig besucht ist, ja gar nicht verlangt werden, sich in irgendwelche Details einzulassen, sondern es kann sich nur um eine allgemeine Stimmungsäußerung handeln, die mit den Gutachten als Material den gesetzgebenden Faktoren und weiteren Kreisen übergeben wird. Dabei müssen wir selbstverständlich die internationale Seite der Sache nicht übersehen. Ich bin also der Meinung, daß der Juristentag beantworten soll die Frage, erstens, ist es in der Ordnung, und an der Zeit, jetzt durch zwingende Rechtssätze die Haftung der Reeder aus Seefrachtverträgen für Verschulden der Schiffsbesatzung, und zwar für jedes Verschulden, sowohl nautisch-technisches wie kommerzielles Verschulden, zu regeln, in der Art, daß — wie ich vorhin bemerkte — die Grenze, bis zu der die Haftung des Reeders wirklich zwingend eintreten soll, in dem Gesetz festgestellt wird.

Zweitens hat sich der Juristentag darüber schlüssig zu machen, ob nur eine internationale oder auch eine nationale Regelung zu empfehlen ist.

Ich stehe in letzter Beziehung auf dem Standpunkt, den ich in meinem Gutachten ausgeführt habe, daß zwar die internationale Verständigung wünschenswert ist, daß aber, wenn es nicht möglich sein sollte, England zum Beitritt zu gewinnen, die Sache auch dazu angetan wäre, eine Verständigung der kontinentalen Staaten allein — im Zusammenhalt mit Nordamerika, das schon ein ähnliches Gesetz hat, — zu erstreben. Ich will aber die Fassung, die der Herr Referent in dieser Beziehung gewählt hat, nicht anfechten. Nach meinem Standpunkte wäre der Antrag 1 des Referenten zu streichen, jedoch würde seine Annahme auch nicht viel schaden. Soweit er auf das außerkontraktliche Gebiet sich beziehen soll, ist er unnötig, da er eine schon überwundene und auch nicht innerhalb der Frage liegende Theorie ablehnt. Soweit er sich auf das kontraktliche Gebiet bezieht, würde es sich nur darum handeln, ob in dem Gesetz über den Seefrachtvertrag die Fassung zu wählen ist, daß gesetzlich die Haftung des Rheders für nautisch-technische Fehler ausgeschlossen wird, oder nur dem Rheder freigelassen wird, seine Haftung insoweit durch Klausel auszuschließen. Das macht keinen großen Unterschied.

Das wesentliche ist der Antrag 2, und da meine ich, der ließe sich mit Rücksicht darauf, daß der Kompromiß-Standpunkt festzustellen ist, Details nicht aufzunehmen und der Vorschlag auf den Seefrachtvertrag zu beschränken ist, endlich alle Rheder gleichmäßig zu treffen sind, etwa so zu formulieren: „Es empfiehlt sich, die unter 1 bezeichnete Haftung des Rheders aus Seefrachtverträgen im wesentlichen im Sinne der Harter-Akte festzusetzen. Erwünscht ist, daß diese Regelung auf Grund internationaler Verständigung zum mindesten unter den kontinentalen Staaten erfolge."

Ich möchte empfehlen, nur den Antrag 2, und zwar etwa in der Formulierung, wie ich sie eben vorlas, anzunehmen. Ich werde schriftlich den Antrag überreichen. Zum Schluß möchte ich noch ein Wort über den Reisevertrag sagen.

Es ist seltsam, daß der Herr Referent in dieser Beziehung soviel von den kleinen Leuten gesprochen hat, von dem Beamten, der sich einmal auf die Reise begibt, oder ähnlichen Leuten, daß er meint, die wären eigentlich noch nicht zu Wort gekommen und auf die käme es gerade an, während die Befrachter sich noch durch Versicherung helfen könnten und deshalb auch nicht soviel Lärm gemacht hatten. Dieser Standpunkt ist nach meiner Meinung durchaus nicht richtig. Es handelt sich für die Befrachter und ihre Versicherer um eine eminent bedeutsame Frage, und sie haben soviel Lärm gemacht, wie überhaupt nur möglich war. — Ich habe mich in meinem Gutachten mit dem Reisevertrag nicht speziell beschäftigt, weil dieser einige Schwierigkeiten bietet, und ich möchte die Abteilung des Juristentages bitten, — Herr Oberlandesgerichtsrat Mittelstein ist derselben Meinung, — sich nur auf den Seefrachtvertrag zu beschränken. Der Reisevertrag ist von letzterem wesentlich verschieden, wenn man sich erinnert, daß die Haftung für das von dem Reisenden aufgegebene, in die Obhut des Schiffers gegebene Reisegut nach den Grundsätzen des Seefrachtvertrags geregelt ist, es sich also nur noch um die Sicherheit der Person des Reisenden selbst und des Handgepäcks, welches er selbst mit sich führt, handelt. Die Person, die sich auf die Reise begibt, ist kein Kollo, das beliebig hin und her geschoben wird, sondern ein denkender und fühlender Mensch, der sich selber helfen kann. Dagegen das Kollo, das wird eben der Schiffsbesatzung anvertraut und von ihr behandelt von der Übernahme an bis zur Auslieferung. Nun wollen die Befrachter beim Seefrachtvertrag wohl ihre Zustimmung dazu geben, den Rheder zu entlasten von den durch die Besatzung verschuldeten Schäden aus der eigentlichen Navigation, dagegen nicht aus den ebenso verschuldeten Schäden, die aus einer mangelnden Obsorge für die Ladung hervorgehen. Wenn Sie das festhalten und sich an Stelle der Ladung die reisende Person denken, so liegt die Obsorge für diese reisende Person und das Handgepäck hauptsächlich ihr selber ob; sie hat sich selber zu wehren gegen eine Unmenge von Gefahren, denen die Ladung ohne weiteres ausgesetzt ist, natürlich nicht ausschließlich, aber wenn man den Standpunkt festhält, daß wegen des eigentlichen nautischen Verschuldens der Rheder nicht haften soll, so bleibt dem Reisenden gegenüber für die Haftung aus Verschulden der Besatzung nur ein geringes Gebiet übrig. Wie nun dieses Gebiet zu bestimmen ist, das ist nicht ganz leicht. Ich habe in meinem Gutachten diese Fragen gestreift und darauf hingedeutet, daß man auf dem Gebiete des öffentlichen Rechtes hier vieles machen kann, daß man ferner für das Auswandererwesen, einen wichtigen Zweig, bereits gesetzliche Bestimmungen in den meisten Staaten hat. Nun hat die ganze bisherige Bewegung, es haben sich der deutsche Handelstag, alle andern Vereine und Versammlungen im Inland und Ausland mit dem Reisevertrag überhaupt noch gar nicht beschäftigt, und es ist also in dieser Beziehung die Sache noch nicht für uns spruchreif, sondern wir wollen das nehmen, was spruchreif ist, den Seefrachtvertrag. Aus diesem Grunde bitte ich also, die Abteilung möge sich beschränken, ein Votum abzugeben über den Seefrachtvertrag in dem Sinne, wie ich eben ausgeführt habe. (Lebhaftes Bravo!)

Vorsitzender: Bevor ich das Wort weiter erteile, darf ich vielleicht noch folgendes bemerken, um die Debatte abzukürzen. Ich glaube, mit Punkt 1 der Resolution des ersten Herrn Berichterstatters sind wir alle einverstanden; wir könnten uns deshalb darauf beschränken, uns direkt anzuschließen an die gestellte Frage, ohne die Worte „seemännisch im Gegensatz zu administrativ verstanden“ einzufügen. Dann bliebe bei diesem Punkte allerdings offen, wie die gestellte Frage gemeint ist. In bezug auf beide Fälle ihrer Auslegung haben die Herren, die gesprochen haben, sich für die Vereinbarung ausgesprochen und deshalb meine ich, sollten wir uns in der Debatte mit der Differenz der Auslegung der Frage nicht weiter beschäftigen, sondern uns anschließen an die Frage und sie mit Nein beantworten.

Bei der Frage ist das auswärtige Amt beteiligt; die Herren bitte ich, sich das gegenwärtig zu halten. Die Rücksicht auf das Ansehen des Reiches erfordert eine gewisse Vorsicht. Denn wir entwinden unserer Diplomatie ein Kampfmittel, wenn wir uns auf Bestimmungen festlegen, die ungünstiger sind als die in anderen Staaten geltenden. Sodann möchte ich dem Herrn Referenten zu erwägen geben, ob er nicht das Motiv, das er in seiner Resolution angibt, fallen lassen kann, sodaß er sich einfach darauf beschränkt, abweichend von Herrn Oberlandesgerichtsrat Dr. Mittelstein zu sagen: Es empfiehlt sich, die unter Nr. 1 bezeichnete Haftung des Rheders durch zwingende Rechtssätze festzulegen für Frachten. Wir werden aussprechen müssen, daß die Herabminderung dieser Haftung durch Beschränkungen von Höchstsätzen wegfällt. Vielleicht verständigt er sich mit Herrn Oberlandesgerichtsrat Dr. Mittelstein, sodaß zunächst nur ausgesprochen wird, daß eine internationale Regelung erwünscht sei.

Das Wort hat Herr Professor Dr. Pappenheim.

Professor Dr. **Pappenheim**-Kiel: Wenn wir uns darauf beschränken würden, auszusprechen, daß eine internationale Regelung erwünscht sei, hieße dies Eulen nach Athen tragen. Darüber sind alle einig, daß dies erwünscht ist. Was aber die von dem Herrn Präsidenten angedeutete Möglichkeit anbetrifft, so würde ich glauben, durch Weglassung der Einschränkung „insoweit u. s. f." weiter zu gehen, als gerechtfertigt wäre. Ich sage im ersten Satz: „Es empfiehlt sich, die Haftung des Rheders insoweit durch zwingende Rechtssätze festzusetzen, als ihre Wegbedingung gegenüber nachgiebigen Rechtssätzen vermöge des wirtschaftlichen Übergewichts der Rheder von diesen einseitig ihren Gegenkontrahenten diktiert werden kann." Ich glaube, hierfür kann jedermann stimmen. Verschiedener Meinung kann man aber mit Bezug auf Satz 2 sein, der jene Voraussetzung in einer bestimmten Gruppe von Fällen als gegeben bezeichnet. Da würde ich denn mit Rücksicht auf die Gründe, die der Herr Präsident geltend gemacht hat, evtl. eine Konzession machen, den zweiten Satz wegfallen lassen und dafür in dem ersten Satze nur noch die Fracht- und Reiseverträge besonders hervorheben. Der erste Satz würde dann lauten: „Es empfiehlt sich, die unter Nr. 1 bezeichnete Haftung des Reeders insbesondere aus Fracht- und Reiseverträgen usw." Sachlich würde dies darauf hinauslaufen, den zweiten Satz zu streichen und lediglich als empfehlenswert zu bezeichnen, was, glaube ich, von keiner Seite bestritten wird, die Ausgleichung eines vorhandenen Übergewichtes durch zwingendes Recht. Inwieweit diese Voraussetzung für gegeben zu erachten sei, würden dann das Auswärtige Amt und das Reichsjustizamt prüfen. Die Abteilung hätte zu dieser Frage mit der Annahme meines Antrages ohne Satz 2 nicht Stellung genommen. Sie würde nur, wie es der Herr Präsident im Anfang als erwünscht bezeichnet hat, ihren allgemeinen Gedankengang dahin formuliert haben, daß eine gesetzliche Regelung sich empfiehlt, welche von der tatsächlichen Unfreiheit der einen Partei bei der Vertragsschließung ihren Ausgang nimmt. Den Schäden solches wirtschaftlichen Mißverhältnisses soll durch

Schaffung zwingenden Rechtes abgeholfen und vorgebeugt werden. Wenn wir dieses beschließen, würden wir erstens nicht spezialisieren, zweitens nichts anderes tun als die Richtung bezeichnen, in welcher sich nach unserer Ansicht die Gesetzgebung bewegen sollte.

Vorsitzender: Ich hatte nur den Wunsch, daß wir zu einer Fassung kommen, die der Beschlußfassung zu Grunde gelegt werden kann.

Professor Dr. **Pappenheim-Kiel:** Ich glaube, das wäre einfach dadurch zu erledigen, daß über die einzelnen Sätze abgestimmt würde.

Privatdozent Dr. **Wüstendörfer-Köln:** Es sind von den Herren Vorrednern Wünsche und Bedenken in der Richtung geäußert worden, ob es nicht zweckmäßiger sei, auch die Frage der Haftung für kommerzielles Verschulden mit in die Debatte zu ziehen. Wie man den Begriff des „seemännischen" Verschuldens abgrenzen will, darüber läßt sich streiten. Ich möchte ihn mit dem „nautischen" Verschulden identifizieren und im Gegensatz dazu unter „kommerziellem" Verschulden, neben der mangelnden Fürsorge für Seetüchtigkeit, insbesondere die nachlässige Ladungsbehandlung — Empfangnahme, Verstauung, Aufbewahrung, Ablieferung der Ladung — sowie die sog. Baratterie verstanden wissen. Von diesem Standpunkte aus kann ich mich den geäußerten Wünschen nach Erweiterung der Debatte nur aus vollem Herzen anschließen, denn gerade diese Frage des kommerziellen Verschuldens, also die Frage der Harter Act, bildet den eigentlichen Kernpunkt des Streites. Darüber wird heute gestritten, ob der Rheder unbedingt für Schäden aufkommen soll, die durch kommerzielles Verschulden der Schiffsbesatzung angerichtet sind, also durch mangelhafte Behandlung der Ladung, durch mangelnde Seetüchtigkeit des Schiffes usw. Die andere Frage dagegen, ob der Rheder für seemännisches Verschulden haften soll, scheint mir überreif, ja heute bereits geradezu entschieden.

Es wird Ihnen bekannt sein, daß im Herbst v. J. in Brüssel eine Konferenz der führenden Seemächte getagt hat. Diese Konferenz hat damals den Vorschlägen zugestimmt, die, seit Jahren vom comité maritime international vorbereitet, es sich zum Ziel setzen, die Haftung des Rheders für Kollisionen international einheitlich zu regeln. Indem aber die anwesenden Regierungsvertreter — und darunter auch Vertreter Deutschlands — diesen Vorschlägen des comité maritime international ihre Zustimmung erteilten, ist im Prinzip die Frage, ob der Rheder für außerkontraktliches seemännisches Verschulden der Besatzung, insbesondere für verschuldete Kollisionen, haften soll, in bejahendem Sinne entschieden. Wir würden der Entwicklung der Dinge nachhinken, wollten wir jetzt noch erörtern, ob man jene Haftung beseitigen soll. Was aber die

Haftung des Rheders für nautisches Verschulden innerhalb des Frachtvertrages anlangt, so herrscht auch darüber internationale Einigkeit, daß hier eine Änderung an dem bestehenden Zustande nicht erwünscht, zum mindesten nicht dringend notwendig ist. Auch von Seiten der Befrachter werden dagegen keine Einwendungen erhoben, daß es den Rhedern nach wie vor gestattet sein soll, sich von der Haftung für seemännisches Verschulden der Besatzung freizuzeichnen. Es kann hier alles beim alten bleiben, höchstens bedürfte die Frage einer Nachprüfung, ob die Befreiung des Rheders von dieser Haftung nur kraft Freizeichnungsklausel oder, — wie in Rhederkreisen verlangt worden ist —, kraft gesetzlicher Beseitigung der Haftung eintreten soll.

Demgegenüber ist die Frage der Harter Act die eigentlich aktuelle, um sie wird seit Jahren hartnäckig gekämpft.

Hierzu kommen noch andere Gesichtspunkte, welche diese Seite der Frage in den Vordergrund treten lassen. Es ist erwähnt worden, daß die Versicherer beschlossen haben, gegen zu weitgehende Freizeichnungsklauseln der Rheder Front zu machen, sie haben aber nicht etwa dagegen vorzugehen beschlossen, daß die Rheder sich von nautischem Verschulden freizeichnen, sondern lediglich dagegen, daß sie sich von kommerziellem Verschulden entlasten. Die Versicherer wollen nicht mehr aufkommen für diejenigen Schäden an der Ladung, die durch nachlässige Ladungsbehandlung angerichtet worden sind. Gelänge es den Versicherern, diesen Beschluß durchzuführen, so würden die Befrachter in die Lage kommen, sich zwischen zwei Stühle zu setzen. Sie würden für eine Reihe von Ladungsschäden einerseits von ihren Assekuradeuren keinen Ersatz mehr erlangen, aber anderseits auch nicht von den Rhedern, weil diese sich freigezeichnet haben. In der Tat trifft nun das zu, was der Herr Korreferent erwähnte, daß die Versicherer neuerdings in ihrem „Comité permanent" beschlossen haben, jenen schon einmal gefaßten Beschluß nunmehr endgültig vom Jahre 1907 an in Kraft zu setzen. Das ist nach meiner Auffassung der eigentlich springende Punkt, ob wir hier den Befrachtern zu Hilfe kommen sollen und dem entgegentreten, daß sie weder von den Rhedern Ersatz bekommen, noch von den Assekuradeuren.

Dazu tritt noch ein anderer Gesichtspunkt. Die Schäden, die an der Ladung angerichtet werden, sind kaum zum größeren Teil solche aus nautischem Verschulden, sondern eher, möchte ich glauben, solche aus nachlässiger Ladungsbehandlung, aus kommerziellem Verschulden. Alle die kleinen Unfälle, die sich beim Laden, beim Löschen, während der Reise, sei es infolge schlechter Stauung, sei es infolge Nichtbewachung der Ladung, mangelhafter Schließung der Schiffsluken, Röhren, Ventile usw.

ereignen, — alle diese kleinen Schäden spielen hier eine erhebliche Rolle, während die aus nautischem Verschulden stammenden Schäden quantitativ erst an zweiter Stelle stehen. Wollen wir also aktuell sein, so haben wir auch aus diesem Grunde dem kommerziellen Verschulden unsere besondere Aufmerksamkeit zuzuwenden.

Und endlich ein letzter Punkt. Will man die Frage des nautischen Verschuldens und der Haftung dafür gründlich erörtern, dann muß man meines Erachtens auch in eine theoretische Erörterung der Gründe eintreten, welche die Rheder zur Abwälzung der Haftpflicht für nautisches Verschulden einerseits und zur Ablehnung der Haftung für kommerzielles Verschulden anderseits veranlaßt haben. Und da wird sich denn zeigen, daß diese Gründe für die beiden Gruppen von Haftungsfällen ganz verschieden sind. Sie müssen daher auch bei der kritischen Betrachtung auf ihre innere Berechtigung hin getrennt behandelt werden und es wäre meiner Meinung nach verkehrt, wollte man die theoretischen Gesichtspunkte, die für die Frage nach der Haftung aus seemännischem Verschulden den Ausschlag geben, auch für die andere Frage nach der Haftung aus kommerziellem Verschulden entscheidend sein lassen. Es sind vielmehr die theoretischen Gesichtspunkte beiderseits verschieden, oft gegenseitig sich ergänzend, kreuzend, vermengend. Man kann also gar nicht zu einer gründlichen Erörterung der ganzen Haftungsfrage kommen, wenn man beide Gruppen von Haftungsfällen unter der gemeinsamen Bezeichnung: „seemännisches Verschulden" mit den gleichen Argumenten abfertigt.

Ich möchte mich zunächst auf diese Andeutungen beschränken und zu erwägen geben, wie schon Herr Oberlandesgerichtsrat Dr. Mittelstein, ob nicht die Debatte in dem von mir skizzierten Rahmen zu führen ist.

Der **Vorsitzende:** Ich gebe nunmehr das Wort nochmals dem Herrn Justizrat Boyens zur Verlesung seines Antrages, der sich bezieht auf die Fassung des Absatzes 2 des Antrags Pappenheim.

Justizrat **Boyens:** Mein Antrag lautet:

„Es empfiehlt sich, die Haftung des Rheders für seemännisches (nautisch-technisches und kommerzielles) Verschulden aus Seefrachtverträgen im wesentlichen im Sinne der Harter Akte festzusetzen. Erwünscht ist, daß diese Regelung auf Grund internationaler Verständigung zum mindesten unter den kontinentalen Staaten erfolge."

Oberlandesgerichtsrat Dr. **Mittelstein:** Ich gestatte mir, den Antrag zu formulieren, den ich verlesen werde. Er bewegt sich in derselben Richtung wie der Antrag Boyens und ist wohl noch etwas allgemeiner gefaßt.

Ich bemerke gegenüber dem Herrn Referenten Pappenheim, daß ich die zu große Spezialisierung seiner Vorschläge mitzumachen nicht in der Lage bin. Auch wenn er den zweiten Satz der Nr. 2 streichen würde, würde ich noch immer den zweiten Teil des ersteren Satzes beanstanden müssen, wo davon gesprochen wird, daß die Rheder vermöge ihres wirtschaftlichen Übergewichts ihren Gegenkontrahenten die Rechtssätze diktieren können. Inwieweit ist denn das der Fall? Und inwieweit wird derartig Recht „diktiert"? Das angebliche Übergewicht der Rheder mag in manchen konkreten Fällen tatsächlich bestehen; schlechthin besteht es aber nicht. So hat im Gegenteil bei der letzten Tagung der Nautischen Vereine Rodenacker darüber geklagt, daß die Trampreederei in manchen Fällen der Macht der Befrachter sich fügen muß. Wo die Verhältnisse derartig sind, daß in dem einen Falle der eine Teil, in anderen Fällen der andere das Übergewicht hat, da, meine ich, bringt es nicht weiter, wenn man sagt: soweit das Übergewicht bei den Rhedern sein sollte, sind zwingende Bestimmungen zu treffen. Damit bewegen wir uns schon auf dem Gebiete der Tatsachen, die verschieden liegen und in die wir nicht so ohne weiteres mit zwingenden Rechtssätzen hineingreifen können. Den wirtschaftlich Schwachen soll man helfen, diesem Worte begegnet man überall in den letzten Jahren. Wo sind die aber hin? Die Rheder sind nicht stets die wirtschaftlich Starken. In Einzelheiten einzugehen, ist hier nicht angängig, da muß man sich, wie der Herr Präsident schon zutreffend begründet hat, auf einige allgemeine Gesichtspunkte beschränken, und für den Fall, daß das hier Zustimmung finden sollte, möchte ich, ähnlich wie Herr Justizrat Boyens — ich glaube, im einzelnen noch ein bischen abweichend — dem Antrage eine Formulierung geben und etwa vorschlagen:

„Es empfiehlt sich, im Wege der internationalen Gesetzgebung oder Verständigung der Vertragsfreiheit für den Rheder Grenzen zu setzen, wobei die Harter Akte als Vorbild zu nehmen ist."

Ich betone damit einmal das „international" und zweitens, daß man mit dem Grundsatz der absoluten Vertragsfreiheit brechen möchte, beschränke dies aber, wie der Hinweis auf die Harter Akte zeigt, auf das Gebiet der Frachtverträge, wo sich bislang nur ein allgemeines Bedürfnis für einen Eingriff in die Vertragsfreiheit gezeigt hat.

Vorsitzender: Der Unterschied zwischen dem Antrage Boyens und dem Antrage Mittelstein besteht wesentlich darin, daß der Antrag Boyens dahin geht, die Reichsgesetzgebung solle sich auf den Boden der Harter Akte auch dann stellen, wenn eine internationale Verständigung nicht zustande kommt, während Mittelstein sich auf diesen Boden nur für den Fall einer internationalen Verständigung stellt und für den Fall, daß diese nicht zustande kommt, eine nationale Regelung nicht wünscht.

Lassen sie mich gegenüber den Ausführungen des Herrn Berichterstatters eine kurze Bemerkung machen. Herr Dr. Mittelstein hat meines Erachtens mit Recht hervorgehoben, — das ist ein Bedenken bei seiner Fassung, — der Antrag gebe dem Gesetzgeber eine Aufgabe, die der Gesetzgeber nicht lösen könne. Beim Bürgerlichen Gesetzbuch hat man sich in der Kommission und im Reichstag auch mit der Frage beschäftigt, ob es eine Formel dafür gebe, das Verhältnis zwischen übermäßig Starken und Schwachen in sicher abgegrenzter Weise auf eine feste Regel zu bringen. Man ist aber immer wieder auf das Ermessen des Richters gekommen; so auch hier. Es ist nicht recht, dem Gesetzgeber eine Aufgabe zu überweisen, die er erfahrungsgemäß nicht lösen kann. Deshalb möchte ich den Satz: „. . . als ihre Wegbedingung gegenüber nachgiebigen Rechtssätzen vermöge des wirtschaftlichen Übergewichts der Rheder von diesen einseitig ihren Gegenkontrahenten diktiert werden kann“ nicht aufgenommen haben. Lassen Sie mich noch einen anderen Grund aussprechen. Es ist nicht ganz unbedenklich, einen allgemeinen Satz auszusprechen, der als feststehend unterstellt, daß Mißbräuche des Rechtes allgemein stattfinden, ich habe Bedenken gegen ein derartiges Mißtrauen in der Resolution. Ich werde meinerseits bei der Abstimmung über die Resolution des Herrn Berichterstatters, ein Antrag in meinem Sinne ist nicht gestellt, eine Abstimmung dahin herbeiführen, die den von mir hervorgehobenen Bedenken Rechnung trägt. Wünscht noch jemand das Wort? Dann darf die Debatte geschlossen werden.

Der Herr Berichterstatter hat das Schlußwort.

Berichterstatter Professor Dr. **Pappenheim**-Kiel: Ich will nur bemerken, daß ich nicht dafür bin, in bestimmter Weise auf den Harter Akt zu verweisen. Ich halte dies nicht für richtig, weil die Beschränkung auf zwingendes Recht nur betreffs des kommerziellen Verschuldens nicht in der Sache begründet ist. Das nautische Verschulden ist das eigentliche Verschulden der Schiffsbesatzung. Die nautischen Funktionen sind es, die ihren Mitgliedern, insbesondere auch den Schiffern, jederzeit obgelegen haben. Die kommerziellen Funktionen sind in älterer Zeit durch den die Güter begleitenden Befrachter selbst erledigt worden, später durch den Superkargo. Die Führung des Schiffes und seine Bedienung ist dagegen stets Sache des Schiffers und der übrigen Besatzung gewesen. Mit der Unterscheidung in der Art des Harter Akts gelangt man nun zu dem merkwürdigen Resultate, daß der Rheder sich von der Haftung für Verschulden der Besatzung in Ausübung ihrer ursprünglichen und eigentlichen Tätigkeit befreien kann, während ihm die Haftung für ihr Verschulden in Ausübung ihrer nachträglich hinzugetretenen und uneigentlichen Tätigkeit kraft zwingenden Rechtes auferlegt wäre. Das scheint mir nicht richtig zu sein. Deshalb bin ich nicht für die Scheidung. Meinen Antrag erhalte ich aufrecht. Aber ich werde nicht sehr traurig sein, wenn der zweite Satz seines zweiten Absatzes nicht angenommen wird.

Der **Vorsitzende** geht sodann zur Abstimmung über. Dieselbe ist von lebhaften Erörterungen begleitet, ergibt aber, daß sämtliche drei Anträge Pappenheim, Boyens und Dr. Mittelstein abgelehnt werden. Der Vorsitzende stellt daher fest, daß nichts beschlossen sei.

Geheimrat Professor **Riesser** hält für unmöglich, daß ein Votum des Juristentages in positivem Sinne um deswillen nicht zustande komme, weil sich bei der Abstimmung über die einzelnen Sätze eines Antrags eine Mehrheit für einen Antrag nicht gefunden habe.

Der **Vorsitzende** teilt nach kurzer Unterbrechung mit, daß zwei neue Anträge eingegangen seien, einer von Herrn Professor Dr. Pappenheim, der lautet: Es empfiehlt sich, die unter Nr. 1 bezeichnete Haftung des Reeders insbesondere aus Fracht- uud Reiseverträgen insoweit durch zwingende Rechtssätze festzusetzen, als ihre Wegbedingung gegenüber nachgiebigen Rechtssätzen vermöge des wirtschaftlichen Übergewichts der Reeder von diesen einseitig ihren Gegenkontrahenten diktiert werden kann. Durch die gesetzliche Regelung wird nicht nur die Wegbedingung der Haftung selbst, sondern auch deren Entwertung durch Vereinbarungen über Änderung der Beweislast, Höchstsätze der Haftung, Abkürzung der Verjährungsfristen u. dergl. m. zu verhindern sein. Erwünscht ist, daß diese Regelung auf Grund internationaler Verständigung zum mindesten unter den kontinentalen Staaten erfolge. Vielleicht könnte Herr Professor Dr. Pappenheim in seinem Antrage die Worte „unter den kontinentalen“ Staaten“ fallen lassen.

Professor Dr. **Pappenheimer-Kiel:** Ich kann auf die Worte „zum Mindesten unter den kontinentalen Staaten“ nicht verzichten. Sie wollen eine positive Direktive für den Fall geben, daß das Einverständnis Englands zu einem internationalen Vorgehen nicht zu erlangen sein sollte. Daß ohne diese Worte der Satz nur etwas Selbstverständliches aussprechen würde, habe ich schon vorher bemerkt.

Vorsitzender: Dann fahre ich fort. Der Antrag Pappenheim würde nunmehr lauten: „Es empfiehlt sich, die unter Nr. 1 bezeichnete Haftung des Rheders insbesondere aus Fracht- und Reiseverträgen insoweit durch zwingende Rechtssätze festzusetzen, als ihre Wegbedingung gegenüber nachgiebigen Rechtssätzen vermöge des wirtschaftlichen Übergewichts der Rheder von diesen einseitig ihren Gegenkontrahenten diktiert werden kann. Durch die gesetzliche Regelung wird nicht nur die Wegbedingung der Haftung selbst, sondern auch deren Entwertung durch Vereinbarungen über Änderung der Beweislast, Höchstsätze der Haftung, Abkürzung der Verjährungsfristen u. dergl. m. zu verhindern sein. Erwünscht ist, daß diese Regelung auf Grund internationaler Verständigung zum Mindesten unter den kontinentalen Staaten erfolge."

Der Antrag Boyens - Dr. Mittelstein geht dahin: „Es empfiehlt sich, die Haftung des Rheders für seemännisches (nautisch-technisches und kommerzielles Verschulden) der Schiffsbesatzung für das Gebiet des Frachtvertrages nach dem Vorbild der Harter-Akt festzusetzen. Erwünscht ist, daß diese Regelung im Wege internationaler Verständigung erfolge."

Ich werde, um dem Herrn Berichterstatter gerecht zu werden, seinen Antrag zuerst zur Abstimmung bringen. Ich glaube, ich kann den Antrag als Ganzes zur Abstimmung bringen, denn über die Frage, daß internationale Verständigung erwünscht ist, herrscht Übereinstimmung. Oder wünscht jemand eine getrennte Abstimmung?

Professor **von Bretschko**-Innsbruck: Ich habe nur das eine Bedenken, daß wir so in keinem Satze zu einem einmütigen Votum kommen, während hierüber die Versammlung einstimmig ist.

Vorsitzender: Dann bitte ich, daß die Herren, welche — gleichgültig, welche Anträge angenommen werden, — ausdrücken wollen: Erwünscht ist, daß diese Regelung auf Grund internationaler Verständigung erfolge, die Hand erheben! — Einmütig!

Dann bitte ich, daß die Herren, welche den Antrag Pappenheim, wie er nunmehr vorliegt, annehmen wollen, die Hand erheben. — Das ist die Minderheit.

Dann muß ich abstimmen lassen über den Antrag Boyens-Dr. Mittelstein.

Die Abstimmung ergibt Annahme mit Mehrheit.

Es wird sodann beschlossen, diesen nunmehr angenommenen Antrag dem Plenum zur Kenntnisnahme zu überweisen und die Berichterstattung Herrn Justizrat Boyens zu übertragen. Die weitere Verhandlung wird sodann auf Dienstag 9 Uhr vormittags anberaumt.

(Schluß: 2 Uhr 42 Min.).

Zweite Sitzung der zweiten Abteilung
vom 11. September, vormittags 9 Uhr.

Der Vorsitzende, Oberlandesgerichtspräsident Dr. **Spahn**, eröffnet die Verhandlung und gibt das Wort zur Berichterstattung über den Gegenstand Nr. 5:

„Empfiehlt es sich, die Verantwortlichkeit der Mitglieder des Aufsichtsrates einer Aktiengesellschaft genauer zu bestimmen,“

dem Herrn Reichsgerichtsrat Dr. Düringer-Leipzig.

Berichterstatter Reichsgerichtsrat Dr. **Düringer**-Leipzig: Hochgeehrte Herren! Die Frage nach der Notwendigkeit, der Möglichkeit, der Nützlichkeit oder eventuellen Schädlichkeit einer näheren Bestimmung oder Verschärfung der gesetzlichen Pflichten des Aufsichtsrats hat im Laufe der letzten Jahre außerordentlich viele Federn in Bewegung gesetzt. Das Verlangen nach einer gesetzgeberischen Aktion in dieser Richtung ist sehr lebhaft aufgetreten. Wenn ich auf die gesamte Literatur, die über diesen Gegenstand in kurzer Zeit entstanden ist, eingehen wollte, so würde ich bei weitem den Rahmen überschreiten müssen, der mir für meine Berichterstattung gegönnt ist. Ich beschränke mich darauf, an der Hand des sehr eingehenden und sachlichen Gutachtens, welches Herr Professor Rehm dem deutschen Juristentage zu erstatten die Güte hatte, die Hauptgesichtspunkte hervorzuheben und daran meine eigene Ansicht anzuknüpfen.

Meines Erachtens ist dabei die Frage nicht zu umgehen: Besteht überhaupt ein Bedürfnis für ein gesetzgeberisches Eingreifen? — Wird diese Frage bejaht, sei es unbedingt, sei es wenigstens bedingungsweise, so ist weiter zu prüfen: Wie ist ein solches Eingreifen zu gestalten, um überhaupt wirksam zu sein? und zweitens: Wie ist es zu gestalten, um nicht Nachteile hervorzurufen, durch welche die etwaigen Vorteile aufgehoben oder sogar überwogen werden?

Die Bedürfnisfrage hat Herr Professor Rehm in seinem Gutachten nur kurz berührt. Er erklärt aber ausdrücklich: In dem weit überwiegenden Maße ist unser deutsches Aktienwesen gesund. Gleichwohl gelangt er dazu, in Übereinstimmung mit der in der Literatur vorherrschenden Ansicht, eine Ergänzung bezw. Abänderung der geltenden Vorschriften zu beantragen, und knüpft daran eine Reihe legislatorischer Vorschläge.

Meine Herren, ich persönlich stehe der Bedürfnisfrage etwas skeptisch gegenüber. Ich bin überhaupt in Gesetzgebungsfragen eine konservative Natur. Ich bin der Ansicht, man soll nicht immer gleich nach dem Gesetzgeber rufen, wenn sich irgendwo Mißstände herausstellen, und man soll nicht gleich von Mängeln des Gesetzes reden, wenn sich Erscheinungen zeigen, welche ihren tieferen Grund in der Unvollkommenheit der menschlichen Natur und aller menschlichen Einrichtungen haben. Namentlich aber bei der Überproduktion an Gesetzen, welche die Signatur unserer Zeitperiode bildet und die wir wohl alle mehr oder weniger als eine Misère empfinden, sollte man meines Erachtens mit neuen Gesetzesvorschlägen doppelt vorsichtig und zurückhaltend sein. Ich vermag nicht anzuerkennen, daß zur Zeit für eine Änderung des Aktienrechts ein dringendes Bedürfnis besteht, daß die hervorgetretenen unliebsamen Erscheinungen auf dem Gebiet des Aktienwesens so häufige und so allgemeine sind, daß der Gesetzgeber zu einem sofortigen Eingreifen veranlaßt wäre. Ich befinde mich bei dieser Auffassung, welche ich auf Grund meiner richterlichen Tätigkeit und privater Beobachtungen mir gebildet habe, in erfreulicher Übereinstimmung mit meinem Freunde und Mitarbeiter Dr. Hachenburg, welchen sein Beruf als Anwalt mitten in das praktische Leben stellt; ich befinde mich auch in Übereinstimmung mit meinem hochverehrten Senatskollegen Reichsgerichtsrat Dr. Sievers, welcher in einem in diesen Tagen in der deutschen Juristenzeitung veröffentlichten Aufsatz meines Erachtens treffend darauf hinweist, daß das neue Aktienrecht doch erst durch die Novelle zum Handelsgesetzbuch in ein neues sauberes Gewand gesteckt worden sei, an welchem man noch die Bügelfalten sieht und dessen Sitz noch nicht endgültig erprobt sei.

Meine Herren, mit der Verneinung des aktuellen Bedürfnisses ist die Frage natürlich für den deutschen Juristentag nicht erledigt. Der Juristentag schafft keine bloße Tagesarbeit; er lebt nicht von der Hand in den Mund, sondern er gibt Anregungen, er zeichnet Richtlinien, auf welche der Gesetzgeber vielleicht erst in späterer Zeit, vielleicht erst nach vielen Jahren zurückgreift. Wenn Sie die gestellte Frage von diesem Gesichtspunkt aus prüfen, wenn wir insbesondere untersuchen, ob das geltende

Recht nicht verbesserungs- oder ergänzungsfähig sei, so möchte ich diese Frage keineswegs verneinen. Im Gegenteil, ich bin überzeugt, daß wenn schon bei der Revision des Handelsgesetzbuches vom Jahre 1897 die Erfahrungen, die Anregungen vorgelegen hätten, welche nunmehr gesammelt werden konnten, der Gesetzgeber die Verantwortlichkeit der Aufsichtsräte schärfer pointiert und mit besseren Garantien umgeben hätte als dies tatsächlich der Fall ist. Denn wenn der § 246 des Handelsgesetzbuches die allgemeine Bestimmung enthält: der Aufsichtsrat hat die Geschäftsführung der Gesellschaft in allen Zweigen der Verwaltung zu überwachen und sich zu diesem Zwecke von dem Gange der Angelegenheiten der Gesellschaft zu unterrichten, so gibt er damit nur einen leitenden Gesichtspunkt, von dem die einen sagen, daß er, wörtlich ausgelegt, den Aufsichtsrat vor eine geradezu unmögliche Aufgabe stellt, während die anderen erklären, daß damit nichts gesagt sei, was sich nicht aus dem Begriffe und Namen des Aufsichtsrats von selbst ergebe.

Professor Rehm findet die Ursache, warum die kontrollierende Tätigkeit des Aufsichtsrat nicht in dem erwünschten Maße hervortritt, in einem Doppelten, einmal in dem subjektiven Mangel des persönlichen Verantwortlichkeitsgefühls und sodann in dem Vorherrschen anderer Aufsichtsratsfunktionen, und er findet gerade in diesem letzteren die Hauptursache der mangelhaften Erfüllung der Kontrolle. Es ist richtig, daß der Aufsichtsrat des deutschen Rechtes nach seiner historischen Entwickelung und nach der Art und Weise, wie er in der Praxis fungiert, viel mehr Verwaltungsrat als Aufsichtsrat ist. Da wir Juristen im allgemeinen zu Einteilungen geneigt sind und die Professoren insbesondere, so teilt auch Professor Rehm die Aufsichtsräte nach den Verwaltungsfunktionen ein in einen Geschäftsführungsrat, einen sachverständigen Beirat und einen Agentenstab des Vorstandes. Er untersucht sodann die Frage, ob diese Verwaltungstätigkeit des Aufsichtsrates mit seiner gesetzlichen Stellung überhaupt vereinbar ist und gelangt zur Bejahung der Frage. Ich glaube, hier ist ihm rückhaltlos beizupflichten. Niemand wird die Verwaltungstätigkeit des Aufsichtsrates, deren große Bedeutung für das Gedeihen der Aktiengesellschaften auch Herr Geheimer Justizrat Professor Dr. Riesser in seiner bekannten Monographie zur Aufsichtsratsfrage rühmend hervorhebt, beschränkt wissen wollen. Abweichend von dem Gutachten des Herrn Professor Rehm kann ich aber in dieser Verwaltungstätigkeit überhaupt nicht die Ursache, und jedenfalls nicht die Hauptursache der mangelhaften Erfüllung der Aufsichtsratspflichten erblicken. Diejenigen Aufsichtsratsmitglieder, die überhaupt für die Gesellschaft tätig sind, welche sich mit Energie, Fleiß und Pflichtgefühl den Arbeiten der Gesellschaft widmen, solche Aufsichtsratsmitglieder werden meist schon durch diese Tätigkeit wenigstens in gewissen Beziehungen dazu geführt, eine kontrollierende Tätigkeit auszuüben. Will man die Aufsichtsräte überhaupt einteilen, so wäre es naheliegend, sie so zu scheiden, wie die Jungfrauen in der Bibel geschieden werden, in die klugen und in die törichten (Heiterkeit). Den Hauptnachweis seiner Befähigung muß nämlich der einzelne Aufsichtsrat meist schon in dem Momente erbringen, in welchem er sich entschließt, ob er überhaupt Aufsichtsrat werden oder bleiben will. Manche Leute haben darin eine sehr feine Witterung. Mit dieser Einteilung wäre aber für unsere Frage nichts geholfen. Für unsere Frage muß man die Aufsichtsräte einteilen in die aktiven und in die inaktiven, in diejenigen, welche sich den Interessen der Gesellschaft hingeben, und diejenigen, welche, wie die Drohnen im Bienenkorbe sich von der Arbeit anderer ernähren (Bravo). Diese letztere Art von Aufsichtsräten zeigt für nichts anderes Verständnis und Interesse als dafür, ob ihre Tantième und Dividende wunschgemäß ausfällt. Sie sind die Ursache, daß der Aufsichtsrat vielfach nur eine Scheinexistenz führt. Schon Lehmann hat sie in seinem ausgezeichneten Werke über das Aktienrecht treffend geschildert. Sehr häufig wird die Aufsichtsratsstelle als eine bloße Sinekure betrachtet und infolge Protektion oder Vetterleswirtschaft Leuten übertragen, welche weder die Befähigung noch das Pflichtgefühl mitbringen, das diese Stelle an und für sich erfordert. In anderen Fällen wird die Übertragung der Aufsichtsratsstelle als Reklame für die Gesellschaft benutzt. Ein solcher Aufsichtsrat, vielleicht ein Geheimer Kommerzienrat oder ein Abgeordneter oder ein Graf oder ein Mitglied des hohen Adels, hat nach Ansicht der Beteiligten alles getan, was die Gesellschaft von ihm verlangt, wenn er nur seinen Namen für das Unternehmen hergibt. Das sind die sogenannten dekorativen Aufsichtsräte. Vielfach werden diese Persönlichkeiten erst dadurch zur Übernahme des Amtes bestimmt, daß ihnen versichert wird, sie brauchten sich um die Gesellschaft gar nicht zu kümmern. Sie betrachten dann die Vernachlässigung der gesetzlichen Pflichten geradezu als ihr vertragsmäßiges Recht. Solche Aufsichtsräte, welche in ihrem sonstigen Lebensberufe ganz tüchtige gewissenhafte Leute sein können, beschränken sich auf die Teilnahme an dem Aufsichtsratsdiner und sind bei gutem Geschäftsgang das ganze Jahr über auf die Melodie gestimmt: „Treibt der Champagner das Blut mir im Kreise." Treten aber geschäftliche Schwierigkeiten ein, machen sich Krisen innerhalb oder außerhalb der Gesellschaft geltend, so versagen gerade diese Leute am ersten. Dann kann man auf sie den Spruch anwenden: „Auf dem Dache sitzt ein Greis, der sich nicht zu helfen weiß." In den schlimmsten Fällen findet sich ein mildherziger Staatsanwalt, der einem solchen Greise vom Dache wieder herunterhilft (Heiterkeit).

Im Zusammenhange mit der hier charakterisierten Erscheinung steht eine andere, die in der Literatur geradezu als ein Krebsschaden bezeichnet wird, nämlich die Kumulierung zahlreicher Aufsichtsratsstellen in einer Hand. Wie kann ein Mann, der ein paar Dutzend Aufsichtsratsstellen in sich vereinigt und daneben noch eine anstrengende Berufstätigkeit hat, seinen gesetzlichen Pflichten in jeder der Gesellschaften nachkommen? Ist er vollends, wie es bei Direktoren von Kreditbanken der Fall ist, Aufsichtsrat in konkurrierenden Gesellschaften, so tritt nicht selten eine wirkliche Interessenkollision ein. Als Aufsichtsrat der Gesellschaft A. darf er nicht wissen, was in der Gesellschaft B. vorgeht, und als Aufsichtsrat der Gesellschaft B. hat er sich an der Bekämpfung gerade derjenigen Interessen zu beteiligen, welche er als Aufsichtsrat der Gesellschaft A. fördern sollte. Man braucht nicht an einen Vertrauensmißbrauch, nicht an strafbare Handlungen zu denken. Aber wie mir zuverlässig mitgeteilt wird, hat diese Interessenkollision doch häufig genug zur Folge, daß gegenüber einer zielbewußten Geschäftsführung des Vorstandes unkontrollierbare Einflüsse, unsichtbare Hemmungen sich geltend machen, welche aus dem Schoße des Aufsichtsrates stammen und die Geschäftsführung des Vorstandes beeinträchtigen.

In den geschilderten Richtungen liegen also tatsächlich Mißstände vor. Wie ist der Gesetzgeber in der Lage, ihnen wirksam zu begegnen?

Herr Professor Rehm prüft die verschiedenen gangbaren Wege. Mit vollem Recht lehnt er eine Erweiterung der strafrechtlichen Verantwortlichkeit ab. Unsere Gesetze haben meines Erachtens ohnehin schon zuviel Strafvorschriften. (Sehr richtig!) Würde man in dieser Beziehung die kriminelle Verantwortlichkeit der Aufsichtsratmitglieder noch mehr verschärfen, so würde sich kein vorsichtiger Mann mehr finden, der eine solche Stelle übernimmt. Ebensowenig darf an dem Prinzip der Gesamthaftung der Aufsichtsräte gerüttelt werden, auch dies hat Professor Rehm mit Recht betont. Jede Teilung oder Abstufung der Verantwortlichkeit nach dem Grade des Verschuldens oder nach der Kausalität des Verschuldens würde den wirtschaftlichen Schutz der Aktionäre oder Gläubiger beeinträchtigen. Auch die von mir charakterisierte Häufung von Aufsichtsratstellen will Professor Rehm nicht beschränkt oder gesetzlich verboten haben, und es läßt sich nicht leugnen, daß durch gesetzliche Maßnahmen, welche in dieser Richtung unternommen würden, die Beteiligung des Großkapitals, insbesondere des Bankkapitals, wenigstens in dem bisherigen Umfange beeinträchtigt, und daß außerdem jedenfalls dem schwer zu kontrollierenden Unfug des Vorschiebens von Strohmännern Tür und Tor geöffnet werden würde. Als einzig gangbaren Weg bezeichnet Rehm eine nähere Bestimmung der Überwachungspflichten des Aufsichtsrats. Er wünscht eine solche zunächst durch das Gesetz selbst, indem er gleichzeitig jedem einzelnen Aufsichtsrat das Recht eingeräumt wissen will, die Bücher und Schriften der Gesellschaft einzusehen, den Bestand der Gesellschaftskasse und die Bestände an Waren und Wertpapieren zu untersuchen. Rehm befürwortet außerdem die Spezialisierung der Obliegenheiten des Aufsichtsrats im Gesellschaftsvertrag. Im Zusammenhange damit beantragt er, daß von jeder Einladung oder Aufforderung zum Ankauf von Aktien oder Obligationen der Gesellschaft dem Registerrichter eine Abschrift eingereicht werde, daß diese Abschrift die Namen der Aufsichtsratsmitglieder enthalte und daß sie von den Aufsichtsräten unterzeichnet werde. Er empfiehlt außerdem die zwangsweise Einführung einer in jedem zweiten Jahr zu wiederholenden formellen und materiellen Prüfung der Bücher der Gesellschaft durch hierzu besonders geeignete, für diesen Zweck auch besonders ausgebildete Rechnungs- und Buchführungsrevisoren. Die Generalversammlung hätte diese Revisoren zu ernennen und ihre Vergütung festzusetzen, vorbehaltlich eines Beschwerderechtes des Vorstandes und des Aufsichtsrats an die Handelskammer. — Endlich befürwortet Rehm eine Erleichterung der Regreßklage der Minderheit. Es soll hierzu schon ein dreimonatlicher Aktienbesitz genügen, und es soll außerdem im Verhältnis zwischen dieser Minderheit und der Gesellschaft die Tragung der Kosten in allen Fällen, in welchen die Gesellschaft obsiegt, der Gesellschaft obliegen.

Sie sehen, ein ganzes Bukett von Vorschlägen!

Ich beschäftige mich zunächst mit dem letzten Vorschlage. Er würde eine Abänderung des § 269 des Handelsgesetzbuches bedeuten. Das Erfordernis des sechsmonatlichen Aktienbesitzes und die Bestimmung hinsichtlich der Kostenpflicht der Minderheit ist aufgenommen, um frivolen Klagen zu begegnen. Ich möchte diese Kautelen nicht aufgehoben oder beschränkt wissen; sie sind meines Erachtens verständig und maßvoll. Ich bin aber auch grundsätzlich ein Gegner aller derjenigen Maßregeln, durch welche die Prozeßlust gefördert und die Prozesse vermehrt werden können. Vielleicht bin ich in dieser Frage als Mitglied des notorisch überlasteten Reichsgerichtes nicht ganz unbefangen; dann möchte ich Sie bitten, mich abzulehnen; befreunden kann ich mich jedenfalls mit diesem Vorschlage nicht.

Die Anregung, im Gesellschaftsvertrage selbst und auch im Gesetz die Überwachungspflichten näher zu bestimmen, halte ich für sich allein betrachtet von geringer praktischer Bedeutung. Dagegen ist die weitere

Anregung, die Befugnisse des einzelnen Aufsichtsratsmitgliedes zu stärken, jedem einzelnen Aufsichtsratmitglied die Befugnis einzuräumen, die Bücher einzusehen, die Kasse, die Barbeträge zu revidieren, sehr eingreifend und sehr beachtenswert. Nach dem geltenden Recht hat nur der gesamte Aufsichtsrat diese Befugnis, und der einzelne kann nur auf Grund einer Delegation des Gesamtaufsichtsrates in dieser Richtung tätig werden. Sofort taucht das Bedenken auf, daß durch eine solche Kompetenzerweiterung eine chikanöse Ausübung der Kontrollrechte ermöglicht, oder daß, wenn jeder einzelne von einer solchen Befugnis jederzeit Gebrauch machen würde, der Vorstand in seiner Geschäftsführung außerordentlich gehemmt und geschädigt werden könnte. Ich möchte diesen Vorschlag nur in Verbindung mit der Einführung von Aufsichtsrats-Dezernaten und nur mit der Beschränkung befürworten, daß der einzelne Aufsichtsrat diese erweiterten Kontrollbefugnisse nur im Rahmen und für die Zwecke seines Dezernates ausüben darf. Mit dieser Beschränkung halte ich den Vorschlag dann auch für ungefährlich. Ich bin überzeugt, daß man sich innerhalb der Gesellschaft über die äußeren Modalitäten der Kontrolle unbeschadet ihrer Wirksamkeit leicht verständigen würde. Beispielsweise würde die Revision der Kasse nur dem Kassendezernenten, diesem aber zu jeder Zeit, zustehen, vorbehaltlich anderer Entscheidung des Gesamtaufsichtsrats. Soll aber diese Maßregel nicht eine Waffe ohne Stiel sein, so müßte man weiter bestimmen, daß der einzelne Aufsichtsratsdezernent über die Erfüllung seiner Aufsichtspflichten schriftlich Bericht zu erstatten hat, und man müßte weiter vorsehen, daß der einzelne Dezernent den übrigen Aufsichtsratsmitgliedern für die gewissenhafte Erfüllung der ihm zugewiesenen Ressortpflichten auch materiell verantwortlich ist. Ob schon nach dem geltenden Recht ein Rückgriff der auf Grund der Gesamthaftung in Anspruch genommenen Aufsichtsratsmitgliedern auf den nach der Geschäftsverteilung in erster Linie Verantwortlichen stattfinden kann, erscheint mindestens zweifelhaft.

Der Vorschlag, in jeder Einladung zum Einkaufe von Aktien oder Obligationen die Aufsichtsratsmitglieder namhaft zu machen und diese dem Registerrichter einzureichen, berührt sich nahe mit einer Anregung, welche mein Senatskollege Dr. Sievers in dem oben erwähnten Aufsatze in der deutschen Juristenzeitung gegeben hat. Hiernach wäre hinsichtlich der für die Öffentlichkeit bestimmten Publikationen, insbesondere der Bilanz, der Gewinn- und Verlustrechnung dem Vorstande und Aufsichtsrate die gleiche Verantwortlichkeit aufzuerlegen, wie sie die §§ 43ff. des Börsengesetzes für diejenigen vorsehen, welche zum Zwecke der Einführung von Effekten an der Börse den Prospekt veranlaßt haben. Voraussetzung dieser Verantwortlichkeit wäre, daß die Aufsichtsratsmitglieder die Unrichtigkeit der in den Publikationen gemachten Angaben gekannt haben oder ohne grobes Verschulden kennen mußten, oder daß die Weglassung wesentlicher Tatsachen in diesen Publikationen auf böslichem Verschweigen oder auf böslicher Unterlassung ausreichender Prüfung beruht.

Ich halte diese Vorschläge in der von Sievers gegebenen Ergänzung für recht erwägenswert. Man könnte darin mit Dr. Sievers einen Ausgleich gegenüber den Ergebnissen der Judikatur erblicken, welche den durch unrichtige Angaben von Gesellschaftsorganen getäuschten Aktionären den Ersatzanspruch gegen die Gesellschaft für denjenigen Schaden, den er gerade durch seine Beteiligung an der Gesellschaft erlitten hat, versagt. Gleichwohl bin ich nicht in der Lage, dem Juristentage die Annahme dieses Vorschlages zu empfehlen, und zwar im wesentlichen aus praktischen Erwägungen. Daß der Aufsichtsrat für Pflichtverletzungen, wie sie hier bezeichnet wurden, der Gesellschaft gegenüber haftet, ist schon gegenwärtig Rechtens. Neben dieser Haftung der Gesellschaft eine Haftung gegenüber allen denen einzuführen, welche durch den Erwerb von Aktien irgend einen Vermögensnachteil haben, scheint mir sehr bedenklich zu sein. Es ist bekannt, in wie weitgehendem Maße die Aktie zur Spekulation benutzt wird. Man braucht nicht gleich an wilde Spekulation oder an Differenzgeschäfte zu denken. Auch ein solider Kapitalist legt zuweilen einen Teil seines Vermögens in Aktien an, weil er sein Vermögen vermehren oder sich gegenüber dem sinkenden Zinsfuße eine höhere Dividende verschaffen will. Treten die gehegten Erwartungen nicht ein, ergibt sich an Stelle gehofften Gewinns ein Verlust, dann suchen die Beteiligten in der Regel auf jede Weise nach einem Ersatz. Sie wenden alle möglichen und denkbaren Mittel an, um den erlittenen Schaden wieder auszugleichen. Der bequemste Sündenbock wäre in diesem Falle der Aufsichtsrat, der schon auf Grund grober Fahrlässigkeit in Anspruch genommen werden könnte. Und zu der Annahme von Fahrlässigkeit, von grober Fahrlässigkeit kann ein findiger Rechtsanwalt sehr leicht gelangen, namentlich, wenn er die Verhältnisse ex post betrachtet, wenn er sich ex post in die Seele des unglücklichen Aufsichtsrates hineindenkt. Für eigentliche unerlaubte Handlungen haftet der Aufsichtsrat auch jetzt schon dem Geschädigten. Darüber hinaus eine allgemeine aktienrechtliche Verantwortlichkeit einzuführen, scheint mir eine Überspannung des Bogens zu sein.

Ich komme zu dem letzten Vorschlage, der Einführung obligatorischer Revisionen für Aktiengesellschaften. Dieser Vorschlag ist durch die englische Gesetzgebung angeregt. Das englische Gesetz bestimmt, daß die Generalversammlung, event. der Handelsminister alljährlich einen oder mehrere

Revisoren zu bestellen hat, die bis zur nächsten Generalversammlung im Amte bleiben und auf Grund einer fortlaufenden Büchereinsicht der nächsten Generalversammlung einen wahren und korrekten Bericht über die Lage und die Angelegenheiten der Gesellschaft zu erstatten haben, wie sie sich nach den Büchern darstellen.

In England bestehen solche öffentliche Sachverständige als anerkanntes Institut. Sie sind von Justiz und Handel unabhängig, vereinigen sich zu Firmen und haben unter sich eine gewisse korporative Organisation. In Deutschland kennen wir die obligatorische Buchprüfung nur auf dem Gebiete des Genossenschaftswesens. Hier hat es sich bewährt, ist aber im wesentlichen Verhältnissen angepaßt, welche von denen der Aktiengesellschaften sehr erheblich abweichen. Ein Ansatz zu einer der englischen analogen Entwickelung findet sich auch in Deutschland insofern, als mehrere Aktiengesellschaften, insbesondere die deutsche Treuhandgesellschaften es sich zur Aufgabe gemacht haben, solche besondere Buchführungsrevisoren auszubilden und anderen Aktiengesellschaften zur Verfügung zu stellen.

M. H., gegen den Vorschlag der Einführung obligatorischer Revisionen bei den Aktiengesellschaften lassen sich erhebliche Einwendungen geltend machen. Von einer unmittelbaren Übertragung der englischen Einrichtung auf die deutschen Verhältnisse kann natürlich keine Rede sein. Die wünscht auch Professor Rehm nicht. Das englische Recht kennt alle diejenigen Kautelen nicht, mit welchen der deutsche Gesetzgeber die Gründungsvorgänge umgibt. Man kann auch sagen, daß diese Einführung von Revisionen mit der ganzen Frage, welche hier den Juristentag beschäftigt, überhaupt gar keinen Zusammenhang habe, und man kann weiter behaupten, daß durch Einführung solcher Revisionen die Verantwortlichkeit der Aufsichtsräte nicht verschärft, sondern im Gegenteile vermindert würde.

Ich glaube, daß diese Auffassung der Beurteilung unserer Frage nicht gerecht wird. Es ist eine offenkundige Tatsache, daß bei großen Gesellschaften eine gewissenhafte und wirklich wertvolle Revision der Buchführung für den Aufsichtsrat ein Ding der Unmöglichkeit ist. Der Aufsichtsrat muß sich daher jetzt schon, wenn er nicht bloß auf der Oberfläche bleiben will, besonderer Sachverständiger in dieser Beziehung bedienen und muß sich mehr oder weniger auf diese Sachverständigen verlassen. Will man das Verantwortlichkeitsgefühl der Aufsichtsratsmitglieder schärfen, so darf man ihnen anderseits nicht im Gesetz Pflichten auferlegen, von denen man im voraus weiß, daß sie sie nur in ungenügender Weise erfüllen können. Die Einführung der obligatorischen

Revision würde daher keineswegs eine Verminderung der Verantwortlichkeit der Aufsichtsratsmitglieder mit sich bringen, sondern lediglich zum gesetzlichen Ausdruck bringen, daß eine sichere Kontrolle der Buchführung bei großen Unternehmungen die periodische Prüfung durch besondere Sachverständige zur Voraussetzung hat. Eben deshalb könnte ich aber auch diese Revision nicht, wie Professor Rehm, für alle Aktiengesellschaften befürworten, sondern nur für große Unternehmungen, etwa für solche mit einem Grundkapital von einer Million Mark. Für diese hätte sie dann in jedem Jahre, nicht nur in jedem zweiten Jahre, wie Professor Rehm vorschlägt, stattzufinden. Ich kann meine Vorschläge in erfreulicher Übereinstimmung mit dem Herrn Korreferenten dahin zusammenfassen:

1. Ein dringliches Bedürfnis zu einem sofortigen gesetzlichen Eingreifen ist nicht anzuerkennen, zumal eine weitere Klärung der vielfach stark von einander abweichenden Ansichten und Reformvorschläge abzuwarten ist.

2. Bei einer künftigen Regelung ist vorzusehen, daß im Gesellschaftsvertrage selbst das Mindestmaß der Kontrollpflichten mit Rücksicht auf die besondere Art und Branche der einzelnen Gesellschaften bestimmt wird. Den Mitgliedern der demzufolge im Gesellschaftsvertrag in ihrem Mindestumfang festzusetzenden Dezernate oder Kommissionen sollen selbständige Kontrollbefugnisse zustehen, aber auch schärfere Verpflichtungen in der Weise auferlegt werden, daß jedes Kommissionsmitglied für die Erfüllung seiner besonderen Kontrollpflichten den übrigen Mitgliedern des Aufsichtsrates verantwortlich ist.

3. Für größere Aktiengesellschaften mit einem Grundkapital von mindestens einer Million Mark empfiehlt sich die obligatorische Einführung jährlicher Bilanzrevisionen durch besondere, von der Generalversammlung zu wählende, von der Gesellschaft unabhängige Sachverständige, welche für sorgfältige Ausübung ihrer Pflichten verantwortlich zu machen sind.

Meine hochgeehrten Herren! Sie kennen alle das Sprichwort: Selten kommt etwas besseres nach. (Sehr richtig!) Im vorliegenden Falle kann ich diesem Sprichwort vielleicht eine etwas andere Anwendung geben, als diejenigen Herren vermeinen, welche die Güte hatten, mir soeben ihre Zustimmung zu erklären (Heiterkeit). Ich kann mit der angenehmen Aussicht schließen, daß diesmal in der Tat etwas besseres nachkommt! Ich habe nur als schlichter Reichsgerichtsrat gesprochen, der aber nach mir kommt, der Herr Korreferent, der ist viel mehr! der ist ein Aufsichtsrat! So werden Sie also einen Aufsichtsrat über den Aufsichtsrat zu hören bekommen. (Heiterkeit, lebhaftes Bravo und Händeklatschen).

Mitberichterstatter Geheimer Justizrat Professor Dr. **Riesser**-Berlin: Meine Herren! Der Grund, den der verehrte Herr Vorredner Ihnen vorgetragen hat, ist für mich ein Grund gewesen, mich in der ständigen Deputation mit Händen und Füßen gegen die Übernahme des Referates zu wehren. Aber, meine Herren, ich hoffe, daß man zu mir auch in diesem Kreise das Vertrauen haben wird, daß ich nicht zu Ihnen spreche, weil ich Aufsichtsrat war oder bin, sondern obgleich ich es bin (Bravo!), daß es aber vielleicht gut ist, wenn gegenüber manchen Anschauungen, die aufgetreten sind, auch jemand das Wort ergreift, der in der Praxis sich von dem überzeugt hat, was nottut, was geschehen kann, aber auch von dem, was nicht geschehen kann.

Meine Herren, der Juristentag hatte in den früheren Jahren meist die vornehme und dringend notwendige Aufgabe, den Gesetzgeber aufzurütteln aus langjährigem, mitunter Jahrhunderte langem Schlaf, mit aller Macht dafür zu sorgen, daß nicht Gesetz und Recht wie eine ewige Krankheit sich fortschleppe, daß nicht Vernunft zum Unsinn, Wohltat zur Plage werde. Diese Aufgabe ist in unserer nun allzureichlich mit Gesetzen gesegneten Zeit eine andere, und sie ist in wirtschaftlichen Materien, also in solchen Materien, in denen gewisse allgemeine, politische oder wirtschaftliche, in jeden eingewurzelte Grundsätze und Richtungen die Entscheidung bedingen, eine besonders schwierige. Hier gilt es vor allem, zu mahnen, das Messer nicht anzusetzen, bevor man sich überzeugt hat, daß der Patient der Operation kraft seines Allgemeinbefindens gewachsen ist, hier gilt es zu verhüten, daß nicht Operationen vorgenommen werden, die zwar an der einen Stelle helfen, aber bewirken, daß der Patient in einigen Tagen an Herzschwäche das Zeitliche segnet. (Bravo!).

Wenn wir uns fragen, was speziell in unserer Materie, in der Materie des Aktienrechtes, eigentlich verschuldet hat, daß es so viele verschiedene Ansichten darüber gibt, was geschehen soll und kann, so werden wir drei Hauptgründe vorführen können.

Da ist zunächst die Struktur der Aktiengesellschaft selbst. Es ist gar kein Zweifel, daß die Aktiengesellschaft, weil sie der Ausdruck der rein kapitalistischen Wirtschaftsordnung ist, eine Fülle von schweren Gefahren und Bedenken mit sich trägt. Denn, meine Herren, es ist eine Geschäftsform, in welcher der Gesellschafter als solcher nicht mitarbeitet, in der er nicht seine eigene Kraft, seinen Namen, seine Existenz mit zum Markte trägt, sondern bei der er sich beruhigt, daß er im schlimmsten Falle doch nicht mehr verlieren kann, als den Betrag seiner Aktie oder dessen, was er für sie ausgegeben hat. Das, meine Herren, bewirkt vor allem zwei Übelstände, die so oft beklagt worden sind; zunächst die maßlose Gleichgültigkeit der Aktionäre, die nicht einmal an dem jour fixe der Aktiengesellschaft, bei der Generalversammlung erscheinen, und nur dann zu schreien anfangen, wenn sie plötzlich erleben müssen, daß es nicht so geht, wie sie bei Erwerb der Aktien es erwartet hatten, und oft selbst in diesem Falle nur dann schreien, wenn es ihnen nicht gelungen ist, rechtzeitig die Aktien wieder zu verkaufen, die sie meist gekauft hatten, nicht um „Gesellschafter" zu werden, sondern um eine leicht übertragbare, spekulative Form von Wertpapieren zu erwerben. — Der zweite Übelstand ist die (meist wenigstens vorhandene) Möglichkeit der jederzeitigen Realisierung; die Aktiengesellschaft wird dadurch eine Art von Chamäleon, das jeden Moment eine andere Färbung aufweist. Es gibt Aktiengesellschaften, in denen der Vorstand nichts weiter ist, als die Puppe des Aufsichtsrates, aber nicht weil dieser der Aufsichtsrat ist, sondern weil er der Aktienbesitzer ist und infolgedessen muß dann hier der Vorstand unbedingt parieren. Es gibt aber andere Aktiengesellschaften, in denen das gerade Entgegengesetzte der Fall ist, in welchen der Vorstand der Herr der Aktien und damit der Gesellschaft ist, und den Herrn werden Beispiele genug aus der Praxis in Erinnerung sein, daß der Aufsichtsrat in diesen Fällen einfach geflogen ist, wenn er einmal dem Vorstand auch nur irgendwie unangenehm geworden ist. Ich glaube nicht, meine Herren, daß man diese Übelstände wird beseitigen können, wenn man nicht die Form selbst, diese rein kapitalistische Unternehmungsform der Aktiengesellschaft, beseitigt, und diese wird bei dem heutigen Stande unserer Wirtschaft kaum jemand beseitigen wollen, der da weiß, daß die Aktiengesellschaft eine der mächtigsten, schneidigsten, kräftigsten Waffen war, mit denen wir den schweren Entscheidungskampf in der Konkurrenz mit auswärtigen Staaten durchgefochten haben, und mit denen wir die uns noch bevorstehenden weit schwereren Kämpfe werden durchfechten müssen (Sehr richtig). So wird man, wenn auch nicht gerade leichten Herzens, jene Übelstände deshalb mit in den Kauf nehmen müssen, weil sie eine Begleiterscheinung, eine notwendige Begleiterscheinung jener gesellschaftlichen Unternehmungsform ist, die wir nicht entbehren, wicht beseitigen können, wollen wir uns nicht weit schwerere wirtschaftliche Schäden selbst zufügen.

Die leichte Übertragbarkeit der Aktie ist aber nicht nur einer der wesentlichsten Gründe für die Gleichgültigkeit des Aktionärs den Schicksalen der Gesellschaft gegenüber, da er heute die Aktie erwerben, morgen sie ebenso leicht verwerten kann, sondern sie ist auch zugleich der wesentlichste Grund für die Ausschweifungen der Spekulation, die untrennbar sind von dem Begriffe der Aktiengesellschaft seit den ungefähr 500 Jahren, in denen sie nachweisbar besteht.

Der letzte, aber nicht der geringste Übelstand den wir zu beklagen haben, liegt in den Mängeln der Verwaltung, und vor allem in der vielfach beklagten und vielfach erwiesenen mangelhaften Kontrolle seitens des Aufsichtsrats. Wer diese Übelstände leugnen will, beweist nur, daß er nicht den Grund erkannt hat, weshalb die Kontrolle gar nicht gut sein kann. Meine Herren! In dem § 246 HGB. steht, daß der Aufsichtsrat die gesamte Geschäftsführung der Gesellschaft in allen Zweigen der Verwaltung zu überwachen hat, daß er stets von dem Gange der Angelegenheiten der Gesellschaft unterrichtet sein muß, ein Paragraph, der früheren Gesetzen und Entwürfen entnommen ist, der aus einer Zeit stammt, in der wir in den Kinderschuhen unserer wirtschaftlichen Entwickelung steckten; ein Paragraph, der Forderungen an den Aufsichtsrat stellt, die dieser selbst bei Aufwendung der Sorgfalt eines ordentlichen Geschäftsmannes unmöglich erfüllen kann. Es wäre vielleicht möglich, eine ganz kleine Aktiengesellschaft, etwa eine kleine Spinnerei und Weberei in allen Zweigen der Verwaltung zu überwachen. Aber es ist ein Unding, von dem Aufsichtsrate zu erwarten, geschweige denn, wie das Gesetz es tut, zu verlangen, daß er, der nicht, wie der Vorstand, seine ganze Kraft und Zeit den Angelegenheiten der Gesellschaft zu widmen hat, sondern der nach dem Gesetze nur im Nebenamt diese Beschäftigung zu betreiben hat, imstande sein soll, im heutigen Großbetriebe — der bei etwa $^7/_8$ der heutigen industriellen Gesellschaften die Regel bildet — die gesamte Geschäftsführung der Gesellschaft in allen Zweigen zu überwachen.

Ich gehe noch weiter. Jener Satz, wie ihn der § 246 heute noch für den Aufsichtsrat enthält, ist heute nicht einmal mehr anwendbar für den Vorstand. Man zeige mir in unseren großen industriellen Gesellschaften einen Vorstand, oder bei unseren staatlichen Betrieben einen Eisenbahn-Direktions-Präsidenten oder gar einen Minister, der von sich sagen kann, daß er über die gesamten Betriebe seiner Verwaltung und in allen Zweigen dieser Verwaltung jeden Moment völlig unterrichtet ist. Die Tatsache, daß selbst bei den Vorständen größerer Gesellschaften die Tätigkeit nach Ressorts eingeteilt wird und die anderen Mitglieder in den Sitzungen durch das Referat ihrer Kollegen über die wesentlichsten Punkte sich zu orientieren suchen, zeigt genügend, daß der Großbetrieb dahin geführt hat, daß die Chefs der Verwaltung sich um alle Details gar nicht mehr kümmern können, daß es nicht denkbar ist, daß jeder täglich in allen Zweigen der Verwaltung vollständig orientiert ist. Ist dies aber richtig, so wird man eine solche Kenntnis am wenigsten annehmen und am wenigsten verlangen können von den Aufsichtsräten, die meist erst in den Sitzungen über die wichtigsten Vorgänge in der Geschäftsführung informiert werden, die meist vor faits accomplis gestellt werden, die also meist von den Dingen erst dann hören, wenn sie, wenn auch vielleicht „unter Vorbehalt der Genehmigung des Aufsichtsrats" — das ist die Formel — abgeschlossen sind.

Also meine Herren, was kann der Aufsichtsrat tun? Gewiß ist, daß er das nicht tun kann, was § 246 enthält. Man könnte sagen: es schadet nichts, lassen wir den § 246 trotzdem ruhig stehen, zumal ja nur dann eine Gefahr entstehen kann, wenn die hier normierten Pflichten nicht mit der Sorgfalt eines ordentlichen Geschäftsmannes ausgeübt werden. Ich bin anderer Ansicht. Ich glaube nicht, daß es Sache des Gesetzgebers sein kann, dem Publikum Sand in die Augen zu streuen, — denn das geschieht durch die allgemeine Fassung des § 246. Der Gesetzgeber — so muß der Laie argumentieren — würde nicht dem Aufsichtsrate diese Pflichten auferlegen, wenn nicht ein sorgfältiges Mitglied des Aufsichtsrats zur Erfüllung dieser Pflichten imstande wäre.

Ich glaube daher, daß auf die Dauer der § 246 HGB. nicht bestehen bleiben kann, wenn ich freilich auch ein sofortiges Einschreiten des Gesetzgebers nicht befürworten könnte, da erst eine weitere Klärung der Ansichten und Vorschläge abzuwarten ist und da man bei den derzeitigen parlamentarischen Verhältnissen zwar wissen kann, wie eine Vorlage in den Reichstag hineinkommt, aber nie wissen kann, wie sie von da wieder herauskommt (Sehr richtig). Trotzdem glaube ich, daß wir uns hier fragen sollten: was kann man etwa bei einer künftigen Regelung dieser Frage tun, damit nicht der Schaden vergrößert werde durch Vorschläge, die über das Ziel hinausgehen.

Man könnte nur sagen: nach der Schilderung, die hier und anderwärts entworfen worden ist, ist es das richtigste, man schafft den Aufsichtsrat ganz ab. Denn, wenn er sich in seiner Hauptfunktion — und die Überwachungsfunktion ist die Hauptfunktion — zweifellos im Großbetriebe nicht bewährt hat, weil er sich gar nicht bewähren konnte, ist der Schluß naheheliegend: dann hat er eigentlich keine Existenzberechtigung. Der Schluß wäre allerdings naheliegend, und die Lösung der ganzen Frage alsdann ungemein einfach, aber nach meiner Überzeugung nicht richtig.

Darf ich das Gleichnis fortsetzen, das mein Herr Mitreferent gebraucht hat, so will ich meinerseits nicht von Jungfrauen, sondern — in meinem Alter ist das richtiger — von den Frauen sprechen. Die Aktiengesellschaften sind ebenso wie die Frauen; die besten sind die, von denen man nicht spricht. Und wie es verkehrt wäre, aus einem Prozesse, in dem zutage trat, daß irgend ein Ehemann, Offizier oder sonst jemand, durch übermäßige Ausgaben seiner Frau ruiniert worden ist, oder aus einer Reihe solcher Prozesse schließen zu wollen: folglich müssen die Frauen unter Kuratell gestellt werden, so grundverkehrt wäre es, wollte man aus den bekannt gewordenen Fällen des Mißbrauchs, der Fälschung und der Verbrechen, die bei Aktiengesellschaften vorgekommen sind, den Schluß ziehen: folglich sind die Aktiengesellschaft vom Übel und die Aufsichtsräte, die diese Verbrechen nicht verhüten konnten, noch von größerem Übel; fangen wir bei dem letzten Übel an und schaffen wir einstweilen die Aufsichtsräte ab! Nein, meine Herren, diejenigen Aktiengesellschaften sind die besten, von denen man nicht spricht. Die — sicherlich unbeträchtliche — Anzahl der Aktiengesellschaften, bei denen nach den Zeitungen über Mißwirtschaft, Fahrlässigkeit, Betrug und sonstige Delikte vorgekommen sind, ist glücklicherweise nur ein verschwindend kleiner Teil der Aktiengesellschaften, die wir im deutschen Reiche als gewichtigen Faktor unseres wirtschaftlichen Aufschwungs zu unserer Verfügung haben. Was aber diese letzteren Gesellschaften betrifft, so habe ich an anderer Stelle (in meiner Schrift „Zur Aufsichtsfrage“ 1903) auf eine Funktion des Aufsichtsrats hingewiesen, auf die man bis dahin in der Literatur nicht geachtet hatte, auf die beratende Funktion des Aufsichtsrats, und ich habe dort behauptet und, wie ich glaube, nachgewiesen, daß der Aufsichtsrat, der sich in der Hauptfunktion, der Überwachungsfunktion, nicht bewährte, sich in dieser beratenden Funktion außerordentlich bewährt hat, also in einer Tätigkeit, die, wie bei den Frauen, sich im Hause abspielt, die nicht nach außen dringt, von der der Dritte nur hören kann von solchen, die ihm davon aktenmäßige Kenntnis geben können. Nicht contra aber praeter legem hat sich in den letzten Dezennien seit dem Bestehen des Aufsichtsrats die beratende Funktion des Aufsichtrates in allererster Linie entwickelt. Ich kann in dieser Beziehung allerdings mit voller Objektivität behaupten und beweisen, daß die Fälle, die ich früher als Beispiele dieser beratenden Funktion angegeben habe, unendlich zahlreich sind; daß in einer ungemein großen Zahl von Fällen der Aufsichtsrat, was ja in vielen Fällen auch zu seinem Pflichtenkreis gehören wird, der treue Berater der Aktiengesellschaft gewesen ist, daß er ihr in überaus zahlreichen Fällen neue Absatzwege eröffnet und Verbindungen zugewiesen, wertvolle Fingerzeige gegeben, für Export und Import Ratschläge erteilt hat, und ich habe speziell aus meiner Erfahrung hingewiesen auf die Fälle, in welchen eben der Aufsichtsrat in günstiger Weise sowohl die Dispositionspolitik wie die Dividendenpolitik der Aktiengesellschaft beeinflußt hat, — die Dispositionspolitik, d. h. jene Politik, die darauf ausgeht, daß die greifbaren Mittel der Aktiengesellschaft stets in richtigem Verhältnis zu den fälligen oder bald fälligen Verbindlichkeiten stehen. Mir sind sehr viele Fälle bekannt, in denen eine sorgfältige Prüfung dieser Dispositionsfragen für die Gesellschaft von entscheidendstem Vorteile gewesen sind. Wie wenig das alles selbst von Männern, welche der Praxis nicht fern stehen, gewürdigt und verstanden wird, beweist die Frage, die Prof. Warschauer in bezug auf diese beratende Funktion an mich gestellt hat, ob ich denn glaube, daß bei den großen Banken etwa der Aufsichtsrat irgend etwas mit der Disposition zu tun habe. Nun, ich kann die Frage dahin beantworten: Ich glaube es nicht nur, sondern ich weiß es. Es werden periodisch, meist alle vier Wochen, den Aufsichtsräten bei den großen Banken die sogenannten Generaldispositionen überreicht, und da, wo Anlaß dazu ist, werden sie, das kann ich versichern, in sehr eingehender Weise, und zwar bei allen großen Banken, in diesen Aufsichtsratssitzungen geprüft und erörtert. Also, meine Herrn, die Ansicht, die in der allerletzten Zeit wieder von Wermert vertreten wird, es sei der Aufsichtsrat zu beseitigen, weil er sich in seiner Hauptfunktion nicht bewährt habe, ist, wenigstens nach meiner festen Überzeugung, entschieden abzulehnen. Es bleibt aber freilich die Frage übrig: Kann man nicht in den Vorschriften hinsichtlich der Überwachungsfunktion des Aufsichtsrates irgend etwas bessern?

Hier, meine Herrn, möchte ich zunächst die Frage und zugleich den Standpunkt präzisieren, auf dem ich stehe. In einem großen, ich kann fast sagen in dem größten Teil der Literatur finden Sie immer wieder den Standpunkt: Die Hauptsache ist, die Verantwortlichkeit des Aufsichtsrates klar und scharf festzustellen, — den Aufsichtsrat mit anderen Worten in jeder Weise als Regreßobjekt zu konservieren oder zu konstruieren. Nein, meine Herrn, die Hauptsache ist, die Gesellschaften vor Schaden zu bewahren, und dann erst, also als zweite Frage, kommt die Frage des Ersatzes des Schadens durch den Aufsichtsrat. Also in erster Linie haben wir uns zu fragen: Gibt es Vorschriften, durch welche wir unter Beseitigung eines Teils — ganz lassen sie sich nie beseitigen — der heutigen Mißstände im Aufsichtsrat die Kontrollpflicht des Aufsichtsrats zu einer etwas reelleren Größe machen können, gibt es also Vorschriften, welche die Gesellschaften nach der hier in Frage stehenden Richtung vor Schaden behüten können?

Und dazu, meine Herrn, dienen die Vorschläge, die wir — die beiden Referenten — Ihnen unterbreitet haben. Wir sind, wie ich selbst schon früher in meiner Schrift („Zur Aufsichtsratsfrage"), davon ausgegangen, daß die allgemeine gesetzliche Formel des § 246 nichts nützt und daß sie auch bedenklich ist, weil sie der Natur der einzelnen Gesellschaften gar keine Rechnung trägt. Es ist klar, daß die Art, der Umfang, die Dauer und Zeit der Kontrollen, die ausgeübt werden müssen, ganz verschieden sein muß, je nach der Natur der einzelnen Gesellschaft. Es ist nicht denkbar, daß ein und dieselbe Kontrollart und Kontrolleinrichtung sowohl für eine Elektrizitätsgesellschaft wie für eine große Kohlenaktiengesellschaft paßt usw. Es ist nicht denkbar, daß dieselbe Kontrollart sich eignet für eine zentralisierte und für eine dezentralisierte Gesellschaft, d. h. für eine Gesellschaft, etwa mit einer Niederlassung oder etwa mit einer Unmasse von Filialen, Kommanditen, Agenturen, Depositenkassen und dgl.; und es ist endlich nicht denkbar, die nämlichen Kontrolleinrichtungen zu treffen für eine Gesellschaft, die nur importiert oder auch exportiert oder beide Geschäfte betreibt. Daher stammt der Vorschlag, daß der Gesellschaftsvertrag selbst den Umfang, die Art, die Zeitabschnitte usw. feststellen soll, in welchen, entsprechend der Natur der einzelnen Gesellschaft, die Kontrolle stattfinden soll. Natürlich müssen zugleich Sicherheitsmaßregeln getroffen werden, um zu verhindern, daß etwa nun der Gesellschaftsvertrag garnichts oder zu wenig enthalte. Aber derartige Maßregeln lassen sich treffen und ich habe auch solche bereits in meiner vorgedachten Schrift vorgeschlagen. Erstens hat der Registerrichter dafür zu sorgen; zweitens müssen jene Bestimmungen des Gesellschaftsvertrags eingetragen und veröffentlicht werden, ferner müssen sie zum wesentlichen Inhalt des Gesellschaftsvertrages gehören, deren Fehlen im Sinne des § 182, Abs. 2 HGB. die Nichtigkeitsklage ev. aber die ex officio eintretende, die Nichtigkeitserklärung der Gesellschaft ohne weiteres zur Folge haben würde. Und endlich würde, wenn es sich um Werte einer Gesellschaft handelt, die an den Markt kommen sollen, die Zulassungsstelle es ohne weiteres in der Hand haben, bei etwa zu geringer Bemessung der Kontrollpflichten im Gesellschaftsvertrag einzuschreiten, und ev. die Zulassung zu verweigern, wenn nicht diese Bestimmungen anders und schärfer gefaßt werden. Ich betone aber: nur das Mindestmaß der Kontrollvorschriften soll im Gesellschaftsvertrag festgesetzt werden, und, so haben wir hinzugesetzt, auch der Mindestumfang der sich aus diesen Kontrollvorschriften von selbst ergebenden Dezernate oder Kommissionen, dies also im Gegensatz zu Warschauer, nach welchem das Gesetz (nicht der Gesellschaftsvertrag) diesen Mindestumfang festsetzen soll. Wir haben aber hinzugefügt, daß im Rahmen dieser Kontrollbefugnisse ein Individual-Kontrollrecht für das Dezernats- oder Kommissionsmitglied bestehen soll, und daß andererseits die Mitglieder der Kommissionen den übrigen Mitgliedern des Aufsichtsrates für die sorgfältige Ausübung ihrer Kontrollpflichten verantwortlich sein sollen. — Endlich haben wir eine spezielle (neben der Prüfungs- und Revisionspflicht des Aufsichtsrats) eintretende Prüfung der Bilanz und Inventur durch besondere Revisoren vorgeschlagen, die unbedingt nach meiner festen Überzeugung ohne Schäden und Bedenken bei größeren Gesellschaften durchführbar ist und hier auch schon vielfach in der Praxis besteht. In meiner Schrift: „Zur Aufsichtsratsfrage" habe ich noch eine Reihe von Ausführungsbestimmungen vorgeschlagen, welche darauf abzielen, ein besonders befähigtes Material von Bilanz-Revisoren allmählich heranzuziehen. Mit solchen Ausführungs-Details kann aber der Juristentag selbst sich nicht abgeben.

Damit, meine Herrn, ist der wesentlichste Teil unserer Vorschläge erschöpft und ich muß nur auf einen Vorschlag des Herrn Gutachters noch etwas zurückkommen (Artikel I), den der Herr Referent in seiner Besprechung gewiß nur gestreift hat, der dahin geht, daß jede Einladung, jeder Prospekt usw. auch von dem Aufsichtsrate zu unterzeichnen ist. Nun, meine Herrn, hier haben wir einmal ein klassisches Beispiel, wie unrichtig es ist, fremde Institutionen ohne weiteres auf den deutschen Boden übertragen zu wollen. Die Vorschrift, die der Herr Referent dem englischen Rechte, nämlich den §§ 30, 9 und 10 der Company Act vom August 1900 entnommen, paßt auf unsere deutschen Verhältnisse unendlich wenig. Zunächst ist es dem Herrn Gutachter entgangen, daß sich dieser Vorschlag im wesentlichen (vgl. § 10, Nr. 4) nur auf das Gründungsstadium bezieht. Also für die spätere Zeit eignet sich der Vorschlag nicht, da auch nach dem englischen Gesetze Ausnahmen gemacht sind für den Fall, daß weitere Aktien usw. einer bestehenden Gesellschaft ausgegeben werden sollen.

Ferner ist nicht bedacht, daß es sich bei jener Norm des englischen Gesetzes um einen Vorschlag handelt, der hervorgegangen ist aus ganz bestimmten englischen Mißständen. Anlaß zum Erlasse des englischen Gesetzes hatte gegeben, daß in England die Gepflogenheit aufgekommen war, bei Gründung von Gesellschaften Prospekte zu erlassen, in welchen von Leuten die Rede war, die im Aufsichtsrate sitzen sollten oder als

Mitglied zu fungieren aufgefordert sein sollten, von deren Aufnahme in den Aufsichtsrat nie die Rede gewesen war. Bei uns hat ein derartiges Verfahren nie stattgefunden. Aber noch mehr: für den englischen Gesetzgeber war die Vorschrift notwendig, weil die Verantwortlichkeit aus dem Prospekt bis zum Gesetze vom 8. August 1900 in England so gut wie gar nicht geregelt war. Für uns normieren für das Gründungsstadium die Paragraphen 203 des Handelsgesetzbuches, und für die spätere Zeit die §§ 43—47 und 75 des Börsengesetzes die zivile und strafrechtliche Haftung der Emittenten und Emissionsgenossen in einem Umfange und in einer Schärfe, welche den jetzigen österreichischen Justizminister Dr. Klein in einer geistreichen Abhandlung veranlaßt hat, von der „klirrenden Schneidigkeit" zu sprechen, mit welcher diese Materie von unserem Gesetzgeber behandelt sei. Die Gründe, welche den englischen Gesetzgeber bestimmt haben, zur Ausfüllung von Lücken diese Bestimmung in sein Gesetz hereinzubringen, existieren sonach bei uns nicht. Deshalb machen wir den Vorschlag, diesen Antrag ebenso abzulehnen, wie den Sievers'schen. (D. Jur. Zeitung XI, Nr. 16 und 17, S. 904—906.) Auch die von dem Herrn Gutachter nebenher beantragte Erweiterung der Minderheitsrechte (Artikel IV) kann nicht konzediert werden, wie bereits Herr Reichsgerichtsrat Dr. Düringer zutreffend ausführte. Seinen Argumenten will ich nur noch einiges hinzufügen: Es ist nicht, wie man häufig denkt, richtig, das sogenannte demokratische Element im Aktienrechte, die Minderheitsrechte, ins Ungemessene zu erweitern, auch aus dem Grunde nicht, weil die Folge vielfach nicht eine Stärkung des demokratischen, sondern lediglich eine Stärkung des plutokratischen Prinzipes sein würde. Es ist klar, daß bei jedem Versuche einer ungemessenen Erweiterung der Minderheitsrechte die Mächte, welche dazu in der Lage sind, ihren Aktienbesitz weiter vermehren würden, um gegenüber Überrumpelungen einer starken Minorität jederzeit gewappnet zu sein.

Aus diesen Gründen glauben wir, Ihnen unsere Vorschläge empfehlen zu dürfen, die sich einerseits von jeder Maßlosigkeit entfernt halten, die aber andererseits auch nicht etwa Ihnen vorschlagen, in bezug auf eine etwaige spätere Regelung des Gegenstandes seitens der Gesetzgebung gar nichts zu sagen. Wir würden einen solchen Standpunkt des Juristentages nicht für würdig erachten; wir würden glauben, unsere Pflicht nicht vollständig erfüllt zu haben, wenn wir nicht versucht hätten, solche Maßregeln vorzuschlagen, die durchführbar sind und die, wie wir glauben, einen nicht unwesentlichen Fortschritt in dieser Materie anbahnen können. (Anhaltender Beifall).

Vorsitzender: M. H.! Sie haben durch Ihren Beifall Ihren Dank schon zum Ausdruck gebracht, sodaß ich ihn nicht zu wiederholen brauche. Für die Debatte selbst darf ich das gestrige Wort erwähnen, kurz, nervose und deutlich zu sprechen, damit die Verhandlung zum Abschluß kommt. Es soll die Verantwortlichkeit der Mitglieder des Aufsichtsrates der Aktiengesellschaften genauer bestimmt werden.

Damit die Herren genau unterrichtet sind, teile ich den Antrag mit. Er lautet:

1. „Ein dringliches Bedürfnis zu einem sofortigen gesetzlichen Eingreifen, — d. h. dahin, ob die Verantwortlichkeit genauer bestimmt werden soll, — ist nicht anzuerkennen, sondern eine weitere Klärung der vielfach stark von einander abweichenden Ansichten und Reformvorschlägen abzuwarten."

Die Behandlung der Frage ist also bilatorisch.

2. „Bei einer künftigen Regelung ist vorzusehen, daß im Gesellschaftsvertrage selbst das Mindestmaß der Kontrollpflichten mit Rücksicht auf die besondere Art und Branche der einzelnen Gesellschaften bestimmt ist; — das ist ein Avis für den Gesetzgeber; nun kommt hinzu: — den Mitgliedern der demzufolge im Gesellschaftsvertrage in ihrem Mindestumfange festzusetzenden Dezernate oder Kommissionen sollen selbständige Kontrollbefugnisse zustehen, aber auch schärfere Verpflichtungen in der Weise auferlegt werden, daß jedes Kommissionsmitglied für die Erfüllung seiner besonderen Kontrollpflichten den übrigen Mitgliedern des Aufsichtsrats verantwortlich ist."

Nun kommt 3. „Für größere Aktiengesellschaften mit einem Grundkapital von mindestens 1 Million Mk. empfiehlt sich die obligatorische Einführung jährlicher Bilanzrevisionen durch besondere von der Generalversammlung zu wählende, von der Gesellschaft unabhängige Sachverständige, welche für sorgfältige Ausführung ihrer Pflichten verantwortlich zu machen sind."

Ist noch ein Wunsch betreffs der Mitteilung vorhanden? Das ist nicht der Fall.

Vielleicht gestatten die Herren, daß ich die Verhandlung kurz unterbreche. Es ist der Wunsch an mich gerichtet worden, daß die Abteilung sich rasch schlüssig macht bezüglich der Vorschrift der Geschäftsordnung, daß 10 Mitglieder für die Deputation aus der Abteilung zu wählen sind. Ich habe Ihnen 10 Herren vorzuschlagen. Ich gestatte mir vorzuschlagen, daß Sie als Vertrauensmänner wählen möchten die Herren Dr. Vierhaus-Breslau, Wildhagen-Leipzig, Wretschko-Insbruck, Dr. Düringer-Leipzig, Dr. Stranz-Berlin, Dr. Lobe-Dresden, Wassermann-Hamburg, Schneider-Stettin, Dr. Leppel-Kiel.

Es erhebt sich kein Widerspruch, soweit die Herren anwesend sind, nehme ich, wenn Sie meine Frage schweigend beantworten, an, daß die Sache erledigt ist. Ist Herr Lobe hier, Herr Wassermann? (Zuruf: Ja). Damit ist die Sache erledigt.

Amtsrichter Dr. **Sontag-Kattowitz**: M. H.! Ich muß wohl um Nachsicht bitten, wenn ich es wage, nach Referenten, deren Namen solchen Klang haben, das Wort zu ergreifen. Aber ich meine, die Herren Referenten haben die Übelstände im Aufsichtsratswesen nicht erschöpft. Ihre Vorschläge richten sich nur dagegen, daß der Aufsichtsrat seine Kontrollpflichten vernachlässigt. Die Übelstände, die mit den vorgeschlagenen Leitsätzen behoben werden sollen, sind alle, wenn ich so sagen darf, entnommen den Erfahrungen des Jahres 1900, dem Zusammenbruch und der Krise von damals; Übelstände, die sich aber nachher ergeben haben und die man bei ständigem Verfolgen der Praxis konstatieren kann, werden durch die Vorschläge nicht getroffen, welche der Versammlung unterbreitet worden sind. Ich möchte mir ganz kurz erlauben, einige wenige Beispiele herauszugreifen, die in ihrer Art typisch sind und beweisen, daß hier mit der vorgeschlagenen Remedur nicht ausreichend geholfen ist, und daß das Gesetz selbst für eine Reihe von Fällen im Stich läßt. Da ist z. B. der bekannte Fall des Stettiner Vulkan. Er will an der Nordsee eine Niederlassung gründen; ein großer Teil der Aktionäre, speziell Stettiner Bürger, haben das Interesse, daß das Unternehmen vollständig der Stadt Stettin erhalten bleibe. Sie fürchten, daß, wenn das Unternehmen an der Nordsee eine Filiale hat, diese das Hauptunternehmen schlägt, und so gelingt es dem Vorstande nicht, die Dreiviertelmajorität zu erhalten, die er braucht, um die erforderliche Kapitalserhöhung beschließen zu lassen. Was macht er? Er setzt auf die Tagesordnung der Generalversammlung nicht: „Kapitalserhöhung zwecks Gründung einer Niederlassung an der Nordsee", sondern: „Ankauf von Terrain an der Mündung der Elbe." Das ist ein Punkt, zu dem einfache Majorität genügt; die hat er, also kann er diesen Ankauf des Terrains durchsetzen, und hat er erst das Terrain, so bleibt der Minderheit der Aktionäre nichts übrig, als im nächsten Jahre die Kapitalserhöhung zu bewilligen; denn mit dem Terrain allein kann die Gesellschaft nichts anfangen. Dasselbe Manöver haben sich verschiedene Schiffahrtsgesellschaften geleistet. Sie wollten neue Dampferlinien bauen, bekamen die Kapitalserhöhungen hierzu von der Generalversammlung nicht bewilligt und nahmen deshalb bei einer Bank ein Darlehn auf; nach zwei Jahren kamen sie und sagten den Aktionären: Das Darlehn ist zu hoch verzinslich, daß müssen wir abstoßen, wir bitten um Kapitalserhöhung.

Die Aktionäre mußten die Kapitalserhöhung bewilligen, wenn sie nicht das lästige Darlehn behalten wollten. Alles in den Formen des Gesetzes: einfache Majorität nur ist nötig für den Ankauf des Terrains, für die Aufnahme der Bankanleihe, und in Wahrheit ist ein Geschäft damit erreicht, das nach dem Geist des Gesetzes Dreiviertelmajorität nötig hätte.

Ein ganz anderes Beispiel: Eine Braunschweiger Bank hat eine Reihe bedenklicher und unsicherer Geschäfte gemacht. Ein Mitglied des Aufsichtsrates mißbilligt diese. Er kann als einzelner gegen den Vorstand und gegen den übrigen Aufsichtsrat nicht durchdringen, legt sein Amt nieder und stellt in der Generalversammlung in seiner Eigenschaft als Aktionär die erforderlichen Fragen über die gemißbilligten Geschäfte. Er fragt, ob ungedeckte Kredite von 300000 und 600000 Mark gewährt worden seien; die Antwort wird ihm verweigert. Er fragt, ob die Gesellschaft der Bilanzverschleierung sich schuldig gemacht habe, indem sie im Geschäftsbericht von einem Engagement bei einer Firma sprach, während sie in Wahrheit diese Firma hatte übernehmen müssen. Die Antwort wird ihm verweigert. Er behauptet, der Aufsichtsrat habe in einem Zirkular eine angekaufte Brauerei als „altes Eisen" bezeichnet, während diese zu Buch stünde mit 227000 Mk. usw usw. Die Majorität geht über alle seine Rügen hinweg und genehmigt die vorgelegte Bilanz. Der opponierende Aktionär legt gegen die Beschlüsse der Generalversammlung Protest ein, strengt die Anfechtungsklage an und gewinnt sie, und zwar aus dem einzigen Grund, weil das Landgericht Braunschweig herausrechnet, daß die erwähnte Brauerei nach den eigenen Angaben der beklagten Gesellschaft nur 188000 Mk. wert sei, während diese sie mit 227000 Mk. zu Buche gestellt hatte. Infolge dieser minimalen Differenz von 30000 Mk. gewinnt er den Prozeß. Es werden die Beschlüsse der Generalversammlung umgestoßen. Was hat er erreicht? Gar nichts! Über alle anderen behaupteten Mängel in der Bilanz hat das Landgericht Braunschweig nichts entschieden. Man kann dem Gericht keinen Vorwurf machen, denn erster und berechtigter Grundsatz ist, daß entschieden werden soll, sobald eine Sache spruchreif sei. Das Gericht braucht sich auf eine weitere Untersuchung nicht einzulassen. Die Aktiengesellschaft aber kann alle die Mängel, die dieses Mitglied gerügt hat, glatt bestehen lassen, kann eine neue Bilanz aufstellen, in der wieder die Kosten ungedeckter Kredite zum vollen Werte eingesetzt sind, in der wieder die falschen Buchungen und die Bilanzverschleierung vorkommen, sie braucht nur die Brauerei mit 30000 Mk. weniger anzusetzen, um das Urteil zu respektieren. Der anfechtende Aktionär hätte die Annehmlichkeit, unter

Umständen weitere Anfechtungsprozesse anzustrengen, um die Mängel auszumerzen, die nach seiner Ansicht noch in der Bilanz sind und um deretwillen er doch den ersten Prozeß hauptsächlich angestrengt hat. Die Anfechtungsbestimmung unseres Handelsgesetzbuches versagt also hier! Die große Minorität der Aktionäre des Stettiner Vulkan wird durch einen formalen Schachzug kalt gestellt, und im Braunschweiger Falle hindert das Vorhandensein eines formellen Mangels die Nachprüfung der materiellen. In beiden Fällen entspräche dem berechtigten Wunsche der Minderheit: eine Anfechtung und Nachprüfung wegen grober wirtschaftlicher Verletzungen.

Ein drittes Beispiel: Ein Frankfurter Bankhaus besitzt die Majorität der Aktien bei einer Hypothekenbank. Hier zeigt sich die Wunde, in die schon Herr Geheimrat Rießer den Finger gelegt hat, bei der er aber glaubte, sagen zu müssen, es gibt keine Abhülfe. Dieses Bankhaus benützt die Aktienmajorität dazu, der Hypothekenbank eine Kapitalserhöhung von 10 Millionen Mark aufzunötigen, für die diese kein Bedürfnis hat. Es macht sich bei Neuemission der Pfandbriefe eine Provision aus, die das zehnfache der üblichen erreicht. Es läßt sich dann eine jährliche Entschädigung von 30000 Mk. für 20 Jahre geben zur Abgeltung dieser Provision, und als einige Aufsichtsräte gegen diese Verwendung der Aktienmajorität aufzubegehren wagen, verweigert man ihnen die Decharge. Es fällt aus dem Munde eines der Inhaber des Bankhauses das charakteristische Wort: „Wir halten die Aktienmajorität wie mit einem eisernen Ringe umklammert." Die Aufsichtsräte, denen die Decharge verweigert ist, legen ihr Amt nieder, und das Bankhaus läßt neue Aufsichtsräte wählen. Der Kampf geht weiter. Wenn die Sache gütlich ausgelaufen ist, so ist es nicht der Einsicht und dem guten Willen des die Aktienmajorität beherrschenden Bankhauses zu verdanken gewesen, sondern dem Umstande, daß die Frankfurter Zeitung sich der Sache angenommen hat, und das Bankhaus den öffentlichen Skandal scheute. Sie sehen, meine Herren, alles in der Form des Gesetzes; oberster Grundsatz ist, die Aktienmajorität ist souverän. Gewiß, aber wenn sie derartig mißbraucht wird, muß man sagen, daß dagegen Remedur geschaffen werden muß.

Ich will Sie mit weiteren Beispielen verschonen. Alle die Fälle beweisen, daß wir mit den Mitteln, welche nur die Aufsichtsratspflichten, Kontrollpflichten schärfen, Dezernate festsetzen, usw. dieser Sache nicht beikommen. Wir müssen meines Erachtens dazu gelangen, eine höhere Instanz zu schaffen, an die sich die Minorität wenden kann wegen grober wirtschaftlicher Verletzungen, so wie sie sich heute an das Gericht wendet wegen grober Gesetzes- und Statutenverletzungen. Sie werden mir vorhalten, daß das ein ungeheurer Eingriff in das Verfügungsrecht einer Privatgesellschaft ist. Dem ist nicht so, es ist, gar nicht ohne Vorgang in unserer Gesetzgebung, daß wirtschaftliche Momente zur Umstoßung formalen Rechts führen. Wenn wir heute die Paragraphen 343 im BGB. und 74/75 im HGB. haben, wenn dem Kommis die Konkurrenzklausel erleichtert wird, weil sie ihn in seinem wirtschaftlichen Fortkommen hemmt, wenn die Konventionalstrafe als zu hoch erachtet und herabgesetzt wird, was machen dann Gesetz und Richter anderes, als in wirtschaftliche Verhältnisse eingreifen, als das Vertragsrecht der Parteien mißachten, weil sie sagen, es sind übergeordnete wirtschaftliche Gesichtspunkte, die uns das Recht dazu geben. Und wenn wir heute bei der Wuchergesetzgebung auf dem Umwege über das Verbot des Zinsnehmens, über die Begrenzung der Zinsen endlich zu dem Ergebnis gekommen sind, daß wir die Sache von der wirtschaftlichen Seite nehmen, daß wir sagen: Der Vertrag ist nichtig, wenn er aus einer Notlage geschaffen worden ist, — so kommen wir dem schon nahe, was wir bei der Aktiengesetzgebung zu beklagen haben, daß der Gesichtspunkt der Notlage nicht getroffen werden kann.

Herr Geheimrat Riesser hat der Versammlung auseinandergesetzt, daß oft der Vorstand die Puppe des Aufsichtsrates sei und umgekehrt der Aufsichtsrat die Puppe des Vorstandes, aber die Formen des Rechts werden dabei gewahrt, das Recht wird nicht verletzt, die Aktienmajorität macht alles in den gesetzlichen Formen, und darum sollen diese Mängel unabschaffbar sein? Die Minorität hat die einzige Möglichkeit, ihre Aktien zu verkaufen. Ein recht schlechter Rat, den man ihr gibt (Zuruf: Mitunter das Beste, was man tun kann!), vielleicht sind die Aktien schon so gesunken, daß man sie nur mit großem Verlust verkaufen kann, und im übrigen, das ist nicht der Zweck der Gesetzgebung. Sie soll nicht dulden, daß der Schwächere einfach herausgeekelt wird, die Aktiengesellschaft ist eine Gemeinschaft, in der auch die Minorität ihren Anteil an den Rechten haben soll.

Das Prinzip der Majorisierung ist die roheste Form, den Willen einer Summe von Personen zu bestimmen. Wie wir bei den öffentlichen Wahlen bestrebt sind, die Majoritätswahl durch die gerechtere Proportionalwahl zu ersetzen, so wird man m. E. auch bei der Regelung der Stimmverhältnisse in der Aktiengesellschaft dazu kommen, der Minorität eine andere Stellung einzuräumen als bisher. Wenn die Klage geführt wird, daß den Aufsichtsräten nicht genügend das Gewissen geschärft sei, so liegt dies vielfach daran, daß der Aufsichtsrat die Majorität hinter sich weiß und die Minorität nicht zu fürchten hat, solange er nur die Form Rechtens wahrt. Ganz anders werden Vorstand und Aufsichtsrat auch materiell einwandsfrei zu arbeiten bestrebt sein, wenn sie wissen, daß auch wegen ihrer groben wirtschaftlichen Verfehlungen der Minorität eine Appellationsinstanz zusteht.

Ob dies die Gerichte sind oder besser ein Reichsaufsichtsamt, wie es für die Versicherungsgesellschaften geschaffen ist, oder besondere Wirtschaftskommissionen, mag hier unerörtert bleiben.

Wenn wir zur Schaffung eines solchen Organes gelangen, dann wird auch der Vorwurf, der heut immer erhoben wird, die Aktionäre stünden dem Unternehmen so gleichgültig gegenüber, verstummen. Ist heute ein Aktionär nicht gleichgültig, so fehlt ihm meist jede gesetzliche Handhabe, mit seiner schwachen Stimmenzahl etwas durchzusetzen. Kann er aber kommen und sagen: Hier ist eine zehnmal höhere Provision als üblich bewilligt worden, und wird dann diese Provision reduziert; kann er kommen und sagen: Hier ist mit einfacher Majorität etwas beschlossen worden, was auch seiner wirtschaftlichen Bedeutung $^3/_4$ Majorität erheischte, und wird dann dieser Beschluß annulliert, dann werden auch die Aktionäre mehr Interesse an der Gesellschaft haben, als jetzt. Die Majorität wird ihre Macht nicht so mißbrauchen können, wie sie es heute unter Umständen zu tun in der Lage ist. Die Aufsichtsräte aber werden bei Vernachlässigung oder Mißachtung ihrer Pflichten wissen, daß sie in der Majorität nicht die frühere Rückenstütze haben, und dies wird der beste Ansporn für die Aufsichtsräte sein.

Ich bin mir bewußt, daß diese Vorschläge noch lange nicht spruchreif sind. Ich glaube wohl, damit etwas angeregt zu haben, was reichlich dauern wird, bis es der Verwirklichung nahe kommt, aber auch die Wuchergesetzgebung hat einen weiten Weg zurückgelegt, bis sie ans heutige Ziel kam.

Ich sehe darum davon ab, bestimmte Anträge zu stellen, aber ich wollte diese Gedanken jedenfalls einmal in die Diskussion geworfen haben.

Vorsitzender: Ich möchte nochmals auf meine eingangs gemachte Bemerkung zurückkommen. Die Ausführungen betrafen nicht direkt die gestellte Frage. Ich möchte darum bitten, sich auf die gestellte Frage zu beschränken.

Das Wort hat Herr Landgerichtsrat Dove.

Landsgerichtsrat a. D. **Dove**-Berlin: Meine Herren! Ich glaube, der Aufforderung des Herrn Vorsitzenden, kurz zu sein, umsomehr entsprechen zu können, als ich mit dem Herrn Referenten im allgemeinen einverstanden bin. Was mich veranlaßt, das Wort zu ergreifen, ist, daß meines Erachtens die Thesen 2 und 3 nicht im Einklang stehen mit These 1. In These 1 verneinen Sie das dringende Bedürfnis, Änderungen vorzunehmen, und in 2 und 3 kommen Sie zu positiven Vorschlägen, wie Herr Geheimer Justizrat Dr. Riesser ausgeführt hat, weil Sie es für Ihre Pflicht halten, etwas Positives vorzulegen. Darin bin ich anderer Ansicht. Wenn man zu dem Resultate kommt: ein dringendes Bedürfnis ist nicht vorhanden, dann ist es am besten, man spricht es klipp und klar aus und überläßt die Zukunft sich selbst. Es ist eine Gefahr mit derartigen positiven Vorschlägen vorhanden, die man — verzeihen Sie — mit halbem Herzen macht, nur, um etwas vorzuschlagen. Herr Geheimer Justizart Dr. Riesser hat ausgeführt, daß man heute weiß, wie eine Vorlage in den Reichstag kommt, nicht aber, wie sie herauskommt. Ich kann das bestätigen. Aber es ist immer eine Gefahr, ein Reformbedürfnis, wenn man es nicht als dringlich anerkennt, implicite dort anzuerkennen, indem man Eventualvorschläge macht. Darauf berufen sich die grundsätzlichen Gegner, die sehr viel weiter gehen wollen. Sie berufen sich darauf: Der Juristentag hat anerkannt, daß der Aufsichtsrat reformbedürftig ist Die These 3 enthält überhaupt keine Antwort auf die gestellte Frage. Ob eine Revision durch besondere Revisoren gesetzlich angeordnet werden soll oder nicht, ist keine Frage, die die Verantwortlichkeit der Mitglieder des Aufsichtsrates betrifft, sondern ein Plus, das gegeben werden soll, das wohl bejaht werden kann, aber nicht zu dem gegenwärtigen Thema gehört.

Wenn ich zu These 2 komme, so glaube ich, daß hier mit der Bureaukratisierung — wenn ich mich so ausdrücken darf — des Geschäftsganges des Aufsichtsrates doch für diejenigen, die Beschwerden erheben, wenig geholfen ist. Man kann eine Tätigkeit in sehr verschiedener Weise ausführen, und es kann der eine sehr viel Zeit auf diese Tätigkeit verwenden und mit großem Eifer arbeiten und sehr viel geringere Resultate erzielen als ein anderer in kurzer Zeit und vielleicht bloß gelegentlich erzielt; und gerade bei Revisionen ist das der Fall. Ich glaube, daß die Einteilung in Dezernate und die Vorschrift, wie oft einer revidieren muß, gegenüber der Vielgestaltigkeit des wirtschaftlichen Lebens, wie es im Aktienwesen zutage tritt, versagen wird, und daß ein Aufsichtsratsmitglied sich darauf berufen und sagen kann: ich habe meine Pflicht erfüllt, ich habe alles, was mir vorgeschrieben ist, immer besorgt, — und der Schaden ist doch eingetreten. Nun wird die Versäumung dieser Pflicht in der These als Voraussetzung hingestellt für einen Rückgriff der übrigen Aufsichtsratsmitglieder. Der eine Herr Referent, Herr

Reichsgerichtsrat Dr. Düringer, stellte einen solchen Rückgriff nach bestehendem Recht als mindestens zweifelhaft hin. Ich hätte kein Bedenken, auf Grund der Vorschriften des bürgerlichen Rechtes, wenn nachweislich durch Pflichtversäumnis eines Einzelnen ein Schaden für die Übrigen erwachsen ist, diesen einen Rückgriff zu gewähren, gestützt auf das Mandatsverhältnis. Aber ich glaube, daß diese Frage eine solche ist, die zwar die Mitglieder des Aufsichtsrates in erster Linie interessiert, aber die doch nicht diejenigen Schäden berührt, über die geklagt wird, die meines Erachtens nicht zu beseitigen sind, solange es Menschen mit Schwächen und Fehlern gibt. Die Frage ist dort wohl aber nicht gestellt im Interesse der Aufsichtsratsmitglieder zur Erleichterung ihrer Haftbarkeit, sondern im entgegengesetzten. Ich würde es vorziehen, wenn der Juristentag einfach die Nr. 1 annehme und das gegenwärtige Bedürfnis verneinte und es der Zukunft überließe, diese Frage im einzelnen weiter zu klären.

Ich stehe da allerdings auf einem ganz entgegengesetzten Standpunkte als der Herr Vorredner, der uns mit sehr weitgehenden Plänen kam. Ich weiß nicht, wie er sich die Sache gedacht hat, ob er ein Reichsaktienamt schaffen will, an das sich jeder Aktionär wenden kann. Ich glaube, daß diese Vorschläge in dem Augenblicke, wo man zurückgreift auf Leute, die im praktischen Erwerbsleben stehen, um die Schäden wieder gut zu machen, welche die Bureaukratie herbeigeführt hat, kaum am Platze sein möchten.

Ich möchte bitten, daß die Abteilung sich entschließt, dem Wesentlichen, das die Resolution bringt, der Verneinung, zuzustimmen und im übrigen die meines Erachtens nicht so sehr erheblichen Vorschläge heute noch beiseite zu lassen.

Rechtsanwalt Dr. **Hachenburg**-Mannheim: Ich habe gebeten, mir das Wort zu erteilen, weil ich auf einen prinzipiellen Punkt aufmerksam machen wollte, der als erster für mich in Betracht kam, darauf, daß wieder eine Änderung eines Gesetzes erstrebt ist. Herr Geheimer Justizrat Dr. Riesser hat eine Stelle aus dem Goetheschen Faust zitiert: „Vernunft wird Unsinn" usw. Ich möchte Ihnen hier ein anderes Verslein anführen. Vor mehreren Jahren schloß die Juristische Wochenschrift ihre Neujahrsbetrachtung damit:

„Es laufen uns Gesetz und Recht
Eh' wir sie faßten wieder fort,
Was heute gut, heißt morgen schlecht,
Kein Paragraph hält Stand und Wort.
Wohl dem, der so begnadigt ist,
Daß er schnell lernt und schnell vergißt."

Ich möchte Ihnen diesen Scherz als Ernst ans Herz legen. Diese prinzipielle Frage bedeutet hier: Soll denn ständig auch im Aktienrecht in der bisherigen Weise weiter verfahren werden? Soll in der Weise gearbeitet werden, daß immer wieder der arme Aktionär, der sein Geld verloren hat, zu schützen ist. Ist es speziell berechtigt, stets wieder das Augenmerk darauf zu richten: Wie können wir den Aufsichtsrat noch mehr heranziehen? Ich bitte den Standpunkt, daß doch nicht ständig im Galopp weiter geändert werden kann, zu würdigen.

Nun zur Sache selbst. Eigenartig ist die Frage, die Ihnen vorgelegt wird. Sie lautete: Empfiehlt es sich, die Verantwortlichkeit der Mitglieder des Aufsichtsrats einer Aktiengesellschaft genauer zu bestimmen? Dieser Satz ist so gefaßt, daß man ihn nach zwei Seiten auslegen kann. Empfiehlt es sich, zugunsten der Aktionäre schärfere Bestimmungen für den Aufsichtsrat zu treffen, oder soll umgekehrt zugunsten der Aufsichtsräte, damit sie wissen, woran sie sind, eine genauere Präzision eintreten? Und obwohl die Referenten in schönster Weise übereinstimmen, liegt doch eigentlich bei beiden ein Unterschied vor. Er ist freilich fast unmerklich. Der erste Referent hat mehr den Standpunkt des Aktionärs betont. Er sei genügend geschützt. Der zweite mehr den Standpunkt des Aufsichtsrats. Man solle dem Aufsichtsrat nicht zumuten, was er nicht leisten könnte. Nun, meine Herren, Sie werden sich selbst darüber ein Urteil bilden, was gar nicht erwünscht ist. Es kann hier in den wenigen Minuten nicht meine Aufgabe sein, dazu Stellung zu nehmen. Einen Punkt möchte ich dem, was der Herr Referent ausführte, hinzufügen. Soll immer wieder darauf hingearbeitet werden, daß das kleine Publikum, der kleine Mann, sich noch mehr an den Aktiengesellschaften beteiligt? Die Frage ist nicht nur juristisch, sondern auch wirtschaftlich von eminenter Bedeutung. Je mehr sich, das ist eine alte Erfahrung, die Gesetzgebung des armen kleinen Aktionärs annimmt, desto mehr wird wieder die Bestrebung gefördert, um ein paar Prozent mehr zu erzielen, Aktien zu kaufen. Wenn der Aktionär Aktien gekauft hat, während sie sehr hoch standen, wenn er nachher sein Geld bei einem Kurssturz verliert, dann schreit er nach der Gesetzgebung. Wenn nun diese einschreitet und sich stets verpflichtet fühlt, dem Mann zu helfen, so treibt man die kleinen Kapitalisten stets wieder zu den Aktienanlagen. Von diesen Gesichtspunkten aus, glaube ich, wird man sich der Ansicht des Referenten anschließen müssen, daß im vorliegenden Falle nichts zu geschehen hat. Zunächst aus prinzipiellen Gründen. Man soll nicht schon wieder an der Aktiengesetzgebung ändern. Zum andern soll man besonders vorsichtig sein in der Verschärfung der Haftung des Aufsichtsrates, um nicht dem

Aktionär immer wieder zu sagen: Du bist das Schoßkind der Gesetzgebung. Lege nur ruhig dein Geld in Aktien an. Wenn du das Geld verlierst, so schaffen wir dir einen Regreßanspruch. Deshalb bitte ich, und das werden die Herren ja auch wohl sicher tun, dem Antrage der Herren Referenten zuzustimmen.

Auch in dem zweiten Punkt, bitte ich, dem Vorschlage unbedingt zuzustimmen. Ich fasse den Gedanken der Referenten dahin auf, daß Sie sagen wollen: Die Juristen sind der Meinung, das heutige Aktienrecht genüge den heutigen Verhältnissen vollständig. Aber wir wissen nicht, was kommen wird, ehe sich wieder ein Juristentag mit der Frage befaßt. Die Toten und der Reichstag reiten schnell. Eines schönen Tages kann von anderer Seite wieder das Bestreben aufgenommen werden. Ehe wir uns versehen, haben wir wieder im Reichstag eine Aktiennovelle. Von dem Gesichtspunkt aus, begrüße ich den Gedanken der Referenten, die da sagen: Wir sind der Meinung, nichts zu ändern. Sollte man aber an der maßgebenden Stelle doch ändern wollen, dann sollt ihr wenigstens wissen, was der Juristentag in solchem Falle für richtig hält.

Im vorliegenden Falle kann ich mich dem einen Punkte vollständig anschließen, der Frage der Dezernate. Ich glaube nicht, daß besonders viel davon zu erwarten ist. Darin stimme ich dem Herrn Landgerichtsrat Dove vollständig bei. Es wird sich in der Praxis so abspielen, daß einige arbeiten und einige nicht. Die Leute, die arbeiten, bekommen sämtiche Dezernate zugeschoben. Es wird daher Leute geben müssen, die in mehreren Dezernaten sein müssen. Herr Reichsgerichtsrat Düringer hat andere Mitglieder Drohnen genannt. Das sind solche, die nur durch Repräsentation arbeiten, im Verkehr mit Behörden nützlich sind, die also regelmäßig nichts zu tun haben, als ihren Namen zu schreiben. Die andern werden die Kasse und die Geschäftsführung beaufsichtigen usw. Es ist auch nicht jeder zu diesen Arbeiten geeignet. Wer nicht speziell Kaufmann ist, kann das nicht bewältigen. Das drängt naturgemäß zur Arbeitsteilung, in praxi haben es große Aktiengesellschaften schon. Wenn derartiges gesetzgeberisch festgelegt würde, so würde Ordnung hineinkommen. Vor allen Dingen weiß der Aufsichtsrat, woran er ist. Es wird sich mancher leichter bewegen lassen, in den Aufsichtsrat einzutreten, wenn er sich sagt, ich habe hier nur ein bestimmtes Dezernat. Freilich müßte man die Konsequenz ziehen, daß der Aufsichtsrat, der ein spezielles Dezernat hat, für das nur haftet, was darin vorkommt. Das wäre eine Erleichterung des Aufsichtsrats. Aber dies hätte kaum Aussicht, Gesetz zu werden. Dann bliebe nur, daß die Aufsichtsräte untereinander die Arbeit mit Bewilligung des Gesetzes teilten. Im Einzelfalle wäre zu entscheiden, inwieweit ein Aufsichtsrat entschuldigt ist, weil er sich darauf verlassen hat, daß der andere die Kassenrevision usw. hat.

Dem zweiten Punkt, den Revisoren, stehe ich insofern etwas skeptischer gegenüber. Ich glaube nicht, daß wir der Gesetzgebung hier direkt bedürfen werden, aber auch nicht, daß das Mittel durchgreifend wirkt. Man hat wiederholt das englische Recht herangezogen. Herr Geheimrat Riesser war bereits in der Lage, das Gutachten des Herrn Professors Rehm in einer Beziehung zu berichtigen. Ich darf darauf aufmerksam machen, daß das englische Recht auch bezüglich der Revisoren einen anderen Ausgangspunkt hat als es bei uns der Fall wäre. Die englische Gesetzgebung, die in der company act von 1900 diese Frage behandelt, ist nicht dadurch hervorgerufen, daß man den Aktiengesellschaften Revisoren schenken wollte. Es gab dort schon vorher solche. Sie waren aus der Praxis herausgegangen. Nur waren die Herren etwas leichtsinnig geworden. Ich habe mich bei einem englischen Kollegen erkundigt. Er schrieb mir, es hatte sich dort eine ganz widerliche Manier eingebürgert, und um diesen unleidlichen Verhältnissen in der Revision entgegen zu treten, hat man die drei Artikel, um die es sich hier dreht, festgesetzt. Sie sollen das Verhältnis von Revisoren und Gesellschaft präzisieren. Dabei ist ferner charakteristisch: Die Gesellschaft soll alljährlich in ihrer Generalversammlung einen Revisor ernennen. Erst wenn das nicht in der Generalversammlung geschehen ist, so kann, heißt es, „auf Antrag irgend eines Aktionärs das Handelsministerium ihn ernennen.“ Man legt also hier den Schwerpunkt darauf, daß die Gesellschaft für sich selbst sorgen soll. Nun wenn sie das nicht getan hat und ein Aktionär verlangt es, so kann es seitens der Regierung geschehen. Wenn, wie in England, bei den deutschen Aktiengesellschaften die Revisoren eingeführt werden, so wird das zweifellos ein Segen sein. Man sieht nicht ein, warum nicht die großen Aktiengesellschaften heute schon dazu greifen und statutarisch das, was hier von den Referenten vorgeschlagen ist, einführen. Aber die wichtigste Frage ist damit noch nicht erlassen: Inwieweit führt das zur Entlastung des Aufsichtsrats. Ich glaube, wenn die Aktiengesellschaften selbst zu dem Mittel greifen, statutarisch den Revisor einzuführen, dann wird bei den großen Banken, bei den Großindustrien unter Umständen der Richter sagen können: Die Gesellschaften haben das Ihrige getan, mehr konnte man im vorliegenden Falle nicht verlangen. Der Schwerpunkt wird aber immer wieder auf der Rechtsprechung liegen. Solange die Rechtsprechung eine scharfe ist und bleibt, werden sich die Aufsichtsräte dem fügen müssen und es wird dem Aufsichtsrat auch nichts helfen, wenn solche Revisoren bestellt sind. Man wird den Mitgliedern des Aufsichtsrats, trotz der Revisoren vorhalten können: sie hätten auch revidieren müssen. Doch kommt es zur Gesetzgebung, jedenfalls wird die Einführung der Revisoren nichts schaden, sie kann unter Umständen nützen. In diesem Sinne ist der Gedanke der Referenten zu begrüßen. Er gibt dem künftigen Gesetzgeber einen Fingerzeig. Die übrigen Vorschläge, die inzwischen auch diskutiert worden sind, sind von dem Herrn Referenten eingehend beleuchtet worden. Ich glaube, es wird sich kaum jemand finden, der sich noch mehr für die Minorität erwärmt. Ich kann nur bitten, schützen Sie die Minorität nicht zu viel! Nach meiner Erfahrung haben die Minoritätsrechte selten dazu geführt, die Minorität vor Vergewaltigung zu schützen. Meist dienen sie zur Chikane der Mehrheit.

Vorsitzender: Mir scheint zweifellos, daß die gestellte Frage dahin geht, ob die Verantwortung der Aufsichtsratsmitglieder erhöht werden kann. Darüber brauchen wir wohl die Debatte nicht weiterzuführen.

Was den letzten Punkt betrifft, so möchte ich auf ein Bedenken des Herrn Vorredners eingehen. Als ich vor einigen Jahren im Reichstage die Frage der Revisoren anregte, hat eine große Zeitung in Deutschland mit Rücksicht auf die Hamburg-Amerikalinie erklärt, ein Revisionszwang sei nicht durchführbar.

Es meldet sich niemand weiter zum Wort. Wünscht der Herr Berichterstatter das Wort? — Er verzichtet.

Das Wort hat Herr Geheimer Justizrat Riesser.

Mitberichterstatter Geheimer Justizrat Professor Dr. **Riesser**-Berlin: Ich möchte nur noch gegen einen Gesichtspunkt mich wenden. Gewiß könnte man mit Nr. 1 die Erklärung des Juristentages abschließen. Es ist aber nicht die Aufgabe des Juristentages, gegenüber dem Drängen, welches Sie in der ganzen Literatur bemerken, nichts weiter zu sagen, als: es liegt kein Grund für ein gesetzgeberisches Einschreiten vor; das heißt doch, die Autorität des Juristentages auf eine zu scharfe Probe stellen.

Es kommt ein zweites Moment dazu, weshalb Sie sich nicht mit Nr. 1 begnügen sollten. Nach jedem Unglücke, welches passiert, kommen die berufenen und nicht berufenen Staatsretter mit Vorschlägen, und diese Vorschläge gehen umsomehr über alle vernünftigen Grenzen hinaus, je mehr es jenen Staatsrettern an Sachkenntnis fehlt. Schon aus diesem Grunde sollte der Juristentag für eine *spätere* Regelung die Grundlinien bezeichnen, welche er eingehalten wissen möchte, und das, meine Herren, liegt in Nr. 2 und 3, gegen die eigentlich nichts Wesentliches vorgebracht worden ist. Ich bitte also, lassen Sie es nicht bei Nr. 1, sondern nehmen Sie die gemeinsamen Vorschläge beider Referenten in toto an!

Vorsitzender: Wünschen Sie eine getrennte Abstimmung? — Sie sind einverstanden, daß sie geschieht.

Ich lese die einzelnen Nummern vor und lasse dann gleich über sie abstimmen. Es ist beantragt:

1. „Ein dringliches Bedürfnis zu einem sofortigen gesetzlichen Eingreifen, — d. h. dahin, ob die Verantwortlichkeit genauer bestimmt werden soll — ist nicht anzuerkennen, sondern eine weitere Klärung der vielfach stark voneinander abweichenden Ansichten und Reformvorschläge abzuwarten."

Die Herren, die so beschließen wollen, bitte ich, die Hand zu erheben.

Das ist die große Mehrheit.

2. „Bei einer künftigen Regelung ist vorzusehen, daß im Gesellschaftsvertrage selbst das Mindestmaß der Kontrollpflichten mit Rücksicht auf die besondere Art und Branche der einzelnen Gesellschaften bestimmt ist; den Mitgliedern der demzufolge im Gesellschaftsvertrage in ihrem Mindestumfange festzusetzenden Dezernate oder Kommissionen sollen selbständige Kontrollbefugnisse zustehen, aber auch schärfere Verpflichtungen in der Weise auferlegt werden, daß jedes Kommissionsmitglied für die Erfüllung seiner besonderen Kontrollpflichten den übrigen Mitgliedern des Aufsichtsrates verantwortlich ist."

Die Herren, die so beschließen wollen, bitte ich, die Hand zu erheben. — Das ist auch die große Mehrheit.

3. „Für größere Aktiengesellschaften mit einem Grundkapital von mindestens 1 Million Mark empfiehlt sich die obligatorische Einführung jährlicher Bilanzrevisionen durch besondere von der Generalversammlung zu wählende, von der Gesellschaft unabhängige Sachverständige, welche für sorgfältige Ausführung ihrer Pflichten verantwortlich zu machen sind."

Die Herren, die Nr. 3 annehmen wollen, bitte ich, die Hand zu erheben. — Das ist auch die große Mehrheit.

Ich darf feststellen, daß die drei Nummern angenommen sind. Wünscht jemand, daß die Resolution an das Plenum gebracht wird zur Debatte oder kann es zur Kenntnisnahme geschehen. (Zuruf: zur Kenntnisnahme!).

Herr Geh. Justizrat **Riesser** will das Referat im Plenum übernehmen.

Wir gehen zum folgenden Gegenstande der Tagesordnung über: Wieweit ist bei Versicherungsverträgen die Vertragsfreiheit hinsichtlich der Verwirkungsklausel durch zwingende Rechtssätze zu gunsten des Versicherten einzuschränken?

Ich bitte den Herrn Referenten, das Wort zu ergreifen.

Berichterstatter Oberlandesgerichtsrat **Schneider**-Stettin: Meine Herren! Die wirtschaftlich so außerordentlich bedeutsame Frage, über die ich den Vorzug habe, auf Grund von 4 vortrefflichen Gutachten Bericht zu erstatten, lautet: Wieweit ist bei Versicherungsverträgen die Vertragsfreiheit hinsichtlich der Verwirkungsklausel durch zwingende Rechtssätze zu gunsten des Versicherten einzuschränken?

Ich darf von vornherein darauf hinweisen, daß es sich um vertragsmäßige Abmachung von Verwirkung handelt und nicht um Regelung des Gesetzes, in der der Gesetzgeber selbst die Verwirkung der Entschädigung oder Leistung des Versicherers gegen den Versicherungsnehmer wegen dessen Pflichtversäumnis ins Auge gefaßt hat und durchführen will. Die Antwort auf die Frage, wie eine künftige gesetzliche Regelung sich herstellen solle, kommt glücklicherweise nicht zu spät; der Deutsche Juristentag darf die Hoffnung haben, auf die Entwicklung des Versicherungsrechtes, wie sie auf Grund des vorliegenden offiziellen Entwurfes im Reichstage ziemlich nahe steht, noch Einwirkung und Einfluß zu gewinnen. Das war nicht zu erwarten, als wir damals in Innsbruck dasselbe Thema schon behandelten. Allerdings ist es gerade keine reine Freude für mich, denselben Vortrag wie derzeit nun annähernd nochmals halten zu müssen, aber wir werden doch heute hoffentlich auch zu einem befriedigenden Ergebnis gelangen! Daß wir damals damit scheiterten, lag zum Teil daran, daß die Zuhörerschaft beinahe ebenso klein war — wie heute; hatte doch die Kartelldebatte eigentlich alles Interesse auf sich vereinigt und fast alle Teilnehmer des Juristentags an sich gezogen. Zum Teil lag es auch daran, daß wegen der auseinandergehenden Meinungen der beiden Berichterstatter, des Dr. **Hupka**-Wien und meiner Wenigkeit, es schließlich zu einem Kompromiß kam, und zwar in einer Weise, die von vielen Seiten außerordentlichen Bedenken ausgesetzt war. Leider haben wir ja auch in diesem Jahre eine gefährliche Konkurrenz für die heutige Verhandlung, nämlich in dem Berliner Versicherungs-Kongreß; ich bin davon überzeugt, es würde eine stattlichere Reihe von tüchtigen Kennern des Versicherungswesens heute hier sein, wenn sie nicht der Kongreß nach Berlin gezogen hätte.

Ich darf nun noch kurz daran erinnern, daß, wie Sie alle aus den Zeitungsberichten und sonst wissen, der Entwurf des Bundesrats über das Versicherungsgesetz bereits lange dem Reichstag vorliegt, daß bereits die Kommissionsberatung stattgefunden hat; daß diese Kommissionsbeschlüsse aber auch in der Richtung der Frage, die uns heute hier interessiert, eigentlich nichts geändert haben. Ich komme auf den einzigen Punkt, wo das anders liegt, nachher zurück. Ich glaube auch, wie es der Herr Gutachter Geheimrat Sammer getan hat, mich bei der hier für den Juristentag gestellten Frage lediglich darauf beschränken zu müssen, zu prüfen. wie man sie nach diesem Entwurf, der ja allgemein bekannt ist, und der einer überaus reichlichen Kritik schon ausgesetzt war, zu beurteilen hat; ihn also als sicheren Ausgangspunkt zu wählen, allerdings unter Mitberücksichtigung des inzwischen erschienenen österreichischen Entwurfs, da wir ja auch österreichische Zuhörer vielleicht unter uns haben. Im übrigen aber bin ich entschlossen, auf das früher in Innsbruck Beschlossene nicht zurückzukommen, trotz aller Ausrufungs- und Fragezeichen, mit denen man die damaligen Beschlüsse begleitet hat. Ich glaube, daß sie für viele der hier Anwesenden allen Interesses entbehren; und was mich persönlich anlangt, so habe ich mich wohl genügend darüber in der Zeitschrift „Das Recht" ausgesprochen und meinen Standpunkt verteidigt. Ich betone das unter anderem auch deshalb, weil ich mich wiederum dagegen wehren werde, soweit es an mir liegt, daß die Stellung der öffentlich-rechtlichen Versicherungsanstalten nach dem Entwurf in die Erörterung hineingezogen werde. In den Anträgen meines Herrn Mitberichterstatters ist ja dieser Punkt leider wieder zur Beschlußfassung vorgeschlagen; ich glaube aber, es ist besser, das zu unterlassen, denn über allgemeine Bemerkungen und Urteile kommt man dabei doch nicht hinaus, wo erst eine eindringende Prüfung der Besonderheiten jener Anstalten am Platze wäre. Gleiches Recht auf verschiedene Verhältnisse anzuwenden, ist ein arger Mißgriff, und man darf gewiß nicht vergessen, daß die Voraussetzungen bei den sogenannten Privatversicherungen und den öffentlich-rechtlichen für die Regelung des Versicherungsverhältnisses völlig verschieden sind. Es geht nicht, daß wir beide, sozusagen, über einen Kamm scheren. Es würde einer besonderen genauen Untersuchung bedürfen, um darüber entscheiden zu können, ob wirklich die Sätze, die wir für den Privatversicherungsvertrag anerkennen, auch für den öffentlich-rechtlichen Versicherungsvertrag passen. Freilich möchte auch ich den Satz aufstellen, daß, wenn der Juristentag oder sonst wer gewisse Regeln über die Verwirkungsklauseln als maßgebend und leitend anerkennt, dann zunächst und ohne weiteres der Schluß berechtigt ist, dieselben Regeln haben auch für öffentliche Versicherungsanstalten zu gelten. Man muß dieser dann aber den Beweis vorbehalten, daß und inwieweit sie bei ihnen nach ihren besonderen Verhältnissen nicht paßten. Ein abschließendes Urteil darf man ihnen gegenüber vor der Hand nicht abgeben wollen. Ebensowenig äußern wir uns doch darüber, ob die gefundenen Sätze über Verwirkungsklauseln etwa für die bayrische Immobilienversicherung geltend werden müßten, da diese eben kraft Staatsvertrags der allgemeinen Gesetzgebung des Reiches entzogen ist.

Vermag ich es also nicht für richtig zu halten, hier über Stellung der öffentlich-rechtlichen Versicherungsanstalten zu der Verwirkungsfrage mit abzuurteilen, so ist es etwas ganz anderes, sich darüber auszusprechen, ob bei gewissen Versicherungs*arten* des Privatversicherungsrechtes, z. B. bei der Transportversicherung, Ausnahmen zu machen sind. Auf diese komme ich deshalb später an der Hand der Besprechung des Entwurfs zurück.

Meine Herren, der Entwurf, wie er jetzt dem Reichstage vorliegt, hat auffallenderweise das Wort Verwirkung, also die Bezeichnung eines Begriffes, der im Versicherungswesen eine so große Rolle spielt, nur im Einführungsgesetz. Regeln darüber finden sich aber in seinen §§ 6 und 32, und ich möchte nunmehr den Herrn Vorsitzenden bitten, mir zu gestatten, daß ich diese und auch später noch einige andere vorlese.

Der § 6, Abs. 1 lautet:

> „Ist im Vertrage bestimmt, daß bei Verletzung einer Obliegenheit, die vor dem Eintritt des Versicherungsfalls dem Versicherer gegenüber zu erfüllen ist, der Versicherer zum Rücktritt berechtigt oder von der Verpflichtung zur Leistung frei sein soll, so tritt die vereinbarte Rechtsfolge nicht ein, wenn die Verletzung als eine unverschuldete anzusehen ist."

Dies ist der Satz, der bei Verletzung einer „Obliegenheit" *vor* Eintritt des Versicherungsfalls gilt. Der zweite Absatz trifft die entsprechende Bestimmung für Verletzung von Obliegenheiten nach dessen Eintritt. Nach ihm soll die abgemachte Verwirkungsfolge nicht zulässig sein, wenn die Verletzung weder auf Vorsatz noch auf grober Fahrlässigkeit beruht. Ich mache noch besonders darauf aufmerksam, daß es sich hierbei um Vorsatz und grobe Fahrlässigkeit handelt, während im ersten Absatz schon unverschuldete Verstöße gegen eine „Obliegenheit" ungeschützt gegen Verwirkung bleiben sollen. Durch den Absatz 3 sind diese Sätze als nicht abänderlich erklärt.

Ergänzt wird die Vorschrift des § 6 durch den § 32: Er handelt von einer „Vereinbarung, durch welche der Versicherungsnehmer bestimmte Obliegenheiten zum Zwecke der Verminderung der Gefahr oder zum Zwecke der Verhütung einer Gefahrerhöhung übernimmt"; und bestimmt: „Auf eine Vereinbarung, nach welcher bei Verletzung einer solchen Obliegenheit der Versicherer zum Rücktritt berechtigt oder von der Verpflichtung zur Leistung frei sein soll, kann sich der Versicherer nicht berufen, wenn die Verletzung keinen Einfluß auf den Eintritt des Versicherungsfalles und auf den Umfang der Leistung des Versicherers gehabt hat."

Diese Vorschrift ist nur ergänzend, weil sie Maßregeln als „Obliegenheiten" des Versicherungsnehmers ins Auge faßt, die vor Eintritt des Versicherungsnehmers zu erfüllen sind.

Die mitgeteilten Bestimmungen machen, wie Sie gehört haben, zwischen dem Rücktrittsrecht des Versicherers und dem Freibleiben von der Leistung einen Unterschied. „Zum Rücktritt berechtigt sein", das bezieht sich der Hauptsache nach auf die Zeit vor dem Versicherungsfall, ist aber dem „von der Leistung frei sein" sachlich gleich. Zum Rücktritt ist übrigens der Versicherer auch dann berechtigt (§ 21 des Entwurfs), wenn er sich dann auf die betreffenden Verwirkungstatsachen, als ihm später bekannt geworden, berufen kann. Dem „Freibleiben von der Leistung" gleich steht wiederum das sofortige Aufhören der Versicherung, wenigstens in gewisser Hinsicht. Ich muß diesen Punkt später noch genauer erläutern.

Die beiden Paragraphen, die also grundlegend sind und die das sogenannte Entschuldigungsprinzip des Entwurfs zum deutlichen Ausdruck bringen, betreffen nun aber nicht alle sonstigen Nachteile, abgesehen von Verwirkung, die an die Verletzung von Pflichten usw. vertragsmäßig geknüpft werden können. Dahin gehört: Erhöhung von Prämien, Auferlegung von Strafzinsen oder Strafgeldern, Kündigung unter abgekürzter Kündigungsfrist. Solche anderen Nachteile, die wesentlich dem Interesse einer sachentsprechenden Durchführung des Versicherungsverhältnisses dienen, also gewissermaßen Disziplinarmittel sind, können, wie die Begründung ausdrücklich anerkennt, beliebig verhängt und an ganz beliebige Tatumstände geknüpft werden. Wären sie jedoch an die Verletzung von „Obliegenheiten" geknüpft, so würde zu prüfen sein, ob sie nicht, wie bei der Bestimmung, die Versicherung solle sofort aufhören oder sofort kündbar sein — beides ist ja, wie § 14 des Entwurfs zeigt, wohl zu unterscheiden —, auf ein „Freibleiben von der Leistung", also auf eine Verwirkung hinauslaufen. Ist das nicht der Fall, so können sie, unbekümmert um § 6, § 32, auch an die schuldlose Verletzung von „Obliegenheiten“ geknüpft werden. Zwischen diesen andern Nachteilen und der Verwirkung ist ja auch der Unterschied, daß, während hier die Gegenleistung des Versicherers für den Versicherungsnehmer wegfällt, dort Leistung und Gegenleistung beider unberührt bleiben. Somit ist denn im Entwurf eine reinliche Scheidung zwischen der Verwirkungsklausel und zwischen der Strafklausel getroffen, eine Scheidung, die bei den Innsbrucker Verhandlungen als erwünscht bezeichnet wurde. Ich möchte jedoch dabei auf eine Untersuchung, ob die Bestimmungen des Entwurfes über Verwirkung den Regeln der lex commissoria entsprechen, nicht eingehen. Es hat keinen großen Zweck, auf das geschichtliche Gebiet zurückzugreifen; unsere Aufgaben liegen anderswo. Nur eins möchte ich noch dazu sagen. Das deutsche Wort „Verwirkung“ bedeutet zweierlei. Es wird für den Fall gebraucht, in dem jemand eines Gutes, das er besitzt, z. B. des Lebens, verlustig gehen, es verwirken soll. Es kann andererseits bezeichnen, daß jemand einen Nachteil als Strafe über sich ziehe. Man sagt dann: er hat eine Strafe „verwirkt“. Ich muß gestehen, daß ich diesen durch das Feingefühl unserer Sprache deutlich zum Ausdruck gebrachten Unterschied seinerzeit in Innsbruck doch praktisch nicht für wichtig hielt; es schien mir einerlei, ob jemand z. B. den Entschädigungsanspruch auf 1000 Mk. „verwirkt“, oder ob man ihn eine Vertragsstrafe in gleicher Höhe verwirken läßt. Da nun aber einmal der neue Gesetzentwurf mit einer außerordentlichen Bestimmtheit einen Unterschied hier festhalten will, so wird man ihm folgen müssen.

Bei der Verwirkungsklausel gilt also die straffe Grundregel des § 6 Abs. 1 und 2 und des § 32. Die Strafklausel, die irgendwelche Nachteile anderer Art an irgendwelche Umstände, auch an Verletzung von „Obliegenheiten“, knüpft, wird nur durch einzelne Vorschriften beschränkt.

So ist z. B. bei Eintritt einer drohenden Gefahr, wenn etwa eine Viehseuche nahe kommt, die Versicherungsanstalt nicht in der Lage, das Versicherungsverhältnis in einer kürzeren Frist als dem durch § 27 des Entwurfs vorgeschriebenen Monate aufzurufen, auch wenn sie das vertraglich mit dem Versicherungsnehmer abgemacht hätte. Ferner ist in § 339 des Bürgerlichen Gesetzbuchs eine „Vertragsstrafe“ unter das richterliche Ermäßigungsrecht gestellt, allerdings nicht gegen Kaufleute. Aber es handelt sich bei den Strafklauseln zum Teil um Verhängung anderer Leistungen, z. B. eine vorzeitige Kündigung über sich ergehen lassen zu müssen; und eine solche würde nicht unter diesen Paragraphen fallen können.

Wir haben also im § 6 einen abstufenden Verschuldungsgrundsatz, und zwar abstufend insofern, als die Verletzung vor Eintritt des Versicherungsfalles, wo das Recht auf Entschädigung noch nicht erworben ist, gewissermaßen noch in weiter Ferne liegt, eine weit größere Verantwortlichkeit vom Versicherungsnehmer gefordert wird als später, wo nur durch grobe Fahrlässigkeit das Recht auf die unmittelbar bevorstehende Leistung des Versicherers verloren werden soll. Es ist ferner damit ausgedrückt, daß eine Entschuldigung dem Versicherungsnehmer gestattet sein soll. Es kann nämlich nicht der Zweck der Versicherung sein, einen Unschuldigen, der wirklich gar nichts zur Erhöhung der Gefahr oder Herbeiführung des Versicherungsfalls getan, für den Eintritt solcher Ereignisse unter gewissen Umständen, die ihn vielleicht verdächtig erscheinen lassen, unbedingt verantwortlich zu machen und ihn hinterrücks durch die Verwirkungsklausel seiner Rechte zu berauben. Er soll also Gelegenheit haben, nachzuweisen, daß er an jenem Ereignisse unbeteiligt ist. In § 32 ist außerdem auf den Mangel eines Kausalzusammenhangs Rücksicht genommen, weil hier die Herbeiführung des Versicherungsfalles selbst in Frage kommt. Der österreichische Entwurf läßt in seinem § 33 die Berücksichtigung des mangelnden Zusammenhanges auch bei Handlungen gelten, die nach Eintritt des Versicherungsfalles liegen. Daß er außerdem den Grundsatz hat, daß die Versicherungsanstalt den Schuldbeweis führen muß, der nach dem bei uns in Aussicht genommenen Rechte, wo dem Versicherungsnehmer nur die Möglichkeit der Entschuldigung gegeben sein soll, nicht erfordert wird, so ist bei uns der Versicherungsnehmer künftig also in beiden Beziehungen ungünstiger gestellt.

Trotzdem glaube ich aber nicht zu viel zu sagen, wenn ich den Ausbau, den unser neuer Entwurf der Sache gegeben hat, im ganzen als durchaus billigenswert erachte.

Ich mache in dieser Hinsicht insbesondere noch wegen des Zweckes der Verwirkungsklausel, den ich früher in Innsbruck ausführlich dargelegt habe, darauf aufmerksam, daß es eine Waffe, eine sehr fein ersonnene Waffe in der Hand der Versicherungsanstalt ist, um gewisse verdächtige Fälle abzuwehren, die sonst ihre Leistungspflicht herbeiführen würden. Die Versicherungsanstalten sind nicht immer in der Lage, einem Versicherungsnehmer so zu sagen in die Karten zu gucken, wo er vertragswidrig oder gar heimtückisch gegen sie handelt; sie sind noch weniger in der Lage, dem Richter derartige Handlungen so vollständig vor Augen zu führen, daß er sich davon überzeugen könne. Deshalb hat man es verstanden, durch die Verwirkungsklausel dafür zu sorgen, daß unter verdächtigen Umständen derjenige, der in Wahrheit nicht schuldig ist, zwar nicht gleich sein Recht auf die Leistung des Versicherers einbüßen soll; aber doch erst den Gegenbeweis führen muß, daß ihn kein Vorwurf treffe. Er muß also, um im Bilde zu bleiben, seinerseits seine Karten aufdecken, soll sein Recht nicht ausgeschlossen sein. Sie wissen, meine Herren, daß mit der Verwirkungsklausel viel Mißbrauch getrieben ist und getrieben wird. Besonders ist mir das entgegengetreten auf dem Gebiete der Viehversicherung. So waren in den Satzungen einer Versicherungsanstalt nicht weniger als 25 Nummern von Verwirkungsfällen aufgezählt; und dann noch eine Generalklausel der Verwirkung bei allen sonstigen Verstößen angehängt. So etwas ist ja in der Tat haarsträubend. Man weiß ja übrigens auch als Großstädter, wie so manche Mieter unter den unbilligsten Verwirkungsklauseln zu leiden haben. Trotzdem muß man sich vorsehen, dieser Ausbeutung der Vertragsfreiheit ohne Unterschied entgegentreten zu wollen, so populär das auch sein mag. Denn der Überschwang in dieser Bewegung, die allzustarke Zurückdrängung der Verwirkungsklauseln könnte nur dazu führen, daß die Versicherungsnehmer und sonstige Schuldner selbst wieder darunter zu leiden hätten, wenigstens in ihrer Gesamtheit durch Steigerung der Anforderungen an sie auf finanziellem Gebiete, so daß dann im Grunde nur der einzelne nichtvertragstreue Schuldner Vorteil davon hätte.

Ich komme noch einmal auf die Strafklausel zurück und wiederhole, daß hier grundsätzliche Freiheit, sie zu verhängen und über sich verhängen zu lassen, soweit nicht etwa eine Umgehung der Vorschrift des § 6, 32 darin zu finden wäre, gelassen ist; und das zu einer wohlberechtigten Erleichterung der Disziplin bei Abwicklung des Versicherungsverhältnisses. Für den Verfall der Strafe braucht eine Schuld nicht vorausgesetzt zu werden; auch ein ursächlicher Zusammenhang kommt nicht in Frage, geschweige denn die Verletzung einer „Obliegenheit“. Trotzdem ist zu sagen, daß der Entschuldigungsgrundsatz auch gegenüber den Strafklauseln gilt, soweit nicht das Gegenteil bei ihrer Abmachung ausdrücklich vereinbart wurde.

Bei meinem früheren Bericht habe ich vorgeschlagen, man solle einen ausdrücklichen Satz in das Gesetz aufnehmen, daß der Entschuldigungsbeweis auch bei all diesen Klauseln durchschlagend wäre. Ich hielt und halte das jedoch nicht für unbedingt notwendig. Man kommt durch eine verständige Auslegung nach § 157, der herrlichen Schöpfung des Bürgerlichen Gesetzbuchs, doch dahin. Ich erinnere an das Beispiel, das uns die römischen Juristen gaben. Ulpian in fr. 4 de doli exceptione sagt: wenn ich mich mit jemand verabredet habe, daß er sich mit mir dem Schiedsrichter stelle; und er verspricht es bei Meidung einer Geldstrafe, kommt dann aber nicht, ist dann die Strafe verfallen oder nicht? Natürlich ist sie verfallen. Nun beruft sich der andere aber darauf, daß er krank gewesen und deshalb entblieben sei.

Hier geht die Entscheidung des römischen Juristen, daß nach solcher Entschuldigung von einem Verwirken der Strafe ebensowenig die Rede sein könne. Und doch stand in der Vereinbarung über sie kein Wort davon! Ähnlich geht es mit den Strafklauseln des Versicherungsrechts, soweit nicht deutlichst durch Sinn und Zusammenhang der Vereinbarung ausgeschlossen ist, daß der Betreffende sich nicht solle entschuldigen dürfen. Es muß also, auch ohne besondere Vorschrift im Gesetze, immer die Regel die sein, daß der Beweis: der Versicherungsnehmer habe im einzelnen Falle nichts verschuldet, ihm nachgelassen werden muß. Natürlich kann es darauf nur ankommen, wo es sich um Umstände handelt, die überhaupt auf den Versicherungsnehmer zurückgeführt werden können. Hierdurch ist denn schon ein Riegel gegen jene große Freiheit, die der Entwurf den Vertragsschließenden geben will, gefunden. Er hat daneben noch einzelne beschränkende Vorschriften, wie ich schon erwähnte; ich will z. B. noch besonders hinweisen auf § 14, wo es heißt: „Auf eine Vereinbarung, nach welcher im Falle der Eröffnung des Konkurses über das Vermögen des Versicherungsnehmers das Versicherungsverhältnis erlöschen, oder der Versicherer befugt sein soll, das Versicherungsverhältnis ohne Einhaltung einer Kündigungsfrist oder unter Einhaltung einer Kündigungsfrist von weniger als einem Monate zu kündigen, kann sich der Versicherer nicht berufen." Es kommt dann der schon erwähnte § 339 des BGB. in Betracht, also die Herabsetzung, soweit es sich um Geldstrafen handelt. Dabei muß ich noch ein Bedenken erwähnen. Es ist mir dankenswerter Weise von dem Herrn D. von Königslöw, Direktor des „Nordstern" in Berlin, ein Aufsatz in der „Zeitschrift für Versicherungswesen" zugegangen, worin er glaubt die Ansicht vertreten zu können, daß die Vertragsstrafen, die an *beliebige Tatsachen* geknüpft sind, garnicht unter diesen § 339 fielen. Nun ist es richtig, in dem § 339 des BGB. steht: Eine Vertragsstrafe kann dann versprochen werden, wird für den Fall versprochen, daß der betreffende Schuldner eine bestimmte *Verpflichtung* seines Vertrages nicht erfüllt. Also wenn es sich nicht um Verletzung von „Obliegenheiten" oder Verpflichtungen als Grund des Verwirkens der Strafe handelt, kann man vielleicht den scharfen Schluß machen, daß der Paragraph nicht gilt. Wenn also an beliebige Tatsachen, die kein Inhalt der Verpflichtungen des Versicherungsnehmers sind, Strafe geknüpft wird, könnte auch das Ermäßigungsrecht nicht eingreifen. Trotzdem halte ich das nicht für zutreffend. Offenbar hat auch niemand bei Ausarbeitung des Entwurfes daran gedacht; und in dessen Begründung scheint nur stillschweigend das Gegenteil angenommen zu werden. Ich habe ja auch schon bei der Vorbereitung im Reichsjustizamt und vielen weiteren Verhandlungen über den Versicherungsentwurf beigewohnt; dies Bedenken ist aber niemals aufgetaucht. Ich glaube auch. es ist juristisch zu spitz. Man muß Vertragsstrafen auch so ausmachen können, daß sie an beliebige Tatsachen geknüpft werden, wenn deren Nichtbeitritt nur zur Aufrechterhaltung und sicheren Durchführung des Vertrages diensam ist, also den Vertragszweck fördert, ohne daß deshalb eine wirkliche Verpflichtung des Versicherungsnehmers vereinbart werden könnte. Doch führte mich die nähere Begründung hiervon allzu weit!

Sie werden nun, meine Herren, von mir vor allen Dingen wissen wollen: Was ist im Sinne des Entwurfes eine „Obliegenheit“? Es ist das ja ein Ausdruck, den meines Wissens der Gesetzentwurf als gesetzlichen Begriff zuerst eingeführt hat, und der nicht ganz ohne weiteres klar ist. Ich bin dazu gelangt, mir folgende Inhaltsbestimmung dieses Wortes aufzustellen: Es ist zunächst eine aus Gesetz oder Vertrag erwachsende Pflicht zu Handlungen; dazu gehört die Pflicht zur Zahlung von Prämien oder Vertragsstrafen; oder zu Unterlassungen, etwa der Mißhandlung eines versicherten Tieres. Die „Obliegenheit“ kann erzwingbar sein (Prämienzahlung, Zahlung von Geldstrafe), oder sie ist nur Voraussetzung des Rechtes auf die Entschädigung oder sonstige Leistung des Versicherers: die pflegliche Behandlung der Versicherungssache, gefahrverhütende Vorkehrungen oder gefahrverhütendes Gebahren, das beispielsweise der Lebensversicherer seinem Versicherungsnehmer mit der Anforderung eines bestimmten Lebenswandels vorschreibt. Es können endlich bloße Schadensersatzverbindlichkeiten entstehen, z. B. mit deren Betrage aber vom Versicherer nur aufgerechnet werden darf, wenn der Sachverhalt nach dem Versicherungsfall in irgend einer Weise entstellt oder getrübt wird. Nun wird man allerdings sagen, daß diese in zweiter Reihe genannten negativen Voraussetzungen, ebenso wie es beim Wechselrecht die Protesterhebung für das Recht des Wechselgläubigers ist, überhaupt keine Vertragspflichten sind, sondern eben nur Voraussetzungen der Rechtswirkung. Aber trotzdem ist es nach dem Sinne des Gesetzentwurfes zweifellos, daß sie unter die von ihm gemeinten „Obliegenheiten“ mit zu zählen sind.

Sehr leicht wird nun in der Praxis die Anwendung dieses Begriffes nach meiner Ansicht nicht sein. Ich muß offen gestehen, daß er mir selber große Schwierigkeiten gemacht hat; und später, bei der Anwendung des Gesetzes auf die bunte Fülle des Verkehrs, wird sich das erst recht ergeben. Die Schwierigkeit liegt nicht allein darin, daß man etwa vonseiten der Versicherungsanstalten versuchen könnte, eine „Obliegenheit" als beliebige Tatsache, wie ich sie nannte, zu bezeichnen und in dem Vertrag die Strafe daran anzuknüpfen, um durch das Verschleiern dem § 6 zu entgehen. Z. B. daß man nicht sagt, der Versicherungsnehmer solle die Doppelversicherung vermeiden (das würde zweifellos eine „Obliegenheit" sein); sondern daß man sagt: Der Eintritt der Doppelversicherung löst das Versicherungsverhältnis auf und läßt die Entschädigungspflicht der Versicherungsanstalt verwirkt sein. Hier muß eine zielbewußte Auslegung, eine scharfe, eindringende Prüfung durch den Richter immer dieser Gefahr begegnen können, und außerdem haben wir ja das Reichsaufsichtsamt, welches wenigstens alle derartigen Versuche, soweit sie schon in den Satzungen auftreten sollen, von vornherein zurückweisen kann. Schwierig wird die Sache aber dadurch, daß ganz zweifellos derselbe Umstand teilweise eine Pflichtverletzung sein kann, teilweise der einfache Eintritt einer gewissen Tatsache ohne Pflichtverletzung des Versicherungsnehmers. Wer z. B. eine Doppelversicherung schließt, wird das im allgemeinen wissen; also gegebenenfalls seine gegenteilige Verpflichtung bewußt verletzen. Er wird, wenn ihm das verboten ist, der Verletzung einer „Obliegenheit" sich schuldig machen. Es ist aber auch der Fall möglich, daß hinter dem Rücken des Versicherungsnehmers, und ohne daß er eine Ahnung davon hat, die Doppelversicherung eintritt. Hier wird es sich um eine einfache „Tatsache" handeln, ohne jede Obliegenheitsverletzung. In diesem Fall soll also die Vertragsfreiheit gewahrt sein, im andern, wo ein Verschulden vorausgesetzt wird, sind die Paragraphen 6 und 32 maßgebend.

Immerhin scheint mir das Gesetz, trotz der hier auftauchenden Schwierigkeiten, durchaus durchführbar, sogar alles von ihm in vortrefflichster Weise geordnet zu sein. Aber es wird allerdings einer großen Mühe bedürfen, bis alle diese feinerwogenen Grundsätze und Gegensätze der Praxis und Wissenschaft sozusagen in Fleisch und Blut übergegangen sind!

Die einfache Strafklausel ist an den Begriff der „Obliegenheit" überhaupt nicht gebunden, sie kann gebraucht werden, um den Versicherer trotzdem und tatsächlich gegen den Eintritt großer Ereignisse zu schützen oder um ihm bei deren Eintritt zur Ausgleichung zu dienen. Z. B. eine Geldstrafe auf den Fall der Schadensstiftung durch das Gesinde, für die der Versicherungsnehmer selbst nicht verantwortlich gemacht werden könnte. Ich mache darauf aufmerksam, daß einer mißbräuchlichen

Ausnutzung der Strafklauseln immer auch noch durch die Einwirkung des Aufsichtsamts begegnet wird. Es kann freilich beim einzelnen Vertrage solche Bestimmungen nicht aus der Welt schaffen, wohl aber geht sein Einfluß bekanntlich so weit, daß derartige Klauseln nicht wiederholt und ständig mißbraucht werden können. Das ganze neue Gesetz ist ja immer aus dem Gesichtspunkte zu beurteilen, daß das Aufsichtsamt mit eingreift und jedem Freiheitsmißbrauch entgegentreten kann. Man braucht, wie das trotzdem geschehen ist, vor einer anscheinend allzu freiheitlichen Ausgestaltung des Gesetzes nicht ängstlich zu sein.

Ich möchte noch folgendes hinzufügen. In unserem Entwurfe ist keine Vorschrift über die baldige Geltendmachung der Verwirkung durch den Versicherer. In dieser Beziehung weicht der österreichische Entwurf in vorteilhafter Weise davon ab. Der österreichische Entwurf sagt: Der Versicherer, der solche Nachteile geltend machen will, hat diese bei sonstigem Ausschluß innerhalb eines Monats, nachdem er davon Kenntnis erlangt hat, dem Versicherungsnehmer schriftlich anzuzeigen. § 32 des deutschen Entwurfs hat diese Bestimmung nicht. Es ist immerhin möglich, daß unter den Augen der Versicherungsanstalt der Versicherungsnehmer einen liederlichen Lebenswandel führt und, nachdem er zu Grunde gegangen ist, die Anstalt dann die Verwirkungsklausel geltend macht. Es ist möglich, daß der Müller, dem verboten ist, in den versicherten Arbeitsräumen zu rauchen, tagtäglich raucht, ohne daß der Versicherer, obwohl er es könnte, dagegen einschritte; und daß der Versicherer dann doch später die Verwirkungsklausel gegen ihn in Wirksamkeit setzen wollte. Man könnte also geneigt sein, auf jene Vorschrift des österreichischen Entwurfs als unentbehrlich zurückzugreifen. Ich glaube aber, daß der allgemeine Begriff des Verzichts, wenn so etwas unter den Augen der Gesellschaft selbst stattfindet, ausreicht. Wir haben bei gesetzlichen Fällen des Rücktritts übrigens wirklich eine ähnliche Bestimmung. Im § 20 heißt es: „Der Rücktritt kann nur innerhalb eines Monats erfolgen. Die Frist beginnt mit dem Zeitpunkt, in welchem der Versicherer von der Verletzung der Anzeigepflicht Kenntnis erlangt."

Das Bild des Entwurfes, wie ich es vorgeführt habe, ist aber noch wesentlich zu vervollständigen. Das Gesetz hat selbst eine Reihe der wichtigsten Angelegenheiten, die sonst der Vertragsbestimmung unterworfen werden können, unverrückbar geregelt. Hier kommt die Vertragswirkung nicht in Frage. Diese Fälle sind in der Hauptsache die Anzeige des ursprünglichen und des veränderten Gefahrenstandes, der willkürlichen Erhöhung des Gefahrenstandes; die Prämienzahlung und die Veräußerung des versicherten Gegenstandes. Bei der Veräußerung des versicherten Gegenstandes bedeutet das also z. B., daß nicht nur eine vertragliche „Obliegenheit", nicht zu veräußern, unter die Beschränkung und den Schutz des § 6 gestellt werde, sondern daß gesagt wird: eine solche Vereinbarung gilt überhaupt nicht. Es ist absolut Recht, daß die Versicherung auf den Erwerber übergeht. Wir haben an all diesen Sätzen also einen wohldurchdachten Ersatz der Verwirkungsklausel des einzelnen Vertrages; eine genaue gesetzliche Bemessung der gegenseitigen Rechte und Pflichten. Ihre eingehendere Prüfung gehört auch mit dazu, um §§ 6 u. 32 des Entwurfs vollkommen würdigen zu können; ich unterlasse sie nur, weil sie gar zu sehr in Einzelheiten hineinführt.

Nur eins muß ich noch hinzufügen: die Verwirkungsklausel bezieht sich nur auf die Versicherung. Man muß nämlich bei der Beurteilung unseres Versicherungsentwurfs unterscheiden zwischen Versicherung, d. i. das Verhältnis, der Zustand des Versichertseins, und dem Vertragsverhältnis zwischen dem Beteiligten. Die Verwirkung trifft nur die Versicherung. Ob das Versicherungsverhältnis mit aufhört, ist eine zweite Frage. Hier spielt die sog. Unteilbarkeit der Prämie eine große Rolle, obwohl sie allerdings meist nur verlangt wird auf die sogen. laufende Versicherungsperiode. Aber insoweit hält man sie auch für unbedingt verfallen, für unteilbar. Wenn die Verwirkung am 2. Januar eintritt und das Versicherungsverhältnis dauerte bis zum Ende desselben Jahres, so würde die Prämienpflicht bis dahin noch weiter laufen. Man kann manches dagegen sagen; tatsächlich ist der Verkehr so an diese „Unteilbarkeit" gewöhnt, daß schwer etwas dagegen zu machen sein und mit gesetzlichen Bestimmungen einzuschreiten sein wird. Nach meiner Prüfung sind denn auch die Entwurfsbestimmungen in dieser Beziehung höchstens im § 39 zu beanstanden. Da dies zu erörtern aber außerhalb meines Auftrages liegt, brauche ich nicht darauf einzugehen. Aber ich vermisse in der Tat eine entsprechende Allgemeinbestimmung wie in § 40, Abs. 1, wo es heißt: „Wird das Versicherungsverhältnis . . . . durch Rücktritt oder Kündigung aufgehoben, so gebührt dem Versicherer gleichwohl die Prämie, jedoch nicht über die laufende Versicherungsperiode hinaus."

Das sollte auch für andere Fälle gelten. Daher nehme ich den österreichischen Entwurf als Vorbild, welcher § 7, Abs. 2 verfügt: Der Versicherungsnehmer „kann, sofern der Rechtsnachteil in der Verwirkung des Anspruchs auf die Leistung des Versicherers besteht, den Vertrag ohne Einhaltung einer Kündigungsfrist kündigen."

Aus dem deutschen Entwurf ist ein gleiches Recht nicht zu entnehmen. Daher kann es kommen, daß bei einer fünfjährigen Versicherung, wo die Verwirkung gelegentlich eines Teilschadens eingetreten ist, das Versicherungsverhältnis durch die folgenden Jahre, soweit nicht Verjährung der einzelnen Prämien dazwischentritt, hindurch geschleppt werden kann. Das ist verschiedentlich mißbraucht worden, ohne daß der Versicherungsnehmer sich losmachen kann. Ich bin deshalb dazu gekommen, in meinen Leitsätzen, die Ihnen vorliegen, den Schlußsatz von Nr. 1 dahin vorzuschlagen: „Es ist dem Versicherungsnehmer das Recht der Aufkündigung des Versicherungsvertrages auf den Schluß der laufenden Versicherungsperiode unentziehbar einzuräumen, wenn der Versicherer die Verwirkung gegen ihn geltend gemacht hat."

Ich halte das für eine wünschenswerte Ergänzung unseres sonst so trefflich gearbeiteten Entwurfes.

Als Ergebnis möchte ich schließlich meine Ansicht noch dahin zusammenfassen, daß wir in diesem Entwurfe tatsächlich einen durchaus und vielleicht sogar höchst befriedigenden Ausbau des Verwirkungsrechtes vor uns haben. Er wird allerdings, wie ich schon andeutete, nur dann voll zu würdigen sein, wenn man mit seinen scharf geschliffenen Regeln und Begriffen sich genau vertraut gemacht hat. Er enthält einerseits eine wirksame Beschränkung der Verwirkung, eine Beschränkung, die vorteilhaft absticht gegen die Gleichgültigkeit der Behandlung der Verwirkungsklausel in unserer Wissenschaft, über die ich mich schon vor Jahren beklagt habe, als unsere Wissenschaft noch ganz in manchesterlichen Bahnen wandelte, auch vorteilhaft absticht gegen die gänzlich ungenügenden Schutzwehren des BGB. in dieser Hinsicht. Eine solche Beschränkung ist auch noch neben der Eingriffsgewalt der Aufsichtsbehörde unentbehrlich, wie es ja das „jus cogens", zu dem diese Beschränkung der Verwirkungsklauseln ja auch gehören, überhaupt ist.

Andererseits ist die Beschränkung durchaus maßvoll, und muß es sein, um nicht etwa ganz ins Blaue hinein den freien Verkehr, den Selbstschutz des Versicherers, zu sehr zu beengen und so, was das Wichtigste ist, der hinter ihm stehenden Gesamtheit schließlich zu schaden. Daß das richtige Maß eingehalten ist, glaube ich auch an den Ausnahmen, von denen ich schon sprach, beweisen zu können. Es sollen sich nämlich sowohl die Bestimmungen über die Beschränkung der Verwirkungsabreden, ebenso wie das sonstige jus cogens des Entwurfs, auf einer Reihe von Versicherungsarten nicht beziehen. Ich darf diese kurz nach dem § 184 mitteilen. Die im Gesetz vorgeschlagenen „Beschränkungen der Vertragsfreiheit" bleiben bei der Transport-, Kreditversicherung, Versicherung gegen Kursverluste und der allerdings noch sehr in der Luft schwebenden Versicherung gegen Arbeitslosigkeit außer Anwendung; ferner bei der laufenden Schadensversicherung. Diese Kategorien betreffen, wie Ihnen ohne weiteres ersichtlich sein wird, Versicherungsarten, die wesentlich unter Kaufleuten abgeschlossen werden, wo also die Beschränkung der Vertragsfreiheit verhältnismäßig nur ganz geringe Bedeutung hat.

In § 185 ist hinzugesetzt: „Durch Kaiserliche Verordnung kann mit Genehmigung des Bundesrates bestimmt werden: 1. daß bei den im zweiten, dritten und vierten Abschnitt nicht besonders geregelten Versicherungszweigen, auch soweit sie nicht unter den § 184 fallen, die in diesem Gesetze vorgesehenen Beschränkungen der Vertragsfreiheit ganz oder zum Teil außer Anwendung bleiben."

Daran hat sich nun allerdings ein lebhafter Streit geknüpft. Die Techniker auf dem Versicherungsgebiet beteuern mit beweglichen Worten, daß dies eine unzutreffende Vorschrift sei, weil dadurch jede neue Entwicklung gestört würde, und es ist wohl nicht zu verkennen, daß, wenn eine neue Versicherungsart, — und solche entstehen vielfach — unter die zwingenden Bestimmungen sich gestellt sieht, eine gedeihliche Entwicklung vorerst vielleicht nicht stattfinden kann. Deshalb glaube ich, daß man diesem Wunsche nachgeben kann. Ich halte das für zweckmäßig und habe deshalb auch den Vorschlag in meine Leitsätze aufgenommen, es soll in dem Gesetz bestimmt werden, daß bei allen sogenannten nicht geregelten Versicherungsarten erst durch die kaiserliche Verordnung die Einführung der Beschränkung der Vertragsfreiheit vorgeschrieben werde. Ich denke mir das so, daß dann diejenigen ungeregelten Versicherungszweige, die wir bereits haben und kennen, und über die die nötige Übersicht aus der Tätigkeit des Reichsaufsichtsamtes gewonnen werden kann, *sofort* unter diese Bestimmung gestellt werden, d. h. soweit es erforderlich ist; daß dagegen jede *neu* sich entwickelnde Versicherungsart ihr erst unterworfen wird — kraft weiterer kaiserlicher Verordnung, — sobald sich das Bedürfnis dazu klar herausgestellt hat. Mein Leitsatz und Antrag würde hierzu lauten:

> „§ 185 Nr. 1 ist dahin abzuändern: Durch kaiserliche Verordnung kann mit Zustimmung des Bundesrats bestimmt werden: 1. daß bei einem im zweiten, dritten und vierten Abschnitt nicht besonders geregelten Versicherungszweige, auch soweit er nicht unter den § 184 fällt, die in diesem Gesetze vorgesehenen Beschränkungen der Vertragsfreiheit bei den Verwirkungsklauseln (§§ 6, 32) in Anwendung kommen."

Ich möchte meine Stellung zur Sache noch einmal kurz in folgender Weise zusammenfassend bezeichnen.

Ich sehe in den Verwirkungsklauseln einen besonders wichtigen Teil der *Schutzfunktion* des Rechtes. Jetzt liegt es freilich wieder mehr in der Luft, diese zu übersehen und mit allerhand exceptiones doli und ähnlichen schönen Sachen sogar die durch rechtskräftige Urteile gewonnene Rechtssicherheit zu gefährden. Aus meinem persönlichen Verkehr mit dem vortrefflichen Juristen Otto Bähr weiß ich auch, welch große Mühe es ihn gekostet hat, die Juristenwelt davon zu überzeugen, daß die vertragsmäßige Anerkennung eben vice solutionis wirke und das alte, vielleicht sehr verworrene Schuldverhältnis zu Ende bringe. Es ist aber wirklich etwas Ähnliches, wenn die Verwirkungsklausel eine solche Schutzfunktion im Interesse der Versicherungsanstalten übernimmt. Wir müssen uns immer vor Augen halten, daß auf beiden Seiten keine Idealmenschen stehen; daß vor allen Dingen z. B. unsere Bauern nicht so sind, wie sie in den alten Bauernromanen geschildert werden als von Ehrlichkeit usw. triefend. Es ist leider auch auf die Übung des alten deutschen Grundsatzes „Treue um Treue" in unserem Verkehrsleben nicht mehr immer zu rechnen; und die merkwürdige Fantasie, daß der Versicherungsvertrag nicht nur unter bona fides stände, sondern sogar unter „uberrima fides", steht tatsächlich nur in den Lehrbüchern. Er wird, nebenbei bemerkt, alsdann merkwürdig selten angewandt gegen Versicherungsanstalten! Ich fordere für beide Parteien scharfe Waffen, für die Versicherungsgeber die Möglichkeit der Verwirkungsabrede, für die Versicherungsnehmer das zwingende Recht. Ich gehe dabei von dem alten Grundsatz der römischen Juristen aus: „medie dispicere", d. h.: auf die Mittellinie sehen und die Interessen beider Seiten gleichmäßig abwägen. Ich erinnere an den schönen Spruch, der sich im Don Quixote des Cervantes findet, wo zum Richter gesagt wird, er solle sich von den Gründen der Reichen ebensowenig beeinflussen lassen wie von den Tränen der Armen! Das gilt auch für den Gesetzgeber. Rein sachliche Beurteilung muß vorhanden sein; und ich muß auch das noch sagen, daß, wenn, wie vielfach gewünscht wird, noch stärkere und zu starke Schutzmaßregeln an Beschränkung oder gar Verbote der Verwirkungsabreden zur Beseitigung gewisser Mißbräuche bewilligt würden, der Kampf der Beteiligten nur auf das wirtschaftliche, das finanzielle Gebiet überwälzt und hier äußerst verschärft würde. Andererseits sollte man aber auch von den Menschen nicht mehr verlangen, als sie leisten können, und als der Durchschnitt leistet; und das gilt besonders für die Versicherungsnehmer, unter denen es viele bummlige Leute gibt, die aber nichts Böses im Sinne haben, und wenn sie wirklich an einer Pflichtverabsäumung unschuldig sind, sollten sie wenigstens den gegen sie sprechenden Schein widerlegen oder nachweisen, daß die betr. Vertragsverletzung keine Rückwirkung auf die Entschädigungspflicht des Versicherungsnehmers gewonnen habe. Will man das nicht zugestehen, dann wiederhole ich mein Wort, das ich schon in Innsbruck brauchte: Dann mag man lieber gleich um das Recht aus der Versicherung würfeln!

Und nun noch eins. Aus der Versicherungsliteratur tritt uns immer wieder das Wort entgegen: Ihr Juristen versteht nichts vom Versicherungswesen. Es ist stets dasselbe Lied, das wir gestern auch schon gehört und mit lebhaftem Bedauern begleitet haben. Meine Herren, die Zeiten, wo die Juristen nichts von der Versicherungswissenschaft kannten, wo z. B. die französischen Juristen Portalis und Dupin im Anfang des vorigen Jahrhunderts die Lebensversicherung zu den Verträgen zählten, die „plenae periculosissimi eventus" seien, sodaß es ein „nefas ejus modi casus exspectare, — die Zeiten sind längst vorüber. Wer den Kampf des Lebens und die Wirkung der Rechtsordnung von pathologischer Seite beobachten gelernt hat, insbesondere auch das Ineinandergreifen von dem materiellen Recht und dem Prozeßrecht auf diesem Rechtsgebiet, wer als Richter die Interessen der streitenden Teile abwägen, oder als Anwalt die Gründe des Gegners hören und widerlegen und bald den Versicherungsnehmer und bald den Versicherer vertreten muß, ist ganz gewiß zu einer derartig legislativ-politischen Prüfung berufen. Er mag dabei immer sagen: Ich höre die Stimmen der Techniker gerne. Unsere Entscheidungen in dieser Beziehung sind schließlich umso weniger zu beanstanden, meine Herren, wenn die vortrefflichen Darlegungen Oskar Bülows über die richterliche Rechtsschaffung, — die nur nicht etwa in der „Freisprechung" gipfelt, — richtig sind, daß innerhalb des Gesetzes der Richter selbst doch ja auch im einzelnen Streitfalle Recht zu schaffen hat. (§ 242 BGB.)!

Ich könnte nun schließen, wenn ich nicht noch auf den österreichischen Entwurf zurückkommen wollte. Allein ich habe Ihre Geduld schon solange in Anspruch genommen, daß ich doch lieber von einer solchen Überschau, so willkommen sie mir wäre, Abstand nehme.

Ich gehe deshalb gleich zu meinen Leitsätzen über. Sie liegen den Herren vor. Ich glaube auch, daß ich zu ihrer Erläuterung höchstens noch folgendes zu sagen habe.

Nr. 1 lautet: „Die Vorschriften des deutschen Gesetzentwurfes über die Verwirkungsklauseln im engeren Sinne (§ 6, § 32) und sein Schweigen über sonstige Strafklauseln sind zu billigen, insbesondere im Hinblick auf die in das Gesetz aufzunehmenden Einzel-Bestimmungen über gewisse „Obliegenheiten" des Versicherungsnehmers (Anzeigepflicht, Pflicht der pfleglichen Behandlung der versicherten Sache, Prämienpflicht usw.); nur ist dem Versicherungsnehmer das Recht der Aufkündigung des Versicherungsvertrages auf den Schluß der laufenden Versicherungs-Periode unentziehbar einzuräumen, wenn der Versicherer die Verwirkung geltend macht."

Das Letztere habe ich früher schon vorgelesen. Ebenso den zweiten Leitsatz. Ich will nur noch hinzufügen, daß die „nicht geregelten" Versicherungszweige alle die sind, welche nicht unter Feuer-, Hagel-, Vieh-, Transport-, Haftpflicht-, Unfall- und Lebensversicherung fallen. Meine Fassung bezieht sich nur auf die Verwirkungsklauseln. Zu Bedenken darf das nicht Veranlassung geben, um so weniger, als auch schon in der Fassung des Gesetzentwurfes selbst zum Ausdruck gebracht ist, daß Beschränkungen der Vertragsfreiheit ganz oder zum Teil in Anwendung zu bringen seien. Ich bin jetzt nur berufen, über die Verwirkungsklauseln zu sprechen, und habe dem meinen Antrag angepaßt. Eine Rechtfertigung meines Vorschlages, den ich im Interesse des Vorwärtsschreitens im Versicherungswesen für notwendig oder doch recht wünschenswert halte, habe ich bereits gegeben. Allerdings ist die Aushülfe bei gesetzlicher Regelung durch bundesrätliche Entschließungen nicht gerade das Ideal der Gesetzgebung; und unser verehrtes Mitglied, Herr Geheimrat Rießer, hat gelegentlich gesagt, daß solche Verordnung eine Art von „Rettungsball" für den Gesetzgeber seien. Aber, meine Herrn, wenn durch solchen Rettungsball die Rettung gelingt, eine sachlich gute Regelung erzielt wird, so ist sie wohl nicht zu verwerfen.

In den Motiven des Gesetzentwurfes ist die Ausgleichung der Interessen der Vertragsbeteiligten als das schönste Ziel des Gesetzes gepriesen. Für den Gesetzgeber gilt aber auch das weitere Prinzip, daß er die Linie des geringsten Widerstandes zu beachten hat; und es gilt weiter für ihn das kluge Wort Wilhelm Roschers, daß man oft mehr erreicht, wenn man weniger verlangt. So sage ich auch, und bitte Sie, meine Anträge in diesem Sinne verstehen zu wollen. Man hätte mehr für die Versicherungsnehmer fordern können; aber man täte nicht gut daran.

Ich hätte vielleicht auch mit etwas mehr Wärme gegen den Mißbrauch der Verwirkungsklauseln sprechen können, weil der Unwille gegen sie unserer Zeit sehr nahe liegt. Ich habe aber von jeher in meiner langjährigen öffentlichen Tätigkeit es vorgezogen, durch die unserer Wissenschaft angemessenere nüchterne Prüfung der Streitfragen zu dem Ergebnisse zu gelangen, ob ich einen Vorschlag darüber zur Annahme empfehlen könne oder nicht. (Lebh. Beifall.)

Mitberichterstatter Oberlandesgerichtsrat a. D., Direktor **Stichling**-Gotha. Meine verehrten Herren! Ich bin in der angenehmen Lage, mich mit dem größten Teile der Ausführungen des Herrn Berichterstatters einverstanden erklären zu können. Vor allen Dingen möge es der diesjährige Juristentag in 2 Punkten nicht so machen, wie der vorige: er lasse sich nicht ein auf die allgemeine Frage, in wieweit überhaupt in Versicherungsverträgen die Vertragsfreiheit einzuschränken sei, und er hüte sich vor einer Überspannung des Begriffs der Verwirkungsklausel. Um ein richtiges Urteil zu gewinnen, ob und inwieweit es notwendig ist, der Verwirkungsklausel durch Beschränkung der Vertragsfreiheit entgegen zu treten, muß man ausgehen von einer Betrachtung der Verwirkungsklausel im besonderen und nicht von akademischen Erwägungen über Beschränkung der Vertragsfreiheit im allgemeinen. Nur in einem Punkte könnte man meines Erachtens hierin zweifelhaft sein, nämlich, was die Ausnahmestellung einzelner Versicherungszweige und der öffentlichen Versicherungsanstalten hinsichtlich zwingender Rechtssätze im allgemeinen anbetrifft. Ich bin aber einverstanden mit dem Herrn Vorredner, daß man sich auch in diesem Punkte streng an das gestellte Thema halten soll. Allein auf eins muß ich hinweisen: Es ist keineswegs gesagt, daß die Antwort auf die Frage nach der Exemtion gewisser Versicherungszweige und -Anstalten von Zwangsnormen überhaupt und die Antwort auf die Frage nach einer solchen Exemtion von einem bestimmten zwingenden Rechtssatz notwendig gleich ausfallen müßte. Deshalb kann ich mich dem Herrn Vorredner darin nicht anschließen, daß an der Frage der Ausnahme der öffentlichen Versicherungsanstalten vollständig vorübergegangen werde. Ich würde mit ihm gehen, wenn es sich um die allgemeine Frage handelte, ob öffentliche Anstalten von zwingenden Rechtssätzen überhaupt auszunehmen sind. Aber ob sie von bestimmten Rechtssätzen auszunehmen sind, ist eine andere Frage.

Was den zweiten Punkt betrifft, in dem man es meines Erachtens dem vorigen Juristentag nicht nachmachen soll, die Überspannung des Begriffs der Verwirkungsklausel, so kann ich mich im wesentlichen anschließen an dasjenige, was mein verehrter Herr Vorredner gesagt hat. Ich glaube, ihn recht verstanden zu haben, daß auch er den Begriff der Verwirkungsklausel so gebrauchen will wie der allgemeine Sprachgebrauch, wie die Begründung der Entwürfe es tut und wie es auch sicher die Absicht der Aufgabe gewesen ist, nämlich im Sinne einer Vertragsabrede, die den Verlust des Versicherungsschutzes an die Verletzung einer Obliegenheit des Versicherten knüpft.

Ich möchte noch bemerken: es liegt, wie mir scheint, dem Bestreben, den Begriff der Verwirkungsklausel möglichst weit zu fassen, eine Befürchtung zugrunde, von der mein Herr Vorredner gesprochen hat, das ist die Befürchtung, daß, wenn man durch zwingende Rechtssätze den Versicherer verhindert, nach seinem Ermessen an die Verletzung gewisser Obliegenheiten des Versicherten die Folge der Verwirkung seines Anspruchs zu knüpfen, er dazu übergeht, das betreffende Tun oder Unterlassen nicht zu einer Obliegenheit zu machen, sondern es zu einer Bedingung des Vertrags zu erheben, und daß er auf diese Weise dazu gelangt, den Versicherten um seinen Auspruch zu bringen, obgleich dem durch die Beschränkung der Verwirkungsklausel ein Riegel vorgeschoben werden soll. Dem ist das Folgende entgegen zu halten. Es handelt sich für uns nur um einen Ausschnitt aus dem Kreise der Aufgaben, die dem Gesetzgeber bei der privatrechtlichen Ordnung des Versicherungswesens obliegen. Aber auch die besondere Aufgabe des Schutzes des Versicherungsnehmers braucht sich keineswegs in einer Beschränkung der Verwirkungsklausel zu erschöpfen und soll sich darin nicht erschöpfen. Es werden neben die Bestimmungen über die Verwirkungsklausel noch andere zum Schutze des Versicherten treten können. Es sind solche Bestimmungen vorgesehen beispielsweise im deutschen Entwurf in den Kapiteln über Anzeigepflicht, Gefahrerhöhung und Prämie. Aber diese Bestimmungen — das scheint mir wichtig zu betonen — beschäftigen sich keineswegs etwa bloß mit bestimmten Arten von Verwirkungsklauseln, sondern ihr Inhalt reicht viel weiter. Ob sie zum Schutze des Versicherten genügen oder nicht, das ist eine Frage ganz für sich, auf sie können wir, wenn wir nicht den Kreis unserer heutigen Aufgabe über Gebühr erweitern wollen, nicht eingehen.

Ich möchte aber in Ergänzung der Ausführungen, die mein verehrter Herr Vorredner über den Begriff der Verwirkungsklausel gemacht hat, noch einige Bemerkungen machen. Es ist nämlich ohne weiteres zuzugeben, daß eine gewisse Schwierigkeit vorliegt, im einzelnen Falle zu unterscheiden, ob es sich bei einem Tun oder Unterlassen des Versicherten um eine Obliegenheit handelt oder nicht, und folgeweise, ob eine Verwirkungsklausel in unserem Sinne vorliegt oder nicht. Da ist zunächst in verschiedenen Entscheidungen des Reichsgerichtes in Zivilsachen, insbesondere auch in einer Entscheidung aus allerneuester Zeit, der Gedanke ausgesprochen, die sogenannte Pflicht zur Anzeige des Versicherungsfalles oder die sogenannte Pflicht eines gegen Brand Versicherten, ein Verzeichnis der vor dem Brande vorhanden gewesenen und der beim Brande vernichteten Gegenstände aufzustellen, in Wahrheit keine Pflicht, sondern bloße Voraussetzung des Anspruchs des Versicherungsnehmers. Wenn dieser Gedanke schlechthin zu akzeptieren wäre, dann müßte man allerdings die auf das Vorliegen einer Obliegenheit abstellende Begriffsbestimmung über Bord werfen. Denn wenn es sich in den hier vom Reichsgericht behandelten Fällen nicht um Obliegenheiten handelt, dann verhält es sich mit den allermeisten Funktionen, die wir als Obliegenheiten des Versicherten ohne weiteres zu bezeichnen gewohnt sind, auch nicht anders. Dann würde es sich gar nicht lohnen, allgemeine Grundsätze für die Verwirkungsklausel aufzustellen in dem Sinne einer Vertragsbestimmung, die es mit einer Pflicht des Versicherten zu tun hat, denn als solche würde kaum eine andere bleiben als die Pflicht zur Bezahlung der Prämie. Auf der andern Seite wäre es zweifellos nicht angängig, solche Sätze, wie sie auf dem vorigen Juristentag aufgestellt worden sind, und wie sie auch von dem Herrn Vorredner uns vorgeschlagen werden, aufzustellen, wenn sie für alle Fälle gelten sollten, in denen ein Verhalten eines Beteiligten irgendwie von Bedeutung werden kann für den Anspruch des Versicherten. Das trifft besonders den Grundsatz hinsichtlich des Einflusses der Schuldfrage. Aber die bezeichneten Ansprüche des Reichsgerichtes enthalten meines Erachtens zwar eine Wahrheit aber nicht die ganze Wahrheit. Es ist ganz richtig, — und in dieser Beziehung glaube ich mich etwas zu unterscheiden von meinem Herrn Vorredner —, daß es sich bei solchen Pflichten, wie sie hier erwähnt worden sind, nicht um Leistungspflichten in dem gewöhnlichen Sinne handelt, nicht um solche Leistungen, die etwa durch Klage sollen erzwungen werden dürfen. Deshalb mag man die Anwendung gewisser Grundsätze, die für Leistungspflichten überhaupt gegeben sind, auf diese besonderen oder „sogenannten" Pflichten ablehnen. Man mag auch deswegen hier nicht von Verpflichtungen, sondern von Obliegenheiten reden. Aber ich bin jedenfalls der Meinung, daß es sich in Wahrheit hier um Obliegenheiten und nicht um bloße Bedingungen des Versicherungsanspruchs handelt. Ich möchte dafür nur ein Beispiel anführen. Wenn sich etwa der Versicherer die Anzeige des Versicherungsfalles durch den Versicherten ausbedungen hat, wenn er aber daran nicht die Folge geknüpft hat, daß im Falle der Nichtanzeige der Versicherungsanspruch verwirkt werden soll, will man da dem Versicherer das Recht absprechen, Ersatz zu verlangen für den Schaden, der ihm nachweislich dadurch entstanden ist, daß keine Anzeige erstattet worden ist? Wenn aber nicht, so sieht man deutlich, daß es sich in der Tat um eine Obliegenheit handeln muß. Daß der deutsche Entwurf jedenfalls in dem § 6 solche Fälle, wie die erwähnten, treffen will, ist keine Frage, denn gerade die Anzeige des Versicherungsfalles z. B. wird in der Begründung als Beispiel verwandt. Nun stehen aber solchen Fällen, wo man gar kein Bedenken tragen wird, von Verletzung einer Obliegenheit zu sprechen, — die angeführten Beispiele lassen sich ungemein vermehren, — andere gegenüber, bei denen der Verlust des Versicherungsschutzes gleichfalls mit einem Tun oder Unterlassen eines Beteiligten in Zusammenhang gebracht wird, wo er aber nicht als Folge einer Pflichtverletzung angesehen werden kann. Zur Unterscheidung dieser Fälle von den vorhergehenden hat Herr Dr. Hupka das Kriterium aufgestellt, daß es sich bei ihnen lediglich um eine Begrenzung des subjektiven oder objektiven Risikos handele, und auch Herr Professor Gierke hat in dem Gutachten für den gegenwärtigen Juristentag sich auf einen ähnlichen Standpunkt gestellt. Ich glaube auch, daß sich der Gesichtspunkt der Begrenzung des Risikos für die Unterscheidung läßt verwerten. Aber doch nicht in allen Fällen. Am sichersten ist das Vorliegen einer Verwirkungsklausel da zu verneinen, wo eine gegenständliche Begrenzung des Risikos vorliegt, wo also die Übernahme der Haftung für gewisse Gefahrereignisse ausgeschlossen wird. Diese Ereignisse können bestimmt sein nach objektiven Merkmalen, — z. B. bei der Erdbebenklausel, von der jetzt soviel die Rede ist, die Versicherung will für Brand, der durch Erdbeben entstanden ist, nicht haften —, sie können aber auch bestimmt sein nach subjektiven Merkmalen. Der Versicherer sagt: Ich werde nicht haften für einen Brand, den du selbst herbeigeführt hast, sei es mit oder ohne Verschulden. Gerade über den letzteren Punkt besteht indessen eine Meinungsverschiedenheit zwischen den Herren Dr. Hupka und Gierke. Der letztere glaubt nämlich, daß es sich dabei um eine Verwirkungsklausel handele. Wenn dem so wäre, so würde das unsere Entschließung über die vorgeschlagenen Thesen wesentlich beeinflussen müssen. In Wirklichkeit handelt es sich aber hierbei nicht um eine Verwirkungsklausel, denn wenn der Versicherer seine Haftung ausschließt für den Fall, daß der Versicherte den Brand selbst herbeigeführt hat, so ist die Herbeiführung des Brandes genau so wenig ein Verstoß gegen den Vertrag, wie der Eintritt eines Erdbebens bei der Erdbebenklausel. Es handelt sich vielmehr um eine gegenständliche Begrenzung der Gefahr. Daß dies auch der Standpunkt des deutschen Entwurfes ist, ergibt die Begründung zu § 61, der davon handelt, daß in der Schadenversicherung auch die Schaden-Fälle von der Versichernng gedeckt werden, die durch Fahrlässigkeit herbeigeführt werden. In der Begründung wird hierzu bemerkt, daß den Beteiligten frei gestellt bleiben müsse, die Haftung durch den Versicherungsvertrag zu erweitern oder einzuschränken. Wäre die Ausschließung der Haftung für den vom Versicherten ohne Verschulden herbeigeführten Schadensfall eine Verwirkungsklausel, so wäre sie unzulässig wegen der Vorschrift des § 6, daß, wenn ein Verschulden nicht vorliegt, eine Verwirkung nicht eintreten kann.

Nun kann aber die Begrenzung des Risikos auch in anderer Weise bewirkt werden. Es kann z. B. ausgemacht werden, daß die Feuerversicherung nur solange gilt, als in der Nähe des versicherten Hauses nicht eine gefährliche Anlage besteht; oder, daß eine Lebensversicherung hinfällig wird oder angefochten werden kann, wenn der Träger des versicherten Lebens sich nach einer besonders gefährlichen Gegend begibt oder an einem Kriege teilnimmt. Wenn es hier ein Dritter ist, der in der Nähe des versicherten Hauses eine Pulverfabrik errichtet, oder wenn der Versicherungsnehmer die Versicherung auf ein drittes Leben genommen hat und der Träger dieses Lebens an einer Nordpolexpedition teilnimmt, so zeigt sich deutlich, daß es sich bei der Abrede nicht um eine Verwirkungsklausel handeln kann. Denn diesem Dritten kann keine Vertragspflicht auferlegt werden. Etwas zweifelhafter wird die Sache, wenn die Person des Versicherungsnehmers und die Person desjenigen, der den Fall herbeiführt, zusammenfallen. Indessen wird die Entscheidung konsequenterweise nicht anders ausfallen können wie vorher, auch hier handelt es sich nicht um eine Verwirkungsklausel, sondern um eine Risikobegrenzung, die nur in einer anderen Weise vorgenommen ist als in den früher mitgeteilten Fällen. Es kann aber die Aufhebung des Versicherungsvertrages auch an eine Handlung oder Unterlassung geknüpft werden, gerade weil sie eine Handlung oder Unterlassung des Versicherten ist, oder an eine Handlung, die überhaupt nur von dem Versicherten vorgenommen werden kann. Beispiele sind Gefahrerhöhung durch den Versicherten, wenn sie anders behandelt wird als eine von dritter Seite kommende, Veräußerung der versicherten Sache, Eingehung eines anderweiten Versicherungsverhältnisses. Hier gehen die Ansichten der Herren Hupka und Gierke ebenfalls auseinander. Auch in den genannten Fällen kann es die Willensmeinung der beiden Beteiligten sein, eine Risikenbegrenzung in dem gleichen Sinne, wie in den zuvor besprochenen herbeizuführen. Hier versagt das Kriterium der Risikenbeschränkung. Aber es liegt ein anderes Unterscheidungsmerkmal vor. Man muß zusehen, wie die Wirkung des Eintrittes der kritischen Tatsache ausgestaltet ist. Besteht sie darin, daß der Vertrag ipso jure hinfällig wird, daß kein Teil weiter gebunden ist, dann handelt es sich um eine bloße Bedingung des Vertrages und nicht um eine Obliegenheit. Wenn es aber in die Hand des Versicherers gegeben ist, ob er den anderen Teil am Vertrag festhalten will oder nicht, dann haben wir es mit einer Verwirkungsklausel zu tun. Denn im ersten Falle, wo der Versicherte durch Vornahme der Handlung nicht nur seinen Vertragsgenossen sondern auch sich selbst von den Wirkungen des Versicherungsvertrags losmacht, kann man nicht wohl von dem Vorhandensein einer Obliegenheit sprechen. In dem zweiten aber würde die Frage nach einer solchen auf ein Spiel mit Worten hinauslaufen. Letzteres würde aber auch in folgendem Falle zutreffen: Es wird das Unterbleiben einer Handlung des Versicherten, die nach Eintritt des Versicherungsfalles vorzunehmen ist, durch die Vertragsworte nicht als Verletzung einer Obliegenheit sondern als auflösende Bedingung des Versicherungsvertrags bestimmt und zwar mit der Maßgabe, daß der Eintritt der Bedingung rückwirkende Kraft hat. In diesem Falle muß man entgegen dem Wortlaut eine Verwirkungsklausel annehmen, denn hier ist die Freiheit des Versicherers, sich von dem Vertrage loszumachen, illusorisch, er kann es nur tun unter Preisgabe seines Anspruches, er soll also offenbar zur Vornahme der Handlung angehalten werden.

Nach alledem ist es im wesentlichen eine Tatfrage, ob man es im einzelnen Fall mit einer Verwirkungsklausel oder einem bedingten Vertrag zu tun hat, indessen wird es zu einer zutreffenden Beantwortung dieser Frage an genügend sicheren Auhaltspunkten kaum fehlen.

Noch auf ein Bedenken ist hinzuweisen, das der Herr Vorredner heute nicht hervorgehoben hat, das aber nahe liegt. Es kann auf den ersten Blick scheinen, als müsse eine Begriffsbestimmung, die abstellt auf eine Verletzung von Obliegenheiten des Versicherten, an den Besonderheiten der Versicherung für fremde Rechnung in die Brüche gehen; denn hier, wo der Versicherte und der Versicherungsnehmer auseinanderfallen, können zunächst nur Obliegenheiten des Versicherungsnehmers entstehen, nicht des Versicherten. Aber die Schwierigkeit ist nur eine scheinbare. Will nämlich der Versicherte die Rechte aus dem Vertrage für sich geltend machen, so muß er auch die Pflichten gelten lassen, die in dem Vertrage festgesetzt sind, und zwar muß er sie gelten lassen nicht nur als Pflichten des Versicherungsnehmers, sondern auch als seine eigenen Pflichten, wenn der Vertragsinhalt dahin geht. Dieser Standpunkt liegt auch unserem deutschen Entwurf zu Grunde, ich will nur hinweisen auf die Bestimmungen in § 78 und 79 über die Aufrechnung des Prämienanspruches auch gegenüber dem Versicherten und über die Relevanz eines arglistigen oder fahrlässigen Verhaltens hinsichtlich der Anzeigepflicht nicht nur des Versicherungsnehmers, sondern auch des Versicherten.

Eines muß ich noch erwähnen. Es war die Frage, ob man in die Erörterung die Verletzung von Obliegenheiten einbeziehen soll, insofern an sie nicht die Verwirkung des Versicherungsanspruches, sondern ein anderer Rechtsnachteil geknüpft wird. Herr Professor Gierke hat in seinem Gutachten sich zwar dagegen ausgesprochen, daß die Vertragsstrafe einbezogen wird, er hat aber gefordert, daß man die Vereinbarung eines Kündigungsrechts des Versicherers berücksichtige, und zwar selbst dann, wenn es nur unter Einhaltung einer Kündigungsfrist geltend gemacht werden kann. Auch hier würde man meines Erachtens, wenn man soweit gehen wollte, den herkömmlichen Sprachgebrauch verletzen. Man hat bisher, soviel ich weiß, von Verwirkung nur gesprochen, wenn der Versicherer entweder bei Aufrechterhaltung des Versicherungsvertrages im übrigen seine Leistung verweigern konnte, oder wenn er vom Vertrag mit rückwirkender Kraft zurücktreten konnte, also ein Rücktrittsrecht ausübte im Sinne des Bürgerlichen Gesetzbuchs. Der Grund, weshalb man nur in diesem Falle von einer Verwirkung gesprochen hat, liegt nahe genug. Er ist darin zu finden, daß die Kündigung immer nur für die Zukunft wirken kann, daß also der Versicherte durch sie niemals den bereits erworbenen Leistungsanspruch verliert. Es ist an sich richtig, der Versicherte kann auch dadurch in eine verhängnisvolle Lage kommen, daß ihm gekündigt wird vor Eintritt des Versicherungsfalles, insofern als er vielleicht verhindert wird, rechtzeitig eine anderweitige Versicherung zu nehmen, aber das ist doch wohl ohne Zweifel, daß dieser Nachteil garnicht zu vergleichen ist mit dem viel schwereren Nachteil des Verlustes eines bereits erworbenen Anspruches, und es ist deshalb vollständig richtig, wenn wir auch insofern unsere Betrachtungen beschränken, als wir den Fall der Kündigung, sei es mit, sei es ohne Kündigungsfrist nicht mit einbeziehen. Und was nun die Vertragsstrafe anbelangt, so bin ich allerdings der Meinung, daß für das deutsche Recht schon deshalb ihre Einbeziehung in unsere Erörterung sich erübrigt, weil wir hier in dem richterlichen Ermäßigungsrecht ein völlig ausreichendes Ventil haben gegen Mißbräuche des Versicherers.

Was nun kurz die Frage anbetrifft: Weshalb soll man gerade mit Beziehung auf die Verwirkungsklausel die Vertragsfreiheit einschränken, so meine ich, der Grund liegt nicht so sehr in Dingen, die ja vielfach hervorgehoben worden sind für eine Einschränkung der Vertragsfreiheit in Versicherungsverhältnissen überhaupt. Es ist vielmehr zunächst der allgemeine Grund, daß derjenige, der sich versichert, eben sicher sein will, und daß jede irgendwie geartete Bedingtheit seines Versicherungsanspruches dem von ihm verfolgten wirtschaftlichen Zweck und dem Wesen der Versicherung an sich zuwider ist. Infolgedessen wird eine Bedingtheit des Anspruchs des einen Teils gerade in Versicherungsverhältnissen weit übler empfunden als in irgendwelchen anderen Vertragsverhältnissen. Am allerübelsten ist die Sache aber zweifellos dann, wenn der Versicherte auch bei Anwendung des Durchschnittsmaßes der in der Bevölkerung vorhandenen Einsicht, Aufmerksamkeit und Gewissenhaftigkeit glauben konnte, er sei versichert, und wenn bei Eintritt des Versicherungsfalles der Versicherungsschutz versagt. Fälle, wo das eintritt, sind gerade diejenigen, die zu den größten Bedenken Anlaß geben, weil sie unter Umständen den wirtschaftlichen Ruin des Versicherten herbeiführen, und weil ihre Wahrnehmung die Wirkung haben kann, daß der Versicherungstrieb in der Bevölkerung sich nicht so entfaltet, wie er sich im öffentlichen Interesse entfalten soll. Solche Fälle müssen in der Tat möglichst eingeschränkt werden. Daß es auf der anderen Seite im allgemeinen schwerwiegende Gründe sind, die den Versicherer dazu führen, eine Verwirkung des Versicherungsanspruches eintreten zu lassen, daß hat Herr OLG.-Rat Schneider früher in so vortrefflicher Weise ausgeführt, daß ich mich darüber nicht zu verbreiten brauche. Ich begnüge mich mit der Konstatierung, daß in der Tat der Versicherer im allgemeinen eines wirksameren Schutzes gegen Vertragswidrigkeiten seines Vertragsgenossen bedarf, als das in anderen Vertragsverhältnissen der Fall sein mag. Und ich will noch auf das eine Moment hinweisen — ich glaube, es ist heute nicht geschehen, aber es ist sonst vielfach hervorgehoben: Jede laxe Begünstigung des Versicherungsnehmers muß zu einer Erhöhung der Prämie auch des sorgfältigen Versicherungsnehmers führen. Aber das erkenne ich vollständig an, daß der Versicherer in zwei Punkten über das Ziel hinausschießen kann. Er kann einmal Pflichten auferlegen, die durch ein dringendes Interesse nicht gefordert werden, und er kann weiter zur Erzwingung dieser Pflichten Mittel anwenden, die sich als unverhältnismäßig hart erweisen, und ein solches Mittel kann die Verwirkungsklausel werden. Sie ist ein scharfes aber auch ein rohes Instrument, namentlich insofern, als sie jeder Individualisierung unfähig ist.

Wie ich in meinen Ausführungen über den Begriff der Verwirkungsklausel hervorzuheben mir erlaubte, handelt es sich bei den Verwirkungsklauseln und bei den Obliegenheiten, die durch sie geschützt werden sollen, vielleicht mit Ausnahme der Prämienzahlung, nicht etwa um solche, die es mit den eigentlichen Fundamenten des Versicherungsverhältnisses zu tun haben, insbesondere mit der Begrenzung des Risikos. Das eigentliche Anwendungsgebiet der Verwirkungsklausel ist vielmehr die Verhütung von Umständen, die zwar im einzelnen Falle dem Versicherer verhängnisvoll werden können, es aber nicht zu werden brauchen. Die Versicherungsklausel hat also wesentlich einen polizeilichen Charakter, und dennoch erschlägt sie Gerechte und Ungerechte und fragt nicht nach dem Vorhandensein und nach dem Maße des Verschuldens und auch nicht nach dem Erfolge der verbotenen Handlung. Die Verwirkungsklausel hat also Mängel, wie wir sie beklagen bei der absoluten Strafe, und das ist nach meiner Meinung der Hauptgrund, weshalb der Ruf nach einer Beschränkung der Verwirkungsklausel mit Recht erhoben wird.

Deswegen besteht ja auch allgemeines Einverständnis darüber, daß das künftige Vertragsgesetz mindestens das Ergebnis der Rechtsentwickelung festlegen muß, das jetzt unter mannigfachen Schwankungen erreicht ist, daß also die Frage des Verschuldens bei Verletzung der Obliegenheit unbedingt berücksichtigt werden muß.

Ich kann kurz hinweggehen über die Differenzierung, die der deutsche und österreichische Entwurf eintreten läßt hinsichtlich des zur Verwirkung erforderlichen Maßes des Verschuldens, je nach dem es sich um die Zeit vor oder nach Eintritt des Versicherungsfalles handelt. Ich billige durchaus den Standpunkt, den der deutsche Entwurf in dieser Beziehung einnimmt, und zwar gerade davon ausgehend, daß für mich das Übelste an der Verwirkungsklausel ihre Starrheit ist. Ich billige auch, daß in dieser Differenzierung nicht soweit gegangen worden ist, wie es von verschiedenen Seiten gefordert wurde und wie es der deutsche Entwurf ursprünglich tat, daß nur bei vorsätzlicher Verletzung von Vertragspflichten, die nach Eintritt des Versicherungsfalles zu erfüllen sind, die Verwirkung zugelassen wird, und zwar ist für mich ausschlaggebend der Gesichtspunkt, daß der Gesetzgeber aus erzieherischen Gründen sich hüten soll, Maßregeln zu treffen zum Schutze grober Fahrlässigkeiten.

Nun war aber bisher die Frage: soll dieses Verschuldungsprinzip zu einem zwingenden gemacht werden oder nicht? Von den beiden Herren Gutachtern hat sich Herr Geheimer Regierungsrat Sammer dafür ausgesprochen, daß Zwangsnormen überhaupt und folgeweise auch bezüglich der Verwirkungsklausel nur für einzelne Versicherungszweige erlassen werden. Daneben hat er Front gemacht gegen die Vorzugsstellung der öffentlichen Versicherungsanstalten, wie sie diesen im deutschen Entwurf eingeräumt wird. Herr Professor Gierke hat sich in dem letzteren Punkte dem Herrn Dr. Sammer angeschlossen, aber er verlangt die Geltung des Verschuldungsprinzips für alle Versicherungsarten und will nur einzelne Versicherungszweige allenfalls ausnehmen. Die Regelung nach dem deutschen Entwurfe haben Sie von meinem Herrn Vorredner gehört. Nun zeigt sich der Unterschied, der hervorgerufen wird, wenn man die Frage nach der Beschränkung der Vertragsfreiheit im allgemeinen, und wenn man sie nach der Beschränkung der Vertragsfreiheit gerade in Ansehung der Verwirkungsklausel stellt. Wenn es sich darum handelte, zu der ersteren Stellung zu nehmen, dann würde ich geneigt sein, mich für Herrn Dr. Sammer auszusprechen und zu sagen: es soll bei jedem einzelnen Versicherungszweige, bei jeder einzelnen Versicherungsart, zugesehen werden, ob wirklich eine Einschränkung der Vertragsfreiheit notwendig und zweckmäßig ist.

Es handelt sich aber nicht um diese Frage, sondern um die nach dem Verschuldungsprinzip bei der Verwirkungsklausel. Da gehe ich weiter als der Herr Vorredner. Ich halte die Berücksichtigung des Verschuldungsprinzips für eine Forderung der öffentlichen Ordnung und ich glaube, daß mit diesem Prinzip jeder Versicherungszweig auskommen kann und muß. Es ist mit Recht darauf hingewiesen worden, und auch der Herr Vorredner hat es erwähnt, daß namentlich der Unternehmer eines neuen Versicherungszweiges unter Umständen wegen des Mangels an genügenden statistischen Unterlagen genötigt ist, zu einer besonders strengen Begrenzung seiner Haftung zu schreiten. Das trifft aber hier nicht zu. Wir haben gesehen, daß der Ausschluß gewisser Gefahrtatsachen zu den Verwirkungsklauseln nicht gehört; wir haben auch gesehen, daß eine Beschränkung der Verwirkungsklausel den Versicherer nicht hindert, zu vereinbaren, daß mit Eintritt gewisser Umstände der Versicherungsvertrag aufgelöst wird. Wenn der deutsche Entwurf auch in diesen Beziehungen dem Versicherer gewisse Schranken auferlegt hat, so ist das doch nicht geschehen in dem von der Verwirkungsklausel handelnden § 6, sondern in ganz anderen Zusammenhängen. Sodann aber bin ich der Meinung, daß in vielen Fällen die Ausbedingung einer Vertragsstrafe geeignet ist, das mit der Verwirkungsklausel verfolgte Ziel ebensogut zu erreichen.

Der Herr Vorredner hat bereits darauf hingewiesen, daß die Vertragsstrafe auch an eine entschuldigte Pflichtverletzung angeknüpft werden kann. Sie hat aber den Vorzug, daß sie dem richterlichen Ermäßigungsrechte unterliegt, daß also der Richter die Besonderheiten des einzelnen Falles berücksichtigen kann, wenn es der Versicherer selbst nicht tut. Ich bin hier auf einen Einwand gefaßt. Man könnte sagen: die Vertragsstrafklausel hat das Bedenken gegen sich, daß der Versicherungsnehmer sich an ihr mehr stoßen wird als an der Verwirkungsklausel, denn er riskiert durch ihre Übernahme nicht nur den Verlust seines Anspruches, sondern auch eine Geldleistung. Es besteht jedoch kein Hindernis, daß man die Vertragsstrafe in der Weise vereinbart, daß sie nicht eingeklagt, sondern nur gegen den Versicherungsanspruch aufgerechnet werden kann. Ich bin deshalb der Meinung, daß eine Notwendigkeit, von der Beschränkung der Verwirkungsklausel durch die zwingende Vorschrift der Berücksichtigung der Schuldfrage für einzelne Versicherungszweige Ausnahmen zu statuieren, nicht vorhanden ist. Daß ich dann eine Ausnahme für die öffentlich-rechtlichen Versicherungsanstalten erst recht nicht gerechtfertigt finden kann, brauche ich kaum hinzuzufügen. Ich kann nicht einsehen, wie die Sache bei den Versicherungsverhältnissen, die mit öffentlichen Versicherungsanstalten bestehen, anders liegen kann als bei denen der Privatversicherer.

Was nun etwaige weitergehende Beschränkungen der Verwirkungsklausel betrifft, so sind es wesentlich zwei Forderungen, die zur Sprache gekommen sind. Man kann sie bezeichnen mit den Schlagworten „Causalitätsprinzip" und „Verzichtsprinzip".

Man ist auf dem vorigen Juristentage zu einem Beschlusse gekommen dahingehend, daß die Verwirkungsklausel nicht Anwendung finden dürfe, wenn kein Kausalzusammenhang bestehe zwischen Verwirkungsfall und Versicherungsfall. Nun hat schon Herr Professor Gierke darauf hingewiesen, daß dieser Grundsatz als allgemeiner gar nicht aufgestellt werden kann. Er paßt für eine Reihe von Fällen von vornherein nicht, insbesondere für den Fall der nicht rechtzeitigen Prämienzahlung, der verbotenen Weiterversicherung, der unterlassenen Anzeige von einer solchen, der unterlassenen Anzeige von einem Eigentumswechsel und dergleichen. Denn alle diese Pflichtverletzungen haben zu dem Eintritt des Versicherungsfalles überhaupt keine oder allenfalls nur eine sehr entfernte Beziehung. Diese Tatsache gibt aber zu denken. Würde man nämlich die Frage des Kausalzusammenhangs zwischen Pflichtverletzung und Versicherungsfall für so schwerwiegend halten, daß der Mangel des Kausalzusammenhangs die Verwirkung als unter allen Umständen ungerechtfertigt erscheinen ließe, so müßte man eigentlich dazu kommen, die Vereinbarung der Verwirkung für solche Pflichtverletzungen wie die eben erwähnten überhaupt für unzulässig zu erklären. Denn das ist doch wohl für den Versicherten gleichgültig, ob er seinen Anspruch verliert wegen eines Umstands, der im konkreten Falle den Versicherungsfall nicht beeinflußt hat, oder wegen eines Umstands, der ihn überhaupt nicht beeinflussen konnte. Nun wird aber gewiß niemand soweit gehen wollen, wie eben angedeutet, und das zeigt, daß die Forderung eines Kausalzusammenhangs zwischen Verwirkungs- und Versicherungsfall nicht die Bedeutung eines allgemein gültigen Prinzips hat, wie die Forderung der Berücksichtigung des Schuldmoments sie besitzt, und deshalb glaube ich auch, daß der deutsche Entwurf ganz recht daran getan hat, daß er in seinem § 6, der von der Verwirkungsklausel handelt, nicht den Beweis mangelnden Kausalzusammenhangs neben den Beweis mangelnden Verschuldens gesetzt hat. Es kann sich vielmehr nur fragen, ob bei einzelnen

Obliegenheitsverletzungen aus besonderen Billigkeitsrücksichten dieser Beweis zugelassen werden soll, und da bin ich der Meinung, daß der deutsche Entwurf auch hier wesentlich das Richtige getroffen hat. Namentlich auch insofern als er allgemein die Kausalitätsfrage da nicht berücksichtigt, wo es sich um Obliegenheiten handelt, die nach dem Versicherungsfalle zu erfüllen sind, — sie kann ja hier nur auftauchen hinsichtlich der Feststellung des Versicherungsfalles —, denn hier können besondere Billigkeitsgründe nicht Platz greifen aus dem Grunde, weil es sich schon um grobe Fahrlässigkeit des Versicherten handeln muß, wenn er überhaupt seinen Anspruch verlieren soll, und weil keine Veranlassung vorliegt, ihn darüber hinaus zu schützen. Nur auf ein Moment möchte ich noch aufmerksam machen. Es gehören nämlich in diesen Zusammhang nicht die Bestimmungen des deutschen Entwurfs, daß bei Verletzung der Anzeigepflicht beim Vertragsschluß und bei Verletzung der Pflicht zur Anzeige von Gefahrerhöhungen der Versicherungsnehmer mit dem Einwand gehört werden muß, daß der Gefahrumstand für den Versicherungsfall bedeutungslos geblieben ist. Hier handelt es sich keineswegs um den Gesichtspunkt mangelnden Kausalzusammenhangs zwischen Pflichtverletzung und Versicherungsfall. Denn für das Abbrennen des versicherten Hauses kann der Umstand nicht kausal sein, daß eine Gefahr oder Gefahrerhöhung verschwiegen worden ist, sondern nur der Umstand, daß die Gefahr vorhanden gewesen ist. Wenn man also geglaubt hat, mit einer These, daß beim Mangel eines Kausalzusammenhangs zwischen Pflichtverletzung und Versicherungsfall die Verwirkung nicht eintreten dürfe, auch diese Fälle treffen zu können, so befindet man sich in einem Irrtum. Wollte man sie einbeziehen — und die Absicht ging in der Tat dahin und wird noch jetzt verfolgt —, so müßte man die These ganz anders fassen. Ich will aber alsbald bemerken, daß ich keineswegs für die Aufstellung einer sich in dieser Richtung bewegenden These bin, glaube vielmehr, daß die Regelung, welche der deutsche Entwurf hier getroffen hat, anfechtbar ist. Ich möchte das ganz kurz begründen. Die Anzeige von Gefahrumständen, mögen sie nun bei Abschluß des Vertrags vorhanden gewesen sein oder später eintreten, hat es nicht mit der Verhütung des Versicherungsfalls zu tun, sondern mit der Ermöglichung der richtigen Entschließung für den Versicherer, ob er den Vertrag unter diesen Umständen abschließen oder fortsetzen soll. Der Einredebeweis des Versicherungsnehmers müßte also vielmehr in der Richtung zugelassen werden, daß die Verletzung der Obliegenheiten auf die Entschließung des Versicherers keinen Einfluß gehabt habe. Zu dem andern Verfahren, wie es der deutsche Entwurf einschlägt, kann man nur gelangen auf Grund der Unterstellung, daß der Versicherer den Vertrag auch abgeschlossen oder fortgesetzt haben würde bei Kenntnis des Umstands, und daß er nur seine Haftung für den Fall des Eintritts des Versicherungsereignisses infolge des Umstands ausgeschlossen haben würde. Diese Unterstellung mag in vielen Fällen zutreffen, in andern läuft sie aber auch auf eine bloße Fiktion hinaus. Herr Professor Gierke will wenigstens dem Versicherer bei Verletzung der Anzeigepflicht den Beweis gestatten, daß er gemäß den für seinen Geschäftsbetrieb maßgebenden Grundsätzen das Risiko nicht übernommen haben würde. Der deutsche Entwurf will dem Versicherer bei arglistiger Verletzung der Anzeigepflicht das Recht auf Anfechtung des Vertrages lassen. Meines Erachtens eine Inkonsequenz, wenn man von der erwähnten Unterstellung ausgeht, von der allein die ganze Regelung logisch möglich ist.

Hiervon abgesehen aber billige ich den Entwurf und bin der Meinung, daß in der Beschränkung auf die Fälle, in denen er die Berücksichtigung des Kausalitätsmomentes vorgeschrieben hat, dieselbe auch zwingend vorgeschrieben werden kann.

Nun muß ich noch ganz wenige Worte sagen über den letzten Punkt. Es ist selbstverständlich, daß eine Verwirkung dann nicht eintreten kann, wenn der Versicherer in Kenntnis des an sich zur Verwirkung führenden Umstands den Vertrag abgeschlossen oder fortgesetzt hat. Das ist aber eine Forderung, die garnicht zu ihrer Begründung zu rekurrieren braucht auf das Schutzbedürfnis des Versicherten, sondern deren Berechtigung sich ohne weiteres ergibt aus dem Gebot von Treu und Glauben. Der Versicherer hat dann in der Tat entweder auf die Geltendmachung der Verwirkungsklausel verzichtet oder er muß sich gefallen lassen, daß die Sache so angesehen wird, als habe er verzichtet. Einer besonderen versicherungsrechtlichen Norm, die das ausspricht, bedarf es nicht. Der deutsche und der österreichische Entwurf geben sie allerdings, aber ich glaube, sie tun es nur der Vollständigkeit halber. Die Folge ist, daß wenn wir den Satz in dem Sinne auffassen, daß der Versicherer, wenn er nicht innerhalb einer angemessenen Frist von der Verwirkungsklausel Gebrauch macht, so anzusehen ist, als habe er auf sie verzichtet, dieser Satz ein solcher des jus commune ist, und daß er deswegen auch gelten muß für solche Versicherungszweige und Arten, die von den zwingenden versicherungsrechtlichen Normen eximiert sind, und unzweifelhaft auch für öffentliche Versicherungsanstalten gerade so gut wie für alle anderen. Nun aber ist es etwas ganz anderes, wenn man aus diesem Verzichtsprinzip die Folgerung ziehen will, wie das auch geschehen ist, es müsse allgemein eine angemessene Ausschlußfrist festgesetzt werden für die

Geltendmachung der Verwirkung. Es ist zweierlei, ob ich verzichte oder eine Ausschlußfrist verstreichen lasse. Letzteres kann sehr gegen meinen Willen und ohne jedes Verschulden meinerseits geschehen.

Man muß daran denken, daß die Geltendmachung doch wohl nur bestehen könnte in der Abgabe einer Erklärung gegenüber der anderen Seite, und daß die Abgabe der Erklärung unter Umständen scheitern kann. Ich kann trotz aller Bemühungen außer stande sein, meine Erklärung an den Mann zu bringen. Wenn der deutsche Entwurf für gewisse Fälle, z. B. für die Kündigung wegen Gefahrerhöhung, eine Ausschlußfrist gesetzt hat, so beruht das nicht auf dem Verzichtsprinzip, sondern geschieht aus einer Rücksicht auf den Versicherungsnehmer, die sich keineswegs auf das Gebiet der Verwirkungsklausel beschränkt.

Ich meine also, daß der allgemeine Grundsatz, daß der Versicherer die Rechtsverletzung geltend machen müsse innerhalb einer angemessenen Frist, überflüssig ist, wenn er nichts weiter besagen soll, als was ich vorhin als allgemein gültige Forderung von Treu und Glauben bezeichnet habe. Wenn er aber mehr sagen will, ist er nicht praktikabel. Man würde beim Versuch seiner gesetzgeberischen Ausgestaltung im einzelnen auf unüberwindliche Schwierigkeiten stoßen. Der deutsche Entwurf hat von der Aufstellung eines solchen allgemeinen Prinzipes mit guten Grunde abgesehen.

M. H.! Ich bin am Schlusse. Meine Thesen decken sich in ihren Grundgedanken im großen und ganzen mit denjenigen, die mein Herr Vorredner Ihnen vorgeschlagen hat. Ich bin mit mir zu Rate gegangen, ob ich nicht auf sie zu gunsten der letzteren verzichten könnte, ganz oder zum Teil; aber ich möchte doch glauben, daß gewisse Gründe dafür sprechen, ihnen den Vorzug zu geben. Wenn der Herr Vorredner sagt: „Die Vorschriften des deutschen Gesetzentwurfes über die Verwirkungsklauseln im engeren Sinne (§ 6, § 32) und sein Schweigen über sonstige Strafklauseln sind zu billigen, insbesondere in Hinblick auf die in das Gesetz aufgenommenen Einzelbestimmungen über gewisse „Obliegenheiten" des Versicherungsnehmers (Anzeigepflicht, Pflicht der pfleglichen Behandlung der versicherten Sachen, Prämienpflicht" usw.), so kann man dem ersten Satze nur zustimmen auf Grund einer Prüfung der einzelnen Bestimmungen des deutschen Entwurfs. Diese Prüfung möchte ich vermieden haben, weil sie zu einer uferlosen Debatte führen könnte. Deshalb glaube ich, daß es vorzuziehen ist, wenn ich sage, ohne mich ausdrücklich auf den deutschen Entwurf zu beziehen:

„Der Juristentag wolle aussprechen:

I. Vereinbarung des Inhalts, daß der Versicherer wegen Verletzung einer Obliegenheit des Versicherten seine Leistung verweigern oder vom Vertrage zurücktreten darf, sind nur mit der Einschränkung zuzulassen, daß dem Versicherten unter allen Umständen gestattet bleiben muß, die Verwirkung seines Rechtes durch den Nachweis fehlenden Verschuldens abzuwenden. Bei Verletzung von Obliegenheiten, die nach Eintritt des Versicherungsfalles zu erfüllen sind, hat der Nachweis zu genügen, daß weder Vorsatz noch grobe Fahrlässigkeit vorliegt.

II. Daneben muß bei der Verletzung solcher Obliegenheiten, die ausschließlich auf die Abwendung des Versicherungsereignisses abzielen, dem Versicherten der Nachweis offen bleiben, daß der Versicherungsfall mit der Verletzung in keinerlei Zusammenhang stehe."

Wie gesagt, in der Sache deckt sich das mit dem Vorschlage des Herrn Referenten. Aber es ist vermieden eine Motivierung mit dem Inhalt einer ganzen Anzahl von Bestimmungen des Entwurfes, die wir heute nicht im einzelnen nachprüfen können. Was den zweiten Satz des ersten Leitsatzes des Herrn Vorredners betrifft: „Nur ist dem Versicherungsnehmer das Recht der Aufkündigung des Versicherungsvertrages auf den Schluß der laufenden Versicherungsperiode unentziehbar einzuräumen, wenn der Versicherer die Verwirkung gegen ihn geltend macht", so bin ich zweifelhaft, ob die Bedürfnisfrage für diesen Satz nachgewiesen ist. Er kann nicht zur Anwendung kommen, wenn der Versicherer von dem Vertrage zurücktritt, denn dann ist kein Platz für eine Kündigung des Versicherten, dann fällt der Versicherungsvertrag ohne weiteres zusammen. Es kann sich nur um die Fälle handeln, wo der Versicherer den Vertrag aufrecht erhalten, aber eine einzelne fällig gewordene Versicherungsleistung verweigern will, wo also der Versicherungsfall wiederholt eintreten kann. Aber ob da nicht die Regelung, die der deutsche Entwurf für einzelne Versicherungszweige vorgesehen hat, genügt, ist mir zweifelhaft, und ich möchte mich nicht für diesen Satz aussprechen, den ich im Augenblick nicht in seiner Tragweite übersehen kann.

Was die zweite These des Herrn Vorredners betrifft, so kann ich ihr aus dem Grunde nicht zustimmen, weil ich weiter gehe als er. Ich habe mir auszuführen erlaubt, daß ich nicht glaube, daß die Grundsätze, die ich für die Verwirkungsklausel in dem dargelegten, verhältnismäßig beschränkten Sinne des Wortes in Übereinstimmung mit dem Herrn Vorredner aufgestellt habe, einer Einschränkung bedürfen für einzelne Versicherungsarten und -Zweige. Ich glaube daher, daß man den zweiten Satz meiner dritten These ohne Bedenken aussprechen kann: „Auch besteht ein Bedürfnis, ihre Geltung für einzelne Versicherungsarten oder Versicherungszweige auszuschließen, nicht.“ Es ist dann eine bloße Konsequenz, daß man das Gleiche ausspricht für die öffentlichen Versicherungsanstalten, wie das im ersten Teil meiner These III geschieht. Ich kann mir schlechterdings nicht denken, inwiefern die Verhältnisse bei den öffentlichen Versicherungsanstalten hinsichtlich der Berechtigung der unter I und II geforderten Normen anders liegen könnten, als wie es bei privaten Versicherungsunternehmungen der Fall ist. (Lebhafter Beifall.)

Vorsitzender: M. H.! Ihr Beifall verstärkt meinen persönlichen Dank für die beiden Herren Berichterstatter.

Darf ich mir über den Gang der weiteren Verhandlung eine Bemerkung gestatten. Soweit es sich handelt um den Antrag des Herrn Mitberichterstatters: „Eine Beschränkung dieser Grundsätze auf die mit privaten Versicherungsunternehmungen abgeschlossenen Versicherungsverträge entbehrt des Grundes“, wird gegen die Aufstellung dieses Satzes der Zweifel zulässig sein, ob es richtig ist, ihn auszusprechen. Den Herren ist bekannt, welche Schwierigkeiten in der Reichstagskommission entstanden sind. Mehrere Sitzungen füllte die Frage aus, ob der Paragraph in betreff der öffentlichen Versicherungsanstalten geändert werden solle. Auch in meiner Fraktion haben wir uns eingehend mit der Frage befaßt: man kam zu dem Beschlusse, die Frage in der Kommission zur Erörterung und Abstimmung zu bringen. Einzelne meiner Parteifreunde sind mit Eifer für die Idee der Erstreckung eingetreten, so daß ich überrascht war, als das Ergebnis der ersten Lesung dazu geführt hatte, es bei dem Entwurfe des Bundesrats zu belassen. Offenbar hat bei dem Widerspruche der verbündeten Regierungen — Preußen würde sich vielleicht nicht so ablehnend verhalten haben — die Kommission sich überzeugt, die Erstreckung gehe nicht und hat in ihrer Mehrheit von ihr Abstand genommen. Deshalb möchte ich mit Rücksicht auf das praktische Ergebnis, das die Verhandlungen noch haben können, bitten, auch hier diese Frage kühl zu behandeln. Stehen wir vor einem Widerstande, den wir nicht überwinden können, so wollen wir auf die Erörterung dieser Frage aus den juristischen Gesichtspunkten heraus nicht allzuviel Zeit verwenden.

Im übrigen hätte ich gewünscht, die beiden Herren würden sich über eine gemeinsame Formulierung verständigen. Die Auslegung, die der Herr Mitberichterstatter dem zweiten Satze des ersten Absatzes der Leitsätze des Herrn Berichterstatters gibt, trifft nicht zu. Deshalb, glaube ich, wird eine Verständigung zwischen den beiden Herren betreffs dieser Worte zu erreichen sein.

Ich bitte die Herren, die weiter in die Debatte eingehen, sich konkret an den Entwurf zu halten und weite theoretische Erörterungen bei dem gegenwärtigen Stande der Frage fernzuhalten. Sie müssen sich gegenwärtig halten, daß bereits die erste Lesung in der Kommission beendet ist.

Das Wort hat Herr Justizrat Dr. Baumert!

Justizrat Dr. **Baumert**-Spandau: Ich möchte mich an die Worte des geehrten Herrn Vorsitzenden durchaus anschließen und zunächst mal die Frage stellen: Wie können wir die beiden gestellten Anträge vereinigen und wie stimmen wir am besten ab? Ich will kurz bemerken, daß ich zu der Ansicht gekommen bin, daß wir die Anträge 1 und 2 von dem zweiten Herrn Berichterstatter durchaus annehmen können, das sind allgemeine Sätze, und dann würde ich vorschlagen, einen Nachsatz als 3 hinzuzufügen: „Demgemäß sind die Vorschriften des deutschen Gesetzentwurfs zu billigen.“ Das enthält gewissermaßen den ersten Satz des ersten Herrn Berichterstatters. — Entschieden möchte ich mich aber dagegen aussprechen, daß wir die Motivierung so annehmen, wie sie Herr OLG.-Rat Schneider zu Nr. 1 seines Satzes, den ich sonst gutheiße, hinzugefügt hat. Sie gestatten mir vielleicht eine allgemeine Bemerkung: Als ich diese Leitsätze des Herrn OLG.-Rat Schneider sah, sagte ich mir, die können wir nicht gutheißen, weil sie ganz subjektiv sind. Anders, als ich heute seinen Vortrag hörte, der besonnen und nüchtern alle Interessen abwägend so außerordentlich objektiv war, daß, wenn der Geist des Vortrags auch zwischen die Zeilen des Antrags hineingekommen wäre, ich sagen könnte, ich bin ganz damit einverstanden. Aber ich meine, es ist dem ersten Herrn Berichterstatter nicht gelungen, die Objektivität seines Vortrags in seinen Antrag hineinzubringen, und deshalb möchte ich Sie bitten, von dieser hineingebrachten Motivierung abzusehen, denn die enthält eine subjektive Formulierung, die der zweite Herr Berichterstatter ablehnt, die wir auch m. E. abzulehnen haben, damit wir uns nicht in Einzelheiten verlieren.

Was den Nachsatz zu Satz 1, den Herr OLG.-Rat Schneider aufgestellt hat, angeht, „Nur ist dem Versicherungsnehmer das Recht der Aufkündigung des Versicherungsvertrages auf den Schluß der laufenden Versicherungsperiode unentziehbar einzuräumen usw.“, so scheint mir der zweite Herr Berichterstatter die Ausführungen des ersten Herrn Berichterstatters mißverstanden zu haben. Wie ich aus den Worten des ersten Herrn Berichterstatters entnahm, soll der Satz, dessen Wortlaut vielleicht nicht sehr glücklich gefaßt ist, sagen: Wenn eine Versicherungsgesellschaft von ihrem Verwirkungsrecht Gebrauch macht, soll der Versicherte keine weiteren Prämien zu zahlen verpflichtet sein. Wenn wir den Satz so auffassen, werden wir dem im großen und ganzen alle zustimmen, aber aus den Worten des ersten Herrn Berichterstatters kann man allerdings das nicht entnehmen und er hat das folgendermaßen gedeutet. Er sagt: „Nur ist dem Versicherungsnehmer das Recht der Aufkündigung des Versicherungsvertrages auf den Schluß der laufenden Versicherungsperiode unentziehbar einzuräumen.“ Es ist der Schluß der laufenden Versicherungsperiode ein sehr zweideutiger Ausdruck, wenn wir z. B. fünfjährig versichern, so sind es fünf Jahre. Der Herr OLG.-Rat Schneider schüttelt den Kopf! Dann heißt es also: ein Jahr. Dann sagen wir doch: „mit Schluß des Jahres einzuräumen“, dann versteht man es. Nun gehe ich aber weiter und stehe in prinzipiellem Gegensatz zu Herrn OLG.-Rat Scheider. Dieser hat gesagt: Die Unteilbarkeit der Prämie ist eine unbestrittene Gewohnheit im Versicherungsrecht. Ich stehe auf dem entgegengesetzten Standpunkt. Was die Frage der Unteilbarkeit der Prämie, d. h. ob die Prämie für das ganze Jahr zu zahlen ist, angeht, so sagen die Versicherungsgesellschaften allerdings, man müsse die Prämie immer für ein ganzes Jahr bezahlen. Ich gebe zu, daß die Versicherungsgesellschaften kraft ihrer allgemeinen Versicherungsbedingungen — sie schließen andere Verträge nicht ab — das nicht zu einer unbestrittenen Gewohnheit, sondern zu einem erzwungenen Recht gemacht haben. Ich bin aber der Ansicht, daß die Versicherungsgesellschaften schon jetzt dahin kommen, daß die Unteilbarkeit der Prämie sich nicht aufrecht erhalten läßt. Sie ist zwar eine bestehende Institution, aber sie könnte und sollte längst beseitigt sein. Deshalb würde ich den Antrag des Herrn OLG.-Rat Schneider dahin zu fassen bitten: „Nur ist dem Versicherungsnehmer das Recht der sofortigen Aufkündigung des Versicherungsvertrages unentziehbar einzuräumen usw.“ Manche Versicherungsgesellschaften tun es jetzt schon, daß sie sagen: Du hast die Prämie so weit zu zahlen, als du versichert bist, sie erkennen also die Teilbarkeit der Prämie an. — Gestatten Sie mir hierbei auch, nicht eine Abschweifung, aber eine allgemeine Bemerkung, die auch prinzipiell dem Herrn OLG.-Rat Schneider entgegentritt, welche nämlich die Veräußerung der versicherten Sachen betrifft. Die Veräußerung hat nach dem Preußischen Landrecht keinen Einfluß auf den Versicherungsvertrag. Die Versicherungsgesellschaften aber haben auf Grund ihrer allgemeinen Versicherungsbedingungen gesagt: Dieser Satz ist verkehrt, den erkennen wir nicht an, und schreiben das Entgegengesetzte in die Versicherungsbedingungen hinein. Nun haben Sie wohl in der vorletzten Juristenzeitung vom 1. August 1906 den Aufsatz von dem Landrichter Dr. Mertens aus Duisburg gelesen. Der stellt die Frage auf: Wie ist es denn nun, wenn eine versicherte Sache subhastiert wird, gilt dann der Satz des preußischen Landrechts oder die Polize? Und da sagt er, meines Erachtens zu Unrecht: Die Polize gilt. Ich meine, wenn ich in der Subhastation ein Grundstück erwerbe, so weiß ich nichts von Polizen und Versicherungsverträgen, ich muß und darf vielmehr annehmen, daß die gesetzlichen Bedingungen gelten. Ich will das nur hervorheben, um zu zeigen, daß, wenn wir Versicherungsgesetze machen und alles dispositiv lassen, dann die Versicherungsgesellschaft mit ihren Bedingungen alle Bestimmungen des Gesetzes völlig außer Kraft setzen können. Dies wollte ich hervorheben um zu zeigen, wie notwendig es ist, daß wir zwingende Bestimmungen schaffen, da wir ohne zwingende Bestimmungen nicht auskommen, und daß wir nicht recht tun, wenn wir den entgegengesetzten Ausführungen des ersten Herrn Berichterstatter zustimmen. Soviel über die allgemeinen Gesichtspunkte.

Was nun das Spezielle insbesondere Satz 3 des zweiten Berichterstatters, nämlich die öffentlich-rechtlichen Sozietäten betrifft, so weichen beide Berichterstatter grundsätzlich voneinander ab. Hierzu hat der Herr Vorsitzende sehr zutreffend ausgeführt, mit den öffentlich-rechtlichen Versicherungsgesellschaften sei das nicht praktisch, daß wir uns damit heute beschäftigen, denn der Widerstand in Bayern, partikularistische Bestrebungen im Bundesrat usw. würden ja die Sache leicht zu Fall bringen.

Ganz recht, es ist nicht praktisch. Aber wir sind hier kein Parlament, und ich gebe dem Herrn Vorsitzenden recht, wenn er als erfahrener Parlamentarier sagt: ich stimme dem Gesetzentwurfe zu. Aber wir sind kein Parlament, das sich durch Nützlichkeitserwägungen leiten lassen mag. Wir fragen: was ist vom wissenschaftlichen Standpunkte aus das Richtige. Auch Herr Reichsbankpräsident Koch hat mir ähnliche Erwägungen in der Berliner juristischen Gesellschaft entgegengehalten. Demgegenüber möchte ich zunächst auf eins hinweisen. Wir erkennen doch den Standpunkt an, daß der Fiskus zivilrechtlich nicht anderes Recht hat, daß wir uns für den Fiskus nicht ein anderes Zivilrecht schaffen. Wir dürfen für öffentliche Sozietäten, die im gewissen Sinne den Fiskus vertreten, nicht andere Maße schaffen. Das ist ausgeschlossen, daß eine wissenschaftliche Vereinigung sagen dürfte: ja, da irgend welche politische Strömungen bestehen, müssen wir von dem allgemein anerkannten richtigen Grundsatz, den das Zivilrecht fordert, abgehen. Wir müssen nicht abgehen, m. H., wir müssen vielmehr aussprechen, wie der zweite Herr Berichterstatter zu 3 vorschlägt: „Eine Beschränkung dieser Grundsätze auf die mit privaten Versicherungsunternehmungen abgeschlossenen Versicherungsverträge entbehrt des Grundes.“

Auf Einzelheiten will ich nicht eingehen, sonst würde ich mir erlauben, diesen Satz noch näher zu begründen. Es gibt sehr viele Sozietäten, die rückständig sind, namentlich in Preußen, schon deshalb empfiehlt sich die Annahme dieses Satzes. Aber ich kann mir denken, daß man schließlich aus praktischen oder richtiger politischen Erwägungen zu einem anderen Ergebnis kommt. Von solchen sehen wir aber hier ab. Deshalb bitte ich Sie, sich für diesen Antrag zu 3 des zweiten Herrn Berichterstatters auszusprechen.

Nun komme ich zum letzten Punkt.

Der erste Herr Berichterstatter sagt am Schluß seiner Vorschläge: „Durch kaiserliche Verordnung kann mit Zustimmung des Bundesrats bestimmt werden, daß bei einem im zweiten, dritten und vierten Abschnitte nicht besonders geregelten Versicherungszweige, auch soweit er nicht unter den § 184 fällt, die in diesem Gesetze vorgesehenen Beschränkungen der Vertragsfreiheit bei den Verwirkungsklauseln (§§ 6, 32) zur Anwendung kommen."

Der zweite Herr Berichterstatter schlägt dagegen am Schluß vor: „Auch besteht ein Bedürfnis, ihre Geltung für einzelne Versicherungsarten oder Versicherungszweige auszuschließen, nicht." Es handelt sich hier besonders um zukünftig sich neubildende Versicherungsarten.

Was der zweite Herr Berichterstatter gesagt hat, ist zutreffend. Wenn ich ein allgemeines Rechtsprinzip finde und mich dafür erwärme, wie für das Verschuldungsprinzip, so kann ich mir nicht denken, daß jemals ein Recht Unrecht wird. Insofern hat der zweite Herr Berichterstatter durchaus recht. Man wird nicht sagen können, daß die exceptio doli verboten werden kann. Ich muß gestehen, daß ich mich sehr für den Antrag des zweiten Herrn Berichterstatters erwärme, ich werde auch dafür stimmen. Dagegen will ich zugeben, daß auch kein großer Schaden entstehen kann, wenn der Vorschlag des ersten Herrn Berichterstatters Annahme fände. Er ist sehr vorsichtig. Jedenfalls wird eine kaiserliche Verordnung unter Zustimmung des Bundesrats nicht so schnell erlassen werden, und ein Schaden wird dadurch, daß man den Erlaß einer solchen zuläßt, wohl schwerlich entstehen.

Ich hätte eine Bitte bezüglich der Abstimmung, nämlich daß wir bezüglich des Antrags des zweiten Herrn Berichterstatters, über die beiden Sätze von Nr. 3 getrennt abstimmen. Vielleicht darf ich mich kurz zusammenfassen, wie ich meine, daß wir bezüglich der Abstimmung vorgehen möchten. Ich bitte, von dem zweiten Herrn Berichterstatter Punkt 1 und 2 anzunehmen und als Punkt 3 einzuschieben: „Mithin ist den Bestimmungen des deutschen Entwurfes zuzustimmen." Und ich würde weiter als 4 aufnehmen den Satz, den Herr Oberlandesgerichtsrat Schneider zu seiner Nr. 1 hinzugefügt hat: „Jedoch ist dem Versicherungsnehmer das Recht der Aufkündigung des Versicherungsvertrages auf den Schluß der laufenden Versicherungsperiode unentziehbar einzuräumen, wenn der Versicherer die Verwirkung gegen ihn geltend macht."

Dann würden gewissermaßen als fünfter und sechster Punkt die beiden Sätze von Nr. 3 des ersten Herrn Berichterstatters zur Abstimmung kommen. So würde ich die Versammlung bitten zu verfahren. So wird etwas erreicht, was der Herr Vorsitzende gewünscht hat, daß die beiden Anträge zusammen vereinigt werden.

Vorsitzender: Ich habe den Wunsch, möglichst kurz zu sein. Ich bin von der Ansicht ausgegangen, daß, wenn die Herren sich schlüssig machen, dem Verschuldungsgedanken zuzustimmen, es eines Ausspruches, daß dieser Verschuldungsgedanke auch für die öffentlichen Gesellschaften Geltung habe, weil selbstverständlich, nicht bedürfe. In Wirklichkeit würde also dann die Anschauung des Juristentages dahin zum Ausdruck gebracht sein, daß der Verschuldungsgedanke allgemein gültig wäre.

Es liegt noch eine Wortmeldung von Herrn Prof. Gierke vor. Es ist nun allerdings bereits ein Schlußantrag gestellt. Wenn der Schlußantrag nicht zurückgezogen wird — der Name des ersten Unterschreibers ist Wassermann — so möchte ich bitten, daß wir das Wort noch dem Herrn Prof. Gierke geben, und ich werde das tun, wenn kein Widerspruch erhoben wird.

Professor Dr. **Gierke**-Königsberg: Sehr geehrte Herren! Eigentlich möchte ich die Bitte aussprechen, daß der Juristentag auch zu der allgemeinen Frage Stellung nimmt und wieder herstellt den ersten Beschluß, der gefaßt war vor 2 Jahren in Innsbruck. Ich glaube, daß im Grunde genommen die ganze Frage der Verwirkungsklausel nicht behandelt werden kann, ohne daß wir dies Fundament gelegt haben; ich würde es auch für wertvoll halten, wenn wir uns dafür aussprächen, daß die öffentlichen Versicherungsanstalten, insoweit sie freiwillig Versicherung betreiben, ganz und gar mit hereingezogen werden müssen in alle Zwangsbestimmungen. Nun haben aber beide Berichterstatter diese allgemeineren Fragen nicht erörtert. Durch besondere Anträge möchte ich die Verhandlung nicht erschweren. Daher will ich nur von den Verwirkungsklauseln sprechen. In meinem Gutachten habe ich einen anderen Standpunkt über ihren Begriff vertreten als die beiden Berichterstatter. Ich bin aber trotz mancher Bedenken auch zufrieden, wenn wir alles auf die „Obliegenheiten" im Sinn des § 6 des deutschen Entwurfs abstellen.

Was im übrigen die Anträge der Herrn Berichterstatter anlangt, so wünsche ich, daß wir dem zweiten Herrn Berichterstatter zustimmen inbezug auf seine Thesen, weil sie mir zweckmäßiger zu sein scheinen als diejenigen des Herrn OLG.-Rat Schneider. Ich möchte betonen, daß bei ihnen ausdrücklich erwähnt ist die Frage des Kausalzusammenhanges und die Forderung, daß bei Verletzung von Obliegenheiten, die nach Eintritt des Versicherungsfalles zu erfüllen sind, der Nachweis genügen muß, daß weder Vorsatz noch grobe Fahrlässigkeit vorgelegen haben. Vor allem ist aber darauf hinzuweisen, daß in ihnen gegen die Ausnahmestellung der öffentlichen Versicherungsanstalten Front gemacht wird.

Nicht übereinstimmen kann ich dagegen mit der Nr. 2 der Anträge des Herrn Oberlandesgerichtsrats Schneider. Ich halte es für nicht richtig, wenn man sagt, daß erst durch kaiserliche Verordnung die Versicherungszweige, die nach § 185 Nr. 1 des deutschen Entwurfs in Frage kommen, von den Zwangsvorschriften ergriffen werden sollen, sondern ich stehe auf dem Standpunkt, daß sie ohne weiteres alle zusammen in die Zwangsjacke gepreßt werden müssen, und daß nur besondere Ausnahmen zugelassen werden können durch kaiserliche Verordnung. Es scheint mir ferner unzweckmäßig zu sein in den Anträgen des OLG.-Rats Schneider der zweite Satz des Absatz 1. Wir kommen hiermit auf die Frage nach dem Verfall der Prämie und damit sehr ins Detail; deshalb möchte ich es für besser halten, wenn wir das ausscheiden.

Indem ich also auf meine zum Teil weitergehenden Absichten, die ich eigentlich hatte, zu Gunsten eines Beschlusses verzichte, möchte ich bitten, die Anträge des zweiten Herrn Berichterstatters anzunehmen.

Der **Vorsitzende** schließt die Debatte und läßt eine kleine Pause eintreten, damit sich die beiden Herrn Berichterstatter über die Formulierung der Gedanken verständigen, die sich auf Nr. 1 des Antrages Stichling beziehen.

Vorsitzender: M. H.! Das Schlußwort hat der Herr Berichterstatter.

Berichterstatter Oberlandesgerichtsrat **Schneider**-Stettin: M. H.! Nur wenig Worte: Was die Unteilbarkeit der Prämie anlangt, so bin ich auch nicht sehr erbaut davon. Aber sie ist einmal so in die Praxis eingeführt, daß außerordentlich schwer dagegen aufzukommen sein wird, und ich will bemerken, daß gerade auch der österreichische Entwurf, den ich leider im Interesse der Zeitersparnis nur in einigen Punkten habe streifen dürfen, ausdrücklich in seinem § 7, Abs. 3 sagt: „Die Vereinbarung, wonach sich der Versicherer für den Fall der Ausübung dieser Kündigungsbefugnis", — es ist die frühere von mir besprochene und in meinem Antrage empfohlene, — „den Anspruch auf die Prämie bis zum Schlusse der laufenden Versicherungsperiode vorbehält, ist rechtswirksam." Der Begriff der Versicherungsperiode ist durch den Gesetzentwurf für uns festgelegt, er beträgt höchstens ein Jahr.

Dann möchte ich zur Rechtfertigung der Nr. 2 meinerseits sagen: ich habe mich lediglich auf Grund zahlreicher Klagen aus den Kreisen der Versicherungstechniker bewogen gefunden, diese Umkehrung des in dem Entwurfe aufgenommenen Grundsatzes vorzuschlagen, weil ich anerkennen muß, obgleich mir ein packendes Beispiel nirgends vorgebracht zu sein scheint, (Unruhe im Saale), daß für neu sich entwickelnde Versicherungszweige die Beschränkungen der Vertragsfreiheit, wie sie der Entwurf vorsieht, tatsächlich und unberechtigt hinderlich werden könnten. Ferner, daß es im Ergebnisse dasselbe wäre, wenn man auf die jetzt vorhandenen, ungeregelten Versicherungszweige das Recht des Entwurfes erst durch Kaiserliche Verordnung ausdehnt, im übrigen aber abwartete, wie die Sache sich gestaltet.

Vorsitzender: Der Herr Mitberichterstatter hat das Wort.

Mitberichterstatter Oberlandesgerichtsrat a. D., Direktor **Stichling**-Gotha: M. H.! Ich habe auch nur zwei Worte zu sagen über dieselben Gegenstände, die mein Herr Vorredner berührt hat. Auch ich möchte darauf hinweisen, daß ein Satz, wie ihn der Herr Justizrat Baumert bezüglich der Teilbarkeit der Prämie wünscht, unmöglich von uns akzeptiert werden kann. Es handelt sich dabei nicht um etwas, was man mit juristischen Auseinandersetzungen erklären könnte, sondern um die technischen Grundlagen gewisser Versicherungszweige. Es ist z. B. zur Zeit so, daß in der Lebensversicherung die Prämien berechnet werden, indem man als Einheit den Zeitraum eines Versicherungsjahres zugrunde legt. Daraus folgt die Notwendigkeit der Unteilbarkeit der Prämie. Beseitigt man sie, so stimmt die Rechnung nicht mehr. Es ist denkbar, daß die Technik in dieser Beziehung fortschreitet. Man mag es wünschen; aber ich würde es für bedenklich halten, wenn wir uns hier auf Dinge einließen, die der Versicherungstechnik und nicht der Jurisprudenz angehören. Ich kann mich also nur dem anschließen, was der Herr Vorredner gesagt hat.

Was den zweiten Punkt betrifft, so stehe ich allerdings auf dem Standpunkte, daß man gar nicht vorsichtig genug sein kann mit der Einführung von zwingenden Vorschriften. Ist aber ein Grundsatz einmal ein solcher, daß er vom Rechtsbewußtsein dringend gefordert wird —, und das sind meines Erachtens die beiden Sätze, die in meinen Thesen 1 und 2 zum Ausdruck kommen — so kann ein Unterschied nicht wohl gemacht werden. Jedenfalls liegt der Nachweis, daß Ausnahmen gemacht werden müssen, dem ob, der sie fordert. Und ein solcher Nachweis ist nicht geführt.

Vorsitzender: Wir kommen zur Abstimmung. Ich werde die Abstimmung in der Weise vor sich gehen lassen, daß ich ihr das hektographierte Exemplar der Anträge, die Anträge des Herrn Mitberichterstatters zu Grunde lege. Nr. 1 und 2 sind jetzt auch seitens des ersten Herrn Berichterstatters als zutreffend anerkannt, und vielleicht bedarf es einer besonderen Abstimmung darüber nicht. — Die Herren stimmen mir darin bei, daß ich die beiden Sätze 1 und 2 als angenommen ansehen kann. Die beiden Herren Berichterstatter sind auch in Übereinstimmung mit den Ausführungen des Herrn Baumert noch darüber einig, daß fortzufahren ist: „Mithin sind die Vorschriften des deutschen Gesetzentwurfs über die Versicherungsklausel im engeren Sinne zu billigen."

Ich darf feststellen, daß die Herren auch mit diesem Zusatze, der in Nr. 2 des hektographierten Exemplares einzufügen ist, einverstanden sind. Nun kommt der dritte Satz, in bezug auf den geltend gemacht wurde seitens des Herrn Baumert, die Worte „auf den Schluß der laufenden Versicherungsperiode" seien wegen ihrer Härte gegen den Versicherten zu streichen. Hält er seinen Widerspruch gegen diese Worte aufrecht?

Justizrat **Baumert:** Ich habe nicht recht verstanden. Was soll zur Abstimmung kommen?

Vorsitzender: Es ist gesagt: „Dem Versicherungsnehmer ist das Recht der Aufkündigung des Versicherungsvertrags auf den Schluß der laufenden Versicherungsperiode unentziehbar einzuräumen, wenn der Versicherer die Verwirkung gegen ihn geltend macht." Beide Herren Berichterstatter sind einverstanden, daß dieser Satz aufgenommen wird. Aber beide halten für notwendig, daß er voll aufgenommen wird, während Sie die Worte „auf den Schluß der laufenden Versicherungsperiode" bekämpft haben. Ich muß daher annehmen, daß Sie über diese Worte besonders abgestimmt haben wollen.

Justizrat **Baumert:** Nachdem beide Herren Berichterstatter sich für diese Fassung ausgesprochen haben, will ich meinen besonderen Antrag zurückziehen.

Vorsitzender: Dann darf ich auch feststellen ohne besondere Abstimmung, daß dieser Satz angenommen ist. Soweit besteht Einigkeit. Jetzt kommt die Differenz. Der erste Herr Berichterstatter will nämlich hinzugefügt haben: § 185 des ersten Entwurfs ist dahin abzuändern: „Durch Kaiserliche Verordnung kann usw."

Nach einigen Bemerkungen über den Modus der Abstimmung wird sodann abgestimmt über den Antrag Nr. 2 der Leitsätze von Schneider. — Derselbe wird abgelehnt.

Sodann wird abgestimmt über den Satz unter Nr. III der Anträge Stichling: „Eine Beschränkung dieser Grundsätze auf die mit privaten Versicherungsunternehmungen abgeschlossenen Versicherungsverträge entbehrt des Grundes." — Dieser Satz wird angenommen.

Der zweite Satz der Nr. III wird ebenfalls angenommen.

Vorsitzender: Dann ist der Antrag in folgender Fassung angenommen: Nr. I der Anträge des Korreferenten Stichling. Nr. II derselben Anträge mit folgendem Zusatz: „Mithin sind die Vorschriften des deutschen Gesetzentwurfs über die Versicherungsklausel im engeren Sinne zu billigen"; dann wird fortgefahren in Nr. III: „Dem Versicherungsnehmer ist das Recht der Aufkündigung des Versicherungsvertrages auf den Schluß der laufenden Versicherungsperiode unentziehbar einzuräumen, wenn der Versicherer die Verwirkung gegen ihn geltend macht." Dann Nr. IV, wie sie in Nr. III der Anträge des Herrn Korreferenten Ihnen vorliegt.

Beschlossen wird alsdann noch, dieses Resultat nur zur Kenntnisnahme an das Plenum zubringen. Herr Oberlandesgerichtsrat Schneider erklärt sich bereit, die Berichterstattung zu übernehmen.

Sodann erteilt der Vorsitzende das Wort dem Berichterstatter zu Nr. 7 („Empfiehlt es sich, das Reichsgesetz zur Bekämpfung des unlauteren Wettbewerbs in Ansehung des Ausverkaufswesens zu ergänzen?"), dem Hern Oberlandesgerichtsrat Dr. Leppel-Kiel.

Oberlandesgerichtsrat Dr. **Leppel**-Kiel: Meine hochverehrten Herren! Mir ist der Auftrag geworden zu referieren über die Frage:

> „Empfiehlt es sich das Reichsgesetz zur Bekämpfung des unlauteren Wettbewerbs in Ansehung des Ausverkaufswesens zu ergänzen?"

Dazu liegen zwei Gutachten vor; eins von Herrn Oberlandesgerichtsrat Dr. Lobe in Dresden und eins von Herrn Rechtsanwalt Julius Magnus in Berlin.

Beide Herren Gutachter verneinen die gestellte Frage. Herr Dr. Lobe hat indes den Erlaß eines Spezialgesetzes für die Anordnung vorbeugender Maßregeln befürwortet.

Ich kann vorweg erklären, daß ich gleichfalls zur Verneinung der gestellten Frage komme und dementsprechend meinen Vorschlag am Schlusse meiner Ausführungen machen werde.

Je mehr das Angebot gewerblicher Leistungen die Nachfrage übersteigt, desto schwieriger wird es für den einzelnen Gewerbtreibenden, Abnehmer zu finden. Destomehr muß er sich anstrengen Kundschaft zu erwerben und zu erhalten und darin vor anderen einen Vorsprung zu gewinnen. Dieses Streben heißt Wettbewerb. Er ist infolge der Gewerbefreiheit erlaubt. Aber nicht erlaubt ist es jedes Mittel anzuwenden, um vor anderen ans Ziel zu kommen. Dennoch lehrt die Erfahrung, daß mit dem Zunehmen der Heftigkeit des Konkurrenzkampfes die Gewissenhaftigkeit des einzelnen in der Auswahl der Mittel hier und da nachläßt. Der eine oder andere scheut schließlich nicht mehr vor Mitteln zurück, deren Anwendung in den Augen der Mitmenschen als Ausschreitung erscheint.

An der Verhinderung solcher Ausschreitungen hat auch das kaufende Publikum Interesse: es kann dabei getäuscht und übervorteilt werden, ganz abgesehen davon, daß die Ausschreitungen die Kosten des Vertriebes und damit die Preise der Waren erhöhen können. Aber begrifflich haben jene Ausschreitungen eine Schädigung oder auch nur eine Gefährdung der Abnehmer nicht zur Voraussetzung. Begrifflich richten sie sich nur gegen die Mitbewerber, sei es gegen einen bestimmten von ihnen oder gegen sie in ihrer Gesamtheit. Bei der Erörterung des Rechtschutzes gegen Ausschreitungen im Wettbewerb oder eines Teils dieses Rechtsschutzes müssen demnach die Vorschriften, welche den Schutz der Abnehmer bezwecken, außer Betracht bleiben.

Der Rechtsschutz der Mitbewerber war vor dem Reichsgesetze zur Bekämpfung des unlauteren Wettbewerbs vom 27. Mai 1896 in Deutschland dürftig; dürftig namentlich im Vergleich zu dem Rechtsschutze dieser Art in Frankreich. Auch dort hatte die seit der Revolution bestehende Gewerbefreiheit Ausschreitungen im Wettbewerb im Gefolge gehabt. Gegen sie Abhülfe zu schaffen war der Rechtsprechung und Wissenschaft gelungen durch Anwendung des allgemeinen Grundsatzes, der in Artikel 1382 des Code civil enthalten ist:

> Tout fait quelconque de l'homme, qui cause à autrui un dommage, oblige celui, par la faute du quel il est arrivé, à le reparer.

Auf Deutsch:

> Jede Handlung eines Menschen, die einem anderen Schaden verursacht, verpflichtet den, durch dessen Schuld der Schaden entstanden ist, zum Schadenersatze.

Die Anwendung dieses allgemeinen Grundsatzes gegen die Ausschreitungen im Wettbewerbe rechtfertigte man auf verschiedene Weise. Die eine Auffassung betrachtete die Beziehungen des Gewerbtreibenden zu seiner Kundschaft als Eigentum und wandte die Folgerungen aus dem Sacheigentum analog auf dies gewerbliche Eigentum an. Die andere erklärte die aus der Gewerbefreiheit folgende Befugnis zum Gewerbebetriebe für ein privates Recht des Gewerbtreibenden; dies Recht hatte seine Grenze da, wo sein Mißbrauch begann: solange es nicht mißbraucht wurde, war die Schädigung des Gewerbegenossen erlaubt; unerlaubt und darum dem Artikel 1382 unterstellt war die Schädigung, sobald sie durch Mißbrauch der Gewerbefreiheit erfolgte. Die jahrelange Anwendung des Artikels 1382 gegen die Ausschreitungen im Wettbewerbe durch Gewährung zivilrechtlicher Ansprüche brachte schließlich den Begriff des Zivildelikts der concurrence déloyale zur Entstehung, das, kurz gefaßt, sich als der Inbegriff aller Konkurrenzmanöver, gegen die der Artikel 1382 Hülfe gewährt, umschreiben läßt.

An Vorschriften, die dem Inhalte des Art. 1382 ähnlich waren, fehlte es in der Zeit vor dem Reichsgesetze vom 27. Mai 1896 auch im Deutschen Reiche nicht. Der Artikel selbst galt ja in Teilen des Deutschen Reiches. Aber die deutsche Rechtsprechung konnte sich nicht entschließen auf Vorschriften so allgemeinen Inhalts Ansprüche gegen die Ausschreitungen im Wettbewerbe zu gründen, während in der Wissenschaft die Möglichkeit solcher Anspruchsbegründung nicht ohne Fürsprecher blieb. Insbesondere Kohler und Gierke suchten die Auffassung zur Geltung zu bringen, daß der Gewerbtreibende ein sog. Persönlichkeitsrecht, Individualrecht auf freie Erwerbstätigkeit hätte, und daß der Mißbrauch des Wettbewerbs eine unerlaubte und darum auch ohne besonderes Gesetz verbotene Verletzung jenes Rechts wäre. Die Rechtsprechung folgte dem wohl hauptsächlich deshalb nicht, weil sie die Rechtswidrigkeit einer Handlung vermißte, die zwar den Gewerbegenossen schädigte, deren Vornahme jedoch nicht durch ein besonderes Gesetz verboten war. Wohl hauptsächlich infolge dieses Verhaltens der Rechtsprechung entstanden im Deutschen Reiche gegen gewisse Arten der Wettbewerbsausschreitungen im Laufe der Zeit besondere Vorschriften, nämlich die Gesetze, betreffend das Urheberrecht an Schriftwerken, Abbildungen, musikalischen Kompositionen und dramatischen Werken, betreffend das Urheberrecht an Werken der bildenden Künste, betreffend das Urheberrecht an Mustern und Modellen, den Schutz der Photographien, das Patentgesetz, das Gesetz betreffend den Schutz von Gebrauchsmustern, ferner das Gesetz, betreffend den Markenschutz und das Gesetz zum Schutze der Warenbezeichnungen. Auch die Bestimmungen des HGB. über Schutz der eingetragenen Firma gehören hierher; desgleichen die Vorschrift in § 125 GWO. über Verleitung von Arbeitern zum Verlassen der Arbeit. Schutz in größerem Umfange zu schaffen, jedoch unter Anerkennung des Fortbestandes der genannten Sondergesetze, war dem Reichsgesetze zur Bekämpfung des unlauteren Wettbewerbs vom 27. Mai 1896 vorbehalten. Über den Weg, den dieses Gesetz einschlagen sollte, war man damals verschiedener Meinung. Die einen versprachen sich nur Erfolg von einer Vorschrift, die möglichst allgemein gefaßt wäre und den Richter in Stand setzte, das Gesetz nicht nur auf diejenigen Arten von Ausschreitungen anzuwenden, die man bis dahin schon wahrgenommen hatte, sondern auch auf solche, die bis dahin unbekannt waren, sich jedoch in Zukunft etwa herausbilden könnten. Die anderen dagegen, hinweisend auf die Schwierigkeit der Fassung eines allgemeinen Grundsatzes und auf die daraus sich ergebende Gefahr einer jahrelangen Unsicherheit der Rechtsprechung, zogen Bestimmungen vor, die gerichtet wären gegen solche Ausschreitungen, deren Verhinderung nach den bis dahin gemachten Erfahrungen sich als dringlich erwiesen hätte, Bestimmungen, welche den Tatbestand der einzelnen Ausschreitungen möglichst scharf umgrenzten. Die letztere Auffassung war auch die der verbündeten Regierungen; sie ist der charakteristische Grundzug des Gesetzes geworden. Dementsprechend wendet sich das nur aus 17 Paragraphen bestehende Gesetz in 5 Abschnitten gegen verschiedene Mittel, mit Hülfe welcher eine Ausschreitung im Wettbewerbe begangen werden kann. Nämlich gegen die Ausschreitungen im Reklamewesen gegen sog. Quantitätsverschleierungen, gegen unwahre, dem Geschäftsbetrieb oder dem Kredite von Gewerbegenossen nachteilige Behauptungen, gegen die auf Täuschung berechnete Benutzung von Namen, Firmen und Geschäftsbezeichnungen, gegen den Verrat von Geschäfts- oder Betriebsgeheimnissen.

Der nähere Inhalt in den Abschnitten 2 bis 5 bleibt für die uns beschäftigende Frage außer Betracht. Für diese ist außer den allgemeinen Vorschriften des Gesetzes nur von Bedeutung der erste Abschnitt, der von den Ausschreitungen im Reklamewesen handelt. Wegen dieser Ausschreitungen gewährt das Gesetz gegen den Täter, sei er Inhaber des gewerblichen Unternehmens, ihr Angestellter oder ein Dritter, einen zivilrechtlichen und einen strafrechtlichen Schutz.

Verbieten will das Gesetz nicht jede Reklame, die durch öffentliche Bekanntmachung oder Mitteilungen erfolgt, welche für einen größeren Kreis von Personen bestimmt sind, auch nicht die aufdringliche Marktschreierei, sondern nur diejenige Reklame, welche durch die — sei es auch nur objektive — Unrichtigkeit von Angaben tatsächlicher Art einen Irrtum des Publikums über geschäftliche Verhältnisse ermöglicht. Nur gegen diese Art der Reklame glaubte man Schutz gewähren zu müssen, weil man nur sie als gemeinschädlich anerkannte. Sie allein ist man berechtigt im Sinne des Wettbewerbsgesetzes „unlautere“ Reklame zu nennen.

Eine in diesem Sinn unlautere Reklame, eine unrichtige Angabe über geschäftliche Verhältnisse, insbesondere über Anlaß und Zweck des Verkaufs, wie über die Preismessung kann auch durch die Ankündigung eines Ausverkaufs gemacht werden. Wenn auch, wie später näher zu erörtern sein wird, der Begriff des Ausverkaufs nicht feststeht, so kann man doch unbedenklich behaupten, daß der Ausverkauf jedenfalls eine besondere Art des Warenvertriebs ist, die schneller als der gewöhnliche Vertrieb das Abstoßen, das Räumen der Ware herbeiführen soll. Das Räumen ist der Zweck dieser besonderen Verkaufsart. Mithin enthält schon die bloße Anzeige „Ausverkauf“ die Angabe des Zwecks des Verkaufs. Lautet die Anzeige beispielsweise dahin: „Ausverkauf wegen Aufgabe des Geschäfts“, dann ist die Geschäftsaufgabe der in der Anzeige angegebene Anlaß des Verkaufs. Beide Angaben, sowohl über den Zweck als auch über den Anlaß, sind solche tatsächlicher Art. Sie sind auch geeignet den Anschein eines besonders günstigen Angebots zu erwecken; der schnellere Absatz ist eben durch Herabsetzung der gewöhnlichen Preise bedingt. Sind die Angaben in der Anzeige des Ausverkaufs über Zweck und Anlaß des Verkaufs unrichtig, dann ist nach dem Gesetz ein Einschreiten möglich. Schon nach dem Wortlaute kann dies nicht zweifelhaft sein. Es wird dies aber auch bestätigt durch die Entstehungsgeschichte des Gesetzes. Nicht nur in den Motiven, sondern auch in den Reichstagsverhandlungen wurde ausdrücklich hervorgehoben, daß gerade Auswüchse im Ausverkaufswesen durch die Fassung des Gesetzes getroffen werden sollten.

Durch das Inkrafttreten des BGB. ist das Gesetz zur Bekämpfung des unlauteren Wettbewerbs nicht aufgehoben worden. Das folgt aus Artikel 32 des EG. Andererseis hat das Wettbewerbsgesetz das Gebiet der Ausschreitungen im Wettbewerbe nicht abschließend geregelt; es hat vielmehr nur gegen einzelne scharf abgegrenzte Tatbestände Rechtsbehelfe eingeführt. Darnach sind Wettbewerbshandlungen mit einem im Wettbewerbsgesetze nicht aufgeführten Tatbestande nicht auch dann erlaubt, wenn Vorschriften des allgemeinen Rechts sie verbieten. Gegen Ausschreitungen im Wettbewerbe können daher auch die Vorschriften des BGB. angewandt werden. Zunächst dann, wenn das Wettbewerbsgesetz sie nicht trifft. Aber auch dann, wenn das Gegenteil der Fall ist. Dann hat eben der Klagberechtigte die Wahl zwischen beiden Gesetzen. Aus dem BGB. können hier in Betracht kommen die Vorschriften in den §§ 226, 823, 826.

Der Chikaneparagraph 226 wird hier wohl selten Verwendung finden, solange die seither übliche Auslegung dieser Vorschrift befolgt wird, weil man kaum feststellen wird, daß eine Ausverkaufsanzeige nur den Zweck haben „kann", einem anderen Schaden zuzufügen.

Der § 823 Abs. 1 läßt sich nur dann anwenden, wenn man die Beziehung eines bestehenden Gewerbebetriebes zu seiner Kundschaft als ein „sonstiges Recht" im Sinne dieser Vorschrift ansieht, als ein Recht, dessen Verletzung durch die Ableitung der Kundschaft bewirkt wird. N. m. D. kann man sich der Anerkennung dieses Rechtes nicht mehr entziehen. Hat doch auch das Reichsgericht wiederholt ausgesprochen, daß ein bereits eingerichteter und ausgeübter Betrieb eines bestehenden Gewerbes ein Rechtsgut sei, dessen Verletzung negatorische Abwehr und Schadenersatzanspruch nach § 823 Abs. 1 begründen könne. — Aber die im Wettbewerbsgesetz enthaltenen Verbote, als auch das Verbot selbst nur objektiv unrichtiger Angaben in der Reklame, sind Schutzgesetze, deren fahrlässige Verletzung nach § 823 Abs. 2 einen Anspruch auf Schadenersatz erzeugt.

Gegen Ausschreitungen bei Ausverkäufen wird aus dem BGB. hauptsächlich zur Anwendung kommen können der § 826, der die Verpflichtung zum Ersatze desjenigen Schadens ausspricht, den jemand einem anderen in einer gegen die guten Sitten verstoßenden Weise vorsätzlich zufügt. Die Anwendungsgrenze des § 826 ist teils enger, teils weiter als die des Wettbewerbsgesetzes. Enger deshalb: der § 826 verlangt, wenn auch nicht absichtliche, so doch vorsätzliche Schädigung; der Schuldner muß also mindestens mit dem Bewußtsein der Schädigung gehandelt haben, während nach § 1 Abs. 2 des Wettbewerbsgesetzes Fahrlässigkeit genügt; nach § 826 muß die Tat des Schuldners gegen die guten Sitten verstoßen; nach § 1 Abs. 2 des Wettbewerbsgesetzes ist das nicht erforderlich; Gläubiger ist nach § 826 nur der Geschädigte; für den Schadenersatzanspruch ist das selbstverständlich; es gilt aber auch für den Unterlassungsanspruch; den letzteren gibt der § 1 des Wettbewerbsgesetzes ausdrücklich dem auch nicht geschädigten Gewerbtreibenden, selbst einem Verbande zur Förderung gewerblicher Interessen; dagegen, gestützt auf § 826, wurzelt der Unterlassungsanspruch in dem Schadenersatzanspruche; wer diesen im Falle der vollendeten Schädigung nicht haben würde, kann auch jenen nicht haben.

Weiter ist die Anwendungsgrenze des § 826 aus dem Grunde: die

Vorschrift schützt nicht nur gegen die unrichtigen Angaben in derjenigen Anzeige, die in öffentlichen Bekanntmachungen oder in den für einen größeren Kreis bestimmten Mitteilungen erfolgt, sondern auch gegen die Ausschreitung in jeder Art der Ankündigung des Ausverkaufs, beispielsweise durch Mitteilung an den einzelnen Kunden; überhaupt nicht nur gegen Ausschreitung in der Ankündigung, sondern auch gegen solche in der Ausführung des Ausverkaufs. Urteile der Gerichte über die Anwendung des § 826 gerade gegen Ausschreitungen bei Ausverkäufen sind mir nicht bekannt geworden. Aber daß der § 826 überhaupt gegen Wettbewerbsausschreitungen einen Schutz in umfassender Art zu geben bestimmt und als clausula generalis neben den durch Spezialgesetze geregelten Fällen des unlauteren Wettbewerbs in Geltung ist, hat das Reichsgericht wiederholt ausgesprochen.

Der so skizzierte Stand des bestehenden Rechts wird vielfach für ungenügend erklärt, um Übelständen wirksam entgegen zu treten, die sich trotz Erlasses des Wettbewerbsgesetzes gezeigt haben sollen. Die Vorwürfe werden hauptsächlich von den Gewerbtreibenden erhoben. Sie tun sich kund in Beschlüssen ihrer Vereinigungen, in Beschlüssen der Handelskammern, in Eingaben an den Reichstag und an staatliche Zentralbehörden. Sie finden aber auch auf anderen Seiten Unterstützung, namentlich bei Abgeordneten des Reichstages. Die Beschwerden richten sich nicht ausschließlich gegen Auswüchse im Ausverkaufswesen, sondern auch gegen sonstige Ausschreitungen im Wettbewerbe. Prüft man die Beschwerden in Hinblick auf das Ausverkaufswesen, so kann man die gerügten Ausschreitungen in zwei Gruppen unterbringen. Die erste Gruppe umfaßt Ausschreitungen, die man als Schwindel- oder Scheinausverkäufe zu bezeichnen pflegt. Im Sinne der Beschwerden läßt sich die Berechtigung zu dieser Bezeichnung auf fünf verschiedene Gründe zurückführen.

a) Der den Ausverkauf Anzeigende hat gar nicht die Absicht ein Warenlager abzustoßen, es zu „räumen"; er benutzt die Anzeige nur als Lockmittel für die Heranziehung von Käufern.

b) Der Anzeigende hat zwar die Absicht ein Lager zu räumen, aber er gibt einen unrichtigen Anlaß des Verkaufs an, um die Zugkraft der Anzeige zu erhöhen. Das geschieht namentlich durch Händler, die die Warenbestände einer Konkursmasse im ganzen erworben haben und deren Weiterverkauf als „Konkursausverkauf" anzeigen.

c) Der Anzeigende zieht den Ausverkauf in die Länge, indem er nach dessen Beginne neue Waren nachbestellt und sie im Ausverkaufe mit vertreibt.

d) Täuschungen werden verübt durch Teilausverkäufe.

e) Desgleichen durch sog. billige Tage, billige Wochen, Ausnahmetage, Vorzugszeiten, Extrarabatt an Spezialtagen und durch Restertage.

Die zweite Gruppe enthält Ausschreitungen, welche nicht in der Vornahme an sich schwindelhafter oder zum Schein unternommener Handlungen, sondern nur in der häufigen oder unzeitgemäßen Veranstaltung von Ausverkäufen, billigen Tagen und dergl. zutage treten.

Zur Abstellung der Mängel ist eine Reihe von Vorschlägen gemacht worden. Nicht nur von den verschiedenen politischen Parteien durch Stellung formulierter Anträge im Reichstage, sondern auch von anderer Seite. Die letzteren Vorschläge sind so zahlreich, daß es nicht möglich sein wird sie erschöpfend hier wiederzugeben. Es dürfte genügen, wenn ich mich dabei auf die wichtigeren beschränke. Diese Vorschläge, also abgesehen zunächst von den im Reichstag eingebrachten Anträgen, erstreben die Abhilfe im Ausverkaufswesen teils mittelbar, teils unmittelbar. Mittelbar durch eine mehr allgemeine Umgestaltung des Wettbewerbsgesetzes, unmittelbar durch Einführung von Sondervorschriften nur für das Ausverkaufswesen.

Zu den Vorschlägen der ersteren Art gehört das Verlangen nach Einführung einer Vorschrift, die in allgemeiner Ausdrucksweise den Begriff des unlauteren Wettbewerbs für die Beurteilung der daraus entstehenden zivilrechtlichen Ansprüche möglichst weit faßt. Von einer Seite wird z. B. gefordert, das Gesetz solle aussprechen, daß unlauteren Wettbewerb begehe, „wer im Handel und Verkehr sich unlauterer Handlungsweise bediene". Nach einem anderen Vorschlage soll das Gesetz denjenigen für einen unlauteren Wettbewerber erklären, der „zur Erlangung wirtschaftlicher Vorteile Mittel anwendet, die gegen die guten Sitten verstoßen oder Treu und Glauben im Verkehre verletzen." Schließlich wird noch vorgeschlagen ein Einschreiten zuzulassen gegen den, der „im geschäftlichen Verkehr, in öffentlichen Bekanntmachungen oder Mitteilungen, welche für einen größeren Kreis von Personen bestimmt sind, sich unlauteren Wettbewerbs bedient."

Im übrigen zerfallen diejenigen verlangten Vorschriften, die sich nicht auf das Ausverkaufswesen beschränken, in solche von sachlicher und in solche von prozeßrechtlicher Art.

Unter den Vorschriften sachlicher Art sind zu nennen:

1. Im § 1 des Gesetzes sollen die Worte „unrichtige Angaben tatsächlicher Art, welche geeignet sind den Anschein eines besonders günstigen Angebots hervorzurufen" geändert werden in die Worte „unrichtige Angaben, welche geeignet sind den Anschein eines günstigen Angebots hervorzurufen".

2. Der Geschäftsherr soll Zuwiderhandlungen seiner Angestellten gegen das Gesetz zivilrechtlich wie seine eigenen vertreten.

3. Die Strafvorschriften sollen verschärft werden.

Die Vorschläge prozeßrechtlicher Art verlangen:

1. Einführung eines Unterlassungsbefehls nach Art des Zahlungsbefehls neben den im Gesetz erwähnten einstweiligen Verfügungen.

2. Zuziehung von Sachverständigen bei Rechtsstreitigkeiten wegen unlauteren Wettbewerbs.

3. Abschaffung der Privatklage wegen strafbarer Zuwiderhandlungen gegen das Wettbewerbsgesetz.

4. Für den Fall der Beibehaltung der Privatklage die Verpflichtung des Staatsanwalts die öffentliche Klage jedenfalls dann zu erheben, wenn dies der Vorstand einer kaufmännischen oder gewerblichen Vereinigung beantragt, oder die Zuwiderhandlung geeignet ist eine größere Anzahl von Gewerbtreibenden zu schädigen. Ferner Zuständigkeit der Strafkammern in erster Instanz für diese Privatklagen.

Zu den Vorschlägen nur für das Ausverkaufswesen sind zu rechnen:

1. Der Begriff des Ausverkaufs ist im Gesetze zu bestimmen.

2. Zu verbieten ist die Ankündigung von Räumungsverkäufen, Inventurverkäufen, Saisonverkäufen, billigen Tagen, Ausnahmetagen, Ausnahmewochen, Gelegenheitstagen, Restertagen.

3. Zu verbieten ist ferner die Ankündigung von Teilausverkäufen und die Ankündigung von Ausverkäufen in den letzten vier Wochen vor Weihnachten, Ostern und Pfingsten.

4. Für den Fall der Zulässigkeit von Teilausverkäufen ist anzuordnen, daß die auszuverkaufenden Waren von den anderen getrennt zu halten sind.

5. Das Verbot der Nachschiebungen ist zu regeln.

6. Es ist zu verbieten, daß ein dritter, der die Warenbestände einer Konkursmasse vom Konkursverwalter ersteht, den Weiterverkauf dieser Waren als „Konkursausverkauf" und dergl. ankündigt, sowie daß er in der Ankündigung des Weiterverkaufs der Waren deren Herstammen aus einem Konkurs überhaupt nur andeutet.

7. Die Dauer des Ausverkaufs ist gesetzlich zu bestimmen.

8. Die Wiederholung eines Ausverkaufs vor Ablauf einer gewissen Frist ist zu untersagen.

9. Die Veranstaltung eines Ausverkaufs vor Ablauf einer gewissen Frist seit Beginn der selbständigen Führung des Geschäfts am Orte des Ausverkaufs ist zu verbieten.

10. Die Ankündigung von Ausverkäufen sowie von Ausnahmetagen, Spezialtagen und dergl. ist nur mit Bewilligung der Gewerbebehörde gestattet.

11. Die Ausverkäufe sind mit einer besonderen Steuer zu belegen.

Aber, m. H., es darf nicht verschwiegen werden, daß die Vorschläge selbst in den Kreisen der Gewerbtreibenden nicht ohne Widerspruch geblieben sind. Sowohl gegen die einzelnen Vorschläge als auch gegen jede Änderung des bestehenden Rechtszustandes haben Handelskammern und Vereinigungen von Gewerbtreibenden ihre Stimme erhoben. Von den vielen Protesten sei hier nur desjenigen besonders gedacht, den der Deutsche Handelstag in seiner Ausschußsitzung vom 30. und 31. Mai 1906 zu Frankfurt a. M. erhoben hat. Eine Kommission des Ausschusses dieses Handelstages hatte sich bereits im Jahre 1902 mit dem Ausverkaufswesen befaßt und hatte abermals im November 1905 über die seit Jahren von anderer Seite gemachten Vorschläge zur Abänderung des Wettbewerbsgesetzes verhandelt. Von den Vorschlägen verwarf die Kommission die meisten. Für erwünscht hielt sie allein, daß Ausverkäufe nur bei vollständiger Auflösung des Geschäfts oder Aufgabe bestimmter Warengattungen angekündigt werden dürften, daß Nachschiebungen gänzlich zu verbieten wären, daß für fremde Rechnung Waren bei Ausverkäufen nicht mitverkauft werden dürften, und daß „Konkursmassen-Ausverkäufe" nur dem Konkursverwalter gestattet wären. Aber auch dieser Rest der vielen Vorschläge fand vor dem Ausschuße des Handelstages keine Gnade. Der Ausschuß billigte nur das Verbot der Konkursmassenausverkäufe durch andere Personen als den Konkursverwalter.

Es bleibt mir noch übrig, die Anträge mitzuteilen, die im Reichstage gestellt worden sind.

1. Der Abgeordnete Gröber und Genossen beantragten am 4. Dezember 1903 und am 18. Januar 1904, die verbündeten Regierungen zu ersuchen, dem Reichstage Gesetzentwürfe zu unterbreiten, durch welche a) das Gesetz über den unlauteren Wettbewerb entsprechend erweitert, b) das Ausverkaufswesen geregelt würde.

2. Der Abgeordnete Rettig und Genossen beantragten am 9. Dezember 1903 und am 22. Januar 1904, die verbündeten Regierungen zu ersuchen, dem Reichstage einen Gesetzentwurf über das Ausverkaufswesen vorzulegen, durch welchen a) die Anmeldepflicht für alle Ausverkäufe festgesetzt, b) die Veranstaltung von Scheinausverkäufen und c) jeder Nachschub von Waren zu einem Ausverkauf unter Strafe gestellt würde.

3. Der Abgeordnete von Dirksen und Genossen beantragten am 10. Dezember 1903, die verbündeten Regierungen zu ersuchen, das Gesetz zur Bekämpfung des unlauteren Wettbewerbs dahin abzuändern, daß die Ausverkäufe aller Art geregelt würden, der Nachschub bei Ausverkäufen ausnahmslos verboten, die festzusetzende Höchstdauer von Ausverkäufen begrenzt und die strafrechtliche Verfolgung unwahrer Ausverkäufe seitens der Staatsanwaltschaft auf Antrag vorgesehen würde.

4. Der Abgeordnete Patzig und Genossen beantragten am 23. Januar 1904, die verbündeten Regierungen zu ersuchen, dem Reichstag einen Gesetzentwurf, betreffend Abänderung des Gesetzes zur Bekämpfung des unlauteren Wettbewerbs, vorzulegen, wodurch hinter § 4 jenes Gesetzes die §§ 4a und 4b eingeschaltet würden, nämlich der für das Ausverkaufswesen bestimmte § 4a mit dem Inhalte: Die Veranstaltung eines Ausverkaufs ist seitens des Veranstalters der Ortspolizeibehörde anzuzeigen. Die Anzeige muß am vierten Tage vor Beginn des Ausverkaufs erstattet sein. Die muß enthalten, in welchen Geschäftsräumen der Ausverkauf stattfindet, an welchem Tage er beginnt, und falls er nur an bestimmten Stunden des Tages stattfindet, an welchen Stunden dies der Fall sein wird. Der Anzeige ist das Verzeichnis derjenigen Waren-Restbestände beizufügen, welche ausverkauft werden sollen. Diese Restbestände müssen an dem Tag, an dem die Anzeige erstattet wird, in dem Geschäftsraume vorhanden sein und müssen an diesem Tage Eigentum des Veranstalters des Ausverkaufs sein. Eine Erklärung, daß diesen Voraussetzungen entsprochen ist, muß in der Anzeige mitenthalten sein. Das Nähere wegen der Anzeige und wegen der Feststellung der in der Anzeige anzugebenden Tatsachen bestimmt der Bundesrat. Die hierüber erlassenen Bestimmungen sind dem Reichstage zur Kenntnisnahme vorzulegen. Wer den Ausverkauf nicht auf die in der Anzeige verzeichneten Waren-Restbestände beschränkt, wird mit Geldstrafe bis zu 1500 Mark bestraft.

Der § 4b interessiert hier nicht, er betrifft Versteigerungen.

Der Antrag des Abgeordneten von Dirksen und Genossen ist überhaupt nicht zur Verhandlung im Reichstage gekommen. Über die drei anderen Anträge, in der Form von Resolutionen, ist im Reichstage verhandelt worden am 30. November und 2. Dezember 1904. Dabei ist der Antrag des Abgeordneten Patzig und Genossen abgelehnt und den Regierungen als Material überwiesen. Die beiden anderen Anträge der Abgeordneten Gröber und Genossen und Rettig und Genossen sind angenommen worden. Die Auffassung der verbündeten Regierungen ist ersichtlich aus einer Erklärung des Staatssekretärs des Innern, die nach dem Berichte der Zeitschr. für Handel und Gewerbe etwa dahin lautet: Das geltende Recht gebe eine Handhabe zur Bekämpfung der Auswüchse des Ausverkaufs. Dennoch sei angesichts der in den beteiligten Kreisen herrschenden Anschauung die Notwendigkeit einer Verschärfung der bestehenden Vorschriften erneut zu prüfen. Die Bundesregierungen seien ersucht worden, ihre Erfahrungen über die seitherige Wirksamkeit des Gesetzes mitzuteilen und über das Bedürfnis nach neuen gesetzlichen Maßnahmen zur Bekämpfung der Mißstände im Ausverkaufswesen sich zu äußern.

Bis soweit, m. H., der Sach- und Streitstand. Zu einer Beantwortung der Frage:

„Empfiehlt es sich, das Gesetz zur Bekämpfung des unlauteren Wettbewerbs in Ansehung des Ausverkaufswesens zu ergänzen?

wird erforderlich sein, die gerügten Ausschreitungen im Lichte des bestehenden Rechts näher zu betrachten.

Die Schwindel- und Scheinmanöver sollen in erster Reihe darin bestehen, daß Ausverkäufe ohne die Absicht, ein Warenlager zu räumen, nur dazu angekündigt würden, um Kundschaft heranzulocken. Die Motive des Gesetzes erklären den Ausverkauf für eine Veräußerung vorhandener Warenvorräte zum Zwecke der Beendigung, sei es des Geschäftsbetriebes im ganzen, sei es einer gewissen Warengattung. Diesen Begriff billigen die beiden eingegangenen Gutachten. Auch das Reichsgericht hat ihn in einigen Urteilen als zutreffend hingestellt. Im Gegensatze dazu halten andere, z. B. Kahn, die Beendigung des Geschäftsbetriebs oder des Verkaufs einer Warengattung nicht für ein wesentliches Merkmal des Ausverkaufs. Sie legen nur Gewicht auf die Absicht, das vorhandene Warenlager ganz oder zum Teile zu „räumen", schneller als im gewöhnlichen Betrieb abzustoßen. Ich nehme keinen Anstand, mich zu der letzteren Auffassung zu bekennen. Sie entspricht, nach m. D., mehr als die erstere der Anschauung des Lebens. Mag man noch vor 30 Jahren in der bloßen Ankündigung „Ausverkauf" die Erklärung der Absicht, das Geschäft ganz oder zum Teil aufzugeben, gefunden haben, heute ist das nicht mehr der Fall. Das Publikum ist, m. E., ganz davon entwöhnt, jene Absicht hinter der Ausverkaufsanzeige zu vermuten. Und ein Kaufmann, der solche Absicht hat, wird heute einen Ausverkauf nicht anders anzeigen, als durch Hinzufügung eines die Absicht klar ausdrückenden Zusatzes. Wie indes bereits ausgeführt wurde, zeigt in jedem Falle, mag man die eine oder die andere Begriffsbestimmung vorziehen, die bloße Anzeige „Ausverkauf" als den Zweck dieser besonderen Verkaufsart die Absicht an, ein Warenlager schneller, als im gewöhnlichen Geschäftsbetriebe möglich ist, zu „räumen", und ist das Gesetz anwendbar, wenn die Räumungsabsicht fehlt. Der Nachweis des Fehlens dieser Absicht ist freilich nicht leicht; er ist aber nicht unmöglich. Für die Anwendung des Gesetzes bei Unrichtigkeit der Angabe der Räumungsabsicht ist nicht außerdem erforderlich, daß der Anschein eines besonders günstigen Angebots falsch, das Angebot in Wirklichkeit nicht besonders günstig ist. Das Gegenteil folgt nicht aus der Bedeutung des Wortes „Anschein", da man im Leben gewohnt ist, von wahrem und falschem Anscheine zu reden. Überdies handelt es sich hier nicht um den Schutz der Abnehmer, sondern um den der Gewerbegenossen. Und für diese ist es an sich gleichgültig, ob die Abnehmer im Ausverkauf wirklich billiger als gewöhnlich kaufen. Die Gewerbegenossen werden schon geschädigt, wenn der Mitbewerber ihnen die Kunden ablockt. Tut er dies — hier insbesondere — durch unrichtige Angabe der Räumungsabsicht, dann ist damit ihnen gegenüber im Sinne des Gesetzes der Rechtsgrund seiner Verantwortlichkeit gegeben. Die Unrichtigkeit auch des Anscheins des Angebots kann aber dann erheblich werden, wenn nur diese Unrichtigkeit in der Ausverkaufsanzeige enthalten ist. Denn nach beiden Bestimmungen seines Begriffs bringt die Anzeige „Ausverkauf" zum Ausdruck, daß die Preise billiger sein werden als beim gewöhnlichen Verkauf. Auch dies ist eine Angabe tatsächlicher Art über geschäftliche Verhältnisse, insbesondere über die Preisbemessung, eine Angabe, die in § 1 des Gesetzes als Beispiel ausdrücklich mit ausgeführt ist. Verlangt trotzdem der Kaufmann im Ausverkauf die gewöhnlichen Preise, dann ist diese Angabe unrichtig; er ist dem Gesetze verfallen. Ein Unterschied der beiden Bestimmungen des Ausverkaufsbegriffes zeigt sich darin:

Die Ankündigung „Ausverkauf" im Sinne der Motive enthält zugleich die Angabe der Absicht, den ganzen Geschäftsbetrieb oder den Verkauf einer Warengattung aufzugeben, also die Angabe des Anlasses des Verkaufs, während eine Angabe dieser Art nach der anderen Begriffsbestimmung in der bloßen Anzeige „Ausverkauf" fehlt. Damit komme ich zu dem zweiten Grunde, der die Klagen über Schwindel- und Scheinausverkäufe hervorrief.

Kündigt der Kaufmann ohne die Absicht der ganzen oder teilweisen Geschäftsaufgabe den Ausverkauf an, so ist er wohl nach der Begriffsbestimmung der Motive, nicht jedoch auch nach der anderen verantwortlich. Das berechtigt aber nicht zu dem Vorwurfe der Unzulänglichkeit des geltenden Rechts. Denn wer in der bloßen Ankündigung „Ausverkauf" bereits die Angabe der Absicht, das Geschäft ganz oder teilweise aufzugeben erblickt, der wird durch die Rechtsprechung des höchsten Gerichtshofes befriedigt sein, das Reichsgericht stimmt ihm bei. Wer umgekehrt die zweite Begriffsbestimmung billigt, also die Angabe der Absicht einer ganzen oder teilweisen Geschäftsaufgabe in der Ankündigung „Ausverkauf" vermißt, der hat kein Recht von einer Unzulänglichkeit des Gesetzes zu reden, da dies ja nach der Rechtsprechung weiter geht, als er selbst für richtig hält. Er kann sich höchstens über zu große Strenge des Gesetzes beschweren. Aber Beschwerden dieses Inhaltes sind nicht erhoben worden. Wird der Ausverkauf mit dem Zusatze „wegen Aufgabe des Geschäfts" oder beispielsweise „wegen Aufgabe des Verkaufs fertiger Herrenkleider" angezeigt, dann bildet nach dem Begriffe des Ausverkaufs im Sinne der Motive der Zusatz nur eine Verstärkung der Angabe des Anlasses, während nach der anderen Auffassung erst der Zusatz selbst diese Angabe darstellt, ein Unterschied, der jedoch gleichgültig ist, weil die Unrichtigkeit der Angabe in beiden Fällen vom Gesetze getroffen wird. Auch durch andere Zusätze zu den Ausverkaufsanzeigen kann die Absicht einer Geschäftsaufgabe ausgedrückt werden, z. B. „Ausverkauf wegen Auswanderung"; auch „Ausverkauf wegen Todesfalles" würde ich so auslegen.

Fehlt hier die Absicht der Geschäftsaufgabe, so ist bei beiden Begriffsbestimmungen ein Einschreiten nach dem Gesetz möglich. Denkbar ist, daß bei der Anzeige „Ausverkauf wegen Auswanderung" der Anzeigende zwar das Geschäft aufgeben, aber nicht auswandern will, er diesen Grund nur angibt, um den wahren Grund, nämlich den schlechten Gang des Geschäfts, nicht der Öffentlichkeit preiszugeben. Auch in diesem Fall ist die Anwendung des Gesetzes dieselbe, mag man die eine oder die andere Begriffsbestimmung billigen. Denn nach beiden Auffassungen gibt die Anzeige „Ausverkauf wegen Auswanderung" als Zweck des Verkaufs die Räumung, als Anlaß die Auswanderung und die Aufgabe des Geschäfts kund. Bildet in Wirklichkeit nicht auch die Auswanderung, sondern nur die Geschäftsaufgabe den Anlaß, dann hängt bei beiden Begriffsbestimmungen die Anwendung des Gesetzes nur von der Frage ab, ob auch die Angabe der Auswanderung neben derjenigen der Geschäftsaufgabe geeignet ist, den Anschein eines besonders günstigen Angebots hervorzurufen, eine Tatfrage, die ich, sofern nicht besondere Umstände entgegenstehen, bejahen würde.

Nicht selten lauten die Anzeigen, z. B. „Ausverkauf wegen Verlegung des Geschäfts nach der Holstenstraße", „wegen Umzugs nach der Holstenstraße", „wegen Umbaus des Ladens", „wegen baulicher Veränderungen", „wegen Abbruchs", „wegen Neubaus" u. dgl. Die Zusätze lassen, nach m. D., ausreichend erkennen, daß nicht die Absicht einer Geschäftsaufgabe, sondern ein anderer Umstand den Anlaß der besonderen Verkaufsart abgibt. Aber auch die Angabe dieses anderen Anlasses ist geeignet, den Anschein eines besonders günstigen Angebots zu erwecken, wenngleich vielleicht nicht in demselben Maße wie die Angabe der Absicht, das Geschäft aufzugeben. Mithin ermöglicht die Unrichtigkeit der Angabe die Anwendung des Gesetzes, und zwar in gleicher Weise nach der einen wie nach der anderen Auffassung von dem Begriffe des Ausverkaufs.

Einer besonderen Erörterung bedürfen die Saisonausverkäufe. Gegenstand dieses Ausverkaufs sind Waren, die nur in einer gewissen Jahreszeit in Mode sind. Mit dem Ablaufe der Zeit können sie mehr oder weniger entwertet sein. Wird sie der Kaufmann nicht vor dem Ende der Jahreszeit im regelmäßigen Betriebe los, dann muß er dies in einer besonderen Verkaufsart, z. B. in einem Ausverkaufe, versuchen. Je näher ans Ende der Jahreszeit er den Ausverkauf rückt, desto geringer ist die Aussicht auf Erfolg. Er darf ihn also nicht zu spät veranstalten; für gewisse Waren kann beispielsweise die Zeit nach Weihnachten schon zu spät sein; er muß dann den Ausverkauf schon in die Zeit vor Weihnachten verlegen. Bei einigen Waren kann die Modezeit mit Ablauf der Jahreszeit für immer verstreichen, bei anderen auch nur bis zur nächsten Wiederkehr der Jahreszeit unterbrochen sein. Auch die letzteren wird der Kaufmann dem Saisonausverkauf zuweisen. Einmal kann er nicht sicher voraussehen, ob der nächste Wiederbeginn der Jahreszeit die Mode wieder mit sich bringt; sodann kann die Aufbewahrung der Waren bis dahin Mühe und Kosten verursachen und die Gefahr der Verschlechterung in sich bergen. Ferner die Rücksicht auf sein Bedürfnis nach Barmitteln, um neue Einkäufe zu machen, kann ihn leiten. Fest steht bei dem Kaufmann, der den Saisonausverkauf beginnt, nur der Entschluß, den Verkauf der Warengattung bis zum nächsten Wiedereintritt der Jahreszeit aufzugeben; ob auch darüber hinaus, ist bei ihm noch unentschieden. Kehrt mit der nächsten Jahreszeit die Mode wieder, dann führt er die Warengattung weiter. Ausgeschlossen ist allerdings nicht, daß er schon bei Veranstaltung des Ausverkaufs den Entschluß gefaßt hat, den Verkauf einer Warengattung in Zukunft aufzugeben; aber dieser Entschluß ist etwas Zufälliges, keineswegs ein begriffliches Merkmal des Saisonausverkaufs. Falls das Gutachten des Herrn Dr Lobe etwas anderes sagen will, würde ich ihm nicht beitreten können. Die Ankündigung „Saisonausverkauf“ gibt demnach als Zweck dieser Verkaufsart an das schnelle Abstoßen, das Räumen der Ware und als den Anlaß den drohenden Ablauf der Modezeit, sei es für immer, sei es nur bis zum Wiedereintritt der Jahreszeit. Ist die eine oder andere der Angaben unrichtig, dann kann nach dem Gesetz eingeschritten werden. Der Beweis der Unrichtigkeit mag nicht leicht sein; er ist aber möglich. Verlegt der Kaufmann den Saisonausverkauf in die Zeit, in der die Gangbarkeit der Waren erst beginnt, dann wird man ihm nicht glauben, daß er die Absicht hat, die Ware schnell abzustoßen; man wird annehmen, daß er den Verkauf nur deshalb als Ausverkauf ankündigt, um durch die unrichtige Angabe Kunden heranzuziehen. Außerdem wird in solchem Fall auch die Angabe des Anlasses unrichtig sein: es droht noch nicht der Ablauf der Modezeit.

Dem Saisonausverkauf ähnlich ist der Inventurausverkauf. Dieser hat das Besondere, daß die Zeit seiner Veranstaltung durch die Aufnahme der Inventur bestimmt wird. Bei ihr hat der Kaufmann Gelegenheit, Musterung über seine Waren zu halten. Alles, was seiner Ansicht nach aus irgend einem Grunde des beschleunigten Absatzes bedarf, mustert er für den Ausverkauf aus. Den Anlaß des Ausverkaufs bildet also die Ausmusterung bei der Inventuraufnahme; die Angabe dieses Anlasses ist in der Ankündigung des Inventurausverkaufes enthalten, ihre Unrichtigkeit also geeignet, das Gesetz anzuwenden. Unberechtigt ist der Einwand, der gegen die Zulässigkeit des Inventurausverkaufs von dem Abgeordneten Gröber im Reichstag am 30. November 1904 erhoben worden ist: dieser meint, es werde dadurch dem Kaufmann ermöglicht, so oft er wolle, Ausverkäufe zu veranstalten, da er ja alle Monate Inventur halten könne. Nach m. D. erklärt der Kaufmann durch die Ankündigung des Inventurausverkaufs, daß diejenige Inventur, die nach Gesetz und Gepflogenheit aufgenommen werde, den Anlaß seines Inventurausverkaufs bilde. Wiederholt er seine Inventur häufiger, als Gesetz und Gepflogenheit erfordern, dann ist die Angabe des Anlasses seines besonderen Verkaufs eben unrichtig und geeignet, ihn haftbar zu machen.

Von dem Saisonausverkauf und Inventurausverkauf unterscheidet sich, m. E., dem Sinne nach garnicht der Saisonverkauf oder Inventurverkauf. Diese Ausdrücke werden in Verkaufsanzeigen heute ebenfalls gebraucht, hier und da wohl in der Meinung, damit den Folgen des Gesetzes zu entgehen, eine Hoffnung, die sich nicht erfüllen dürfte.

Als Angabe des Anlasses des Verkaufs stellt sich auch dar die Ankündigung des „Konkursausverkaufs“. Unrichtig ist diese Angabe dann, wenn ein Dritter, der die Warenbestände der Konkursmasse im ganzen erworben hat, ihren Einzelverkauf als „Konkursausverkauf“ ankündigt; denn das Publikum versteht beim Lesen oder Hören des Worts „Konkursausverkauf“ darunter den Verkauf der Konkurswaren im Konkursverfahren.

Es nimmt an, daß die besondere Art des Verkaufs, der Ausverkauf, deshalb gewählt worden sei, weil die Zwangslage des eröffneten Konkurses dazu nötige, ein Anlaß, der mehr als viele andere eine Zugkraft besitzt, der jedoch dann nicht mehr gegeben ist, wenn nicht der Verwalter, sondern der dritte Erwerber den Ausverkauf veranstaltet. Nicht nur durch den Gebrauch des Worts „Konkursausverkauf", sondern auch durch Verwendung anderer Ausdrücke kann der dritte Erwerber den Konkurs unrichtig als Anlaß seines Ausverkaufs bezeichnen, z. B. durch „Konkurswarenausverkauf". Viel geklagt wird gerade über den Gebrauch von Ausdrücken und Zusätzen, die wohl den sorgfältigen, nicht aber auch den minder aufmerksamen Leser oder Hörer erkennen lassen, daß nicht im Konkursverfahren, sondern durch einen dritten Erwerber der Ausverkauf veranstaltet wird. Beispielsweise soll ein Kaufmann eine Anzeige des Inhalts losgelassen haben „Gr. Ausverkauf" mit der Unterschrift „Der Verwalter". Auch diese Anzeige entschlüpft dem Gesetze nicht. Vor ihm entscheidet nicht derjenige Sinn, der nur mit Mühe und Kunst aus der Verkaufsanzeige gewonnen werden kann, sondern allein der Sinn, der sich dem Publikum, für das sie berechnet ist, aufdrängt bei der Art der Wahrnehmung, die gegenüber Verkaufsanzeigen üblich ist.

Überhaupt nicht eine Angabe des Anlasses des Verkaufs ist in der Anzeige eines „Räumungsverkaufs" zu erblicken. Man kündigt ihn heutzutage vielfach wohl aus demselben Grund an, aus dem man, wie oben gesagt wurde, einen Inventurverkauf oder Saisonverkauf statt eines Inventur- oder Saisonausverkaufs glaubt anzeigen zu müssen. Im „Räumungsverkauf" liegt die Erklärung, daß durch schnelleren Absatz als im gewöhnlichen Verkaufe Warenvorräte abgestoßen, „geräumt" werden sollen, und damit zugleich die weitere Erklärung, daß billiger als gewöhnlich werde verkauft werden, also Angaben tatsächlicher Art über den Zweck des Verkaufs und die Preisbemessung. Sind die Angaben oder eine von ihnen unrichtig, kann das Gesetz in Wirkung treten.

Am Schlusse der Erörterung des zweiten Grundes, auf den die Klagen über Schwindel- und Scheinausverkäufe sich stützen, nämlich Unrichtigkeit der Angaben über den Anlaß des Verkaufs, möchte ich besonders hervorheben:

Selbst wenn man die Auffassung der Motive und des Reichsgerichts von dem Begriffe des Ausverkaufs zugrunde legt, dann ist es dem Kaufmanne dennoch erlaubt auch ohne die Absicht der Aufgabe des Geschäfts oder des Verkaufs einer Warengattung einen Saisonausverkauf, Inventurausverkauf, Ausverkauf wegen Verlegung des Geschäfts nach der Holstenstraße, wegen Umzugs nach dort, wegen Umbau des Ladens, wegen baulicher Veränderungen, wegen Abbruchs, wegen Neubaus usw. anzukündigen. Er ist, wie ich im Gegensatze zu dem Gutachten des Herrn Dr. Lobe annehme, nicht verpflichtet für seine Anzeigen die Ausdrücke „Inventurverkauf", „billigen Verkauf wegen Umbaus" zu wählen. Denn die Verbindung des Wortes „Ausverkauf" mit den bezeichneten Zusätzen drückt zur genüge aus, daß die Absicht der ganzen oder teilweisen Geschäftsaufgabe nicht bestehe. Falls die Anzeigen sonst nicht unrichtig sind, dann fehlt demnach bei ihnen die Unrichtigkeit der Angabe des Anlasses, und damit fehlt der Rechtsgrund für ein Verbot dieser Anzeigen im Sinne des Wettbewerbsgesetzes, nämlich die Herbeiführung der Möglichkeit eines Irrtums des Publikums über geschäftliche Verhältnisse.

Schwindel- und Scheinausverkäufe werden in den Klagen drittens auch diejenigen genannt, bei denen sog. Nachschiebungen stattfinden. Das Nachschieben kann in verschiedenem Umfange geschehen:

a) Durch nachträglichen Bezug von Waren, die nur dazu bestimmt sind, Teile der vorhandenen Vorräte zu ergänzen, um diese Teile mit den Nachbezügen zugleich zu verkaufen, weil ohne die letzteren jene überhaupt nicht verkäuflich sind. Es werden z. B. zu einem Dutzend Weingläser die fehlenden 5 Stück nachbezogen.

b) Durch nachträglichen Bezug von Waren, deren Art im Ausverkaufe sich als besonders gangbar erwiesen hat und infolgedessen nicht mehr auf Lager ist. Ihr Nachbeziehen soll Kunden heranlocken, um damit Gelegenheit zum Verkauf auch der anderen nicht so gangbaren Waren zu erlangen.

c) Durch nachträglichen Bezug von Waren, die keinem der beiden genannten Zwecke dienen, sondern unter der Werbekraft der Ausverkaufsanzeige nur deshalb mit verkauft werden sollen, um den Ausverkauf möglichst einträglich zu machen.

Nach meiner Auffassung sind alle 3 Fälle des Nachbeziehens durch den Grundsatz des Wettbewerbsgesetzes verboten, daß unrichtige Angaben über geschäftliche Verhältnisse, insbesondere über den Zweck des Verkaufs nicht gemacht werden dürfen. Wie oben betont, hat der Ausverkauf nach dessen beiden Begriffsbestimmungen den Zweck des Räumens der Waren. Der Zweck wird schon durch den Gebrauch des Wortes „Ausverkauf" in der Anzeige angegeben. Mit der Angabe steht es aber in Widerspruch, und es macht die Angabe unrichtig, wenn der Kaufmann im Ausverkauf außer den vorhandenen Vorräten noch andere Waren mit veräußert. Denn „räumen" kann man nach der sprachlichen Bedeutung dieses Wortes nur das, was da ist, nur die vorhandenen Warenbestände. Das Gesetz gewährt demnach gegen jedes noch so geringfügige Nachbeziehen von

Waren je nach Lage der Sache den Anspruch auf Unterlassung oder auf Schadensersatz oder auch die Möglichkeit der Bestrafung. Meine Ansicht sehe ich durch die Motive zum Wettbewerbsgesetze bestätigt; sie wird auch sonst noch geteilt, z. B. von Kahn. Von den Gutachten läßt dasjenige des Herrn Dr. Lobe es dahingestellt, ob begrifflich das Nachschieben von Waren in geringen Mengen beim Ausverkauf unzulässig ist, während Herr Rechtsanwalt Magnus die Zulässigkeit der nachträglichen Anschaffung von Waren auf den Fall einschränkt, daß nur solche Waren nachbestellt werden, welche zur Ergänzung der einzelnen Stücke des Lagers dienen und ohne welche diese Stücke überhaupt nicht als solche, sondern allenfalls als Bruchstücke verkauft werden können.

Das Reichsgericht hat in einem Urteile vom 21. September 1897 ausgesprochen:

Wenn man auch mit den Motiven des Gesetzes annehme, daß Ausverkauf eine Veräußerung der vorhandenen Vorräte zum Zwecke der Beendigung des Geschäftsbetriebes im ganzen oder des Verkaufs einer gewissen Warengattung sei, so werde doch der Begriff nicht ausgeschlossen, wenn im Einzelfalle nach Gelegenheit der Umstände sog. Nachschiebungen einzelner der auszuverkaufenden Warenposten in geringem Umfange stattfinden. Maßgebend sei immer, ob der Verkäufer beabsichtige, durch den Verkauf die Beendigung des von ihm bisher betriebenen Geschäfts im ganzen oder in betreff der in Betracht kommenden Warengattung herbeizuführen.

Der Gedanke des letzten Absatzes dieser Urteilsgründe ist in einem späteren Urteile vom 26. November 1904 dahin abgeändert:

Für die Zulässigkeit der Nachschiebungen sei nicht ausschließlich maßgebend, ob der Wille das Geschäft aufzugeben bestehe; denn sonst würden Nachschiebungen in jeder Menge zulässig sein müssen, sofern sie nur mittelbar jenem Zwecke durch Anlocken von Käufern dienen sollten.

Im übrigen wird die im Urteile vom 21. September 1897 befolgte Auslegung des Gesetzes auch hier noch beibehalten. Den Urteilen entspricht noch eine Anzahl anderer Entscheidungen.

Das Reichsgericht hat aber seine Ansicht geändert in einem Urteile des ersten Strafsenats vom 16. Februar 1905. Ein Schuhwarenhändler hatte nach Ankündigung eines Totalausverkaufs in einem Zeitraume von 7 Monaten Waren im Werte von über 10000 Mk. neu beschafft und mit seinen Lagerbeständen zum Verkaufe gebracht. Die Verurteilung in erster Instanz ist vom Reichsgerichte gebilligt; in den Gründen ist dazu ausgesprochen:

An sich steht jedes Zumverkaufbringen neu angeschaffter Waren mit der Ankündigung eines Ausverkaufs zur Räumung des vorhandenen Lagers als der Wahrheit nicht entsprechend in Widerspruch. Die Ankündigung eines Ausverkaufs enthält also, streng genommen, in jedem Fall eine unwahre Angabe tatsächlicher Art über Anlaß und Zweck des Verkaufs, wenn neu beschaffte Waren nachgeschoben werden. Wenn gleichwohl das Reichsgericht in einem Fall, in dem die Neubeschaffung in geringem Umfang und in den kleinsten Quantitäten, in denen die Artikel von den Engrosgeschäften geliefert werden, stattgefunden hatte, auch ein nur partieller Ausverkauf in Frage stand, die Strafvorschrift des § 4 des Wettbewerbsgesetzes nicht zur Anwendung gebracht hat, so berechtigt das nicht zu dem Schlusse, daß jeder Kaufmann im Verlauf eines Ausverkaufs, um diesen zu fördern, je nach der Größe des zu räumenden Lagers Waren in geringer oder beträchtlicher Menge als Ersatz bereits abgesetzter Artikel nachbeziehen uud diese unter dem Deckmantel des angekündigten Ausverkaufs mit den Beständen des alten Lagers und gleich solchen absetzen dürfe.

Obgleich also die Entscheidung des Falles nicht gerade von der Beantwortung der Frage abhing, ob selbst die Ergänzung einzelner unvollständiger Waren durch Nachbeziehen der daran fehlenden Teile unzulässig wäre, so ist auch diese Frage durch die Gründe des Urteils klar bejaht worden. Das entspricht der Auslegung, die ich vorhin mir erlaubte zu verteidigen.

Diese Ansicht ist von anderer Seite als unbillig bezeichnet worden. Sie mache es, sagt man, dem Kaufmann unmöglich, gewisse Waren im Ausverkauf überhaupt loszuwerden, z. B. unvollständige Paare von Handschuhen, Strümpfen usw. Der Einwand ist unbegründet. Dem Kaufmanne stehen zwei Mittel zu Gebote dem Nachteile zu entgehen, der ihm aus der völligen Unzulässigkeit einer Nachschiebung erwachsen kann. Entweder er fügt der ursprünglichen Anzeige des Ausverkaufs einen Zusatz hinzu, der das Nachbestellen von Waren andeutet, sobald er sich hierzu genötigt sieht. Dabei braucht er nicht etwa die nachgezogenen Waren zu kennzeichnen; schon der allgemeine Hinweis auf die Nachbestellung genügt, um den Widerspruch zu beseitigen, der in der uneingeschränkten Anzeige des Ausverkaufs und der Nachschiebung liegt. Oder er unterzieht sein Lager vor dem Beginne des Ausverkaufs einer Durchsicht und bestellt schon jetzt die zur Vervollständigung nötigen Waren. Dies zweite Mittel versagt freilich in Ansehung desjenigen Lagerteiles, dessen Unvollständigkeit erst durch den Ausverkauf herbeigeführt wird und nicht vorausgesehen werden kann. Dies Mittel ist auch rechtlich nicht bedenkenfrei. Kahn meint, es sei zweifellos, daß ein Kaufmann gegen das

Wettbewerbsgesetz verstoße, wenn er in seinem bestehenden Gewerbebetrieb einen Ausverkauf ankündige, um darin nur solche Waren zu vertreiben, die er zu diesem Zweck angeschafft habe. Die folgerichtige Anwendung der Ansicht würde m. E. dahin führen, es auch für unzulässig halten zu müssen, daß ein Kaufmann, der einen Ausverkauf in Aussicht genommen hat, die an einigen Kaffeeservicen fehlenden Stücke vor dem Beginne des Ausverkaufs anschafft, um den Verkauf der Service überhaupt zu ermöglichen. Ich kann jener Ansicht nicht beitreten. Für die Entscheidung ist allerdings das sprachliche Empfinden ausschlaggebend; daher kann ich die Berechtigung von Zweifeln nicht bestreiten. Aber mir scheint, als hole man aus dem Worte „Ausverkauf" mehr heraus, als der Sprachgebrauch hineinlegt, wenn man ihm die Angabe des Kaufmannes entnimmt, daß er nur solche Waren für den Ausverkauf bestimmt habe, die von ihm ursprünglich für den gewöhnlichen Vertrieb angeschafft worden seien. N. m. D. ist also auch der Kaufmann befugt, einen angekündigten Ausverkauf ausschließlich auf Waren zu beschränken, die er vorher nur für den Ausverkauf erworben hat, ein Ergebnis, das, selbst wenn es nicht befriedigt, dennoch keinen Grund zur Einführung eines Verbots abgibt, da solches Verbot nicht verlangt wird, überhaupt nicht eine einzige der vielen Beschwerden sich gegen diejenige Vervollständigung des Warenlagers richtet, die dem Beginne des Ausverkaufs nicht nachfolgt, sondern vorhergeht. Ich selbst würde jenes Ergebnis dann als nicht befriedigend ansehen, wenn daraus weiter folgen würde, daß nun jeder, der nicht einmal ein bestehendes Geschäft hat, sich Waren anschaffen, für wenige Tage einen Laden mieten und die Waren unter der Ankündigung eines Ausverkaufs schleunigst vertreiben könnte. Aber diese Folgerung würde nicht zutreffend sein. Ein solcher Ausverkäufer würde gegen das Gesetz handeln. Denn wenn ich es auch ablehnte in „Ausverkauf" die Angabe zu erblicken, daß nur Waren zum Verkaufe ständen, die ursprünglich für den gewöhnlichen Vertrieb angeschafft wären, so finde ich doch ohne Bedenken darin die andere Angabe, daß der Ausverkauf von einem seither schon bestehenden Geschäfte veranstaltet werde. Ein Merkmal des Ausverkaufs ist eben seine Abweichung von der gewöhnlichen Form des Warenvertriebs. Wer die Abweichung ankündigt, gibt zu erkennen, daß er, abgesehen von dieser Ausnahme, die Regel des gewöhnlichen Vertriebs befolge.

Was von Nachschiebungen gesagt worden ist, gilt auch von dem Mitverkaufen fremder Waren, soweit solches erst nach dem Beginne des Ausverkaufs beschlossen wird. Ist das Mitverkaufen von vornherein beschlossen, so ist das Gesetz auf den dennoch ohne entsprechenden Zusatz angekündigten Ausverkauf gleichfalls anwendbar. Denn mit dem Gutachten des Herrn Rechtsanwalts Magnus sehe auch ich in der Anzeige des Ausverkaufs die Erklärung, daß der Anzeigende „seine" Waren vertreiben wolle; sie ist eine Angabe tatsächlicher Art über geschäftliche Verhältnisse. Die Angabe ist auch geeignet den Anschein eines besonders günstigen Angebots zu erwecken. Jedenfalls ein Teil des Publikums wird in die Lage versetzt aus bekannten Eigenheiten des Geschäfts auf die Güte der Waren und die Art der Preisbemessung zu schließen. Diese Schlüsse gehen fehl, wenn die Waren einem ungenannten Dritten gehören.

An vierter Stelle werden Teilausverkäufe als Schwindel- und Scheinausverkäufe bezeichnet. Es soll vorkommen, daß nach der Ankündigung eines Teilausverkaufs der Kaufmann die Gelegenheit benutzt eine Menge anderer Waren unter dem Scheine des Ausverkaufs ebenfalls loszuwerden. Gefördert soll das dadurch werden, daß die Ausverkaufswaren von den übrigen nicht getrennt gehalten werden. Zwar nicht gegen das Unterlassen des Getrennthaltens, wohl aber gegen die Vermehrung der Ausverkaufswaren bietet das Gesetz in demselben Maße Schutz, wie gegen Nachschiebungen.

Endlich stellen die Beschwerden den Schwindel- und Scheinausverkäufen gleich die sog. „billigen Tage" usw., wie auch die „Restertage". Gemeinsam mit den Ausverkäufen haben die billigen und die Restertage die Abweichung des Warenverkaufs von der gewöhnlichen Art des Vertriebes. An den billigen Tagen stellt der Kaufmann geringere Preise in Aussicht, als er für Waren derselben Art im gewöhnlichen Gange seines Geschäfts zu berechnen pflegt. An Restertagen will er nach dem Sinn ihrer Ankündigung für die Warenreste zwar nicht durchaus einen geringeren Preis berechnen, als er für sie an anderen Tagen zu fordern pflegt; aber während er an gewöhnlichen Tagen in der Regel sich nicht damit befassen kann Reste hervorzusuchen, will er gerade sie am Restertag in Bereitschaft halten; eben Reste, die als solche billiger sind als Waren vom ganzen Stück oder aus größerer Auswahl. Die Ankündigung der billigen und der Restertage enthält mithin eine Angabe tatsächlicher Art über die Preisbemessung. Die Ankündigung wird unrichtig, wenn der Kaufmann sich trotzdem die gewöhnlichen Preise zahlen läßt. Bei Restertagen soll es außerdem nicht selten sein, daß nicht wirkliche Reste, sondern Warenteile verkauft werden, denen durch Zerschneiden ganzer Stücke absichtlich das Aussehen von Resten gegeben ist. In diesem Falle liegt in der Ankündigung „Restertag" eine unrichtige Angabe tatsächlicher Art über geschäftliche Verhältnisse.

Außer den Schwindel- und Scheinausverkäufen waren es noch zweierlei Tatsachen, über die man sich beschwerte, nämlich die Veranstaltung von Ausverkäufen, billigen Tagen usw. im Übermaß, oder doch zur Unzeit. Unzeitig nennt man die Ausverkäufe, die in die Zeit der letzten vier Wochen vor Weihnachten, Ostern und Pfingsten fallen. Nicht in schwindelhaftem Gebahren oder in Scheinmanövern wird das Verwerfliche dieser Erscheinungen gefunden, sondern nur in der Tatsache der häufigen Wiederholung oder der Veranstaltung in der Zeit gerade vor Weihnachten, Ostern und Pfingsten.

Für diese Klagen gewährt das bestehende Recht allerdings keine Abhilfe. Sie sind aber auch nicht berechtigt. Die Erscheinungen, gegen welche sie sich wenden, sind keine Ausschreitungen, vielmehr unvermeidliche Folgen der bestehenden Gewerbefreiheit. Sie sind zwar unbequem und lästig für den Konkurrenten; aber das ist kein Grund sie zu verbieten; der Konkurrent muß sie ertragen, solange die Gewerbefreiheit besteht. Unter dem Einflusse der Waren- und Versandhäuser, der Bazare in den Großstädten sind die Ansprüche des Publikums an die Auswahl gestiegen. Der Kaufmann muß größere Warenvorräte anschaffen. Sie wird er im regelmäßigen Betriebe nicht alle los. Sorgt er nicht dafür den Rest im Ausverkauf abzustoßen, dann läuft er Gefahr, daß sie ganz entwertet werden, oder daß er sie an einen Partie- oder Ramschwarenhändler abgeben muß, der ihm dann mit seinen eigenen Waren Konkurrenz macht. Ob dennoch nicht der Häufigkeit und der Unzeitigkeit der Ausverkäufe durch besondere Vorschriften vorzubeugen wäre, um zu verhindern, daß sich Schwindel- und Scheinausverkäufe dahinter verbergen, ist eine andere Frage.

M. H.! Bis jetzt versuchte ich zu zeigen, daß diejenigen der in den Beschwerden beklagten Erscheinungen, welche verdienen, als unlauter bezeichnet zu werden, im geltenden Rechte verboten sind, daß gegen sie das bestehende Recht, das Wettbewerbsgesetz oder das Bürgerliche Gesetzbuch, Rechtsbehelfe zur Verfügung stellt; für eine Ergänzung des Wettbewerbsgesetzes zu dem Zweck, um den Kreis der als unlauter hinzustellenden Erscheinungen noch weiterzuziehen, besteht also kein Bedürfnis. Namentlich bedarf es einer neuen Vorschrift weder dazu, um das Ankündigen von Ausverkäufen durch andere Personen als den Konkursverwalter zu verbieten, noch dazu, um die Nachschiebungen zu untersagen. Selbst wenn man befürchten sollte, daß das Reichsgericht die von ihm zuletzt ausgesprochene Auslegung des Gesetzes wieder aufgeben könnte, so würde diese Befürchtung jedenfalls nicht dazu berechtigen, schon jetzt die Einführung eines ausdrücklichen Verbotes für notwendig zu erklären; es wäre, m. E., zunächst der weitere Verlauf der Rechtsprechung abzuwarten.

Damit ist aber nicht bewiesen, daß die Ergänzung des Gesetzes überhaupt überflüssig ist. Es wäre immerhin möglich, daß das geltende Recht nicht ausreichte, um Zuwiderhandlungen gegen die bestehenden Verbote in erwünschtem Maße zu bekämpfen. Und gerade diese Unzulänglichkeit wird von vielen Seiten behauptet. Um dem abzuhelfen, würde es verschiedene Mittel und Wege geben. Man könnte die Wirkung des bestehenden Verbots verstärken durch Verschärfung der Folgen der Zuwiderhandlung. Man könnte auch ohne Änderung des wahren Sinnes des Gesetzes durch Änderung der Fassung seiner sachlichen Vorschriften die Anwendung dem Richter erleichtern. Oder man könnte zwecks Erleichterung der Verfolgung des Schuldigen die Vorschriften des Gesetzes über das Verfahren ändern. Schließlich könnte man Vorschriften rein vorbeugender Art einführen. Alle diese Mittel werden denn auch in den Vorschlägen empfohlen, die gemacht worden sind. Und diese Vorschläge kurz zu prüfen wird nunmehr erforderlich sein.

Darf ich dabei der Einteilung folgen, die ich machte, als ich vorhin mir erlaubte die Vorschläge aufzuzählen, so standen in erster Reihe die Vorschläge, welche sich nicht auf das Ausverkaufswesen allein beschränken. Von ihnen ist der Wunsch nach Aufnahme eines allgemeinen Verbots jeder Unlauterkeit im Wettbewerbe nach dem Muster des Art. 1382 Code civil auszuscheiden, weil er darauf abzielt den Rahmen der als unlauter zu kennzeichnenden Handlungen zu erweitern. Seine Zurückweisung dürfte durch das vorhin Gesagte gerechtfertigt sein.

Der Vorschlag in § 1 des Gesetzes die Worte „wer ... unrichtige Angaben tatsächlicher Art macht" zu ändern in „wer ... unrichtige Angaben macht" verfolgt den Zweck einer Erleichterung in der Anwendung des Gesetzes durch Beseitigung der Schwierigkeit, die angeblich in der nach der heutigen Fassung nötigen Feststellung liegt, daß die in der Reklame gemachten unrichtigen Angaben von tatsächlicher Art seien. Deshalb, sagt man, sei es vorzuziehen durch Streichung der Worte „tatsächlicher Art" die Verfolgung wegen Unrichtigkeit auch solcher Angaben zu ermöglichen, die in die Form eines Urteils des Reklamemachenden über die geschäftlichen Verhältnisse gekleidet seien, ohne daß damit jedoch auch solche Urteile in der Reklame dem Gesetz unterworfen werden sollten, die für jedermann als Marktschreierei erkennbar seien. M. E. ist der Vorschlag nicht annehmbar. Die jetzige Fassung des Gesetzes ist gewählt worden, um bloße Urteile in der Reklame, auch übertriebene Urteile, Marktschreierei, von seiner Wirkung auszuschließen. In Wirklichkeit ist also der Unterschied des Sinnes der jetzigen Fassung von dem der vorgeschlagenen der: dort sind bloße Urteile überhaupt freigelassen, hier nur übertriebene Urteile. Dieser Unterschied wird noch gemindert durch die Auslegung, die die Worte „tatsächlicher Art" in der Rechtsprechung erfahren haben. Danach macht nicht schon die Einkleidung der Angabe in die Form eines Urteils das Gesetz unanwendbar; vielmehr erfaßt das Gesetz auch Urteile in der Reklame, in denen etwas als geschehen oder vorhanden, also in einer Weise aufgestellt wird, daß die Richtigkeit oder Unrichtigkeit im Einzelfalle festgestellt werden kann. Beispielsweise kann das vielgebrauchte Wort „prima" für manche Warengattungen die Bedeutung einer feststehenden Qualitätsangabe haben und, wenn unrichtig, unter das Gesetz fallen. Bei wieder anderen Warengattungen kann es sich dagegen auch nur als Umschreibung des nicht zu verfolgenden Urteils „vorzüglich", „beste Qualität" usw. darstellen. Der neue Vorschlag würd, m. E., auch nicht dazu beitragen die Sicherheit der Rechtsprechung zu erhöhen, da die Grenze zwischen Angaben tatsächlicher Art und bloßen Urteilen immerhin schärfer ist als die vorgeschlagene Grenze zwischen Urteilen und übertriebenen Urteilen.

Der Vorschlag auf Einführung der zivilrechtlichen Haftung des Geschäftsherren für die unlautere Reklame seiner Angestellten läßt nicht klar erkennen, ob der Herr nur für diejenigen Angestellten haften soll, zu deren Geschäftsbereiche die Besorgung der Reklame gehört, oder auch für diejenigen, bei denen das nicht der Fall ist. Sofern man das letztere beabsichtigt haben sollte, würde ich den Vorschlag aus tatsächlichen und rechtlichen Gründen verwerfen. Es wird kaum vorkommen, daß z. B. der Hausknecht eigenmächtig eine Ausverkaufsanzeige für das Geschäft seines Herrn in die Welt setzt. Und wollte man für die eigenmächtige Reklame des Hausknechts den Herrn verantwortlich machen, dann wäre kein Grund ersichtlich anders zu verfahren in Ansehung der Reklame, die irgend eine dem Geschäfte ganz fernstehende Person für dieses macht. Denn außerhalb seiner Zuständigkeit steht der Hausknecht zu seinem Herrn in keinem anderen Verhältnis als wie ein dritter zu dem Geschäftsherrn.

Aber auch in Ansehung der Reklame der bezeichneten anderen Angestellten kann ich dem Vorschlage nicht zustimmen. Der Angestellte, zu dessen Geschäftsbereiche das Besorgen der Reklame gehört, handelt in Ausführung einer ihm übertragenen Verrichtung, indem er durch die Ankündigung eines Ausverkaufs Reklame macht. Ist die darin enthaltene Angabe auch nur objektiv unrichtig, dann ist eine dadurch bewirkte Schädigung des Gewerbegenossen nach § 1 des Wettbewerbsgesetzes widerrechtlich. Für den Schaden hat daher gemäß § 831 BGB. der Geschäftsherr aufzukommen, sofern er die gesetzliche Vermutung seines Verschuldens und des ursächlichen Zusammenhanges nicht widerlegt.

Die auf Verschärfung oder Vermehrung der Strafandrohungen abzielenden Wünsche halte ich für unberechtigt. Das näher zu begründen muß ich mir mit Rücksicht auf die vorgeschrittene Tageszeit versagen. Unter den Vorschlägen prozeßrechtlichen Inhalts glaubt man mit Hilfe des geforderten Unterlassungsbefehls nach Art des Zahlungsbefehls die unlautere Reklame im einzelnen Falle schneller zum Schweigen bringen zu können als mit Hilfe einer einstweiligen Verfügung. Richtig ist, daß ein Unterlassungsbefehl weder einer Glaubhaftmachung noch einer richterlichen Entscheidung bedürfen würde. Aber auch der Erlaß einer einstweiligen Verfügung gegen unlautere Reklame ist durch § 3 des Wettbewerbsgesetzes wesentlich erleichtert, da er zulässig ist, selbst wenn die in den §§ 935 und 940 ZPO. bezeichneten Voraussetzungen nicht zutreffen.

Immerhin ist zuzugeben, daß die Erwirkung des Unterlassungsbefehls weniger schwierig sein würde als die einer einstweiligen Verfügung. Aber dadurch wird sich der Gewerbtreibende kaum bestimmen lassen, der einstweiligen Verfügung den Unterlassungsbefehl vorzuziehen, wenn er berücksichtigt, wie gering die Wirkung des Unterlassungsbefehls in Wahrheit ist: der Schuldige kann zunächst fast eine Woche verstreichen lassen, ohne den Unterlassungsbefehl irgendwie zu beachten, und kann ihn dann durch eine einfache Erklärung, den Widerspruch, ganz außer Kraft setzen. Dagegen eine einmal erlassene einstweilige Verfügung bleibt solange in Wirkung, bis sie auf erhobenen Widerspruch nach voraufgehender mündlicher Verhandlung durch eine Entscheidung des Richters wieder aufgehoben wird. Jedenfalls ist nach meinem Dafürhalten der Vorteil des Unterlassungsbefehls nicht groß genug, um in ihm den schon vorhandenen prozessualischen Rechtsbehelfen nur für das Gebiet des unlauteren Wettbewerbs noch einen neuen hinzuzufügen.

Der nächste Vorschlag will eine Vorschrift über die Notwendigkeit der Zuziehung von Sachverständigen zu jeder Verhandlung über einen den unlauteren Wettbewerb betreffenden Rechtsstreit einführen. Falls der Richter sich außerstande sieht die Tatfragen zuverlässig zu beurteilen, wird er sowieso nicht unterlassen Sachverständige zu befragen. Ihn dazu auch dann zu zwingen, wenn er sich selbst genügende Erfahrung zutraut, würde unnützerweise Kosten verursachen und zur Verzögerung der Entscheidung beitragen. Daher ist der Vorschlag nicht zu billigen.

Dasselbe ist der Fall bei allen das Strafverfahren betreffenden Wünschen. Die Privatklage wurde eingeführt, weil man eine Häufung von unbegründeten und chikanösen Strafanzeigen vermeiden wollte, und weil durch unlauteren Wettbewerb nicht immer die Interessen der Beteiligten in solchem Maße verletzt würden, daß es geboten wäre in jedem Fall eine Bestrafung stattfinden zu lassen. Der Grund besteht auch heute noch. Die Privatklage wegen unlauteren Wettbewerbs im Gegensatze zu anderen Privatklagen den Strafkammern in erster Instanz zuzuweisen, würde eine Durchbrechung des Prinzips des Gerichtsverfassungsgesetzes bedeuten, für welche wichtige Gründe würden beigebracht werden müssen. Behauptet hat man nur, daß die Beurteilung der tatsächlichen Verhältnisse gerade bei Verstößen gegen das Wettbewerbsgesetz zu schwierig sei, um sie den Schöffen anzuvertrauen. Mir scheint im Gegenteil die praktische Erfahrung der Schöffen in diesen Fragen ganz erwünscht. Und an Orten, in denen die unlautere Reklame die Gerichte überhaupt zu beschäftigen pflegt, in den Städten, werden im großen und ganzen die Schöffen mit den in Betracht kommenden Verhältnissen ausreichend vertraut sein.

Zur Aufnahme in das Gesetz überhaupt ungeeignet würde die Anordnung sein, daß der Staatsanwalt in gewissen Fällen die Strafanzeige nicht auf den Weg der Privatklage verweisen soll. Diese Anordnung könnte nur Gegenstand dienstlicher Anweisungen durch die vorgesetzte Behörde sein. Solche Anweisungen sind in Preußen auf Anregung des Staatssekretärs des Innern sowohl an die Behörden der Verwaltung des Innern als auch an die Staatsanwälte bereits ergangen. Das Justizministerium hat durch Verfügung vom 27. März 1901 die Staatsanwälte darauf hingewiesen, daß die Strafverfolgung der Ausverkaufauswüchse in der Regel im öffentlichen Interesse liege, und hat diese Verfügung am 6. März 1902 in Erinnerung gebracht.

Ich komme nunmehr zu den Vorschlägen, die nur für das Ausverkaufswesen bestimmt sind. Zu ihnen gehören auch diejenigen auf Einführung eines Verbots der Veranstaltung von Konkursausverkäufen durch andere Personen als den Konkursverwalter und des Verbots der Nachschiebungen. Beide Vorschläge habe ich bereits zurückgewiesen. Ebenso habe ich den weiter hierher zu zählenden Vorschlag, die häufige Wiederholuug von Ausverkäufen und ihre Veranstaltung in der Zeit vor Weihnachten, Ostern und Pfingsten zu verbieten insoweit abgelehnt, als mit diesem Verbot erstrebt werden soll die Häufigkeit und Unzeitigkeit der Ausverkäufe als an sich schon verwerflich hinzustellen. Noch ungeprüft geblieben sind nur der Vorschlag den Begriff des Ausverkaufs zu bestimmen und die Vorschläge auf Einführung einer Anzahl von Verboten vorbeugender Art.

Durch die gesetzliche Festlegung des Ausverkaufsbegriffs glaubt man verhindern zu können, daß in den von dem gesetzlichen Begriffe nicht gedeckten Fällen ein Verkauf als Ausverkauf angekündigt wird. Diesem Zweck würde durch Annahme des Vorschlags genützt werden können. Würde also beispielsweise, wie es ja von manchen gewünscht wird, die in den Motiven des Gesetzes ausgesprochene Definition des Ausverkaufs als der Veräußerung vorhandener Vorräte zum Zweck der Beendigung des ganzen Geschäftsbetriebes oder des Verkaufs einer Warengattung in das Gesetz selbst übernommen, dann würde der „Inventurausverkauf", „Ausverkauf wegen Umzugs", „Wegen Umbaus" usw. aus den Geschäftsanzeigen verschwinden müssen, obgleich, wie ich bereits zu zeigen suchte, selbst bei Annahme der Richtigkeit der Begriffsbestimmung der Motive die Ankündigung dieser Art von Ausverkäufen nichts Unrichtiges enthält, da ja die Zusätze zu „Ausverkauf" einen Protest gegen die Unterstellung der Absicht einer Geschäftsaufgabe ausdrücken. Ein wirklicher Nutzen würde aber aus dieser Verdrängung jener Art Ausverkaufsanzeigen den Gewerbegenossen nicht erwachsen. Es müßte doch trotz des Verbots der Kaufmann befugt bleiben z. B. seine bei Gelegenheit der Inventuraufnahme ausgemusterten Waren zu herabgesetzten Preisen zu verkaufen und diesen Entschluß in irgend einer Ausdrucksweise öffentlich bekannt zu geben; ihn würde also auch nichts hindern z. B. statt „Inventurausverkauf" das Wort „Inventurverkauf" zu verwenden. Und die Zugkraft dieser Anzeige würde auf die Dauer wohl kaum zurückbleiben hinter derjenigen des „Inventurausverkaufs"; der Erfolg würde also weder für den Verkäufer noch für den Gewerbegenossen verändert werden. Alle übrigen Maßregeln, deren Anordnung man gefordert hat, sind vorbeugender Art.

Gegenüber diesen Vorschlägen erhebt sich zunächst das Bedenken, ob es überhaupt angängig ist eine Regelung des Ausverkaufswesens durch Vorschriften vorbeugender Natur im Wege der „Ergänzung" eines Gesetzes vorzunehmen, das die Verfolgung illoyalen Verhaltens bezweckt und deshalb den Titel trägt „Gesetz zur Bekämpfung des unlauteren Wettbewerbs". Die Ansichten hierüber sind verschieden, wie schon die im Reichstage gestellten Anträge zeigen.

In der Schweiz haben die Kantone Basel-Stadt und Luzern keinen Ausstand genommen in ihren Gesetzen, „. . . betreffend den unlauteren Wettbewerb", vom 11. Oktober und 26. November 1900 auch die Ausverkäufe polizeilich zu regeln. Die meisten übrigen Kantone der Schweiz haben das Ausverkaufswesen zwar ebenfalls geordnet, aber nicht in Gesetzen über unlauteren Wettbewerb, sondern in anderen Gesetzen, z. B. der

Kanton Zug in dem Gesetze vom 22. August 1901 über den Markt- und Hausierverkehr, Schwyz in dem Gesetze vom 21. April 1902 über die Ausübung des Handelsgewerbes.

In Österreich hat das Ausverkaufswesen seine Regelung in einem besonderen Gesetze vom 16. Januar 1895 gefunden. Dort bestand allerdings seither überhaupt kein Gesetz zur Bekämpfung des unlauteren Wettbewerbs; die Bestrebungen ein solches zu schaffen sind, wenn ich recht unterrichtet worden bin, noch jetzt nicht über das Stadium des Entwurfs hinausgekommen.

M. H.! Ich bin der Ansicht, daß die Regelung der Ausverkäufe in dem Wettbewerbsgesetze vom 27. Mai 1896 nicht zur Ausführung gebracht werden darf. Nicht etwa die Besorgnis wegen eines Schönheitsfehlers, mit dem man das Gesetz durch die Aufnahme vorbeugender Vorschriften behaften könnte, bestimmt mich zu dieser Auffassung. Das ist umsoweniger der Fall, als das Gesetz von solchem Fehler schon jetzt nicht frei ist: der § 5 mit seiner Bestimmung über die Quantitätsverschleierung ist rein vorbeugender Natur; außerdem drohen der § 7 ganz und der § 9 zum Teil Strafen an für Handlungen, die überhaupt gar nicht zu Zwecken des Wettbewerbs vorgenommen zu sein brauchen. Bunt ist also das Gesetz schon jetzt, und es würde durch die Vermehrung der vorbeugenden Bestimmungen nur noch etwas bunter werden. Aber zwingend ist ein anderer Grund: die Rücksicht auf den redlichen Kaufmann. Wird das Ausverkaufswesen in dem Gesetz zur Bekämpfung des unlauteren Wettbewerbs durch polizeiliche Maßregeln geordnet, dann wird jedem Ausverkauf der Makel des Verdachts unlauteren Geschäftsgebahrens angehängt; das muß vermieden werden, weil Ausverkäufe auch für den redlichen Kaufmann wirtschaftlich unentbehrlich sind.

Andererseits habe ich mich aber auch nicht überzeugen können, daß es solch vorbeugender Maßregeln bedarf, um die gewünschte Erhöhung der Wirkung des Gesetzes zu erzielen. Gegenüber der früheren Auffassung des Reichsgerichts über die Nachschiebungen — gerade zur Zeit ihrer Herrschaft sind die Wünsche nach neuen Bestimmungen entstanden — bedeutet die jetzige Auslegung des Gesetzes einen wesentlichen Fortschritt. Die unteren Instanzen werden sich dieser Wandlung allmählich anschließen. Und wenn das Bekanntwerden der früheren Entscheidung vom 21. September 1897 Gewerbtreibende dazu verleitete die Ausverkäufe durch Nachschiebungen zu verlängern, so wird das Bekanntwerden einer Änderung der Gesetzesauslegung nicht ganz ohne die gegenteilige Wirkung bleiben.

Der Erfolg des Gesetzes wird sich noch weiter erhöhen, wenn von den vorhandenen Rechtsbehelfen mehr als seither Gebrauch gemacht werden wird. Mag es dem einzelnen Gewerbtreibenden unter Umständen peinlich sein seine Konkurrenten mit Klagen und Strafanzeigen wegen unlauteren Wettbewerbs zu verfolgen, so hat solches Empfinden doch dann keine Berechtigung, wenn die Gewerbtreibenden in ihrer Gesamtheit auftreten. Sie können zu dem Zwecke Vereine mit Rechtsfähigkeit gründen und die Verfolgung der Zuwiderhandlungen dem Vorstande zur Pflicht machen. Ein solcher Verein besteht z. B. seit 1904 in Bromberg.

Die gerichtliche Verfolgung der Ausschreitungen zu betreiben sind, m. E., auch die Handelskammern geeignet, sofern ihre Befugnis dazu nicht durch die Landesgesetze ausgeschlossen ist. Man hat hiergegen freilich hier und da Bedenken erhoben, weil dadurch die Würde der Handelskammern beeinträchtigt werden könne. Ich kann jedoch diese Bedenken nicht teilen, bin vielmehr der Meinung, daß die Handelskammern, sobald die Interessen mehrerer Gewerbtreibender in Frage stehen, ihre Autorität nicht gefährden, sondern davon einen guten Gebrauch machen und sich den Dank der redlichen Kaufleute verdienen, wenn sie Zuwiderhandlungen gegen das Wettbewerbsgesetz gerichtlich verfolgen.

Aber auch ohne Klagen und Strafanträge sind die Handelskammern in der Lage den unlauteren Wettbewerb zu bekämpfen. In Braunschweig z. B. hat zu diesem Zweck die Handelskammer einen besonderen Ausschuß gebildet, dessen Tätigkeit des näheren ersichtlich ist aus einem in Stegemanns Buch über unlauteres Geschäftsgebahren abgedruckten Entwurf einer Satzung für Ausschüsse dieser Art.

Der Frage weiter nachzugehen, ob es ratsam ist die Bekämpfung des unlauteren Wettbewerbs durch Schaffung von Vorbeugungsmaßregeln zu fördern, glaube ich unterlassen zu sollen, weil der Herr Mitberichterstatter sie zum Gegenstande seiner Erörterungen machen wird.

Ich komme hiernach zu dem bereits angekündigten Vorschlage zu beschließen:

> Es empfiehlt sich nicht, das Reichsgesetz zur Bekämpfung des unlauteren Wettbewerbs in Ansehung des Ausverkaufswesens zu ergänzen. (Lebhafter Beifall.)

Landgerichtsrat **Dove**-Berlin: Herr Präsident! Ich glaube, nach dem sehr erschöpfenden und ausführlichen Referate sind alle Gesichtspunkte in der Materie ins klare Licht gestellt. Weiter werden wir kaum kommen, denn die Zeit ist so vorgerückt, daß ich nicht glaube, daß eine Diskussion noch zu einem ersprießlichen Resultate führen wird. Ich möchte mir daher den Vorschlag erlauben zu erwägen, ob es sich nicht empfiehlt, die weitere Verhandlung auf einen künftigen Juristentag zu vertagen.

Vorsitzender: Wenn das Ergebnis Nein bleibt, liegt kein Anlaß dazu vor. — Der Herr Mitberichterstatter hat das Wort.

Mitberichterstatter Rechtsanwalt Dr. **M. Wassermann**-Hamburg: M. H.! Nachdem Ihnen der Herr Vorredner in so erschöpfender Weise die in Frage kommenden rechtlichen Gesichtspunkte dargelegt hat, bleibt mir, wenn ich mich nicht dem Vorwurfe einer Wiederholung aussetzen will, nur übrig, das Thema von der rechtspolitischen Seite zu beleuchten.

Hierzu ist auch, wie mir scheint, der Anwalt noch eher in der Lage als der Richter, weil dieser in seinem Berufe in erster Linie darauf angewiesen ist, auf einen bereits gegebenen Tatbestand das Gesetz anwenden, während im Sprechzimmer des Anwaltes manche Frage ventiliert wird, die niemals zur Kenntnis des Richters gelangt, weil angesichts der bestehenden Gesetze oder Rechtssprechung mit Rücksicht auf die Unsicherheit des Ausgangs von einer Rechtsverfolgung von vornherein Abstand genommen wird.

Gerade diese Fälle sind es aber, welche m. A. in hohem Grade die Unzufriedenheit des Publikums mit dem bestehenden Gesetze in der Ausverkaufsfrage hervorgerufen haben.

Mag man überhaupt — das ist wohl der radikalste Standpunkt, den man einnehmen kann — bei schwerer Strafe jeden Ausverkauf verbieten, der Verkehr wird sich an solches Verbot — so lästig es zuerst erscheinen mag — gewöhnen und bald einen Ersatz finden; ein jeder, der davon betroffen wird, kann sich mit dem Gedanken trösten, daß er nicht schlechter daran ist, als alle anderen; er weiß jedenfalls, was er nicht tun darf, und ist sicher, daß sein Konkurrent es auch nicht tun wird.

Viel unerquicklicher erscheint mir der Zustand, in welchem sich heute der Kaufmann befindet; er weiß nicht, was er tun darf, und ist nicht einmal in der Lage, sich eine absolut zuverlässige Auskunft zu verschaffen.

Wenn z. B. ein Kenner des gewerblichen Rechtsschutzes, wie Lobe, in den Worten

„Saisonausverkauf",
„Räumungsausverkauf",
„Inventurausverkauf"

einen Verstoß gegen das Gesetz erblickt, während mein Herr Vorredner derartige Ausdrücke für durchaus zulässig hält, kann man es da dem Schuhwarenhändler in der Holstenstraße verargen, wenn er sich an die ihm günstigere Auffassung des Herrn Referenten hält und, gestützt auf dessen Autorität, „Saisonausverkauf" in seinem Schaufenster ankündigt!

Wird er es nicht als schreiendes Unrecht empfinden, wenn ein Konkurrent ihn daraufhin wegen Verstoßes gegen § 1 und 4 des Wettbewerbsgesetzes verklagt, und das Zivil- oder Strafgericht ihn verurteilt!

Eine Entscheidung des Reichsgerichts liegt bezüglich dieser Frage, soviel mir bekannt, nicht vor, und die Motive lassen sich vielleicht mit derselben Berechtigung für die Lobesche Auffassung wie für diejenige meines Herrn Vorredners verwenden.

Es heißt dort:

> „Ausverkauf, d. h. eine Veräußerung der vorhandenen Vorräte zum Zwecke der Beendigung, sei es des Geschäftsbetriebes im ganzen, sei es des Verkaufes einer gewissen Warengattung".

Und nun gar der hauptsächlichste Stein des Anstoßes, die Auslegung des Gesetzes bezüglich des Nachschiebens!

Sechsmal hat sich, so viel ich weiß, das Reichsgericht mit diesem Gegenstand beschäftigt. Zunächst der II. Strafsenat in dem so oft zitierten Urteil vom 21. September 1897, welches die Nachschübe im Einzelfalle nach Gelegenheit der Umstände in geringem Umfange für zulässig erklärte und der Absicht des Verkäufers einen maßgebenden Einfluß zubilligte.

Dann hat sich der II. Zivilsenat in einem Urteil vom 15. November 1899 in einem Nebensatze dieser Ansicht angeschlossen.

Diese Auffassung rief, wie Ihnen bekannt, in den beteiligten Kreisen allgemeines Erstaunen hervor und führte zu der Interpellation im Reichstag vom 11. Januar 1900 und der bereits erwähnten Erklärung des Staatssekretärs des Innern, Grafen Posadowsky.

Dessenungeachtet hielt das Reichsgericht an seiner Meinung fest.

In einem Urteil des III. Strafsenats vom 30. VI. 1902 (Unl. Wettb. II. S. 51) heißt es:

Zwar wird rechtsgrundsätzlich der Begriff des Ausverkaufs nicht dadurch ausgeschlossen, daß

> unter Festhaltung der auf einen solchen gerichteten Absicht zum Zwecke seiner tunlichsten Förderung in bezug auf einzelne besonders gangbare Artikel Nachschiebungen in geringem Umfange stattfinden.

Dieses Urteil geht insofern noch weiter als seine Vorgänger, als es die Frage, ob im Einzelfalle die einzuhaltenden Grenzen gewahrt seien, für Sache der tatsächlichen Beurteilung erklärt, welche dem Instanzgerichte obliege und daher der Nachprüfung des Revisionsgerichtes entzogen sei.

In einem gewissen Widerspruch zu diesem Grundsatze hat der Strafsenat I in seinem Urteil vom 15. XII. 1904 eine derartige Nachprüfung tatsächlich vorgenommen. Der Herr Vorredner hat dieses Urteil bereits erwähnt; es handelt sich darum, daß die Strafkammer festgestellt hatte, daß in einem Geschäft innerhalb von 4 Monaten Nachschiebungen in einem Wert von 10 964 Mk. stattgefunden hatten, und diese Nachschiebungen sind angesichts des Wertes des Lagers von 150 000 Mk. und des Absatzes an Lagerbeständen von 90 000 Mk. für geringfügig erklärt worden. Demgegenüber sagt das reichsgerichtliche Urteil:

„Die Strafkammer glaubt zwar eine Schuhwarenmenge von nahezu 11 000 Mk. als geringfügig bezeichnen zu können, weil sie gegenüber dem 150 000 Mk. betragenden Inventurwerte der ursprünglich vorhandenen Lagerbestände in den Hintergrund trete. Aber es ist nicht angängig, eine absolut betrachtet so bedeutende Warenmenge, wie die hier in Frage stehende als gering anzusehen, weil sie es im Vergleich zur Größe des ursprünglichen Lagerbestandes sein mag."

Dieser Auffassung hat sich dann das Urteil des gleichen Straffenats vom 15. Januar 1905 angeschlossen, und ebenso das letzte Urteil vom 16. Februar 1905, in dem es dann ganz kategorisch heißt:

„An sich steht jedes Zumverkaufbringen neu angeschaffter Waren mit der Ankündigung eines Ausverkaufs zur Räumung des vorhandenen Lagers als der Wahrheit nicht entsprechend im Widerspruch."

Jedenfalls ist unverkennbar, daß diese beiden Erkenntnisse vom 15. Dezember 1904 und 16. Februar 1905 von dem Bestreben getragen werden, die Wirkungen des 1897er Urteils oder dessen irrtümlicher Auslegung nach Möglichkeit abzuschwächen, und in gewissem Sinne haben sie auch diesen Erfolg gezeitigt. Dies zeigt z. B. die mir vorliegende Eingabe des deutschen Handelstages an den Bundesrat vom 16. August d. J. In den Anregungen zur Abänderung des Wettbewerbsgesetzes, welches seit 1897 dem Handelstage zugegangen sind, befand sich nämlich auch der Satz:

„Nachschiebungen sollen entweder gänzlich unzulässig oder nur bei gewissen Ausverkäufen oder nur in beschränktem Umfange zulässig sein."

Die Kommission betreffend den Kleinhandel billigte von vielen ihr zugegangenen Vorschlägen nur wenige, empfahl aber, Nachschiebungen für gänzlich unzulässig zu erklären.

Der Ausschuß des Handelstages stimmte dagegen diesem Antrage nicht zu, sondern erklärte es für wünschenswerter, es der richterlichen Entscheidung zu überlassen, ob im einzelnen Falle das für einen Ausverkauf etwa erlaubte Maß von Nachschiebungen überschritten sei.

Man könnte sagen, wenn der deutsche Handelstag — ein gewiß berufener Vertreter der Interessen des deutschen Handelsstandes — mit dem Gesetz in seiner jetzigen Form zufrieden ist, so hat der Juristentag keine Veranlassung, königlicher zu sein als der König und eine Abänderung zu beantragen.

Dieser Erwägung gegenüber erscheint es mir jedoch angebracht, auf folgenden Gesichtspunkt hinzuweisen:

Der Satz, welchen das Reichsgericht in seiner Entscheidung von 1897 aufgestellt hat, daß Nachschiebungen in kleinen Quantitäten im Einzelfalle nach Belegenheit der Umstände zulässig seien, und welcher durch die späteren Urteile zwar nach Möglichkeit eingeschränkt, aber doch stets aufrecht erhalten worden ist, trägt den Keim der Rechtsunsicherheit in sich, zumal eine Unstimmigkeit zwischen dem Urteil des II. Zivilsenats vom 15. November 1899 und dem Erkenntnis des I. Strafsenats vom 15. Dezember 1904 darüber zu bestehen scheint, ob die Frage, welche Grenzen einzuhalten sind, der Prüfung des Reichsgerichts überall unterliegt. Es kommt hinzu, daß, wie in dem Gutachten des Oberlandesgerichtsrats Lobe treffend bemerkt ist, gar keine Gewähr dafür besteht, daß das Reichsgericht seine Anschauungen nicht wiederum ändert.

Wenn nach dem nunmehr 10jährigen Inkraftsein des Gesetzes ein für die Praxis so wichtiger Punkt trotz wiederholter höchstrichterlicher Prüfung eine völlige Klärung noch nicht gefunden hat, so scheint mir eine Abänderung des Gesetzes in dieser Beziehung allerdings erwünscht, und zwar in dem Sinne, daß das Nachschieben von Waren gänzlich verboten werde.

Die Nachteile, welche ein solches Verbot in vereinzelten Fällen mit sich bringen würde, dürften reichlich aufgewogen werden durch den Vorteil, welcher in einer Beseitigung der jetzt vorhandenen Rechtsunsicherheit liegt.

Man betrachte doch nur die Beispiele, die als Beleg für die Notwendigkeit von Nachschüben angeführt werden, ein Dutzend Tassen, von dem eine fehlt; es wurde sogar davon gesprochen, daß bei einem Ausverkauf von Pferden ein Hufeisen fehle und in der Anschaffung dieses könnte man eine Nachschiebung erblicken; über solche Dinge hilft nach meiner Ansicht der Grundsatz hinweg: Minima non curat praetor. Im großen und ganzen ist es nach meinem Dafürhalten nur billig, daß, wenn jemand die Vorteile eines Ausverkaufs genießt, er auch einen kleinen Nachteil mit in Kauf nimmt, nämlich daß ein kleiner Posten Waren liegen bleibt. Wenn man demgegenüber betrachtet, welche eminenten Vorteile die Rechtssicherheit bringt, glaube ich, werden Sie im Prinzip mit mir übereinstimmen.

Das ist der eine Punkt. Was die zweite Frage, das Strafmaß, betrifft, so stimme ich hier mit beiden Gutachten überein; ich kann mich ihnen nur vollkommen anschließen, daß angesichts des großen Gewinnes, der oft durch unreelle Ausverkäufe erzielt wird, eine Geldstrafe bis zu 1500 Mk. wie sie § 4 festsetzt, weder als gerechte Sühne noch als genügendes Abschreckungsmittel wirken dürfte.

Ich komme zu dem dritten Punkt, den vorbeugenden Maßregeln — sie sind wohl der Hauptstein des Anstoßes.

Diese vorbeugenden Maßregeln, wie sie von dem Herrn Berichterstatter in so vollständiger Weise hier behandelt sind und z. B. in dem Antrage Patzig und Genossen vorgeschlagen werden, finden im wesentlichen die Billigung des Herrn Dr. Lobe. Es wird indessen eingewendet, daß derartige Bestimmungen wegen ihres polizeilichen Charakters nicht in das Gesetz vom 27. Mai 1896 passen, sondern besser in einem Spezialgesetz oder in der Gewerbeordnung untergebracht werden; und denselben Standpunkt vertritt auch Herr Oberlandesgerichtsrat Dr. Leppel.

Diese Erwägung erscheint mir indessen nicht so außerordentlich wichtig. Praktisch ist es vollständig gleichgültig, ob eine gesetzliche Bestimmung als Paragraph so und so des Wettbewerbsgesetzes oder der Gewerbeordnung oder als besonderes Gesetz in Kraft gesetzt wird. Denn in allen Fällen hat die Bestimmung, wenn sie in Form eines Reichsgesetzes erlassen wird, gesetzlich die gleiche Kraft. Wenn man fürchten sollte, durch eine Einreihung derartiger Präventivmaßregeln in das Wettbewerbsgesetz einen Schönheitsfehler zu begehen, so möchte ich nur darauf hinweisen, daß das Gesetz vom 27. Mai 1896 schon ein so buntes Gewand trägt, daß ihm dieses neue Anhängsel kaum noch schaden kann. Man denke nur an § 7, der logischerweise als Ergänzung zu § 187 in das Strafgesetzbuch gehört, da er alle Verleumdungen trifft, unabhängig davon, ob sie zu Zwecken des Wettbewerbs oder aus anderen Motiven erfolgen.

Ich weise darauf hin, daß wie der Herr Vorredner schon erwähnt hat, § 5 nichts weiter ist als eine vorbeugende Maßregel, und ich sehe nicht ein, wenn z. B. eine Bundesratsverordnung zur Verhinderung von Quantitätsverschleierungen erlassen wird, weshalb nicht auch Bestimmungen zur Verhinderung unreeller Ausverkäufe sollten erlassen werden dürfen. Ich erinnere Sie endlich daran, daß das Wettbewerbsgesetz nicht ausschließlich die Bekämpfung des unlauteren Wettbewerbes regelt, sondern daß sich auch in anderen Gesetzen — §§ 15 und 16 des Warenzeichengesetzes und besonders in § 826 BGB. Bestimmungen zur Bekämpfung des unlauteren Wettbewerbes finden.

Hiernach bin ich nun der Ansicht, daß es sehr angebracht wäre, in das Gesetz vorbeugende Maßregeln aufzunehmen, und zwar dem Sinne, wie sie das Gutachten des Herrn Oberlandesgerichtsrat Lobe enthält, nämlich

1. insofern sie das Einschleichen gewöhnlicher Verkäufe in die Formen der besonderen Verkäufe erschweren und
2. den Nachweis des begangenenen unlauteren Wettbewerbs erleichtern.

Wenn man sich aber entschließt, das Gesetz in diesen Punkten zu ergänzen, so empfiehlt es sich, Eines nicht außer Acht zu lassen.

Im Wesen des unlauteren Wettbewerbes liegt es einmal, stets neue Mittel und Wege ausfindig zu machen, durch die noch so engen Maschen des Gesetzes hindurch zu schlüpfen.

Aus diesem Grunde erscheint mir im Grunde das kasuistische Prinzip, auf dem das Gesetz von 1896 aufgebaut ist, überhaupt ungeeignet, ein wirksames Mittel zur Bekämpfung des unlauteren Wettbewerbes zu bilden; mein Ideal darin besteht, das ganze Gesetz vom 27. Mai 1896 zu beseitigen und dafür die Worte zu setzen: unlauterer Wettbewerb ist verboten (Sehr richtig). Da aber die meisten Ideale die Eigentümlichkeit besitzen, daß sie nicht erreicht werden und da angesichts der heutigen Strömung keine Aussicht besteht, eine derartige einschneidende Änderung herbeizuführen, so neige ich mit einer gewissen Resignation dazu, mit dem Erreichbaren zufrieden zu sein; und da wir uns auf dem Wege der kasuistischen Gesetzgebung befinden, wenigstens die Wege zu meiden, welche sich als schädlich erwiesen haben.

Hält man die Unzuträglichkeiten der jetzigen Rechtslage für empfindlich genug, um den großen Apparat der Gesetzgebung in Bewegung zu setzen, so ist daher die denkbar größte Vorsicht bei der Formulierung der neuen Bestimmungen geboten. Und aus diesem Grunde erscheint es mir nicht angebracht, auf die Einzelheiten hier einzugehen, denn schließlich ist es nicht Sache des deutschen Juristentages, den Wortlaut einer etwaigen Novelle zu formulieren, sondern seine Aufgabe dürfte darauf beschränkt sein, den gesetzgerischen Körperschaften zu erkennen zu geben, wie sich die Lehrer und Sucher des Rechts zu der Frage einer Gesetzesänderung als solcher stellen.

Überhaupt halte ich angesichts der sehr fortgeschrittenen Zeit es nicht für möglich, auf die einzelnen Vorschläge noch einzugehen; und da ich das Gefühl habe und aus Privatunterhaltungen den Eindruck gewonnen habe, daß mein Vorschlag auf große Opposition stößt, so erscheint es mir richtiger, wenn wir uns darauf beschränken, die Frage, ob Vorbeugungsmaßregeln zu empfehlen sind, dem Grunde nach zu erörtern.

Meine Anträge gehen daher dahin:

„Eine Änderung des Wettbewerbsgesetzes in Ansehung des Ausverkaufswesens ist in folgenden Punkten erwünscht:

a) das Nachschieben von Waren ist zu verbieten;

b) die Strafbestimmung des § 4 ist zu verschärfen;

c) vorbeugende Maßnahmen sind zu empfehlen."

Ich darf den Herrn Präsidenten, dem ich diese Anträge überreiche, bitten, über jeden einzeln abstimmen zu lassen.

Rechtsanwalt **Paul Schmid**-Berlin: Ich möchte den Antrag, der vorhin gestellt wurde, wiederholen, daß wir die weitere Erörterung dieses Gegenstandes heute nicht vornehmen und die Sache lieber dem nächsten Juristentage zur Verhandlung überweisen. Ich glaube nicht, daß wir ohne Erörterung zu Ende kommen werden. Sollte dieser Antrag abgelehnt werden, so würde ich persönlich zu der Sache ums Wort bitten.

Vorsitzender: Wenn der Antrag gestellt wird, muß ich darüber abstimmen lassen.

Rechtsanwalt **Magnus**-Berlin: Es handelt sich um eine wichtige Frage, die die gewerblichen und politischen Kreise außerordentlich bewegt. Es wird mir bestätigt, daß zahlreiche industrielle Vereine und Gewerbetreibende auf den Beschluß des Juristentages warten und von seinen Beratungen eine Klärung der Streitfrage erhoffen. Der Beschluß einer so geringfügigen Anzahl von Herren, wie sie vermöge der Ungunst der Verhältnisse hier noch versammelt sind, kann aber selbstverständlich nicht die mindeste Autorität beanspruchen. Hinzukommt eine große Anzahl von Herren, deren Sachkunde außer Zweifel steht und die zu dieser Materie das Wort nehmen wollten, wegen der vorgerückten Zeit bereits das Zimmer verlassen haben. Also auch die Diskussion zu so später Stunde würde nicht mehr auf der Höhe stehen, die die Wichtigkeit der Frage erfordert. Aus diesen Gründen schließe ich mich dem Antrage des Herrn Rechtsanwalts Schmid durchaus an, so sehr ich gerade als Gutachter bedaure, daß die Frage nun nicht mehr zur Verhandlung gelangt.

Vorsitzender: Ich werde einen Beschluß herbeiführen.

Ich bitte diejenigen Herren, die weiter verhandeln wollen, die Hand zu erheben. Es sind 10. Wir machen die Gegenprobe. Das ist die Mehrheit

(Zuruf des Herrn Geh. Justizrates Professor Dr. Riesser: ich bitte ums Wort).

Geheimer Justizrat Professor Dr. **Riesser**-Berlin: Wir dürfen nicht scheiden, ohne für den vorzüglichen unparteilichen Vorsitz, der uns die Erledigung sehr großer wichtiger Punkte ermöglicht hat, unseren wärmsten Dank zu sagen (Bravo! — Anhaltender Beifall).

(Schluß: 4 Uhr 30 Min.)

Verhandlungen der dritten Abteilung.

Erster Tag.

Montag, den 10. September 1906, vormittags 11 Uhr.

Oberreichsanwalt Dr. **Olshausen**-Leipzig: M. H.! Darf ich um Gehör bitten. Ich erlaube mir, der Abteilung als Vorsitzenden vorzuschlagen Herrn Geh. Rat Prof. Dr. Kahl aus Berlin. Ich glaube des allseitigen Beifalls sicher zu sein und bitte Herrn Geh. Rat Kahl, den Vorsitz übernehmen zu wollen.

Der Vorsitzende Geh. Justizrat Prof. DDr. **Kahl**-Berlin: M. H. Unter herzlichem Dank für das freundliche Vertrauen nehme ich die Wahl zum Vorsitzenden der dritten Abteilung an. Es geschieht dies allerdings nur unter der Einwirkung der Tatsache, daß unser bisheriger Herr Vorsitzender diesmal durch seine höhere Pflicht als Präsident des Juristentages verhindert ist, auch noch in weiterem Umfange die Leitung einer Abteilung zu übernehmen. Ich bitte Sie, darin mit mir übereinzustimmen, daß die historische Kontinuität aufrecht erhalten wird, indem wir Herrn Oberreichsanwalt Olshausen bitten, den stellvertretenden Vorsitz in dieser Abteilung zu übernehmen.

Oberreichsanwalt Dr. **Olshausen**-Leipzig: Wenn Sie mir die Ehre erweisen wollen, bin ich bereit.

DDr. **Kahl**: Demnächst würde zur Konstituierung nur noch notwendig sein, daß ich zwei Herren bitte, als Schriftführer zu fungieren. Ich ersuche den Herrn Professor Dr. Gerland aus Jena und den Herrn Dr. Kriegsmann aus Kiel. Herr Dr. Gerland wird die Rednerliste führen.

M. H.! Unsere erste Aufgabe wird sein, daß wir uns über die Reihenfolge der Verhandlungsgegenstände schlüssig machen. Es haben sich in dieser Beziehung kleine Schwierigkeiten ergeben. Es sind 3 Themata:

8. „Die strafrechtliche Behandlung von Rückfall, gewohnheitsmäßigem und gewerbsmäßigem Verbrechertum."

9. „Die richterliche Strafzumessung verbunden mit der strafrechtlichen Behandlung des Versuchs."

10. „Empfiehlt es sich, Ehrenerkärung, Abbitte und Widerruf strafrechtlich zu verwerten? Unter welchen Voraussetzungen und in welchen Formen?"

Zu der Reihenfolge, in welcher diese Themata verhandelt werden sollen, hat Herr Oberreichsanwalt Dr. Olshausen das Wort verlangt.

Oberreichsanwalt Dr. Olshausen-Leipzig: M. H.! Es hatte sich für die ständige Deputation eine Schwierigkeit ergeben. Herr Professor Dr. Finger aus Halle hatte sich bereit erklärt, zu dem Thema 9: „Die richterliche Strafzumessung verbunden mit der strafrechtlichen Behandlung des Versuchs", ein Gutachten zu erstatten. Kurz vor Beginn der Pfingst-Deputationssitzung zeigte er an, daß er durch anderweite Verpflichtungen außer stande sei, ein Gutachten zu erstatten. Wir glaubten, daß auch das vorliegende eine Gutachten des Herrn Oberstaatsanwalts Dr. Högel die ausreichende Grundlage geben würde; und so wurde das weitere Anerbieten des Herrn Prof. Finger angenommen, beim heutigen Juristentage selbst als Berichterstatter zu fungieren Er hat nun aber nur wenige Tage vor Beginn des Juristentages angezeigt, daß er wegen Familienrücksichten nicht in der Lage sei, die Berichterstattung zu übernehmen. Es hat sich, da bei einem so wichtigen Thema nur ein Gutachten vorlag und nun auch noch einer der Herren Berichterstatter versagte, die Erwägung aufgedrängt, ob nicht die Verhandlung über das Thema abzusetzen sei. Schließlich glaubte aber die Deputation, von einem dahingehenden Vorschlage Abstand nehmen zu sollen, und zwar deshalb, weil inzwischen in der Doppelnummer 16/17 der Deutschen Juristenzeitung seitens des Herrn Geh. Rat Kahl gleichsam eine Ergänzung des einen Gutachtens gegeben war, indem er dort die Frage der Reform der Strafzumessung behandelt; andererseits erklärte sich auch in der gestrigen Deputationssitzung Herr Geh. Rat Exz. Dr. Hamm bereit, die Berichterstattung allein zu übernehmen; aus diesen Gründen ist die Deputation der Meinung gewesen, von dem Vorschlage auf Absetzung des Themas Abstand nehmen zu sollen. Es würde sich aber vielleicht empfehlen, im Zusammenhange mit den vorgetragenen Umständen die Reihenfolge für die Verhandlungen der einzelnen Themata abzuändern; ich möchte meinen, daß heute wohl am zweckmäßigsten das Thema 10 verhandelt, daß dann morgen am Hauptverhandlungstage für die Abteilungen zunächst Thema 8 verhandelt würde und endlich zum Schluß, wenn noch Zeit übrig ist, das Thema 9. Sollte die Zeit durch die Verhandlung über die anderen beiden Fragen vollständig erschöpft werden, dann würde sich von selbst die Notwendigkeit ergeben, das Thema 9 diesmal fallen zu lassen. Immerhin ist der Juristentag nicht genötigt gewesen, das Thema von vornherein abzusetzen.

Der **Vorsitzende:** Indem ich meinerseits diesen Antrag empfehle, möchte ich noch hinzufügen, daß in der Deputationssitzung auch die Erwägung maßgebend war, daß, wenn wir heute das Thema über Rückfall, gewohnheitsmäßiges und gewerbsmäßiges Verbrechertum erörtern würden, damit eine Kollision für gewisse Herren eintreten müßte, die in anderen Abteilungen beschäftigt sind und Interesse daran haben, gerade diesem Thema beizuwohnen. Aus diesen Gründen rate ich ebenfalls, daß wir mit der Frage der Ehrenerklärung, Abbitte und Widerruf beginnen, daß wir morgen früh Gewohnheitsverbrechen und Rückfall behandeln und zuletzt, soweit unsere Zeit reicht, noch die Frage der Strafzumessung.

Wünscht jemand zu dieser Geschäftsordnungsfrage das Wort zu ergreifen? Wenn das nicht der Fall ist, darf ich das Einverständnis dahin annehmen, daß wir in folgender Reihenfolge verhandeln: heute Ehrenerklärung usw., morgen um 9 Uhr Rückfall usw., endlich nach der Pause die richterliche Strafzumessung. Erhebt sich Widerspruch? Ich stelle fest, daß so beschlossen ist und daß wir nun sofort in die Verhandlung eintreten können.

M. H! Ich eröffne die Verhandlungen. Das Thema lautet:

> „Empfiehlt es sich, Ehrenerklärung, Abbitte und Widerruf strafrechtlich zu verwerten? Unter welchen Voraussetzungen und in welchen Formen?"

Wir haben ein Gutachten in Band II von Herrn Stadtsyndikus Dr. Helfritz-Greifswald. Als Berichterstatter haben wir zu begrüßen Herrn Prof. Dr. Traeger-Marburg. Auf unser besonderes Ersuchen hat sich Herr Syndikus Dr. Helfritz selbst bereit finden lassen, das Korreferat zu übernehmen.

Ich bitte nunmehr den ersten Herrn Berichterstatter, Prof. Dr. Traeger-Marburg, das Wort nehmen zu wollen. Für Schlußanträge gilt der in der Plenarversammlung mitgeteilte Beschluß des früheren Juristentags.

Berichterstatter Prof. Dr. **Traeger-Marburg:** Hochansehnliche Versammlung! „Empfiehlt es sich, Ehrenerklärung, Abbitte und Widerruf strafrechtlich zu verwerten? Unter welchen Voraussetzungen und in welchen Formen?" so lautet die Frage. Welche Delikte sollen hierfür in Betracht kommen? Auch bei Mordversuch, bei Körperverletzung und anderen Delikten könnte ja an eine Abbitte gedacht werden, an die Abbitte des vorsätzlich zugefügten Unrechts. Jedoch ein Zweifel kann in dieser Hinsicht nicht bestehen. Nicht nur die Geschichte der Beleidigung, sondern auch die Worte Ehrenerklärung und Widerruf weisen mit Bestimmtheit auf das Delikt der sog. Beleidigung hin.

Aber was ist Beleidigung? Im 14. Abschnitt des Reichsstrafgesetzbuches, der mit „Beleidigung" überschrieben ist, findet sich in den drei Paragraphen 185, 186, 187 das Delikt der Beleidigung schlechthin, das Delikt der üblen Nachrede und das Delikt der Verleumdung. Eine Definition der Beleidigung wird nicht gegeben.

Die erste Zweifelsfrage, die uns begegnet: Was alles ist Beleidigung? Ist Beleidigung nur die Äußerung sittlicher Mißachtung, oder kann die Beleidigung, z. B. auch in der Vorhaltung körperlicher oder intellektueller Gebrechen bestehen? Die Meinungen sind, wie bekannt, geteilt; aber so viel ist jedenfalls sicher, daß der Vorwurf unsittlichen Verhaltens, der Vorwurf sittlicher Mängel unbedingt als Beleidigung aufzufassen ist. Der Streit über den Umfang des Begriffs Beleidigung könnte aber nur dann für uns in Frage kommen, für mich wenigstens in Frage kommen, wenn ich die Verwertbarkeit der in Rede stehenden Institute bejahen sollte. Die Beantwortung der Frage mag deshalb zunächst dahingestellt bleiben.

Aber sofort taucht eine andere bedeutsame Frage auf: Was wird durch die Beleidigung, durch die Ehrenkränkung verletzt? Gegen welches Rechtsgut richtet sich der Angriff? Denn um die Frage zu erörtern, ob E., A. u. W. strafrechtlich zu verwerten seien, ob sie also als Kampfmittel gegen die Beleidigung zu gebrauchen seien, erscheint es doch notwendig, zu wissen, was denn das eigentliche Angriffsobjekt der Beleidigung ist. Ist es die Gefühlssphäre des Beleidigten? Oder etwa dessen Ehre? Und was ist unter Ehre zu verstehen? Und ferner: kann die Ehre, der innere Wert der Persönlichkeit, überhaupt durch Dritte verletzt werden? Oder ist zwischen innerem und äußerem Werte, zwischen dem inneren Werte der Person und ihrem guten Rufe zu unterscheiden? Eine Fülle von Zweifeln und Kontroversen!

Meine Herren! Wie sollte ich in den wenigen Minuten, die ich mir von Ihrer gütigen Nachsicht erbitten darf, diesen Fragen auf den Grund gehen können! Deshalb tut Beschränkung not. Glücklicherweise ist die grundsätzliche Stellungnahme zu einer von diesen Auffassungen nicht Voraussetzung für die Beantwortung unserer Frage. Ich kann mich deshalb auf wenige Punkte in dieser Hinsicht beschränken.

Meines Erachtens kann die Gefühlssphäre nicht das eigentliche Angriffsobjekt der Beleidigung, die Seelenschmerz-Erregung nicht ihr Begriffsmerkmal sein. Nicht nur, daß in vielen Fällen ein Seelenschmerz überhaupt nicht eintritt — der wahre Weise ist erhaben über jede Beleidigung —, es kann auch unmöglich charakteristisches Merkmal eines besonderen Delikts sein, was vielen anderen Delikten in gleicher Weise eignet. Auch die Nötigung, die Erpressung und andere Delikte sind geeignet, Seelenschmerz hervorzurufen, und wer z. B. durch raffinierten Betrug sein ganzes Vermögen verloren und nun Zeit seines Lebens zu darben hat, den wird der Seelenschmerz vielleicht sogar bis zum Ende seiner Tage verfolgen.

Aber auch die Ehre selbst, der innere Wert des Menschen kann nicht das Angriffsobjekt der Beleidigung bilden. Die innere Würde der Persönlichkeit ist, Gott sei Dank, unangreifbar, unverletzbar durch Dritte. Sie kann weder durch Schimpfworte, noch durch Klatsch oder Verleumdung getroffen werden. Jedoch unverkennbar ist die Beleidigung geeignet, die Achtung, die wir bei den Mitmenschen genießen, zu erschüttern, unbestreitbar vermag die Beleidigung und insbesondere die üble Nachrede und Verleumdung unseren guten Namen zu gefährden, unseren guten Ruf zu verletzen. Und damit habe ich für meinen Zweck genügend die charakteristischen Wirkungen der Beleidigung gekennzeichnet: die Achtungserschütterung, die Rufgefährdung.

Meine Herren! Die Frage lautet: „Empfiehlt es sich, Ehrenerklärung, Abbitte und Widerruf strafrechtlich zu verwerten?" Sollen nun diese Erklärungen nur als **rechtlich erzwingbare** auf ihre Verwertbarkeit im Strafrecht untersucht werden oder auch, sofern sie freiwillig abgegeben werden? Die gestellte Frage läßt das zweifelhaft. Beides wird deshalb zu prüfen sein. Aber die Hauptfrage bleibt jedenfalls die erste, und ihr wende ich mich zunächst zu: Soll ein rechtlich erzwingbarer Anspruch auf Ehrenerklärung, Abbitte und Widerruf gewährt werden?

Zwei Zwecke sind denkbar, die uns bestimmen könnten, diesen Anspruch zu gewähren.

Der erste Zweck könnte sein: das Genugtuungs-Verlangen des Beleidigten zu befriedigen und zwar zu befriedigen durch die Demütigung, die in dem Zwange zur Abgabe jener Erklärungen für den Beleidiger liegt. Dann wäre dieser Zwang zur Erklärung als Strafe aufzufassen.

Oder aber der Zweck ist der, durch diese Erklärungen der Rufgefährdung vorzubeugen, die Achtungserschütterung zu beseitigen. Dann wäre die erzwungene Erklärung bloße Privat-Genugtuung, der Urteilspublikation bei Beleidigungen vergleichbar.

Abbitte und Widerruf haben nun im Laufe ihrer Geschichte eine merkwürdige Wandlung durchgemacht; nicht etwa eine Entwicklung, eher könnte man von einer Verschlechterung reden. Zuerst als Privat-Genugtuung aufgefaßt, als Gegenstand eines Anspruchs auf Wiederherstellung des guten Namens, stellen sie zuletzt eine Strafe für den Beleidiger dar. Der Beleidiger soll durch die erzwungene Leistung des Widerrufs gedemütigt, dem Beleidigten soll dadurch Genugtuung verschafft werden. So aber, als Strafe gedacht, werden wir heute sicherlich jeglichen Zwang zu derartigen Erklärungen mißbilligen; denn der Zweck, das Genugtuungs-Verlangen des Beleidigten, soweit es überhaupt als berechtigtes anerkannt werden kann, zu befriedigen, wird schon durch die regelmäßigen Strafen, durch Geld- und Freiheitsstrafen, vollständig erfüllt oder kann doch durch sie vollständig erfüllt werden. Hierfür noch eine besondere Strafe einzuführen, eine Strafe zumal, deren Durchführung jederzeit von dem freien Belieben des Täters abhängig sein würde, widerstrebt durchaus der heutigen Denk- und Gefühlsweise. Es wäre auch nicht einzusehen, warum wir diese Strafe der Demütigung des Täters auf die Ehrenkränkungen beschränken sollten. Auch andere Verbrechen, wie z. B. Körperverletzung, Diebstahl usw., vermögen ja in demselben Grade wie die Beleidigung oder gar in stärkerem Grade ein Genugtuungs-Verlangen beim Verletzten hervorzurufen.

Das also, m. H., ist jedenfalls streng festzuhalten: Ehrenerklärung, Abbitte und Widerruf können keinesfalls als Strafen für den Beleidiger verwertet werden, ihr Zweck darf niemals in der Demütigung des Beleidigers bestehen. Somit können jene Erklärungen nur als Privatgenugtuungsmittel in Betracht kommen. Ihr Zweck wäre der, daß den charakteristischen Wirkungen der Beleidigung, der Achtungserschütterung, der Rufgefährdung vorgebeugt werde. Dieser Zweck ist selbstverständlich billigens- und erstrebenswert Die Beseitigung der Wirkungen der Beleidigung ist ein Ziel, zu dessen Erreichung jedes geeignete Mittel willkommen geheißen werden muß.

Es fragt sich nur, ob eine dieser Erklärungen hierfür tauglich ist. Das ist die Kardinalfrage, von deren richtiger Beantwortung die Richtigkeit des Endergebnisses abhängt.

Nun ist sofort ersichtlich, daß, wenn für diesen Zweck überhaupt eine der in Frage stehenden Erklärungen in Betracht kommen soll, dieses nur der Widerruf sein kann. Weder die Ehrenerklärung noch die Abbitte ist hierzu geeignet: Die Ehrenerklärung schon aus dem einfachen Grunde nicht, weil dem Beleidiger gar nicht zugemutet werden kann, eine Erklärung über die Ehrenhaftigkeit des Beleidigten abzugeben etwa in der Form — wie das früher üblich war — daß er nichts als Ehre und Gutes oder nichts als lauter Liebes und Gutes vom Beleidigten wisse. Der Widersinn, der im Verlangen solcher Erklärungen liegen würde, tritt besonders dann zu Tage, wenn man sich Fälle vorstellt, in denen der Beleidigte dem Beleidiger nicht weiter bekannt ist, oder in denen der Beleidiger sogar die beleidigte Person als unehrenhaft kennt; denn wenn letzterer Umstand dem Beleidiger auch nicht das Recht zu Beschimpfungen gibt, so bleibt es immer — wie schon Weber in seiner Schrift über Injurien bemerkt — eine Absurdität, von dem Beleidiger eine Versicherung zu verlangen, die im vollsten Widerspruch zu seinem Wissen steht. Nun könnte man sich allerdings die Ehrenerklärung darauf beschränkt denken, daß der Beleidiger nicht die Ehrenhaftigkeit des Beleidigten überhaupt zu versichern hätte, sondern daß er lediglich zu erklären hätte, der Verletzte sei frei von dem ihm gemachten speziellen Vorwurf der Unehre. Dann aber wäre die Ehrenerklärung nach Inhalt und Bedeutung nichts anderes als ein Widerruf, dessen Verwertungsmöglichkeit uns sogleich beschäftigen wird. Also die Ehrenerklärung im eigentlichen Sinne ist unverwertbar.

Aber auch die Abbitte ist für den gedachten Zweck von vornherein abzulehnen. Die Abbitte als solche würde zur Wiederherstellung des guten Namens nicht einmal genügen können, da sie sich über die Unwahrheit des gemachten Vorwurfs nicht äußert. Sie müßte also mit einem Widerruf verbunden werden. Aber alles, was durch die Abbitte verbunden mit dem Widerruf zu Gunsten der Rufreparation erreicht werden könnte, wird schon durch den bloßen Widerruf erreicht. Jener die Abbitte enthaltende Teil der Erklärung würde also in Wahrheit nur eine zwecklose, bereits als verwerflich gekennzeichnete Demütigung des Beleidigers bilden.

Der Widerruf käme somit allein in Betracht. Ist, so kann ich nunmehr fragen, der Widerruf, und zwar der erzwungene Widerruf, ein geeignetes Mittel, die durch die Ehrenkränkung erfolgte Rufgefährdung wieder zu beseitigen?

Soweit, bis zu dieser Fragestellung, bin ich in den wesentlichen Stücken in Übereinstimmung mit dem vorliegenden Gutachten des Herrn Stadtsyndikus Dr. Helfritz. Von hier ab trennen sich unsere Wege.

Das Gutachten gelangt zur Bejahung der Frage; sein Vorschlag geht dahin, dem Beleidigten einen Anspruch auf Leistung des Widerrufs gegen den Beleidiger zu geben. Der Richter soll den Beleidiger neben Geld- oder Freiheitsstrafe auf Leistung des Widerrufs verurteilen, oder auf Antrag des Klägers nur auf Leistung des Widerrufs. Nach Rechtskraft dieser Entscheidung hätte der Richter dann in einem besonderen Termine an den Beleidiger die Frage zu richten, ob er die der Entscheidung zu Grunde liegende Beleidigung widerrufe, worauf der Verurteilte die Frage zu bejahen hat, widrigenfalls auf Antrag des Beleidigten zur Erzwingung des Widerrufs eine Haftstrafe bis zu 6 Monaten anzuordnen ist.

Obwohl ich die Gründlichkeit des Gutachtens anzuerkennen durchaus bereit bin, so vermag ich dennoch diesem Vorschlag nicht zuzustimmen, ich komme vielmehr zur unbedingten Verneinung der Frage. Es erscheint mir als der einfachste und kürzeste Weg, meine Gründe hierfür in Anlehnung an die Ausführungen des Gutachtens zu entwickeln.

Der Herr Gutachter argumentiert folgendermaßen: Das Bedürfnis, gerade durch Erklärungen des Gegners die Ehre wiederhergestellt zu sehen, trete überall hervor, es lasse sich bis in die Zeit der leges barbarorum zurückverfolgen, und in der Gegenwart zeige es sich in zahlreichen gerichtlichen und außergerichtlichen Vergleichen, in denen der Beleidiger Widerrufserklärungen abzugeben pflege. Aus diesem tatsächlichen und häufigen Vorkommen der Widerrufserklärung sei der Schluß gerechtfertigt, daß sie auch geeignet sein müsse, den Ruf des Beleidigten wiederherzustellen.

Das ist nun zweifellos richtig, daß Widerruf und ähnliche Erklärungen im Leben eine große Rolle spielen. Wir brauchen uns ja nur unserer studentischen Zeit zu erinnern, um zu wissen, wie oft in Fällen studentischer Konflikte die Forderung erhoben wird, der Gegner solle revozieren und deprezieren; wir brauchen nur einen Blick in eine Zeitung zu werfen; fast kein Tag vergeht, ohne daß wir auf eine Ehrenerklärung, Abbitte oder Widerruf in dem einen oder andern Blatt stoßen. Ob dieser Weg allerdings immer der geeignetste zur Rufreparation ist, möchte ich bezweifeln. In sehr vielen Fällen begnügt sich der Beleidigte offenbar nur deshalb mit diesen Widerrufserklärungen, weil er die Mühen und Aufregungen eines Prozesses scheut, nicht deshalb, weil er gerade den Widerruf für besonders geeignet zur Wiederherstellung seines guten Namens hält. Aber wie dem auch sei, gewiß ist, daß der entscheidende Punkt in allen jenen gerichtlichen und außergerichtlichen Auseinandersetzungen doch der ist, daß die Widerrufserklärungen freiwillige sind. Der freiwillig erklärte Widerruf kann in der Tat geeignet sein, die Rufgefährdung wieder zu beseitigen; dem erzwungenen Widerruf kann diese Wirkung niemals zukommen.

Das will jedoch das Gutachten nicht gelten lassen. Es führt aus: bei der Beleidigung sei die Gesinnung des Täters nicht ausschlaggebend, und so könne auch bei dem Widerruf nichts auf die Gesinnung ankommen. Beides, die Beleidigung wie die Genugtuung, spiele sich in der Sphäre des äußeren Geschehens, nicht in der Gedankenwelt ab, und deshalb sei die bloß äußere Tätigkeit des Widerrufens ein geeignetes Mittel der Gegenwirkung.

In dieser Beweisführung, m. H., glaube ich, steckt ein bedenklicher Trugschluß. Es läßt sich für den Regelfall vielleicht die Behauptung verteidigen, daß es für die Wirkung der Beleidigung nicht auf die Gesinnung des Beleidigers ankomme; das Gleiche aber von dem Widerruf zu behaupten, scheint mir eine Verkennung der Wirklichkeit zu sein. Ein Beispiel möge das veranschaulichen. A erzählt in Bekanntenkreisen, daß die Frau des B vor ihrer Verheiratung intime Beziehungen zu X unterhalten habe. Wird man der Erzählung Glauben schenken? Wohl regelmäßig dann, wenn kein besonderer Anlaß vorliegt, den A für unglaubwürdig zu halten, oder wenn jene Behauptungen durch irgendwelche sonstigen belastenden Umstände gestützt werden. Ob A aber jene Behauptung aus moralischer Entrüstung oder aus Haß, Klatschsucht oder Rache vorgebracht hat, darüber wird sich die Gesellschaft in der Regel den Kopf nicht zerbrechen. Die Wirkung der Beleidigung, die Rufgefährdung, ist darnach — soviel kann zugegeben werden — vielfach nicht abhängig von der Gesinnung des Beleidigers, von dem Beweggrunde, der ihn zu der Beleidigung veranlaßt hat.

Verhält es sich nun, wie der Herr Gutachter meint, in gleicher Weise beim Widerruf? Ich denke, gerade umgekehrt kommt hier alles auf den Beweggrund an. Gesetzt, der Betreffende erklärt eines Tages, er widerrufe das Erzählte, es sei nicht wahr, er habe sich geirrt. Wird damit die Rufgefährdung wieder beseitigt? Wird die Gesellschaft auf diese bloß äußere Tätigkeit des Widerrufs ohne weiteres das Gegenteil glauben? Die Erfahrung lehrt anderes. Wenn dem Widerruf überhaupt irgendwelche Beachtung zu teil wird, so wird man sich fragen, aus welchem Beweggrunde denn nun der Betreffende widerrufen hat. Vielleicht aus Furcht vor einem Duell mit dem Ehemann der beleidigten Frau? Dann wird dem Widerruf gar keine Bedeutung beigemessen werden. Oder weil es den Beleidiger gereut, jene Frau wegen eines Jahre zurückliegenden Fehltritts gesellschaftlich vernichtet zu haben? Auch dieser Beweggrund würde die beabsichtigte Wirkung nicht haben. Ganz anders, wenn der Widerruf lediglich aus dem Grunde erfolgt, um der Wahrheit die Ehre zu geben.

Es kann m E. keinem Zweifel unterliegen, daß der Beweggrund, aus dem der Widerruf erfolgt, von der größten, ja von allein entscheidender Bedeutung für seine Wirkung ist. Ist das aber der Fall, so folgt ohne weiteres, daß der durch Urteil auferlegte Widerruf, auf dessen Nichtleistung eine bedeutende Freiheitsentziehung gesetzt ist, für die Wiederherstellung des guten Rufs an sich nichts bedeuten kann.

M. H.! Was kann denn überhaupt geeigneter sein, ehrenkränkenden Äußerungen die rufgefährdende Wirkung zu nehmen, als das Urteil eines unparteiischen Dritten, insbesondere das Urteil eines Richters, der die Unrichtigkeit des ehrenrührigen Vorwurfs feststellt! Nicht einmal die freiwillig aus edlem Beweggrunde abgegebene Erklärung besitzt eine gleich starke Wirkung, denn hierbei kann ein Irrtum untergelaufen sein, während bei dem richterlichen Urteil ein solcher weit mehr ausgeschlossen ist.

Aber, so wendet der Herr Gutachter ein, diese richterliche Feststellung über den Ungrund der Beleidigung werde bei der Verurteilung zur Widerrufsleistung doch vorausgesetzt. Die Verurteilung zum Widerruf solle ja nur dann erfolgen können, wenn der Richter zur Feststellung der Unwahrheit der Behauptung gelangt sei. Und nur deshalb solle jene noch erfolgen, weil die Wirkung nach außen eine viel größere sei, wenn das Gericht sich nicht auf eine einseitige Erklärung beschränke, sondern den Täter, aus dessen Mund die Beleidigung gekommen sei, zur Leistung der Genugtuung zwinge.

Aber diese Auffassung trifft eben meines Erachtens nicht zu. Wenn es richtig ist, daß der Beweggrund beim Widerruf alles bedeutet, — und ich glaube oder hoffe wenigstens, dieser Überzeugung werden Sie sich, m. H. nicht verschließen können —, dann ist ein Widerruf, der der richterlichen Feststellung der Unwahrheit folgt, nichts als leere Form, überflüssiges Beiwerk, das noch dazu zur lächerlichen Komödie ausarten kann. Denn selbst bei so dürftigen, vom Herrn Gutachter vorgeschlagenen Wendungen, wie: Ich widerrufe, oder bei einem bloßen „Ja" auf die Frage des Richters, läßt sich durch Ton, Blick und Geste so viel hinzutun, daß der ganze Vorgang leicht zu einer das Ansehen des Gerichtes herabwürdigenden Farce wird. (Sehr richtig!) Und dieser leere, inhaltlose Vorgang, m. H., kann im einzelnen Falle sogar zur größten Ungerechtigkeit führen, nämlich dann, wenn einem Beleidiger der Widerruf nicht zugemutet werden kann, z. B. wenn er trotz der Unerweislichkeit der Wahrheit seiner Behauptung felsenfest von deren Richtigkeit überzeugt ist. Abgesehen von der Strafe, die ihn mit Recht treffen mag, würde er noch seine jetzige Charakterfestigkeit, die ihm nicht gestattet zu widerrufen was er für wahr hält, mit 6 Monaten Haft büßen. Wenn es aber richtig sein sollte, was das Gutachten an den richterlichen Strafurteilen bemängelt, daß in ihnen die Feststellung des Ungrundes der Beleidigung keineswegs immer genügend klar ausgesprochen und für jedermann verständlich sei, so mag Abhilfe nach dieser Richtung hin angestrebt werden, nimmermehr kann aber das Heilmittel gesucht werden in der Leistung eines erzwungenen Widerrufs.

M. H.! Die Geschichte der in Rede stehenden Institute, auf die einzugehen ich mir selbstverständlich versagen muß, spricht wahrlich nicht zu gunsten der Wiedereinführung. Ehrenerklärung, Abbitte und Widerruf haben sich — um mit den eignen Worten des Herrn Gutachters zu reden — wie die Periode des 19. Jahrhunderts zeigt, nicht bewährt, und sind als unzweckmäßig überall beseitigt worden. „Ihre Geschichte", so heißt es weiter, „ist eine Geschichte von Kontroversen und Irrungen, sie endet mit einem kläglichen Bankerott: der völligen Beseitigung von Widerruf, Abbitte und Ehrenerklärung aus dem Rechtssystem."

Ich füge hinzu: ihre Wiedereinführung würde nur ein Fortsetzung jener Irrtümer bedeuten.

So gelange ich dazu, die Gewährung eines rechtlich erzwingbaren Anspruchs auf Ehrenerklärung, Abbitte oder Widerruf zu verneinen.

Es bleibt noch die Erörterung der Frage, ob die freiwillig geleistete Privatgenugtuung strafrechtlich zu verwerten sei, ob sie durch Strafbefreiung oder Herabsetzung des Strafrahmens begünstigt werden solle. Die freiwillige Ehrenerklärung ist im früheren Rechte in der Tat dazu verwendet worden, den Beleidiger von Strafe zu befreien. Sie war ein Verteidigungsmittel des Beklagten. Sie bestand in der Versicherung, daß man bei Worten oder Handlungen, die ein anderer als Injurie aufgenommen hatte, die Absicht zu beleidigen nicht gehabt habe. Die Ehrenerklärung fand demnach bei zweifelhafter Beleidigung statt, durch sie reinigte sich der Beklagte von dem Vorwurf der absichtlichen Beleidigung. Sie war eine Einrede, im Interesse des Beleidigers geschaffen, nicht im Interesse des Beleidigten gegeben. Von einer Verwertung der Ehrenerklärung in diesem Sinne kann natürlich in einem Verfahren nicht die Rede sein, wo, wie im heutigen Recht, schon der bloße Zweifel an der Existenz der Beleidigung ohne weiteres zur Freisprechung führen muß.

Nun schlägt allerdings ein Schriftsteller, von Bar, als empfehlenswert vor, anzuordnen, daß in leichten Fällen der Beleidigung, die dem Zivilrichter zu überweisen wären, trotz erwiesener Schuld des Beklagten, dieser dennoch von Strafe befreit bleiben solle, falls er eine vom Gericht vorgeschriebene angemessene Ehrenerklärung oder Entschuldigung unterschreibe.

Mir erscheint dieser Vorschlag nicht unbedenklich. Jedenfalls liegt meines Erachtens kein dringendes Bedürfnis für eine solche Regelung leichter Beleidigungsfälle vor. In den meisten Fällen leichter Beleidigung nimmt ja ohnehin der Beleidigte von der Verfolgung Abstand, wenn der Beklagte entschuldigende Erklärungen abgibt. Das beweisen die häufigen Vergleiche vor dem Schiedsmann und vor dem Richter. Wo ein solcher Vergleich ausnahmsweise nicht zustande kommt, der Kläger also trotz der Geringfügigkeit der Beleidigung auf Strafe besteht, da wird der Beleidiger kaum unter dieser Hartnäckigkeit leiden, wenn der Richter auf das niedrigste Strafmaß erkennt. M. E. geht die allgemeine Neigung und Meinung weniger dahin, den Strafschutz gegen Beleidigung abzuschwächen, als ihn zu verschärfen. (Sehr richtig!)

Nicht angängig erscheint es mir weiterhin, gesetzliche Vorschriften über das Strafmaß für den Fall freiwilligen Widerrufs zu geben, etwa einen niedrigeren Strafrahmen dafür aufzustellen. Es muß Aufgabe des Richters im einzelnen Falle bleiben, die freiwillig geleistete Privatgenugtuung in ihrer etwaigen Bedeutung für das Strafmaß richtig zu würdigen. Es ist keineswegs richtig, daß eine Widerrufserklärung stets Anlaß geben muß, das Strafmaß zu erniedrigen. Wenn der Ungrund der Beleidigung aus dem Gange der Verhandlung ganz klar erhellt, dann mag es ein leichtes für den Beleidiger sein, jetzt zu widerrufen.

Nun geht endlich noch ein Vorschlag dahin, den freiwilligen Widerruf nach dem Vorbilde des Vorentwurfs des schweizerischen Strafgesetzbuchs für einen bestimmten Fall zu begünstigen. In Artikel 102 jenes Vorentwurfs heißt es nämlich: „Hat der Täter das, was er nachgeredet oder verbreitet hat, aus verzeihlichem Irrtum für wahr gehalten und zieht er es vor dem Richter förmlich als unwahr zurück, so kann er von Strafe befreit werden. Der Richter stellt dem Verletzten über den Vollzug eine Urkunde aus."

Dieser Vorschlag setzt eine schon von mehreren Schriftstellern angeregte Abänderung unseres heutigen Gesetzes voraus: es solle nämlich die üble Nachrede im Falle eines verzeihlichen Irrtums straffrei bleiben. Aber wenn sich auch der Gesetzgeber im neuen StGB. auf diesen Standpunkt stellen sollte, wonach die schuldlos erfolgte üble Nachrede straffrei bleibt, so würde sich meines Erachtens statt der vorgeschlagenen Änderung eine andere empfehlen, nämlich die, daß der Richter die Unwahrheit der behaupteten Tatsache bezw. den Ungrund der beleidigenden Behauptung im Urteile feststelle und dem Täter die Kosten des Verfahrens auferlege. Eine solche Feststellung der Unwahrheit der behaupteten Tatsache oder des Ungrundes der beleidigenden Behauptung ist ja schon jetzt im Interesse des Beleidigten in einem Falle dringend geboten, wenn nämlich der Beleidiger nur deshalb wegen übler Nachrede nicht verurteilt werden kann, weil er die ehrenrührige Tatsache in Wahrnehmung berechtigter Interessen behauptet oder verbreitet hat. Heute ist er in solchem Falle bekannntlich freizusprechen, ohne daß der Ungrund der Behauptung festgestellt würde, und die Kosten fallen zudem dem Privatkläger zur Last. Hier ist jene Änderung des Gesetzes unbedingt erforderlich. Aber hier so wenig wie in jenem Falle des schweizerischen Vorentwurfs würde ich es für zweckmäßig halten, die Straflosigkeit von einem vorhergehenden Widerruf abhängig zu machen. Ist festgestellt, daß der Täter aus verzeihlichem Irrtum die beleidigende Tatsache behauptet hat, so bleibt er als schuldloser Täter straffrei. Es ist nicht ersichtlich, warum nicht schon die Schuldlosigkeit der Handlung, sondern erst die Leistung des Widerrufs den Täter von der Strafe befreien soll. Auch praktische Schwierigkeiten scheinen sich dem vorgeschlagenen Verfahren entgegenzustellen: Wie soll es gehalten werden, wenn der Täter bei der Verhandlung nicht persönlich anwesend ist? Soll dann die Verurteilung ausgesetzt werden? Und wie, wenn der Täter nachträglich den Widerruf verweigert, kann er dann ohne neue Verhandlung bestraft werden? Dies eine für viele Bedenken. So gelange ich zu dem Schlußergebnis meiner Erörterungen: Ehrenerklärung, Abbitte und Widerruf sind weder als erzwungene, noch als freiwillig abgegebene strafrechtlich zu verwerten. Ich bitte Sie, sich in diesem Sinne für meinen Leitsatz zu entscheiden, der dahin lautet:

„Es empfiehlt sich nicht, Ehrenerklärung, Abbitte und Widerruf strafrechtlich zu verwerten.“ (Bravo.)

Der **Vorsitzende:** Den Dank, welchen die Versammlung schon ausgesprochen hat, darf ich dem Herrn Referenten noch persönlich erstatten für sein gründliches Referat. Es werden sich dem Dank auch diejenigen anschließen, welche sachlich nicht vollkommen mit ihm einverstanden sein können.

Ich bitte, den Leitsatz, der noch nicht gedruckt ist, so wie alle Anträge mir schriftlich einreichen zu wollen.

Audiatur et altera pars; ich ersuche nunmehr den Herrn Korreferenten, das Wort zu ergreifen.

Der Berichterstatter Stadtsyndikus Dr. **Helfritz-Greifswald:** Meine Herren! Die Äußerungen der Zustimmung, die Sie meinem hochverehrten Herrn Vorredner haben zuteil werden lassen, machen es mir allerdings zur Überzeugung, daß ich nicht unter den glücklichsten Auspizien an diese Stelle getreten bin. Gleichwohl glaube ich, daß wir es nicht mit einer verlorenen Sache zu tun haben. Dies zwingt mich, auf die prinzipiellen Gesichtspunkte näher einzugehen.

Gestatten Sie, daß ich meinen schlichten Ausführungen eine Dreiteilung zugrunde lege.

1. Frage: Liegt Anlaß vor, der Einführung einer Privatgenugtuung, wie man sie in Abbitte, Ehrenerklärung und Widerruf früher hatte, noch heute näherzutreten?
2. Frage: Läßt sich eine solche Privatgenugtuung juristisch rechtfertigen?
3. Frage: Wenn man im Prinzip die Fragen zu 1 und 2 bejaht: wie ist die Privatgenugtuung unseren heutigen Verhältnissen entsprechend praktisch auszugestalten?

Ich bitte von vornherein, mich des in früheren Jahren sehr gebräuchlichen Ausdruckes „Privatgenugtuung" bedienen zu dürfen, da vorläufig nicht die einzelnen Mittel der Privatgenugtuung, sondern einzig und allein das Prinzip in Frage steht.

Zur ersten Frage: liegt Anlaß vor, der Einführung einer Privatgenugtuung näherzutreten? Es erscheint auf den ersten Blick, als habe man eine Frage von engumgrenzter Bedeutung, ein Thema speziellster Art zur Diskussion gestellt. Jedoch so liegen die Dinge nicht. Wenn in der Tat Paragraphen geschaffen werden sollten, so werden sie selbstverständlich fürs erste nur eine rein spezielle Bedeutung haben; indessen, zwischen ihren Zeilen steht dasjenige, was dem Ganzen die höhere Bedeutung verleiht. In die Materie der Beleidigung wird ein neues Moment hineingetragen, und dieses neue Moment verleiht ihr ein anderes Gepräge. Die Materie wird in ihrer Gesamtheit gehoben, indem der Gesetzgeber einem ausgesprochen idealistischen Zuge unseres Volkes Rechnung trägt, dem Streben nach Genugtuung für widerfahrene Ehrenkränkung, ein meines Erachtens bisher vernachlässigter Gedanke. Wohin man hört, erhebt sich stets dieselbe Klage über die Unzulänglichkeit der Bestimmungen über Beleidigungen im Strafgesetzbuch; und nur allzu treffend hob auf dem 26. Juristentage unser hochverehrter Vorsitzender, Herr Geheimrat Kahl hervor, daß das Strafgesetzbuch die Ehre „so ziemlich als das geringst bewertete Rechtsgut eines Deutschen" behandele. Ich meine daher, man muß mit allen Mitteln darauf sinnen, die Materie in ein anderes Licht als bisher zu rücken; und dazu erscheint in hohem Grade der Gedanke geeignet, den Zwecken der Strafe einen weiteren, besonderen Zweck hinzuzufügen: die Ehre des Verletzten wieder herzustellen.

Sofort erhebt sich die Frage: liegt dazu überhaupt ein Anlaß vor? und diese Frage muß ich mit aller Entschiedenheit bejahen. Gewiß läßt sich der Nachweis hierfür nicht mit logischer Notwendigkeit erbringen, die

Wahrnehmungen des täglichen Lebens müssen entscheiden. Aber diesen Wahrnehmungen möchte ich noch ein Indiz vorausschicken, das ist die Geschichte von Abbitte, Ehrenerklärung und Widerruf in Deutschland. Dies erscheint zunächst paradox, aus dem einfachen Grunde, weil Abbitte, Ehrenerklärung und Widerruf, wie wir wissen, längst beseitigt sind, aber trotzdem möchte ich doch daran festhalten. Fürchten Sie nicht, m. H., daß ich Sie mit langatmigen historischen Auseinandersetzungen hinhalten werde; nur die Quintessenz jener Geschichte will ich ziehen, und die läßt sich mit zwei Worten kennzeichnen: ein ungelöstes Problem. Denn wenn man die Geschichte dieser Rechtsinstitute studiert, so macht sich immer und immer wieder eine Erscheinung geltend: man drängt mit aller Macht dahin, dem Rechte Bestimmungen einzuverleiben, die auf eine Genugtuung des Beleidigten durch wörtliche Erklärungen hinzielen. Wenn trotzdem das Gebäude zusammenbricht, wenn Abbitte, Ehrenerklärung und Widerruf gänzlich verschwinden, so gibt es hierfür nur zwei mögliche Erklärungen. Entweder es hat die Zeit gelehrt, daß diese Gegenstände sich gesetzgeberisch nicht verwenden lassen — dies ist der Standpunkt des Herrn Berichterstatters Professor Dr. Traeger — oder aber, man hat es nicht verstanden, diese Dinge juristisch richtig und brauchbar zu gestalten, sie in eine einwandfreie Form zu kleiden. Das letztere trifft meiner Überzeugung nach zu. Nicht das Prinzip führte auf Abwege, sondern die Ausgestaltung des Prinzips. Das Prinzip war ein außerordentlich gesundes und lebensfähiges. Das zeigt sich in den fortwährenden Bestrebungen, es legislativ zu verwerten, es wieder zur Geltung zu bringen. Aber die Form versagte, und leider ließ man mit der Form auch das Prinzip fallen.

Ich kann nicht umhin, wenn Sie gestatten, kurz an der Hand von Tatsachen einiges hierzu zu erläutern. Die Privatgenugtuung, wie sie später als Abbitte, Ehrenerklärung und Widerruf auftritt, entstammt dem deutschen Rechte — so wenigstens glaube ich es in einer früheren Abhandlung über dies Thema nachgewiesen zu haben. Nebenher, etwas später, setzt die Rechtskasuistik der scholastischen Theologie ein und baut die Lehre in der ihr eigenen Weise aus. Die ersten Spuren aber finden sich in den Volksrechten, die weitere bedeutsame Ausgestaltung findet sich in den nachkarolingischen Quellen des deutschen Mittelalters. Die einzelnen Mittel, Abbitte, Ehrenerklärung und Widerruf, sind längst noch unbekannt, viel später erst wachsen sie sich zu besonderen Rechtsinstituten aus. Es besteht zwar eine Rechtspflicht des Beleidigers, durch das gesprochene Wort dem Verletzten Genugtuung zu leisten, aber diese Rechtspflicht ist im allgemeinen noch nicht in bestimmte Formen gekleidet.

Nun bin ich der festen Überzeugung: hätte sich das deutsche Recht weiter selbständig frei entfalten können, so würden sich daraus Gebilde entwickelt haben, die den Gedanken der Privatgenugtuung in unserem Rechtssystem bis auf den heutigen Tag verkörpert hätten Wir hätten sie noch heute.

So kam es indessen nicht. Die Rezeption des römischen Rechtes trat dazwischen. Freilich hat das römische Recht selbst niemals unsere Genugtuung durch Worte gekannt. Wir wissen alle, daß die römische actio injuriarum der Bestrafung des Beleidigers diente. Aber die italienische Doktrin, die uns jenes Recht übermittelte, erschloß uns gleichzeitig die Lehre von der Privatgenugtuung, wie sie die scholastische Theologie in ihrer Rechtskasuistik ausgestaltet hatte.

Und nun erfolgte die Entgleisung. Die grundverschiedene Ausgestaltung der Prinzipien im deutschen Rechte auf der einen und der scholastischen Rechtskasuistik auf der anderen Seite ließen sich unmöglich miteinander vereinen und führten zu einem Wirrwarr, und so finde ich hierin die Erklärung dafür, daß die Entwickelung von Abbitte, Ehrenerklärung und Widerruf niemals zu einem befriedigenden Abschluß gelangt ist, daß ihre jahrhundertelange Geschichte nichts anderes ist — wie bereits der Herr Berichterstatter hervorgehoben hat — als eine Geschichte von Streitfragen. Die grundverschiedenen Elemente ließen sich eben nicht vereinen. Vor allem konnte man nicht diesen urdeutschen Rechtsgedanken in die Form der römischen actio injuriarum kleiden, wie man es damals wollte.

Ebensowenig vermochten die späteren Partikulargesetze den Gedanken der Privatgenugtuung zweckentsprechend zu verarbeiten. Ich brauche bloß zu verweisen auf die gänzlich unzulänglichen, aber auch unbrauchbaren Bestimmungen des preußischen Allgemeinen Landrechtes, nach denen der Angeklagte selbst dann eine Ehrenerklärung abgeben muß, wenn das Fehlen der Beleidigungsabsicht klar erwiesen und die Handlung oder Äußerung an sich gar nicht einmal beschimpfend ist, wenn nur nach Meinung anderer die Ehre des Betroffenen darunter gelitten hat.

So ist es denn erklärlich, daß man Ehrenerklärung, Abbitte und Widerruf gänzlich verschwinden ließ. Aber — und darauf lege ich besonderes Gewicht — kaum waren sie verschwunden, da traten bereits wieder Stimmen auf, die absolut nach ihrer Wiedereinführung verlangten. Ich erinnere nur an Preußen. 1811 beseitigte man die Privatgenugtuung, 1830 und 1833 brachte man sie bereits in den Entwürfen zu einem Strafgesetzbuche wieder vor. Und ich erinnere ferner, was vielleicht noch eklatanter ist, an Hannover und Kurhessen, die im Jahre 1840, nachdem alle anderen Staaten die Privatgenugtuung abgeschafft hatten, sie von neuem einführten.

M. H.! Wenn ein Rechtsgedanke als ungesund abgestoßen worden ist oder sich als veraltet überlebt hat, so ist kaum anzunehmen, daß man so bald seine Erneuerung fordern, ja, ihn bald darauf erneuern würde, wie ihn in der Tat Hannover und Kurhessen wieder erneuert haben.

Und so wiederhole ich: Nicht das Prinzip als solches führte zu einem kläglichen Ende, sondern die fehlerhafte Ausgestaltung des Prinzips. Das Problem, den tief im Volksbewußtsein eingewurzelten Gedanken der Wiederherstellung verletzter Ehre im Rechte brauchbar zu verkörpern, war ungelöst geblieben. So kann man die Geschichte von Ehrenerklärung, Abbitte und Widerruf als die Geschichte eines ungelösten Problems bezeichnen.

Und nun, m. H., wie steht es heute? Ist der Gedanke wirklich so tief eingewurzelt, daß heute noch jenes Problem zur Lösung steht?

Ganz entschieden muß ich das bejahen. Welche Rolle Ehrenerklärung, Abbitte und Widerruf im außergerichtlichen täglichen Leben spielen, weiß jedermann. Aber auch in die gerichtliche Praxis greifen sie über, ohne daß der Gesetzgeber oder die Praxis das in dieser Weise geregelt haben. Es kommt unendlich oft vor, daß einer Beleidigungsklage durch eine Ehrenerklärung, durch Abbitte, Widerruf, oder wie man diese Erklärung sonst bezeichnen möge, vorgebeugt wird. Es kommt vielleicht ebenso oft vor — ich meine im Verhältnis ebenso oft —, daß ein Beleidigungsprozeß dadurch sein Ende findet, daß ein sogenannter Vergleich zwischen den Parteien geschlossen wird, in welchem sich der Täter zu einer jener Erklärungen bequemt.

Nun höre ich den Einwurf: „Ja, diese Erklärungen werden freiwillig geleistet, sie entsprechen der wahren Sinnesart des Erklärenden. Gewiß sind sie alsdann von Wert, aber Genugtuungserklärungen, die von Gerichtswegen erzwungen sind, sind wertlos, denn sie entsprechen nicht der wahren Sinnesart des Täters."

M. H.! Sollte man wirklich glauben, daß alle solche Erklärungen, die einer Beleidigungsklage vorbeugen oder einen Beleidigungsprozeß im Wege eines sogenannten Vergleichs beenden, der wahren Sinnesart des Täters entsprechen, so daß man sie als freiwillig bezeichnen kann? Nimmermehr! Ich nehme eher das Gegenteil an. Der Täter steht ganz gewaltig unter dem Drucke der Verhältnisse. Es droht ihm vor allem das gerichtliche Verfahren oder die gerichtliche Strafe; aber das weiß der Beleidigte sehr wohl, wenn er jene Erklärungen entgegennimmt. Er gibt sich im allgemeinen nicht der Illusion hin, als sei aus dem Saulus plötzlich ein Paulus geworden. Nun ist es meines Erachtens ganz gleichgültig, ob dieser gerichtliche Zwang, der den Beleidiger zur sühnenden Erklärung veranlaßt, indirekt durch das Gericht erfolgt, wie in dem eben beschriebenen Fall, oder ob das Gericht ihn direkt durch Urteil dazu zwingt, diese Erklärung vorzunehmen, wie es früher geschehen konnte. Im einen wie im anderen Falle haben wir es mit einer vis compulsiva zu tun. Somit kann ich jenen Einwand nicht als stichhaltig anerkennen.

Noch ein Punkt ist für unsere heutigen Verhältnisse von Bedeutung. Es ist eine fühlbare Lücke des geltenden Rechts, daß der Antrag auf Bestrafung das einzige Mittel bildet, durch das der Beleidigte auf gerichtlichem Wege die Wiederherstellung seiner Ehre erstreben kann. Fühlbar in zweifacher Richtung: oft wünscht er gar keine Bestrafung, oft aber genügt sie ihm nicht. Er wünscht keine Strafe, wenn er vielleicht die Person des Täters schonen will, wie es doch oft genug vorkommt, oder wenn er kein Gewicht auf die Bestrafung legt und einzig und allein die vom Beleidigenden gegen ihn erhobenen Vorwürfe wieder von sich genommen wissen will. Ferner wünscht er auch keine Strafe, wenn er fürchten muß, daß sie in gar keinem Verhältnis stehen wird zu dem Wert, den er dem verletzten Rechtsgut, seiner Ehre, beimißt, daß er dann durch das niedrige Maß der Strafe zum zweiten Male gekränkt wird. (Dieser letztere Fall berührt sich eng mit dem zu zweit erwähnten, daß die Strafe allein dem Beleidigten keine genügende Sühne bietet.)

Ich halte diese letztere Empfindung, daß die Strafe nicht genügt, für oft berechtigt. Die Strafe betont nur die eine Seite der Sache, sie beschäftigt sich nur mit der Person des Täters. Es ist in hohem Grade wünschenswert, daß die Möglichkeit gegeben wird, durch Verurteilung zum Widerruf ausdrücklich die Unbegründetheit des beleidigenden Vorwurfs festzustellen, nicht nur nebenher.

Nach alledem komme ich hinsichtlich der ersten von mir aufgeworfenen Frage zu dem Resultat, daß in der Tat Anlaß genug vorliegt, der Einführung einer Privatgenugtuung, wie sie in Ehrenerklärung, Abbitte und Widerruf früher bestand, näher zu treten.

Dies verlangt von selber eine Stellungnahme zur zweiten Frage: läßt sich eine solche Privatgenugtuung juristisch rechtfertigen, ist sie juristisch haltbar? Hier kann ich mich kürzer fassen. Ich sehe auch jetzt noch von einzelnen Mitteln der Privatgenugtuung ab und behalte einzig und allein das Prinzip im Auge.

M. H.! Es klingt so sehr einfach und logisch klar, wenn man deduziert: „Die Ehre ist durch eine Beleidigung nicht verletzt worden; mag mich einer noch so sehr beschimpfen und verleumden, ich behalte nach wie vor die gleiche Ehre. Infolgedessen ist es ein Unding, die Ehre wieder herstellen zu wollen; gerichtliche Erklärungen, die darauf abzielen, sind gänzlich widersinnig. Mithin entfällt die Existenzberechtigung solcher Erklärungen von selbst."

Ich halte das — verzeihen Sie den harten Ausdruck — für grundverkehrt. Nur eins ist richtig: die Auffassung der Begriffe Ehre und Beleidigung ist grundlegend für die Stellungnahme zur Frage der Wiedereinführung der Privatgenugtuung.

Ich muß mir daher die Erlaubnis zu einer kurzen Abschweifung in dieser Richtung erbitten. Wenn ich nun hie und da mit den herrschenden Ansichten nicht in Einklang stehe, so bitte ich von vornherein nicht etwa annehmen zu wollen, daß ich neue Theorien aufstellen will. Nichts liegt mir ferner als das, denn es haben sich an diesen schwierigen Problemen wahrlich Bessere erprobt. Nur einen anderen Weg möchte ich einschlagen, und eins nehme ich mir hierbei zum Ausgangspunkt: es ist nicht möglich, mit logischen Deduktionen allein zu einem befriedigenden Resultat zu gelangen. Der Grund hierfür ist ein sehr einfacher: die Basis fehlt, der grundlegende Begriff, der Begriff der Ehre läßt sich juristisch nicht festlegen. Ich glaube kaum, daß es bisher gelungen ist, diesen Begriff in einer Weise zu definieren, die allseitige Billigung gefunden hat.

Aber das ist nur allzu erklärlich, denn die Ehre ist kein Begriff, den das Recht geschaffen hat, sie ist nur ein Begriff, den das Recht verwertet. Geschaffen ist dieser Begriff von der Volksüberzeugung, und er wird von ihr getragen. Unmöglich kann der Jurist der Gesamtheit der Rechtsgenossen befehlen: Ihr habt das und das als euren Ehrbegriff anzusehen, denn so habe ich es a priori gefunden.

Unwillkürlich drängt sich nun die Frage auf: was soll denn ein Begriff, der juristisch nicht festlegbar ist, mir nützen, ist es nicht besser, ihn gänzlich zu eliminieren? Das halte ich für grundfalsch, wenn auch für bequem. Wenn ein Begriff sich nicht in eine Rechtsform kleiden läßt, so ist damit nicht gesagt, daß er für das Recht verloren ist. Wie sollte man z. B. im bürgerlichen Recht den Begriff der guten Sitten definieren, in eine Rechtsform kleiden? Und doch kann ihn das bürgerliche Recht nicht fallen lassen. Oder gestatten Sie mir ein Beispiel aus einem anderen, der Geschichte angehörigen Rechtsgebiet, dem deutschen Privatrecht: die Gewere des deutschen Rechts. Man hat gesagt, es sei ein unklarer Begriff. Das trifft nicht zu. Der Begriff ist nicht unklar, er ist nur mehrdeutig und kann nicht in einer kurzen Definition erschöpft werden. Aber ist es denn nötig, daß die germanische Gedankenfülle, die in diesem einen Worte zusammenströmt, eingepreßt wird in eine enge Definition, die sie zugleich analysieren soll? Der Begriff Gewere ist eben, wie gesagt, ein mehrdeutiger Begriff, aber deshalb kann man ihn unmöglich eliminieren. Ebenso den Begriff Ehre, wie wir ihn von unsern germanischen Vorfahren ererbt haben, und wie er im Gegensatz zu dem römischen Ehrbegriff sich entwickelt hat. Der Reichtum der Gedanken in diesem Begriffe gestattet es nicht, ihn in enge Schranken zu weisen; der Begriff ist ein mehrdeutiger, und wir können ihn nicht zum Ausgangspunkte logischer Deduktionen nehmen. Aber so wenig, wie die Gewere aus dem deutschen Privatrecht, oder besser gesagt der deutschen Rechtsgeschichte, können wir die Ehre aus dem Strafrecht eliminieren. Sie ist einst wie jetzt in Deutschland auf das engste verwachsen mit dem Begriffe der Beleidigung.

Sie werden fragen: was hat das alles für eine praktische Bedeutung? Sehr einfach: kann ich den Begriff der Ehre nicht festlegen, so kann ich auch den Begriff der Beleidigung nicht festlegen, denn die Beleidigung ist nun einmal, wie wir den Begriff aus der Geschichte ererbt haben, und wie es die herrschende Meinung heute anerkennt, ein Angriff gegen die Ehre. Das ist kein Ausweichen vor einer schwierigen Frage, sondern m. E. die richtige Lösung und diejenige Lösung, die allein mit dem praktischen Bedürfnis in Einklang steht. Denn alle Versuche, die Beleidigung zu definieren — verzeihen Sie den Ausdruck, wenn manche der anwesenden Herren vielleicht beteiligt sind —, sind ein verfehltes Unternehmen. Sie umschreiben entweder den Begriff der Beleidigung oder aber weisen ihn in viel zu enge Bahnen. Ob eine Beleidigung vorliegt, ist Frage des Einzelfalles. Die Gesamtumstände müssen entscheiden. Diese Frage zu beantworten, verlasse man die Studierstube und trete hinaus ins Leben. Nun steht freilich nicht für die gegenwärtige Besprechung die Frage zur Diskussion, wann eine Beleidigung vorliege, sondern die, ob eine Beleidigung Wirkungen zeitigt, die eine Reaktion durch Abbitte, Ehrenerklärung, Widerruf erheischen, aber diese Frage ist genau so zu ergründen wie jene. Wenn wir davon ausgehen, daß sich Ehre und Beleidigung nicht auf bestimmte Definitionen festlegen lassen, so müssen wir darauf verzichten, auf dem Wege logischer Deduktion weiterzugelangen, wir müssen die Anschauung des täglichen Lebens entscheiden lassen. Bei diesen Beobachtungen, die wir im täglichen Leben machen, tritt nun eine eigentümliche Erscheinung ganz besonders hervor, sie ist bereits von Köstlin erwähnt worden: nicht die Beleidigung schändet den Mann, sondern das Hinnehmen der Beleidigung, ohne darauf zu reagieren. Dieser Zug des Deutschen ist uralt, er reicht zurück bis in die Zeit, als noch die Beleidigung einzig und allein im Wege des Fehdeganges gesühnt wurde. Aber ich behaupte, daß es heute noch genau so steht wie damals, und ich erinnere nur an den landläufigen Vorwurf: „Das läßt du dir gefallen“, und ähnliches; und in der Tat leidet nach den herrschenden Begriffen die Ehre dessen, der eine Beleidigung ruhig über sich ergehen läßt. Wenn aber eine Beleidigung diese Wirkung hat, so ist es durchaus gerechtfertigt, auf Mittel der Gegenwirkung bedacht zu sein, ja es ist nicht nur das Recht, sondern die Pflicht des Gesetzgebers.

Nun fragt es sich nur, ob Erklärungen, wie man sie in der Privatgenugtuung kannte, geeignete Mittel der Gegenwirkung sind. Hier muß man wiederum einen Schritt zurückgehen — wie bereits der Herr Berichterstatter bemerkt hat — und zunächst die Vorfrage erledigen, ob bei einer Beleidigung die Gesinnung oder die Erklärung das Maßgebende ist, mit anderen Worten, ob eine Beleidigung begangen wird durch Worte oder durch Gedanken. Ich stehe auf dem Standpunkte, daß, ganz abgesehen von der Willensbildung, hier der äußere Vorgang des Erklärens den strafbaren Tatbestand bildet, nicht der innere Vorgang des Denkens; denn das Gesetz straft nur die Handlung, nicht die Gedanken, die nicht verletzen. Ich führe als Beispiel den Monolog an; die Gedanken kommen hier zum Ausdruck, aber sie werden nicht erklärt, es fehlt, um mit Kohler zu reden, der Adressat. Wird der Monolog unglücklicherweise belauscht, so kann man nicht den lauten Denker zur Bestrafung heranziehen. Noch eins führe ich nebenbei an. Diejenigen Beleidigungen, die unter § 185 des Strafgesetzbuches fallen, die also, wenn man so sagen will, ein Unwerturteil enthalten, entsprechen schwerlich in allen Fällen der wahren Sinnesart des Täters. Wie oft wird eine solche Beleidigung leichtsinnig hingeworfen. Man denke nur an die reiche Ausbeute von Titulaturen, die aus dem Tierreiche entlehnt sind.

Und nun gelange ich für die zweite Frage zu dem Resultat: Wenn die Beleidigung durch Worte, durch Erklärungen, begangen wird, so hat es seine volle Berechtigung, sie durch Gegenerklärungen wieder zu beseitigen; und damit rechtfertigt es sich, Erklärungen zum Zwecke der Genugtuung als durchaus geeignete Mittel der Reaktion gegen Beleidigungen zu bezeichnen.

Es bleibt noch die dritte und letzte Frage zu erörtern: wie ist die im Prinzip anzuerkennende Privatgenugtuung praktisch auszugestalten? Die Frage beantwortet sich nach dem zuerst Gesagten zumeist von selbst. Ich schicke aber voraus, daß es nicht möglich ist, aus der Rechtsgeschichte drei fertig abgeschlossene Rechtsinstitute, Abbitte, Ehrenerklärung und

Widerruf hervorzuholen. Ihre Entwickelung ist ja, wie bemerkt, niemals zu einem befriedigenden Abschluß gelangt. Man wird in Verlegenheit sein, auf welches Zeitalter zurückzugreifen wäre. Man verstand früher vielfach ganz andere Begriffe darunter wie heute. Natürlich empfiehlt es sich, wenn wir jetzt das Prinzip praktisch ausgestalten, die heutige Bedeutung der Begriffe zu Grunde zu legen. Und darnach komme ich zu folgenden positiven Vorschlägen: Einführung des Widerrufs, Ablehnung von Abbitte und Ehrenerklärung. Die Begründung ist einfach. Die Genugtuungserklärung soll den beleidigenden Vorwurf beseitigen. Dies geschieht am besten durch den Widerruf. Die Ehrenerklärung kann dreierlei Gestalt haben: Konstatierung der Tatsache, daß der beleidigende Vorwurf nicht vorhanden ist — dann aber ist sie nichts anderes, als ein Widerruf in positiver Form — oder aber, was der Herr Berichterstatter bereits verworfen hat: positive Anerkennung der Ehrenhaftigkeit des Verletzten noch über das Fehlen des beleidigenden Vorwurfs hinaus. Eine solche Erklärung kann niemand verlangen, obgleich sie in früheren Kodifikationen enthalten gewesen ist. Als drittes kommt in Frage die freiwillige Ehrenerklärung. Eine solche freiwillige Ehrenerklärung kennt man im frühern Recht. Herr Professor Traeger stand ihr von seinem Standpunkte aus einigermaßen wohlwollend gegenüber, obwohl er sich im allgemeinen gegen die Privatgenugtuung ablehnend verhielt. Ich möchte aber gegen eine solche freiwillige Ehrenerklärung besonders einwenden: es darf nicht dem Beleidiger in die Hand gegeben sein, dem gerichtlichen Prozeß vorzubeugen, denn der Beleidigte will gerade, daß im gerichtlichen Verfahren das Fehlen jedes beleidigenden Vorwurfes festgestellt wird. Wenn der Täter einfach sagen könnte: „ich leiste freiwillig die Ehrenerklärung oder den Widerruf", so wäre dem Verletzten die Möglichkeit entzogen, im gerichtlichen Verfahren seine Ehrenhaftigkeit feststellen zu lassen.

Die Einführung einer Abbitte halte ich, wie gesagt, nicht für empfehlenswert. Die Abbitte ist nach unseren Begriffen mehr eine Gefühlsäußerung. Jemanden zu einer Gefühlsäußerung zu zwingen, wäre verkehrt. Zur Beseitigung der beleidigenden Erklärung genügt aber vollauf der Widerruf.

Was nun die Voraussetzungen des Widerrufs anlangt, so muß zunächst selbstverständlich eine Begrenzung der Fälle stattfinden, in denen überhaupt ein Widerruf möglich ist. Diese Begrenzung ist nicht schwer. Es scheiden von vornherein aus die Fälle der tätlichen Beleidigung, ferner diejenigen Fälle der wörtlichen Beleidigung, in denen nicht der Inhalt der Kundgebung, sondern die Art und

Weise, die Form der Kundgebung, das beleidigende Moment bilden. Endlich würden solche Beleidigungen auszuscheiden sein, die durch symbolische Handlungen, Abbildungen oder Darstellungen begangen sind. Denn einerseits kann man solche Handlungen nicht durch Erklärungen aus der Welt schaffen, andererseits liegt die Gefahr vor, daß durch die Verurteilung zum Widerruf erst künstlich in eine solche Handlung eine Beleidigung hineininterpretiert wird, die an sich vielleicht gar nicht vorhanden ist. Man sieht also, daß nur die Fälle ausscheiden, die im allgemeinen seltener sind, die aber nach unsern Begriffen — soweit sich das in dieser Allgemeinheit sagen läßt — die Ehre des Verletzten weniger berühren als die übrigen. Im übrigen möchte ich eine Beschränkung auf den 14. Abschnitt des StrGB., den Abschnitt „Beleidigung" von vornherein eintreten lassen.

Bei allen soeben nicht erwähnten Beleidigungsfällen ist ein Widerruf möglich und es bedarf nur zweier Voraussetzungen. Erste Voraussetzung: der Täter muß der Beleidigung schuldig sein. Zweite Voraussetzung: der Verletzte muß den Antrag auf Verurteilung zur Widerrufleistung gestellt haben.

Ich betone ausdrücklich, daß der Verletzte nur schuldig sein muß, um gerade die Möglichkeit eines gerichtlichen Verfahrens ohne Bestrafung zu haben. Ich komme noch später kurz darauf zurück.

Daß ein Antrag erforderlich ist, versteht sich von selbst, da ja doch lediglich die Interessen des Verletzten mit der Verurteilung zum Widerruf verfolgt werden.

Ohne Sie mit gesetzestechnischen Einzelheiten ermüden zu wollen, möchte ich doch der Vollständigkeit halber den hiernach im Anschluß an das geltende Strafrecht von mir formulierten, grundlegenden Paragraphen verlesen:

„Ist der Täter wegen der mündlichen oder schriftlichen Behauptung oder Verbreitung einer Tatsache oder der mündlichen oder schriftlichen Abgabe einer Erklärung beleidigenden Inhalts eines Vergehens gegen §§ 185, 186, 187 schuldig, so ist er auf Antrag des Beleidigten zur Leistung eines Widerrufs zu verurteilen. Wird ein solcher Antrag im Privatklageverfahren gestellt, so ist auf Verlangen von einer Bestrafung Abstand zu nehmen." Selbstverständlich würden noch einige andere Veränderungen der geltenden Paragraphen erforderlich sein. Soweit das rein materielle Recht.

Den Übergang zum Prozeßrecht kann ich nur kurz streifen. Es bildet ihn die Frage, welche Stellung im Rechtssystem der geplante Widerruf erhalten soll.

In früheren Jahrhunderten bildete der Widerruf den Gegenstand einer zivilrechtlichen Klage. Jedoch herrschte Streit. Zuletzt sprach sich die herrschende Meinung dahin aus, daß Abbitte, Widerruf und Ehrenerklärung beschämende Ehrenstrafen seien.

Beides ist verwerflich. Die Materie der Beleidigung gehört nicht mehr in das Zivilrecht. Beschämende Ehrenstrafen aber kennen wir nicht mehr. Außerdem ist es ein Unding, daß der Täter zu Strafen verurteilt werden sollte, die er an sich selber vollziehen soll.

Am ratsamsten scheint es mir vielmehr, dem Widerruf eine der Buße analoge Stellung einzuräumen. Ich komme darauf, weil in den mittelalterlichen Quellen des deutschen Rechtes sich vielfach Buße und Privatgenugtuung berühren.

Mit dieser Stellungnahme würde die Mehrzahl der prozessualen Fragen erledigt sein, vor allem die Frage der Geltendmachung, die Formen der Privatklage und der Nebenklage. Hier würde es sich, wie bereits gesagt, empfehlen, die Möglichkeit zu geben, daß die Privatklage allein auf Ableistung des Widerrufs beschränkt wird. Andererseits liegt kein Anlaß vor, daß bei erhobener öffentlicher Klage die Anklagebehörde die privaten Interessen des Verletzten wahrnimmt. Es würde sich daher empfehlen, dem Letzteren Gelegenheit zu geben, im Wege der Nebenklage seine Interessen zu verfechten.

Mit am meisten Schwierigkeiten hat stets die Frage bereitet, auf welche Weise der Widerruf abzuleisten ist, und hier werden sich die meisten Differenzen ergeben.

Um allen Zweideutigkeiten und etwaigen erneuten Kränkungsversuchen vorzubeugen, würde Widerruf und Ehrenerklärung meines Erachtens am besten in der Weise geleistet, daß der Richter den Verurteilten fragt, ob er die den Gegenstand des Verfahrens bildende Beleidigung widerrufe, was der Verurteilte dann lediglich zu bejahen hat. Hierzu würde ein besonderer Termin anzuberaumen sein. Hinsichtlich der Öffentlichkeit würde nun zu bemerken sein, daß bei öffentlichen Beleidigungen selbstverständlich der Termin öffentlich sein müsse, daß dagegen bei anderen Beleidigungen eine beschränkte Öffentlichkeit für die Beteiligten eintritt. Ich glaube aber nicht, daß die Gefahr tatsächlich vorliegt, daß in diesem Termin der Beleidiger von neuem den Unwillen erregen wird, wenn man geeignete Mittel schafft, um dem vorzubeugen. Wenn es gar zu arg kommt, hat zunächst der Vorsitzende die Möglichkeit, im Wege der sitzungspolizeilichen Gewalt einzuschreiten; im übrigen aber möchte ich für diesen Fall, wie auch für den Fall, daß der Verurteilte die Leistung verweigert oder daß er sie trotz der vorgeschlagenen einfachen Form in einer verletzenden oder zweideutigen Art vornimmt, einen nachdrücklichen richterlichen Zwang eintreten lassen. Wenn das nicht der Fall ist, würde das Ganze nichts anderes sein als eine Seifenblase: der Beleidiger würde zum Widerruf verurteilt und würde ihn nicht ableisten. Auf die Weise allerdings würde die Lächerlichkeit in hohem Maße hervorgerufen. Am besten für diesen Zwang wäre die Form der Zwangshaft.

Hiermit komme ich zum Schluß. M. H.! Man entschließt sich so schwer, einmal Beseitigtes wieder einzuführen. Aber ich glaube, wenn diesen Vorschlägen nachgegangen würde, daß dann vielleicht etwas Neues geschaffen würde, neu nicht im Grundprinzip, aber neu in der Form. Im übrigen werden Erfahrenere bessere Formen zu finden wissen. Die Hauptsache bleibt für mich die Wiederaufnahme des Prinzips, und hiernach möchte ich folgende Leitsätze vorschlagen:

1. Die Idee einer vom Beleidiger durch Erklärung abzuleistenden, erzwingbaren Genugtuung ist im Prinzip als gesetzgeberisch verwertbar anzuerkennen.
2. Die Verkörperung dieser Idee ist wünschenswert.
3. Als geeignetste Form der Verkörperung erscheint der Widerruf, dem eine der Buße analoge Stellung einzuräumen ist, jedoch mit der Maßgabe, daß eine Privatklage lediglich auf Ableistung des Widerrufs erhoben werden kann.
4. Als geeignetste Form der Leistung des Widerrufs erscheint die Bejahung der durch den Richter an den Verurteilten in besonderem Termin gerichteten Frage, ob er bereit sei, die fragliche Beleidigung zu widerrufen.

(Lebhafter Beifall.)

Vorsitzender: Der Herr Korreferent war schon durch sein wertvolles, gründliches Buch über unseren Gegenstand berufen, sich sachverständig zu dem Gegenstand zu äußern. Ich danke ihm für die Ergänzungen, die er in seinem Referat gegeben hat.

Wir treten nunmehr in die Diskussion ein. Es stehen sich zwei sich ausschließende Ansichten gegenüber. Der Leitsatz des Herrn Referenten: Es empfiehlt sich n i c h t, Ehrenerklärung, Abbitte und Widerruf strafrechtlich zu verwerten. Vom gegensätzlichen Standpunkte aus die Empfehlung des Widerrufs nach Maßgabe der vorgetragenen Leitsätze des Herrn Korreferenten. Ich eröffne die Diskussion.

Dr. **Scherer**, Rechtsanwalt beim Reichsgericht: Im Anschluß an einen praktischen Fall, welcher die Instanzen durchlaufen hat und in verschiedenem Sinne entschieden wurde, will ich die ergänzende Frage aufwerfen: Ist der Widerruf einer Beleidigung mittels der Zivilklage schon jetzt nach dem BGB. erzwingbar? Das Oberlandesgericht Colmar hat die Frage bejaht, das Reichsgericht hat die Entscheidung aufgehoben.

Der Gegenstand der Klage war folgender: Ein Ehemann hat eine Erklärung in der Zeitung erlassen: Ich warne hiermit jedermann, meiner Frau etwas zu borgen, da ich für nichts hafte. Das Oberlandesgericht Colmar hat den Mann auf Zivilklage der Frau hin verurteilt, diese Erklärung zu widerrufen, und zwar gestützt auf § 249 unseres BGB.s, welcher im Gegensatz zum römischen Recht, nach welchem alles mit Geld abgemacht werden kann, bestimmt: „Der Schadenersatz besteht in der Wiederherstellung des früheren Zustandes". Das Reichsgericht hat an sich auch diese Begründung gelten lassen. Es hat sich jedoch auf folgenden Standpunkt gestellt: Im Strafrecht ist der Widerruf als Strafe gestrichen worden; folglich kann vom BGB. dessen Einführung nicht gewollt sein. Das Urteil des Reichsgerichts ist in der Theorie nicht ohne Widerspruch geblieben, vgl. Scherer, Das 6. Jahr des BGB.s, Nr. 1113 V. S. 215, 216, und es unterliegt auch an sich keinem Zweifel, daß es Fälle geben kann, in welchen in der Tat der Verletzte ein großes Interesse an einem solchen Widerruf hat, namentlich wenn eine Beleidigung ohne Zeugen erfolgt ist, und es daher zweifelhaft erscheint, ob man mit einer Strafklage überhaupt zum Ziele kommt.

Die Strafklage wird wertlos, wird hinfällig, wenn das Gericht annimmt, daß der Beleidigende in Wahrung berechtigter Interessen gehandelt habe, und das Strafgesetzbuch steht auf dem Standpunkt, daß man beleidigen darf, wenn man in Wahrung berechtigter Interessen handelt. Sobald man sich einmal auf diesen Standpunkt stellt, so wird es natürlich unter allen Umständen Fälle geben, in welchen der an sich schwer Verletzte vom einfachen vernünftigen Standpunkte aus das Recht haben muß, zu irgend einer Genugtuung zu gelangen, und es ist gewiß keine Genugtuung, wenn es heißt, der Angeklagte ist freigesprochen worden, weil er in Wahrung berechtigter Interessen handelte; das Blatt, das die Beleidigung bekommen hat, sagt, es ist Freisprechung erfolgt. Denn an dem Beleidigten bleibt unter Umständen ein schwerer Makel haften, und es ist nicht zu verkennen, daß hier die Zivilklage eine sachgemäße Ergänzung bieten würde.

§ 823 geht weiter wie das StrGB.; er gewährt jedem, der verletzt ist, eine Klage, die nicht damit beseitigt wird, daß man sagt, der Beleidiger ist nicht strafbar, das Strafgesetzbuch gewährt keine Klage. Ich glaube, daß ein Korrektiv in § 249 BGB. zu finden ist. Ich will heute die Frage in keiner Weise zum Gegenstand eines Antrages machen, sie ist neu, sie muß gründlich bearbeitet werden, und es ist nicht ausgeschlossen, daß in der Theorie die Ansicht durchdringt, die vom Reichsgericht mißbilligt wurde. (Bravo.)

OLGR. a. D. **Francke**-Hannover: Ich stimme vollständig dem Herrn Professor Traeger zu und wollte nur zu einer Bemerkung über das frühere Königreich Hannover eine Gegenbemerkung machen. Ich kann zwar nur aus meiner eigenen Erfahrung reden, ich bin aber hannoverscher Polizeianwalt gewesen, hannoverscher Richter des ersten Angriffs, hannoverscher Untersuchungsrichter, hannoverscher Kriminalrichter I. und II. Instanz und hannoverscher Zivilrichter I. und II. Instanz, und in allen diesen Stellungen hatte ich mit Injurien zu tun; wir hatten nämlich die Injurien auch im Zivilverfahren. Aus dem Kriminalverfahren erinnere ich mich keines Falles, wo auf Widerruf oder Abbitte erkannt worden wäre. Die Injurienklagen im Zivilverfahren mußten freilich immer darauf gerichtet werden — und ich habe derer mit einer Masse zu tun gehabt als Protokollführer wie als Richter; aber ich entsinne mich nur eines einzigen Falles, wo der Widerruf zur Ausführung gekommen wäre; das Verfahren endigte zwar regelmäßig mit dem Urteil, es kam aber den Leuten fast immer nur auf die Kosten an. Ob nun im Zivil- oder im Strafverfahren geklagt wurde, hing meist davon ab, ob der Beleidigte an einen Polizei-Anwalt (Vertreter der Kronanwaltschaft bei dem Amtsgericht, wie er damals hieß) kam oder an einen Anwalt; der Anwalt strengte natürlich die Zivilklage an. Aber es wurde hier dann nichts erstrebt als Verurteilung in die Kosten; wenn verurteilt war, waren die Parteien regelmäßig vollständig zufrieden; die Kosten brachten, wenn die Beleidigung im ersten Termin zugestanden wurde, allerdings ungefähr einen Louisdor (ein Geldstück, nach dem wir damals sehr viel rechneten). Die hannoverschen Erfahrungen möchten daher nicht für Abbitte und Ehrenerklärung sprechen.

Rechtsanwalt und Notar Dr. **Waldstein**-Altona: Meine Herren! Ich stehe im wesentlichen auf dem Standpunkt des ersten Herrn Referenten. So sympathisch die Erledigung von Beleidigungsaffairen durch eine ehrliche Abbitte oder eine ehrliche Ehrenerklärung des Beleidigers ist, für so wertlos, ja unmoralisch halte ich eine gleiche Art der Erledigung, wenn sie erzwungen wird, zumal, wenn sie durch ein Urteil erzwungen wird. Eine unfreiwillig abgegebene Erklärung, deren Wahrhaftigkeit niemand kontrollieren kann, ist unter allen Umständen etwas Wertloses; und diese Wertlosigkeit teilt — das will ich dem zweiten Herrn Referenten gern zugeben — auch die im Wege des Vergleichs abgegebene Ehrenerklärung, wenn sie nicht aus wirklicher persönlicher Gesinnung und aus der Erkenntnis begangenen Unrechtes hervorgeht, sondern aus der Angst vor Kosten und Strafe. Das sollte aber nicht dazu führen, das Gebiet dieser unehrlichen Erklärungen noch auszudehnen; wenn der Richter im Privatklageverfahren manchmal allzusehr auf Erledigung der Sache durch Vergleich im Wege einer nicht ganz wahrhaften Ehrenerklärung drängt, so tut er es aus praktischen Gründen wegen der Bagatell-Natur vieler Privatklagen, die an die Gerichte gelangen, und weil in vielen Fällen weder die Beleidigung, noch die Ehrenerklärung der Rede wert ist. Gerade vom Standpunkt eines feiner differenzierten Ehrgefühls aus, scheint mir, sollte man sich hüten, derartige Erklärungen zu erzwingen und dadurch einem Beleidiger, der doch kein schlechter Mensch zu sein braucht, vielleicht zu der Straftat der Beleidigung noch die Unanständigkeit einer unwahren oder nicht ehrlich gemeinten Erklärung zuzumuten. Man beachte die Praxis unserer Ehrengerichte, also derjenigen Organe, die das Ehrgefühl bei uns in feinerer Form zu wahren pflegen. Wenn ein Ehrengericht, ein judicium parium, ein Gericht von Standesgenossen, von Kollegen, den Fall für so gestaltet erachtet, daß es eine Ehrenerklärung auferlegt, so verlangt es damit eine freiwillige Ehrenerklärung, die ehrlich und wahrhaftig abgegeben werden soll, und wenn der Beleidiger sie nach dem Stande seines Gewissens und seiner Auffassung nicht abgeben kann und gibt sie doch ab, so wird das Ehrengericht ihn scheel ansehen; und er tut es auch nicht, wenn er ein Ehrenmann ist; er sagt dann: ich fasse die Sache anders auf, ich gebe die Erklärung nicht ab. Also auch bei dieser fine fleur der Erledigung von Beleidigungssachen, die dem zweiten Herrn Referenten als Muster vorschweben mag, ist die Ehrenerklärung freiwillig, oder sie tritt nicht ein.

Ich meine nun auch, daß gerade diejenigen Schäden unseres Strafverfahrens wegen Beleidigung — sei es öffentliches oder Privatklageverfahren, — welche auf die Idee der Wiedereinführung von Abbitte und Ehrenerklärung geführt haben, zum Teil auf andere Weise durchaus im Rahmen unseres Strafrechtes und der Logik unserer strafrechtlichen Grundanschauungen entsprechend beseitigt werden können. Hingewiesen ist schon von Herrn Dr. Scherer auf die Ausdehnbarkeit unserer Zivilklage, und dieses Mittel kann gar nicht genug betont werden. Es ist schon jetzt in weitem Umfange in der Gesetzgebung vorhanden, und soweit es nicht vorhanden ist, muß es eingeführt werden. Unsere Gesetzgebung und Judikatur bei Beleidigungen leidet in zwei entgegengesetzten Richtungen an empfindlichen Mängeln: Man empfindet schwer, erstens, daß in vielen Fällen jemand freigesprochen wird zum Schaden eines Klägers, der offenbar ernstlich durch eine Beleidigung in seinem Ruf — nicht in seiner Ehre, darin stimme ich Herrn Professor Traeger bei —

geschädigt worden ist, und bei dem die Freisprechung vielleicht eine noch größere Schädigung bedeutet, also namentlich bei Freisprechung wegen Wahrnehmung berechtigter Interessen. Und umgekehrt empfindet man es in anderen Fällen schwer, daß es nötig ist, Leute strafrechtlich zu verfolgen und zu verurteilen, die, in einem materiellen Sinne gesprochen, unschuldig sind und bei denen eine kriminelle Verurteilung nicht am Platze ist.

Nach diesen beiden Richtungen hin, glaube ich, empfindet man Schäden. Diese können ausgeglichen werden in erster Reihe durch die Zivilklage; die Natur dieser Mängel verweist ohne weiteres auf die Zivilklage. Wer mich, ohne Schuld, in meinen Rechten, also auch in meinem Rufe, schädigt, der muß sich gefallen lassen — und das Reichsgericht hat das neuerdings anerkannt —, daß er zivilrechtlich verklagt wird im Falle der Vorsätzlichkeit dieser Rechtsverletzung und im Falle der Fahrlässigkeit. Das wird die meisten Fälle schon decken. Das Reichsgericht hat auch eine Klage auf künftige Unterlassung einer derartigen Verletzung als zulässig anerkannt und in einem mir bekannten Falle diese Klage nicht einmal an die Voraussetzung der Fahrlässigkeit geknüpft, sondern gesagt, es genüge die begründete Befürchtung einer Wiederholung oder einer fortdauernden Schädigung. So wird im wesentlichen die frühere actio injuriarum wiederhergestellt und noch weiter ausgedehnt, und man wird sie noch weiter ausdehnen dürfen, scheint mir.

Eine weitere Abhilfe aber — und damit komme ich auf ein Gebiet, das vielleicht nicht ganz im Rahmen der heutigen Frage liegt, aber materiell in so naher Beziehung dazu steht, daß vielleicht ein Wort und sogar ein Antrag dazu gestattet ist, wenn die Herren nichts dagegen haben — eine weitere Abhilfe kann geschaffen werden durch eine Verbesserung der Bestimmungen unseres Strafgesetzbuches bezüglich der Publikationsbefugnis. Was ich meine, darf ich vielleicht als Antrag verlesen:

„Die Befugnis zur Veröffentlichung des Urteils kann

1. auch bei nichtöffentlicher Beleidiguug zugesprochen,
2. auf die Urteilsgründe oder einen vom Richter festzustellenden Auszug aus ihnen ausgedehnt werden und
3. auch in solchen Fällen zuerkannt werden, in denen eine Verurteilung nicht eintritt.“ (Bravo!)

Die Frage der Tagesordnung: Empfiehlt es sich, Ehrenerklärung, Abbitte und Widerruf strafrechtlich zu verwerten? ist ja nach ihrem Wortlaut mit ja oder nein zu beantworten, aber vielleicht dürfte es, da die Widerrufserklärung in ihrer materiellen Funktion einer Publikationsbefugnis vergleichbar ist, zulässig sein, auch über diesen Punkt Entschließung zu fassen. Ich halte es für nötig und für nützlich, und es erreicht einen Teil derjenigen Zwecke, welche Ehrenerklärung, Abbitte und Widerruf verfolgen, wenn man erstens die Publikationsbefugnis auch eintreten läßt — fakultativ natürlich — in Fällen nicht öffentlicher Beleidigung. Es scheint mir direkt ein Fehler unseres deutschen Gesetzbuches, daß es in Fällen öffentlicher Beleidigung eine obligatorische Publikationsbefugnis und bei nicht öffentlicher nicht einmal eine fakultative vorsieht, obgleich auch die nicht öffentliche Beleidigung in die weitesten Kreise gedrungen sein kann. (Sehr richtig!)

Es scheint mir ferner nötig, die Publikationsbefugnis in geeigneten Fällen, auch wieder fakultativ, auf die Urteilsgründe auszudehnen, und zwar im Interesse beider Teile, weil der bloße Tenor in seiner Veröffentlichung vielleicht beiden Teilen Unrecht tut. Was ist in vielen Fällen ein Tenor, dessen Gründe man nicht kennt! Es sollen also in geeigneten Fällen die Gründe in einer vom Richter festzustellenden, zumeist in abgekürzter Fassung mitgegeben werden. Wenn endlich dem Kläger an seiner Ehre Schaden geschehen ist dadurch, daß der Beklagte in strafloser Weise Schlimmes von ihm behauptet hat, dann soll in solchem Falle der Richter die Befugnis haben, dem Privatkläger das Recht der Veröffentlichung dieses Urteiles zuzusprechen. Da steht dann darin: der Mann hat das nicht getan, was der Beschuldigte von ihm gesagt hat, aber ich kann den Beschuldigten nicht verurteilen aus diesen oder jenen gesetzlichen Gründen. Damit ist dem Rechte des Klägers auf Beseitigung des Achtungsschadens, den er erlitten hat, Genüge geschehen.

Ich möchte diesen Vorschlag überreichen. (Lebhafter Beifall.)

Vorsitzender: Ich halte schon jetzt als selbstverständlich, und glaube mich dabei in Übereinstimmung mit der Versammlung, daß ein solcher Antrag, der im engsten Zusammenhang mit unserer Verhandlung steht, sachlich zulässig ist. (Zustimmung.)

Es wird sich dann fragen, in welcher Weise er bei der Abstimmung zu behandeln ist. Er wird sich vielleicht als Anhang zu dem Antrage des ersten Herrn Referenten eignen. In welcher Weise, wollen wir später beschließen.

Zur Sache selbst habe ich mich an dieser Stelle persönlich zu einem kurzen Wort gemeldet. Ich möchte, daß auch einmal eine Stimme hier zur Geltung gelangt, die dem Standpunkte des Herrn Korreferenten etwas näher steht. Ich verkenne in keiner Weise das Schwergewicht der Gründe, welche namentlich der erste Herr Referent vorgebracht hat. Aber es bleibt mir doch ein Vakuum übrig, wenn schlechthin erklärt wird, daß mit dem Widerruf — Ehrenerklärung und Abbitte will ich weglassen — gar nichts in unserer künftigen Strafrechtsordnung anzufangen sei. Darin sind wir doch, glaube ich, alle einverstanden: ein höherer Schutz in Beziehung auf das Rechtsgut der Ehre ist notwendig. (Zustimmung.) So fragt es sich also: in welcher Form wird er erreicht? Es ist hier hingewiesen worden auf die Ergänzung durch privatrechtliche Injurienklage. Auch die jetzt eben überreichten Anträge stehen auf diesem Boden. Weiterhin kann an eine Steigerung des Rechtsschutzes der Ehre durch gesteigerte Strafmittel zu denken sein. Der Stimmen sind nicht wenige, welche, sei es andere Strafarten, sei es höhere Strafmaße verlangen. Ich bin schon heute der Überzeugung, daß wir damit nicht sehr weit kommen. Denn wirklich schwere Strafübel können nicht in Betracht kommen. An und für sich werden ausreichende Strafmaße schon jetzt durch das Gesetz geboten. Der Fehler ist mehr, daß sie nicht ausgiebig angewendet werden vom Richter, (Sehr richtig!) daß häufig in Fällen, wo in der Tat die Freiheitsstrafe angezeigt wäre, eine Geldstrafe von 30 oder 40 Mk. verhängt wird, zu der Wirkung, daß eigentlich durch die Verhängung dieser Strafe der Beleidigte sich noch einmal beleidigt fühlen muß. (Sehr richtig!) Denn er findet seine angegriffene Ehre hier mit 30 oder 40 Mk. taxiert. Wir müssen irgendwie versuchen, das Rechtsgut der Ehre höher zu schützen als es bisher der Fall war, und nur von diesem Gesichtspunkte aus bedarf eben die Frage, ob nicht der Widerruf ein irgendwie geeignetes und verwendbares Mittel sei, noch einer näheren Erwägung. Das Sympathische, was mir in der Verwertung des Widerrufs liegt, ist das, daß hier der Beleidiger zu einer persönlichen Tätigkeit genötigt wird, daß er nicht bloß durch seinen Vertreter vor dem Schöffengericht abmachen lassen kann, was er verbrochen hat. Ich möchte allerdings auch nicht unbedingt vertreten, daß in allen Fällen, in welchen der Herr Korreferent ihn für zulässig erklärt hat, ein Anspruch auf Widerruf zugebilligt werde. Vielmehr wäre aus dem Kreise der Beleidigungen eine Gruppe herauszugreifen. Ohne einen Antrag zu stellen, sei nur an die weiteren Redner die Frage gestellt: ob nicht wenigstens in den Fällen des § 187, der verleumderischen Beleidigung, in welchen also mit Wissen und Willen eine falsche Tatsache behauptet oder verbreitet worden war, der Widerruf in irgend einer Form verwendbar wäre? Was die Form betrifft, so will mir diejenige, die der Herr Korrefent vorgeschlagen hat, etwas matt erscheinen. Ein bloßes Ja ist kein Widerruf. Das ist keine genügende persönliche Tätigkeit des Beleidigers. Natürlich könnte davon keine Rede sein, daß der Beleidiger selbst die Form des Widerrufs bestimmt, sonst könnten wir den berühmten Fall des Hofpredigers Abraham à Santa Clara in Wien aus der zweiten Hälfte des 18. Jahrhunderts wieder erleben. Er hatte, als er gegen die Putzsucht der Wiener Hofdamen predigte, am Schlusse seiner Predigt erklärt, „die Wiener Hofdamen sind nicht wert, daß sie angespuckt werden". Darüber die größte Aufregung. Der Kaiser verurteilt den Hofprediger zum Widerruf. Am nächsten Sonntag ist die Kirche gedrängt voll. Abraham à Santa Clara predigt, widerruft aber kein Wort. Erst nachdem er Amen gesagt, fügt er bei: ich muß auf Allerhöchsten Befehl widerrufen: „ich erkläre, daß die Hofdamen wert sind, angespuckt zu werden". (Heiterkeit). Ebensowenig wäre der Widerruf der Formierung des Beleidigten zu überlassen. Wohl aber hätte in Fällen verleumderischer Beleidigung der Richter die Form des Widerrufs zu bestimmen und in dieser richterlich auferlegten Form müßte er geleistet werden. Mit diesen Bemerkungen möchte ich, wie gesagt, nur die Frage in die Diskussion hineingeworfen haben, ob, wenn in weiterem Umfange der Widerruf abgelehnt wird, es nicht erwägenswert sei, mindestens für die Fälle verleumderischer Beleidigung auf eine Form zu sinnen, in welcher der Widerruf als Mittel zum Schutz und zur Rettung der Ehre des Beleidigten strafrechtlich verwertet werden könne.

Rechtsanwalt Dr. **Johannes Hippe**-Dresden: Hochgeehrte Versammlung: Ich kann den Wunsch des verehrten Herrn Geh. Rat Kahl, mich für den zweiten Herrn Referenten auszusprechen, leider nicht erfüllen. Ich muß mich vielmehr Herrn Prof. Dr. Träger anschließen, aber von anderen Grundlagen aus wie dieser. Herr Prof. Träger hat nämlich in Übereinstimmung mit dem zweiten Herrn Referenten ganz richtig erkannt, daß wir ohne eine Definition des Begriffs der Beleidigung nicht auskommen. Es wäre nun nicht angebracht, sich in lange theoretische Erörterungen zu vertiefen; man muß aber eine Grundlage haben, von der man ausgeht. Da hat nun Herr Prof. Träger die Beleidigung wörtlich als „Achtungserschütterung", als „Rufgefährdung" aufgefaßt. Dabei vermisse ich den sehr häufigen Fall, daß die Beleidigung unter vier Augen geschieht, mündlich oder schriftlich: da ist weder Achtungserschütterung noch Rufgefährdung da, und doch sind diese Fälle, wie bemerkt, sehr zahlreich. Was den zweiten Herrn Berichterstatter anlangt, so hat er in geistvollen Ausführungen darzulegen gesucht, daß wir den Begriff der Ehre nicht eliminieren können, weil dieser Begriff wegen seiner reichen Gedankenfülle nicht zu entbehren ist. Er hat weiter gesagt, wenn ich den Begriff der Ehre nicht festlegen kann, so kann ich den Begriff der Beleidigung auch nicht festlegen. Dazu möchte ich bemerken: Wenn irgend ein Begriff für uns Juristen, denen es doch auf scharfe

Definition ankommt, gefährlich ist, so ist es der Begriff der Ehre: das Wort ist so vieldeutig wie nur eines sein kann. Nicht nur, daß wir jeder eine andere Ansicht über die „Ehre“ haben, jeder verbindet gleichzeitig verschiedene Begriffe mit dem Worte. Denken Sie, welche Skala von dem „Habe die Ehre“ des Wiener Cafékellners bis zu dem schweren Ausruf: „Ehre verloren, alles verloren!“! Wir unterscheiden Mannesehre, Frauenehre, Standesehre, innere und äußere Ehre usw. Ich glaube, dieses Wort müssen wir aus der Definition fortlassen, und da wir gute Juristen sind, so werden wir uns möglichst eng an das Gesetzeswort anschließen und die Beleidigung als ein Leid definieren, das dem Menschen zugefügt wird, und zwar dem inneren Menschen. Was die Körperverletzung für den äußeren Menschen ist, das ist die Beleidigung für den inneren. Sie richtet sich immer gegen die Gefühlssphäre. Daß die Beleidigung noch üble Folgen für Kredit, Fortkommen, Stellung haben kann, ist Sache für sich: jedes Delikt hat Nebenfolgen; und wenn z. B. der Familienvater ermordet wird, so geht es den Kindern natürlich nicht gut: aber diese Folgen haben mit dem Delikte selbst nichts zu tun. Das österreichische Recht spricht sehr richtig von Ehrenkränkung, wobei die „Kränkung“, nicht die „Ehre“, das wesentliche ist. Darum komme ich zu dem Resultat: die seelische Ohrfeige, die jemand erlitten hat, kann durch keinen Widerruf wieder gut gemacht werden. Ob das Behauptete wahr ist, ergibt die Gerichtsverhandlung; wenn es wahr wäre, so würde der Mann den Wahrheitsbeweis wohl angetreten haben. Aus den Tatsachen: der Kläger hat gegen die Beleidigung reagiert und der Beleidiger hat den Wahrheitsbeweis nicht angetreten, folgt schon die Unwahrheit mit ziemlicher Wahrscheinlichkeit.

Im übrigen möchte ich sagen: Widerruf, Ehrenerklärug und insbesondere Abbitte gehören viel weniger in das Gebiet des Rechts als in das Gebiet der Moral. Solange ich bei dem Widerruf nicht feststellen kann, ob die Erklärung übereinstimmt mit den inneren Gedanken des Widerrufenden, hat der Widerruf kaum einen Wert.

Nun noch eins. Einer der Herren erwähnte schon das Bestreben mancher Richter, eine Bagatelle, wie sie die Beleidigung sei, möglichst kurz abzutun. Ich möchte dazu bemerken: die Beleidigung, die wir als Bagatelle ansehen, ist für den kleinen Mann sehr oft keine Bagatelle. Man muß sich vorstellen, wie kleine Leute unter einem Worte, wobei wir nichts denken würden, weil wir darüber erhaben sind, leiden; man muß sehen, in welcher Weise die Friedensrichter oder Schiedsrichter manchmal vorgehen. Es kommt vor, daß dem Beleidigten gesagt wird: „Versöhnen Sie sich, Sie können ins Gefängnis kommen.“ „Wie, ich als Beleidigter? Warum?" „Der Angeklagte kann widerklagen; wer weiß, was er gegen Sie anführen kann, und Sie haben eventuell noch die Kosten." Für Sachsen muß ich leider feststellen, daß dort ein Recht der Rechtsanwälte auf Anwesenheit beim Sühnetermin nicht anerkannt wird; und die Rechtsanwälte haben doch den Vorwurf, daß sie bei Sühneterminen die Versöhnung etwa vereitelten, wirklich nicht verdient. — Das war es, was ich zu sagen hatte.

Professor **Liepmann**-Kiel: M. s. g. H.! Ich stimme in den Grundsätzen völlig dem ersten Herrn Referenten Professor Traeger bei. Ich habe grundsätzlich meine Stellung, allerdings nur in wenigen Worten, in der Deutschen Juristenzeitung bereits zum Ausdruck gebracht, in der Festnummer, die aus Anlaß dieser Tagung Ihnen vorliegt. Deswegen möchte ich hier nur auf einige Punkte ganz kurz eingehen. Es ist so überwiegend in der Versammlung die Meinung zum Ausdruck gebracht worden, daß die Vorschläge des Herrn Dr. Helfritz nicht empfehlenswert sind, daß ich glaube, mich nach dieser Richtung kurz fassen zu können. Herr Dr. Helfritz hat darauf hingewiesen, daß diese Einrichtungen überall in Deutschland existierten, daß sie ein klägliches Fiasko erlebt hätten, daß sich dieses Fiasko aber nicht aus der Idee erklärte, sondern aus ihrer ungeschickten Ausgestaltung durch Scholastik und römische Rechtstechnik, und daß lediglich die veraltete Form dem zum Opfer gefallen sei. Er hat zum Beweise angeführt, daß kurz nach Abschaffung im preußischen Strafrecht dieses Mittel im neuen Entwurf wieder eingeführt war. Ich möchte hinsichtlich dieses Punktes darauf hinweisen, daß Herr Dr. Helfritz damit den Entwurf von 1833 meint, dessen Verfasser Kamptz war, und Kamptz hat in diesem Entwurf einen großen Teil der Verbesserungen der preußischen Strafgesetzentwürfe rückwärts redigiert; er hat alle die alten Mittel und Verklausulierungen wieder einführen wollen. Gerade dieser Entwurf ist nicht geeignet, irgendwie etwas zu Gunsten dieser Einrichtung zu bedeuten. Dann ist schon seitens des einen Herrn, des ehemaligen hannöverschen Richters, darauf hingewiesen, daß die hannoverschen Erfahrungen keineswegs zu gunsten dieser Einrichtung sprächen. Ich möchte ferner darauf hinweisen, daß in der Schweiz — die dafür bekannt ist, altheimische Gebräuche besonders konservativ zu bewahren —, daß in der Schweiz, wie ich durch Anfrage beim Justizdepartement in Bern festgestellt habe, die Sachlage so ist, — ich habe das in der Juristenzeitung ausgeführt —: Es existieren diese alten Mittel noch in mehreren Kantonen, hauptsächlich in Obwalden, dann auch in Luzern, Glarus und einzelnen anderen. (Ich muß um Verzeihung bitten, ich glaubte die Verhandlung wäre morgen, und habe daher das Material hier nicht zur Hand) Im Kanton Obwalden spielt diese Verurteilung zu Abbitte und Widerruf noch eine Rolle, das Justizdepartement hat ausdrücklich darauf hingewiesen, daß die hier gemachten Erfahrungen günstige seien, daß solche Verurteilungen häufig vorkämen und ins Volksbewußtsein übergegangen seien als „das einfachste und zweckmäßigste Mittel zur Sühnung einer Ehrenkränkung". Das Justizdepartement hat andererseits darauf hingewiesen, daß sie in den anderen Kantonen, wo sie noch bestehen, heute keine wesentliche praktische Bedeutung mehr hätten; und Stoos, der Verfasser des schweizerischen Entwurfs, hat sie nicht rezipiert, trotz Kenntnis jener Einrichtungen.

Warum wohl nicht? Offenbar, weil er zu der Überzeugung gekommen ist, die ich auch teile, daß jene patriarchalischen Formen allenfalls einen Sinn haben in einem ganz kleinen Gemeinwesen, wie es der Kanton Obwalden ist, wo der Richter nicht viel anderes ist als eine Art Vormund der Parteien, der mit ihnen umgeht, wie bei uns der Schiedsmann mit den Parteien, daß dagegen ihre allgemeine Einführung keinen Wert haben, ja nur Nachteile zur Folge haben würde.

In der Diskussion ist nicht genügend darauf hingewiesen worden, welche Rolle der Widerruf schon heute in unseren Beleidigungssachen spielt. Ich habe eine kleine Statistik aufgenommen durch Einsicht von Akten und Protokollen der hiesigen Schiedsrichter und gerichtlicher Privatklageakten. Die Zahlen, die ich nach der Richtung hin in der Juristenzeitung veröffentlicht habe, besagen folgendes. Ich darf sie verlesen, weil niemand sie bisher erwähnt hat, und es instruktiv ist, diese Zahlen zu kennen.

Von 245 Beleidigungsfällen war in 112 der Beleidigte nicht erschienen. Sie wissen, daß nach der preußischen Schiedsmannsordnung der Beleidigte nicht zu erscheinen braucht. Der Sühneversuch ist dann als erfolglos anzusehen, und die Sache ist an den Strafrichter weiterzugeben. Waren beide Parteien vor dem Schiedsmann erschienen, so endeten 89 mit einem Vergleich, durch Abbitte, Widerruf und Ähnliches und nur bei 44 sind die Vergleichsverhandlungen gescheitert. Das heißt mit anderen Worten: beim Erscheinen beider Parteien vor dem Schiedsmann werden $66\,^2/_3$ pCt. aller Beleidigungsfälle durch Abbitte, Widerruf und Ehrenerklärung erledigt. Unsere Prozeßordnung steht nun auf dem Standpunkt: wenn erst der Sühneversuch erfolglos ist, kommt die Sache vor den Richter. Da nun, abgesehen von den Fällen, wo die Parteien nicht in demselben Gemeindebezirke wohnen, ein Sühneversuch gesetzlich vorgeschrieben ist, die richterliche Verhandlung also erst im Falle seiner

Erfolglosigkeit eintritt, so ist sicher: die Fälle, die vor den Richter kommen, sind verhältnismäßig schwer. Trotzdem ergibt sich auch bei diesen zu richterlicher Aburteilung kommenden Beleidigungen, daß von den 302 Beleidigungssachen nur 137 Fälle zum Strafurteil führen, daß 91 durch Widerruf, Abbitte und Ehrenerklärung ausgeglichen werden und 74 durch Zurücknahme der Klage mit oder ohne Kostentragung erledigt werden. Mit anderen Worten: Auch von den Strafsachen, die noch vor den Richter kommen, werden mindestens 33 pCt. bereits durch solche Abbitte, Widerruf und Ehrenerkärung erledigt. „Mindestens" sage ich deshalb, weil in den Fällen, in denen der Kläger die Klage zurücknimmt, er gegewöhnlich außergerichtlich, mit oder ohne Vermittelung des Anwalts, eine solche Erklärung abgegeben hat.

Aus dieser Statistik ergibt sich meines Erachtens: wenn es irgendwie möglich ist, eine Beleidigungssache durch Abbitte, Widerruf und Ehrenerklärung zu erledigen, so geschieht es im gegenwärtigen Verfahren. Will man dieses Bestreben unterstützen, was ich für gesund halten würde, so wäre es richtig, das Erscheinen vor dem Schiedsmann obligatorisch zu machen. Aber eine Verurteilung zu Abbitte und Widerruf erscheint mir unter keinen Umständen das richtige Mittel, deshalb nicht, weil die übrig bleibenden Fälle solche sind, in denen der Beleidiger eine Abbitte nicht abgeben kann, weil er die Behauptung, die er aufgestellt hat, für wahr hält, weil er die Beurteilung des Mannes, über den er sich beleidigend geäußert, für richtig hält. Wird er nun verurteilt, dann ist es ganz einfach: dann wird er widerrufen, weil er nicht 6 Monate im Gefängnis sitzen will, und man soll doch nicht glauben, daß das Volk, und auch der Beleidigte diesen Tatbestand nicht klar durchschauen wird. Wenn jemand verurteilt wird zum Widerruf oder, wenn er ihn nicht leistet, 6 Monaten Haft oder Gefängnis zu gegenwärtigen hat, so wird jedermann sagen: er hat widerrufen, aber nur deshalb, weil ihm eine sechsmonatliche Strafe droht.

Die übrigbleibenden Fälle sind so, daß vielleicht der Täter widerrufen will, aber dem Beleidigten an einem bloßen Widerruf nichts gelegen ist. Es gibt natürlich schwere Fälle, in denen der Betreffende sagt: Ein Widerruf, noch dazu seitens dieses Mannes, der mich schwer beleidigt hat, hilft mir gar nichts.

Das bringt mich nun auf einen weiteren Weg, der von einem Redner bereits angeregt worden ist. Es ist meines Erachtens ein ungesunder Vorschlag, einen erzwungenen Widerruf in unser Rechtssystem einzuführen. Dagegen ist es ein gesunder Gedanke, daß dem Beleidigten nicht bloß die Genugtuung gegeben wird, daß der Täter zu einer Geld=

strafe, meinetwegen auch Freiheitsstrafe verurteilt wird, sondern daß seine Ehre, sein verletzter, angegriffener Ruf nach außen wiederhergestellt wird oder sein erregtes Ehrgefühl eine Genugtuung bekommt. Der Weg zu einer solchen Genugtuung, zu einer solchen Rufreparation liegt allerdings darin, daß man einmal die Urteilspublikation verwertet, und zwar decken sich die Vorschläge des Herrn Rechtsanwalts Waldstein bis auf einen einzigen Punkt mit dem, was ich in der Juristenzeitung ausgeführt habe. Die Publikation des Urteils soll ausgedehnt werden auch auf die nicht öffentliche Beleidigung und auch auf die Urteilsgründe. Dem schließe ich mich an. Herr Rechtsanwalt Waldstein hat aber ferner ausgeführt, man solle eine solche Publikation auch zulassen in den Fällen, in denen eine Verurteilung nicht erfolgt, z. B. wenn der Täter wegen Wahrnehmung berechtigter Interessen freigesprochen wird. Es scheint mir, als wenn das nicht mehr eine Urteilspublikation ist, sondern etwas anderes, etwas völlig anderes als die Urteilspublikation, wie wir sie jetzt haben. Eine Publikation, wie er sie fordert, ist, glaube ich, gar keine Publikation mehr, sondern ein nicht adäquater Ausdruck für etwas ganz anderes, was uns dringend not tut und was der Herr Vorredner wohl auch gemeint hat.

Eine Feststellungsklage nämlich, durch welche eine unantastbare Person, nämlich der Richter, feststellt, der Mann ist ohne Grund, ohne Rechtfertigung in seiner Ehre gekränkt, durch welche der Richter feststellt: die Behauptung des Beleidigers ist unwahr. Das entspricht durchaus dem, was, wie ich glaube, auch die meisten Schwerbeleidigten wollen. Es liegt ihnen in sehr vielen Fällen gar nichts daran, den Beleidiger ins Gefängnis zu schicken, und gerade wir Gebildeten werden, wenn wir vor den Richter gehen, in den seltensten Fällen diese Absicht haben, sondern wir wollen, daß von unanfechtbarer Seite konstatiert wird: wir sind ohne Rechtsgrund beleidigt.

Diese Feststellungsklage hat schon eine reiche Literatur — Binding, Bahr, Kohler, namentlich aber Friedmann, ein schon verstorbener österreichischer Professor — haben diese Feststellungsklage gefordert, und auch ich habe sie in meinem Aufsatz empfohlen. Ihren Wert möchte ich Ihnen noch in einer speziellen Richtung darlegen. Bitte beachten Sie die Fälle — sie sind heute auch schon in der Diskussion erwähnt worden —, daß jemand von einem Beamten sagt, er sei bestechlich, von einem Beamten etwa, der sich in einer Stadtverwaltung befindet, und nun für diese Behauptung Beweise erbringt. Ob die Beweise zutreffen oder nicht, das weiß man zunächst nicht, jedenfalls ist es nach unserem geltenden Beleidigungsrecht so, daß in sehr vielen Fällen der Beleidiger, auch wenn die Behauptungen unwahr sind, in Wahrnehmung berechtigter Interessen gehandelt hat. Die Folge davon ist, daß in solchen Fällen der Staatsanwalt eine Verfolgung ablehnt und auch im Wege einer Privatklage eine Verfolgung nicht zugelassen wird. Was soll der Betreffende nun tun? Er hat unter Umständen die Möglichkeit, wenn er und sein Gegner satisfaktionsfähig und beide Duellanhänger sind, den Beleidiger zu fordern; ist das aber nicht der Fall, so hat er vielleicht die Möglichkeit, ein Disziplinarverfahren gegen sich anstrengen zu lassen. Aber, meine Herren, es ist bekannt, daß in dem Disziplinarverfahren gerade über solche Dinge nicht zur Genüge Klarheit geschaffen werden kann. Dazu wäre erforderlich richterlicher Eid und Zeugniszwang. Solche Mittel stehen aber dem Disziplinarverfahren nicht zur Verfügung. Für diese Fälle also, in denen der Beleidiger straflos bleibt und nicht verfolgt wird, weil er in Wahrnehmung berechtigter Interessen gehandelt hat, ist der Beleidigte völlig schutzlos. Ich würde daher vorschlagen — wenn es gewünscht wird, will ich die Anträge noch formulieren —, einmal eine Erweiterung der Urteilspublikation, und sodann die Einführung einer kriminellen Feststellungsklage in Beleidigungssachen. Ich würde es bedauern, wenn sich der Juristentag nach dem Vorschlage von Professor Träger mit dem bloßen Negativum abfinden würde: „es empfehle sich nicht die gesetzliche Verwertung von Abbitte usw.", denn es liegen wertvolle Gedanken in der Fragestellung. Ich möchte noch einen der von Herrn Geh. Rat Kahl vorgeschlagenen oder wenigstens zur Diskussion gestellten Punkte erwähnen. Ich würde es für ganz bedenklich halten, wenn wir eine Verurteilung zum Widerruf gerade bei § 187 zulassen würden. Einmal muß man sagen, wenn wir in theoretischer Erörterung, in der Konversation oder sonst von Verleumdern sprechen, so ist das für uns so ziemlich das Schlimmste, was es gibt; und Strafbestimmungen gegen Verleumder können uns nicht streng genug sein. Wenn aber vor Gericht die Frage, ob Behauptung wider besseres Wissen vorliegt, aufgerollt wird, so wird jeder Strafrichter bestätigen, daß ihre Entscheidung außerordentlich schwer ist und eine Verurteilung infolgedessen selten vorkommt, und die Fälle, in denen sie vorkommt, werden — ich glaube nicht zu viel zu sagen — von der Parteiagitation in der schwersten Weise ausgenützt. Es wird behauptet, der Richter hätte sich geirrt, die Behauptung wäre gar nicht wider besseres Wissen ausgesprochen und Ähnliches. Ich glaube, die Verurteilungen wegen Behauptung wider besseres Wissen sind gering, und ein Irrtum ist leicht. Wenn aber wirklich eine beleidigende Behauptung wider besseres Wissen abgegeben ist, dann ist der Beleidiger ein viel zu unwürdiges Werkzeug, um noch auf diesem indirekten Zwangswege [ich sage, gerade für den Fall, daß der Mann, der wider besseres Wissen die Ehre eines anderen vergiftet hat, verurteilt werden soll] eine offizielle Erklärung abzugeben. Es ist dringend notwendig, daß der Verletzte durch Richterspruch gesichert wird, daß auf dem Wege der Feststellungsklage solche Erklärungen abgegeben werden. (Bravo!)

Der **Vorsitzende:** Ehe ich das Wort weiter erteile, möchte ich eine Anregung an die beiden Herren Dr. Waldstein und Professor Liepmann geben. Wollen Sie sich nicht unter der Hand zu einem gemeinschaftlichen Antrag verständigen? Das würde die Abstimmung außerordentlich erleichtern. Denn Herr Professor Liepmann wollte ja ohnehin zu den Anträgen von Herrn Dr. Waldstein einen Zusatz beantragen.

Das Wort hat nunmehr der Gerichtsadjunkt Dr. Preminger aus St. Putilla, Bukowina, Österreich.

K. k. Gerichtsadjunkt Dr. **Preminger**-St. Putilla, Bukowina: S. g. Anwesende! Gestatten Sie, daß ich nach so vielen Vorrednern, die gegen den Herrn Korreferenten aufgetreten sind, den mutigen Schritt unternehme, in sehr beschränktem Maße einer Verwertung der Ehrenerklärung das Wort zu reden. Ich will meine Ausführungen von praktischer Seite beleuchten, und zwar in der Art, daß ich die Verhältnisse, wie sie im Ehrenbeleidigungsverfahren bei uns in Österreich hervortreten, den verehrten Anwesenden vor Augen führe. Die Sache liegt bei uns kompliziert, weil ein Sühneverfahren nicht vorhergeht und das gesamte Verfahren in der Hand des Richters vereinigt ist. Das Gericht wird in der Regel, aus praktischen Gründen an speziellen Tagen, die Ehrenbeleidigungen verhandeln, die als Privatanklagedelikte nur über Antrag des Beleidigten verfolgt werden. Schon dem Umfange nach unterscheidet sich dieses Verfahren, indem 50—60 Ehrenbeleidigungsverhandlungen an einem Vormittage durchgeführt werden, während die Delikte der öffentlichen Klage nur in der Zahl von 10—12 angesetzt werden. Die Tatsache, daß so viele Ehrenbeleidigungen an einem Vormittage durchgeführt werden, ist nicht etwa dem Umstande zuzuschreiben, daß der Richter ein Zauberer ist oder nachlässig wäre und die Ehrensachen bagatellisierte; der Grund liegt vielmehr darin, daß schon beim Aufruf mehr als die Hälfte der Privatankläger nicht erscheint, das Ausbleiben des Privatanklägers aber stillschweigendem Rücktritt gleich geachtet wird. Es entfällt also schon beim Beginn des Verhandlungstages der größte Teil der Ehrenbeleidigungen, der restliche noch übrige Teil aber kann entweder durch Vergleich oder durch Urteil erledigt werden, durch Ausgleich in formloser Weise, indem beide Teile sich entfernen und beim neuerlichen Aufruf zur

Verhandlung im Saale nicht vorhanden sind, oder durch schriftliche Formulierung eines Vergleichs. In der Regel gelingt es der Autorität des Richters, im Zuge der Verhandlung die Sache gütlich beizulegen, sei es durch schriftliche öffentliche Ehrenerklärung, sei es durch einen im Gerichtssaal vorgetragenen Widerruf oder eine Abbitte, so daß die Zahl der durch Urteil zu erledigenden Fälle immer mehr eingeschränkt wird. Nur wenige Fälle bleiben zurück. Wenn man diese wenigen Fälle betrachtet, so findet man in der Regel keinen, in dem ein Schuldspruch zu gewärtigen ist und der Beleidigende zu Abbitte oder Widerruf nicht bereit wäre. Es ist in der Regel der Beleidigte, der sich gegen die Abbitte und den Widerruf wehrt und darauf besteht, daß der Beleidiger einer Strafe zugeführt wird. Unter diesen Fällen aber kommt es — leider, muß ich sagen — auch oft zu einem Vergleich in der Art, daß der Beleidiger sich dazu versteht, dem Beleidigten eine Geldentschädigung, eine Buße zu gewähren. Soweit diese Buße zu öffentlichen wohltätigen Zwecken verwendet wird, ist natürlich nichts dagegen einzuwenden. Wenn aber der Beleidigte die erfolgte Beleidigung benutzt, um sich einen Vermögensvorteil zuzuwenden — und diese Fälle kommen auch vor —, da steht der Richter, wenn auch die Tat erwiesen ist, vor einem Problem, dessen Lösung ihm sehr schwer ist. Der Beleidiger gehört oft den besten Gesellschaftsklassen an, es ist ihm leider in einem aufgeregten Zustande passiert, daß er ein untergeordnetes Individuum aus entschuldbarem Grunde beleidigt hat. Der Mann nützt das Bestreben des Beleidigers, von Strafe freizubleiben, aus, um einen Gewinn zu erlangen. Er meint, er habe Auslagen gehabt bei der Reise zu Gericht, er verliere sehr viel, und so spannt er seine Forderung in beliebige Höhe. Der Beleidiger aber wird, um der Strafe zu entgehen, oft bereit sein, auch einen namhaften Betrag darzureichen. Bei der zwingenden Bestimmung des Gesetzes, im Falle der erwiesenen Schuld den Beleidiger der Strafe zuzuführen, kann natürlich der Richter nicht anders, als unter Anwendung des außerordentlichen Milderungsrechtes eine möglichst geringe Strafe anzudiktieren. Damit ist aber beiden Seiten nicht gedient. Der Beleidiger wäre doch gestraft und läßt sich wohl eher zu dem Opfer herbei, dem Beleidigten einen Geldbetrag zu geben, um den Rücktritt zu erwirken. Da ist es gewiß angemessen, daß im Falle, daß der Beleidiger die Beleidigung öffentlich im Gerichtssaal widerruft, und zwar reumütig, daß, gestützt auf diesen Widerruf, der Richter trotz erwiesener Beleidigung ein freisprechendes Urteil fälle. Also nur in dieser Weise wäre eine Verwertung des Widerrufs möglich und geboten.

Professor Dr. **Max Ernst Mayer**-Straßburg: M. H.! Was ich vorzubringen habe, stimmt so sehr mit den Ausführungen des Herrn Professors Liepmann, zum Teil auch mit den Ausführungen des letzten Redners überein, daß ich das Wort nur ergreife, um einiges zur Unterstützung und Ergänzung dieser Meinungen beizutragen.

Mehr und mehr hat sich in unserer Diskussion der Gedanke Bahn gebrochen, daß eine Ehrenerklärung neben einer Verurteilung zum mindesten überflüssig ist. Selbst im Falle des § 187 würde, von anderen Gründen abgesehen, die Gefahr bestehen, daß die Ehrenerklärung die Strafe, von der wir doch wünschen, daß sie strenger wird als bisher, herabdrückt, weil der Richter unwillkürlich der Erwägung, es liege schon in der Ehrenerklärung eine gewisse Straffunktion, nachgeben und daher nicht den ganzen Nachdruck auf die Strafe legen wird. Ferner ist die namentlich von dem Herrn Referenten betonte Ansicht, daß in der Verurteilung die aller energischste Ehrenerkläruug liegt, ein zwingendes Argument gegen jeden Widerruf, der neben eine Verurteilung zu stehen käme.

Ganz anders aber bei der Freisprechung! Wenn der Täter trotz der Unwahrheit seiner Behauptungen freigesprochen wird, dann muß es ein Mittel geben, die Ehre des Beleidigten herzustellen, also in irgend einer Weise zu erklären, daß die Freisprechung nur aus Gründen, die die Ehre des Beleidigers nicht antasten, ergangen ist; und ich meine nun, in diesen Fällen sind die Vorschläge, die für eine Publikation der Urteilsgründe und für die kriminelle Feststellungsklage eingetreten sind, am Platze, aber sie sind nur eine Verkappung dessen, was wir ursprünglich Ehrenerklärung genannt haben. Die neben dem freisprechenden Urteil stehende Ehrenerklärung würde dem Zwecke, den sowohl die Publikation der Gründe, als auch die kriminelle Feststellungsklage haben sollen, nämlich festzustellen, daß der Beleidigte ein Mann ohne Tadel ist, trefflich dienen und m. E. empfehlenswert sein. Und dafür spricht noch folgendes: Heutzutage entschließt sich der Richter sehr schwer, trotz der Unwahrheit der Behauptung, freizusprechen, weil er sich sagt, daß der Beleidigte dann als ein Beleidigter stehen bleibt und somit nicht zu seinem Rechte kommt. Könnte neben der Freisprechung noch eine Ehrenerklärung ergehen, so würde sich der Richter viel leichter zur Freisprechung entschließen; es würde ihm namentlich leichter fallen, dem subjektiven Tatbestande, der bona fides des Beleidigers Rechnung zu tragen, da er dem Beleidigten durch die Ehrenerklärung zu einer Genugtuung verhelfen könnte.

Rechtsanwalt **Oettinger**-Nürnberg: M. H.! Herr Dr. Helfritz geht davon aus, daß das Ergebnis der Strafrechtspflege, soweit es sich um

Beleidigungen handelt, unzulänglich sei. Das dürfen wir wohl als Tatsache hinnehmen. Er geht dann darauf ein, daß in der Tat sehr häufig von Abbitte, Ehrenerklärung und dergleichen Gebrauch gemacht werde, um Beleidigungssachen zu erledigen, und zieht daraus ohne weiteres den Schluß, daß man die Abbitte usw. auch strafrechtlich verwerten müsse.

Ich vermisse dabei, daß man eine Vorfrage beantwortet hätte: ob denn überhaupt diese als zweifellos angenommene Unzulänglichkeit der Strafrechtspflege auf diesem Gebiete in der Gesetzgebung ihre Wurzel habe, und ich stimme ganz mit dem überein, was Herr Geheimrat Kahl vorhin erwähnt hat, daß es nämlich weniger die Unzulänglichkeit der Strafen für die Beleidigung ist, die an diesem Mangel schuld ist, als der Vollzug des Strafgesetzes bei der Rechtsprechung in Beleidigungssachen.

Aber, m. H., selbst wenn es notwendig wäre, wie ich kaum glaube, das Strafgesetzbuch selbst abzuändern und namentlich neue Strafarten, spezifische Strafarten für die Beleidigung zu schaffen, dann weiß ich doch nicht, ob der Schluß gerechtfertigt ist, den Herr Helfritz aus der Häufigkeit des Vorkommens von Abbitte usw. zieht, indem er sagt, daß Abbitte, Ehrenerklärung und Widerruf immer auf Zwang hin erfolgten, bisher allerdings auf indirekten Zwang hin, und daß es nichts ausmache, wie er sich ausgedrückt hat, ob dieser Zwang indirekt oder direkt wirke.

M. H.! Hier bin ich ganz anderer Ansicht. Wenn das Gericht direkt einen Zwang dahin ausübt, daß der Beleidiger seine Beleidigung zu widerrufen hat und, was ja Herr Dr. Helfritz voraussehen muß, das Gericht nachher nicht in der Lage ist, seinen Ausspruch zu vollstrecken, so leidet darunter das Ansehen der Gerichte in einer Weise, die niemand von uns, namentlich in den jetzigen Zeitläuften, wünschen kann.

Es wird aber durch die tatsächliche Anwendung des Widerrufs, sobald auch nur der leiseste Zwang darauf ruht, auch gar nicht das erreicht, was Herr Dr. Helfritz mit Recht als das Ideal hinstellt, daß nämlich die Beteiligten mit dem Ergebnis des Verfahrens zufrieden sind, und daß es ihnen nicht mehr so geht, wie bisher: daß dem Beleidigten, wie es Herr Helfritz geschildert hat, die ausgesprochene Strafe bald zu hart erscheint, bald aber nicht genügt, und zwar das Letzte nach seiner Meinung deshalb, weil die Genugtuung durch eine Abbitte oder dgl. fehlt.

M. H.! Ich glaube also, daß die Durchführung der Vorschläge des Herrn Dr. Helfritz dahin führen würde, daß einerseits das Ansehen des Gerichtes in ungerechtfertigter Weise gemindert und daß andererseits eine bessere Befriedigung der Parteien mit dem Ergebnis der Strafrechtspflege nicht eintreten würde.

Ich habe besondere Anhaltspunkte dafür, das vorauszusehen, weil wir in meiner Heimat, in Nürnberg, ein Verfahren haben, das von dem normalen Verfahren vollständig abweicht, das aber ungefähr oder einigermaßen dem entspricht, was durch die Anträge des Herrn Referenten gewünscht wird. Vielleicht darf ich ganz kurz erwähnen, wie es sich mit diesem Verfahren verhält. Es bietet neue Gesichtspunkte für den Fall, daß den Ideen des Herrn Dr. Helfritz in irgend welcher anderen Weise nahe getreten wird. Ich bemerke vorerst: Wenn ich sage, daß unser Verfahren anders ist, als im übrigen Deutschen Reiche, so will ich damit nicht als unzweifelhaft hinstellen, daß unser Verfahren ein gesetzwidriges sei. Ich halte es allerdings dafür, wie ich auch schon an anderer Stelle auszuführen Gelegenheit hatte. Das soll aber durchaus kein Vorwurf gegen irgend jemanden sein.

Die Sache ist so: Wenn in Nürnberg eine Privatklage eingereicht wird, und die beiden Parteien im Gebiete von Nürnberg wohnen, dann erhalten sie nicht etwa eine Ladung zur Hauptverhandlung, die den Vermerk trägt: Sie können sich auch vertreten lassen, und die und die Zeugen werden geladen, sondern wir haben gedruckt eine Ladung, die besagt: das persönliche Erscheinen der Parteien wird angeordnet, das Nichterscheinen des Klägers hat die Abweisung der Klage zur Folge; Zeugen und Sachverständige, heißt es weiter, werden nicht geladen. M. H.! Das ist ja ein Mittel, um dann nachher einen Widerruf und eine Abbitte zu veranlassen. Ich habe kein zahlenmäßiges Ergebnis der Nürnberger Strafrechtspflege, wenn ich aber eine Statistik hätte, so bin ich überzeugt, daß Sie die des Herrn Prof. Liepmann von hier weitaus übertreffen würde, was die Häufigkeit der Vergleiche betrifft. Wir haben Richter gehabt, von denen ich, ohne detaillierte Zahlen zu haben, überzeugt bin, daß sie 9 von 10 Sachen verglichen haben, auch wenn es fast in der Art geschehen ist, daß man zuerst zu dem Privatbeklagten gesagt hat: „Wollen Sie denn nicht sofort widerrufen, sie werden ja eingesperrt“, und wenn er de- und wehmütig gesagt hat, ja, und der Kläger sich nicht darauf einlassen wollte, man dem Kläger entgegengehalten hat: „Was, Sie sind nicht zufrieden, eine so frivole Privatklage habe ich überhaupt noch kaum gesehen.“ (Heiterkeit.)

Dieses Verfahren, das den Tatsachen fast ganz entspricht, jedenfalls im wesentlichen entspricht, führt dazu, daß Ehrenerklärungen, Abbitte und Widerruf abgegeben werden, aber vom Ansehen des Gerichtes will ich schweigen, und befriedigt ist davon weder der Privatkläger, noch der Privatbeklagte.

M. H.! Ich bin im großen und ganzen selbstverständlich gegen die Thesen des Herrn Dr. Helfritz, aber eines möchte ich mir noch zu bemerken erlauben und in einem Punkte müssen wir ihm Recht geben — der Herr aus Österreich hat das bereits in ähnlichem Sinne erwähnt — ich weiß nicht, warum man, wenn man in der neuen Richtung wie Herr Dr. Helfritz vorgehen will, soweit gehen soll, das, was man schaffen will, obligatorisch zu machen. Aber fakultativ können wir den Widerruf wohl brauchen. Die Tatsache, daß vom Widerruf ein so häufiger Gebrauch gemacht wird, läßt zwar nicht darauf schließen, wie Herr Dr. Helfritz meint, daß er unentbehrlich ist, aber darauf, daß er brauchbar ist. Und da halte ich es, um den Ausdruck des BGB. zu brauchen, für einen Mißbrauch des Rechtes des Beleidigten, daß er auf Bestrafung des Beleidigers besteht, wenn dieser in einer Weise, die nach vernünftigem Ermessen dem Beleidigten Genugtuung verschafft, eine Widerrufserklärung abgegeben hat. Ich möchte da über die Ausführungen des Herrn Redners aus Österreich auch insofern hinausgehen, als ich nicht auf einem gerichtlichen Widerruf bestehen, sondern auch einen außergerichtlichen Widerruf, wenn er, natürlich in schriftlicher Form, dem Richter vorliegt, für genügend erachten würde. Das ist nicht einmal ein ganz neues Verfahren; wir haben ja auch bei wechselseitigen Beleidigungen die Bestimmung, daß es dem Richter freisteht, nach seiner Überzeugung den einen oder andern Teil für straffrei zu erklären, ohne daß er es muß, und die Kosten entsprechend zu verteilen. Ich meine, im Beleidigungsverfahren können wir ähnlich vorgehen: wenn eine Widerrufserklärung — oder Ehrenerklärung oder Abbitte, das ist weiter nicht von Belang —, des Beleidigers vorliegt, die nach der Überzeugung des Gerichtes dem Beleidigten genügende Genugtuung verschafft, so sollte meines Erachtens der Richter befugt sein, den Beleidiger für straffrei zu erklären, wobei bezüglich der Kosten in Betracht kommen könnte, ob er die Erklärung bereits vor Einleitung des Verfahrens abgegeben hat oder nicht. Ohne davon zu sprechen, inwieweit die Anträge über Publikationsbefugnis der Sache noch dienen können, möchte ich mir erlauben — ich werde den Antrag dann schriftlich übergeben —, zum eigentlichen Thema den Antrag zu stellen:

> „Es empfiehlt sich, den Widerruf strafrechtlich zu verwerten, und zwar durch eine Bestimmung, wonach das Gericht beim Vorliegen eines solchen den Täter für straffrei erklären kann.“

Professor Dr. **Kleinfeller**-Kiel: M. H.! Die vorgeschrittene Zeit rechtfertigt Kürze. Ich stehe grundsätzlich auf dem Standpunkte des ersten Herrn Referenten. Ich harmoniere auch mit der Überzeugung derer, welche sagen, es bedarf eines strengeren Strafschutzes für den Beleidigten. Aber wenn wir in irgend einer Rechtsfrage entscheiden, müssen wir nach zwei Richtungen denken. Der Richter muß nicht nur den andern Teil hören, sondern auch berücksichtigen, was der andere Teil vorbringt. Nun möchte ich nicht, daß durch die schroffe Hervorhebung des Bedürfnisses nach strengerem Strafschutz zu Gunsten des Beleidigten die Möglichkeit vollständig ausgeschaltet wird, einen freiwilligen Widerruf oder eine freiwillige Bitte um Entschuldignng — so will ich statt Abbitte sagen —, als einen strafmildernden Umstand zu Gunsten des Beleidigers in Rechnung zu setzen. Einen solchen Strafmilderungsgrund müssen wir immerhin in das Ermessen des Richters stellen, der nach Lage aller Umstände befinden mag, ob die Art der Erklärung, die Form, in der sie gegeben wird, die Umstände, unter denen sie abgegeben wird, ein milderes Strafmaß rechtfertigen, als es sonst eintreten würde ohne Widerruf oder freiwillige Bitte um Entschuldigung. Nun könnte man sagen, das sei alles selbstverständlich, auch gegenüber der Betonung des Bedürfnisses nach stärkerem Strafschutze für den Beleidigten. Aber ich stoße mich hier an einem Ausdruck in der Fragestellung, der, wenn ich mich recht erinnere, auch wiedergekehrt ist in dem Antrage des Herrn Referenten. Wenn wir nämlich schlechthin sagen, es empfiehlt sich nicht, Ehrenerklärung usw. strafrechtlich zu verwerten, so verwerfen wie die Möglichkeit der richterlichen Strafzumessung; und ich glaube, das will keiner von Ihnen. Deswegen würde ich zunächst abwarten, ob nicht vielleicht der Herr Referent seinen Antrag dahin erläutert, daß er gemeint hat, es empfiehlt sich nicht, Ehrenerklärungen usw. gesetzlich zu verwerten, denn besonderer gesetzlicher Bestimmungen bedürfen wir allerdings nicht, um die Strafzumessung überhaupt zu Gunsten des Beleidigten zu benutzen. Sollte aber der Herr Referent an der Fassung der Fragestellung festhalten, so würde ich, also nur eventuell, einen Antrag einbringen des Inhalts:

> „Unbeschadet der richterlichen Strafzumessung empfiehlt es sich nicht, Ehrenerklärung, Abbitte und Widerruf strafrechtlich zu verwerten."

Ich habe absichtlich diese allgemeine Fassung gewählt, um nicht der späteren Beratung und Beschlußfassung des Juristentages über Strafzumessung vorzugreifen. Ich bin bereit, den Antrag sofort schriftlich einzureichen, aber er hat nur eventuell Bedeutung.

Der **Vorsitzende**: Ich habe zunächst, ehe ich das Wort weiter erteile, geschäftsordnungsmäßig mitzuteilen, daß ein Antrag auf Schluß der Debatte von Herrn Hofrat Elsner eingegangen ist. Vor allem ist die Rednerliste zu verlesen. Es sind noch zum Worte gemeldet I. Staatsanwalt Olbrich-Lüneburg, (I. Staatsanwalt Olbrich: Verzichte aufs

Wort) in zweiter Linie Rechtsanwalt Dr. Waldstein-Altona, der Antragsteller von vorhin; in dritter Linie der Amtsgerichtsrat in Waldenburg i. Schl. Dr. Muskat. Ich habe in der Weise zu verfahren, daß ich zunächst abstimmen lasse über die Annahme des Schlußantrages überhaupt. Im Falle der Ablehnung haben wir uns darüber schlüssig zu machen, mit welcher Zeitbeschränkung usw. die Redner noch zu hören sind.

(Der Schlußantrag wird mit Mehrheit angenommen.)

Nun fragt es sich, ist die Versammlung geneigt, die noch vorgemerkten Redner zu hören, etwa mit Beschränkung auf 5 oder 10 Minuten?

Zurufe: 5 Minuten!

Die Versammlung beschließt, die 2 noch vorgemerkten Redner mit Beschränkung auf 5 Minuten zu hören.

Rechtsanwalt Dr. **Waldstein**-Altona: Meine sehr geehrten Herren! Es handelt sich jetzt für mich um den Gegensatz des Antrags Liepmann und des meinigen. Ich darf vielleicht den Antrag Liepmann mit Erlaubnis des Herrn Vorsitzenden verlesen, um den Gegensatz zu dem meinigen klarzustellen (wird genehmigt) und vielleicht wird mir diese Zeit nicht angerechnet. (Heiterkeit.)

Antrag Liepmann: 1. These Traeger; 2. „Dagegen empfiehlt sich usw.

Das ist der Teil, in welchem Herr Dr. Liepmann mit mir angeblich konform geht. Ich gehe aber in Wirklichkeit mit diesem Antrage nicht ganz konform, indem Herr Prof. Liepmann hier dem Beleidigten das Recht auf Publikation geben will, und das soll er nach meinem Antrage nicht haben. Ich halte nicht für richtig, daß in jedem Falle der Beleidiger die Befugnis der Publikation hat. Er soll sie in einem geeigneten Falle haben, sie soll eine fakultative, nicht obligatorische sein. Ferner will Herr Prof. Liepmann auch die Befugnis zur Publikation der Urteilsgründe obligatorisch gestalten. Ich empfehle auch diese nur für geeignete Fälle und zwar dann nach der Wahl des Richters Veröffentlichung der Urteilsgründe oder eines vom Richter festzustellenden Auszuges. Das ist ein nicht unwesentlicher Unterschied. Der weitere Antrag von mir geht nun dahin, auch im Falle von Freisprechung oder Straflosigkeit dem Richter die Befugnis zu geben, die Publikation auszusprechen. Statt dessen will Herr Prof. Liepmann die strafrechtliche Feststellungsklage einführen. Ich muß sagen: so ganz en passant hier bei diesem immerhin beschränkten Anlaß, dieses grundstürzende und ganz neue Gebilde der strafrechtlichen Feststellungsklage mit zu beschließen, halte ich nicht für angängig. Das überschreitet den Rahmen der Tagesordnung. Ich hatte schon Bedenken, ob nicht schon mein Antrag dies tut. Aber ein solches Novum wie die strafrechtliche Feststellungsklage, die nach meiner Auffassung mit dem Grundcharakter der ganzen Strafrechtspflege im Widerspruch steht, so nebenbei zu beschließen, das scheint mir nicht angängig.

Ich darf auf eins hinweisen, Herr Professor. Mir scheint die „strafrechtliche Feststellungsklage" eine contradictio in adjecto. Der Antrag, welcher darauf gerichtet ist, festzustellen, daß diese oder jene gegen den Kläger gerichtete kränkende Äußerung unwahr ist, dieser Antrag ist keine Strafklage, sondern ist eine gewöhnliche Zivilklage, in welcher festgestellt werden soll, daß ein verletztes privates Rechtsgut des Klägers nicht hätte verletzt werden dürfen. Das ist eine ganz gewöhnliche Zivilklage, die in den Rahmen des Zivilverfahrens hineingehört, meinetwegen unter Erweiterung der jetzigen zivilrechtlichen Bestimmungen, wo es nötig ist; daß Sie sie Strafklage nennen, nimmt ihr nicht ihren zivilrechtlichen Charakter.

Wann soll man sich denn darüber entschließen, ob man die alte Strafklage wegen Beleidigung anstrengen, oder ob man diese neue strafrechtliche Feststellungsklage anstrengen soll? Der Kläger wird es von vornherein nicht immer wissen, daß er es mit einem Beleidiger zu tun hat, auf den z. B. der § 193 StGB. Anwendung findet, und daher auch nicht, daß er gut tut, an Stelle der normalen Klage auf Verurteilung die Straffeststellungsklage anzustellen. Der Antrag, den ich Ihnen vorschlage, kommt darauf hinaus, daß in geeigneten Fällen, in denen nach Maßgabe unserer Gesetzgebung die Freisprechung eintreten muß, mit diesem Urteil durch seine Veröffentlichung eine nützliche Nebenfolge verbunden wird, wie ja unsere Strafurteile auch in anderen Fällen zivilrechtliche Nebenfolgen haben. Dieses Urteil bleibt im Rahmen unserer Gesetzgebung, unseres Systems und seiner Grundeinteilung in Zivil- und Strafrecht. Wenn wir die strafrechtliche Feststellungsklage beschließen wollen, so würde dies eine besondere, sehr eingehende Verhandlung des Juristentags womöglich im Plenum erfordern.

Amtsgerichtsrat Dr. **Muskat**-Waldenburg i. Schl.: M. H.! Es wird vielleicht nicht unzweckmäßig sein, zur Klärung der Sachlage, wie sie die bisherige Diskussion ergeben hat, nochmals mit wenigen Worten auf den Zweck, der angestrebt wird, zurückzukommen. Im Vordergrunde steht, Abbitte, Widerruf und Ehrenerklärung einzuführen als Schutzmittel für den Beleidigten. Nun, in dieser Hinsicht ist ja schon ausführlich genug erörtert worden, daß ein erzwungener Widerruf kein Widerruf ist, daß ein solcher sich vielmehr als ein vom moralischen Standpunkte gar nicht zu rechtfertigender Zwang zur Unwahrhaftigkeit darstellen kann.

Nun hat Herr Geheimrat Kahl hervorgehoben, daß es doch sehr zweckmäßig wäre, den Beleidiger selbst durch den Widerruf tätig werden zu lassen. In dieser Funktion würde aber der Widerruf nicht ein Schutzmittel für den Beleidigten sein, sondern ein neues Strafmittel gegen den Beleidiger, und Herr Geheimrat Kahl hat andererseits selbst hervorgehoben, daß wir mit unseren gegenwärtigen Strafen auskommen könnten, wenn sie schärfer von den Gerichten gehandhabt würden.

Nach meinem Dafürhalten würden völlig ausreichen die von den beiden Herren Antragstellern, Liepmann und Waldstein, vorgeschlagenen Mittel: die Erweiterung der Urteilspublikation und andererseits der — allerdings vielleicht nicht so schnell und kurzer Hand zu erledigende negative — Feststellungsanspruch des Beleidigten.

Ich möchte aber eventuell noch einen Zusatzantrag stellen. Wenn nämlich diese beiden Schutzmittel für den Beleidigten eingeführt werden, so kann auch nicht ganz unberücksichtigt bleiben die Lage des gutgläubigen Beleidigers, und in dieser Beziehung glaube ich, müßten wir dann, wenn wir den Schutz des Beleidigten verstärken, auch den gutgläubigen Beleidiger die Möglichkeit verschaffen, sich durch freiwilligen Widerruf vor Strafe zu schützen. Ich möchte daher eventuell eine dem Vorentwurf zum schweizerischen Strafgesetzbuch entsprechende Bestimmung wie sie schon Herr Professor Liepmann in der Juristenzeitung vorschlug, empfehlen:

> „Hat der Täter das, was er nachgeredet oder verbreitet hat, aus verzeihlichem Irrtum für wahr gehalten, und zieht er es vor dem Richter förmlich als unwahr zurück, so kann er von Strafe befreit werden. Der Richter stellt dem Verletzten über den Rückzug eine Urkunde aus."

Ich würde mir erlauben, diesen Antrag, daß eine derartige Bestimmung sich zur Aufnahme empfiehlt, dann noch schriftlich zu formulieren.

Prof. Dr. **Liepmann**-Kiel: (Zur Geschäftsordnung). Ich möchte bloß darauf hinweisen: Herr Dr. Waldstein wollte sich mit mir über Anträge verständigen. Statt dessen hat er meine Anträge kritisiert. Es erscheint mir unbillig, wenn ich nicht auf diese Kritik wenigstens etwas erwidern dürfte.

Vorsitzender: Ich frage die Versammlung, ob sie gestattet, daß ehe ich den beiden Herren Referenten das Wort zu einem kurzen Schlußwort erteile, Herr Prof. Liepmann in der Sache mit zeitlicher Beschränkung sich äußert? (Zustimmung.)

Die Versammlung ist einverstanden. Ich bitte ihn, das Wort zur Sache zu nehmen.

Professor Dr. **Liepmann**-Kiel: Zum ersten Punkt, dem Recht auf Urteilspublikation, möchte ich darauf hinweisen, daß das abhängt von dem Verlangen des Beleidigten, und daß der Beleidigte in vielen Fällen, wo er kein Interesse hat, daß die Beleidigung veröffentlicht wird, diesen Antrag nicht stellen wird. Aber es erscheint unbillig, ihm dieses Recht abzuschneiden, wenn er Wert darauf legt.

Nun zur zweiten Frage. Ich gebe Herrn Dr. Waldstein ohne weiteres Recht: zunächst ist diese Feststellungsklage eine zivile Feststellungsklage. Ich lege aber großen Wert darauf, daß die Möglichkeit besteht, sie im Strafverfahren zur Geltung zu bringen; und ich glaube, daß es eine Vereinfachung des Verfahrens ist, wenn wir die vorhandenen Strafrichter, die das Verfahren in Beleidigungssachen kennen, als die geeigneten Organe dafür ansehen. Ich glaube deshalb nicht, daß das eine halsbrecherische Neuerung ist, sondern bin überzeugt, daß sich das mit 2—3 Paragraphen erledigen ließe. Ich möchte darauf hinweisen, daß lediglich ein Vorschlag gemacht wird, dessen nähere gesetzliche Ausgestaltung die Funktion des Juristentages überschreiten würde. Ich möchte aber darauf hinweisen, die Feststellungsklage steht durchaus im Zusammenhang mit dem Bedürfnis des Beleidigten auf Genugtuung und Rufreparation.

Der Berichterstatter Professor Dr. **Traeger**-Marburg (Schlußwort): Ich werde mich kurz zu fassen suchen, m. v. H.! In meinem Referat habe ich mich auf die Erörterung der gestellten Frage beschränkt, mit dem Gutachten davon ausgehend, daß nur solches verlangt werde, da ja sonst sicherlich die ständige Deputation nicht versäumt haben würde, etwa hinzuzufügen: „oder welche anderen Genugtuungsmittel sind zu empfehlen." Ich gebe zu, daß man auch anders verfahren kann. Aber welche Gefahren eine solche mehr oder weniger willkürliche Ausdehnung des Themas im Gefolge hat, zeigen, wie ich glaube, die mancherlei Abschweifungen der heutigen Debatte auf andere Gebiete, zeigen vor allem die vielen Anträge, über die wir meines Erachtens heute keinen Beschluß fassen können, weil alle diese Fragen nicht genügend vorbereitet sind. Was nun die einzelnen Punkte anbetrifft, so glaube ich zunächst bezüglich der Frage, ob die Widerrufserklärung als rechtlich erzwingbare verwertet werden soll, die Zustimmung der Majorität, wenn nicht alles trügt, annehmen zu können. Deshalb will ich keine weiteren Gründe hierfür vorbringen und auch nicht die schon in meinem Referat gewürdigten Gegengründe, die vom zweiten Herrn Berichterstatter und von anderen Herren angeführt sind, nochmals zu widerlegen suchen; ich glaube, überzeugend nachgewiesen zu haben, daß wir den Widerruf als Strafe nicht verwenden können und wollen.

M. H.! Ich möchte Sie bitten, mir einige Worte zur Würdigung der heutigen Strafbestimmungen betr. Beleidigung zu gestatten. Es sind heute verschiedene Ansichten darüber geäußert: die Einen wußten nicht genug zu tadeln den Mangel des Schutzes des Beleidigten; die Anderen verlangten für gewisse Fälle Schutz des Beleidigers. Ich denke nun so über den Schutz gegen Beleidigungen, daß unsere heutigen Strafandrohungen völlig hinreichen, abgesehen von der Höhe der Geldstrafen. Denn freilich, die Höhe der Geldstrafe ist völlig unzulänglich. Jedoch ist dieses ein Mangel, der sich nicht nur bei der Beleidigungsstrafe findet, sondern der unserm ganzen Strafgesetzbuche anhaftet. Die ungeheure Verschiedenheit in den Vermögensverhältnissen der Einzelnen ist überall bei der Geldstrafe nicht berücksichtigt, ein neues Gesetzbuch wird diesen Fehler selbstverständlich zu vermeiden haben und mit der Änderung der Bemessung der Geldstrafen glaube ich, daß allen Mängeln in den Strafandrohungen gegen Beleidigung abgeholfen ist. Die Erhöhung der Geldstrafe halte ich auch namentlich wegen eines Falles, vielleicht des wichtigsten Falles, für besonders bedeutsam, nämlich wegen der durch die Presse begangenen Beleidigungen. Gerade die durch die Presse, dieses allmächtige Organ, begangene üble Nachrede und Verleumdung wird von dem Beleidigten meist am schwersten empfunden. Und hier versagt gerade die Strafe, die den Täter sonst am empfindlichsten trifft, d. i. die Freiheitsstrafe, da diese regelmäßig nicht der eigentlich Schuldige verbüßt, sondern der Sitzredakteur abzusitzen pflegt. Hier kann m. E. nur eine ganz empfindliche Geldstrafe, die unter Umständen bis zur wirtschaftlichen Vernichtung der skandalsüchtigen Presse gehen muß, die gewünschte Wirkung haben.

Außer der Erhöhung der Geldstrafe dürfte sich noch eine gesetzliche Vorschrift empfehlen, nämlich die Zulassung der Nebenstrafe des Verlustes der bürgerlichen Ehrenrechte bei Verleumdungen.

Im übrigen aber möchte ich mich gegen eine Erhöhung der Freiheitsstrafe aussprechen. Ist es nicht eine hinreichend schwere Strafe, wenn jemand für eine einfache Beleidigung bis zu einem Jahre, für eine tätliche Beleidigung bis zu 2 Jahren bestraft werden kann, für eine Verleumdung bis zu 2 bezw. bis zu 5 Jahren? Und wo wäre es denn geschehen, daß diese Höchstmaße einmal erkannt worden wären? Ich verfolge mit Aufmerksamkeit die richterliche Strafzumessung, soweit dieses möglich ist, ich wüßte mich aber keines Falles zu erinnern, wo sich die erkannte Strafe dem Höchstmaße auch nur erheblich genähert hätte, geschweige denn, daß sie es erreicht hätte. Wenn also wirklich ein Fehler durch zu milde Bestrafung der Ehrenkränkungen begangen wird, so ist dieser nicht bei dem Gesetzgeber, sondern bei der Rechtsprechung zu suchen. M. H.! Ich erwarte das Heil in dieser Beziehung nicht von einer wesentlich veränderten Gesetzgebung, sondern von einer würdigeren — ich wage es auszusprechen — von einer würdigeren und gründlicheren Behandlung unserer Beleidigungssachen. Damit will ich keinen Vorwurf gegen die Gerichte ausgesprochen haben. Ich habe selbst als kommissarischer Richter an Berliner Amts- und Landgerichten mitgewirkt und habe alle Hochachtung vor der deutschen Rechtsprechung gewonnen; aber unsere Rechtsprechung leidet durch die Überlastung mit einer zu großen Anzahl von Sachen, die es verhindert, Würde und Gründlichkeit der Verhandlung auch den tausenden von Beleidigungssachen angedeihen zu lassen.

Nach dieser Abschweifung komme ich auf meinen Antrag zurück, dem ich zuzustimmen bitte:

„Es empfiehlt sich nicht, Ehrenerklärung, Abbitte und Widerruf strafrechtlich zu verwerten."

Nun hat Herr Professor Kleinfeller vorgeschlagen, das Wort „strafrechtlich" durch „strafgesetzlich" zu ersetzen. Dagegen habe ich an sich nichts einzuwenden, obschon ich nicht glaube, daß sich bei meiner Fassung ein Zweifel ergeben kann; habe ich doch im zweiten Teile meines Berichts ausdrücklich gesagt, daß es nach wie vor Aufgabe des Gerichts sein müsse, die freiwillig geleistete Privatgenugtuung in ihrer Bedeutung für das Strafmaß zu würdigen.

Die Frage, ob der Richter bei Widerruf in leichten Fällen der Beleidigung auf Freisprechung solle erkennen können, scheidet für mich aus. Dieser Vorschlag ist von v. Bar und, soviel ich weiß, von ihm allein, nicht — wie ein Redner glaubt — noch von anderen gemacht worden. Nach derartigen weitgehenden Gesetzesvorschlägen ist hier nicht gefragt. Sie dürfen deshalb m. E. auch nicht in die Diskussion hineingezogen werden, da ja nicht etwa eine Regelung der gesetzlichen Bestimmungen über Beleidigung überhaupt zur Erörterung steht.

Ich komme nunmehr zur Frage der Urteilspublikation. Schon von mehreren Schriftstellern ist — und m. E. durchaus zutreffend — vorgeschlagen worden, die Urteilspublikationsbefugnis auszudehnen. Gegen die Hereinziehung dieser Frage habe ich wegen des inneren Zusammenhangs mit dem hier erörterten Thema nichts einzuwenden, und ich bitte Sie, im Sinne von 1 und 2 des Antrages Waldstein zu beschließen, nämlich erstens daß die Urteilspublikations-Befugnis nicht auf die öffentliche Beleidigung beschränkt werde, und zweitens, daß nötigenfalls auch die Gründe auszugsweise mitzuteilen sind. Indessen muß ich mich dagegen aussprechen, daß die Publikationsbefugnis auf Antrag des Beleidigten vom Gericht stets ausgesprochen werden müsse. Es muß vielmehr der Würdigung des einzelnen Falles vorbehalten bleiben, ob die Publikationsbefugnis bei nicht-öffentlichen Beleidigungen zuerkannt werden soll oder nicht. Bei sehr vielen Beleidigungen würde solche Zuerkennung keinen vernünftigen Sinn und Zweck haben.

Endlich ist noch ein Vorschlag gemacht worden wegen des Feststellungsprozesses. Ich habe schon — was nicht beachtet zu sein scheint — in meinem Referate von diesem Feststellungsprozesse gesprochen, den ich allerdings, um meinen Vortrag nicht zu lang werden zu lassen, nur kurz berühren konnte. Ich habe sogar ausgeführt, daß in einem Falle schon jetzt eine solche Feststellung der Unwahrheit der behaupteten Tatsache oder des Ungrundes der beleidigenden Behauptung im Interesse des Beleidigten dringend geboten sei, dann nämlich, wenn der Beleidiger wegen übler Nachrede nur deshalb nicht verurteilt werden könne, weil er die ehrenrührige Tatsache in Wahrnehmung berechtigter Interessen behauptet habe. Ich habe auch bemerkt, daß dem Beleidiger in solchem Falle die Kosten auferlegt werden müßten. Ich habe mich aber enthalten, einen dahingehenden Antrag hier zu stellen, weil ich solches nicht vereinigen zu können glaubte mit der gestellten Frage und mit dem Inhalte des Gutachtens. Anders verhielte es sich vielleicht, wenn sich schon das Gutachten über diese Frage verbreitet hätte, so daß die Versammlung darauf vorbereitet gewesen wäre. Ich halte es aber für eine nicht zu rechtfertigende Zumutung, zu verlangen, daß die Versammlung über eine Frage von so weittragender Bedeutung plötzlich einen Beschluß fassen soll. (Sehr richtig!) Schon über die Frage, ob dieser Feststellungsprozeß zivilrechtlicher oder strafrechtlicher Natur sein soll, gehen, wie die Debatte gezeigt hat, die Ansichten auseinander. Ich selbst möchte mich allerdings für den strafrechtlichen Feststellungsprozeß entscheiden, schon um Doppelprozeß zu vermeiden. Denn der Beleidigte kann doch nicht in allen Fällen von vorneherein wissen, daß der Beleidiger straffrei ausgehen werde. So würde der Beleidigte bei Anstrengung des Strafprozesses Gefahr laufen, zunächst wenigstens die Kosten dieses Prozesses zu tragen, und sich außerdem zur Anstrengung eines zweiten Prozesses im Zivilverfahren genötigt sehen.

Aber, wie schon bemerkt, möchte ich beantragen, diese Frage überhaupt auszuscheiden.

Mein Antrag geht demnach dahin, zu beschließen:

1. es empfiehlt sich nicht, Ehrenerklärung, Abbitte und Widerruf strafrechtlich (bezw. strafgesetzlich) zu verwerten,

2. die Urteilspublikationsbefugnis im Sinne 1 und 2 des Waldsteinschen Antrags zu gewähren.

Vorsitzender: Hierüber muß besondere Abstimmung erfolgen.

Korreferent Dr. **Helfritz**-Greifswald (Schlußwort): M. H.! Nach Lage der Sache verzichte ich selbstverständlich darauf, nochmals für meine Anträge einzutreten. Ich habe nur zwei kurze tatsächliche Berichtigungen vorzunehmem.

Das Hannoversche Strafgesetzbuch von 1840 bestimmt im Artikel 266 wörtlich, daß der Verleumder oder Beleidiger „neben der verwirkten Strafe auf Verlangen des Beleidigten nach Umständen zum Widerruf, zur Abbitte oder zur Ehrenerklärung anzuhalten“ sei. Damit erklären sich die Erfahrungen aus der Praxis, die vorhin erwähnt worden sind.

Ferner möchte ich Herrn Prof. Liepmann entgegenhalten, daß nicht nur der Entwurf zum preußischen Strafgesetzbuch von 1833, der von Kamptz verfaßt ist, sondern auch der Entwurf von 1836, und zwar in den §§ 341—346, Abbitte, Ehrenerklärung und Widerruf wiederum vorbringt.

Die Diskussion wird geschlossen.

Der **Vorsitzende** gibt eine Übersicht über die für die Abstimmung vorliegenden Anträge.

Prof. Dr. **Kleinfeller**-Kiel zieht, da sich Prof. Dr. Traeger bereit erklärt hat, in seinem Antrage statt „strafrechtlich“ „strafgesetzlich“ zu sagen, seinen Antrag zurück.

Der **Vorsitzende** stellt diese Bereitwilligkeit Prof. Traegers noch einmal ausdrücklich fest.

Prof. Dr. **Liepmann** fügt seinem Antrag 2a noch hinzu die Worte: „oder einen Auszug aus diesen Gründen“.

Der **Vorsitzende:** Ich werde mit Rücksicht darauf, wie ich schon jetzt bemerke, daß der Herr Referent Traeger sich einverstanden erklärt hat mit I und II, bei der Abstimmung über den Antrag Waldstein die Ziffern trennen und selbständig über III abstimmen lassen.

Außerdem liegt noch der Antrag des Herrn Dr. Muskat vor.

Sie werden wohl einverstanden sein mit folgendem Verfahren. Ich lasse zunächst abstimmen über den ersten und modifizierten Hauptsatz des Herrn Referenten Traeger. Dann kommen die beiden koordinierten Anträge Liepmann und Waldstein an die Reihe. Ich werde zuerst den Antrag Liepmann vorlegen, weil er weitergehend ist, dann den Antrag Waldstein; und zwar in der Art, daß ich zunächst die beiden Ziffern 1 und 2 zur Abstimmung bringen und dann selbständig die Ziffer 3. Wenn diese Anträge angenommen sein sollten, ist eine weitere

Abstimmung gegenstandslos geworden. Sollten aber diese Anträge abgelehnt werden, so darf ich mir vorbehalten, dann erst auf die Frage einzugehen, wie wir die anderen Anträge geschäftlich behandeln.

Ein Redner äußert den Wunsch, über Ziffer 1 und 2 gesondert abstimmen zu lassen.

Ich habe nichts dagegen. Ergibt sich im übrigen gegen meine Abstimmungsart und -weise Widerspruch? — Es scheint nicht der Fall zu sein. Dann treten wir in die Abstimmung ein.

Ich bringe zur Abstimmung folgenden Leitsatz des Herrn Referenten Traeger:

„Es empfiehlt sich nicht, Ehrenerklärung, Abbitte und Widerruf strafrechtlich zu verwerten."

Der Leitsatz wird mit überwiegender Mehrheit angenommen.

Nunmehr folgen die beiden Anträge, welche nicht Amendements, sondern selbständige Anträge sind. Ich habe zunächst den Antrag Liepmann zur Abstimmung zu bringen, welcher den jetzt angenommenen Leitsatz zur Voraussetzung hat.

Der Antrag Liepmann wird abgelehnt.

Ich bringe nunmehr den koordinierten Antrag Waldstein und zwar nach der gegebenen Anregung in der Art zur Abstimmung, daß ich die drei Ziffern trenne. Er lautet:

„Dagegen empfiehlt sich, anzuordnen, daß erstens die Veröffentlichungsbefugnis auch bei nicht öffentlichen Beleidigungen stattfinden kann."

Ich bitte diejenigen Herren, welche Ziffer 1 unter Voraussetzung des ersten Antrages Traeger annehmen wollen, sich zu erheben.

Der Antrag wird mit überwiegender Mehrheit angenommen.

Ich bringe Ziffer 2 zur Abstimmung:

„auf die Urteilsgründe oder einen Auszug aus diesen ausgedehnt werden kann."

Der Antrag wird angenommen.

Dritter Punkt:

„auch in solchen Fällen stattfinden", usw.

Das Ergebnis der Abstimmung ist zweifelhaft; es wird daher ausgezählt:

Vorsitzender: Es steht 35 gegen 36. Ich glaube nicht, daß wir hier die Mehrheit von einer Stimme entscheidend sein lassen können. Wir müssen entsprechend parlamentarischem Gebrauch, bei Gleichheit der Stimmen den Antrag als nicht angenommen ansehen. Es scheint mir richtig, die ziffernmäßige Gleichheit der Ansichten pro et contra einfach feststellen und einen Beschluß zu diesem dritten Antrag als nicht gefaßt anzunehmen. Sind die Herren einverstanden? (Zustimmung.)

Dann bitte ich zum Schluß, damit kein Mißverständnis entstehe, feststellen zu dürfen:

Die dritte Abteilung hat zu dem vorgelegten Beratungsgegenstand ihre wissenschaftliche Überzeugung in folgender Weise ausgesprochen:

„Es empfiehlt sich nicht, Ehrenerkärung, Abbitte und Widerruf strafgesetzlich zu verwerten."

Dagegen empfiehlt sich, anzuordnen, daß

1. die Veröffentlichung auch bei nicht öffentlichen Beleidigungen stattfinden kann,
2. auf die Urteilsgründe oder einen Auszug aus diesen ausgedehnt werden kann."

Das ist der Beschluß; alle anderen Anträge sind damit von selbst erledigt.

Es bleibt mir nichts übrig, als nach der anregenden Diskussion den Herren Rednern und Referenten zu danken und zu bemerken, daß die morgige Abteilungsitzung präzis 9 Uhr beginnt.

Die Sitzung ist geschlossen.

(Schluß der Sitzung 3 Uhr 20 Minuten.)

Zweite Sitzung der dritten Abteilung.

Dienstag, 11. September 1906, vormittags 9 Uhr.

Der Vorsitzende Geh. Justizrat DDr. Kahl eröffnet die Sitzung und läßt die Wahl von 10 Vertrauensmännern vornehmen. Er schlägt vor, durch Akklamation zu wählen die Herren Oberlandesger.-Präsidenten Freih. Dr. v. Call-Innsbruck, Geh. Justizrat Prof. Dr. Enneccerus-Marburg, Geh. Justizrat Prof. Dr. Otto Gierke-Berlin, Oberlandesger.-Präs. a. D. Wirkl. Geh. Rat Dr. Hamm-Bonn, Hofrat Schreiber-Wien, Prof. Dr. Kleinfeller-Kiel, Oberstaatsanwalt v. Prittwitz u. Gaffron-Naumburg, Oberlandesger.-Rat a. D. Francke-Hannover, Dr. Gerland-Jena, Rechtsanwalt Oettinger-Nürnberg.

Die Herren werden einstimmig gewählt.

Den Vorsitz übernimmt Oberreichsanwalt Dr. **Olshausen.** Er gibt Kenntnis von den vorliegenden Gutachten und dem Antrag des Referenten über die strafrechtliche Behandlung von Rückfall, gewohnheitsmäßigem und gewerbsmäßigem Verbrechertum. Der letztere lautet:

I. Die im RStGB. vorgesehene Behandlung von Rückfall, gewohnheitsmäßigem und gewerbsmäßigem Verbrechertum ist ungenügend. Um sie wirksam zu gestalten, werden folgende Änderungen des geltenden Rechts erforderlich und ausreichend sein:

1. Der Rückfall des Gelegenheitsverbrechers in ein Gelegenheitsverbrechen bildet, wie schon jetzt das fortgesetzte Verbrechen, nur einen erhöhenden Strafzumessungsgrund innerhalb des ordentlichen Strafrahmens.
2. Außer diesem Falle bildet der gleichartige oder ungleichartige Rückfall sowie stets die gewohnheits- oder gewerbsmäßige Begehung einer strafbaren Handlung einen allgemeinen Strafschärfungsgrund. Beim Vorhandensein mildernder Umstände kann der Richter die Strafe innerhalb des ordentlichen Strafrahmens wählen.

3. Gegen gemeingefährliche und rückfällige Gewohnheitsverbrecher ist neben der Strafe auf Sicherungsnachhaft von unbestimmter Dauer zu erkennen. Über die jederzeit widerrufliche Entlassung entscheiden gemischte, aus Organen der Anstaltsleitung, Beamten der Staatsanwaltschaft und Ehrenbeamten gebildete Kommissionen.

II. Für die unter I vorgesehene gesetzliche Regelung empfiehlt sich die Annahme folgender Grundsätze:

1. Eine Legaldefinition des Begriffs der gewohnheits- und gewerbsmäßigen Begehung strafbarer Handlungen ist, ebenso wie eine solche des rückfälligen Gelegenheitsverbrechers, zu unterlassen.
2. Ein Begriff des unverbesserlichen Rückfälligen oder Gewohnheitsverbrechers ist in das Gesetz nicht aufzunehmen.
3. Die Vorbestrafung des Täters darf keine Voraussetzung für die Annahme der gewohnheits- oder gewerbsmäßigen Begehung strafbarer Handlungen bilden.

III. Von der allgemeinen Regelung auszunehmen und einer sonderrechtlichen Ordnung zu unterstellen sind:

1. Die strafrechtliche Behandlung der geistig minderwerten Gewohnheitsverbrecher.
2. Die strafrechtliche Behandlung der gewerbsmäßigen Prostitution.
3. Die strafrechtliche Behandlung des gewerbsmäßigen Bettler- und Landstreichertums.

IV. Durch die allgemeine Regelung soll ebenfalls die Beibehaltung derjenigen Bestimmungen im besonderen Teil nicht ausgeschlossen sein, nach welchen die Gewerbsmäßigkeit der Begehung entweder begrifflich und natürlich ein die Strafbarkeit begründendes Merkmal, wie etwa beim Glücksspiel, darstellt, oder nach welchen durch die besondere Natur eines Delikts, wie etwa beim unberechtigten gewerbsmäßigen Jagen, die Unterstellung unter die allgemeine Strafschärfung nicht angezeigt erscheint.

V. Die Beschlußfassung über Art und Maß der besonderen Strafmittel gegen rückfällige, gewohnheits- und gewerbsmäßige Verbrecher sowie über den Strafvollzug wird zurückgestellt für die nach Maßgabe der Beschlüsse des 26. Deutschen Juristentages von 1902 demnächst eintretende selbständige Verhandlung über das Strafmittelsystem und die Gestaltung des Strafvollzugs. Den künftigen Referenten über beide Fragen wird für diese Beratung die besondere Würdigung der These 4 des Gutachtens von Professor Dr. M. E. Mayer und der Leitsätze 4 bis 6 und 8 von Professor Dr. med. Aschaffenburg aufgegeben.

Der Berichterstatter Geh. Justizrat Professor DDr. Kahl-Berlin: M. H.! Gegenstand der Tagesordnung ist die strafrechtliche Behandlung von Rückfall, gewohnheits- und gewerbsmäßigem Verbrechertum. Dazu liegen, wie von dem Herrn Vorsitzenden schon bemerkt, zwei Gutachten vor: von Herrn Professor Mayer-Straßburg und Herrn Professor Aschaffenburg-Cöln. Ich werde sie in dieser Reihenfolge als Gutachten I und II zitieren. Die Thesen beider Herren sind in meiner gedruckten Vorlage auf der Rückseite noch einmal wiedergegeben. Es erscheint mir als Pflicht, von dieser Stelle aus beiden Gutachtern den wärmsten Dank auszusprechen für die reiche Förderung, welche die schwierige und komplizierte Frage durch ihre ausgezeichneten Vorarbeiten erfahren hat. Der Scharfsinn des Straßburger Juristen und die Erfahrung des Cölner Irrenarztes haben sich vereinigt, um dem Juristentag eine die Sache fördernde Beschlußfassung zu ermöglichen; und der Wert ihres Dienstes für die Reform des Strafrechts wird auch dann kein geringerer sein, wenn der Juristentag nicht allen Vorschlägen zustimmen oder einzelnes, was die weitblickenden Gutachten einbezogen haben, von seiner Beschlußfassung vorläufig ausnehmen sollte.

Daß die Frage auf unserer Tagesordnung steht, beruht auf dem Beschluß des Berliner Juristentages von 1902. Meine kurzen Ausführungen über diesen Punkt schloß ich als damaliger Berichterstatter mit den Worten: „So ist zu hoffen, daß, wenn auch im einzelnen viel zu erwägen und zu streiten bleibt, doch der künftige Referent für diese Frage im ganzen auf eine einmütige Stimmung treffen werde.“ Daß ich selbst dieser Referent sein müsse, konnte ich damals nicht voraussehen. Aber ich greife die Bemerkung wieder auf, um bei aller zu erwartenden Differenz in Einzelfragen die Hoffnung einmütiger Stimmung zu wiederholen.

Die Notwendigkeit einer Reform steht fest. Darüber werden wir heute auch kaum disputieren. In diesem Sinne hat der Juristentag bereits Stellung genommen. Die Gutachten halten sich daher mit Recht bei Prüfung dieser Frage nicht weiter auf. Gutachten II bringt nur einige dankenswerte und interessante Ergänzungen zu der Rückfallsstatistik, die ich in meinem früheren Berichte vorgetragen habe, einer Statistik, die eine grausame Sprache führt und eine geradezu brutale Beweiskraft besitzt. Die Rückfälligen füllen in steigenden Prozenten die Gefängnisse und Zuchthäuser. Der zwei- bis dreimal Vorbestrafte fällt mit hoher Wahrscheinlichkeit, der fünfmal Vorbestrafte mit fast absoluter Bestimmtheit in das Verbrechen zurück.

Was ist dieser Lage gegenüber zu tun?

Vor einzelnem muß ich einer allgemeinen Erwägung Raum geben. Die Frage ist hier, was ist mit den Mitteln des Strafrechts gegen die Rückfallsgefahr zu tun? Diese Fragestellung bringt zum Bewußtsein, daß mit den Mitteln des Strafrechts nicht alles, nicht einmal die Hauptsache geschehen kann. Das Strafrecht könnte nur dann alles oder wenigstens die Hauptsache leisten, wenn es dekretieren würde: Jeder Rückfällige oder jeder, dessen Rückfall zu gewärtigen ist, wird durch lebenslängliche Einsperrung oder noch Wirksameres unschädlich gemacht. Zu diesem Radikalismus bekennt sich praktisch niemand. Dann aber ist mit der Rückkehr in die Freiheit zu rechnen. Hier liegen die Bedingungen notwendigen oder wahrscheinlichen Rückfalls. Ihre Regulierung entzieht sich der Leistungsfähigkeit des Strafrechts. Aus diesen Erwägungen trete ich an die Prüfung des Problems mit dem Entschluß heran, die Leistungsfähigkeit des Strafrechts nicht zu überschätzen und seine Mittel für die Erreichung des angestrebten Zieles nicht zu überspannen. Es resultiert daraus für mich die Anlehnung an das geschichtlich Gewordene, soweit es berechtigt und brauchbar ist, die Ablehnung alles Experimentellen und die Maßhaltung in Beschränkung der Vorschläge auf das praktisch Gebotene und Erreichbare.

Habe ich unter dieser innerlichen Gesamtstimmung die Vorschläge der Gutachten gewissenhaft prüfen müssen, so hat sich mir zwar in wichtigen Grundfragen erfreuliche Übereinstimmung, aber an entscheidenden Punkten doch auch die Notwendigkeit des Widerspruchs und der Abweichung ergeben.

Meine Disposition will ich im weiteren so treffen, daß ich zunächst die Kategorien selbst bespreche, für welche eine strafrechtliche Ordnung vorzusehen ist, und demnächst die Mittel, welche dagegen aufzubieten sein werden.

I. In der zuerst aufgeworfenen Frage bildet den alles beherrschenden Mittelpunkt von Gutachten I die Forderung: der Begriff des Rückfalls müsse mit einer Ausnahme aus dem Gesetz verschwinden, um dem des Gewohnheitsverbrechens Platz zu machen. Die vorbehaltene Ausnahme besteht darin, daß anstelle des unverwertbaren Begriffs der „Unverbesserlichkeit" der „Rückfall des Gewohnheitsverbrechers" beibehalten wird. Im übrigen sei der Rückfallsbegriff grundsätzlich aufzugeben. Der Rückfall habe überall nur die Bedeutung eines äußeren Symptoms. Daher sei er als allgemeiner Strafschärfungsgrund unbrauchbar. Nicht an ihn, sondern an die gewohnheitsmäßige Begehung sei eine besondere Strafdrohung zu knüpfen. Das neue Gesetz müsse allein den Gegensatz von Gelegenheits- und Gewohnheitsverbrecher als grundlegenden Unterschied aufnehmen. Der Rückfall des Gelegenheitsverbrechers ist nur innerhalb des ordentlichen Strafrahmens als erhöhender Strafzumessungsgrund zu berücksichtigen.

Den letzteren Standpunkt teile ich vollkommen; aber im übrigen kann ich die begriffsmäßige Preisgabe des Rückfallbegriffs und seinen generellen Ersatz durch die Gewohnheitsmäßigkeit als Grundlage der Strafschärfung dem Juristentag nicht empfehlen. Auch Gutachten II hält an dem Rückfallsbegriff fest. Ich muß bei meinem Programm von 1902 bleiben: „Der Rückfall gehört aus dem besonderen in den allgemeinen Teil. Und wie der gleichartige, muß auch der ungleichartige Rückfall zu bedenken sein.“ Aber ehe ich das rechtfertige, sei zunächst der weitgehenden Übereinstimmung mit der Aufnahme oder besser vollkommeneren Berücksichtigung des *gewohnheitsmäßigen Verbrechertums* gedacht. Dann erst wird sich um so zuverlässiger ermessen lassen, ob denn überhaupt noch ein besonderes Bedürfnis für die Beibehaltung eines selbständigen Rückfallsbegriffs bestehe?

1. Ungemein dürftig ist, vom Standpunkt des gegenwärtigen Straf- und Schutzbedürfnisses gemessen, die Behandlung des gewohnheitsmäßigen und — nur eine Abart desselben — des gewerbsmäßigen Verbrechertums im geltenden Recht. Allein oder in Verbindung finden sich als strafbegründende oder als straferhöhende Tatbestandsmerkmale verwertet: die *Gewerbsmäßigkeit* bei Glücksspiel (284), Jagen (294), Unzucht (361b); die *Gewohnheitsmäßigkeit* bei Münzverringerung (150), Kuppelei (180), Zuhälterei (181a); *beide* bei Hehlerei (260) und Wucher (302d). Der allgemeine Teil kennt den *Typus* überhaupt nicht. Sicher nun sind das Delikte, bei deren Eigenart der gewerbs- oder gewohnheitsmäßige Betrieb besonders häufig auftritt. Aber doch nicht die einzigen! Insbesondere läßt diese Beschränkung die Spezialitäten des modernen großzügigen Verbrechertums unberücksichtigt. Es sind die Leute, welche entweder eine Spezialität virtuosenhaft ausgebildet haben als Don Juans, als Hochstapler, als Erpresser; oder welche nach Bedarf gewohnheits- und gewerbsmäßig in verschiedenen Verbrechensgattungen variieren und vor keiner im Einzelfall den Zielen entsprechenden Handlung zurückschrecken, welche sozusagen ein Verbrechen mit dem andern zudecken, rücksichtslose Verächter allen und jeden Rechts. Es hat nie und auch zur Entstehungszeit des Reichsstrafgesetzbuches nicht an dieser Klasse gefehlt. Aber die ungemein komplizierte Entwickelung des modernen Verkehrs-

und Gesellschaftslebens hat einen ganz besonders günstigen Boden für ihre Züchtung abgegeben. Daher kann spätestens jetzt die generelle Berücksichtigung dieser Verbrecherklasse keinesfalls mehr verschoben werden.

Es erhebt sich aber die Vorfrage: Besteht überhaupt eine Möglichkeit, einen insoweit fest umgrenzten Begriff des Gewohnheitsverbrechens anzunehmen, als zu seiner generell gesetzlichen Einstellung und richterlichen Handhabung notwendig ist? Ganz gewiß. Und dies um so zuverlässiger und brauchbarer, wenn jede Legaldefinition unterbleibt. Darin stimme ich ganz mit beiden Gutachten überein. Das Gesetz kann den Begriff voraussetzen, wie er von der Vernunft der Sache und der natürlichen Volksauffassung verstanden wird und kann ihn in diesem Sinn der freien richterlichen Anwendung auf den Einzelfall anvertrauen. Übergänge, Verbindungslinien, Grenzfragen werden immer bleiben. Aber sie werden in dem Maße der Rechtsprechung nicht hinderlich sein, als das richterliche Ermessen nicht durch formal-juristische Kriterien eingeengt sein wird.

Welches sind diese, wenn ich so sagen darf, naturrechtlichen Merkmale des Gewohnheitsverbrechens, durch welche es sich einerseits als eigentümlicher Begriff abschließt, andererseits von entgegengesetzten oder verwandten Begriffen ausreichend für die Rechtsanwendung unterscheidet? Ist diese Frage beantwortet, so reiht sich in fortschreitendem Gedankengang naturgemäß die weitere an: kann oder muß man für die strafrechtliche Behandlung innerhalb des Gewohnheitsverbrechens selbst noch weiter individualisieren?

Das äußerlichste und leichtest erkennbare Merkmal des Gewohnheitsverbrechens ist jedenfalls die Wiederholung von Straftaten. In welchen Intervallen sie sich wiederholen und wie häufig, ist gleichgültig für den Begriff, und nur Symptom der Intensität des gewohnheitsverbrecherischen Charakters. Auch die Identität der Straftat ist nichts Begriffliches. Die Handlungen können variieren, ohne aufzuhören, Gewohnheitsverbrechen zu sein. Es gibt die Gewohnheit zur Begehung einer Verbrechensspezies, eines Verbrechensgenus, des Verbrechens überhaupt, irgend eines Verbrechens. Die Grenze ist nur da, wo die Begehung aufhört, Äußerung einer bestimmten verbrecherischen Eigenart oder Grundrichtung zu bleiben. Diese Grundrichtung selbst aber kann eine enger oder weiter tracierte sein. Charakteristisch nach der Willensseite ist, daß nicht eben jeder Wiederholungsakt die Neubildung eines verbrecherischen Entschlusses voraussetzt. Vielmehr hat sich der verbrecherische Wille in der bestimmten Richtung gewissermaßen stereotypiert. Er ist in Fleisch und Blut übergegangen, ein Wesensstück der Persönlichkeit geworden. Er entäußert sich an seinem Objekt wie selbstverständlich, daher gewohnheitsmäßig zu nennen und als solcher zu erkennen. Die Wirksamkeit von Gegenmotiven im Einzelfall ist sozusagen ausgeschaltet, jedenfalls eingeschläfert. Endlich aber erfordert der Begriff keineswegs, daß der Täter, um heute als Gewohnheitsverbrecher stigmatisiert zu werden, wegen früherer Gewohnheitsverbrechen schon Vorstrafen erlitten haben müsse. Darin eben unterscheidet er sich vom Rückfälligen im gesetzlich-technischen Sinn. Wenn ich früher den jetzt von Gutachten I bekämpften Satz ausgesprochen habe: „Jeder Gewohnheitsverbrecher ist Rückfälliger", so ergab der Zusammenhang, daß ich dabei den Rückfälligen eben nicht im technisch-strafgesetzlichen, sondern in dem weiteren volkstümlichen Sinne als Eines, der Straftaten in der bezeichneten Weise wiederholt, gemeint habe. Um Mißverständnisse zu vermeiden, greife ich aber auf jene Formulierung nicht mehr zurück, sondern erkläre ausdrücklich mein Einverständnis damit, daß vorangegangene Verurteilung kein Indizium für den Gewohnheitsverbrecher ist, eine Annahme, die allerdings wie eine Prämie wirken würde auf die Geschicklichkeit, sich der Entdeckung von Verbrechen zu entziehen. Nicht weniger endlich vollstes Einverständnis damit, daß „die indizierende Funktion für das Gewohnheitsverbrechen auch durch nicht strafbare Handlungen ausgeübt werden kann" (Gutachten I, 155). Verjährte oder im Ausland begangene Handlungen können den Beweis der Gewohnheitsmäßigkeit der Tat und des gewohnheitsmäßig verbrecherischen Charakters des Täters erbringen, ebenso wie straflose Vorbereitungs- oder Versuchshandlungen.

Dieser Begriff des Gewohnheitsverbrechens ist nicht in eine kurze Formel zu fassen, gleichwohl ist er für die Rechtsanwendung klar und umgrenzt genug. Überdies hat das Strafrecht ein wesentliches Interesse verstärkter Reaktion doch eigentlich nur gegenüber den ausgeprägten Typen der Gewohnheitsverbrecher, welche vom Richter, auch vom Laienrichter, leicht erkennbar sind. Wo die Merkmale unsicher und die Grenzen flüssig werden, ist der Schaden nicht groß, wenn im Zweifel zunächst nur die Regelstrafen mit Ernst zur Anwendung kommen. Ist der Täter trotzdem Gewohnheitsverbrecher, so wird er mit unfehlbarer Sicherheit zu seiner Stunde dem Strafgericht wieder verfallen und dann als solcher erkannt sein.

2. Durch die bezeichneten Merkmale unterscheidet sich das Gewohnheitsverbrechen charakteristisch einerseits von seinem begrifflichen Gegensatz, dem Gelegenheitsverbrechen, andererseits von den äußerlich verwandten Erscheinungsformen des Rückfalls und des fortgesetzten Verbrechens.

a) Von dem G e l e g e n h e i t s v e r b r e c h e n. Freilich kann man die Täter des einen oder des andern nicht durch „Stempelmarke" disqualifizieren. Angesichts des Ernstes der Tatsache, um welche es sich hier handelt, und der unmißverständlichen Sprache der Statistik wird dieser Scherz hoffentlich nicht wiederkehren. Der Unterschied ist offensichtlich genug. Man kann nicht — eine Forderung von Gutachten I, die ich als unausführbar halte — darauf das ganze System eines Strafgesetzbuches gründen, aber man kann, als auf einer ausreichend soliden Unterlage, dem Unterschied in weitgehender Weise Rechnung tragen. Der Gewohnheitsverbrecher sucht die Gelegenheit auf, geht ihr nie aus dem Wege, schafft sie. Den Gelegenheitsverbrecher erreicht die Gelegenheit, welcher er schuldhaft im Einzelfalle nicht die nötige Widerstandskraft entgegengesetzt hat. Die Figur des erst- und einmaligen Gelegenheitsverbrechers steht hier nicht weiter in Frage. Der Gelegenheitsverbrecher tritt in unseren Gedanken- und Untersuchungskreis erst und nur ein, wenn er mehrfach und wiederholt der sich darbietenden Gelegenheit zu strafbarem Handeln verfällt, wenn er also mit einem Wort „rückfälliger Gelegenheitsverbrecher" geworden ist. Davon wird sogleich die Rede sein.

Vom Gewohnheitsverbrechen unterscheidet sich andererseits trotz verwandtschaftlicher Beziehungen

b) der Rückfall. Rückfällig im allgemein juristischen Sinne ist, wer trotz erlittener Vorbestrafung binnen gewisser Zeit eine neue, gleiche, ähnliche oder überhaupt eine Straftat begeht. Abweichend von der Mehrzahl der Partikularrechte und auch vom Preußischen Vorbild hat das RStGB. den Rückfall bekanntlich nicht in diesem allgemeinen Sinne übernommen, sondern nur als speziellen Strafschärfungsgrund bei Diebstahl (244/45), Raub (250[5]), Hehlerei (261) und Betrug (264) aufgestellt in der Art, daß bei Raub der erste, in den anderen Fällen der zweite Rückfall qualifizierend wirkt. Von den Rückfallsbestimmungen in Zoll-, Steuer- und anderen Ergänzungsstrafgesetzen sehe ich ab. Außerhalb dieser Fälle ist der Rückfall nur Strafzumessungsgrund und also, da Strafzumessungsgründe nicht genannt werden, im Strafgesetzbuch überhaupt nicht erwähnt. Inwieweit es strafpolitisch angemessen sei, den Rückfall als Schärfungs- oder nur als Strafzumessungsgrund zu behandeln, steht hier noch dahin. Es interessieren in diesem Zusammenhang zunächst zwei andere grundsätzliche Fragen. Besteht überhaupt die Notwendigkeit oder auch nur ein Bedürfnis, neben dem Gewohnheitsverbrechen den Rückfallsbegriff als selbständige Kategorie im Gesetze beizubehalten? Wenn ja, ist es innerlich zu rechtfertigen, den Rückfallsbegriff auf die Wiederholung gleichartiger Delikte zu beschränken?

Nach meiner Überzeugung ist zunächst die erste Frage unbedingt zu bejahen. In dieser Beziehung weiche ich von Gutachten I ab und stimme mit Gutachten II überein. Gewohnheitsverbrecher und Rückfällige sind verwandte Typen, aber doch wiederum recht verschieden. Nicht jeder Rückfällige ist Gewohnheitsverbrecher. Dem Satz stimmen beide Gutachten bei. Es gibt rückfällige Gelegenheitsverbrecher. Der Rückfall muß nicht notwendig, wie immer das Gewohnheitsverbrechen, ein chronischer Verbrecherzustand sein, auf einer tief eingewurzelten Verbrechensneigung beruhen. Er ist ebenso häufig die Folge akuter Widerstandslosigkeit gegen neu sich bietende Gelegenheit. Für viele Fälle kann man mit fast absoluter Gewißheit sagen, daß, falls die Gelegenheit, d. h. die Gesamtheit der objektiv die Straftat bedingenden Umstände, sich nicht wiederholt dargeboten hätte, der Rückfall unterblieben wäre. Dahin gehören namentlich z. B. die zahlreichen Vorkommnisse, in welchen aus Not geringwertige Verbrauchsgegenstände, Holz, Kohlen und dergleichen, wiederholt gestohlen werden, und in denen nach Reichsstrafgesetzbuch schablonenhaft hart gestraft werden muß. Solche Handlungen sind Gelegenheitsdelikte, selbst wenn sie sich kurz und öfters wiederholen. Soziale Hilfe in rechter Stunde würde diese Taten mit größter Wahrscheinlichkeit verhindert haben. Ein solcher Täter ist keineswegs immer eine dauernde Gefahr für Gesellschaft und Rechtsordnung. Der Rückfall ist aber unabhängig vom Gewohnheitsverbrechen weiterhin auch deshalb strafrechtlich selbständig zu behalten und zu behandeln, weil einmal der Gewohnheitsverbrecher selbst als Gewohnheitsverbrecher rückfällig sein, und weil er zweitens außerhalb seines Gewohnheitsverbrechens ungleichartig rückfällig werden kann. Für den ersten Fall — das ist ein Punkt, in dem wir zusammenstimmen — will auch Gutachten I den technischen Rückfallsbegriff für die Zukunft gesetzlich beibehalten. Es soll geschehen, um den gesetzgeberisch unbrauchbaren Begriff des „unverbesserlichen Gewohnheitsverbrechers“ zu ersetzen. Die Prognose der Unverbesserlichkeit kann kein Sterblicher stellen. Was dort über die legislative Unverwendbarkeit des Typus eines „Unverbesserlichen“ gesagt ist, kann ich lediglich unterschreiben. Ich füge aber dem Fall die andere Möglichkeit zu, daß der Täter außerhalb seines Gewohnheitsverbrechens ungleichartig rückfällig geworden war. Der gewohnheitsmäßige und schon vorbestrafte Münzfälscher hat aus Anlaß eines mit seinem Metier gar nicht zusammenhängenden Wirtshausstreites einen Totschlag begangen. Diese Möglichkeit variiert sich ins Hundertfache. Der Täter kann wegen der neuen Tat nicht als „Gewohnheitsverbrecher“ in Anspruch genommen werden. Ebensowenig als bloß rückfälliger „Gelegenheitsverbrecher“: denn sein Vorleben war Gewohnheitsverbrechen. Er ist einfach und schlechthin Rückfälliger im weiteren Sinne, d. h. einer, der trotz erlittener Vorbestrafung von neuem eine strafbare Handlung begangen hat. Endlich ist der Rückfall unabhängig vom Gewohnheitsverbrechen auch noch deshalb als selbständige strafrechtliche Kategorie beizubehalten, weil es genug strafbare Handlungen gibt, die wohl im Rückfall, kaum je aber gewohnheitsmäßig begangen werden: Hochverrat, Vergehen gegen staatsbürgerliche Rechte, Haus- und Landfriedensbrüche, Personenstandsdelikte, Zweikampf, manche Amtsverbrechen.

Ist hiernach der Rückfallsbegriff, wie ich erachte, für die Differenzierung der Strafbarkeit nicht zu entbehren, so besteht aber weiterhin auch keinerlei Berechtigung, den gesetzlichen Begriff auf die Wiederholung gleichartiger Delikte zu beschränken. Auch Gutachten II verwirft diese Beschränkung mit großer Energie. Zunächst die Frage: wenn die Beschränkung auf den gleichartigen Rückfall berechtigt wäre, warum dann die weitere Einschränkung der strafschärfenden Wirkung des Rückfalls gerade auf die vier genannten Delikte: Diebstahl, Raub, Hehlerei, Betrug? Man antwortet, weil sie in ganz besonderem Maße auf eingewurzelter Neigung beruhen. Sehr richtig! Die Rückfallsstatistik belegt das unzweifelhaft. Der Besucher eines Zuchthauses findet in der dritten Zelle einen rückfälligen Dieb. Aber die eingewurzelte Neigung findet sich verhältnismäßig gleich, d. h. gleich im Verhältnis zur Gesamtzahl der begangenen strafbaren Handlungen der gleichen Art, auch bei Raufbolden, bei Ehrabschneidern, bei gewissen Sittlichkeitsverbrechern und anderen. Die wirkliche Erklärung jener Einschränkung auf die vier Delikte liegt anderswo. Sie ist Teilerscheinung der allgemeinen bedauerlichen Neigung unseres Strafgesetzbuches, dem Schutz der Vermögensinteressen ein größeres Gewicht beizulegen, als demjenigen anderer Rechtsgüter. Daß hier ein Ausgleich angestrebt werden müsse, ist allgemeines Verlangen. Aber in der Notwendigkeit dieses Ausgleichs liegt doch nicht der einzige Grund für die hier erhobene Forderung, die Enge des Gesetzesbegriffs zu überschreiten. Die Beschränkung der besonderen strafrechtlichen Wirkungen des Rückfalls auf gleichartige Delikte läßt sich vielmehr auch prinzipiell nicht rechtfertigen. Sie widerspricht der Psychologie des Rückfallsbegriffs. Sie hält sich an äußerliche Merkmale. Sie trennt Zusammengehöriges. Wie es nämlich einerseits möglich ist, daß eine und dieselbe Handlung zu sehr verschiedenartigen Zwecken begangen wird — man denke an Brandstiftung zur Bereicherung, zur Sachbeschädigung, zur Tötung —, so kann es andererseits und umgekehrt geschehen, daß Handlungen, welche nach ihren äußern, nach ihren juristischen Tatbestandsmerkmalen ganz verschiedenartig sind, doch durch die Kontinuität des Zwecks und inneren Zusammenhangs wie eine verbrecherische Kette erscheinen und eben dadurch unter dieselben Bedingungen und Gründe strafrechtlicher Behandlung treten müssen wie der sogenannte gleichartige Rückfall. Sie sind noch nicht reines Gewohnheitsverbrechen, nicht mehr bloß wiederholtes Gelegenheitsverbrechen, aber gleichwohl Rückfallshandlungen nach Seite des inneren Zusammenhangs. Gutachten II bringt dafür feinsinnige Beobachtungen und Bemerkungen bei. Es gibt namentlich auf Seite 8—9 ein bemerkenswertes Beispiel über den inneren Zusammenhang von Kuppelei und Wucher und kommt zu dem sehr richtigen Ergebnis, daß Kuppelei dem Wucher viel näher steht als den Sittlichkeitsverbrechen, und daß eine Vorstrafe wegen habsüchtig betriebener Kuppelei einer nachfolgenden Begehung von Wucher den Stempel eines Rückfallverbrechens gibt. Summa summarum ist überhaupt der ungleichartig Rückfällige für die Gesellschaft verhängnisvoller und gefährlicher als der gleichartig Rückfällige. Wenigstens für die Regelfälle. Denn der Rückfall in das Verbrechen dokumentiert häufig eine stärkere Energie der rechtsverächtlichen Gesinnung, als der Rückfall in dieses Verbrechen. In keinem Falle ist er strafrechtlich weniger beachtbar als dieser.

Aus allen diesen Erwägungen kann der vom Gewohnheitsverbrechen unterschiedene und unterscheidbare Typus des Rückfalls als selbständiger Begriff im Gesetze nicht zu entbehren sein.

c) Vom Gewohnheitsverbrechen ist noch zu unterscheiden das fortgesetzte Verbrechen. Diese Unterscheidung ist notwendig und freilich nur möglich, wenn der letztere Begriff eng und scharf begrenzt wird. Falsch gewählte Beispiele haben diese Grenze verwischt. Das übelste unter den falsch gewählten populären Beispielen ist das des Zigarrendiebes. Wer seinem Herrn täglich eine Zigarre stiehlt, begeht kein fortgesetztes Verbrechen, er ist seinem Charakter nach ein unehrlicher Mensch, ein ganz „gewöhnlicher" Gewohnheitsdieb. Das Charakteristikum des fortgesetzten Verbrechens kann nur sein, daß der verbrecherische Entschluß von vornherein auf das abgeschlossene Ganze eines rechtswidrigen Erfolgs gerichtet war, die Ausführung aber in Teilakte zerlegt wird. Fortgesetzter Verbrecher ist daher, wer 10 Bände einer Bibliothek stehlen will, aber, weil er es unbemerkt nicht auf einmal bewerkstelligen kann, bei jedem Bibliotheksbesuch einen Band mitnimmt. Gewohnheitsdieb ist, wer in Befriedigung einer verbrecherischen Gesamtneigung Bücher beliebig, unbegrenzt stehlen will und stiehlt. Die Differenz ist erheblich. Der Erstere rangiert in der Gruppe der Gelegenheitsverbrecher, der qualifizierten, wenn man will. Eine Qualifikation liegt zweifellos in der Mehrheit der Ausführungsakte. Aber die Geschlossenheit des in den einheitlichen Entschluß aufgenommenen Objekts und Erfolgs zieht die Grenze zum Gewohnheitsverbrecher. Mit Recht hat daher auch jetzt schon das Strafgesetzbuch die Berücksichtigung des fortgesetzten Verbrechens der gewöhnlichen Strafzumessung überlassen. Fortgesetzte Begehung gilt als Straferhöhungsgrund innerhalb des normalen Strafrahmens. Will man künftig das Gewohnheitsverbrechen allgemein unter schärfere Strafbestimmungen stellen, so muß die Differenz der Begriffe um so mehr durchgebildet und festgehalten werden. Denn die Aufstellung der Begriffe dient (wie auch Gutachten I, S. 157 sehr richtig hervorhebt) gerade entgegengesetzten Zwecken: die des fortgesetzten Verbrechens der Verhinderung einer übermäßigen Strafenanhäufung, die des Gewohnheitsverbrechens der Strafschärfung. An diesen Gedankenkreis reiht sich noch die andere Frage:

3. Bedarf es für die strafrechtliche Behandlung noch weiterer Individualisierung innerhalb des Gewohnheitsverbrechens? Unvermeidlich! Es ergeben sich Differenzierungen nach zwei Gesichtspunkten: in Ansehung besonderer Eigenschaften des Täters und in Ansehung der Eigenart der Handlung.

a) Als besondere Eigenschaften des Täters treten strafrechtlich relevant hervor geistige Minderwertigkeit und Gemeingefährlichkeit.

Vielfach beruht das Gewohnheitsverbrechen auf geistiger Minderwertigkeit. Es ist das besondere Verdienst von Gutachten II, die hauptsächlich hier in Betracht kommenden Indikationen noch einmal in die Erinnerung gerufen zu haben. Der Juristentag wird aber kaum Veranlassung nehmen wollen, wiederholt auf die besondere strafrechtliche Behandlung der geistig minderwerten Gewohnheitsverbrecher zurückzugreifen. Sie ist in den Beschlüssen der 27. Tagung mit erledigt. Auch Gutachten I begnügt sich mit dem Hinweis darauf.

Spezialität unter den Gewohnheitsverbrechern sind ferner die Gemeingefährlichen. Es wäre nämlich durchaus irrig, alle Gewohnheitstäter ausnahmslos als gemeingefährlich zu präsumieren. Es gibt nach Persönlichkeit und Art der verbrecherischen Neigung hier sehr bemerkenswerte Unterschiede. Es gibt namentlich überaus lästige, aber für die Gesellschaft insoweit harmlose Repetenten, daß um ihretwillen nicht ein besonderer strafrechtlicher Apparat aufzubieten ist. Gutachten II zählt darunter z. B. gewisse Querulanten. Sie und andere sind in ihrem sonstigen Leben und außerhalb ihrer eigenartigen Affekthandlungen ganz anständige Leute. Man wird sie, allein weil sie gewohnheitsmäßig nach einer bestimmten Richtung ihrer ungefestigten Charakteranlage delinquieren, nicht auf gleiche Linie stellen dürfen mit den Leuten, vor denen nichts und niemand sicher ist. Das erst sind die Gemeingefährlichen. Nur für sie sind besondere Mittel bereit zu stellen. Rein psychologisch könnte man selbst unter den gemeingefährlichen Gewohnheitsverbrechern noch weiter differenzieren. Es gibt, wenn ich so sagen darf, einseitig oder einspännig Gemeingefährliche. Der Gewohnheitsdieb oder Betrüger ist regelmäßig allseitig gemeingefährlich, weil er sich nach Bedürfnis der Körperverletzung, des Totschlags, der Urkundenfälschung als Mittel der Haupthandlung bedient. Ebenso immer der Hochstapler. Der Raufbold aber, dem „das Messer ganz lose in der Scheide sitzt", wird vielleicht verabscheuen, einem anderen nur einen Groschen widerrechtlich abzunehmen. Daraus folgt indessen nicht eine Distinktion für die strafrechtliche Behandlung. Für sie ist entscheidend die Gemeingefahr überhaupt, wenn auch nur in einer Richtung.

b) In Rücksicht auf die Eigenart der Handlung des Gewohnheitsverbrechers kann eine dreifache Unterscheidung für die strafrechtliche Behandlung nicht unbeachtet bleiben.

Einmal die Gewerbsmäßigkeit des Verbrechens im allgemeinen. Daneben noch einen besonderen Begriff der Geschäftsmäßigkeit zu bilden, besteht kaum ein Bedürfnis. Gewerbsmäßigkeit ist diejenige Gewohnheitsmäßigkeit, welcher das Verbrechen zum Erwerbe dient. Ethisch betrachtet kann man nicht einmal sagen, daß unter allen Umständen die Gewerbsmäßigkeit die schwerere Form der Gewohnheitsmäßigkeit sei. Erwerb ist immerhin ein vernünftiger Zweck. Für das Strafrecht aber liegt das qualifizierende Moment in der Beharrlichkeit und Regelmäßigkeit des verbrecherischen Tuns, in dem, was in der neuesten Nummer der Juristenzeitung Groß ganz treffend die „Aktive Prädisposition" des Gewohnheitsverbrechers genannt hat. Das gewerbsmäßige Verbrechertum ist dasjenige, welches die strafbare Handlung als die dem ehrlichen Beruf gleichartige Quelle des Lebensunterhalts betrachtet. Das durch verbrecherische Tätigkeit Erworbene gilt ihm als normaler Arbeitsverdienst. Darin liegt gegenüber dem allgemeinen Typus der Gewohnheitsverbrecher das stets Gemeingefährliche des Gewerbsmäßigen. Das gewerbsmäßige Verbrechen ist nicht notwendig Vermögensdelikt „Alle Verbrechen, deren Zustandekommen von einer zahlenden Kundschaft unterstützt wird" (Gutachten I, 158), können gewerbsmäßig begangen werden. Also neben Diebstahl, Hehlerei, Spiel, Hochstapelei, Erpressung vor allem auch Kuppelei, Abtreibung, unlauterer Wettbewerb, Verrat militärischer Geheimnisse und anderes mehr.

Nun sind aber unter den gewerbsmäßigen Delikten wieder zwei Gattungen, welche nicht einer allgemeinen Regel unterworfen werden dürfen und können, vielmehr ganz individualisierter Behandlung bedürfen. Das sind Prostitution und Landstreicherei.

Ich habe mehrfach als innerste Überzeugung vor Frauen und Männern in Berliner Versammlungen ausgesprochen, daß das Deutsche Reich als Wohlfahrtsstaat sich auf die Dauer nicht der Regelung der Prostitution entziehen dürfe. Nach welchem Systeme immer der Hydra beizukommen sei, steht hier nicht in Frage. Zum weit überwiegenden Teile fällt die Aufgabe nicht dem Strafrecht zu. Umso besser wird ihre Lösung sein, je weniger das Strafrecht dabei beteiligt ist. Aber es bestehen Zusammenhänge schon wegen der Frage der Körperverletzung durch Ansteckung, wegen des Zuhältertums, wegen möglicher Polizeiübertretungen und dergleichen. Ich wollte hier nur vertreten, daß nicht unter die gewöhnlichen Regeln der Gewerbs- und Gewohnheitsmäßigkeit diese Gattung subsumiert werden kann, sondern daß es für alles dieses einer besonderen rechtlichen Ordnung bedarf.

Dasselbe ist der Fall für das gewerbsmäßige Bettler- und Landstreichertum. Das innere Wesen dieses Delikts ist so kompliziert und seine äußere Erscheinung so mannigfaltig, daß es jeder Generalisierung Widerstand leistet. Viel wichtiger als die Mittel des Strafrechts sind ihm gegenüber die Fangarme der sozialen Hilfe und der rettenden Liebe. Unter den tausenden sogenannten Landstreichern, die jährlich straffällig werden, sind hunderte, welche individuell kaum je eine strafrechtlich beachtsame Gemeingefahr bedeuten, harmlose ungefährliche Menschen. Aber die Bedeutung der Sache ist die, daß im walzenden Landstreichertum polypenhaft eine der untersten sozialen Schichten sich darstellt, aus welcher gemeingefährliches gewerbs- und gewohnheitsmäßiges Verbrechen herauswächst. Wenn Gutachten I gelegentlich meint: „In dieser Beziehung zeigt die Gruppe der Vagabunden aber keine Besonderheit, geht vielmehr in dem soziologischen Typus, dessen strafrechtliche Behandlung hier in Frage steht, restlos auf,“ so kann ich dem eben nicht zustimmen, nicht zustimmen aus vielen persönlichen Erfahrungen, namentlich mit der Bevölkerung der Arbeiterkolonien, zu denen ich engere Fühlung habe. Landstreicher und Landstreicher sind ganz verschiedene Figuren! Eben für diese Verschiedenheit in den Mitteln der strafrechtlichen Behandlung Raum und Ausdruck zu finden, wird auch hier die Sorge einer sonderrechtlichen Ordnung bilden müssen.

II. Mit dieser Kategorisierung ist die zweite Hauptfrage nach Art und Mitteln der strafrechtlichen Behandlung der hier in Frage kommenden Verbrecherklassen so vorbereitet, daß ich mich kurz fassen kann. Ich scheide zunächst diejenigen Gebiete aus, von denen ich erachte, daß sie der Juristentag nicht in seine materielle Beschlußfassung mit einzubeziehen habe:

1. Nicht die sonderrechtliche Ordnung für die geistig minderwerten Rückfälligen und Gewohnheitsverbrecher, für die gewerbsmäßige Prostitution und das gewerbsmäßige Landstreichertum. Es ist aber, um unsere Erwägung darüber kenntlich zu machen, erwünscht, daß die Notwendigkeit eben einer Sonderbehandlung in einer speziellen These zum Ausdruck gelange. Das schlage ich in These III vor.

2. Nicht die Fragen der Art und des Maßes der Freiheitsstrafen bei allen in Betracht kommenden Kategorien. Gutachten I hat sich exemplificandi causa überaus belehrend und anschaulich darüber verbreitet und für den Gesetzgeber wertvolle Hinweise aufgenommen. Aber eine beschlußmäßige Äußerung des Juristentages darüber würde die Verständigung über das künftige Strafmittelsystem zur Voraussetzung haben. Dieses Thema hat der Berliner Juristentag auf die nächstfolgende Tagesordnung zur selbständigen Erörterung verwiesen.

3. Nicht im Zusammenhange damit die spezifischen Fragen des Strafvollzugs an gewohnheits- und gewerbsmäßigen Verbrechern. Der Strafvollzug im ganzen wurde ebenfalls 1902 zu besonderer Beschlußfassung ausgesetzt. Wir werden schon zur nächsten Tagung für die wissenschaftliche Vorbereitung Sorge tragen. Beide Gutachten enthalten auch über den Strafvollzug wertvolle Gedanken und Anregungen, welche der künftige Referent über den Strafvollzug wird verwerten müssen und können. Namentlich kann ich mich mit vielem, was Gutachten II darüber ausgeführt hat, einverstanden erklären. Um diese Vorschläge künftig nicht zu übersehen, könnte sich empfehlen, daß die Beschlußfassung darüber ausdrücklich vorbehalten werde.

4. Nicht endlich wäre in unsere Beschlußfassung einzubeziehen die Spezialisierung derjenigen Fälle, in welchen auch künftig, unbeschadet der generellen Normen im allgemeinen Teil, Bestimmungen über Gewohnheits- oder Gewerbsmäßigkeit im besonderen Teil nicht entbehrt werden können. Gutachten I spricht auf Seite 174 darüber sich folgendermaßen aus: „Das Moment der Gewerbsmäßigkeit wird wie im geltenden Recht, so künftig bei einigen Delikten als strafbegründendes unentbehrlich sein; so scheint es angebracht, das Glücksspiel, nur sofern es gewerbsmäßig betrieben wird, unter Strafe zu stellen (§ 284), auch beim Sachwucher kann die gleiche Voraussetzung nicht wegfallen (§ 302e); in andern Tatbeständen, z. B. im § 184 Ziff. 1, Verkauf unzüchtiger Schriften, ist die Gewerbsmäßigkeit als ein natürliches Merkmal begrifflich enthalten. Das sind besondere Bestimmungen, die vor der allgemeinen den Vorrang haben würden. — Ganz ebenso ist die Sachlage, wenn die gewerbsmäßige Begehung in der Form eines besonderen Strafschärfungsgrundes

berücksichtigt werden muß; es wäre sehr bedenklich, das gewerbsmäßige Jagen (§ 294) nach dem allgemeinen Strafschärfungsgrund zu behandeln." Alle diese Spezialfragen können uns jetzt nicht beschäftigen. Nur wird sich auch hier empfehlen, einen Hinweis auf die Sache in einen besonderen Leitsatz aufzunehmen.

Nach Ausscheidung dieses Stoffes bliebe als das große Grundsätzliche unserer materiellen Beschlußfassung nur das Dreifache: Welche der aufgeführten Kategorien sind der Strafzumessung zu überlassen? Für welche ist die wiederholte Begehung als ein allgemeiner Strafschärfungsgrund aufzunehmen? Für welche endlich ist außerdem noch auf Sicherungsmaßregeln Bedacht zu nehmen, — oder wäre statt solcher die unbestimmte Verurteilung zu wählen?

a) Die erste Frage ist mit einem Wort zu erledigen. Der Strafzumessung wäre, wie bisher, das fortgesetzte Verbrechen in der gegebenen Begriffsbeschränkung zu überlassen. Neu zu überweisen wäre ihr, übereinstimmend mit Gutachten I, die Bestrafung des rückfälligen Gelegenheitsverbrechens, um damit die anstößige Härte zu beseitigen, welche bisher in der Anwendung der besonderen Rückfallschärfung auf geringfügige Eigentumsdelikte gelegen war. Dabei gehe ich freilich von der Voraussetzung aus, daß die Strafzumessung überhaupt und zwar vernünftig durch das künftige Strafgesetzbuch reformiert werde.

b) Zur zweiten Frage habe ich den Vorschlag: Rückfall, Gewohnheitsmäßigkeit und Gewerbsmäßigkeit des Verbrechens bilden allgemeine Strafschärfungsgründe. Beim Vorhandensein mildernder Umstände könne der Richter den gewöhnlichen Strafrahmen wählen. Diese Vollmacht halte ich für unerläßlich, um dem Leben Rechnung zu tragen und den Härten formaler Konsequenz ausweichen zu können. Die Notwendigkeit, den Rückfall als selbständigen Typus beizubehalten, ist oben begründet. Er bleibt unentbehrlich, weil der Gewohnheitsverbrecher selbst als Gewohnheitsverbrecher rückfällig sein und weil er außerhalb seines Gewohnheitsverbrechens ungleichartig rückfällig werden kann. Er bleibt unentbehrlich, weil es Rückfällige gibt, die nicht bloß repetierende Gelegenheitsverbrecher und Rückfällige, die noch nicht Gewohnheitsverbrecher sind. Denn häufig bildet, wie Gutachten II, 10 richtig bemerkt, der Rückfall „die Vorstufe des Gewohnheitsverbrechens". Die Beibehaltung ist zweckmäßig, weil der Rückfall durch das Merkmal der vorangegangenen Verurteilung ein scharf umkanteter, der Praxis altgeläufiger Begriff ist. Die Qualifizierung zum allgemeinen Strafschärfungsgrund aber ist innerlich gerechtfertigt, weil die Tatsache vorheriger Bestrafung für alle Regelfälle eine stärkere verbrecherische Willensenergie bekundet und damit ein höheres Schuldmaß begründet. Die Verschiedenartigkeit der mehreren strafbaren Handlungen bedeutet für dieses höhere Schuldmaß keinen grundsätzlichen Unterschied; daher ist für gleichartigen und ungleichartigen Rückfall die Strafe zu schärfen. Endlich besteht keine Gattung von strafbaren Handlungen, für deren Begehung im Rückfall eine Ausnahme von dem allgemeinen Grundsatz der Strafschärfung gerechtfertigt wäre. Er ist also als allgemeiner auch in dem Sinne aufzunehmen, daß er auf alle Verbrechen und Vergehen gegen die Rechtsgüter der Gesamtheit oder gegen die individuelle Rechtsgüterwelt des Lebens, der Gesundheit, der Ehre, der Freiheit, des Vermögens Anwendung finden muß.

Der innere Grund der allgemeinen Strafschärfung trifft gegenüber dem gewohnheits- und gewerbsmäßigen Verbrecher darum nicht weniger zu, weil diese etwa noch keine Vorstrafen erlitten haben. Sie haben wie der Vorbestraft-Rückfällige die Rechtsordnung mehrfach oder vielfach gebrochen. Der Umstand, daß sie bisher der Entdeckung zu entgehen wußten, soll ihnen nicht zum Privilegium werden. Das äußerliche Fehlen vorangegangener Verurteilung wird hinsichtlich der Strafwürdigkeit gewissermaßen ausgeglichen durch die der Persönlichkeit innewohnende Stetigkeit und Energie der verbrecherischen Triebe. Auch hier ist für die Begründung der allgemeinen Strafschärfung grundsätzlich belanglos, ob die gewohnheitsmäßige Begehung e i n e s Verbrechens oder d e s Verbrechens überhaupt vorliege. Konkreten Schuldunterschieden ist durch die Strafzumessung innerhalb des Rahmens der Schärfungsstrafe Rechnung zu tragen. Mit dieser Ordnung hört die gewohnheits- und gewerbsmäßige Begehung eines Delikts auf, als bloßes „Kollektivdelikt“ der Abwandlung im gewöhnlichen Strafrahmen zu unterliegen. Andererseits werden mit der Aufstellung des allgemeinen Strafschärfungsgrundes und seiner Erstreckung auf ungleichartige Gewohnheits- und Gewerbsverbrechen die unzulänglichen Bestimmungen über „Realkonkurrenz“ ersetzt. Sie behalten ihre Bedeutung nur noch für die Einheitsstrafe zusammentreffender Gelegenheitsverbrechen, welche zur Aburteilung gelangen, ehe eins derselben durch Bestrafung oder sonst strafrechtlich getilgt war. Der Gewohnheitsverbrecher aber kann durch die allgemeine Strafschärfung ungleich wirkungsvoller getroffen werden, als durch die Bestimmungen über reale Konkurrenz. Denn der Richter ist nicht mehr an das Rechenexempel der Einsatzstrafe und ihre Erhöhung gebunden. Mit der Forderung allgemeiner Strafschärfung für gewohnheits- und gewerbsmäßige Begehung befinde ich mich ebenfalls im großen und ganzen in Übereinstimmung mit Leitsatz 3 von Gutachten I. Eine große Differenz besteht aber

c) über die dritte und letzte Frage. Gutachten I, 5a will allgemein, „daß die gegen Gewohnheitsverbrecher gerichteten Strafurteile als relativ bestimmte erlassen werden". Gutachten II fordert unter 7 einschränkend nur: „Gegen Verbrecher, die gemeingefährliche Delikte wiederholt gewohnheitsmäßig oder gewerbsmäßig begehen, ist eine Strafe von unbestimmter Dauer zu verhängen." Die Ausdrucksweise entspricht hier wohl nicht ganz der klaren Absicht des Verfassers. Er will die unbestimmte Strafe nicht auf gemeingefährliche Delikte im gesetzestechnischen Sinne beschränkt, sondern allgemein gegen gemeingefährliche Gewohnheitsverbrecher verhängt haben.

Ich erkläre mich gegen die „unbestimmte" oder „relativ bestimmte" Verurteilung. Zur Gruppierung der wissenschaftlichen Ansichten und Vertreter sei auf Gutachten I, 190 verwiesen. Das Ansprechende, ja Ideale in der Gedankenführung über den Ersatz der absolut bestimmten richterlichen Strafe durch das relative Strafurteil verkenne ich wahrlich nicht: die vom Gesetz zum Urteil, vom Urteil bis in den Vollzug „kontinuierlich fortschreitende Konkretisierung der Strafe". Wie könnte das Prinzip der Individualisierung vollkommener zur Geltung kommen! Auch beruht meine Ablehnung nicht auf der Voraussetzung der klassischen Strafrechtstheorie. Denn das räume ich ohne weiteres ein: an dem Maßstabe des Absoluten gemessen, kann auch der Strafrichter nicht dekretieren, daß nur die Strafe von 3 und 5, nicht ebenso diejenige von 4 Jahren die gerechte Strafe sei. Drei Gründe aber bestimmen meine ablehnende Stellung, zwei prinzipielle und ein Zweckmäßigkeitsgrund.

Den letzteren voran. Ich kann nicht glauben, daß ein „Strafvollzugsamt" die Aufgabe zweckentsprechender Bemessung der Strafe innerhalb des vom Richter relativ abgesteckten Rahmens vollkommener zu lösen vermöge. Immer werden seine Mitglieder auf die Beobachtungen und Berichte des Anstaltsdirektors und seiner Unterbeamten angewiesen bleiben. Es ist ausgeschlossen, daß sie sich so um Tageslauf und Führung des einzelnen Sträflings kümmern, als notwendig sein würde, um die dem Gesinnungszustand entsprechende Begrenzung der Strafzeit treffsicher zu ziehen. Wobei zu erwägen bleibt, daß die wahre Gesinnung umsoweniger zuverlässig zu ermitteln sein wird, je mehr und bewußter dem Sträfling für äußerlich korrekte Einhaltung der Hausordnung der Lohn der Freiheit winkt. Auch in den Gefängnissen und Zuchthäusern wird sich die schreckliche Klasse der Streber entwickeln. (Heiterkeit.) Es wird ungemein schwierig sein, nach Ablauf der Minimalzeit der richterlich erkannten Strafe rationell diejenigen Gründe zu fixieren, welche für sofortige Entlassung oder Fortdauer der Strafhaft entscheidend sein sollen.

Die Minimalstrafe wird sich als Regelstrafe herausbilden für alle Fälle, in denen der Strafvollzug ohne besondere Klage verlaufen ist. Wie soll man dem Andringen der Sträflinge auf sofortige Entlassung begegnen, wenn sie sich äußerlich hausordnungsmäßig verhalten haben!? Werden nicht unbeabsichtigt Zufall und Willkür hier noch eine viel größere Rolle spielen, als bei der Freiheit richterlicher Strafzumessung? In welcher Eigenschaft des Strafvollzugsamtes sollen die höheren Garantien vor dem Richterkollegium gelegen sein?

Von den prinzipiellen Gründen ist der erste dieser: unbestimmte, auch nur relativ unbestimmte Verurteilung widerspricht dem Wesen der Strafe. (Sehr richtig!) Auch hier wieder ganz unabhängig von dem Standpunkte der klassischen Strafrechtstheorie. Denn Strafe ist in jedem Fall Übel für begangenes oder vergangenes Verbrechen, man mag Rechtsgrund und Zweck dieses Übels erklären wie man will. Bei der unbestimmten Verurteilung wird das Dauermaß der Strafe von Umständen abhängig gestellt, welche nach dem Zeitpunkt der Verbrechensbegehung in der Führung und Haltung innerhalb der Strafanstalt gelegen sind. Es tritt eine Grenzverwirrung von krimineller und ethischer oder höchstens disziplinärer Verantwortlichkeit ein. Für bedenkliche Gesinnung oder Ordnungswidrigkeiten werden die Mittel der Kriminalstrafe aufgeboten.

Endlich aber ist und bleibt das hauptsächlichste prinzipielle Bedenken die Vermischung von Verwaltung und Justiz. Wenn gerade Führer der modernen Schule sehr schön und zutreffend das Strafgesetz die magna charta des Übeltäters genannt haben, so gilt genau dasselbe für das Strafurteil. Gesetzgeber und Richter müssen den Schutz gegen Willkürlichkeiten der Verwaltung darbieten. Dieses große Grundprinzip unseres konstitutionellen Staatslebens behält hier darum nicht weniger Wert und Gültigkeit, weil es Verbrechern und der schlimmsten Verbrecherklasse gegenüber in Anspruch genommen wird. Auch sie sind nicht rechtlos. Auch sie haben ihr Grundrecht der bürgerlichen Freiheit. Auch an ihnen soll nicht mehr geschehen dürfen, als der unabhängige, allein dem Gesetz unterworfene Richter verhängt. Mit Festsetzung der endgültigen Strafgrenze durch ein Strafvollzugsamt wird dieser oberste Grundsatz preisgegeben. Die administrative Justiz hat im Gebiete des Kriminalstrafrechts keinen Raum. Ihre Aufgabe ist die straf- oder zwangsweise Mitwirkung bei der Aufrechterhaltung der Verwaltungs- und Regierungsordnung. Aber nicht weiter. Gestattet man ihr, diese Grenze zu überschreiten, so geht nicht nur das Vertrauen in die Rechtssicherheit, dann geht die Rechtssicherheit selbst zugrunde. Die Zulassung relativ bestimmter Strafurteile mit nachträglich definitiver Sentenz eines Strafvollzugsamts bedeutet an einem wesentlichen Punkte die Preisgabe des Grundsatzes der Trennung der Justiz und der Verwaltung.

Diese Preisgabe ist nicht notwendig, um den großen Zweck zu erreichen. Ihm ist vollkommener und jedenfalls prinzipiell dann einwandfrei gedient, wenn das definitive Strafurteil gegen den gemeingefährlichen Gewohnheitsverbrecher die Sicherungsnachhaft ausspricht. Diese ist durch die Verwaltungsbehörde zu vollziehen. Hier sind gemischte Kommissionen am Platz, um über den Zeitpunkt der Entlassung, die rationell immer nur eine widerrufliche bleiben muß, zu entscheiden. Hier ist ein eigentliches und ursprüngliches Zuständigkeitsgebiet der Verwaltung, zu deren Grundfunktionen die Sicherheitspflege im Staat gehört. Wie im einzelnen diese Sicherungsnachhaft zu gestalten, wie ihr Verhältnis zur Strafhaft näher zu bestimmen, ob namentlich nicht für gewisse leichtere Fälle die Verbüßung der Strafhaft als Sicherungshaft oder wenigstens teilweise Anrechnung vorzubehalten sei, — das alles sind Ausführungsfragen, welche nur im Zusammenhang mit dem Gesamtproblem der künftigen Ergänzung des Strafrechts durch Sicherungsmaßregeln überhaupt geordnet werden können. Denn die Frage der Ergänzung der Sicherungsmaßregeln wird nicht bloß praktisch für gemeingefährliche Gewohnheitsverbrecher, sondern ist für geistig Minderwerte von der gleichen Bedeutung. Jene Ergänzung des Strafrechts durch Sicherung aber ist nichts neues. Sie reicht schon in die Tage der Carolina zurück, und ist genau vor hundert Jahren von Kleinschrod und anderen erwogen worden. Ihre durchgebildete Aufnahme in das System unserer künftigen Strafrechtspflege würde also nach meiner Meinung eine wahrhaft organische Entwickelung gesunder Rechtsgedanken bedeuten.

Diesen meinen Anschauungen über den hier verhandelten Fragenkreis habe ich in den vorgelegten Thesen eine logische Ordnung zu geben versucht. — These I stellt zunächst den ungenügenden Zustand der Gegenwart fest und enthält im weiteren 3 Vorschläge zur Gesetzesänderung; nämlich:

1. Der Rückfall des Gelegenheitsverbrechers in ein Gelegenheitsverbrechen bildet, wie schon jetzt das fortgesetzte Verbrechen, nur einen erhöhenden Strafzumessungsgrund innerhalb des ordentlichen Strafrahmens.

2. Außer diesem Falle bildet der gleichartige oder ungleichartige Rückfall sowie stets die gewohnheits- oder gewerbsmäßige Begehung einer strafbaren Handlung einen allgemeinen Strafschärfungsgrund. Beim Vorhandensein mildernder Umstände kann

der Richter die Strafe innerhalb des ordentlichen Strafrahmens wählen.

3. Gegen gemeingefährliche und rückfällige Gewohnheitsverbrecher ist neben der Strafe auf Sicherungsnachhaft von unbestimmter Dauer zu erkennen.

Dabei sei vorbehalten, daß über die jederzeit widerrufliche Entlassung gemischte, aus Organen der Anstaltsleitung, Beamten der Staatsanwaltschaft und Ehrenbeamten gebildete Kommissionen entscheiden können.

These II enthält einige für diese gesetzliche Regelung beachtenswerte Grundsätze, nämlich

1. Eine Legaldefinition des Begriffs der gewohnheits- und gewerbsmäßigen Begehung strafbarer Handlungen ist, ebenso wie eine solche des rückfälligen Gelegenheitsverbrechers, zu unterlassen.
2. Ein Begriff des unverbesserlichen Rückfälligen oder Gewohnheitsverbrechers ist in das Gesetz nicht aufzunehmen.
3. Die Vorbestrafung des Täters darf keine Voraussetzung für die Annahme der gewohnheits- oder gewerbsmäßigen Begehung strafbarer Handlungen bilden.

These III scheidet die einer sonderrechtlichen Ordnung zu unterstellenden Kategorien aus:

1. Die strafrechtliche Behandlung der geistig minderwerten Gewohnheitsverbrecher;
2. Die strafrechtliche Behandlung der gewerbsmäßigen Prostitution;
3. Die strafrechtliche Behandlung des gewerbsmäßigen Bettler- und Landstreichertums.

These IV will innerhalb des RStrGB. das Verhältnis des allgemeinen Teiles und des besonderen Teiles in der vorhin schon näher geschilderten Weise regeln.

Durch die allgemeine Regelung soll ebenfalls die Beibehaltung derjenigen Bestimmungen im besonderen Teil nicht ausgeschlossen sein, nach welchen die Gewerbsmäßigkeit der Begehung entweder begrifflich und natürlich ein die Strafbarkeit begründendes Merkmal, wie etwa beim Glücksspiel, darstellt, oder nach welchen durch die besondere Natur eines Delikts, wie etwa beim unberechtigten gewerbsmäßigen Jagen, die Unterstellung unter die allgemeine Strafschärfung nicht angezeigt erscheint.

These V endlich nennt die der weiteren Beschlußfassung vorbehaltenen Arbeitsgebiete, die ich für heute ausscheide.

Die Beschlußfassung über Art und Maß der besonderen Strafmittel gegen rückfällige, gewohnheits- und gewerbsmäßige Verbrecher sowie über den Strafvollzug wird zurückgestellt für die nach Maßgabe der Beschlüsse des 26. Deutschen Juristentages von 1902 demnächst eintretende selbständige Verhandlung über das Strafmittelsystem und die Gestaltung des Strafvollzugs. Den künftigen Referenten über beide Fragen wird für diese Beratung die besondere Würdigung der These 4 des Gutachtens von Professor Dr. M. E. Mayer und der Leitsätze 4 bis 6 und 8 von Professor Dr. med. Aschaffenburg aufgegeben.

Ich empfehle meine Thesen strenger Prüfung, habe aber abschließend noch eine Bemerkung zu machen, welche mir umso wichtiger, als wir die Ehre und Freude haben, den Gutachter I in unserer Mitte zu sehen. Abweichend von ihm habe ich für meine Aufstellungen nicht eine besondere Strafrechtstheorie aufzubieten für nötig gehalten. Ernst Mayer sagt in seinem Gutachten S. 161: „Das noli me tangere, mit dem man dieses Kapitel gerade bei den Reformarbeiten so gerne ausschließt, um angeblich nutzlosen alten Streit nicht zu erneuern, ist unwissenschaftlich." Dagegen muß ich feierlichst Einspruch erheben. Die Gründe dafür habe ich schon 1902 in Nr. 13 der Deutschen Juristenzeitung ausgeführt. Ich wäre bereit, jetzt sofort in eine gründliche Diskussion über Strafrechtstheorien einzutreten. Aber am Schlusse derselben würden wir uns einander nicht genähert, sondern von einander entfernt und unsere konkrete Aufgabe nicht gefördert haben. Ich war nie der törichten Meinung, als ob der Gesetzgeber die Prinzipienfragen ausschalten könne oder solle. Aber sie bilden für den Gesetzgeber im Unterschied von der Aufgabe der Wissenschaft nicht generelle Probleme, sondern sind an den praktischen Folgerungen im Einzelfalle mit Takt und Maßhaltung zum Austrag zu bringen. Und nur ganz dasselbe Verfahren empfehle ich für uns, die wir Handlanger und Gehilfen des Gesetzgebers in der Vorbereitung des neuen Strafgesetzbuchs sein wollen. Bei dieser Methode gedenke ich zu bleiben, so oft ich die Ehre haben werde, an den Arbeiten des Deutschen Juristentages zur Reform des deutschen Strafrechts mich zu beteiligen. (Langanhaltender Beifall.)

Stellv. Vorsitzender Dr. **Olshausen**: M. H.! Ich glaube im Sinne der Abteilung zu sprechen, wenn ich sage: die Abteilung darf sich Glück wünschen, in der Person des Herrn Geheimrats Kahl einen Berichterstatter gewonnen zu haben für die vielen großen Fragen, die uns nun schon seit mehreren Jahren beschäftigen, einen Berichterstatter, wie ihm kaum ein anderer wird gleichgestellt werden können. Bedenken Sie den Umfang der Arbeit und des Stoffes, das tiefste Nachdenken über die großen Probleme, die meisterhafte Anlage des ganzen Vortrages, die Art und Weise, wie er zu Gehör gebracht worden ist — ich glaube, wir können uns einen besseren Berichterstatter nicht denken, und ich sage ihm namens der Versammlung den herzlichsten Dank! (Lebhafter Beifall.)

Der **Vorsitzende** richtet nunmehr die Frage an Geheimrat Kahl, ob er auf den Schlußsatz der Nr. V besonderen Wert lege. Es würde die dort vorgeschlagene, in dem Abteilungsbeschluß auszusprechende, Auflage an „die künftigen Referenten“, gewisse Thesen und Leitsätze der jetzigen beiden Gutachten „besonders zu würdigen“, ein Vorgang sein, wie er sich bisher nicht zugetragen hat. Es ließe sich vielleicht dem zu Grunde liegenden Gedanken in der Weise Rechnung tragen, daß demjenigen Herrn, der als Referent in Aussicht genommen werden würde, bei der Aufforderung zu erkennen gegeben würde, daß auf die Auseinandersetzung mit den fraglichen Thesen der beiden jetzigen Herren Gutachter besonderes Gewicht gelegt werde.

Geh. Justizrat DDr. Kahl ist bereit, auf den Schlußsatz zu verzichten.

Das Wort erhält der Korreferent.

Berichterstatter Oberstaatsanwalt Dr. **Hoegel**-Wien: Meine sehr verehrten Herren! Die Tatsache, daß ich in einer Reihe wesentlicher Punkte mit jenen Anschauungen übereinstimme, die Sie soeben von Herrn Geheimrat Kahl gehört haben, ermöglicht es mir, meine Ausführungen wesentlich zu kürzen. Ich beabsichtigte ursprünglich, mit Rücksicht auf die Wichtigkeit des Gegenstandes einerseits, andererseits aber auf den Umstand, daß ich mich in vollem Gegensatz zu den beiden schriftlichen Gutachten befinde, den Gegenstand ausführlicher zu behandeln. Ich habe mich daher entschlossen, meine Ausführungen wesentlich zu kürzen. Vor allem weiche ich in einer Beziehung auch von den Ausführungen des Herrn Geheimrats Kahl ab, nämlich in der Richtung, daß ich mich den tatsächlichen realen Verhältnissen gegenüber nicht in so pessimistischer Stimmung befinde, als dies bei Herrn Geheimrat Kahl der Fall zu sein scheint.

Welche Anhaltspunkte haben wir für die Straffälligkeit der Gegenwart und welche Anhaltspunkte haben wir für jene der Vergangenheit? Es ist dies eine Frage, die in erster Linie gestellt werden muß. Für die Vergangenheit haben wir keine ziffernmäßigen Nachweise. Tatsächlich aber besitzen wir in einer ganzen Reihe von Dokumenten Nachrichten über den Umfang und die Intensität der Kriminalität. Ich verweise in dieser Richtung nur auf die Gesetzgebung des 17. und 18. Jahrhunderts selbst, aus welcher klar hervorgeht, wie schwer bedrückt insbesondere das deutsche Land und auch mein engeres Vaterland Österreich von der Kriminalität und von dem wandernden Verbrechertum gewesen ist. Ich verweise auf die zahlreichen Kulturschilderungen der damaligen Zeit, beispielsweise auf Avé-Lallemant, ich verweise auf zahlreiche Mandate, die in einzelnen deutschen Ländern, auch in Österreich erlassen wurden gegen das Überhandnehmen des Verbrechertums, vor allem des wandernden Verbrechertums, des Berufsverbrechertums, und gegen die vollständige Wirkungslosigkeit der damaligen Mittel zur Bekämpfung dieses Verbrechertums.

Ich glaube, wenn wir die Schilderung dieser Zeiten mit der Gegenwart in einen Vergleich ziehen, so wird dieser Vergleich kaum zugunsten der Vergangenheit und zum Nachteil der Gegenwart ausfallen. Die beiden Herren Gutachter beziehen sich — und ich muß erwähnen, auch Herr Geheimrat Kahl hat sich darauf bezogen — auf die Ergebnisse der heutigen Kriminal-Statistik. Ich schmeichle mir, selbst Kriminal-Statistiker zu sein, aber gerade weil ich es bin, bin ich auch Skeptiker und behaupte, die Kriminal-Statistik sagt nicht das, was man herauslesen will, ich behaupte, daß man mit ihren Zahlen mehr beweisen will, als man jemals beweisen kann. (Sehr richtig!)

Ein Vergleich von kriminal-statistischen Ziffern einer Zeit und einer anderen Zeit, des einen Ortes und eines anderen Ortes, hätte zur Voraussetzung, daß zeitlich das materielle Recht das gleiche war und auch das Strafverfahren dasselbe gewesen ist, und ebenso in bezug auf die Ortsverschiedenheit von Land zu Land und Staat zu Staat. Es ist bekanntlich eine Schwierigkeit, die sich einer gemeinsamen Kriminal-Statistik entgegenstellt, die beispielsweise den ganzen europäischen Kontinent umfassen würde, eine Schwierigkeit, die darin besteht, daß jeder Staat ein anderes Recht und ein anderes Verfahren besitzt und daß infolgedessen die statistischen Ziffern nicht miteinander verglichen werden können. Es wird vielfach übersehen, und es wurde vielleicht bei Aufbau der Kriminal-Statistik in der Mitte der 50er Jahre grundsätzlich übersehen, daß die statistischen Ziffern vor allem von der Intensität der Strafverfolgung abhängig sind. (Sehr richtig!) Ich will ein Beispiel geben aus einem Gebiet, das vielleicht weniger für uns selbst aktuell ist, ein Beispiel aus dem Gebiet des englischen Rechtes. Betrachten Sie die Abstrafungen nach den englischen Trunkenheitsgesetzen. Diese Abstrafungen hängen durchaus nicht davon ab, wieviel in England getrunken wird und wieviel Betrunkene sich auf den Straßen befinden, sie hängen einzig und allein davon ab, wieviel Betrunkene aufgegriffen werden, wie intensiv die Polizei die Betreffenden verfolgt oder nicht verfolgt, und daher finden Sie die bezeichnende Tatsache, daß mit jeder Verschärfung des Strafrechts und der Verfolgung ein Aufsteigen der Ziffern entsteht. So finden Sie beispielsweise zu Anfang der 70er Jahre, als eine solche Verschärfung der

Trunksuchtsgesetze eintrat, ein sofortiges Aufschnellen der Abstrafungsziffern. Sie finden ganz dieselbe Erscheinung in meinem engeren Vaterlande, in Österreich, bei dem sog. Landstreichergesetze. Als 1885 das ursprüngliche Landstreichergesetz von 1873 verschärft wurde, finden Sie 1886 sofort ein Aufschnellen der Verurteilungsziffern von über 70 000 auf weit über 100 000 — eine Vermehrung von etwa 40 000.

Es wird diese Tatsache vielfach übersehen, und dieses Übersehen führt zugleich zu irrigen Folgerungen. Ich kann nicht umhin zu bemerken, daß in erster Linie einer der beiden Gutachter, Herr Professor Aschaffenburg, sich allzu sehr in diese Ziffern hineingelebt und aus diesen Ziffern heraus viel zu viel pessimistische Schlußfolgerungen gezogen hat zunächst in bezug auf die Straffälligkeit und infolgedessen auch in bezug auf die Rückfälligkeit.

Denn, meine verehrten Herren, Rückfälligkeit und Straffälligkeit hängen ja begreiflicherweise ganz gewaltig zusammen. Bevor wir eine Untersuchung anstellen können über den Umfang der Rückfälligkeit, müssen wir uns zuerst klar sein, welche Grundlage wir zur Beurteilung dieser Rückfälligkeit aus den kriminal-statistischen Ziffern gewinnen können. Ich muß in dieser Richtung zunächst bemerken, daß die allgemeine Klage, die Sie in erster Linie in Deutschland so vielfach hören, nicht bloß in der Fachpresse, sondern auch in der Tagespresse über die ansteigende Straffälligkeit, daß diese allgemeine Klage meines Erachtens unbegründet ist. (Sehr richtig!) Sie in Deutschland, wie wir in Österreich, leiden in erster Linie an einer ungebührlichen Vermehrung der Straftat-Bestände. (Sehr richtig!) Glauben Sie, daß diese Tatsache vorübergehen konnte, ohne einen statistischen Ausdruck gefunden zu haben, die Tatsache nämlich, daß Sie und wir die Tatbestände ins Ungemessene vermehrt haben? Wir in Österreich weisen beispielsweise vom Jahre 1873 bis 1899 — ich habe eine bestimmte Zeit gewählt, bezüglich welcher genaue Berechnungen vorliegen —, allein 3 Millionen Abstrafungen wegen neuer Tatbestände aus, die vor dem Jahre 1873 nicht existiert haben. M. H.! Glauben Sie, daß diese 3 Millionen Abstrafungen nicht dann später in der Rückfallstatistik erscheinen müssen? Durch diese zahllosen Abstrafungen wegen neuer Tatbestände muß sich selbstverständlich die Zahl der Rückfallsfähigen ins Ungemessene vermehren. Dabei möchte ich noch auf eine andere Tatsache aufmerksam machen. Aus der Gruppe der sogenannten Strafmündigen, die kriminalstatistisch von Bedeutung ist, scheidet ja eine viel kleinere, der Zahl nach viel geringere Gruppe aus, die kriminalpolitisch in Betracht kommt. Sie können nicht die ganzen Strafmündigen nehmen, denken Sie an die Unterschiede nach Alter, nach Geschlecht, nach

Beruf — und Sie werden schon aus diesen 3 Gruppen allein eine Einschränkung der sogenannten kriminellen Gruppe, kriminell in bezug auf Straffälligkeit und in bezug auf Rückfälligkeit, finden. Durch die Scheidung der Geschlechter allein scheiden Sie eine ungeheure Zahl von Strafmündigen aus, weil bekanntlich das weibliche Geschlecht der Straffälligkeit viel weniger zugänglich ist, wie das männliche, weil die Kriminalität des weiblichen Geschlechts eine weitaus geringere ist, wie die des männlichen —, und ebenso durch die Scheidung nach Altersgruppen, weil bekanntlich die Straffälligkeit bis zum 25. oder höchstens 30. Lebensjahre steigt und dann rapid wieder sinkt, und weil die Gruppe der Straffälligen hauptsächlich bei den Männern ungefähr zwischen dem 18.—25. Lebensjahre liegt. Sie finden daher diejenigen auf eine bestimmte Gruppe konzentriert, die am meisten straffällig werden, aber auch diejenigen, die rückfällig werden. Wenn Sie daher die Straftatbestände ins Ungemessene vermehren, so müssen Sie selbstverständlich mit der Tatsache vorlieb nehmen, daß dann in der Folge viele als rückfällig von der Statistik registriert werden, ich sage ausdrücklich von der Statistik; und ich komme jetzt auf die juristische Seite der Frage: deckt sich der Begriff der Rückfälligkeit, der statistische Begriff der Rückfälligkeit, mit dem juristischen Begriff der Rückfälligkeit? Ist die Tatsache, daß jemand vorbestraft ist, für uns kriminalpolitisch von irgendwelcher Bedeutung? Ich verneine dies. Glauben Sie, daß deswegen, weil jemand einmal wegen Beleidigung bestraft wurde, er deswegen von uns im allgemeinen als rückfällig zu behandeln sein wird? Kriminalstatistisch ist er rückfällig; und ich will Sie gleich, weil ich zufällig dieses Beispiel gewählt habe, auf die Art hinweisen, wie bei einzelnen Straftaten die kriminalstatistische Ziffer entsteht. Sie verurteilen im Jahre ungefähr 50000 Personen wegen Beleidigung. Sind diese 50000 Personen wirklich das Maß der Beleidigungen, in welchem sich diese Straftat in Deutschland geltend macht? Werden nicht an einem Tage in Deutschland vielleicht eine Million Beleidigungen verübt, und sollen diese 50000, die da im Jahre bestraft werden, irgendwie ein Bild der Straffälligkeit auf dem Gebiete der Beleidigungen geben? Ich könnte übrigens in dieser Richtung auch auf das österreichische Recht hinweisen. Wir haben bedeutend höhere Verurteilungsziffern auf dem Gebiete der Beleidigung, merkwürdigerweise, ich weiß nicht, ob wir gröber sind als die Reichsdeutschen; die Tatsache läßt sich aber nicht wegleugnen, daß wir auf einem verhältnismäßig kleineren Gebiete — unsere Bevölkerungsziffer beträgt 26 Millionen, die in Deutschland 60 Millionen — 91000 Verurteilungen wegen Beleidigung zuwegebringen. Man könnte mit einigem Scharfsinn oder wenig Scharfsinn herausbekommen, daß wir ungefähr doppelt oder vielleicht — wenn wir die Bevölkerungsziffer in Betracht ziehen — vierfach so stark mit Beleidigungen belastet sind, als die Reichsdeutschen. (Heiterkeit.) Die Sache stimmt aber nicht. Ich kann dieses Beispiel noch weiter in ein Zerrbild umwandeln. Von diesen 91 000 österreichischen Beleidigungen fallen allein etwa 50 000 auf Galizien und die Bukowina. Es wurde gestern beim ersten Verhandlungsgegenstand der III. Gruppe von diesem Gebiet gesprochen, und ich war schon versucht, ebenfalls das Wort zu ergreifen, nämlich zu der Bemerkung, daß Galizien oder die Bukowina doch noch nicht Österreich ist. Es ist auffällig, wie das überhaupt möglich sein kann, daß in einem Gebietsteil mit 6 Millionen Menschen mehr Verurteilungen wegen Beleidigung erfolgen, als im ganzen übrigen Gebiet. Man könnte sagen, es wird dort mehr beleidigt als in den übrigen, beispielsweise in deutschen Gebieten. Nach den ziemlich reichhaltigen Erfahrungen möchte ich im Gegenteil behaupten, es wird ganz bestimmt in den verschiedenen Landesgebieten, beispielsweise in meiner engeren Vaterstadt Wien, sehr viel beleidigt; aber die Leute sind nicht so empfindlich, sie laufen nicht wegen jeder Beleidigung gleich zum Richter. Und dann kommt noch etwas anderes in Betracht: es gibt nicht so viel Leute, die aus dem Klagen einen Erwerb machen, es blüht nicht das Winkelschreibertum so bedeutend, wie in Galizien und der Bukowina.

Ich komme zur Schlußfolgerung aus diesen Beispielen. Was beweisen diese Ziffern, was beweist der Umstand, daß hier 50 000, dort 90 000 wegen Beleidigung bestraft werden? Nichts. Und was beweist die weitere Tatsache, daß diese 50 000 in Deutschland und die 90 000 bei uns den Kreis der Vorbestraften vermehren? Wieder nichts. Und so haben Sie eine ganze Reihe anderer Delikte, bei welchen die Vorbestrafung eben gar nichts besagt, wo aber die Vorbestrafung kriminalstatistisch ohne weiteres verwertet wird, und das ist der gröbste Fehler, den die Kriminalstatistik begeht, aber es ist der gröbste Fehler, den wir begehen, wenn wir aus diesen Ziffern Rückschlüsse ziehen.

Ich bitte um Entschuldigung, daß ich mich auf das statistische Gebiet verirrt habe. Ich mußte es aber tun, weil aus diesen statistischen Ziffern derartige Schlußfolgerungen auf die Unzulänglichkeit, ich möchte sagen die vollständige Wirkungslosigkeit unseres heutigen Strafrechtes und die Wirkungslosigkeit der Strafe selbst gezogen werden. Ich möchte auch hier gleich eine Bemerkung anknüpfen, daß man wohl aus der Tatsache, daß die Strafe ihre Wirkung in einer großen Zahl von Fällen verfehlt, daß man aus dieser Tatsache allein noch nicht den Schluß auf die Wirkungslosigkeit der Strafe überhaupt ziehen kann. Ich werfe die

Frage auf, ist es denn überhaupt die Aufgabe der Strafe, das Verbrechen zu verhindern? Kurz gesagt, glauben Sie, es wird jemals dem menschlichen Geist gelingen, eine Strafe so zu erfinden, daß das Verbrechen verhindert und unmöglich gemacht wird? Ich glaube, wir würden uns einer gewaltigen Illusion hingeben. In erster Linie wird das selbstverständlich auf dem Gebiete der sogenannten kleinen Straffälligkeit unmöglich sein. Es ist psychologisch schwer denkbar, daß wenige Mark Geldstrafe oder wenige Tage Haft oder Gefängnis genügen werden, um jemand gewissermaßen gegen die neuerliche Begehung von strafbaren Handlungen zu immunisieren. Es wird aber auch nicht gelingen, auf dem Gebiete der großen Straffälligkeit. Wir müssen uns damit begnügen, daß in gewissen Beziehungen das Verbrechertum eingeschränkt wird, daß der Verbrecher, die Persönlichkeiten, welche der Straffälligkeit ausgesetzt sind, vor der Gefahr, abgestraft zu werden, zurückgehalten werden im Sinne der Generalprävention, und daß diejenigen, die gestraft sind, durch die Gefahr, neuerdings gestraft zu werden, bis zu einem gewissen Grade abgehalten werden, neuerdings zu delinquieren. Wir können aber niemals von der Strafe die Wirkung verlangen, daß sie das Verbrechertum ausschaltet und unmöglich macht. Ich möchte diesen Angriffen, die dem geltenden Recht und der geltenden Rechtsanwendung entgegengestellt werden, ein vielleicht übertriebenes Beispiel entgegensetzen. Würde man deswegen die medizinische Wissenschaft abschaffen, weil sie den Tod und die Krankheit nicht hindert? Man wird von ihr nie mehr verlangen können, als daß sie die Krankheit einschränkt, wird aber niemals verlangen können, daß sie Krankheit oder Tod unmöglich macht, daß sie das menschliche Leben in die Unendlichkeit verlängert, und ebensowenig können Sie von der Strafe verlangen, daß das Verbrechertum vollständig gehindert wird.

Ich komme neuerdings auf das statistische Gebiet zurück, und zwar um Ihnen zugleich zu beweisen, daß die Kriminalstatistik ein Zerrbild der wirklichen Straffälligkeit gibt. Ich habe früher ein Beispiel erwähnt, wie wenig die statistischen Ziffern den realen Verhältnissen entsprechen, das Beispiel von der Beleidigung. Wenn bei sämtlichen Delikten im gleichen Maßstabe diese Verkleinerung des Bildes gegeben wäre, wie auf dem Gebiete der Beleidigung, so würde das nichts verschlagen. Wir würden ein Miniaturbild der Straffälligkeit bekommen, wir brauchten nur zu vergrößern und kämen der Wirklichkeit nahe. Das ist aber nicht der Fall. Bei den einzelnen strafbaren Handlungen entfaltet sich dieses Bild ganz verschieden. Die Kriminalstatistik ist ebenso ein Zerrbild der Straffälligkeit, als es etwa ein Zerrbild des Menschen wäre, wenn Sie den

Kopf, die Arme und die Beine in verschiedenen Maßstäben darstellen würden. Nehmen Sie beispielsweise das Gebiet der Körperverletzung, so werden Sie auf diesem Gebiete ein viel richtigeres, der Wirklichkeit sich annäherndes Bild der Straffälligkeit bekommen als auf dem Gebiete des Diebstahls oder auf dem Gebiete der falschen Aussage. So wie Sie auf dem Gebiete der Beleidigung von tausend Fällen einen strafen, so wie Sie auf dem Gebiete der falschen Aussage von tausenden vielleicht eine Strafe statistisch zum Vorschein bringen, so bringen Sie auf dem Gebiete der Körperbeschädigungen 50 oder 60 zur Abstrafung. Sie haben ein vollständig verschiedenes Bild, und wenn Sie heute so vielfach lesen, daß die Körperdelikte so erschreckend besonders in Deutschland zunehmen, das Gebiet der gefährlichen Körperverletzung, des § 123a Ihres Strafgesetzbuches, so darf Sie das durchaus nicht erschrecken. Ihre eigene amtliche Statistik weist darauf hin, daß das möglicherweise eine Folge einer viel größeren Empfindlichkeit der Bevölkerung, des schärferen Eingreifens seitens der Behörden ist, daß man heute auf Körperbeschädigungen ganz anders reagiert, als man es seinerzeit getan hat, und daß infolgedessen diese höheren Ziffern herauskommen.

Meine Herren! Man hat so viel geistreiche Schlüsse daraus gezogen, daß sonderbarerweise die leichte Körperbeschädigung so gewaltig ansteigt und die schwere bedeutend sinkt. Es ist sehr geistreich, aber wenig zutreffend, wenn gesagt wird, die Menschen stechen und raufen zwar heute mit größerer Vorliebe, wie sie es seinerzeit getan haben, aber sie tun das nicht mehr so brutal, sie bemühen sich, ihrem Opfer möglichst wenig Schaden zuzufügen. Meine Herren! Man vergißt dabei ganz, daß unsere medizinische Wissenschaft auf diesem Gebiete ganz bedeutende Fortschritte gemacht hat mit Antisepsis und Asepsis, und daß viel weniger schwere Körperverletzungen vorkommen, als früher vorgekommen sind, weil manche Verletzungen leichter verlaufen, als sie früher verlaufen sind. Ich bitte nur, auf das Gebiet der Knochenbrüche überzugehen. Wie schnell heilt heute so etwas, und wie lange hat es früher gedauert! Das wirkt auf die Bestrafung, verdirbt uns aber unsere ganze Statistik. (Heiterkeit.)

Ich habe mich bemüht, ich möchte sagen den Ast abzusägen, auf dem ich selbst sitze, nämlich den Ast der Kriminalstatistik. Ich mußte es aber tun, weil ich sonst nicht zu dem weiteren Schluß gelangen könnte, daß aus der Rückfallsstatistik kein Schluß gezogen werden kann.

Gestatten Sie mir jetzt, ein wenig auf die Rückfallsstatistik einzugehen. Es ist eine ganz sonderbare und zum Nachdenken reizende Sache, daß der Anteil der abgestraften auf die nicht vorbestrafte Bevölkerung eigentlich abnimmt und daß nur aufsteigt der Anteil der Abgestraften auf die bereits Vorbestraften. (Sehr richtig!) Man hat versucht, daraus ebenfalls die sonderbarsten Schußfolgerungen zu ziehen.

M. H.! Die Lösung ist eine sehr einfache. Mit der Zeit tritt eine Übersättigung an Abgestraften jener Bevölkerungskreise ein, welche am meisten der Kriminalität ausgesetzt sind. Sie dürfen eben nicht die ganze strafmündige Bevölkerung in Betracht ziehen. Beispielsweise: die Mitglieder dieser Versammlung werden zweifellos der Straffälligkeit sehr wenig ausgesetzt sein, und es ist die Möglichkeit gegeben, daß kein einziger von Ihnen abgestraft ist, obwohl ich durchaus nicht behaupten möchte, daß keiner von Ihnen nicht schon einmal eine strafbare Handlung verübt hat. (Heiterkeit.) Der Kreis derjenigen aber, die der Straffälligkeit bedeutend ausgesetzt sind, ist ein sehr enger nach Geschlecht, nach Alter und nach Beruf. Dieser Kreis wird durch die Massenhaftigkeit der Strafandrohungen und infolge der Intensität der Verfolgung mit der Zeit übersättigt, und infolgedessen werden Sie dann finden, daß die Rückfälligkeit steigt, und die Straffälligkeit Unbestrafter an sich sinkt, weil nämlich wenig Unbestrafte mehr vorhanden sind. Diese Erscheinung finden wir auch bei uns. Wir unterscheiden Rückfällige, die wegen Verbrechen vorbestraft sind und solche, die wegen Vergehen oder Übertretungen vorbestraft sind, und da haben wir die Tatsache zu verzeichnen, daß die wegen Verbrechen Rückfälligen sich mindern, dagegen die wegen Vergehen und Übertretungen Rückfälligen sich mehren, so zwar, daß die Zahl der unbescholtenen Verurteilten auch bei uns sinkt, obwohl die wegen Verbrechen Vorbestraften abnehmen. Ich weiß nicht, ob Sie dem Gedankengange gefolgt sind: Wir verzeichnen die Tatsache, daß diejenigen, die wegen Verbrechen vorbestraft sind, abnehmen, daß aber diejenigen, die wegen leichter Delikte vorbestraft sind, zunehmen, so zwar, daß die Zahl der Unbescholtenen, der Erstbestraften, trotz des Sinkens der wegen Verbrechen Vorbestraften, sinkt. Im Gesamtresultat ergibt sich also, daß die Zahl der erstmalig Bestraften zurückgeht. Wir stehen heute vor der Tatsache, daß die Vorbestraften schon mehr als die Hälfte ausmachen aller abgestraften Verbrecher. Aus dieser Tatsache können Sie mit Klarheit erschließen, daß nur der Überfluß von Strafbestimmungen, das Übermaß von Abstrafungen wegen leichter Delikte, wegen der sogenannten kleineren Straffälligkeit bei uns in Österreich das Ansteigen der Rückfälligkeitsziffern herbeiführt. So ist es bei Ihnen auch. (Zustimmung.) Das wollte ich mit meiner kleinen kriminalstatistischen Abschweifung ausführen.

Es ist, muß ich gleich erwähnen, sehr schwer, im mündlichen Vortrag kriminalstatistische Ausführungen zu machen. Ich müßte das auf irgend einer Tafel nachweisen, weil sich das nicht so leicht in Worten wiedergeben läßt. Die Schlußfolgerung, die sich für mich auf diesem Gebiete ergibt, ist die, daß man aus der Kriminalstatistik keineswegs schließen kann, daß die Bestimmungen, sei es des deutschen, sei es des österreichischen Strafgesetzes, gegen den Rückfall übel angebracht seien oder einer Verschärfung bedürften. Ich stehe überhaupt auf dem Standpunkt, daß langzeitige Freiheitsstrafen verderblich wirken, nicht vielleicht theoretisch, sondern nach meiner praktischen Erfahrung. Ich bin Anhänger der kurzzeitigen Freiheitsstrafe, so sonderbar dies auch heute klingen mag in einer Zeit, in welcher so sehr gegen kurzzeitige Freiheitsstrafen aufgetreten wird. Ich bin aber deswegen Anhänger der kurzzeitigen Freiheitsstrafe, weil ich sage, daß die langzeitige Freiheitsstrafe den Menschen verdirbt. Man kann langzeitige Strafen geben bei sehr schweren Delikten, man kann sie geben gegen Menschen, die wir ausscheiden wollen aus unserer Gemeinschaft, gegen Menschen, die gemeingefährlich sind und gegen die sich der Staat mit einer gewissen Brutalität wehren muß. Man soll sie aber nicht verhängen gegen Leute, bei denen das Angeführte nicht der Fall ist. Die langzeitige Freiheitsstrafe wirkt abstumpfend und vernichtend auf die Psyche des noch besserungsfähigen Menschen. Allerdings bin ich auch zugleich Anhänger der Einzelhaft, der rücksichtslosen Anwendung der Einzelhaft bei allen kurzzeitigen Strafen, bei Strafen bis zu einem gewissen Rahmen, sagen wir bis ein, zwei, drei Jahren für alle diejenigen, die sie vertragen, weil ich nach meinen eigenen Erfahrungen einerseits auf dem Gebiete des Strafrechtes, aber auch auf dem Gebiete des Strafvollzuges, weiß, daß alle die Experimente, die man mit Erziehung, mit Besserung im Gefängnis macht, wohl sehr geringe praktische Bedeutung besitzen, und daß die wesentlichste Aufgabe, die wir haben, ist, die Leute von einander abzuhalten, die Kontagion zu verhindern, die von dem Einen auf den Andern erfolgt, und daß alles andere mehr oder weniger in das Gebiet der Phrase gehört. Ich werde auf diesen Gegenstand dann noch zurückkommen, wenn ich von der unbestimmten Strafe sprechen werde.

Welche Schlußfolgerung ergibt sich nun in bezug auf die Verwertbarkeit des Rückfalls als solchen? Ich beziehe mich in dieser Richtung auf die Ausführungen des Herrn Geheimrat Kahl, weil ich in der Richtung der allgemeinen Verwertbarkeit des Rückfalles vollständig mit ihm übereinstimme. Ich sage, kriminalpolitisch, strafrechtlich ist mit dem allgemeinen Rückfallsbegriff wenig anzufangen. Der Rückfall muß einen Rückschluß auf die Gesinnung des Täters zulassen, ich muß aus der Art der vorausgegangenen Strafe und aus der Straftat, die jetzt begangen wird, einen Schluß ziehen können auf die Unverbesserlichkeit des Täters oder auf die Unwirksamkeit der Strafandrohung im Sinne der Spezialprävention.

Kann ich diesen Schluß aus diesen beiden Faktoren nicht ziehen, so ist die Tatsache des Rückfalles wertlos. Ich will es an einem Beispiel illustrieren. Wenn jemand wegen Diebstahls beschuldigt wird und abgeurteilt werden soll und er wurde vorher wegen Beleidigung bestraft, so werde ich die Vorbestrafung wegen Beleidigung als vollständig wertlos ignorieren, weil sie mir über die Gesinnung des Täters wenig Aufschluß gibt. Ich gehe sogar noch weiter. Selbst der gleichartige Rückfall darf nicht vollständig in gleicher Weise ohne Berücksichtigung des einzelnen Falles berücksichtigt werden. Denken Sie an den rückfälligen Dieb. Man könnte im allgemeinen, so wie es tatsächlich in den heutigen meisten Strafgesetzen der Gegenwart der Fall ist, den Rückfall beim Diebstahl stets als Strafverschärfungsgrund behandeln, dreimalig, viermalig, je nachdem. Auch das ist falsch. Aber auch derjenige, der zum zweiten Male stiehlt, muß deswegen noch nicht der Straferhöhung unterworfen werden. Es kann sein, daß entweder der erste oder der zweite Diebstahl durch Motive veranlaßt wurde, die an sich nicht verwerflich sind. Denken Sie an Not und Elend. Es kann der erste und auch der zweite Diebstahl gerade sehr entschuldbar sein vom rein menschlichen Standpunkt; man kann mit anderen Worten den Rückfall nicht mechanisch anwenden, man muß immer den einzelnen Fall auch dann berücksichtigen, wenn der Rückfall ein gleichartiger ist. Verwertbar wird der Rückfall stets bleiben, und ich glaube mich in der Richtung den Ausführungen des Herrn Geheimrats Kahl vollständig anschließen zu können, daß der Rückfall in den allgemeinen Teil gehört, daß der Rückfall im allgemeinen als erschwerender Umstand zu behandeln sein wird, und daß er bei gewissen Gruppen von strafbaren Handlungen als straferhöhender, d. h. den Strafrahmen verändernder Umstand zu berücksichtigen sein wird. Aber, wie schon erwähnt, mechanisch darf dieser Umstand nicht gehandhabt werden.

Nun komme ich zur zweiten Seite der Frage:

Inwieweit ist mit dem Begriff des gewohnheitsmäßigen Verbrechertums zu operieren?

Ich komme da zuerst darauf zurück: ist überhaupt der wiederholte Rückfall und Verbrechertum identisch? Schon aus meinen früheren Ausführungen ist zu entnehmen, daß ich der Meinung bin, eine solche Identität bestehe nicht. Es kann jemand wiederholt rückfällig und noch lange kein Verbrecher sein in dem Sinne, wie wir in dieser Frage heute das Verbrechertum auffassen, also nicht in rein gesetzestechnischem Sinne. Er braucht kein Verbrecher deswegen zu sein, weil das Delikt gar nicht darauf hinweist, daß der Betreffende eine dauernde Gefahr für die menschliche Gesellschaft bildet, und auf diese dauernde Gefahr kommt es bei dem Verbrechertum im engeren Sinne an. Selbst der Körperbeschädiger — das ist einer, der sehr häufig wiederholt rückfällig wird —, wird in der Regel nicht als eine dauernde Gefahr für die menschliche Gesellschaft betrachtet werden können. Grade in meinem engern Heimatsstaat habe ich auf diesem Gebiete reiche Erfahrungen; so sind auch Gebiete reicher Erfahrungen beispielsweise die östlichen Provinzen von Preußen oder Bayern, wie die südlichen Provinzen von Österreich oder wieder das schon erwähnte Galizien, in welchem die Körperbeschädigungen einen sehr bedeutenden Umfang angenommen haben. Es wäre aber ein gewaltiger Mißgriff, wenn wir diejenigen, die sich der Körperbeschädigung wiederholt schuldig machen, gewissermaßen ausschalten, als Verbrecher im engern Sinne behandeln würden, weil diese Leute zum großen Teil sehr arbeitsame, an sich anständige Menschen sind, die leider ein bedauerliches Quantum von Roheit besitzen und außerdem sich regelmäßig am Sonntag betrinken. Wir müssen mit dieser Tatsache, mit dieser Kehrseite des Menschentumes vorlieb nehmen, wir müssen uns damit begnügen, daß wir ein allzugroßes Überhandnehmen dieses Lasters — wenn ich so sagen darf — verhindern, des Lasters der Körperbeschädigung, aber wir dürfen nicht das Kind mit dem Bade ausgießen und dürfen nicht ungezählte Menschen dauernd oder auf längere Zeit internieren, weil wir etwas verhindern wollen, was wir tatsächlich nicht verhindern können. Damit schränkt sich das Gebiet des eigentlichen Verbrechertums wesentlich ein, und ich komme jetzt auf die zweite Frage, auf die des Gewohnheitsverbrechertums:

> Kann man mit dem Begriff Gewohnheitsverbrechertum überhaupt etwas anfangen oder nicht?

Ich verneine diese Frage; man kann mit diesem Begriff überhaupt nicht operieren. Sie in Deutschland besitzen diesen Begriff bei ähnlichen Straftaten, wie wir in Österreich beispielsweise beim Diebstahl. Das Stehlen hat sich aber in der Regel noch kein Mensch zur Gewohnheit gemacht im landläufigen Sinne, in der richtigen Bedeutung dieses Wortes; wenn wirklich jemand nur aus Gewöhnung stiehlt, so gehört er nicht vor den Kriminalrichter, sondern in die Irrenanstalt, dann ist er gewiß belastet. Es kann sich aber jemand Arbeitsscheu zur Gewohnheit gemacht haben; der Betreffende, der wegen Gewohnheitsdiebstahl dem Strafrichter in die Arme fällt, ist in der Regel ein Arbeitsscheuer. Er stiehlt, weil er nicht arbeiten will oder leichtsinnig ist. Ich bin überzeugt, wenn Sie heute Ihre Zuchthäuser aufmachen, und wenn Sie allen diesen Gewohnheitsdieben, die Sie darin haben, das entsprechende arbeitslose Einkommen geben, so werden diese nicht mehr stehlen; die Gewohnheit zu stehlen wird sich sofort gelegt haben. Die ungeheure Mehrzahl von all diesen Zuchthäuslern, die wir beständig in unseren Gefängnissen haben, die stehlen, betrügen usw., um sich einen leichten Erwerb zu schaffen; die ungeheure Mehrzahl stiehlt und betrügt nicht aus Gewohnheit, sondern sie sind gewohnheitsmäßige Arbeitsscheue, die auf diese Weise, weil sie nicht arbeiten wollen, sich Geld und Mittel zum Genuß zu schaffen suchen.

Hier ist der Begriff der Gewohnheit falsch angewendet. Ich glaube, daß man daher mit diesem Begriff überhaupt brechen, ihn ausschalten soll, weil man hier einen Begriff aufnimmt, der der Wahrheit, den realen Tatsachen, widerspricht. Der einzige Anhaltspunkt, den wir zur Beurteilung des Täters besitzen, ist entweder der Rückfall mit der Einschränkung, die ich früher gemacht habe, daß man individualisieren muß, oder die Wiederholung der strafbaren Handlung, insofern man aus diesen zwei Tatsachen heraus auf die Unverbesserlichkeit des Täters schließen kann.

Sie finden da zugleich eine weitere Einschränkung, eine Einschränkung, die schon Herr Geheimrat Kahl gemacht hat, die Einschränkung nämlich, daß die Gefahr, die der Betreffende für die Gesellschaft bietet, eine größere sein muß. Ich möchte sie bezeichnen mit dem Worte: es muß eine gemeine Gefahr sein. Nicht jede Wahrscheinlichkeit des Rückfalls berechtigt uns zu scharfen Reaktions-Maßregeln; sie berechtigt nur dann zu solchen, wenn die Gefahr eine größere, der Betreffende nicht bloß ein harmloser Gesetzesübertreter ist, sondern ein solcher, der, sei es in bezug auf das Eigentum oder die körperliche Sicherheit, eine dauernde größere Gefahr bildet. Wir würden sonst weit über das Ziel schießen, und so bin ich auch in dieser Richtung mit den Ausführungen des verehrten Herrn Vorredners vollständig im Einklang.

Ich komme jetzt zum dritten Begriff, zum Begriff der Gewerbsmäßigkeit. Der Begriff „Gewerbsmäßigkeit“ läßt sich überhaupt nur bei einzelnen Delikten verwerten, bei solchen Delikten nämlich, welche darnach angetan sind, eine dauernde Erwerbsquelle abzugeben. Sie schließen die Hälfte oder drei Viertel des ganzen Strafgesetzes mit diesem Begriff aus. Er eignet sich daher gar nicht als allgemeiner Begriff. Er ist verwertbar beim Wucher, allenfalls beim Diebstahl und einzelnen anderen Straftaten, bei denen er kriminal-politisch sehr in Betracht kommt, aber niemals verwertbar bei der ungeheuren Masse der übrigen Delikte.

Wenn wir nun übergehen von meinen Ausführungen über den Begriff des Rückfalls, auf die Mittel zur Bekämpfung jenes wiederholt

Rückfälligen, den wir den Verbrecher im engeren Sinne nennen, so bin ich leider gezwungen, mich des Näheren mit einem Mittel zu befassen, welches von den beiden Herren Gutachtern als wirksames Mittel vorgeschlagen wurde: auf das Strafmittel der sogenannten unbestimmten Strafe. Es wurde bereits von Herrn Geheimrat Kahl in sehr wirksamer — und ich muß sagen: in geradezu ethisch hervorragender — Weise ausgeführt, wie verwerflich dieses Mittel ist, und ich kann mich nur auf das Wärmste diesen Ausführungen anschließen. Ich möchte aber auch aus meiner Erfahrung in bezug auf dieses Strafmittel sagen, daß es vollständig die psychische Wirkung verfehlt, welche man von ihm erwartet.

Sie werden sich wundern, wenn ich von Erfahrungen auf diesem Gebiete rede, denn Sie werden entgegenhalten: wir besitzen bis jetzt keine unbestimmte Strafe. Es ist das nicht vollkommen richtig. Wir besitzen eine unbestimmte Strafe zunächst einmal in der lebenslänglichen Freiheitsstrafe. Die lebenslängliche Freiheitsstrafe, bei der der Täter auf Begnadigung hofft, ist eine unbestimmte Strafe, und ich kann Sie aus meinen Erfahrungen heraus versichern: es ist die fürchterlichste Strafe, die wir über einen Mitmenschen verhängen können, gerade infolge ihrer unbestimmten Dauer. Es ist mir wiederholt geschehen, daß der lebenslänglich Verurteilte gebeten hat, man möge ihm irgend ein Ziel abstecken, damit er ein Ende sehe, wäre auch die Wahrscheinlichkeit, dieses Ende zu erreichen, eine höchst geringe. Das liegt in der menschlichen Natur.

Aber auch auf einem anderen Gebiete noch haben wir diese Erfahrung, und in dieser Richtung werde ich dann leider den Ausführungen des Herrn Geheimrats Kahl entgegentreten müssen: auf dem Gebiete des Arbeitshauses. Wir besitzen auch diese Einrichtung als Nachhaft zur Freiheitsstrafe. Ich kann Sie nur versichern, daß gerade bei langzeitigen Verbrechern, bei Leuten, die zu längerer Freiheitsstrafe verurteilt sind, die Aussicht, nach der Strafe in das Arbeitshaus zu kommen, geradezu deprimierend und demoralisierend wirkt, daß bei keinen Verbrechern so viele Disziplinierungen in Gefängnissen vorkommen, als bei denen, welche nach der Strafe noch ins Arbeitshaus kommen sollen. Auch der Verbrecher will wissen, wozu er verurteilt ist. Wenn sich der Verbrecher aufbäumt gegen diese Nachhaft, so ist das darin begründet, daß er sagt: er wisse nicht, wie lange er nach seiner Strafe — die er empfindet als das Entgelt für seine strafbare Handlung — noch abzusitzen habe. Sie machen bei uns die Erfahrung — ich weiß nicht, wie es bei Ihnen ist —, daß im Arbeitshause selber sehr viel delinquiert wird. Davon erfahren wir allerdings amtlich das Wenigste, weil die Vorstände der Arbeitshäuser gewöhnlich keine Anzeige erstatten; Majestätsbeleidigungen, Religionsstörungen usw. sind an der Tagesordnung. Aber die Delikte werden zum Teil begangen, um herauszukommen, wieder zurückzukommen in die bestimmte Strafe, mit der der Verbrecher rechnet. Und in dieser Richtung stimme ich den Ausführungen des Herrn Geheimrats Kahl vollständig bei, daß ich sage: die bestimmte Strafe ist allerdings die Magna Charta des Verbrechers. Auch der Verbrecher hat das Recht zu wissen, wie viel und wie lange er zu büßen hat für seine strafbare Handlung.

Nun hat allerdings Herr Geheimrat Kahl das Arbeitshaus sich gedacht als eine Art Sicherung gegen künftigen Rückfall, nicht als Strafe. Nun, m. H., diesen feinen Unterschied vermag ich nicht zu machen. Wenn Sie heute denjenigen fragen, den es am meisten angeht, nämlich den Verbrecher selbst, so wird er Ihnen genau dasselbe sagen: er wird diesen Unterschied nicht herausfinden, er wird diese korrektionelle Nachhaft, die ihn behüten soll vor dem Rückfall, genau als das empfinden, als was ich sie empfinde, der ich allerdings noch nie darin gewesen bin (Heiterkeit) nämlich als Strafe. Er wird nicht einmal den Unterschied in der Behandlung irgendwie empfinden, denn darüber muß man sich klar sein, daß auch diese sogenannte korrektionelle Nachhaft, oder die Sicherungshaft, im Wesen vom Zuchthaus sich sehr wenig wird unterscheiden können.

Wenn wir uns sagen müssen, daß diese korrektionelle Nachhaft sich im Wesen nicht von der Strafe unterscheidet, dann werden wir sie auch nicht aussprechen können, und ich glaube deswegen genötigt zu sein, dagegen zu sprechen, weil in den Thesen, die Herr Geheimrat Kahl aufgestellt hat, auch die These vorkommt, daß die korrektionelle Nachhaft eingeführt werden soll.

Ich komme noch auf einen Punkt, der Gegenstand der Beratung des letzten Juristentages war, nämlich auf das Gebiet der sogenannten Minderwertigen. Auch dieses Gebiet wird in den jetzigen Thesen gestreift. Da muß ich sagen, daß nach meinen Erfahrungen, wenn man das Gebiet der Minderwertigkeit so absteckt, wie es der letzte Juristentag getan hat, wohl die ungeheure Mehrzahl der sogenannten Verbrecher in das Gebiet fallen, daß nur ein geringer Bruchteil von denjenigen, die wir gewohnheitsmäßige Verbrecher oder unverbesserliche Verbrecher nennen, nicht unter den Begriff der Minderwertigen fallen würde. Ich kann mich begreiflicherweise auf dieses Gebiet nicht verbreiten, weil ich ja sonst auf einen Gegenstand, der bereits abgetan ist und der Gegenstand des letzten Juristentages war, zurückkommen müßte. Ich glaubte aber, dies erwähnen zu sollen, weil ich eigentlich bedaure, daß nicht diese beiden Gegenstände gemeinsam behandelt wurden, indem diese beiden Gebiete mit einander in enger Berührung sind. Da aber die Frage der Strafmittel aus dem heutigen Gegenstande ausgeschaltet ist, so kann man auch die Frage bei Seite lassen, ob die minderwertigen Verbrecher eine andere Detention erfahren sollen, als die Verbrecher im allgemeinen.

Ich komme zum Schluß meiner Ausführungen und bemerke, daß ich ursprünglich die Absicht hatte, Ihnen folgende Thesen vorzuschlagen:

1. „Der Rückfall ist im allgemeinen innerhalb des richterlichen Strafzumessungsrechtes unter Bedachtnahme auf die sonstigen Umstände der Tat zu berücksichtigen.
2. Eine Erhöhung der gesetzlichen Strafausmaße soll in Fällen wiederholten Rückfalles nur bei solchen Straftaten stattfinden, bei welchen strafpolitische Gründe diesen Vorgang nötig erscheinen lassen.
3. Bei Aufstellung strengerer Strafandrohungen für wiederholt Rückfällige ist einerseits durch ein entsprechendes Höchstmaß für länger dauernde Verwahrung gemeingefährlicher, offenbar unverbesserlicher Verbrecher Vorsorge zu treffen, andererseits aber die Möglichkeit offen zu lassen, daß auch gegen wiederholt Rückfällige ein entsprechend niederes Mindestmaß für solche Fälle zur Verfügung steht, in welchen die Verübung der Tat nicht unter den Gesichtspunkt der Gemeingefährlichkeit fällt oder sonst schwerwiegende Milderungsumstände gegeben sind.
4. Auch auf wiederholt rückfällige Verbrecher soll die bedingte Strafentlassung unter besonderen Voraussetzungen anwendbar sein.
5. Die Begriffe der Gewohnheitsmäßigkeit und Gewerbsmäßigkeit sind als Allgemeinbegriffe des Strafrechtes nicht verwertbar."

Ich sehe jedoch von der Aufstellung dieser Thesen ab, und zwar mit Rücksicht auf die mir heute zugegangenen Thesen des Herrn Geheimrat Kahl, weil sie sich bis auf einzelne Punkte mit meinen Ausführungen decken. Ich möchte nur in Abweichung von diesen Thesen mir folgenden Vorschlag gestatten. Ich möchte vorschlagen, daß in These I der Fall 2 anders formuliert werde. Er lautet hier:

> „Außer diesem Falle bildet der gleichartige oder ungleichartige Rückfall sowie stets die gewohnheits- oder gewerbsmäßige Begehung einer strafbaren Handlung einen allgemeinen Strafschärfungsgrund. Beim Vorhandensein mildernder Umstände kann der Richter die Strafe innerhalb des ordentlichen Strafrahmens wählen."

Abgesehen davon, daß in dieser These der Begriff des Gewohnheitsmäßigen steckt, ein Begriff, gegen den ich mich im allgemeinen gewendet habe, abgesehen davon, glaube ich, würde es sich empfehlen, der These I, 2 folgende Fassung zu geben:

> „Eine Erhöhung des allgemeinen Strafausmaßes soll in Fällen wiederholten Rückfalles nur bei solchen Straftaten stattfinden, bei welchen strafpolitische Gründe diesen Vorgang nötig erscheinen lassen. Es ist jedoch auch hier die Möglichkeit zu schaffen, den Umständen des einzelnen Falles Rechnung zu tragen."

Der Unterschied besteht darin, daß ich vermieden wissen will, daß der Rückfall als allgemeiner Strafschärfungsgrund behandelt wird, und daß dieselben Fehler in der Rechtsanwendung begangen werden, die begangen werden auf kriminalstatistischem Gebiet, wie ich Ihnen früher auseinandergesetzt habe. Der Unterschied besteht im wesentlichen darin, daß ich den Rückfall beschränkt wissen will auf den gleichartigen, gleichartig nach der Straftat im einzelnen oder nach Gruppen von gleichartigen Straftaten im allgemeinen.

Die zweite Differenz würde darin bestehen, daß ich dafür bin, daß Punkt 3 der These I gestrichen werde. Er enthält die Aufstellung der sogenannten Nachhaft. Nach dem, was ich früher ausgeführt habe, werden Sie es naheliegend finden, daß ich gegen diese Bestimmung sein muß, weil ich diese Nachhaft für etwas Verderbliches halte, weil ich der Ansicht bin, daß diese Sicherungsnachhaft im wesentlichen nichts anderes ist als die unbestimmte Strafe in anderer Form.

Endlich wäre ich dafür, daß in Punkt II die Ziffer 3 ebenfalls gestrichen werde. Diese Ziffer lautet:

> „Die Vorbestrafung des Täters darf keine Voraussetzung für die Annahme der gewohnheits- oder gewerbsmäßigen Begehung strafbarer Handlungen bilden."

Ich halte nämlich diesen Satz einerseits für überflüssig, deswegen für überflüssig, weil wir ja ein gewohnheitsmäßiges Verbrechertum überhaupt nicht aufstellen sollen, und vielleicht nicht für vollständig richtig, weil der Richter tatsächlich bei dem sogenannten berufsmäßigen Verbrechertum, bei dem unverbesserlichen Verbrechertum im engeren Sinne immer die Vorbestrafung als Erkenntnisquelle wird benutzen müssen. Von hunderten von Fällen wird es kaum in einem Falle möglich sein, zu abstrahieren von der Tatsache, ob der Betreffende vorbestraft ist oder nicht. Ich glaube, daß es nicht nötig ist, für solche Ausnahmefälle, in welchen man ohne Vorbestrafung trotzdem die schweren Strafandrohungen gegen den Unverbesserlichen anwenden möchte, diese These aufzustellen. Was aber das gewerbsmäßige Verbrechertum anlangt, so ist die Voraussetzung der Vorbestrafung ohnehin in keinem unserer Strafgesetze enthalten.

Dann würde ich Ihnen zur Erwägung anheimstellen, ob es wirklich notwendig ist, die Sätze zu III aufrechtzuerhalten, ob es nicht vielleicht angezeigt wäre, mit Rücksicht auf den Gegenstand, zu dem wir heute sprechen, die Frage der geistig Minderwertigen, die Frage der gewerbsmäßigen Prostitution und die Frage des Landstreicher- und Bettlertums überhaupt auszuschalten, weil meiner Ansicht nach, so nebenbei die zum großen Teil sehr schwierige Frage der Behandlung der Arbeitsscheu und der Arbeitsscheudelikte im engeren Sinne zu erledigen, kaum möglich sein wird, ohne daß wir den Stoff und auch die Diskussion ins Ungemessene erweitern. Ebenso wäre ich dafür, daß man V vollständig streicht.

Ich habe damit meine Ausführungen beendet.

Der stellvertretende **Vorsitzende**: Der allgemeine Beifall, der dem zweiten Herrn Berichterstatter zu Teil geworden, macht ersichtlich, wie sehr seine Ausführungen interessiert haben.

Ich habe den von ihm gemachten Vorschlag so verstanden, daß zu I, 2 eine andere Formulierung beantragt wird. Ferner wird die Streichung von I, 3 und II, 3 beantragt; im weiteren aber habe ich die Ausführungen des Herrn Korreferenten dahin aufgefaßt, daß dem ersten Herrn Berichterstatter zur Erwägung verstellt werde, ob er nicht einerseits mit Streichung von III einverstanden sei. Ein Antrag ist in dieser Beziehung nicht gestellt.

Amtsgerichtsrat Dr. Hartmann-Berlin spricht den Wunsch aus, daß vor dem Eintritt in die Diskussion eine Pause gemacht werden möge.

Der stellvertretende Vorsitzende ist damit einverstanden und setzt eine Pause von 15 Minuten an.

(Pause.)

Die Sitzung wird wieder eröffnet.

Der stellvertretende Vorsitzende äußert den Wunsch, da sich schon 10 Herren zur Diskussion gemeldet haben und doch noch Zeit zur Behandlung des letzten Themas bleiben soll, sich in den Ausführungen möglichst zu beschränken.

Oberstaatsanwalt **von Prittwitz und Gaffron**-Naumburg a. S.: M. H.! Die statistischen Nachrichten, die Herr Oberstaatsanwalt Dr. Högel gegeben hat, haben mich in hohem Grade interessiert, weil auch ich dieses Feld beackert habe und zu demselben Ergebnis gekommen bin. Auf meine Veranlassung hat in der letzten Tagung des Fürsorgevereins für die Provinz Sachsen und das Herzogtum Anhalt Staatsanwalt Dr. Gysae aus Stendal einen Vortrag gehalten über dieselbe Frage, die Herr Oberstaatsanwalt Dr. Högel berührt hat, und ist gleichfalls zu demselben Ergebnis gekommen. Er hat nach der Reichsstatistik festgestellt, daß die Zahl der erstmalig Vorbestraften, wenn auch allerdings nur in geringem Maße, aber stetig sinkt; und die Folge davon würde selbstverständlich sein, daß, wenn die Zahl der erstmalig Bestraften dauernd sinkt, schließlich auch die Zahl der Rückfälligen dauernd sinken muß. Jedenfalls ist es ein günstiges Zeichen, wenn die Kriminalität sich nicht aus den erstmalig Bestraften, sondern aus den schon Vorbestraften ergänzt. Nach den Ermittelungen Gysaes würde, wenn man die einzelnen Straftaten ins Auge faßt und namentlich diejenigen ausscheidet, die regelmäßig von nicht vorbestraften Personen begangen werden, wie z. B. die Verbrechen und Vergehen im Amte, Bankerott usw., die Zahl der erstmalig Bestraften verhältnismäßig noch viel geringer sein.

Dann möchte ich mir erlauben, einen Irrtum des Herrn Oberstaatsanwalt Dr. Högel hinsichtlich der Bestimmungen, wenigstens der bei uns geltenden Bestimmungen über das Arbeitshaus zu berichtigen. Er sagte, die Dauer des Arbeitshauses wäre unbestimmt. Dies ist bei uns nicht der Fall. Bekanntermaßen bestimmt unser Strafgesetzbuch, daß die Höchstdauer der Nachhaft 2 Jahre nicht übersteigen darf; und sie ist auch insofern nicht unbestimmt, als, soweit mir die Praxis der Regierungspräsidenten bekannt ist, in jedem einzelnen Falle eine bestimmte Nachhaft festgesetzt wird, die mit 3 bezw. 6 Monaten beginnt und in Wiederholungsfällen bis zur Höchstdauer von 2 Jahren steigt. Insofern hat Herr Dr. Högel vielleicht recht, als mir allerdings bekannt ist, daß, wenn eine Person sich im Arbeitshause sehr schlecht führt, der Regierungspräsident gelegentlich eine Verlängerung der Nachhaft festsetzt, aber mit 2 Jahren muß sie unter allen Umständen aufhören. Auch kann ich dem nicht beistimmen, was Herr Dr. Högel gesagt hat, daß nirgends soviel Disziplinarstrafen vorkommen wie im Arbeitshaus: im Gegenteil, soweit mir die Verhältnisse bekannt sind, werden in den Arbeitshäusern verhältnismäßig wenig Disziplinarstrafen verhängt, weil die Leute im Arbeitshause nicht so streng gehalten werden wie im Gefängnis. Wenn es richtig ist, daß sie sich vor dem Arbeitshause fürchten, so liegt das nach meiner Überzeugung ausschließlich daran, daß die Länge der Zeit, die sie im Verhältnis zu der vorherigen Haftstrafe im Arbeitshause zubringen müssen, ihnen äußerst unbequem ist.

Dann hat Herr Dr. Högel gesagt, daß es keine gewohnheitsmäßigen Diebe gäbe, sondern daß sie nur aus Arbeitsscheu stehlen. Dem kann ich aus meinen strafrechtlichen Erfahrungen nicht beitreten. In einer sehr großen Zahl von Diebstählen ist keineswegs der Arbeitsmangel oder die Not die Veranlassung zum Diebstahl, sondern nur die Neigung zum Diebstahl verursachte, daß Leute, die guten Verdienst hatten, dennoch wiederum stahlen, dann wieder arbeiteten und doch wieder stahlen und durch solche keineswegs aus Arbeitsscheu hervorgerufenen Diebstähle immer tiefer sanken.

Durchaus beitreten kann ich Herrn Dr. Högel in dem, was er hinsichtlich der Einzelhaft gesagt hat. Namentlich für kurzzeitige Strafen ist die Einzelhaft unentbehrlich; bei etwas längeren Strafen darf man sie nicht übertreiben. Es ist dies auch mit Rücksicht auf den Arbeitsbetrieb nicht angängig, denn es gibt eine ganze Reihe von sehr zweckmäßigen lohnenden Beschäftigungen, die zweckmäßig nur in Gemeinschaftshaft betrieben werden können wie z. B. alle Arbeit im fabrikmäßigen Betrieb, Tischlerarbeiten, Schlosserarbeiten usw.

Was die von Herrn Geh. Rat Kahl aufgestellten Thesen betrifft, so hat Herr Oberstaatswalt Högel die Streichung von II, 3 beantragt. Sollte es nicht möglich sein, einen Ausgleich dadurch herbeizuführen, daß man das Wort „allein" hinzufügt und sagt:

„Die Vorbestrafung des Täters allein darf keine Voraussetzung für die Annahme der gewohnheits- oder gewerbsmäßigen Begehung strafbarer Handlungen bilden?"

Dann würde ich empfehlen, in IV den Schlußsatz zu streichen:

> „oder nach welchem durch die besondere Natur eines Delikts, wie etwa beim unberechtigten gewerbsmäßigen Jagen, die Unterstellung unter die allgemeine Strafschärfung nicht angezeigt erscheint."

Ich bin nämlich der Meinung, daß es kaum ein Delikt gibt, welches nicht beim Rückfall eine Strafschärfung angezeigt erscheinen ließe; insbesondere glaube ich, daß das gewählte Beispiel durchaus nicht zutrifft. Das unberechtigte gewerbsmäßige Jagen ist namentlich in Gegenden, wo es häufiger vorkommt, ein außerordentlich gefährliches Vergehen; und es werden in Verbindung damit die gröbsten Straftaten begangen. Was da für Sachen vorkommen, das weiß jeder, der darin Erfahrung hat; ich erwähne den Kampf zwischen gewerbsmäßigen Jägern und Förstern. Wie gefährlich sind die Leute, die Schlingen stellen; sie verwüsten die ganzen Jagdbestände. Ich spreche unparteiisch, nicht pro domo, denn ich bin nicht Jäger; aber meine strafrechtliche Erfahrung läßt es unbedingt angezeigt erscheinen, daß, wenn nicht der ganze Satz gestrichen wird, mindestens die Worte:

> „wie etwa beim unberechtigten gewerbsmäßigen Jagen",

zu streichen sind.

Beitreten möchte ich Herrn Geh. Rat Kahl hinsichtlich der unbestimmten Nachhaft. Da befinde ich mich nicht in Übereinstimmung mit

Herrn Dr. Högel. Es zeigt sich jetzt mit Recht ein lebhaftes Bestreben, gemeingefährliche Leute unschädlich zu machen; dafür bleibt doch kein anderes Mittel als eine derartige Nachhaft. Wollen Sie diese nicht lebenslänglich festsetzen, wogegen sich ja auch Herr Dr. Högel mit aller Entschiedenheit ausgesprochen hat, so bleibt nichts übrig wie die unbestimmte Nachhaft, die immer noch die Möglichkeit bietet, diejenigen wieder in Freiheit zu setzen, bei denen man ein dauerndes Wohlverhalten mit Sicherheit erwarten kann.

Amtsgerichtsrat Dr. **Hartmann**-Berlin: Meine Herren! Wenn ich mir Ihr Gehör für kurze Zeit erbitte, so geschieht es aus zwei Gründen. Ich vermag mich den Ausführungen des Herrn Korreferenten beinahe vollständig anzuschließen, wenigstens soweit ich sie für praktisch wichtig in bezug auf die heutige Abstimmung halte. Aber in einer Hinsicht fühle ich mich gedrungen, eine abweichende Meinung zum Ausdruck zu bringen, welche zugleich die entgegengesetzte Meinung derjenigen ist, die der Herr Referent ausgesprochen hat. Es geschieht dies nicht weil ich glaube, die Sache, die ich vertreten will, hätte gegenwärtig schon in Deutschland viel Aussicht, sondern damit sie nicht in den Verhandlungen dieser Abteilung ganz übergangen wird. Ich will mich kurz dahin fassen: weder vermag ich den Ausführungen des Herrn Referenten über die unbestimmte Strafzeit prinzipiell beizutreten noch den Ansichten des Herrn Korreferenten darüber. Es ist seitens des Herrn Referenten das Wort gebraucht: wir würden Streber in den Zuchthäusern züchten. Der Herr Oberstaatsanwalt Högel hat sich ganz allgemein gegen die unbestimmte Strafzeit ausgesprochen. Ich habe von einem Manne, der wie wenige das deutsche Gefängniswesen kennt und dessen Name bei uns mit Achtung genannt wird, die Worte gehört — allerdings, wie ich hier bemerken will, im Privatgespräche und dies verbietet mir, den Namen zu nennen, — ich habe von ihm die Worte gehört: Ich will Ihnen etwas sagen, das ganze Elmira im Staate New York ist ein großer Schwindel. (Bravo!)

M. H.! Dieser Mann, das darf ich bestimmt sagen, hat niemals Elmira gesehen, wie er niemals in amerikanischer Geistesatmosphäre gelebt hat. Keiner, der in amerikanischer Geistesatmosphäre gelebt hat — ich darf erwähnen, daß ich in der Luft der amerikanischen Rechtswissenschaft, Rechtspraxis und Gefängnispraxis mich mehr als ein Jahr lang ununterbrochen aufgehalten habe — keiner der Elmira wirklich gesehen hat, wird so urteilen. Ich bin nicht der Einzige, dem es so ergangen ist, daß er ergriffen worden ist von dem Geiste der amerikanischen Hoffnungsfreudigkeit, mit welchem die guten Wirkungen der unbestimmten Strafzeit dort ursächlich enge zusammenhängen. Es würde viel zu weit führen und wäre kaum geschäftsordnungsmäßig zulässig, wenn ich mich hier über die Gründe der guten Wirkungen in Amerika vollständig aussprechen wollte. Da aber solche Worte hier gefallen sind, wie: wir züchteten Streber in den Zuchthäusern, von denen man in Amerika nach meiner Meinung nicht mehr merkt als in deutschen Zuchthäusern und Strafanstalten, und nachdem auch der Herr Korreferent gleichfalls abfällig über diese Sache geurteilt hat, fühle ich mich gedrungen, meine Überzeugung dahin zum Ausdruck zu bringen, daß unter den amerikanischen Verhältnissen die unbestimmte Strafzeit Wirkungen guter Art erzielt, die sich statistisch freilich durchaus jeder Feststellung entziehen, von denen aber die Welt auch in Europa noch sehr viel hören wird, und daß die unbestimmte Strafzeit ein Punkt sein wird, dem mehr oder weniger die Rechtsentwickelung auf diesem Gebiete auch in europäischen Ländern, so verschieden die Verhältnisse sind, zustreben wird.

Der zweite Grund, aus dem ich mir das Wort erbeten habe, ist folgender: Ich würde, da ich mit dem Herrn Korreferenten durchaus übereinstimme in der Grundauffassung gegenüber den Anträgen des Herrn Referenten, unter einer formellen Bedingung mich seinem Antrage durchaus anschließen können. Es beginnt der Antrag des Herrn Referenten mit den Worten: „I. Die im Strafgesetzbuch vorgesehene Behandlung von Rückfall, gewohnheitsmäßigem und gewerbsmäßigem Verbrechertum ist ungenügend. Um sie wirksam zu gestalten" usw. Bei diesen Eingangsworten soll es nach dem Antrage des Herrn Korreferenten bleiben. Wenn ich ihn richtig verstanden habe, entsprechen aber diese Sätze, die doch durchaus nicht bedeutungslos sind, vielmehr eine programmatische Bedeutung haben, doch nicht seiner Meinung. Ich trete ihm in der Ansicht durchaus bei, daß wir eine statistische Grundlage nicht haben, um eine vermehrte Repression als irgendwie notwendig hinstellen zu können, stimme in der Grundauffassung mit ihm durchaus überein: mehr Milde! Ist nun aber statistisch nicht nachgewiesen, daß mehr Repression nötig ist — und allem, was der Herr Korreferent über die statistischen Grundlagen des Antrages des Herrn Referenten gesagt hat, stimmt wie ich glaube ein großer Teil der Abteilung zu — dann kann man, meine ich, nicht sagen: „um es wirksam zu gestalten". Dann kann man nicht sagen: die vorgesehene Behandlung von Rückfall usw. ist ungenügend. Der Herr Korreferent hat ja eben ausgeführt, sie ist eigentlich genügend; der Herr Korreferent, wenn ich ihn wenigstens richtig verstanden habe, will ja noch auf größere Milde hinaus, nicht auf größere Verschärfung gegenüber den Delinquenten, von denen hier die

Rede ist. Deswegen scheinen mir die ersten Worte nicht zulässig zu sein, und möchte ich mir das Unteramendement erlauben: Es bleibt alles so, wie es der Herr Korreferent beantragt hat, nur fällt der ganze erste Absatz weg und vor 1 wird einfach I gesetzt. Darauf würde ich mich beschränken.

Ich hätte gern die Anträge des Herrn Prof. Aschaffenburg zur Annahme empfohlen, mit einer Änderung: Ich würde Nr. 6 und 7 aus den Anträgen des Herrn Prof. Aschaffenburg zusammenfassen und von Nr. 7 den ersten Satz wegfallen lassen. In Nr. 6 hat er sich schon dem Sinne nach für unbestimmte Strafzeit prinzipiell ausgesprochen. Hinterher kommt durch den ersten Absatz von Nr. 7 etwas Undeutliches hinein, indem von der unbestimmten Strafzeit als Sicherung gegen sogenannte Unverbesserliche die Rede ist, welche mit der unbestimmten Strafzeit als Besserungsstrafe in eine unangängige Verbindung gebracht wird. Läßt man den ersten Satz von Nr. 7 gänzlich fallen, und zieht man beide Nummern in eine zusammen, so läßt sich meines Erachtens gegen diese Anträge garnichts sagen. Da ich aber der Meinung bin, daß die Dinge noch nicht entfernt so weit bei uns gediehen, daß diese Anträge auf Annahme mit einer erheblichen Majorität rechnen können, und, wie ich zugestehe, noch sehr viel Arbeit auf diesem Gebiete geleistet werden muß, ehe man mit festen, greifbaren Vorschlägen unter den ganz abweichenden deutschen Verhältnissen hervortreten kann, was aber nach meiner Überzeugung in Zukunft noch geschehen wird, so beschränke ich mich auf das Unteramendement zu dem Antrage des Herrn Korreferenten.

Oberstaatsanwalt v. Prittwitz und Gaffron zieht seinen Antrag auf Streichung zurück, weil sich Geheimrat D. Dr. Kahl mit der Streichung dieser Worte einverstanden erklärt hat.

Professor **Liepmann**-Kiel. Meine Herren! Ich möchte mich im wesentlichen zu gunsten der Thesen des Herrn Geheimrat Dr. Kahl aussprechen und glaube daher, daß ich nicht nötig habe, im einzelnen auf diejenigen Punkte einzugehen, in denen ich mit ihm übereinstimme. Ich möchte aber nicht unterlassen, den Ausdruck des Dankes kundzugeben für die feinfühlige psychologische und sozialpolitische Art, die seinen Ausführungen und ebenso auch den Gedankengängen M. E. Mayers in seinem Gutachten nachzurühmen ist. Ich glaube, daß These I all die Anforderungen beachtet, die die Psychologie des Gewohnheits- und Gelegenheits-Verbrechens fordert, daß sie Högels Vorwurf der mechanischen Behandlung des Rückfalls gar nicht verdient, da sie auch hier zwischen gewohnheitsmäßigem und Rückfall aus Not prinzipiell unterscheiden will.

Nun handelt es sich für uns um zwei Kardinalfragen. Einmal darum: sollen wir die unbestimmten Strafurteile — ob wir sie relativ bestimmte nennen, macht keinen Unterschied, der Sache nach ist es ganz dasselbe — in irgend einer Art akzeptieren? Ich stehe auf dem Standpunkt, daß die relativ oder absolut unbestimmten Strafurteile striktest zu verwerfen und nicht zu akzeptieren sind. Ich möchte, trotzdem Herr Dr. Kahl schon darüber Ausführungen gemacht hat, noch auf einzelne Punkte eingehen. Ich sehe keinen entscheidenden Gesichtspunkt gegen die unbestimmten Strafurteile darin, daß es sich um eine Vermischung von Justiz und Verwaltung handelt. Herr Geh. Rat Kahl hat gesagt, wir haben um diese Trennung gekämpft. Aber, m. H., wir haben um die Trennung von Justiz und Verwaltung gekämpft unter Umständen, in denen die Verwaltung etwas ganz anderes war wie heute; wir kämpften dafür, daß in der Justiz die Rechtselemente ganz deutlich und adäquat zum Ausdruck kommen sollten. Heute kommen diese Rechtselemente auch in der Verwaltung so reichhaltig und vielseitig zum Ausdruck, heute spielt die Verwaltung in der Justiz — ob wir es anerkennen oder nicht — eine so ungeheuer erhebliche Rolle, daß die Trennung auf den verschiedensten Gebieten gar nicht mehr besteht. Aber zu einem anderen Punkt möchte ich Stellung nehmen und zeigen, daß durch die unbestimmten Strafurteile kein Fortschritt in der Bekämpfung zu erreichen wäre. Ich gehe von einem Gedanken aus, der in den beiden Gutachten eine Rolle spielt und der namentlich auch in dem Aufsatz von Kräpelin — dem sozusagen älteren Bruder von Aschaffenburg — in der Monatsschrift für Kriminalpsychologie wiederkehr. Es wird dort nämlich gesagt, wir wollen unbestimmte Strafurteile haben, weil es sinnlos ist, daß der Richter die Strafe im Voraus zu ermessen hat, der Richter kann das nicht wissen, nur der Strafvollzugsbeamte kann wissen, wann die Strafe ihre Wirkung getan hat. Aschaffenburg speziell führt in der Diskussion und in seinem vortrefflichen Buche über das Verbrechen und seine Bekämpfung immer wieder ein Beispiel zum Beweis seiner These an. Er führt das Beispiel eines Sittlichkeitsdelinquenten an, der wiederholt wegen Sittlichkeitsdelikten in Strafhaft kommt, wieder herausgelassen wird und wieder Delikte begeht. Wäre es nicht das einzig Richtige, sagt er, daß der Mann solange in Strafhaft behalten wird, bis er gebessert ist?; und soll nicht auch sonst die Strafe solange auf den Verbrecher einwirken, bis sie Erfolg hat? M. H.! Warum ist dieser Gedanke nicht richtig? Ist er unrichtig, weil seine Durchführung zu Neuekomödie in der Strafanstalt führen würde, weil die Delinquenten zu Strebern werden könnten, die äußeres Wohlverhalten zeigen, um dadurch eine Verkürzung der Strafe zu erreichen? Ich glaube, es handelt sich nicht bloß darum, sondern um etwas viel fundamentaleres. Wenn wir den Strafvollzug noch so progressiv gestalten, niemals können wir in der Strafhaft im Zuchthause erkennen, ob der Mann gebessert ist. In der Strafhaft hat er nicht Gelegenheit, Sittlichkeitsdelikte zu begehen, er hat nicht Gelegenheit Diebstähle zu begehen, er hat nicht Gelegenheit, Arbeitsscheu zu betätigen. Wie er sich in der Freiheit benehmen wird, das können wir vermuten, wir können vielleicht sogar ein sicheres Urteil darüber gewinnen, niemals aber auf Grund seines Verhaltens in der Strafanstalt. Es ist gerade von psychiatrischer Seite immer auf das Vorbild der Psychiatrie hingewiesen, aber gerade dieses Vorbild spricht gegen Kräpelin und Aschaffenburg. Ganz abgesehen davon, daß die Heilerfolge der Psychiatrie trotz eminenter wissenschaftlicher und technischer Fortschritte doch immer noch wesentlich geringer sind als auf den anderen Gebieten der ärztlichen Therapie, ist der Vergleich auch noch aus einem andern Grunde ungeeignet, uns für die neuen Vorschläge zu erwärmen. Behalten unsere Psychiater die Leute solange in der Irrenanstalt, bis ein Rückfall ausgeschlossen ist? Sie denken nicht daran; selbst bei unheilbaren Erkrankungen des Geistes, bei Paralyse, werden die Leute herausgelassen, wenn es gelungen ist, die einzelnen Krankheitserscheinungen zu kurieren. Sie werden also entlassen, auch wenn der Psychiater ganz sicher ist, daß ein „Rückfall" eintreten wird, der Kranke also nicht geheilt ist. Die Psychiater tun demnach gar nicht das, was sie uns vorschlagen; sie behalten die Leute nicht solange, bis die Gefahr eines Rückfalls ausgeschlossen ist, sondern sie kurieren die greifbaren Symptome; und nun würde ich für unbestimmte Strafurteile sein, wenn wir bei der Behandlung des Verbrechens so greifbare Symptome hätten, daß wir sie in der Strafanstalt kurieren könnten. Aber solche greifbaren Symptome haben wir absolut nicht, und wir werden sie nie einführen können, solange wir bestrafen wegen der Tat. M. H.! Es würde mich viel zu weit führen, hier auszuführen, daß es notwendig ist, hieran festzuhalten. Ich brauche das deshalb nicht, weil gerade der Vertreter der relativ bestimmten Strafurteile, Herr Prof. Mayer, ausdrücklich gesagt hat, jede Strafe wird daran festzuhalten haben, daß wir wegen der Tat bestrafen. Solange wir wegen der Tat bestrafen, reagieren wir gegen bestimmte verbrecherische Wirkungen unabhängig von der Person, wir reagieren gegen psychische Erregungen, die das Verbrechen erzeugt hat. Solange wir das aber tun und solange wir den Gesichtspunkt gerechter Vergeltung beibehalten, mit Mayer ausdrücklich beibehalten müssen, solange sind wir gebunden an Strafgrößen, die sich nach den Wirkungen bestimmen. Die unbestimmten Strafurteile aber wollen gegen bestimmte Ursachen in der Person des Verbrechers reagieren. Man hat nun gesagt, der Richter kann nicht im Voraus sehen, wann der Verbrecher gebessert ist, also setze er ein Minimum und ein Maximum. M. H., da hätten wir statt eines Problems zwei Probleme; wenn der Richter nicht bestimmen kann, 4 Jahre Zuchthaus erscheinen mir als eine gerechte und adäquate Ausgleichung, so kann er erst recht nicht sagen, 1—4 Jahre, denn wonach soll er das Minimum und das Maximum ansetzen? Voraussehen, wann der Mann gebessert sein wird, kann er ebensowenig wie irgend ein Strafvollzugsbeamter; der Strafvollzugsbeamte kann bloß sagen, der Mann arbeitet bei mir gut und gefügig; und gerade Aschaffenburg führt an, daß die Vagabunden, Bettler und Landstreicher zum Teil, soweit sie nicht arbeitsunfähig sind, sehr treffliche Arbeiter sind unter der Hausordnung, die ihnen das Denken und die Energie des Entschlusses abnimmt; und solange eine solche Macht über ihnen ist, arbeiten sie und richten sich nach der Ordnung, ob mit eigenem Willen oder unter dem Zwang der Disziplinargewalt, ist gleichgültig. Ich glaube, daß wir uns aus diesen Gründen gegen unbestimmte Strafurteile wenden müssen, weil sie nicht bloß untaugliche Mittel sind, sondern weil sie das gerade Gegenteil von gegründeter Erfahrung darstellen. Es ist ein Experimentieren ins Blaue hinein. Wir haben keine Erfahrung dafür, daß man bei unbestimmten Strafurteilen das Verbrechen besser bekämpfen könnte.

Insofern stimme ich mit Herrn Geheimrat Kahl vollständig überein; auch darin stimme ich vollständig mit ihm überein, daß wir in bestimmten Fällen eine Sicherungsnachhaft brauchen. Nun sagt Herr Oberstaatsanwalt Dr. Högel, die Sicherungsnachhaft unterscheide sich in nichts von der Strafe; dem Verbrecher ist es ganz gleichgültig, ob er im Zuchthause sitzt oder in einer solchen Anstalt. M. H.! Da möchte ich zunächst darauf hinweisen, daß das nicht entscheidend ist, ob der Verbrecher einen solchen Unterschied merkt oder nicht, sondern es kommt darauf an, ob er besteht und welchen Sinn es hat, einen solchen Unterschied zu machen. Es ist gelegentlich in früheren literarischen Erörterungen von Prof. v. Liszt darauf hingewiesen worden, es wäre das Liebenswürdige auf der Seite unserer Gegner, wie v. Liszt sagt, daß sie sich den Lisztschen Forderungen anschließen und nur in der Etiquettierung verschiedene Anschauungen vertreten. D. h. also: ob man das Straf- oder Sicherungsmaßregeln nennt, ist ganz dasselbe. Dagegen werden wir uns, glaube ich, auflehnen müssen. Wir sollten den Unterschied aufdecken, und ich möchte speziell sehr bitten, daß in die Kahlschen Thesen vielleicht dieser Unterschied in irgend einer Form aufgenommen wird. Will man nicht der spezielleren Ausgestaltung des Strafvollzugs vorgreifen, so halte ich es für richtig, daß dieses Fundamentalproblem auf eine neue Tagesordnung des Juristentages gesetzt wird. Es muß aber meines Erachtens schon heute der Unterschied von Sicherungsnachhaft und Strafe bestimmt werden. Ich sehe nun den Unterschied in folgendem. Ich stehe nicht auf dem Standpunkte, daß gegen jeden gemeingefährlichen und rückfälligen Gewohnheitsverbrecher eine Sicherungsnachhaft obligatorisch zu verhängen ist, sondern ich würde bei einer Reihe von gemeingefährlichen und rückfälligen Gewohnheitsverbrechern die Strafe einfach ganz außerordentlich scharf machen. Ich habe die Empfindung, als wenn unsere Strafrechtspflege Bagatellsachen zu schwer behandelt und schwere Strafsachen zu leicht behandelt. Ich würde gegen gemeingefährliche und rückfällige Gewohnheitsverbrecher zunächst die Strafgrößen wesentlich höher setzen, wie dies ja Geheimrat Kahl auch will. Die Sicherungsnachhaft soll dagegen nur fakultativ angedroht werden. Sie soll nur dann erkannt werden und hat nur dann einen Sinn, wenn wir bei bestimmten Verbrechern besondere Symptome in seiner Person konstatieren, die wir zu bekämpfen haben. Es sind, glaube ich, drei Gruppen solcher persönlichen und legislativ greifbaren Symptome zu unterscheiden: Geistige Minderwertigkeit, Arbeitsscheu und Alkoholismus. Die erste Gruppe soll nach der Arbeitsteilung, die der Juristentag vorgenommen hat, hier ausgeschieden werden. Wenn wir konstatieren, daß bei einem gewohnheitsmäßigen und rückfälligen Verbrecher die beiden anderen Symptome da sind, so brauchen wir, unabhängig von der Reaktion gegen die Wirkung des Verbrechens, einen Versuch, sie zu bekämpfen. Und hier hat die Spezialbehandlung des Verbrechers auch einen Sinn; denn in Frage stehen gleichartige Leute und gleichartige Aufgaben ihnen gegenüber. Im Zuchthause werden stets, mögen wir die Strafanstalten noch so sehr individualisieren, Personen sitzen, deren Eigenart verschieden ist, und die Reaktion gegen sie mittels der Strafe wird in weitem Umfang nicht durch diese Eigenart, sondern durch die rechtsschädlichen Wirkungen ihrer Verbrechen bestimmt bleiben müssen. Die Sicherungsnachhaft unterscheidet sich von der Strafe dadurch, daß sie einen Versuch darstellt, im Wege der Verwaltung bestimmte Symptome in der Person des Verbrechers zu bekämpfen, Symptome, durch welche die gewohnheitsmäßige Begehung seiner Straftaten überwiegend zu erklären ist. Die der Strafe wesentliche Qualität eines Übels für den Verbrecher kann und soll bei diesen Maßregeln völlig wegfallen. Ihre nähere Ausgestaltung müßte einem weiteren Juristentage vorbehalten werden. Nur das, glaube ich, wird der Juristentag heute beschließen können, daß diese Anstalten besondere Anstalten sein müssen. In den Strafanstalten lassen sich diese Aufgaben nicht erfüllen, und die Erfahrung gerade der Vollzugsbeamten lehren uns z. B. speziell bei dem Arbeitshaus, daß die Zusammenwürfelung ganz verschiedener Personen sich rächt und zu vermeiden ist. Wir brauchen besondere Anstalten, und diese Anstalten werden sich, wenn wir diese drei Gruppen herausheben — Minderwertige, Arbeitsscheue und Alkoholiker — einrichten lassen zum Schutze der Gesellschaft und zum letzten Versuche einer Bekämpfung.

So will ich — da bereits ein schüchternes Glockenzeichen ertönt — meine Ausführungen in einen Vorschlag zusammenfassen. Ich schlage vor, daß die Thesen des Herrn Geheimrats Kahl mit folgendem Zusatz zur Abstimmung gebracht werden. Punkt I, 3: „Gegen gemeingefährliche und rückfällige Gewohnheitsverbrecher kann neben der Strafe auf Sicherungsnachhaft von unbestimmter Dauer erkannt werden". „Diese Maßregel ist in besonderen Anstalten zu vollstrecken; sie soll eine Bekämpfung derjenigen Symptome in der Person des Verbrechers bezwecken (Arbeitsscheu, Alkoholismus), durch welche die gewohnheitsmäßige Begehung seiner Straftaten überwiegend zu erklären ist."

Ich würde mich freuen, wenn Herr Geheimrat Kahl vielleicht in der Lage wäre, diesen Zusatz in seine Thesen aufzunehmen.

Rechtsanwalt Dr. **Johannes Hippe**-Dresden: Verehrte Versammlung! Herr Geheimrat Kahl hat mit Recht davor gewarnt, als er die unbestimmte Strafe besprach, Justiz und Verwaltung zu vermischen. Schon dieser eine Grund spricht unbedingt gegen die unbestimmte Strafe, aber daneben auch das, was Herr Oberstaatsanwalt Högel ausgeführt hat, daß nämlich der Verbrecher ein Ende seines Leidens absehen will, daß er einen Anspruch darauf hat. Nun hat Herr Geheimrat Kahl weiter mit vollem Rechte ausgeführt, daß die Strafe vom Standpunkte jeder Theorie aus ein Übel für den Verbrecher sein muß. Aber, meine Herren, ich glaube die Zustimmung wenigstens einiger unter Ihnen zu finden, wenn ich sage: die Strafe ist heute für viele Verbrecher ein viel zu großes Übel. In Hamburg wurde vor einigen Wochen der Grundsatz ausgesprochen: ein Minimum von Übel für den Verbrecher und ein Maximum von Schutz für die Gesellschaft. Die Geldstrafen freilich sind in den allermeisten Fällen viel zu niedrig. Wenn es im allgemeinen aber die Höhe der Strafe täte, so könnten wir ja nichts Besseres tun, als zum Feuertode und Rade zurückzukehren. In der Höhe der Strafe allein kann die Wirksamkeit nicht liegen. Was die Freiheitsstrafen anbelangt, so ist bekannt genug, daß wir die Verbrecher nicht nur schwächen, sondern geradezu ruinieren. Wir entwöhnen sie vom Leben; sie sind kampfunfähig, wenn wir sie wieder hinausstoßen ins Leben. Allein eine Tatsache: das Schweigegebot. Das ist ein direkter Frevel an der menschlichen Natur. Wenn in der Psyche das Mitteilungs-Bedürfnis liegt, so haben wir nicht das Recht, dieses Bedürfnis zu ignorieren. Auch der Verbrecher verdient noch unsere Rücksicht.

Ich habe gesagt, daß die Strafe ein Übel sein muß. Selbstverständlich wird sie das bleiben müssen, aber wir haben bisher nur die eine Seite betrachtet, nur die Verbrecher angesehen. Die Verbrechen sind ja Symptome für Krankheiten des sozialen Körpers, und solche Krankheiten heilt man, wie mein verehrter Lehrer Stein in Halle sagt, doch nicht mit Schlägen. Jede von ihnen ist zurückzuführen auf gewisse Tatsachen in unserem öffentlichen Leben, die vielleicht verbesserungsbedürftig sind. Ein Beispiel: die Sittlichkeitsdelikte. Wir tragen einen großen Teil der Schuld für die Sittlichkeitsdelikte selbst durch unsere heuchlerische und feige Art, sexuelle Fragen zu behandeln. Ich will auf dieses Thema nicht näher eingehehen.

Noch etwas. Herr Oberstaatsanwalt Högel, dem ich in so vielen Punkten zustimmen kann, hat mit Recht gesagt, daß es auch in gewissem Sinne unbillig ist, für manche schwere Verbrecher höhere Strafen zu bestimmen, weil ein so großer Teil von ihnen geistig minderwertig ist. Wenn das der Fall ist, so muß man natürlich neben der Strafe etwas anderes suchen, und das ist das, was Herr Geheimrat Kahl vorgeschlagen hat und was er wohl die Sicherungshaft nennt, was ich aber, um jeden Gedanken an Strafe zu vermeiden, Sicherungsverwahrung nennen möchte. Herr Geheimrat Kahl will sie neben der Strafe einführen, ich möchte anregen, sie auch bei solchen einzuführen, die der Strafe gar nicht unterworfen werden können: gewisse geistig Minderwertige so festzuhalten, wie man gemeingefährliche Geisteskranke auch verwahrt. Und nun der große Unterschied. Ich habe mir soviel vom Strafübel zu sprechen erlaubt, weil ich der Meinung bin, diese Sicherungsverwahrung soll für die Verwahrten absolut kein Übel sein. Ich sehe den Unterschied, den dankenswerter Weise Herr Prof. Liepmann schon berührt hat, besonders darin, daß die Leute in den Anstalten gut behandelt werden können. Herr Prof. Aschaffenburg sagt in seinem Gutachten mit Recht: „Es gibt passive Verbrechernaturen, die bedürfen einer Direktion; wenn sie die Direktion haben, dann ist es gut und genügend.“ Im übrigen sollen sie soviel Freiheit haben wie möglich. Kein Mensch taugt ohne Freude; man kann den Leuten Musik, Bücher, alles Mögliche geben, nur sollen sie am Tage fleißig arbeiten und — fortwährend dirigiert werden. Diese Anstalten brauchen nicht einmal geschlossen zu sein, sie können offen sein; auch das sagt Aschaffenburg in seinem Gutachten.

Nun die finanzielle Frage, m. H.! Wenn man zur Organisation nicht niedere oder höhere Schreiber — auf den Titel kommt es nicht an — nimmt, sondern einen Mann wie etwa unsern Herrn Geheimrat Kahl, so bin ich überzeugt, daß die Anstalten finanzielle Mißerfolge nicht zeitigen werden. Aber wenn das auch der Fall wäre, so wird der Staat immerhin besser tun, Geld für derartige Anstalten auszugeben als für Zuchthäuser. Ich glaube also, daß es hohe Zeit ist, daß die Sicherungsverwahrung eingeführt wird, und zwar nicht nur neben der Strafe, sondern ganz abgesehen von der Strafe.

Ich habe mich bemüht, die Unterschiede von der Strafe einigermaßen darzulegen, wie ich sie mir denke; vielleicht geht einer der Herren noch auf diesen Punkt ein.

Prof. Dr. **Kleinfeller**-Kiel: M. H.! Unser hochverehrter Herr Präsident hat gewiß manchem aus der Seele gesprochen, als er gestern bedauerte, daß auf der diesjährigen Tagesordnung kein prozessuales Thema steht. Aber diese Lücke, wenn man es so nennen darf, ist doch zugleich eine Aufforderung, nun wenigstens bei der Besprechung materiellrechtlicher Fragen die prozessuale Seite mit zu berücksichtigen. Gestatten Sie mir daher, hinsichtlich der Frage nach der Behandlung des Rückfalls und des gewohnheitsmäßigen Verbrechens darauf hinzuweisen, daß, wenn wir die Gewohnheitsmäßigkeit, die Gewerbsmäßigkeit und den Gegensatz, das Gelegenheitsverbrechen, zu Begriffen des Strafgesetzes und zwar zum Ausgangspunkt für die allgemeinen Lehren des Strafrechts machen, wir unendlich viel Gelegenheit zu Revisionen und zu einer Belastung des Revisionsgerichtes geben, die unerträglich sein wird. Dieser Mißstand wird sich in gleicher Weise fühlbar machen, ob wir diese Begriffe näher durch bestimmte Merkmale definieren oder ob wir, wie es, und ich glaube mit Recht, verlangt wird, diese Definition unterlassen. Im einen wie im anderen Falle werden sehr viele Angeklagte kommen und sagen, der Begriff ist zu Unrecht angewandt worden. Heute haben wir auch schon mit diesen Begriffen zu rechnen, aber es sind wenige Fälle, und es macht sich nicht erheblich fühlbar. Es wird sich aber ganz merklich fühlbar machen, sobald diese Begriffe auf jedes beliebige Delikt Anwendung finden können.

Aber auch aus materiellen Gründen muß ich die Ansicht des zweiten Herrn Referenten unterstützen, wonach wir es am besten dabei lassen, gewohnheits- und gewerbsmäßige Verbrechen auszuscheiden und uns auf den Rückfall in seinen verschiedenen Abstufungen: erster, wiederholter, mehrmaliger Rückfall, beschränken. Die These des Herrn Geh. Rat Kahl, daß der Rückfall, gewohnheitsmäßiges Verbrechen, gewerbsmäßiges Verbrechen nicht näher definiert werden sollen, entspricht der Überzeugung, daß eine genaue Umschreibung, eine tatbestandsmäßige Umschreibung eben auf Schwierigkeiten stößt. Nun gilt für jedes Strafgesetz die Regel: erste Forderung ist genaue Beschreibung des Tatbestandes. Kann man den Tatbestand nicht genau beschreiben, so ist dies ein deutlicher Beweis dafür, daß hier eine Strafdrohung nicht am Platze ist, daß man mit der Strafdrohung ins Uferlose gerät. Dasselbe muß gelten für solche einzelne Straferhöhungsgründe; wenn wir nicht in der Lage sind, den Tatbestand des gewohnheitsmäßigen Verbrechens oder des gewerbsmäßigen Verbrechens zu umschreiben, so lassen wir besser diesen Begriff aus dem Strafgesetzbuch weg und begnügen uns mit dem Rückfall. Ich sehe nicht ein, warum es nicht so gehen soll. Wenn wir vor der Tatsache stehen, daß der Mann schon mehrfach verurteilt ist, so wird jeder vernünftige Richter in den allermeisten Fällen annehmen, daß hier ein Straferhöhungsgrund vorliegt, und das Gesetz kann darüber eine Direktive geben. Wenn wir auf solche Fälle stoßen, in denen mehrere Verbrechen begangen, aber noch nicht gesühnt sind, sondern gleichzeitig zur Aburteilung gelangen: z. B. es wird ein internationaler Hoteldieb abgefaßt, und dem werden der Reihe nach verschiedene an verschiedenen Orten begangene Delikte nachgewiesen, so brauchen wir, um eine sehr energische Strafe zu verhängen, nicht den Begriff der Gewohnheit oder des gewerbsmäßigen Verbrechens; hier ermöglicht die Vielheit der gleichzeitig zur Aburteilung gelangenden Delikte, eine strenge Strafe auszusprechen. Ist aber das eine oder andere Delikt schon verjährt, so kann man es auf sich beruhen lassen. Ich halte es nicht für richtig, in solchen Fällen ein verjährtes Delikt zur Konstruktion der Gewohnheitsmäßigkeit zu benutzen. Auch aus diesen materiellen Gründen bin ich daher dafür, daß sich das zukünftige Strafgesetzbuch der Begriffe gewohnheitsmäßig und gewerbsmäßig enthält. Das ist auch mehr in der Natur der Entwickelung liegend. Ich würde keinen Antrag zur Abänderung der These des Herrn Geh. Rats Kahl gestellt haben, weil ich überzeugt bin, daß man, sobald die Unmöglichkeit oder Unzweckmäßigkeit der Definition feststeht, auch weiter zu der Überzeugung gelangen wird, diese Begriffe sind besser aus dem Spiele zu lassen. Herr Geh. Rat Kahl hat das selbst für das gewerbsmäßige Delikt eingeräumt, da die Gewerbsmäßigkeit neben der Gewohnheitsmäßigkeit keine selbständige Bedeutung hat. Und ebenso wird es mit der Gewohnheitsmäßigkeit gehen. Die Gewohnheitsmäßigkeit hat neben dem Rückfall keine besondere Bedeutung; wir können sie im

Rahmen des Rückfalles ausreichend bewerten. Ich lege das Hauptgewicht auf eine möglichst freie und verständige Bemessung der Strafe durch den Richter. Die Strafausmessung und Strafzumessung soll der Individualisierung dienen. Diese Individualisierung ist aber nur erreichbar, wenn der Richter dafür vorgebildet und möglichst freie Hand hat, wenn ihm möglichst wenig die Hände gebunden sind.

Ein zweiter Punkt, über den ich sprechen möchte, ist die unbestimmte Strafe bezw. die bessernde Nachhaft auf unbestimmte Dauer. Ich teile den Standpunkt der Herren Referenten, daß die unbestimmte Strafe verwerflich ist. Die Strafen und die Urteile sind Rechtseinrichtungen, und bei Rechtseinrichtungen dürfen wir nicht mit Unbestimmtheiten hantieren; es muß alles präzise sein, sonst kann man nicht von Recht und von Anspruch des Staates reden. Ganz anders verhält es sich mit der sogen. bessernden Nachhaft. Hier teile ich den Standpunkt der Herren Vorredner, insbesondere möchte ich das eine zunächst, was Herr Kollege Liepmann ausgeführt hat, besonders betonen, daß diese Nachhaft eine Verwaltungsmaßregel ist und sich dadurch wesentlich unterscheidet von der Strafe; und das soll dem Verbrecher zum Bewußtsein gebracht werden. Es ist ja ganz richtig: der Verbrecher empfindet diese sogenannte bessernde Nachhaft auch als ein Übel, und er soll sie als Übel empfinden, als eine Folge seines Verbrechens, aber es ist nicht notwendig, daß er sie nun als eine Erweiterung der Strafe empfindet. Man kann die Nachhaft so einrichten, daß sie als ein Übergangsstadium erscheint, als eine Übergangsmaßregel behandelt wird. Auch in meiner bayerischen Heimat hat man die Erfahrung gemacht, daß die Leute im Arbeitshause geneigt sind, strafbare Handlungen lediglich zu dem Zwecke zu begehen, um aus dem Arbeitshause herauszukommen. Man hat daraus einerseits die Folgerung gezogen, daß jedenfalls die Leute, wenn sie wegen einer solchen strafbaren Handlung in Untersuchung kommen, nicht in Untersuchungshaft gebracht werden dürfen, sondern im Arbeitshause während der Untersuchung zu belassen sind, damit der Vorteil, den sie zu erringen streben, ein möglichst geringer ist; und man hat andererseits die Folgerung daraus gezogen, daß die Zucht im Arbeitshause eine viel strengere sei als die Zucht im Zuchthaus und in den Gefangenanstalten und hat das verwertet für Reformvorschläge hinsichtlich der Umgestaltung der Zuchthausstrafe.

Ich komme zum Schluß. Die bessernde Nachhaft soll eingerichtet werden als eine Erziehungsmaßregel, so daß sie den Mann zum richtigen Gebrauch seiner Freiheit erzieht, und dann kann sie auch mit allmählichen

Erleichterungen versehen werden, die von der Begehung strafbarer Handlungen in der Arbeitsanstalt abhalten.

Prof. Dr. **Max Ernst Mayer**-Straßburg: M. H.! Bei der für mich so sehr erfreulichen Übereinstimmung der Thesen des Herrn Geh. Rats Kahl mit den Vorschlägen, die ich Ihnen im Gutachten vorlegen durfte, ist es überflüssig, daß ich Ihnen ausführe, wie sehr mir die Annahme der Thesen am Herzen liegt. Insbesondere möchte ich gerade im Hinblick auf die Ausführungen des Herrn Prof. Kleinfeller nochmals, wenn auch nur in aller Kürze, darauf hinweisen, daß es von geradezu grundsätzlicher Bedeutung ist, daß wir den Begriff der Gewohnheitsmäßigkeit anerkennen, und zwar als gesetzlichen Strafschärfungsgrund. Ich will nicht die Begründung des Herrn Referenten wiederholen. Rückfall und Gewohnheitsmäßigkeit verhalten sich wie ein mechanisches zu einem organischen Gebilde. Und die ganze Entwickelung, die dazu geführt hat, daß unser Thema auf die Tagesordnung des Juristentages gesetzt wurde, spricht dafür, daß wir mit dem Begriff des Rückfalls keinesfalls auskommen können, daß wir vorschreiten müssen zu dem Begriff der Gewohnheitsmäßigkeit. Um die Befürchtungen, die sich an diesen Begriff knüpfen, zu zerstreuen, sei nochmals betont, daß wir lediglich einem Tatbestandsmerkmal, das schon unserem geltenden Rechte angehört und niemals schlechte Erfahrungen veranlaßt hat, größere Tragweite zuerkennen würden.

Was dann weiterhin das Verhältnis von Rückfall einerseits und Gewohnheitsmäßigkeit andererseits anbelangt, so kann ich in einem Punkte nicht mit den Thesen des Herrn Geh. Rats Kahl übereinstimmen, — oder ich will mich vorsichtiger ausdrücken: in einem Punkte kann ich den Sinn der Thesen nicht ganz erkennen. Zunächst ist in der These I, 1 die Rede vom Rückfall des Gelegenheitsverbrechers in ein Gelegenheitsverbrechen; dieser Rückfall soll nur als Strafzumessungsgrund innerhalb des ordentlichen Strafrahmens berücksichtigt werden, was durchaus zu billigen ist. Unter 3 ist dann die Rede von rückfälligen Gewohnheitsverbrechern. Ich gehe wohl nicht fehl, wenn ich unter diesem Ausdruck den Rückfall des Gewohnheitsverbrechers in ein Gewohnheitsverbrechen verstehe, also das strikte Gegenstück zu dem Fall, der unter 1 genannt ist, und ich stelle anheim, hier in Ziffer 3 zur Verdeutlichung zu sagen: der Rückfall des Gewohnheitsverbrechers in das Gewohnheitsverbrechen.

Zu diesen zwei Fällen, die klar vor uns liegen, tritt unter Ziffer 2 ein weiterer, nämlich der des Rückfalls schlechthin, der wie das gewohnheits- und gewerbsmäßige Verbrechen behandelt werden soll, d. h. als allgemeiner Strafschärfungsgrund. Für diesen Fall, der unter Ziffer 2 genannt ist, bleibt meines Erachtens nur die Möglichkeit, daß ein Gewohnheitsverbrecher sich eines Gelegenheitsverbrechens schuldig macht, genauer, daß jemand, der wegen gewohnheitsmäßiger Begehung schon bestraft ist, nun irgend ein Gelegenheitsverbrechen begeht. Das stimmt auch mit dem Beispiele überein, das Herr Geh. Rat Kahl anführte: ein Mann, der wegen gewohnheitsmäßiger Münzfälschung bestraft worden ist, begeht später einmal einen Totschlag. In solchen Fällen scheint mir eine strengere Bestrafung nicht am Platze zu sein. Während sie zweifellos nötig ist, wenn eine Kontinuität zwischen der ersten und der zweiten Tat besteht, also wenn der Gewohnheitsverbrecher wiederum gewohnheitsmäßig delinquiert, sehe ich keinen Grund, warum der Gewohnheitsverbrecher, der sich später einmal gelegentlich vergeht, strenger bestraft werden soll. Warum soll der Totschläger, der vor 10 Jahren wegen Hehlerei bestraft worden ist, strenger bestraft werden als der Totschläger, der zum ersten Mal vor den Schranken des Gerichts steht? Nehmen wir an, daß jemand, der wegen gewerbsmäßigen Diebstahls bestraft worden ist, eine Beleidigung, Widerstand gegen die Staatsgewalt oder dergl. zu verantworten hat, so kann doch nur für eine ganz äußerliche Betrachtung ein „Rückfall" vorliegen. Ich fürchte also, daß die These I, 2 viel zu weit führt und möchte empfehlen, daß wir uns damit begnügen, einerseits vom Rückfall des Gelegenheitsverbrechers in das Gelegenheitsverbrechen und andererseits vom Rückfall des Gewohnheitsverbrechers in das Gewohnheitsverbrechen zu sprechen. Ich werde mir erlauben, diese Ausführungen in einem Antrag zu formulieren und diesen Antrag dann schriftlich zu überreichen. Das ist der einzige Punkt, in dem ich ein Amendement zu den Thesen des Herrn Referenten zu stellen habe.

In der weiteren bereits diskutierten Frage, in der Frage der unbestimmten oder vielmehr relativ bestimmten Strafurteile, trete ich gerne der These des Herrn Geh. Rats Kahl bei, umsomehr da ich hoffe, daß der Zusatz, den Herr Prof. Liepmann vorgeschlagen hat, angenommen werden wird. Allerdings liegen die Gründe, aus denen ich mich diesem Vorschlag anschließe, lediglich darin, daß ich keinen Unterschied sehe zwischen der Sicherungshaft, wie sie hier vorgeschlagen ist, und der erziehenden Strafe, der Progressivstrafe, die mir vorgeschwebt hat. Ob ich den letzten Teil eines progressiven Strafvollzugs, den man sich etwa als Beschäftigung auf Außenarbeit vorstellen kann, Sicherungshaft oder Strafe nenne, darin liegt für mein Empfinden kein Unterschied, jedenfalls kein Unterschied, der die praktische Wirkung ergreift, und auf diese kommt es uns an. Was wir erreichen wollen — die unbestimmte Gefangenschaft des gemeingefährlichen Individuums —, erreichen wir auf die eine und auf die andere Weise, und daher wollen wir uns nicht über die Flagge streiten, unter der diese Maßregel segeln soll. Allerdings gebe ich hiermit einen Punkt auf, der mir am Herzen liegt, den ich aber, da wir noch Gelegenheit haben werden, über die Strafzumessung zu reden, einstweilen zurückstellen kann. Ich sehe nämlich in dem relativ bestimmten Urteil vor allen Dingen ein Mittel, die unmögliche Aufgabe, die heute der richterlichen Strafzumessung gestellt ist, lösbar zu gestalten. Gewiß soll die Strafe, — was Prof. Liepmann geltend gemacht hat, — eine Reaktion gegen die Tat sein, aber wenn diese Reaktion auf Grund einer kurzen Verhandlung in einer bestimmten Größe nicht ausgesprochen werden kann, so ist es lediglich logisch, zu sagen, der Richter gehe soweit, als er gehen kann, er stelle also mehrere Strafgrößen, von denen jede einzelne eine zulässige Reaktion gegen die Tat darstellt, dem Strafvollzugsamt zur Verfügung. Und wenn dann eingewendet wird, das Strafvollzugsamt werde die Gesinnung des Verbrechers nicht richtig erkennen können, so erwidere ich, daß es jedenfalls bessere Einsichten haben wird, als der Richter auf Grund einer kurzen Verhandlung haben kann. Ferner kommt es nicht nur darauf an, die Entlassung nach der Besserung des Verbrechers einzurichten, sondern darauf, die Lebensbedingungen des Sträflings so zu gestalten, daß der Schritt in die Freiheit für ihn möglichst ungefährlich wird, z. B. dafür zu sorgen, daß er eine feste Stelle schon hat, bevor er die Anstalt verläßt Diese Fürsorge ist notwendig, sie aber schließt es aus, die Entlassung von vornherein auf einen bestimmten Tag festzulegen. Das relativ bestimmte Strafurteil ist also empfehlenswert, erstens als Erleichterung der Strafzumessung, und zweitens, weil es den Übergang in die Freiheit unter bessere Kautelen stellen könnte, als es bei bestimmten Urteilen möglich ist.

Aber hiermit schweife ich ab; ich wollte nur ausführen, warum ich das relativ bestimmte Strafurteil nicht endgültig aufgeben kann. Bei der Besprechung der Strafzumessung und des Strafvollzugs wird sich die Gelegenheit bieten, darauf zurückzukommen. In unserer Frage möchte ich die Sicherungshaft von unbestimmter Dauer, für die die Thesen eintreten, Ihrer Annahme empfohlen haben.

Professor Dr. **Gerland**-Jena: Nur zwei kurze Worte: Es ist in der Diskussion nicht scharf genug hervorgehoben worden, daß Herr Geh. Rat Kahl vollständig die Frage ausscheide, wie die Sicherungshaft auszugestalten ist. Diese Frage, ob die Sicherungshaft so oder so zu gestalten sei, ist der weiteren Beschlußfassung vorbehalten. Herr Geh. Rat Kahl hat sich auch nicht darauf eingelassen. Nun glaube ich aber, gehört zu dieser Frage eine weitere wesentliche Frage — und insofern besteht auch ein

Widerspruch auf der Seite derjenigen Herren, welche für die Sicherungshaft eintreten und das unbestimmte Strafurteil verwerfen — das ist die Frage: wie wollen wir zeitlich die Sicherungshaft bestimmen, wollen wir sie begrenzen oder ganz unbestimmt lassen? Das ist nach meiner Meinung eine außerordentlich schwierige und weittragende fundamentale Frage. Herr Oberstaatsanwalt Dr. Högel ist auf sie eingegangen; ich stimme ihm in seinen Ausführungen bei, meine aber, wir tun besser, diese Frage auszuschalten, sie einer weiteren Beschlußfassung vorzubehalten und sie im Anschluß an die Frage der näheren Gestaltung der ganzen Sicherungshaft zu behandeln. So möchte ich den Antrag stellen, in I, Ziffer 3 die Worte „von unbestimmter Dauer" zu streichen und hinter die Worte „zu erkennen" den Satz einzufügen:

> „Die nähere Ausgestaltung der Sicherungshaft, namentlich hinsichtlich ihrer Zeitbestimmung, bleibt weiterer Beschlußfassung vorbehalten."

Ich befinde mich hier in Übereinstimmung mit dem Herrn Referenten; Herr Geh. Rat Kahl war so liebenswürdig, zu erklären, daß er dieser Änderung beistimmen will. Ich glaube, daß es zweckmäßig wäre, diese Ausschaltung vorzunehmen.

Dr. jur. **H. Kantorowicz**-Westend (Berlin): Den meisten Thesen des Herrn Geh. Rats Kahl kann ich mich durchaus anschließen; und ich erblicke in ihnen ein zu begrüßendes weiteres Symptom der fortschreitenden Verständigung der beiden Strafrechtsschulen. Wenn ich es trotzdem wage, zu einer seiner Thesen ein kleines Amendement zu stellen, so geschieht es hauptsächlich deshalb, weil ich glaube, daß ich mich in angenehmer Übereinstimmung mit den Ausführungen des Herrn Geh. Rats Kahl selbst befinde. Herr Geh. Rat Kahl hat überzeugend ausgeführt, daß der Begriff des Rückfalls nicht für die Bestimmung des Begriffs der Gewohnheitsmäßigkeit verwendet werden darf, daß ein Gewohnheitsverbrecher als solcher erkannt werden kann, ohne daß er für seine früheren Handlungen bestraft worden ist, sei es, daß diese überhaupt nicht strafbar sind, z. B. in straflosen Versuchshandlungen bestehen, sei es, daß sie nicht mehr strafbar sind, z. B. verjährte Verbrechen darstellen. Da scheint es mir nun eine zu enge Fassung zu sein, wenn These II Abs. 3 lautet:

> „Die Vorbestrafung des Täters darf keine Voraussetzung für die Annahme der gewohnheits- oder gewerbsmäßigen Begehung strafbarer Handlungen bilden";

und hier sozusagen ein Rückfall in den Begriff des Rückfalls vorzuliegen. Ich würde infolgedessen vorschlagen statt: „Die Vorbestrafung des

Täters" usw. zu sagen: „Die Strafbarkeit der früheren Handlungen des Täters darf keine Voraussetzung für die Annahme der gewohnheits- oder gewerbsmäßigen Begehung strafbarer Handlungen bilden.", oder vielleicht, statt irgend etwas zu streichen, diese Worte hinzuzufügen, sodaß es heißen würde:

> „Die Vorbestrafung des Täters oder die Strafbarkeit seiner früheren Handlungen darf keine Voraussetzung für die Annahme der gewohnheits- oder gewerbsmäßigen Begehung strafbarer Handlungen bilden."

Ich glaube, das ist ganz übereinstimmend mit dem, was Herr Geh. Rat Kahl in Übereinstimmung seinerseits mit den beiden Gutachten ausgeführt hat.

Dagegen nicht in Übereinstimmung mit, wie ich glaube, fast der Mehrheit der Versammlung befinde ich mich in dem Punkte der relativ bestimmten Strafurteile; und ich möchte mir erlauben, für diese hier so viel angefeindete Institution eine Lanze zu brechen. Ich sehe in den Ausführungen, die Herr Professor Mayer in dem Gutachten dieser Frage gewidmet hat, einen besonders trefflichen Teil des an vorzüglichen Ausführungen reichen Gutachtens und möchte mich gegen die Gegengründe wenden. Es ist zunächst gesagt worden, daß das relativ bestimmte Strafurteil eine Vermischung von Justiz und Verwaltung bedeutet. Zunächst glaube ich nun, daß die Trennung der Gewalten überhaupt nicht mehr das Dogma ist, mit dem man jeden Einwand niederschlagen kann. Wir wissen, daß es nur durch Mißverständnis aus dem englischen Rechtsleben deduziert worden ist, und wir haben es selbst mehrfach durchbrochen, indem wir Justiz und Verwaltung unbedenklich miteinander vermengt haben. Ebenso könnte man argumentieren, daß auch die relativ bestimmten Strafdrohungen unserer Gesetze eine Vermischung der Faktoren, Gesetzgebung und Justiz, seien. Man könnte sagen, wenn wir Gesetze darüber verlangen, wann wir eingesperrt werden, so muß das Gesetz auch bestimmen, wie lange wir eingesperrt werden. Trotzdem argumentiert niemand so, wir überlassen es dem Richter, innerhalb der Schranken des Gesetzes selbständig das Maß zu bestimmen. Genau so kann man es zulassen, daß der Strafvollzugsbeamte innerhalb der Grenzen, die ihm der Richter steckt, seinerseits wieder selbständig vorgehen darf. Er verhält sich zum Richter, wie der Richter zum Gesetzgeber; ist stets gebunden an die Grenze, die ihm der Richter steckt. Damit sollte dem Einwand, daß Justiz und Verwaltung vermengt würden, vorgebeugt sein. Wenn man aber dort dem Einwande Rechnung schenken will, so wäre es besser — doch das ist Zukunftsmusik —, die Sache von der anderen Seite anzufassen und zu erwägen, ob es sich nicht empfiehlt, unseren Strafvollzugsbeamten, deren ihres Amtes unwürdige Stellung ja doch einmal gehoben werden muß, die Garantien der richterlichen Unabhängigkeit und die Gediegenheit der fachlichen Vorbildung derselben zu verschaffen. Auf diesen Punkt aber kann ich nicht eingehen, weil er bisher überhaupt nicht zur Sprache gekommen ist. Weiter ist gesagt worden, daß auf diese Weise Streber herangebildet werden würden. Dasselbe könnte eingewendet werden gegen unser heutiges positives Rechtsinstitut der vorläufigen Entlassung, das sich allgemein bewährt hat! Es ist ferner gesagt worden, daß durch Prof. Mayers Vorschlag zwei Probleme anstelle eines gesetzt werden, denn wenn der Richter nicht feststellen kann, ob das bestimmte Strafurteil gerecht ist, wie soll er feststellen, ob das Minimum und das Maximum gerecht ist? Da sage ich: besser zwei, wenn auch schwer zu lösende Probleme, als ein unlösbares Problem; denn Minimum und Maximum können wir durch unser Gefühl bestimmen, welches in diesen rein quantitativen Dingen die einzige Leiterin ist. Das Gefühl sagt uns: ein Jahr ist das Minimum, weniger wäre zu wenig, und fünf Jahre ist das Maximum, mehr wäre zu viel. Aber drei Jahre und keinen Tag mehr oder weniger, das können wir mit gutem Gewissen nie sagen, denn die angemessene Strafe auf den Tag genau zu bestimmen zu wollen, heißt ein unlösbares Problem lösen wollen. Also meine ich, daß das relativ bestimmte Strafurteil auch in dieser Hinsicht wenn nicht eine endgültige Lösung, so doch einen entschiedenen Fortschritt bieten würde. Das Hauptargument schien zu sein, daß das Strafvollzugsamt nicht in der Lage wäre, zu erkennen, wann der Sträfling gebessert ist. Aber es ist nicht richtig, daß die Strafvollzugskommission nur angewiesen ist auf den Bericht des Strafanstaltsleiters; auch der Strafanstaltsgeistliche und der Arzt und die anderen Mitglieder hätten ein Wort mitzureden. Der Sträfling würde vorgeführt werden, und die Kommission hätte Gelegenheit, sich über ihn nun oder schon vorher zu informieren und ihn ebenso gut oder besser kennen zu lernen als der Richter, der ihn nur in der kurzen Zeit während der Verhandlung gesehen hat.

Ich bin daher überzeugt, daß wir von dem absolut bestimmten Strafurteil ebenso sicher übergehen werden zu dem relativ bestimmten Urteil, wie wir von den absoluten Strafdrohungen der älteren, primitiven Rechtsordnungen übergegangen sind zu den relativ bestimmten des heutigen Rechtes. Aber da dies eine Frage ist, die über die Bedeutung unseres Themas weit hinausreicht, so stimme ich mit Herrn Professor Liepmann und anderen Herren in dem Wunsche überein, daß diese

Frage zu einem besonderen Punkte der Tagesordnung einer der nächsten Versammlungen des Juristentages gemacht werde.

Landgerichtsdirektor **Delbrück**-Kiel: Ich wollte bloß vom Standpunkte des praktischen Richters aus hervorheben, daß ich für meine Person doch sehr großes Gewicht darauf legen würde, daß wir einen Unterschied machen zwischen Rückfall und Gewohnheitsmäßigkeit. Daß das sachlich und begrifflich ein himmelweiter Unterschied ist, kann keinem Zweifel unterliegen und ist von dem Aschaffenburgschen Gutachten ganz überzeugend dargetan. Wenn wir den Unterschied machen, werden wir ein doppeltes gewinnen. Wir haben jetzt zwei große Fehler in unserem Rückfallstrafsystem. In den meisten Fällen sind die Strafen für uns Richter zu hoch. Warum? Weil eigentlich die Rückfälligen nicht die Leute sind, die man damit treffen will. Mit den Rückfallstrafen hat man immer schon die Gewohnheitsverbrecher treffen wollen, die als gemeingefährliche, eingewurzelte Übeltäter dastehen, und man trifft oft mit dem Rückfall, weil man mechanisch arbeitet, Leute, die ungefährlich sind. Wir würden in den Fällen, wo es sich wirklich um gewohnheitsmäßige Verbrecher handelt, zu höheren Strafen kommen, und geringere Strafen eintreten lassen in den Fällen, die jetzt eigentlich unser alltägliches Brot sind, wo es sich rein um Zufälligkeiten handelt, daß jemand schon bestraft ist. Nun sage man nicht, wie Herr Prof. Kleinfeller meint, wozu? Der Unterschied ist sehr erheblich, und zwar deswegen: Es ist ein großer Unterschied, ob ich als Richter feststellen soll, zunächst in meinem Innern und dann in den Urteilsgründen: der Mann ist gewohnheitsmäßiger Verbrecher, oder nur festzustellen brauche: er ist rückfälliger Dieb. Wir müssen mit den menschlichen Schwächen vor allen Dingen rechnen bei unseren Bestimmungen, und Sie werden sich sagen, daß das ein kolossaler Unterschied ist. Der Richter, der festzustellen hat: der Mann ist im Rückfall, der stellt fest die Bestrafung für den rückfälligen Dieb, und da kommen vielleicht sechs Monate heraus; der Richter, der feststellt: wir haben es mit einem gewohnheitsmäßigen Verbrecher zu tun, wird dann unzweifelhaft gezwungen, auf den Mann, den er vor sich hat, einzugehen und, wie ich glaube, so weit einzugehen, wie wir es in der Lage sind. Wir können sehr gut feststellen, wenn wir es wirklich mit einem gewohnheitsmäßigen Verbrecher zu tun haben, ob wir einen solchen Mann vor uns haben, ohne daß wir gerade Pastoren, Philosophen oder Erzieher sind. Sobald man sich die Mühe gibt, nicht bloß die Vorstrafen, sondern die Vorstrafakten einzusehen, sich mit dem Manne zu unterhalten darüber: was hast du gemacht, nachdem du bestraft warst? Wie bist du zur ersten Strafe gekommen usw.? und zu diesen Dingen würden die Richter gezwungen werden, wenn sie feststellen sollen, daß sie es mit einem gewohnheitsmäßigen Verbrecher zu tun haben.

Über die übrigen Punkte will ich weiter nicht sprechen. Ich stehe im wesentlichen durchaus auf dem Standpunkte der Thesen des Herrn Geheimrat Kahl. Ich würde an sich sogar etwas weiter gehen und der Meinung sein, daß ich, rein logisch betrachtet, die unbestimmte Strafe für zweckmäßig halte; aber ich halte sie für undurchführbar und bin der Meinung, daß wir deshalb jetzt weiter gar nicht darüber zu reden brauchen. (Bravo!)

Die Rednerliste ist erschöpft. Ein Antrag auf Schluß der Debatte hat sich damit erledigt.

Zum Schlußwort erhält das Wort:

Geh. Justizrat Prof. DDr. Kahl: M. H.! Ich hoffe durch die Erlaubnis, noch einmal das Wort zu nehmen, die Sache nicht zu verlängern, sondern zu verkürzen.

Es gibt zwei Arten, in denen ich mich äußern kann. Entweder, daß ich noch einmal, meinen Notizen folgend, mich theoretisch eingehend zu den einzelnen Gegenausführungen äußere, oder daß ich praktisch verfahre und den Herrn Vorsitzenden ersuche, Absatz für Absatz meine Thesen mit den gestellten Anträgen vergleichen zu dürfen. Der letztere Weg ist der kürzere. Ich werde mir dann gestatten, sofort meine Stellung zu den einzelnen Anträgen zu bemerken, um die Abstimmung vorzubereiten — falls der Herr Präsident mit diesem Verfahren einverstanden ist.

(Zustimmung des Präsidenten.)

I. „Die im Reichsstrafgesetzbuch vorgesehene Behandlung von Rückfall, gewohnheitsmäßigem und gewerbsmäßigem Verbrechertum ist ungenügend. Um sie wirksam zu gestalten, werden folgende Änderungen des geltenden Rechts erforderlich und ausreichend sein:"

Habe ich eine private Bemerkung richtig verstanden, so wird der Herr Korreferent Oberstaatsanwalt Hoegel in der Lage sein, diesem ersten Satz trotz der Ausführungen des Herrn Amtsgerichtsrats Hartmann zuzustimmen, falls ich sage: „um sie wirksamer zu gestalten".

Diese Änderung wird von mir akzeptiert.

1. „Der Rückfall des Gelegenheitsverbrechers in ein Gelegenheitsverbrechen bildet, wie schon jetzt das fortgesetzte Verbrechen, nur einen erhöhenden Strafzumessungsgrund innerhalb des ordentlichen Strafrahmens."

Soviel ich mich erinnere, liegt dazu kein Abänderungsantrag vor.

2. Außer diesem Falle bildet der gleichartige oder ungleichartige Rückfall sowie stets die gewohnheits- oder gewerbsmäßige Begehung einer strafbaren Handlung einen allgemeinen Strafschärfungsgrund. Beim Vorhandensein mildernder Umstände kann der Richter die Strafe innerhalb des ordentlichen Strafrahmens wählen."

Dazu sind Anträge gestellt.

Stellvertr. Vorsitzender: Es ist seitens des Herrn Oberstaatsanwalts Hoegel beantragt, diese Ziffer 2 der Nr. I so zu fassen:

„Eine Erhöhung der allgemeinen Strafausmaße soll im Fall wiederholten Rückfalls nur bei bestimmten Straftaten und Gruppen strafbarer Handlungen stattfinden, bei welchen strafpolitische Gründe diesen Vorgang notwendig erscheinen lassen. Es ist jedoch die Möglichkeit offen zu lassen, auch hier den Umständen des einzelnen Falles Rechnung zu tragen."

Sodann hat Herr Prof. Mayer hierzu die folgende, wesentlich auf Streichung des Rückfalls hinauslaufende Fassung beantragt:

I 2. „Die gewohnheits- oder gewerbsmäßige Begehung einer strafbaren Handlung bildet einen allgemeinen Strafschärfungsgrund. Beim Vorhandensein usw."

Nur der erste Satz soll also geändert werden.

Der Berichterstatter Geh. Justizrat Prof. DDr. **Kahl**-Berlin. Es sind allerdings, wie Herr Kollege Mayer hervorgehoben hat, vielleicht wenige Fälle, die unter diesen allgemeinen Strafschärfuugsfall gehören. Aber einige, namentlich die Möglichkeit des Rückfalls des Gewohnheitsverbrechers in ein ungleichartiges Verbrechen, bleiben unter allen Umständen bestehen. Wir beide können in diesem Augenblick die Fülle des Lebens nicht übersehen. Ich halte die Notwendigkeit, den Rückfall selbständig aufrecht zu erhalten, für so bedeutungsvoll, daß ich mich nicht entschließen kann, den Strafschärfungsgrund preiszugeben. Ich bitte daher, meine These in der vorhandenen Fassung gegenüber den beiden gestellten Anträgen zur Abstimmung bringen lassen zu wollen.

Es folgt dann der dritte Satz:

„Gegen gemeingefährliche und rückfällige Gewohnheitsverbrecher ist neben der Strafe auf Sicherungsnachhaft von unbestimmter Dauer zu erkennen. Über die jederzeit widerrufliche Entlassung entscheiden gemischte, aus Organen der Anstaltsleitung, Beamten der Staatsanwaltschaft und Ehrenbeamten gebildete Kommissionen."

Dazu liegen meines Erinnerns verschiedene Anträge vor.

Der **stellvertr. Vorsitzende**: Seitens des Herrn Prof. Gerland ist der Antrag gestellt, hier — bei I 3 — die Worte „von unbestimmter Dauer" zu streichen und hinter „zu erkennen" den Satz einzufügen:

> „Die nähere Ausgestaltung der Sicherungshaft, namentlich hinsichtlich ihrer Zeitbestimmung, bleibt weiterer Beschlußfassung vorbehalten."

Diesem Antrage ist Ihrerseits Zustimmung erteilt.

Der Berichterstatter Geh. Justizrat Prof. DDr. **Kahl**-Berlin: Ja, es wird mir sehr schwer. Ich muß bekennen, diese Zustimmung etwas voreilig gegeben zu haben. (Heiterkeit.) Ich möchte doch meine Fassung beibehalten: „von unbestimmter Dauer zu erkennen".

Der **stellvertr. Vorsitzende**: Weiter war zu I 3 ein Abänderungsantrag gestellt von Herrn Prof. Liepmann; es wurde von ihm eine andere Fassung vorgeschlagen, und zwar dahin:

> „Gegen gemeingefährliche und rückfällige Gewohnheitsverbrecher kann neben der Strafe auf Sicherungsnachhaft von unbestimmter Dauer erkannt werden."

Der Berichterstatter Geh. Justizrat DDr. **Kahl**-Berlin: Also nur statt „ist zu erkennen" „kann erkannt werden".

Der **stellvertr. Vorsitzende** (fortfahrend):

> „Diese Maßregel ist in besonderen Anstalten zu vollstrecken. Sie soll eine Bekämpfung derjenigen Symptome in der Person des Verbrechers (Arbeitsscheu, Alkoholismus) bezwecken, durch welche die gewohnheitsmäßige Begehung solcher Straftaten überwiegend zu erklären ist."

Der Berichterstatter Geh. Justizrat Prof. DDr. **Kahl**-Berlin: Diesen Antrag nehme ich an. Ich trete also der vorgeschlagenen Redaktion des Satzes 1 und des neu vorgeschlagenen Satzes 2 zu meiner These I 3 bei.

Der **stellvertr. Vorsitzende**: Dann ist zu I 3 noch ein weiterer Antrag gestellt seitens des Herrn Prof. Mayer, und zwar ein Antrag, der eine andere Fassung bezweckt. Die Fassung soll lauten:

> „Gegen gemeingefährliche und Gewohnheitsverbrecher bei Rückfall in die gewohnheitsmäßige Begehung strafbarer Handlungen ist usw."

Der Berichterstatter Geh. Justizrat Prof. DDr. **Kahl**-Berlin: Mit der Fassung Liepmann bin ich einverstanden.

Der **stellvertr. Vorsitzende**: Es handelt sich darum: bisher hieß es „Gegen gemeingefährliche und Gewohnheitsverbrecher". Nun will

Herr Prof. Liepmann die rückfälligen Gewohnheitsverbrecher noch schärfer, konkreter bestimmt haben.

(Der Antrag Liepmann wird hierauf zurückgezogen.)

Es ist zu I noch ein Unterantrag Hartmann gestellt zum Antrag Hoegel; er schließt sich diesem im übrigen an, verlangt aber weitergehend auch Streichung des gesamten Einganges, nämlich der Worte:

> „Die im RStGB. vorgesehene Behandlung von Rückfall, gewohnheitsmäßigem und gewerbsmäßigem Verbrechertum ist ungenügend. Um sie wirksam zu gestalten, werden folgende Änderungen des geltenden Rechts erforderlich und ausreichend sein:"

Dann will er I unmittelbar vor die Unterziffer 1 gesetzt haben.

Der Berichterstatter Geh. Justizrat Prof. DDr. **Kahl**-Berlin: Das muß ich, als m. E. der Auffassung der Gegenwart nicht entsprechend, ablehnen.

Oberlandesgerichtspräsident a. D. Wirkl. Geh. Rat Exzellenz Dr. **Hamm**-Bonn: (zur Geschäftsordnung): Könnten wir nicht jetzt über I abstimmen; es wird sonst zu unübersichtlich; wir können jede römische Nummer als Abschnitt für sich nehmen.

Der **stellvertr. Vorsitzende**: Es liegt nun nur noch der Antrag Hoegel auf gänzliche Streichung von I 3 vor.

Der Berichterstatter Geh. Justizrat Prof. DDr. **Kahl**-Berlin: Da muß ich mich auch ablehnend verhalten.

Der **stellvertr. Vorsitzende**: Dann wäre es zweckmäßig, darüber jetzt abzustimmen.

Der Berichterstatter Geh. Justizrat Prof. DDr. **Kahl**: Ich bin einverstanden unter der Voraussetzung, daß sich der Herr Korreferent noch äußert.

Der **stellvertr. Vorsitzende**: Wir würden uns also zunächst auf I beschränken. Dann erteile ich dem Herrn Korreferenten das Wort.

Berichterstatter Oberstaatsanwalt Dr. **Hoegel**-Wien: Meine sehr verehrten Herren! Ich werde nur wenige Worte sprechen und Ihre Geduld nicht lange in Anspruch nehmen. Ich bin aber leider gezwungen, schon, obwohl vorläufig erst These I in Frage steht, einen Punkt zu These II zu berühren, soweit es sich um den Begriff des Gewohnheitsverbrechertums handelt, weil dieser mit in Betracht kommt. Ich werde mich nur auf die zwei Gegenstände beschränken: Gewohnheitsverbrechertum einerseits und Arbeitshaus oder Nachhaft andererseits.

Es wurde im Laufe der Debatte erwähnt, wir hätten schon Erfahrungen mit dem Begriff Gewohnheitsverbrechertum gemacht, nachdem dieser Begriff im deutschen und österreichischen Recht enthalten ist. Ich weiß nicht, wie die praktischen Erfahrungen auf diesem Gebiet in Deutschland sind, ich kenne aber allerdings meine eignen praktischen Erfahrungen und kann nur sagen, daß wir mit diesem Begriff keine günstigen Erfahrungen gemacht haben, bei den wenigen Delikten, bei denen er einen Straferhöhungsgrund bildet, beim Diebstahl und beim Wucher. Das, was uns interessiert bei der Gewohnheitsmäßigkeit — und ich glaube, bei Ihnen wird es ganz genau so sein — ist die Masse und die Aufeinanderfolge der Vorstrafen. Ich glaube kaum, daß in Ihrer Praxis jemals ein Gewohnheitsverbrecher verurteilt wird, der nicht eine Reihe von Strafen hinter sich hat. Ich erinnere mich einer Entscheidung unseres obersten Gerichtshofes aus einer längst vergangenen Zeit, in welcher einmal der auch theoretisch verfochtene Grundsatz aufgestellt wurde, die Vorstrafen seien keine notwendige Voraussetzung des Gewohnheitsverbrechertums; es könnte jemand verurteilt werden, auch wenn er nicht eine Reihe von Vorstrafen erlitten habe.

Nun, in der Theorie ist das natürlich ganz richtig. Es wird aber wahrscheinlich kein Kriminalrichter und noch weniger ein Laienrichter jemals Gewohnheitsverbrechertum annehmen, wenn nicht gewissermaßen aus den Akten bewiesen ist, daß der Mensch wirklich unverbesserlich sei, daß er sich das Stehlen, wie die Herren behaupten, die Arbeitsscheu, den Wucher zur Gewohnheit gemacht habe. Nur die Vorstrafen werden das klarstellen, und ich glaube, daß auch deshalb der Begriff „Gewohnheitsverbrechertum" unverwertbar ist, und darum bin ich nach wie vor für Streichung dieses Begriffs und für das Festhalten an dem Begriff des Rückfalls, natürlich immer unter der Voraussetzung, daß dieser Rückfall nicht mechanisch angewendet wird, auch im Gesetz nicht mechanisch angewendet wird, sondern der Rückfall nur dann eine Erhöhung des Strafmaßes nach sich zieht, wenn aus ihm auf die Gesinnung des Täters ein Rückschluß möglich ist. Dies das Eine.

Das Andere ist das berüchtigte Arbeitshaus. Ich bedaure unendlich, daß ich auch in dieser Richtung bei meiner Anschauung beharren und infolgedessen die Abstimmung etwas komplizierter gestalten muß; aber ich glaube, die Herren Vorredner haben mir meinen Standpunkt wesentlich erleichtert. In erster Linie bin ich sehr dankbar in dieser Richtung Herrn Prof. Mayer, der dasselbe zum Ausdruck gebracht hat, was ich zum Ausdruck gebracht habe: daß das Arbeitshaus eigentlich nichts anderes ist als Strafe. Er akzeptiert auch das Arbeitshaus als Ersatz seiner unbestimmten Strafe. Ihm ist das, verzeihen Sie das harte Wort, schnuppe, ob Arbeitshaus oder Strafe: es ist dasselbe, und deshalb finde ich es begreiflich, daß er es mit beiden Händen akzeptiert. Sie werden auch begreiflich finden, daß ich es mit beiden Händen nicht akzeptiere, weil es nichts anderes ist als eine Verlängerung der Strafe, mögen Sie auch auf die Tür des betreffenden Hauses eine andere Aufschrift setzen und den Vollzug etwas anders gestalten. Es ist trivial gesprochen dieselbe Couleur in grün.

Nun, ich ziehe aus den Ausführungen der Herren Vorredner noch ein anderes Argument. Es ist ein Streit entstanden: soll in dieser These enthalten sein „von unbestimmter Dauer“ oder „von bestimmter Dauer“? Herr Dr. Gerland hat den Vorschlag gemacht, man solle das Wort „von unbestimmter Dauer“ streichen, so zwar, daß dann die bestimmte Dauer herauskommt (Widerspruch) — oder daß die Entscheidung vorbehalten bleibt, daß dieser Frage nicht vorgegriffen wird. Nun verweise ich zurück auf eine kleine Debatte, die ich mit einem Kollegen aus dem Deutschen Reich gehabt habe über die bestimmte oder unbestimmte Dauer des gegenwärtigen deutschen Arbeitshauses. In der Praxis, denke ich mir, wird sich die Sache in Deutschland genau so gestalten wie bei uns, daß die Entlassung von der angeblichen Aufführung des Täters im Arbeitshause abhängig ist. (Zurufe: Nein!) Dann irre ich mich in dieser Richtung. Bei uns ist es so. Es ist zwar ein Höchstmaß gesetzt, aber der Betreffende kann früher entlassen werden. Das ist in Wirklichkeit eine unbestimmte Dauer. Der Richter spricht die Dauer niemals aus; abhängig ist die Dauer von der Verwaltungsbehörde. So wenigstens ist es bei uns. Nun ist der Antrag gestellt, diese Frage einstweilen beiseite zu lassen. Nun denke man sich: man setzt wirklich so fest, daß das Arbeitshaus von bestimmter Dauer ausgesprochen wird, auf 1 Jahr, $1\frac{1}{2}$ Jahre, 2 Jahre. M. H.! Warum nennen Sie es dann Arbeitshaus? Geben Sie dem Betreffenden gleich 1 oder $1\frac{1}{2}$ Jahre länger Strafe, geben Sie ihm statt 5 Jahre Zuchthaus $6\frac{1}{2}$ Jahre Zuchthaus. Dann haben Sie genau dasselbe erzielt, daß Sie ihn länger der Freiheit berauben.

Man kann sagen, daß man die Nachhaft anders gestaltet als das Zuchthaus. M. H.! Diese andere Gestaltung ist noch nicht erfunden worden. Sie können übrigens auch das Zuchthaus anders gestalten, insbesondere das letzte Jahr. Dann kommen Sie schließlich auf das irische Vollzugssystem zurück, nach welchem der betreffende Gefangene in eine Zwischenanstalt gekommen ist; darin haben Sie die korrektionelle Nachhaft. Einen prinzipiellen Unterschied zwischen korrektioneller Nachhaft und Zuchthaus oder Gefängnis vermag ich wenigstens nicht zu finden. Wenn aber die Ausführung Ihres Beschlusses dahin ausfällt, wie Herr Geheimrat Kahl vorschlägt, daß dieses Arbeitshaus auf unbestimmte Dauer verhängt werden soll, dann begreife ich erst recht, daß Herr Prof. Mayer mit solcher Freude zustimmt, dann hat er seine unbestimmte Strafe ganz vollständig im künftigen Strafgesetz, und dann braucht er sich um das übrige wirklich nicht mehr zu streiten; dann haben wir, die Gegner der unbestimmten Strafe, ganz bestimmt verloren, dann können wir uns künftig mit demselben Experiment befassen, mit dem die Amerikaner sich schon seit längerer Zeit befassen. Ich war selbst nie in Amerika und kenne den dortigen Vollzug nicht, ich kann mir aber ein ungefähres Bild aus dem Vergleich der englischen und amerikanischen Verhältnisse anstellen. Auf dem Kontinent gibt man sich, wie ich glaube, in dieser Richtung sehr vielen Illusionen hin, etwa als ob dort die Welt ganz anders beschaffen wäre als bei uns. Die Sachlage ist aber genau so wie bei uns, nur sprechen wir deutsch und sie englisch, aber im übrigen sind die Verbrecher nicht ein Haar anders und die Strafvollzugsbeamten auch nicht.

M. H.! Man sagt, dieser Strafvollzug könnte ja ganz anders organisiert werden. Ich bitte um Entschuldigung, wenn ich ein wenig persönlich werde. Ich habe sehr viel Anstalten in Deutschland angesehen. Auf der Herfahrt war ich in Tegel. Sie haben in Tegel einen ganz hervorragenden Gefängnisdirektor. Glauben Sie: Amtsgerichtsrat Klein in Tegel ist in der angenehmen Lage, seine 1500 Sträflinge auf ihre Psyche zu prüfen; glauben Sie, er kann über diese 1500 Menschen ein Urteil abgeben, ob der Eine oder Andere gebessert ist oder nicht? Dann müßte Herr Amtsgerichtsrat Klein nicht ein Gefängnisbeamter, sondern ein Halbgott sein; um das zu wissen, müßte er nicht nur eine Seelenprognose stellen können, sondern geradezu allwissend sein. Er kennt aber gewiß nicht von 10 pCt. seiner Sträflinge die Psyche.

Nun können Sie sagen: man kann es auch anders organisieren. Es ist auch Tegel anders organisiert. Es sind dort drei räumlich getrennte Abteilungen, von denen jede einem Gefängnisinspektor untersteht. Das heißt mit anderen Worten: ausschlaggebend ist jetzt der Gefängnisinspektor. Mir unterstehen selbst einige Männerstrafanstalten mit etwa 2000 Sträflingen. Glauben Sie, daß der Gefängnisdirektor in kleineren Anstalten das Ausschlaggebende sein wird? Gewiß nicht, sondern die untersten Aufsichtsorgane. Von der Zahl der Disziplinierungen wird es abhängen, ob man sagt, daß der Betreffende noch einmal rückfällig werden wird. Es wird immer wieder zurückkommen auf die Aufführung in der Anstalt, nicht auf das, was man von dem Sträfling außer der Anstalt vermutet, weil man darauf nicht schließen kann; und daher meine

Gegnerschaft gegen die unbestimmte Strafe im allgemeinen und das unbestimmte Arbeitshaus im besonderen.

Darüber muß man sich heute entscheiden. Entweder nehmen Sie die These Kahl an mit der unbestimmten Dauer des Arbeitshauses, dann haben Sie die unbestimmte Strafe angenommen, oder Sie müssen den Beisatz hineinnehmen: „von bestimmter Dauer", dann haben Sie eine zeitlich abgegrenzte Verlängerung der Strafe, die Sie einfacher durch höhere Strafausmaße erreichen. Ich wiederhole, daß der ganze Absatz zu streichen ist.

Amtsgerichtsrat Dr. **Hartmann**-Berlin: (Zur Geschäftsordnung!) Unter der Voraussetzung, daß nunmehr der Antrag des Herrn Referenten dahin lautet, daß das Wort „wirksam" in „wirksamer" geändert wird, ziehe ich hiermit meinen Antrag zurück.

Stellvertr. Vorsitzender: Dann können wir auch anders vorgehen, indem wir gleich den Eingang vornehmen. Dagegen ist bisher kein Widerspruch laut geworden.

Der Eingang würde lauten:

> „I. Die im RStGB. vorgesehene Behandlung von Rückfall, gewohnheitsmäßigem und gewerbsmäßigem Verbrechertum ist ungenügend. Um sie wirksamer zu gestalten, werden folgende Änderungen des geltenden Rechts erforderlich und ausreichend sein:"

Zu Unter-Ziffer 1 ist kein Abänderungsantrag gestellt. Ich darf annehmen, daß sie hiermit angenommen ist.

Zu Unter-Ziffer 2 sind zwei Abänderungsanträge gestellt; von ihnen ist der des Herrn Oberstaatsanwalts Högel meiner Auffassung nach der weitergehende. Es ist seitens des Herrn Berichterstatters Kahl eine Änderung nicht vorgenommen worden; die Unterziffer 2 lautet sonach:

> „2. Außer diesem Falle bildet der gleichartige oder ungleichartige Rückfall sowie stets die gewohnheits- oder gewerbsmäßige Begehung einer strafbaren Handlung einen allgemeinen Strafschärfungsgrund. Beim Vorhandensein mildernder Umstände kann der Richter die Strafe innerhalb des ordentlichen Strafrahmens wählen."

Wir kommen nun zunächst zur Abstimmung über den Antrag Högel:

> „Eine Erhöhung der allgemeinen Strafmaße soll im Falle wiederholten Rückfalls nur bei bestimmten Strafmaßen und Gruppen strafbarer Handlungen stattfinden, bei welchen strafpolitische Gründe diesen Vorgang notwendig erscheinen lassen.

Es ist jedoch die Möglichkeit offen zu lassen, auch hier den Umständen des einzelnen Falles Rechnung zu tragen."

(Abstimmung und Gegenprobe).

Es ist der Antrag m. E. nicht angenommen, sondern abgelehnt.

Es kommt nunmehr zur Abstimmung der Antrag Mayer; er geht dahin, daß lediglich der erste Satz des Absatzes geändert werden soll, nämlich:

„Die gewohnheits- oder gewerbsmäßige Begehung einer strafbaren Handlung bildet einen allgemeinen Strafschärfungsgrund. Beim Vorhandensein usw."

(Abstimmung).

Das ist entschieden die Minderheit. Der Antrag ist ebenfalls abgelehnt.

Nun lasse ich abstimmen über die Fassung des Herrn Referenten Kahl. Wer dafür ist, erhebe die Hand. — Das ist die Mehrheit.

Zu Unterziffer 3 lautet die Fassung im Eingange jetzt nach Zustimmung des Antragstellers und Berichterstatters Kahl folgendermaßen:

„Gegen gemeingefährliche und rückfällige Gewohnheitsverbrecher kann neben der Strafe auf Sicherungsnachhaft von unbestimmter Dauer erkannt werden. Diese Maßregel ist in besonderen Anstalten zu vollstrecken. Sie soll eine Bekämpfung derjenigen Symptome in der Person des Verbrechers (Arbeitsscheu, Alkoholismus) bezwecken, durch welche die gewohnheitsmäßige Begehung solcher Straftaten überwiegend zu erklären ist."

Es handelt sich nun noch um den Schlußsatz:

„Über die jederzeit widerrufliche Entlassung entscheiden gemischte, aus Organen der Anstaltsleitung, Beamten der Staatsanwaltschaft und Ehrenbeamten gebildete Kommissionen."

Hierzu liegt vor der Antrag Högel auf Streichung und der Abänderungsantrag Gerland. Der erste muß zunächst erledigt werden, weil er weitergehend ist. (Abstimmung und Gegenprobe).

Der Antrag ist abgelehnt.

Es kommt nun der Abänderungsantrag Gerland zur Abstimmung. Dieser Abänderungsantrag lautet dahin, daß einmal im ersten Satze die Worte „von unbestimmter Dauer" gestrichen werden, und dann soll die weitere Fassung dahin gehen:

„Die nähere Ausgestaltung der Sicherungshaft, namentlich hinsichtlich ihrer Zeitbestimmung, bleibt weiterer Beschlußfassung vorbehalten."

Wer für Streichung der Worte „von unbestimmter Dauer“ ist, den bitte ich, die Hand zu erheben. — Ich bitte um die Gegenprobe. — Der Antrag ist m. E. abgelehnt.

Der zweite Teil des Antrages ist erledigt, da er zurückgezogen ist.

Nun ist über die Fassung, die Herr Geh. Rat Kahl akzeptiert hat, abzustimmen. (Abstimmung und Gegenprobe).

Meines Erachtens ist der Antrag angenommen. — Ich brauche wohl nicht noch einmal über die gesamte Ziffer I abzustimmen.

Es folgt nun II. Hierzu ist ein Abänderungsantrag nicht gestellt, soweit es sich um die Nummer 1 handelt:

> „1. Eine Legaldefinition des Begriffs der gewohnheits- und gewerbsmäßigen Begehung strafbarer Handlungen ist, ebenso wie eine solche des rückfälligen Gelegenheitsverbrechers, zu unterlassen.“

Ebensowenig ist ein Antrag gestellt zu Nr. 2:

> „2. Ein Begriff des unverbesserlichen Rückfälligen oder Gewohnheitsverbrechers ist in das Gesetz nicht aufzunehmen.“

Die beiden Nummern werden angenommen.

Nun folgt Nummer 3. Da ist ein Streichungsantrag seitens des Herrn Dr. Högel gestellt, ferner ein Abänderungsantrag seitens des Herrn Dr. Kantorowicz, dahingehend, daß nach „Die Vorbestrafung“ eingeschoben wird der Satz:

> „oder das Vorliegen früherer strafbarer Handlungen.“

Ferner ist seitens des Herrn Oberstaatsanwalts von Prittwitz der Antrag gestellt, hinter „Die Vorbestrafung des Täters“ einzufügen „allein“. Weitere Abänderungsanträge liegen nicht vor; wir würden daher zunächst den Streichungsantrag zur Abstimmung bringen.

Der Berichterstatter Geh. Justizrat Prof. DDr. **Kahl**-Berlin: Ich meinerseits verzichte auf das Wort zur Verteidigung im einzelnen. Auf meiner Fassung II 3 muß ich stehen bleiben, möchte aber die Gründe nicht noch einmal wiederholen.

Der **stellvertr. Vorsitzende**: Wird auch verzichtet vom Herrn Korreferenten? — Dann handelt es sich um die Streichung von II 3. (Abstimmung und Gegenprobe).

Mit Mehrheit ist der Streichungsantrag abgelehnt.

Nun würde der Antrag Kantorowicz kommen. (Abstimmung und Gegenprobe).

Der Antrag ist abgelehnt.

Jetzt kommt der Antrag von Prittwitz. (Abstimmung und Gegenprobe).

Der Antrag ist ebenfalls abgelehnt.

Die Nummer II des Antrages des Berichterstatters wird angenommen.

Zu III bemerkt der Berichterstatter

Geh. Justizrat Prof. DDr. **Kahl**: Ich würde doch sehr großes Gewicht darauf gelegt haben, eine Äußerung des Juristentages in der Hinsicht zu besitzen, daß diese drei Personenkategorien einer sonderrechtlichen Ordnung bedürfen und den allgemeinen Grundsätzen nicht unterstellt werden dürfen. Hier handelt es sich überall um ausgeprägte Individualitäten und Verbrechertypen, welche einer besonderen Für- und Vorsorge bedürfen. Lediglich damit man sieht, daß der Juristentag dies nicht verkannt hat, bitte ich, die Nummer III bestehen zu lassen. (Abstimmung).

Die Nummer III des Antrages wird angenommen.

Zu Nummer IV erklärt sich der Berichterstatter, nachdem er schon das ursprünglich angeführte Beispiel „wie etwa beim Glücksspiel" gestrichen, damit einverstanden, der Übereinstimmung halber auch die Worte „wie etwa beim gewerbsmäßigen Jagen" zu streichen. (Abstimmung).

Nummer IV des Antrags wird angenommen.

Bei Nummer V hat der Berichterstatter schon früher zugestimmt, daß der Nachsatz: „Den künftigen Referenten aufzugeben" gestrichen wird. (Abstimmung).

Antrag V wird in dieser verkürzten Form angenommen.

Der **stellvertr. Vorsitzende** schlägt unter Zustimmung der Versammlung vor, daß Geheimrat Kahl in der zweiten Plenarversammlung über diesen Gegenstand das Referat erstatte.

Er stellt sodann die Frage, ob noch in die Behandlung des dritten dieser Abteilung zugewiesenen Gegenstandes eingetreten werden soll.

Oberlandesgerichtspräsident Wirkl. Geh. Rat Dr. **Hamm**: Ich fürchte, daß die Frische und Aufmerksamkeit nicht recht da ist, um den Gegenstand jetzt noch zu behandeln. Es wäre auch nicht so schlimm, wenn er dem nächsten Juristentage überwiesen würde.

Stellvertr. Vorsitzender: Als Präsident des Juristentages würde ich zwar auf Grund des Statuts die Machtvollkommenheit haben, auch ohne Vorberatung in der Abteilung dieses Thema zur Plenarberatung zu stellen. Es würde das aber nicht zweckmäßig sein, da ich eben höre, daß die Abteilung I das Thema über den Tierhalter zur Verhandlung an das Plenum verwiesen hat.

Oberlandesgerichtspräsident Wirkl. Geh. Rat Dr. **Hamm**: Ich möchte als Referent bloß sagen, daß auch mir persönlich die Vertagung angenehm wäre. Ich habe kein ausgearbeitetes Manuskript und ich fürchte, es fehlt mir jetzt die Frische, um das Thema so zu behandeln, wie ich es selbst wünschte.

Geh. Justizrat DDr. **Kahl** übernimmt wieder den Vorsitz.

Mit Rücksicht auf die Wichtigkeit des Gegenstandes einerseits und die äußeren Umstände, welche eine Beratung nicht angezeigt erscheinen lassen, anderseits, beschließt die Abteilung einstimmig, den dritten Punkt abzusetzen und der Tagesordnung des nächsten Juristentages zuzuweisen.

Der **Vorsitzende** teilt mit, daß über den gestern behandelten Punkt — Ehrenerklärung, Abbite und Widerruf — Prof. Dr. Traeger-Marburg im Plenum Bericht erstatten wird.

Aus der Versammlung heraus wird dem Präsidium für die geradezu glänzende Art, wie es an den beiden arbeitsreichen Tagen die Debatten und Abstimmungen geleitet hat, herzlicher Dank ausgesprochen.

Mit Dank für diese freundliche Anerkennung schließt der **Vorsitzende** die Verhandlungen der dritten Abteilung.

Schluß der Sitzung 2 Uhr 10 Minuten.

Erste Sitzung der vierten Abteilung.

Montag, den 10. September 1906, vorm. 11 Uhr.

Landgerichtspräsident Dr. **Andrae-Kiel**: M. H.! Die vierte Abteilung hat zunächst einen Vorsitzenden zu wählen. Ich schlage Ihnen vor Seine Exzellenz Herrn Oberlandesgerichtspräsidenten Dr. Freiherr von Call aus Innsbruck. (Lebhafte Zustimmung).

Oberlandesgerichtspräsident, Exzellenz Dr. Freiherr von **Call-Innsbruck**: M. H.! Ich danke Ihnen für die ganz besondere Auszeichnung mit der Sie mich an diese Stelle berufen haben. Ich will nicht viele Worte machen, damit wir rasch in die Beratungen eintreten können. Ich möchte nur darauf hinweisen, daß es vor allem ein schönes, tüchtiges Stück Sozialpolitik ist, das wir vor uns haben und dessen Lösung uns beschäftigen soll. Erfolg kann ich mir hier nur dann erhoffen, wenn ich auf die rege Unterstützung der Herren zu rechnen habe.

In erster Linie würde ich mir den Vorschlag gestatten, daß der Herr Landgerichtspräsident Dr. Andrae von der Versammlung berufen wird, mich bei der Führung der Geschäfte zu vertreten und zu unterstützen. (Bravo!)

Ich darf wohl die Wahl als angenommen betrachten.

Zur Vervollständigung des Bureaus gestatte ich mir vorzuschlagen, daß zu Schriftführern bestimmt werden die Herren Referendare Dr. Karraß und Dr. Baranbon. Dagegen ist kein Einspruch erhoben worden. Der Vorschlag ist angenommen.

Zunächst obliegt es mir, den Delegierten des Magistrats Berlin, Herrn Magistratsrat Wölbling, der unsere Verhandlungen durch ein Gutachten vorbereitet hat, hier zu begrüßen. Ich tue es in aller Herzlichkeit, mit besonderem Danke an die Behörde, die den Herrn entsendet hat.

Was nun die Verhandlungen anbelangt, so wissen die Herren, daß die Fragen 11, 12 und 13 uns zur Behandlung überwiesen sind. Vielleicht daß ein Vorschlag, in bezug auf die Reihenfolge, aus der Mitte der Versammlung gemacht wird?

(Es wird vorgeschlagen, daß heute die beiden Themata auf dem Gebiete des Urheberrechts erledigt werden und daß morgen dann der Akkordvertrag, der ja ungleich mehr Zeit in Anspruch nimmt und auch vielleicht mehr Interessenten heranziehen wird, zur Verhandlung kommt, und zwar in der Weise, daß der Akkordvertrag jedenfalls an erster Stelle morgen zur Verhandlung kommt, selbst wenn wider Erwarten heute eines der urheberrechtlichen Themata nicht erledigt wird, und daß dieses dann morgen an die zweite Stelle rückt). (Beifall.)

Magistratsrat **Wölbling**-Berlin: Ich danke dem Herrn Präsidenten für die Begrüßung. Der Magistrat zu Berlin hält die Frage des Akkordvertrags für ebenso wichtig wie die ständige Deputation des Juristentags, welche diese Frage auf die Tagesordnung der diesjährigen Tagung gesetzt hat. Ich hoffe, daß ich mit Erfolg dem Auftrage meiner Behörde, an den Verhandluugen teilzunehmen, gerecht werden kann, und wünsche, daß gerade auf diesem Gebiete unsere Verhandlungen zu einem positiven Ziel führen möchten.

Der **Vorsitzende**; Nach dem gestellten Antrage würden heute zunächst die Fragen 12 und 13 zur Verhandlung kommen. Es ist zwar eine allgemeine Erfahrung, daß es zweckmäßiger ist, zuerst die großen Fragen zu behandeln und die kleinen zum Schluß zu lassen. Da aber der Wunsch geäußert wurde, anders vorzugehen, und mir mit einer Modifikation die allgemeine Zustimmung zu dieser Motion gesichert scheint, nämlich mit der Modifikation, daß unter allen Umständen morgen früh an die Frage 11 herangetreten werden muß, so möchte ich, wenn kein Widerspruch erfolgt, diese Reihenfolge als festgestellt erklären.

Landgerichtspräsident Dr. **Andrae**: Ich möchte den Antrag noch dahin abändern, daß an erster Stelle die Frage der Übereinstimmung des Markenrechtes Österreichs und Deutschlands verhandelt wird, weil diese Frage nur wenig Zeit in Anspruch nehmen wird und wir sie vor der Mittagspause beendigen können. Die Frage des Erfinderrechtes wird dagegen wohl mehr Zeit in Anspruch nehmen und wird deshalb besser am Nachmittag verhandelt.

Der **Vorsitzende**: Wenn kein Widerspruch erfolgt, werden wir also als raschesten Weg den Weg des Krebses wählen und bei Frage 13 beginnen. (Heiterkeit).

Es liegt hier auf eine Zuschrift des Bundes der technisch-industriellen Beamten an den Juristentag und dann eine Probe-Nummer der Zeitschrift des Deutschen Vereins für den Schutz des gewerblichen Eigentums. Ich bitte die Herren, die sich dafür interessieren, hier die Exemplare in

Empfang zu nehmen. — Die Abstimmung ergiebt die Annahme des Antrags.

Frage 13: „Empfiehlt sich eine Übereinstimmung oder Annäherung der deutschen und österreichischen Gesetzgebungen über die Warenbezeichnungen oder Marken und welche Grundsätze wären zu diesem Zwecke aufzustellen?“

Berichterstatter Rechtsanwalt **Paul Schmid**-Berlin: M. H., es liegen ja über die zu erörternden Fragen zwei Gutachten schon vor von Herrn Justizrat Dr. Seligsohn und Herrn Hof- und Gerichtsadvokat Dr. Schuloff. Ich nehme an, daß die Gutachten schon bekannt sind. Ich möchte mir erlauben, meinerseits zunächst einen kurzen Vergleich zu ziehen zwischen der inneren Gesetzgebung der beiden Länder auf dem Gebiete des Warenzeichenrechts. Der Begriff Warenzeichen ist im deutschen Gesetz vom 12. Mai 1894 bestimmt worden im § 1, im österreichischen Gesetz vom 6. Januar 1891 (ergänzt durch die Markenschutznovelle vom 30. Juli 1895) im § 1 und 2. Doch beschränkt sich der Wirkungskreis des deutschen Gesetzes nicht auf die eigentlichen Marken (Warenzeichen), vielmehr werden von dem deutschen Gesetz gegen Mißbrauch auf Waren fernerhin noch nach § 14 die Namen und Firmen, ferner nach § 15 die Ausstattungen von Waren, nach § 16 auch die unerlaubte Benutzung von Namen und Wappen eines Staates, Ortes oder Komunalverbandes behandelt. Eine Definition des Warenzeichens enthält das deutsche Gesetz ebensowenig wie eine solche der Warenausstattung, doch hat die Praxis festgestellt, daß Warenausstattungen alle Arten von Kennzeichnungen für Waren umfassen, die eigentümliche Form, Farbe, Zeichnung der Waren selbst oder ihrer Umhüllungen oder Verpackungen und auch die eigentlichen Warenzeichen. Das österreichische Gesetz definiert Warenzeichen in demselben Sinne, wie es im deutschen Rechte von der Praxis ausgelegt wird, nämlich als die besonderen Zeichen, welche dazu dienen, die zum Handelsverkehr bestimmten Erzeugnisse und Waren zu unterscheiden.

Es schützt außerdem gemäß §§ 10 und 24 noch Etablissementsbezeichnungen und Familienwappen, auch Firmen und Namen. Die Etablissementsbezeichnungen sind im deutschen Rechte in § 8 des Gesetzes zur Bekämpfung des unlauteren Wettbewerbs in Betracht gezogen; für ein besonderes Zeichenrecht zum Schutz für Familienwappen liegt ein Bedürfnis nicht vor. Die Warenausstattungen, welche das österreichische Warenzeichengesetz nicht besonders erwähnt, sind in einem neuen Gesetzentwurfe über den unlauteren Wettbewerb, den die kaiserliche Regierung kürzlich herausgegeben und veröffentlicht hat, schon in Betracht gezogen worden.

Der Begriff des „Warenzeichens“ wird in beiden Gesetzgebungen fernerhin noch negativ bestimmt durch Ausscheiden der nicht schutzfähigen Kennzeichnungen, in der deutschen Reichsgesetzgebung in § 4 und in der österreichischen Gesetzgebung in den §§ 3 und 4, sowie in § 1 der Novelle, und zwar werden in beiden im wesentlichen übereinstimmend als solche hervorgehoben, Freizeichen, lediglich aus Buchstaben und zur Warencharakterisierung der Gemeingebrauch unentbehrlicher Worte bestehende Zeichen, Staats- und Kommunalwappen und dezeptive Bezeichnungen, nur daß das österreichische Gesetz auch noch das Bildnis des Kaisers und von Mitgliedern des Kaiserlichen Hauses als von der Eintragung als Warenzeichen ausgeschlossen bestimmt. Nach § 20 des deutschen Gesetzes wie nach § 25 des österreichischen Gesetzes und §§ 2 und 3 der Novelle sind auch solche Zeichen von der Eintragung ausgeschlossen, die mit einem älteren eingetragenen oder angemeldeten Zeichen täuschend ähnlich sind.

Was weiterhin die Frage der Entstehung des Warenzeichenrechts betrifft, so besteht ein erheblicher Unterschied zwischen dem österreichischen Gesetz einerseits und dem deutschen Gesetz anderseits. Das deutsche Gesetz steht auf dem strengen Standpunkte der Markeneintragung des Eintragungsprinzips, dergestalt, daß eine Warenkennzeichnung überhaupt nur dann einen Schutz findet, wenn sie als Warenzeichen eingetragen ist. Die Ausnahme, welche der § 15 des deutschen Gesetzes für Warenausstattungen zu gunsten desjenigen macht, der eine Warenausstattung zuerst in beteiligten Verkehrskreisen als das Kennzeichen seiner Waren zur allgemeinen Anerkennung gebracht hat und in welcher, wie vorhin erwähnt, auch die Warenzeichen an sich mit inbegriffen sind, ist insofern nur ein mangelhafter Schutz desjenigen, der ein Warenzeichen früher als ein anderer, der es anmeldet, schon benutzt hat, weil das Recht des eingetragenen Eigentümers trotz des Inhalts des § 15 dem des älteren Vorbenutzers vorgeht, stärker ist als dieses. Das Recht des Vorbenutzers wird also nach § 15 nicht gegen denjenigen geschützt, welcher das Warenzeichen später für sich hat eintragen lassen.

In dieser Beziehung weicht das österreichische Gesetz vom deutschen erheblich ab, indem es gegenüber demjenigen, der ein Warenzeichen für sich hat eintragen lassen, demjenigen, welcher das Warenzeichen früher schon zur Kennzeichnung von Waren benutzt hat und als das Kennzeichen seiner Waren in dem beteiligten Verkehrsbereiche allgemein zur Anerkennung gebracht hat, ein überwiegendes Recht gewährt, also der früheren Ingebrauchnahme in Verbindung mit allgemeinem Bekanntwerden gegenüber der späteren Anmeldung des Zeichens das Vorrecht einräumt. Da der Warenzeichenschutz im wesentlichen von dem Gesichtspunkte der

Bekämpfung des durch Warenzeichenverletzung versuchten unlauteren Wettbewerbs aus zu betrachten ist, so erscheint es berechtigt, den Spuren des österreichischen Gesetzes nach dieser Richtung zu folgen und ein Vorbenutzungsrecht auch für die Warenzeichen in denjenigen Grenzen, in denen es das österreichische Gesetz anerkennt, im deutschen Gesetze ebenfalls anzuerkennen; d. h. demjenigen, der ein Warenzeichen früher als ein anderer, der es sich später hat eintragen lassen, benutzt und als Kennzeichen seiner Ware in den beteiligten Verkehrskreisen zur Anerkennung gebracht hat, das Recht zu geben, erst die Löschung des später eingetragenen Warenzeichens zu verlangen und dann die Eintragung des Warenzeichens auf seinen eigenen Namen zu verlangen ohne Rücksicht auf die Bestimmung der § 4 Abs. 2 des deutschen und § 7 des österreichischen Gesetzes, wonach im allgemeinen nach Löschung eines Zeichens dieser für einen anderen als den bisherigen Eigentümer frühestens zwei Jahre später eingetragen werden darf. Im übrigen bestimmt das deutsche Warenzeichengesetz bezüglich der Entstehung eines Warenzeichens ebenso wie das österreichische, daß diese an die Anmeldung und Eintragung des Warenzeichens geknüpft ist. Verschieden aber ist das Verfahren in den beiden Gesetzgebungen zunächst insofern, als in Deutschland die Anmeldung bei einem einheitlichen Register, einer Behörde, dem kaiserlichen Patentamt, erfolgt, in Österreich dagegen bei den Handelskammern, welche ihrerseits eine Anmeldung an das Zentralmarkenregister, das bei dem kaiserlichen Handelsministerium geführt wird, gelangen lassen.

Die angemeldete Marke wird nach den Vorschriften beider Länder zunächst vorgeprüft, ob sie an sich eintragungsfähig ist, oder ob sie nicht etwa den Bestimmungen des § 1 und 4 des deutschen Gesetzes bezw. des § 3 und 4 des österreichischen Gesetzes über die nichteintragungsfähigen Zeichen widerspricht. Eine weitere Prüfung des angemeldeten Warenzeichens auf ihre Eintragungsfähigkeit findet in Deutschland ferner in Gemäßheit des § 5 statt hinsichtlich etwaiger Kollision mit einem schon früher für einen anderen eingetragenen oder angemeldeten Warenzeichen, und es ist zu diesem Zwecke durch das deutsche Gesetz ein Verfahren mit einem avis préalable eingeführt worden, wonach das Patentamt, wenn es zu der Überzeugung kommt, daß das angemeldete Warenzeichen mit einem früher angemeldeten Warenzeichen kollidiert, sowohl den Anmelder als auch den Inhaber des früher angemeldeten Warenzeichens zu benachrichtige hat und, sofern der erstere die Anmeldung nicht zurückzieht und der zweite der Eintragung widerspricht, über die Kollisionsfrage selbst zu entscheiden hat, und zwar im Falle der Beschwerde in zwei Instanzen. In dieser Beziehung weicht das österreichische Gesetz ab; es kennt zwar auch den avis préalable, welcher von Seiten des Handelsministeriums auszugehen hat, sofern dieser zu der Ansicht gelangt, daß ein angemeldetes Zeichen mit einem älteren kollidiert, der aber insofern nicht mit derselben Wirkung ausgestattet ist, wie die Einleitung des Widerspruchverfahrens nach dem deutschen Gesetz, als, wenn der Anmelder trotz des Widerspruchs des früheren Inhabers bei der Anmeldung beharrt, zunächst die Eintragung unbedingt erfolgen muß und es dem Inhaber des älteren Zeichens überlassen bleibt, im Wege der Löschungsklage beim Handelsministerium vorzugehen.

Bezüglich der Wirkung der Eintragung eines Warenzeichens habe ich schon hervorgehoben, daß in Deutschland die Eintragung die ausschließliche Quelle des Warenzeichenschutzes ist, während in Österreich ein Vorbenutzungsrecht anerkannt wird. In dieser Beziehung würde es empfehlenswert sein, das deutsche Gesetz dem österreichischen anzupassen. Des weiteren bestimmt das deutsche Gesetz, daß durch die Eintragung des Warenzeichens der eingetragene Inhaber das ausschließliche Recht hat, das Warenzeichen als Kennzeichen von Waren zu benutzen, sowohl auf den Waren, wie auf den Verpackungen und Umhüllungen, ferner auf Preislisten, Empfehlungen, Rechnungen usw., während das österreichische Gesetz einen derartigen weitgehenden Schutz nicht gewährt. Es schützt den Inhaber des Warenzeichens nur gegen die Benutzung desselben Warenzeichens auf den Waren selber oder auf den Verpackungen und Umhüllungen. Es wäre zu empfehlen, daß auch das österreichische Gesetz wie das deutsche die erweiterte Bestimmung des § 12 des deutschen Gesetzes aufnähme.

Auf der anderen Seite beschränkt aber das deutsche wie das österreichische Gesetz das Recht auf Alleingebrauch eines eingetragenen Zeichens zu Warenbezeichnungen auf diejenigen Waren oder gleichartigen Waren (nach deutschem Recht) oder auf diejenigen Warengattungen (nach österreichischem Recht) für welche das Zeichen angemeldet ist; für beide Gesetzgebungen wäre eine Beschränkung des Alleinbenutzungsrechtes auf einzelne Warenklassen bezw. auf soviele Warenklassen als Gebühren bezahlt werden, zu empfehlen.

Negativ ist die Wirkung der bezeichneten Eintragung beschränkt im deutschen Gesetze im § 13 und im österreichischen Gesetze im § 5. § 13 schreibt nämlich vor, daß durch die Eintragung eines Warenzeichens niemand gehindert wird, seinen Namen, seine Firma, seinen Wohnort oder auch Warenzeichen, welche sich auf Art, Zeit und Ort der Herstellung, auf die Beschaffenheit, Preisbemessung, Bestimmung der Ware usw. beziehen, auf der Ware oder Verpackung, Umhüllung anzubringen. Das österreichische Gesetz in § 5 hat eine ähnliche aber eingeschränkte Bestimmung, insofern es lediglich vorschreibt, daß durch die Eintragung eines Warenzeichens niemand gehindert wird, seinen Namen und seinen Wohnort auf Waren anzubringen. Es ist der weiteren Bestimmung des § 13 des deutschen Gesetzes der Vorzug zu geben, denn diese hat sich als ein wirksamer Schutz gegen das Bestreben erwiesen, durch Warenzeichen-Eintragung ein Monopol auf die Herstellung und das in Verkehrbringen gewisser Waren zu gewinnen.

Hinsichtlich der Übertragung des Rechtes an Warenzeichen sind die Bestimmungen beider Gesetze im wesentlichen übereinstimmend. Beide knüpfen das Recht an dem Warenzeichen an den Besitz eines bestimmten Gewerbebetriebs und lassen es nur mit diesem Gewerbebetrieb auf einen anderen übergehen. Eine Bestimmung des österreichischen Gesetzes, welche dem deutschen nicht bekannt ist, ist die, daß die Übertragung eines Warenzeichens durch Vertrag über den Geschäftsverkauf binnen einer Präklusivfrist von zwei Jahren zum Register angemeldet werden muß, andernfalls eine Löschung des Warenzeichens stattfindet. Ich glaube aber nicht, daß ein Bedürfnis vorliegt, eine entsprechende Bestimmung in das deutsche Gesetz aufzunehmen. Bezüglich der Löschung des Warenzeichens besteht in beiden Gesetzgebungen im wesentlichen Übereinstimmung. Die Löschung kann entweder auf Antrag des Inhabers erfolgen oder sie kann erfolgen von Amtswegen. Von Amtswegen erfolgt sie nach deutschem Gesetz ebenso wie nach österreichischem Gesetz, wenn die 10jährige Frist abgelaufen ist, ohne daß eine Erneuerung rechtzeitig beantragt war, und ferner von Warenzeichen, die nicht hätten eingetragen werden sollen. Nach deutschem Gesetz hat ein Warenzeichen nicht eingetragen werden sollen, wenn es den Bestimmungen des § 4 über die von der Eintragung ausgeschlossenen Zeichen oder aber, wenn es den Grundgedanken des Warenzeichens als eines zur Individualisierung geeigneten Zeichens gemäß § 1 des Gesetzes widerspricht. Nach dem österreichischen Gesetz erfolgt eine Löschung von Amtswegen nur dann, wenn entweder die 2jährige Frist verlaufen ist nach Übertragung eines Warenzeichens auf einen anderen und dieser nicht zur Umschreibung im Register angemeldet ist, und ferner wenn der Geschäftsbetrieb, für welchen das Warenzeichen bestimmt ist, nicht mehr besteht. Dagegen enthält das österreichische Gesetz nicht eine Bestimmung, wonach von Amtswegen auch gelöscht werden muß dann, wenn das Warenzeichen an sich den Bestimmungen der § 3 und 4 zuwider eingetragen ist. Dieser Mangel ist als ein Fehler des österreichischen Gesetzes zu bezeichnen. Die Löschung eines Warenzeichens kann ferner durch Anstellung einer Löschungsklage herbeigeführt werden.

Die Voraussetzungen hierfür sind im deutschen Gesetz niedergelegt in § 9. Die Löschungsklage ist danach zulässig bei Kollision zweier Warenzeichen mit einander, ferner wenn der Geschäftsbetrieb, dem das Warenzeichen diente, nicht mehr besteht und schließlich gegenüber dezeptiven Marken. Das österreichische Gesetz läßt eine Löschungsklage zu bei Kollision zweier Warenzeichnungen mit einander. Für die anderen Fälle hat es im wesentlichen eine Löschung von Amtswegen vorgesehen. Das ist bei Untergang des Geschäftsbetriebes unstreitig im Gesetze ausgesprochen, bezüglich dezeptiver Marken nach herrschender Ansicht dem Gesetze zu entnehmen. Danach ist, wenn ein berechtigtes Interesse von dem Anreger nachgewiesen werden kann, eine Löschungsanregung außer den Fällen des deutschen § 8 und des deutschen § 9, Abs. 1, Nr. 1 auch in dem Falle des deutschen § 9, Abs. 1, Nr. 3 im österreichischen Recht zulässig, und zwar mit der Wirkung, daß gegen einen ablehnenden Bescheid von seiten des k. k. Handelsministeriums auch eine Beschwerde an den Verwaltungsgerichtshof möglich ist. Ein wesentlicher Unterschied in den Bestimmungen bei den Gesetzgebungen über die Voraussetzungen der Löschung ist somit vor allem darin zu sehen, daß im österreichischen Rechte eine Löschung von Amtswegen für den Fall, daß das Warenzeichen nicht hätte eingetragen werden sollen, weil es den Bestimmungen der § 3 und 4 nicht entspricht, nicht vorgeschrieben ist. Das hat aber seine bedenklichen Seiten deshalb, weil eine solche Löschungsmöglichkeit zweifellos dann erwünscht wäre, wenn sich die Auffassung der Registerbehörde über das ändert, was in § 3 und 4 vorgeschrieben ist. Über die Wirkung der Löschung sind die Bestimmungen des deutschen Warenzeichengesetzes und des österreichischen Warenzeichengesetzes insofern in Einklang, als nach beiden Gesetzen die Wiedereintragung eines gelöschten Warenzeichens während einer Frist von 2 Jahren nach erfolgter Löschung ausgeschlossen ist, wenigstens für einen anderen als den ursprünglichen Inhaber. In dieser Beziehung unterscheiden sich die beiden Gesetze allerdings in sofern, als nach deutschem Gesetze eine derartige Wiedereintragung ausgeschlossen sein soll, gleichgültig aus welchem Grunde die Löschung erfolgte, während nach österreichischem Gesetz die Wiedereintragung zulässig ist, wenn die Löschung erfolgt ist, weil der Geschäftsbetrieb untergegangen ist oder weil die Anmeldung der Übertragung an einen anderen nicht erfolgt ist. In dieser Beziehung ist der deutsche Standpunkt vorzuziehen, wonach auch dann die Eintragung für einen anderen binnen 2 Jahren ausgeschlossen sein soll, wenn die Löschung erfolgt ist, weil das Warenzeichen nach den Vorschriften der § 1 und 4 des Gesetzes nicht hätte eingetragen werden dürfen. Es ist zu berücksichtigen, daß die Auffassungen darüber, was ein eintragungsfähiges Warenzeichen sei, wechseln und daß gerade mit Rücksicht darauf es sehr erwünscht ist, daß, wenn einmal wegen Nichteintragbarkeit in Gemäßheit der Bestimmungen die Löschung erfolgt ist, dann nicht unmittelbar hinterher für einen anderen dasselbe Warenzeichen angemeldet werden kann und unter Berücksichtigung der inzwischen geänderten Auffassung dasselbe Warenzeichen eingetragen wird.

Dieses, meine Herren, sind im wesentlichen die Bestimmungen der beiden Gesetze im Vergleich mit einander. Es entsteht nun die Frage: Soll eine Übereinstimmung der beiden Gesetzgebungen, welche nach den bisherigen Darlegungen ja in mancherlei Beziehungen auch auseinandergehen, auf dem Gebiete des Warenzeichenschutzes herbeigeführt werden? Diese Frage kann in doppelter Weise aufgefaßt werden: 1. dahin, ob es wünschenswert ist, aus beiden Staatsgebieten ein einheitliches Rechtsgebiet hinsichtlich des Schutzes von Warenzeichen zu gestalten derart, daß eine Gesetzgebung, ein Gesetz gleichzeitig für beide Staaten erlassen wird, 2. oder dahin, ob bei Aufrechterhaltung der vollständigen Selbständigkeit der beiderseitigen Gesetzgebungen, also ohne eine derartige Unifizierung der inneren Gesetzgebung, es sich dennoch empfiehlt, tatsächlich eine Annäherung und wenn möglich Übereinstimmung beider Gesetzgebungen materiell anzustreben ist.

Die erstere Frage ist unbedingt zu verneinen. Weder ist die Schaffung eines Gesetzes für beide Staaten, noch etwa eine derartige Regelung zu empfehlen, daß schon die Anmeldung in einem der beiden Staaten oder bei einem für beide Staaten gemeinsam zu schaffenden Registeramt ohne jede Einschränkung den Schutz desselben Warenzeichens in beiden Staaten gewähren soll. Es ist nämlich von Herrn Justizrat Seligsohn in seinem Gutachten mit Recht darauf hingewiesen worden, daß, selbst wenn man versuchen wollte, ein einheitliches Gesetz für beide Staaten zu schaffen, wie es seinerzeit mit dem Handelsgesetzbuch und der Wechselordnung geschehen ist, trotz der ursprünglichen Übereinstimmung, da doch die gesetzgebenden Faktoren verschieden sind, mit dem Laufe der Zeit eine Abweichung der Gesetzgebung in beiden Staaten sich herausstellen würde. Abgesehen davon ist ja auch die Ausgestaltung eines bestimmten Rechtsgebietes garnicht zu trennen von der allgemeinen Rechtsverfassung des einzelnen Staates; er hängt eng zusammen mit der bestehenden Organisation, mit dem gesamten allgemeinen bürgerlichen und Staatsrecht, so daß also die Schaffung eines einheitlichen Gesetzes für beide Staaten oder die Bildung eines einheitlichen Rechtsgebietes, derart, daß auch schon die Eintragung in dem einen Staate unbedingt den Schutz in dem anderen Staate herbeiführen sollte, auf keinen Fall zu befürworten ist.

An sich besteht aber an einer solchen formellen Übereinstimmung beider Gesetzgebungen für die Angehörigen beider Staatsgebiete kein Interesse. Ein Interesse haben diese vielmehr nur daran, daß ihnen die Möglichkeit geboten wird, für ihre Zeichen im anderen Staate in gleichem Umfange Schutz zu gewinnen, als solchen den eigenen Staatsangehörigen jenes Staates von der Gesetzgebung gewährt wird. Dieses Ziel wird aber schon jetzt ohne Gleichmachung der inneren Gesetzgebungen durch die zwischen beiden Staaten bestehenden Staatsverträge erzielt.

In dieser Beziehung müssen wir zunächst einen Blick werfen auf die inneren gesetzlichen Bestimmungen der einzelnen der beiden Gesetzgebungen bezüglich des Ausländerschutzes. Das deutsche Gesetz macht prinzipiell den Schutz der Warenzeichen eines Ausländers abhängig von dem Vorhandensein einer Niederlassung im Gebiete des deutschen Reiches; also nicht der Staatsangehörige kann prinzipiell den Schutz des Gesetzes für sich in Anspruch nehmen, sondern der Staatsangesessene. Diejenigen, die nicht in dem Gebiete des Deutschen Reiches mit einer Niederlassung angesessen sind, können den Schutz des Gesetzes und bezw. die Eintragung des Warenzeichens nur verlangen, wenn nach einer im Reichsgesetzblatte erlassenen Veröffentlichung in dem Lande, in dem die Hauptniederlassung des Betreffenden sich befindet, den Deutschen ein entsprechender Schutz gewährt wird. Ferner aber muß das Warenzeichen, wenn es in Deutschland für einen Nichtangesessenen eingetragen werden soll, in dem Heimatlande des Betreffenden eingetragen sein, und es muß weiterhin den Vorschriften des deutschen Gesetzes über ein eintragungsfähiges Warenzeichen entsprechen.

Das österreichische Gesetz verweist bezüglich des Schutzes der Ausländer im wesentlichen auf die Staatsverträge. Ein Staatsvertrag besteht nun zwischen Deutschland und Österreich vom Jahre 1891, welcher gegenüber den eben gekennzeichneten Grundsätzen über den Schutz der Ausländer im Inlande insofern abweichende Bestimmungen enthält, als die Voraussetzungen des § 4 des deutschen Gesetzes und der §§ 3 und 4 des österreichischen Gesetzes, soweit sie nicht etwa einen Ausschluß des Warenzeichens von der Eintragung aus Sittlichkeitsgründen oder aus Gründen der öffentlichen Ordnung einschließen oder weil es sich um das Bildnis des Kaisers oder von Mitgliedern des kaiserlichen Hauses handelt, als also die Abweisungsgründe des Warenzeichens, wie sie in § 4 des deutschen und in §§ 3 und 4 des österreichischen Gesetzes festgestellt sind, nicht berücksichtigt zu werden brauchen, sofern das Warenzeichen in dem Heimatstaate desjenigen, der das Warenzeichen in dem anderen Staate anmeldet, eingetragen ist und dort Schutz gefunden hat.

Im übrigen gewährt der Staatsvertrag noch insofern den Angehörigen der beiden Staaten gegenüber dem regelmäßigen Ausländerschutz, wie ihn die Gesetzgebung feststellt, einen Vorteil, als er gestattet, sich bei der Anmeldung des im Heimatstaate eingetragenen Warenzeichens auf die Priorität der Anmeldung im Heimatsstaate zu berufen, sofern die Anmeldung in dem anderen Staate innerhalb drei Monaten erfolgt.

Es ergibt sich also daraus, daß der Rechtsschutz, der den Angehörigen der beiden Staaten in dem anderen Staate durch das Übereinkommen gewährt wird, nicht etwa eine Abänderung der inneren Gesetzgebung beider Staaten enthält, daß er auch im wesentlichen auf den Fundamenten fußt, welche schon die innere Gesetzgebung der beiden Staaten hinsichtlich des Schutzes der Ausländer verfolgt, und daß er nur einen gewissen Vorteil dem Angehörigen der Vertragsstaaten bietet, einerseits durch Wahrung der Priorität der älteren Anmeldung und andererseits hinsichtlich der Prüfung auf die Eintragungsfähigkeit mit Rücksicht auf § 4 des deutschen und §§ 3 und 4 des österreichischen Gesetzes.

Es kommt ferner noch in Betracht für den gegenseitigen Schutz auf dem Gebiete des Warenzeichenschutzes zwischen Angehörigen des Deutschen Reiches und Angehörigen Österreichs die Pariser Union, nämlich unter der Voraussetzung, daß auch Österreich ebenso wie das Deutsche Reich, das schon beigetreten ist, der Pariser Union beitritt. Aber auch der Unionsvertrag gewährt nicht etwa eine vollkommene Gleichstellung des Ausländers gegenüber dem Inländer insofern, als etwa lediglich die Tatsache der Eintragung im Heimatstaate schon genügen würde, um auch Schutz für das Warenzeichen in jedem anderen Unionsstaate verlangen zu können, sondern auch der Pariser Unionsvertrag gewährt nur das Recht, sich während einer gewissen Zeit, nämlich während 4 Monate, auf die Priorität der Anmeldung im Heimatstaate berufen zu können, und ferner das Recht, zu verlangen, daß bei der Anmeldung des im Heimatstaate eingetragenen Warenzeichens in einem der Unionsstaaten die Abweisung nicht erfolgt, deswegen etwa, weil das Zeichen gemäß der inneren Gesetzgebung nicht hätte eingetragen werden dürfen, also nach österreichischem Gesetz gemäß §§ 3 und 4, nach deutschem Gesetz gemäß § 4, ausgenommen wieder für den Fall, daß es sich etwa um ein Warenzeichen handelt, welches nach der inneren Gesetzgebung der guten Sitte oder der öffentlichen Ordnung zuwiderläuft.

Es kommt auch ferner noch eventuell in Betracht die Frage, ob durch Beitritt zum Madrider Abkommen noch über die Grenzen des Unionsvertrages und des deutsch-österreichischen Vertrages Vorteile gewährt werden würde. Das Madrider Abkommen bietet insofern einen erheblichen

Vorteil, als es die Möglichkeit bietet, durch Anmeldung an einer einzigen Stelle Schutz in den verschiedenen dem Madrider Abkommen beigetretenen Staaten zu erwerben, vorausgesetzt jedoch, daß das Warenzeichen der inneren Gesetzgebung der betreffenden Unionsstaaten entspricht. Es würde, wenn Deutschland und Österreich dem Madrider Abkommen beitreten, somit meines Erachtens irgend eine Änderung bezüglich der Möglichkeit der Schutzerwerbung in dem Verhältnis zwischen den beiden Staaten nicht mehr erforderlich sein. Sollten jedoch Deutschland oder Österreich oder beide Staaten dem Madrider Abkommen nicht beitreten, dann würde meines Erachtens ein Separatabkommen zwischen beiden Staaten im Sinne des Madrider Abkommens zu empfehlen sein. Es wäre nämlich sehr wohl möglich, daß Deutschland oder Österreich dem Madrider Abkommen beizutreten deshalb Bedenken trügen, weil die Staaten, welche dem Madrider Abkommen angehören, im wesentlichen auf dem Prinzip des reinen Anmeldeverfahrens stehen, Deutschland aber auf dem Prinzip des Vorprüfungsverfahrens, und sich vielleicht in dieser Richtung Schwierigkeiten formeller Natur ergeben für den Beitritt, während sowohl Deutschland wie Österreich auf dem Vorprüfungsverfahren stehen und dadurch ein separates Abkommen zwischen beiden Staaten im wesentlichen im Sinne des Madrider Abkommens erleichtert würde. Allerdings würde ein derartiges Separatabkommen zwei Voraussetzungen haben, nämlich erstens, daß in Österreich eine stärkere Zentralisation des Warenzeichenerteilungsverfahrens herbeigeführt wird und daß Deutschland eine der österreichischen Vorschrift über das Vorbenutzungsrecht entsprechende Vorschrift annimmt, das heißt, daß Deutschland wenigstens demjenigen ein Vorbenennungsrecht einräumt, der ein bestimmtes Warenzeichen als das Kennzeichen seiner Ware in den beteiligten Verkehrskreisen zur allgemeinen Anerkennung gebracht hat.

Wenn nun sonach weder der zwischen Deutschland und Österreich bestehende Staatsvertrag eine Abänderung der inneren Gesetzgebung beider bedingt hat, noch auch den Beitritt Österreichs zur Pariser Union eine solche bedingen würde, noch auch den Beitritt beider Staaten zum Madrider Abkommen, so erscheint dennoch eine Abänderung der beiden Gesetzgebungen im Sinne einer formellen Gleichstellung nicht erwünscht, weil nicht erforderlich. Da das Ziel der Gleichstellung der Angehörigen des einen Staates mit den Angehörigen des anderen in diesem hinsichtlich des Markenschutzes auch ohne eine Vereinheitlichung der Gesetzgebungen lediglich durch Staatsverträge erreicht werden kann und erreicht worden ist, der Vereinheitlichung der Gesetzgebungen aber schwere staatsrechtliche Bedenken gegenüberstehen. Eine andere Frage dagegen ist die, ob nicht ein Ausbau der beiderseitigen Gesetzgebungen in dem Sinne zu empfehlen ist, daß jede von der anderen die besten bezw. besseren Bestimmungen annimmt. Das ist an sich aus folgendem Grund immer empfehlenswert. Der Warenzeichenschutz hat selbstverständlich in beiden Staaten dasselbe Ziel: er soll den unlauteren Wettbewerb durch den Mißbrauch von Warenzeichen möglichst bekämpfen. Daraus ergibt sich, daß gewisse gemeinsame Prinzipien für die Bekämpfung dieses unlauteren Wettbewerbs in beiden Staatsgebieten befolgt werden sollen und müssen, nachdem man sie als die besten Mittel erkannt hat zur Unterdrückung eines derartigen unlauteren Wettbewerbs. Darum ist es wohl zu empfehlen, die innere Gesetzgebung der beiden Staaten in denjenigen Punkten und in denjenigen Bestimmungen der einschlägigen Gesetzgebung, welche man als die vorteilhaftesten und besten zur Bekämpfung der Warenzeichenverletzung erkannt hat, zu nähern. In diesem Sinne ist tatsächlich zu empfehlen, daß man allmählich eine Ausgleichung der inneren Gesetzgebung beider Staaten anstrebt, und zwar besonders bezüglich der vorhin im nachstehenden nochmals aufzuzählenden einzelnen Punkte.

Ich komme also zu dem Ergebnis: 1. Daß eine Unifikation der Warenzeichengesetzgebung etwa in dem Sinne, daß ein einheitliches Gesetz für beide Staaten geschaffen werden soll, oder in dem Sinne, daß die Eintragung eines Warenzeichens in dem einen Staate die Eintragung in dem anderen Staate sichern sollte, nicht zu empfehlen ist; 2. daß dagegen zu empfehlen ist eine allmähliche Ausgestaltung der inneren Gesetzgebung beider Staaten im Sinne eines möglichst vortrefflichen und wirksamen Schutzes gegen den durch Warenzeichenverletzung betriebenen unlauteren Wettbewerb durch Annahme der diesbezüglichen besseren Vorschriften des einen Gesetzes in das andere Gesetz. Als solche bezeichne ich vor allem für Deutschland die Einführung eines Vorbenutzungsrechtes im Sinne des österreichischen Gesetzes, für Österreich namentlich die Übernahme der Bestimmungen des Paragraphen bezüglich des Schutzes des Warenzeichens auch gegen Mißbrauch auf Preislisten, Empfehlungen, Rechnungen usw., ferner die Ausdehnung der Bestimmungen des § 5 des österreichischen Gesetzes im Sinne des § 13 des deutsches Gesetzes, insofern als auch durch die Eintragung eines Warenzeichens ein Anderer nicht behindert werden soll, nicht nur seinen Namen und seine Firma und Wohnort, sondern auch Bestimmungen über Preisbemessung, Art und Zeit und Ort der Herstellung usw. auf Waren anzubringen, ferner für Österreich weiterhin eine größere Zentralisation des Warenzeicheneintragungsverfahrens und Einführung der Prüfung im Kollisionsfalle im Sinne des § 5 des deutschen Gesetzes; schließlich empfehle ich für den Fall, daß entweder beide Staaten oder aber einer der beiden Staaten dem Madrider Abkommen nicht beitreten sollte, nachdem entsprechende Modifikationen des Abkommens getroffen sind, die Herbeiführung eines Separatabkommens zwischen beiden Staaten im wesentlichen im Sinne des Madrider Abkommens, d. h. in dem Sinne, daß die Anmeldung in dem einen Staate von diesem selber unmittelbar an den anderen Staat weiter geleitet wird, selbstverständlich vorbehaltlich der Eintragungsfähigkeit auf Grund der inneren Gesetzgebung nach Maßgabe des Übereinkommens bezw. nach Maßgabe der Union, und daß in Österreich eine größere Zentralisation und in Deutschland das Vorbenutzungsrecht im Sinne des österreichischen Gesetzes herbeigeführt wird. (Beifall.)

Sektionsrat Ritter **von Stahl**-Wien: Meine sehr verehrten Herren! Es wird mein Bestreben sein, mit Rücksicht auf die eingehenden Ausführungen und die trefflichen Worte, welche Herr Rechtsanwalt Schmid an die Versammlung gerichtet hat, mich so kurz wie möglich zu fassen. Vorausschicken möchte ich, ehe ich zur Präzisierung meiner Stellungnahme gelange, daß ich die gestellte Frage dahin auffasse, daß, ohne Eingehen auf die Einzelheiten, ganz allgemein beraten werden soll, ob eine Übereinstimmung oder Annäherung der beiden Gesetzgebungen anstrebens- oder wünschenswert sei, und um zu meiner Stellungnahme zu gelangen, möchte ich mit einigen Worten auf die beiden trefflichen Gutachten zurückkommen, welche in dem vorliegenden Bande zum Abdruck gelangt sind. Das Gutachten des Herrn Justizrates Dr. Seligsohn beruht auf nachfolgenden Gesichtspunkten: Er nimmt an, daß die Aufwerfung der Frage auf die Bestrebungen des mitteleuropäischen Wirtschaftsvereins zurückzuführen sei, welche darauf gerichtet sind, eine Vereinheitlichung des Wirtschaftsrechtes Österreich-Ungarns einerseits und Deutschlands andererseits herbeizuführen. Er beginnt mit dem Leitsatz, daß diesen Bestrebungen am besten auf dem Wege des Abschlusses von Staatsverträgen Rechnung zu tragen sei, nicht aber auf dem Wege der Schaffung übereinstimmender Gesetze. Er weist insbesondere darauf hin, daß die Schaffung eines gleichen Handelsgesetzbuches doch nicht zu einer Gleichheit der Rechtsbildung im weiteren Laufe geführt hat. Am wichtigsten sei für das Gebiet des Zeichenschutzes dreierlei: 1. Die Sicherheit, daß die Angehörigen des einen Staates hinsichtlich der Erlangung und der Durchsetzung des Schutzes für ihre Warenzeichen in dem anderen Staate den Angehörigen des letzteren gleichgestellt sind, 2. daß die zeitliche Verschiebung, welche sich bei aufeinanderfolgender Anmeldung ergeben könnte, dadurch wettgemacht wird, daß für das Eintragungsbegehren in dem zweiten Staate eine die Priorität der ersten Anmeldung wahrende Frist gewährt wird, das dritte wäre die Möglichkeit, das Zeichen möglichst unverändert in dem anderen Staate schützen zu lassen. Herr Justizrat Dr. Seligsohn ist der Anschauung, daß einerseits durch die weitgehende Übereinstimmung der Gesetzgebungen hinsichtlich der zum Schutze zugelassenen Zeichen die Härten, welche eine Verschiedenheit der Gesetze in dieser Beziehung im Gefolge haben könnte, beseitigt sind, und daß andererseits durch das Übereinkommen über den gegenseitigen Patent-, Muster- und Markenschutz vom Jahre 1891 den obigen Forderungen im wesentlichen Rechnung getragen worden sei. Empfehlenswert sei zur Erleichterung der Schutzerlangung nur eine Erweiterung des bestehenden Staatsvertrages im Sinne des heute schon wiederholt erwähnten Madrider Abkommens, welches es dem Zeichenbesitzer ermögliche, durch Hinterlegung oder Anmeldung bei einer Stelle einen Zeichenschutz für das gesamte einheitliche Gebiet zu erlangen. Jedoch meint der Gutachter, es sei die Frage nicht besonders dringlich, und belegt diese Behauptung durch den Hinweis auf die Warenzeichenstatistik mit dem Bemerken, daß in Anbetracht der bedeutenden Zahl von Warenzeichen, die jährlich und seit den letzten Jahren insbesondere im Deutschen Reiche und in Österreich zur Anmeldung und Eintragung gelangt sind, die Zeichen, welche aus einem Staatsgebiet in das andere übertragen werden, ihrer Zahl nach eigentlich gering sind. So wünschenswert für die Zukunft eine solche Abmachung im Sinne des Madrider Übereinkommens wäre, besonders dringlich wäre sie jedoch nicht.

Was die innere Gesetzgebung anlangt, so bestehe gerade auf diesem Gebiete schon eine weitgehende Übereinstimmung. Diese Übereinstimmung erstrecke sich auf den Begriff des Zeichens, sowie auf die vom Zeichenschutz ausgeschlossenen Zeichen. Die Zentralisierung, welche durch die Anmeldung beim deutschen Patentamte ermöglicht ist, werde nahezu erreicht durch das Institut des Zentralmarkenregisters des österreichischen Handelsministeriums. Endlich sei auch die Art und Weise der Wirkung des Schutzes in beiden Staaten die gleiche. Die Gerichte entscheiden in Kollisionsfällen in übereinstimmender Weise.

Es werden dann die Abweichungen der beiden Gesetze mit wenigen Worten gestreift, und es wird insbesondere darauf hingewiesen, daß wohl beide Gesetze auf dem Eintragungsprinzip beruhen, daß aber das strenge Eintragungsprinzip durch die österreichische Markenschutznovelle vom Jahre 1895 durchbrochen sei.

Anlangend die Frage, inwiefern sich Abänderungen der inneren Gesetzgebung empfehlen, beschränkt sich das Gutachten des Herrn Justizrats Dr. Seligsohn auf Bemerkungen, welche sich auf das deutsche

Warenzeichengesetz beziehen; er meint, es wäre entschieden empfehlenswert, wenn in dem deutschen Warenzeichengesetz ein Vorbenutzungsrecht für jene Fälle Anerkennung fände, wo die Erfahrung ergeben hätte, daß das Festhalten an dem Eintragungsprinzip direkt zu einer Förderung des unlauteren Wettbewerbes führe, gegen welchen die Bestimmungen des Warenzeichengesetzes über den Ausstattungsschutz nach der Auslegung, welche sie in der richterlichen Praxis gefunden haben, einen Schutz nicht gewähren. Jedoch will Herr Justizrat Dr. Seligsohn nicht vollständig das Beispiel des österreichischen Gesetzes nachgeahmt wissen und keine Löschungsklage des Vorbenutzers im allgemeinen anerkennen, sondern nur unter den von ihm erwähnten besonderen Verhältnissen und Voraussetzungen.

Das Gutachten gelangt zu dem Schluß, die gestellte Frage zu verneinen.

Herr Hof- und Gerichtsadvokat Dr. Schuloff aus Wien führt in seinem Gutachten aus, daß die Handelsbeziehungen, wie allgemein bekannt ist, außerordentlich rege sind, daß das Warenzeichen jetzt auf dem Weltmarkte eine hervorragende Rolle spiele, und daß es empfehlenswert sei, wenn auf beiden Gebieten, in Österreich und in Deutschland, keine allzuweit auseinandergehenden Verschiedenheiten des Zeichenschutzes bestehen. Er führt einige Punkte, namentlich des österreichischen Gesetzes, an, welche nach seiner Ansicht reformbedürftig sind, und wofür als Vorbild bei einer solchen Reform das deutsche Warenzeichengesetz, als das spätere, neuere, bessere, zu dienen hätte. Jedoch wird auch in diesem Gutachten betont, daß im Laufe der Zeit eine gegenseitige Annäherung der Gesetze in vielen und wesentlichen Punkten stattgefunden, und daß sich namentlich das Übereinkommen vom Jahre 1891 vollauf bewährt habe. Es werde in Österreich nicht nur an einer Reform des Warenzeichengesetzes gearbeitet, es werde insbesondere auch vorbereitet eine Erneuerung des Übereinkommens mit dem Deutschen Reich im Hinblick auf den zustandegekommenen Handelsvertrag, und es stehe außerdem der Beitritt Österreichs zur Internationalen Union bevor.

Ich habe aus dem Vergleich der beiden Gutachten den Eindruck gewonnen, daß nur scheinbar eine Divergenz in den Anschauungen der beiden Herren besteht; im wesentlichen stimmen sie vollständig überein. Beide Gutachter sind darin der gleichen Meinung, daß der Gesetzgebung keines der beiden Staaten zugemutet werden kann, lediglich um eine Übereinstimmung mit dem Zeichenschutzgesetz des anderen Staates zu erzielen, die innere Gesetzgebung zu ändern. Maßgebend können nur die wirtschaftlichen Verhältnisse, die Forderungen des Handels und der Industrie an ein gutes und wirksames Warenzeichengesetz sein. Nur dann, wenn die innere Entwicklung, die inneren Verhältnisse, die Forderungen des Wirtschaftslebens eine gleiche oder ähnliche Kodifikation erfordern, nur dann würde es sich empfehlen, die innere Gesetzgebung mit Rücksicht auf das fremde Gesetz auszugestalten.

Beide Herren sind der Anschauung, daß, soweit ein Schutz für die gegenseitigen Interessen durch die innere Gesetzgebung nicht herbeigeführt wird, hierfür der Weg des Staatsvertrages der einzig mögliche und richtige sei, der bisher auch betreten worden sei und sich als ausreichend erwiesen habe.

Ich glaube, mich nun von meinem Standpunkt aus dieser Stellungnahme, welche meines Erachtens der Fragestellung entspricht, vollkommen anschließen zu können, und ich muß es der hochansehnlichen Versammlung überlassen, die Frage zu entscheiden, inwiefern es empfehlenswert ist, in dieser Tagung mit Rücksicht auf die gestellte Frage in Einzelheiten einzutreten, inwiefern das deutsche Gesetz einerseits und die Gesetzgebung Österreich-Ungarns andererseits in einigen Bestimmungen verbesserungsbedürftig ist. Ich habe den Eindruck gewonnen, daß es den Herren Gutachtern gewiß nicht vorgeschwebt habe, diese letztere Frage in ihren Einzelheiten erschöpfend zu beantworten. Es sind nur einige, darunter auch manche nicht als besonders dringlich bezeichnete Punkte aufgeführt worden, rücksichtlich welcher einerseits die Bedürfnisse der österreichisch-ungarischen Industrie und andererseits das Wirtschaftsleben Deutschlands eine Änderung der Warenzeichengesetzgebung erwünscht erscheinen lassen. Aber ich möchte darauf aufmerksam machen, daß gerade die Meinungsäußerungen jener Versammlungen und Körperschaften, die sich mit den Fragen des gewerblichen Rechtsschutzes ausschließlich oder doch vorwiegend befassen, mancherlei Vorschläge zur Diskussion gestellt haben, welche vielleicht minder dringend sind, aber bei einer Reform der einen oder anderen Gesetzgebung gewiß nicht unbesprochen bleiben können. Ich möchte darauf hinweisen, daß der Kreis jener Personen, welche zum Zeichenschutz zugelassen sind, in Deutschland und in Österreich-Ungarn nach geltendem Recht heute so ziemlich gleich ist. In der letzteren Zeit sind vielfach Wünsche ausgesprochen worden, den Zeichenschutz auch auf andere Personenkreise auszudehnen. Es ist die Frage der Regionalzeichen aufgeworfen worden, einer Einrichtung, welche gewissen örtlichen Verbänden die Möglichkeit geben soll, Zeichen zu hinterlegen, welche Abnehmern die Herkunft eines Erzeugnisses aus einer bestimmten Gegend gewährleisten sollen. Ich verweise ferner nur auf das kürzlich erschienene englische Markenschutzgesetz, welches insofern für uns als empfehlenswert bezeichnet worden ist, als es auch den Körperschaften und Personen, welche Untersuchungen und Prüfungen von Waren auf das Vorhandensein bestimmter Eigenschaften vornehmen, ohne sich selbst mit der Erzeugung oder dem Handel zu befassen, gestattet sein soll, des Schutzes von Zeichen teilhaftig zu werden, und auf diese Art die durch sie geschehene Erprobung dem Publikum kenntlich zu machen. Eine andere Frage, welche von mancher Seite als eine ziemlich brennende bezeichnet worden ist, ist jene, wie das Verhältnis von Bild- und Wortmarke, nämlich eine Kollision zwischen ihnen zu behandeln ist. Das deutsche Gesetz spricht von Verwechslungsfähigkeit, die österreichische Gesetzgebung kennt diesen Begriff nicht; in letzterer ist die Rede von einer Ähnlichkeit der Art, daß die Unterschiede der Warenzeichen von dem gewöhnlichen Prüfer der Ware nur durch besondere Aufmerksamkeit wahrgenommen werden könnten. Bezüglich der Handhabung des Gesetzes besteht jedoch insofern eine Übereinstimmung, als die mit der Markenverwaltung betraute Behörde Österreich-Ungarns und auch jene Deutschlands Anschauungen vertreten oder durchzusetzen versucht haben, welche in der gerichtlichen Judikatur nicht geteilt werden. Es handelt sich hauptsächlich um den Fall der Kollision zwischen Wortzeichen und Bildmarken, welche eine bildliche Darstellung des Gegenstandes des durch das Wort vermittelten Begriffes enthalten. Die Markenverwaltungsbehörden neigen der Bejahung der Kollision zu, namentlich mit Rücksicht auf die Auffassungen des Verkehrs und die Interessen der Geschäftswelt. Die richterlichen Entscheidungen dagegen nehmen den Standpunkt ein, prinzipiell die Möglichkeit der Annahme der von dem Gesetz geforderten Übereinstimmung in Abrede zu stellen. Ob hier durch die Gesetzgebung eingegriffen werden soll oder nicht, ist eine Frage, welche meines Erachtens eingehender Erörterung bedarf.

Vielfach berührt ist in den beiden Gutachten auch die Frage des Vorgebrauches. In Österreich ist die Bestimmung des § 4 der Markenschutznovelle vom Jahre 1895 über den qualifizierten Vorgebrauch als eine schätzenswerte und gegen manche Form des unlauteren Wettbewerbs sich wendende Neuerung begrüßt worden. Wir sehen aber aus dem Gutachten des Herrn Dr. Schuloff, daß auch hier eine Änderung im Sinne der Erweiterung gewünscht wird, während wir aus dem Gutachten des Herrn Dr. Seligsohn entnehmen können, daß er einer Übernahme dieser Bestimmung in das deutsche Recht nicht das Wort reden kann. Es ist über diese Frage: Festhalten an dem strengen Eintragungsprinzip oder Annäherung an das französisch-englische Prinzip des mehr deklarativen Charakters des Zeicheneintrags, viel gesprochen und geschrieben worden, sodaß wir, wenn wir diese Einzelheiten heute zur Diskussion stellen, in eine Debatte nicht zu begrenzenden Umfanges gelangen, wie sie bei den auf dem Gebiete des gewerblichen Rechtsschutzes tätigen Kongressen wiederholt geführt worden sind.

Eine weitere Frage ist endlich die der Prüfung des angemeldeten Zeichens auf Übereinstimmung mit prioritätsälteren Zeichen, welche für die gleichen oder verwandte Waren eingetragen sind. Heute besteht für das deutsche Recht das Widerspruchsverfahren, für das österreichische Recht das Institut des Avis préalable. Ich für meine Person — ich bitte hier nur anzunehmen, daß ich eine subjektive Meinung ausspreche, — vermag für keines der beiden Institute zu schwärmen. Ich glaube, mit diesen Institutionen ist eine Summe von Verwaltungseinrichtungen Arbeit und Zeit verbunden, die in keinem richtigen Verhältnis zu dem erreichbaren Erfolg steht. Es scheint mir am besten, die Frage der Kollision den Berechtigten selbst zu überlassen.

Ich glaube also, daß sich die Fragen, worin und inwieweit sich Änderungen des österreichischen Gesetzes und des deutschen Gesetzes empfehlen würden, noch erweitern lassen würden. Es ist aber weder in der Tendenz unserer verehrten Herren Gutachter gelegen, hier eine erschöpfende Übersicht zu geben, noch liegt es, wie ich mir zu betonen erlaubt habe, im Rahmen der zur Beantwortung gestellten Frage; ich würde mich daher der von beiden Gutachtern übereinstimmend gegebenen Antwort anschließen, daß es nicht empfehlenswert sei, eine Übereinstimmung lediglich zu dem Zweck herbeizuführen, damit ein einheitliches Recht das ganze Gebiet beherrsche. Es kommt darauf an, in welchen Punkten Übereinstimmung für die Interessenten von Wesenheit ist. Ich glaube nun, daß es weniger darauf ankommt, wie der Schutz erlangt wird, und wie der Schutz durchzusetzen ist — und zwar hängt dies mit dem Wesen des Warenzeichens zusammen. Der Ausländer, der in dem fremden Staat den Schutz eines Warenzeichens zu erlangen strebt, gibt damit bekannt, daß er gewillt ist, mit den dortigen Unternehmern in ein Wettbewerbsverhältnis zu treten. Ihm kommt es also darauf an, daß er in seinem Geschäftsverkehr den Angehörigen des betreffenden Staates gleichgestellt ist. Bessergestellt zu sein, hat er kein wesentliches Interesse. Zwei Punkte sind anzuführen, wo der auswärtige Zeichenschutzwerber ein Interesse hat, ein Mehr zu erlangen, als die Angehörigen des betreffenden Staates. Der erste Punkt betrifft die Frage, was als Zeichen zuzulassen und was vom Zeichenschutz ausgeschlossen ist; denn die Regel bildet doch, daß der Geschäftsmann das Zeichen, welches er in seiner eignen Heimat führt und dort gut eingeführt hat, auch in dem auswärts stattfindenden Handelsverkehr gebrauchen will. Sein begreifliches Bestreben wird deshalb darauf gerichtet sein, daß dieses Zeichen gleichmäßig, d. h. so wie es ist, Schutz in dem fremden Lande erfährt. Das ist der Grundsatz, den die internationale Union zum Schutze des gewerblichen Eigentums zu verwirklichen bestrebt ist. Nun ist dieser Grundsatz bis zu einem gewissen Grade in dem bestehenden Übereinkommen von 1891 zwischen Österreich-Ungarn und Deutschland anerkannt. Die zweite Frage ist die der Behandlung der Kollision von Zeichen, und auch darin wird von den Herren Gutachtern mit Recht betont, daß die Behandlung der Kollisionsfälle nach deutschem und österreichischem Recht eine im wesentlichen übereinstimmende, von gleichen Grundsätzen ausgehende ist. Verkannt kann freilich nicht werden, daß die Ausgestaltung und Ausbildung des Zeichenrechts auch auf den gegenseitigen Verkehr von Einfluß ist. Es beweist dies die Zunahme der Zeichenanmeldungen seit der Zeit, als die Warenzeichengesetzgebung hüben und drüben vervollkommnet wurde, und auch auf dem Wege des Staatsvertrages die gegenseitigen Rechte verstärkt und vervollkommnet worden sind. Ich erlaube mir nunmehr den Antrag zu stellen, die vorliegende Frage im Wege einer Resolution zu beantworten, welche ich zur Verlesung bringen werde, wenn über das Thema die Diskussion geschlossen sein wird. (Lebhafter Beifall.)

Da aus der Mitte der Versammlung zur Geschäftsordnung der Wunsch geäußert wird, daß der Herr Berichterstatter seine Resolution gleich mitteilen möchte, damit diese eventuell in die Debatte mit einbezogen werden könnte, fährt der Berichterstatter Sektionsrat im K. K. Patentamt Ritter von Stahl-Wien fort: Meine Herren! Ich habe die entworfene Resolution nur als vorläufige Skizze betrachtet und möchte mir vorbehalten, je nach dem Ergebnis der Debatte, in dem einen oder anderen Belange entweder abzuändern oder fallen zu lassen. Die Resolution lautet:

I. Für die Beantwortung der Frage, ob und in welcher Hinsicht die innere Warenzeichengesetzgebung des Deutschen Reiches auf der einen, und jene Österreichs und Ungarns auf der anderen Seite einer Abänderung oder Ergänzung bedarf, sind die wirtschaftlichen Verhältnisse, Bedürfnisse und Interessen des betreffenden Staates maßgebend.

II. Aus diesem Gesichtspunkte ist auch die Frage zu beurteilen, inwieweit es sich empfiehlt, die Änderung oder Ergänzung der inneren Gesetzgebung des einen Staatsgebietes über das

Warenzeichenwesen in Übereinstimmung mit Rechtsgrundsätzen und gesetzlichen Vorschriften des anderen Staatsgebietes oder unter Annäherung an diese vorzunehmen.

III. Keinesfalls kann das Bestreben, eine solche Übereinstimmung oder Annäherung herbeizuführen, an sich für eine Änderung oder Ergänzung der inneren Gesetzgebung ausschlaggebend sein.

IV. Von der inneren Gesetzgebung des einen Staatsgebietes abweichende oder Ergänzungen dieser beinhaltende Vorschriften, welche zur Wahrung der Interessen der Angehörigen des anderen Staates in Warenzeichenangelegenheiten im gegenseitigen Geschäftsverkehre erforderlich oder erwünscht sind, sind auf dem Wege internationaler Vereinbarung zu erwirken.

V. Nach dem gegenwärtigen Stande der wechselseitigen Beziehungen in Angelegenheit des Warenzeichenschutzes sind durch die bezüglichen Vorschriften des in Geltung stehenden Übereinkommens zwischen dem Deutschen Reiche und Österreich-Ungarn vom Jahre 1891 die Interessen der beiderseitigen Angehörigen und der ihnen durch dieses Übereinkommen gleichgestellten Personen entsprechend gewahrt.

VI. Einer von den unter I und II ausgesprochenen Grundsätzen geleiteten Ausgestaltung der inneren Gesetzgebung hat eine hierauf gerichtete Vorbereitung in dem betreffenden Staatsgebiete voranzugehen, deren Ergebnisse die Grundlage einer Befragung des deutschen Juristentages, sowie anderer zur Begutachtung berufener Körperschaften bilden können.

Vorsitzender: Zum Wort hat sich gemeldet Herr Justizrat Dr. Seligsohn; er hat gleichzeitig einen Antrag gestellt, den ich verlesen werde:

„Der Juristentag wolle beschließen:

„Es liegt kein Grund vor, die deutschen und österreichischen Gesetzgebungen über die Warenbezeichnungen oder Marken miteinander in Übereinstimmung zu bringen.“

Justizrat Dr. **Seligsohn**-Berlin: Meine Herren! Nach meiner Ansicht hat der deutsche Juristentag praktische Aufgaben zu lösen insofern, als er der Gesetzgebung vorarbeiten soll, indem er die Fragen, für die sich ein wirtschaftliches Bedürfnis herausgestellt hat, erörtert, spruchreif macht, um der Gesetzgebung dann das Material an die Hand zu geben, damit sie dort in den beiden Staaten in der vorgeschriebenen Weise zur

Erörterung kommen. Wenn uns nun eine Frage vorgelegt wird, dahingehend:

„Empfiehlt es sich, eine Ausgleichung zwischen der österreichischen und der deutschen Gesetzgebung über Warenzeichen herbeizuführen?"

so muß zu einer Bejahung dieser Frage zunächst vorliegen ein Mangel des gegenwärtigen Zustandes. Denn wenn der gegenwärtige Zustand durchaus mit den wirtschaftlichen Interessen in Harmonie steht, so ist kein Grund vorhanden, die Klinke der Gesetzgebung irgendwie in Bewegung zu setzen, und dann entfällt auch für den deutschen Juristentag der Anlaß, die Notwendigkeit einer Änderung zu bejahen. Infolgedessen ist auch mit Recht in der Überschrift des Gutachtens, welches Herr Hof- und Gerichtsadvokat Dr. Schuloff erstattet hat, noch die Einschaltung enthalten, die in dem von mir erstatteten fehlt, indem es dort heißt:

„Empfiehlt sich, im Interesse des industriellen und des Handelsverkehrs usw. eine Abänderung zu schaffen?"

Dieser Zusatz fehlte, wie gesagt, in der mir gestellten Frage, aber er ist durchaus nicht entbehrlich.

Nun haben wir die beiden Gutachten gelesen und haben die beiden eingehenden Referate gehört, und wir müssen uns jetzt vor die Frage gestellt sehen: Ist irgend ein Moment geltend gemacht worden, wonach im Interesse des industriellen und des Handelsverkehrs eine Ausgleichung der beiden Gesetzgebungen wünschenswert und erforderlich erscheint? — Meine Herren! Ich habe kein solches Moment gehört. Und damit ist für mich eigentlich die Frage schon beantwortet. Denn wir sind hier doch nicht in der Lage jemandes, der ein Aufsatzthema bekommt etwa mit der Überschrift: Inwiefern unterscheiden sich die Gesetzgebungen Deutschlands und Österreich-Ungarns inbezug auf den Warenzeichenschutz? Welcher der divergierenden Bestimmungen würde der Vorzug zu erteilen sein unter dem Gesichtspunkt, ob die eine oder andere zweckmäßiger ist?" Diese Frage haben wir nicht zu prüfen, sondern wir haben die Frage zu prüfen: Empfiehlt sich im Interesse des wirtschaftlichen und des industriellen Verkehrs, hier eine ausgleichende Gesetzgebung zu schaffen? In dieser Richtung ist nichts angeführt worden.

Woran den Kaufleuten liegen kann, nämlich die ungehemmte Zirkulation des Warenverkehrs zwischen beiden Ländern bei gleicher Rechtsstellung der Zeicheninteressenten, dies ist im vollsten Maße zwischen beiden Ländern gewährleistet. Es kann jeder verlangen, wie der letzte Herr Berichterstatter ausgeführt hat, daß er genau so in dem anderen Staat behandelt wird, wie der dort eingesessene Gewerbtreibende. Dieses ist rechtlich verbürgt zwischen beiden Ländern durch den Staatsvertrag, der abgeschlossen worden ist. Darüber hinaus könnte man nur dann etwas verlangen, wenn die innere Gesetzgebung des anderen Staates so schlecht wäre oder einen so mangelhaften Schutz gewährte, daß mit der bloßen Gleichstellung nicht gedient sein könnte. — Diese Frage kann nicht diskutiert werden, denn, wie wir gehört haben, besteht im großen und ganzen Übereinstimmung in der inneren Gesetzgebung hüben und drüben. Deswegen stehe ich auf dem Standpunkt: Eine noch weitergehende Vereinheitlichung, indem wir versuchen, die kleinen Differenzen zu nivellieren, kann nicht in Betracht kommen, da sie aus Verkehrsinteressen in keiner Weise geboten ist. Da wir nur praktische Aufgaben zu lösen haben, glaube ich, ist es deshalb das Richtigste, wenn wir die gestellte Frage verneinen.

Das enthält, wie ich weiter bemerken will, in keiner Weise ein Mißtrauensvotum gegen die ständige Deputation, die uns die Frage gestellt hat; denn es ist naturgemäß, daß die ständige Deputation, wenn sie uns eine Frage stellt, nicht zugleich damit auch deren Bejahung von uns fordert. Sie will eben Material haben durch die Gutachten und die Diskussion, um zu hören: Hat es für die gesetzgebenden Faktoren einen Wert, dieser Frage näher zu treten? Sind Wünsche vorhanden? Ich glaube also, daß wir uns dadurch, daß die Frage gestellt worden ist, nicht etwa zu deren Bejahung für verpflichtet erachten müssen, sondern daß wir aussprechen können, daß ein Bedürfnis für die Bejahung vollständig fehlt.

Ich bitte, den von mir gestellten Antrag anzunehmen. (Bravo!)

Rechtsanwalt am Kammergericht Dr. **Richard Alexander-Katz**-Berlin: M. H.! Ich bin anderer Anschauung wie der Herr Justizrat Seligsohn. Zwar stehe ich auf dem Standpunkte, daß der Juristentag praktische Arbeit zu leisten hat, der Gesetzgebung vorarbeiten, ihr neue Wege weisen soll, aber ich meine, diese Pflicht würde er geradezu verletzen durch die einfache Verneinung der gestellten Frage; denn beide Gutachter und beide Referenten sind darin einig, daß beide Gesetzgebungen in einigen sehr wesentlichen Punkten vor einander Vorzüge haben und daß es sich empfiehlt, die Vorzüge der einen Gesetzgebung in die des anderen Staates einzuführen. Wir würden also, wenn wir diesen Punkt energisch und dringend hervorheben, allerdings der Gesetzgebung vorarbeiten und würden allerdings nützliche Arbeit leisten. Herr Justizrat Seligsohn hat die Frage in seinem Gutachten aus zwei Gesichtspunkten verneint. Beide scheinen mir nicht zuzutreffen. Der erste Gesichtspunkt ist der, daß für solche Fälle die Staatsverträge bestimmt sind und daß wir einen solchen Staatsvertrag mit Österreich-Ungarn haben. Schon die Prämisse ist unrichtig. Die Staatsverträge sind im allgemeinen nicht dazu bestimmt, Fehler einer Gesetzgebung auszumerzen und zwei Gesetzgebungen mit einander in Übereinstimmung zu bringen. Die Staatsverträge sind vielmehr dazu bestimmt, den Staatsangehörigen des einen Staates die Vorteile der bestehenden Gesetzgebung des anderen Staates in diesem andern Staate zugute kommen zu lassen. Diesen wesentlichen Inhalt hat auch der deutsch-österreichische Staatsvertrag und insoweit sind wir allerdings beiderseits gegen einander begünstigt. Wenn ich aber in Österreich eine Marke erlange und finde, daß diese Marke mich nicht befriedigt, daß der Schutz, der mir dort gewährt wird, in manchen Punkten nicht ausreicht, so habe ich als deutscher Staatsangehöriger genau dasselbe Interesse an einer Änderung des österreichischen Staatsgesetzes wie die Österreicher und vice versa. Nun glaube ich, daß es sich in der Tat empfiehlt, wenigstens einige der wichtigsten Gesichtspunkte, welche die Herren Gutachter und Referenten hervorgehoben haben, den beiderseitigen Staatsregierungen zur Änderung vorzuschlagen. Insbesondere was das österreichische Gesetz betrifft, so ist hervorgehoben worden, daß dort bei Übereinstimmung eines angemeldeten Zeichens mit einem älteren lediglich ein Avis préalable erteilt wird und daß, wenn der Anmelder sich davon nicht zurückschrecken läßt, die Marke eingetragen werden muß. Wir haben also folgenden Fall: Ein Deutscher besitzt in Österreich eine Marke, ein Österreicher läßt sich dieselbe Marke nochmals eintragen, er bekommt die Nachricht: Hier ist ja eine ältere Marke von einem deutschen Reichsangehörigen eingetragen, willst du nicht lieber verzichten; die Marke wird eingetragen. Das ist ein Zustand, der uns als Deutschen nicht passen kann, und meines Erachtens kann er auch den Österreichern selbst nicht passen. Ich befinde mich hier in Gegensatz zu dem Herrn Referenten aus Österreich, indem ich sage, daß es sehr wünschenswert wäre, für die beiderseitigen Interessenten, wenn an Stelle des Avis préalable die Versagung der Marke in Österreich wie in Deutschland einträte. Ein zweiter Fall ist der: Wir haben alle gehört, daß in Österreich der Schutz der Marke nicht ausgedehnt ist auf Geschäftspapiere aller Art. Wir Deutsche haben diesen Schutz, da in Deutschland den Markenbesitzern eine Wortmarke auch dagegen geschützt ist, daß Andere diese Marke auf Briefbogen, Empfehlungen usw. gebrauchen. Dieser Schutz ist außerordentlich wichtig für Wortmarken. Die Wortmarken werden fast nie auf Waren und Umhüllungen gesetzt, sondern auf Geschäftsbriefen, Zirkularen, Preiskouranten usw. gebraucht. Ich meine, es wäre von dem Juristentag weise, wenn er die Regierung mit der Nase darauf stieße, daß ein solcher Schutz auch in Österreich eingeführt werde. Auf der anderen Seite empfiehlt es sich, daß wir in Deutschland einen Schutz gegen den groben Unfug bekommen, der darin besteht, daß eine bei dem Kundenkreis wohl eingeführte und anerkannte Marke aus dem Felde geschlagen wird durch eine nachträgliche Eintragung seitens eines Andern, weil der Besitzer der anerkannten Marke es versäumt hatte, diese Marke sich eintragen zu lassen. Fälle dieser Art sind aus der Literatur in reichem Maße bekannt. Als den Charakteristischsten und Ersten erinnere ich an den Fall der schwarzen Hand der Tabakmanufaktur in Straßburg. Diese hatte die schwarze Hand eingetragen, hatte aber vergessen, sie erneuern zu lassen, und ein Konkurrent ließ sie eintragen. Die Kaiserliche Tabakmanufaktur konnte nichts dagegen ausrichten. Es würde für uns sowohl, wie für die Österreicher, noch mehr aber für die Österreicher von Wert sein, wenn auch bei uns eine solche Bestimmung eingeführt würde. Ich habe mir erlaubt, solche Vorschläge hier zu formulieren und allerdings an die Spitze zu stellen den Satz, den der Herr Referent aus Österreich mit Recht hervorgehoben hat, daß die Vereinheitlichung der Markenrechte Deutschlands und Österreichs nicht Selbstzweck sein darf. Das versteht sich von selbst. Bloß damit wir eine Uniform haben, bloß dazu brauchen wir nicht die beiderseitigen Gesetze zu ändern; aber zu dem Zwecke, um sie beiderseits zu verbessern. Ich muß hier einen Einwand des Herrn Justizrats Dr. Seligsohn noch erwähnen: Es wäre kein Bedürfnis vorhanden, weil die Eintragungen der Angehörigen des einen Landes im anderen nur gering an Zahl seien. Er hat eine Reihe von Jahren hindurch die Ziffern aufgestellt und findet, daß rund 300 Österreicher in Deutschland und rund 300 Deutsche in Österreich mehrere Jahre hindurch Marken angemeldet haben. Er hat aber eins übersehen, daß die Marken, die einmal angemeldet sind, bestehen bleiben, und daß sich das summiert und daß zu den 300 Marken des einen Jahres 300 neue Marken im nächsten Jahre kommen usw. Das Interesse der Deutschen an der österreichischen Gesetzgebung und umgekehrt ist daher durchaus nicht gering, und anderseits ist auch nicht gestattet die Vergleichung der Ziffern aller Anmeldungen von Deutschen in Österreich und umgekehrt, denn es lassen nicht alle, die in dem einen Staat Geschäfte machen, ihr Zeichen auch in dem anderen Staate eintragen, sondern nur ein gewisser Prozentsatz. Daher ist meines Erachtens dieser Einwand des Herrn Justizrats Dr. Seligsohn auch nicht stichhaltig. Ich habe folgenden Vorschlag zu unterbreiten:

Der Juristentag wolle beschließen:

I. Die Vereinheitlichung der Markenrechte Deutschlands und Österreichs darf nicht Selbstzweck sein. —

II. Es empfiehlt sich:

1. das Österreichische Warenzeichen-Gesetz dahin mit dem deutschen Gesetze in Übereinstimmung zu bringen,

a) daß im Falle von Kollisionen mit eingetragenen älteren Marken die Markenbehörde in der Lage ist, die Eintragung zu verweigern,

b) daß der Schutz auch gegenüber der Benutzung auf Geschäftspapieren aller Art (Preislisten, Briefköpfen, Zirkularen usw.) ausgedehnt wird.

III. Es empfiehlt sich, das deutsche Warenbezeichnungsgesetz dahin mit dem österreichischen in Übereinstimmung zu bringen,

daß die Wirksamkeit eines Warenzeichens gegenüber einem älteren zwar nicht eingetragenen, aber vor dem Eingetragenen in beteiligten Verkehrskreisen als das Warenzeichen ihres Besitzers anerkannten, beseitigt wird.

IV. Es empfiehlt sich, daß beide Gesetzgebungen Maßnahmen treffen, um die schrankenlose Beschlagnahme zahlloser Warenklassen mittels eines Warenzeichens für einen Einzelnen zu erschweren.

Die Fassung dieses letzteren Satzes ist so gewählt, daß damit sowohl eine Bestimmung gemeint ist, vermöge deren man eine Nichtigkeitserklärung herbeiführen kann, als auch unser weitergehender Wunsch, eine ähnliche Bestimmung, wie Paragraph 5 des deutschen Patentgesetzes, zu statuieren. Meines Erachtens läuft es ungefähr auf dasselbe hinaus, wenn mir jemand, der eine zu Unrecht eingetragene Marke besitzt, mir diese Marke entgegenhält, ob ich ihm, um ihn aus dem Felde zu schlagen, mit der Nichtigkeitsklage drohe oder ob ich ihm sage: Ich war früher da, ich darf das. Eins ist so gut wie das Andere. Auch in dem ersteren Falle wird er in der Regel das kleinere Übel wählen und mir gestatten, meine Marke nach wie vor zu führen. Nun hat der Herr Sektionsrat von Stahl allerdings bemerkt, daß keine Maßnahmen vorhanden sind, um die schrankenlosen Warenklassen, die für eine und dieselbe Marke in Anspruch genommen werden, in beiden Ländern zu verkleinern.

Er meint, die Patentbehörden würden vor einer unlösbaren Aufgabe stehen, wenn sie die angemeldete Marke mit allen vorhandenen vergleichen sollten, um diejenigen abzulehnen, die mit früheren übereinstimmen. Der Fehler liegt darin, daß wir in Deutschland genau so wie in Österreich ungezählten Warenarten ein und dasselbe Warenzeichen gewähren. Das ist allerdings eine Crux, die beide Gesetzgebungen gleichzeitig tragen und empfiehlt sich nun, daß beide Gesetzgebungen Maßnahmen treffen, um die schrankenlose Beschlagnahme zahlloser Warenklassen mittels eines Warenzeichens zu erschweren, sei es z. B. durch Gebühren, die für jede Klasse besonders erhoben werden. Ich habe auch dies mit in die Resolution gefaßt.

Ich habe diese Resolution auch nur aufgestellt in dem Sinne, um damit eine Anregung zu geben, und ich stelle anheim, sie zu verbessern.

Vorsitzender: Es ist Schluß der Debatte beantragt worden. In die Rednerliste sind noch eingetragen die Herren Dr. Schuloff, Rechtsanwalt Dr. Schmid und Rechtsanwalt Wassermann.

Ferner habe ich mitzuteilen, es ist der Antrag des Herrn Justizrats Dr. Seligsohn im Einvernehmen mit dem Herrn Sektionsrat Ritter von Stahl dahin modifiziert worden, daß der Antrag als gemeinsamer Antrag beider Herren nunmehr lautet:

Der Juristentag wolle beschließen:

„Ohne den Bestrebungen nach einer zeitgemäßen Ausgestaltung des deutschen und des österreichischen Gesetzes über Warenbezeichnungen entgegentreten zu wollen, beschließt der Juristentag: es liegt kein Grund vor, diese Gesetze mit einander in Übereinstimmung zu bringen.“ –

Nachdem hierauf von der Versammlung der Schluß der Debatte angenommen worden ist, erhalten die gemeldeten Redner noch das Wort.

Hof- und Gerichtsadvokat Dr. **Schuloff**-Wien: Meine sehr geehrten Herren! Ich wurde aufgefordert, ein Gutachten über die Frage, die heute hier zur Debatte steht, abzugeben. Ich bin nur mit Zögern an die Erfüllung dieser Aufgabe herantreten, und zwar weil ich, wie ich offen bekenne, gewünscht hätte, daß dieser Gegenstand überhaupt nicht auf die Tagesordnung gesetzt worden wäre. Er ist wirklich nicht von so ungeheurer Wichtigkeit, um die geehrte große Versammlung des deutschen Juristentages zu beschäftigen.

Wenn aber einmal eine solche Frage aufgeworfen ist, dann halte ich eine wegwerfende Behandlung derselben nicht für angemessen, und ich glaube daher, daß sowohl die beiden Herren Referenten, wie die Gutachter, Herr Justizrat Seligsohn und meine Person, recht gut daran getan haben, etwas tiefer in die Materie einzugehen. Sie werden, wenn Sie die beiden Gutachten vergleichen, finden, daß eigentlich die Grundideen darüber, in welchen Richtungen eine Annäherung der beiden Gesetzgebungen durch Veränderung der einen oder anderen anzustreben wäre, nahezu die gleichen sind. Wir Österreicher haben vielleicht in einer größeren Anzahl von Punkten den Wunsch, daß unsere Gesetzgebung der deutschen angenähert werde, der Deutsche hat aber ganz entschieden den Wunsch, in einem der Hauptpunkte des ganzen Markenrechtes, nämlich bezüglich der Abschwächung des strengen Registerprinzips, sich unserem Rechte zu nähern. Heute einen rein negativen Beschluß fassen: das würde wohl eine abkühlende Wirkung auf die jedenfalls sehr schätzenswerten Bestrebungen zur Verbesserung der beiden Gesetzgebungen ausüben. Ich glaube, daß dadurch der Juristentag das Mißverständnis hervorrufen könnte, als ob tatsächlich nicht einmal der Wunsch vorhanden sei, eine Annäherung der beiden Gesetzgebungen durch ihre Verbesserung herbeizuführen. Diesem Mißverständnis möchte ich doch durch eine geänderte Fassung der Resolution vorzubeugen bestrebt sein.

Einverstanden bin ich nicht vollständig mit den Ausführungen des Herrn Kollegen Dr. Seligsohn in der Richtung, daß er die ökonomische Bedeutung der Frage als eine nebensächliche hinstellt. Ich glaube, daß deren wirtschaftliche Tragweite tatsächlich keine ganz unbedeutende ist. Ich habe in meiner Praxis schon öfter die Erfahrung gemacht — und auch Herr Rechtsanwalt Dr. Katz hat ähnliche Fälle hervorgehoben — daß von deutschen Markenbesitzern der Mangel einer Sanktion in der österreichischen Gesetzgebung für zeichenverletzende Veröffentlichungen beklagt wird. So habe ich die Verteidigung des Wortes „Salvator" für Bier geführt. Gegen empfindlichen Mißbrauch des Zeichens in Reklamen kann im Gegensatze zum deutschen Rechte in Österreich keine Sühne erlangt werden. Auch andere wirtschaftliche Gründe sprechen dafür, eine Übereinstimmung herbeizuführen. Richtig ist ferner, was Herr Dr. Katz sagte, daß sich aus der Anzahl der Marken, die für Angehörige des einen Staates in dem anderen eingetragen werden, nicht ein unbedingt sicherer Schluß ziehen läßt auf die Importanz des Themas; es handelt sich nicht allein um die Anzahl von Marken, obwohl übrigens ja Tausende von österreichischen Zeichen in Deutschland und noch mehr deutsche Marken in Österreich geschützt sind. Aber welche Marken werden in beiden Ländern registriert? Die wichtigen Marken, man kann sagen: die Weltmarken, die zu schützen es sich lohnt. Infolgedessen darf man keineswegs auf die geringe Bedeutung des Themas daraus schließen, daß nur ein gewisser Prozentsatz der in dem einen Staate eingetragenen Marken auch in dem anderen geschützt wird.

Ich möchte vorschlagen, nachdem bereits zwischen dem Herrn Justizrat Dr. Seligsohn, der den ganz ablehnenden und dem Herrn Sektionsrat Ritter von Stahl, der den abgeschwächten negativen Standpunkt vertritt, eine Übereinstimmung erzielt worden ist, daß ein Komitee eingesetzt werde, welches wahrscheinlich nicht zu lange Zeit benötigen wird, um eine

Resolution zu verfassen und zu beantragen, die nicht gerade sagt: Es ist kein Grund vorhanden, auch nur eine Annäherung anzustreben. Ich glaube, es ist Grund vorhanden, eine Annäherung anzustreben und jedenfalls würde eine solche Annäherung wieder ein Zeichen der beiderseitigen freundlichen Beziehungen sein. Eine rein negative Entscheidung des Juristentages würde in beiden Staaten den Eindruck hervorrufen, als ob wir eine Annäherung als eine Quantité négligeable betrachten. Ich stelle daher den Antrag, daß die beiden Berichterstatter die beiden Gutachter und falls andere der anwesenden Herren den Wunsch hegen, der Beratung beizuwohnen, auch diese während einer kurzen Unterbrechung der Sitzung zusammentreten, um sich über die Fassung einer Resolution im obigen Sinne zu äußern. Es dürfte sich dabei mehr um den Ton als um die Sache handeln.

Rechtsanwalt am Kammergericht Dr. **Alexander-Katz**-Berlin: Ich ziehe meinen Antrag zu gunsten des Antrages Schuloff zurück.

Berichterstatter Rechtsanwalt **Schmid**-Berlin: Ich wollte nur darauf hinweisen, daß Herr Justizrat Dr. Seligsohn immer von dem Standpunkte ausgegangen ist, als sei es ganz selbstverständlich, daß das Thema, das einmal gestellt ist, von vornherein eine Erörterung nach der Richtung, ob eine Annäherung der Gesetzgebungen im Innern der materiellen Bestimmungen wünschenswert sei, ausschließe und daß es sich gewissermaßen nur um die Frage handeln sollte, in welcher Weise die Voraussetzungen für den Schutz in dem einen und dem anderen Staate einander angenähert werden sollen. Der Wortlaut, wie das Thema einmal vorliegt, mußte den Referenten die Möglichkeit ebenso naheliegend erscheinen lassen, daß die ständige Deputation eine Antwort auf die Frage haben wollte, ob eine Annäherung überhaupt wünschenswert sei. Ich bin zu dem Ergebnis gekommen, daß eben die ständige Deputation nach dieser Richtung auch eine Äußerung hören wollte, und deshalb habe ich mich darauf eingelassen. Im übrigen bin ich sehr für den Vorschlag, wie er vorliegt, daß eine Redaktionskommission zusammentritt und die geeigneten Vorschläge macht.

Rechtsanwalt Dr. **Wassermann**-Hamburg: Welche Resolution hier gefaßt wird, das ist meiner Ansicht nach nicht von so großer Wichtigkeit wie der Umstand, daß auch alle Ansichten hier wenigstens zur Sprache kommen; denn wenn überhaupt die Verhandlungen des Juristentages auf die gesetzgebenden Körper irgendwelchen Einfluß haben, so haben es selbstverständlich auch diejenigen Ansichten, die vielleicht in der Minorität geblieben sind. Und lediglich aus diesem Grunde, nicht um die Resolution zu beeinflussen, möchte ich auch meine Ansicht hier aussprechen, d. h. nicht meine persönliche Meinung allein, sondern die einer großen Gruppe der Mitglieder der Internationalen Vereinigung für gewerblichen Rechtsschutz. Wir betrachten es als im höchsten Grade wünschenswert, möglichst die Gesetzgebungen sämtlicher Staaten auf dem Gebiete des Markenschutzes einander zu nähern. Wenn man dieses Ideal anstrebt, so ist es selbstverständlich wünschenswert, daß auch die Gesetzgebungen Deutschlands und Österreichs einander genähert werden. Gerade das Gegenteil hiervon aber würde möglicherweise die Resolution, wie sie von dem Herrn Referenten vorgeschlagen ist, bedeuten; sie könnte leicht den Anschein erwecken, als ob wir im Deutschen Reiche ebenso wie die Herren aus Österreich sagten: wir sind mit unserer Gesetzgebung so zufrieden, daß wir uns mit Händen und Füßen gegen jede Änderung wehren. Dagegen möchte ich vor allen Dingen Protest erheben. Ich meine, daß wir in Deutschland allen Grund haben, mit unserer Gesetzgebung in gewissen Punkten unzufrieden zu sein, und in der Gesetzgebung Österreichs etwas besseres zu erblicken. Hierhier gehört insbesondere das Vorbenutzungsrecht. Unlauterer Wettbewerb wird unter dem Schatten des deutschen Markenschutzgesetzes in so enormem Umfange getrieben, und dies beruht in erster Linie darauf, daß wir in Deutschland ein Vorbenutzungsrecht nicht haben; daß jeder sich eine Marke eintragen lassen kann, die einen anderen schon berühmt gemacht hat. Wir halten in dieser Hinsicht die Bestimmung des österreichischen Rechtes für nachahmenswert, und glauben, daß wir Grund haben, uns dem österreichischen Rechte zu nähern. Ich möchte mich auf diesen Punkt beschränken. Im übrigen bin ich durchaus damit einverstanden, daß, wir, nachdem die Gründe dargelegt sind, die für eine andere Auffassung sprechen, eine Resolution dahin fassen, daß es momentan nicht so brennend nötig ist, eine Änderung herbeizuführen.

Der **Vorsitzende**: Sind die Herren einverstanden mit der Einsetzung des Subkomitees in der vorgeschlagenen Zusammensetzung, so bitte ich die Herren Justizrat Dr. Seligsohn, Hof- und Gerichtsadvokat Dr. Schuloff, Rechtsanwalt Schmid, Sektionsrat Ritter von Stahl und Dr. Alexander-Katz untereinander zusammenzutreten und womöglich noch bis zum Schluß der heutigen Sitzung die Resolution festzustellen, damit wir dann darüber abstimmen können. Vorläufig stehen zur Abstimmung noch die Resolution und der Kompromißantrag Dr. Seligsohn-Stahl. Damit breche ich die Beratungen über Frage 13 ab. Wir kommen nun zu Punkt 12: Empfehlen sich besondere gesetzliche Bestimmungen zum Schutze des Erfinderrechtes der Angestellten?

Rechtsanwalt Dr. **Meyer** III-Hannover (zur Geschäftsordnung): Ich möchte vorschlagen, daß vielleicht jetzt eine Pause eintritt und daß dann unmittelbar nach der Pause über diesen jetzt vorzubereitenden Antrag abgestimmt wird.

Der **Vorsitzende:** Ich lasse eine ganz kurze Pause eintreten, etwa von 10 Minuten, sodaß wir die Beratungen um 1 Uhr 10 Minuten fortsetzen.

(Pause.)

Der stellvertretende Vorsitzende Landgerichtsdirektor Dr. **Andrae:** Es ist folgender gemeinsamer Antrag eingegangen:

> „Ohne den berechtigten Bestrebungen nach einer Reform des deutschen und des österreichischen Gesetzes über den Schutz der Warenbezeichnungen entgegenzutreten, erklärt der Juristentag: Zur Zeit liegt kein dringendes Bedürfnis nach einer Vereinheitlichung dieser beiden Gesetzgebungen vor."

Unterschrieben ist dieser Antrag von den 4 Herren. Es ist dies der einzige Antrag, der mir vorliegt, da der Antrag des Herr Dr. Alexander-Katz zurückgezogen und derjenige Dr. Seligsohns durch diesen ersetzt worden ist. Ich frage, ob die Versammlung mit dieser Resolution einverstanden ist. — Der Antrag ist nahezu einstimmig angenommen. Ich darf feststellen, daß diese Resolution dem Plenum zur Kenntnisnahme mitgeteilt wird.

(Auf Vorschlag des Herrn Justizrat Dr. Edwin Katz wird Herr Justizrat Dr. Seligsohn zum Referenten für das Plenum bestellt. Damit ist dieser Punkt der Tagesordnung erschöpft.)

Wir gehen über zum nächsten Punkte; Nr. 12:

> „Empfehlen sich besondere gesetzliche Bestimmungen zum Schutze des Erfinderrechts von Angestellten?"

Ich bitte den ersten Herrn Berichterstatter, Herrn Justizrat Dr. Edwin Katz, das Wort zu nehmen.

Berichterstatter Justizrat Dr. **Edwin Katz**-Berlin: M. H.! Die Frage, ob sich besondere gesetzliche Bestimmungen zum Schutz des Erfinderrechts der Angestellten empfehlen, ist, wie die beiden dem Juristentag vorliegenden Gutachten der Herren Professor Dr. Osterrieth und Dr. Richard Alexander-Katz mitteilen, schon wiederholt Gegenstand der Beratung zahlreicher und großer Berufsverbände gewesen. Die Vereinigungen, welche sich mit diesem Gegenstand befaßt haben, sind aber, soweit ich aus den erwähnten Gutachten entnehmen kann, lediglich Vereinigungen von Angestellten gewesen, nicht Vereinigungen von Arbeitgebern. Die Beschlüsse gehen anscheinend von dem Gedanken aus, daß die zu regelnde Frage in das Gebiet der Sozialpolitik gehöre. Wäre dieser Ausgangspunkt für die Entscheidung der Frage anzunehmen, dann würde meines Erachtens der Juristentag zunächst noch nicht die zuständige Versammlung sein; denn für die Beurteilung der Frage in sozialpolitischer Richtung fehlt uns die nötige Erfahrung, die allein aus der Kenntnis tatsächlicher Vorgänge innerhalb der Betriebe zu schöpfen ist. Die vorliegenden Gutachten bieten hierzu auch nicht genügend tatsächliche Mitteilungen, und der Umstand, daß Verbände von Angestellten sich für die gesetzliche Regelung ausgesprochen haben, und zwar in dem Sinne, daß die Erfindung dem Angestellten gehört, schafft nur ein einseitiges Bild, da wir nicht wissen, welchen Standpunkt die Arbeitgeber einnehmen, und wir somit nicht erkennen können, ob innerhalb des gewerblichen Betriebslebens nicht etwa bereits genügende Vorsorge getroffen worden ist, um einem in sozialpolitischer Richtung auftretenden Bedürfnis abzuhelfen ohne daß das Einschreiten der Gesetzgebung erforderlich ist. Die Gutachter selbst behandeln die Frage auch nicht als eine sozialpolitische, wenngleich Osterrieth sie gelegentlich ohne nähere Begründung eine solche nennt. Ich vermag nicht anzuerkennen, daß die Entscheidung der Frage auf dem Gebiet sozialpolitischer Gesetzgebung zu lösen ist. Die Hülfe der bürgerlichen Gesellschaft für den wirtschaftlich schwächeren Teil ist nur dann anzurufen, wenn der wirtschaftlich Schwächere für die Befriedigung eines tatsächlich vorhandenen Bedürfnisses des Rechtsanspruchs ermangelt. Der Unterschied zwischen dem wirtschaftlich Schwächeren und dem wirtschaftlich Stärkeren wird ausgeschaltet, sobald das etwa vorhandene Erfordernis auf Grund des geltenden Rechts durch einen erzwingbaren Anspruch durchgesetzt werden kann; in solchem Falle wird die Prüfung überflüssig, ob aus Gründen der Sittlichkeit die bürgerliche Gesellschaft verpflichtet ist, dem Schwachen Hülfe zu leisten; denn derjenige, dem der Rechtsanspruch zur Seite steht, bedarf der Hülfe nicht mehr. Beide Gutachter haben daher die Frage auch aus rein rechtlichen Gesichtspunkten geprüft. Osterrieth meint, daß die Frage in das Gebiet des Patentrechts gehöre, aber zur Entscheidung noch nicht reif sei; denn da das deutsche Patentrecht von dem sogenannten Anmeldesystem beherrscht wird, wonach nicht derjenige, der die Erfindung geschaffen hat, sondern derjenige, welcher die Erfindung dem Patentamt zum Patent anmeldet, das Patent erhält, würde eine Regelung des Erfinderrechts der Angestellten, durch welche dem Angestellten ein Anspruch auf die von ihm im Betriebe des Geschäftsherrn gemachte Erfindung gegeben würde, eine völlige Umwälzung im System des deutschen Patentrechts hervorrufen; zu einer gesetzlichen Änderung von so großer Tragweite liege aber zur Zeit kein Anlaß vor, da die Frage der Angestellten-Erfindung zwar eine wichtige, aber nicht ausschlaggebende Rolle für eine Systemänderung innerhalb des Patentrechts bilde. Diesem Ausgangspunkt der Beurteilung stimme ich nicht zu. Die Frage ist keine patentrechtliche. Das Patentrecht hat nicht das Recht an der Erfindung zum Gegenstand, sondern das Recht an dem Patent. Die Erteilung des Patents durch die hierzu berufene Behörde ist der Kern, aus welchem die Gesamtheit der patentrechtlichen Ansprüche sich entwickelt und an welchen es sich angliedert. Das Patentrecht kennt nur Rechte auf Erteilung des Patents, Rechte an dem erteilten Patent und Rechte aus dem erteilten Patent. Die Rechte auf Erteilung des Patents stehen dem Anmelder zu, und in einem besonderen Fall demjenigen, dem der Anmelder unredlich die Erfindung entwendet hat; die Rechte an dem erteilten Patent teilt der Patentinhaber mit denjenigen Personen, welche auf Grund vertraglicher Bestimmungen oder auf Grund des Gesetzes Mitbenutzungsrechte an dem Patent haben; die Rechte aus dem erteilten Patent auf Geltendmachung des Ausschließungsrechts bilden die Befugnisse des Patentinhabers. Die Ordnung dieser Rechtsverhältnisse bietet keinen Raum für die Regelung der Frage des Rechts an der Erfindung. Niemand wird leugnen, daß die Erfindung ein Teil des Persönlichkeitsrechts ist, das Recht des Menschen an der Ausbeute seines geistigen Könnens, und wie hieraus grundsätzlich die Folge abzuleiten ist, daß die Erfindung demjenigen gehört, der sie gemacht hat; zur Feststellung eines solchen Rechtssatzes bedarf es keiner gesetzlichen Bestimmung. Wenn aber dieser Rechtssatz durch die Tatsache eine Änderung erfahren soll oder kann, daß derjenige, welcher die Erfindung gemacht hat, in rechtlichen Beziehungen zu einer andern Person steht, die stark genug sind, um diesen Rechtssatz inhaltlich zu ändern oder gar zu beseitigen, dann richtet sich die Untersuchung auf jene rechtlichen Beziehungen. Sind dieselben bereits ganz oder zum Teil Gegenstand der bürgerlichen Rechtsordnung, so wird zu prüfen sein, ob die bestehende Ordnung beibehalten oder abgeändert werden soll. Aber es liegt kein Grund vor, eine dem allgemeinen bürgerlichen Recht angehörige Frage in das Gebiet einer Sondergesetzgebung zu verweisen, zu dem die Frage nur in dem rein äußerlichen und deshalb scheinbaren Zusammenhang steht, daß die Erfindung, an welcher Rechte geltend gemacht werden, zur Erteilung eines Patents führen kann. Nachdem bereits dargelegt ist, daß die Regelung des Rechts an der Erfindung dem bürgerlichen Recht angehöre, führt das Stammwort des Themas, das uns auf das Angestelltenverhältnis hinweist, mit Sicherheit zu der Erkenntnis, daß wir uns nur mit einer Frage des bürgerlichen Rechts zu befassen haben. Anders ist die Frage auch seitens der deutschen Rechtsprechung niemals aufgefaßt worden, und auch die ausländische Rechtsprechung hat die Frage nur als eine solche des bürgerlichen Rechts behandelt. Ich verweile einen Augenblick bei der Rechtsprechung des Auslandes, ehe ich zu der deutschen Rechtsprechung übergehe, weil die ausländische Rechtsprechung sich schon seit sehr viel längerer Zeit als die deutsche Rechtsprechung mit Entscheidungen der streitigen Frage zu befassen hatte und daher frühzeitiger zu festen Rechtsgrundsätzen gelangt ist. Beide Gutachter haben bereits eine Anzahl interessanter ausländischer Gerichtsentscheidungen mitgeteilt; ich ergänze dieselben durch einige Urteile Englands, Frankreichs, Italiens und der Vereinigten Staaten, die sämtlich auf der Grundlage beruhen, daß die Entscheidung darüber, ob die von einem Angestellten im Betriebe des Geschäftsherrn gemachte Erfindung dem Angestellten oder dem Geschäftsherrn gehört, aus dem Recht des Dienstvertrages zu entnehmen ist. Eine Entscheidung des englischen High Court of Justice spricht aus:

(Chancery-Division vom 22. Juni 1900, Reports of Patent, Design and Trade Mark Cases, Vol. XVII. Seite 555).

It is laid down in Mr. Frost's book:

„In the absence of a contract the invention of a servant, even though made in the employer's time and with the use of the employer's materials and at the expense of the employer, does not become the property of the employer so as to justify him in opposing the grant of a Patent for the invention to the servant who is the proper Patentee",

ferner Chancery-Division vom 4. Dezember 1902, Reports of Patent, Design and Trade Mark Cases Vol. XX, Seite 43:

„I propose now to deal with the principles of law applicable to the case; and, first, I desire to say that I recognise and quite appreciate the principle of those cases which have established that the mere existence of a contract of service does not per se disqualify a servant from taking out a Patent for an invention made by him during his term of service, even though the invention may relate to subjectmatter germane to and useful for his employers in their business, and that, even though the servant may have made use of his employer's time and servants and materials in bringing his invention to completion, and may have allowed his employers to use the invention while in their employment; but, on the other hand, without repeating what has been so fully and admirably expressed by the Court of Appeal in the two cases of Lamb v. Evans, L. R. (1893), I Ch. 218, and Robb

v. Green, L. R. (1895) 2 Q, B. 315, it is clear that all the circumstances must be considered in each case."

Der englische Richter verlangt demnach eine ausdrückliche Vertragsabrede zwischen dem Geschäftsherrn und dem Angestellten darüber, daß die Erfindungen des Angestellten dem Geschäftsherrn zu übereignen sind. Auf demselben Standpunkt steht das amerikanische Urteil. (Decisions of the Commissioner of Patents and of United States Courts in Patent Cases, Official Gazette, Vol. 87, S. 695):

„An employee performing all the duties assigned to him in his department of service may exercise his inventive faculties in any direction he chooses with the assurance that whatever invention he may thus conceive and perfect is his individual property."

Nur wenn dem Angestellten ein besonderer Auftrag gegeben wird, zur Verbesserung einer Maschine oder in ähnlicher Richtung erfinderisch tätig zu werden, weist der höchste Gerichtshof der Vereinigten Staaten von Nordamerika dem Geschäftsherrn das Eigentum an der Erfindung zu. (Urteil Salomons v. The United Staates 137, U. S. 342, 346):

"If one is employed to devise or perfect an instrument, or a means for accomplishing a prescribed result, he cannot, after successfully accomplishing the work for which he was employed, plead title thereto as against his employer. That which he has been employed and paid to accomplish becomes, when accomplished, the property of his employer."

Mit einiger Abschwächung, je nach dem Inhalt des Dienstvertrages, wird in der französischen und italienischen Rechtsprechung immerhin der Grundsatz aufrecht erhalten, daß die Erfindung dem Angestellten gehört. Ich zitiere hierbei ein Urteil des Appellhofs von Genua vom 14. Mai 1898, Rivista delle Privative Industriali, Jahrgang 4, S. 176, in welchem ausgesprochen wird:

„Le produzioni dell' ingegno appartengono „ai loro autori". Donde la conseguenza giuridica che, ove fosse provato vero che esclusivamente per suo conto ed utilità Enrico Cuneo avesse inventato o scoperto le due macchine, per le quali la Società indebitamente avesse per se ottenuto i succitati attestati di privativa, niun dubbio che a lui spetterebbe diritto di rivendicarne la proprietà: come egual ragione potrebbe utilmente esperire la Società vetraria, quando risultasse vero, che ad essa competesse la proprietà dell' invenzione, per la quale Cuneo ottenne attestato di privativa."

(Vergleiche auch ein weiteres Urteil desselben Gerichts vom 6. April 1899, Rivista delle Privative Industriali, Jahrgang 5, S. 128.)

Ferner Urteil des Tribunal civil Seine vom 2. Juni 1899, Annales de la Propriété Industrielle, Vol. LXVI, S. 75:

> „Le fait qu'un ouvrier ou contremaître a découvert une invention pendant qu'il était employé chez un patron ne suffit pas pour permettre à ce dernier de revendiquer à son profit la dite invention. Pour que ce résultat puisse être obtenu, il faut que les découvertes soient le résultat de travaux exécutés par l'ouvrier dans son service pour des objets qui s'y rattachent, d'après les ordres ou sous la direction de son patron."

Die deutsche Rechtsprechung ist in den vorliegenden Gutachten eingehend besprochen. Die Anfänge dieser Rechtsprechung sind offenbar mehr von Empfindungen, als von rechtlichen Erwägungen geleitet. Sie knüpfen zeitlich an die Schöpfung des Patentgesetzes an, durch welches in Deutschland erst ein Patentrecht begründet wurde. Das Patentgesetz war das Ergebnis der Bemühungen der deutschen Industrie. Werner von Siemens, der große Pfadfinder auf dem Gebiet der Elektrotechnik, hat auf einem im Jahre 1873 gelegentlich der Wiener Weltausstellung zu Wien abgehaltenen internationalen Kongreß dem Deutschen Reich die Wege gezeigt, zur Hebung des deutschen Erfindergeistes den Patentschutz in Deutschland einzuführen, und bis zum Jahre 1877 haben die Vertreter der deutschen Großindustrie mit ihm zugleich für die Errichtung des Patentschutzes gekämpft; kein Wunder, daß diese Vorgänge die deutsche Rechtsprechung in dem Sinne beeinflußten, daß das Reichsgericht in die Vorstellung geriet, wie wenn jede Erfindung, die ein Angestellter im Betriebe seines Geschäftsherrn mache, Besitz des industriellen Etablissements sei, aus dem sie ja hervorgewachsen sei. Die rechtliche Begründung, mit der diese Urteile zu stützen versucht wurde, geht dahin, daß die Früchte der Arbeit demjenigen gehören, der die Arbeit bezahlt; eine Anschauung, die eine gewisse Rechtfertigung für sich haben würde, wenn sie auf der Grundlage eines Werkvertrages zwischen Geschäftsherrn und Angestellten ergangen wäre, eine Grundlage, die sowohl in dem damals zur Entscheidung gestellten, wie in den allermeisten Fällen, in denen über das Recht an der Erfindung des Angestellten zu entscheiden ist, fehlt. Denn das Rechtsverhältnis des Geschäftsherrn und Angestellten wird nicht durch die Grundsätze des Werkvertrages, sondern durch die Grundsätze des Dienstvertrages geregelt; der Vertrag hat nicht das Erzeugnis der Dienste oder der Arbeit, sondern die Leistung der Dienste oder Arbeit als solche zum Gegenstand. (Riegler: Der Werkvertrag nach dem

Bürgerlichen Gesetzbuch, S. 37.) Die Vergütung, welche der Geschäftsherr dem Angestellten beim Abschluß des Dienstvertrages zusagt, verspricht er für die dauernde Leistung einer mehr oder weniger bestimmt umschriebenen Arbeit; diese sagt der Angestellte zu, nicht aber einen bestimmten Erfolg seiner Arbeitsleistung. (Motive zum Bürgerlichen Gesetzbuch, Band II, Seite 471. Hachenburg, Dienstvertrag und Werkvertrag, Seite 40. Dankwardt in Iherings Jahrbücher, 1874, Seite 304, 319). An einen solchen Vertragswillen wäre auch schon um der Ungewißheit des Erfolges wegen nicht zu denken, wenn der Wille nicht im Vertrage unzweideutigen Ausdruck gefunden hat. Eine wertvolle Erfindung stellt ein Vermögen dar. Die folgenden Verfügungen schließen sich an den Vortrag vor dem VI. Internationalen Kongreß für angewandte Chemie an. (Gewerblicher Rechtsschutz und Urheberrecht 1906, Heft 6.) Es fehlt jeder Grund zu der Annahme, daß derjenige, der lediglich die Leistung von Arbeit verspricht, damit stillschweigend die Absicht zum Ausdruck bringt, dem Dienstherrn ein Kapitalsvermögen zu übereignen. In seinem umfangreichen Werk über den Arbeitsvertrag sagt Lotmar, S. 87, nicht unzutreffend: „Arbeit ist nur Nerven- und Muskelaufwand, kein Vermögensaufwand.“ Wie sollten, wenn man Eigentumserwerb des Geschäftsherrn an der Erfindung kraft Werkvertrags annehmen wollte, die sich hieran knüpfenden Rechtsfolgen entschieden werden, bei der Haftung für Mängel, beim Erfüllungsverzug, beim Rücktritt vom Vertrage, beim Tode des Angestellten, beim Gefahrübergang? Soll der Geschäftsherr berechtigt sein, die Zahlung der von dem Angestellten für die erfinderische Arbeit verwendeten erheblichen Kosten zu verweigern, wenn er mit dem Erfolg der Erfindung nicht zufrieden ist? Wann soll die Verjährung beginnen für den Anspruch des Geschäftsherrn, bei Vollendung der Erfindung durch Niederlegung einer Zeichnung, oder durch Ausführung eines Modells, oder durch Niederschrift des Erfindungsinhalts? Alle diese mit der Bestellung eines Werkes im engen Zusammenhang stehenden Fragen können für den Übergang der Erfindung auf den Geschäftsherrn nicht nach den Grundsätzen des Werkvertrages beantwortet werden, weil eben in dem Anstellungsvertrag nicht gleichzeitig ein Vertrag auf Bestellung eines Werkes oder auf Erzielung eines bestimmten Erfolges enthalten ist. Auf der Grundlage des Werkvertrages kann die Frage nicht gelöst werden. Von dieser Rechtsprechung hat auch der höchste deutsche Gerichtshof in der Folge der Jahre sich abgewendet und die Entscheidung nach den Grundsätzen des Dienstvertrages zu lösen gesucht.*) Keine von diesen

*) Entsch. d. RG. v. 29. 10. 1883, Gareis Entsch. in Patents. Bd. 4, S. 102, 15. 7. 1886, Gareis Bd. 6, S. 140; RG. 2. 3. 1887, Gareis Bd. 7, S. 135;

Entscheidungen bringt ein befriedigendes Ergebnis; die Rechtsprechung ist durchaus schwankend und hält sich nicht an die durch das Recht des Dienstvertrages gegebenen Grundsätze, sondern sucht von Fall zu Fall je nach der Sachlage ex aequo et bono das Richtige zu treffen. Ein Beispiel übrigens dafür, wie gefahrvoll die Wege sind, zu denen in der jüngsten Zeit Praxis und Wissenschaft hingeleitet zu werden versucht, Urteile zu sprechen, die nur die freie richterliche Würdigung des Einzelfalles zur Grundlage haben und das Gesetz beiseite lassen; diese wissenschaftlichen Weckrufe wirken — um mit einem durch den Ort der Versammlung gerechtfertigten nautischen Vergleich zu sprechen, wie Leuchtfeuer, die den Schiffer vom rechten Wege ablenken und auf die Klippen führen zur großen Havarie. Da bei dem Abschluß aller Anstellungsverträge, mögen dieselben die Anstellung des leitenden Direktors eines technischen Unternehmens, eines Ingenieurs, eines Werkführers oder eines Arbeiters betreffen, seitens des Anderen nichts anderes zugesagt wird als die Leistung von Diensten als Gegenwert für den zugesagten Lohn, und nicht ein Arbeitsprodukt, so kann zunächst kein Zweifel darüber bestehen, daß die Anstellungsverträge Dienstverträge im Sinne des Bürgerlichen Gesetzbuchs sind. Der rechtliche Inhalt dieser Verträge wird aber sofort überspannt, wenn man aus dem Abschluß des Dienstvertrages ableiten wollte, daß der Dienstpflichtige über die Leistung von Diensten hinaus ein Mehr zusagen will, einen Erfolg, an den beim Vertragsabschluß weder er noch der Dienstherr denkt, und dessen Vermögenswert, wenn ihn die Vertragsparteien von vornherein in ihren Vertragswillen aufgenommen haben würden, einen gänzlich anderen Gegenwert, als die einfache Entlohnung einer regelmäßigen Arbeitsleistung bedungen hätte. Vielmehr fehlt mangels eines ausdrücklich erklärten Vertragswillens jeder Anhalt für die Annahme, daß der Angestellte oder der Geschäftsherr beim Abschluß des Dienstvertrages, sei es bei der Bestimmung der einzelnen von dem Angestellten zugesagten Dienstleistungen, sei es bei der Bemessung des von dem Geschäftsherrn zugesagten Dienstlohnes, an

---

RG. 28. 5. 1892, Bd. 29, CS. S. 49, RG. 19. 2. 1896, Blatt für Patent-, Muster- u. Zeichenwesen Bd. 2, S. 115, RG. 11. 4. 1896, Jur. Woch. 1896, S. 359, Nr. 28, 29, Bd. 37 CS. S. 41, RG. 22. 4. 1898, Blatt für Patent-, Muster- u. Zeichenwesen Bd. 4, S. 143; RG. 27. 4. 1899, Blatt für Patent-, Muster- u. Zeichenwesen Bd. 6, S. 337; RG. 14. 3. 1903, Blatt für Patent-, Muster- u. Zeichenwesen Bd. 10, S. 364; RG. 8. 6. 1899, Bd. 32, StrS. S. 218; RG. 4. 3. 1903, Blatt für Patent-, Muster- u. Zeichenwesen Bd. 9, S. 425; RG. 5. 10. 1903, Blatt für Patent-, Muster- u. Zeichenwesen, Bd. 10, S. 388; RG. 26. 4. 1905, Blatt für Patent-, Muster- u. Zeichenwesen Bd. 11, S. 263; RG. 25. 4. 1904, Das Recht, Jahrg. 10, S. 256, Nr. 536.

etwaige zukünftige Erfindungen, die der Angestellte auch nur möglicherweise machen wird, gedacht hat, und es fehlt deshalb jede Rechtfertigung dafür, nachträglich für den Fall, daß der Angestellte innerhalb des Dienstverhältnisses eine Erfindung machen sollte, den Vertragswillen dahin zu ergänzen, daß der Angestellte auch das Recht an dieser Erfindung dem Geschäftsherrn durch Abschluß des Vertrages habe zuweisen, sich seinerseits mit dem von vornherein vereinbarten Dienstlohn habe abgegolten sehen wollen, oder daß auch nur der Geschäftsherr den von ihm zugesagten Dienstlohn als angemessenes Entgelt für diese zukünftige Erfindung habe ansehen wollen. Nach den Grundsätzen des Dienstvertrages ist daher der Angestellte mangels einer ausdrücklichen Vereinbarung nicht verpflichtet, die im Betriebe des Geschäftsherrn gemachte Erfindung diesem zu übereignen. Damit fällt selbstverständlich auch die in den Urteilen des Reichsgerichts wiederholt angenommene Möglichkeit von vornherein hinweg, daß die Erfindungen des Angestellten ohne weiteren Übertragungsakt von selbst in das Eigentum des Geschäftsherrn hineinwachsen; denn der Dienstvertrag überträgt nur obligatorische Ansprüche, niemals ein Eigentumsrecht; non solet locatio dominium mutare (Ulpian in L. 39, D. loc. cond.). Diese strenge und folgerechte Ableitung der Rechte des Angestellten aus dem Inhalt des Dienstvertrages erledigt auch die Fülle kasuistischer Streitfragen, welche das Recht über das Eigentum an der Erfindung des Angestellten abhängig machen von der Art der Dienststellung, von der Höhe der Kosten, welche für die Erfindung aufgewendet wurden, von Zeit und Ort der Erfindung. Wollte man annehmeu, daß der Angestellte diejenigen Erfindungen dem Geschäftsherrn überweisen muß, zu denen er auf Grund seiner Tätigkeit oder seiner Erfahrung innerhalb des Geschäftsbetriebes gelangt ist, dann ist kein Grund ersichtlich, daß eine Erfindung, die in der Weise entstanden ist, daß der Angestellte auf Grund einer chemischen Reaktion, die er während der Dienststunden beobachtet hat, infolge des Nachdenkens über die beobachteten Vorgänge während seiner Mußestunden zu bestimmten Schlußfolgerungen gelangt, nicht gleichfalls als das Ergebnis der vertragsmäßigen Dienstleistung des Angestellten angesehen werden soll. Es kommt nicht darauf an, ob der Angestellte etwa das Modell zu seiner Erfindung auf eigene Kosten hergestellt, oder ob er sich in seiner Wohnung ein kleines Privatlaboratorium eingerichtet hat, in dem er die chemische Reaktion, welche den Gegenstand seiner Erfindung bildet, ausprüft; er wird in seinem Hause nicht die Erfahrungen von sich abstreifen, die er fortlaufend während der Arbeitsstunden des Tages im Betriebe des Dienstherrn macht; die Gedanken, welche er bei der häuslichen Arbeit für die Schöpfung der Erfindung verwendet, werden in der Regel nur die Fortsetzung der Denkarbeit sein, die er während der täglichen Arbeitsstunden im Geschäftsbetrieb verrichtet. Ein Wirrwarr unklarer Anschauungen entsteht, wenn das Reichsgericht einerseits die Erfindung eines elektrischen Pfluges, die der Leiter der elektrischen Abteilung einer Fabrik landwirtschaftlicher Maschinen gemacht hat, als Eigentum des Dienstherrn betrachtet, andererseits bei einem mit hohem Gehalt angestellten technischen Direktor Erfindungseigentum zugunsten des Beamten annimmt, weil dieser mit Genehmigung des Geschäftsherrn die Erteilung des Patents auf seinen Namen besorgt und aus eigenen Mitteln die Patenttaxen gezahlt hat; oder in einem anderen Fall einem Angestellten, der mit der Aufgabe betraut war, von einem bestimmten Ausgangsstoff ein ihm angegebenes chemisches Verfahren abzuleiten, das Eigentum an einer Erfindung zuspricht, welches dasselbe Verfahren von einem anderen Ausgangsstoff ableitet. Alle diese Entscheidungen liegen außerhalb der schlichten Folgen, welche aus dem Inhalt des Gesetzes sich ergeben; bei richtiger Anwendung des Gesetzes verbleibt das Eigentum an der Erfindung dem Angestellten und deshalb bedarf im Interesse der Angestellten das Recht an der Erfindung einer besonderen gesetzlichen Regelung nicht. Andererseits liegt aber auch kein Grund dafür vor, die Regeln des Dienstvertrages durch besondere das Recht an der Erfindung ordnende Bestimmungen im Interesse der Arbeitgeber zu ändern. Zunächst sind derartige Wünsche der Arbeitgeber bisher noch nicht laut geworden. Aber man wird auch nicht verkennen, daß eine gesetzliche Regelung, durch welche lediglich kraft des Dienstvertrages das Eigentum an der Erfindung des Angestellten dem Geschäftsherrn übereignet wird, der inneren Gerechtigkeit entbehrt; solange man es für gerecht erachten muß, daß niemand verpflichtet sein soll, mehr zu leisten, als er bei der Begründung seiner Verpflichtung leisten wollte, und niemand berechtigt, mehr zu empfangen, als diejenige Leistung, die er mit dem beim Geschäftsabschluß vereinbarten Entgelt vergüten wollte; durch eine solche gesetzliche Regelung würde auch sofort der Angestellte, welcher eine Erfindung gemacht hat, eine ungünstigere Rechtsstellung haben, wie diejenigen Angestellten, die den gleichen Lohn wie er empfangen, die gleiche Arbeit wie er zu verrichten übernommen haben und in Wirklichkeit nichts Höheres leisten, als dasjenige, wozu sie sich beim Abschluß des Vertrages verpflichtet haben. Die Leistung des Erfindens wird stets mehr oder minder auf Zufall beruhen; wenn daher nicht aus dem Inhalt des Vertrages ersichtlich ist, daß auch derartige zukünftige zufällige Leistungen den Gegenstand des Vertrages bilden sollen, so kann mit Sicherheit gesagt werden, daß keine der Parteien bei Abschluß des Vertrages diese zufälligen Leistungen in den Kreis ihres Vertragswillens gezogen hat. Diese rechtliche Auffassung gilt für Angestellte aller Art, auch für den Direktor eines gewerblichen Unternehmens. Denn der noch so hoch gestellte leitende Beamte hat für die Förderung des Unternehmens, dem er vorsteht, mit denjenigen Mitteln zu sorgen, welche ihm der Geschäftsherr hierfür zur Verfügung stellt; nicht aus eigenen Mitteln soll der angestellte Beamte das von ihm geleitete Unternehmen fördern. Erfindet der Direktor eines gewerblichen Unternehmens eine neue wertvolle Maschine, durch welche die Erzeugung der in dem Unternehmen gefertigten Gegenstände verbilligt oder beschleunigt oder vervollkommnet wird, oder findet der Direktor eines chemischen Unternehmens ein neues wertvolles Verfahren, dessen Hinzufügung zu den bisher in dem Unternehmen betriebenen chemischen Darstellungsweisen dem Unternehmen großen Nutzen abwerfen kann, so bringt er dem Geschäftsherrn aus eigenen Mitteln ein Vermögensstück, dessen unentgeltliche Hingabe eine ungerechtfertigte Bereicherung des Geschäftsherrn darstellen würde; die neue Maschine, das neue chemische Verfahren, ist dem geschäftlichen Unternehmen, welches dasselbe bisher entbehrt, ein fremdes Gut und muß daher durch besonderen Vertrag erworben werden, wenn sich das Unternehmen desselben bedienen will. Auch wird das Gehalt eines leitenden Direktors, so hoch es auch bemessen sein mag, immer im Rahmen derjenigen Gehaltsgrenzen sein, welches Männern von gleicher leitender Stellung gezahlt wird, auch wenn sie keine Erfindung machen. Die Unbilligkeit, eine im Dienst gemachte Erfindung dem Geschäftsherrn zu überweisen, ist demnach die gleiche, mag es sich um einen höher Angestellten, um einen Werkführer oder um einen einfachen Arbeiter handeln.

Die Rechtslage ist genau die gleiche im Verhältnis der Staatsbeamten zum Staat. Man mag die Pflichten des Staatsbeamten gegenüber dem Staat so weit wie möglich spannen; keinesfalls kann man zu dem Schluß gelangen, daß der Staatsbeamte sich durch die Übernahme des Amtes seines Persönlichkeitsrechts dem Staat gegenüber in weiterem Maße entäußern will, als aus seiner Anstellungsurkunde ersichtlich ist. Wenn auch auf Grund der Gesetzgebung in Deutschland das Verhältnis des Staatsbeamten zum Staat nicht als ein auf privatrechtlichem Vertrage beruhendes anzusehen ist, sondern als ein durch das Gesetz begründetes öffentlich rechtliches Verhältnis, so darf dasselbe doch mit Sicherheit unter dem Gesichtspunkt betrachtet werden, daß der Staat bei der Anstellung eines Beamten von demselben keine höheren Dienste empfangen will, als von den sämtlichen Beamten gleicher Rangstellung und gleicher Gehaltsstufe, und daß auch der das Amt übernehmende Beamte keine höheren Dienstleistungen verspricht. Wenn ein Beamter im Reichstelegraphendienst eine nützliche Signalvorrichtung, wenn ein Offizier eine wertvolle Geschützkonstruktion erfindet, so stehen solche Leistungen vollständig außerhalb derjenigen Pflichten, welche der Beamte oder Offizier bei Antritt seines Dienstes übernimmt; deshalb steht dem Staat kein Anspruch auf das Ergebnis dieser Leistungen zu. Das Gleiche muß auch von dem Forscher gelten, den der Staat zum Zweck der Vornahme wissenschaftlicher Forschungen in seine Dienste nimmt, dem er auf Staatskosten ein Laboratorium errichtet und die Mittel für die Forschungen zur Verfügung stellt; denn auch hier ist der Wille des Staates nur darauf gerichtet, die Forschung als solche im Interesse der Allgemeinheit zu unterstützen, während das etwaige wirtschaftliche Ergebnis der Forschung dem Staatsinteresse fremd ist. Der Staat errichtet nicht wissenschaftliche Anstalten, um das fiskalische Vermögen dadurch zu bereichern, sondern nur, weil die Förderung der Wissenschaft und damit des Allgemeinwohls eine der wichtigen Aufgaben der Staatsverwaltung ist, der sie genügen will. Von einem ganz anderen Standpunkt sind die Pflichten zu untersuchen, welche der so mit Staatsmitteln ausgestattete Gelehrte der Allgemeinheit gegenüber hat; denn im Interesse der Allgemeinheit hat der Gelehrte das Amt übernommen, die Mittel zur Ausführung seiner Arbeiten zur Verfügung gestellt erhalten, für die von ihm getätigten Arbeiten das Gehalt des Staates empfangen; deshalb wird der Standpunkt nicht unberechtigt sein, auf Grund dessen von dem Gelehrten erwartet wird, daß er die Ergebnisse solcher Forschungen, auch wenn sie patentfähige Erfindungen sind, der Allgemeinheit zur Verfügung stellt und nicht in seinem eigenen Interesse ausbeutet; aber dieser Standpunkt wird auch nur in den seltenen Fällen Geltung haben, in denen ein Gelehrter für eine bestimmte ihm vorgeschriebene wissenschaftliche Forschung mit staatlichen Mitteln ausgerüstet wird, nicht aber in den Fällen, in denen ein Gelehrter im Laufe seiner wissenschaftlichen Tätigkeit durch eigenen Aufwand von Arbeit und Bemühungen zu Erfindungen gelangt; in einem solchen Fall ist der Gelehrte rechtlich nicht anders zu behandeln wie jeder Staatsbeamte; die Erfindungen gehören demnach ausschließlich ihm. Der Anspruch der Angestellten auf die von ihnen im Geschäftsbetriebe gemachten Erfindungen erleidet nur dann eine Änderung, wenn innerhalb des Geschäftsbetriebes eine Erfindung von mehreren Angestellten gleichzeitig gemacht wird, ohne daß festzustellen ist, wer der eigentliche Urheber der Erfindung ist. Solche Fälle ereignen sich nicht selten. An einer Maschine sollen Veränderungen vorgenommen werden; der Ingenieur, der Werkführer, die Arbeiter, welche an der Änderung teilnehmen, tragen durch gemeinsame Ratschläge zu einer erfolgreichen Änderung bei; es läßt sich nicht feststellen, wem der endgültige Erfolg zu verdanken ist; sie haben die ihnen übertragene Aufgabe gemeinsam gelöst; erweist sich diese alsdann als eine Erfindung, so ist sie aus dem Betriebe erwachsen und gehört dem Geschäftsherrn des Betriebes. Auf denselben Gedanken zurückzuführen ist das Eigentum des Auftraggebers an denjenigen Erfindungen, zu deren Ausführung er den Auftrag erteilt. Hier hat das Reichsgericht die zutreffende Unterscheidung gemacht, daß nicht derjenige erfindungsberechtigt ist, welcher die Herstellung einer neuen ihm zweckmäßig erscheinenden Sache von einem anderen verlangt, sondern derjenige, welcher die Möglichkeit der Ausführung findet und die Sache herstellt. Diese Entscheidung (Bd. 27, C. S., S. 54) ist grundsätzlich zu billigen; aber hier wird nicht zu verkennen sein, daß ein solcher Vertrag, welcher auf einen bestimmten Erfolg gerichtet ist, gegebenenfalls als ein Werkvertrag angesprochen werden kann, und daß man in solchem Fall im Zweifel dem Auftraggeber das Eigentum an der Erfindung zuweisen muß. Diese Auffassung ist auch in der Rechtsprechung des Auslands zum Austrag gebracht. (Urteil des Appellhofs von Mailand vom 24. Mai 1893, Giornale d'Italia, Jahrgang 1893, Seite 420, Tribunal de Lille vom 28. Mai 1897, Annales de la Propriété Industrielle, Band 43, Seite 243.) Für das bloße Anstellungsverhältnis aber gilt der Grundsatz des Dienstvertrages, wonach dem Angestellten das Eigentum an der von ihm gemachten Erfindung zukommt. Eine gesetzliche Regelung dieses Rechts ist nicht erforderlich, weil es bereits geltendes Recht ist.

Wenn durch diese aus dem Anstellungsvertrag abgeleiteten gesetzlichen Folgen das Interesse des Arbeitgebers in ungerechtfertigter Weise geschädigt werden sollte, so ist der Arbeitgeber, ohne daß er des gesetzlichen Schutzes bedarf, durchaus in der Lage, beim Abschluß des Anstellungsvertrages mit dem Angestellten zu vereinbaren, daß die etwa von dem Angestellten innerhalb des Geschäftsbetriebes gemachten Erfindungen dem Geschäftsherrn gehören. Solche Verträge sind keineswegs ungewöhnlich; die chemische Großindustrie, die elektrische Großindustrie pflegt, wie das Gutachten Alexander-Katz zutreffend mitteilt, vielfach Verträge solchen Inhalts zu schließen. Daher haben auch die Arbeitgeber niemals bisher die Gesetzgebung um eine besondere Regelung des Rechts an der Erfindung der Angestellten angerufen. Auf dem im Frühjahr dieses Jahres abgehaltenen Kongreß für angewandte Chemie zu Rom, in welchem ich über dieselbe Frage berichtete, haben auch die dort anwesenden Vertreter der chemischen Großindustrie aller Nationen sich ohne weiteres damit einverstanden erklärt, daß grundsätzlich die Erfindung des Angestellten dem Angestellten gehöre. Es kann keinem Zweifel unterliegen, daß Verträge dieser Art rechtlich zulässig sind, denn es ist niemandem verwehrt, über noch nicht existierende Gegenstände Verträge abzuschließen, und auch für den Fall, daß der zu erwartende Gegenstand nicht in die Erscheinung tritt; solche Verträge können auf seiten des Dienstherrn ein gewagtes Geschäft sein, wenn bei der Bemessung des Dienstlohns die erwartete erfinderische Tätigkeit in Rechnung gezogen, und wenn alsdann seitens des Angestellten tatsächlich keine erfinderische Arbeit geleistet wird; sie können auch auf seiten des Angestellten ein gewagtes Geschäft sein, wenn der Angestellte festen Lohn für seine erfinderische Arbeit bezieht und ihm hierbei eine Erfindung gelingt, die für den Geschäftsherrn von sehr großem wirtschaftlichen Werte ist. Im praktischen Leben wird sich hier stets ein gerechter Ausgleich ohne weiteres vollziehen. Der Angestellte, dem es nicht gelingt, während seiner Anstellungszeit Erfindungen zu machen, wird nach Ablauf des Anstellungsvertrages entlassen werden, und derjenige, der dem Geschäftsbetriebe eine wertvolle Erfindung zuführt, wird in seinem Gehalt erheblich steigen, oder falls ihm sein Geschäftsherr die Gehaltssteigerung weigert, auf Grund seiner Leistungen in jedem anderen Betriebe eine seiner Tüchtigkeit entsprechende Stellung erhalten. Es ist auch nicht zweckmäßig, nach dem Muster des österreichischen Patentgesetzes von vornherein zu bestimmen, daß ein Vertrag, durch welchen einem Angestellten der angemessene Nutzen aus der von ihm im Dienst gemachten Erfindung entzogen werden soll, keine rechtliche Wirkung habe; die unzähligen Mannigfaltigkeiten, welche das gewerbliche Leben zwischen Arbeitgebern und Angestellten schafft, läßt in dieser Richtung eine durch das Gesetz gegebene grundsätzliche Regelung nicht anzeigt erscheinen; man muß es den Interessen der Parteien vollständig überlassen, Vereinbarungen darüber zu treffen, ob der Arbeitgeber nur befugt sein soll, die von dem Angestellten gemachte Erfindung unentgeltlich in seinem Geschäftsbetriebe anzuwenden und im übrigen das Eigentum an der Erfindung dem Angestellten zu überlassen, oder ob der Angestellte mit einer bestimmten Tantième an der Erfindung beteiligt bleiben soll, oder ob er vollständig freier Herr in der Verfügung über seine Erfindung werden soll. Die Angemessenheit der Beteiligung ist auch ungemein schwer abzuschätzen; denn in den seltensten Fällen ist der wirtschaftliche Wert, welcher auf ein bestimmtes Patent zurückzuführen ist, als das alleinige Ergebnis der bestimmten Tätigkeit eines Erfinders anzusehen; ehe eine Erfindung eine solche Vollendung erfährt, daß sie einen wirklichen Handelswert besitzt, erfährt sie in der überwiegenden Mehrzahl der Fälle durch die fabrikatorische Ausgestaltung, in welcher auch in vielen Fällen selbständige erfinderische Tätigkeit liegt, und bei der vor allem viele Zeit und viel Geld aufgewendet wird, noch eine erhebliche Umgestaltung, die ganz außerhalb des Verdienstes des Erfinders liegt, und endlich kann der Handelswert einer Erfindung durch die Mühen und Kosten der Reklame, mittels deren die Erfindung im Publikum bekannt gemacht wird, oder durch die Organisation des gewerblichen Unternehmens, welche sich mit der Verbreitung der Erfindung beschäftigt, erheblich gesteigert werden. Alle diese Umstände, welche dazu beitragen, den Wert der Erfindung zu erhöhen, sind nicht auf Mark und Pfennige bestimmbar, sondern überhaupt schwer abzuschätzen. Deshalb besteht die Gefahr, daß, wenn das Gesetz die Entscheidung über eine dem Angestellten zu gewährende angemessene Beteiligung dem Richter überträgt, in der Mehrzahl der Entscheidungen der Spruch des Richters der wirklichen Sachlage und daher der Gerechtigkeit nicht entsprechen wird. Deshalb empfiehlt es sich, auch nach dieser Richtung von jeder gesetzlichen Regelung abzusehen und den Parteien zu überlassen, ihre Rechtsverhältnisse nach ihrem eigenen besten Ermessen zu regeln; weder im Interesse des Angestellten noch im Interesse des Dienstherrn ist daher eine gesetzliche Regelung nötig. Der Antrag des Gutachtens Alexander-Katz spricht in Thesen I und II denselben Gedanken aus; ich empfehle daher der These I und der These II zuzustimmen, nur mit der Maßgabe, daß die These I lediglich als Leitsatz aufgestellt wird, da, wie gezeigt, das geltende Recht, wenn es richtig angewendet wird, die Frage im Sinne der These I geregelt hat. Die These I² empfiehlt sich aus den oben angeführten Gründen nicht, weil es nicht möglich ist, von Gesetzeswegen eine Auslegungsregel zu geben, die bei der Vielgestaltigkeit des gewerblichen Lebens für eine sehr große Zahl von Fällen sich als ungerecht erweisen würde.

Auf Anregung der technischen Verbände hat Dr. Alexander-Katz noch eine These III aufgenommen, in der er empfiehlt, das Patentgesetz dahin zu ergänzen, daß der Erfinder auf sein Verlangen bei der Bekanntmachung der Erfindung seitens des Patentamts zu benennen ist.

Diese These liegt zunächst außerhalb des Rahmens unseres Themas, denn sie erstreckt sich auf alle Fälle, in denen der Anmelder ein anderer ist als der Erfinder, ohne Rücksicht darauf, ob der Erfinder im Anstellungsverhältnis zum Anmelder steht oder nicht; sie durchbricht auch vollständig das System des deutschen Patentgesetzes, welches absichtlich im Gegensatz zur Patentgesetzgebung anderer Länder die in vielen Fällen schwierige Untersuchung der Frage, wer der Erfinder der zum Patent angemeldeten Erfindung ist, unerörtert lassen wollte und lediglich die unzweifelhafte Tatsache der Anmeldung zum Ausgangspunkt des Erteilungsverfahrens gemacht hat. Sehr oft haben übrigens auch einzelne Erfinder oder geschäftliche Unternehmungen ein Interesse daran, daß eine andere Person als der Erfinder als Anmelder der Erfindung erscheint. Es liegt gar kein Anlaß vor, von Gesetzeswegen solchen Gebräuchen, welche im gewerblichen oder geschäftlichen Leben sich zeigen, entgegenzutreten. Das eigentliche Motiv, welches die technischen Berufsverbände der Angestellten veranlaßt hat, ein solches Verlangen zu stellen, liegt auch auf einem ganz andern Gebiet; es ist das Verlangen nach dem Schutz der sogenannten Erfinderehre, ein völlig unklarer Begriff, der rechtlich sich jeder Verwertung entzieht. Wenn jemand Wert darauf legt, als Erfinder einer bestimmten Erfindung geehrt zu sein, so bietet ihm hierfür die Publikation in fachwissenschaftlichen Zeitschriften den breitesten Raum. Diese rein wissenschaftliche Ambition findet im erteilten Patent keinen Ausdruck, sofern das Patent dem Erfinder nicht gehört; das Patent hat weder mit der Wissenschaft noch mit der Befriedigung äußerlicher Ehren etwas zu tun; das erteilte Patent will nichts anderes sein als ein wirtschaftlich verwertbares Rechtsgut, das demjenigen zusteht, der es nach Maßgabe des Gesetzes erlangt hat. Der Juristentag ist deshalb meines Erachtens nicht in der Lage, sich mit solchen Wünschen zu befassen, für deren Befriedigung es einerseits eines gesetzlichen Schutzes nicht bedarf, da die wissenschaftliche Publikation jedem offen steht, und deren gesetzliche Regelung außerdem mit dem System des geltenden Rechts brechen würde. Ich empfehle daher, die These III des Gutachtens Alexander-Katz abzulehnen. (Beifall.)

Rechtsanwalt Dr. **Mittelstaedt:** Hochgeehrte Herren! Bei der vorgeschrittenen Zeit möchte ich die Herren nicht allzulange aufhalten. Es liegt mir fern, gegenüber den Gutachtern und den Referenten, die ja reiche Erfahrung auf dem Gebiete der Erfindungen haben, das ganze Thema noch einmal zu behandeln. Ich möchte mich darauf beschränken, möglichst nur vom Standpunkte des Juristen aus die Fragen nochmals kurz zusammenzustellen. Ich sehe mit Herrn Justizrat Edwin Katz in dem Thema zwei Fragen, eine rechtliche und eine sozialpolitische, aber ich differiere insofern mit ihm, als ich der Ansicht bin, daß die eigentlich uns gestellte Frage nicht die rechtliche, sondern die sozialpolitische ist. Die rechtliche Frage geht dahin, ob besondere Bestimmungen zu empfehlen sind, die das geltende Recht auslegen, dem geltenden Rechte einen zweifelsfreien Inhalt geben; die sozialpolitische Frage ist folgendermaßen zusammenzufassen: Empfiehlt es sich, zum Schutze der wirtschaftlich

Schwachen neue Bestimmungen und zwar insbesondere zwingende Bestimmungen zu treffen?

Wenn ich zuerst zur rechtlichen Frage übergehe, so kann ich hier anknüpfen an die Resolution, die Herr Justizrat Edwin Katz aufgestellt hat: Er schlägt vor, zu erklären, der Juristentag sei der Ansicht, daß ein rechtlicher Zweifel dagegen, daß die Erfindung dem Angestellten gehört, nicht bestehe. Nun meine ich, wenn einem Juristentag eine rechtliche Frage gestellt wird, so ist die erste Voraussetzung, daß ein rechtlicher Zweifel vorliegt, daß eine Veranlassung für den Gesetzgeber gegeben ist, einzuschreiten, daß eine Lücke im Gesetz vorliegt. Diese Lücke scheint mir aber nach der heutigen Judikatur nicht vorhanden zu sein. Nach der früheren Judikatur war sie vorhanden, das ist richtig, aber nach der heutigen Judikatur — und ich glaube, daß ich da mit Herrn Justizrat Katz konform gehe — ist man über unsere These nicht im Unklaren. Denn es dürfte heute als allgemein anerkannt gelten, daß das Anstellungsverhältnis an und für sich als solches auf die Frage, wer ein Recht an der Erfindung hat, keinen Einfluß hat, daß dem Erfinder seine Rechte durch das Anstellungsverhältnis an sich noch nicht entzogen werden. Auftrag, Vertrag, besondere Verhältnisse und Vereinbarungen innerhalb eines Anstellungsvertrages können natürlich von großem Einfluß sein für die Frage, wem die Erfindung gehören soll, das ist sicher. Aber daß einfach die Tatsache des Anstellungsvertrages die Erfindung des Angestellten nicht zur Erfindung des Dienstherrn macht, darüber sind wir alle klar und dies erkennt auch die Judikatur des Reichsgerichtes an. Wenn die hohe Versammlung nun diese in der Resolution des Herrn Justizrats Edwin Katz ausgesprochene Ansicht teilt — ich für meinen Teil stimme ihr vollkommen zu — dann ist damit die uns gestellte rechtliche Frage wie folgt beantwortet: Wir haben keine Veranlassung in rechtlicher Beziehung nach dem Gesetzgeber zu rufen.

Nun kommt aber in rechtlicher Beziehung ein zweites Moment noch in Betracht, das uns zur Verneinung der gestellten Frage führte und die Resolution des Herrn Dr. Katz bedenklich erscheinen läßt, ich komme da auf das Gutachten des Herrn Prof. Osterrieth zu. Dieses Moment ist konstruktiver Natur und so schwerwiegend, daß es uns hindert, eine Bestimmung zugunsten eines absoluten Rechts an der Erfindung des Angestellten zu treffen, selbst wenn hierzu Veranlassung wäre. Die Frage, wer den Nutzen aus einer Erfindung zieht, ist im Patentrecht geregelt, nicht im Bürgerlichen Gesetzbuch. Das Patentrecht aber gibt das Recht dem Anmelder, nicht dem Erfinder und gibt gegen die Anmeldung das Einspruchsrecht, die Nichtigkeitsklage nicht dem Erfinder, sondern nur demjenigen, aus dessen Beschreibung, Darstellung usw. die Erfindung etwa widerrechtlich genommen ist. Die Frage, ob der Anmelder auch wirklich derjenige ist, der das Patent auf Grund absoluten Erfinderrechts beanspruchen kann, oder anders ausgedrückt: Ob ein anderer berechtigt ist zu sagen: Es ist meine Erfindung, aus der das Patent entnommen wurde — diese Frage ist rechtlich bedeutungslos nach dem Patentgesetz. Wir können also nicht wie bei anderen bürgerlichen Rechtsverhältnissen Rechtssätze aufstellen mit dem Inhalt, die Erfindung solle dem Angestellten oder dem Dienstherrn gehören, denn solcher Rechtssatz begründet noch nicht die Nichtigkeitsklage; sondern wir müssen fragen: Wem gehört die Darstellung, die Beschreibung, aus wessen Beschreibung ist die Erfindung genommen? Wir dürfen also bei der Beantwortung unserer Frage in Rücksicht auf das Patentgesetz nicht aus dem Rahmen des Anmeldesystems herausfallen und von einem absoluten Erfinderrecht des Angestellten sprechen. Ich gebe ja zu, man kann, wie Herr Justizrat Edwin Katz es will, auch gewisse Ansprüche an ein absolutes Erfinderrecht nach dem Bürgerlichen Gesetzbuch konstruieren, indem man sagt: Das Bürgerliche Gesetzbuch entscheidet darüber, welche Folgen der Anstellungsvertrag, welche Folgen der Auftrag usw. hat. Aber solche Bestimmungen über die Ansprüche an ein absolutes Erfinderrecht haben wenig praktische Bedeutung. Man kann ein absolutes Erfinderrecht wohl als Gegenstand eines Vertrages anerkennen. Man kann auch das Erfinderrecht unter Umständen in dem Sinne schon als ein Recht betrachten, daß man gegen eine Verletzung dieses absoluten Erfinderrechtes einen Anspruch auf Schadensersatz gibt, aber weitere praktische Konsequenzen lassen sich an das absolute Erfinderrecht nicht anknüpfen. Wollen wir irgendwie weitergehen und die materielle Nutzungsmöglichkeit der Erfindung im Verhältnis zwischen Angestellten und Dienstherrn treffen, so müssen wir zurückgreifen auf das Anmeldesystem des Patentgesetzes.

Es wäre schließlich als eine Folge des absoluten Erfinderrechts auch noch der Fall denkbar, daß derjenige, dessen Erfindung widerrechtlich angemeldet worden ist, dem Anmelder gegenüber einen Anspruch auf Abtretung des Patents durchführen könnte. Aber würde dieser Anspruch begründet werden können mit dem originären Erfinderrecht, mit der Behauptung des Klägers, er sei der Vater des Erfindungsgedankens? — Nein. Die Klage müßte immer wieder dahin begründet werden, daß nach der Patentgesetzgebung die Anmeldung widerrechtlich erfolgt sei, daß also der Beklagte die Erfindung aus der vom Kläger getätigten Darstellung der Erfindung widerrechtlich entnommen habe.

Wir kommen also immer wieder auf das Patentgesetz zurück, und deshalb sind wir meines Erachtens außer Stande zu sagen, daß wir ohne Rücksicht auf das Patentgesetz eine Bestimmung über ein absolutes Erfinderrecht, darüber, ob das absolute Erfinderrecht dem Angestellten oder dem Dienstherrn gehört, vorschlagen oder empfehlen wollen.

Ich will nicht weiter in die Details eingehen, ich darf auf das Gutachten des Herrn Prof. Dr. Osterrieth verweisen, dem ich mich vollkommen anschließe. Nur möchte ich zuletzt noch auf den historischen Ausgangspunkt der ganzen Frage hinweisen. Unsere Frage ist durch die beteiligten Kreise aufgeworfen worden, und zwar durch die Angestellten, die Ansprüche an die Nutzungen des Patents erheben wollen. Diese Wünsche der Angestellten finden Sie in dem Gutachten des Herrn Dr. Alexander-Katz abgedruckt, sie zielen dahin, dem Angestellten den wirtschaftlichen Nutzen und die Vermögensvorteile des Patents zu sichern. Diese Ansprüche werden aber nur dann gesichert, wenn die Angestellten in die Lage versetzt werden, gegen das Patent vorzugehen, und hierzu sind sie nur dann in der Lage, wenn sie sich auf den § 3 Absatz 2 des Patentgesetzes berufen können. Wenn wir daher heute eine Resolution beschließen würden, wie sie Herr Dr. Edwin Katz vorgeschlagen hat, daß „im Zweifel die Erfindung den Angestellten gehört", so würden wir damit den Angestellten statt Brot Steine geben. Die Angestellten würden damit ein Recht in die Hand bekommen, das ihnen praktisch nichts nützt. Ich bitte nur, sich zu überlegen, was aus dieser Resolution gefolgert werden soll. Soll daraus folgen, daß der Angestellte, weil er den Erfindergedanken gehabt hat, weil er nach unserer These als Erfinder anzusehen ist, deshalb ein Einspruchsrecht, die Nichtigkeitsklage hat? Oder soll daraus noch mehr, etwa ein über das Einspruchsrecht hinausgehendes Recht folgen? Die Verhältnisse können verschieden liegen — es können drei Personen am Patent beteiligt sein: der Anmelder, derjenige der die Idee der Erfindung gehabt hat, und als dritter noch derjenige, der die Idee dargestellt hat —, wer geht da vor bei der Nichtigkeitsklage, bei dem Einspruch? Geht derjenige vor, der die Idee der Erfindung gehabt hat, oder derjenige, aus dessen Darstellung das Patent entnommen wurde?

Der Begriff des absoluten Erfinderrechts führt gegenüber dem Anmeldesystem des Patentrechts zu solchen Widersprüchen, daß es aus konstruktiven Gründen unmöglich ist, eine These schlechthin in dem Sinne aufzustellen, daß die Erfindung dem Angestellten gehören soll. Wenn Thesen über Rechtsbeziehungen zwischen Dienstherr und Angestellten bei Erfindungen aufgestellt werden sollen, so können sie nur im Anschluß an

§ 3 Absatz 2 des Patentgesetzes gestellt werden, es kann also nur das Besitzverhältnis der Darstellungsmittel zur Grundlage genommen werden. In dieser Beziehung aber gebe ich zu, daß eine These unpraktisch wäre, weil die Begriffe Eigentum, Spezifikation, Auftrag, Werkvertrag in das Rechtsverhältnis an den Darstellungsmitteln eingreifen und es kaum möglich sein würde, hier, ohne in Kasuistik zu verfallen, einheitliche Grundsätze aufzustellen.

Ich komme nun zu dem zweiten Gesichtspunkte, dem zweiten Teil der Frage, nämlich zu der sozialpolitischen Seite unserer Frage. Diese Seite der Frage halte ich, wie ich bereits vorangeschickt habe, für die wichtigere. Aber hier stehen wir vor der schwerwiegenden Frage: sollen wir zwingende Bestimmungen vorschlagen? Dispositive Bestimmungen haben ja gerade vom sozialpolitischen Standpunkte aus keinen Zweck. Es hat sich auf anderen Rechtsgebieten — ich erinnere an das litterarische Urheberrecht — gezeigt, daß dispositive Bestimmungen nur geeignet sind, den wirtschaftlich stärkeren Teil darauf aufmerksam zu machen, welche Vorteile er sich in den Verträgen zu sichern hat.

Wenn wir also von hier aus durch eine Resolution den Angestellten helfen wollen, so kann die Hilfe nur durch den Vorschlag zwingender Bestimmungen geschehen. In dieser Beziehung gebe ich Herrn Justizrat Dr. Edwin Katz vollkommen recht, der sagte, daß eine derartige Bestimmung in der Regel eine Utopie ist, und daß jedenfalls eine zwingende Bestimmung, ein Eingriff in die Vertragsfreiheit nur Ausnahmebestimmung sein dürfe. Aber das nicht allein. Ich glaube, die ganze Frage ist noch nicht spruchreif. Wenn wir uns schlüssig machen wollen, ob die Vertragsfreiheit beschränkt werden soll oder nicht, so müssen wir doch zuerst die Interessentenkreise, also diejenigen, die als Vertragsschließende in Frage kommen, hören. Wir haben nun wohl von den Angestellten Wünsche gehört, wir haben dagegen noch nicht die Einwendungen der Arbeitgeber gehört. Aber nur die Äußerungen beider Teile geben die Grundlage zu gerechter Abwägung und können dazu führen, daß man eine so einschneidende Bestimmung, wie es jede Beschränkung der Vertragsfreiheit ist, empfiehlt. Ich bin deshalb hier mit Herrn Justizrat Dr. Edwin Katz der Ansicht, daß es zur Zeit noch nicht möglich ist, eine derartige Beschränkung der Vertragsfreiheit auszusprechen; ich gehe insofern hier auch konform mit der These des Herrn Dr. Alexander-Katz.

Es bleibt nun eine dritte Seite der Frage noch übrig, die auch in das sozialpolitische Gebiet hineingehört. Es ist der „Anspruch auf Anteil an der Erfinderehre“, wie er kurz bezeichnet werden kann, der Wunsch des Erfinders, neben dem Anmelder genannt zu werden. Hier gehe ich insofern mit Herrn Justizrat Dr. Edwin Katz nicht konform, als ich der Meinung bin, daß die Durchführung eines solchen Anspruchs keine Schwierigkeiten machen würde. Ich sehe in dem Anspruch, beim Patentamt als Erfinder genannt zu werden, nicht ein Recht des Erfinders gegenüber dem Patentamt, sondern eine Klage des Angestellten gegen den Dienstherrn auf Anerkennung, daß der Angestellte der Erfinder ist, und auf Duldung, daß der Name des Erfinders, des Angestellten, neben dem des Anmelders geführt wird. Dieser Streit würde sich nicht vor dem Patentamte, sondern vor dem ordentlichen Gericht im Wege der Feststellungsklage abspielen. Die Ausführung des Urteils würde nur eine Verwaltungsvorschrift beim Patentamt erfordern, insofern das Patentamt angewiesen wird, auf Grund eines solchen Urteils dem Patent den Namen des Erfinders hinzuzufügen. Ich glaube aber, daß auch diese Frage des Anspruches auf Anteil an der Erfinderehre, auf Anerkennung der Persönlichkeit des Erfinders, zur Zeit nicht spruchreif ist. Wenn wir anerkennen, daß die Regelung der vermögensrechtlichen Verhältnisse jetzt nicht spruchreif ist, so meine ich, daß wir jetzt diesen verhältnismäßig nebensächlichen Individualschutz der Persönlichkeit des Erfinders nicht herausgreifen und jetzt bereits regeln sollten. Ich bin daher auch in diesem Punkte der Ansicht, daß man eine zur Zeit noch nicht spruchreife Frage vor sich hat.

Ich darf das vorhergesagte wiederholen: Die sozialpolitische Frage ist noch nicht spruchreif; die Verhältnisse liegen noch viel zu ungeklärt, als daß wir nach Gehör nur einer Partei urteilen könnten; und ich darf nebenbei bemerken, daß das auf seiten der Angestellten so oft gebrauchte Bild von dem Arbeitgeber, der seinen Angestellten auspreßt und aus dessen Erfindungen Millionen herausschlägt, ebensowenig für alle Fälle zutreffend ist, wie das Scherzwort von dem Verleger, der aus der Hirnschale seiner Autoren Sekt trinkt. (Heiterkeit.) Man muß erst beide Parteien hören, dann erst hat man die nötige Grundlage, um die Frage zu prüfen, ob die Klagen, die erhoben werden, wirklich berechtigt sind.

Was die rechtliche Seite der Frage anlangt, so glaube ich wie gesagt nicht, daß zur Zeit eine Bestimmung nötig ist und daß überhaupt eine Bestimmung, wie sie Herr Dr. Edwin Katz wünscht, dahingehend, daß im Zweifel die Erfindung dem Angestellten gehört, vorgeschlagen werden kann. Denn einmal würde eine solche Bestimmung aus dem Rahmen des Patentrechts herausfallen; außerdem würde sie dem Angestellten nichts nützen, da sie keine greifbaren Ansprüche gegenüber dem angemeldeten Patent gibt.

Hiernach möchte ich der Versammlung folgende Resolution empfehlen:

„Gesetzliche Bestimmungen zum Schutze der Erfindungen der Angestellten empfehlen sich mit Rücksicht auf das System des geltenden Patentrechts und des Gebrauchsmusterschutzes zur Zeit nicht.“

(Lebhafter Beifall.)

Justizrat Dr. **Seligsohn**-Berlin beantragt:

1. Die Erfindung gehört dem Angestellten, welcher die Erfindung gemacht hat, und nicht dem Geschäftsherrn, sofern nicht durch Vertrag das Gegenteil bestimmt ist.
2. Vertragsbestimmungen, durch welche einem Angestellten der angemessene Nutzen aus den von ihm im Dienste gemachten Erfindungen entzogen werden soll, haben keine rechtliche Wirkung.
3. Die Frage, ob der wirkliche Erfinder einen Anspruch auf Nennung seines Namens in der Patentschrift hat und in welcher Weise und vor welchen Behörden dieser Anspruch zu verwirklichen ist, erscheint noch nicht spruchreif.

Es folgt eine Geschäftsordnungsdebatte über die Frage, ob die Beratung abgebrochen und vertagt werden soll. Die Abteilung einigt sich dahin, daß die Beratung fortzusetzen und heute zu Ende zu führen sei. Der stellvertretende Vorsitzende bittet die Redner, sich, soweit es bei einer sachlichen Behandlung der Fragen möglich ist, der Kürze zu befleißigen.

Dr. jur. et phil. **Kloeppel**-Elberfeld: M. H.! Gestatten Sie mir als einen Vertreter eines industriellen Unternehmens hier Ihnen ganz kurz einiges über die praktischen Verhältnisse zu sagen. Herr Dr. Mittelstaedt hat mir insofern meine Aufgabe schon erleichtert, als er derartige Übertreibungen wie die, daß der Industrielle die erfinderische Tätigkeit seiner Angestellten aussauge um sich zu bereichern, als unberechtigt zurückgewiesen hat.

Ich möchte zunächst ganz kurz zu der dem Juristentag vorliegenden Druckschrift des Bundes der technisch-industriellen Beamten sprechen. Nun würde ich ja allerdings als Vertreter einer großen industriellen Aktiengesellschaft kaum als unparteiisch betrachtet werden, wenn ich mich im einzelnen sachlich auf die Forderungen dieses Bundes äußern wollte. Es ist aber auch garnicht erforderlich, auf die einzelnen Punkte nochmals des näheren einzugehen, da der eine Gutachter, Herr Rechtsanwalt Dr. R. Alexander-Katz, der ja doch wohl als ein objektiver Beurteiler anerkannt werden wird, bereits diese viel zu weit gehenden Forderungen auf ihr richtiges Maß zurückgeführt und kritisiert hat. Ich möchte aber in einer anderen Richtung zu dieser Drucksache noch einiges bemerken.

In der Einleitung bezeichnet es der Bund der technisch-industriellen Beamten als sein spezielles Verdienst, daß die in der Druckschrift behandelten Fragen des Rechts der Angestellten in letzter Zeit in der Öffentlichkeit Erörterung gefunden haben. Ich muß dem widersprechen und glaube der Zustimmung derjenigen Herren, die mit den Bestrebungen des Deutschen Vereins für den Schutz des gewerblichen Eigentums vertraut sind, sicher zu sein, wenn ich sage, daß es dieser Verein war, der zuerst die erneute Behandlung dieser Fragen angeregt und dieselben bereits vor ca. 5 Jahren auf das eingehendste auf wissenschaftlicher Grundlage geprüft und beraten hat. Die damaligen Beratungen waren veranlaßt durch entsprechende Anträge insbesondere von seiten des Deutschen Technikerverbandes und bewegten sich im Prinzip in ganz ähnlichen Bahnen, wie die heute vorliegenden Bestrebungen, nur waren dieselben wesentlich sachlicher gehalten. Ich kann dem Bund der technisch-industriellen Beamten also nicht die Priorität für die Behandlung dieser Fragen zuerkennen.

Weiter möchte ich aber auch noch einem anderen Satze in der vorliegenden Druckschrift widersprechen. Derselbe lautet: „Wir glauben nicht zuviel zu sagen, wenn wir behaupten, daß die überwiegende Mehrheit der abhängigen Chemiker, Ingenieure und Techniker mit uns hierin einig geht." So weit ich unterrichtet bin, trifft diese Behauptung durchaus nicht zu, und umfaßt der Bund der technisch-industriellen Beamten garnicht die Schicht von Beamten, mit der wir uns hier befassen, die eigentlichen wissenschaftlich gebildeten Erfinder, vielmehr besteht der Bund zum größten Teil aus sogenannten Technikern, das sind z. B. Beamte, die keine akademischen Studien gemacht haben, sondern aus einem Technikum hervorgegangen sind oder dergl., die also sozusagen die Mittelschicht bilden zwischen dem Erfinder und dem Arbeiter. Es besteht ja allerdings, schon aus Gründen der Politik, das Bestreben, zu dem Bund auch die eigentlichen Ingenieure und Chemiker herüber zu ziehen, bis jetzt jedoch ohne Erfolg. Sowohl die Ingenieure wie die Chemiker haben nämlich bereits ihre großen Vereinigungen, die sich auch mit den technischen Interessen ihrer Mitglieder befassen. Was speziell den Verein Deutscher Chemiker anlangt, so hat er diese Fragen eingehend auf seiner Hauptversammlung in diesem Frühjahr erörtert. Ich bemerke, daß in diesem Verein sowohl Fabrikanten, wie Angestellte vertreten sind, die „Arbeitnehmer" allerdings in der Überzahl. Der Vorstand bestand jedoch gelegentlich der genannten Hauptversammlung, abgesehen von einem

Universitätsprofessor, nur aus Fabrikanten. Man hätte also annehmen können, daß der Vorstand in gewissem Sinne voreingenommen sein würde. In Wirklichkeit hat aber gerade dieser Vorstand in der Hauptversammlung einen Antrag auf das wärmste unterstützt, der dahin ging, in der Person eines unparteiischen Juristen eine Zentralstelle zu schaffen, deren Aufgabe darin besteht, in vertraulicher Weise und unabhängig von dem Vorstand, ihm zugehende Beschwerden zu prüfen, um festzustellen, wie die Verhältnisse in der Industrie eigentlich liegen. Der Beschluß zur Gründung dieser Zentralstelle wurde von der Hauptversammlung des Vereins Deutscher Chemiker nahezu einstimmig gefaßt und dadurch, worauf ich besonders hinweisen möchte, klar anerkannt, daß die Frage, wie die Verhältnisse bei den Chemikern liegen, noch keineswegs geklärt ist, sodaß also auch kein Grund vorliegt, die übertriebenen Klagen in der hier vorliegenden Druckschrift als in den Verhältnissen dieser Industrie begründet anzunehmen.

Zu dem gleichen Ergebnis, daß noch keine genügende Klärung erzielt ist, sind ja übrigens auch die vorhin von mir erwähnten Beratungen des Deutschen Vereins für den Schutz des gewerblichen Eigentums gelangt. Nach sehr eingehender Erörterung in einer ganzen Reihe von Kommissionssitzungen und schließlich auf dem Kongreß zu Hamburg 1902 ist im Einverständnis mit den Antragstellern beschlossen worden, diese Fragen zu vertagen und sie der ständigen Kommission des Vereins zur Weiterberatung zu überweisen, weil sie noch nicht genügend geklärt erschienen. Zum Gegenstand der Beratungen gehörte damals speziell einerseits die Frage, ob es sich empfiehlt, analog den Bestimmungen des österreichischen Gesetzes dem angestellten Erfinder ausdrücklich einen Anteil an der Verwertung seiner patentierten Erfindungen zu sichern, andererseits die Frage, ob der Name des Erfinders in der Patentschrift genannt werden soll.

Ich meine, es ergibt sich aus diesen Tatsachen unabweislich der Schluß, daß es verfehlt sein würde, schon heute bestimmte gesetzgeberische Vorschläge auf diesem Gebiet zu formulieren.

Ich möchte dann ganz kurz noch über einen Gesichtspunkt sprechen, den Herr Dr. Mittelstaedt hervorgehoben hat. Herr Dr. Mittelstaedt war der Meinung, mit der Resolution des Herrn Justizrat Edwin Katz würde man den Angestellten lediglich Steine statt Brot geben. Diese Auffassung ist meines Erachtens nicht zutreffend. Die Sachlage ist heute doch bereits die, daß die Rechtsprechung unseres Reichsgerichts sich immer mehr dahin bewegt, im Zweifelsfalle zugunsten des Angestellten zu entscheiden. Das ist eine Richtung, die ich durchaus nicht kritisieren will, die dem Zuge unserer Zeit folgend durchaus berechtigt erscheint. In dieser Rechtsprechung ist schon in sehr weitgehendem Maße der Grundsatz festgelegt worden, den auch die Resolution des Herrn Referenten zum Ausdruck bringt. Ich erinnere nur an das bekannte Urteil, bei dem es sich um den Direktor einer Zeche handelte, der mit relativ hohem Gehalt und Tantièmen angestellt war und dessen erste Aufgabe gerade darin bestand, für geeignete Wasserhaltungsvorrichtungen zu sorgen. Dieser Direktor erfindet nun eine Neuerung auf diesem Gebiet, meldet dieselbe zu Patent an und bringt sie gleichzeitig auf seiner Zeche zur Anwendung. Nach einiger Zeit verläßt er die Zeche und tritt bei einem Konkurrenzunternehmen ein. Als er dann hörte, daß seine alte Firma diese Vorrichtung auch auf zwei weiteren Schächten zur Anwendung gebracht hätte, hat er dieselbe auf Zahlung einer Licenzgebühr verklagt und ist mit dieser Klage durchgedrungen. Das betreffende Urteil hat ihm also in weitestgehendem Maße den Nutzen aus seiner im Dienste gemachten Erfindung gesichert. Dieses, aus allerneuester Zeit stammende Urteil beweist, daß es schon auf Grund des heute geltenden Rechtes für den Erfinder Mittel und Wege gibt, zu seinem Rechte zu kommen. Ich meine daher, daß, wenn wir mit der Resolution des Herrn Justizrat Edwin Katz unsere Billigung dieser Judikatur aussprechen, wir dann doch dem Angestellten wesentlich mehr geben, als bloße Steine.

Was dann die Frage der Vertragsfreiheit anlangt, so haben die Herren, die bis jetzt gesprochen haben, sich bereits auf den Standpunkt gestellt, daß Anstellungsverträge, die Bestimmungen über die Übertragung der von dem Angestellten zu machenden Erfindungen enthalten, zulässig sein sollen.

Die Notwendigkeit derartiger Verträge ergibt sich gerade aus den praktischen Verhältnissen der chemischen Industrie. Ich darf Ihnen vielleicht ganz kurz schildern, wie sich die Sache in der Chemie in Wirklichkeit gestaltet. Bei der außerordentlichen Ausdehnung und Entwickelung der technischen Chemie, insbesondere der Farbenindustrie und der pharmazeutischen Chemie ist der Fall, daß ein einzelner Chemiker wichtige Erfindungen macht, relativ selten. Die meisten Erfindungen gehen vielmehr von den großen Erfindungslaboratorien der chemischen Fabriken aus. Die chemisch-technische Wissenschaft ist nämlich so verzweigt, und es finden sich die technischen Einzelheiten so in der immer mehr anschwellenden Literatur und in den Patentschriften verstreut vor, daß ein Einzelner dieses große Gebiet garnicht mehr beherrschen kann. Andererseits hat jedes industrielle Unternehmen einen solchen Schatz von, ich möchte sagen, lediglich im Gefühl liegenden Erfahrungen, die garnicht in bestimmten wissenschaftlichen Publikationen niedergelegt sind, ohne deren

Kenntnis aber ein erfolgreiches Weiterarbeiten auf diesem Gebiet äußerst schwierig ist. Die großen Unternehmungen sind daher auch meist schon dazu übergegangen, daß sie einen neu eintretenden Chemiker, der von der Hochschule kommt, zunächst einen längeren Kursus durchmachen lassen, in dem er lediglich in die Arbeitsgebiete der Firma eingeführt wird. Erst wenn er in mehrjähriger Tätigkeit in alle diese Erfahrungen eingeweiht ist, besteht in der Regel erst die Möglichkeit für ihn, selbst erfinderisch tätig zu sein. Tatsache ist, daß ein junger Chemiker, wenn er nach Abschluß seiner Hochschulstudien in ein solches Unternehmen eintritt, erstaunt ist über all das neue Material, daß er hier kennen zu lernen hat. Es wird daher zunächst in der Industrie auch garnicht darauf gerechnet, daß der betreffende Herr sofort epochemachende Erfindungen macht. Die Sachlage ist also in der Großindustrie keineswegs so, wie man es nach den in der Öffentlichkeit laut werdenden Stimmen annehmen könnte, daß der Fabrikant nichts weiter zu tun hat, als eine möglichst große Anzahl von Chemikern zu engagieren und dann einfach die von denselben gemachten Erfindungen mühelos auszubeuten.

Zum Schluß möchte ich noch eins hervorheben. Es ist gesagt worden, daß es sich hier um ein Gebiet handelt, wo sich die Übermacht des wirtschaftlich Stärkeren in sehr ausgedehntem Maße zeigen kann. Ich glaube, kaum irgendwo ist an sich die wirtschaftliche Überlegenheit des Fabrikanten über den Angestellten so groß, wie auf dem Gebiete der chemischen Industrie. Gerade auf diesem Gebiet hat sich aber gezeigt, daß verständige Erwägungen bei den großen Unternehmungen schon längst dazu geführt haben, die jetzt aufgestellten Forderungen nach einer Beteiligung des Angestellten an dem wirtschaftlichen Erfolg seiner Erfindung zu befriedigen. Bei der von mir vertretenen Firma z. B. wird dem Erfinder schon seit Jahren neben seinem Gehalt ausdrücklich ein vertraglicher Anspruch auf einen bestimmten Prozentsatz vom Reingewinn der von ihm gemachten Erfindungen zugesichert. Diese, in der chemischen Industrie also schon ganz freiwillig geschaffene Regelung wirkt durchaus gut. Ich habe z. B., als ich mich in Vorbereitung auf den Juristentag mit diesen Fragen beschäftigte, Gelegenheit genommen, mich mit einer Reihe der in meiner Firma, den Elberfelder Farbenfabriken, erfinderisch tätigen Herren über diese Frage zu unterhalten und dabei stets die Antwort erhalten, daß eine derartige Regelung durchaus den Interessen des Erfinders entspricht. Ich meine daher, daß es einer besonderen gesetzlichen Regelung, die bei der großen Verschiedenartigkeit der technischen Verhältnisse im einzelnen äußerst schwierig sein würde, garnicht bedarf, da meiner Überzeugung nach die Industrie schon von selbst in immer weiter gehendem Maße die von mir eben geschilderte Regelung annehmen wird. Ich würde also persönlich durchaus auf dem von Herrn Dr. Mittelstaedt vertretenen Standpunkt stehen, daß es einer Beschlußfassung des Juristentages überhaupt nicht bedarf. Ich bin aber auch gern bereit, dem Antrage des Herrn Justizrat Edwin Katz beizutreten, der sich innerhalb möglicher Grenzen hält und derartige utopische Vorschläge, wie sie von dem Bund der technisch-industriellen Beamten gemacht worden sind, ablehnt. Ich darf daran erinnern, daß Herr Justizrat Edwin Katz im wesentlichen den gleichen Antrag schon auf dem zu Ostern dieses Jahres in Rom abgehaltenen internationalen Kongreß für angewandte Chemie gemacht hat und daß man dort, obwohl bei diesen Beratungen nur Fabrikanten vertreten waren, diese Prinzipien gut geheißen hat.

Mit Annahme dieses Vorschlages wird, wie ich wiederholt betonen möchte, auch durchaus den berechtigten Interessen des Angestellten entsprochen.

Rechtsanwalt Dr. **Joe Oppenheimer**-Frankfurt a. M.: Ich stehe zu dem Antrag durchaus auf dem Standpunkt des Herrn Dr. Edwin Katz, ich glaube auch nicht, daß er überflüssig ist. Wenn auch das Reichsgericht allmählich auf diesen Standpunkt gelangt ist, so hat es doch vielfach geschwankt. Es ist daher angemessen, daß der deutsche Juristentag ausdrücklich ausspricht, daß dem Erfinder die Erfindung gehört, wenn nicht Vertrag und ausdrücklicher Auftrag entgegenstehen, wie ja hier ausgeführt ist. Dagegen kann ich mich nicht auf den Standpunkt der Resolution 2 stellen, und ich hatte denselben Antrag, den Herr Dr. Seligsohn gestellt hat, schon vorbereitet. Ich wollte beantragen: Vertragsbestimmungen, durch welche das Recht des Angestellten auf eine von ihm gemachte Erfindung ausgeschlossen wird, sind insoweit ungültig, als dadurch dem Angestellten nicht eine angemessene Entschädigung für seine Erfindung verbleibt. Da aber schon so vielfache Anträge vorliegen, will ich diesen Antrag nicht stellen und bitte, den seinem Inhalt nach gleichen Antrag des Herrn Justizrat Dr. Seligsohn anzunehmen. Gewiß ist es, wie Herr Justizrat Dr. Katz gesagt hat, für den Geschäftsherrn ein gewagtes Geschäft, jemanden zu dem Zwecke anzustellen, daß er Erfindungen macht. So liegt aber doch die Sache nur in ganz wenigen Fällen. In Wirklichkeit schließt eine große Anzahl der Fabriken heute rein formularmäßig mit allen technischen Angestellten Verträge ab, wonach allgemein Erfindungen der Angestellten, die sie innerhalb oder außerhalb des Betriebes machen und sogar auch die Erfindungen, die sich nicht einmal auf Gegenstände des Unternehmens beziehen, dem Unternehmer gehören. Das ist ein Standpunkt, der nicht haltbar ist. Wenn wir heute den Antrag Katz annehmen, dann werden wir den Angestellten Steine statt Brot reichen, dann werden solche Verträge die Regel, dann werden in jedem großen Unternehmen den Angestellten solche formularmäßigen Verträge vorgelegt werden. Der Angestellte, der eintritt, muß unterschreiben, wenn er die Stelle haben will. Es ist also dringend notwendig, daß die von Herrn Justizrat Seligsohn gewünschte Ausnahme gemacht wird. Die großen Erfinder kommen überall unter, um die reißt man sich, die können alle Bedingungen stellen Aber das Erfinden ist nicht beschränkt auf irgend einen Stand, auch nicht etwa auf die Studierten. Zahlreiche Techniker, die in deutschen Unternehmungen angestellt sind, machen Erfindungen. Sehr viele Erfindungen sind aus ihrer Hand hervorgegangen und sogar aus der Hand der Arbeiter und Werkmeister, und gerade für die Erfinder der kleinen Erfindungen, die nicht gewaltigen Gewinn abwerfen, ist ein Schutz berechtigt und erforderlich. Es ist gewiß nicht das Verdienst des Technikerverbandes, daß sie zum ersten Male die Frage aufgeworfen haben. Aber daß die Frage schon seit vielen Jahren immer wieder auftaucht, und daß sie immer wieder verschoben wird und zu keiner Entscheidung kommt, zeigt doch, daß es Zeit ist, in der Sache etwas zu tun. Gerade der Juristentag soll auch beitragen, daß man hilft, bevor die Unzufriedenheit zu groß geworden ist. Ich glaube, die Angestellten haben ein Recht, daß Bestimmungen, wie sie Herr Dr. Seligsohn vorschlägt, angenommen werden. In dem Wort „angemessen" liegt ja, daß man alles das berücksichtigt, was von der anderen Seite vorgebracht worden ist. Man kann wohl zu den Gerichten das Vertrauen haben, daß sie diese Bestimmung richtig auslegen werden. Wenn von Herrn Dr. Alexander-Katz gesagt worden ist, daß, soviel er wisse, die in Österreich geltende ähnliche Bestimmung nicht sehr praktisch geworden sei, so läßt sich das durchaus nicht beweisen. Schon das bloße Vorhandensein einer solchen Bestimmung wirkt regulierend. (Beifall.) Ich bitte daher, den Antrag Dr. Seligsohn anzunehmen. (Lebhafter Beifall.)

Justizrat Dr. **Seligsohn**: Mein Antrag zerfällt in drei Teile. Der erste Punkt lautet in Übereinstimmung mit den Ausführungen des Herrn Dr. Katz: „Die Erfindung gehört dem Angestellten, welcher die Erfindung gemacht hat, und nicht dem Geschäftsherrn, sofern nicht durch Vertrag das Gegenteil bestimmt ist."

Dieser Satz hat die Bedeutung, daß damit ausdrücklich ausgesprochen werden soll: an und für sich, von vornherein gehört die Erfindung dem Angestellten, der sie gemacht hat, und nicht dem Geschäftsherrn. Ich befinde mich dabei in einem mehr formalen Gegensatze zum Herrn Kollegen Edwin Katz. Er will in seinem Antrage aussprechen: Schon nach dem jetzigen Rechte ist dies der Fall. Darin liegt nach meiner Ansicht eine Kritik des Reichsgerichts. Dieser Gerichtshof hat nämlich, wie wir gehört haben, nicht immer auf diesem Standpunkte gestanden, sondern nähert sich erst in der letzten Zeit der sozialen Auffassung, wie sie hier in unseren Anträgen niedergelegt ist. Wir sind aber zu einer solchen Kritik hier nicht berufen. Wir haben nur auszusprechen: was ist nach unserer Anschauung und Rechtsüberzeugung das Richtige? Ob das dem jetzigen Gesetze entspricht, das mögen die ordentlichen Gerichte entscheiden; das ist nicht Aufgabe des Juristentages. Darin liegt auch die Berechtigung unserer Anträge gegenüber den Ausführungen des Herrn Kollegen Dr. Mittelstaedt, der gesagt hat: Wozu soll ein solcher Satz ausgesprochen werden, da er in der neuerlichen Praxis des Reichsgerichts schon anerkannt wird? Die Judikatur kann wechseln, wir haben schon andere Entscheidungen gehabt, und deshalb ist es von Wert, daß wir aussprechen, welchen Standpunkt wir für richtig halten. Und gegenüber dem Reichsgericht ist es jedenfalls angemessener, wenn wir ihm nicht sagen: „Nach dem jetzigen Rechte ist es auch schon so", sondern wenn wir ohne diese Bezugnahme nur den Satz als richtig hinstellen.

Ich habe hinzugesetzt: „sofern nicht durch Vertrag das Gegenteil bestimmt ist". Ich will also insofern Vertragsfreiheit zulassen. Es kann zwischen dem Prinzipal und dem Angestellten ausgemacht werden: „die Erfindungen, die gemacht werden, sollen Eigentum des Geschäftsherrn werden." Der Unterschied zu dem Antrage des Herrn Justizrats Dr. Edwin Katz besteht darin, daß dort gesagt ist: „sofern nicht durch Vertrag ausdrücklich erklärt worden ist, daß das Eigentum an der Erfindung dem Geschäftsherrn überwiesen wird", während ich mich kürzer fasse: „sofern nicht durch Vertrag das Gegenteil bestimmt ist." Damit ist zunächst über das Eigentum an der Erfindung eine nach meiner Meinung an sich genügende Bestimmung getroffen.

Nun kommt der zweite Satz, der sich an das österreichische Gesetz anschließt. Er lautet: „Vertragsbestimmungen, durch welche einem Angestellten der angemessene Nutzen aus den von ihm im Dienste gemachten Erfindungen entzogen werden soll, haben keine rechtliche Wirkung."

Dieser Satz ist in seiner Allgemeinheit so beschaffen, daß er einerseits den Fall trifft, wenn zwischen dem Geschäftsherrn und dem Angestellten eine Abmachung besteht, wonach die Erfindung Eigentum des ersteren ist, als auch den, daß dies nicht vereinbart ist, wo also der Angestellte dem Geschäftsherrn die Erfindung nur zur Benutzung überläßt.

Ich befinde mich mit dem zweiten Satz in einem Gegensatz zu den Herren Kollegen Richard Alexander-Katz und Edwin Katz, die beide sich auch hier auf den Standpunkt der Vertragsfreiheit stellen. In seinem Gutachten sagt Herr Dr. Richard Alexander-Katz: „Warum soll dieser spezielle Fall von der allgemeinen Vertragsfreiheit ausgenommen werden? Man könnte ebensogut verlangen, daß jeder gewerbliche Arbeiter, jeder Lohnarbeiter ein unentziehbares Recht auf einen angemessenen Nutzen hat." Dem ist zu entgegnen, daß Vorschriften, nach welchen Abänderungen von Gesetzesbestimmungen nicht zugelassen werden, nur am Platz sind, wenn ein dringendes Bedürfnis hierfür vorhanden ist. Würde nachgewiesen, daß der Handarbeiter, der Lohnarbeiter für ihre Tätigkeit nicht ein angemessenes Äquivalent bekommen, so müßte die Gesetzgebung vielleicht auch dazu schreiten, die Rechte dieser Leute zu wahren. Wir haben übrigens für die Lohnarbeiter bereits verschiedene derartige Bestimmungen mit zwingender Kraft. Ich brauche z. B. nur daran zu erinnern, daß diesen Arbeitern der Lohn nur in barem Gelde ausgezahlt werden darf. Bei den höheren Angestellten dagegen hat sich das Bedürfnis nach einer solchen Vorschrift nicht herausgestellt, deswegen ist sie nur für die gewerblichen Arbeiter gegeben worden. Umgekehrt darf man aber auch nicht argumentieren: Wenn dieser Satz vom angemessenen Nutzen für die Erfinder gelten soll, warum soll er dann nicht auch für alle Arbeiter gelten?

Nun gebe ich Herrn Dr. Kloeppel darin recht, daß für die chemische Großindustrie, die bei uns konzentriert ist in einzelnen großen Betrieben, die von Männern mit weitem Blick geleitet werden, vielleicht die von mir vorgeschlagene Bestimmung nicht notwendig ist. Da weiß die Betriebsleitung sehr wohl, daß es im eignen Interesse des Unternehmens liegt, den Erfinder sehr gut zu stellen, denn er ist für sie die Henne, welche die goldenen Eier legt. Anders ist es aber in gar vielen Betrieben; bei diesen ist es — das wird auch von Herrn Kollegen Dr. Alexander-Katz zugegeben — in manchen Fällen haarsträubend, mit wie geringem Entgelt der Erfinder abgespeist wird. Für diese Fälle ist eine solche Bestimmung am Platze, und mit ihr kann sich die chemische Industrie, die praktisch auf dem Standpunkt meines Antrages zu 2 steht, nur einverstanden erklären.

Daß in Österreich insbesondere diese Bestimmung sehr segensreich gewirkt hat, auch wenn sie nicht oft zur Anwendung kommt, das wird mir von den anwesenden mit den österreichischen Verhältnissen bekannten Herren vollauf bestätigt. Wie Herr Dr. Oppenheimer schon gesagt hat, reicht das Vorhandensein dieser Bestimmung an sich schon vollkommen aus. Strafgesetze werden auch nur gegeben, um abzuschrecken von Übertretung, und es sind nicht die schlechtesten Strafgesetze, die selten zur Anwendung kommen.

Dagegen habe ich bei Nr. 3 eine Frage für noch nicht spruchreif mir hinzustellen erlaubt. Das ist die Frage, ob der wirkliche Erfinder Anspruch auf Nennung seines Namens in der Patentschrift hat. In dieser Beziehung sind insbesondere die Ausführungen, die Herr Prof. Dr. Osterrieth gemacht hat, sehr zutreffend. Soll die Prüfung, wer der Erfinder ist, im Erteilungsverfahren vorgenommen werden, wie groß würde dann die Belastung des Erteilungsverfahrens werden! Soll ein Einspruch aus diesem Grunde zugelassen werden? Soll er ein Nichtigkeitsgrund werden? Soll diese Frage von den ordentlichen Gerichten entschieden werden? Soll durch diese nachher eine Berichtigung des Patentamtes erfolgen dürfen? Das sind Fragen, die in das Patentgesetz so tief eingreifen, daß sie von dem deutschen Juristentag nicht kurzerhand erledigt werden können. Da müssen noch erst die speziellen Vereinigungen von Interessenten sich mit dieser Frage eingehend beschäftigen.

Ich möchte Sie deshalb bitten, meiner Resolution zuzustimmen. (Bravo!)

Rechtsanwalt Dr. **Richard Alexander-Katz**-Berlin: Meine Herren! Unsere kleine Versammlung soll heute über ganz außerordentlich weittragende, wichtige Bestimmungen Beschlüsse fassen; das ist gewiß sehr prekär und bedenklich. Indes sind im ersten Punkt im Prinzip alle einig; wir sind darüber einig: die Erfindnng muß dem Angestellten und nicht dem Geschäftsherrn gehören, es sei denn, daß ein Vertrag das Gegenteil bestimmt, oder Herr Justizrat Dr. Seligsohn muß gestatten, daß ich vorschlage, in seine Resolution auch diesen Punkt noch mit aufzunehmen, den er vergessen hat — daß dem Geschäftsherrn ein spezieller Auftrag zur Seite steht. (Rechtsanwalt Justizrat Dr. Seligsohn: Ja!) Ich meine, es wird dem Angestellten ein Problem gestellt, und er erfindet dessen Lösung, so ist dies seine Aufgabe.

Nun hatte ich, meine Herren, vorgeschlagen, der Juristentag wolle beschließen: Es empfiehlt sich eine Bestimmung dieser Art, während die beiden Herren lediglich das Prinzip aufstellen wollen. Ich halte den Unterschied nicht für so wichtig, daß ich etwa eigensinnig auf meiner Ansicht beharren sollte, und ich schließe mich daher dem Antrag Dr. Seligsohn im ersten Punkt an, nachdem Herr Justizrat Dr. Seligsohn sich bereit erklärt hat, das Amendement bezüglich des Spezialauftrages aufzunehmen. — Was den zweiten Punkt betrifft, so hat Herr

Dr. Edwin Katz ebenso wie ich gewarnt vor einer Beschränkung der Vertragsfreiheit, während Herr Dr. Seligsohn und Herr Dr. Oppenheimer eine solche herbeiführen wollen. Ich halte letztere nach wie vor für sehr bedenklich. Der Verband der technisch-industriellen Beamten bittet Sie in einer Schrift, die uns vorliegt, doch die Beamten, als die wirtschaftlich Schwächeren, gegen die Starken in Schutz zu nehmen; aber wenn wir es uns recht überlegen, verlangt er nicht einen Schutz gegen die anderen, sondern gegen sich selbst. Der Bund der technisch-industriellen Beamten umfaßt, wie wir vielfach gehört haben, 20 000 Mitglieder. Ebenso stark ist ein anderer Verband, der sich mit der Frage beschäftigt hat, und ebenso mächtig, wenn auch nicht so groß an Zahl, ist der deutsche Ingenieurverein. Diese Verbände sollten nicht zusammentreten und eine Resolution fassen können, wonach es unanständig ist, in ein industrielles Unternehmen einzutreten, welches solche Verträge vorschreibt? Und es sollte wahr sein, daß die industriellen Beamten unseren Schutz brauchen? (Zuruf: Ja!) Ich kann der Bejahung solcher Fragen nicht zuneigen und ich sollte meinen, Männer sollten ihre Verträge schließen können. Sollten Sie anders beschließen, so wird das ja mindestens ein starkes Avis sein für die Industriellen bei der Anstellung ihrer Beamten. Sie werden dann vielleicht leichter geneigt sein, dem Beispiel zu folgen der großen Farbenindustrie. — Der dritte Punkt sagt, es sollen die Erfinder verlangen können, daß sie, wenn es unzweifelhaft ist, daß sie die Erfinder sind, in der Patentschrift genannt werden. Ich wäre dafür. Es entspricht das einem weitgehenden Wunsch der industriellen Beamten und Angestellten, und die Gründe, die dagegen vorgebracht sind von Herrn Prof. Osterrieth und dem zweiten Herrn Berichterstatter sind meines Erachtens völlig hinfällig. Beide stellen sich auf dem Boden des Patentgesetzes mit dem Anmeldesystem. Ich habe im Gutachten auseinandergesetzt, wieso das gar keine Berührung hat. Hier handelt es sich gar nicht um die Frage, wer soll ein deutsches Reichspatent bekommen, sondern der Erfinder will, zum Beispiel auch für sein zukünftiges Fortkommen, ferner auch für die Frage: Wer hat Anspruch auf das Patent in Amerika und Australien, feststellen lassen, daß er der Erfinder sei, und ich habe näher auseinandergesetzt, wie das BGB. bei Unterlassung einer solchen Nennung dem Erfinder einen Schadenersatzanspruch gewähren würde. Würden wir diesen Satz aufstellen — auf die Frage der Patenterteilung hat das gar keinen Einfluß weiter — so würde der Erfinder in der Tat Vorteile haben, die wir ihm wohl gönnen dürfen, und die Bedenken, die dagegen vorgebracht sind, sind meines Erachtens Schwierigkeiten, die die

Herren willkürlich dagegen auftürmen, die aber in Wahrheit gar nicht vorhanden sind. Die Patentbehörde würde nicht einen Federstrich mehr zu tun haben. Sie haben sich um die Reklamation des Anderen gar nicht zu kümmern. Die Frage, ob die Nennung des Erfinders berechtigt war oder nicht, fällt ganz aus dem Rahmen des Patentrechtes heraus und ist eine reine Zivilrechtsfrage. Man wendet ein: Es ist ja sehr schwierig, zu ermitteln, wer der Erfinder ist. Das ist auch heute schon schwierig, aber darüber kommen eben die erkennenden Richter durch Beweisaufnahmen hinweg. Das kann uns doch nicht hindern, einen berechtigten Grundsatz aufzustellen.

Regierungsrat Prof. Dr. **Leidig**-Berlin: Meine Herren! Es ist immer, selbst im Kreise von Juristen, ungemein schwer, gegen die heutige soziale Strömung zu sprechen, und wenn ich Ihnen sage, daß ich, außerdem daß ich Jurist bin, auch in der Leitung unserer großen industriellen Verbände, insbesondere des Zentralverbandes deutscher Industriellen stehe, dann wird ein Teil von Ihnen vielleicht von vornherein schon gegen mich ein wenig eingenommen sein. Ich hoffe aber, daß Ihre juristische Unbefangenheit Sie trotz des großen Beifalls, den Sie vorher den anderen Anschauungen gaben, über diese Empfindung hinwegführt. An sich könnte ich mich sowohl mit den Vorschlägen des Herrn Dr. Alexander-Katz, wie mit denen des Herrn Dr. Mittelstaedt einverstanden erklären. Ich möchte Sie aber doch darauf aufmerksam machen, daß ich fürchte, Sie gehen hier von theoretischen Erwägungen aus, ohne die tatsächlichen Verhältnisse, aus denen Sie gesetzliche Veränderungen verlangen, in der Schwierigkeit und in der — lassen Sie mich den Ausdruck gebrauchen — Unklarheit der Verhältnisse zu berücksichtigen. Ich möchte vorweg bemerken, daß die großindustriellen Verbände sich in wenigen Wochen mit derselben Frage beschäftigen werden. Was nun die Fragen selbst anlangt, so möchte ich zunächst bitten, doch einmal noch ein wenig darüber zu sprechen, in welchem Sinn Sie den Begriff „Angestellte" auffassen wollen, ob auch diejenigen Personen, welche zu Willensorganen der Aktiengesellschaften bestellt sind, die leitenden Männer, die Mitglieder des Vorstandes, dazu gehören. Dann bitte ich zu erwägen, wie tatsächlich solche Aufträge zu Erfindungen gegeben werden. In einem Auftrag, wie er in der chemischen Industrie häufig erteilt wird, heißt es: Sie werden beauftragt, diese Gruppe von chemischen Körpern zu untersuchen, ob da nicht noch etwas herauszufinden ist, ob sich da nicht unbekannte Erscheinungen, Verbindungen ergeben. Ich glaube, zivilrechtlich wird man diesen Auftrag so auffassen müssen, daß die sich nachher aus ihm ergebenden Erfindungen dem Geschäftsherrn zuzurechnen sind, denn tatsächlich handelt es sich doch hier darum, daß diejenigen Gesichtspunkte, die den Angestellten dazu führen, etwas herauszufinden, von den leitenden Männern in großen Zügen von vornherein angegeben werden und daß es sich hier nur um eine vielleicht hochstehende, aber doch nur um eine Hilfsarbeit handelt. Dem ist nicht so, daß heute in der Industrie die Erfindungen aus Zufall gemacht werden, sondern im großen und ganzen wird in sehr überlegter Weise auf sie hingearbeitet. Von der ersten Anregung bis endlich hin zu der wirklichen Erfindung, zieht sich eine lange Kette, und es fragt sich, ob derjenige die Erfindung gemacht hat, der — etwa der Direktor des Werkes — den Auftrag gegeben hat, in der Weise überhaupt geistig zu arbeiten, oder derjenige, welcher schließlich die letzte Entdeckung gefunden hat. Meine Herren! Hier kommen wir in praktische Schwierigkeiten, aus denen Sie durch einen gesetzgeberischen allgemeinen Vorschlag kaum herauskommen können. Jedenfalls wird die Schwierigkeit ungemein groß, wenn Sie die Vertragsfreiheit ausschließen wollen; ich glaube, daß Sie damit der deutschen Industrie Fesseln anlegen würden, die ungemein schwer zu tragen sind.

Endlich ist von Herrn Dr. Seligsohn ganz zutreffend hervorgehoben worden, daß es sich darum handelt, ob sich denn bei den bisherigen Zuständen derartige umfassende Mißstände ergeben haben, daß sie überhaupt eine gesetzliche Regelung dieser Frage erfordern. Herr Dr. Seligsohn hat die Frage bejahend beantwortet. Ich möchte sie meinerseits, trotzdem ich wohl weiß, daß eine Reihe von Einzelheiten vorliegen, die vielleicht eine Regelung wünschenswert erscheinen lassen, im großen und ganzen durchaus verneinen. Ich möchte meinen, es ist nicht richtig, daß unsere deutsche Industrie, um die es sich in erster Linie handelt, als Ganzes betrachtet, irgendwie auf einem derart tiefen sittlichen Standpunkt steht, daß sie dem einzelnen die verdienten Früchte seiner Arbeit entziehen würde. Herr Dr. Kloeppel hat schon darauf hingewiesen, daß dem verdienstvollen Erfinder auch Ehre und Entschädigung gewährt wird, und was er angeführt hat, das findet bei der übergroßen Zahl von Betrieben statt.

Aber, meine Herren, darauf möchte ich aufmerksam machen, wir fassen den Dienstvertrag des höheren technischen Angestellten, ebenso wie aller Angestellter in der Industrie, allerdings etwas anders auf, als er vielleicht von Herrn Dr. Edwin Katz aufgefaßt worden ist. Wir gehen davon aus, daß gewiß nicht ein Erfolg der Arbeit zu garantieren ist, daß aber anderseits die Aufgabe des Angestellten, sein Dienstvertrag sich nicht beschränkt auf gewisse einzelne Leistungen, sondern daß es sich wenigstens bei den höheren Angestellten darum handelt, das Beste des Werkes zu erstreben mit allen Kräften, und darin liegt allerdings ein wesentlicher Unterschied von der Auffassung des Herrn Katz. Ebenso wie der kaufmännische Angestellte gute Geschäfte machen soll, so soll der technische Angestellte innerhalb der Technik die Entwicklung des Werkes weiterführen, und daraus geht hervor, daß im großen und ganzen ein sehr großer Teil, der größte Teil der Erfindungen innerhalb des Geschäftsbetriebes im letzten Grunde nicht Erfindungen des einzelnen, sondern Erfindungen aus dem Zusammenwirken zahlreicher einzelner Kräfte des ganzen Unternehmens sein und daß sie mit Recht dem Unternehmen zustehen müssen.

Ich gebe dabei durchaus zu, es gibt auch eine Reihe von Fällen, bei denen es klar ist, daß die Erfindung lediglich eine Erfindung des Angestellten ist.

Meine Herren! Mein Schlußantrag geht nun dahin, Ihnen vorzuschlagen, heute jedenfalls den Vorschlag des Herrn Dr. Mittelstaedt anzunehmen. Es würde sich empfehlen, die Frage noch einmal vor den Juristentag zu bringen, und dann würden wir vielleicht schon etwas klarer und weiter sehen, wenn die Frage zunächst noch weiter erörtert wird, auch vom Standpunkt des Patentrechts aus. Ich warne davor, schon heute den Juristentag nach der einen oder anderen Richtung festzulegen in einer Weise, die vielleicht in die wirtschaftlichen Verhältnisse de lege ferenda schwer eingreift, wir fahren dabei wohl schlechter, als wenn wir den Beschluß weit aufschieben.

Professor Dr. **Osterrieth**-Berlin: M. H.! Die Bedenken die ich in meinem Gutachten ausgesprochen habe, und auf die ich nur ganz kurz zurückkommen möchte, sind wesentlich praktischer Natur. Wenn der deutsche Juristentag gefragt wird, ob gesetzliche Bestimmungen zur Regelung des Erfinderrechts zu empfehlen sind, so ist es meines Erachtens erforderlich, daß wir auf diese Frage eine Antwort geben.

Es scheint mir, als ob die Resolution, die jetzt die Herren Dr. Edwin Katz und Dr. Seligsohn vorgeschlagen haben, die Frage verneint. Herr Dr. Katz hat dies ausgesprochen, Herr Dr. Seligsohn hat die Frage offen gelassen. Nun meine ich, daß wir, wenn wir lediglich mit Herrn Dr. Seligsohn eine These aufstellen, eigentlich einen Schlag ins Wasser tun und vielleicht dazu beitragen, bei einer eventuellen parlamentarischen Behandlung die Sache zu komplizieren. Der deutsche Juristentag ist doch kein Parlament. Er hat sich auch etwas um die Ästethtik, um die Systematik unserer Gesetzgebung zu kümmern. Meines Erachtens sind die Konsequenzen der Vorschläge der Herren Dr. Seligsohn und

Dr. Katz eine Kollission mit dem geltenden Patentrecht. Ich bin auch entgegen Herrn Dr. Edwin Katz der Ansicht, daß, wenn die Frage im BGB. geregelt würde, sich eine Kollision mit dem Patentrecht notwendigerweise ergeben muß. Denn was hat denn das ganze Recht an der Erfindung für den Angestellten für eine Bedeutung, wenn das Recht nicht die Grundlage eines späteren Patentes werden soll. Aus diesen Gründen möchte ich noch einmal für den Vorschlag des Herrn Dr. Mittelstaedt eintreten und empfehlen auszusprechen, daß sich Spezialbestimmungen über die Frage der Angestelltenerfindungen nicht empfehlen. Namentlich glaube ich auch, daß die Fragen der Gewährung eines angemessenen Anteils an dem Ertrage der Erfindungen und der Nennung des Erfindernamems noch nicht reif sind. Es werden noch viele Erhebungen nötig sein, um zu einem definitiven Entschluß zu kommen. Ich befürchte, daß die Resolution des Juristentages vielleicht einer späteren Erledigung der Frage ungünstig präjudizieren könne. Vielleicht steht die Reform des Patentgesetzes schon in näherer Zukunft, als wir denken. Das Patentamt ist derart überlastet, daß die von Interessenten lebhaft geforderte Reform schon deswegen beschleunigt werden muß. Nehmen wir aber aus dem Fundament des deutschen Patentrechtes ein so wichtiges Stück, wie die Angestelltenerfindung heraus, dann geben auch die übrigen Teile nach, und wir werden dann auch die Frage wieder neu ins Auge fassen müssen, wem der Anspruch an der Erfindung grundsätzlich zustehen soll. Wird diese Frage anders geregelt als heute, dann hat auch die Frage der Angestelltenerfindung ein ganz anderes Gesicht als heute. Aus diesem Grunde bitte ich, den Antrag Dr. Mittelstaedt anzunehmen. Gegebenenfalls aber, wenn sich der Juristentag damit nicht einverstanden erklärt, würde ich es für zweckmäßig halten, eine Resolution im Sinne des Herrn Dr. Edwin Katz herbeizuführen, aber unter ausdrücklichem Hinweis darauf, daß es erwünscht ist, bei der künftigen Reform des Patentgesetzes Mittel und Wege zu finden, wodurch den angestellten Erfindern das Recht an der Erfindung in durchaus ausreichendem Maße gewährt wird. Ein Eingehen in die Einzelheiten halte ich heute nicht für angezeigt.

Rechtsanwalt Dr. **Mittelstaedt**-Leipzig: Ich möchte noch einmal auf das zurückkommen, was Herr Prof. Osterrieth gesagt hat. Die Resolution Dr. Edwin Katz geht wohl nicht konform mit der Resolution Dr. Seligsohn. Die Resolution des Herrn Dr. Seligsohn unterstützt wohl eher die These des Herrn Dr. Alexander-Katz. Zu dieser These aber frage ich: Was soll daraus folgen, wenn wir ein derartiges Recht an der Erfindung konstruieren, welchen Anspruch soll der Angestellte auf

Grund dieses Rechts gegenüber dem Patent haben? Soll er Einspruchsrecht, soll er Nichtigkeitsklage haben? Oder welcher Rechtsmittel soll er sich bedienen können? Wenn er das Einspruchsrecht geltend machen will, so muß er doch erst den Besitz der Darstellungsmittel der Erfindung nachweisen. Soll nun das „Eigentum an der Erfindung" diesen Besitz der Darstellungsmittel für den Angestellten in sich schließen? Ich gebe gern zu, daß es Fälle geben kann, in denen auch das Eigentum an der Erfindung als absolutes Recht von Wichtigkeit ist, aber unserem geltenden Patentrecht gegenüber noch nicht; und das ist doch die Hauptsache. Wenn wir dem Angestellten helfen wollen, so müssen wir ihm doch ein Recht geben, das nicht nur auf dem Papier steht, sondern praktische Wirksamkeit gegenüber dem Patentgesetz hat. Ich glaube also, daß die vorgeschlagenen Thesen ein Schlag ins Wasser wären. Der Angestellte kann mit einem solchen Recht an der Erfindung nichts anfangen.

Was die Resolution des Herrn Dr. Oppenheimer anlangt, so bin ich vollkommen seiner Ansicht, daß man mit der Zeit dazu kommen muß, derartige zwingende Bestimmungen zu treffen. Aber das dürfte jetzt doch noch verfrüht sein. Man würde dem Juristentage mit Recht Vorwürfe machen, wenn er eine Resolution faßt nur auf die Meinungsäußerung einer Partei hin, ohne die andere Partei zu hören. Ich glaube deshalb zu dieser Resolution meinen Antrag dahin wiederholen zu können, daß man heute nur ausspricht, daß zur Zeit eine gesetzliche Bestimmung nicht getroffen werden kann, und im übrigen die Diskussion der Frage vertagt.

Berichterstatter Justizrat Dr. **Edwin Katz**: Zum Schluß noch einige Worte. Ich möchte mich lediglich darauf beschränken, wie das Verhältnis der Anträge, die Ihnen vorliegen, klarzustellen ist.

Die Differenz zwischen der Fassung des Antrages des Herrn Justizrats Dr. Seligsohn und meinem Antrage — das hat schon Herr Dr. Mittelstaedt gezeigt — geht dahin, daß kein Anlaß vorliege, gesetzliche Bestimmungen zu treffen; im übrigen stimme ich sachlich mit dem, was Herr Justizrat Dr. Seligsohn in seinen Thesen ausgesprochen hat, überein. Ich pflichte ihm auch darin bei, daß es für uns schließlich gleichgültig sein kann, was die Gesetzgebungsbehörde mit der Form der These macht. Wichtig für den Juristentag ist nur, daß er seine Rechtsüberzeugung zum Ausdruck bringt, und deshalb möchte ich in Übereinstimmung mit Herrn Dr. Seligsohn den Vorschlag machen, wenn der Herr Präsident erlaubt, daß Sie über die Anträge Katz-Seligsohn zusammen abstimmen und einer Kommission überlassen, die redaktionelle Fassung der These, die Sie in der Abstimmung zum Ausdruck bringen, zu bestimmen. Ich hebe hervor, wir sind in der Sache selber vollkommen einig. Die Versammlung erklärt sich damit einverstanden, daß es nicht unsere Sache ist, die Judikatur des Reichsgerichts durch unsere Resolution zu bekritteln; wir wollen nur das Recht des Juristentags wahren, weiter nichts.

Das würde also, wenn ich dem Herrn Präsidenten diesen Vorschlag unterbreiten darf, zur Folge haben, daß ich bitte, die These I, die ich vorgelesen habe, zusammen mit der These I des Herrn Justizrat Dr. Seligsohn zur Abstimmung zu bringen unter Vorbehalt anderer redaktioneller Fassung, die die Abteilung Herrn Kollegen Seligsohn und mir überlassen will.

Bei These 2 bin ich im absoluten Gegensatz zu dem, was Herr Justizrat Dr. Seligsohn ausgeführt hat. In der Beziehung muß ich sagen, die Warnung, die Sie von Herrn Regierungsrat Dr. Leidig gehört haben, desgleichen die Warnung des Herrn Dr. Mittelstaedt, ist mehr wie berechtigt. Wenn Sie heute aussprechen, daß solche Verträge für unwirksam zu erklären seien, dann geraten Sie erst in die Gefahr, dem Richter zu überlassen, die Entscheidung zu treffen, ob ein solcher Vertrag angängig war oder nicht. Das ist eine unendlich schwierige Untersuchung; dem Gericht werden zumeist die Unterlagen fehlen, um zu entscheiden, ob ein Vertrag angemessen sei oder nicht. Aber abgesehen davon, wozu gerade auf diesem Gebiete immerwährend die Klinke der Gesetzgebung in die Hand nehmen und Sonderbestimmungen schaffen? Wir haben doch für Deutschland eine Bestimmung in § 128 BGB., wonach der Richter jeden Augenblick Verträge, die sich als eine Ausbeutung darstellen, kassieren und für unwirksam erklären kann; das BGB. hat bereits ein Ventil geöffnet für derartige Verträge. Wenn Sie aber gerade hier Sonderbestimmungen über Verträge machen, so belegen Sie damit, darin hat Herr Dr. Leidig vollkommen recht, gerade die Industrie mit dem Makel, daß die Mehrzahl ihrer Verträge auf Ausbeutung der Schwachen abzielt. Das ist nicht der Fall. Sie haben von Herrn Dr. Kloeppel gehört, wie solche Verträge lauten, und es ist hier in der Tat nicht eine einzige Unterlage gegeben worden, um zu sagen: es steht bei uns so gefährlich in der Industrie mit der Ausbeutung der Angestellten, daß der Schutz der Gesetzgebung nötig ist. Ich bitte, die These 2, meinem Antrage entsprechend, anzunehmen.

Zu der These 3 hatte ich gar keine Stellung genommen, weil ich den Begriff für so wenig haltbar, und so wenig klar umschrieben erachte, daß es mir nicht angezeigt scheint, über eine derartige Frage zu beraten. Herr Dr. Seligsohn steht auf dem Standpunkte: die Sache ist noch nicht spruchreif. Hier stehe ich auch auf seinem Standpunkte und bitte auszusprechen, daß die Sache noch nicht zur Entscheidung reif ist.

Vorsitzender: M. H.! Wir gelangen zur Abstimmung. In der Abstimmung wird zunächst der Antrag Mittelstaedt:

„Gesetzliche Bestimmungen zum Schutze der Erfindungen der Angestellten empfehlen sich mit Rücksicht auf das System des geltenden Patentrechts und des Gebrauchsmusterschutzes zur Zeit nicht"

gegen 7 Stimmen abgelehnt.

Sodann wird der kombinierte Antrag Seligsohn-Katz unter Vorbehalt der endgültigen Redaktion:

„Die Erfindung gehört dem Angestellten, welcher die Erfindung gemacht hat, und nicht dem Geschäftsherrn, sofern nicht durch Vertrag das Gegenteil bestimmt ist"

im Prinzip angenommen; die endgültige Fassung soll am nächsten Tage zu Beginn der Sitzung zur Abstimmung gebracht werden.

Weiter wird die gemeinsame These des Berichterstatters Justizrat Dr. Edwin Katz und des Gutachters Rechtsanwalt Dr. Richard Alexander-Katz:

„Es empfiehlt sich nicht, die Vertragsfreiheit des Dienstherrn und der Angestellten über die Erfindungen der Letzteren zu beschränken"

mit 13 gegen 8 Stimmen angenommen.

Infolgedessen entfällt der Antrag Dr. Seligsohn Nr. 2; er ist dadurch abgelehnt.

Der dritte Punkt des Antrags Dr. Seligsohn:

„Die Frage, ob der wirkliche Erfinder einen Anspruch auf Nennung seines Namens in der Patentschrift hat und in welcher Weise und vor welchen Behörden dieser Schutz zu verwirklichen ist, erscheint noch nicht spruchreif"

wird mit großer Mehrheit angenommen.

Es wird beschlossen, diesen Beschluß dem Plenum zur Kenntnisnahme vorzulegen und Herrn Justizrat Dr. Edwin Katz zum Referenten zu bestellen.

Schluß der Sitzung 3 Uhr 42 Minuten.

Zweite Sitzung der vierten Abteilung.

Dienstag, den 11. September 1906, vormittags 9 Uhr.

Der Vorsitzende Oberlandesgerichtspräsident Dr. Freiherr **von Call**, Exzellenz, eröffnet die Sitzung.

Vorsitzender: M. H.! Wir haben gestern pflichtgemäß die Punkte 12 und 13 erledigt. Es ist nur bezüglich Punkt 12 noch die Formulierung eines Beschlusses vorbehalten worden. Sie wurde mir noch nicht übergeben und so kann ich sie im Augenblick noch nicht zur Abstimmung bringen.

Ehe wir zur Verhandlung über den Akkordvertrag kommen, habe ich noch eine formelle Angelegenheit zur Erledigung zu bringen. Nach dem Statut sind von jeder Abteilung 10 Vertrauensmänner namhaft zu machen, die morgen $^1/_2$9 Uhr im großen Saal zusammentreten, um die Wahl der Mitglieder der ständigen Deputation zu besorgen.

Ich möchte mir gestatten, den Herren zur Entsendung in diesen Wahlkörper folgende Herren in Vorschlag zu bringen: Geheimer Justizrat Professor Dr. Riesser-Berlin, Oberlandesgerichtspräsident Exzellenz von Schmidlin-Stuttgart, Bankdirektor Thinius-Berlin, Sektionsrat Ritter von Stahl-Wien, Landgerichtspräsident Dr. Andrae-Kiel, Justizrat Dr. Meschelsohn-Berlin, Professor Dr. Ludwig Bernhard-Posen, Justizrat Dr. Edwin Katz-Berlin, Geheimer Justizrat Professor Hellwig-Berlin, Oberlandesgerichtsrat Kraus-Kiel. Wird von den sehr geehrten Herren ein Gegenvorschlag gemacht oder eine Bemerkung vorgebracht? Wenn nicht, darf ich annehmen, daß diese 10 Herren als Vertrauensmänner der Abteilung 4 als bestellt anzusehen sind. Ich stelle das fest.

Wir kommen nun zu Punkt 11: „Empfehlen sich gesetzliche Vorschriften über den gewerblichen Arbeitsvertrag auf Geding (Akkordvertrag)?" Als Berichterstatter fungieren die Herren Professor Dr. Bernhard-Posen und Justizrat Dr. Meschelsohn-Berlin. Ich bitte Herrn Professor Bernhard das Wort zu ergreifen.

Professor Dr. **Ludwig Bernhard**-Posen: M. H.! Die Beratung, vor der wir jetzt stehen, hat, schon ehe sie beginnt, mancherlei Früchte getragen, denn als vor einigen Monaten bekannt wurde, daß der Juristentag über die Akkordregelung beraten wolle, wurde es in der Industrie an vielen Punkten lebendig.

In Unternehmerverbänden ergingen Umfragen, Arbeiterkommissionen hielten Beratungen ab, und an den Gewerbegerichten fanden Sitzungen wegen dieser Frage statt. Zum Teil haben diese Erörterungen auch zu einem Ergebnis geführt. So erklärte z. B. vor einigen Wochen der Ausschuß des Berliner Gewerbegerichts einstimmig, daß er eine gesetzliche Regelung der Akkordarbeit für dringend notwendig halte.

Dieses lebendige Vorspiel scheint Gewähr zu bieten, daß unsere heutige Beratung nicht vergeblich sein wird. Deshalb macht es mir eine ganz besondere Freude, daß Ihre ständige Deputation mich aufgefordert hat, über das Thema hier zu sprechen.

Mit meinem verehrten Herrn Mitberichterstatter habe ich vereinbart, daß wir, um Ihnen Wiederholungen zu ersparen, uns den Stoff teilen. Ich werde zunächst als Nationalökonom den volkswirtschaftlichen Grundstoff beibringen und der Herr Justizrat wird dann die feine juristische Ziselierarbeit liefern.

Der deutsche Juristentag, den man in Wahrheit eine gesetzgebende Versammlung nennen könnte, steht mit dem Thema der Akkordregelung vor einem neuartigen Problem. Es ist ein neues Problem, das mit den alten Gedingordnungen trotz der formalen Identität herzlich wenig zu tun hat. Auch mit den Kämpfen gegen die Akkordarbeit, die sich auf die Beseitigung und Beschränkung dieser Lohnform richten, hat das, was wir jetzt zu verhandeln haben, wenig zu tun. Im Gegenteil! Man beschäftigt sich seit einigen Jahren überall so intensiv mit der Frage der Akkordregelung, weil man erkannt hat, daß von einer Beseitigung der Akkordarbeit gar nicht die Rede sein kann, weil man weiß, daß die Akkordarbeit in der Großindustrie die herrschende Lohnform geworden ist, und für lange Zeit die herrschende Lohnform bleiben wird.

Und noch etwas anderes, was wichtiger ist als die Verbreitung des Systems. Früher hat man in der Volkswirtschaft und in der Jurisprudenz — man tut es hie und da noch heute — die Akkordfrage als ein ganz nebensächliches Problem behandelt, und mit Recht! Denn man sagte sich, ob ich den Arbeiter nach der Zeit bezahle oder nach dem Stück, das ist im Grunde eine untergeordnete Angelegenheit des Betriebes. Jedoch seit den 80er Jahren etwa, verbindet sich, verschlingt sich die Entwickelung der Akkordarbeit so eng mit der modernen Entwickelung der Industrie, daß das früher geringfügige Formproblem mehr und mehr zu einem entscheidenden Organisationsproblem wird.

Dieser Prozeß vollzieht sich folgendermaßen: Jeder von Ihnen weiß, daß man vom Zeitlohn-System, von der einfachen Zahlung nach Zeit, zum Akkord übergeht, wenn z. B. der Betrieb groß und unübersichtlich wird. Wenn ich nicht mehr übersehen kann, ob der Mann fleißig ist, dann sage ich: ich bezahle nicht mehr pro Tag, sondern pro Stück. Man verbindet gewissermaßen den Lohn mit der Arbeitsleistung, macht den Lohn von der Leistung abhängig, zieht einen Faden zwischen Lohn und Leistung. Das ist der Akkord. Aus dieser einfachen Notwendigkeit, die jeder ohne weiteres begreift, ist das Akkordsystem überall entstanden, und aus der gleichen einfachen Notwendigkeit ergibt sich alles, was wir heute hier zu verhandeln haben.

Denn im modernen Großbetriebe heißt der oberste Satz: Die Leitung der Produktion muß straff von einer Stelle aus geschehen. Ob diese Stelle ein Mensch ist oder ein Bureau oder eine Kommission, in der vielleicht auch Arbeiter sitzen, ist eine Frage für sich. Das Entscheidende ist: von einer Stelle aus muß die Produktion geleitet werden, wenn sie erfolgreich sein soll. Das ist der oberste Grundsatz in jedem modernen Betriebe.

Zu dieser einheitlichen und beherrschenden Leitung aber genügt die bloße Überwachung, die bloße Aufsicht nicht mehr. Denn überall dehnen sich die Werkstätten aus, und die leitenden Bureaus sind oft meilenweit vom Betriebe entfernt. Also muß — das ist derselbe ganz einfache Gedanke, der das Akkordsystem hat entstehen lassen — also muß allmählich an Stelle der Überwachung nunmehr die Bemessung des Lohnes benutzt werden, um auf die Arbeitsleistung einen Einfluß auszuüben. Jener Akkordfaden, der zwischen Lohn und Leistung gespannt ist, muß mehr und mehr in Anspruch genommen werden; an Stelle der Überwachung der Arbeiter bei jeder Arbeit tritt die Überwachung der Lohnkosten für jede Arbeit, das heißt: die Akkordkontrolle.

Diese entscheidende Entwicklung wird unterstützt durch zwei einander entgegengesetzte Vorgänge, durch die Arbeitsteilung und die Gruppenbildung.

„Arbeitsteilung“ ist ein so abgenutztes Wort, daß es fast jede Kraft verloren hat und man sich kaum etwas Lebendiges unter diesem Sammelwort vorstellen kann: „Arbeitsteilung“. Ich will das hier vor Juristen so ausdrücken: Arbeitsteilung ist Beschränkung der Zuständigkeit. Dieser Arbeiter hier ist nur noch zuständig dafür, Löcher zu bohren, jener nur zuständig, Nuten zu fräsen; und mit fortschreitender Arbeitsteilung wird die Zuständigkeit immer enger beschränkt: der Arbeiter hier ist nur noch zuständig für Löcher von bestimmtem Umfang, jener für Nuten ganz bestimmter Fräsung.

Das ist Arbeitsteilung, die Beschränkung des Arbeitsgebiets, das nun immer übersichtlicher, immer leichter zu kontrollieren ist und auf diese Weise eine straffe Durchführung des Akkordsystems ermöglicht.

Vor wenigen Jahrzehnten, als das Wort „Arbeitsteilung" zum Weltwort wurde, glaubte man, aller Fortschritt beruhe auf der fortschreitenden Arbeitsteilung; meinte man, es sei möglich, die Arbeit unendlich zu teilen und sprach gelehrt vom „Atomisieren."

Inzwischen aber hat gerade im modernen Großbetriebe die fortschreitende Arbeitsteilung einen ergänzenden Gegendruck erzeugt: die Gruppenbildung. Die Leiter der Fabriken suchen nämlich die in Arbeitsteilung getrennt tätigen Leute an einer guten Gesamtleistung zu interessieren, also etwa an der Fertigstellung einer Maschine, an der Herstellung eines Gewebes, und sie tun das, indem sie die verschiedenen Leute an einem gemeinsamen Akkordlohn beteiligen. Wiederum also ist es der Akkordlohn, der die Beherrschung der Organisation ermöglicht, der auf die Gesamtorganisation Einfluß ausübt; die verschiedenen Akkordfäden, die die Löhne und Leistungen der Einzelnen verbinden, werden gewissermaßen untereinander verknüpft.

Welche Mannigfaltigkeit damit erreicht wird, durch diese einfachen Elemente der Arbeitsteilung und der Gruppenbildung, das ahnen die Meisten überhaupt nicht, die unsere Industrieverhältnisse nicht genau kennen. Wie soll ich Ihnen diese Mannigfaltigkeit hier nahe bringen? Sie wissen, daß man im Kunstgewerbe aus zwei ganz einfachen Elementen, aus der Geraden und dem Kreise, die mannigfachsten Zeichnungen kombiniert, Sterne, Kreuze, Strahlenbilder, Gitterwerke usw. So hat jede Industrie und so hat jeder Industriezweig sich aus Arbeitsteilung und Gruppenbildung die mannigfaltigsten Akkordformen konstruiert, kombiniert.

Da ist zuerst der einfache Einzel-Akkord: Der Mann bekommt für das Abdrehen von Hebeln 10 Pfg. pro Stück. Weiter: dieser Mann braucht einen Helfer, dem er Zeitlohn gibt, so entsteht die erste Gruppenform: der Einzelakkord mit Zeitlohnhelfer. — Bald kommt eine neue Mannigfaltigkeit hinzu: der eine Helfer wird im Zeitlohn bezahlt, der andere aber, der das Material herbeischafft, erhält Akkordlohn; und so haben wir bereits eine Kombination komplizierterer Art. Weiter: Der Akkordlohnhelfer ist gleichzeitig für einen anderen Akkordarbeiter tätig. Auf diese Weise berühren sich zwei verschiedene Akkorde und nun kommt der Unternehmer und verschränkt diese Akkorde, indem er mehrere Arbeiter an einer gemeinsamen Gesamtleistung interessiert, obwohl sie getrennt tätig sind. Die Oberaufsicht in diesem System aber gibt er einem besonders intelligenten Arbeiter: dem Vorarbeiter.

Dieser Vorarbeiter wird allmählich technisch selbständig. Er wird zum Akkordmeister und ermöglicht eine straffere Organisation. In einigen Industrien hebt sich dann der Akkordmeister heraus zum selbständigen Unternehmer, er wird Zwischenmeister. Nebenbei bemerkt, dieser Zwischenmeister ist ein Mensch, dessen juristisches Wesen sehr bestritten ist. Unbestritten ist nur, daß er volkswirtschaftlich oft eine sehr bedenkliche Rolle spielt.

Aber weiter in unserem Kaleidoskop der Akkorde! Es ist keineswegs die Regel, daß die Entwicklung des Akkordsystems zum Zwischenmeistertum hindrängt. Es kommt ebenso häufig vor, daß die Akkordgruppe sich vom Vorarbeiter emanzipiert, daß der Vorarbeiter gewisse wichtige Arbeiten als Organ der Gruppe vornimmt; und in der weiteren Entwicklung dann ganz beseitigt wird. So entsteht eine Art „Akkorddemokratie" mit gleichmäßiger Verteilung des Akkordgewinns von Mann zu Mann. Bei differenzierten Arbeiten finden bald in dieser Demokratie Abstufungen statt: eine Akkordhierarchie mit prozentualer Beteiligung der Mitglieder. Sie kann vom Unternehmer oder autonom von der Arbeitergruppe reguliert werden und präsentiert sich so in zwei Hauptformen. — Alle die genannten Akkorde aber erfahren neue Variationen, je nachdem sie sich nur auf eine Arbeit beschränken oder eine ganze Werkstatt umfassen oder sogar den gesamten Betrieb. Auch dieses System aber braucht nicht einheitlich zu sein, sondern eine Akkordgruppe kann die Führung haben und eine andere (etwa die Putzerkolonne) in deren Dienst stehen usw. usw.

Das sind schon einige zwanzig verschiedene Formen, die ich Ihnen hier so flüchtig vorführte, und ich könnte Ihnen hundert Variationen zeigen.

Das ist der Akkord in der Großindustrie! Hierzu aber kommen noch die bunten Gruppenakkorde der Wanderarbeiter. Die deutsche Volkswirtschaft zieht fremde Gestalten in großen Massen herein, es kommen alljährlich über die Grenze über 400 000 Polen, Tschechen, Kroaten, Italiener. Diese Völkertrümmer, die ja auch einen politischen Beigeschmack haben, erscheinen ebenfalls in Akkorden organisiert, und zeigen uns wieder alle möglichen Formen von der verkappten Sklaverei bis zu den freiesten Gruppenakkorden. Solche, die wie Vieh über die Grenze getrieben werden, und solche, die zuerst ihren „Sprecher" senden, der die Verträge abschließt und die dann mit eigenen Einrichtungen nomadenhaft und frei herbeiziehen.

Alle Farben und Farbennuancen! Diese Mannigfaltigkeit von Akkordsystemen ist ausgebreitet über die ganze deutsche Industrie. Über die ganze Industrie! Gerade jetzt sind Untersuchungen im Gange über die Löhnungsmethoden in der deutschen Industrie, die deutlich zeigen, wie der Akkord überall herrscht. So wird aus Rheinland-Westfalen, Hannover, Lothringen, Schlesien, Sachsen, Berlin berichtet, daß in der Eisenindustrie der Akkord unbedingt herrsche, daß man in den letzten 10 bis 20 Jahren das Zeitlohnsystem ganz in die Enge gedrängt habe und daß neben den Akkorden die anderen Formen, wie Prämiensysteme und Gewinnbeteiligung überhaupt kaum in Betracht kommen. Dasselbe gilt für die große Textilindustrie. In allen Spinnereien und Webereien läßt man im Akkord arbeiten. Dasselbe gilt für die Holzindustrie in allen Branchen, für die Gummiwaren- und die Lederwaren-Industrie, für die Hausindustrien, kurz die gesamte Exportindustrie, vielleicht mit Ausnahme der Papierfabrikation und einigen chemischen Industrien, arbeitet im Akkord!

Es wäre nun nicht nur interessant, sondern für unsere juristischen Zwecke, die sich ja auf die Zukunft richten, ganz besonders wichtig, wenn man feststellen könnte, ob denn in Wahrheit die Wirkung des Akkordes so groß ist oder ob wir hier vielleicht vor einer „Modesache“ stehen, die vorübergeht, wie sie gekommen ist. Ich habe deshalb über die Wirkung des Akkordes Untersuchungen anstellen lassen, die von Praktikern in Fabriken vorgenommen wurden und in der nächsten Zeit in einem Handbuch der Löhnungsmethoden erscheinen.[1]) Ganz kurz nur zwei Zahlen darüber, wie der Akkord wirkt: Das Endergebnis ist etwa folgendes: Wenn an Stelle des Zeitlohnes, also der primitiven Form, der Akkordlohn tritt, erspart im Durchschnitt der Arbeiter ein Viertel bis ein Drittel der bisher gebrauchten Zeit, wenn er früher 8 bis 9 Stunden tätig war, ist er jetzt nur 6 Stunden an demselben Gegenstand tätig. Jedoch man würde sich täuschen, wollte man glauben, daß mit dieser Steigerung um 25 bis 33 % die Wirkung des Akkordsystems schon erschöpft wäre. Nein, die eigentliche Wirkung zeigt sich erst bei den sogenannten Spezialarbeiten, d. h. bei den Arbeiten, die „Typen“ sind, die in gleicher Form immer wiederkehren; und unsere moderne Technik drängt dahin, für die Massenproduktion überall typische Formen zu schaffen. Diese Spezialarbeiten, die mehr und mehr in Übung kommen, bilden das eigentliche Herrschaftsgebiet des Akkordes. Denn die Anwendung des Akkordsystems bei diesen stets wiederholten Arbeiten ver-

[1]) Handbuch der Löhnungsmethoden. Verlag von Duncker & Humblot, Leipzig 1906.

anlaßt die Arbeiter, den Produktionsprozeß zu verbessern, die Arbeitergruppen zweckmäßig zu verteilen, zu organisieren.

Hier ergab sich bei der Untersuchung, daß im Akkord im Laufe der Zeit meist eine Verdoppelung der Arbeitsleistung eintritt. So intensiv wirkt der Akkord!

Daher ist es begreiflich, daß die Industrie überall, wie wir gesehen haben, zum Akkordsystem neigt, und wenn irgend möglich, im Akkord arbeiten läßt. Von der alten Ansicht, daß diese Frage eine bloße Formfrage sei, kann gar nicht mehr die Rede sein. Das Akkordsystem ist vielmehr einem wichtigen Mechanismus zu vergleichen, der die Produktion reguliert und in Spannung erhält. Deshalb drängen alle Industrien dahin, deshalb werden in den Industrie- und Ingenieurzeitungen heute die Neuerungen des Akkordsystems mit gleicher Wichtigkeit behandelt wie die Erfindungen arbeitsparender Maschinen. Durch ihre Wirkung macht die Akkordarbeit viele Maschinen überhaupt erst nutzbar und sichert manchen Industrien die Konkurrenzfähigkeit auf dem Weltmarkt, und so wird es begreiflich, weshalb sich die energische deutsche Industrie völlig überzogen hat mit einem Netz von Akkordsystemen.

In diesem Akkordnetz nun gehen Dinge vor, die zweifellos vor das Forum des Juristentages gehören. Akkordstreitigkeiten, Akkordschwierigkeiten, Akkorddifferenzen spielen in der Industrie eine ganz bedenkliche Rolle. Vielen großen Streiks der letzten Jahre liegen Akkorddifferenzen und Akkordstreitigkeiten zugrunde, nicht etwa Angriffe gegen das System, sondern Mängel des Systems, besonders Mängel der Akkordregelung. Um Akkordfragen z. B. handelt es sich in den Formerstreiks, die Sie ja auch kennen werden. Noch heute gährt in der englischen Maschinenindustrie der unerledigte Streit um die Akkordregelung, der vor acht Jahren zu dem großen Maschinenbauerstreik führte. Ähnliche Fragen spielen eine Rolle in der amerikanischen und deutschen Industrie. Um lang und still umstrittene Akkordfragen handelte es sich bei der großen Aussperrung, die im vorigen Jahre in der Berliner Elektrizitätsindustrie stattfand. Akkorddifferenzen führen in der Holzindustrie, in der Textilindustrie Jahr für Jahr zu Lohnkämpfen.

Infolge dieser zahllosen Streitigkeiten und Streitgründe entstehen latente Gefahren in der Industrie, die zu großen Erschütterungen führen müssen, wenn man nicht energisch daran geht, den Akkordvertrag, diesen wichtigsten Arbeitsvertrag zu regeln.

Noch fehlt es an allen Enden! Das Bürgerliche Gesetzbuch und die Gewerbeordnung lassen in Fragen des Akkordrechts völlig im Stich. Die Rechtsprechung der Gewerbegerichte hat wenigstens eine halbe Gewißheit geschaffen, aber von einer Regelung durch die Gewerbegerichte kann doch nicht die Rede sein. Über Akkordtarife herrscht in allen Punkten noch völlige Unklarheit. Die Verwaltungsbehörden stehen dem Akkordwesen noch ganz unsicher gegenüber mit Ausnahme allein der Marinebehörde, die seit zwei bis drei Jahren energisch und erfolgreich diese Frage bearbeitet hat. — Die großen Verbände der Unternehmer haben so gut wie nichts getan, um Akkordschwierigkeiten aus dem Wege zu räumen, und viele Arbeiterverbände haben durch eine sinnlose Bekämpfung der Akkordarbeit ihre Interessen und die Interessen der Industrie geschädigt.

Mit einem Wort: Obwohl in der deutschen Industrie die Akkordmethode alle anderen Methoden an Bedeutung übertrifft, obwohl die Leistungsfähigkeit der deutschen Exportindustrie zum großen Teil auf dem Akkordsystem beruht, ist man in der rechtlichen Ordnung des Akkordsystems rückständig geblieben. Hier bleibt für die Juristen noch alles zu tun.

Dieses neue Arbeitsgebiet, das sich also den Juristen bietet, ist nun keineswegs so unübersichtlich, wie man glauben möchte, wenn man die Literatur liest; und man braucht nicht einmal die Finger einer Hand, um die Hauptfragen aufzuzählen, die geregelt und geordnet werden müssen. Im Grunde sind es drei Sorgen, die auf den Gesetzgeber warten.

Da ist zuerst ein schlimmer Störer des sozialen Friedens, ein Mann, der sich bei großen Akkordarbeiten stets zwischen Unternehmer und Arbeiter drängt. Die Industrie braucht solche Zwischenpersonen, um Montagen auszuführen, um den Gang in Ziegeleien zu überwachen, in der Konfektion, im Baugewerbe. Die Zwischenpersonen können Beauftragte des Unternehmers sein: Akkordmeister; aber auch Beauftragte der Arbeiter: Akkordanten; die Zwischenpersonen können selbst Arbeiter sein: Vorarbeiter oder selbständige Unternehmer: Zwischenmeister. Die Rechtsstellung dieser Personen aber, der Zwischenmeister, Kolonnenführer, Akkordanten, Monteure usw. ist noch völlig unsicher, weil das Gesetz in diesen wichtigsten Fragen des Lohnschutzes nur Unternehmer und Arbeiter kennt, sodaß die Zwischenpersonen sich bald als „Arbeiter" gebärden, die gehorchen müssen und für nichts verantwortlich sind, bald wieder, wenn gezahlt werden soll, als „Unternehmer" auftreten, die zwar zahlen müßten, aber sich infolge ihrer Mittellosigkeit allen Verpflichtungen entziehen.

Fragen Sie in den Ziegeleien, fragen Sie bei den Putzern, fragen Sie im ganzen Baugewerbe oder in der Konfektion, welche Mißstände dadurch entstehen, welches Unheil angerichtet wird durch diese vollkommen ungeregelte Beweglichkeit der Zwischenpersonen, die für das Gesetz überhaupt noch nicht vorhanden sind: Sie werden hören, wie diese aalglatten Zwischenpersonen, die das Glück haben, außerhalb des Gesetzes stehen, die Situation benutzen, um sich allen Verpflichtungen zu entziehen!

Hier muß zunächst das Gesetz eingreifen. Das ist kaum zweifelhaft. Nicht nur die beiden Gutachten, sondern die ganze übrige Literatur und nicht nur Arbeiter, sondern auch Unternehmer sind sich darüber einig, daß die rechtliche Stellung der Zwischenpersonen klarzustellen ist.

Die zweite Frage jedoch, die zweite Sorge, ist viel schwieriger und ich glaube kaum, daß wir darin sobald zu einem Ergebnis kommen werden. Die Arbeiter verlangen nämlich, daß ihnen vor Beginn der Arbeit mitgeteilt wird, wie groß die Arbeit sein soll und wieviel Lohn sie erhalten werden, und sie verlangen weiter, daß nachher auch wirklich der Lohn danach berechnet wird. Sie werden dieses Verlangen nicht unbillig finden, und werden erstaunt sein zu hören, daß es in fast allen Industrien an einer genauen Akkordberechnung ganz und gar fehlt. Stets, wenn etwa die Gewerbeinspektoren sich den Akkordfragen zuwandten oder Studien über diese Dinge angestellt wurden, stets wird berichtet von der ungenauen Akkordberechnung. Sie werden Fälle finden, wo die Arbeiter überhaupt nicht erfahren, wie groß der Umfang der Arbeit ist, die ihnen bezahlt wird. Sie werden Fälle finden, wo es ungewiß ist, ob Nebenarbeiten zur akkordierten Leistung gehören oder ob sie extra bezahlt werden. Sie werden Fälle finden, in denen die Arbeiter — das ist sogar die Regel — keinen Einblick haben in die Berechnung; Fälle finden, wo eine Vereinbarung überhaupt nicht stattfindet, sondern die Löhne während der Arbeit oder nach der Arbeit den Arbeitern mitgeteilt werden; Fälle finden, wo die Arbeiten angeblich nach einem Tarif erfolgen, während sie in Wahrheit im Tarif überhaupt nicht stehen, wo Abzüge gemacht werden, von denen vorher gar nicht die Rede war. Alle diese Unsicherheiten werden Sie finden und diese gleichen Unsicherheiten werden Sie unter den Streikursachen wiederfinden. Denn der Kampf gegen das Akkordsystem beruht fast stets auf dieser ungenauen Akkordberechnung, dieser Erbitterung über die schlechte Akkordberechnung, und nicht etwa handelt es sich hier um einzelne Fälle, sondern die ungenaue Akkordberechnung ist eingerissen, ist in der Industrie ganz und gar üblich geworden, teils aus Bequemlichkeit, teils aber auch, weil die Betriebsleiter glauben, besonders die Subalternen, die Werkmeister, daß sie eine größere Macht haben, wenn sie die Akkordberechnung allein für sich in der Hand halten. Es ist ja ganz klar, der Werkmeister, der den Tarif in der Westentasche hat, ist eine ganz andere Persönlichkeit als derjenige, der ihn unter Glas und Rahmen aufhängen muß, wo ihn jeder sehen kann. Der Werkmeister, der den Tarif in der Westentasche hat, ist ein Orakel, das nicht nur von den Arbeitern gefragt werden muß, sondern auch von dem Unternehmer und dem Ingenieur, wenn es sich um die Kalkulation einer Arbeit handelt. Die „Akkordvereinbarung“ wird dadurch natürlich ganz illusorisch gemacht und die Willkür herrscht.

Solche Unsicherheiten aus der Welt zu schaffen ist offenbar Aufgabe des Rechts, und die Jurisprudenz hat ein ganz einfaches Mittel, um diesen Dingen zu Leibe zu gehen: die Schriftform! Ihre beiden Gutachter verlangen die Schriftform für den Akkordvertrag, und als ich kürzlich in der Industrie eine Umfrage veranstaltete, bekam ich von allen Seiten, Unternehmern und Arbeitern, die Antwort: Schriftform für den Akkord, Akkordzettel, Lohnbücher. Diese Schriftform ist nicht schwierig einzuführen. In den bestgeleiteten Betrieben unserer Textilindustrie und in der Maschinenindustrie kennt man schon die Akkordzettel und Akkordbücher. Aber so leicht es ist, die Schriftform einzuführen, wenn der Unternehmer es wünscht, so schwer ist es, den Unternehmer zur Schriftform zu zwingen; und wenn Sie heute ein Gesetz erlassen, das die Schriftform vorschreibt, dann werden Sie übers Jahr hören, daß dieses Gesetz umgangen wird. Wir haben ja in der deutschen Industrie schon ein solches Gesetz; seit drei Jahren gilt für die Wäschekonfektion die bundesrätliche Bestimmung, daß die Akkorde in einem Lohnbuch zu beurkunden sind. Aber, meine Herren, um es kurz zu sagen: Man pfeift auf das Gesetz! Es ist ein öffentliches Geheimnis, daß kein Mensch daran denkt, die Akkorde vor der Arbeit zu beurkunden, sondern man beurkundet sie überhaupt nicht oder man entschließt sich nur gelegentlich nach der Arbeit dazu. Das ergibt sich schon aus den offiziellen Drucksachen, und wenn man sich die Mühe nimmt, nicht offizielle Wege zu gehen, erfährt man noch Genaueres darüber, wie das Gesetz, das ganz unzweckmäßig abgefaßt ist, umgangen wird.

In England hat man sich seit 15 Jahren bemüht, die Schriftform im Akkord einzuführen und man ist noch immer nicht zum Ziel gekommen, hat aber doch Vieles erreicht. Sie werden sagen und es wird immer eingeworfen: In England sind ja die großen Gewerkvereine, die brauchen das Gesetz nicht. Aber gerade das ist das Charakteristische: Selbst die stärksten Gewerkvereine sind nicht imstande, sich die Sicherheit der Akkordregelung zu beschaffen, sie brauchen den Gesetzgeber. Und so hat man vor 15 Jahren in England zum Gesetz gemacht, daß die Akkorde in bestimmten Industrien schriftlich zu vereinbaren sind, und hat über die Art der Beurkundung Näheres bestimmt. Zuerst wurde auch dort das Gesetz umgangen, dann aber, vor etwa 11 Jahren, richtete man eine Behörde ein, die sich lediglich mit der Akkordkontrolle zu befassen hat. Sie hat in Accrington ihren Sitz. An der Spitze steht ein Mann, der früher Sekretär eines Gewerkvereins war, und der jetzt als Königlicher Kommissar die Akkorde kontrolliert. Der Staatssekretär hat das Recht, diese Bestimmung auf verschiedene Industrien auszudehnen, und ist ganz vorsichtig, aber energisch vorwärts gegangen. Das Gesetz ist allmählich ausgedehnt worden auf die einzelnen Zweige der Textilindustrie, der Stahlfederfabrikation, der Hutfabrikation usw. Es sind enge und übersichtliche Industriegebiete, für die jene Bestimmungen im Lauf der Jahre mit Erfolg eingeführt wurden.

Schon seit Jahren ist vorgeschlagen worden, ähnliches auch in Deutschland zu versuchen und dem Bundesrate die Befugnis zu geben, eine Bestimmung solcher Art auf die Industrien nach Bedarf auszudehnen. In Fragen sozialpolitischer Diskretion taucht ja stets, fast automatisch das befreiende Wort: „Bundesrat" auf, aber es wäre wohl gut, wenn man ihm eine Hilfe zur Seite gäbe, etwa Kommissionen aus den betroffenen Industrien.

Denn wer ist der Bundesrat? — Der Bundesrat ist in solchen Fragen irgend ein Geheimrat aus dem Reichsamt des Innern, der von der Industrie so viel versteht wie — jeder andere Geheimrat. (Heiterkeit.) Überdies schwindet bei uns die Neigung, alle wichtigen Fragen der bureaukratischen Diskretion anzuvertrauen. Jedoch, wie man das auch im einzelnen organisieren mag, jedenfalls wäre es sehr wünschenswert, dafür zu sorgen, daß durch Schriftform, die für die einzelnen Industrien, nicht für die gesamte Industrie festgesetzt wird, eine Kontrolle, eine allmähliche Ordnung geschaffen wird.

Außer der Schriftform kommen noch andere kleinere Mittel in Betracht, z. B. Bestimmungen darüber, wer zur Vertretung des Unternehmers befugt ist; Bestimmungen darüber, daß die Arbeitsordnung vorschreibe, was zum Akkord gehört, ob die Vorbereitungen der Maschinen, das Herbeischaffen der Materialien zum Akkord gehören usw.

Auch Strafvorschriften sind vorgeschlagen worden, jedoch an jede Strafvorschrift hängen sich tausend Denunziationen.

Schließlich kommen wir zu der dritten großen Frage, die deshalb interessant ist, weil sie am deutlichsten zeigt, wie sehr der Akkordlohn juristisch vom Zeitlohn verschieden ist. Wir sahen: Akkordlohn heißt Verbindung von Lohn und Arbeitsleistung, der Lohn ist von der Arbeitsleistung abhängig gemacht. Wenn nun diese Arbeitsleistung irgendwie unterbrochen, irgendwie gestört wird, macht sich das natürlich sofort am Lohn fühlbar. Ein momentanes Stocken der Maschinen ist für den Zeitlohnarbeiter etwas ganz Gleichgültiges, der Akkordlohnarbeiter hingegen empfindet das sofort in seinem Wochenverdienst, in seinem Haushalt. Sie sehen, welch gewaltiger Unterschied. Und wenn nun solche Unsicherheiten einreißen, als Stockungen, Störungen im Betriebe, Abänderungen im Gang der Arbeiten usw., dann hören die Akkorddifferenzen überhaupt nicht auf. Lesen Sie einmal die Urteile der Gewerbegerichte über diese Fragen, da werden Sie finden, wie unsicher man in diesem Punkt noch ist, unsicher, welches die Pflichten der Parteien in solchen Fällen sind, wenn die Löhne irgendwie durch die Arbeitsleistung gestört, beeinflußt werden. Streitig ist z. B., was geschehen soll, wenn eine kurze Unterbrechung stattfindet. Streitig, was geschehen soll, wenn der Unternehmer Abänderungen verlangt, welche Abänderungen und unter welchen Umständen er sie verlangen kann; streitig, was geschieht, wenn der Unternehmer einen bestimmten Gang der Arbeit vorschreibt; streitig, was geschieht, wenn man sich über den Erfolg der Arbeit nicht einigt usw.

Bisher gibt es in diesen Fragen nur ein Gesetz. Die Gewerbeordnung bestimmt: Bei Unterbrechung der Arbeit hat der Akkordarbeiter das Recht, ohne Kündigung die Arbeit zu verlassen. Er hat also das Recht, brotlos zu werden, und es ist nach der Entscheidung der Gewerbegerichte noch streitig, ob er wenigstens Schadenersatz verlangen kann. Offenbar sind das alles Fragen über die Pflichten der Parteien während der Akkordarbeit, die wie geschaffen sind für die juristische Erörterung und die geregelt werden müssen. Wenn Sie das Gutachten des Herrn Magistratsassessor Wölbling lesen, sehen Sie, daß eine genaue Ordnung dieser Fragen nicht nur möglich, sondern notwendig geworden ist.

Das sind die drei großen Streitfragen der Praxis: die rechtliche Stellung der Zwischenpersonen; die gesetzliche Sicherung der Akkordvereinbarung und Akkordabrechnung und schließlich Bestimmungen über die Pflichten der Parteien bei Ausführung von Akkordarbeiten. Zu diesen Hauptstreitpunkten kommt dann noch eine Reihe kleinerer Fragen: die Kündigung während der Akkordarbeit, die Frage der Abschlagszahlungen usw.; alles Probleme, die durch die Rechtsprechung der Gewerbegerichte ans Tageslicht gebracht worden sind. Jedoch auf diese Einzelheiten werde ich nicht eingehen; man wird zu dieser Detailregelung Sachverständige aus den verschiedenen Industrien heranziehen müssen. Es handelt sich für mich nur darum, die drei Hauptpunkte festzustellen.

Aber, meine Herren, was Sie nun auch in diesen Fragen beschließen mögen, ob Sie nur kurz erklären, Sie wollen die Akkordarbeit regeln, ob Sie ausführlich präzisieren, wie Sie die Einzelheiten regeln wollen, oder ob Sie jede Regelung verweigern: die Antwort auf Ihre Beschlüsse liegt draußen in der Industrie schon bereit. Ein bekannter Unternehmerverband hat kürzlich auf meine Bitte bei seinen Mitgliedern eine Umfrage gehalten über die Frage „Empfiehlt sich eine gesetzliche Regelung der Akkordarbeit?“ Darauf kam die Antwort: „Nein! Denn solche Vorschriften würden zu einer Schematisierung führen, welche der Eigenart der einzelnen Betriebe kaum gerecht werden könnte.“ Behalten Sie dies im Gedächtnis, diese „Schematisierung, die der Eigenart der Betriebe kaum gerecht werden könnte“; behalten Sie dies im Gedächtnis, denn diese Antwort wird Ihnen aus der Industrie entgegentönen. Das ist die Antwort von der „technischen Mannigfaltigkeit“, die man stets den Juristen gegeben hat, wenn sie der Industrie zu nahe kamen.

Kann nun, so werden Sie fragen, der Juristentag nicht irgendwie Fühlung gewinnen mit dieser lebendigen Mannigfaltigkeit der Industrie oder sind wir hier wirklich verurteilt, ein doktrinäres Schema auszuarbeiten, das morgen zu den Akten gelegt wird? Meine Herren, es gibt ein Mittel, um gerade in der Akkordfrage ganz energisch und segensreich in das wirkliche Leben einzugreifen. Wenn morgen Industrielle oder Arbeiter in den Zeitungen lesen, der Juristentag habe heute über die Akkordregelung debattiert, dann wird jeder Praktiker fragen: wie hat sich denn der Juristentag zum Recht der Tarifgemeinschaften gestellt? Für so eng wird jeder die Beziehungen der Tarifgemeinschaft zur heutigen Akkordfrage halten. Die Tarifgemeinschaften sind ja, wie Sie wissen, die großen Verträge, die die Unternehmer-Organisationen mit den Arbeiter-Organisationen schließen und in denen die wichtigsten Fragen der Arbeit geordnet werden. Zu diesen wichtigsten Fragen, die durch die Tarifgemeinschaften heute geordnet werden, gehören in erster Linie die Akkordfragen, die uns heute hier beschäftigen, von der Formvorschrift ab bis zur Frage der Kündigung. Diese Tarife also gehören zum Thema. Jedoch Ihre Gutachter sprechen von den Tarifen nur beiläufig und auch ich will diese Tarife nur beiläufig erwähnen. Aber diese beiläufigen Tarifgemeinschaften, diese beiläufig erwähnten Verträge, machen in Wahrheit praktisch den Kern der Akkordfrage aus. Und darum handelt es sich, ob diese großen Verträge, die ja vor allem anderen berufen sind, den sozialen Frieden zu sichern, noch lange außerhalb des Gesetzes stehen sollen. Heute stehen die Tarifgemeinschaften außerhalb des Gesetzes. Das Recht versagt den Tarifverträgen jeden Schutz, den jeder andere

Vertrag genießt, und doch hängt die ganze innere Entwicklung unserer industriellen Verhältnisse davon ab, ob die Tarifgemeinschaften — es gibt schon mehrere Tausende in Deutschland, aber in den großen und entscheidenden Industrien noch keine — ob die Tarifgemeinschaften ihre Entwicklung finden werden oder nicht. In den verschiedensten Ländern arbeitet man jetzt an diesem Problem. So hat vor zwei Monaten die französische Regierung einen Gesetzentwurf über Tarifverträge eingebracht, so arbeitet man in Holland, so in der Schweiz. Jedoch schon aus dem französischen Entwurf und aus den Vorgängen in Holland ist ganz deutlich zu erkennen, daß man in dieser Frage nicht zum Ziel kommen wird ohne eine sorgfältige juristische Vorarbeit, an der es noch ganz und gar fehlt. Deshalb freue ich mich, daß ich Gelegenheit habe, Sie heute hier zu bitten, daß Sie die Tarifgemeinschaften, diese jetzt wohl wichtigste volkswirtschaftliche Frage, mit hereinziehen, zwar nicht in die heutige Erörterung, denn dafür fehlt die Vorbereitung noch in ganz Deutschland, sondern daß Sie die Tarifverträge hereinziehen in den Kreis Ihrer Wirksamkeit, und so erlaube ich mir folgende Resolution zu beantragen:

I. Der deutsche Juristentag ist der Überzeugung, daß eine gesetzliche Regelung des gewerblichen Akkordvertrages notwendig ist, da es diesem für die Industrie wichtigsten Arbeitsvertrage an einer hinreichenden rechtlichen Ordnung fehlt und infolgedessen zahlreiche Arbeitsstreitigkeiten entstehen.

II. Insonderheit hält der Juristentag für erforderlich:

1. Die Sicherung der Akkordvereinbarung und Akkordabrechnung.
2. Bestimmungen über die Pflichten der Parteien bei Ausführung von Akkordarbeiten.
3. Die rechtliche Stellung der Zwischenpersonen (Akkordmeister, Akkordanten, Kolonnenführer, Zwischenmeister) gesetzlich zu regeln.

Und dann noch zwei Thesen, die ich persönlich für die wichtigsten halte:

III. Ferner aber ist zur Entwickluug und Ordnung des Akkordvertrages notwendig, über die rechtliche Wirkung der Tarifgemeinschaften Klarheit zu schaffen.

IV. Der Juristentag beschließt deshalb, über „das Recht der Tarifgemeinschaften" Gutachten einzufordern und dieses Thema auf die Tagesordnung seiner nächsten Hauptversammlung zu setzen.

Auf meine Bitte hat Privatdozent Dr. Zimmermann in Berlin über das Recht der Tarifverträge, über die heutige Unsicherheit, einen

Aufsatz geschrieben, der für den Juristentag bestimmt ist. Ich erlaube mir, 100 Exemplare dieses Aufsatzes hier zu verteilen. Ich bitte Sie, die Thesen, denen auch mein Herr Mitberichterstatter zustimmt, anzunehmen. (Lange andauernder Beifall.)

Mitberichterstatter Justizrat Dr. **Meschelsohn**-Berlin: Meine verehrten Herren! Ich glaube, daß die Darlegungen des Herrn Referenten vollständige Klarheit über die Bedeutung der Akkordarbeit für das wirtschaftliche Leben geschaffen haben.

Ich darf mich deshalb auf die rein juristische Seite der Frage beschränken. Dabei wird es aber erforderlich sein, um eine befriedigende Antwort zu finden, zunächst in Kürze den geltenden Rechtszustand zu erörtern.

Wir dürfen mit der Frage beginnen: Gestattet unser geltendes Recht den Abschluß von Akkordverträgen unbeschränkt, abgesehen natürlich nur von den allgemein gültigen Vorschriften, wonach der Abschluß wucherischer und sonst gegen die guten Sitten verstoßender Verträge verboten ist? Und da lautet die Antwort: Ja, mit der einzigen Ausnahme für die gewiß nur in sehr geringer Anzahl in Deutschland existierenden Pikrinsäure-Fabriken, eine Ausnahme, die zwar nur von geringer praktischer Bedeutung ist, aber ein bemerkenswertes theoretisches Interesse bietet. Für die Genehmigung dieser Fabriken hat der preußische Handelsminister eine Instruktion erlassen, nach der in der Praxis sicherlich stets gehandelt werden wird, wonach die Genehmigung nur mit der Maßgabe erteilt werden soll, daß Akkordarbeit in solchen Fabriken verboten ist. Prof. Dr. Francke hat diese Instruktion in seinem Gutachten hervorgehoben, in der, wie ich meine, die außerordentlich bedeutsame Anerkennung von zuständiger Stelle zu finden ist, daß Akkordarbeit in an sich gefährlichen Betrieben die Gefahr noch weiter erhöht und daß der Staat berufen ist, innerhalb seiner Machtsphäre diese Gefahrenerhöhung zu hindern. Die Herren wissen, daß von den Arbeiterorganisationen die Akkordarbeit jahrelang grundsätzlich unter dem bekannten Schlagwort: „Akkordlohn-Mordlohn" bekämpft worden ist. Das hauptsächlichste Argument war: die Erhöhung der Arbeitsgefahr bei Akkordarbeit. Inzwischen hat auch in Arbeiterkreisen — ich sehe dabei von den offiziellen Erklärungen der Wortführer ab — die grundsätzliche Bekämpfung der Akkordarbeit in den meisten Berufszweigen den auch für die Arbeiter mit der Akkordlöhnung verbundenen Vorteilen nicht Stand gehalten; die Arbeiter haben sich damit abgefunden, daß es eben in der Industrie eine große Zahl von Arbeiten gibt, die gefährlich sind, und die auszuführen, nach dem bekannten Wahrspruche am Schifferhause in Bremen: „Navigare necesse est, vivere non necesse est", unserer arbeitenden Bevölkerung obliegt. Die Industrie verlangt mit Recht, daß auch gefährliche Arbeiten verrichtet werden.

Aber eine andere Frage ist wohl, ob die Industrie auch ein Recht darauf hat, daß die Unfall-Gefahren der Arbeit noch durch Akkordlöhnung erhöht werden dürfen, nur damit mittels der Akkordlöhnung um etwas billiger als im Zeitlohn produziert werden kann, oder ob sie sich staatliche Eingriffe gefallen lassen muß, die die hohen Unfallziffern vermindern? Es ist unzweifelhaft — die Berichte der Gewerbeinspektoren und von Berufsgenossenschaften bestätigen es, so daß man von der ständigen und gleichförmigen Behauptung von seiten der Arbeiter und der Gewerkschaftspresse vollständig absehen kann — daß es keine besseren Unfallverhütungsvorschriften gibt, als Beseitigung des Akkordsystems in gefährlichen Betrieben. Mit der Beseitigung des Akkordlohnes in gefährlichen Betrieben geht die Zahl der Unfälle erheblich herunter. Die Kämpfe, die die Arbeiterorganisationen zu diesem Zwecke geführt haben, sind nur zum Teil von Erfolg begleitet gewesen; tatsächlich ist aus etlichen Industrien, die besonderen Gefahren unterliegen, die Akkordarbeit gänzlich oder fast vollkommen verschwunden, insbesondere z. B. aus der Dachdeckerei. In anderen Berufszweigen ist die Beseitigung bisher nicht gelungen und insbesondere nicht in derjenigen Industrie, bei der eine erschreckend hohe Unfallgefahr vorhanden ist, in der Holzindustrie mit schnell arbeitenden Holzbearbeitungsmaschinen. Gerade diese Industrie hat bisher die Akkordarbeit im vollsten Umfange beibehalten, und die Bestrebungen der Arbeiter, hier Abhilfe zu schaffen, scheinen trotz der sehr erheblichen stattgehabten Kämpfe zwischen Arbeitnehmern und Arbeitgebern nicht zu dem Ergebnis einer Beseitigung oder Beschränkung der Akkordarbeit zu führen.

Der deutsche Juristentag ist nun zwar nicht in der Lage, in dieser Richtung in das Einzelne gehende Vorschläge zu machen. Aber ich meine doch, daß das richtige Prinzip, welches bei der erwähnten staatlichen Anordnung zur Anerkennung gelangt ist, verdient, auch von der Gesetzgebung allgemein anerkannt zu werden. Unabhängig davon, von welchem politischen oder sozialpolitischen Gesichtspunkte aus man die Gesetzgebung zu beeinflussen wünscht, wird man es als Aufgabe des Staates anerkennen müssen, diejenigen gesetzlichen Maßregeln zu treffen, durch die entbehrliche Gefährdung der Arbeiter verhütet wird.

Deshalb habe ich vorgeschlagen, in einer Zusatzthese zu beschließen:

> „Ein gesetzliches Verbot der Akkordarbeit empfiehlt sich für solche Arbeiten, bei denen durch die Akkordarbeit nachweislich eine erhebliche Erhöhung der Gefahr eintritt."

Die weitere Frage, in welcher Form der Akkordvertrag im Einzelfalle zustande kommt, regelt sich mangels besonderer Vorschriften nach dem allgemeinen bürgerlichen Recht, wenn wir von dem Bergrecht absehen, für welches von altersher besondere Normen bestehen. — Aber auch hier ist bisher nur für ein einzelnes Gewerbe eine Ausnahme gemacht. Im Anschluß an den großen Konfektionsarbeiterstreik ist durch die Novelle von 1900 der Gewerbeordnung der § 114a eingefügt, welcher bestimmt, daß durch Bundesratsverordnung für bestimmte Gewerbe angeordnet werden kann, daß durch Lohnbücher oder Arbeitszettel Art und Umfang der übertragenen Arbeit, die Lohnsätze, die Lieferung von Werkzeugen und Stoffen zu den übertragenen Arbeiten beurkundet werden sollen; mit andern Worten heißt dies, daß spätestens bei der Übergabe der Arbeit in schriftlicher Form beurkundet werden muß, einerseits, was der Arbeiter als Entgelt erhält, andererseits, was er für das Entgelt zu leisten hat.

Es ist schon von dem Herrn Referenten darauf hingewiesen worden, welche wirtschaftlichen Schwierigkeiten sich aus dem Mangel an klaren Vereinbarungen über das Arbeitsverhältnis für den Arbeiter ergeben. — Für ihn, der seine wirtschaftlichen Bedürfnisse häufig nach dem momentanen Verdienst einrichten muß, der, wenn er gerade einen etwas höheren Verdienst hat, dieses und jenes wirtschaftliche Bedürfnis z. B. an Kleidung befriedigt, das sonst noch einige Zeit zurückgestellt werden müßte, ist es von außerordentlicher Bedeutung, jederzeit zu wissen, wieviel er bei der Arbeit, die ihn längere Zeit in Anspruch nimmt, verdient; und bei Akkordarbeit handelt es sich oft um eine zu einheitlichem Preise übernommene Arbeit, zu deren Ausführung mehrere Wochen erforderlich sind. Ist der Lohn nicht bei Übertragung der Arbeit genau fixiert, dann bildet sich der Mißstand aus, daß dem Arbeiter vom Arbeitgeber ungerechtfertigte Abzüge bei der Lohnzahlung gemacht werden oder wenigstens solche, die vom Arbeiter als unberechtigt empfunden werden, und die er wegen der fast stets mehr oder weniger großen Notlage, in der er sich befindet, ertragen muß. Er kann nicht wegen der Lohndifferenz den angebotenen Lohn liegen lassen, zum Gewerbegericht gehen und lange prozessieren; er muß nehmen, was er bekommt; denn aus dem Lohn muß er Miete, das tägliche Brot und den Lohn der Hilfspersonen bezahlen. Die ungerechtfertigten Abzüge wegen nicht klarer Lohnvereinbarung bildeten eine Hauptklage der Arbeiter in der Konfektionsbranche vor dem großen Konfektionsarbeiterstreik.

Es ist aber bei Akkordarbeit eine ganze Reihe von Punkten, die einer vorgängigen Festsetzung bedarf, wenn der Arbeiter genau wissen soll, was er seinerseits zu leisten und was er vom Arbeitgeber für seine

Arbeitsleistung zu bekommen hat, damit Streitigkeiten möglich vermieden werden. Es ist nicht nur die Höhe des Lohnes, sondern auch der Termin der Fälligkeit desselben und das Recht auf etwaige Abschlagszahlungen, das der Bestimmung bedarf. Für Zeitlohn-Arbeitsverhältnisse genügen ja die gesetzlichen Bestimmungen, die wir im BGB. haben, in Verbindung mit den in der Industrie allgemein üblichen und feststehenden Löhnungsterminen. Bei Zeitlohn wird kaum ein Streit entstehen können, ob der Arbeitslohn fällig ist. Bei Akkordlohn versagen aber die geltenden Gesetze. Das BGB. enthält keine brauchbare Bestimmung, wann der Akkordlohn zu zahlen ist; denn der § 614, wonach er nach Leistung der Dienste zu zahlen wäre, ist unanwendbar. „Nach Leistung der Dienste" im Sinne des BGB. bedeutet, sobald die Dienste, die den Gegenstand des Vertrages im ganzen bilden, geleistet sind, d. h., nachdem das Arbeitsverhältnis beendet ist. Das ist aber niemals als Absicht der Arbeitgeber oder Arbeitnehmer in Frage gekommen, daß der Akkordlohn nach Beendigung des Dienstverhältnisses fällig sein sollte, sondern der Streit, der in der Industrie herrscht, dreht sich um die Frage, ob der Arbeiter ein Recht auf den Akkordlohn für die einzelne Akkordarbeit erst bei Beendigung dieser einzelnen Akkordarbeit hat oder ob schon vorher bei Eintritt eines Löhnungstermines, mag dies ein wöchentlicher oder zweiwöchentlicher sein. Das Gesetz gibt darüber keinen Anhalt; die Praxis der Gewerbegerichte geht auseinander. Während manche Urteile mit den Bestimmungen über die Auslegung der Verträge nach Treu und Glauben zu helfen versuchen und zu dem Schlusse kommen: Wenn die Akkordarbeit erheblich länger dauert als bis zu einem Löhnungstermin, dann hat der Arbeiter ein Recht auf eine gewisse Abschlagszahlung, verneinen andere Urteile dieses Recht auf Abschlagszahlungen. Aber auch bei den Urteilen, die ein Recht auf Abschlagszahlungen anerkennen, herrscht keine Übereinstimmung über die Höhe derselben. Bald wird angenommen, daß die Abschlagszahlung in Höhe des durchschnittlich verdienten Akkordlohnes am Löhnungstage zu zahlen ist, bald, daß nur der Wert oder ein Teil des Wertes der tatsächlich geleisteten Arbeit bezahlt werden muß. In dieser Rechtsunsicherheit liegt ein Anlaß zu einer Unzahl von Streitigkeiten die bei der zwischen Arbeitnehmern und Arbeitgebern vielfach bestehenden Spannung leicht zu Strikes und Aussperrungen führen. Beim Akkordlohn muß ferner die Vereinbarung genau und in allen Einzelheiten die Arbeit angeben, die für den Akkordlohn zu leisten ist. Ein derartiges Interesse an genauen Vereinbarungen besteht bei der Zeitlohnarbeit nicht entfernt in gleichem Maße. Dem Zeitlohnarbeiter ist es in der Regel ziemlich gleichgültig, wie das Material beschaffen ist,

z. B. dem Holzarbeiter, ob das Holz härter oder weicher ist. Erfordert die Arbeit wegen des Materials eine längere Zeit, so wird sie ihm ja vergütet; ob er diese oder jene Arbeit während der Arbeitszeit vornimmt, ist von keiner besonderen Wichtigkeit für ihn. Anders beim Akkordlohn. Die verabredete Vergütung für die Arbeit bestimmt sich je nach dem Arbeitsprodukt. Muß er für die übernommene Arbeit längere Zeit verwenden, weil er die Schwierigkeit, die in dem ihm zugewiesenen Material liegt, unrichtig beurteilt hat, so ist dies sein Schade. Die längere Zeit hat für ihn keine höhere Vergütung im Gefolge. Und in sehr vielen Industrien hängt die Größe der Arbeitsleistung innerhalb einer gewissen Zeit, von der Beschaffenheit des Materials ab. Da nun weiter die Herstellung der Arbeitsprodukte regelmäßig die Benutzung von Werkzeugen voraussetzt, so bildet es mangels präziser Vereinbarung eine ständige Streitfrage und Quelle von Streitigkeiten, in welchem Umfange der Arbeiter vorhandene Maschinen und Werkzeuge benutzen darf oder ob und welche vorhandenen oder nicht vorhandenen Werkzeuge vom Arbeitgeber zu liefern sind, und inwieweit er die Werkzeuge, die während der Benutzung bei der Arbeit leiden, sei es durch ordnungsmäßige Abnutzung, sei es durch Zufall oder Mißgeschick, selbst wieder herstellen muß. Alle diese Fragen bedürfen bei jeder einzelnen Arbeit der Regelung. Auf eine weitere Frage hat schon Herr Professor Bernhard kurz hingewiesen. Es ist die Frage der Bezahlung unverschuldeter Arbeitspausen. Der Arbeitgeber hat nicht selten ein durch den Betrieb bedingtes oder sonstiges geschäftliches Interesse daran — besonders häufig wird dies in mittleren und kleineren Betrieben zur Geltung kommen — daß der Arbeiter die Akkordarbeit, die er angefangen hat, liegen läßt, z. B., weil die Werkzeugmaschine zu irgend einer anderen eiligeren Arbeit benutzt wird oder weil Störungen im Betriebe eingetreten sind. Auch für diese Fragen gibt das Gesetz keine Lösung. Die Gewerbeordnung bestimmt nur, daß der Arbeiter ein Recht hat, das Dienstverhältnis bei Akkordarbeit zu lösen, wenn der Arbeitgeber nicht rechtzeitig für Arbeit sorgt. Wie weit dabei aber bei vom Arbeitgeber nicht verschuldeten Störungen dem Arbeiter ein Schadensanspruch zusteht, ist in der Rechtsprechung außerordentlich streitig.

M. H., ich habe nur einige der Einzelfragen, die täglich bei Akkordverträgen vorkommen, aufgezählt, aber Sie werden schon daraus entnehmen, wie mannigfaltige Vereinbarungen in jedem einzelnen Falle getroffen werden müssen, damit ein präzises und bestimmtes Arbeitsverhältnis geschaffen wird, und damit der Arbeitgeber und Arbeitnehmer wissen, was jeder zu leisten und zu fordern hat. Bei Zeitlohn kommen diese Fragen nicht in Betracht, für sie ist darum auch bei Zeitlohn nie ein Bedürfnis zu eingehender Regelung und schriftlicher Beurkundung hervorgetreten.

Es ist nun bezeichnend, daß die Leiter unserer industriellen Betriebe, bei denen das Verlangen bestehen muß, alle im Verhältnis zu den Arbeitern in Betracht kommenden Rechtsfragen so klar und bestimmt zu regeln, daß für zweifelhafte Rechtsfragen kein Raum ist, soweit es sich um ordnungsmäßig geleitete Betriebe handelt, die Mühe und die großen Umständlichkeiten nicht scheuen, schriftliche Beurkundung zahlreicher Punkte des Akkordvertrages für jede einzelne Akkordarbeit vorzunehmen, ohne daß eine gesetzliche Bestimmung sie dazu verpflichtet. In ordnungsmäßig geleiteten großen Betrieben und auch in vielen kleineren Betrieben ist es allgemein üblich, daß über jede Arbeit ein Akkordzettel schriftlich ausgefüllt wird, der genau die Elemente des Vertrages enthält. die ich hier angeführt habe, soweit nicht schon durch Arbeitsordnung und Tarifvertrag diese Fragen ein für alle Mal geregelt sind. Andererseits ist schon hervorgehoben, wie lebhaft die Klagen sind, daß eine Akkordvereinbarung von seiten des Arbeitgebers überhaupt nicht erfolgt, wohl verstanden, nicht nur, daß nicht eine erschöpfende. sondern überhaupt keine Vereinbarung üblich ist. Die Veröffentlichungen, die vom Verein für Sozialpolitik über die Löhnungsverhältnisse in der deutschen Eisen- und Metallindustrie veranlaßt sind, ergeben häufig ein geradezu erschreckendes Bild; besonders durch Werkmeister und die subalternen Kreise der Beamtenschaft wird vielfach das natürliche Recht des Arbeiters, Kenntnis von den Bedingungen, zu denen ihm die Arbeit übertragen ist, zu erlangen, in ganzen Industriezweigen verkümmert, zum Teil aus Bequemlichkeit, zum Teil, um in dem Arbeiter das Gefühl der Macht des Werkmeisters zu erhalten. Andererseits ist vielfach in kleinen Betrieben das Bestreben vorhanden, eine unrechtmäßige und unredliche Ausnutzung des Arbeiters dadurch herbeizuführen, daß die Arbeitsbedingungen den Arbeiter über seine vertraglichen Rechte im Unklaren lassen. Ich nehme insbesondere auf die Schriften von Bosselmann und von Timmermann Bezug, die das Gesagte mit zahlreichen, überraschenden Beispielen belegen. Ich darf ferner auf die Eingabe Bezug nehmen, die der große Metallarbeiterverband an die Arbeitgeber gerichtet hat und in der er an die Spitze den Erfahrungssatz stellt, daß der Arbeiter häufig bis zur Beendigung der Arbeit keine Kenntnis über die Höhe des Akkordlohnes erhält, und in der er die Arbeitgeber ersucht, Maßnahmen zu treffen, daß dem Arbeiter wenigstens dasjenige mitgeteilt wird, was er im einzelnen Falle beim Akkord verdienen soll.

Es ist nicht zu verkennen, daß der vorgängigen Akkordvereinbarung in gewissen Fällen sich sachliche Schwierigkeiten entgegenstellen. Die vorerwähnte Bundesrats-Verordnung für die Konfektionsindustrie, welche schriftliche Beurkundung verlangt, hat in der Praxis, wie schon von dem Referenten betont ist, glatt Schiffbruch erlitten. Bei ihr liegt einer der in Deutschland nicht gerade häufigen Fälle vor, daß ein Gesetz tatsächlich unausgeführt bleibt trotz der schönen Strafandrohungen, die darin enthalten sind. Es hat eine vom Beirat für Arbeiterstatistik neuerdings veranstaltete Untersuchung über die Verhältnisse in der Konfektionsindustrie und insbesondere über die Ursachen, aus denen diese Verordnung tatsächlich unbeachtet geblieben ist, stattgefunden und dabei ist auch zu Tage getreten, daß einzelne Polizeibehörden auf Anfrage von Industriellen den Bescheid erteilt haben, für bestimmte Fälle, bei denen die Verordnung praktisch tatsächlich sich als höchst unzweckmäßig erwiesen hätte, brauche die Verordnung trotz ihres entgegenstehenden Wortlauts nicht beachtet zu werden. Wenn erst die Nichtbeachtung einer Verordnung auf gewerblichem Gebiete in einzelnen Fällen geduldet oder gestattet wird, so daß es dem Ermessen des Arbeitgebers überlassen ist, zu entscheiden, für welche Fälle die Verordnung anwendbar ist, dann ist die Verordnung ein toter Buchstabe; das bedarf keiner näheren Darlegung. Die Enquête hat meines Erachtens die wirklichen Ursachen, weshalb die Verordnung ihren Zweck verfehlt hat, klar ergeben. Einmal, weil sie eine Reihe von Fällen trifft, für die eine schriftliche Beurkundung überflüssig ist, und zum anderen, weil sie Ausnahmefälle unberücksichtigt läßt, für die die Verordnung nicht paßt und überhaupt nicht angewendet werden kann. Einmal, sage ich, trifft sie Fälle, für die sie überflüssig ist, und alle überflüssige Schreiberei wird in jedem kaufmännischen und industriellen Betriebe als lästige Schererei betrachtet. Nämlich die Verordnung gilt auch für die Zeitlohnverträge, bei denen sie keinen rechten Sinn hat. Es wird kaum jemals streitig sein, wieviel Zeitlohn ein Arbeiter zu bekommen hat, und es wird kaum für einen Arbeiter irgendwelche Bedeutung haben, der für Zeitlohn arbeitet, ob er diese oder jene Konfektionsartikel arbeitet. Gleichwohl verlangt die Verordnung, daß jede Zeitlohnarbeit in das Lohnbuch eingetragen wird. Diese überflüssige Schreiberei und Schererei hatte bei allen Personen, die als Auskunftspersonen von der statistischen Kommission vernommen worden sind, großes Ärgernis und Abneigung gegen die Einrichtung der Lohnbücher erregt. Die vernommenen Arbeitgeber haben anerkannt, daß sie die Verordnung nicht beachtet haben, weil sie, insoweit sie Zeitlohnverhältnisse betrifft, überflüssig und zwecklos ist.

Der zweite Grund ist, daß Ausnahmen, bei denen vorgängige Vereinbarung von Akkordlohn wenigstens nach Meinung aller vernommenen Personen nicht angängig ist, nicht berücksichtigt worden sind; bei der Enquête hat sich herausgestellt, daß bei Musterarbeiten eine vorgängige Vereinbarung in der Tat unmöglich ist, weil dieselben sich einer genauen Schätzung im Voraus entziehen; die von der Verordnung vorgeschriebene vorgängige Vereinbarung würde den Interessen der Arbeiter so widersprechen, daß die Arbeiter und Arbeitgeber darin einig sind: Bei Musterarbeiten muß der Lohn nachträglich festgesetzt oder vereinbart werden.

Aber wie verschieden selbst innerhalb der Konfektions-Industrie die Verhältnisse liegen, auch das hat die Enquête ergeben. Die Schwierigkeiten der vorgängigen Vereinbarung bestehen nämlich nicht in der Groß-Herrenkonfektion, wohl aber für die Damenkonfektion und die Wäschekonfektion. Ich führe die Einzelheiten hier an, um an einem einzelnen Industriezweig die außerordentlichen Schwierigkeiten zu zeigen, die sich generellen Vorschriften für alle Gewerbe oder selbst für einzelne Gewerbe entgegenstellen. — Ich bin sicher, daß der Versuch der Regelung, den man für die Konfektions-Industrie in Deutschland gemacht hat, mit der Vorschrift der Akkordbeurkundung für die Konfektions-Industrie nicht Schiffbruch erlitten hätte — wie es geschehen ist — wenn die Enquête mit der Sorgfalt und Umsicht vor Erlaß der Verordnung vorgenommen worden wäre, wie es jetzt drei Jahre nach dem Erlaß geschehen ist. Es ist notwendig, die Ursachen klarzustellen, damit nicht den Freunden einer Regelung des Akkordvertrages gesagt werden kann: „Nun seht doch, man hat ja die allgemeine Akkordbeurkundung für ein Gewerbe eingeführt und da hat sich schnell genug die gesetzliche Regelung als unpraktisch erwiesen." Als unpraktisch erwiesen hat sich nur die Beurkundung für einen ganzen Gewerbezweig einzuführen, ohne die Verhältnisse desselben genau zu erforschen und die Bedürfnisse desselben durch notwendige Ausnahmen zu beschränken, und ferner hat sich als unpraktisch erwiesen, die Beurkundung auch auf den Zeitlohnvertrag auszudehnen, nichts aber ist gegen das Prinzip der Beurkundung des Akkordlohnvertrages beigebracht. Diese ist im Interesse der Rechtssicherheit erforderlich. Daher habe ich mir erlaubt, eine Zusatzthese zu dem von Herrn Prof. Bernhard vorgeschlagenen Satz II, Nr. 1 zu machen, welcher lautet:

„Insonderheit hält der Juristentag für erforderlich:

1. Die Sicherung der Akkordvereinbarung und Akkordabrechnung" usw. bis zu den Worten „gesetzlich zu regeln."

Ich habe dazu vorgeschlagen:

„und zwar der Akkordvereinbarung durch schriftliche Beurkundung (Akkordzettel, Lohnbücher).

Die Bestimmungen müssen für jedes einzelne Gewerbe sowohl diejenigen Punkte, welche der Beurkundung unterliegen, wie die Ausnahmen vom Beurkundungszwang angeben."

Wenn aber für das einzelne Gewerbe sowohl die Punkte des Akkordarbeitsvertrages, die der Beurkundung unterworfen werden, wie diejenigen, die dem Beurkundungszwange nicht unterliegen durch Verordnungen festgelegt werden, dann ist zu erhoffen und auch mit Bestimmtheit zu erwarten, daß die ständige Rechtsunsicherheit bei Akkordarbeitsverhältnissen verschwindet mit ihrer Folgeerscheinung zahlreicher Rechtsstreitigkeiten, ungerechter Verschiebung der wirtschaftlichen Lage zu Ungunsten der Arbeitnehmer und häufigen Kämpfen und Strikes.

Eine wichtige Frage bei gewerbepolizeilichen Maßnahmen ist die, wie ihre Durchführung gesichert werden soll. Wir sind im allgemeinen gewöhnt, daß alle polizeilichen Verordnungen, auch die gewerbepolizeilichen, mit öffentlicher Strafe versehen sind; man geht davon aus, daß die öffentliche Strafandrohung die beste Gewähr für deren Durchführung ist. M. H.! Die Erfahrung widerlegt aber diese Auffassung. Öffentliche Strafe ist auf gewerbepolizeilichem Gebiete ein Abschreckungsmittel in der Richtung, daß die Arbeitgeber, die um die Durchführung besorgt sein sollen, davon abgeschreckt werden, sich überhaupt um den Teil des Betriebes, bei dem ihnen die Unannehmlichkeit von Gerichtsverhandlungen und Bestrafungen drohen, zu kümmern. Sie machen von der Bestimmung der Gewerbeordnung Gebrauch, die sie berechtigt, einzelne Angestellte mit der Beaufsichtigung dieses Teiles ihres Betriebes zu beauftragen, der etwa die Regelung der Arbeitsverhältnisse betrifft. Es soll dies kein Vorwurf sein; denn der Arbeitgeber, der einen großen Betrieb unter sich hat, kann gar nicht verhüten, daß bei der Beschäftigung zahlreicher Arbeiter im Einzelfalle gegen gewerbepolizeiliche Verordnungen verstoßen wird. Aber er würde die Verantwortung tragen, soweit ihm nur finanzielle Nachteile drohen; er scheut dagegen mit Recht das Peinliche einer Strafklage und Strafverhandlung. Die Folge ist aber, daß die Strafandrohung nur Angestellte trifft, die die geringe Strafe, die im einzelnen Falle naturgemäß verhängt wird, als etwas Unvermeidliches ansehen, und die aus Geschäftsmitteln bezahlt wird, wenn eine Anzeige erstattet ist und Verurteilung erfolgt. Der moralische Effekt der Strafandrohung geht dabei verloren. Und wie selten erfolgt eine Strafanzeige! Eine Kontrolle durch Gewerbe-Inspektoren hat praktisch wenig zu sagen; jede Strafanzeige seitens eines Arbeiters hat natürlich die Lösung des Arbeitsverhältnisses zur Folge; sie verschärft die Beziehungen zwischen Arbeitgeber und Arbeitnehmer im allgemeinen.

Ein viel wirksamerer Zwang zur Durchführung der Vorschriften ist auf zivilrechtlichem Gebiete zu suchen. Ich möchte mich für den Weg entscheiden, der in dem Gutachten des Herrn Wölbling vorgeschlagen ist, daß nämlich mangels vorgängiger Akkordvereinbarung die Arbeit als im Zeitlohn verrichtet anzusehen ist. Aber man muß über den Wölblingschen Vorschlag hinausgehen und eine zivilrechtliche Strafandrohung beifügen; denn bei dem Wölblingschen Vorschlage würden die Nachteile der unterlassenen Akkordvereinbarung in höherem Maße als den Arbeitnehmer, den Arbeitgeber treffen; erfahrungsmäßig steht sich nämlich der Arbeiter bei Akkordlohn in vielen Industrien ein Drittel bis 40 pCt. besser, als bei Zeitlohn. Es würde also ein Anreiz für den Arbeitgeber vorliegen, die Akkordvereinbarung zu unterlassen und der Arbeiter würde in hohem Maße benachteiligt werden. Aus der beabsichtigten Arbeiterschutzvorschrift würde eine Vorschrift werden, die den Arbeitnehmer benachteiligt, wobei weiter in Betracht kommt, daß den Arbeiter der Nachteil im Prozesse trifft, daß er den Beweis führen muß, wieviel Zeit er zur Herstellung der Arbeit verwendet hat.

Die Sicherung der Akkordvereinbarung muß deshalb dadurch erfolgen, daß zwar die Arbeit nach Zeitlohn zu vergüten ist, wenn nicht Akkordlohn in gehöriger Form vorgängig vereinbart ist, daß dann aber nicht nur der einfache Zeitlohn, sondern nach englischem Vorbild etwa der anderthalbfache zu vergüten ist. Darin liegt ein zivilrechtlicher Zwang für den Arbeitgeber, eine Lohnfestsetzung zu treffen; eine Ausnahme wäre natürlich zu machen, soweit nach der zutreffenden legalen Vorschrift für die einzelnen Industriezweige eine schriftliche Beurkundung überhaupt nicht stattzufinden braucht.

Darauf bezieht sich der dritte Zusatz, den ich vorgeschlagen habe:

> „Die Durchführung soll, soweit irgend möglich unter Vermeidung öffentlicher Strafen durch Androhung von Nachteilen zivilrechtlicher Art. (Vertragsstrafen in Höhe von Zeitlohnsätzen) gesichert werden."

Dies diene zur Begründung derjenigen Sätze, die sich auf den Abschluß des Akkordvertrages — Zulässigkeit und Form — beziehen.

Wenn wir nun zu der Frage übergehen, welches ist der Inhalt, die rechtliche Wirkung des geschlossenen gewerblichen Arbeitsakkordvertrages, so begegnet uns eine außerordentliche Rechtsunsicherheit. Ist es aber die hauptsächlichste Aufgabe der Rechtsordnung, klare Vorschriften über Rechtsverhältnisse für Streitfälle zu geben, so ist dies umsomehr bei den gewerblichen Arbeitsverhältnissen der Fall; die Arbeiter sind nicht in der Lage, bei Rechtsanwälten Rat zu holen oder selbst in dicken Lehrbüchern und Kommentaren nachzuschlagen, was im einzelnen Falle für sie ihrem Arbeitgeber gegenüber rechtens ist. Es ist auch ausgeschlossen, daß etwa eine einheitliche Rechtsprechung so populär und allgemein bekannt und anerkannt wird, daß sich dadurch gesetzliche Vorschriften erübrigen. Zivilrechtliche gewerbliche Arbeitsverträge gelangen kaum jemals vor das Reichsgericht, schon wegen der Höhe der Revisionssumme; selbst Urteile der Landgerichte, als der Berufungsgerichte gegen die Gewerbegerichte sind verhältnismäßig selten. Gegenüber rund 12 000 Klagen, die beim Gewerbegericht Berlin im Jahre 1904 anhängig geworden sind, sind nur 33 kontradiktorische Urteile des Landgerichts I Berlin in der Berufungsinstanz ergangen, eine Zahl, die bei der unendlichen Mannigfaltigkeit der Fragen des Akkordrechtes so geringfügig ist, daß sie schon dieserhalb, von allen anderen Gründen abgesehen, keinesfalls eine allgemeine Rechtsüberzeugung für das ganze Rechtsgebiet begründen kann.

Danach ergibt sich die Bejahung der Frage, ob g e s e t z l i c h e Vorschriften zur Regelung des Akkordvertrages erforderlich sind.

Lassen Sie uns nun einige einzelne Wirkungen des gewerblichen Akkordvertrages erörtern.

Nach der Konstruktion unseres Bürgerlichen Rechtes gestalten sich diese zu einem wesentlichen Teil verschieden, je nachdem man den gewerblichen Arbeitsakkordvertrag als Dienstvertrag ansieht oder eine andere Vertragsform in demselben erblickt. Eine sehr große Zahl von gewerblichen Arbeitsakkordverträgen bietet für Zweifel keinen Raum; sie sind Dienstverträge im Sinne des BGB. Darüber wäre jedes Wort überflüssig. Wenn eine Fabrik einen Arbeiter anstellt und mit ihm vereinbart, er habe Nägel zu schmieden und bekomme dafür per Dutzend oder per Hundert soundsoviel, dann sind keine Bedenken über die rechtliche Natur des Vertrages. Zweifelhaft wird die Entscheidung nur, sobald es sich um Arbeitsverhältnisse handelt, bei denen zwischen dem eigentlichen Arbeitgeber und dem eigentlichen Arbeitnehmer noch ein Unternehmer steht, d. h. bei der Heimarbeit und beim Gruppenakkord. Das sind Arbeitsformen, wo unter der Bezeichnung Zwischenmeister, Gruppenführer und ähnlichem, eine Person auftritt, für die sich aus keiner Norm eine allgemeine Entscheidung fällen läßt, ob sie als Arbeitgeber oder als Unternehmer im Sinne des § 631 des BGB. anzusehen oder ob sie selbst Dienstverpflichteter, Arbeiter sei, und ob die mit ihr im Produktionsprozesse tätigen, aber auf der Stufenleiter desselben eine Stufe tiefer stehenden Personen ihr oder dem eine Stufe höher als sie selbst stehenden Arbeitgeber als Dienstverpflichtete gegenüber treten. Die Begriffsbestimmungen des BGB. über den Dienstvertrag und über den Werkvertrag sind vielfach angefochten und nicht zum wenigsten gerade weil diese dem Wesen des Arbeitsakkordvertrages nicht gerecht werden. Denn, meine Herren, die Begriffsunterschiede, die nach dem BGB. den Dienstvertrag vom Werkvertrag trennen, sind einmal der Unternehmerbegriff, der beim Dienstvertrag nicht erwähnt ist; was aber ein Unternehmer im Sinne des BGB. ist, ist nirgend gesagt. Die anderen unterschiedlichen Bestimmungen, daß nämlich beim Dienstvertrage Dienste zugesagt werden und daß beim Werkvertrage ein Werk herzustellen versprochen wird, die versagen beim Akkordvertrage vollständig; denn wenn jemand sich verpflichtet, Schrauben im Akkord herzustellen, dann sagt er, äußerlich betrachtet, nichts anderes zu, als ein Werk herzustellen und die Vergütung wird für ein herzustellendes Werk versprochen und nicht für Dienste. Das würde alles auf einen Werkvertrag im Sinne des § 631 BGB. hindeuten. Die Praxis schwankt nun darüber, wann bei gewerblichen Akkordverträgen Werkvertrag, wann Dienstvertrag anzunehmen ist. Es ist mir ein Brief eines Kollegen zugegangen, der in dieser Frage eine besondere Kompetenz beanspruchen darf; es ist ein vielbeschäftigter Anwalt im lippischen Lande. Er schreibt mir, daß er das Interesse der lippischen Ziegler dem Juristentag recht warm ans Herz lege; denn die Rechtslage der lippischen Ziegler sei gerade wegen der Rechtsunsicherheit ihres Arbeitsrechtes recht traurig. Stellen sie eine Klage beim ordentlichen Gericht an, dann weist dieses sie ab, weil ein Dienstlohnverhältnis vorliege; umgekehrt lehnen auch vielfach die Gewerbegerichte die Klagen ab mit der Begründung, es liege ihrem Arbeitsverhältnisse ein Werkvertrag zugrunde. Wenn ein Ziegelmeister gegen den Gutsbesitzer, den Ziegeleibesitzer, klagt, weil er ohne Grund entlassen sei und für 2 Wochen Entschädigung fordert, dann wird ihm erwidert, er habe sich unehrerbietig betragen, habe die ihm als Arbeiter nach dem Dienstverhältnis obliegenden Pflichten verletzt, und er verliert seinen Prozeß; macht er aber geltend, daß der Gutsbesitzer Marken kleben muß für die staatliche Versicherung, dann heißt es, er sei ein selbständiger Unternehmer und sei nicht versicherungspflichtig. Will er verhindern, daß der Gutsbesitzer die Ziegel warm vom Ofen verkauft und sein Pfandrecht als Unternehmer aus § 647 BGB. in Anspruch nehmen, dann wird ihm erwidert: Du bist nur Arbeiter, es liegt ein Dienstvertrag vor. Du hast kein Pfandrecht. — Eine weitere rechtliche Schwierigkeit wird dadurch hervorgerufen, daß der Ziegelmeister nicht für sich allein bei den rechtlichen Verhandlungen auftritt, sondern daß er für eine größere Zahl von anderen Arbeitern verhandelt, deren Namen dem Gutsbesitzer garnicht bekannt gegeben werden. Er vereinbart für sie alle Akkordsätze, er verspricht soundsoviel Tausend Ziegel im Minimum per Woche oder Monat oder etliche

Millionen Ziegel während der Campagne zu liefern. Da lassen die gesetzlichen Bestimmungen zur Entscheidung, ob Dienstvertrag oder Werkvertrag vorliegt, vollständig im Stich; es versagen aber auch diejenigen Unterscheidungsmerkmale, an die in der Theorie häufig der Unterschied zwischen Dienst- und Werkvertrag geknüpft wird, nämlich, ob ein Erfolg der Arbeitsleistung versprochen wird. Ein Erfolg der Arbeitsleistung wird ja bei jedem Akkord ausdrücklich versprochen und implicite bei jedem Dienstverhältnis; denn ein Gewerbetreibender stellt einen Arbeiter nicht zu dem Zwecke an, damit er Muskelübungen vornimmt, sondern damit er Arbeitsprodukte, Erfolge seiner Diensttätigkeit hervorbringt. Gerade, daß häufig die Zusage des Erfolges der Dienstleistungen als entscheidendes Merkmal für den Werkvertrag angenommen wird, hat nicht nur viele irrige Urteile in der Rechtsprechung bei einzelnen Rechtsfällen hervorgerufen, sondern auch in der Praxis des gewerblichen Lebens bei den Arbeitgebern unrichtige Auffassungen genährt; weil die betroffenen Arbeiter aber sich in ihrem Recht auf das Schwerste gekränkt fühlen, war der Anlaß zu weittragenden gewerblichen Streitigkeiten gegeben. So bildet beispielsweise die Frage, ob in den Gießereien die Gießer Bezahlung verlangen können, wenn sie das Gießereiprodukt nicht in untadelhaftem Zustande abliefern, eine ständige Quelle für Streitigkeiten. Die Arbeitgeber nehmen den Standpunkt ein: Ihr habt nur Bezahlung zu verlangen für gute Produkte der Arbeit, während die Arbeiter erwidern: Wir sind nur Arbeiter, wenn wir unsere Pflicht zu arbeiten erfüllt haben, geht uns nichts an, ob die Arbeit gut oder schlecht ausfällt; für Zufälligkeiten sind wir nicht verantwortlich.

Ein weiterer Umstand erhöht die rechtliche Unklarheit. Für sehr viele Industriezweige hat die Übernahme der Haftung für den Erfolg wirtschaftlich keine sonderliche Bedeutung. Je weniger ein industrielles Produkt in seinem Erfolge von Zufälligkeiten, von unbekannten Naturgesetzen, oder schwer zu beaufsichtigenden, komplizierten chemischen Prozessen abhängig ist, um so sicherer ist, daß der Erfolg unbedingt eintritt und eintreten muß, wenn nur die Arbeitsdienste ordnungsmäßig geleistet sind. Und die Dienste ordnungsmäßig leisten muß jeder Dienstverpflichtete. Hat er also seine Pflicht getan, dann tritt der Erfolg ein, und der Arbeiter wird deshalb in allen solchen Industriezweigen kein Bedenken haben, wenn es ihm zugemutet wird, den Erfolg zu übernehmen und diesen selbst auch „zum Gegenstand des Vertrages zu machen“.

Ein Beispiel aus den einfachsten industriellen Verhältnissen wird dies klarstellen. Eine Fabriknäherin erhält für ein Dutzend Hemden einen bestimmten Betrag als Akkordlohn. Sie wird gar kein Bedenken haben, wenn der Arbeitgeber ihr einen schriftlichen Vertrag vorlegt, denselben zu unterschreiben, wenn darin gesagt ist: Die Arbeiterin übernimmt die Gefahr des Arbeitsprozesses, sie steht für den Erfolg ihrer Tätigkeit ein; denn die Gefahr, die sie dabei übernimmt, ist so minimal, daß sie wirtschaftlich nicht in Betracht gezogen wird; sie übernimmt dabei alles, wozu sie als Unternehmerin nach dem Recht des Werkvertrages verpflichtet wäre. Es würde aber gleichwohl ein ganz verfehlter Schluß sein, anzunehmen, daß sie deshalb von den sozialen Schutzvorschriften, die nur für den Dienstvertrag gelten, ausgeschlossen sein soll. Bei denjenigen Industrien, wo wirklich das Risiko, das in der Übernahme des Erfolges liegt, ein erhebliches ist, da wird dies auch wirtschaftlich zum Ausdrucke kommen, da wird in dem Akkordlohn auch eine Entschädigung für das Unternehmerrisiko enthalten und erkennbar sein. Ebenso werden auch andere Unternehmerfunktionen sich im Akkordlohn ausprägen, wenn der Akkordant Unternehmer „im wirtschaftlichen Sinne“ ist, mit anderen Worten: Wenn die dem Arbeiter für die Akkordarbeit gewährte Vergütung einen Unternehmergewinn in sich schließt, dann ist der Dienstlohn lediglich ein Faktor der Kalkulation des Akkordpreises. Nur an diesen wirtschaftlichen Momenten kann von Fall zu Fall unter Berücksichtigung des gesamten Vertragsinhaltes geprüft werden, ob Dienst- oder Werkvertrag vorliegt; juristische Formeln versagen, jedes einzelne Begriffsmoment, das als charakteristisches Unterscheidungsmerkmal für den Dienstvertrag angeführt wird, wie persönliches Abhängigkeitsverhältnis, eine gewisse Dauer der Dienste usw. kann fehlen, und es kann gleichwohl ein Dienstvertrag vorliegen. Man kommt danach zu dem Schlusse: Wo immer lediglich die Arbeit des Arbeiters bezahlt wird, liegt ein Dienstvertrag vor. Auch beim gewerblichen Arbeitsakkordvertrage wird in der Form des Akkordlohnes nichts anderes gezahlt als ein Dienstlohn. Der Beweis dafür ergibt sich einmal daraus, wie ein neuer Akkordlohnsatz in den Betrieben festgestellt zu werden pflegt. Dies geschieht in der Weise, daß ein Zeitlohnarbeiter, der als normal geschickt und fleißig bekannt ist, mit Herstellung des betreffenden Arbeitsproduktes unter Aufsicht im Zeitlohn beauftragt wird, und ein dem Zeitlohn, der als normaler Lohn angesehen wird, gleicher Betrag wird dann als Akkordlohn für künftige gleichartige Arbeiten bestimmt.

Die andere Probe auf das Exempel bildet die sogenannte Akkordgrenze. Wenn es ein Unternehmer durch Geschicklichkeit, durch gut arbeitende Maschinen, durch billige Beschaffung von Material oder andere Gründe dahin bringt, billig zu produzieren, dann wird er, bis etwa die Konkurrenz den Preis drückt, den Vorteil von der billigeren Produktion und den größeren Verdienst haben. Das ist beim gewerblichen Arbeitsakkordlohn nicht der Fall. Der Akkordlohn steht unter dem Gesetz der Akkordgrenze, d. h. er darf immer nur innerhalb gewisser Grenzen um den normalen Arbeitslohnsatz herum schwanken; er darf nicht über den normalen Arbeitsverdienst eines gleichartigen Arbeiters nennenswert hinausgehen. Sobald dies eintritt, wird jeder Arbeitgeber eine Herabsetzung dieses Lohnes herbeizuführen suchen. Weil die Arbeitsorganisationen dem entgegenstreben, so tritt nach allgemein bekannten Erfahrungen eine sogenannte Akkorddrückerei in etwas versteckter Form ein; man führt irgend welche neuen Werkzeuge ein, teilt die Akkordarbeit, oder findet sonst irgend eine andere Form, unter der die Heruntersetzung des Akkordes sich angeblich rechtfertigt. In allen industriellen Betrieben aber wird an dem Grundsatz festgehalten, daß auch der Akkordlohn ein Dienstlohn ist, der in keiner Weise die übliche Grenze über dessen Durchschnitt überschreiten darf.

Die Praxis der Rechtsprechung braucht nun einen bestimmten Leitsatz, um die auftretenden Zweifel zu lösen, wie ihn auch der Gutachter Francke vorgeschlagen hat, daß nämlich im Zweifel der gewerbliche Arbeitsakkordvertrag ein Dienstvertrag ist. Dieser Satz wird bei gesetzlicher Anerkennung einen größeren Teil der Fragen, die die im Akkordvertragsrecht herrschende Rechtsunsicherheit herbeigeführt haben, beseitigen.

Über die bestehende Rechtsunsicherheit dürfen wir uns deshalb nicht hinwegtäuschen, weil in einer Anzahl von veröffentlichten Urteilen von Gewerbegerichten eine bestimmte, befriedigende und vielfach übereinstimmende Entscheidung getroffen ist. Denn veröffentlicht werden wohl die Urteile der Gewerbegerichte in den bekannten Spruchsammlungen fast ausnahmslos nur, wenn die Urteilsfasser ihre Entscheidung mit rechtlichen Ausführungen so zutreffend zu begründen vermögen, daß sie sich für die Veröffentlichung eignen; aber von der bei weitem größten Anzahl gewerbegerichtlicher Urteile aus kleinen und größeren Orten gelangt nie irgend etwas an das Licht der Öffentlichkeit. Da nun diese gewerblichen Urteile in der Regel auch der Kontrolle eines Instanzenzuges nicht unterliegen, so sind bestimmte klare rechtliche Regeln nicht zu entbehren, unter denen eine der wichtigsten wäre, daß der Charakter des Akkordvertrages als Dienstvertrag klargestellt wird. Daneben müßten aber auch diejenigen Bestimmungen aus der Lehre vom Dienstvertrag bezeichnet werden, die für den Akkordvertrag nicht anwendbar sind, z. B. die des § 616 des BGB. Hier ist bestimmt, daß eine ohne Verschulden des Arbeiters eintretende Verhinderung an der Dienstleistung während einer verhältnismäßig nicht erheblichen Zeit seinen Anspruch auf Vergütung nicht beseitigt. Es unterliegt eigentlich keinem Zweifel, daß diese Bestimmung für den Akkordvertrag nicht anwendbar ist. Die Praxis des Berliner Gewerbegerichts steht auch auf diesem Standpunkt. Das Landgericht in Nordhausen als Berufungsinstanz hat gleichwohl in einem in der „Sozialen Praxis" abgedruckten Urteile ganz unbedenklich ausgeführt, daß auch bei Akkordarbeit der § 616 BGB. Anwendung findet.

Aus den weiteren Fragen, die in der gewerblichen Praxis außerordentlich streitig sind und deren Entscheidung damit zusammenhängt, ob angenommen wird, der gewerbliche Arbeitsakkordvertrag richte sich nach den Regeln des Werk- oder Dienstvertrages, mögen folgende hervorgehoben werden: Hat der Arbeiter das Recht, Mängel seiner Arbeit zu beseitigen, also ein Recht auf Nachbesserung, oder muß er Lohnabzüge dulden? und ferner die praktisch außerordentlich wichtige Frage der Kündigungsfrist. Dienstverträge unterliegen einer Kündigungsfrist, dürfen andererseits jederzeit von beiden Parteien wegen wichtiger Gründe gekündigt werden; ein Werkvertrag kann jederzeit auch ohne Vorliegen wichtiger Gründe unter der im § 649 BGB. verordneten Schadensersatzpflicht vom Besteller einseitig gekündigt werden. Für den Zeitlohnvertrag ist kein Raum zu Zweifeln; der § 621 ff. BGB. gibt klare Bestimmungen. — Aber beim Akkordlohnvertrage ergeben sich erhebliche Schwierigkeiten. Es hat z. B. ein Tischlergeselle zwei Dutzend gleicher Stühle im Akkord herzustellen übernommen; die Arbeit wird durch Erkrankung des Arbeiters verzögert; er hat aber schon vor seiner Erkrankung ordnungsgemäß mit vierzehntägiger Frist das ganze Dienstverhältnis aufgekündigt und kann bis zum Ablauf der Kündigungsfrist die Akkordarbeit nicht fertigstellen. Es fragt sich, ob er den Dienst nach Ablauf der Kündigungsfrist verlassen darf oder ob er vorher die Akkordarbeit fertigstellen muß. Oder die Akkordarbeit war so umfangreich, daß sie innerhalb der gesetzlichen oder vereinbarten Kündigungsfrist nicht fertiggestellt werden konnte, oder aber es treten in der Fabrik unvorhergesehene Störungen im Betriebe ein oder der Arbeitgeber macht von dem ihm zustehenden Rechte Gebrauch, die Dienste des Arbeiters in der Weise zu dirigieren, daß er den Arbeiter anweist, zunächst eine andere dringende Arbeit anzufertigen, oder daß er den Arbeiter von der Werkzeugmaschine entfernt, die er für die Anfertigung der Stühle braucht und dergleichen mehr. Hier hat nun das Berliner Gewerbegericht in einer Veröffentlichung im Reichs-Arbeitsblatt vom August 1906 klar gestellt, daß die Ansichten der Interessenten de lege ferenda wie de lege lata durchaus verschieden sind, ebenso wie die bekannt gewordenen Urteile der Gerichte vielfach von einander abweichen. — Bald heißt es, die Akkordabrede ist eine Spezialabrede, die der allgemeinen Kündigungsabrede vorgeht, sodaß erst der „Akkord“ fertiggestellt werden muß, ehe die Kündigungsabrede wirksam wird. Manche Urteile nehmen das Gegenteil an und argumentieren, daß das gesetzliche gewährleistete Kündigungsrecht nicht verkümmert werden darf; wieder andere stellen den Satz auf, daß eine jede Akkordverabredung jederzeit von beiden Teilen fristlos aufgehoben werden kann. Und zu meiner Überraschung ist diese letztere Ansicht von dem Ausschuß des Berliner Gewerbegerichts, der sich aus Arbeitgebern und Arbeitnehmern zusammengesetzt, mit Vorschlägen zur gesetzlichen Regelung der Akkordarbeit befaßte, als wünschenswerte gesetzliche Regelung den gesetzgebenden Körperschaften einstimmig empfohlen.

Die Dringlichkeit einer gesetzlichen Regelung der Akkordarbeit scheint mir schon dadurch erwiesen, daß eine so wichtige Frage, wie die der Beendigung des Arbeitsverhältnisses in völlig entgegengesetzter Weise von den rechtsprechenden Faktoren entschieden wird. Denn dem Arbeitnehmer bedeutet das Arbeitsverhältnis seine ganze Existenz. Der Vertrag über dasselbe hat für ihn eine ungleich wichtigere Bedeutung als irgend ein anderer Vertrag.

Einer gesetzlichen Regelung bedarf weiter das Recht auf Akkord-Abrechnung, insbesondere ist die Sicherung richtiger Akkordberechnung anzustreben. Gegenwärtig erkennen die Gerichte durchaus nicht allgemein ein Recht des Arbeitnehmers an, eine Akkordberechnung zu fordern, sie gehen vielfach davon aus, daß, wer einen Anspruch erhebt, ihn zunächst in allen Einzelheiten darlegen, ihn substanziieren muß, ehe er zum Beweisantritt verstattet wird. Diese Auffassung beruht in ihrer Anwendung auf dem gewerblichen Arbeits-Akkordvertrage, auf einer nicht ausreichenden Kenntnis der tatsächlichen Lebensverhältnisse. Der Arbeitnehmer ist bei sehr vielen Akkorden überhaupt nicht in der Lage, eine Berechnung aufzustellen; denn er hat zu der Zeit, wo er den Lohnanspruch erheben darf, das Arbeitsprodukt nicht in der Hand, er hat auch vielfach in keinem Zeitpunkt die Möglichkeit gehabt, bei Akkord-Arbeiten, die nach Maßeinheiten bezahlt werden, die Berechnung und Bemessung vorzunehmen. Es hat sich nun zwar eine Art Gewohnheitsrecht gebildet, das dem Arbeiter das Recht gibt, eine Akkordberechnuug vom Arbeitgeber zu fordern. Aber weder die Existenz des Gewohnheitsrechts, noch seine rechtliche Bedeutung ist in den in Betracht kommenden Bevölkerungsklassen hinreichend klar und geläufig, um es in ihren Streitigkeiten vor den Gewerbegerichten zur Geltung zu bringen. Für die Sicherung des Rechtes auf vollständige und richtige Akkordberechnung werden vielfach, namentlich auf Seiten der Arbeitnehmer, strafrechtliche Vorschriften gewünscht. Ich würde es für wünschenswert halten, daß die heutige Diskussion Material zur Klarstellung dieses Punktes ergibt.

M. H.! Die großen Schwierigkeiten, die sich in der Praxis aus der Unklarheit des Akkordrechtes ergeben, sind im gewissen Umfange durch zwei Rechtsinstitutionen abgeschwächt, die, trotz ihrer ähnlichen Wirkung, beide vollständig verschiedenen Ursprunges und von völlig verschiedener sozialpolitischer Bedeutung sind, nämlich durch die Arbeitsordnung und durch den Tarifvertrag. Die Arbeitsordnung gilt nach den Bestimmungen der RGO. als Teil des Arbeitsvertrages; sie unterwirft den Arbeiter in seinen privatrechtlichen Beziehungen zum Arbeitgeber ihren Bestimmungen, ohne daß ihm die Arbeitsordnung zur Zeit des Abschlusses des Dienstvertrages auch nur bekannt gegeben zu werden braucht. Denn die RGO. schreibt vor, daß sie ihm erst bei dem Eintritt in die Beschäftigung also nicht etwa bei Beginn des Dienstverhältnisses, bekannt gegeben zu werden braucht. Trotzdem sie ein Teil des Arbeitsvertrages ist, bedarf sie weder der Zustimmung des einzelnen Arbeiters, noch auch nur einer Arbeiter-Vertreter-Organisation; denn nach dem Gesetz wird sie einseitig von dem Arbeitgeber erlassen. Keine Vorschrift macht ihre Wirksamkeit von der Zustimmung eines Arbeiterausschusses oder der Arbeiter abhängig. Dem Arbeiter braucht nur Gelegenheit zu einer Äußerung gegeben zu sein und die Polizei muß sie alsdann genehmigen, wofern sie nur den formalen gesetzlichen Vorschriften entspricht. Dadurch wird eine unerwünschte Wirkung der Arbeitsordnung begründet. Das Übergewicht, welches an sich schon der Arbeitgeber hat und das bei der Abfassung des Arbeitsvertrages zur Geltung kommt, — nicht nur weil er vielfach in seiner Person eine ebenso große oder größere wirtschaftliche Macht vereinigt, als die ganze Arbeiterschaft seines Betriebes zusammengenommen, sondern auch, weil er größere Rechtskenntnisse hat oder sie ihm wenigstens eher zur Verfügung stehen — wird noch weiter vermehrt und einer für die Arbeitnehmer unvorteilhaften Regelung des Arbeitsverhältnisses Vorschub leistet. Nun kann die Rechtsordnung zwar naturgemäß nicht das wirtschaftliche Übergewicht des einen Vertragsteils beseitigen, es ist dies auch nicht ihre Aufgabe, aber im Widerspruche mit ihrem Zwecke steht, daß sie die naturgemäße Verschiedenheit der Machtverhältnisse zwischen Arbeitgeber und Arbeitnehmer durch ihre Institutionen und Anordnungen noch verstärkt.

Deshalb habe ich im Anschluß an das Franckesche Gutachten vorgeschlagen, zwischen Satz 2 und 3 einen Zwischensatz zu den Thesen des Herrn Professor Bernhard einzufügen:

„Diejenigen Bestimmungen der Arbeitsordnung, die den gewerblichen Akkordarbeitsvertrag regeln, müssen mit den Arbeitern

(Arbeiterausschuß) vereinbart sein, wenn sie Rechtswirksamkeit erzeugen sollen."

Ich möchte aufmerksam machen, daß in dieser These nicht etwa vorgesehen ist, daß sämtliche Bestimmungen der Arbeitsordnung vereinbart werden müssen, sondern nur diejenigen, die den gewerblichen Akkordarbeitsvertrag regeln. Die Einschränkung ergibt sich einmal durch den Gegenstand unserer Beratung und Beschlußfassung, sodann aber sollen von der Vereinbarung mit den Arbeitern auch diejenigen Bestimmungen ausgeschlossen bleiben, welche die äußere Ordnung des Betriebes regeln. Die Vorschriften über die Aufrechterhaltung der äußeren Ordnung im Betriebe wird man nicht von der Zustimmung der Arbeiterschaft abhängig machen wollen.

Die zweite Rechtsinstitution, welche für die Regelung des Akkordarbeitsvertrages Bedeutung hat, ist der Tarifvertrag. Regelmäßig sind in demselben für alle die Betriebe und Berufszweige, für die er Geltung erlangt hat, auch die Fragen über Abschluß und Inhalt des Akkordvertrages ausreichend geregelt, die wir als der gesetzlichen Regelung bedürftig bezeichnet haben; und es pflegt weiter in den Tarifverträgen die Einsetzung von Schlichtungskommissionen vorgesehen zu sein, welche die etwa erforderlichen Ergänzungen für im Tarifvertrag nicht verordnete Punkte zu treffen oder Zweifel über Auslegung desselben zu entscheiden berufen sind. Für die praktische Bedeutung und Bewährung der Tarifverträge darf ich mich auf das Zeugnis eines Mannes berufen, der die größte Erfahrung auf dem Gebiete der gewerblichen Streitigkeiten und des Verhältnisses zwischen Arbeitgeber und Arbeitnehmer hat, des Vorsitzenden des Berliner Gewerbegerichts. Er ist des Lobes über die Erfolge der Tarifverträge voll, er sagte, in denjenigen Berufszweigen und Betrieben, für die Tarifverträge abgeschlossen sind, sei die Zahl der Streitigkeiten über die Akkordverhältnisse auf ein geringstes Maß heruntergegangen. Die prinzipiellen Fragen seien geordnet; tauchten neue Zweifel und Streitfragen auf, dann würden dieselben nicht mit der bei Streitigkeiten vor Gericht üblichen Erbitterung durchgefochten, sondern die Schlichtungskommission greife ein, und es seien ihm nicht viele Fälle bekannt geworden, wo nicht Arbeitgeber und Arbeitnehmer sich auf den Vorschlag der Schlichtungskommission geeinigt hätten. Wenn die Erfahrung beweist, daß eine Rechtsinstitution solche heilsamen Wirkungen hat, dann, m. H., ist es Aufgabe der Gesetzgebung, diese Institution zu fördern, und ich kann nur mit dem Berichterstatter Bernhard, sowie mit dem Gutachter Francke auch meinerseits darauf hinweisen, daß die Ausbildung und Ausdehnung der Tarifverträge außerordentlich wichtig ist, weil diese berufen erscheinen, auf unser ganzes Wirtschaftsleben einen heilsamen Einfluß durch Verminderung der gewerblichen Streitigkeiten nebst Strikes und Aussperrungen auszuüben und den Kampf in der Industrie zwischen Arbeitern und Arbeitgebern mindestens abzuschwächen. Und hier erwächst der Rechtswissenschaft eine schöne Aufgabe; denn noch ist in rechtlicher Beziehung das Wesen des Tarifvertrages keineswegs geklärt. Unklar ist, welche Rechtswirksamkeit dem Tarifvertrage zustehen soll, in welcher Form und von wem er abgeschlossen sein muß, um überhaupt Rechtswirksamkeit zu haben, und ob und in welcher Weise die Rechtswirksamkeit erzwungen werden soll, ob schließlich und in welchem Umfange abweichende Abmachungen zwischen einzelnen Parteien für unzulässig zu erachten sind, wenn gehörig abgeschlossene Tarifverträge bestehen.

Ich stimme dem Herrn Berichterstatter bei, daß es sich für den Juristentag empfiehlt, bei seiner nächsten Tagung in eine weitere Erörterung des Tarifvertrages einzutreten und dadurch an der Fortbildung des Rechts auf einem wenig geklärten Rechtsgebiete mitzuwirken.

Aber, m. H., es ist jedenfalls in absehbarer Zeit nicht zu erwarten, daß für alle Berufszweige und Betriebe Tarifverträge abgeschlossen sind, die die Frage des Akkordrechtes ausreichend regeln. Es bleibt deshalb die Regelung der Akkordarbeit wichtig und dringlich und ich bin überzeugt, wir tragen zur Beseitigung vieler Unklarheiten und daraus hervorgehender Streitigkeiten bei, die sich häufig nicht nur auf einzelne Streitfälle beschränken, sondern in Arbeiterkämpfe ausarten, und schaffen damit günstige Aussichten für die Erhaltung des sozialen Friedens in der deutschen Industrie, wenn wir die gesetzliche Regelung des Akkordvertrages empfehlen. (Lebhafter Beifall).

Regierungsrat Professor Dr. **Leidig**-Berlin: Meine geehrten Herren! Gestatten Sie mir, ehe ich auf die Sache selbst eingehe, ein Wort der persönlichen Vorstellung; Sie werden sehen, m. H., daß das für meine sachlichen Ausführungen notwendig ist. Ich bin nicht, wie Sie vielleicht aus meinem Titel schließen könnten, Theoretiker, sondern, m. H., ich stehe in der Leitung der großen wirtschaftspolitischen Organisationen unserer deutschen Industrie, insbesondere des Zentralverbandes Deutscher Industrieller. Ich habe geglaubt, m. H., daß es notwendig sei, Ihnen diese kleine persönliche Mitteilung vorweg zu machen.

Was nun, m. H., das Thema anlangt, das uns heute hier von den Herren Berichterstattern in so lichtvoller und objektiver Weise dargelegt worden ist, so glaube ich, m. H., daß für Sie alle bei diesem Thema eine gewisse Schwierigkeit dazu Stellung zu nehmen von vorn herein gegeben ist, eine Schwierigkeit, die von beiden Herren Berichterstattern kaum angedeutet worden ist. Ich möchte nämlich glauben, m. H., daß in diesem Kreise von Juristen nur sehr wenige Herren sitzen, die praktisch mit dieser Frage irgend etwas zu tun gehabt haben. Es ist schon angeführt worden, daß im großen und ganzen die Zuständigkeit der Gerichte auf diesem Gebiete ganz ungemein beengt ist, im wesentlichen sind allein die Gewerbegerichte zuständig, sodaß nur die wenigen Juristen, die Vorsitzende der Gewerbegerichte sind, mit diesen Fragen praktisch befaßt sind, den Herren Anwälten aber ist das Verhandeln vor dem Gewerbegericht in Deutschland bekanntlich gesetzlich verboten.

Nun, m. H., glaube ich, daß gerade deshalb, weil Sie doch dieser Frage im großen und ganzen nur als Theoretiker und als Männer der jeweiligen persönlichen politischen und sozial-politischen Überzeugung entgegentreten, daß es gerade deshalb notwendig ist, diese Frage vor einem solchen Forum, wie es der Juristentag ist, mit ganz ungemeiner Vorsicht zu behandeln.

Meine geehrten Herren! Darüber kann gar kein Zweifel sein, daß auf dem Gebiete der Regelung des Akkordvertrages an sich irgend ein Interessengegensatz zwischen Unternehmer und Arbeitern nicht besteht. Die Arbeitgeber, der Durchschnitt der Arbeitgeber, dem Sie doch sicherlich ein gewisses Maß rechtlichen und sittlichen Gefühls zuerkennen werden; die müssen in sich die Verpflichtung fühlen, dem Arbeiter den Lohn, den er tatsächlich verdient hat, auch unverkürzt zu gewähren. Und deshalb, m. H., kann es sich nur darum handeln, zu fragen, nach welcher Richtung und in welchem Umfange technische und wirtschaftliche Schwierigkeiten etwa einer Organisation und einer Regelung des Akkordvertrages und des ihm zu Grunde liegenden Rechtsverhältnisses widersprechen.

Nun, m. H., Herr Prof. Bernhard hat ja bereits darauf hingewiesen, daß die Art und Weise, in der die Akkordarbeit in unserer deutschen Industrie tatsächlich stattfindet, ganz ungemein verschieden ist, daß eine Fülle der wirtschaftlichen Organisationsformen und auch eine Fülle der tatsächlichen Erscheinungen hier vorliegt. Und dabei möchte ich noch auf einen einzelnen Punkt hinweisen, der für mich ganz ungemein bedeutsam ist für die Beurteilung dieser Frage und der doch, wenn ich recht gefolgt bin, von keinem der beiden Herren Gutachter hervorgehoben worden ist.

M. H.! Es ist in der Großindustrie, die mit Akkordlohn arbeitet, fast allgemein üblich, ein Institut anzuwenden, das man im allgemeinen bezeichnet mit dem Begriff der „Aufbesserung der Akkorde". Vom Drücken der Akkorde ist hier in einem etwas mißbilligenden Sinne gesprochen — darauf komme ich noch zurück. Aber dieser Gegensatz dazu ist überhaupt nicht erwähnt worden, der doch beispielsweise in der Kohlenindustrie eine ganz erhebliche Rolle spielt in allen denjenigen Fällen — und da hat Herr Prof. Bernhard doch meines Erachtens die Schwierigkeiten von seinem theoretischen Standpunkte aus etwas unterschätzt — in allen denjenigen Fällen, m. H., in denen es nicht möglich ist, von vornherein einen Akkord festzusetzen, in denen es nicht möglich ist, die Bedingungen und Verhältnisse zu beurteilen, unter denen die Akkorde sich tatsächlich gestalten. Ich darf da beispielsweise gerade an die Kohlenindustrie erinnern.

M. H.! Es wird über irgend ein Gedinge akkordiert, in irgend einem Kohlenschacht. Im allgemeinen ist man einig, daß unter diesen und diesen Verhältnissen zu arbeiten sein wird, und nun stellt sich auf einmal heraus, daß am Ende der Lohnzahlung die betreffende Kameradschaft ganz erheblich weniger verdient hat, als man bei der Festsetzung der Akkordsätze angenommen hatte. Da besteht ganz allgemein der Grundsatz, daß die Akkordsätze erhöht werden. Derartiges finden Sie aber nicht bloß hier, sondern auch in sehr zahlreichen anderen Industriezweigen. Für mich ist die Aufbesserung der Akkorde um deswillen so wichtig, um darauf hinzuweisen, ein wie flüssiges, ein wie ungemein schwer rechtlich in seinen einzelnen Erscheinungen zu fassendes Ding der Akkordlohnvertrag ist und wie ungemein vorsichtig man sein muß, hier allgemeine Rechtsnormen zu schaffen, die das Leben einengen. Andererseits ist aber auch diese Bestimmung nur deshalb richtig — und da stimme ich dem zweiten Herrn Berichterstatter, Herrn Dr. Meschelsohn, vollkommen bei — weil nach meiner Auffassung kein Zweifel darüber sein kann, daß innerhalb der deutschen Industrie der Akkordlohnvertrag als Dienstvertrag, nicht als Werkvertrag, aufgefaßt wird, und weil auch diese Einrichtung ein Belag für diese Auffassung ist. — Die Streitigkeiten über Akkordlohnsätze kommen ja hauptsächlich vor die Gewerbegerichte und erst die Rechtsprechung der Gewerbegerichte hat weitere Kreise darauf hingewiesen, daß hier vielfach eine Quelle von Streitigkeiten vorhanden ist, die in gewissen Fällen auch zu wirtschaftlichen Machtkämpfen Anlaß gegeben hat. Aber wenn Sie sich die Rechtsprechung der Gewerbegerichte ansehen, so werden Sie finden, daß die Rechtsprechung der Gewerbegerichte wesentlich nicht die große Masse der deutschen Industrie erfaßt, sondern daß es sich im allgemeinen dabei um mehr handwerksmäßige Tätigkeiten handelt, um dem Handwerk noch nahestehende Gruppen der Industrie. Wenn die Herren die einzelnen Rechtsfälle, die vor den Gewerbegerichten verhandelt werden, einmal freundlich in gewisse Gruppen einteilen wollten und prozentual der beschäftigten Arbeiter dieser Gruppen berechnen wollten, so würden Sie finden, daß die Beteiligung der Großindustrie bei diesen Streitigkeiten im Verhältnis zu den von ihr beschäftigten Arbeitern höchst minimal ist, und deshalb bitte ich, freundlich zu beachten, daß Ihnen die Rechtsprechung der Gewerbegerichte ein unrichtiges Bild gibt, wenn Sie etwa die Rechtsprechung und die daraus zu ziehenden sozialpolitischen Folgerungen auf die ganze Industrie übertragen wollten. Nun kann ich ja nicht verkennen, daß tatsächlich doch in zahlreichen Fällen sich aus dem heutigen Rechtszustande Unklarheiten und Schwierigkeiten in der Auslegung des Akkordlohnvertrages ergeben haben. Aber, m. H., Herr Professor Bernhard wolle es mir nicht übel nehmen, daß ich die Erklärung des Unternehmerverbandes, die er anführte, daß nämlich der Regelung eines derartigen Akkordlohnvertrages doch große Bedenken um deshalb entgegen stehen, weil man fürchte, daß die Fülle der Tatsachen des Lebens hier in einen Schematismus hineingezwängt werden, — daß ich diese Erklärung nicht für ganz unberechtigt halten kann. Wenn wir in der deutschen Industrie zurückblicken auf die große Zahl von Gesetzen, die die deutsche Industrie im Laufe der letzten 30 Jahre nach allen Richtungen hin einengen und beschränken, dann ist diese Furcht gewiß in den Tatsachen begründet. Ich möchte da noch einen kleinen Zwischensatz einfügen: Es ist ungemein leicht, eine Anordnung für die einzelnen Industrien zu treffen, wenn sich die Industrien etwa im geschlossenen Handelsstaat Fichtes befänden, aber unsere Industrie steht in dem großen und von Jahr zu Jahr schwerer werdenden internationalen Wettkampf, und Sie müssen berücksichtigen, daß ein großer Teil unserer wirtschaftlichen Macht und unseres politischen Ansehens auf dem Fortschreiten und der Entwicklung der deutschen Industrie beruht. Daß Sie mit den Vorschriften, die Sie hier treffen, aus idealem Rechtsempfinden und sozialpolitischem Mitgefühl mit den Arbeitern, zugleich auch die Stellung, die das Deutsche Reich als internationaler Machtfaktor und als wirtschaftlicher Machtfaktor in dem Kultur- und Wirtschaftsleben der Welt einnimmt, ernstlich berühren. Wir rechnen in unserer Exportindustrie mit Pfennigen und Teilen von Pfennigen. Da ist jede einzelne Erschwerung etwas, was ungemein schwer in das wirtschaftliche Leben hineingreift. Da der erste Herr Vortragende ein Nationalökonom war, wollen Sie mir diese kleine nationalökonomische Abschweifung von unserem juristischen Thema nicht verübeln. Ich kann aber, wie gesagt, nicht verkennen, daß eine große Reihe von Unklarheiten bei der jetzigen Gestaltung der Vorschriften über den Akkordlohnvertrag vorhanden ist, und ich will deshalb meinerseits gegen die allerdings etwas scharf gefaßte These zu I des

Herrn Professor Bernhard keinen Einwand erheben. (Beifall). Dasselbe trifft zu hinsichtlich der These des Herrn Professor Bernhard zu II. Ich gebe zu, daß Herr Professor Bernhard in dieser These durchaus das umschreibt, was bei einer gesetzlichen Regelung dieser Materie Berücksichtigung finden muß. Anders ist meine Stellung zu den Zusatzthesen des Herrn Mitberichterstatters. Ich habe mit großem Interesse aus der Rede des Herrn Mitberichterstatters entnommen, daß er hier eigentlich, ich möchte sagen, meinem Standpunkte entgegenzukommen sucht, daß er Einschränkungen gegenüber den allgemeinen Vorschlägen des Herrn Professor Bernhard herbeizuführen sucht. Trotzdem möchte ich bitten, auf diese Einzelheiten zur Zeit nicht einzugehen, und zwar aus den folgenden Gründen: Ich bin, bevor ich in die jetzige Stellung eintrat, fast 20 Jahre Mitglied der preußischen Staatsverwaltung gewesen und ich möchte Herrn Justizrat Dr. Meschelsohn aus dieser langen Praxis bemerken: Ich glaube, es wird zu praktisch unlöslichen Schwierigkeiten führen, den Satz 2 seines Zusatzes Nr. 1 irgendwie im praktischen Leben durchzuführen, geschieht aber diese Durchführung, dann wäre eigentlich die deutsche Industrie nach allen Richtungen hin unter Polizeiaufsicht gestellt. Unsere deutschen Industriellen haben aber schon heute vielfach die Auffassung, daß sie eigentlich die suspektesten und nach Auffassung der Gesetzgebung vielfach die schädlichsten Teile unserer deutschen Volkswirtschaft sind. Führen Sie diese Auffassung nicht noch durch Beschlüsse des Juristentages weiter! Jede Industrie, die das erfüllen soll, was ihr als volkswirtschaftliche Aufgabe gestellt wird, braucht ein nicht zu eng bemessenes Maß von Bewegungsfreiheit und über dieses Freiheitsmaß kann nicht in letzter Linie der Schutzmann bestimmen. Ich bitte also Herrn Justizrat Dr. Meschelsohn, vielleicht freundlichst damit einverstanden zu sein, daß wir auf jeden Fall mindestens diesen Satz 2, dessen gute Absicht ich durchaus anerkenne, streichen. Ich würde aber darüber hinaus vorschlagen, den ganzen Zusatzantrag 2 Nr. 1 vorläufig und zur Zeit abzulehnen, da wir heute nur Prinzipien aufstellen und nicht in Einzelheiten eingehen wollen. Was den Zusatz 2 Satz 2 anlangt, so habe ich mir erlaubt zu erklären, daß ich diesen Zusatz für durchaus der Auffassung der deutschen Industrie entsprechend anerkenne.

M. H.! Etwas anders ist meine Stellung nun zu den Thesen III und IV des Herrn Prof. Bernhard. M. H.! Die Frage der Tarifgemeinschaften ist hier ja nur flüchtig gestreift worden; auch ich will vermeiden, hier in diese Erörterung einzutreten. Jedenfalls ist aber die Auffassung, die wirtschaftliche und politische Auffassung darüber, ob Tarifgemeinschaften gut oder zweckmäßig sind, heute in den beteiligten Kreisen, wenigstens auf der Arbeitgeberseite, noch ganz ungemein verschieden, und auch da, m. H., möchte ich wieder bitten, die Pressemitteilungen in ihrer Bedeutung nicht zu überschätzen. M. H.! Die 3000 Tarifverträge, die jetzt mit einem gewissen Aplomb durch die Welt gehen, was sind sie? Abgesehen von dem Baugewerbe kommen wiederum nur dieselben Kreise, deren ich vorher Erwähnung tat, die handwerksmäßige Industrie in Betracht. M. H.! Der Buchdruck insbesondere steht unter ganz besonderen Verhältnissen; der Buchdruck ist ein ganz spezifisch deutsches Gewerbe, und in allen diesen Fragen steht er im Wettbewerb in Deutschland für sich da, schon deshalb, weil wir unsere besondere deutsche Druckschrift haben.

Aber weiter, m. H., betrachten Sie alle diese Industrien, welche Tarifgemeinschaften eingeführt haben, wo sich derartige Tarifgemeinschaften bewähren. Das sind im großen und ganzen immer Industrien oder Gewerbe, die für lokalen Bedarf arbeiten, die nur eine gewisse lokale Bedeutung haben. Die Großindustrie, m. H., und besonders die Exportindustrie steht jedenfalls heute fast allgemein auf dem sozialpolitischen und wirtschaftlichen Standpunkte, daß die Einführung von Tarifgemeinschaften ein ungemein schwerer Schlag für die deutsche Industrie sein würde. Ich kann das nicht weiter ausführen und möchte es auch nicht weiter ausführen; nur, m. H., verkenne ich ja nicht, daß wir diese 3000 Tarifverträge, von denen die Presse berichtet, haben, und daß wir damit eine Einrichtung haben, die im deutschen Rechtsleben immerhin eine gewisse Bedeutung beanspruchen kann. Deshalb kann ich meinerseits auch der Fassung des Vorschlages III des Herrn Prof. Bernhard an sich kein Bedenken entgegenbringen. Anders liegt es aber mit dem Vorschlage zu IV. Da stehe ich genau auf dem entgegengesetzten Standpunkte wie der Herr Referent. Herr Prof. Bernhard sagt, es sei notwendig, in zwei Jahren diese Frage vom juristischen Standpunkte aus zu erörtern; ich meine, dazu ist die Sache juristisch noch viel zu ungeklärt. M. H.! Ich glaube, wir können als Juristen an die Beratung dieser Frage erst herantreten, wenn sie in weit höherem Maße als es zurzeit der Fall ist inbezug auf ihre wirtschaftliche, politische und technische Einwirkung von den beteiligten Kreisen geklärt ist. Und deshalb möchte ich sagen, es wäre ein ungemein gefährliches Unterfangen des Juristentages, an eine derartige, in Deutschland jedenfalls erst in den ersten Anfängen stehende Entwickelung jetzt bereits heranzutreten, um rechtliche Vorschriften zu empfehlen — denn das soll doch schließlich der Zweck der Beratungen sein —, Vorschläge, bei denen Sie doch nicht sagen können: wir wollen sie nur auf bestimmte Industrien beschränken, bei denen vielleicht der Tarifvertrag möglich oder nützlich sein kann, sondern die dann auf alle Industrien Anwendung finden müssen. Ich möchte deshalb bitten, die These IV des Herrn Prof. Bernhard abzulehnen.

Nun noch zu den beiden letzten Zusatzthesen des Herrn Justizrats Meschelsohn. Ja, m. H., als Herr Justizrat Meschelsohn in seinem Referate die Begründung der These IV gab, da sagte ich mir: Und da soll die deutsche Industrie nicht sagen, vor einer solchen Gesetzgebung haben wir doch ganz ungemeine Angst und Furcht! Weil in Deutschland, wenn ich mich recht erinnere — m. H., ich übernehme dafür keine Verantwortung — drei Pikrinfabriken bestehen und weil nach einem Vorschlage des Handelsministers durch eine Verwaltungsanordnung für diese drei Pikrinfabriken, die unter besonderen Voraussetzungen arbeiten, das Verbot der Akkordarbeit eingeführt ist, deshalb, m. H., soll das Verbot der Akkordarbeit in dem weitesten Umfange als eine Zwangsjacke über die ganze deutsche Industrie ausgebreitet werden! Denn, m. H., was ist eine „erhebliche Gefährdung?“ Es erscheint mir eigentlich ganz selbstverständlich, daß jede Akkordarbeit in denjenigen Fällen, in denen es sich überhaupt um eine Tätigkeit in irgend welcher etwas gefährlichen Industrie handelt, gefährlicher ist als Zeitarbeit, bei welcher der Arbeiter gar kein Interesse an irgend welchem Erfolge der Arbeit hat, bei der der einzelne Arbeiter lediglich sein Pflichtgefühl und seine Arbeitsfreudigkeit betätigt. Hier bei der Akkordarbeit tritt nun zu diesem Pflichtgefühl und dieser Arbeitsfreudigkeit noch die doch im Durchschnitt stärkere Stimulation des wirtschaftlichen Erfolges hinzu. Das hat Herr Prof. Bernhard sehr klar dargelegt, und daher ist es natürlich, daß die Akkordarbeit bis zu einem gewissen Grade die Gefahr erhöht. (Justizrat Dr. Meschelsohn: Erheblich!) Ja, m. H., „erheblich“, das ist einer der schönen Begriffe, bei dem jeder sich etwas Verschiedenes denkt. M. H.! Die Industrie hat wirklich Angst davor, und Sie sehen, daß diese Angst nicht bloß in Kreisen der Industrie, sondern des weitesten deutschen Publikums liegt, diesen elastischen Begriff dem Richter in die Hand zu geben. M. H.! Die Elite des juristischen Standes würde diesen Begriff wohl richtig zu deuten wissen, aber es gibt noch andere, Durchschnittsmenschen unter den Juristen, und diese werden dann als die maßgebende und letzte Instanz nach allen Richtungen hin über die Weiterführung des deutschen Wirtschaftslebens zu bestimmen haben.

M. H.! Ich glaube, daß diese Vorschläge, die hier gemacht worden sind, doch eine etwas viel eingehendere und sorgfältigere Prüfung auf Grund des Tatsachenmaterials, ob tatsächlich Schwierigkeiten vorhanden sind, bedürfen, als dies bisher geschehen ist. Gegen Ausnahmefälle habe ich nichts einzuwenden, hier aber ist die Sache nicht als Ausnahmefall gedacht, sondern im großen und ganzen als Regel vorgeschrieben. Ich möchte dringend davor warnen, derartigen Vorschlägen zuzustimmen.

Und endlich, m. H., das letzte. Wenn Sie diesen Zusatz des Herrn Justizrat Meschelsohn annehmen wollen, dann begeben Sie sich auf das Gebiet der wirtschaftlichen und sozialpolitischen Machtfrage, die vom Juristentage zu entscheiden ungemein schwierig ist. Ich stimme Herrn Justizrat Meschelsohn durchaus bei, juristisch ist es eine Unschönheit, daß die Arbeitsordnung erst beim Eintritt in das Dienstverhältnis und nicht beim Abschlusse des Arbeitsvertrages ausgehändigt wird. Das beruht auf den praktischen Verhältnissen und Vorbedingungen, die sich kaum anders regeln lassen. Aber, m. H., hier wollen Sie eine Frage, die für die große übergroße Mehrheit der deutschen Industriellen eine Gewissensfrage ist, möchte ich sagen, durch einen Zusatz in dieser Erörterung, die von einem ganz anderen Gesichtspunkte ausgegangen ist, entscheiden. M. H.! Die übergroße Mehrheit der deutschen Industriellen steht heute noch, und ich glaube, sie wird auch noch recht lange auf der Auffassung stehen, daß sie ihrerseits die Offerte macht und daß dem Arbeiter die Annahme oder Ablehnung dieser Offerte zufällt. Hier, m. H., wollen Sie, wie Herr Justizrat Meschelsohn ausführte, bestimmen, daß von der anderen Seite, von dem anderen Vertragsteile der Inhalt der Offerte, die der Arbeitgeber dem Arbeiter hinsichtlich der Annahme oder Ablehnung des Arbeitsverhältnisses macht, bestimmt wird. Das ist doch schließlich der Inhalt jedes Tarifvertrages. Es hat doch jeder Einzelne sonst im ganzen Leben das Recht, eine Offerte zu stellen. Hier wollen Sie gesetzlich bestimmen, daß dasjenige als Offerte anzubieten ist, was nicht etwa von dem anderen Vertragsteil, sondern von den Arbeitern, die schon im Betriebe sind, festgestellt worden ist. Sie wollen, daß festgestellt werden soll, die anderen Arbeiter, die bereits im Betriebe sind, sollen darüber bestimmen, was der Inhalt des künftigen Arbeitsvertrages mit dem Neueintretenden sein soll. Das ist ein Eingriff in unsere ganze Rechtskonstitution, den wir uns doch etwas sorgsamer überlegen möchten. Jedenfalls glaube ich, hier ist nicht der Ort, über diese schwierigsten und wichtigsten Machtfragen, Interessen und Auffassungen innerhalb der deutschen Industrie gewissermaßen in einem Relativsatz zu entscheiden. Wollen Sie diese Frage erörtern, so mag das im Zusammenhang mit der Erweiterung über die Tarifgemeinschaften geschehen. Da werden diese ganzen Erörterungen am Platze sein. Ich möchte Sie daher bitten, diese Vorschläge des Herrn Justizrats Dr. Meschelsohn abzulehnen.

Redakteur Dr. **Brunhuber**-Köln a. Rh.: Meine verehrten Herren! Ich glaube wir alle, die wir hier sind, haben nicht im entferntesten die

Absicht, als Industriegegner zu gelten, oder nach dieser Richtung hin Beschlüsse zu fassen, wie sie Herr Regierungsrat Prof. Leidig glaubt als gefährlich hinstellen zu können. Aber das muß ich doch sagen, daß in gewisser Beziehung diese Fragen allerdings sehr schwerwiegend sind, und daß es sich hier um Entschließungen handelt, deren Folgen in der Tat kaum zu übersehen sind, wenn uns nicht, wie Herr Regierungsrat Leidig es getan hat, einmal vor Augen gestellt wird, daß das Wohl und Wehe unserer gesamten deutschen Großindustrie von den behandelten Fragen abhängig ist. Ich bin im allgemeinen durchaus kein Freund davon, daß man so scharfe, klare Thesen, wie sie Herr Prof. Bernhard aufgestellt hat, durch gewisse Verklausulierungen beschwerlicher macht und ihnen eine gewisse Schlagkraft dadurch raubt. Aber trotzdem muß ich versuchen, Ihnen das nahe zu bringen, daß wir, wenn wir diese Thesen nach einer gewissen Richtung hin einschränken, sie für die weitesten Kreise nicht allein brauchbarer, sondern auch dadurch erst diesen Kreisen sympathisch machen. Maßgebend für mich ist eine Bemerkung, die Herr Prof. Bernhard gemacht hat, als er von den praktischen Schwierigkeiten des Akkordvertrages sprach; es ist der Punkt, daß in der Industrie, in der bis jetzt der Akkordvertrag schriftlich gesichert ist, in der Wäschekonfektion, daß sich da herausgestellt hat: hier gibt es gesetzliche resp. Verwaltungsvorschriften, die einfach nicht innegehalten werden können. Das sind natürlich Beschlüsse, die nur die Regierung kompromittieren können, und deshalb verweise ich gerade auf diesen Punkt, um zu sagen: Fassen wir nicht solche Beschlüsse, die uns kompromittieren und die die Industrie nur immer wieder mit der Nase darauf drücken: Die Herren wollen Gesetze, die wir nicht durchführen können. Ein praktisches Beispiel: Für die Wäschekonfektion sind vom Bundesrat aus — und der Reichskanzler hat das natürlich gezeichnet — Vorschriften erlassen worden über die Lohnbücher, worin ganz im einzelnen festgelegt ist: Das muß in den Lohnbüchern stehen: Material, Erträgnis, Art der Arbeit usw. Nun komme ich vor einiger Zeit in einen ganz großen Betrieb hinein, wo die Mädchen sitzen, zum Teil in Fabriken, zum Teil als Hausarbeiterinnen, da sage ich, wie ist es denn nun mit den Lohnbüchern. Man antwortete: Sehen Sie, welche Arbeit ich habe, hier ist mein Bureau für die gesetzlichen Lohnbücher und hier mein Bureau für meine praktischen Lohnbücher. Der Mann hat Hunderte von Arbeiterinnen und zwei verschiedene Registraturen zu führen. Deswegen möchte ich Sie doch sehr bitten, darauf Rücksicht zu nehmen, daß wir nicht solche papiernen Beschlüsse hier fassen. Es handelt sich im wesentlichen darum, daß die Lohnbücher in dem einen Fall — also die gesetzlich vorgeschriebenen — ganz die klare theoretische

Reinheit haben, die wir auch in den Bernhardschen Thesen sehen. Aber wenn es sich in der Praxis darum handelt, wie es in der Wäscheindustrie nötig ist, zu schildern, wie die Schürzen gesäumt werden müssen oder wie der Latz angesetzt werden muß, dann fehlt es an der praktischen Möglichkeit, in diese staatlich vorgeschriebenen Lohnbücher so etwas hineinzuschreiben. Die Form und Größe ist ganz genau angegeben. Der Besitzer hat sich an den Reichskanzler gewandt und dabei ausgeführt: es ist praktisch vollständig unmöglich, diese Lohnbücher zu führen. Erlauben Sie, daß ich an deren Stelle die praktisch brauchbaren führe. Darauf schrieb der Reichskanzler: Diese Vorschrift ist neulich erst erlassen, die können wir nicht ändern. Das ist ein praktisches Beispiel dafür, wie derartige allgemeine und für den äußeren Blick zwar klare, für die Praxis aber unbrauchbare Vorschriften in der Tat wirken. Deshalb habe ich mir vorgenommen, Ihnen einen kleinen Zusatz vorzuschlagen. Ich bekenne mich grundsätzlich als Anhänger der Bernhardschen Thesen und gerade auch die These IV möchte ich auf das Wärmste befürworten, obgleich ich schon gelegentlich des Innsbrucker Juristentages darum gebeten habe, nicht zu sehr eine solche Frage rein vom juristischen Standpunkte aus zu behandeln. Und gerade der Umstand, daß Herr Prof. Bernhard aus Posen hier als Berichterstatter gewonnen ist, hat auch die Großindustrie auf das Angenehmste berührt, daß auch ein Nationalökonom hier zu Worte kommt. Damit Sie nun eine Grundlage geben, auf der weiter das juristische Gebäude errichtet werden kann, möchte ich Sie bitten, auch dem Absatz IV zuzustimmen, und dann könnte man die ständige Deputation bitten, auch in jenem Fall vielleicht einen wirtschaftlichen Theoretiker hier zu Worte kommen zu lassen, damit auch da wieder neues Material gegeben wird. Dagegen den Antrag Meschelsohn kann ich nicht in diesem Umfange hier befürworten. Den ersten Satz Zusatz 2 Nr. 1, daß die Akkordvereinbarung schriftlich sein soll, kann ich allerdings sehr empfehlen, und dazu einen kleinen Zusatzantrag anzunehmen möchte ich eben bitten, um in dem einzelnen praktischen Fall der Industrie Bewegungsfreiheit zu geben, und ihr zu zeigen, daß wir aus der Kenntnis der Praxis heraus Bestimmungen treffen. Sie werden sehen, daß gerade ein derartiger Zusatzantrag es dahin bringt, daß die Vorschriften auch in der Praxis ausgeführt werden können. Dieser Antrag würde lauten: „Die Zwangsvorschriften über diese Lohnbücher haben sich auf die Forderung der hauptsächlichsten materiellen Vereinbarungen zu beschränken, während die Einzelheiten, besonders auch die formelle Einrichtung der Lohnbücher, dem Bedürfnis der einzelnen Gewerbe zu überlassen sind." Diese Vorschrift, so klein sie scheinen mag, so wichtig ist sie, wenn Sie die einzelnen Industrien und Gewerbe betrachten. Sie mag auch in Wirklichkeit nicht so bedeutungsvoll sein, daß sie in einem Verhältnis der Koordination zu den großen Thesen des Herrn Prof. Bernhard steht. Das mag etwas unästhetisch sein. Aber aus der praktischen Wichtigkeit der Frage glaube ich, können wir diesen Verstoß gegen die Ästhetik übersehen und diesen Zusatzantrag annehmen. Ich kann Ihnen versichern, daß Sie sich dadurch den größten Dank der Industrie erwerben, und gerade die Herren werden sich auf einen solchen Zusatz berufen, wenn sie sich an den Reichstag und den Bundesrat wenden wegen Abänderung der Bestimmungen für die Wäschekonfektion. Zu dem übrigen kann ich nur sagen, was auch Herr Regierungsrat Leidig gesagt hat, daß die übrigen Bestimmungen heute noch nicht reif sind. Besonders der letzte Satz, daß ohne Vereinbarung mit dem Arbeitsausschuß der Akkordvertrag ungültig sein soll, scheint mir doch zu weit zu gehen und keineswegs im Interesse der Arbeiter selbst zu liegen. Wir würden damit einfach den Akkordvertrag untergraben, denn so groß ist die Macht der Großindustrie, daß, wenn wir ihr hier einfach den Arbeiterausschuß aufoktroyieren wollen, wir dann nur das Gegenteil dessen erreichen, was wir bezwecken. Der Akkordvertrag wird dann einfach beseitigt, und es wird womöglich der Zeitlohn, der im allgemeinen für die Arbeiter ungünstiger ist, eingeführt. Sie erreichen nicht eine Förderung des Akkordvertrages, indem Sie die Arbeiterausschüsse zwangsweise als Kontrahenten einführen, sondern es werden weder Arbeiterausschüsse noch Akkordvertrag eingeführt. Deswegen bitte ich Sie, diese These abzulehnen, dagegen die These 1, also den ersten Zusatz, daß die Vereinbarung schriftlich ist, anzunehmen, diesen Zusatz in die Leitsätze des Herrn Prof. Bernhard einzuführen und dazu meinen kleinen Zusatz, sozusagen als praktischen Ausführungsantrag nebenhergehen zu lassen.

Rechtsanwalt Dr. **Bloch I** (München): M. H.! Nur wenige Worte aus der Praxis. Ich bin seit etwa 4 Jahren Vorsitzender des einzigen Innungs-Schiedsgerichts, das wir in München haben und dem ungefähr das ganze Baugewerbe, das einzige Münchener Gewerbe von wesentlichem Umfang, untersteht.

Infolge der großen Streiks des letzten Jahres wurde am 18./19. August 1905 ein Tarifvertrag für das Baugewerbe geschlossen. Dieser Tarifvertrag enthält bezüglich des Akkordvertrages im wesentlichen zwei Bestimmungen, nämlich die Fixierung der Schriftlichkeit des Akkordvertrages, aber auch gleichzeitig die Bestimmung, daß der Akkordvertrag jeden Tag ohne Kündigung aufgelöst werden könne.

In der Praxis haben sich nun wesentliche Schwierigkeiten ergeben hauptsächlich durch die bereits vom Gutachter berührte Stellung der Zwischenpersonen und weiter durch die Kündigung des Akkordvertrages, ehe die Akkordarbeit abgeschlossen ist.

M. H.! Wir kommen in eine Unmasse von Detailschwierigkeiten, wenn wir heute von dem Wege abgehen, lediglich die Punkte festzustellen, die die Gesetzgebung bei der Regelung des Akkordvertrages befolgen soll. Wenn wir heute die Detailbestimmungen annehmen würden, die Herr Justizrat Meschelsohn zusatzweise vorgeschlagen hat, dann würden wir eine Reihe von anderen notwendigen Detailbestimmungen ausschließen und würden vor allen Dingen das Bild verwirren, das durch die übersichtlichen und klaren Thesen des ersten Herrn Berichterstatters gegeben ist.

Ich will nur eines noch erwähnen. In München hat sich ein Gebrauch herausgebildet, der nach den Ausführungen des ersten Herrn Berichterstatters sonst in Deutschland nicht vorhanden zu sein scheint. Dort hat die Bauarbeiterschaft die Konjunktur ausgenützt, und in sämtlichen Tarifverträgen, die mir vorgelegen haben, bei Akkordarbeiten wöchentliche Abschlagszahlungen in Höhe des tarifmäßigen Stundenlohnes festgesetzt. Die Arbeiter rechnen also unbedingt damit, daß sie durch den Akkordvertrag mehr als durch Tariflohn erwerben, und lassen sich in Übereinstimmung mit dem Arbeitgeber wöchentlich die Stundenlöhne ausbezahlen à conto der erwarteten höheren Akkordlöhne. Nun kann aber umgekehrt der Fall eintreten, daß der Akkord nicht das Ergebnis liefert, das erwartet war; dann hat der Arbeitgeber mehr bezahlt als zu bezahlen ist und kann von dem nichtsbesitzenden Arbeiter nichts mehr zurück erhalten.

Ich würde vorschlagen, daß die Abteilung des Juristentages die Resolution des Herrn Prof. Bernhard annimmt mit der einen kleinen Einschränkung, die auch Herr Professor mir konzediert hat, daß Ziffer III statt des Wortes „notwendig“ das Wort „wünschenswert“ eingesetzt wird. Ich glaube, daß heute die Materie juristisch noch nicht so weit durchgearbeitet und geklärt ist, daß wir heute schon sagen können, daß die rechtliche Wirkung der Tarifgemeinschaften unbedingt sicher geklärt werden kann.

Im übrigen bitte ich Sie, m. H., die Zusatzthesen des Herrn Justizrats Meschelsohn abzulehnen mit Ausnahme des ersten Punktes, wonach die Akkordvereinbarungen durch schriftliche Beurkundung zu erfolgen haben.

(Sehr richtig!)

Die Absätze 2 und 3 betreffen Detailfragen. Weiterhin bin ich damit einverstanden — und das ist lediglich eine Festsetzung der bisherigen Praxis —, daß der Akkordvertrag im Zweifel als Dienstvertrag anzusehen ist. Das bitte ich auch anzunehmen. Dagegen bin ich durch die bereits vom Herrn Vorredner angeführten Gründe gegen die weiteren Bestimmungen der Zusatzthesen, insbesondere halte ich auch den letzten Zusatz dann für überflüssig, wenn wir die erste Bestimmung aufnehmen, daß der Akkordvertrag schriftlich zu treffen ist; denn die schriftliche Fassung des Akkordvertrages setzt unbedingt eine Vereinbarung zwischen den Parteien voraus, der Arbeiterausschuß aber soll nicht als dritte, außerhalb der Parteien stehende Persönlichkeit mitarbeiten, sondern einfach als Vertreter der Arbeiterschaft. Durch die Zusatzthese soll eine Vertretung hereingezogen werden, die an sich überflüssig ist und in ihrer Bedeutung ja auch sehr verschieden beurteilt wird.

Ich bitte also, mit Ausnahme der zwei erwähnten Punkte, die Zusatzanträge Meschelsohn abzulehnen und im übrigen die Anträge Bernhard mit der kleinen redaktionellen Abänderung anzunehmen.

(Bravo!)

Magistratsrat **Wölbling**-Berlin: M. H.! Nachdem ich mich ausführlich in meinem Gutachten über die tatsächlichen wie rechtlichen Verhältnisse des Akkordvertrages geäußert habe, bleibt mir nur übrig, etwas ergänzend anzuführen zu dem, was Herr Prof. Bernhard in tatsächlicher und Herr Justizrat Meschelsohn in rechtlicher Beziehung gesagt haben.

In tatsächlicher Beziehung teilte Herr Prof. Bernhard die Akkordverträge ein in Einzel-Gruppenakkorde und in solche Akkorde, welche durch Tarifverträge geschlossen werden. Ich will hier noch hinweisen, daß ein Unterschied besteht, den Herr Justizrat Meschelsohn schon andeutete, das ist der zwischen den Einzel-Akkordverträgen und den Stücklohn-Akkordverträgen; es bestehen da wesentliche Unterschiede. Der Einzel-Akkordvertrag ist ein Vertrag, dem Werkvertrage ähnlich, aber trotzdem kein Werkvertrag, durch den ein Arbeiter ein bestimmtes Stück übernimmt und das auszuführen hat; beim Stücklohnvertrage — man hat diesen Vertrag neuerdings so bezeichnet — handelt es sich darum, daß ein Arbeiter ohne Beschränkung auf eine bestimmte Zahl gleiche Stücke derselben Art, man kann auch sagen, gleiche Quantitäten derselben Art, ausführt, indem er z. B. Schrauben dreht — Hunderttausend — Millionen von Schrauben, ohne daß gesagt wird: du hast so und so viel Tausend zu drehen; er dreht fortgesetzt eine Schraube nach der anderen; ebenso ist es bei dem Mauerputzer, der nach der Zahl der Steine oder Quadratmeter bezahlt wird, die er putzt, beim Akkordmaurer, der nach der Zahl der Steine, die er vermauert, bezahlt wird.

Der Herr Justizrat Meschelsohn sagte, hier wäre gar kein Zweifel, daß das ein Dienstvertrag wäre. M. H.! Wenn wir keine andere gesetzliche Grundlage haben, wie Werkvertrag und Dienstvertrag, dann entscheide ich mich auch dafür: das ist ein Dienstvertrag. Aber wir können uns meines Erachtens nicht lediglich an die gesetzliche Grundlage halten, ich bin deshalb der Meinung, es ist ein besonderer Vertrag, ein Akkordvertrag, wie der Herr Privatdozent Dr. Köhler in einer Schrift, die vor kurzem erschienen ist, gegenüber allen anderen Ausführungen überzeugend nachgewiesen hat; (sie ist erschienen im Archiv für bürgerliches Recht, Nr. 29,1.)

Der Akkordvertrag ist ein ganz eigenartiger Vertrag, er ist weder Dienstvertrag, noch ist er Werkvertrag, und der Stücklohnvertrag ist auch ein Akkordvertrag, im Wesentlichen übereinstimmend mit dem Einzelakkordvertrag. Auch hier kommt es auf den Erfolg an. Zwar auf die einzelne Schraube ist nicht viel Sorgfalt zu verwenden. Es gibt Maschinen, die eigentlich von selbst arbeiten, so daß man auf den ersten Blick gar nicht erkennen kann, inwiefern der Arbeiter hier von dem Erfolg abhängig ist. Aber der Arbeiter haftet doch für den Erfolg; z. B. er verzählt sich bei der Zahl der Schrauben, die er gefertigt hat, er wirft verschiedene Schraubensorten durcheinander. Seine Haupttätigkeit besteht darin, daß er in diesen Körben die Arbeit wegnimmt und an einer anderen Stelle hinwirft. Er wirft nur eine Schwinge mit Schrauben unter die anderen und die Haftung für den Erfolg tritt für ihn in äußerst unangenehmer Weise ein. Er muß sie entweder aussortieren oder, es wird Anstand genommen, ihm diese Arbeit zu bezahlen. Nimmt man ihm allerdings nicht den ganzen Lohn, das muß ich Herrn Reg.-Rat Leidig, dem Vertreter der Großindustrie zugeben, man nimmt eine Aufbesserung des Akkordlohns vor, man legt ihm zu, man wird ihm wenigstens einen Teil bezahlen. Aber das kommt daher, daß der Arbeiter sonst nicht weiter arbeiten würde und könnte. Jedenfalls sehen Sie, auch in diesem Falle, obwohl es sich gar nicht um technische Fähigkeiten handelt, tritt die Haftung für den Erfolg sehr wesentlich hervor. Auch hierbei handelt es sich um eine besondere Vertragsart, auch um einen Akkordvertrag, nicht um einen Werkvertrag oder Dienstvertrag. Ergänzend hervorzuheben ist auch noch: die Gesamtheit der Heimarbeiter arbeitet in Akkord, und wenn man im allgemeinen sagen könnte, man kann den Akkordvertrag abschaffen — die Industrie, ist mir gesagt worden, kann das nicht und die Arbeiter wollen es nicht, wenn sie ihr Interesse richtig verstehen und sich nicht lediglich von politischen Einflüssen leiten lassen — aber es wäre doch beim Fabrikarbeiter theoretisch denkbar; beim Heimarbeiter ist es nicht einmal theoretisch denkbar. Der Heimarbeiter arbeitet nur im Akkordvertrag, und auch diese große Gruppe von Arbeitern hat daher ein Interesse an der Regelung der Akkordarbeit.

Nun will ich noch auf die Tarifverträge kommen. Der Tarifvertrag — und da muß ich Herrn Stadtrat Flesch in der Deutschen Juristenzeitung zustimmen — ist eigentlich kein Vertrag, der nur Akkordarbeit regelt, er ist gewissermaßen eine Form für den Vertragsschluß. Wie ein Mietvertrag, ein Grundstückveräußerungsvertrag geschlossen werden kann schriftlich, mündlich — ich meine theoretisch — durch notariellen, gerichtlichen Vertrag, so kann der Arbeitsvertrag geschlossen werden mündlich, schriftlich, durch Einzelvertrag und durch diesen eigenartigen Tarifvertrag, der nicht bloß darin besteht, daß auf beiden Seiten viele Kontrahenten sind, sondern dieser Tarifvertrag ist überhaupt ein ganz eigenartiges Gebilde, bei dem es auf eine Neuordnung der Verpflichtungen durch Abmachung dritter Personen ankommt. Ich will die Einzelheiten nicht weiter ausführen. Ich meine, der Tarifvertrag ist eine Sache, deren Erörterung durch den Juristentag ich auch auf das dringendste wünsche, und ich meine, daß wenn man auch sagen kann, die Sache ist heute noch nicht genügend geklärt und eine gesetzliche Regelung wäre verfrüht, die Juristen eine Beschäftigung mit der Frage doch unmöglich abweisen können, und deshalb bin ich dafür, daß der Juristentag, ohne zu sagen, daß der Tarifvertrag auch für den Akkordvertrag notwendig ist, ganz farblos über das Recht der Tarifgemeinschaften, Gutachten einfordere. Wann er die Tarifverträge erörtern will, das mag der ständigen Deputation vorbehalten bleiben. Man kann da keinen bestimmten Zeitpunkt wählen, vielleicht ist das schon auf dem nächsten Juristentage möglich, die Entwickelung geht manchmal schneller als man denkt, vielleicht dauert es auch noch länger.

Ich wende mich nun noch zu einer Kritik, die von Seiten des anwesenden Vertreters der Großindustrie an den Gewerbegerichten geübt worden ist, daß sie die großindustriellen Verhältnisse nicht beurteilen können, weil sie es nur mit kleinen, dem Handwerk nahestehenden Fällen zu tun hätten. Wenn Sie einmal die Terminzettel ansehen wollen, die bei den Gewerbegerichtsverhandlungen aushängen, so werden Sie sehen, die Gewerbegerichte haben es keineswegs mit der kleinen Industrie immer zu tun; ich erinnere, auf meinem Terminzettel kommt sehr häufig das Schlußwort „A.-G." vor und alles, was mit Aktiengesellschaft zu tun hat, ist doch iu der Regel nicht der kleinen Industrie zuzurechnen. Ich kann Sie versichern, die allergrößten Betriebe Berlins bilden einen ganz erheblichen Prozentsatz. Es kommt da ja nicht nur auf die Zahl der Fälle an. Ein derartiges großes Unternehmen läßt sich nicht verklagen, wenn nicht eine prinzipielle Frage vorliegt. Sonst sucht es die Sache zu vergleichen, um mit den einzelnen Fällen nicht weiter belästigt zu werden, selbst wenn es im Rechte ist. Aber gerade bei der Erörterung prinzipieller Fragen sind doch die großen Gesellschaften recht wesentlich beteiligt und es gibt einzelne Fragen, die werden von den großen Firmen immer wieder an das Gewerbegericht gebracht und besonders dann, wenn ein Personenwechsel beim Gericht eintritt. Also wir haben als Gewerbegerichtsvorsitzende auch da wohl einen Einblick. Für die vorliegende Frage ist das aber überhaupt gleichgültig, denn wir haben es nur mit dem hier Vorgebrachten zu tun, und ich möchte sagen, was Herr Professor Bernhard in seiner klaren Weise ausgeführt hat, ist doch im wesentlichen ein Niederschlag der Beobachtungen, die er in der Großindustrie gewonnen hat, und die Ausführungen, die er in seinem Buche vorgeführt hat, und die, die er heute uns mitgeteilt hat, beruhen doch wohl im wesentlichen auf der Kenntnis der Großindustrie. M. H., ich will nur noch ein paar Worte zu dem erwähnen, was das Gewerbegericht Berlin beschlossen hat und wie die Beschlüsse zustande gekommen sind. Das Gewerbegericht Berlin hat bei den gesetzgebenden Körperschaften des Reichs beantragt: „1. Es soll der Gedingevertrag gesetzlich geregelt werden; 2. dies soll im Anschluß an die Bestimmungen des Bürgerlichen Gesetzbuchs über den Dienstvertrag geschehen; 3. insbesondere sind Bestimmungen für den Gruppenakkord zu treffen."

Dem Antrage sind die nachfolgenden Motive beigefügt:

„Ohne Zweifel lassen die bestehenden gesetzlichen Bestimmungen bei der Entscheidung vieler aus Akkordverträgen entstehenden Streitigkeiten im Stich, insbesondere fehlen besondere gesetzliche Bestimmungen vielfach für Streitfälle, welche dadurch entstanden sind, daß der Wille der Vertragschließenden beim Abschluß des Akkordes nicht klar geäußert worden ist.

Eine Ergänzung der bestehenden gesetzlichen Bestimmungen in dieser Richtung am zweckmäßigsten des Titels VII GO. ist daher wünschenswert.

Zunächst wäre festzustellen, daß der Akkordvertrag seinem Charakter nach als Dienstvertrag zu gelten hat, daher nach den Bestimmungen der §§ 611 bis 630 BGB. zu beurteilen ist, soweit nicht Reichsgesetze (Arbeiterschutzgesetzgebung, GO.), insbesondere der zu erlassende Nachtrag zu Titel VII GO. sonstige Bestimmungen enthalten.

Die Parteien müssen genötigt werden, die Bedingungen, unter welchen sie ihre Akkordverträge schließen, vor der Arbeit so klar zum Ausdruck zu bringen, daß ein Zweifel über den Willen der Parteien und damit eine nachträgliche willkürliche Auslegung desselben, welche beiden Teilen, insbesondere aber dem Arbeitnehmer zu großem Schaden gereichen kann, möglichst ausgeschlossen ist.

Zur Förderung dieses Zweckes wäre eine Ausdehnung des Zwanges zur Einführung einer Arbeitsordnung auf alle Betriebe, in welchen

Akkordarbeiten vorkommen, insbesondere auf solche, die Kolonnenakkorde vergeben, ins Auge zu fassen, und ferner zu bestimmen, daß außer den in § 134b vorgeschriebenen Angaben noch Bestimmungen über das Verhältnis der verabredeten oder gesetzlichen Kündigungsfristen zur Verpflichtung bezw. Berechtigung, Akkordarbeiten zu beenden, über Abschlagszahlungen, über die Bezahlung von Wartezeit, über die Stellung der Helfer, über das Verhältnis der Kolonnenführer zu den Arbeitern und zur Firma, sowie der Kolonnenarbeiter zur Firma, darüber, daß Zwischenmeister im Zweifel als Akkordarbeiter der Firma anzusehen sind, ferner über eine gewisse Haftung des Hauptunternehmers für die Innehaltung der gesetzlichen Bestimmungen seitens des Zwischenmeisters gegenüber seinen Arbeitern, über Akkordarbeit der Heimarbeiter, über Regelung der Akkordarbeiten beim Bestehen von Tarifverträgen in die Arbeitsordnung aufzunehmen sind.

Der Nachtrag zu Titel VII GO. hätte folgendes zu enthalten:

I. 1. Im Zweifel soll ein Akkordvertrag als nicht bestehend gelten, wenn nicht die Leistung und der dafür zu zahlende Preis, mindestens nach einem Einheitssatze, schriftlich vereinbart sind.

Wenn nichts Gegenteiliges verabredet ist, muß die Vereinbarung vom Arbeitgeber oder seinem in der Arbeitsordnung oder durch unterschriebenen Anschlag ausdrücklich als solchen bezeichneten Vertreter, sowie vom Arbeitnehmer unterzeichnet sein.

I. 2. Die Vereinbarung muß die Leistung und den Preis genau bezeichnen, nötigenfalls unter Hinweisung auf Zeichnungen, Modelle oder dergl.

Im Zweifel hat der Arbeitgeber das Material, die Werkzeuge, Vorrichtungen usw. zu liefern.

Im Zweifel ist das Einrichten von Werkzeugmaschinen und dergl. als im Akkordpreis nicht mitenthalten anzusehen.

Befindet sich die Stelle, an welcher die Akkordarbeit zu leisten ist, außerhalb der Arbeitsstätte des Arbeitgebers, so ist die Entschädigung für den weiteren Weg im Zweifel als im Akkordpreis nicht mitenthalten anzusehen.

I. 3. Ist Schriftform vorgeschrieben, so muß sie sich jedenfalls auf Arbeitsleistung und Preis erstrecken.

Bei einmaliger schriftlicher Festsetzung von Leistung und Preis durch Akkordbücher, Lohntarife, Arbeitsordnungen oder dergl. genügt bei Wiederholung schriftlicher Hinweis auf die betreffenden Positionen.

I. 4. Sind Akkordpreise durch Tarife, Akkordbücher oder dergl. festgelegt, so muß dem Arbeiter gestattet sein, die ihn betreffenden Positionen derselben einzusehen. Aushang ersetzt die Gestattung der Einsichtnahme.

I. 5. Soweit nach dem Vorstehenden ein Akkord formell ungenügend abgeschlossen ist, hat der Arbeitnehmer Anspruch auf den mit ihm verabredeten, in Ermangelung eines solchen auf den für die betreffende Arbeit üblichen

(die Arbeitgeber verlangen): Zeitlohn

(die Arbeitnehmer verlangen): Durchschnittslohn

für die aufgewandte Zeit.

II. Aufhebung oder Abänderung des Akkordvertrages.

Bezüglich des Rechts und der Pflicht auf Beendigung der Akkordarbeit machen sich in der Praxis drei verschiedene Meinungen geltend: Häufig wird Beendigung eines Akkordes gefordert, oft findet sich aber das Verlangen nach dem Rechte, von einem begonnenen Akkorde jederzeit zurücktreten zu können. Schließlich wird vielfach verlangt, daß das vereinbarte oder gesetzliche Recht auf Kündigung den Akkordverabredungen vorgehe.

Es wird zweckmäßig sein, zu bestimmen, daß, wenn nichts anderes vereinbart ist, sowohl Arbeitgeber als Arbeitnehmer jederzeit einen angefangenen Akkord aufheben können.

Zu zahlen ist in einem solchen Fall stets der Wert der bereits geleisteten Arbeit.

Zusätzlich könnte bestimmt werden:

Hebt der Arbeitnehmer den Akkordvertrag auf Grund eines der Punkte 2—4 des § 124 GO. auf, so hat er mindestens den mit ihm vereinbarten, in Ermangelung eines solchen den für die betreffende Arbeit üblichen

(die Arbeitgeber verlangen): Zeitlohn

(die Arbeitnehmer verlangen): Durchschnittslohn

für die bereits aufgewandte Zeit zu beanspruchen.

Hebt der Arbeitgeber den Akkordvertrag auf, und liegt der Grund nicht in schlechter Arbeit, für welche lediglich der Wert des bereits Geleisteten bezahlt wird, und nicht in einem der Punkte 1—7 des § 123 GO., so hat der Arbeitnehmer mindestens den mit ihm vereinbarten, in Ermangelung eines solchen, den für die betreffende Arbeit üblichen

(die Arbeitgeber verlangen): Zeitlohn

(die Arbeitnehmer verlangen): Durchschnittslohn

für die bereits aufgewandte Zeit zu beanspruchen.

Ist durch Vereinbarung die jederzeitige Aufhebung des Akkordes ausgeschlossen, so gehen, wenn nichts Gegenteiliges verabredet ist, die vereinbarten oder in Ermangelung solcher die gesetzlichen Kündigungsrechte den Akkordverabredungen vor.

Abänderung eines Akkords, welche eine Beeinflussung des bei der Übernahme des Akkords von dem Arbeitnehmer zu erwartenden Verdienstes zur Folge hat, bedingt eine neue Festsetzung des Akkords.

Als eine solche Abänderung muß es auch betrachtet werden, wenn der Arbeitgeber gemäß seinem durch § 121 GO. bestehenden Recht, bezüglich der Ausführung des Akkords Anordnungen trifft, welche den Akkordverdienst des Arbeitnehmers in einer Weise beeinflussen, die er bei der Übernahme des Akkords nicht voraussehen konnte.

Tritt der Arbeitnehmer infolge Abänderung des Akkordvertrages zurück, so hat er Anspruch auf den der bereits geleisteten Arbeit entsprechenden Teil des Akkordpreises, mindestens jedoch auf den mit ihm verabredeten, in Ermangelung eines solchen auf den für die betreffende Arbeit üblichen

(die Arbeitgeber verlangen): Zeitlohn,
(die Arbeitnehmer verlangen): Durchschnittslohn

für die aufgewandte Arbeitszeit.

Eine Unterbrechung der Akkordarbeit ist dem Arbeitgeber, wenn nichts Gegenteiliges verabredet ist, jederzeit gestattet.

Ist für den Fall einer Unterbrechung über die Bezahlung einer Wartezeit oder das Recht des Arbeiters auf anderweitige Beschäftigung nichts Gegenteiliges bestimmt, so sollen folgende Bestimmungen gelten:

Für die Zeit einer Unterbrechung ist der Arbeiter bis zum Ablauf seiner vertraglichen oder gesetzlichen Kündigungsfrist zur Ausführung einer anderweitigen Arbeit berechtigt und verpflichtet, für welche er den mit ihm vereinbarten, in Ermangelung einer Vereinbarung den für die betreffende Arbeit üblichen

(die Arbeitgeber verlangen): Zeitlohn,
(die Arbeitnehmer verlangen): Durchschnittslohn

beanspruchen kann. Vom Arbeitgeber bestimmte Wartezeit ist im Zweifel mit dem vereinbarten, in Ermangelung eines solchen mit dem üblichen

(die Arbeitgeber verlangen): Zeitlohn,
(die Arbeitnehmer verlangen): Durchschnittslohn

zu bezahlen.

III. 1. Wenn die Gesetzgebung für den Fall mangelnder Verabredung das Recht auf jederzeitige Unterbrechung und gleichzeitig einen Schutz des Anspruchs des Arbeitnehmers auf anderweitige Beschäftigung oder Wartegeld vorsieht (siehe II), so erübrigen sich weitere Vorschriften über die Verpflichtung des Arbeitgebers zur rechtzeitigen Beschaffung von Material, Zeichnungen und Werkzeugen.

Die Arbeitgeber beantragten:

III. 2. Die Haftpflicht des Arbeitnehmers für selbstverschuldete Mängel erscheint durch die bestehenden Gesetze genügend festgelegt. Wünschenswert wäre, daß das im § 394 BGB. enthaltene Kompensationsverbot auf den Teil des Akkordverdienstes beschränkt würde, welcher den verabredeten, in Ermangelung eines solchen, den üblichen Zeitlohn nicht übersteigt. Es könnte ferner bestimmt werden, daß der Arbeitnehmer, der einen selbstverschuldeten Mangel zu verbessern sich weigert, sich den Abzug des zur anderweitigen Beseitigung des Mangels erforderlichen Lohnes vom Akkordpreis gefallen lassen muß.

Gegen die Aufnahme der Bestimmung des Absatzes III 2 betreffend Haftpflicht für selbstverschuldete Mängel protestieren die Arbeitnehmervertreter, „weil eine derartige Fassung der Bestimmungen die §§ 394 BGB., 115 d. GO. und § 1 des Lohnbeschlagnahmegesetzes aufheben würde.

Die gegenwärtigen Gesetze genügen, um den Arbeiter, der leichtfertig oder böswillig eine Arbeit verdirbt, zum Schadenersatz heranzuziehen.

Das im genannten Satz enthaltene Wort ‚selbstverschuldet' würde bei der wirtschaftlichen Abhängigkeit der Arbeiter so weitgehende Konsequenzen nach sich ziehen, daß beinahe alles Risiko der Arbeit resp. Produktion auf den Arbeiter abgewälzt werden könnte.

Eine derartige Haftung muß aber jeder denkende Arbeiter ablehnen, weil er nur wenig, oft gar keinen Einfluß auf die Herstellungsmethode hat, sondern gewöhnlich nur nach den Angaben seiner Vorgesetzten zu arbeiten hat."

III. 3. Der Arbeitnehmer hat die Beweislast dafür, daß er den Akkord in der verabredeten Weise und nach den Regeln seines Handwerks oder seiner Kunst ausgeführt hat, und der Arbeitgeber dafür, daß ein von ihm behaupteter Mangel der Arbeit auf ein Verschulden des Arbeitnehmers zurückzuführen ist.

IV. Gruppen-Akkord (Kolonnensystem).

Es wäre wünschenswert, Bestimmungen zu erlassen, nach welchen Übergabe von Arbeiten an einen Kolonnenführer, der seinerseits selbstständig Kolonnenarbeiter annimmt und bezahlt, ohne der Firma über die Höhe und Form der Bezahlung Rechenschaft schuldig zu sein, womöglich beseitigt wird.

Für Kolonnenverträge dürfte Schriftlichkeit zu verlangen sein.

Der Arbeitgeber, welcher einem Kolonnenführer eine Akkordarbeit zur Ausführung durch eine Kolonne übergibt, hätte mit dem Kolonnenführer eine schriftliche Vereinbarung zu treffen, die von beiden zu unterzeichnen, und in welche jedem Kolonnenarbeiter, gegebenenfalls durch Aushang, Einsichtnahme zu gestatten wäre. Die Vereinbarung hätte genaue Bestimmungen darüber zu enthalten, daß der Kolonnenführer Angestellter des Arbeitgebers ist, und daß sämtliche Kolonnenarbeiter durch Unterzeichnung des mit dem Kolonnenführer abgeschlossenen schriftlichen Anstellungsvertrages ebenfalls Arbeitnehmer des Arbeitgebers werden. Die Vereinbarung hätte ferner zu bestimmen, in welcher Weise die Verteilung der Akkordsumme unter sämtliche Teilnehmer der Kolonnenarbeit, einschließlich des Kolonnenführers, zu geschehen hat. Die Verteilung des Akkordpreises müßte, wenn nichts anderes zwischen dem Arbeitgeber und den Kolonnenarbeitern vereinbart ist, nach Maßgabe der von jedem Kolonnenarbeiter aufgewandten Zeit, und wenn diese nicht zu ermitteln ist, nach Köpfen stattfinden."

Wir haben beim Gewerbegericht auch die Mißstände, die heute angeführt wurden, als bestehend anerkannt, insbesondere sind wir der Meinung, daß das Bürgerliche Gesetzbuch eine genügende Klarheit nicht schafft. Es ist eben ein besonderer Vertrag. Der Akkordvertrag ist im Bürgerlichen Gesetzbuch nicht enthalten. Er ist zwar angedeutet, es ist dort gesagt von einer Vergütung, die nicht durch Zeitlohn gewährt wird, aber das ist auch das Einzige. Sonst kommt man einfach auf den Werkvertrag, aber den Werkvertrag wollen die Parteien doch nicht und als Werkvertrag kann man den Akkordvertrag auch nicht konstruieren. Neuerdings nun hat Rümelin in einem geistreichen Buche, das aber meines Erachtens rein theoretisch ist — man erkennt dies, wenn man nur die Beispiele anführt: Er spricht immer von der Näherin in seiner Wohnung oder von dem Maler, der ihm die Gartenmöbel gestrichen hat — den Akkordvertrag behandelt. Theoretisch ist das ja ein ungemein wichtiges Buch. Es wäre mir angenehm gewesen, wenn es mir vorgelegen hätte. Er sagt, Akkordvertrag ist ein Werkvertrag.

M. H.! Wenn ein juristisch derart scharfsinniger Mann darüber noch im Zweifel ist, daß der Akkordvertrag kein Werkvertrag ist, so müssen Sie bedenken, daß wohl noch mehr Zweifel auftauchen müssen bei den Gewerbegerichten. Die Gewerbegerichte haben ja einen juristischen Vorsitzenden, aber doch nur zumteil. Gerade die große Masse von kleinen Gewerbegerichten sind nicht in der Lage, einen Juristen, insbesondere einen Privatrechts-Juristen, einen Zivilrechts-Juristen mit dem Vorsitz zu betrauen. Im günstigsten Falle ist es ein juristisch vorgebildeter Bürgermeister, der im wesentlichen in der Verwaltungspraxis steht; und in sehr vielen Fällen werden es Leute sein, die juristisch gar nicht vorbereitet sind.

Und was sollen diese Leute machen, wenn es ihnen fehlt einmal an klaren Vorschriften im Gesetz und zweitens an Sammlungen von Entscheidungen, die von einer höchsten Instanz ausgehen. M. H.! Ein Vorschlag, der gemacht worden ist, zunächst diese Instanz zu schaffen, ist ja sehr erwägenswert, aber, m. H., glauben Sie, daß in absehbarer Zeit eine derartige höchste Instanz, vielleicht als Senat beim Reichsgericht in der Weise ausgebaut wird, daß er sich mit diesen Fragen beschäftigen könnte? Nach welchen Grundsätzen sollte der einzelne Fall für revisibel erklärt werden? Die Streitsumme kann es nicht sein. Man kann vielleicht sagen, bei großen Betrieben, die Tausende von Arbeitern beschäftigen, vielleicht 5000 Arbeiter, da ist die Sache revisibel, wenn es sich um prinzipielle Fragen handelt. Aber die Frage ist zu wenig geklärt. In absehbarer Zeit werden wir nicht zu einer höchsten Instanz kommen, und solange können wir eine gewerberechtliche Frage nicht unerörtert lassen; eine gewerberechtliche Frage muß, weil es sich doch um die Regelung der heutigen Form der Industrie handelt, in absehbarer Zeit geregelt werden und kann nicht abhängig gemacht werden von der Schaffung einer höchsten Instanz.

Ich will nur noch eins erwähnen. Die Vorschläge, die das Gewerbegericht Berlin gemacht hat — bestehen nur aus den beiden angeführten Punkten. Das übrige sind nur Motivierungen — die sollen dem Gesetzgeber dazu dienen, das Gesetz praktisch auszugestalten. Diese gewerbegerichtlichen Anträge beruhen im wesentlichen auf Vorschlägen von Arbeitgebern und Arbeitnehmern, und zwar ist ein Herr von einer der größten Berliner und überhaupt deutschen Weltfirmen der Verfasser gewesen, ein Herr, der von seiner Firma lediglich betraut ist mit der Regelung oder mit dem Studium der Arbeiterverhältnisse. Dieser Herr hat nicht nur der Sache die Redaktion gegeben, sondern er hat auch aus anderthalbjährigen Verhandlungen die Punkte zusammengestellt, auf die beide Parteien sich einigen können. Kleine Industrielle sind auch beteiligt gewesen.

So wird also, kann man sagen, wohl keine Gefahr vorliegen, wenn der Juristentag und dann später die gesetzgebenden Körperschaften an eine gesetzliche Regelung des Akkordvertrages in dem Sinne eines Dienstvertrages herangehen und insbesondere die Kolonnenverträge regeln.

Ich möchte mir nur erlauben, einen Vorschlag zu machen, den vielleicht die beiden Herren Referenten zumteil akzeptieren werden, nämlich eine kleine Abänderung des Antrages Bernhard, dahingehend, daß ein Teil des Meschelsohnschen Antrages noch aufgenommen wird, nicht ganz, sondern nur das Wesentliche. Der erste Punkt soll vollkommen so bleiben, wie er ist. Punkt II soll dahin ergänzt werden:

„1. Die Sicherung der Akkordversicherung durch grundsätzlich schriftliche Beurkundung und Akkordabrechnung unter Vermeidung öffentlicher Strafen."

Also nur diese vier Worte „unter Vermeidung öffentlicher Strafen" sollen hinzugefügt werden. Auf den Vorschlag von mir, den Herr Justizrat Dr. Meschelsohn akzeptiert hat, daß im Zweifel der Akkordvertrag als Dienstvertrag anzusehen ist, verzichte ich, um die Klarheit der Bernhardschen Thesen nicht zu stören. Punkt 2 hätte zu lauten:

„2. Bestimmungen über die Pflichten der Parteien bei Ausführungen von Akkordarbeiten im Sinne des Dienstvertrages."

Die letzte These — statt Punkt III als neuer Punkt III — würde ich vorschlagen zu fassen:

Der Juristentag beschließt, über „das Recht der Tarifgemeinschaften" Gutachten einzufordern.

Er soll also den Tarifgemeinschaften gegenüber in diesem Punkte eine vollkommen farblose Haltung einnehmen und soll, ohne zu sagen, ob dieser Punkt für den Akkordvertrag wichtig ist oder nicht, zunächst in eine Erörterung eintreten und sich nicht vorzeitig festlegen.

Privatdozent Dr. Koehne-Berlin: Nach den Worten, die wir soeben von Herrn Magistratsrat Wölbling gehört haben, erledigt sich viel von dem, was ich zu sagen beabsichtigte und in den von Herrn Wölbling erwähnten Aufsätzen im Archiv für bürgerliches Recht und in den Blättern für vergleichende Rechtswissenschaft näher ausgeführt habe. Bedenken habe ich gegen die vorliegenden Thesen namentlich in der Frage, ob nicht vielleicht die gesetzliche Regelung der rechtlichen Wirkung der Tarifgemeinschaften zu früh eintreten würde, wenn die These in der Form angenommen wird, wie sie von Herrn Prof. Bernhard vorgeschlagen wird: „über die rechtliche Wirkung der Tarifgemeinschaften Klarheit zu schaffen." Selbst bei dem Akkordvertrage sind nur einige Punkte zur gesetzlichen Regelung reif. Denn wie hier geschildert worden ist, gehen die Urteile der Gewerbegerichte sehr auseinander, und bei dem gegenwärtigen Zustande der Wissenschaft ist es nicht möglich, daß schon in allen Punkten Klarheit geschaffen wird. Wenn das Gesetz zu ausführlich wird, werden vielfach Entscheidungen getroffen werden, die dem praktischen Leben nicht entsprechen, und die in der sozialen Praxis Nr. 48 vorliegende Begründung der Berliner gewerbegerichtlichen Vorschläge zeigt gerade, daß man eigentlich noch nicht so weit ist, um durch ein Gesetz den ganzen Akkordvertrag zu regeln. Sie brauchen sich bloß Sp. 1248 vor Augen zu führen. In vielen Punkten heißt es: Die Arbeitgeber beantragen dieses, und die Arbeitnehmer beantragen jenes. Die Arbeitgeber wollen bei vorzeitiger unverschuldeter Auflösung des Akkordvertrages, daß der Arbeiter nur Zeitlohn erhält, die Arbeiter dagegen, daß sie den Durchschnittslohn erhalten; und das ist dann eigentlich der springende Punkt, über den es so viele Prozesse gibt. Gewiß ist es auch gerecht, daß der Arbeiter, der sich im Akkordlohn angestrengt hat, bei vorzeitiger Lösung des Akkordvertrages mehr erhält, als wenn er bloß für Zeitlohn gearbeitet hätte.

Meiner Ansicht nach zeigt gerade dieses ganze Moment, wie wenig noch der Akkordlohn schon in allen Punkten zu einer gesetzlichen Regelung reif ist.

Anderseits wollen wir die Tarifgemeinschaften auch zunächst nur zur Besprechung durch den Juristentag und dann zur Regelung durch das Gesetz vorschlagen. Trotz der Einwendungen des Herrn Vorredners glaube ich aber, daß das neuerdings angeratene „Reichsarbeitsgericht" dieselbe Behandlung verdienen würde. Durch Schaffung einer gemeinsamen höchsten Instanz für sämtliche Gewerbegerichte würden jedenfalls die störenden Widersprüche in der richterlichen Beurteilung der Akkord- und Tarifverträge besser beseitigt werden als durch einen großen Teil der zu ihrer speziellen Regelung gemachten Vorschläge.

Vorsitzender: Es ist ein Antrag auf Schluß der Debatte gestellt von Herrn Dr. Meyer.

Der Schlußantrag wird angenommen. Zum Worte ist noch gemeldet Herr Amtsrichter Dr. Rümker.

Amtsrichter Dr. **Rümker-Hamburg:** M. H.! Ich wollte mir erlauben, Ihre Zeit für einen Augenblick in Anspruch zu nehmen; ich halte mich für verpflichtet, als Vorsitzender des Gewerbegerichts in Hamburg meine Ansicht zu der Frage hier auszusprechen.

Auch ich bin von der Nützlichkeit einer Regelung des Akkordvertrages durchaus überzeugt. Von denjenigen Industrien, in welchen wir in Hamburg uns mit Akkordverträgen zu befassen haben, machen uns eigentlich wesentliche Schwierigkeiten diejenigen, welche, wie bereits hervorgehoben wurde, nahe verwandt mit dem Handwerk sind, also die kleinen Betriebe. Die großen Unternehmungen, welche über eine große Zahl von Arbeitern verfügen, welche die nötige Aufsicht besitzen und einen juristischen Beirat haben, bereiten uns weit weniger Schwierigkeiten insofern, als in diesen Prozessen im allgemeinen der Standpunkt der Parteien klar nachgewiesen und die Berechtigung desselben unter Beweis gestellt werden kann, sodaß im allgemeinen derartige Prozesse eine schnelle Erledigung finden können. Schwierigkeiten macht im wesentlichen der kleine Betrieb, und zwar nicht wegen der Rechtsfrage, sondern wegen der außerordentlichen Unklarheit des tatsächlichen Vorbringens. Wenn nun auch durch eine Regelung des Rechtes des Akkordvertrages Abhilfe geschaffen wird, so wird hiermit doch nicht der wesentliche Punkt getroffen: Es können zwar die Abmachungen ergänzt werden, aber wenn gar keine Abmachungen getroffen sind, so entzieht sich die Sache der rechtlichen Regelung. Ich stehe also nicht auf dem Standpunkte, daß die Regelung des Akkordrechtes unbedingt notwendig, gebe aber wohl zu, daß sie nützlich ist. Ich möchte noch bemerken, daß ich als Gewerberichter eine dringendere Notwendigkeit sehe, das ist diejenige der Regelung des Rechtes des Arbeitsvertrages, wie sie in dem 7. Titel der Gewerbeordnung vorliegt. Bekanntlich enthält dieser Titel Bestimmungen, die sich zeitlich erstrecken von 1869 bis 1900 und es stehen dort Normen nebeneinander, welche nur schwer in Einklang zu bringen sind. Aber ich bescheide mich hierin und akzeptiere gern die Thesen des Herrn Professor Bernhard, indem ich mich der Hoffnung hingebe, daß bei der Regelung der Tarifgemeinschaften auch diese Materie geregelt wird. Ich verweise nur auf das Arbeitszeugnis, die Regelung des Zurückbehaltungsrechts, dann weiter auf die Frage der Entlassung ohne Kündigung usw.

Es ist weiter das Reichsarbeitsgericht gestreift worden. Ich möchte entschieden bitten, diese Frage, welche in den Gutachten kaum berührt ist und erst zum Schlusse der Debatte auftaucht, auf sich beruhen zu lassen. Nach meiner Ansicht sind wir absolut noch nicht so weit, daß wir uns über eine neue Instanz schlüssig werden können, und ich halte es auch nicht für nötig, ein Reichsarbeitsgericht zu schaffen. Ich verweise vor allem auf das Eine: Wie soll der Vorsitzende eines kleinen Gewerbegerichts, welcher in der Hauptsache etwas ganz anderes zu tun hat, über die Rechtsprechung eines Reichsarbeitsgerichtes sich auf dem Laufenden erhalten? Und weiter: Viele Streitigkeiten sind lokaler Natur, sodaß es im wesentlichen ausreicht, wenn das betreffende Gewerbegericht seine ständige Rechtsprechung hat, auf welche die Parteien sich verlassen können. Vor allem aber wird der Arbeiter mit seiner Lohnforderung nicht warten können, bis das Gewerbegericht und das Landgericht und das Reichsarbeitsgericht gesprochen haben. Dann hat er vielleicht längst seinen Prozeß vergessen oder ist nicht mehr aufzufinden.

Das Recht der Tarifgemeinschaften halte ich für sehr wesentlich und ich möchte dringend empfehlen, daß wir es auf die Tagesordnung des nächsten Juristentages setzen. (Beifall.) Eine ganze Reihe außerordentlich großer Zweifelfragen harren der Lösung, und ich muß auch als Praktiker bemerken, daß in vielen Industriezweigen, wo uns Tarifverträge vorliegen, die Rechtsprechung außerordentlich dadurch erleichtert wird, daß das Recht des Tarifes im Zweifel als das Recht des Vertrages anzusehen ist. Auf einen Punkt möchte ich noch aufmerksam machen: Die wesentlichste Frage des Rechtes des Tarifes ist die, ob die Parteien absolut gebunden sind, d. h. ob der Tarif zwingendes Recht ist, und hier möchte ich auf folgendes hinweisen: Wenn die Gesetzgebung dahin neigen sollte, daß der Tarif zwingendes Recht wird, können wir wohl die Arbeitgeber veranlassen, daß sie den Tarif erfüllen, aber wir können nie und nimmer die Arbeiter, als die numerisch erheblich zahlreichere Klasse anhalten, daß sie sich ihrerseits an den Tarif binden. Soll man Tausende von Arbeitern z. B. entlassen oder etwa mit Strafe belegen, weil sie die Tarifgemeinschaft gebrochen haben? Das würde kaum möglich sein. Ich wollte nur darauf hinweisen, wie außerordentlich schwierige Fragen wir in dieser Beziehung zu lösen haben.

Die Thesen des Herrn Professor Bernhard empfehle ich bringend zur Annahme, weil sie sich durch außerordentliche Klarheit und Präzision auszeichnen und deshalb durchaus geeignet sind, den verbündeten Regierungen zur Grundlage zu dienen. Dagegen möchte ich befürworten, die Thesen des Herrn Justizrat Dr. Meschelsohn abzulehnen, da nach meiner Ansicht diejenigen Punkte, die zu empfehlen sind, ohne weiteres bei einer Gesetzgebung in Frage kommen, und die anderen Punkte nur ein Ballast sein würden und denjenigen Herren, die sich überhaupt nicht mit der Materie befreunden können, später in der Presse die Gelegenheit geben, wegen dieser Nebendinge das ganze Gesetz zu bekämpfen. Das ist eine alte Erfahrungstatsache, daß durch solche Nebenpunkte ein Gesetz zu Fall gebracht werden kann. Ich bin überzeugt, daß wir die schriftliche Beurkundung bekommen, obwohl auch diese zu Schwierigkeiten Anlaß geben kann, weil ungebildete Arbeitgeber nicht in der Lage sind, ihren Willen zutreffend zum Ausdruck zu bringen. Dieses haben wir schon bei den gewerblichen Lehrverträgen erfahren, denn fast ein jeder gewerbliche Lehrvertrag kann aus formellen Gründen als ungültig bezeichnet werden. Ich möchte auch weiter empfehlen den Satz:

> „Die Bestimmungen müssen für jedes einzelne Gewerbe sowohl diejenigen Punkte, welche der Beurkundung unterliegen, wie die Ausnahmen vom Beurkundungszwang angeben",

fallen zu lassen, weil es tatsächlich für den Praktiker schon jetzt schwer ist, sich durch die Menge von Ausführungsbestimmungen hindurchzufinden.

Die Vertragsstrafen, wie sie in dem 3. Absatz, Nr. 1 vorgeschlagen sind, sind nach meiner Ansicht keine Vertragsstrafen im Sinne des bürgerlichen Gesetzbuchs, sondern nur Bußen im Sinne der Gewerbeordnung.

Die Praxis bezweifelt ferner gar nicht, daß der Akkordvertrag Dienstvertrag ist. Wenn irgendwo ein Richter anders entscheidet, so ist dieses ein Fall, welcher immer vorkommen wird, auch wenn wir das schönste Gesetz machen.

Des weiteren bin ich fest überzeugt, daß das gesetzliche Verbot der Akkordarbeit für gefährliche Betriebe von selbst in das Gesetz hineinkommen wird, sobald die ganze Frage einmal angeschnitten ist.

Ich habe weiter erhebliche Bedenken dagegen, den Arbeiterausschuß als notwendigen Teil der Arbeitsordnung in dem Sinne anzusehen, daß nur dann ein Vertrag als Akkordvertrag angesehen, nur dann ein Akkordvertrag abgeschlossen werden kann, wenn der Arbeiterausschuß gehört ist, weil wir hiermit das außerordentlich zweifelhafte Recht der Arbeitsordnung in einem erheblichen Punkte mehr belasten werden. Demgemäß kann ich Ihnen nach meiner Ansicht die Thesen des Herrn Prof. Bernhard nur empfehlen und bitten, von den Vorschlägen des Herrn Justizrats Meschelsohn Abstand zu nehmen.

Mitberichterstatter Justizrat Dr. **Meschelsohn**-Berlin: M. H.! Es vereinfacht, glaube ich, die Diskussion erheblich, wenn der Herr Präsident die Güte hat, die Anträge, auf die Herr Prof. Bernhard und ich uns geeinigt haben, vorzulesen. Ich habe den Bedenken, die in der Diskussion vorgetragen worden sind, Rechnung getragen. Einige Einzelbestimmungen habe ich fallen lassen, und andererseits hat Herr Prof. Bernhard einige Bestimmungen aus meinen Thesen akzeptiert.

Ich möchte dann nur noch auf einige Punkte eingehen, die in der Diskussion hervorgehoben sind. Im großen und ganzen, meine Herren, scheint ja die Überzeugung sich Bahn gebrochen zu haben, daß der Akkordvertrag der gesetzlichen Regelung bedarf; wir könnten also die uns gestellte Frage lediglich kurz bejahen, wie dies auch von einigen Herren als wünschenswert bezeichnet ist. Mir erscheint aber notwendig, daß wir uns nicht auf die einfache Bejahung beschränken, sondern daß wir der Gesetzgebung einige Wünsche für die Art der Regelung bekannt geben, weil sonst die Gefahr entsteht, daß bei dieser Regelung manche Momente unberücksichtigt bleiben, die außerordentlich wichtig sind. Und wir können auch eine gesetzliche Regelung nur verlangen, wenn wir eine einigermaßen bestimmte Vorstellung davon geben, wie wir uns diese Regelung denken. Aus dieser Erwägung heraus hat Herr Prof. Bernhard seine Ihnen mitgeteilten Thesen aufgestellt, und ich habe noch weitere Zusätze vorgeschlagen, schon um der Diskussion einen Anhalt zu geben und den Herren möglichst das Material zu liefern, auf welche Punkte sich die Debatte erstrecken sollte. Das ist die Veranlassung zu den Thesen gewesen; darauf, daß sie sämtlich zum förmlichen Beschluß erhoben werden, lege ich keinen Wert.

Nur eine These liegt mir am Herzen. Die Tarifgemeinschaften sind die bedeutsamste und beste Regelung des Akkordvertrages. Ganz gewiß hat Herr Dr. Wölbling recht, wenn er sagt, Tarifverträge befassen sich nicht nur mit Akkordverträgen. Das ist unzweifelhaft. Aber in der weitaus überwiegenden Mehrzahl sind Tarifverträge ihrem Inhalt nach generelle Akkordverträge; in der Praxis ist die Ordnung des Akkordvertrages sehr wesentlich durch die Tarifgemeinschaften bestimmt.

Der Interessengegensatz zwischen Arbeitnehmern und Arbeitgebern tritt bei der Beantwortung der Frage, wie soll der Arbeitsvertrag mit dem gewerblichen Arbeiter zustande kommen, zu Tage. Der krasse Arbeitgeberstandpunkt lautet: Arbeitsvertrag ist eine einseitige Feststellung der Arbeitsbedingungen von seiten des Arbeitgebers; der Arbeiter hat denselben, so wie ihn der Arbeitgeber normiert, anzunehmen oder er bleibe außerhalb des Betriebes. Auf Verhandlungen über den Vertrag lassen wir uns nicht ein. Der Verband Deutscher Industrieller hat, auf die in sehr bescheidener Form an den Bund der Metall-Industriellen vorgebrachte Anregung der Deutschen Metall-Arbeiterschaft, der Abfassung eines Dienstvertrages in Gemeinschaft mit der Vertretung der Arbeiter näher zu treten, seinen Mitgliedern als Erwiderung die Ermahnung zugehen lassen — ich denke, der Herr Generalsekretär des Verbandes wird selbst das Schriftstück verfaßt haben —: Gegen Tarifverträge bitten wir, sich ablehnend zu verhalten; denn Tarifgemeinschaft bedeutet, daß wir das Recht aufgeben, die Arbeitsbedingungen in unseren Betrieben festzusetzen. Das hat der Zentralverband Deutscher Industrieller als seine rechtliche Überzeugung bekannt. Demgegenüber muß man betonen, ein Vertrag ist eine Vereinbarung und für den Arbeitsvertrag gilt nichts anderes als für das Vertragsrecht allgemein. Wenn jemals als dem Gesetz oder der Natur entsprechend erwiesen werden könnte: Arbeitsverträge schließen heißt: F e s t s e t z u n g der Arbeitsbedingungen durch den A r b e i t g e b e r und A b l e h n u n g jeder Einmischung in die V e r t r a g s v e r h a n d l u n g e n durch den A r b e i t n e h m e r, dann würde der Standpunkt der von dem Zentral-Verband Deutscher Industrieller vertretenen deutschen Großindustrie berechtigt sein. Aber, meine Herren, die deutsche Großindustrie ist nicht so schwarz, wie sie nach ihrer offiziellen Kundgebung erscheint; es gilt bezüglich ihrer dasselbe wie von der Arbeitnehmerpartei, die auch nicht so rot ist, wie sie nach den offiziellen Kundgebungen der Gewerkschaft erscheint. Es ist ja schon oft darüber Klage erhoben, daß auf beiden Seiten die offiziellen Kundgebungen die wahren Ansichten der Interessenten nicht wiedergeben. Es soll das kein persönlicher Vorwurf gegen diejenigen sein, die die offiziellen Schriftstücke verfassen; sie glauben gewiß ihren Auftraggebern aufs beste damit zu dienen und auch wohl deren Ansichten richtig zu treffen, wenn sie den theoretischen Standpunkt aufs schärfste herausarbeiten und begründen und in dieser Schärfe der Öffentlichkeit übergeben. Aber in der Praxis des gewerblichen Lebens gibt fast jeder um des lieben Friedens halber hier und dort nach und stellt die prinzipielle Begründung seiner Ansichten und diese selbst zur Seite.

Und so dürfen wir sagen: Die deutsche Großindustrie ist nicht so herrisch, wie es der Zentral-Verband von ihr verlangt. Sie hat eine große Zahl von Tarifgemeinschaften abgeschlossen; sie lehnt in der Praxis den ihr empfohlenen Standpunkt ab zu ihrem eigenen Besten und zum Wohle ihrer Arbeiter.

M. H., der deutsche Juristentag trägt bei zum sozialen Frieden, trägt bei zur Ausgestaltnng des Einvernehmens zwischen den Arbeitgebern und Arbeitern. wenn er sich dafür entscheidet, die Frage der Tarifgemeinschaften auf die nächste Tagesordnung zu setzen.

Niemand verkennt die Schwierigkeiten, die heute einer Verhandlung über den Tarifvertrag entgegenstehen würden. Der letzte Herr Redner hat auf die praktischen Schwierigkeiten, die seiner Ausgestaltung entgegenstehen, hingewiesen. Es würde aber heißen, an der Fähigkeit der deutschen Rechtswissenschaft verzweifeln, wenn der deutsche Juristentag sich nicht an so wichtige Aufgaben heranwagen sollte, weil sie schwierig sind. Dazu ist der deutsche Juristentag geschaffen, um der Fortbildung des Rechtes zu dienen und neu entstehende, noch um ihre Berechtigung ringende Rechtsinstitutionen zu prüfen, Klarheit über sie zu verbreiten, und soweit sie sich als Fortschritt erweisen, ihnen zur Anerkennung zu verhelfen.

Der **Vorsitzende**: Herr Professor Bernhard und Herr Justizrat Dr. Meschelsohn haben sich geeinigt, daß die Thesen in folgender Form gefaßt werden:

> I. „Der deutsche Juristentag ist der Überzeugung, daß eine gesetzliche Regelung des gewerblichen Akkordvertrages notwendig ist, da es diesem für die Industrie wichtigsten Arbeitsvertrage an einer hinreichenden rechtlichen Ordnung fehlt und infolgedessen zahlreiche Arbeitsstreitigkeiten entstehen."

Also Satz I, Antrag Bernhard, wie gedruckt. Satz II:

„Insonderheit hält der Juristentag für erforderlich:

1. Die Sicherung der Akkordvereinbarung und Akkordabrechnung unter Vermeidung öffentlicher Strafen; allmähliche Einführung der Akkordvereinbarung durch schriftliche Beurkundung (Akkordzettel, Lohnbücher.)"

Das letztere ist entnommen aus dem Antrage Meschelsohn. Die beiden nächsten Zusätze im Antrag Meschelsohn entfallen.

Dann folgt Ziffer 2 der These II des Herrn Prof. Bernhard:

2. „Bestimmungen über die Pflichten der Parteien bei Ausführung von Akkordarbeiten," — mit nachstehendem Zusatz „indem als Grundsatz für die Normierung der Rechte und Pflichten der Parteien festzuhalten ist, daß im Zweifel der Akkordlohnvertrag Dienstvertrag ist."

Ziffer 3 des Antrages Bernhard unverändert:

3. „Die rechtliche Stellung der Zwischenpersonen (Akkordmeister, Akkordanten, Kolonnenführer, Zwischenmeister) gesetzlich zu regeln."

Dann ist anzufügen als Ziffer 4 der Antrag:

„Ein gesetzliches Verbot der Akkordarbeit empfiehlt sich für solche Arbeiten, bei denen durch die Akkordarbeit nachweislich eine erhebliche Erhöhung der Gefahr eintritt."

Jetzt kommt Satz III des Antrages Bernhard:

III. „Ferner aber ist zur Entwickelung und Ordnung des Akkordvertrages „wünschenswert" — statt „notwendig", über die rechtliche Wirkung der Tarifgemeinschaften (kollektiven Arbeitsverträge) Klarheit zu schaffen."

Und endlich Satz IV des Antrages Bernhard, wie er gedruckt vorliegt:

IV. „Der Juristentag beschließt deshalb, über „das Recht der Tarifgemeinschaften" Gutachten einzufordern und dieses Thema auf die Tagesordnung seiner nächsten Hauptversammlung zu setzen."

Infolge dieser Amendierungen hat Herr Justizrat Dr. Meschelsohn seinen letzten Antrag, zwischen Satz 2 und 3 der Bernhardschen Thesen einen Zwischensutz einzufügen, fallen lassen, ebenso hat sich Herr Magistratsrat Wölbling dem Kompromißantrag Bernhard-Meschelsohn insofern angeschlossen, als er seinen Separatantrag, der vorher gestellt wurde, nicht aufrecht hält.

Professor Lenel und Dr. Hellwig haben den ursprünglichen Antrag Bernhard, jedoch mit der Änderung, daß statt „notwendig“ gesagt wird „wünschenswert“, zu dem ihrigen gemacht.

Dr. Brunhuber-Köln zieht seinen Antrag zurück.

Hierauf erhält Professor Dr. Bernhard-Posen das Schlußwort.

Professor Dr. **Bernhard**: Ich bin vom Ergebnis der Diskussion freudig überrascht. Insonderheit habe ich mich darüber gefreut, daß Herr Regierungsrat Professor Leidig so gesprochen hat. Herr Leidig gilt mit Recht für den vornehmsten, liebenswürdigsten, aber unbeugsamsten Vertreter der Unternehmerinteressen. Daß er sich meinen Thesen I bis III angeschlossen hat, freut mich daher doppelt. Herr Dr. Leidig wird mir aber auch zugeben, daß ich im voraus gesagt habe, was er sprechen würde. Er hat das Thema von der Mannigfaltigkeit variiert, aber da wir uns über die drei Thesen geeinigt haben, braucht man darüber nicht mehr zu reden.

Die erste These entspricht, glaube ich, der allgemeinen Überzeugung, die in der Debatte zum Ausdruck kam.

Die 2. These hat kleine Zusätze erhalten, denen ich zustimme. Ob sie mit den Zusätzen angenommen wird oder ohne solche, halte ich nicht für wesentlich. Im allgemeinen bin ich nicht dafür, in die Resolution Details aufzunehmen, aber diese Details enthalten ja keine sachliche Änderung.

Jedoch diese 1. und 2. These sollten nur das Präludium zur 3. und 4. sein, die ich für die wichtigsten in dieser Frage halte, die Thesen zur Tariffrage. In dieser Beziehung herrscht ja eine merkwürdige Doppelstimmung. Sie werden in allen Aufsätzen, allen Notizen, allen Reden und Bemerkungen zur Akkordfrage immer erwähnt finden: die Tariffrage. Die Juristen fügen dann meist hinzu: Der Tarif gehört nicht zur Akkordfrage, weil er noch andere Dinge enthält. Aber immer wieder kommen die besten Kenner auf den Tarif zurück, und in Deutschland hat auch in der Tat die ganze Akkordfrage ihre Richtung durch die Tariffrage bekommen. Noch vor 9 Jahren waren die Arbeiter erklärte Gegner des Akkordvertrages. Sie haben ihre Stellung ganz plötzlich geändert, als sie im Leipziger Tarifkampf erkannten, daß sie als Akkordgegner auch Tarifgegner sein müßten. Auf demselben Standpunkt stehen die englischen Arbeiter. In den Tarifen werden ja auch in der Tat alle die Fragen, die heute zur Debatte standen, erledigt und geregelt. Also entsteht die Frage: Ist die Rechtswirkung der Tarife klar? Sie können nun hier in dieser erlauchten Versammlung Ihren besten juristischen Kopf fragen, ob er genau weiß, was eine Tarifgemeinschaft ist, ob er sich vollkommen klar ist über die Wirkung für und wider, und sie werden die Antwort hören: Es ist sich niemand klar. Deshalb glaube ich, ist es notwendig, auch die These III anzunehmen. Herr Professor Leidig hat zwar gemeint, die Tarife seien unerheblich, weil sie von der Großindustrie nicht angenommen sind. Jedoch solch Einwand ist nicht ganz logisch, denn die Großindustrie hat manche wichtige sozialpolitische Einrichtung noch nicht angenommen. Ich bat Sie in These IV über das Recht der Tarifgemeinschaft Gutachten einzufordern und dieses Thema auf die Tagesordnung der nächsten Hauptversammlung zu setzen. Hierzu gehört nun aber die 4. These, wie das Amen zum Gebet. Ich glaube nicht, daß formelle Bedenken hiergegen vorliegen, denn der Juristentag ist autonom und kann bestimmen, was er auf die nächste Tagesordnung setzen will. Es ist aber in der praktischen Wirkung ein großer Unterschied, ob etwa Ihre Deputation im nächsten Jahre den Tarifvertrag auf die Tagesordnung setzt oder ob wir heute erklären, wir wollen ihn auf die Tagesordnung setzen, wir wollen darüber Klarheit haben. Ein solche Erklärung ist ein Sammelruf, und ich könnte Ihnen viele Juristen, Nationalökonomen und Ingenieure nennen, die auf einen solchen Sammelruf hin ihre vereinzelten Arbeiten und Bestrebungen hereintragen werden in den fruchtbaren Kreis unserer gemeinsamen Tätigkeit. Ich bitte Sie daher, die Thesen anzunehmen.

Prof. Dr. Leidig-Berlin: Zur persönlichen Bemerkung! M. H.! Einige kurze Bemerkungen gegenüber der liebenswürdigen Apostrophierung des Herrn Justizrats Meschelsohn, die an meine persönliche Adresse gerichtet wurde.

Einmal zur Steuer der Wahrheit: die von Herrn Justizrat Dr. Meschelsohn erwähnte Erklärung geht weder von dem Zentralverbande deutscher Industrieller, an dessen Leitung ich beteiligt bin, aus, noch ist sie von mir verfaßt, sondern sie ist eine Erklärung des Gesamtverbandes deutscher Metallindustrieller. Ich stehe aber nicht an zu erklären, daß ich persönlich derselben Auffassung bin, wie sie in dieser Erklärung zum Ausdruck kommt.

Zweitens — und damit schließe ich schon: ich möchte Herrn Justizrat Dr. Meschelsohn gegenüber seinen Ausführungen, die sich an den Zentralverband deutscher Industrieller wendeten, eine Erklärung anführen, mit der ich allerdings persönlich befaßt gewesen bin, und die dahin lautet:

> „Die im Zentralverbande deutscher Industrieller vereinigten deutschen Industriellen sind der Überzeugung, daß innerhalb der Grenzen des Gesetzes der Arbeitsvertrag ein Gegenstand freier privatrechtlicher Vereinbarung zwischen Unternehmer und Arbeitern ist."

Vorsitzender: M. H.! Wir gelangen zur Abstimmung. Das große Entgegenkommen der Herren, die sich an der Debatte so lebhaft beteiligt haben, ermöglicht es mir, die Abstimmung sehr einfach zu gestalten. Es liegen vor, wie schon erwähnt: der Kompromißantrag der beiden Herren Berichterstatter; dann ein Antrag auf unveränderte Annahme des Antrages des ersten Herrn Berichterstatters, und dann ein Zusatzantrag der zu These IV gestellt ist.

Bei der Abstimmung werden folgende Thesen nahezu einstimmig angenommen.

I. „Der deutsche Juristentag ist der Überzeugung, daß eine gesetzliche Regelung des gewerblichen Akkordvertrages notwendig ist, da es diesem für die Industrie wichtigsten Arbeitsvertrage an einer hinreichenden rechtlichen Ordnung fehlt und infolgedessen zahlreiche Arbeitsstreitigkeiten entstehen."

II. „Insonderheit hält der Juristentag für erforderlich:

1. Die Sicherung der Akkordvereinbarung und Akkordabrechnung.
2. Bestimmungen über die Pflichten der Parteien bei Ausführung von Akkordarbeiten.
3. Die rechtliche Stellung der Zwischenpersonen (Akkordmeister, Akkordanten, Kolonnenführer, Zwischenmeister) gesetzlich zu regeln."

III. „Ferner aber ist zur Entwicklung und Ordnung des Akkordvertrages wünschenswert, über die rechtliche Wirkung der Tarifgemeinschaften (kollektiven Arbeitsverträge) Klarheit zu schaffen."

IV. „Der Juristentag beschließt deshalb, über „das Recht der Tarifgemeinschaften" Gutachten einzufordern und dieses Thema in Verbindung mit dem der Arbeitsordnungen auf die Tagesordnung seiner nächsten Hauptversammlung zu setzen."

Es bleibt noch übrig, die endgültige Fassung des Beschlusses zu Frage 12 festzustellen. Das Subkomité, das mit der Formulierung betraut worden ist, hat mir seinen Antrag vorgelegt. Er lautet:

„Der Juristentag spricht sich dahin aus: Die Erfindung gehört dem Angestellten, welcher die Erfindung gemacht hat, und nicht dem Geschäftsherrn, falls nicht durch Vertrag das Gegenteil bestimmt ist."

Ich kann diese Formulierung, die schon im Prinzip angenommen ist, als angenommen betrachten.

Zum Berichterstatter über die Frage der Akkordarbeit wird Herr Professor Dr. **Bernhard** bestimmt. Der Beschluß der Abteilung wird dem Plenum zur Kenntnisnahme vorgelegt.

Dr. jur. et phil. **Klöppel**-Elberfeld: M. H.! Ich glaube, wir haben die Verpflichtung, ehe wir den Saal verlassen, unserm Herrn Präsidenten, der unsere Verhandlungen so ausgezeichnet geleitet hat und der auch in so vorzüglicher Weise es verstanden hat, zum Schluß jede Geschäftsordnungs-Debatte zu vermeiden und die Abstimmung, die ja das Schwierigste auf einem solchen Kongreß ist, so klar durchzuführen, unseren herzlichsten, aufrichtigsten Dank zu sagen. (Beifall.)

Der **Vorsitzende**: M. H., gestatten Sie, daß ich Ihnen meinen herzlichsten Dank sage für das angenehme, kollegiale Zusammenwirken, das ich hier gefunden habe, und die Nachsicht, die Sie mir gegenüber während der ganzen Verhandlung geübt haben. Ich schließe die Sitzung.

(Schluß der Sitzung: 1 Uhr 25 Minuten).

Zweite Plenarversammlung

Mittwoch, den 12. September 1906, vorm. 9 Uhr.

Präsident Oberreichsanwalt Dr. **Olshausen**: Ich eröffne die zweite Plenarversammlung des 28. Deutschen Juristentages. Ich habe die Ehre und die Freude, zunächst einige von allerhöchsten Herrschaften eingegangene Telegramme zur Verlesung zu bringen:

„Se. Majestät der Kaiser und König haben mich zu beauftragen geruht, den Teilnehmern am 28. Deutschen Juristentage Allerhöchst Ihren wärmsten Dank für den treuen Gruß auszusprechen. von Lucanus, Geh. Kabinettsrat."

„Se. Kaiserliche und Königliche Apostolische Majestät danken allergnädigst für die Huldigung des Juristentages und wünschen seinen Beratungen abermalige reiche Ergiebigkeit für Wissenschaft und Rechtspflege.

Auf allerhöchsten Befehl

Schießl."

Ferner erlaube ich mir den Dank mitzuteilen, den Herr Geheimrat Brunner telegraphisch uns hat zugehen lassen.

„Mit tiefgefühltem Dank für die ehrenvolle Begrüßung wünsche ich der Kieler Tagung bestes Gelingen und schönsten Erfolg. In der Hoffnung, dem Deutschen Juristentage fürderhin meine Mitarbeit mit frischen Kräften widmen zu können,

Heinrich Brunner."

(Bravo!)

Erfreulich war, wenn auch anderseits das verspätete Eintreffen bedauerlich, daß alsbald nach Schluß der ersten Plenarversammlung ein Telegramm des preußischen Herrn Justizministers einlief. Es lautet folgendermaßen:

„Durch meine amtlichen Geschäfte leider verhindert, mich zu der heutigen Versammlung einzufinden, sende ich in der Zuversicht, daß unserem Rechtsleben reicher Gewinn aus den Verhandlungen erwachsen werde, meinen ergebenen Gruß.

Beseler."

Wir können nunmehr in die Tagesordnung eintreten. Deren erster Gegenstand ist der Antrag der Deputation auf Abänderung des Statuts, und zwar seiner §§ 1 und 6. Der gedruckte Antrag wird sich in den Händen der Herren befinden. Ich erteile zunächst das Wort dem Herrn Berichterstatter Geh. Rat Prof. Dr. Kahl.

Geheimer Justizrat Professor DDr. **Kahl-Berlin**: M. H., im Namen und Auftrage der bisherigen ständigen Deputation habe ich die Ehre, den Antrag einer kleinen Statutenänderung vor Ihnen zu vertreten. Diese Statutenänderung berührt nicht die Grundlagen unserer Verfassung. Wir glauben daher annehmen zu dürfen, daß sie ohne weiteres die Zustimmung der Versammlung findet.

Der Inhalt unserer Anträge ergibt sich aus der Ihnen vorliegenden synoptischen Zusammenstellung der gegenwärtigen und der vorgeschlagenen Fassung der Paragraphen 1 und 6 unseres Statuts. Es handelt sich um drei allerdings an sich nicht gleichwertige Dinge.

Das Erste und Wichtigste ist die ausdrückliche Aufnahme des Verwaltungsrechts unter die Arbeitsgebiete des deutschen Juristentages. Ein dahingehender Antrag war bereits vor zwei Jahren in Innsbruck von einem österreichischen Juristen, Herrn Professor Schmidt, gestellt. Dieser Antrag konnte damals aus geschäftsordnungsmäßigen Gründen mit Rücksicht auf den letzten Paragraphen unserer Statuten nicht sogleich verhandelt werden. Er wurde demnächst auch formell zurückgezogen. Das Ziel dieses Antrags war aber so wichtig und sein Gedanke so sympathisch, daß die ständige Deputation von sich aus die Sache wieder aufgegriffen und den Gegenstand in zwei Pfingstkonferenzen in Obergrund im Jahre 1905 und wiederholt dieses Jahr in Harzburg eingehend erörtert hat. Einstimmig ist die Deputation zu dem Ergebnis gelangt, Ihnen die Aufnahme des Verwaltungsrechts neben Privatrecht, Prozeß- und Strafrecht zu empfehlen, nicht bloß wegen der engen Beziehungen und Grenzgebiete zwischen Privat- und Verwaltungsrecht, sondern auch wegen der erhöhten Bedeutung, welche an und für sich dem Verwaltungsrecht bei der Erweiterung und Vertiefung des modernen Staatsgedankens sowohl im Reiche als in Österreich zukommt. Tatsächlich würde ein neuer

Zustand mit der Aufnahme des Verwaltungsrechts in unser Arbeitsprogramm kaum eingeführt werden. Denn wir haben uns schon bisher gelegentlich der Behandlung verwaltungsrechtlicher Themata nicht enthalten können. Ich erinnere beispielsweise an das Thema der Rechtskraft verwaltungsgerichtlicher Urteile. Dieser Sachlage entspricht es, das Verwaltungsrecht nun auch statutarisch in unser Arbeitsgebiet einzubeziehen. In der ersten Plenarversammlung von vorgestern hat ohnehin hier der Gedanke angeklungen, daß solche Aufnahme auch dazu beitragen möchte, die Beteiligung der Verwaltungsjuristen an unseren Versammlungen noch zu steigern. Wir haben unserem Antrag den einschränkenden Beisatz „Inneres Verwaltungsrecht" gegeben, eine unmißverständliche, in der Wissenschaft überall angenommene Ausdrucksweise, um damit das Gebiet gegenüber der Heeres-, Finanz- und auswärtigen Verwaltung, welche unseren Aufgaben grundsätzlich ferne liegen, abzugrenzen. Anderseits erschien es uns nicht nötig, eine besondere 5. Abteilung dafür einzusetzen. Denn es ist mit dem Antrag nicht gesagt, daß in jeder Tagung des Juristentags ein verwaltungsrechtliches Thema auf die Tagesordnung gesetzt werden müsse. Deshalb haben wir in Paragraph 6 Absatz 2 durch den Druck hervorgehoben, vorgeschlagen: „Liegen Beratungsgegenstände aus dem Gebiete des Verwaltungsrechtes vor, so werden sie in der Regel einer dieser Abteilungen zugewiesen."

Die zweite Änderung ist eine wesentlich *sprachliche* und will eine der Rechtslage der Gegenwart nicht mehr entsprechende Schranke niederlegen. Der bisherige Paragraph 6 hatte in dem hierher gehörigen Teile gelautet: „Abteilung für Privatrecht, insbesondere Obligationen und Pfandrecht." Der Antrag, dafür nun einheitlich „das bürgerliche Recht zu setzen", bedarf vor Juristen keiner weiteren sachlichen Begründung. Dann ist es aber richtig und notwendig, auch in der allgemeinen Begrenzung unseres Arbeitsgebietes in Paragraph 1 die entsprechende Wortänderung vorzunehmen und, wie es dem Wortlaut des Artikels 4 der deutschen Reichsverfassung entsprechend ist, einfach zu sagen: „Das gesamte bürgerliche Recht."

Die dritte Änderung endlich will eine Einrichtung beseitigen, welche sich auf die Dauer nicht bewährt hat, ja seit mehreren Tagungen schon durch Gewohnheit aufgehoben worden ist. Die Mitgliedschaft in einer der Abteilungen war nach der ursprünglichen Redaktion unserer Statuten § 6 Abs. 1 durch *formelle Eintragung in eine Abteilungsliste*, und zwar mit der Wirkung bedingt, daß nach § 6 Abs. 2 auch das Stimmrecht in der Abteilung von dieser Eintragung abhängig war. Dies hat zu praktischen Unzuträglichkeiten, insbesondere zu Beschränkungen der Interessenbetätigung der Mitglieder in mehreren Abteilungen geführt. Auch war ein zweifelloser Mißstand die Schwerfälligkeit der Abstimmung und die Unmöglichkeit der Durchführung einer Kontrolle. Darum wollen wir bei der gegebenen Gelegenheit den tatsächlichen Verhältnissen Rechnung tragen und auch diese obsolet gewordene Bestimmung aufzuheben befürworten.

Wir glauben nicht, daß einem dieser Vorschläge irgend ein Bedenken entgegensteht; ich bitte daher namens der bisherigen ständigen Deputation um Ihre Zustimmung zu der vorgetragenen Änderung der Statuten.

Privatdozent Dr. **Fleischmann-Halle**: Meine Herren! Juristen fragen nach einer legitimatio. Woher nehme ich eine Aktivlegitimation nach diesen beredten Worten, für die, wie man sehen kann, die allgemeine Beistimmung schon in den Mienen der Hörer liegt! Nun, meine Aktivlegitimation ist vielleicht eine dreifache. Einmal, daß ich es in der Praxis, wie wohl viele von Ihnen, verspürt habe, wie sehr uns die Durchbildung des öffentlichen Rechtes mangelt. Wo es aber im Rechte mangelt, soll der Juristentag eingreifen. Da darf er nichts außerhalb seiner Reihen stehen lassen. Als zweite Legitimation möchte ich geltend machen, daß ich einer der nicht zahlreichen Vertreter des öffentlichen Rechtes hier bin, der für die Erweiterung des Statuts seinen Dank auszusprechen hat. Und noch ein Drittes: Es ist gesagt worden, Herr Professor Schmidt in Innsbruck hätte zum ersten Mal den Antrag auf diese Erweiterung gestellt. Das stimmt nicht ganz. Ich habe, als der Antrag angekündigt wurde, bei der Eröffnung des Juristentages, und wo er eine etwas andere Fassung hatte — „Inneres Staatsrecht" — zu meiner Befriedigung ist daraus das „Innere Verwaltungsrecht" geworden (deutlicher wäre wohl „Verwaltung des Innern") — ich habe da so eine Art Vaterfreude erlebt; denn ich glaube auch mich unter die Väter dieser Statutenänderung rechnen zu dürfen. Ich habe nämlich nicht vor zwei, sondern vor vier Jahren schon auf dem Juristentage in Berlin darauf hingewiesen, daß wir uns mit dem Thema über die Rechtskraft verwaltungsrechtlicher Entscheidungen, das damals zur Erörterung stand, ex lege, d. h. außerhalb des Statuts, stellten. Ein Widerspruch ist nicht erfolgt, und da damals die Zeit fehlte, um einen gehörigen Antrag zu stellen, so beließ ich es bei der Anregung. Sie werden es verstehen, daß man, sagen wir, im Interesse der Geschichte des Juristentages, derartige Dinge nicht unter den Tisch fallen lassen möchte. Deshalb hielt ich es für angebracht, sie hier wenigstens mitzuteilen.

Das ist die dreifache Legitimation, um derentwillen Sie mir diese Ausführungen zugute halten wollten. Wenn der Juristentag sein Statut auf das Verwaltungsrecht ausgedehnt hat, so kann ich das übrigens nicht als eine kleine Statutenänderung betrachten, wie das Herr Geheimrat Kahl bezeichnete — der einzige Punkt, in dem ich ihm widersprechen möchte.

Nachdem der Juristentag diese erhebliche Statutenänderung vorgenommen hat, wird er jedenfalls Zuzug finden aus den Kreisen des öffentlichen Rechtslebens, denen der Juristentag bisher nicht in dem Maße offen stand, wie es vielleicht schon allgemein auch im Interesse der Verhandlungen wünschenswert gewesen wäre. Ich kann sagen, nach dem, was man hört — und vieles hört man ja nicht in der Versammlung, sondern in dem einladenden Foyer dieses Hauses —, ist dieser Mangel auch nicht verkannt worden, und als die Statutenänderung hier angeregt wurde, ist auch das zum Ausdruck gekommen, daß diese Statutenänderung neues Blut, nämlich Persönlichkeiten in den Juristentag hineinzubringen geeignet ist, die sich an den Verhandlungen in der Art beteiligen, daß es dem Zwecke des Juristentages, auf die Gesetzgebung zu wirken, in hohem Maße dienlich sein wird. Man denke z. B. nur an die große Gesetzgebung, die bevorsteht, die Aufgabe einer Vereinheitlichung der Versicherungsgesetze. Da soll der Juristentag nicht zuletzt seine Stimme in die Wagschale werfen, und dem wird es dienen, daß endlich die Statutenänderung vorgenommen ist. Das ist die Überzeugung vieler: es wird zum Segen sein. (Lebhaftes Bravo).

Es hat sich niemand weiter zum Wort gemeldet. Der Berichterstatter verzichtet. Die Debatte wird geschlossen.

Es folgt die Abstimmung, die auf Wunsch aus der Versammlung heraus durch Akklamation stattfindet.

Die Statutenänderung wird einstimmig angenommen.

Es wird zur Berichterstattung über die Verhandlungen der einzelnen Abteilungen übergegangen.

Präsident: Seitens der ersten Abteilung ist zum ersten Thema, die Änderung des § 833 des BGB., die Haftung des Tierhalters betreffend, vorgeschlagen worden, den gefaßten Abteilungsbeschluß dem Plenum zur Erörterung und Entscheidung zu überweisen. Es wird zweckmäßig sein, die Berichterstattung und Verhandlung hierüber an den Schluß zu stellen. Im übrigen werden wir der Reihe nach vorgehen, und ich bitte deshalb den Herrn Justizrat Dr. Wildhagen, der zum zweiten Thema der ersten Abteilung betr. die Frage der einheitlichen Regelung der Haftung des Staats für den von seinen Beamten bei Ausübung ihrer Amtsgewalt als Berichterstatter bestimmt ist, das Wort zu ergreifen.

Justizrat Dr. **Wildhagen**-Leipzig: Meine hochverehrten Herren! Die Abteilung I hat bei Beratung der Frage, welche in der vorliegenden gedruckten Tagesordnung an zweiter Stelle steht, das oft gehörte Spottwort zu Schanden gemacht, daß, wenn 3 Juristen zusammen sind, von ihnen 4 Meinungen vertreten werden. Es ist mit einer durch Gegenprobe bestätigten Einstimmigkeit beschlossen worden:

„Es liegt ein dringendes Bedürfnis vor, die unmittelbare Haftung des Staates und anderer juristischer Personen des öffentlichen Rechts für den von ihren Beamten in Ausübung der diesem anvertrauten öffentlichen Gewalt zugefügten Schaden durch Reichsgesetz grundsätzlich auszusprechen".

(Bravo!)

Damit hat der Juristentag in zwei Punkten seiner einmütigen Überzeugung Ausdruck gegeben, nämlich einmal, daß eine einheitliche Regelung notwendig ist, und zweitens, daß diese einheitliche Regelung nur in der Art erfolgen kann, daß die Haftung des Staates bejaht wird.

Die einheitliche Regelung ist erforderlich, weil der jetzige Rechtszustand sich als unerträglich erweist. Fehlt schon für Österreich eine einheitliche Regelung, gelten schon dort nur Einzelgesetze, in denen die Frage der Haftung berührt wird, ohne daß ein Prinzip ausgesprochen ist, so ist der Zustand bei uns in Deutschland noch unbefriedigender. Jene österreichischen älteren Gesetze stellen sich dar als die Produkte früherer, jetzt zum größten Teil überholter Anschauungen, und man steht daher ihnen gegenüber freier in der Frage der Änderung, während bei uns in Deutschland erst durch die neueste Gesetzgebung ein Rechtszustand sanktioniert ist, der als ein Hohn auf die Rechtseinheit und als ein Muster an Unsicherheit und Unklarheit bezeichnet werden muß.

Das BGB. regelt die Haftung des Staates und anderer öffentlich-rechtlicher Verbände für ihre Beamten nur, sofern es sich um Verfehlungen in Ausübung rein privat-rechtlicher Verrichtungen handelt. Sobald der Beamte in Ausübung der ihm anvertrauten öffentlichen Gewalt tätig wird, überläßt das Einführungsgesetz zum BGB. die Frage der Haftung des Staates und der sonstigen juristischen Personen des öffentlichen Rechts der Landesgesetzgebung. Nur in dem einen Falle der Versehen des Grundbuchbeamten hat der § 12 der Grundbuchordnung die Haftung dem Staate auferlegt.

Nun hätten ja die Landesgesetzgebungen in Ausübung ihrer Befugnis, etwa wie es bei der Enteignung geschehen ist, ihre Sonderrechte auf einem gemeinsamen Grundgedanken aufbauen können. Das ist aber nicht geschehen, sondern die Landesgesetzgebungen gehen vollständig auseinander. Es bietet sich das bunteste Bild. Drei Bundesstaaten gibt es, in denen jede Haftung des Staates ausdrücklich abgelehnt worden ist. Es folgen 10 Staaten, welche die Haftung anerkennen. Als leuchtende Beispiele an der Spitze stehen die Königreiche Bayern und Württemberg, neben ihnen drei kleinere Staaten, welche sämtlich an Stelle des Beamten dem Staate die Haftung auferlegen. Die 5 übrigen kennen eine Haftung des Staates neben oder hinter derjenigen des Beamten. In Preußen besteht lediglich für die Rheinlande die Haftung, dort ist sie auf Grund des Art. 1384 des Code civil aufrecht erhalten. Für das ganze übrige Preußen schweigt das Gesetz, ebenso für die übrigen bisher nicht erwähnten Bundesstaaten, und das bedeutet für sie eine Verneinung der Haftung des Staates. Eine besondere Stellung endlich nimmt das Königreich Sachsen ein; dort ist anerkannt worden, daß sich ein Gewohnheitsrecht als Ausdruck der Rechtsüberzeugung gebildet hat, nach welchem die Haftung des Staates bejaht wird.

Diese Ihnen in wenigen Zügen vorgeführte Buntscheckigkeit des in Deutschland bestehenden Rechtszustandes gilt auch, wenn es sich um die Haftung des Reichsfiskus handelt, denn für ihn fehlt jede Vorschrift, so daß also der Reichsfiskus, je nachdem wo der betreffende Vorgang sich abgespielt hat, entweder überhaupt nicht haftet oder primär oder sekundär haftet, und daß sich in Preußen das merkwürdige Verhältnis ergibt, daß während der Verletzte im Rheinland einen Anspruch gegen den Reichsfiskus hat, in der ganzen übrigen Monarchie ein solcher versagt ist.

Eine weitere wunderbare Erscheinung ist, daß der Preuße, dem durch einen bayerischen Beamten ein Schaden zugefügt worden ist, in Bayern einen Anspruch gegen den bayerischen Fiskus hat, während in einem genau gleich liegenden Falle dem bayerischen Untertan in Preußen ein Anspruch gegen den preußischen Fiskus versagt ist. Das Prinzip der Gegenseitigkeit kann gegenüber Reichsangehörigen nicht zur Geltung gebracht werden nach Artikel 5 der Reichsverfassung.

Daß unter diesen Umständen ebenso wie in Österreich auch in Deutschland eine Abhilfe dringend geboten erscheint, ja ein unabweisbares Bedürfnis ist, darüber kann ein Zweifel kaum obwalten.

Wie ist diese Abhilfe zu schaffen? — Man könnte ja eine einheitliche Regelung in der Weise herbeiführen, daß man den Satz ausspricht, die Haftung des Staates sei zu versagen. Hiermit würde man sich aber mit einer weit verbreiteten Auffassung und der allgemeinen Rechtsüberzeugung in Widerspruch setzen. Es ist hinzuweisen auf eine Reihe zum Teil schon älterer landesgesetzlicher Bestimmungen: Haftung des Staates im Depositalwesen, Haftung bei Aufruhr, Notstandsschäden und widerrechtliche Gefangenhaltung. Es ist hinzuweisen auf die früheren Beschlüsse des deutschen Juristentages, der die Frage der Haftung des Staates bereits zweimal bejaht hat; ferner auf die Anerkennung der Haftung in dem Sonderfalle des Grundbuchbeamten durch die Reichsgesetzgebung; und endlich auf die Anerkennung eines Gewohnheitsrechts im Königreich Sachsen sowie auf die bekundete Tatsache, daß auch in Österreich sich mehr und mehr die Überzeugung von der Notwendigkeit der Haftung des Staates in einzelnen Gesetzen und vor allen Dingen in der Rechtsprechung in neuerer Zeit Bahn gebrochen hat. Da es sich nicht um lokale Besonderheiten und Eigentümlichkeiten einzelner örtlicher Kreise handelt, so darf man die herrschende Auffassung von dem Verhältnis des Staates und der Gemeinden zu ihren Angehörigen als die Grundlage für eine allgemeine Rechtsüberzeugung ansehen, die dahin geht, daß wenn man für die Organe des Staates und der Gemeinden, welche allein den Willen des Staates und der Gemeinden repräsentieren können, da eine andere Möglichkeit der Willensbetätigung für sie nicht besteht, das Recht in Anspruch nehmen muß, daß der Einzelne sich dem Willen dieser Organe, als dem öffentlichen Willen, unterordnet, sich daraus als die notwendige logische und praktisch unabweisbare Konsequenz die Haftung des Staates und der Gemeinden für diejenigen Fälle ergibt, in denen ihre Organe bei Ausübung des öffentlichen Willens, also bei Handhabung der öffentlichen Gewalt fehlgegriffen und dadurch Schäden verursacht haben.

Als Gegengrund ist einmal der Zusammenhang mit dem öffentlichen Recht der Einzelstaaten angeführt. Es ist anzuerkennen, daß ein solcher Zusammenhang besteht, aber es ist zu bestreiten, daß für die privatrechtliche Regelung der Seite dieser Frage darin ein Hindernis bestehen kann. Die Sache liegt hier nicht anders als bei einer Reihe ähnlicher Verhältnisse, die ebenfalls öffentlich-rechtlicher Natur nach einer bestimmten Richtung hin privatrechtlich geregelt sind.

Es sind ferner finanzielle Bedenken erhoben worden. Demgegenüber genügt es darauf hinzuweisen, daß wie der Staat sonst zur Erfüllung seiner Verpflichtungen die Mittel aufbringen muß, so muß er sie auch hier aufbringen. Sie sind verhältnismäßig so gering, daß sie ernstlich nicht in Betracht kommen können. Und für das Wenige, was der einzelne Steuerzahler beizutragen hat, erwirbt er die Gewißheit, daß, wenn er einmal geschädigt ist, auch ihm ein Anspruch gegen den Staat erwächst.

Wenn man im Sinne einer einheitlichen Regelung und im Sinne einer Bejahung der Haftung des Staates sich entscheidet, daß es sich dann nur um eine unmittelbare und nicht um eine subsidiäre Haftung des Staates handeln kann, darüber hat ebenfalls ein Zweifel nicht bestanden, und endlich auch nicht darüber, daß die Regelung für Deutschland nur durch ein Reichsgesetz zu geschehen hat, um deswillen, weil derjenige Staat, der sonst die Rolle des Führers zu übernehmen pflegt, der preußische Staat, hier leider vollkommen versagt hat, und deswegen nicht darauf zu rechnen ist, daß im Wege der Einzelgesetzgebung in absehbarer Zeit diese Frage befriedigend geregelt werden wird.

Das sind im wesentlichen die Erwägungen, welche der Berichterstatter der Abteilung angestellt hat. Es ist zwar in Einzelheiten, aber nicht im Prinzip in der Diskussion ein Widerspruch entgegengesetzt worden.

Es lag die Versuchung nahe, noch auf weitere Fragen einzugehen, welche die nähere Ausgestaltung und gesetzgeberische Durchführung des ausgesprochenen Grundsatzes betreffen. Es ist auch eine Reihe solcher Fragen gestreift worden, aber man hat geglaubt, von ihrer näheren Erörterung und Entscheidung in der Abteilung absehen zu sollen, um möglichst rein und frei von Einzelheiten lediglich das Prinzip selbst zur Anerkennung zu bringen.

So kam es zur Annahme, und zwar zur widerspruchslosen Annahme der von dem Berichterstatter vorgeschlagenen Resolution:

Der Juristentag wolle beschließen:

> Es liegt ein dringendes Bedürfnis vor, die unmittelbare Haftung des Staates und anderer juristischer Personen des öffentlichen Rechts für den von ihren Beamten in Ausübung der diesen anvertrauten öffentlichen Gewalt zugefügten Schaden durch Reichsgesetz grundsätzlich auszusprechen.

Ich glaube, über dies Ergebnis der Beratung meiner ganz besonderen Freude und Genugtuung Ausdruck geben zu dürfen, denn ich erblicke in diesem Beschlusse des Juristentages wenn nicht den wichtigsten, so doch jedenfalls einen sehr wichtigen Beschluß unserer diesjährigen Tagung, einen Beschluß, der allgemeinem Verständnisse begegnen wird, und der für die weitere Entwicklung des Rechts in den beiden befreundeten und durch gemeinschaftliches Geistesleben auch auf dem

Gebiete der Rechtsentwicklung benachbarten Staaten, Österreich und Deutschland, hoffentlich von den segensreichsten Folgen sein wird.

(Lebhafter Beifall.)

Präsident: Der Beifall der Plenarsitzung gilt sicher mit dem erzielten Resultat, jedenfalls aber auch dem Herrn Berichterstatter für seinen so klaren und interessanten Bericht. Ich darf auch noch meinen wärmsten Dank dafür aussprechen.

Nunmehr ersuche ich den Herrn Berichterstatter zum dritten Thema, betr. die Abänderung des § 313 BGB., Herrn Justizrat Dr. Stranz, das Wort zu ergreifen.

Berichterst. Justizrat Dr. **Stranz**-Berlin: Kaum war, meine Herren, das Bürgerliche Gesetzbuch unter Dach und Fach, als sich gegen eine seiner Bestimmungen, nämlich die Vorschrift, wonach für den obligatorischen Grundstücksveräußerungsvertrag gerichtliche oder notarielle Form eingeführt wurde, eine lebhafte Bewegung kundgab. Diese gab Anstoß dazu, daß schon vor 4 Jahren auf die Tagesordnung des Juristentages die Frage gestellt wurde, ob sich eine Änderung der Vorschrift des § 313 empfehle. Die Gutachten, die damals von Herrn Kollegen Dorst in Köln und mir erstattet wurden, kamen zu einander entgegengesetztem Ergebnis.

Dorst trat für die Formfreiheit ein, während ich in meinem Gutachten die Aufrechterhaltung des § 313 befürwortete. Auf zwei Juristentagen gelangte das Thema nicht zur Verhandlung. Diesmal ist die Frage zur Verabschiedung gekommen; Exz. Hamm erstattete der ersten Abteilung einen tief eindringenden mündlichen Bericht. Er verlangt in der Hauptsache die Einführung der schriftlichen Form statt der öffentlichen. In letzterer erblickt er eine Erschwerung des Verkehrs.

Ferner wurde von ihm die Streichung des Satzes 2 des § 313, der bekannten Heilungsvorschrift, befürwortet. Dazu treten noch einige Zusätze, die eine Direktive für die Rechtsprechung geben sollten. Demgegenüber vertrat ich als Korreferent die Auffassung, daß Änderungen des § 313 sich nicht empfehlen, und zwar zunächst aus Gründen sozialer Bedeutung, aus Gründen, die sich gegen die Mobilisierung des Grundstückverkehrs richten. Überdies bedeutet m. E. der Zwang zur öffentlichen Beurkundung einen Schutz . . . gegen Übervorteilung und Ausbeutung namentlich der bäuerlichen Bevölkerung durch bodenwucherische Geschäfte. Endlich falle die Mitwirkung einer Amtsperson auch dafür ins Gewicht, daß sie eine größere Gewähr für Richtigkeit und Vollständigkeit der Beurkundungen gibt. Es habe sich der Verkehr in den 6 Jahren, seitdem der § 313 wirksam ist, immer mehr in die öffentliche Form eingelebt, die auch tief in der Volksauffassung nicht bloß seit Jahrhunderten, sondern seit Jahrtausenden Wurzel geschlagen hat.

In der lebhaften Diskussion traten Anhänger sowohl für den Referenten wie den Korreferenten auf. Vom Kollegen Dr. Hachenburg wurde ein neuer prinzipieller Gesichtspunkt in die Debatte geworfen. Er war materiell für die Anträge von Exz. Hamm, aber er meinte, vor allen Dingen müsse dem BGB. eine Schonzeit gewährt werden. Sein Antrag, der dahin ging, in den meinigen die Worte hineinzusetzen: „schon jetzt empfehle sich nicht eine Änderung des § 313", wurde indes abgelehnt. Die Versammlung wollte definitiv materiell Stellung nehmen zu der Frage, und die Abteilung hat auch in dem Sinne Stellung genommen, daß sie dem von mir vertretenen Antrage, „es empfehle sich nicht, eine Änderung des § 313 vorzunehmen," beitrat, nachdem, wie ich übrigens bemerken kann, nicht bloß Notare, sondern vor allen Dingen auch Herr Prof. Gierke und Herr Prof. Merkel für die Aufrechterhaltung des § 313 eingetreten waren. Wenn ich auch nicht berichten kann, daß der Beschluß mit Einstimmigkeit gefaßt wurde, so war doch die Mehrheit so groß, daß ich der Überzeugung bin, auch das Plenum könne dem Antrage, den die Abteilung zum Beschluß erhoben hat, wohl beitreten. Ich persönlich und eine große Anzahl derer, die für den Antrag gestimmt haben, sind vor allen Dingen von Gründen der salus publica geleitet worden. Wir meinen, daß mit diesem Beschluß auch dem Volkswohl erheblich gedient ist. (Bravo!)

Der Präsident: Ich danke dem Herrn Berichterstatter für seinen Vortrag und ersuche nunmehr den Herrn Berichterstatter zu Thema 4, betr. die Haftung des Reeders für seemännisches Verschulden, Justizrat Boyens, seinen Bericht zu erstatten.

Der Berichterstatter Rechtsanwalt am Reichsgericht Justizrat **Boyens-Leipzig:** M. H.! Die zweite Abteilung beschäftigte die Frage:

> 4. „Empfiehlt es sich, die Haftung des Reeders für seemännisches Verschulden der Schiffsbesatzung gesetzlich auszuschließen oder durch zwingende Rechtsätze festzusetzen?"

Bekanntlich besteht für alle seefahrenden Nationen eine gesetzliche Haftung der Reeder für Verschulden der Schiffsbesatzung in Ausführung ihrer Dienstobliegenheiten sowohl gegenüber dritten Personen außerkontraktlich wie gegenüber den Mitkontrahenten, meist gemildert durch Beschränkung der Haftung auf das Schiffsvermögen oder einen bestimmten Geldbetrag, der bemessen wird nach dem Tonnengehalt der Schiffe. Seit dem großen Aufschwung der Dampfschiffahrt vor einigen

Jahrzehnten erscheinen nun in den Frachtverträgen und Konnossementen Befreiungsklauseln, welche diese Haftung aufzuheben oder zu beschränken suchen. Durch die Einmütigkeit der Schiffsreeder in dieser Beziehung und die häufig monopolartige Beherrschung des Seeverkehrs durch die Dampfer wurden diese Klauseln von den Befrachtern und Ladungsversicherern als drückend empfunden. Der 17. Deutsche Juristentag i. J. 1884 nahm einen Antrag an, welcher verlangte, daß jede solche Freizeichnung verboten werden solle.

Unsere Regierung hat dieser Anregung damals keine Folge gegeben. Ebensowenig geschah es im Auslande auf ähnliche Anregungen hin. Bestimmend war hierfür offenbar das, was auf jenem Juristentage die Minderheit ausgeführt hatte: die Sache war nicht spruchreif; es fehlte an Versuchen der Befrachter, sich ihrerseits zu wehren und im Wege des Kompromisses eine Einigung herbeizuführen. Die Ladungsversicherer hatten damals die Versicherung der Ladung trotz jener Klauseln nicht abgelehnt. Gegenwärtig ist die Sachlage eine andere geworden. Kompromißversuche haben in vieljährigen Verhandlungen zwar stattgefunden, sind aber gescheitert. Die dabei aufgestellten Normalkonnossemente sind mit wenigen Ausnahmen nicht in den Verkehr übergegangen; die Machtstellung der Reeder ist durch Poolverträge und Trusts mächtiger als je geworden; und die mit den regelmäßigen Linien konkurrierenden Dampfer überbieten jene häufig noch in der Beschränkung ihrer Haftung um sie in den Frachten unterbieten zu können. Die Hilfe der Gerichte gegen die Befreiungsklauseln wurde mit Erfolg nur in den Vereinigten Staaten von Nordamerika angerufen, da hier der höchste Bundesgerichtshof die Klauseln als gegen die guten Sitten verstoßend für ungültig erklärte. Dies hatte zur Folge, daß hier die Reeder die Gesetzgebung zu ihrem Schutz anriefen. Es kam i. J. 1893 ein wesentlich auf Kompromissen von Reedern und Befrachtern beruhendes Gesetz, die sogen. Harter-Akte, zustande, welche die Haftung der Reeder für Verschulden der Schiffsbesatzung gegenüber dem bestehenden Gesetz auf der einen Seite einschränkt, aber andererseits jede über das neue Gesetz hinausgehende Befreiungsklausel bei Strafe verbietet. Die europäischen Ladungsversicherer haben nun nach dem Scheitern der Kompromißversuche auf einem Kongreß zu Paris i. J. 1900 beschlossen, daß Klauseln künftig nur dann nicht der Versicherung von Ladungen präjudizieren sollen, wenn sie sich in den Grenzen der Harter-Akte halten. Sie haben die Ausführung dieses Beschlusses zwar noch vorläufig verschoben, zuletzt bis 1. April 1907. Die daraus drohende Gefahr hat aber die Frage wieder in Fluß und nach den Verhandlungen vor verschiedenen Vertretungen der Intessengruppen im In- und Auslande nun zum zweiten Mal vor den Juristentag gebracht. Die Reeder waren ihrerseits seit jenem Beschluß der Versicherer geneigt, die Harter-Akte zu akzeptieren, wenn ihnen dafür die außerkontraktliche Haftung wegen Verschuldens der Besatzung, insbesondere im Fall der Schiffskollision, Dritten gegenüber abgenommen werde. Demgemäß verlangte der Sekretär der Handelskammer Hamburg Dr. Gütschow in einer Broschüre die vollständige Aufhebung der außerkontraktlichen Haftung der Reeder wegen Verschuldens der Besatzung aus Schiffskollisionen, er hat damit aber keinen Erfolg gehabt und es kann schon geraume Zeit dieser Versuch des Einbruchs in unsere bestehende Gesetzgebung für überwunden gelten. Die unklare Fassung der jetzt dem Juristentag vorgelegten Frage gab trotzdem zu Zweifeln Anlaß, ob sich dieselbe nur auf das Gebiet der Verträge oder auch auf das der außerkontraktlichen Haftung beziehen. Es hat sich aber in der Abteilung keine Stimme für die Gütschowschen Vorschläge erhoben. Sie sind durch den ersten Beschluß, der so lautet: „Es empfiehlt sich nicht, die Haft des Reeders für seemännisches Verschulden der Schiffsbesatzung gesetzlich auszuschließen", jedenfalls abgelehnt. Dieser Beschluß kann freilich seinem Wortlaut nach auch auf das Vertragsgebiet bezogen werden, hat hier aber nur die einleitende Bedeutung, daß eine grundsätzliche Aufhebung der in Rede stehenden Haftung nicht empfohlen worden ist. Die Abteilung war übereinstimmend der Ansicht, daß unter den jetzt obwaltenden Umständen geboten sei, diese Haftung für das Gebiet des Frachtvertrags durch zwingendes Gesetz zu bestimmen. Eine Minderheit wollte aber auf Vorschlag des Herrn Referenten dieses Gesetz nicht auf alle Reeder, sondern nur auf solche anwenden, die, wie er sich ausdrückte, vermöge des wirtschaftlichen Übergewichts ihren Mitkontrahenten die Bedingungen diktieren könnten, worunter seiner Auffassung nach regelmäßig die Reedereien der Tourendampfer, der sogenannten Liniendampfschiffe, fallen. Die Abteilung entschied sich dagegen für Anwendung des neuen Gesetzes auf alle Verfrachter. Der Herr Referent und mit ihm die Minderheit wollten ferner den gedachten Reedern jede Freizeichnung wegen des seemännischen Verschuldens der Schiffsbesatzung verbieten, gerade so, wie dies im Beschluß des 17. deutschen Juristentages geschehen war, daneben auch jede vertragsmäßige Änderung der Beweislast, jede Einführung von Höchstsätzen der Haftung und jede Änderung der gesetzlichen Verjährung. Die Abteilung beschloß dagegen, auf dem Kompromißstandpunkt, der in der Harter-Akte in die Erscheinung getreten ist, stehen zu bleiben. Die Minderheit wollte ferner das Gesetz mit dem Herrn Referenten ausdehnen auf Verträge über Personenbeförderung. Die Mehrheit beschloß dagegen die Beschränkung des Gesetzes auf den Frachtvertrag. Die weitere Frage, ob es sich empfiehlt, einseitig durch ein nationales Gesetz vorzugehen oder im Wege der internationalen Vereinigung mit den übrigen seefahrenden Nationen, hat die Abteilung nicht direkt entschieden, sie hat sich aber den schweren Bedenken, die es haben würde, unserer Gesetzgebung zu empfehlen, einseitig vorzugehen, nicht verschlossen. Sie sprach daher aus, daß eine internationale Verständigung erwünscht sei, wobei es dann je nach den wechselnden Umständen zu erwägen sein wird, ob es notwendig ist, auch den Anschluß Englands abzuwarten, oder ob eine Vereinbarung mit den übrigen Staaten des Kontinents ausreichen würde. Aus diesen Gründen lautet also der Beschluß der Abteilung inbetreff des Seefrachtvertrages folgendermaßen: „Es empfiehlt sich, die Haftung des Reeders für seemännisches (nautisch-technisches und kommerzielles) Verschulden der Schiffsbesatzung auf dem Gebiet des Frachtvertrages nach dem Vorbilde der Harter-Akte durch zwingende Rechtssätze festzustellen. Erwünscht ist, daß diese Regelung auf Grund internationaler Verständigung erfolgt.“ (Beifall.)

Präsident: Ich sage dem Herrn Berichterstatter den herzlichsten Dank der Versammlung für sein Referat und ersuche nunmehr den Berichterstatter für das 5. Thema, betreffend die Verantwortlichkeit der Aufsichtsräte der Aktiengesellschaften, Herrn Geheimen Justizrat, Prof. Dr. Rießer das Wort zu ergreifen.

Geheimer Justizrat Prof. Dr. **Rießer-Berlin:** Meine Herren! Die Frage, ob es sich empfiehlt, die Verantwortlichkeit der Mitglieder des Aufsichtsrates einer Aktiengesellschaft näher zu bestimmen, führt mitten hinein in eine der brennenden wirtschaftlichen Fragen der Gegenwart, mitten hinein in ein Gebiet, in dem sowohl die entgegenstehenden wirtschaftlichen Anschauungen, denen man schwer in wissenschaftlichen Deduktionen beikommen kann, wie auch Stimmungen und Vorurteile, Neid und Haß, in weitem Umfange sich geltend machen. Anstelle des leider verhinderten ersten Herrn Referenten, des Herrn Reichsgerichtsrats Dr. Düringer-Leipzig, habe ich als zweiter Referent über die fast einmütig gefaßten Beschlüsse der zweiten Abteilung Ihnen zu berichten:

Die Abteilung hat als Nr. 1 ihrer Beschlüsse den Satz an die Spitze gestellt: „Ein dringendes Bedürfnis zu einem sofortigen gesetzlichen Eingreifen ist nicht anzuerkennen, zumal eine weitere Klärung der vielfach stark voneinander abweichenden Ansichten und Reformvorschläge abzuwarten ist." Der Antrag entspricht den gemeinsamen Vorschlägen beider Referenten. Man ist dabei im wesentlichen davon ausgegangen, daß auch bei den Aktiengesellschaften es geht wie bei den Frauen, daß diejenigen die besten sind, von denen man am wenigsten spricht (Heiterkeit), daß es glücklicherweise wie bei den Frauen so auch bei den Aktiengesellschaften die Mehrzahl der Gesellschaften ist, welche man als gute, als segensreiche bezeichnen kann, und daß die Erfahrungen des Jahres 1900 und früherer Jahre, in welchen in einer Reihe von Aktiengesellschaften die schwersten Schäden (Vernachlässigung der Pflichten, Unterschlagung, Betrug, Fälschung und sonstige Verbrechen) aufgedeckt wurden, nicht zu dem Schluß berechtigen, daß etwa unser Aktienwesen im ganzen ein nicht gesundes sei. Vielmehr ist die Abteilung durchdrungen gewesen von dem Gefühl, daß die Aktiengesellschaft eine der mächtigsten Waffen gewesen ist und bleiben wird, mit denen wir in Deutschland jenen schweren wirtschaftlichen Kampf zu bestehen hatten und weiter zu bestehen haben, welchen wir führen müssen nicht nur zur Erhaltung, sondern auch zur Vermehrung der wirtschaftlichen Stellung, die wir uns im Rat der Völker errungen haben. Die Abteilung ist aber dabei noch von einem weiteren für die weit überwiegende Mehrheit sehr maßgebenden Standpunkt ausgegangen. Nicht mehr wie früher ist es Aufgabe des Juristentages, den Gesetzgeber zu einem energischen gesetzgeberischen Einschreiten aufzufordern; denn, meine Herren, es besteht mitunter der Eindruck, als ob unser Gesetzgeber das Bedürfnis empfände, die Anzahl der Gesetze nach einem etwas der Volksvermehrung entsprechenden Verhältnis zu fixieren. (Heiterkeit.)

Die Abteilung ist aber auch von dem Gesichtspunkte getragen worden, daß eine ganze Anzahl von Schäden und Mängeln, die sich bei einer Reihe von Gesellschaften in erschreckendem Umfange herausgestellt haben, sich nicht durch ein Einschreiten der Gesetzgebung beseitigen lassen, sondern folgerichtig aus der Natur der Aktiengesellschaft abzuleiten sind. Denn, m. H., die Aktiengesellschaft ist die prägnanteste und schonungsloseste Form der wirtschaftlichen Ordnung, unter der wir uns befinden, sie ist der schärfste Ausdruck der kapitalistischen Wirtschaftsordnung. Sie stellt dar eine rein kapitalistische Unternehmungsform, bei der der Unternehmer, die Gesamtheit der Aktionäre, nicht mit irgend welcher Arbeit, nicht mit seiner Existenz, mit seinem Namen, sondern lediglich mit einem Kapital, mit seiner Aktie beteiligt ist. Der Herrscher der Aktiengesellschaft ist und wird bleiben, so lange sie besteht, der Besitzer der Mehrheit der Aktien. Wer sie hat, der wird in der Aktiengesellschaft seinen Willen immer durchzudrücken wissen. So ist es in dem einen Falle der Vorstand, wenn er die Mehrheit der Aktien besitzt oder über sie verfügt, welcher dem Aufsichtsrat seinen Willen diktiert; in einem andern Falle ist es der Aufsichtsrat, von welchem der Vorstand willenlos abhängig ist, wenn jener den Aktienbesitz in seiner Mehrheit repräsentiert. Wer also pfeift oder wem gepfiffen wird, das wird in der Regel lediglich durch die brutale Machtfrage, durch das Kapital, durch den Aktienbesitz bestimmt. Und so kommt es, daß, was eben dieser Machtfaktor durchsetzt, Personen in den Aufsichtsräten sitzen, die nur die Interessen der Machthaber vertreten, daß rein dekorative Persönlichkeiten sich in den Aufsichtsräten befinden, deren Mangel an geschäftlicher Erfahrung durch einen hohen Titel nicht ersetzt werden kann. So kommt es, daß in den Aufsichtsräten Leute sitzen, die nahe miteinander verwandt sind, und es wird sich auch hier kein durchgreifendes Verbot aufstellen lassen, weil man dann eben nur statt der Verwandten gute Freunde nehmen könnte. So findet es sich, daß die vielbeklagte, aber nicht immer vermeidliche Kumulierung von Aufsichtsratsstellen eintritt; daß jemand im Aufsichtsrat sitzt oder verbleibt, an den wieder als Aufsichtsrat einer andern Aktiengesellschaft Interessenkonflikte herantreten können oder daß jemand als Mitglied des Vorstandes einer Aktiengesellschaft einem Aufsichtsratsmitgliede untergeordnet ist, dem er seinerseits wieder als Aufsichtsrat einer anderen Aktiengesellschaft, in deren Vorstand sich jener befindet, übergeordnet ist. Diese Dinge lassen sich mit gesetzlichen Maßregeln kaum beseitigen. Sie sind zum Teil sehr leicht zu umgehen, die gesetzlichen Verbote würden also leges imperfectae bleiben, und es ist zum Teil mit gesetzlichen Maßregeln überhaupt nicht an sie heranzukommen.

Der zweite Grund, der aus der Natur der Aktiengesellschaft heraus Schäden hervorbringt, das ist die leichte Übertragbarkeit der Aktien, die wir aber nicht entbehren können, so lange wir das Institut der Aktiengesellschaft brauchen, um in unserem Wirtschaftswesen den Großbetrieb zu fördern, jenen Großbetrieb, der heute in der Industrie die ausschlaggebende Rolle spielt und spielen muß. Denn jene leichte Übertragbarkeit der Aktien ist es in erster Linie, die, abgesehen von der Beförderung der Spekulation, welche letztere im Gefolge der Aktiengesellschaft seit den fünf Jahrhunderten ihres Bestehens immer aufgetreten ist, jene vielbeklagte, aber niemals durch gesetzgeberische Maßregeln auszurottende Gleichgültigkeit der

Aktionäre gezüchtet hat, die so weit geht, daß der Aktionär nicht einmal am jour fixe seiner Gesellschaft, bei der ordentlichen Generalversammlung, zu erscheinen beliebt und daß er nur plötzlich, wenn er durch unliebsame Vorgänge in seiner Ruhe aufgerüttelt wird, drohend in der Generalversammlung erscheint, aber auch vielfach selbst dann nur in dem Falle, wenn es ihm nicht gelungen ist, noch rechtzeitig seine Aktien an den Mann zu bringen. (Lebhafte Heiterkeit).

Man hat nun aber häufig gesagt, es müssen doch wenigstens die Schäden, welche sich auf dem Gebiete der Kontrolltätigkeit des Aufsichtsrats gezeigt haben, beseitigt werden können. An die Spitze der Ausführungen hierüber muß der freimütig und bedingungslos auszusprechende Satz gestellt werden, daß sich der Aufsichtsrat der Aktiengesellschaften in Deutschland gerade in der Haupttätigkeit, welche das Gesetz ihm zuweist, in der Überwachungsfunktion, im großen und ganzen nicht bewährt hat. Und zwar hat er sich in dieser Funktion nicht bewährt, nicht etwa, weil es den Persönlichkeiten, welche in den Aufsichtsräten vertreten sind, stets an der Sorgfalt des ordentlichen Geschäftsmannes gefehlt hätte, welche das Gesetz von ihnen verlangt, sondern er hat sich deshalb nicht bewährt, weil das Gesetz im § 246 HGB. dem Aufsichtsrate Pflichten auferlegt, die er auch bei Ausübung der Sorgfalt eines ordentlichen Geschäftsmannes unmöglich erfüllen kann. Er soll nämlich, so heißt es heute noch in dem Gesetz, das hier die Vorschriften anderer, früherer Gesetze übernommen hat, die von ganz anderen, kleineren Verhältnissen ausgingen, „die Geschäftsführung der Gesellschaft, in allen Zweigen der Verwaltung" derart überwachen, daß er immer „von dem Gange der Angelegenheiten der Gesellschaft" unterrichtet ist.

M. H.! Das ist in den heutigen Verhältnissen nichts weiter als eine positive Unmöglichkeit. Selbst der Vorstand, der, im Gegensatz zu dem Aufsichtsrate, seine ganze Zeit und seine ganze Kraft der Gesellschaft zu widmen hat, ist, darüber ist bei keinem Eingeweihten ein Zweifel, im Großbetriebe nicht in jedem Moment von der Lage der Gesellschaft in allen Zweigen ihrer Verwaltung unterrichtet und kann es nicht sein, wie Sie ja auch schon aus der Tatsache entnehmen können, daß in allen großen Gesellschaften die Geschäfte innerhalb der Direktion ressortmäßig verteilt sind und daß nur in den Sitzungen des Vorstands die einzelnen Vorstandsmitglieder von den Geschäften, Ereignissen und Maßnahmen, die nicht in ihr Ressort fallen, durch Berichte Kenntnis bekommen.

M. H.! Daraus könnte man nun schließen: Wenn sich der Aufsichtsrat in seiner Hauptfunktion, in der vom Gesetze gewollten Hauptfunktion nicht bewährt hat, dann ist die logische Folge: man schaffe ihn ab. Dann hat er keinen Zweck mehr, dann ist es besser, so früh wie möglich die Konsequenz zu ziehen.

Wir sind anderer Ansicht gewesen. Wir sind zu der Überzeugung gelangt, daß sich der Aufsichtsrat in einer Funktion, welche das Gesetz nicht genannt hat, welche in keinem Statut Ausdruck gefunden und sich doch in einer mächtigen Weise entwickelt hat, und zwar nicht contra, sondern praeter legem entwickelt hat, daß sich der Aufsichtsrat in der sogenannten beratenden Funktion im allgemeinen in hohem Grade bewährt hat. Diese beratende Tätigkeit, m. H., dringt nicht nach außen, sie ist eine Tätigkeit hinter den Kulissen, die der Aufsichtsrat zu entfalten hat, indem er der Direktion Ratschläge erteilt, welche angenommen oder abgelehnt werden können, indem er ihr neue Absatzquellen eröffnet, sie auf neue Absatzzweige aufmerksam macht; indem er sie mahnend und vorbeugend bei der sogenannten Dispositionspolitik, bei der Dividendenpolitik unterstützt; indem er verhindert, daß der Gesellschaft von der oder jener Seite Schäden zugefügt werden, indem er ihr neue Kunden zuführt. Da aber diese beratende Tätigkeit nach unserer Überzeugung zu dem industriellen Aufschwung der letzten Jahrzehnte in hohem Maße beigetragen hat, so ist man berechtigt, zu sagen, daß der Aufsichtsrat als solcher zu erhalten ist. Es fragt sich aber, ob man nicht, da man die Überwachungsfunktion als reformbedürftig erkannt hat, hier vielleicht etwas bessern könnte. Zunächst sind allerdings die Ansichten darüber, was geschehen soll und kann, viel zu wenig geklärt, als daß man etwa heute schon ein sofortiges Einschreiten vom Gesetzgeber verlangen könnte und der erste Satz der Resolution der Abteilung spricht dann auch aus, daß ein solches Einschreiten um deswillen nicht angemessen erscheine. Aber darüber herrschte denn doch bei der Abteilung, die sehr gut besucht war, fast Einstimmigkeit, daß bei einem etwaigen späteren Einschreiten der Gesetzgebung vor allen Dingen der Irrtum beseitigt werden müsse, den das jetzige Gesetz in jedem Leser erweckt, als sei es bei den heutigen Verhältnissen überhaupt denkbar, daß der Aufsichtsrat die gesamte Geschäftsführung der Gesellschaft derart überwachen kann, daß er stets von dem Gange der Geschäfte in ihren Einzelheiten in allen Zweigen der Verwaltung unterrichtet ist.

Wir sind aber auch von der Ansicht ausgegangen, daß für die Dauer diese allgemeine Formel des Gesetzes (§ 243) um deswillen nicht zu halten ist, weil sie bei allen Gesellschaften, ganz gleichgiltig, welcher Natur und welcher Branche, genau die gleiche allgemeine Überwachungspflicht fordert. Denn, m. H., es ist klar, daß sowohl der Inhalt wie der Umfang der Überwachungspflicht ganz verschieden sein muß, je nach der Natur, der Gestaltung der Branche der einzelnen Aktiengesellschaft, je nachdem es sich um ein kommerzielles oder industrielles Unternehmen, um ein Elektrizitätswerk oder ein Eisengeschäft, ein Bergwerk oder eine Schiffahrtsgesellschaft handelt, um eine zentralisierte oder dezentralisierte Gesellschaft, ob um eine Gesellschaft mit einer Niederlassung oder um eine Gesellschaft mit einer ganzen Anzahl von Filialen, Agenturen, Depositenkassen und dergleichen. Da der Gesetzeswortlaut aber stets nur ein allgemeiner sein kann, so wird jede gesetzliche Fassung den nämlichen Einwendungen begegnen müssen, wie die heutige, und deshalb muß ein Weg gefunden werden, der eine individuelle Überwachung ermöglicht, die sich anschmiegt an die Natur der einzelnen Gesellschaft und der dafür sorgt, daß diese Überwachungspflichten denn auch durchführbar, erzwingbar und vor allem jedem Dritten erkennbar sind.

Daraus, m. H., erwuchs die zweite Resolution der Abteilung, die folgendermaßen lautet:

> „Bei einer etwaigen künftigen Regelung ist vorzusehen, daß im Gesellschaftsvertrage selbst das Mindestmaß der Kontrollpflichten mit Rücksicht auf die besondere Art der Branche der einzelnen Gesellschaft bestimmt wird. Den Mitgliedern der demzufolge im Gesellschaftsvertrage in ihrem Mindestumfange festzusetzenden Dezernate oder Kommissionen sollen selbständige Kontrollbefugnisse zustehen, aber auch schärfere Verpflichtungen in der Weise auferlegt werden, daß jedes Kommissionsmitglied für die Erfüllung seiner besonderen Kontrollpflichten den übrigen Mitgliedern des Aufsichtsrates verantwortlich ist."

Dieser Teil der Resolution, m. H., enthält mehrere Gedanken: Zunächst ist an dem Prinzip der Prüfungspflicht des Aufsichtsrats, wie es heute geregelt ist, absolut nichts geändert. Dann aber ist gesagt, daß es dem Gesellschaftsvertrage zu überlassen ist, klar und deutlich das Mindestmaß der Kontrollpflichten festzusetzen nach Art, nach Zeitabschnitten usw., und daß der Gesellschaftsvertrag (also nicht, wie Warschauer vorschlug, das Gesetz) demzufolge den Mindestumfang der hieraus erwachsenden Dezernate oder Kommissionen festzusetzen hat.

Daraus ergibt sich aber weiter, daß es erforderlich war, hier etwas über den Rahmen des heutigen Rechts hinauszugehen. Heute steht nicht etwa jedem einzelnen Aufsichtsratsmitgliede ein individuelles Kontrollrecht zu, und wir haben geglaubt, den auf Einführung eines solchen gerichteten Vorschlag des Herrn Gutachters nicht annehmen zu dürfen. Wenn Sie sich vorstellen, daß jedes Aufsichtsratsmitglied (bei etwa 20 Aufsichtsratsmitgliedern) von seinem Rechte, das in diesem Falle zugleich eine Pflicht enthielt, jederzeit die Kontrolle der Bestände, der Kasse, der Konsortialien usw. zu prüfen, auch nur von Zeit zu Zeit Gebrauch machen würde, so würde sehr bald die Gesellschaft ihren ersten Zweck, Geschäfte zu machen, in die letzte Linie stellen können und nichts weiter zu tun haben, als ihre Bureaus den ängstlichen Aufsichtsratsmitgliedern zu Nachprüfungen beständig offen zu halten. Wir haben lediglich jedem Dezernaten und jedem Mitgliede der besonderen Kontroll-Kommissionen für die Ausübung ihrer Kontrollpflicht (welche der Gesellschaftsvertrag in ihrem Mindestumfange festzusetzen hat) und innerhalb des Rahmens dieser Kontrollpflicht ein individuelles Kontrollrecht zubilligen müssen.

Wir haben ferner zum Ausdruck gebracht, daß, wenn nun jemand kraft solcher Bestimmung des Gesellschaftsvertrages ein bestimmtes Dezernat übernommen hat, er dann auch den übrigen Mitgliedern des Aufsichtsrates, denen er zu berichten hat, verantwortlich sein muß.

Endlich hat die Abteilung unter 3 folgenden Beschluß gefaßt:

> „Für größere Aktiengesellschaften mit einem Grundkapital von mindestens einer Million empfiehlt sich die obligatorische **Einführung jährlicher Revisionen der Bilanz durch besondere, von der Gesellschaft unabhängige, seitens der Generalversammlung zu wählende Sachverständige**, welche für sorgfältige Ausübung ihrer Pflichten verantwortlich zu machen sind."

M. H.! Uns war sehr wohl bewußt, daß aus einer großen Reihe von Gesellschaften heraus die Befürchtung laut geworden ist, als könne ein solcher Revisor zu einer schweren Gefahr für die Gesellschaft werden, indem er Dinge ermittelt und vielleicht nach außen kund gibt, welche im Interesse der Geschäftsführung geheim gehalten werden müssen. Wir haben aber geglaubt, diesen Gesichtspunkt nicht als maßgebend erachten zu dürfen. Wir sind ausgegangen von der Tatsache, daß in einer ganz großen Zahl von Aufsichtsräten unbedingt nicht die erforderliche Zahl von sachverständigen Mitgliedern vorhanden ist, Mitgliedern, die sachverständig genug sind, um die Bilanz- (und Inventur-) Revision, um die es sich hier allein handelt, auch nach ihrer materiellen Seite vorzunehmen, die also nicht nur eine rechnerische

Nachprüfung, sondern eine Nachprüfung nach der Richtung vornehmen sollen, ob die Bilanz-Vorschriften des Gesetzes in allen Teilen eingehalten worden sind. Wenn es aber so steht — und das kann nicht geleugnet werden und wird auch in Zukunft so bleiben —, daß der Aufsichtsrat sehr vielfach die notwendige Zahl von sachverständigen Mitgliedern nicht zur Verfügung hat, so folgt daraus, daß wir das heute schon in einer sehr großen Anzahl von Gesellschaften übliche Institut der Revisoren zu einem obligatorischen Institut machen müssen, wie es sich in anderen Ländern ja auch bereits bewährt hat, vorbehaltlich jedoch der selbständigen Prüfungspflicht des Aufsichtsrats.

M. H.! Wir werden das umsomehr bestimmen können, als es Sache der Ausführungsbestimmungen sein wird, dafür zu sorgen, daß ein neuer Revisorenstand heranwächst, besser vorgebildet nach jeder Richtung, als es die auf die Prüfung der bloßen Rechnungsführungen beschränkten Revisoren in der Regel sein können. Dieses Resultat — der Juristentag kann selbst keine Ausführungsmaßregeln bestimmen — kann vielleicht dadurch in der Zukunft erreicht werden, daß, wie ich in meiner Schrift: „Zur Aufsichtsratsfrage" vorschlug, bestimmt wird, daß die Generalversammlung in erster Linie solche Personen zu Revisoren zu wählen hat, die von besonderen Gesellschaften hierzu speziell ausgebildet worden sind, von Gesellschaften, die zugleich in ihren Satzungen für die ordnungsmäßige Erfüllung der Amtspflichten dieser Revisoren die erforderliche Gewähr übernehmen.

M. H.! Für die Bedeutung der vorgetragenen Erklärung ist nicht nur das entscheidend, was sie ausdrücklich enthält, sondern auch das, was absichtlich nicht in sie aufgenommen ist; ich meine die Anträge, die mit dem Beschlusse dieser Erklärung von der Abteilung auf Antrag der Referenten abgelehnt worden sind.

Wir haben nicht aufgenommen den Antrag des Herrn Gutachters, der alle zwei Jahre eine Prüfung der Buchführung der Gesellschaft vornehmen lassen will; wir haben die Jahresbilanz-Prüfung dafür vorgeschrieben. Die Prüfung der Buchführung im allgemeinen vorzuschreiben, dazu geben die bisherigen praktischen Erfahrungen bei den Aktiengesellschaften keinen ausreichenden Anlaß. Es sind auch hier nicht die besonderen Verhältnisse maßgebend, welche für den Gesetzgeber bei den Genossenschaften bestimmend dafür gewesen sind, eine solche Buchführungsrevision anzuordnen.

Wir haben aber noch einen weit wichtigeren Antrag, den der Herr Gutachter gestellt hatte, abgelehnt. Herr Prof. Rehm hatte beantragt, daß nach dem Vorbilde der §§ 30, 9 und 10 der englischen Companies Act vom 8. August 1900 in unserem Gesetze bestimmt werden solle: „daß jede Einladung, Prospekt, Mitteilung, Anzeige, durch die dem Publikum Aktien oder Teilschuldverschreibungen der Gesellschaft zum Zweck der Zeichnung oder des Kaufes angeboten werden, vom Vorstande unter Angabe des Namens und Wohnsitzes der amtierenden oder auch nur vorgeschlagenen Aufsichtsratsmitglieder, die nur die Abschrift des Prospektes zu unterzeichnen haben, dem Registerrichter zur Aufbewahrung und Eintragung einzureichen ist." Das sollte nicht nur ein platonischer Vorschlag sein, obwohl der Herr Gutachter nur bemerkt, der Vorschlag solle dazu dienen, das Verantwortlichkeitsgefühl der Aufsichtsräte zu stärken; er soll vielmehr, wie es im englischen Recht geschehen ist, die Verantwortlichkeit der Aufsichtsratsmitglieder auch für die Richtigkeit und Vollständigkeit aller Prospekte neu einführen, und zwar jedem Dritten gegenüber. Hier liegt so recht ein Schulbeispiel dafür vor, wie bedenklich es ist, wenn man ausländische Rechtssätze und Rechtsinstitute, wie man es auch auf anderen Gebieten empfohlen hat, ohne weiteres auch auf die heimischen Verhältnisse anwendbar erachtet. Es ist nämlich dabei zunächst übersehen worden, daß diese Bestimmung des engl. Rechts, welche übrigens ohne individuelles Kontrollrecht jedes Mitgliedes nicht denkbar wäre, aus ganz besonderen Mißständen erwachsen ist, die bei uns glücklicherweise niemals geherrscht haben. Man hatte nämlich in England zu wiederholten Malen in den Prospekten die Träger hochtönender Namen und Titel aufgeführt, als seien sie amtierend oder für den Posten eines Aufsichtsratsmitgliedes in Aussicht genommen, während nicht einmal die Absicht bestand, diesen Personen irgend einen Wirkungskreis in der Gesellschaft einzuräumen. Außerdem war aber die Bestimmung in England auch deshalb nötig, weil bis zum Erlaß der Companies-Act eine Verantwortlichkeit aus Prospekten in England nur in sehr beschränktem Masse bestanden hatte, während bei uns für das Gründungsstadium, für welches diese Bestimmungen in erster Linie zugeschnitten sind, der § 203 und im übrigen die §§ 43, 47 und 75, Abs. 2 des Börsengesetzes die Verantwortlichkeit der Emittenten und Emissionsgenossen in einer Weise zivilrechtlich und kriminalrechtlich ordnen, daß gegenüber der gesetzgeberischen Regelung dieser Materie der Vorwurf der „klirrenden Schneidigkeit" etwas begründet erscheint, welchen der geniale heutige österreichische Justizminister Klein in einer neuerlichen Broschüre gegenüber dem Gesetzgeber unseres Aktienwesens erhoben hat.

Endlich, m. H., würde auch darüber bei uns gar kein Zweifel

bestehen, daß die Aufsichtsratsmitglieder nicht ihre ganze Existenz durch eine Haftung auch für die Richtigkeit und Vollständigkeit eines Prospektes zu Markte tragen würden, dessen Richtigkeit und Vollständigkeit sie im einzelnen nachzuprüfen mangels eines individuellen Kontrollrechtes garnicht in der Lage sind. Es ist zweifellos, daß sie vorziehen würden, vorher aus dem Aufsichtsrat auszutreten, um vielleicht später wieder einzutreten, sodaß im besten Falle die Annahme dieses Vorschlages eine gesetzliche Propaganda für ein Strohmännertum im weitesten Umfange bedeuten würde.

Aus gleichen oder ähnlichen Gründen sind auch abzulehnen die ähnlichen Vorschläge, welche Herr Reichsgerichtsrat Sievers in der letzten Juristenzeitung gemacht hat.

Endlich — das ist der letzte Punkt — hat die Abteilung die Erweiterung der Minderheitsrechte nicht angenommen, welche von dem Herrn Gutachter nebenher — sie gehören ja nicht absolut zur Materie, aber man konnte sie hereinziehen — beantragt worden ist. Wir sind dabei von der Überzeugung ausgegangen, daß es überaus bedenklich ist, wenn man, ohne daß zwingende Gründe vorliegen, über die Grenze hinausgeht, die noch vor einigen Jahren, beim Erlaß des Handelsgesetzbuches, nach endlosen Erörterungen der Sache in Kongressen und Behörden, in der Kommission und im Plenum des Reichstages, als die äußerste Grenze dessen bezeichnet worden ist, bis zu der man ohne Gefahr, namentlich ohne Gefahr von Überrumpelung und Erpressung, im Interesse der Minderheit der Aktionäre gehen kann. Hier, m. H., ist eine um so größere Vorsicht nötig, als jede über die Grenzen hinausgehende Stärkung des sogen. demokratischen Elementes in der Aktiengesellschaft nicht etwa eine wirkliche Stärkung desselben, sondern umgekehrt eine erhebliche Stärkung des plutokratischen Elementes in der Tat bedeuten würde; denn es ist selbstverständlich, daß die die Aktiengesellschaft beherrschende Gruppe, wenn man in dem Schutze der Minderheitsrechte über jene Grenzen hinausgeht, durch Vermehrung ihres Aktienbesitzes jeder aus dieser Erweiterung der Minderheitsrechte drohenden Gefahr entgegentreten würden. M. H., wir haben uns nicht der Täuschung hingegeben, als seien die Ihnen mitgeteilten Beschlüsse geeignet, allen Gefahren, allen Schäden auf dem Gebiete der Kontrolltätigkeit im Aktienwesen entgegenzutreten; wir glauben aber, daß sie eine nicht ganz unerhebliche Besserung der heutigen Zustände anbahnen. Sie haben aber vielleicht auch das Gute, daß Sie zu weit gehenden Erwartungen und zu weit gehenden Wünschen und Vorschlägen nicht berufener Personen entgegentreten, welche glauben, daß alle Mißstände auf diesem Gebiete durch den Gesetzgeber geheilt werden können, und daß sie wenigstens die Richtungslinien angeben, innerhalb deren sich, bei vorsichtiger Abwägung alles Für und Wider, vielleicht in Zukunft die Gesetzgebung die bessernde Hand anlegen kann. (Lebhafter Beifall.)

Der Präsident: Der reiche Beifall ist der Dank für die außerordentlich lichtvollen und fesselnden Ausführungen des Herrn Berichterstatters.

In Abweichung von der vorhin mitgeteilten Reihenfolge erteile ich nunmehr dem Herrn Berichterstatter Prof. Dr. Bernhard zu Thema 11 über den Akkordvertrag das Wort.

Der Berichterstatter Prof. Dr. **Ludwig Bernhard**-Posen: Meine hochverehrten Herren! Die Frage war:

> Empfiehlt sich eine gesetzliche Regelung des Akkordarbeitsvertrages?

Durch die Abteilungssitzung, über die zu berichten ich die Ehre habe, ging ein alter Vorwurf, den sich heute die Juristen schon selbst machen, wenn sie vom Arbeitsvertrag reden, nämlich der Vorwurf, die Jurisprudenz habe den Akkordvertrag, habe überhaupt den Arbeitsvertrag nicht genügend ausgebildet, die alte Abhängigkeit von der römischen Sklaverei. Ich meine jedoch, die Herren tun sich Unrecht. Es ist durchaus begreiflich, daß die Juristen sich solange weigerten, detaillierte Regeln über den Arbeitsvertrag zu schaffen. Offenbar sagten sich die Juristen, was hat es für einen Zweck, den Arbeitern Rechtsregeln zu geben; wir können den Arbeitern ja doch nicht die reale Möglichkeit schaffen, ihre Rechte geltend zu machen. Und weiter: neben den großen wirtschaftlichen Machtfragen von Lohnhöhe und Arbeitszeit erschienen wohl die feinen juristischen Probleme einigermaßen arabeskenhaft.

Nun aber klingt durch die modernen Arbeitskämpfe ein neuer Ton, und es ist vielleicht gut, wenn auch Sie ihn hier hören. Sie haben Alle in den letzten Jahre viele große Streiks, Aussperrungen, Lohnkämpfe, miterlebt, wenn Sie sich jetzt aber fragen, was waren die Ursachen dieser Streiks, von denen Sie wochenlang in den Zeitungen gelesen haben, dann werden Sie das nicht wissen; und wenn Sie in den Zeitungen nachsehen, werden Sie auch dort nichts Sicheres finden. Diese populäre Unsicherheit so wichtigen, so eingreifenden Vorgängen gegenüber ist höchst merkwürdig und ist eine ganz neuartige Erscheinung. Denn blättert man etwa zwei Jahrzehnte zurück, so findet man ganz klar ausgesprochen: „Streik der Hafenarbeiter wegen der Arbeitszeit“

oder: „Weberstreik wegen 10 pCt. Lohnerhöhung". Man sah sofort, auch wenn man den Dingen ferner stand: Das sind große Fragen, da lohnt wohl ein Kampf. Die noch größeren, noch gewaltigeren Lohnkämpfe der letzten Zeit aber sind häufig scheinbar aus ganz geringfügigen Ursachen entstanden, sodaß die öffentliche Meinung unsicher und schwankend war. Da las man, die Arbeiter verlangen die Entlassung eines Werkmeisters, und zwei Tage später waren 10 000 Arbeiter auf die Straße geworfen, ausgesperrt, und Tags darauf las man in den Zeitungen: Es werden am nächsten Sonnabend 60 000 ausgesperrt, wenn die Arbeiter nicht ihre Forderung zurückziehen. Man fühlt es: Solche gewaltige Kämpfe, die kalten Blutes verfügt werden, können nicht aus geringfügigen Ursachen entstehen, da müssen wichtige Ursachen zugrunde liegen. Aber man bemerkt diese wichtigen Ursachen nicht. Wenn man dann aber genauer zusieht — und man muß geradezu ein Studium treiben für diese Streikursachen heute — dann kommt man, und zwar fast immer, es gibt kaum einen Streik in irgend einem Industrielande im letzten Jahrzehnt, wo es nicht der Fall war — da kommt man fast immer auf Akkorddifferenzen. In den großen Formerstreiks handelte es sich um Akkorddifferenzen, in den großen Streiks der Elektrizitätsindustrie, in den Aussperrungen, handelte es sich um jahrelang erörterte Akkordfragen, im großen Maschinenbauerstreik in England um Fragen der Akkordregelung, jetzt in den Kämpfen, die sich in der Schweiz vorbereiten, gährt auch die Frage der Akkorddifferenzen. Akkorddifferenzen?! Der Außenstehende muß sich erst wie ein Kind tastend klar machen, wie solche Akkordfragen überhaupt wichtig sein können. Doch versuchen Sie einmal, sich in die Seele des Arbeiters zu versetzen! Akkordlohn heißt, wie Sie wissen: Der Lohn wird abhängig gemacht von der Größe der Arbeitsleistung. Der Gedanke: Mein Lohn hängt ab von der Arbeitsleistung, ist dem Arbeiter in jedem Moment seiner Tätigkeit gegenwärtig, viel deutlicher gegenwärtig, als die Frage der Arbeitszeit. Jeden Moment weiß er: Mit jedem Hammerschlag steigt mein Lohn oder: Von der Leistung der Akkordgruppe, in der ich tätig bin, hängt mein Lohn ab, oder: Von der mehr oder minder korrekten Berechnung hängt mein Lohn ab usw. Und wenn nun jahrelang die Akkordberechnung ungenau ist, wie es in vielen Industrien die Regel ist, und wenn jahrelang die Zusammensetzung der Akkordgruppen willkürlich erfolgt, wie es in vielen Gewerben die Regel ist, und wenn die Arbeiter dies jahrelang Woche für Woche an ihrem Lohn empfinden und in ihrem Haushalt, dann entstehen natürlich diese Mißstimmungen, diese Erregungen, erst gegen den Akkordmeister, dann gegen den Werkmeister, dann kommen die Streiks oder die Aussperrungen, die zu großen Differenzen und Erschütterungen führen.

Das sind also triftige Gründe, die Gründe, die hinter den Scheingründen der großen Streiks immer stecken. Aber weshalb bleiben diese Gründe, wenn sie wirklich so wichtig sind, so im Dunkeln, daß Sie sie vielleicht garnicht kannten? Das ist durchaus erklärlich: Akkordfragen sind Fragen, die sich zum öffentlichen Kampfgeschrei nicht eignen. Sie sind zu detailliert. Wenn heute die Arbeiter z. B. sagen: Wir streiken und unsere Ursachen zum Streike sind Akkorddifferenzen, dann sagt die öffentliche Meinung: Das interessiert mich garnicht, dann streikt lieber nicht. Für diesen Streik habe ich keine Sympathie. Dann ist der Streik schon verloren. — Oder wenn die Unternehmer sagen: Wir sperren nächstens 10 000 Arbeiter aus, weil wir die Akkordregelung in der Hand behalten wollen, dann sagt die öffentliche Meinung: Seid Ihr kleinlich! Wegen solcher Lappalien! Und mit diesem Gedanken ist wohl auch so mancher hierher gekommen: Akkordfragen, das sind Lappalien, wie kann man die vor den Juristentag bringen? Ja, ich weiß, es gab sogar manche, die sagten sich: Wir sprechen ja hier über Beträge von 20—30 Mk., über Bagatellsachen, von denen kein Anwalt leben kann.

Die Abteilungsberatung mit ihrer lebhaften Debatte hat nun sicherlich das Ergebnis gebracht, das anerkannt wurde, und zwar allgemein anerkannt wurde: die Bedeutung der Akkordarbeit. Jeder hat wohl empfunden, wie hinter dieser Frage, die er vielleicht bisher kaum beachtet hat, ein Rädersausen und Menschenkämpfen zu hören ist. Dieses Ergebnis schon ist wichtig, denn es sichert dieser Frage das dauernde Interesse des Juristenstandes, und dieses Interesse brauchen wir dringend für die wirtschaftliche Entwickelung. Dieses neue Interesse hat nun auch sogleich praktische Früchte getragen. Denn die Thesen, die ich der Abteilung vorgeschlagen habe, und von denen ich nicht glaubte, daß sie angenommen würden, sind einstimmig, die letzten mit großer Majorität, angenommen worden. Die Abteilung hat ausgesprochen, daß der Juristentag für notwendig halte eine Regelung der Akkordarbeit, da es diesem für die Industrie wichtigsten Arbeitsvertrage an einer hinreichenden Ordnung bisher fehlt, und die Abteilung hat ferner die 3 Hauptpunkte bezeichnet, die vor allen Dingen geregelt werden müssen, nämlich erstens die Akkordvereinbarung und Akkordabrechnung, zweitens die Pflichten der Parteien während der Akkordarbeit — ein ganz dunkles Gebiet noch — und drittens die rechtliche Stellung der Zwischenpersonen, Akkordmeister, Akkordanten, die das Gesetz bisher überhaupt noch nicht kennt.

Zu diesen Thesen, die also die Regelung verlangen und die drei Hauptpunkte kurz bezeichnen, hat dann die Abteilung auf meinen Antrag noch zwei Sätze gefügt, die meiner Meinung nach die wichtigsten sind, weit wichtiger, als die zwei genannten, denn diese beiden Thesen, von denen ich jetzt sprechen will, handeln von den Tarifgemeinschaften, vom Tarifvertrag.

Die Tarifgemeinschaften sind die großen Verträge, die die Arbeiterorganisationen mit den Unternehmerorganisationen schließen. In diesen Verträgen verpflichten sich diese beiden, einander nicht als natürliche Feinde zu betrachten, sondern sich über die Hauptpunkte ihrer gemeinsamen Arbeit zu einigen, und zu diesen Hauptpunkten gehören stets die Akkordfragen, so besteht zwischen Tarifgemeinschaft und unserem Thema eine ganz enge Beziehung. Für das deutsche Wirtschaftsleben kommt es jetzt, man kann sagen in erster Linie darauf an, ob diese Tarifgemeinschaften eine ruhige und große Entwickelung finden werden, denn von diesen Tarifgemeinschaften hängt mehr als von etwas anderem der Industriefriede, der innere Friede ab. Noch ist die Entwickelung der Tarifgemeinschaften in Deutschland ernstlich gefährdet. Vor wenigen Jahren waren es die Arbeiter, die sich zu „Tarifgegnern" zusammentaten; sie erklärten mit Marx: wir paktieren nicht mit dem Kapital, Tarife sind zu verwerfen, der Arbeiter darf nicht mit dem Kapital paktieren, und vor wenigen Monaten war es ein Vertreter der Unternehmer im Saarrevier, der erklärte: Wir sind Gegner der Tarife, wir paktieren nicht mit Arbeiterverbänden, und rief sogar dazu auf, den berühmten Buchdruckertarif, der soviel Segen gebracht hat, mit Gewalt zu beseitigen. Die Eisenindustrie sollte den Buchdruckertarif beseitigen, sollte die Buchdruckereien zwingen, den Tarif nicht mehr einzuhalten! Also der Kopf soll sich nicht mit der Hand vertragen, arm soll sich nicht mit reich vertragen, reich nicht mit arm, es soll gekämpft werden!

Solche Anschauungen, die, ich weiß nicht aus welchen primitiven Instinkten stammen, sind bei Kulturvölkern immer für Rohheiten gehalten worden, und es ist sicherlich die Aufgabe des Rechts, solche Rohheiten zu beseitigen. Die Tarifentwickelung muß deshalb, darauf kommt alles an und deshalb habe ich diese Thesen gestellt, unabhängig gemacht werden von den sozialpolitischen Aktionen und Reaktionen; vor allen Dingen muß Klarheit geschaffen werden über das Recht der Tarife, von dem heute noch niemand nichts weiß; dafür hat die Abteilung sich mit überwiegender Majorität erklärt.

Ich wäre aber unvollständig, wenn ich nicht noch kurz hinzufügte: daß man uns da ein Argument entgegengehalten hat, das ich Ihrer besonderen Aufmerksamkeit empfehlen möchte. Man hat nämlich gesagt, diese Dinge können Sie ja doch nicht regeln, die sind zu mannigfach. „Die Mannigfaltigkeit", das ist ein altberühmtes und bewährtes Argument, das man den Juristen stets entgegengehalten hat, wenn sie der Industrie zu nahe kamen. Wenn die Juristen sich der Industrie näherten, sei es in der Kartellfrage, sei es in der Arbeitsfrage, hat man ihnen stets gesagt: diese Dinge sind ja zu mannigfach, zu kompliziert für die Juristen, das könnt ihr doch nicht regulieren. Wie aber werden diese Fragen heute reguliert? Wie wird der Arbeitsvertrag heute reguliert? Er wird heute in der Praxis reguliert durch die Anspannungen der Macht, durch Streiks, durch Aussperrungen, durch Erschütterung des Volkslebens. Das sind die vulkanischen Regulatoren des Arbeitsvertrags, und diejenigen, die immer das Argument der Mannigfaltigkeit Ihnen entgegenhalten, die proklamieren im Grunde ein modernes Faustrecht.

Deshalb freue ich mich, daß sich die Abteilung nicht hat hindern lassen, sondern mit überwiegender Majorität beschlossen hat, über das Recht der Tarifgemeinschaften Gutachten einzufordern und dieses Thema, sowie das der Arbeitsordnungen auf die Tagesordnung der nächsten Hauptversammlung zu setzen. Mit diesem Beschluß nimmt der Juristentag die bisher vogelfreie Tarifgemeinschaft in den schützenden Kreis seiner Arbeit auf, und ich hoffe, daß Sie diesen Beschluß gern zur Kenntnis nehmen werden. (Stürmischer, langanhaltender Beifall.)

Der **Präsident**: Der so außerordentlich reiche Beifall aus der Mitte der Versammlung überhebt mich jedes weiteren Wortes.

Ich erteile nunmehr zur Berichterstattung das Wort Herrn Oberlandesgerichtsrat Schneider-Stettin zum Thema 6.

Berichterstatter Oberlandesgerichtsrat **Schneider**: Hochgeehrte Versammlung! Ihre zweite Abteilung hat zu Nr. 6 der Tagesordnung die wichtige und tief eingreifende Frage zu beantworten gehabt: „Inwieweit ist bei Versicherungsverträgen die Vertragfreiheit hinsichtlich der Verwirkungsklausel durch zwingende Rechtssätze zu gunsten des Versicherten einzuschränken?"

Ich bin in der angenehmen Lage, Ihnen mitteilen zu können, daß im Gegensatz zu dem unglücklichen Ergebnis unserer Beratungen in Innsbruck über dasselbe Thema wir jetzt zu einem Ergebnis gelangt sind, das durchaus befriedigend erscheint und hoffentlich auch Ihre Billigung findet. Es beruht im wesentlichen auf einstimmigen Beschlüssen, und dadurch ist es dem Juristentage auch noch vergönnt, trotz der damaligen Verschiebung dieser Beratung, Einfluß auf die Entschließung des Reichstages zu gewinnen, dem bekanntlich jetzt der Entwurf eines Gesetzes über den Versicherungsvertrag vorliegt. Sehr stark waren allerdings auch diesmal unsere Beratungen nicht besucht, und es ist gewiß manche bewährte Kraft auf diesem Gebiete uns durch den gleichzeitig in Berlin tagenden Kongreß für allgemeine Versicherungswissenschaft entzogen worden. Beide Berichterstatter haben auch in einer Reihe der wichtigsten Punkte sich zusammengefunden, allerdings nicht in allen.

Der erste Beschluß, der gefaßt ist, den ich mir erlaube, Ihnen wörtlich mitzuteilen, beruht auf Anträgen meines verehrten Herrn Mitberichterstatters Herrn Direktor Dr. Stichling. Er lautet:

I. Vereinbarungen des Inhalts, daß der Versicherer wegen Verletzung einer Obliegenheit des Versicherten seine Leistung verweigern oder vom Vertrage zurücktreten darf, sind nur mit der Einschränkung zuzulassen, daß dem Versicherten unter allen Umständen gestattet bleiben muß, die Verwirkung seines Rechtes durch den Nachweis fehlenden Verschuldens abzuwenden. Bei Verletzung von Obliegenheiten, die nach Eintritt des Versicherungsfalles zu erfüllen sind, hat der Nachweis zu genügen, daß weder Vorsatz noch grobe Fahrlässigkeit vorliegt.

II. Daneben muß bei der Verletzung solcher Obliegenheiten, die ausschließlich auf die Abwendung des Versicherungsereignisses abzielen, dem Versicherten der Nachweis offen bleiben, daß der Versicherungsfall mit der Verletzung in keinerlei Zusammenhang stehe.

Infolge der Beratungen ist dann aus den von mir aufgestellten Leitsätzen der erste Satz in folgender Fassung diesen beiden erstgenannten Sätzen hinzugefügt:

„Mithin sind die Vorschriften des deutschen Gesetzentwurfs über die Versicherungsklausel im engeren Sinne (§ 6, § 32) zu billigen.“

Es würde nun eine sehr zeitraubende Arbeit sein, Erläuterungen zu diesen Beschlüssen zu geben, da sie außerordentlich schwierige Themata umfassen, und ich glaube, daß die Zeit hierzu heute zu kostbar sein wird, um ausführlich darauf einzugehen. Vielleicht darf ich mich deshalb mit folgenden kurzen Bemerkungen begnügen.

So wichtig und umfassend die Versicherung in unserem jetzigen Kulturleben ist, in dessen sämtliche Zweige sie eindringt und immer mehr eindringt, so wichtig ist innerhalb dieses Gebiets das Recht der Verwirkung. Unsere deutsche Sprache, die bekanntlich für uns denkt und dichtet, versteht unter „Verwirkung“, wie ich anführen will, zweierlei. Man kann „sein Leben verwirken“, also ein Rechtsgut verlieren; man kann auch eine „Strafe verwirken“, also einen Rechtsnachteil auf sich herabziehen. In beiderlei Sinne wird das Wort Verwirkung bei den „Verwirkungsklauseln“ gebraucht. Der Entwurf behandelt die Verwirkung in ersterem Sinne, das Entfallen der Leistung des Versicherers, in seinen §§ 6, 32 und gibt die übrigen Verwirkungsfälle fast ganz frei. Es ist nun zu beachten, daß wir mit unseren Beschlüssen in der zweiten Abteilung in eine erfreuliche Übereinstimmung mit dieser Tendenz des ja durch zahlreiche Kritiken bereits durchgehechelten und vielfach schon gebilligten Entwurfes der Reichsregierung gelangt sind.

Angenommen wurde ferner als dritter folgender von mir vorgeschlagene Satz:

„Dem Versicherungsnehmer ist das Recht der Aufkündigung des Versicherungsvertrages auf den Schluß der laufenden Versicherungsperiode unentziehbar einzuräumen, wenn der Versicherer die Verwirkung gegen ihn geltend macht.“

Um dies an einem praktischen Beispiele zu erläutern, so könnte es einer Versicherungsanstalt einfallen — die Fälle sind praktisch geworden —, daß bei einer auf fünf Jahre abgeschlossenen Versicherung im ersten Jahre ein Teilschaden eintritt, die Versicherung also an sich noch in vollem Umfange weiter bestehen könnte, abgesehen von diesem Teile nämlich; daß dann aber die Versicherungsanstalt irgend eine Verwirkung geltend machen könnte und machte, so daß das Recht auf die Leistung überhaupt verloren ginge. Trotzdem würde, wenn obiger Satz nicht angenommen und in den Entwurf hineingebracht würde, für die Versicherer die Möglichkeit bestehen, auf die ganze Versicherungszeit die Prämie, die sog. „unteilbare“ Prämie einzuziehen. Ich habe deshalb Veranlassung genommen, auf Grund des österreichischen Entwurfs, der einen entsprechenden ausdrücklichen Satz enthält, einen gleichen der Abteilung zu empfehlen; und der ist zu meiner Freude auch angenommen.

Sodann sind unter Nr. 4 zwei Sätze Ihres zweiten Herrn Berichterstatters angenommen worden. Der erste lautet:

„Eine Beschränkung der ersten unter 1 mitgeteilten Grundsätze auf die mit privaten Versicherungsunternehmungen abgeschlossenen Versicherungsverträge entbehrt des Grundes.“

Es wird den meisten Herren ja bekannt sein, daß hiermit getroffen wird, was einer der Hauptstreitpunkte in den langen Erörterungen über die Ausgestaltung unseres Versicherungsrechts in der letzten Zeit gewesen ist, nämlich ob in das neue Gesetz, abweichend von dem früheren

Gesetz über die Versicherungsaufsicht, auch die sog. öffentlichen Versicherungsanstalten, welche ja besonders in Preußen eine große Rolle spielen, einbezogen werden sollten oder nicht. Die Abteilung hat sich also, wie früher auch schon in Innsbruck, dahin schlüssig gemacht, daß, entgegen dem augenblicklichen Stande der Verhandlungen im Reichstage doch das Versicheruugsgesetz unbedingt auf diese Anstalten auszudehnen sei, und daß das öffentliche Verwaltungsrecht der einzelnen deutschen Staaten insoweit hintanzustellen sei.

Es ist im Gegensatze dazu von mir die Ansicht während der Verhandlungen in unserer Abteilung vertreten, daß, wenn wir **allgemein** aussprächen, daß die Verwirkungsklausel in der und der Weise zu beschränken sei, damit auch ohne weiteres und ohne ausdrücklichen Ausspruch die Ausdehnung dieses Grundsatzes auf die öffentlichen Versicherungsanstalten gegeben sei; und daß es alsodann Sache **ihres Gegenbeweises** sei, darzutun, daß ihre Verhältnisse jene Ausdehnung verböten. So hätte man die dabei unweigerlich auftauchenden Fragen des öffentlichen Rechts umgehen können! Aber diese Auffassung hat nicht die Billigung der Mehrheit gefunden; diese hat vielmehr beschlossen, einen ausdrücklichen Satz des mitgeteilten Inhalts aufzustellen.

Ferner ist dann noch ein zweiter Satz des Herrn Korreferenten gebilligt. Er lautet:

„Auch besteht ein Bedürfnis, ihre Geltung für einzelne Versicherungsarten oder Versicherungszweige" — nämlich die Geltung der unter 1 festgestellten Grundsätze — „auszuschließen, nicht."

M. H.! Dieser Beschluß Ihrer Abteilung setzt sich in einen auffallenden Gegensatz zu dem vorliegenden Entwurf. Der deutsche Entwurf bestimmt nämlich in seinem § 184, daß eine Reihe von Versicherungszweigen, aus denen Abschlüsse regelmäßig nur unter Kaufleuten vorkommen, wo also auf beiden Seiten wirtschaftlich gleich starke, geschäftsgewandte und ihrer Ziele bewußte Leute zu stehen pflegen, befreit von dem zwingenden Rechte sein sollen, also auch von dem zwingenden Rechte, insoweit es die Verwirkungsklauseln betrifft. Jene Versicherungszweige gehören im wesentlichen zu den sog. geregelten. Der Entwurf bestimmt aber ferner im § 185 Nr. 1, daß durch kaiserl. Verordnung auch bei sonst nicht geregelten Versicherungszweigen bestimmt werden könne, daß diese Befreiung eintritt. Dahin gehören Glas-, Eisbruchs-, Sturm-, Frostschadenversicherung usw.

Von Ihrer Abteilung ist nun also beschlossen, daß ein Bedürfnis für diese Befreiung, freilich nur bezüglich der Verwirkungsklauseln, **nicht** besteht. Ich glaube Ihnen dagegen nicht vorenthalten zu sollen, daß auch ich zu diesem § 185, 1 einen Antrag gestellt habe, der aber gerade in entgegengesetzter Richtung ging. Aus dem Studium der Versicherungsliteratur, soweit sie aus versicherungstechnischen Kreisen stammt, und insbesondere auf Grund des Gutachtens, was für Innsbruck zu dieser Frage von Herrn Geheimrat Direktor Dr. Sammer in Gotha geliefert wurde, habe ich mich überzeugt, daß es besser ist, die zwingenden Bestimmungen, insbesondere also hier die über die Verwirkungsklausel für alle diejenigen Versicherungszweige vorläufig wegzulassen, die im Entwurf nicht im einzelnen geregelt werden. Es ist mir allerdings kein praktisches Beispiel vor Augen gekommen, welches diesen Wunsch bestätigte, und an dem man ihn bequem nachprüfen möchte. Ich kann aber wohl nachempfinden, daß der Versicherungstechniker ihn hegt; und es ist auch wohl richtig, daß eine volle Entwicklung einer neuen Versicherungsart nicht zur vollen Blüte kommen kann, wenn von vornherein zwingende Bestimmungen über ihr schweben Deshalb hatte ich gemeint, daß dieser § 185, 1 in der Weise zu fassen sei, daß durch kaiserl. Verordnung die sog. nicht geregelten Versicherungszweige, das sind diejenigen, welche nicht als Feuerversicherung, Hagel-, Vieh-, Transportversicherung, Haftpflicht-Versicherung, Lebens- und Unfall-Versicherung usw. in dem Entwurfe besonders geregelt sind, sondern unter jene andere Kategorie fallen, wie z. B. Frost-Versicherung, — daß diese nur durch kaiserl. Verordnung unter die zwingenden Maßnahmen des Gesetzes gestellt werden. Das bedeutet also, daß kraft der Übersicht, die jetzt durch das Bestehen des Reichsaufsichtsamts über das Versicherungswesen erreicht ist, sofort eine (ergänzende) kaiserl. Verordnung erginge, welche alle diese eben genannten und schon lange bestehenden Kategorien zweckmäßig umfaßte und auf sie die zwingenden Regeln ausdehnte; daß es aber im übrigen wegen neu entstehender Versicherungsarten vorbehalten bleiben und der Beobachtung ihrer weiteren Entschließung überlassen sein sollte, ob auch für diese neuen Versicherungszweige dieselbe Maßregeln durch spätere kaiserl. Verordnungen zu treffen seien.

Durch Annahme jenes zweiten Satzes, den ich Ihnen mitgeteilt habe:

„Auch besteht ein Bedürfnis, ihre Geltung für einzelne Versicherungsarten oder Versicherungszweige auszuschließen, nicht", ist also dieser Antrag von mir abgelehnt.

Damit würde ich meine Berichterstattung schließen können; ich glaube aber, m. H., noch hinzufügen zu sollen, daß Ihre Abteilung sich der Hoffnung hingeben darf, mit ihren Beschlüssen die goldene

Regel des römischen Juristen befolgt zu haben, nämlich das „medie dispicere“, das sorgfältige Abwägen der beiderseitigen, im Versicherungsrecht oft so hart miteinander ringenden Interessen; und ferner die Regel, die Cervantes im Don Quijote dem Richter an die Hand gibt, die aber auch für den Gesetzgeber gilt, wenn er sagt, der Richter soll sich nicht durch die Gründe der Reichen, aber auch nicht durch die Tränen der Armen irgendwie rühren lassen. (Bravo!)

Der **Präsident:** Ich darf dem Herrn Berichterstatter, insbesondere für die knappe Fassung seines Berichtes danken; mit Rücksicht auf die Aufgaben, die wir heute noch vor uns haben, war diese Art der Berichterstattung besonders wünschenswert.

Ich ersuche nunmehr den Herrn Oberlandesgerichtsrat Dr. Leppel über das Thema betreffend die Ergänzung des Gesetzes zur Bekämpfung des unlauteren Wettbewerbs Bericht zu erstatten.

Oberlandesgerichtsrat Dr. **Leppel**-Kiel: M. H.! Ich kann mich kurz fassen. Die Frage lautete:

> „Empfiehlt es sich, das Reichsgesetz zur Bekämpfung des unlauteren Wettbewerbs in Ansehung des Ausverkaufswesens zu ergänzen?“

In der gestrigen Sitzung der zweiten Abteilung haben zu dieser Frage der Berichterstatter sowie der Mitberichterstatter gesprochen; aber zu einer Beantwortung der Frage durch die Abteilung ist es leider nicht gekommen. Die Abteilung hat vielmehr, weil die Tageszeit zu weit vorgerückt war, beschlossen, die Beantwortung auf den nächsten Juristentag zu vertagen. (Beifall.)

Der **Präsident:** Wir gehen nunmehr über zu den Themen der Abteilung III. Ich ersuche zunächst Herrn Geheimrat Kahl, die Berichterstattung zu den Themen 8 und 9 zu übernehmen.

Berichterstatter Geh. Justizrat Prof. DDr. **Kahl**-Berlin: M. H.! Das eine der beiden aufgerufenen Themata, über die Strafzumessung, hat die III. Abteilung zu vertagen beschließen müssen. Nach der vorangegangenen mehrstündigen Verhandlung über den Rückfall schien es nicht mehr angezeigt, die Behandlung des weitgreifenden Problems in Angriff zu nehmen, umsoweniger, als eines der zuerst zugesagten Gutachten ausgeblieben war, und umsoweniger ferner, als sich der Abteilungsvorsitzende der Beobachtung nicht verschließen konnte, daß eine größere Zahl von Abteilungsmitgliedern sich durch Einlösung des Kupons über ein Frühstück in der Seebadeanstalt (Heiterkeit) zwar nicht für legitim, aber für maritim verhindert hielt. (Größte Heiterkeit.) Dagegen wurde eingehend das andere Thema über die strafrechtliche

Behandlung von Rückfall, gewohnheitsmäßigem und gewerbsmäßigem Verbrechertum behandelt.

Schon der Juristentag 1902 hatte anerkannt, daß die im Reichsstrafgesetzbuch vorgesehene Behandlung von Rückfall, Gewohnheits- und Gewerbsmäßigkeit eine ungenügende sei, indem jenes den Rückfall nur bei einzelnen Delikten als strafschärfenden Umstand anerkennt und in dieser Beschränkung nicht die erforderliche prävenierende Wirkung auszuüben vermochte. Auf der Anerkennung der Unzulänglichkeit dieses Teiles des Strafgesetzbuches beruhen auch die Beschlüsse der III. Abteilung. Allerdings zeigt sich schon in den Ausführungen von Referent und Korreferent, letzterer Herr Oberstaatsanwalt Dr. Högel-Wien, darin eine bemerkenswert verschiedene Auffassung, daß meiner aus der Kriminalstatistik des Deutschen Reiches entnommenen mehr pessimistischen Auffassung von der bedrohlichen Progression des rückfälligen Verbrechertums die Meinung entgegengesetzt wurde, die Ergebnisse der Statistik seien nicht verwertbar, um eine verschärfende Reaktion des Staates gegenüber dem Rückfall zu begründen. Immerhin hielt auch dieser Optimismus den Korreferenten nicht ab, anzuerkennen, daß jedenfalls eine wirksamere Bekämpfung des Rückfalles, als sie das geltende Recht darbietet, möglich und wünschenswert sei.

Der Verständigung über die Mittel dieser Bekämpfung mußte die psychologische Differenzierung derjenigen Verbrecherklassen vorangehen, gegen welche die neue strafrechtliche Ordnung vorzusehen sein wird. Hier nun bestand und besteht freilich ein weitgehendes Diskussionsgebiet. Während einerseits die Ansicht vertreten wurde, daß, weil der Rückfall doch nur äußeres Symptom sei, dieser als selbstständiger Typus aus dem künftigen Gesetz auszuschalten und die Abstufung der Strafandrohung lediglich auf die Unterscheidung von Gelegenheits- und Gewohnheits-Verbrechen zu begründen sei, wurde umgekehrt die Anschauung vertreten, daß neben dem Gelegenheitsverbrecher die Figur des Rückfälligen allein der Wirklichkeit des Verbrecherlebens entspreche, ja, daß es eine Kategorie von Gewohnheits-Verbrechern im eigentlichen Sinne überhaupt gar nicht gebe und geben könne. Die Abteilung schloß sich in ihrer Mehrheit keiner dieser beiden Auffassungen an, sondern erachtete den Anträgen des Referenten entsprechend sowohl den Rückfall, d. h. die wiederholte Begehung von Straftaten trotz Vorbestrafung, als das Gewohnheitsverbrechen, d. h. die auf bestimmter verbrecherischer Grundrichtung auch ohne Rücksicht auf die Vorbestrafung beruhende Verbrechens-Wiederholung als strafrechtlich selbständig zu betrachtende und zu behandelnde Erscheinungen.

Für die Art und Weise dieser strafrechtlichen Behandlung mußte von einer dreifachen Fragestellung ausgegangen werden: was würde der gewöhnlichen Strafzumessung innerhalb des gesetzlichen Rahmens zuzuweisen sein? — wofür würde eine allgemeine Strafschärfung in Anspruch zu nehmen sein? — und würde es daneben noch außerordentlicher oder wenigstens ergänzender Mittel des Strafrechtes bedürfen? Für die Bestrafung im gewöhnlichen Strafrahmen glaubte man in Verbesserung des geltenden Rechtes aus der allgemeinen Klasse der Rückfälligen insbesondere eine bisher nicht genügend psychologisch beachtete Kategorie, nämlich den bloß rückfälligen Gelegenheitsverbrecher ausnehmen und vorbehalten zu müssen. Denn es ist nach der wahrhaft schematischen Behandlung des Rückfalls im geltenden Recht nicht länger zu ertragen, daß die wiederholte Begehung geringfügigster Eigentumsdelikte mit den Mitteln der Rückfallsschärfung bestraft wird, während es sich hier in Wahrheit in der Regel um Täter handelt, welche nur einer neu sich darbietenden Gelegenheit oder Not, wenn auch schuldhaft, nicht zu widerstehen vermochten, aber um Täter, welche nicht die Anzeichen einer chronischen Verbrechernatur an sich tragen. Im übrigen soll nach Ansicht der Abteilung jeder Rückfall, wie überhaupt das gewohnheits- und gewerbsmäßige, d. h. das dem Erwerbe dienende Verbrechen, einen allgemeinen Strafschärfungsgrund bilden, jedoch mit der Maßgabe, daß, um der Mannigfaltigkeit des Lebens und der höheren Billigkeit gerecht werden zu können, beim Vorhandensein mildernder Umstände der Richter ermächtigt sein soll, die Strafe auch innerhalb des gewöhnlichen Strafrahmens zu wählen. War nun bei allem Auseinanderstreben der Ansichten insoweit die Verständigung über diese Punkte doch nicht schwer, so mußten dagegen die Auffassungen grundsätzlich aufeinanderstoßen hinsichtlich der ins Auge zu fassenden außerordentlichen Maßnahmen zur Bekämpfung der bedrohlichsten Klasse unter den Gewohnheitsverbrechern, nämlich der gemeingefährlichen und der in das Gewohnheitsverbrechen rückfälligen Gewohnheitsverbrecher.

Beide Gutachter hatten in tiefgehender und in ihren idealen Zielen ungemein ansprechender Weise diesen Klassen gegenüber die sogenannte relativ bestimmte Verurteilung mit nachfolgender definitiver Begrenzung des Maßes der Freiheitsstrafe durch ein Strafvollzugsamt gefordert. Die weit ausreichenden Gründe für und wider darf ich natürlich hier nicht wiederholen. Im Ergebnis aber nahezu einstimmig lehnte die Abteilung ab, die Aufnahme der relativen Strafurteile in unser künftiges Recht zu empfehlen. Sie entschied sich andererseits dafür, daß der Richter die Befugnis erhalte, auf eine an die Strafe sich anschließende Sicherungsverwahrung von unbestimmter Dauer zu erkennen. Diese Sicherungsverwahrung müßte in ihrer praktischen Gestaltung von der Strafe unterscheidbar und wohl unterschieden sein. In besonderen Anstalten vollziehbar, müßte sie den eigentümlichen Zweck verfolgen, eben nur diejenigen persönlichen Eigenschaften des Täters, welche, wie Arbeitsscheu, Alkoholismus usw. die Grundbedingungen gewohnheitsmäßiger Verbrechensbegehung darstellen, erzieherisch zu bekämpfen und soweit als möglich zu beseitigen. Die Gedanken, die ich hier kurz vorgetragen habe, haben wir in These I formuliert.

Wir haben zugleich für wünschenswert gehalten, für die gesetzliche Regelung dieser Punkte, Strafschärfung oder außerordentliche Sicherungsverwahrung, wenigstens drei grundsätzliche Ratschläge dem Gesetzgeber in These II an die Hand zu geben: Er möge zunächst unterlassen, eine Legaldefinition des Begriffes der gewohnheitsmäßigen oder gewerbsmäßigen Begehung aufzustellen; diese Begriffe seien der Freiheit der richterlichen Anwendung so zu überlassen, wie sie durch die bisherige Praxis und die natürliche Auffassung sich gebildet haben und fortwährend bilden. Ferner empfehlen wir dem Gesetzgeber, er möge nicht den Begriff des sogenannten „unverbesserlichen Verbrechers" neben dem des gewohnheitsmäßigen aufnehmen; denn die Prognose der Unverbesserlichkeit läßt sich von einem Sterblichen einem anderen gegenüber nicht mit Sicherheit stellen. Der dritte Grundsatz lautet, daß der Gesetzgeber die „Vorbestrafung" des Täters in Unterscheidung von dem Rückfall im technischen Sinne nicht als eine Voraussetzung für die Annahme des Begriffes „gewohnheits- und gewerbsmäßiger Begehung" aufnehme. Denn wenn sich der Täter der bisherigen Bestrafung zu entziehen vermochte, soll ihm das nicht noch als Benefizium angerechnet werden; vielmehr kann sich die verbrecherische Grundrichtung auch aus den im Auslande begangenen strafbaren Handlungen oder aus straflosen Vorbereitungshandlungen ergeben.

Dieser allgemeinen von uns empfohlenen Ordnung gegenüber gibt es nun aber noch Gruppen von Gewohnheits- oder Gewerbsmäßigkeit, welche nach Seite der Tat oder des Täters eigentümliche Merkmale an sich tragen, daher nicht der Regel einer generellen Ordnung zu unterstellen sind. Dahin gehören insbesondere die geistig Minderwertigen, ferner die sozial so bedenkliche Gruppe der gewerbsmäßig Prostituierten, endlich auch das gewerbsmäßige Landstreichertum. Nicht war es die Absicht, über die strafrechtliche Behandlung dieser Gruppen sachlich zu diskutieren und Beschlüsse zu fassen; wohl aber hat in einer These III die Abteilung kenntlich machen wollen, daß sie die Notwendigkeit einer Sonder-Behandlung dieser Gruppen nicht übersehen hat, solche vielmehr dem künftigen Gesetzgeber empfiehlt.

Damit war nun freilich das weite Fragengebiet noch nicht erschöpft. Insbesondere bleiben zwei Hauptfragen zurück: nach den besonderen Strafmitteln gegenüber Gewohnheitsverbrechern oder Rückfälligen und nach dem besonderen Strafvollzug an diesen Verbrecherklassen. Wir haben aber nicht geglaubt, diese Fragen schon jetzt behandeln zu dürfen, weil der Berliner Juristentag beide auf die Tagesordnung einer der folgenden Versammlungen zu selbständiger Erörterung gesetzt hat. Wir sind der Meinung, daß nur im Zusammenhange der gesamten Probleme von Strafmitteln und Strafvollzug diese Einzelanwendung auf Rückfällige und Gewohnheitsverbrecher möglich ist.

Dies sind im Wesentlichen unsere Beschlüsse. Wenn Sie wenig zu bieten scheinen, so muß ich darauf hinweisen, daß unsere Arbeit, soll sie eine gute und gründliche sein, nur langsam und schrittweise sich vollziehen kann. Man hört in der Presse fast jeden Tag Klagen darüber, wie langsam die Strafrechtsreform vor sich gehe! M. H.! Wer stürmisch drängt, hat keine Ahnung von der Kompliziertheit der Probleme und von der ungeheuren Schwierigkeit ihrer Lösung. Man muß so billig sein, uns Zeit zu lassen. Daß aber wenigstens dieses Bescheidene erreichbar war, danken wir in erster Linie den beiden ausgezeichneten Gutachten des Straßburger Rechtslehrers Dr. Mayer und des Kölner Irrenarztes Dr. Aschaffenburg. Während wir die freudige Mitarbeit des Juristen als selbstverständlich annehmen können, mußten wir auch hier die Mitarbeit des Arztes besonders dankbar begrüßen. Schon in der letzten Tagung hat bei der Frage der geistigen Minderwertigkeit sich die Mitwirkung der Ärzte als ungemein fruchtbar erwiesen. Mir ist es ein Herzensbedürfnis, dem leider nicht anwesenden Herrn Prof. Dr. Aschaffenburg-Köln hier unseren Dank auszusprechen. (Beifall.) Das Bündnis zwischen Juristen und Medizinern erweist sich für die Strafrechtsreform nicht nur nicht, wie Manche wähnen, bedenklich, sondern überaus förderlich. Hält es im bisherigen Geiste einer auf die praktischen Bedürfnisse des Rechtslebens gerichteten Mitarbeit Stand, dann werden wir auf allen Gebieten der Reform, auf denen Rechts- und Seelenkunde sich notwendig berühren und ergänzen müssen, wenn auch langsam, so doch sicher und stetig zu guten Endresultaten gelangen können. (Lebhafter Beifall.)

Der Präsident dankt dem Herrn Geheimrat Dr. Kahl und ersucht den Herrn Prof. Dr. Traeger-Marburg, über das Thema 10, Ehrenerklärung usw. betreffend, Bericht zu erstatten.

Prof. Dr. Traeger-Marburg: Hochansehnliche Versammlung! Die in der 3. Abteilung ferner behandelte Frage war die folgende: Empfiehlt es sich, Ehrenerklärung, Abbitte und Widerruf strafrechtlich zu verwerten? Meine These als die des ersten Berichterstatters lautete:

Es empfiehlt sich nicht, Ehrenerklärung, Abbitte und Widerruf strafrechtlich zu verwerten,

wohingegen die These des 2. Berichterstatters, sich mit den Thesen des Gutachtens deckend, folgenden Wortlaut hatte:

I. „Die Idee einer vom Beleidiger durch Erklärungen zu leistenden, erzwingbaren Genugtuung ist im Prinzip als gesetzgeberisch verwertbar anzuerkennen.

II. Die Verkörperung dieser Idee ist wünschenswert.

III. Als geeignetste Form der Verkörperung erscheint der Widerruf, dem eine der Buße analoge Stellung einzuräumen ist, jedoch mit der Maßgabe, daß eine Privatklage lediglich auf Ableistung des Widerrufs erhoben werden kann.

IV. Als geeignetste Form der Leistung des Widerrufs erscheint die Bejahung der durch den Richter an den Verurteilten im besonderen Termin gerichteten Frage, ob er bereit sei, die Beleidigung zu widerrufen."

Meine Damen und Herren! Was kann die ständige Deputation des Juristentages veranlaßt haben, eine Frage aufzuwerfen, die schon die Geschichte der Institute der Ehrenerklärung, der Abbitte und des Widerrufs in verneinendem Sinne entschieden zu haben scheint? Das wird sich mancher gefragt haben; aber die Antwort ergibt sich leicht. Der Anlaß kann nur gewesen sein die Häufigkeit der Klagen, daß Beleidigungen keine hinreichende Sühne vor unseren Gerichten finden. Da erscheint es begreiflich, daß man Ausschau hält nach weiteren Schutzmitteln gegen Beleidigungen, und begreiflich ist es auch, daß sich der Blick auf Institute richtet, die zwar nicht mehr in den heutigen Gesetzen eine Rolle spielen, aber doch noch im Leben von erheblichster Bedeutung sind. Wer von uns hätte nicht des öfteren in irgend einer Zeitung jene nicht selten erheiternd wirkenden Erklärungen gelesen, wodurch eine Beleidigung abgebeten wird, widerrufen wird, wo eine Ehrenerklärung erfolgt! und fraglos ist, daß ein ungeheurer Prozentsatz der Beleidigungen durch solche Erklärungen, sei es außergerichtlich, sei es vor Gericht ihre Erledigung findet.

Sollen nun diese altehrwürdigen Institute der Ehrenerklärung, der Abbitte und des Widerrufs, deren Ursprung sich zurückverfolgen läßt bis in die Zeiten der Volksrechte, nicht wieder zu neuem Leben in den Gesetzen erweckt werden können? Ist es vielleicht richtig, was der zweite Herr Berichterstatter meint, daß das Prinzip an sich nicht verwerflich sei, sondern nur die praktische Ausgestaltung, die diese Institute in den früheren Gesetzgebungen erfahren haben? Dann wäre nur die Aufgabe, eine bessere Gestaltung zu finden, und der Herr Korreferent will ja auch einen solchen Vorschlag bringen in den soeben verlesenen Thesen.

Aber die dritte Abteilung hat sich dieser Ansicht nicht angeschlossen, vielmehr nahezu mit Einstimmigkeit meinem Antrage gemäß die erste Frage verneint. Hierfür sind die Gründe, kurz angeführt, folgende:

Man hat zunächst zwei Fragen getrennt zu halten: die Frage nach der Verwertung einer erzwingbaren Erklärung und die nach der Verwertung einer freiwilligen Erklärung. Bei der ersten Frage, die demnach lauten würde: „Soll ein rechtlich erzwingbarer Anspruch auf Ehrenerklärung, Abbitte oder Widerruf gewährt werden?" können zwei Zwecke in Betracht kommen für die Gewährung eines solchen Anspruchs. Der erste Zweck wäre der, das Genugtuungsverlangen des Beleidigten zn befriedigen und zwar zu befriedigen durch die Demütigung, die in dem Zwange zur Abgabe jener Erklärung für den Beleidiger liegt. Dann wäre dieser Zwang zur Erklärung als Strafe aufzufassen. Aber dieser Zweck wird ja schon durch die regelmäßige Strafe, durch Geld- und Freiheitsstrafe erreicht, und warum sollte auch gerade hier, nur bei der Beleidigung, noch eine andere Strafe eingeführt werden, während bei anderen Delikten das gleiche Genugtuungsverlangen, ja unter Umständen ein noch viel stärkeres entstehen kann? Und zudem: was würde eine Strafe bedeuten, deren Durchführung von dem freien Willen des Täters selbst abhängt? Aus allen diesen Gründen ist also eine Verfolgung dieses Zweckes zu verwerfen.

Der andere denkbare Zweck ist der, durch diese Erklärungen die der Beleidigung charakteristischen Wirkungen zu beseitigen. Diese Wirkungen sind aber die Rufgefährdung, die Achtungserschütterung, die wir durch ehrenrührige Behauptungen und Vorwürfe erleiden. Ein eminent wichtiger Zweck! Ein Zweck, zu dessen Erreichung jedwedes Mittel zu begrüßen ist! Nur fragt es sich, ob diese Erklärungen hierzu geeignet sind, und zwar wohlverstanden: als erzwungene. Diese Frage war rundweg zu verneinen. Wohl mag unter Umständen die freiwillig geleistete Ehrenerklärung oder Widerrufserklärung dazu taugen, diese Rufgefährdung zu beseitigen, aber der erzwungene

Widerruf niemals. Denn beim Widerruf ist eben, anders wie bei der Beleidigung, der Beweggrund, aus dem der Widerruf erfolgt, von wesentlichster, von einziger Bedeutung. Stellen wir uns folgenden Fall vor: in der Gesellschaft hat irgend eine ehrenrührige Behauptung Verbreitung gefunden. Eines Tages erscheint eine Widerrufserklärung in der Zeitung oder sonstwie. Wird die Gesellschaft jetzt jener ehrenrührigen Behauptung keinen Glauben mehr beimessen? Das hängt doch wesentlich ab von dem Beweggrund, den der Widerrufende zur Abgabe seines Widerrufs gehabt hat. Wenn die Gesellschaft weiß, daß der Betreffende lediglich aus Furcht vor Strafe oder aus Eigennutz widerrufen hat, so wird der Widerruf völlig bedeutungslos erscheinen. Und in gleicher Weise verhält es sich mit dem durch Urteil auferlegten Widerruf, der ja ein erzwungener ist, auf dessen Nichtleistung sogar eine Freiheitsstrafe bis zu 6 Monaten nach dem Vorschlage des Gutachters gesetzt werden soll.

Zu der Wiederherstellung des guten Rufes ist in Wahrheit nur der Ausspruch eines unparteiischen Dritten geeignet, und kein anderer ist hierfür tauglicher als der Richter, der nach gründlicher Prüfung des Falles die Unhaltbarkeit des ehrenrührigen Vorwurfs feststellt. Was soll neben dieser autoritativen Erklärung des Richters noch der Widerruf des Beleidigers bedeuten? Er wäre nur überflüssige Form und nutzloses Beiwerk. Ja dieser leere Vorgang würde unter Umständen eine Maßregel von größter Ungerechtigkeit darstellen, nämlich dann, wenn dem Beleidiger der Widerruf garnicht zugemutet werden kann. Gesetzt den Fall, daß der Beleidiger die Wahrheit seiner Behauptung nicht beweisen kann, aber dennoch felsenfest von ihrer Richtigkeit überzeugt ist, so wird er nach unseren gesetzlichen Bestimmungen zwar zur Strafe verurteilt werden. Soll er aber nun auch noch verurteilt werden, das zu widerrufen, was er für wahr hält?

Aus all diesen Gründen hat die Abteilung zwar die gestellte Frage grundsätzlich und unbedingt verneinen zu müssen geglaubt, aber es erschien ihr eine andere Maßregel angemessen zur vollkommeneren Wiederherstellung des guten Rufes, nämlich nach dem Vorschlage des Herrn Rechtsanwalts Waldstein die Publikationsbefugnis zu erweitern und zwar in der Weise, daß auch in Fällen nicht öffentlicher Beleidigung der Richter die Veröffentlichung anordnen kann, und ferner, daß sich diese Veröffentlichung nicht nur auf den Urteilstenor zu erstrecken hat, sondern auch die Gründe enthalten kann oder einen Auszug aus den Gründen.

Die in der Debatte weiterhin aufgeworfene Frage, ob die freiwillig geleistete Privatgenugtuung gesetzlich zu verwerten sei, indem sie entweder durch Strafbefreiung oder durch Feststellung eines besonders niedrigen Strafrahmens begünstigt werde, ist gleichfalls von der Abteilung verneint worden. Zwar haben sich hier Meinungsverschiedenheiten ergeben, jedoch ist der Beschluß mit überwiegender Mehrheit gefaßt worden.

Auf Grund dieser Erwägungen gelangte die dritte Abteilung nach Ablehnung noch mehrerer nebenbei gestellter Abänderungsanträge zu folgenden Leitsätzen: „Es empfiehlt sich nicht, Ehrenerklärung, Abbitte und Widerruf strafgesetzlich zu verwerten.

Dagegen empfiehlt es sich anzuordnen, daß die Veröffentlichungsbefugnis

1. auch bei nicht öffentlicher Beleidigung stattfindet;
2. auf die Urteilsgründe ganz oder teilweise ausgedehnt werden kann.“

Meine Damen und Herren! Ich glaube, daß dieses Ergebnis zu begrüßen ist, besonders aber, daß die Gewährung eines rechtlich erzwingbaren Anspruchs auf Ehrenerklärung, Abbitte und Widerruf fast einstimmig abgelehnt worden ist, denn die Wiedereinführung des erzwingbaren Widerrufs würde nicht nur zu einer weiteren Überlastung der Richter mit Terminen führen, sondern es würde der Vorgang des Widerrufs selbst auch leicht zu einer das Ansehen des Gerichts herabwürdigenden Komödie im einzelnen Falle ausarten können.

Der **Präsident** dankt zunächst dem Herrn Professor Traeger und erklärt dann, daß sich die Notwendigkeit einer kleinen Pause herausgestellt habe; diese wird bis 12¹/₄ Uhr bestimmt.

(Pause.)

Der **Präsident**: Ich eröffne die Sitzung wieder.

Wir treten ein in die Berichterstattung über die noch ausstehenden Themata der vierten Abteilung. Ich richte an die beiden Herren Berichterstatter die Bitte, sich unbeschadet des sachlichen Inhalts möglichst zu beschränken, weil die Zeit knapp ist.

Zunächst ersuche ich Herrn Justizrat Dr. Edwin Katz zu dem Thema 12:

„Empfehlen sich besondere gesetzliche Bestimmungen zum Schutze des Erfinderrechts von Angestellten?“

zu referieren.

Berichterstatter Justizrat Dr. Edwin **Katz**-Berlin: M. H.! Der 4. Abteilung war die Frage gestellt worden, ob es sich empfiehlt, besondere gesetzliche Bestimmungen zu schaffen, um die Rechte eines Angestellten an den von ihnen gemachten Erfindungen zu wahren.

Es wurde hierbei zunächst in der Abteilung erwogen, ob man es mit einem sozialpolitischen Thema zu tun hätte und ob man insoweit die Zuständigkeit ablehnen müßte, weil für die rein sozialpolitische Erörterung dieses Themas zu wenig Material geboten war. Es lag eine Reihe von Beschlüssen aus Verbänden der technischen Beamten, der technischen Angestellten vor; von den Wünschen der Arbeitgeber wußten wir nichts, immer war nicht bekannt, wie diese sich zu dem Rechte der Angestellten an Erfindungen in den technischen Betrieben in Wirklichkeit stellten, sodaß also die Grundlage für die Erörterung unter dem sozialpolitischen Gesichtspunkt fehlte. Die Abteilung kam auch zu der Überzeugung, daß es sich in Wirklichkeit nicht um ein sozialpolitisches Thema handele, weil der Begriff des „sozialpolitischen Themas" wegfällt, wenn es sich nicht darum handelt, dem wirtschaftlich Schwächeren gegenüber dem wirtschaftlich Stärkeren zu helfen, sondern wenn man erkennt, daß dem wirtschaftlich Schwachen gegenüber dem wirtschaftlich Starken ein rechtlich erzwingbarer Anspruch zur Seite steht.

Nun ging der eine Gutachter von der Meinung aus, man könnte sich zur Zeit noch nicht über die Frage schlüssig machen, weil der Gegenstand ein patentrechtlicher sei; wenn man dem Angestellten vom patentamtlichen Gesichtspunkte ein Recht auf die Erfindung gegenüber dem Dienstherrn zuspräche, so würde man in das Patentgesetz die Untersuchung hineinbringen und das Patentamt mit der Frage befassen, wer der eigentliche Erfinder der Anmeldung sei, die dem Patentamte zur Patentierung überreicht würde. Bis jetzt steht das deutsche Patentgesetz auf dem Standpunkte, daß das Patent nur erteilt wird demjenigen, der das Patent anmeldet, ohne daß untersucht wird, ob der Betreffende, der das Patent anmeldet, auch der wirkliche Erfinder ist. Nach der Auffassung dieses einen Gutachters wäre also die Frage, wie sie vorgelegt worden ist, seitens des Juristentages zu verneinen und man hätte nach kurzer sachlicher Behandlung anerkennen müssen: diese Frage ist mit Rücksicht auf das geltende deutsche Patentgesetz zur Zeit noch nicht spruchreif.

Die Abteilung hat sich aber überzeugt, daß es sich nicht um eine patentrechtliche Frage handelt, weil nicht in Frage ist das Recht an dem Patent und nicht das Recht aus einem erteilten Patent, sondern lediglich das Recht an der Erfindung. Die Abteilung kam zu der Überzeugung, daß hier lediglich eine Frage des bürgerlichen Rechts zu erörtern sei, wie sich schon ohne weiteres aus dem Umstande ergibt, daß der Angestellte in Frage ist, d. h. das Verhältnis des Angestellten zu seinem Dienstherrn und die Art des Dienstvertrages. Das Entscheidende sei, wie sich aus der Natur des Dienstvertrages ergebe, daß beim Abschluß des Dienstvertrages in der Regel weder der Dienstherr noch der Angestellte an etwaige zukünftige Erfindungen gedacht habe, die der Angestellte während des Verlaufs seiner Anstellungszeit macht. Daher sei es unangebracht, eine künstliche Interpretation in den Inhalt eines Anstellungsvertrages hineinzulegen.

Man ging davon aus, daß ein Angestellter in seinem Anstellungsvertrage lediglich verspreche, diejenigen Dienste zu leisten, die Angestellte gleicher Art und gleicher Gehaltsstufe gewöhnlich zu leisten pflegen, und daß für derartige Dienste der Dienstherr den entsprechenden Lohn zu vergüten übernimmt. Von diesem Gesichtspunkte aus ist die Abteilung zu dem ersten Leitsatze gekommen: Die Erfindung gehört dem Angestellten. Sie hat die selbstverständliche Einschränkung gemacht, daß die Erfinduug dem Angestellten nicht gehört, wenn die Vertragsabrede etwas anderes besagt, wenn also aus dem ausdrücklichen Inhalt des Vertrages das Gegenteil zu schließen ist.

An diese Frage, die ja die von der Deputation gestellte Aufgabe ziemlich klar stellt, schloß sich sofort eine weitere notwendig anknüpfende Frage: Wie ist es aber, wenn solche Verträge, die der Angestellte mit dem Geschäftsherrn schließt, kraft der wirtschaftlichen, ungemeinen Überlegenheit des Geschäftsherrn gegenüber dem Angestellten sich bis zu einer Ausbeutung des Angestellten gestalten, wodurch also der Angestellte sich schließlich, wenn er einen solchen Vertrag schließt, ganz und gar in die Frohnde seines Dienstherrn gibt?

Hier wurde erwogen, daß derartige Verträge von vornherein als gewagte Geschäfte anzusehen seien. Derjenige junge Ingenieur, derjenige junge Chemiker, der in seinem Anstellungsvertrage ausdrücklich die Erklärung aufnimmt, daß er die Erfindung, die er etwa während der Anstellungszeit macht, dem Dienstherrn überweisen will, der muß sich von vornherein sagen, daß er hierdurch sich auch für zufrieden erklären will mit demjenigen Lohn, den er bei Abschluß des Vertrages bedingt. Es ist auch für den Dienstherrn insoweit ein gewagtes Geschäft, als die Erfahrung lehrt, daß die großen Betriebe auf dem Gebiete der Chemie, der Elektrotechnik, die derartige Verträge mit den Angestellten zu schließen pflegen, vielfach solche junge wissenschaftlich gebildete Herren zwei, drei Jahre lang beschäftigen, ohne daß irgend ein Ergebnis aus ihrer Tätigkeit herauskommt. Das ist das gewagte Geschäft auf Seiten der Dienstherren.

Wenn man nun, wie in der Versammlung verlangt wurde, derartige Verträge dann für rechtlich unwirksam und für nichtig erklären wollte, wenn nicht in dem Vertrage von vornherein ausbedungen ist, daß der Angestellte, wenn er eine Erfindung macht, einen angemessenen Nutzen von der Erfindung erhält, so würde man damit eine Sondervorschrift machen für ein verhältnismäßig sehr enges Gebiet, und die Versammlung hat keinen Anlaß gesehen, neben der allgemeinen Bestimmung des § 138 BGB. diese besondere Vorschrift für die Verträge, welche Angestellte mit dem Geschäftsherrn bezüglich ihrer Erfindungen machen, aufzustellen. Es ist aber außerdem erwogen worden, daß man durch Aufnahme einer derartigen Bestimmung in das Gesetz den Angestellten selbst schaden würde. Ein junger Chemiker, ein junger Ingenieur ist außerordentlich beglückt, wenn er, nachdem er auf der Technischen Hochschule sich die wissenschaftlichen Kenntnisse erworben hat, nun in die Lage kommt, in irgend einem größeren Betriebe diese Kenntnisse zu verwerten, und wenn er dabei gelegentlich eine Erfindung macht, so ist es nicht unbillig, wenn er diese Erfindung dem Dienstherrn zur Verfügung stellt; er hat das Äquivalent dafür, daß ihm der Großbetrieb eine Menge von Erfahrungen zur Verfügung stellt. Die Abteilung hat über diese Frage abgestimmt und dabei, soweit ich mich erinnere, mit etwa 13 : 8 Stimmen den Antrag, eine Beschränkung der Vertragsfreiheit hinsichtlich dieser Verträge anzunehmen, abgelehnt.

Es kam dann noch ein dritter Antrag, der von einem der Herren Gutachter der Abteilung vorgelegt wurde, dahin, daß der Name des wirklichen Erfinders einer Erfindung neben dem des Anmelders unbedingt in der Patentschrift aufgenommen werden soll. Darüber kann ich weiter nicht berichten; die Abteilung hat diese Frage nicht für spruchreif erachtet, sodaß sie von einer weiteren Beratung darüber abgesehen hat.

Das Ergebnis unserer Beratungen waren also folgende Leitsätze:

„1. Die Erfindung des Angestellten gehört dem Angestellten, sofern nicht durch Vertrag das Gegenteil bestimmt ist.

2. Die Beschränkung der Vertragsfreiheit zwischen Angestellten und Geschäftsherrn empfiehlt sich nicht.

3. Die Frage, ob der Name der Angestellten, wenn sie Erfinder sind, in die Patentschrift aufgenommen werden soll, ist noch nicht spruchreif.“ (Beifall.)

Der **Präsident** dankt und ersucht Herrn Justizrat Dr. Seligsohn, über das letzte Thema — Nr. 13 — zu referieren.

Der Berichterstatter Justizrat Dr. **Arnold Seligsohn**-Berlin: Die Frage 13 lautet:

„Empfiehlt sich eine Übereinstimmung oder Annäherung der deutschen und österreichischen Gesetzgebungen über die Warenbezeichnungen oder Marken und welche Grundsätze wären zu diesem Zwecke aufzustellen?"

M. H.! Wie Sie sehen, handelt es sich hier um ein Rechtsgebiet, welches für das Gros der Teilnehmer des Juristentages etwas abseits liegt. Die Frage entbehrt aber insofern nicht der prinzipiellen Bedeutung, als es sich hier um die Vereinheitlichung der Gesetze der beiden Länder handelt, deren Mitglieder hier in gemeinsamer Arbeit tagen. Der rege Wirtschaftsverkehr zwischen beiden Ländern und die übereinstimmenden Rechtsanschauungen, welche in ihnen herrschen, haben es dahin gebracht, daß eine bisweilen sehr weitgehende Übereinstimmung in vielen Gesetzen besteht. Zu diesen Gesetzen gehört heutzutage bereits das Markengesetz. Die Einzelheiten, worin die beiderseitigen Gesetze übereinstimmen, brauche ich hier wohl nicht aufzuzählen, einerseits, weil sie Ihnen bekannt sind, andererseits mit Rücksicht auf die Mahnung des Herrn Präsidenten. Auch brauche ich nur daran zu erinnern, daß seit 14 Jahren bereits ein Staatsvertrag zwischen den beiden Ländern besteht, welcher die Parität den Angehörigen des einen Staates mit den Staatsangehörigen des andern Landes sichert, und welcher sogar an die Anmeldung der Marken im einen Lande unter gewissen Voraussetzungen eine Priorität auch für das andere Land begründet.

Es kam nun in Frage: soll die Gesetzgebung zwischen den einzelnen Ländern noch mehr vereinheitlicht werden? Die Abteilung glaubte die Frage nicht bejahen zu sollen, und zwar deswegen, weil sie prinzipiell davon ausgeht, daß ein derartiger Schutz, wie ihn der Angehörige eines Staates im andern Lande sucht und findet, zweckmäßiger durch internationale Staatsverträge gesichert wird, da Landesgesetze einseitig abänderlich sind, während ein internationaler Staatsvertrag nicht einseitig wieder gelöst werden kann. Der heutige Staatsvertrag zwischen Österreich und Deutschland genügt den wirtschaftlichen Interessen beider Staatsangehörigen; es ist bisher weder in der Praxis noch in der Literatur eine Stimme laut geworden, die nach dieser Richtung über ungenügenden Schutz geklagt hätte. Da die Uniformierung doch nicht Selbstzweck ist, so war die Abteilung der Ansicht, wir sollten die Differenzen, die noch zwischen den beiden Gesetzgebungen bestehen, nicht im Wege der Gesetzgebungsmaschine einfach beseitigen. Es wurde allerdings nicht verkannt, daß die Schaffung eines internationalen Weltmarkenrechtes überaus wertvoll wäre; das ist aber ein Ideal, das man nur allmählich erstreben kann. Andererseits täuschte man sich nicht darüber, daß es gewiß einzelne Punkte gibt, in denen sowohl unsere Gesetzgebung wie die des Nachbarstaates reformbedürftig ist. Unter Erwägung aller dieser Gesichtspunkte hat die Abteilung nachstehenden Beschluß, der von den Gutachtern und Berichterstattern gemeinsam gestellt wurde, fast einstimmig angenommen:

„Ohne berechtigten Bestrebungen nach einer Reform der deutschen Gesetze über die Warenbezeichnungen und des österreichischen Markenschutzgesetzes entgegenzutreten, erklärt der Juristentag: „Zur Zeit liegt kein dringendes Bedürfnis nach einer Vereinheitlichung dieser Gesetzgebung vor." (Beifall.)

Präsident: M. H.! Wir treten nunmehr ein in die Verhandlung des Themas I, welches von der Ersten Abteilung dem Plenum zur Beschlußfassung überwiesen ist, also der Frage, ob sich eine Änderung der Vorschrift des § 833 BGB. über die Haftung des Tierhalters empfiehlt. Es ist von der Abteilung folgender Beschluß gefaßt:

A. „Es empfiehlt sich, die Vorschrift des § 833 aufrechtzuerhalten, und von Einzeländerungen in der Erwartung abzusehen, daß die Rechtsprechung zu einer freieren Auslegung der Vorschrift gelangen werde, welche den Haftungsgrund und die daraus sich ergebenden Beschränkungen der Anwendbarkeit berücksichtigt.

B. Sollte indessen von den Organen der Gesetzgebung eine alsbaldige gesetzliche Regelung der Frage für nötig gehalten werden, so empfiehlt der Juristentag,

1. die Vorschrift des § 833 als Regel beizubehalten;
2. die Haftung aus § 833 — unbeschadet der Haftung nach anderen Vorschriften — nur dann auszuschließen, wenn der Geschädigte der Gefahr der eingetretenen Schädigung infolge einer in seinem Interesse stattfindenden Verwendung des Tieres ausgesetzt war;
3. die Unfallversicherungsgesetzgebung auf das bisher nicht versicherungspflichtige Fahr- und Stallpersonal bei Pferde- und Viehhaltung auszudehnen;
4. den Schadenersatz aus § 833 bei Tötung und Verletzung einer Person nach dem Vorbilde der §§ 3 und 3a des Reichshaftpflichtgesetzes zu beschränken."

Es haben sich in dieser Sache bisher zum Wort gemeldet die Herren Rechtsanwalt Dr. Bitter, Oberlandesgerichtsrat Schneider, Oberlandesgerichtsrat Riedner hierselbst und Geheimrat Dr. Gierke: Ich bemerke, daß alle Anträge in der Plenarversammlung schriftlich gestellt werden müssen. Es liegt bereits ein Antrag vor, und zwar von Herrn Rechtsanwalt Dr. Bitter. Der Antrag geht dahin:

„Der 28. Deutsche Juristentag wolle beschließen:

Es empfiehlt sich, dem § 833 folgenden Absatz 2 hinzuzufügen:

„Die Ersatzpflicht tritt nicht ein, wenn der Schaden entstanden ist durch Verwirklichung einer Gefahr, welcher der Verletzte ausgesetzt war,

1. infolge einer Verwendung des Tieres in seinem Interesse;
2. sofern ein Rechtsverhältnis zwischen ihm und dem Tierhalter besteht, welches das Tier zum Gegenstand hat, infolge einer auf Grund dieses Rechtsverhältnisses vorzunehmenden Handlung.“

Ich erteile nunmehr zunächst das Wort dem Herrn Berichterstatter Geh. Rat Dr. Enneccerus.

Herr Geh. Rat Kahl hat zunächst das Wort zur Geschäftsordnung!

Geh. Justizat Professor DDr. **Kahl**-Berlin (zur Geschäftsordnung): Da vermutlich nun doch ein längeres einleitendes Referat zu erwarten ist und mir mitgeteilt wird, daß die Akustik von dieser Stelle aus nicht in jedem Teile des Saale günstig sei, so möchte ich den Herrn Referenten gebeten haben, ob er es nicht vorziehen möchte, von der cathedra superior aus zu sprechen.

Der Berichterstatter Geh. Justizrat Professor Dr. **Enneccerus**-Marburg: H. g. V.! Die sehr stark besuchte I. Abteilung des Juristentages hat die Frage der Tierhaftung dem Plenum zur Beschlußfassung überwiesen. Es ist das geschehen, um den Beschlüssen, die auf eine unmittelbar bevorstehende Gesetzgebung einzuwirken bestimmt sind, ein größeres Gewicht zu geben und namentlich dem Einwande zu begegnen, daß diese Beschlüsse nur von einem Teile, von einer Abteilung des Juristentages gefaßt seien.

Die von der I. Abteilung gefaßten Beschlüsse zerfallen in zwei Teile, von denen der erste durch A bezeichnete zurzeit Veränderungen des § 833 ablehnt in der Hoffnung, daß die Praxis selbst den richtigen

Weg finden und die jetzt vorgekommenen Härten vermeiden wird. Der zweite Teil, der die Bezeichnung B trägt, beschäftigt sich mit der Frage, welche Änderungen empfehlenswert seien, wenn die gesetzgebenden Körper gleichwohl jetzt eine Änderung des § 833 für nötig halten sollten. Nach der Lage der Sache, die Ihnen allen bekannt ist, war ein solcher Eventualbeschluß unumgänglich nötig. Ein wiederholtes Vorlesen der Beschlüsse ist wohl nicht erforderlich, da der Herr Präsident sie eben verlesen hat. Wird es aber gewünscht, so werde ich sie noch einmal wiederholen. (Zurufe: Nein!) Das ist nicht der Fall. Die Beschlüsse der Abteilung sind mit überwältigender Majorität gefaßt. Die Beschlüsse zu A und B 1, 2 und 3 in ihren einzelnen Teilen mit allen gegen nur 5—11 Stimmen. Nur der Antrag unter B 4, nämlich über die Beschränkung des Ersatzanspruchs infolge der Tötung und Körperverletzung nach Maßgabe der Vorschriften des §§ 3 und 3a des Haftpflichtgesetzes, hat nur eine schwache Majorität erlangt.

Haupt- und Kernpunkt der Diskussion war der Satz, daß die Haftung des Tierhalters für unverschuldete Tierschäden zurzeit aufrecht zu erhalten sei, wenigstens als Regel fortgelten müsse. Bekanntlich ist dem Reichstage im Laufe dieses Jahres ein von ihm selbst angeregter Gesetzentwurf vorgelegt worden und vom Reichstage bereits in zweiter, aber noch nicht in dritter Lesung angenommen, nach welchem die Ersatzpflicht des Tierhalters, sofern dieser die Beobachtung gehöriger Sorgfalt beweisen kann, bei allen Haustieren ausgeschlossen sein soll, welche „dem Berufe, der Erwerbstätigkeit oder dem Unterhalte des Tierhalters zu dienen bestimmt sind." Daß eine solche Beschränkung praktisch einer Aufhebung nahe kommt, bedarf wohl kaum des Beweises, denn die Fälle, daß wilde Tiere, die von irgend jemandem gehalten werden, ohne Verschulden eines Menschen Schaden anrichten, sind äußerst selten, und von den Haustieren, insbesondere den bei weitem in erster Linie in Betracht kommenden Pferden dient die ungeheure Mehrzahl dem Berufe, dem Unterhalte oder dem Gewerbe des Tierhalters. Die Zahl der Luxuspferde ist ihnen gegenüber ganz verschwindend. Nur für die Schädigung durch Hunde würde die Vorschrift noch eine einigermaßen ins Gewicht fallende Bedeutung behalten. Auch die Umkehrung der Beweislast nützt dem Beschädigten nur wenig. In den besonders zahlreichen Fällen, in denen das Tier zurzeit der Schadensverursachung der Leitung oder Aufsicht eines Bediensteten, Kutschers oder Knechtes unterstand, wird es dem Tierhalter meistens leicht sein zu beweisen, daß er bei Auswahl der Person die gehörige Sorgfalt angewendet hat. Aber auch in den übrigen Fällen wird der Entlastungsbeweis durch

Nachbarn und Angehörige, die die Frömmigkeit des Pferdes, die Harmlosigkeit des Hundes bezeugen, meistens zu erbringen sein, und in jedem Falle wird der Ausgang eines Prozesses so zweifelhaft, daß ein vorsichtiger Mann vielfach überhaupt von dem Prozeß Abstand nehmen wird. Der dem Reichstage vorgelegte Gesetzentwurf bedeutet also praktisch eine Aufhebung der Haftung für unverschuldeten Tierschaden, sofern dieser nicht durch Luxustiere angerichtet worden ist.

Ist nun eine Aufhebung gerechtfertigt? Die Mehrheit des Reichstags hat es angenommen und scheint es noch anzunehmen, wenn nicht, was ja vielleicht zu hoffen ist, der Aufschub der 3. Lesung, die ja sonst in wenigen Minuten hätte erledigt werden können, darauf hinweist, daß nachträglich doch noch einige Bedenken entstanden seien Auch aus der Theorie und Praxis haben sich einige Stimmen für eine so weitgehende Beschränkung ausgesprochen. Neuerdings aber mehren sich die Stimmen, welche diese Abänderung dringend widerraten. Unter einer Reihe kleinerer Aufsätze hebe ich den von Professor Lenel in der Deutschen Juristenzeitung über die Gefahr der Gelegenheitsgesetzgebung hervor. Ganz besonders aber haben die beiden Gutachter Oberlandesgerichtsrat Marwitz-Kiel und Professor Traeger-Marburg sich in ihren sehr eingehenden und wirklich vortrefflichen Gutachten grundsätzlich für die Aufrechterhaltung der Haftung des Tierhalters erklärt. Es ist nun höchst charakteristisch, m. H., daß sich von den Gutachtern und sämtlichen sehr zahlreichen Rednern, die in der Abteilung das Wort genommen haben, auch nicht ein einziger einfach für den dem Reichstage vorliegenden Gesetzentwurf erklärt hat, wohl aber hat einer der Redner, der früher literarisch sich für den Antrag Treuenfels, der mit dem Gesetzentwurf übereinstimmt, erklärt hatte, Herr Dr. Litten, diese seine Zustimmung in Rücksicht auf die inzwischen bekannt gewordene Einwirkung der Versicherung auf diese Frage ausdrücklich in der Abteilung zurückgenommen.

Ich wende mich nun zur Begründung der Anträge. Alle Welt, Theoretiker und Praktiker, insbesondere auch die Rechtsprechung des Reichsgerichts, sind darüber einverstanden, daß der Grund der Haftung des Tierhalters für unverschuldeten Tierschaden in der Gefährdung liegt, die aus der Tierhaltung für die Allgemeinheit entsteht. Die Tierhaltung ist ein Fall der Gefährdungshaftung. Man kann das Verhalten der Menschen, sofern es Gefahren für andere hervorruft, in drei Klassen teilen: Manche Handlungen sind so gefährlich, daß sie überhaupt ganz verboten sind, z. B. das Lagern von explosiven Stoffen in der Nähe bewohnter Gebäude. Die Übertretung eines solchen Verbots ist eine unerlaubte Handlung und macht als solche schon nach § 823 Abs. 2 ersatzpflichtig. Zahlreiche andere Handlungen sind, wenn auch eine schädigende Wirkung denkbar bleibt, doch im allgemeinen so ungefährlich, daß es unzulässig erscheint, von dem Falle des Verschuldens abgesehen, noch eine besondere Haftung an sie zu knüpfen. Zwischen beiden aber liegen zahlreiche Handlungen, die eine nicht unerhebliche Gefahr für andere mit Notwendigkeit mit sich bringen und doch wegen ihrer wirtschaftlichen Unentbehrlichkeit nicht verboten werden können. Hier fordert die Gerechtigkeit, daß der Handelnde für die durch sein Verhalten verursachten Schädigungen einstehe. Er darf das gefährdende Unternehmen nicht auf fremdes Risiko betreiben, er muß sich selber sagen, daß die Haftung für die Gefahr, die er anderen durch das Unternehmen verursacht, einen Teil seines eigenen Geschäftsaufwandes bilden muß.

Dieser Gedanke liegt, wie allgemein ausgesprochen und anerkannt wird, dem Haftpflichtgesetz zugrunde, ebenso manchen weitergehenden landesgesetzlichen Vorschriften über die Haftung des Unternehmers von Eisenbahnen oder anderen mit gemeiner Gefahr verbundenen Betrieben.

Auf demselben Grunde beruht ferner der dem Reichstag am 1. März dieses Jahres vorgelegte Automobilgesetzentwurf. In der Begründung dieser Vorlage wird wörtlich gesagt: „Es entspricht der Billigkeit" — ich möchte aber hinzufügen: auch der Gerechtigkeit —, „daß der Unternehmer eines mit gemeiner Gefahr verbundenen Betriebs für den aus dem Betriebe entstehenden Schaden ohne Rücksicht auf eigenes Verschulden verantwortlich gemacht wird". Und in demselben Moment, wo der Gedanke der Gefährdungshaftung für Automobile durchgeführt wird, sollte nun der gleiche Gedanke, soweit die Haftung des Tierhalters in Betracht kommt, wieder beseitigt werden?!

Es wird doch von niemand bestritten und kann gar nicht bestritten werden, daß die Tierhaltung sehr erhebliche Gefahren für andere nach sich zieht. Gerade weil es sich um lebende, auf Reize selbständig reagierende Wesen handelt, gerade deshalb ruft das Tier Gefahren hervor, wie sie bei keinem Maschinenbetriebe vorkommen. Im Jahre 1896 wurden im preußischen Staate getötet durch Überfahren mittels eines Fuhrwerks 1090 Personen, durch den Schlag eines Pferdes 195, durch den Stoß eines Rindes 69 Personen usw. Die Zahl der nicht mit tötlichem Ausgange verlaufenen Körperverletzungen ist natürlich sehr viel höher, was keines Beweises bedarf. Bei einer einzigen Versicherungsgesellschaft, nämlich dem allgemeinen Versicherungsverein in

Stuttgart, wurden im Jahre 1904 bei einem Versicherungsstande von 620 000 Pferden nicht weniger als 5588 von Pferden angerichtete Schadensfälle angemeldet und dafür die Entschädigung von 1 027 653 Mk. bezahlt oder zurückgestellt. Die Gesamtzahl der bei dem Verein angemeldeten Tierschäden, wobei also namentlich auch die Rinder und die Hunde in Betracht kommen, betrug 8644 und die dafür gezahlte oder zurückgestellte Entschädigung umfaßt 1 300 000 Mk. Auch sind die Tötungen und Körperverletzungen, sowie die noch viel häufigeren Sachbeschädigungen durch Tiere in ihrer großen Mehrzahl keineswegs auf das Verschulden des Tierhalters zurückzuführen. Nach einer von dem allgemeinen Versicherungsverein zu Stuttgart gemachten Zusammenstellung konnten z. B. von 1330 landwirtschaftlichen Tierschäden nur 23 auf Verschulden zurückgeführt werden.

Die sehr hohe Gefährlichkeit der Tierhaltung für andere ist also ganz unbestreitbar. Das Risiko dieser Gefährdung aber muß derjenige tragen, der den Vorteil von der Tierhaltung hat, der Tierhalter, d. h. derjenige, der dem Tiere im eigenen Interesse die Existenzbedingungen gewährt.

Welches sind nun die Gründe, die gegen die Haftung des Tierhalters angeführt werden, namentlich auch in der Begründung des Gesetzentwurfs? Zunächst beruft man sich auf die große Zahl bedeutender Tierschäden und die daraus folgende große Zahl der Prozesse. Allein, m. H., daraus ergibt sich doch nur die Größe der Gefährdung, welche die Tierhaltung mit sich bringt. Sie ist der entscheidende Grund nicht gegen, sondern für die Haftung des Tierhalters.

Sodann führt man die Härte ins Feld, welche die Haftung für den Tierhalter mit sich bringe. Durch einen einzigen Haftungsfall könne der Tierhalter unter Umständen ruiniert werden. Allein, m. H., die Tierschäden selbst werden durch eine Beschränkung oder Aufhebung des § 833 nicht aus der Welt gebracht. Der Schaden trifft nur einen anderen, nämlich den an der Tierhaltung gar nicht Interessierten, den von dem Tiere Verletzten; und die darin liegende Härte ist nicht kleiner, sondern umgekehrt größer. Wenn es für den Landwirt oder den Gewerbetreibenden eine Last sein mag, den von seinem durchgehenden Pferde zum Krüppel gemachten Arbeiter oder dessen ihres Ernährers beraubte Kinder entschädigen zu müssen, so wäre doch ungleich größer die Härte, wenn der Verletzte oder seine Hinterbliebenen überhaupt nicht schadlos gehalten, sondern dem Elend oder der Armenpflege überlassen würden. Dazu kommt, worauf Herr Prof. Traeger in seinem Gutachten mit Recht aufmerksam macht, daß die von Tierunfällen Betroffenen doch in der sehr großen Mehrzahl der ärmeren Vermögensklasse angehören, da diese eben durch ihre Beschäftigung der Tiergefahr viel mehr ausgesetzt ist, und für ihre Kinder die Straße den gewöhnlichen Spielplatz bildet.

Die Aufhebung des § 833 würde also gerade antisozial wirken. Einer von den ohnehin nicht sehr zahlreichen Tropfen sozialen Öls, den die damalige Reichstagskommission glücklich in das Gesetz hineingebracht hat, soll nun wieder daraus entfernt werden?

Dazu kommt nun noch ein Umstand, der auch den letzten Zweifel, wenn noch ein solcher möglich wäre, entkräften würde. Es ist gewiß — darin werden Sie mir zustimmen —, gar nicht daran zu denken, daß sich jeder Mensch gegen Unfälle, die ihn treffen könnten, insbesondere Tierunfälle versichern könnte. Die große Klasse der minder wohlhabenden Bevölkerung ist dazu einfach nicht imstande. Der Tierhalter aber kann sich gegen die Ersatzpflicht von Tierschäden sehr wohl versichern. Die Versicherung ist sogar, was die Haftung gegenüber dem Publikum betrifft, für ihn nicht einmal besonders kostspielig, und nur von der Haftung gegenüber dem Publikum ist zunächst die Rede. M. H.! Die Versicherungsprämie für ein Pferd beträgt bei vollem Schadenersatze für Körper- und Sachschäden für den Landwirt 4,46 Mk. jährlich (Hört, hört!), wobei eine Selbstbeteiligung des Versicherten von 20 Mk. für jeden Sachschaden (nicht bei Tötungen und Körperverletzungen) bestehen bleibt: für ein Rind unter den gleichen Bedingungen 70 Pf. jährlich. Es gehen aber bei zehnjähriger Versicherungsdauer und einem Prämienbetrage von mindestens 7,50 Mk. jährlich noch zweimal 10 pCt. ab, sodaß sich die Prämie für Pferde auf 3,62 Mk., für Rinder auf 57 Pf. ermäßigt. Das sind doch im Verhältnis zu den Kosten, welche die Haltung eines Pferdes oder eines Rindes verursacht, gewiß nicht große, sondern recht kleine Beträge.

Für Gewerbetreibende und andere Personen in Städten stellt sich allerdings die Versicherungsgebühr für Pferde etwas höher, nämlich auf 12—13,40 Mk., wobei Sachschäden nur bis 80 pCt. des Betrages und nicht über 10 000 Mk. ersetzt werden. Allein auch hier gehen unter den angegebenen Bedingungen zweimal 10 pCt. ab, die Prämie beträgt also in Wahrheit knapp 10, bis höchstens knapp 11 Mk. für jedes Pferd. Auch diese Belastung ist, verglichen mit den Kosten der Pferdehaltung in den Städten, keine hohe, und durch eine solche Versicherung wird, was sehr zu beachten ist, der Tierhalter auch gegen verschuldeten Schaden gedeckt, wegen dessen ein vorsichtiger Mann sich ohnehin versichern würde.

Nun behauptet freilich die Begründung, erfahrungsmäßig werde die Versicherung von den minder Wohlhabenden wenig benutzt. Allein, m. H., das ist keineswegs ganz richtig und noch weniger braucht es für immer richtig zu bleiben. Allerdings bürgern sich derartige wohltätige Einrichtungen bei der landwirtschaftlichen Bevölkerung nicht gerade mit einem Schlage ein. Wenn aber die Begründung des Entwurfs selbst berichtet, daß in den meisten preußischen Provinzen die Großgrundbesitzer zu etwa 90 pCt., die kleineren bereits bis zu 20—50 pCt. versichert seien, so ist das nicht wenig, sondern vielmehr in Anbetracht der Kürze der Zeit ein Fortschritt, der, wenn die gehörige Belehrung und Anregung hinzukommt, auf ein rasches Wachstum der Versicherung in dieser Branche schließen läßt.

In der Haftpflichtversicherungsanstalt des Hannoverschen Provinzialverbandes waren Ende 1901 versichert 15 032 Betriebe, Ende 1904 bereits 29 116 Betriebe; die Zahl hatte sich also fast verdoppelt.

Bei dem Versicherungsverein in Stuttgart waren 1904 versichert 569 000 Pferde, etwa der siebente Teil aller im deutschen Reiche existierenden Pferde. Von anderen Anstalten haben mir Zahlen nicht vorgelegen, und ebensowenig den Herren Gutachtern, deren Ausführungen ich bei der Anführung dieser Zahlen wesentlich benutze.

Aber soviel ergibt sich doch gewiß schon aus dem Gesagten, daß bei gehöriger Belehrung mit der Zeit eine ebenso allgemeine Benutzung der Haftpflichtversicherung von Seiten der Tierhalter zu erwarten ist, wie jetzt die Feuer-Versicherung fast allgemein benutzt zu werden pflegt. Demjenigen aber, welcher trotz aller Belehrung zurückbleibt, dem ist eben nicht zu helfen. Der Wunsch, ihn zu schützen, kann unmöglich dazu führen, den von der Gerechtigkeit geforderten Ersatz des Verletzten auszuschließen.

Aus diesen Gründen hat die Abteilung mit überwältigender Majorität, mit allen gegen 6 Stimmen, beschlossen, die Haftung des Tierhalters grundsätzlich aufrecht zu erhalten.

Ich wende mich nun zu den Beschränkungen, welche für den Fall, daß die Faktoren der Gesetzgebung schon jetzt zu einer Abänderung schreiten sollten, empfohlen werden können. Als den Grund der Haftung des Tierhalters hatten wir erkannt die Gefährdung, welche er in seinem Interesse durch die Tierhaltung über das Publikum bringt. Wie nun, wenn ein anderer als der Tierhalter das Tier für seine eigenen Zwecke gebraucht, oder wenn es vom Tierhalter für die Zwecke eines anderen verwendet wird? Kann auch der Reiter, der das Pferd geliehen oder gemietet hat, der Fahrgast, der die Droschke oder den Stellwagen, der Jäger, der den Hund seines Freundes benutzt, sich darauf berufen, daß der Halter dieser Tiere ihn durch die Tierhaltung in Gefahr gebracht habe, also für die eingetretene Verletzung durch das Tier einzustehen habe? — Ich meine doch, gewiß nicht! Hier erscheint nicht die Tierhaltung an sich, sondern die Verwendung des Tieres für den Geschädigten als der wahre Grund der Gefährdung. Wenn der Geschädigte in einem solchen Falle Ersatz fordern wollte, so würde ihm der Tierhalter mit Recht antworten: Nicht ich habe Dich gefährdet, sondern Du selbst; „hätte ich das Tier überhaupt nicht gehalten, so hättest Du eben ein anderes benutzen oder auf Deine Zwecke verzichten müssen; Du selbst bist der nächste zum Schaden".

In den meisten hierher gehörenden Fällen wird ein Vertrag zwischen dem Geschädigten und dem Tierhalter vorliegen. Notwendig ist aber ein solcher Vertrag nicht. Auch wer einen Ohnmächtigen in seinem Wagen aufnimmt, darf, wenn der Aufgenommene ohne Verschulden des Tierhalters durch das Durchgehen der Pferde verletzt wird, nicht haften, denn auch hier liegt der Grund der Gefährdung nicht in der Tierhaltung, sondern darin, daß der Tierhalter den Ohnmächtigen in seinem Wagen aufgenommen hat. Darüber aber, wann in dieser Handlung ein Haftungsgrund liege, können nur die besonderen Regeln über die Geschäftsführung ohne Auftrag, nicht aber die allgemeinen Normen über die Tierhaltung entscheiden.

Deshalb, m. H., schlägt die Abteilung Ihnen nach nahezu einstimmiger Beschlußfassung vor:

> die Haftung aus § 833 auszuschließen, „wenn der Geschädigte der Gefahr der eintretenden Schädigung infolge einer in seinem Interesse stattfindenden Verwendung des Tieres ausgesetzt war".

Die Frage, ob nicht noch eine zweite Ausnahme zu machen sei, war zwischen den beiden Gutachtern und in ähnlicher Weise auch zwischen den beiden Referenten bestritten. Herr Gutachter Marwitz und Herr Korreferent Dr. Bitter wollten die Haftung auch dann ausschließen, wenn der Geschädigte sich durch Vertrag oder durch ein Rechtsverhältnis dem von dem Tiere herrührenden Schaden ausgesetzt habe. Herr Gutachter Traeger und der Referent wollten für diesen Fall keine besondere Ausnahme. Die Abteilung hat sich mit großer Majorität der Ansicht des Referenten angeschlossen, indem sie den von dem Herrn Korreferenten gestellten Antrag mit allen gegen 8 Stimmen ablehnte.

M. H.! Ich mache auf diesen Punkt aufmerksam, da der Herr Korreferent Dr. **Bitter** den Antrag zwar jetzt nicht wörtlich wiederholt, aber einen Antrag gestellt hat, der inhaltlich, soweit die jetzt besprochene Frage in Betracht kommt, im wesentlichen dasselbe bedeutet.

Ich muß nun, um die Ablehnung dieses Antrages zu begründen, auf die Fälle, in denen die Ausnahme Anwendung finden würde, eingehen; ich muß mir aber natürlich vorbehalten, darauf zurückzukommen, wenn ich von Herrn Dr. **Bitter** die Begründung seines Antrages gehört habe.

Wer einem abgestiegenen Reiter aus Gefälligkeit auf einige Minuten das Pferd hält, der hat sich durch Vertrag — es liegt ein Auftrag vor — der von dem Pferde herrührenden Gefahr ausgesetzt. Gleichwohl widerstrebt es jedem Billigkeitsgefühl, ihm gegenüber die Haftung auszuschließen, während ein anderer müßig neben ihm Stehender, wenn er gleichfalls verletzt wird, einen Ersatzanspruch haben würde. Aber auch, wenn der abgestiegene Reiter für die kleine Dienstleistung, daß ihm das Pferd einige Augenblicke gehalten wird, einem Dienstmann eine kleine Vergütung, 10 oder 50 Pf. versprochen hat, werden wir die Ersatzpflicht, wenn das Pferd plötzlich scheut und den Dienstmann verletzt, nicht ausschließen wollen; denn diese Vergütung war nicht für die Übernahme der Gefahr bezahlt, und der Dienstleistende wird sich in den meisten Fällen dieser Gefahr überhaupt nicht bewußt gewesen sein. Man wird allgemein behaupten können, daß **nur gelegentliche**, entgeltliche oder unentgeltliche **Dienstleistungen, welche mit Tieren in Berührung bringen, die Haftung des Tierhalters nur dann ausschließen dürfen, wenn eine vertragsmäßige Übernahme der Gefahr anzunehmen ist.** Wann das aber der Fall sei, das darf nicht das Gesetz, sondern das kann nur die Rechtsprechung im einzelnen Falle entscheiden; und in dieser Beziehung hat die Rechtsprechung des Reichsgerichtes, namentlich in neuerer Zeit, die Bahn wenigstens eröffnet. So hat das Reichsgericht angenommen, daß der Vertrag des Trainers über Schulung des Pferdes eine stillschweigende Übernahme der Tiergefahr enthält, ebenso der Vertrag mit dem Stallmeister über Zureiten des Pferdes. Neuerdings ist das gleiche auch für den Vertrag mit dem Hufschmied mit hinreichender Deutlichkeit anerkannt, obgleich das Reichsgericht früher anders entschieden hatte. Wir dürfen wohl vertrauen, daß die freiere, dem vermutlichen Willen der Parteien mehr gerecht werdende

Auslegung der Verträge in Zukunft noch in zahlreichen anderen Fällen Platz greifen wird.

Weit schwieriger, m. H., — und hier steckt der Hauptunterschied zwischen den beiden Ansichten — ist die Frage der Haftung gegenüber dem zur Leitung oder Pflege der Tiere angestellten Personal, insbesondere den Kutschern, Viehknechten, Viehmägden, Hirten usw.; und diese Frage ist ganz besonders wichtig, weil diese Personen von der früher erwähnten Versicherung gegen Haftung für Tierschäden ausgenommen sind, also eine besondere Versicherung erforderlich ist, die bei Pferde- oder Viehhaltung für jeden derartigen Angestellten (nicht etwa für jedes Tier) 36—48 Mk., bei Hundehaltung und Hundezüchtung 11,25—15 Mk. beträgt.

Der Herr Korreferent legte nun entscheidendes Gewicht darauf, daß diese Personen sich der Tiergefahr selbst durch ein Rechtsverhältnis ausgesetzt hätten. Der Referent dagegen und ebenso zahlreiche andere Redner betonten, daß hier ein sozialpolitischer Gesichtspunkt mit in Betracht komme. Es handelt sich hier um wirtschaftlich Schwache, die nach den Grundsätzen der sozialpolitischen Gesetzgebung gegen die Folgen unverschuldeter Erwerbsunfähigkeit tunlichst zu schützen sind. Dem bei weitem größten Teil des Fahr- und Stallpersonals ist ein solcher Schutz bereits durch die Unfallversicherungsgesetze zuteil geworden, denn die meisten dieser Personen sind in der Landwirtschaft oder in unfallversicherungspflichtigen Gewerbebetrieben beschäftigt. Für diese Personen ist, sofern sie, wie in der Regel, Arbeiter oder Betriebsbeamte sind, die Haftung des Tierhalters bereits ausgeschlossen, nicht nur bei unverschuldeten, sondern selbst bei durch den Tierhalter verschuldeten Verletzungen durch die Tiere, mit alleiniger Ausnahme der vorsätzlich von dem Tierhalter zugefügten. Das nicht berufsgenossenschaftlich versicherte Fahr- und Stallpersonal aber, also namentlich die Kutscher und Stallknechte derjenigen, die keinen oder noch keinen versicherungspflichtigen Gewerbebetrieb haben, wird jetzt durch § 833 gegen den Tierschaden geschützt; und es muß jedem, der die sozialen Aufgaben unserer Zeit erkannt hat, unverantwortlich erscheinen, diesen Schutz ersatzlos aufzuheben. Deshalb wurde der Antrag des Herrn Korreferenten, wie schon erwähnt, gegen wenige Stimmen abgelehnt, dagegen der zuerst von dem Gutachter, Herrn Professor Traeger, gemachte, dann vom Referenten aufgenommene Vorschlag, die Unfallversicherung auf das bisher nicht versicherungspflichtige Fahr- und Stallpersonal auszudehnen, mit allen gegen 7 Stimmen angenommen.

Wird dieser Gedanke zur Wahrheit, so wird in demselben Augenblick die Haftung des Tierhalters dem Fahr- und Stallpersonal gegenüber (vom Vorsatz abgesehen) beseitigt. Zugleich aber wird auch eine bedauerliche Ungleichheit aus der Welt geschafft. Es ist unleidlich, den Kutscher oder Stallknecht des Bankiers, Arztes oder Rentiers anders zu behandeln als das im Gewerbe und in der Landwirtschaft beschäftigte Fahr- und Stallpersonal. Die aus der Tierhaltung entspringenden Gefahren sind für beide doch wesentlich die gleichen. Die Aufhebung der Tierhaftung aus § 833 gegenüber dem Fahr- und Stallpersonal würde also geradezu als eine Privilegierung derjenigen erscheinen, welche Fuhrwerk halten, ohne dessen für einen unfallversicherungspflichtigen Gewerbebetrieb zu bedürfen.

Nun könnte man aber einwenden, die Haftung gegenüber dem Fahr- und Stallpersonal müsse zunächst aufgehoben werden; dann könne man der Frage näher treten, ob die Unfallversicherung in der angegebenen Weise auszudehnen sei. Allein dem ist entschieden zu widersprechen. Wer ein Ziel erreichen will, der muß den Weg gehen, der am sichersten zum Ziele führt. Wenn wir erst die Tierhalter von der Haftpflicht befreien, dann schaffen wir jener Ausdehnung der Unfallversicherung neue, vielleicht unüberwindliche Hindernisse. Deshalb ist es der einzig praktische Weg, die Haftung dem Fahr- und Stallpersonal gegenüber erst durch die Einführung der Unfallversicherung aufzuheben. Das rechtfertigt, m. H., einmal die Ablehnung des Antrages des Herrn Korreferenten, andererseits aber die Annahme der Nr. 3 über die Ausdehnung der Unfallversicherung.

Die Nr. 4 des Antrages B ist von Herrn Professor Traeger beantragt und lautet: „Es empfiehlt sich, den Schadensersatz bei Tötung und Verletzung einer Person nach dem Vorbilde der §§ 3 und 3a des Reichshaftpflichtgesetzes zu regeln." Der Referent hat sich mit diesem Antrage inhaltlich einverstanden erklärt und ihn nur deswegen nicht aufgenommen, weil er Bedenken trug, die Verhandlungen allzusehr ins einzelne gehen zu lassen. Die gleiche Erwägung mag auch der Grund gewesen sein, weshalb der Antrag nur mit knapper Majorität angenommen wurde. Sachlich dürfte er begründet sein, denn die Haftung des Tierhalters ist, wie die des Haftpflichtgesetzes eine Gefährdungshaftung. Die Vorschriften des BGB., welche wegen einer unerlaubten Handlung Ersatzansprüche geben, die über den Vermögensschaden des Verletzten und seiner Hinterbliebenen hinausgehen, sind nur für die Fälle geeignet, in denen eine Schuld des Haftungspflichtigen vorliegt.

Herr Professor **Traeger** hatte nun noch weiter beantragt, die Haftung wegen Sachschaden auf einen Höchstbetrag, etwa 1000, 2000, 3000 Mk. zu beschränken. Er ging dabei von dem m. E. zutreffenden Gedanken aus, daß, wer besonders wertvolle Objekte an Orte bringe, wo sie der Tiergefahr ausgesetzt seien, sich die besondere Höhe eines eintretenden Schadens in gewissem Maße selbst zuschreiben müsse, und auch immer oder fast immer in der Lage sein werden, sich gegen besonders hohe Schäden zu versichern. Dieser Teil des Antrages fand indessen in der Abteilung keine Majorität.

Indem ich andere Anträge übergehe, welche teils zurückgezogen wurden, teils nur eine ganz verschwindende Anzahl von Stimmen — bei einem Antrage war es nur die Stimme des Antragstellers selber — auf sich vereinigten, wende ich mich zu dem Antrage A und seinem Verhältnisse zu B. Ich darf erinnern, meine Herren, der Antrag A lautet: „es empfiehlt sich, die Vorschrift des § 833 aufrecht zu erhalten, auch von Einzeländerungen in der Erwartung abzusehen, daß die Rechtsprechung zu einer freieren Auslegung der Vorschrift gelangen werde, welche den Haftungsgrund und die daraus sich ergebenden Beschränkungen der Anwendbarkeit berücksichtigt." Dann erörtert der Antrag B unter 1—4 für den Fall, daß die Organe der Gesetzgebung doch zu Abänderungen schreiten sollten, die Meinung des Juristentages darüber, wie die Abänderung zu gestalten sei.

Die Abteilung, meine Herren, legte sehr hohen Wert darauf, eine Abänderung des BGB., wenn irgend tunlich, zurzeit noch zu vermeiden. Das wurde fast von jedem Redner, der gesprochen hat, insbesondere aber von den Herren Geheimrat **Gierke**, Professor **Merkel**, Justizrat **Wildhagen** und dem Referenten in warmen Worten betont. Einer Versammlung des Juristentages gegenüber brauche ich schwerlich auszuführen, wie schädlich es wirken würde, wenn an diesem Gesetzbuche, auf das wir stolz sein können, schon jetzt gerüttelt und geflickt werden müßte. Andererseits kann nicht verkannt werden, daß die Auslegung, die der § 833 durch die Gerichte gefunden hat, zu manchen Entscheidungen geführt hat, die dem Billigkeitsgefühl widersprechen; namentlich hat das Reichsgericht in allzu enger Wortauslegung die Haftung in einer Reihe von Fällen angenommen, in denen der innere Grund der Haftung des Tierhalters nicht zutrifft oder diese Haftung der Absicht der Parteien widerspricht. Allein in letzter Zeit sind auch deutliche Zeichen einer Besserung eingetreten. Ich erinnere daran, daß die Haftung gegenüber dem Stallmeister und dem Hufschmied abgelehnt worden ist, weil eine stillschweigende Gefahrübernahme angenommen wurde; ferner erinnere ich daran, daß die Haftung des Tierhalters, der ein Pferd unentgeltlich verliehen hat, neuerdings verneint wurde, wenn auch vielleicht mit einer nicht ganz zutreffenden Begründung.

Aus diesen Gründen hatte der Referent den von der Abteilung unter A beschlossenen Vorschlag schon in seinem einleitenden Vortrage in Aussicht gestellt, erhob ihn dann auf vielseitigen Wunsch zum Antrage und stellte ihn auf weitere Wünsche aus der Versammlung an die Spitze. Von der Abteilung wurde der Antrag gegen ganz wenige, irre ich nicht, sechs Stimmen angenommen. Auch solche Mitglieder, welche die Interessen der Landwirtschaft besonders betont hatten, wie z. B. Herr Professor Leonhard-Breslau, stimmten in Rücksicht auf die zu erhoffende Änderung der Rechtsprechung diesem Beschlusse zu.

Die Abteilung muß aber doch höchsten Wert darauf legen — das wurde vielseitig ausgesprochen —, daß neben dem Antrage A auch die Anträge unter B vom Plenum gebilligt werden. Der Grund liegt, wie ich schon anfangs andeutete, in der parlamentarischen Lage. Es steht unmittelbar die Entscheidung der Frage bevor, und es ist sehr wahrscheinlich, daß es in nicht allzuferner Zeit zur dritten Abstimmung über den Gesetzentwurf kommen wird. Kommt es aber zu einer solchen, so ist es wünschenswert, daß wir uns nicht nur durch ein allgemeines Prinzip, wie es unter A ausgesprochen ist, über den Entwurf oder über das zu beschließende Gesetz erklärt haben, sondern daß wir auch die Mittel und Wege näher angegeben haben, durch welche event. zu ändern wäre. Sodann ist es aber auch zur Klärung des Antrags unter A notwendig, die Anträge unter B anzunehmen; denn der Antrag unter A allein würde der Mißdeutung oder wenigstens dem Vorwurfe der Unklarheit ausgesetzt sein.

Ich richte daher die dringende Bitte an den Juristentag, der Juristentag wolle sich nicht auf die Annahme des Antrages A oder der Anträge unter B beschränken, sondern beiden die Zustimmung gewähren. Am allergefährlichsten wäre es, wenn etwa ein Teil unserer Mitglieder erwägen würde: ist mir A oder B lieber? und nur für das eine stimmte. Dann könnte es kommen, daß keine oder nur eine geringe Majorität vorhanden wäre und vielleicht doch sämtliche oder fast sämtliche Mitglieder in der Hauptsache einig wären.

Ob, m. H., die Beschlüsse des Juristentages bei dem schon fortgeschrittenen Stadium der Gesetzgebung, in dem wir uns befinden, noch wirken werden, wer weiß es? Aber selbst, wenn sie nicht zur Wirkung kommen sollten, — der Juristentag hat seine Pflicht erfüllt, wenn er alles getan hat, was ihm zur Abwehr oder zur Besserung eines Gesetzentwurfes möglich war, der der Gerechtigkeit, der Billigkeit und den sozialen Bedürfnissen nicht entspricht.

Ich bitte Sie, m. H., den Beschlüssen Ihrer ersten Abteilung zuzustimmen und im Interesse der Sache diese Zustimmung möglichst einstimmig beschließen zu wollen. (Lebhafter Beifall.)

Präsident: Ich fühle mich der Verpflichtung enthoben, Ihnen meinen Dank auszusprechen, nachdem er Ihnen aus der Versammlung in so reichem Maße zu teil geworden ist.

Ich bringe unmittelbar im Anschluß an die Berichterstattung den Antrag des Herrn Justizrat Heinitz zur Kenntnisnahme; er ist wesentlich redaktioneller Natur und geht dahin:

> den Beschluß der Abteilung dahin abzuändern, daß der Beschluß zu B Ziffer 3 an dieser Stelle gestrichen und als lit. C eingefügt wird.

Es würde hiernach B 4 die Ziffer 3 erhalten müssen.

Der Herr Berichterstatter erklärt sich persönlich damit einverstanden, dem Beschlusse die Fassung zu geben, wie sie von Seiten des Herrn Justizrat Heinitz beantragt ist, sodaß er jetzt lauten würde: lit A, B, 1 und 2 wie bisher; die bisherige Nr. 4 wird Nr. 3, endlich wird aus B 3 jetzt C.

Das Wort hat Herr Geh. Justizrat Prof. Dr. Enneccerus.

Geheimer Justizrat Professor Dr. **Enneccerus:** Ich möchte diese natürlich nur für meine Person gegebene Zustimmung mit einem Wort erläutern. Selbstverständlich haben wir uns in der Abteilung — wenigstens ich habe es getan und auch mit anderen Herren darüber gesprochen — die Frage vorgelegt, ob die von dem Herrn Antragsteller vorgeschlagene Anordnung stattfinden sollte. Sie erscheint äußerlich als die korrektere und ich lege auf solche Ordnungsfragen soweit Wert, daß ich, wie ich schon sagte, bereit bin, dieser Abänderung zuzustimmen. Ich wünsche sie gerade nicht, und zwar aus dem einfachen Grunde: Der Beschluß über die Unfallversicherung greift unmittelbar ein in die Frage der Beschränkung der Haftung; denn durch die Annahme dieses Beschlusses wird zugleich gesagt, daß durch die Einführung der Unfallversicherung die Haftung für die Knechte usw. beschränkt werden soll. (Sehr richtig!) Er gehört in diesem tieferen Sinne doch so recht an die Stelle, an der er steht. Vielleicht gelingt es einer persönlichen Verständigung mit dem Herrn Antragsteller, uns über diesen Punkt zu einigen, der von untergeordneter Bedeutung ist.

Vorsitzender: Dann nehmen Sie also vorläufig die Zustimmung zurück! (Heiterkeit).

OLG.-Präsident Dr. **Vierhaus-Breslau** (zur Geschäftsordnung): M. H.! Unseren heutigen Beratungen ist durch das weitere Programm des Tages ein festes Endziel in der Zeit gesetzt. Auf der andern Seite ist es wünschenswert, daß von den Rednern, die gemeldet sind und die voraussichtlich verschiedene Richtungen vertreten, tunlichst alle zum Wort gelangen. Diese beiden an sich widerstreitenden Interessen sind meines Erachtens nur dadurch vereinbar, daß wir, wie es auch in früheren Fällen häufig geschehen ist, die Redezeit beschränken. Ich stelle daher den Antrag, daß fortan jedem Redner eine Redezeit von 10 Minuten gewährt wird. (Lebhafte Zurufe: 5 Minuten!)

Geheimer Justizrat Professor Dr. **Enneccerus** (zur Geschäftsordnung):

M. H., die Loyalität erfordert es, daß demjenigen Herrn, der den Antrag gestellt hat und der als Hauptgegner hier erscheint, das Wort nicht beschränkt werden darf. Ich bitte also, dem Herrn Dr. Bitter doch mehr Zeit geben zu wollen. Da es sich nur um einen Antrag handelt, glaube ich, wird er mit 10 Minuten sicher auskommen, aber 5 Minuten dürfte zu kurz sein. — Ich möchte auch diesen Antrag, wie ich mir vorbehalten habe, natürlich noch widerlegen können, und das würden Sie mir wohl, — für das Schlußwort ist die Beschränkung nicht gegeben — unzweifelhaft gestatten.

Präsident: Es ist noch ein Antrag eingegangen, von Herrn Professor Traeger. Darnach soll der bisherige letzte Teil, der also nach dem Antrage Heinitz B 3 sein würde, zerlegt werden, und zwar, wie er jetzt dasteht, als lit. a „den Schadensersatz aus § 833 bei Tötung und Verletzung einer Person nach dem Vorbilde der §§ 3 und 3a des Reichshaftpflichtgesetzes zu beschränken"; es soll nun nach dem Antrage Traeger dazugefügt werden: „b) den Schadensanspruch für den dem einzelnen Ersatzberechtigten bei einem Tierunfall zugefügten Sachschaden auf einen gewissen Höchstbetrag zu begrenzen".

Geh. Justizrat Prof. Dr. **Kahl** (zur Geschäftsordnung): Ich stelle das Amendement zum Antrage Vierhaus, daß den Antragstellern 10 Minuten, allen übrigen Rednern 5 Minuten zur Diskussion gegeben werden (Bravo!).

Präsident: Ich darf wohl diesen Vorschlag als angenommen ansehen. — Dann erteile ich zunächst das Wort dem Herrn Rechtsanwalt Dr. Bitter.

Rechtsanwalt beim Oberlandesgericht Dr. **Bitter:** M. H.! Wenn ich im wesentlichen denselben Antrag, der gestern in der Abteilung 1 eine glänzende Niederlage erlitten hat, heute wieder hier im Plenum eingebracht habe, so habe ich das nicht in der unbescheidenen Erwartung getan, daß der Antrag hier angenommen würde, aber ich habe freilich daran die bescheidene Hoffnung geknüpft, daß die Minorität eine viel größere werden wird, wie sie in der Abteilung 1 gewesen ist.

Ich erkläre mich als grundsätzlicher Gegner der absoluten Haftung, wie sie im § 833 des BGB. für den Tierhalter statuiert ist, und ich würde es prinzipiell für richtig halten, wie es ja auch der Gesetzgeber zuerst gewollt hat, wenn man die Haftung des Tierhalters aufgebaut hätte auf dem Boden des Verschuldungsprinzipes, allerdings unter Umkehrung der Beweislast. Lediglich der gegenwärtigen, namentlich der parlamentarischen Lage Rechnung tragend, habe ich davon abgesehen, mit einem so weitgehenden Antrage hervorzutreten, ich habe mich vielmehr auf einen Antrag beschränkt, der die absolute Haftung wesentlich einschränken soll. Damit gebe ich aber meinen prinzipiellen Widerspruch gegen die in dem § 833 statuierte absolute Haftung nicht auf. Ich vermag es nicht anzuerkennen, daß die Rechtsprechung, wie der Herr Referent meint, in der Lage sein wird, die zutage getretenen Härten zu beseitigen. Das kann die Rechtsprechung nicht, wenn sie nicht dem § 833 Gewalt antun will. Ich habe in der Abteilung gesagt: Bei der Frage, ob man die absolute Haftung beibehalten will oder nicht, muß man zurückgehen auf den Grund der Haftung. Wenn man fragt, was verlangt die Gerechtigkeit im vorliegenden Falle, so kann man bei Beantwortung dieser Frage nicht die Gerechtigkeit einseitig beurteilen aus der Person des Verletzten, man muß die Gerechtigkeit beurteilen aus beiden in Betracht kommenden Personen. Ich habe weiter darauf hingewiesen, man solle nicht verwechseln Grund für zivilistische Haftung und soziale Fürsorge. Beides liegt auf ganz verschiedenen Gebieten. Ich habe ausgeführt, daß der Grund für die Verantwortlichkeit des Eigentümers im deutschen Recht auf dem Boden des Strafrechtes gewachsen sei, daß es der Gedanke der Rache, der Sühne gewesen sei, der dahin geführt habe, diese Haftung zunächst einzuführen. Ich habe betont, daß im altrömischen Recht ungefähr derselbe Gedanke maßgebend gewesen sei, daß aber das römische Schadenersatzrecht als solches aufgebaut sei auf dem Prinzip des subjektiven Verschuldens, und daß die actio de pauperie diesem System bewußt oder unbewußt untergeordnet sei, indem die Schriftsteller und die Praxis fast allgemein eine präsumierte culpa des Eigentümers der Haftung zugrunde gelegt hätten. Wenn das subjektive Verschulden als Grundlage in das System des römischen Schadenersatzrechtes hereingenommen ist, dann müssen die Römer auch ihre besonderen Gründe dafür gehabt haben. Sie haben es nicht nur getan, um eine feste Basis zu haben, die sich zur konsequenten Durchführung des Schadensersatzrechtes eignet, sondern sie haben es auch getan, indem sie dadurch zugleich ein ethisches Problem lösten. Indem ich davon ausging, daß das Schuldprinzip, weil der Ethik angehörig, sich im allgemeinen zur unbedingten Durchführung eigne, habe ich weiter gesagt, wenn man neuerdings das Gefährdungsprinzip anwenden wolle, müsse die Anwendung durchaus der Gerechtigkeit entsprechen. Es wird, wenn man es anwenden will, unter allen Umständen zu fragen sein: 1. Ist die Gefährdung eine so außerordentlich große, daß ein Schutz geschaffen werden muß, und 2. vermag auch derjenige, der für die Gefährdung einstehen soll, wirtschaftlich den Nachteil, der ihm aufgebürdet wird, zu tragen? Ich habe gesagt, das trifft beim Tierhalter durchweg nicht zu. Die Voraussetzung ist falsch, daß der Tierhalter immer in den kapitalkräftigen Kreisen zu suchen ist, der Tierhalter gehört auch den mittleren, ja sogar den ärmeren Kreisen an. Der Gesichtspunkt der Versicherungsmöglichkeit und vor allen Dingen auch der Umstand, daß ein Schutz des durch Tiere Verletzten sozialpolitisch nötig sei, sind hier nicht verwertbar. Es handelt sich hier nicht um die dem öffentlichen Recht angehörige soziale Fürsorge, sondern darum: Ist ein Grund für die zivilistische Haftung gegeben? Mit anderen Worten: Kann ich einen Schaden, der vielleicht der Billigkeit und Gerechtigkeit gemäß ausgeglichen werden muß, einem anderen aufbürden, oder muß der Staat für einen Ausgleich sorgen. Ich habe hervorgehoben: Die Tiergefahr ist nicht so groß, die Tiere dienen der Allgemeinheit; der Verkehr hat sich auf das Halten der Tiere eingerichtet. Ich habe weiter darauf hingewiesen, daß es sozialpolitisch zweifellos nicht richtig wäre, wenn infolge des gegenwärtigen Standes der Gesetzgebung durch einen Tierschaden möglicherweise zwei Existenzen vernichtet würden. Überrennt das durchgehende Pferd eines kleinen Fuhrwerksbesitzers, der nicht versichert ist, jemanden und macht ihn zum Krüppel, dann sind beide ruiniert. Insofern liegt auch ein Tropfen antisozialen Öles in der absoluten Haftung für Tierschäden. (Widerspruch.) Darum gerade habe ich geglaubt, den einen prinzipiellen Widerspruch im Plenum noch einmal besonders betonen und meinen Antrag hier noch einmal kurz erörtern zu sollen. Prinzipiell bin ich, um es noch einmal zu sagen, ein Gegner der absoluten Haftung. Ich will sie nur in beschränkter Weise zulassen, und zwar lediglich aus Zweckmäßigkeitsgründen, weil eben das, was eine Gefährdungshaftung höchstens rechtfertigen kann, die Größe der Gefahr und auf der anderen Seite das Nichtvorhandensein einer Überlastung desjenigen, dem der Schaden aufgebürdet wird, nicht vorliegt. Wenn mein Standpunkt richtig ist, dann fragt es sich weiter, wie sollen wir die Haftung einschränken. In diesem Punkte weiche ich auch ab von der Ansicht des Herrn Referenten. Ich weiche namentlich insofern von ihm ab .... — ich will es kurz durch Beispiele andeuten, weil meine Redezeit sofort abgelaufen sein wird —: Wenn ein Dienstmann ein Tier gegen Entgelt hält, so soll nach der Meinung des Herrn Referenten die Haftpflicht des Tierhalters bestehen bleiben, ebenso soll der Angestellte des Tierhalters Schadenersatz zu fordern berechtigt sein. Das will ich in beiden Fällen nicht gelten lassen. Ich sage, es kann nicht darauf ankommen, wie hoch das Entgelt ist, welches der Angestellte erhält. Das Entscheidende ist, die Angestellten setzen sich freiwillig der Tiergefahr aus. Man operiert hier fälschlich mit einem stillschweigenden vertragsmäßigen Ausschluß der Haftung. Das ist nichts weiter als eine Fiktion.

Es wird nicht möglich sein, daß das Reichsgericht, ohne dem Wortlaut des § 833 Zwang anzutun, durch die Rechtsprechung die zutage getretenen Härten beseitigt. Es ist deshalb eine Abänderung in weitgehender Art meines Erachtens durchaus geboten. Man kann nicht wegen der erhofften Ausdehnung der Unfallversicherung, die auch ich befürwortet habe, sagen. es könne die Haftung solange bestehen bleiben, bis die gewünschte Ausdehnung geschaffen ist. Öffentliche Fürsorge und zivilistische Haftung liegen auf einem verschiedenen Gebiete; es ist nicht gerecht, nein, es ist direkt ungerecht, wenn jemandem die Haftung zivilistisch aufgebürdet wird, wo kein Grund zur Haftung, wohl aber ein Grund zur Beseitigung des Schadens durch öffentlichrechtliche Maßnahmen vorliegt. Deshalb muß meines Erachtens der weitergehende Antrag, den ich inbetreff der Einschränkung der Haftung gestellt habe, angenommen werden.

Bezüglich des 3. Antrages (§§ 842, 845, 847) des Herrn Referenten habe ich hervorgehoben, daß ich durch denselben nur bestätigt sehe, wie verfehlt der § 833 ist. Er paßt in das System des Titels: unerlaubte Handlungen nicht hinein. Die für die unerlaubten Handlungen in diesem Tittel getroffenen Bestimmungen eignen sich nicht für diesen Paragraphen, der beste Beweis dafür, daß dieser Paragraph in ein falsches System geraten ist. Das ist aber darauf zurückzuführen, daß man entgegen dem ursprünglichen Entwurf den festen Boden des Verschuldungsprinzips verlassen hat. (Beifall.)

Präsident: Ich muß noch berichtigend bemerken, daß der Antrag Heinitz nicht rein redaktionell ist. Es wird beantragt, B 3 an den

Schluß zu stellen, aber mit dem selbständig vorgesetzten Buchstaben C. Nun lautet der Eingang von B: „Sollte indeß . . . . ., so empfiehlt der Juristentag:“ und davon abhängig folgen alsdann die Nummern 1, 2, 3 und 4. Es scheint aber der in Nummer 3 ausgesprochene Satz, der jetzt die litera C tragen soll, unbedingt, nicht als bloße eventuelle Empfehlung aufgestellt zu sein. (Zuruf des Antragstellers Heinitz: Ich will das eben prinzipiell ausgesprochen haben!) Dann ist die beantragte Abänderung mehr als rein redaktionell. (Zuruf desselben Antragstellers: Allerdings etwas mehr!) Wenn wir nachher zur Abstimmung schreiten, werden wir zunächst über den Antrag Bitter abzustimmen haben, der sich mit dem Antrag A direkt in Gegensatz stellt. Wird der Antrag Bitter angenommen, so fällt damit ohne weiteres B weg, während alsdann über C, der selbständig ist, noch weiter abzustimmen sein wird. Es erhellt daraus, daß der Antrag Heinitz nicht rein redaktionell ist.

Oberlandesgerichtsrat **Schneider**-Stettin: Meine sehr geehrten Herren! Ich habe mich nur sehr ungern zum Wort gemeldet; aber ich bin in gewisser Weise dazu gezwungen worden, weil ich leider und zu meinem großen Bedauern der interessanten Verhandlung dieses Gegenstandes in der ersten Abteilung selbst beizuwohnen nicht in der Lage war, da ich durch meine Berichterstattung in der zweiten Abteilung in Anspruch genommen wurde. Ich zweifle nun auch keinen Augenblick, daß es gegenüber den wohlerwogenen Gründen, welche der Herr Berichterstatter soeben entwickelt hat, eine außerordentlich schwierige Position ist, den gegenteiligen Standpunkt zu verteidigen. Ich habe mich jedoch für verpflichtet erachtet, wenigstens meinen Widerspruch zum Ausdruck kommen zu lassen, da ich als langjähriger Berater des Deutschen Landwirtschaftsrates — einer Körperschaft, der noch niemals der Vorwurf gemacht worden ist, daß sie in einseitiger Weise agrarische Interessen vertrete und die gerade unter meiner Befürwortung zu einem abweichenden Beschluß gekommen ist — die Beobachtung gemacht habe, daß sehr weite Volkskreise diesen Unglücksparagraphen 833, der bekanntlich einer zufälligen Abstimmung im Reichstage sein Dasein verdankt, einer Abänderung entgegenführen möchten. Es ist mir aber leider nicht möglich, meine Gründe hier weiter zu entwickeln, denn ich habe nur 5 Minuten Sprechzeit. Wenn ich gegenüber der Stimmung der Versammlung und den ausgezeichneten Ausführungen des Referenten sprechen soll, dann müßte ich länger sprechen. Ich muß also leider verzichten. Ich bin in der Beziehung — wollen Sie mir den Ausdruck nicht verargen — „in der Verteidigung beschränkt“. (Heiterkeit).

Oberlandesgerichtsrat **Alexander Riedner-Kiel**: M. H. ich befinde mich in derselben Lage wie der Herr Vorredner. Ich möchte aber wenigstens doch in der zu Gebote stehenden kurzen Redefrist zum Ausdruck bringen, daß auch ich es bedauern würde, wenn dieser Beschluß der ersten Abteilung zum Beschluß des Plenum erhoben würde. Es ist ja die brutale Tatsache nicht aus der Welt zu schaffen, daß wir bereits den Entwurf einer Gesetzes-Novelle vorliegen haben, der schon in der zweiten Lesung mit großer Majorität zum Gesetz erhoben ist und nur noch der Beratung in dritter Lesung bedarf. Danach soll eine Abschwächung der Haftung des Tierhalters eingeführt werden. Die Zweckmäßigkeit der geplanten Gesetzesänderung ist unzweifelhaft von dem Bewußtsein breiter Volksschichten getragen, und es würde meines Erachtens sehr gewagt sein, wenn der Juristentag sich mit dieser Volksüberzeugung in einen so krassen Widerspruch setzen wollte. Wir würden damit das tun, was uns so oft vorgeworfen wird, daß wir uns nämlich von der Volksüberzeugung und dem allgemeinen Billigkeitsprinzip entfernen. Der Beschluß der ersten Abteilung aber bedeutet eine solche Entfernung vom allgemeinen Billigkeitsgefühl, von der Volksüberzeugung und — wie ich besonders hervorheben will — auch von der Überzeugung eines großen Teils, vielleicht des überwiegenden Teils, der Praktiker. Ich habe meine Erfahrungen am Landgericht Meiningen, am Oberlandesgericht Frankfurt am Main und zuletzt am Oberlandesgericht Kiel gemacht und gesehen, daß diese überspannte Haftung des Tierhalters allgemein als eine Unzuträglichkeit empfunden wird. Diese Haftung beruht bekanntlich auf dem Gefährdungsprinzip. Inwieweit dies Prinzip gerechtfertigt erscheint, ist eine sehr große Frage. Für die Haftpflichtunternehmungen ist es gerechtfertigt, das unterliegt keinem Zweifel; aber es steht hier zur Diskussion die Frage, ob dieses Prinzip auch für die Betriebe gerechtfertigt ist, welche im allgemeinen einen sehr geringen Gefahrentarif aufweisen. Es ist hier gesagt worden: durch Pferde und die durch diese bedienten Transport- und Fahrtunternehmungen werden bedeutend mehr Unfälle verursacht, als durch Eisenbahnen oder Automobile. Das ist richtig. Aber das liegt daran, daß wir gegenwärtig bei weitem ja unverhältnismäßig mehr Pferde haben als Automobile und Eisenbahnen. Es kommt nicht darauf an, wie viele Unfälle absolut hervorgerufen werden, sondern darauf, in welchem Verhältnis das Unternehmen, welches zur Haftpflicht herangezogen wird, zu den Unfällen beiträgt. Wenn man die Statistik als maßgebend zugrunde legt, die von dem Gutachter und dem Berichterstatter gegeben worden ist, so könnte man mit demselben

Rechte sagen: die Summe der Körperverletzungen, die den Menschen durch ihre Mitmenschen unmittelbar zugefügt werden, ist unendlich größer als die Summe der Verletzungen durch Automobile oder Eisenbahnen. Aber trotzdem wird es Niemanden einfallen, den Menschen deshalb aus dem Gefährdungsprinzip haften zu lassen, insbesondere deshalb, weil der Unfall durch einen Stock verursacht war, den er in der Hand hatte und dergl. (Heiterkeit.) Es genügt also an sich keineswegs, die Gefährlichkeit eines Objektes hinzustellen, sondern es muß abgewogen werden, in welchem Maße eine Unternehmung gefährlich ist, und wenn die Verhältnisziffer, in welcher der haftpflichtige Gegenstand zu der Gefahr beiträgt, kein erheblich großer ist, dann haben wir auch keine Veranlassung, das Gefährdungsprinzip allein zugrunde zu legen, sondern nur dann, wenn diese Verhältnisziffer eine besonders große ist und damit eine zwingende Notwendigkeit vorliegt, von dem nach den Grundsätzen der Ethik in erster Linie maßgeblichen Verschuldungsprinzip in soweit gehendem Maße abzuweichen.

Ich will nicht den § 833 BGB. als solchen völlig beseitigt wissen, sondern ich stehe, wie der Herr Korreferent, auf dem Standpunkt, daß wir mit der Tatsache, daß dieser Paragraph einmal existiert, rechnen müssen. Wir wollen aber befürworten, daß die unbilligen Wirkungen des Gefährdungsprinzips abgeschwächt werden, und dazu bieten meines Erachtens die Vorschläge des Herrn Korreferenten eine brauchbare Grundlage. Die Haftung soll abgeschwächt werden gegenüber demjenigen, in dessen Interesse die Verwendung erfolgt, und zweitens gegenüber demjenigen, der auf Grund eines das Tier betreffenden Rechtsverhältnisses eine Handlung vorgenommen hat, bei der er durch das Tier geschädigt ist. Das sind zwei ganz gesunde Prinzipien, und die Praxis wird sich damit gern einverstanden erklären. Die Praxis des Reichsgerichts hat sich zum Teil schon damit einverstanden erklärt, es ist aber ganz ausgeschlossen, daß das Reichsgericht in dem weitgehenden Maße, wie das hier ausgesprochen ist, diese Folgerung ziehen wird, ohne daß wir das Gesetz ändern. Ich halte deshalb eine Änderung des Gesetzes im Sinne der Vorschläge des Herrn Korreferenten für durchaus geboten.

Geh. Justizrat Professor Dr. **Gierke**-Berlin: M. H.! Für mich ist gerade die Tatsache, daß dem Reichstage ein Gesetzentwurf vorliegt, der bereits in zweiter Lesung angenommen ist, ein Grund, weshalb wir heute hier entschieden Stellung nehmen müssen, um vielleicht noch darauf hinzuwirken, daß jene Vorlage nicht Gesetz werde. Ich stehe grundsätzlich auf dem Standpunkt, daß ich überhaupt jetzt keine Änderung des Bürgerlichen Gesetzbuches wünsche. Ich glaube, daß in der Tat die Praxis im Wege einer freien und gesunden Rechtsprechung alle Ecken und Härten, die der § 833 zunächst gezeitigt hat, abschleifen kann und wird. Das Reichsgericht ist bereits auf diesem Wege. Es waren ja ursprüngliche Irrgänge des Reichsgerichts, die hauptsächlich die Opposition gegen den § 833 hervorgerufen haben. (Sehr richtig). Aber im Interesse der Rechtsprechung möchte ich durchaus wünschen, daß die Rechtsprechung nicht erst am Gängelbande der Gesetzgebung auf den richtigen Weg geleitet werde. (Bravo!) Denn, meine Herren — das hat Professor Lenel in der „Juristenzeitung" vortrefflich ausgeführt —: hüten wir uns vor der Gelegenheitsgesetzgebung! (Bravo!) Das liegt auch im Interesse des Gesetzes selbst, das doch ein eherner Fels sein soll, dauernd und fest, und das nicht weichen soll jeder augenblicklichen Strömung, jeder Unbequemlichkeit, die sich hier und da bei seiner ersten Anwendung zeigt, jedem Mangel an Vertrautheit, der noch in diesem oder jenem Kreise in bezug auf das Gesetz herrscht, selbst wenn das allgemeine Bewußtsein in dem Gesetz zum Ausdruck kommt! Denn das meine ich allerdings: sollte es wirklich dazu kommen, daß heute schon am Bürgerlichen Gesetzbuch geändert wird, so wäre es auf das Höchste zu bedauern, wenn die erste Änderung eine praktische Aufhebung des § 833 wäre. Hierin läge in der Tat, wie mir scheint, ein beklagenswerter Rückschritt unserer Gesetzgebung! Ein Rückschritt, weil es im Wesen unserer modernen Entwickelung liegt, daß neben dem Verschuldungsprinzip, dessen ethische Bedeutung ich voll anerkenne, das Prinzip der Gefährdungshaftung, wie es jetzt genannt wird, das germanischen Ursprungs ist, mehr und mehr durchdringt. Auch dieses ist sicher ein ethisches Prinzip; es beruht auf dem Gedanken der ausgleichenden Gerechtigkeit, auf dem Gedanken, daß, wer einen besonderen Vorteil aus einer Sache zieht, auch die Schädigungen tragen muß, die mit diesem Vorteil auf das innigste zusammenhängen, die davon untrennbar sind. So liegt es auch hier: es ist das Tier, das die besonderen Gefahren bringt; eine besondere Gefahr liegt vor, und wer den Nutzen des Tieres hat, der soll auch den Schaden haben; wer den guten Tropfen hat, genieße auch den bösen. Es wäre ein Rückschritt, von diesem Prinzip abzuweichen, ein Rückschritt, der, wie ich mit dem Herrn Referenten behaupten muß, einen antisozialen Beigeschmack hätte. Denn, ob kleines oder großes Kapital, das Tier ist doch eben Kapital; der Satz: „der Besitz verpflichtet" liegt diesem § 833 zu Grunde, und im großen und ganzen sind es doch mehr die nichtbesitzenden Schichten, die durch die Tiere verletzt werden und denen der Anspruch entzogen werden würde. Ich würde also unter allen Umständen nur akzeptieren können, daß, wenn eine Änderung erfolgt, sie in dem Sinne erfolgt, daß die Grundlage des § 833 erhalten bleibt.

Die Beschränkungen der Haftung, die dann nach dem Beschluß der Abteilung eintreten sollen, sind meines Erachtens gerechtfertigt, obwohl zu der ersten Beschränkung ja auch die Praxis schon von selbst führen könnte.

Aber dringend möchte ich davor warnen, andere Beschränkungen zu akzeptieren, wie sie eben der Herr Korreferent vorschlug; denn, m. H., darin liegt, daß allen Angestellten, auch wenn sie nicht versichert sind, der Anspruch auf Schadensersatz entzogen werden soll. Der Gedanke, daß sie durch Vertrag diese Haftung übernommen haben, und daß sie in ihrem Lohne bereits die Prämie empfangen für die mögliche Schädigung durch das Pferd oder den Ochsen, paßt auf die Stallknechte und Viehmägde nicht, und es würde, glaube ich, in weiten Schichten des Volkes nur Erbitterung erregen, wenn sich die erste Novelle zum Bürgerlichen Gesetzbuch gerade gegen diese niederen Bediensteten richtete!

Ich bitte Sie deshalb dringend, den Antrag der Abteilung mit möglichst großer Mehrheit anzunehmen.

(Lebhafter Beifall.)

Justizrat **Heinitz**-Berlin: M. H.! Ich werde das für mich als Antragsteller bestehende Privileg einer Redezeit von zehn Minuten nicht voll ausnutzen.

Ich stehe vollständig auf dem Boden der von der Abteilung gefaßten Beschlüsse und würde glauben, den Eindruck der Worte des Herrn Vorredners abzuschwächen, wenn ich in diesem Stadium der Verhandlungen seinen Ausführungen noch etwas hinzufügen wollte. Mein Antrag bezweckt lediglich, eine meines Erachtens vorhandene kleine Unstimmigkeit des gefaßten Beschlusses zu beseitigen, die allerdings, wie der Herr Präsident zutreffend ausgeführt hat, nicht allein redaktioneller, sondern in gewisser Beziehung auch sachlicher Natur ist. Der von der Abteilung gefaßte Beschluß geht zunächst unter A dahin: Der Juristentag spricht als seine Überzeugung aus, daß eine Abänderung des § 833 nicht eintreten soll. Sodann wird aber gerade im Hinblick auf den gegenwärtig dem Reichstage vorliegenden Gesetzentwurf ausgeführt, in welcher Richtung sich die Abänderung, wenn sie doch beliebt werde, ausschließlich bewegen müsse, und es wird gesagt, es solle die Vorschrift des § 833 als Regel beibehalten werden, und es sollen nur nach dieser und jener Richtung hin Beschränkungen oder

Abweichungen zugelassen werden. Unter diese Beschränkungen und Ausnahmen hat sich nun etwas verirrt, was nicht dahin gehört, nämlich die Ausdehnung der Unfallversicherung auf das Stall- und Fahrpersonal. Der Berichterstatter, der heute diesen Punkt nur kurz berührt hat, hat in der gestrigen Sitzung in zutreffender Weise dargelegt, daß diese Ausdehnung der Unfallversicherung unbedingt wünschenswert sei, und ich stimme seinen Ausführungen voll und ganz zu. Diese Ausdehnung ist aber erforderlich, gleichviel welchen Standpunkt man zu der Frage der Aufrechterhaltung oder Abänderung des § 833 einnimmt, insbesondere auch dann, wenn von jeglicher Änderung des § 833 abgesehen wird, und deshalb paßt der Beschluß, daß die Unfallversicherung auf das Stall- und Fahrpersonal ausgedehnt werden solle, nicht unter Ziffer B, gewissermaßen als Amendement zur Abänderung des § 833, sondern es ist vom Juristentag als selbständiger Beschluß unter C auszusprechen, daß die Ausdehnung der Unfallversicherung auf das Stall- und Fahrpersonal wünschenswert sei.

Ich bitte Sie also, den Beschluß der Abteilung mit dieser Modifikation anzunehmen. (Beifall).

Präsident: Ich richte an Herrn Geheimrat Enneccerus die Frage, ob nach dieser Ausführung das Einverständnis erklärt wird.

Berichterstatter Geheimer Justizrat Professor Dr. **Enneccerus-Marburg:** Ich bin für meine Person vollständig einverstanden, kann aber natürlich im Namen der Abteilung keine Erklärung abgeben. Das ist vorhin vielleicht nicht völlig zum Ausdruck gekommen. Ich schlage Ihnen vor, da die Gründe, die Herr Justizrat Heinitz jetzt entwickelt hat, doch recht klar sind, daß wir annehmen, daß alle einverstanden sind, wenn kein Widerspruch erfolgt. (Zustimmung).

Professor Dr. **Traeger-Marburg:** Meine hochverehrten Herren, ich ergreife das Wort nur, um meinen Zusatzantrag zu rechtfertigen, den ich auch in der gestrigen Sitzung schon gestellt habe. Der Antrag betrifft die Beschränkung des Umfangs des Schadens. Nun will es mir fraglos erscheinen, daß der gestern von der ersten Abteilung angenommene erste Teil meines Antrages von jedem angenommen werden muß, der die Sache durchschaut. Ich stehe zwar vollständig auf dem Boden der Gefährdungshaftung, wie mein Gutachten zeigt, und der trefflichen Begründung dieses Standpunkts seitens des Herrn Referenten und den eindrucksvollen Ausführungen des Herrn Geheimrats Gierke brauche ich in dieser Hinsicht nichts weiter hinzuzufügen. Aber ich meine, wenn wir nicht einmal bei den kapitalkräftigen Eisenbahnunternehmungen einen so weitgehenden Anspruch, wie ihn § 833 gibt, für begründet halten, dann ist das für den Tierhalter, der sehr häufig viel weniger kapitalkräftig ist, sicherlich nicht gerechtfertigt. Lassen Sie mich einen Fall bilden. Ein junger Kaufmann wird durch ein Tier verletzt, er ist vier Wochen arbeitsunfähig, dadurch entgeht ihm eine Anstellung, die ihm in sicherer Aussicht war, und infolge dessen ist er nach seiner Wiederherstellung noch sechs weitere Monate ohne Stellung. Dann muß der Tierhalter, wenn bewiesen wird, daß dem Kaufmann durch den Tierunfall die Möglichkeit, jene Stellung zu erlangen, entgangen ist, auch für diese sechs Monate noch den entgangenen Lohn zahlen. Die Eisenbahn braucht das nicht; denn § 3 und § 3a des Reichshaftpflichtgesetzes sprechen sich in diesem einschränkenden Sinne aus. Da, meine ich, erfordert es doch einfach die Gerechtigkeit, eine solche Haftungsbeschränkung auch dem Tierhalter zuzubilligen.

Ich halte aber auch den Antrag betreffs der zweiten Beschränkung, trotzdem dieser gestern abgelehnt worden ist, aufrecht, und zwar aus folgenden Gründen. Es handelt sich hier um den Sachen zugefügten Schaden. Ich bitte, das zu beachten; meine gestrigen Ausführungen, die wegen der beschränkten Redezeit kurz sein mußten, scheinen mißverstanden zu sein. Der Tierhalter haftet für allen Schaden, also auch für den Sachen zugefügten Schaden. Er kann sich hiergegen versichern, und gerade in der Versicherungsmöglichkeit erblicke ich den Grund, der auch das letzte Bedenken gegen die Haftung des Tierhalters beseitigen muß. Aber während nun die Versicherungsgesellschaften, insbesondere auch die Haftpflichtgenossenschaften den Schaden, der aus der Tötung oder Verletzung von Personen entsteht, voll decken, decken sie den Sachschaden regelmäßig nur bis zu 10 000 Mk. und nur in Höhe von 80 pCt.; der darüber hinausgehende Schaden fällt dem versicherten Tierhalter zur Last. Man kann also hier nicht sagen, daß der Tierhalter eigentlich gar keinen Schaden zu tragen habe. Denn sofern es sich um den Sachen zugefügten Schaden handelt, kann der Tierhalter trotz erfolgter Versicherung in ernsthaftester Weise in Mitleidenschaft gezogen werden. Nehmen Sie an, in einem Schaufenster ist ein „Böcklin" ausgestellt im Werte von 100 000 Mk.; ein Pferd geht durch und zerstört das Bild. Die Versicherungsgesellschaft zahlt dem versicherten Tierhalter von 10000 Mk. 80 pCt. gleich 8000 Mk.; die übrigen 92 000 Mk. müßte der Tierhalter bezahlen. Das halte ich für unbillig, namentlich im Hinblick darauf, daß diese Haftpflicht leicht ohne Verletzung der Interessen anderer gemindert werden kann; denn — wie es schon in meinem Gutachten heißt —: wer Sachen von solchem besonderen Werte der Tiergefahr aussetzen muß, wird auch in der Lage sein, sich seinerseits zu versichern. Zwar kann nicht von dem Publikum als solchem verlangt werden, daß es sich gegen die durch Tiere zugefügten Schäden überhaupt versichere. Ganz abgesehen davon, daß diese Forderung undurchführbar wäre, würde eine derartige Versicherung auch die größten Bedenken gegen sich haben. Denn es würden dadurch die Tiergefahren vermehrt werden, da der Tierhalter kein sonderliches Interesse an deren Vermeidung hätte. Deshalb ist die Versicherung des Publikums als solchen ein abzulehnender Gedanke. Aber nicht abgelehnt werden kann m. E. der Gedanke, daß sich derjenige, der Sachen von besonderem Werte der Tiergefahr aussetzt, gegen diesen Schaden versichern müsse, und deshalb möchte ich Sie bitten, diesem Zusatzantrag zuzustimmen. Die Höhe des Betrages kann ja dahingestellt bleiben. Wir haben dem Gesetzgeber bloß Anregungen zu geben; Sache des Gesetzgebers mag es sein, den Ersatz des Schadens, der Dritten an **Sachen** zugefügt ist, auf einen bestimmten Höchstbetrag zu begrenzen.

Oberlandesgerichtspräsident Dr. **Spahn**-Kiel: M. H.! Ich will mich nicht an der sachlichen Debatte beteiligen; aber da der Herr Kollege Schneider den Ausdruck gebraucht hat, es sei die jetzige Fassung des § 833 durch eine Zufallsmehrheit zustande gekommen, den er wohl entnommen hat — seis wörtlich, seis dem Gedanken nach — Mitteilungen, die in der Presse gemacht worden sind, so will ich die Gelegenheit nicht vorübergehen lassen, um als Augenzeuge der damaligen Vorgänge, als einer der wenigen, die hier sind, festzustellen, daß diese Behauptung unrichtig ist. (Hört, hört!)

Ein Antrag des Herrn Abgeordneten Kollegen Schmidt, der am Nachmittag zur Abstimmung kam, welcher eine Umgestaltung der Haftung des Tierhalters wollte — ich habe leider nicht gewußt, daß die Sache hier zur Sprache kommen würde, sonst hätte ich aus meinem Material den Antrag mitgebracht — war angenommen worden. Der Antrag war nur handschriftlich gestellt gewesen und mußte nach der Geschäftsordnung am folgenden Tage, nachdem er den Mitgliedern des Reichstages gedruckt zugegangen war, nochmals zur Abstimmung gebracht werden. Nun bekamen wir abends in unserer Mappe diesen Antrag gedruckt und gleichzeitig auf der Tagesordnung die Mitteilung: Die Abstimmung über diesen Antrag muß wiederholt werden, weil er dem Reichstag ungedruckt zur Abstimmung vorgelegen hat, und diese Mitteilung war wie immer gesperrt gedruckt. Der Fettdruck machte jedes Mitglied des Reichstages aufmerksam, um was es sich handelte, und die Folge ist nun gewesen, daß am folgenden Vormittag bei Beginn der Sitzung der Reichstag zahlreich besucht war. Die Mitglieder, die am Tage zuvor gefehlt hatten, sagten sich: durch die gestrige Abstimmung ist etwas zustande gekommen, was wir nicht billigen, also müssen wir bei der heutigen Abstimmung am Platze sein. Bei der Abstimmung — ich hatte damals meinen Platz in der sechsten oder siebenten Bank, jetzt habe ich ihn ja anders, und zwar damals in der Mitte (Stürmische Heiterkeit) — konnte ich übersehen, wie das Abstimmungsverhältnis war. Was rückwärts, was hinter einem vorgeht, das sieht man allerdings nicht, aber was vor einem und zu den Seiten vorgeht, das sieht man, und ich hatte den Eindruck, als sei die Mehrheit eine große. Jedenfalls ist der Ausdruck, daß der Beschluß durch eine Zufallsmajorität zustande gekommen sei, falsch. (Lebhafter Beifall.)

Geh. Justizrat Prof. Dr. **Leonhard**-Breslau: Meine hochverehrten Anwesenden! Als Lehrer des römischen Rechtes muß ich einigen gehörten Behauptungen widersprechen, ohne sie in der kurzen Zeit, die ich habe, widerlegen zu können.

Die Ausführungen des Herrn Korreferenten erkenne ich als wissenschaftlich ernst gehalten an, aber sie sind nicht durchaus richtig. Warum, kann ich in 5 Minuten nicht ausführen.

Dann wird mir mein hochverehrter Lehrer Geheimrat Gierke verzeihen, wenn ich in einem untergeordneten Punkte mir erlaube, Widerspruch einzulegen. Schon die Römer waren intelligent genug, um das sogenannte Gefährdungsprinzip unter Umständen zur Geltung zu bringen, z. B. bei der actio de effusis et dejectis und in einigen anderen Punkten. Ich wollte das nur zur Verteidigung der römischen Rechtsanschauung anführen.

Was ich für wünschenswert halte, habe ich gestern ausgeführt. Dies schwebt mir als ein Ziel vor, das zurzeit noch nicht erreicht werden kann, weil noch nicht genügend vorgearbeitet worden ist. Was das nun ist, das kann ich heute nicht wiederholen, sondern ich muß die Herrschaften auf die gedruckten Verhandlungen verweisen.

Der Antrag Enneccerus erscheint mir nicht gerade wünschenswert. Ich bin gar nicht dafür begeistert, aber ich bin doch dafür eingetreten und zwar deshalb, weil ich mich des großen Wortes eines großen Mannes, Bismarcks, erinnerte, welcher sagt: Man darf über dem Wünschenswerten das Erreichbare nicht vernachlässigen. Aus diesem Gesichtspunkte habe ich für den Antrag Enneccerus gestimmt und bitte auch Sie, m. H., dafür zu stimmen. (Bravo!)

Geheimrat Prof. **Hellwig**-Berlin: M. H.! Nur ein paar Worte noch zur Unterstützung des Antrags **Enneccerus**. Die große Erregung über den § 833 ist dadurch gekommen, daß — ich glaube nicht zu irren, wenn ich das in den Vordergrund stelle — der gefällige Bauer, der den Wanderer mit auf den Wagen nahm, nachher schadensersatzpflichtig gemacht wurde. In neuerer Zeit ist in gleichartigen Fällen die Praxis des Reichsgerichts eine andere geworden. Jetzt operiert es mit einer stillschweigenden Verzichtsvereinbarung. Der Herr Korreferent hat gesagt: Das ist ja eine reine Fiktion.

M. H., meines Erachtens ist das auch vollkommen richtig, und ich würde fürchten, daß mancher von Ihnen, der das ebenfalls für eine reine Fiktion hält, nicht das Vertrauen hätte, daß unsere Judikatur auf diesem Wege fortschreiten werde. Ich halte es aber auch für verfehlt, wenn man sagt: Es ist gar nicht das Pferd, welches den Schaden gestiftet hat, sondern es ist der Fahrgast, der aufgestiegen ist und sich mitnehmen ließ. Auch diese Motivierung halte ich nicht für richtig, so richtig ich das Resultat finde, daß der gefällige Bauer in solchen Fällen nicht haftet. Wenn ich aus Gefälligkeit den Koffer eines anderen befördere, dann hafte ich nur für Verschulden, und wenn ich ihn selbst mitnehme, dann soll ich auch dann haften, wenn ohne mein Verschulden das Pferd durchgegangen ist? Das kann nicht Rechtens sein. Die beiden Motivierungen sind meines Erachtens falsch. Aber das richtige Resultat ergibt sich und rechtfertigt sich mit Sicherheit aus den Grundsätzen der Gesetzeskonkurrenz, mit der allerdings die Zivilisten bisher noch viel zu wenig gearbeitet haben, im Gegensatz zu den Kriminalisten, denen dieser Begriff ganz geläufig ist. Die Grundsätze der Gesetzeskonkurrenz sagen uns, daß die lex specialis der lex generalis vorgeht. In unserem Falle ist die lex generalis: wenn du ein Tier hältst, so hast du für den Schaden aufzukommen, die lex specialis aber ist: wenn du für einen anderen ein Geschäft unentgeltlich besorgst, so z. B. wenn du ihn aus Gefälligkeit mitnimmst, so haftest du nur, wenn du ihn schuldhaft schädigst. Die Beachtung dieses Gesichtspunktes führt von selbst dazu, daß ich eben nur dann hafte, wenn mich ein Verschulden trifft. Das ist eine andere Motivierung. Sie hält sich frei von Fiktionen. Sie ist unangreifbar. Vielleicht bestimmt den einen oder anderen von Ihnen dieser Gesichtspunkt, den Anträgen des Herrn Referenten zuzustimmen. (Beifall).

Rechtsanwalt Dr. **Isay**-Berlin: M. H.! Ich will Ihre Aufmerksamkeit nur ganz kurz in Anspruch nehmen; ich hätte mich nicht gemeldet, wenn das, was ich sagen wollte, von einem älteren Praktiker gesagt worden wäre.

Die Verhandlungen heute im Plenum haben den Gang gehabt, daß die Mehrzahl der Praktiker, die gesprochen haben, sich gegen unsere Abstimmung von gestern ausgesprochen haben, während diejenigen, die den § 833 verteidigt haben, Theoretiker, Professoren waren. Ich möchte nun als Praktiker Ihnen hier entschieden ans Herz legen, sich für Aufrechterhaltung des § 833 auszusprechen. Die Herren Praktiker, die dagegen gesprochen haben, waren Richter, und das glaube ich sagen zu können, daß das ganze Elend, zu dessen Beseitigung der § 833 dienen soll, den Richtern nicht so zum Bewußtsein kommt, wie den Anwälten, denen die Verletzten ihren Jammer unmittelbar vortragen. Ich möchte mich dann insbesondere gegen eine Bemerkung des Herrn Oberlandesgerichtsrats Niebner wenden, der den Juristentag davor warnen zu sollen geglaubt hat, einen Beschluß zu fassen, der der ganz überwiegenden Volksstimmung ins Gesicht schlüge. M. H., ich glaube, Ihnen sagen zu können, diese Volksstimmung besteht nicht. Der Abänderungsantrag ist hervorgegangen im wesentlichen aus Kreisen der Landwirtschaft, d. h. also aus Kreisen, die heute mit am besten organisiert sind, um die öffentliche Meinung zu beeeinflussen, die eine große Presse für die Agitation zur Verfügung haben.

Diejenigen, die auf der anderen Seite stehen, sind die Verletzten, das große Publikum, das keine Zeitungen hat, keinen Verein bildet und keine Abgeordneten in das Parlament entsendet. Und deshalb glaube ich, daß der überwiegende Teil des deutschen Volkes dem Juristentoge danken wird, wenn er sich gegen die Abänderung des § 833 aussprechen wird, und daß es nur ein relativ verschwindender Teil der Bevölkerung ist, der erklären wird, unsere Abstimmung sei eine solche, welche dem Rechtsempfinden nicht entspräche.

Präsident: Es hat sich kein weiterer Redner gemeldet. Ich erteile deshalb dem Herrn Berichterstatter das Wort.

Berichterstatter Geheimer Justizrat Professor Dr. **Enneccerus**-Marburg: Der Korreferent in der Abteilung und jetzige Antragsteller Herr Dr. **Bitter** hat behauptet, die Haftung müsse auf dem Verschuldungsprinzip aufgebaut werden. Er hat sich eigentlich mit nüchternen Worten als prinzipieller Gegner der Gefährdungshaftung bekannt und sodann das Verschuldungsprinzip auf die Ethik basiert. Ja, m. H., gewiß beruht die Haftung für Verschuldung auf der Ethik; das hat niemand bestritten, und ich habe noch niemand gehört, der die ethische Bedeutung des Satzes, daß für Verschulden gehaftet wird, bestreiten wollte, oder diesen Satz gar hätte aufgeben wollen. Aber nicht nur das Verschuldungsprinzip beruht auf der Ethik, sondern ganz ebenso auch für die Fälle, wo es Platz greift, das Gefährdungsprinzip. Es ist ein Gebot der Ethik, unsere Unternehmungen nicht auf fremdes Risiko zu betreiben. Es widerspricht der Ethik, daß ich einen Gewerbebetrieb oder ein sonstiges Unternehmen betreibe und mir dabei sage: ich rufe allerdings dadurch für das Publikum große Gefahren hervor, aber diese Gefahren mag das Publikum tragen; ich will das Unternehmen doch betreiben, ohne für die anderen dadurch erwachsenden Schäden einzustehen.

Sodann, m. H., hat einer der Herrn Vorredner die besondere Gefährlichkeit der Tierhaltung bestreiten wollen mit Gründen, die ich nicht wiederholen will. M. H.! Wen die Zahlen, die ich in dieser Beziehung angeführt habe, nicht überzeugen, den kann ich auch jetzt nicht mehr überzeugen. Ich meine, daß diese Zahlen so schlagend waren, daß an der besonderen Gefährlichkeit der Tierhaltung nicht gezweifelt werden kann.

Herr Dr. Bitter hat nun einen Antrag gestellt, der in seiner Nummer 1 dieselbe Ausnahme von der Vorschrift des § 833 machen will, welche ich in der Abteilung vorgeschlagen habe und welche jetzt als Beschluß der Abteilung ihnen vorliegt. Aber Herr Dr. Bitter will noch eine zweite Ausnahme annehmen, nämlich dann, wenn der Verletzte in ein Rechtsverhältnis zum Tierhalter eingetreten ist, wodurch der Schaden verursacht worden ist. Dieser zweite Teil seines Antrages ist ganz erklärlich für jemanden, der prinzipiell die Gefährdungshaftung bekämpft, aber er ist nicht annehmbar für denjenigen, der für die Fälle, wo sie wirklich angebracht ist, auf dem Boden der Gefährdungshaftung steht. Ich erinnere nur daran, daß nach dem Antrage des Herrn Dr. Bitter der Dienstmann, der ein kleines Entgelt für das Halten des Pferdes erhält, keinen Entschädigungsanspruch haben würde, wenn er durch das Pferd zum Krüppel gemacht wird.

Aber ich muß hinzufügen, sein Antrag geht noch weiter. Auch derjenige, der gratis das Pferd aus Gefälligkeit hält, würde durch den Antrag Bitter ausgeschlossen werden, denn es ist zweifellos, daß hier ein Mandatsvertrag vorliegt. Wenn ich jemandem aus Gefälligkeit das Pferd halte, so bin ich sein Beauftragter, sein Schuldner ex mandato, und wenn ich die übernommene Pflicht schuldhaft nicht erfülle oder in anderer Weise verletze, so hafte ich ex mandato; das kann nicht bezweifelt werden.

Ein anderes Beispiel, welches Herr Dr. Bitter in der gestrigen Abteilungssitzung vorbrachte. Ich übernehme im Interesse meines abwesenden Freundes die Aufsicht über sein Gut, betrete infolgedessen auch seinen Stall und werde dort ohne jedes Verschulden meinerseits durch ein Pferd schwer verletzt. Da soll ich nach dem Antrage Bitter keinen Ersatz verlangen können, da ich durch ein auch auf das Tier sich beziehendes Rechtsverhältnis, die Geschäftsführung ohne Auftrag, mich der Tiergefahr ausgesetzt habe. Ein beliebiger Dritter aber, der den Stall ohne Veranlassung betreten hat, soll günstiger gestellt sein, denn sein Ersatzanspruch wird durch den Antrag Bitter nicht ausgeschlossen. M. H.! Wie ist das miteinander zu reimen!

Und nun, m. H., ich kehre zurück zu der Frage oder Haftung gegenüber dem Stallpersonal; das ist der entscheidende Punkt. Sie müssen sich entscheiden: soll das Stallpersonal ohne weiteres der Haftung verlustig gehen, einerlei ob die Unfallversicherung eingeführt werden wird oder nicht? Oder wollen Sie nur, wenn die Unfallversicherung einen Ersatz schafft, die Befreiung des Tierhalters aussprechen? Wenn Sie auf dem letzteren Standpunkt stehen, so müssen Sie den Anträgen — nicht den Anträgen Enneccerus, wie gesagt ist, sondern den Anträgen der Abteilung zustimmen. Wenn Sie anderer Meinung sind, müssen Sie für den Antrag Bitter stimmen.

Herr Dr. Bitter führte ferner aus, es könnten ja in dem Falle, daß sein Antrag nicht angenommen würde, unter Umständen zwei ruiniert werden, nämlich der Geschädigte, der wegen Insolvenz des Tierhalters doch keinen vollen Ersatz bekomme, und derjenige, der den Ersatz teilweise leiste und schon durch diese kleinere Leistung ruiniert werden könnte. Ja, m. H., dabei hat Herr Dr. Bitter vergessen, daß sich das eigentlich gegen alle Entschädigungsansprüche geltend machen läßt. Und ferner noch ein anderes; er hat überhaupt bei der ganzen Verhandlung die Frage der Versicherung fast gänzlich unberücksichtigt gelassen. Wenn das eintritt, was wir hoffen, daß die Versicherung allgemein wird, so wird keiner von beiden ruiniert, und beiden ist geholfen. Diese Versicherung soll eben durch das Beibehalten des § 833 gefördert werden.

Ein Punkt ist von dem letzten Herrn Redner schon in dankenswerter Weise berührt worden. Wenn sich in der Öffentlichkeit viele Stimmen für die Änderung des § 833 ausgesprochen haben, so beruht das in der Tat darauf, daß erstens die speziell Interessierten, die Haftungspflichtigen, natürlich ihre Stimme viel lauter erschallen lassen wie derjenige, der nur im allgemeinen interessiert ist und natürlich hofft, nicht von einem Unfall ereilt zu werden, und zweitens darauf, daß diese speziell Interessierten organisiert sind, einen Mund besitzen, und zwar einen Mund, der sehr kräftig zu reden weiß (Heiterkeit), daß aber die große Anzahl der nur im allgemeinen Interessierten und speziell der arbeitenden Bevölkerung jeder derartigen Organisation ermangelt. Ich bitte Sie also, m. H., durch die Agitation für Aufhebung des § 833 sich nicht irremachen zu lassen. Der Juristentag hat die sehr hohe Aufgabe, nur nach Gerechtigkeit nnd Billigkeit ohne Ansehen der Person, ohne Berücksichtigung bestimmter Interessen, nur nach dem zu entscheiden, was das wahre, das richtige Recht ist. In diesem Sinne bitte ich Sie, den Anträgen Ihrer Abteilung die Zustimmung zu geben.

(Lebhafter Beifall).

Präsident: Ich schließe nunmehr die Debatte. Wir können dann zur Abstimmung schreiten. Nach dem Vorangegangenen nehme ich an, daß die Versammlung damit einverstanden ist, daß die Grundlage der Abstimmung der Beschluß der Abteilung I in der durch den Antrag Heinitz modifizierten Form ist. Dann haben wir nur noch über zwei Abänderungsanträge zu beschließen. Der Antrag Bitter, der sich in direkten Gegensatz stellt zu A, indem er, während A die Aufrechterhaltung des § 833 in seiner gegenwärtigen Fassung empfiehlt, seinerseits einen Zusatz zu diesem Paragraph als Absatz 2 in Antrag bringt, hat folgenden Wortlaut:

Der 28. Deutsche Juristentag wolle beschließen:

Es empfiehlt sich, dem § 833 BGB. folgenden Absatz 2 hinzuzufügen:

Die Ersatzpflicht tritt nicht ein, wenn der Schaden entstanden ist durch Verwirklichung einer Gefahr, welcher der Verletzte ausgesetzt war,

1. infolge einer Anwendung des Tieres in seinem Interesse,
2. sofern ein Rechtsverhältnis zwischen ihm und dem Tierhalter besteht, welches das Tier zum Gegenstande hat, infolge einer auf Grund dieses Rechtsverhältnisses vorzunehmenden Handlung.

Es wird meines Erachtens dieser Antrag Bitter zunächst zur Abstimmung zu bringen sein. Wird er angenommen, dann muß nach meiner Auffassung lit. B mit den Unterabsätzen 1, 2, 3 notwendig entfallen, denn der Antrag Bitter geht dahin, es soll § 833 in der und der Weise abgeändert werden, während B ausspricht, sollten gegen die Annahme von A die Organe der Gesetzgebung eine baldige gesetzliche Regelung wünschen, so wird das und das empfohlen. Also nach der Annahme des Antrages Bitter wird die Abstimmung über B mit seinen Unterabsätzen nicht notwendig sein. Dagegen würde nach der jetzigen Fassung eine weitere Abstimmung stattzufinden haben über lit. C, die sich dann natürlich als lit. B darstellen würde. Ich bringe also zunächst den Antrag Bitter zur Abstimmung. — Ich nehme an, daß, abgesehen von den Herren Stenographen und Berichterstattern der Presse, die im unteren Saale anwesenden Personen sämtlich stimmberechtigte Mitglieder sind. Wer für den Antrag ist, den bitte ich, die Hand zu erheben. — Das ist die verschwindende Minderheit.

(Zuruf: 14!)

Der Antrag ist gefallen.

Ich kann weitergehen und lit. A zur Abstimmung bringen.

(Wird verlesen.)

Herr Oberlandesgerichtspräsident Dr. Spahn hat das Wort.

Oberlandesgerichtspräsident **Spahn**-Kiel: M. H.! Es ist seitens des Herrn Berichterstatters Wert darauf gelegt worden, daß der Antrag als Ganzes zur Annahme gelange mit Ausnahme der Bestimmung, die sich auf die Unfallversicherung bezieht. Wir würden dieser Auffassung entgegenkommen, wenn wir nicht über A und B getrennt abstimmten, sondern A und B zusammenfassen, mit Ausnahme allerdings der Frage der Versicherungspflicht (Widerspruch) und der Nummer, auf die sich die Abänderungsanträge des Herrn Korreferenten Traeger beziehen. Wenn die Herren getrennte Abstimmung wollen, so können wir sie gewiß vornehmen, zumal ich mit dem gleichen Ergebnisse rechne, aber wir würden der Abteilung gerechter werden, wenn wir über beide zusammen abstimmten.

Präsident: Da habe ich doch Bedenken, eben weil zu B ein Zusatzantrag gestellt ist. Die bisherige Nummer B 4 scheidet ja hier sachlich nicht aus; sie soll nur die Nummer 3 bekommen und abhängig bleiben von dem Eingang der lit. B. Nun müßten wir dann allerdings meines Erachtens den Weg umgekehrt machen und mit B anfangen und zunächst den Zusatzantrag Traeger zu B 3 zur Abstimmung bringen. Ich stelle das anheim.

(Zurufe: Getrennt!)

Ich glaube, wir werden nachher eine Gesamtabstimmung vornehmen.

Oberlandesgerichtspräsident Wirkl. Geh. Oberjustizrat Dr. **Vierhaus**-Breslau (zur Geschäftsordnung): Ich möchte anheimgeben, zunächst eventuell über den Antrag Traeger und für den Fall der Annahme des Antrages Traeger über den Antrag des Herrn Berichterstatters und wenn das geschehen ist und B eine feste Gestaltung gewonnen hat, über beides abzustimmen. So wird der Schwierigkeit am ehesten Rechnung getragen.

Präsident: Damit wird das nicht erreicht, was vorhin vom Berichterstatter gewünscht wurde, nämlich die Annahme des Ganzen. Dann müßten wir die Konsequenz ziehen und gleichzeitig über C abstimmen.

Geh. Justizrat Professor Dr. **Gierke:** Wir kommen über alle Schwierigkeiten hinweg, wenn wir zuerst über A abstimmen, dann über den Zusatzantrag B und schließlich eine Gesamtabstimmung vornehmen. (Sehr richtig!)

Präsident: Ich bringe also lit. A zur Abstimmung.

(Abstimmung.)

Das ist die ganz überwiegende Mehrheit.

Die Gegenprobe ergibt 6 Stimmen dagegen.

Ich bringe nun den Zusatzantrag Traeger zu B 3 zur Abstimmung; der würde also die Nr. 4 erhalten. Der Zusatzantrag Traeger lautet:

„4. Den Schadensersatzanspruch für den dem einzelnen Ersatzberechtigten bei einem Tierunfall zugefügten Sachschaden auf einen gewissen Höchstbetrag zu begrenzen."

und wird der Gegenstand der Abstimmung.

(Abstimmung.)

Es ist eine kleine Minderheit für die Annahme des Antrags Traeger.

Nun bringe ich lit. B in der Fassung des Kommissionsbeschlusses, mit den Unterabsätzen 1, 2, 3, zur Abstimmung.

(Abstimmung.)

Das ist mit großer Mehrheit angenommen.

Wir schreiten nun zur Abstimmung über lit. C nach Maßgabe des Antrags Heinitz, nach welchem der von der I. Abteilung gefaßte Beschluß dahin abgeändert werden soll, daß der Beschluß zu B Ziffer 3 an dieser Stelle zu streichen und als lit. C einzufügen ist.

(Abstimmung.)

Mit großer Mehrheit angenommen.

Und nun, m. H., wollen wir noch eine Gesamtabstimmung vornehmen. Wer A, B, C in der eben festgesetzten Fassung annimmt, der erhebe die Hand. — Bitte um die Gegenprobe.

Präsident: Dann ist dies mit großer Majorität angenommen worden. Damit ist auch dieser Gegenstand erledigt.

Es hat darnach die zweite Plenarversammlung folgenden Beschluß gefaßt:

A. Es empfiehlt sich, die Vorschrift des § 833 BGB. aufrecht zu erhalten und von Einzeländerungen in der Erwartung abzusehen, daß die Rechtsprechung zu einer freieren Auslegung der Vorschrift gelangen werde, welche den Haftungsgrund und die daraus sich ergebenden Beschränkungen der Anwendbarkeit berücksichtigt.

B. Sollte indes von den Organen der Gesetzgebung eine alsbaldige gesetzliche Regelung der Frage für nötig gehalten werden, so empfiehlt der Juristentag:

1. die Vorschrift des § 833 als Regel beizubehalten,
2. die Haftung aus § 833 — unbeschadet der Haftung nach anderen Vorschriften — nur dann auszuschließen, wenn der Geschädigte der Gefahr der eingetretenen Schädigung infolge einer in seinem Interesse stattfindenden Verwendung des Tieres ausgesetzt war,
3. den Schadensersatz aus § 833 bei Tötung und Verletzung einer Person nach dem Vorbilde der §§ 3 und 3a des Reichshaftpflichtgesetzes zu beschränken.

C. Die Unfallversicherungsgesetzgebung ist auf das bisher nicht versicherungspflichtige Fahr- und Stallpersonal bei Pferde- und Viehhaltung auszudehnen.

Präsident: Wir gehen zu dem weiteren Punkte der Tagesordnung über. Ich bitte Herrn Rechtsanwalt Dr. Neumann, das Wort zu nehmen.

Rechtsanwalt Dr. **Hugo Neumann**-Berlin: M. H.! Ich bitte einen Augenblick um Gehör für die Kasse. Ich habe heute keine Decharge zu erbitten, ihre Erteilung liegt der Ständigen Deputation ob. Ich kann mich darauf beschränken, lediglich folgendes mitzuteilen. Das Vermögen des Juristentages besteht im ganzen aus 19945,82 M. Davon sind 955,82 M. bares Geld; im übrigen ist das Vermögen in mündelsicheren Papieren angelegt, die nach dem Nominalbetrage eingesetzt sind. Die Spezifikation wird in üblicher Weise unserer Verhandlung als Anlage beigefügt werden (Bravo!)

Präsident: M. H.! Wir haben jetzt die Neuwahl der ständigen Deputation vorzunehmen. Nach § 10 des Statuts ist vor dem Schlusse eines jeden Juristentages von der Plenarversammlung durch Akklamation oder in einem einzigen Scrutinium durch Stimmzettel eine aus 19 Mitgliedern und dem Präsidenten des letzten Juristentages als Ehrenpräsidenten bestehende ständige Deputation zu wählen.

Der Ehrenpräsident würde in diesem Falle meine Wenigkeit sein. Ich komme sonach nicht zur Wahl. Es würden somit 19 Personen zu wählen sein. Die Vertrauensmänner, die gewählt und heute zusammengetreten waren, schlagen Ihnen vor, die Ständige Deputation durch Akklamation zu wählen. In diesem Falle haben die Vertrauensmänner eine Liste auszustellen. Ich erlaube mir, diese unter Nennung der Namen in alphabetischer Reihenfolge hiermit vorzulesen:

1. Geheimer Justizrat Prof. Dr. Heinrich Brunner-Berlin.
2. Oberlandesgerichtspräsident Exzellenz Dr. Freiherr von Call-Innsbruck.
3. Geheimer Justizrat Professor Dr. Enneccerus-Marburg.
4. Geheimer Justizrat Prof. Dr. Otto Gierke-Berlin.
5. Oberlandesgerichtspräsident a. D. Exzellenz Dr. Hamm-Cöln.
6. Professor Dr. Gustav Hanausek-Graz.
7. Geheimer Justizrat Professor D. Dr. Kahl-Berlin.
8. Justizminister Exzellenz Dr. Klein-Wien.
9. Rechtsanwalt am Kammergericht Dr. Hugo Neumann-Berlin.
10. Prof. Dr. Pappenheim-Kiel.
11. Direktor der Bayrischen Handelsbank Dr. Freiherr von Pechmann-München.
12. Geheimer Justizrat Prof. Dr. Riesser-Berlin.
13. Oberlandesgerichtspräsident Staatsrat Exzellenz von Schmidlin-Stuttgart.
14. Präsident Dr. von Stößer-Karlsruhe.
15. Geheimer Hofrat Prof. Dr. Strohal-Leipzig.
16. Direktor der Preußischen Hypotheken-Aktienbank-Kammergerichtsrat a. D. Thinius-Berlin.
17. Oberlandesgerichtspräsident Wirklicher Geheimer Oberjustizrat Dr. Vierhaus-Breslau.
18. Rechtsanwalt am Reichsgericht Justizrat Dr. Wildhagen-Leipzig.
19. Prof. Dr. Alfred Ritter von Wretschko-Innsbruck.

Wird diese Liste akzeptiert? Es erfolgt kein Widerspruch. Ich darf es annehmen.

Jetzt haben die Vertrauensmänner namens der Ständigen Deputation Ihnen noch einen Vorschlag zu machen. Es ist ein Schreiben eingegangen von Herrn Geheimen Justizrat Dr. Wilke-Potsdam, einem langjährigen Besucher der Juristentage, der viele Jahre hindurch Mitglied der Ständigen Deputation und lange Zeit deren Schriftführer gewesen ist. Er schreibt, daß er zu seinem lebhaften Bedauern infolge

Alters und eines leider in diesem Jahre erlittenen schweren Unfalles, eines Beinbruches, außerstande sei, die Geschäfte der Ständigen Deputation hinfort noch wahrzunehmen. Hätte er nicht diese Erklärung abgegeben, so würden wir sicher ihn zur Wiederwahl vorgeschlagen haben, aber bei den obwaltenden Umständen mußten wir zu unserem schmerzlichsten Bedauern davon absehen. Wir bitten Sie jedoch, daß Sie auf unseren Vorschlag eingehen, ihn zum Ehrenmitgliede der Ständigen Deputation erwählen. (Bravo.) Ich glaube, es wird dies eine Ehrung sein, die ihn sehr erfreuen dürfte, und die er sich reichlich um den Deutschen Juristentag verdient hat. So darf ich wohl die Genehmigung dazu annehmen. (Bravo.)

Ich habe nun noch mitzuteilen zunächst ein eingegangenes Telegramm des Herrn Präsidenten Dr. von Stößer:

„Dem deutschen Juristentage sagt hocherfreut durch die freundliche ehrenvolle Begrüßung herzlichen Dank der in Gedanken mit ihm eifrig mittagende allezeit getreue

Stößer-Karlsruhe".

Der verspätete Eingang erklärt sich daraus, daß Herr von Stößer an seinem Wohnorte Karlsruhe nicht anwesend war, als das Telegramm abgelassen wurde.*)

Somit, m. H., wären wir am Ende. Sie gestatten mir aber wohl noch ein paar Worte. Blicken wir auf unsere Arbeit, so sind zwei Themata nicht erledigt worden. Davon ist das eine aus dringenden Gründen überhaupt nicht zur Verhandlung gekommen. Das andere aber hat zu einer Beschlußfassung nicht geführt, weil die weitere Verhandlung wegen Zeitmangels abgebrochen werden mußte. Man kann diese Nichterledigung zweier Themata bedauern; so sehr groß ist das Unglück aber nicht; es wird auf dem nächsten Juristentage darüber verhandelt werden. 11 Themata aber sind vollständig erledigt, darunter manche Frage, die den Juristentag schon wiederholt beschäftigt hatte.

Ich glaube, es ist damit immerhin ein recht bedeutendes Arbeitspensum geleistet worden, und wer heute der Verhandlung beigewohnt hat, muß, wie ich meine, den Eindruck gewonnen haben, daß auf dem diesjährigen Juristentage über eine ganze Reihe hochinteressanter Themata

---

*) Bemerkt wird, daß nachträglich auch noch ein Danktelegramm Sr. Königl. Hoheit, des Großherzogs von Baden, folgenden Inhalts einlief:

S. K. H. der Großherzog lassen für die sehr freundliche Beglückwünschung des deutschen Juristentages recht herzlich danken.

Im höchsten Auftrag: v. Babo.

verhandelt und beschlossen worden ist. Ich habe schon wiederholt Juristentagen beigewohnt, darf aber sagen, daß nach meiner Erinnerung die Berichterstattungen über die Abteilungsverhandlungen und -Beschlüsse selten so anregend gewesen sind, wie gerade heute. Ein solches Interesse, wie es sich soeben bekundet hat, haben sie — soweit ich mich entsinnen kann — kaum jemals erregt. Wir danken ganz besonders den Herren Berichterstattern für die anregende Art, wie sie sich ihrer Aufgabe erledigt haben.

Dann noch eins, meine Herren, ich glaube, dieser Juristentag hat ein klares Zeugnis dafür abgelegt, wie schön das Zusammenwirken von Theorie und Praxis sein kann. Ich hatte den Eindruck, daß deutlich zu tage trat, wie die Theorie die Praxis, und umgekehrt die Praxis die Theorie stützte und förderte; in dieser Beziehung, glaube ich, können wir den Juristentag als außerordentlich wohl gelungen ansehen. Wir dürfen aber weitergehen und dies als das gesamte Resultat bezeichnen: der ganze Juristentag ist in schönster Stimmung verlaufen. Wem danken wir das? Wir haben es verschiedenen Personen und Umständen zu danken, vor allem aber den Herren, die in Kiel mit den mühsamen Vorbereitungen zum Juristentage beschäftigt gewesen sind. (Lebhafter Beifall.) Es war eine sehr schwierige Aufgabe, alles so vorzubereiten und zu ordnen, daß es klappte und stimmte, wie es tatsächlich der Fall war. Vor allen Dingen ist hier des Ortsausschusses mit seinem Präsidenten an der Spitze zu gedenken, dem die große Mühwaltung der Vorbereitung obgelegen hat. So darf ich namens sämtlicher Mitglieder des Juristentages dem Ortsausschusse herzlichsten Dank sagen.

Damit wären wir fertig! Ich erteile aber auf seinen Wunsch noch Herrn Geh. Justizrat Prof. Dr. Enneccerus das Wort.

Geh. Justizrat Prof. Dr. Enneccerus-Marburg: M. H! Unser Herr Präsident hat verschiedene Momente hervorgehoben, die diesen Juristentag auszeichnen. Wir würden indes nicht in dieser Weise haben verhandeln können, wenn wir nicht an unserer Spitze einen Mann gehabt hätten, der durch gewandte Leitung der Versammlung und in jeder Beziehung vortreffliche Führung der vielfachen ihm sonst obliegenden Geschäfte unser Werk wirksam gefördert hat. (Bravo!) Unser Herr Präsident hat einen Umstand hervorgehoben, der sich ganz besonders in dieser Tagung des Juristentages als förderlich gezeigt habe, die Zusammenarbeit von Theorie und Praxis. Ich meine fast, daß dieses Zusammenarbeiten in seiner Person gewissermaßen verkörpert ist. (Sehr richtig.)

Denn, meine Herren, wenn unser Herr Präsident nicht auch auf dem Lehrstuhl sitzt, so ist er doch nicht nur Praktiker, sondern zugleich einer der allerersten Theoretiker in seinem Fach. (Bravo!) M. H.! Ich bitte Sie, Ihren Dank unserm Herrn Präsidenten durch Erheben von den Sitzen auszusprechen. (Geschieht.)

(Lebhaftes Bravo, langanhaltendes Händeklatschen)

Der Präsident dankt darauf für die ihm durch die Worte des Herrn Geheimen Justizrats Prof. Dr. Enneccerus und den Beifall der Versammlung zuteil gewordene Ehrung, indem er zugleich erklärt, daß er sie nicht in dem Maße verdient habe und sie also nur mit der nötigen Abminderung annehmen könne, und schließt darauf die Verhandlungen des 28. Deutschen Juristentages.

(Schluß 2 Uhr 52 Minuten.)

Druck von Leonhard Simion Nf. in Berlin SW.

Kolibri 360 GmbH
Ferdinand-Jühlke-Straße 7
99095 Erfurt, Deutschland
produktsicherheit@kolibri360.de